한국어문회
지정지침서

한자능력
검정시험

2급

권하는 글

우리 겨레는 아득한 옛날부터 우리말을 쓰면서 살아 왔다. 아마 처음에는 요사이 우리가 쓰고 있는 아버지, 어머니, 위, 아래, 하나, 둘, 바위, 돌, 물, 불 같은 기초 어휘가 먼저 쓰였을 것이다.

그러다가 약 2천년 전부터, 당시로는 우리 겨레보다 文化水準(문화수준)이 높았던 이웃나라의 中國(중국)사람들과 접촉하면서 그들의 글자와 글인 漢字와 漢文을 받아들이게 되고 漢字로 이루어진 어휘도 많이 빌려 쓰게 되었다. 이리하여 우리 겨레는 우리의 고유어와 함께, 父(부)·母(모), 上(상)·下(하), 一(일)·二(이), 岩(암)·石(석)과 같은 漢字語를 쓰게 되었으며, 본래 우리말의 기초어휘에 없던 추상적인 말, 예를 들면 希望(희망), 進步(진보), 勇氣(용기), 特別(특별)과 같은 어휘와, 사회제도 및 정부 기구를 나타내는 科擧(과거), 試驗(시험), 判書(판서), 捕校(포교) 등도 함께 써 오게 되었다.

이러한 현상은 오늘날에도 마찬가지여서, 새로운 文物制度(문물제도)가 생기고 學問(학문)이 발달하면, 자연스러이 漢字로 새 단어를 만들어 쓰는 일이 많다. 治安監(치안감), 元士(원사), 修能試驗(수능시험), 面接考查(면접고사), 高速電鐵(고속전철), 宇宙探索(우주탐색), 公認仲介士(공인중개사) 등 예를 이루 다 들 수가 없다.

따라서 우리는 이미 우리말 안에 녹아들어 있는 漢字語를 정확하게 이해하여, 순수한 우리의 고유어와 함께 우리말을 더욱 올바르게 사용하기 위하여 漢字를 공부하여야 한다.

韓國語文教育研究會에서는 우리 국민의 漢字에 대한 이해를 촉진시키고 국어 생활의 수준을 향상시키고자 여러 한자 학습 교재를 편찬해 왔다. 또 한편으로는 韓國漢字能力檢定會에서 시행하고 있는 全國漢字能力檢定試驗에도 對備(대비)할 수 있도록 級數(급수)別로 漢字를 배정하고, 漢字마다 표준이 된 訓과 音, 그리고 長短音(장단음)을 표시하였으며, 누구나 알아야 될 類義語(유의어), 反意語(반의어), 故事成語(고사성어), 漢字의 部首(부수), 널리 쓰이고 있는 略字(약자) 등도 자세히 제시해 두고 있다.

우리의 漢字學習 目的(목적)은 어디까지나 국어 안의 한자어를 제대로 알고자 하는 데 있으나, 이러한 한자학습을 통하여 우리의 文化遺産(문화유산)인 漢文(한문) 典籍(전적)을 읽어 내고, 漢語(한어)를 배우는 데도 도움이 될 수 있을 것이라고 믿는다.

2005年 4月 20日

韓國語文教育研究會 會長　姜 信 沆

머리말

　國語(국어) 어휘의 70% 정도를 차지하고 있는 것이 漢字語(한자어)입니다. 30여년 간의 한글 專用(전용) 교육은 국민의 國語 能力(능력)을 低下(저하)시킴으로써 상호간 意思疏通(의사소통)을 모호하게 하고, 學習(학습) 能力(능력)을 減少(감소)시켰을 뿐만 아니라, 傳統(전통)과의 단절, 한자문화권 내에서의 孤立(고립)이라는 결과를 빚어냈습니다.

　이미 30여년 전에 이런 한글 專用 교육의 盲點(맹점)을 파악하고 漢字 교육을 통한 國語 교육 正常化(정상화)를 기치로 내세워 발족한 韓國語文教育研究會는 잘못된 語文(어문) 정책을 바로잡기 위한 여러 활동을 꾸준히 벌여 왔습니다. 語文 정책을 바로잡기 위한 활동의 강화 차원에서 社團法人 韓國語文會를 창립하였고, 公教育(공교육)에서 담당하지 못하고 있는 漢字 교육을 장려하기 위하여 韓國漢字能力檢定會를 설립하였습니다.

　국민의 言語 能力, 事務(사무) 能力 低下(저하)는 필연적으로 國家(국가)와 社會(사회) 양 쪽에서부터 반성을 불러 일으켰습니다. 政府(정부)는 公文書(공문서)에 漢字를 併記(병기)하자는 결정을 내렸으며, 한편으로 經濟(경제) 단체에서는 漢字 교육의 필요성을 力說(역설)하고 있습니다. 머지않아 公教育에서도 漢字가 混用(혼용)된 교재로 정상적인 학습을 할 날이 到來(도래)할 것을 의심치 않습니다.

　한글 전용 교육을 받고 자라난 世代(세대)가 이제는 社會의 중장년층이 된 바, 漢字를 모르는 데서 오는 불편을 후손에게 대물림하지 않기 위하여 漢字 교육에 관심을 보이고 있습니다. 이는 全國漢字能力檢定試驗에 응시하는 미취학 아동과 초등학생 지원자의 수가 꾸준히 증가하는 것에서 확인할 수 있습니다.

　韓國語文教育研究會는 全國漢字能力檢定試驗 교재를 이미 10여년 전에 출간하였으나 그 내용이 지나치게 간단하였기에, 학습자들이 보다 쉽게 漢字를 익히고, 全國漢字能力檢定試驗에 대비할 수 있는 級數別(급수별) 自習書(자습서)의 보급이 필요하다고 판단하여, 이 학습서를 출간하게 된 것입니다. 이 책은 각 級數別 읽기와 쓰기 配定 漢字를 구별하여, 각각의 활용 단어를 넣었으며, 그 외 字源(자원), 訓音(훈음), 讀音(독음), 長短音(장단음), 筆順(필순), 四字成語(사자성어) 등을 갖춤으로써 종합적 漢字(한자) 학습을 가능케 하였습니다.

　이 학습서가 全國漢字能力檢定試驗을 준비하는 모든 분들에게 훌륭한 길잡이가 되기를 바라마지 않습니다.

韓國語文教育研究會 編纂委員長　　　　　南 基 卓

한자능력검정시험이란

〜

한자능력검정시험은 사단법인 한국어문회가 주관하고 한국한자능력검정회가 시행하는 한자 활용능력 검정시험입니다.

1992년 12월 9일 전국적으로 시행하여 현재에 이르기까지 매년 시행하고 있는 한자자격시험으로, 2001년 5월 19일 18회부터 국가공인시험(1급 ~ 4급, 교육인적자원부 공인증서 제2000 - 1 호)으로 치러지고 있으며, 시험에 합격한 재학생은 내신반영은 물론, 2000학년도부터 3급과 2급 합격자를 대상으로 일부 대학에서는 특기자 특별전형으로 신입생을 모집함으로써 권위 있는 한자자격시험으로 인정받고 있습니다.

현재 한자능력검정시험은 2012년 현재 8급에서 4급까지를 교육급수로, 3급Ⅱ에서 특급까지를 공인급수로 구분하고 있으며, 초등학교에서 1,000자, 중ㆍ고등학교에서 1,000자, 대학교에서 1,500자 정도로 전체 3,500자의 한자를 배정하였습니다.

초등학교는 학년별로, 중학교 이상은 급수별로 습득할 한자 수를 분류하였으며, 한자에 대한 훈음, 장단음, 반의어/상대어, 동의어/유의어, 동음이의어, 뜻풀이, 약자, 한자 쓰기, 완성형, 부수 등에 대한 문제를 내용으로 하고 있습니다. 한자능력검정시험은 한자 학습의 필요성을 깨우치고, 개인별 한자 습득 정도에 대한 객관적인 검정자료로 활용되어 한자 학습 의욕을 증진시키고, 사회적으로 한자 활용능력을 인정받는 우수한 인재를 양성함을 목적으로 합니다.

한자를 익히고 배우려는 뜻있는 학습자들께 한자능력검정시험이 작은 기쁨과 보탬이 되길 바랍니다.

알려두기

이 책의 특징은 한자능력검정시험에 필요한 모든 정보를 제공하여 수험자로 하여금 시험에 대비하도록 하기 위하여, 읽기배정한자와 쓰기배정한자를 분류하였고, 그 글자에 해당하는 유의어, 반의어, 약어 등을 정보란에 정리하였을 뿐만 아니라, 부록부분에 이들을 모아 전체를 한 눈으로 보고 집중적으로 공부할 수 있도록 하였다. 기출문제와, 실제 한자능력검정시험의 기출문제와 같은 유형의 실전문제를 두어 시험에 대비하도록 하였다.

이 책을 이용하는데 꼭 알아두어야 할 사항들은 다음과 같다.

4급Ⅱ

收
거둘 **수**
攵 | 2획

비 攻(칠 공)
　 改(고칠 개)
동 穫(거둘 확)
반 支(지탱할 지)
약 収

글자 풀이
손에 낫(攵)을 들어 이삭이 달린 곡식(丩)을 베어 거둔다(收)는 의미이다.

읽기 한자
收輯(수집) 撤收(철수) 收屍(수시) 收聚(수취) 吸收合倂(흡수합병)

쓰기 한자
收監(수감) 收錄(수록) 收買(수매) 收復(수복) 收養(수양) 收用(수용)
收容(수용) 收益(수익) 收入(수입) 收支(수지) 收集(수집) 買收(매수)
未收(미수) 月收(월수) 日收(일수) 秋收(추수) 回收(회수) 吸收(흡수)
收拾(수습) 收藏(수장) 收悔(수회) 沒收(몰수) 徵收(징수) 還收(환수)
收納(수납) 收縮(수축) 收奪(수탈) 收穫(수확) 領收證(영수증)

1　**한자의 배열**은 대표음을 가나다순으로 배열하였다. 각 한자에 해당하는 급수를 제시하여 다른 급수를 학습하는 데 도움을 주었다.

2급(名)

徼
경계할 **경:**
人 | 13획

2　**글자풀이란**을 두어 한자의 구성원리를 쉽게 이해하고 오래도록 기억할 수 있도록 하였으며, 이 때의 글자풀이는 수험자가 쉽게 이해할 수 있도록 자원풀이보다는 파자(글자를 풀어 설명하는)의 방법을 사용하였다.

글자 풀이
사람(人)이 부모님을 공경할(敬) 때는 밤낮으로 경계(徼)하는 마음을 갖는다는 의미이다.

훈과 **음**은 (사단법인) 한국어문회, 한국어문교육연구회,
한국한자능력검정회가 지정한 대표 훈과 음을 따랐다.

훈음에는 **장단음 표시**를 하여 수험자가 쉽게 장단음을
익히도록 하였다. 오직 장음으로만 발음되는 한자는 :
로, 장음과 단음이 단어에 따라 다른 것은 (:)로, 단음인
것은 표시를 하지 않았다.

각 한자의 부수와 획수를 밝혔으며, 이 때의 획수는 총획
에서 부수의 획수를 뺀 나머지 획으로 통일하였다.

배정한자 아래에는 **정보란**을 두어 그 배정한자에 해당하
는 비슷한 한어(비), 유의자(동), 반대 또는 상대자(반), 약
자(약)를 밝혀 시험 대비를 하는데 도움을 주도록 하였다.
2급 이상의 급수에 해당하는 한자들도 수록하여 참고가
되도록 하였다.

비 攻(칠 공)
　 改(고칠 개)
동 穫(거둘 확)
반 支(지탱할 지)
약 収

한자능력검정시험의 **읽기** 배정한자와 **쓰기** 배정한자가 다른 점을 감안하여 이를 구별하
여 수험자들이 시험 대비에 효과를 극대화 할 수 있게 했다.

읽기 한자

收輯(수집) 撤收(철수) 收屍(수시) 收聚(수취) 吸收合倂(흡수합병)

쓰기 한자

收監(수감) 收錄(수록) 收買(수매) 收復(수복) 收養(수양) 收用(수용)
收容(수용) 收益(수익) 收入(수입) 收支(수지) 收集(수집) 買收(매수)
未收(미수) 月收(월수) 日收(일수) 秋收(추수) 回收(회수) 吸收(흡수)
收拾(수습) 收藏(수장) 收悔(수회) 沒收(몰수) 徵收(징수) 還收(환수)
收納(수납) 收縮(수축) 收奪(수탈) 收穫(수확) 領收證(영수증)

부록Ⅰ에는 각 급수에 해당하는 **사자성어, 유의자(동의자), 반대자(상대자), 동음이의
어, 약자**를 모아 집중적으로 공부할 수 있도록 하였다. 각 유형별 한자마다 급수를 표시
하여 실질적인 급수시험에 충분히 대비할 수 있도록 하였다. 유의자와 반대자는 단어형
성과는 관계없이 동훈자 중심으로 구성하였다.

부록Ⅱ에는 **기출문제** 6회분과, 실제 한자능력검정시험의 기출문제와 같은 유형의 **실전
문제**를 2회분 두어 지금까지 학습한 내용을 점검하고 실전에 대비하게 하였다.

漢字能力檢定試驗

한자능력검정시험 응시 요강

 전국한자능력검정시험 급수별 배정한자 수 및 수준

급수	읽기	쓰기	수준 및 특성
특급	5,978	3,500	국한혼용 고전을 불편 없이 읽고, 연구할 수 있는 수준 고급
특급Ⅱ	4,918	2,355	국한혼용 고전을 불편 없이 읽고, 연구할 수 있는 수준 중급
1급	3,500	2,005	국한혼용 고전을 불편 없이 읽고, 연구할 수 있는 수준 초급
2급	2,355	1,817	상용한자의 활용은 물론 인명지명용 기초한자 활용 단계
3급	1,817	1,000	고급 상용한자 활용의 중급 단계
3급Ⅱ	1,500	750	고급 상용한자 활용의 초급 단계
4급	1,000	500	중급 상용한자 활용의 고급 단계
4급Ⅱ	750	400	중급 상용한자 활용의 중급 단계
5급	500	300	중급 상용한자 활용의 초급 단계
5급Ⅱ	400	225	중급 상용한자 활용의 초급 단계
6급	300	150	기초 상용한자 활용의 고급 단계
6급Ⅱ	225	50	기초 상용한자 활용의 중급 단계
7급	150	–	기초 상용한자 활용의 초급 단계
7급Ⅱ	100	–	기초 상용한자 활용의 초급 단계
8급	50	–	한자 학습 동기 부여를 위한 급수

▶▶ 초등학생은 4급, 중·고등학생은 3급, 대학생은 1급, 전공자는 특급 취득에 목표를 두고 학습하길 권해 드립니다.

전국한자능력검정시험 급수별 출제유형

구분	특급	특급II	1급	2급	3급	3급II	4급	4급II	5급	5급II	6급	6급II	7급	7급II	8급
읽기 배정 한자	5,978	4,918	3,500	2,355	1,817	1,500	1,000	750	500	400	300	225	150	100	50
쓰기 배정 한자	3,500	2,355	2,005	1,817	1,000	750	500	400	300	225	150	50	0	0	0
독음	45	45	50	45	45	45	32	35	35	35	33	32	32	22	24
훈음	27	27	32	27	27	27	22	22	23	23	22	29	30	30	24
장단음	10	10	10	5	5	5	3	0	0	0	0	0	0	0	0
반의어	10	10	10	10	10	10	3	3	3	3	3	2	2	2	0
완성형	10	10	15	10	10	10	5	5	4	4	3	2	2	2	0
부수	10	10	10	5	5	5	3	3	0	0	0	0	0	0	0
동의어	10	10	10	5	5	5	3	3	3	2	0	0	0	0	0
동음이의어	10	10	10	5	5	5	3	3	3	2	0	0	0	0	0
뜻풀이	5	5	10	5	5	5	3	3	3	2	2	2	2	2	0
필순	0	0	0	0	0	0	0	0	3	3	3	3	2	2	2
약자 · 속자	3	3	3	3	3	3	3	3	3	3	0	0	0	0	0
한자 쓰기	40	40	40	30	30	30	20	20	20	20	20	10	0	0	0
한문	20	20	0	0	0	0	0	0	0	0	0	0	0	0	0

▶▶ 상위급수 한자는 모두 하위급수 한자를 포함하고 있습니다.
▶▶ 쓰기 배정 한자는 한두 급수 아래의 읽기 배정한자이거나 그 범위 내에 있습니다.
▶▶ 출제유형표는 기본지침자료로서, 출제자의 의도에 따라 차이가 있을 수 있습니다.
▶▶ 공인급수는 교육과학기술부로부터 국가공인자격 승인을 받은 특급·특급II·1급·2급·3급·3급II이며, 교육급수는 한국한자능력검정회에서 시행하는 민간자격인 4급·4급II·5급·5급II·6급·6급II·7급·7급II·8급입니다.
▶▶ 5급II·7급II는 신설 급수로 2010년 11월 13일 시험부터 시행되었습니다.
▶▶ 6급II 읽기 배정한자는 2010년 11월 13일 시험부터 300자에서 225자로 조정되었습니다.

한자능력검정시험 합격기준

구분	특급	특급II	1급	2급	3급	3급II	4급	4급II	5급	5급II	6급	6급II	7급	7급II	8급
출제문항수	200	200	200	150	150	150	100	100	100	100	90	80	70	60	50
	(100)	(100)	(100)	(100)	(100)	(100)	(100)	(100)	(100)	(100)	(100)	(100)	(100)	(100)	(100)
합격문항수	160	160	160	105	105	105	70	70	70	70	63	56	49	42	35
	(80)	(80)	(80)	(70)	(70)	(70)	(70)	(70)	(70)	(70)	(70)	(70)	(70)	(70)	(70)

▶▶ ( )는 100점 만점으로 환산한 점수입니다.
▶▶ 특급·특급II·1급은 출제 문항수의 80% 이상, 2급 ~ 8급은 70%이상 득점하면 합격입니다.

한자능력검정시험 합격자 우대사항

■ 본 우대사항은 변경이 있을 수 있습니다. 최신 정보는 한국한자능력검정회 홈페이지를 참고하시기 바랍니다.
■ 자격기본법 제27조에 의거 국가자격 취득자와 동등한 대우 및 혜택
■ 대학 수시모집 및 특기자 전형 지원. 대입 면접시 가산점(해당 학교 및 학과)
■ 고려대, 성균관대, 충남대 등 수많은 대학에서 대학의 정한 바에 따라 학점, 졸업인증에 반영
■ 유수 고등학교에서 정한 바에 따라 입시에 가산점 등으로 반영
■ 육군 간부 승진 고과에 반영
■ 한국교육개발원 학점은행의 학점에 반영
■ 기업체 입사 및 인사고과에 반영(해당기업에 한함)

1. 대학 수시모집 및 특기자 전형 지원

대학	학 과	자격
건양대학교	중국어, 일본어	한자능력검정시험 5급이상
경북과학대학	관광영어과,관광일어과, 관광중국어과	한자능력검정시험 4급이상
경북대학교	사학과, 한문학과	한자, 한문 특기자
경상대학교	한문학과	한자능력검정시험 2급 이상(한국어문회 주관)
경성대학교	한문학과	한자능력검정시험 3급 이상(한국어문회 주최)
고려대학교	어학특기자(한문학과)	한문 특기자
공주대학교	한문교육과	국가공인 한자급수자격시험(3급이상) 취득자
국민대학교	중어중문학과	한자능력시험(한국어문회 주관) 1급 이상
군산대학교	어학특기자	중국어 : 한어수평고사(HSK) 6급 ~ 11급인 자 또는 한자능력검정 1, 2급인 자, 한자능력급수 1, 2급인 자 ※한자능력검정의 경우 한국한자능력검정회, 　대한민국한자급수검정회, 대한민국한문교육진흥회, 　한국어문회 발행만 인정.
단국대학교 (서울)	한문특기자	한국어문회 주관 한자능력검정시험 3급 이상 취득한 자
대구대학교	문학 및 한자 우수자	한자능력검정시험 3급 이내 합격자

대학	학 과	자격
동서대학교	어학, 한자, 문학, 영상	어학, 한자, 문학, 영상에서 3위 이상 입상자
동아대학교	한문특기자	한자능력검정시험(한국한자능력검정회 주최) 3급 이상 자격증 소지자
동의대학교	어학특기자	한자능력검정시험 1급 이상 또는 HSK 6급이상인자
명지대학교	어학특기자	검정회 및 한국어문회에서 주관하는 한자능력검정시험 2급 이상자
부산대학교	모집단위별 가산점 부여	한국어문회 시행 한자능력검정시험(1급 ~ 3급) 가산점 부여
상명대학교 (서울)	한문특기자	한자능력검정시험(3급 ~ 1급) (한국한자능력검정회 시행)
선문대학교	경시대회입상 전형	(국어〈백일장, 한문, 문학〉, 수학, 과학)
성결대학교	외국어 및 문학 특기자	한자능력검정고시 3급 이상 취득자
성균관대학교	한문 특기자	전국한자능력검정시험(한국어문회) – 2급 이상
연세대학교	문과대학	한문 특기자
영남대학교	어학 특기자	한자능력검정시험(한국한자능력검정회 시행) 2급 이상 자격증 소지자
원광대학교	한문교육과	최근 3년 이내 행정기관, 언론기관, 4년제 대학 등 본교가 인정하는 공신력있는 단체에서 주최한 전국규모의 한문경시대회 개인 입상자
중앙대학교	문과대학 국어국문학과	한자능력검정시험(한국어문회 주관) 3급 이상 합격자
충남대학교	어학특기자	전국한자능력검정시험 3급 이상
한성대학교	한문특기자	전국한자능력검정시험(사단법인 한국어문학회 주최) 1급 이상 취득자
호남대학교	공인 어학능력 인증서 소지자	한문자격시험(한자급수시험)

▶▶ 대입 전형과 관련된 세부사항은 변경될 수 있으므로 해당 학교 홈페이지, 또는 입학담당부서로 문의바랍니다.

2. 대학 면접 가산 · 학점 반영 · 졸업 인증

대학	내 용	비고
건양대학교	국문학부 면접시 가산점 부여	대학입시
성균관대학교	졸업인증 3품 중 국제품의 경우 3급이상 취득시 인증	졸업인증
경산대학교	전교생을 대상으로 3급이상 취득시 인증	졸업인증
서원대학교	국문과를 대상으로 3급이상 취득시 인증	졸업인증
제주한라대학	중국어통역과를 대상으로 3급이상 취득시 인증	졸업인증
신라대학교	인문/자연/사범/예체능계열을 대상으로 4급이상 취득시 인증	졸업인증
경원전문대학	전교생 대상, 취득시 학점반영	학점반영
덕성여자대학교	전교생 대상, 취득시 학점반영	학점반영
한세대학교	전교생 대상, 취득시 학점반영(한문 교양 필수)	학점반영

▶▶ 변경될 수 있으므로 해당학교(학과)의 안내를 참조바랍니다.

3. 기업체 입사 · 승진 · 인사고과 반영

구분	내 용	비고
육군	부사관 5급 이상 / 위관장교 4급 이상 / 영관장교 3급 이상	인사고과
조선일보	기자채용 시 3급 이상 우대	입사

▶▶ 변경될 수 있으므로 해당기관의 안내를 참조바랍니다.

 한자능력검정시험 시험시간

구분	특급	특급II	1급	2급	3급	3급II	4급	4급II	5급	5급II	6급	6급II	7급	7급II	8급
시험시간	100분	90분	60분				50분								

▶▶ 응시 후 시험 시간동안 퇴실 가능 시간의 제한은 없습니다.
▶▶ 시험 시작 20분 전(교육급수 - 10:40 / 공인급수 - 14:40)까지 고사실에 입실하여 주시기 바랍니다.

한자능력검정시험 검정료

구분	특급	특급II	1급	2급	3급	3급II	4급	4급II	5급	5급II	6급	6급II	7급	7급II	8급
검정료	45,000원		25,000원				20,000원								

▶▶ 창구접수 검정료는 원서 접수일부터, 마감시까지 해당 접수처 창구에서 받습니다.

한자능력검정시험 접수방법

◎ 창구접수(모든 급수, 해당 접수처)

응시 급수 선택	검정시험 급수 배정을 참고하여, 응시자에게 알맞는 급수를 선택합니다.
원서 작성 준비물 확인	반명함판사진(3×4cm) 3매/급수증 수령주소/주민번호/이름(한자) 응시료(현금)
원서 작성 · 접수	정해진 양식의 원서를 작성하여 접수창구에 응시료와 함께 제출합니다.
수험표 확인	수험표를 돌려받으신 후 수험번호, 수험일시, 응시 고사장을 확인하세요.

※인터넷 접수 가능 : 접수 방법은 바뀔 수 있으므로 한국어문회 홈페이지(www.hanja.re.kr)를 참고하시기 바랍니다.

 한자능력검정시험 시상기준

급수	문항 수	합격문항	우량상			우수상		
			초등이하	중등	고등	초등이하	중등	고등
특급	200	160	–	–	–	160	160	160
특급 II	200	160	–	–	–	160	160	160
1급	200	160	–	–	–	160	160	160
2급	150	105	–	105	112	105	112	120
3급	150	105	–	105	112	105	112	120
3급 II	150	105	112	120	127	120	127	135
4급	100	70	75	80	85	80	85	90
4급 II	100	70	75	80	85	80	85	90
5급	100	70	85	85	–	90	90	–
5급 II	100	70	85	85	–	90	90	–
6급	90	63	76	–	–	81	–	–
6급 II	80	56	68	–	–	72	–	–
7급	70	49	59	–	–	63	–	–
7급 II	60	42	51	–	–	54	–	–
8급	50	35	42	–	–	45	–	–

▶▶ 시상기준표의 숫자는 "문항 수" 입니다.
▶▶ 대학생과 일반인은 시상대상에 해당되지 않습니다.

青出於藍

쪽에서 나온 푸른 물감이 쪽보다 더 푸르다는 뜻으로

제자가 스승보다 나음을 이르는 말

CONTENTS

한자의 기초

육서

한자를 만드는 여섯 가지 원리를 일컬어 육서라고 한다. 육서에는 한자를 만드는 원리를 해설하는 상형, 지사, 회의, 형성과 기존의 한자를 사용하여 문자의 원리를 해설한 전주, 가차의 방법이 있다.

▶ 상형문자(象形文字 – 그림글자)

한자를 만드는 가장 기본적인 원리로 구체적인 사물의 모양을 본뜬 글자

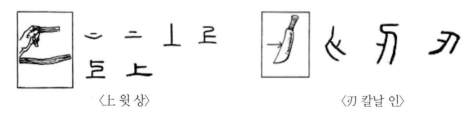

▶ 지사문자(指事文字 – 약속글자)

구체적인 모양을 나타낼 수 없는 사상이나 개념을 선이나 점으로 나타내어 글자를 만드는 원리

〈上 윗 상〉   〈刃 칼날 인〉

▶ 회의문자(會意文字 – 뜻 모음 글자)

두 개 이상의 글자가 뜻으로 결합하여 새로운 글자를 만드는 원리

* 明(밝을 명) = 日(날 일) + 月(달 월)

* 林(수풀 림) = 木(나무 목) + 木(나무 목)

▶ **형성문자**(形聲文字 – 합체글자)

뜻을 나타내는 부분과 음을 나타내는 부분을 결합하여 새로운 글자를 만드는 원리

* 問(물을 문) = 門(문 문) + 口(입 구)

* 記(기록할 기) = 言(말씀 언) + 己(몸 기)

▶ **전주문자**(轉注文字 – 확대글자)

이미 있는 글자의 뜻을 확대, 유추하여 새로운 뜻을 나타내는 원리

惡	본 뜻	악할 악	예) 惡行(악행)
	새로운 뜻	미워할 오	예) 憎惡(증오)

▶ **가차문자**(假借文字 – 빌린 글자)

글자의 본래 의미와는 상관없이 소리가 비슷한 글자를 빌려서 나타내는 원리

* 스페인(Spain) = 西班牙(서반아)　　　　　* 유럽(Europe) = 歐羅巴(구라파)

부수의 위치와 명칭

▶ **邊**(변) : 글자의 왼쪽에 있는 부수

　　* 木 나무목변 : 校(학교 교), 植(심을 식), 樹(나무 수)

　　* 氵(水) 물수변 : 江(강 강), 海(바다 해), 洋(큰 바다 양)

▶ **傍**(방) : 글자의 오른쪽에 있는 부수

　　* 阝(邑) 우부방(고을 읍 방) : 郡(고을 군), 部(떼 부)

　　* 刂(刀) 선칼도방(칼 도 방) : 利(이할 리), 別(다를/나눌 별)

▶ **머리** : 글자의 위에 있는 부수

　　* 宀 갓머리(집 면) : 室(집 실), 安(편안 안), 字(글자 자)

　　* ++(艸) 초두(艸頭) : 萬(일만 만), 草(풀 초), 藥(약 약)

▶ **발** : 글자의 아래에 있는 부수

* 心 마음 심 발 : 感(느낄 감), 意(뜻 의), 念(생각할 념)
* 儿 어진사람인발(사람 인) : 先(먼저 선), 兄(형 형), 光(빛 광)

▶ **엄** : 글자의 위와 왼쪽을 싸고 있는 부수

* 广 엄호(집 엄) : 度(법도 도/헤아릴 탁), 序(차례 서), 廣(넓을 광)
* 尸 주검시엄(주검 시) : 局(판 국), 屋(집 옥), 展(펼 전)

▶ **책받침** : 글자의 왼쪽과 밑을 싸고 있는 부수

* 辶(辵) 갖은책받침(쉬엄쉬엄 갈 착) : 道(길 도), 過(지날 과)
* 廴 민책받침(길게 걸을 인) : 建(세울 건)

▶ **몸**(에운담) : 글자를 에워싸고 있는 부수

* 囗 에운담(큰 입 구) : 國(나라 국), 圖(그림 도), 園(동산 원)
* 門 문문몸 : 間(사이 간), 開(열 개), 關(관계할 관)

▶ **諸部首**(제부수) : 한 글자가 그대로 부수인 것

* 車(수레 거/차), 身(몸 신), 立(설 립)

필순

▶ **위에서 아래로**

例) 言 말씀 언 : `  ㇏  亠  亍  言  言  言`

▶ **왼쪽에서 오른쪽으로**

例) 川 내 천 : `丿  丿丨  丿丨丨`

▶ **가로획을 먼저**

例) 用 쓸 용 :   丿 刀 月 月 用

▶ **가운데를 먼저**

例) 小 작을 소 :   亅 小 小

▶ **몸을 먼저**

例) 同 한 가지 동 :   丨 冂 冂 冋 同 同

▶ **글자를 꿰뚫는 획은 나중에**

例) 中 가운데 중 :   丨 口 口 中

　　母 어미 모 :   乚 乜 毋 母 母

▶ **점은 맨 나중에**

例) 代 대신할 대 :   丿 亻 亻 代 代

▶ **삐침(丿)을 파임(丶)보다 먼저**

例) 父 아비 부 :   丿 丷 父 父

2급 배정한자

漢字能力檢定試驗

※급수 표기 : 20(2급), 22(2급Ⅱ), 30(3급), 32(3급Ⅱ), 40(4급), 42(4급Ⅱ), 50(5급), 52(5급Ⅱ), 60(6급), 62(6급Ⅱ), 70(7급), 72(7급Ⅱ), 80(8급)
※획수는 해당 한자에 노출된 부수의 획수를 제외한 나머지 획수입니다.

급수	한자	부수	획수	대표훈음	급수	한자	부수	획수	대표훈음
		ㄱ			32	刊	刀	03	새길 간
72	家	宀	07	집 가	32	幹	干	10	줄기 간
70	歌	欠	10	노래 가	32	懇	心	13	간절할 간:
52	價	人/亻	13	값 가	32	肝	肉/月	03	간 간(:)
50	加	力	03	더할 가	30	姦	女	06	간음할 간:
50	可	口	02	옳을 가:	20	杆	木	03	몽둥이 간
42	假	人/亻	09	거짓 가:	20	艮	艮	00	괘이름 간
42	街	行	06	거리 가(:)	30	渴	水	09	목마를 갈
40	暇	日	09	틈/겨를 가:	20	葛	艹	09	칡 갈
32	佳	人/亻	06	아름다울 가:	20	鞨	革	09	오랑캐이름(靺鞨) 갈
32	架	木	05	시렁 가:	60	感	心	09	느낄 감:
20	伽	人/亻	05	절 가	42	減	水	09	덜 감:
20	柯	木	05	가지 가	42	監	皿	09	볼 감
20	賈	貝	06	성(姓) 가/ 장사 고	40	敢	攴	08	감히/구태여 감:
20	軻	車	05	수레/사람이름 가	40	甘	甘	00	달 감
20	迦	辵/辶	05	부처이름 가	32	鑑	金	14	거울 감
62	各	口	03	각각 각	20	憾	心	13	섭섭할 감:
62	角	角	00	뿔 각	40	甲	田	00	갑옷 갑
40	刻	刀/刂	06	새길 각	20	岬	山	05	곶(串) 갑
40	覺	見	13	깨달을 각	20	鉀	金	05	갑옷 갑
32	脚	肉/月	07	다리 각	72	江	水	03	강 강
32	閣	門	06	집 각	60	強	弓	08	강할 강(:)
30	却	卩	05	물리칠 각	42	康	广	08	편안 강
20	珏	玉	05	쌍옥 각	42	講	言	10	욀 강
72	間	門	04	사이 간(:)	40	降	阜/阝	06	내릴 강:/ 항복할 항
40	干	干	00	방패 간	32	剛	刀	08	굳셀 강
40	看	目	04	볼 간	32	綱	糸	08	벼리 강
40	簡	竹	12	대쪽/간략할 간(:)	32	鋼	金	08	강철 강

급수	한자	부수	획수	대표훈음	급수	한자	부수	획수	대표훈음
20	姜	女	06	성(姓) 강	20	桀	木	06	하(夏)왕이름 걸
20	岡	山	05	산등성이 강	42	檢	木	13	검사할 검:
20	崗	山	08	언덕 강	40	儉	人	13	검소할 검:
20	彊	弓	13	굳셀 강	32	劍	刀	13	칼 검:
20	疆	田	14	지경 강	20	憩	心	12	쉴 게:
60	開	門	04	열 개	20	揭	手	09	높이 들(擧)/걸(掛) 게:
50	改	攵	03	고칠 개(:)	52	格	木	06	격식 격
42	個	人	08	낱 개(:)	40	擊	手	13	칠(打) 격
32	介	人	02	낄 개:	40	激	水	13	격할 격
32	槪	木	11	대개 개:	32	隔	阜/阝	10	사이 뜰 격
30	慨	心	11	슬퍼할 개:	52	見	見	00	볼 견:/ 뵈올 현:
30	皆	白	04	다(總) 개	40	堅	土	08	굳을 견
32	蓋	++	10	덮을 개(:)	40	犬	犬	00	개 견
20	价	人	04	클 개:	30	牽	牛	07	이끌/끌 견
20	塏	土	10	높은 땅 개:	30	絹	糸	07	비단 견
52	客	宀	06	손 객	30	肩	肉/月	04	어깨 견
20	坑	土	04	구덩이 갱	30	遣	辶	10	보낼 견:
72	車	車	00	수레 거/ 차	20	甄	瓦	09	질그릇 견
50	去	厶	03	갈 거:	52	決	水	04	결단할 결
50	擧	手	14	들 거:	52	結	糸	06	맺을 결
40	居	尸	05	살 거	42	潔	水	12	깨끗할 결
40	巨	工	02	클 거:	42	缺	缶	04	이지러질 결
40	拒	手	05	막을 거:	32	訣	言	04	이별할 결
40	據	手	13	근거 거:	32	兼	八	08	겸할 겸
32	距	足	05	상거(相距)할 거:	32	謙	言	10	겸손할 겸
50	件	人	04	물건 건	60	京	亠	06	서울 경
50	健	人	09	굳셀 건:	52	敬	攵	09	공경 경:
50	建	廴	06	세울 건:	50	景	日	08	볕 경(:)
32	乾	乙	10	하늘/마를 건	50	競	立	15	다툴 경:
20	鍵	金	09	자물쇠/열쇠 건:	50	輕	車	07	가벼울 경
40	傑	人	10	뛰어날 걸	42	境	土	11	지경 경
30	乞	乙	02	빌 걸	42	慶	心	11	경사 경:
20	杰	木	04	뛰어날 걸	42	經	糸	07	지날/글 경

급수	한자	부수	획수	대표훈음	급수	한자	부수	획수	대표훈음
42	警	言	13	깨우칠 경:	60	苦	⺾	05	쓸(味覺) 고
40	傾	人	11	기울 경	62	高	高	00	높을 고
40	更	日	03	고칠 경/ 다시 갱:	52	告	口	04	고할 고:
40	鏡	金	11	거울 경	50	固	口	05	굳을 고(:)
40	驚	馬	13	놀랄 경	50	考	老/耂	02	생각할 고(:)
32	耕	耒	04	밭 갈(犁田) 경	42	故	攵	05	연고 고(:)
32	頃	頁	02	이랑/잠깐 경	40	孤	子	05	외로울 고
30	卿	卩	10	벼슬 경	40	庫	广	07	곳집 고
30	庚	广	05	별(星) 경	32	姑	女	05	시어미 고
32	徑	彳	07	지름길/길 경	32	稿	禾	10	원고/볏짚 고
32	硬	石	07	굳을 경	32	鼓	鼓	00	북 고
30	竟	立	06	마침내 경:	30	枯	木	05	마를 고
20	儆	人	13	경계할 경:	30	顧	頁	12	돌아볼 고
20	炅	火	04	빛날 경	20	皐	白	06	언덕 고
20	璟	玉	12	옥빛 경:	20	雇	隹	04	품팔 고
20	瓊	玉	15	구슬 경	50	曲	日	02	굽을 곡
62	界	田	04	지경 계:	40	穀	禾	10	곡식 곡
62	計	言	02	셀 계:	32	哭	口	07	울 곡
42	係	人	07	맬 계:	32	谷	谷	00	골 곡
40	季	子	05	계절 계:	40	困	口	04	곤할 곤:
40	戒	戈	03	경계할 계:	30	坤	土	05	땅 곤
40	系	糸	01	이어맬 계:	40	骨	骨	00	뼈 골
40	繼	糸	14	이을 계:	72	工	工	00	장인 공
40	階	阜/阝	09	섬돌 계	72	空	穴	03	빌 공
40	鷄	鳥	10	닭 계	62	公	八	02	공평할 공
32	啓	口	08	열 계:	62	共	八	04	한가지 공
32	契	大	06	맺을 계:	62	功	力	03	공(勳) 공
32	械	木	07	기계 계:	40	孔	子	01	구멍 공:
32	溪	水	10	시내 계	40	攻	攵	03	칠(擊) 공:
32	桂	木	06	계수나무 계:	32	供	人	06	이바지할 공:
30	癸	癶	04	북방/천간 계:	32	恐	心	06	두려울 공(:)
30	繫	糸	13	맬 계:	32	恭	心	06	공손할 공
60	古	口	02	예 고:	32	貢	貝	03	바칠 공:

급수	한자	부수	획수	대표훈음	급수	한자	부수	획수	대표훈음
62	果	木	04	실과 과:	80	敎	攵	07	가르칠 교:
62	科	禾	04	과목 과	80	校	木	06	학교 교:
52	課	言	08	공부할/ 과정 과(:)	60	交	亠	04	사귈 교
52	過	辶	09	지날 과:	50	橋	木	12	다리 교
32	寡	宀	11	적을 과:	32	巧	工	02	공교할 교
32	誇	言	06	자랑할 과:	32	較	車	06	비교할/견줄 교
20	戈	戈	00	창 과	30	矯	矢	12	바로잡을 교:
20	瓜	瓜	00	외 과	30	郊	邑/阝	06	들(野) 교
20	菓	艹	08	과자 과/실과 과:	20	僑	人	12	더부살이 교
30	郭	邑/阝	08	둘레/외성 곽	20	絞	糸	06	목맬 교
52	觀	見	18	볼 관	20	膠	肉/月	11	아교 교
52	關	門	11	관계할 관	80	九	乙	01	아홉 구
42	官	宀	05	벼슬 관	70	口	口	00	입 구(:)
40	管	竹	08	대롱/ 주관할 관	60	區	匚	09	구분할/지경 구
32	冠	冖	07	갓 관	62	球	玉	07	공 구
32	寬	宀	12	너그러울 관	52	具	八	06	갖출 구(:)
32	慣	心	11	익숙할 관	50	救	攵	07	구원할 구:
32	貫	貝	04	꿸 관(:)	52	舊	臼	12	예 구:
32	館	食	08	집 관	42	句	口	02	글귀 구
20	串	丨	06	꿸 관/ 땅 이름 곶	42	求	水	02	구할(索) 구
20	款	欠	08	항목 관 :	42	究	穴	02	연구할 구
20	琯	玉	08	옥피리 관	40	構	木	10	얽을 구
62	光	儿	04	빛 광	32	久	丿	02	오랠 구:
52	廣	广	12	넓을 광:	32	拘	手	05	잡을 구
40	鑛	金	15	쇳돌 광:	32	丘	一	04	언덕 구
32	狂	犬	04	미칠 광	30	俱	人	08	함께 구
30	掛	手	08	걸(懸) 괘	30	懼	心	18	두려워할 구
32	壞	土	16	무너질 괴:	30	狗	犬	05	개 구
32	怪	心	05	괴이할 괴(:)	30	苟	艹	05	진실로/구차할 구
30	塊	土	10	흙덩이 괴	30	驅	馬	11	몰 구
30	愧	心	10	부끄러울 괴:	30	龜	龜	00	거북 구(귀)/ 터질 균
20	傀	人	10	허수아비 괴:	20	歐	欠	11	구라파/칠 구
20	槐	木	10	회화나무/느티나무 괴	20	玖	玉	03	옥돌 구

급수	한자	부수	획수	대표훈음	급수	한자	부수	획수	대표훈음
20	購	貝	10	살 구	20	奎	大	06	별 규
20	邱	邑/阝	05	언덕 구	20	揆	手	09	헤아릴 규
20	鷗	鳥	11	갈매기 구	20	珪	玉	06	홀 규
80	國	囗	08	나라 국	20	閨	門	06	안방 규
52	局	尸	04	판(形局) 국	40	均	土	04	고를 균
32	菊	艹	08	국화 국	32	菌	艹	08	버섯 균
20	鞠	革	08	성(姓)/국문할 국	42	極	木	09	다할/극진할 극
80	軍	車	02	군사 군	40	劇	刀	13	심할 극
60	郡	邑/阝	07	고을 군:	32	克	儿	05	이길 극
40	君	口	04	임금 군	60	根	木	06	뿌리 근
40	群	羊	07	무리 군	60	近	辶	04	가까울 근:
40	屈	尸	05	굽힐 굴	40	勤	力	11	부지런할 근(:)
20	掘	手	08	팔 굴	40	筋	竹	06	힘줄 근
20	窟	穴	08	굴 굴	30	僅	人	11	겨우 근:
42	宮	宀	07	집 궁	30	斤	斤	00	근(무게단위)/날(刃) 근
40	窮	穴	10	다할/궁할 궁	30	謹	言	11	삼갈 근:
32	弓	弓	00	활 궁	20	槿	木	11	무궁화 근:
42	權	木	18	권세 권	20	瑾	玉	11	아름다운 옥 근:
40	券	刀	06	문서 권	80	金	金	00	쇠 금/ 성(姓) 김
40	勸	力	18	권할 권:	62	今	人	02	이제 금
40	卷	巳	06	책 권(:)	42	禁	示	08	금할 금:
32	拳	手	06	주먹 권:	32	琴	玉	08	거문고 금
20	圈	囗	08	우리(牲) 권	32	禽	内	08	새 금
30	厥	厂	10	그(其) 궐	32	錦	金	08	비단 금:
20	闕	門	10	대궐 궐	62	急	心	05	급할 급
30	軌	車	02	바퀴자국 궤:	60	級	糸	04	등급 급
50	貴	貝	05	귀할 귀:	50	給	糸	06	줄 급
40	歸	止	14	돌아갈 귀:	32	及	又	02	미칠 급
32	鬼	鬼	00	귀신 귀:	30	肯	肉/月	04	즐길 긍:
50	規	見	04	법 규	20	兢	儿	12	떨릴 긍:
30	叫	口	02	부르짖을 규	70	旗	方	10	기 기
30	糾	糸	02	얽힐 규	72	氣	气	06	기운 기
20	圭	土	03	서옥(瑞玉)/쌍토 규	72	記	言	03	기록할 기

급수	한자	부수	획수	대표훈음	급수	한자	부수	획수	대표훈음
52	基	土	08	터 기	20	騏	馬	08	준마 기
52	己	己	00	몸 기	20	驥	馬	16	천리마 기
50	技	手	04	재주 기	20	麒	鹿	08	기린 기
50	期	月	08	기약할 기	32	緊	糸	08	긴할 긴
50	汽	水	04	물 끓는 김 기	50	吉	口	03	길할 길
42	器	口	13	그릇 기					
42	起	走	03	일어날 기		ㄴ			
40	奇	大	05	기특할 기	30	那	邑/阝	04	어찌 나:
40	寄	宀	08	부칠 기	32	諾	言	09	허락할 낙
40	機	木	12	틀 기	42	暖	日	09	따뜻할 난:
40	紀	糸	03	벼리 기	42	難	隹	11	어려울 난(:)
32	企	人	04	꾀할 기	80	南	十	07	남녘 남
32	其	八	06	그 기	72	男	田	02	사내 남
32	畿	田	10	경기(京畿) 기	40	納	糸	04	들일 납
32	祈	示	04	빌 기	32	娘	女	07	계집 낭
30	幾	幺	09	몇 기	72	內	入	02	안 내:
30	忌	心	03	꺼릴 기	32	耐	而	03	견딜 내:
30	旣	无	07	이미 기	30	乃	丿	01	이에 내:
30	棄	木	08	버릴 기	30	奈	大	05	어찌 내
30	欺	欠	08	속일 기	80	女	女	00	계집 녀
30	豈	豆	03	어찌 기	80	年	干	03	해 년
30	飢	食	02	주릴 기	52	念	心	04	생각 념:
32	騎	馬	08	말탈 기	32	寧	宀	11	편안 녕
20	冀	八	14	바랄 기	42	努	力	05	힘쓸 노
20	岐	山	04	갈림길 기	42	怒	心	05	성낼 노:
20	棋	木	08	바둑 기	32	奴	女	02	종 노
20	沂	水	04	물 이름 기	72	農	辰	06	농사 농
20	淇	水	08	물 이름 기	20	濃	水	13	짙을 농:
20	琦	玉	08	옥 이름 기	32	腦	肉/月	09	골/뇌수 뇌
20	琪	玉	08	아름다운옥 기	30	惱	心	09	번뇌할 뇌
20	璣	玉	12	별이름 기	20	尿	尸	04	오줌 뇨
20	箕	竹	08	키 기	52	能	肉/月	06	능할 능
20	耆	老	04	늙을 기	32	泥	水	05	진흙 니

급수	한자	부수	획수	대표훈음	급수	한자	부수	획수	대표훈음
20	尼	尸	02	여승 니	20	塘	土	10	못(池) 당
20	溺	水	10	빠질 닉	80	大	大	00	큰 대(:)
					62	代	人	03	대신할 대:
					62	對	寸	11	대할 대:
60	多	夕	03	많을 다	60	待	彳	06	기다릴 대:
32	茶	艹	06	차 다/차	42	帶	巾	08	띠 대(:)
62	短	矢	07	짧을 단(:)	42	隊	阜/阝	09	무리 대
52	團	囗	11	둥글 단	32	臺	至	08	대 대
50	壇	土	13	단 단	32	貸	貝	05	빌릴/꿀 대:
42	單	口	09	홑 단	20	垈	土	05	집터 대
42	斷	斤	14	끊을 단:	20	戴	戈	13	일(首荷) 대:
42	檀	木	13	박달나무 단	52	德	彳	12	큰 덕
42	端	立	09	끝 단	20	悳	心	08	큰 덕(德)
40	段	殳	05	층계 단	72	道	辵/辶	09	길 도:
32	丹	丶	03	붉을 단	62	圖	囗	11	그림 도
32	但	人	05	다만 단:	60	度	广	06	법도 도(:)/ 헤아릴 탁
32	旦	日	01	아침 단	52	到	刀	06	이를 도:
20	湍	水	09	여울 단	50	島	山	07	섬 도
20	鍛	金	09	쇠 불릴 단	50	都	邑/阝	09	도읍 도
42	達	辶	09	통달할 달	42	導	寸	13	인도할 도:
50	談	言	08	말씀 담	40	徒	彳	07	무리 도
42	擔	手	13	멜 담	40	盜	皿	07	도둑 도(:)
32	淡	水	08	맑을 담	40	逃	辶	06	도망할 도
20	潭	水	12	못 담	32	刀	刀	00	칼 도
20	膽	肉/月	13	쓸개 담:	32	途	辶	07	길(行中) 도:
72	答	竹	06	대답 답	32	陶	阜/阝	08	질그릇 도
32	踏	足	08	밟을 답	32	倒	人	08	넘어질 도:
30	畓	田	04	논 답	30	塗	土	10	칠할 도
62	堂	土	08	집 당	30	挑	手	06	돋울 도
52	當	田	08	마땅 당	32	桃	木	06	복숭아 도
42	黨	黑	08	무리 당	32	渡	水	09	건널 도
32	唐	口	07	당나라/당황할 당(:)	30	稻	禾	10	벼 도
32	糖	米	10	엿 당/사탕 탕	30	跳	足	06	뛸 도

급수	한자	부수	획수	대표훈음	급수	한자	부수	획수	대표훈음
20	悼	心	08	슬퍼할 도	62	等	竹	06	무리 등:
20	燾	火	14	비칠 도	42	燈	火	12	등 등
62	讀	言	15	읽을 독/구절 두	30	騰	馬	10	오를 등
52	獨	犬	13	홀로 독	20	藤	艹	15	등나무 등
42	毒	毋	04	독 독	20	謄	言	10	베낄 등
42	督	目	08	감독할 독	20	鄧	邑/阝	12	나라이름 등:
30	篤	竹	10	도타울 독					
30	敦	攵	08	도타울 돈			**ㄹ**		
30	豚	豕	04	돼지 돈	42	羅	罒	14	벌릴 라
20	惇	心	08	도타울 돈	20	裸	衣	08	벗을 라:
20	燉	火	12	불빛 돈	62	樂	木	11	즐길 락/ 노래 악
20	頓	頁	04	조아릴 돈:	50	落	艹	09	떨어질 락
32	突	穴	04	갑자기 돌	32	絡	糸	06	이을/얽을 락
20	乭	乙	05	이름 돌	20	洛	水	06	물이름 락
80	東	木	04	동녘 동	40	亂	乙	12	어지러울 란:
70	冬	冫	03	겨울 동(:)	40	卵	卩	05	알 란:
72	動	力	09	움직일 동:	32	欄	木	17	난간 란
70	同	口	03	한가지 동	32	蘭	艹	17	난초 란
70	洞	水	06	골 동:/ 밝을 통:	20	爛	火	17	빛날 란:
62	童	立	07	아이 동(:)	40	覽	見	14	볼 람
42	銅	金	06	구리 동	30	濫	水	14	넘칠 람:
32	凍	冫	08	얼 동:	20	藍	艹	14	쪽 람
20	桐	木	06	오동나무 동	20	拉	手	05	끌 랍
20	棟	木	08	마룻대 동	52	朗	月	07	밝을 랑:
20	董	艹	09	바를(正) 동:	32	廊	广	10	사랑채/행랑 랑
60	頭	頁	07	머리 두	32	浪	水	07	물결 랑(:)
42	斗	斗	00	말 두	32	郞	邑/阝	07	사내 랑
42	豆	豆	00	콩 두	70	來	人	06	올 래(:)
20	杜	木	03	막을 두	20	萊	艹	08	명아주 래
30	屯	屮	01	진칠 둔	50	冷	冫	05	찰 랭:
30	鈍	金	04	둔할 둔:	40	略	田	06	간략할/약할 략
42	得	彳	08	얻을 득	30	掠	手	08	노략질할 략
70	登	癶	07	오를 등	52	良	艮	01	어질 량

급수	한자	부수	획수	대표훈음	급수	한자	부수	획수	대표훈음
50	量	里	05	헤아릴 량	30	廉	广	10	청렴할 렴
42	兩	入	06	두 량:	20	濂	水	13	물 이름 렴
40	糧	米	12	양식 량	30	獵	犬	15	사냥 렵
32	涼	水	08	서늘할 량	50	令	人	03	하여금 령(:)
32	梁	木	07	들보/돌다리 량	50	領	頁	05	거느릴 령
30	諒	言	08	살펴알/믿을 량	32	嶺	山	14	고개 령
20	亮	亠	07	밝을 량	32	靈	雨	16	신령 령
20	樑	木	11	들보 량	30	零	雨	05	떨어질/영(數字) 령
20	輛	車	08	수레 량:	20	玲	玉	05	옥소리 령
52	旅	方	06	나그네 려	60	例	人	06	법식 례
42	麗	鹿	08	고울 려	60	禮	示	13	예도 례:
40	慮	心	11	생각할 려	30	隷	隶	08	종 례:
32	勵	力	15	힘쓸 려	20	醴	酉	13	단술(甘酒) 례:
20	呂	口	04	성(姓)/법칙 려:	70	老	老	00	늙을 로:
20	廬	广	16	농막(農幕)집 려	60	路	足	06	길 로:
20	礪	石	15	숫돌 려	52	勞	力	10	일할 로
20	驪	馬	19	검은말 려	32	爐	火	16	화로 로
72	力	力	00	힘 력	32	露	雨	13	이슬 로:
52	歷	止	12	지날 력	20	盧	皿	11	성(姓) 로
32	曆	日	12	책력 력	20	蘆	艹	16	갈대 로
52	練	糸	09	익힐 련:	20	魯	魚	04	노나라/노둔할 로
42	連	辶	07	이을 련	20	鷺	鳥	13	백로/해오라기 로
32	戀	心	19	그리워할/그릴 련:	60	綠	糸	08	푸를 록
32	聯	耳	11	연이을 련	42	錄	金	08	기록할 록
32	鍊	金	09	쇠불릴/단련할 련:	32	祿	示	08	녹 록
30	憐	心	12	불쌍히 여길 련	30	鹿	鹿	00	사슴 록
32	蓮	艹	11	연꽃 련	42	論	言	08	논할 론
20	漣	水	11	잔물결 련	32	弄	廾	04	희롱할 롱:
20	煉	火	09	달굴 련	20	籠	竹	16	대바구니 롱(:)
42	列	刀	04	벌릴 렬	32	賴	貝	09	의뢰할 뢰:
40	烈	火	06	매울 렬	32	雷	雨	05	우레 뢰
30	劣	力	04	못할 렬	50	料	斗	06	헤아릴 료(:)
32	裂	衣	06	찢어질 렬	30	了	亅	01	마칠 료:

급수	한자	부수	획수	대표훈음
30	僚	人	12	동료 료
20	療	疒	12	병고칠 료
20	遼	辶	12	멀 료
40	龍	龍	00	용 룡
32	樓	木	11	다락 루
30	屢	尸	11	여러 루:
30	淚	水	08	눈물 루:
32	漏	水	11	샐 루:
32	累	糸	05	여러/자주 루:
52	流	水	07	흐를 류
52	類	頁	10	무리 류(:)
42	留	田	05	머무를 류
40	柳	木	05	버들 류(:)
20	劉	刀	13	죽일/묘금도(卯金刂) 류
20	硫	石	07	유황 류
20	謬	言	11	그르칠 류
80	六	八	02	여섯 륙
52	陸	阜/阝	08	뭍 륙
40	輪	車	08	바퀴 륜
32	倫	人	08	인륜 륜
20	崙	山	08	산이름 륜
42	律	彳	06	법칙 률
32	栗	木	06	밤 률
32	率	玄	06	비율 률/거느릴 솔
32	隆	阜/阝	09	높을 륭
32	陵	阜/阝	08	언덕 릉
20	楞	木	09	네모질(四角) 릉
70	里	里	00	마을 리:
62	利	刀	05	이할 리:
60	李	木	03	오얏/성(姓) 리:
62	理	玉	07	다스릴 리:
40	離	隹	11	떠날 리:
32	吏	口	03	벼슬아치/관리 리:

급수	한자	부수	획수	대표훈음
32	履	尸	12	밟을 리:
32	裏	衣	07	속 리:
30	梨	木	07	배 리
30	隣	阜/阝	12	이웃 린
20	麟	鹿	12	기린 린
70	林	木	04	수풀 림
32	臨	臣	11	임할 림
72	立	立	00	설 립

ㅁ

급수	한자	부수	획수	대표훈음
50	馬	馬	00	말 마:
32	磨	石	11	갈 마
32	麻	麻	00	삼 마(:)
20	摩	手	11	문지를 마
20	痲	疒	08	저릴 마
20	魔	鬼	11	마귀 마
32	幕	巾	11	장막 막
32	漠	水	11	넓을 막
32	莫	艹	07	없을 막
20	膜	肉/月	11	막/꺼풀 막
80	萬	艹	09	일만 만:
42	滿	水	11	찰 만(:)
30	慢	心	11	거만할 만:
32	晚	日	07	늦을 만:
30	漫	水	11	흩어질 만:
20	娩	女	07	낳을 만:
20	灣	水	22	물굽이 만
20	蠻	虫	19	오랑캐 만
50	末	木	01	끝 말
20	鞨	革	05	말갈(靺鞨) 말
50	亡	亠	01	망할 망
52	望	月	07	바랄 망:
32	妄	女	03	망령될 망:

급수	한자	부수	획수	대표훈음	급수	한자	부수	획수	대표훈음
30	忘	心	03	잊을 망	70	命	口	05	목숨 명:
30	忙	心	03	바쁠 망	62	明	日	04	밝을 명
30	罔	网	03	없을 망	40	鳴	鳥	03	울 명
30	茫	艹	06	아득할 망	32	銘	金	06	새길 명
20	網	糸	08	그물 망	30	冥	冖	08	어두울 명
72	每	母	03	매양 매(:)	80	母	母	01	어미 모:
50	買	貝	05	살 매:	42	毛	毛	00	터럭 모
50	賣	貝	08	팔 매(:)	40	模	木	11	본 뜰 모
40	妹	女	05	누이 매	32	慕	心	11	그릴 모:
32	梅	木	07	매화 매	32	謀	言	09	꾀 모(謨)
30	埋	土	07	묻을 매	32	貌	豸	07	모양 모
32	媒	女	09	중매 매	30	侮	人	07	업신여길 모(:)
20	枚	木	04	낱 매	30	冒	冂	07	무릅쓸 모
20	魅	鬼	05	매혹할 매	30	募	力	11	모을/뽑을 모
42	脈	肉/月	06	줄기 맥	30	暮	日	11	저물 모:
32	麥	麥	00	보리 맥	30	某	木	05	아무 모:
20	貊	豸	06	맥국(貊國) 맥	20	帽	巾	09	모자 모
32	孟	子	05	맏 맹(:)	20	牟	牛	02	성(姓)/보리(大麥) 모
32	猛	犬	08	사나울 맹:	20	矛	矛	00	창 모
32	盲	目	03	소경/눈 멀 맹	20	茅	++	05	띠(草名) 모
32	盟	皿	08	맹세 맹	20	謨	言	11	꾀 모
20	覓	見	04	찾을 멱	80	木	木	00	나무 목
70	面	面	00	낯 면:	60	目	目	00	눈 목
40	勉	力	07	힘쓸 면:	42	牧	牛	04	칠(養) 목
32	眠	目	05	잘 면	32	睦	目	08	화목할 목
32	綿	糸	08	솜 면	20	沐	水	04	머리감을 목
32	免	儿	05	면할 면:	20	穆	禾	11	화목할 목
20	冕	冂	09	면류관 면:	32	沒	水	04	빠질 몰
20	沔	水	04	물이름/빠질 면:	32	夢	夕	11	꿈 몽
20	俛	人	07	힘쓸/구푸릴 면:	32	蒙	++	10	어두울 몽
32	滅	水	10	멸할/꺼질 멸	40	墓	土	11	무덤 묘:
20	蔑	++	11	업신여길 멸	40	妙	女	04	묘할 묘:
72	名	口	03	이름 명	30	卯	卩/巳	03	토끼 묘:

급수	한자	부수	획수	대표훈음	급수	한자	부수	획수	대표훈음
30	廟	广	12	사당 묘:	30	敏	攵	07	민첩할 민
30	苗	艹	05	모 묘:	20	旻	日	04	하늘 민
20	昴	日	05	별이름 묘:	20	旼	日	04	화할 민
50	無	火	08	없을 무	20	玟	玉	04	아름다운돌 민
42	務	力	09	힘쓸 무:	20	珉	玉	05	옥돌 민
42	武	止	04	호반 무:	20	閔	門	04	성(姓) 민
40	舞	舛	08	춤출 무:	42	密	宀	08	빽빽할 밀
32	茂	艹	05	무성할 무:	30	蜜	虫	08	꿀 밀
32	貿	貝	05	무역할 무:					
30	戊	戈	01	천간 무:					
30	霧	雨	11	안개 무:	60	朴	木	02	성(姓) 박
32	默	黑	04	잠잠할 묵	42	博	十	10	넓을 박
32	墨	土	12	먹 묵	40	拍	手	05	칠 박
80	門	門	00	**문 문**	32	薄	艹	13	엷을 박
70	問	口	08	물을 문:	32	迫	辶	05	핍박할 박
70	文	文	00	글월 문	30	泊	水	05	머무를/배댈 박
62	聞	耳	08	들을 문(:)	20	舶	舟	05	배 박
32	紋	糸	04	무늬 문	62	半	十	03	반 반:
20	汶	水	04	물이름 문	62	反	又	02	돌이킬/돌아올 반:
20	紊	糸	04	문란할/어지러울 문	62	班	玉	06	나눌 반
72	物	牛	04	물건 물	32	般	舟	04	가지/일반 반
32	勿	勹	02	말(禁) 물	32	飯	食	04	밥 반
62	米	米	00	쌀 미	30	伴	人	05	짝 반:
60	美	羊	03	아름다울 미(:)	30	叛	又	07	배반할 반:
42	味	口	05	맛 미:	32	盤	皿	10	소반 반
42	未	木	01	아닐 미(:)	30	返	辶	04	돌이킬 반:
32	微	彳	10	작을 미	20	搬	手	10	옮길 반
32	尾	尸	04	꼬리 미:	20	磻	石	12	반계(磻溪) 반/번
30	眉	目	04	눈썹 미	62	發	癶	07	필 발
30	迷	辶	06	미혹할 미(:)	40	髮	髟	05	터럭 발
20	彌	弓	14	미륵/오랠 미	32	拔	手	05	뽑을 발
80	民	氏	01	백성 민	20	渤	水	09	바다이름 발
30	憫	心	12	민망할 민	20	鉢	金	05	바리때 발

급수	한자	부수	획수	대표훈음	급수	한자	부수	획수	대표훈음
72	方	方	00	모(棱) 방	42	伐	人	04	칠(討) 벌
62	放	攵	04	놓을 방(:)	42	罰	罒	09	벌할 벌
42	房	戶	04	방 방	20	筏	竹	06	뗏목 벌
42	訪	言	04	찾을 방:	20	閥	門	06	문벌 벌
42	防	阜/阝	04	막을 방	40	犯	犬	02	범할 범:
40	妨	女	04	방해할 방	40	範	竹	09	법 범:
30	倣	人	08	본뜰 방	32	凡	几	01	무릇 범(:)
30	傍	人	10	곁 방:	20	汎	水	03	넓을 범:
32	芳	艹	04	꽃다울 방	20	范	艹	05	성(姓) 범:
30	邦	邑/阝	04	나라 방	52	法	水	05	법 법
20	旁	方	06	곁 방:	42	壁	土	13	벽 벽
20	紡	糸	04	길쌈 방	32	碧	石	09	푸를 벽
20	龐	龍	03	높은 집 방	20	僻	人	13	궁벽할 벽
50	倍	人	08	곱 배(:)	52	變	言	16	변할 변:
42	拜	手	05	절 배:	42	邊	辶	15	가 변
42	背	肉/月	05	등 배:	40	辯	辛	14	말씀 변:
42	配	酉	03	나눌/짝 배:	30	辨	辛	09	분별할 변:
32	培	土	08	북돋울 배:	20	卞	卜	02	성(姓) 변:
32	排	手	08	밀칠 배	20	弁	廾	02	고깔 변:
32	輩	車	08	무리 배:	60	別	刀	05	다를/나눌 별
30	杯	木	04	잔 배	60	病	疒	05	병 병:
20	俳	人	08	배우 배	52	兵	八	05	병사 병
20	裵	衣	08	성(姓) 배	32	丙	一	04	남녘 병:
20	賠	貝	08	물어줄 배:	30	屛	尸	08	병풍 병(:)
80	白	白	00	흰 백	30	竝	立	05	나란히 병:
70	百	白	01	일백 백	20	倂	人	08	아우를 병:
32	伯	人	05	맏 백	20	昞	日	05	밝을 병:
20	柏	木	05	측백 백	20	昺	日	05	밝을 병:
60	番	田	07	차례 번	20	柄	木	05	자루 병:
32	繁	糸	11	번성할 번	20	炳	火	05	불꽃 병:
30	煩	火	09	번거로울 번	20	秉	禾	03	잡을 병:
30	飜	飛	12	번역할 번	42	保	人	07	지킬 보(:)
20	潘	水	12	성(姓) 반	42	報	土	09	갚을/알릴 보:

급수	한자	부수	획수	대표훈음	급수	한자	부수	획수	대표훈음
42	寶	宀	17	보배 보:	42	府	广	05	마을(官廳) 부(:)
42	步	止	03	걸음 보:	40	否	口	04	아닐 부:
40	普	日	08	넓을 보:	40	負	貝	02	질(荷) 부:
32	補	衣	07	기울 보:	32	付	人	03	부칠 부:
32	譜	言	12	족보 보:	32	扶	手	04	도울 부
20	潽	水	12	물이름 보:	32	浮	水	07	뜰 부
20	甫	用	02	클 보:	32	符	竹	05	부호 부(:)
20	輔	車	07	도울 보:	32	簿	竹	13	문서 부:
60	服	月	04	옷 복	32	附	阜/阝	05	붙을 부(:)
52	福	示	09	복 복	32	腐	肉/月	08	썩을 부:
42	復	彳	09	회복할 복/다시 부:	32	賦	貝	08	부세 부:
40	伏	人	04	엎드릴 복	30	赴	走	02	다다를(趨而至)/갈(趨) 부:
40	複	衣	09	겹칠 복	20	傅	人	10	스승 부:
32	腹	肉/月	09	배 복	20	敷	攵	11	펼 부(:)
30	卜	卜	00	점 복	20	膚	肉/月	11	살갗 부
32	覆	襾	12	덮을 부/ 다시 복	20	釜	金	02	가마(鬴) 부
20	馥	香	09	향기 복	20	阜	阜	00	언덕 부:
60	本	木	01	근본 본	80	北	匕	03	북녘 북/달아날 배
52	奉	大	05	받들 봉:	62	分	刀	02	나눌 분(:)
32	封	寸	06	봉할 봉	40	憤	心	12	분할 분:
32	峯	山	07	봉우리 봉	40	粉	米	04	가루 분(:)
32	逢	辶	07	만날 봉	32	奔	大	06	달릴 분
30	蜂	虫	07	벌 봉	32	奮	大	13	떨칠 분:
32	鳳	鳥	03	봉새 봉:	32	紛	糸	04	어지러울 분
20	俸	人	08	녹(祿) 봉:	30	墳	土	12	무덤 분
20	縫	糸	11	꿰맬 봉	20	芬	艹	04	향기 분
20	蓬	艹	11	쑥 봉	72	不	一	03	아닐 불
80	父	父	00	아비 부	42	佛	人	05	부처 불
70	夫	大	01	지아비 부	32	拂	手	05	떨칠 불
62	部	邑/阝	08	떼 부	20	弗	弓	02	아닐/말(勿) 불
42	副	刀	09	버금 부	30	崩	山	08	무너질 붕
42	婦	女	08	며느리 부	30	朋	月	04	벗 붕
42	富	宀	09	부자 부:	20	鵬	鳥	08	새 붕

급수	한자	부수	획수	대표훈음	급수	한자	부수	획수	대표훈음
50	比	比	00	견줄 비:	52	仕	人	03	섬길 사(:)
50	費	貝	05	쓸 비:	52	史	口	02	사기(史記) 사:
50	鼻	鼻	00	코 비:	52	士	士	00	선비 사:
42	備	人	10	갖출 비:	50	寫	宀	12	베낄 사
42	悲	心	08	슬플 비:	50	思	心	05	생각 사(:)
42	非	非	00	아닐 비(:)	50	査	木	05	조사할 사
42	飛	飛	00	날 비	42	寺	寸	03	절 사
40	批	手	04	비평할 비:	42	師	巾	07	스승 사
40	碑	石	08	비석 비	42	舍	舌	02	집 사
40	祕	示	05	숨길 비:	42	謝	言	10	사례할 사:
32	卑	十	06	낮을 비:	40	射	寸	07	쏠 사(:)
32	妃	女	03	왕비 비	40	私	禾	02	사사(私事) 사
32	婢	女	08	계집종 비:	40	絲	糸	06	실 사
32	肥	肉/月	04	살찔 비:	40	辭	辛	12	말씀 사
20	丕	一	04	클 비	32	司	口	02	맡을 사
20	匪	匚	08	비적 비:	32	沙	水	04	모래 사
20	毖	比	05	삼갈 비	32	祀	示	03	제사 사
20	毗	比	05	도울 비	32	詞	言	05	말/글 사
20	泌	水	05	분비할 비:/ 스며 흐를 필	32	邪	邑/阝	04	간사할 사
42	貧	貝	04	가난할 빈	30	似	人	05	닮을 사:
30	賓	貝	07	손 빈	30	巳	己	00	뱀 사:
30	頻	頁	07	자주 빈	30	捨	手	08	버릴 사:
20	彬	彡	08	빛날 빈	32	斜	斗	07	비낄 사
50	氷	水	01	얼음 빙	30	斯	斤	08	이 사
30	聘	耳	07	부를 빙	32	蛇	虫	05	긴뱀 사
20	馮	馬	02	탈(乘) 빙/ 성(姓) 풍	30	詐	言	05	속일 사
					30	賜	貝	08	줄 사:
					20	唆	口	07	부추길 사
		ㅅ			20	泗	水	05	물 이름 사:
80	四	口	02	넉 사:	20	赦	赤	04	용서할 사:
72	事	亅	07	일 사:	20	飼	食	05	기를 사
60	使	人	06	하여금/부릴 사:	32	削	刀	07	깎을 삭
60	死	歹	02	죽을 사:	30	朔	月	06	초하루 삭
62	社	示	03	모일 사					

급수	한자	부수	획수	대표훈음	급수	한자	부수	획수	대표훈음
80	山	山	00	메 산	70	色	色	00	빛 색
70	算	竹	08	셈 산:	32	索	糸	04	찾을 색/ 노(새끼줄) 삭
52	産	生	06	낳을 산:	32	塞	土	10	막힐 색/ 변방 새
40	散	攵	08	흩을 산:	80	生	生	00	날 생
20	傘	人	10	우산 산	80	西	襾	00	서녘 서
20	酸	酉	07	실(味覺) 산	62	書	日	06	글 서
42	殺	殳	07	죽일 살/ 감할 쇄:	50	序	广	04	차례 서:
80	三	一	02	석 삼	32	徐	彳	07	천천할 서(:)
32	森	木	08	수풀 삼	32	恕	心	06	용서할 서:
20	蔘	艹	11	삼 삼	32	緒	糸	09	실마리 서:
20	揷	手	09	꽂을 삽	32	署	罒	09	마을[官廳] 서:
72	上	一	02	윗 상:	30	庶	广	08	여러 서:
52	商	口	08	장사 상	30	敍	攵	07	펼 서:
52	相	目	04	서로 상	30	暑	日	09	더울 서:
50	賞	貝	08	상줄 상	30	誓	言	07	맹세할 서:
42	常	巾	08	떳떳할 상	30	逝	辶	07	갈 서:
42	床	广	04	상 상	20	瑞	玉	09	상서 서:
42	想	心	09	생각 상:	20	舒	舌	06	펼 서:
42	狀	犬	04	형상 상/문서 장:	70	夕	夕	00	저녁 석
40	傷	人	11	다칠 상	60	席	巾	07	자리 석
40	象	豕	05	코끼리 상	60	石	石	00	돌 석
32	像	人	12	모양 상	32	惜	心	08	아낄 석
32	喪	口	09	잃을 상(:)	32	釋	釆	13	풀 석
32	尙	小	05	오히려 상(:)	30	昔	日	04	예 석
32	裳	衣	08	치마 상	30	析	木	04	쪼갤 석
32	詳	言	06	자세할 상	20	奭	大	12	클/쌍백 석
32	霜	雨	09	서리 상	20	晳	日	08	밝을 석
32	償	人	15	갚을 상	20	碩	石	09	클 석
30	嘗	口	11	맛볼 상	20	錫	金	08	주석 석
32	桑	木	06	뽕나무 상	80	先	儿	04	먼저 선
30	祥	示	06	상서 상	62	線	糸	09	줄 선
20	庠	广	06	학교 상	52	仙	人	03	신선 선
20	箱	竹	09	상자 상	50	善	口	09	착할 선:

급수	한자	부수	획수	대표훈음	급수	한자	부수	획수	대표훈음
50	船	舟	05	배 선	20	晟	日	07	밝을 성
50	選	辶	12	가릴 선:	72	世	一	04	인간 세:
52	鮮	魚	06	고울 선	52	歲	止	09	해 세:
40	宣	宀	06	베풀 선	52	洗	水	06	씻을 세:
32	旋	方	07	돌(廻) 선	42	勢	力	11	형세 세:
32	禪	示	12	선 선	42	稅	禾	07	세금 세:
20	瑄	玉	09	도리옥 선	42	細	糸	05	가늘 세:
20	璇	玉	11	옥 선	20	貰	貝	05	세놓을 세:
20	璿	玉	14	구슬 선	80	小	小	00	작을 소
20	繕	糸	12	기울 선:	70	少	小	01	적을 소
62	雪	雨	03	눈 설	70	所	戶	04	바 소
52	說	言	07	말씀 설/달랠 세:	62	消	水	07	사라질 소
42	設	言	04	베풀 설	42	掃	手	08	쓸(掃除) 소(:)
40	舌	舌	00	혀 설	42	笑	竹	04	웃음 소
20	卨	卜	09	사람 이름 설	42	素	糸	04	본디/흴 소(:)
20	薛	艹	13	성(姓) 설	32	疏	疋	07	소통할 소
20	暹	日	12	햇살 치밀/나라 이름 섬	32	蘇	艹	16	되살아날 소
20	纖	糸	17	가늘 섬	32	訴	言	05	호소할 소
20	蟾	虫	13	두꺼비 섬	30	召	口	02	부를 소
20	陝	阜/阝	07	땅 이름 섬	30	昭	日	05	밝을 소
30	攝	手	18	다스릴/잡을 섭	32	燒	火	12	사를 소(:)
30	涉	水	07	건널 섭	30	蔬	艹	12	나물 소
20	燮	火	13	불꽃 섭	30	騷	馬	10	떠들 소
72	姓	女	05	성 성:	20	巢	巛	08	새집 소
62	成	戈	03	이룰 성	20	沼	水	05	못 소
62	省	目	04	살필 성/덜 생	20	紹	糸	05	이을 소
52	性	心	05	성품 성:	20	邵	邑/阝	05	땅이름/성(姓) 소
42	城	土	07	재 성	60	速	辶	07	빠를 속
42	星	日	05	별 성	52	束	木	03	묶을 속
42	盛	皿	07	성할 성:	42	俗	人	07	풍속 속
42	聖	耳	07	성인 성:	42	續	糸	15	이을 속
42	聲	耳	11	소리 성	40	屬	尸	18	붙일 속
42	誠	言	07	정성 성	30	粟	米	06	조 속

급수	한자	부수	획수	대표훈음	급수	한자	부수	획수	대표훈음
60	孫	子	07	손자 손(:)	30	睡	目	08	졸음 수
40	損	手	10	덜 손:	30	誰	言	08	누구 수
42	送	辶	06	보낼 송:	30	遂	辶	09	드디어 수
40	松	木	04	소나무 송	30	雖	佳	09	비록 수
40	頌	頁	04	기릴/칭송할 송:	30	須	頁	03	모름지기 수
32	訟	言	04	송사할 송:	20	洙	水	06	물가 수
30	誦	言	07	욀 송:	20	銖	金	06	저울눈 수
20	宋	宀	04	성(姓) 송:	20	隋	阜/阝	09	수나라 수
32	刷	刀	06	인쇄할 쇄:	52	宿	宀	08	잘 숙/별자리 수:
32	鎖	金	10	쇠사슬 쇄:	40	叔	又	06	아재비 숙
32	衰	衣	04	쇠할 쇠	40	肅	聿	07	엄숙할 숙
80	水	水	00	물 수	32	淑	水	08	맑을 숙
72	手	手	00	손 수(:)	32	熟	火	11	익을 숙
70	數	攵	11	셈 수:	30	孰	子	08	누구 숙
60	樹	木	12	나무 수	52	順	頁	03	순할 순:
52	首	首	00	머리 수	42	純	糸	04	순수할 순
42	修	人	08	닦을 수	32	巡	巛	04	돌(廻)/순행할 순
42	受	又	06	받을 수(:)	32	旬	日	02	열흘 순
42	守	宀	03	지킬 수	32	瞬	目	12	눈 깜짝일 순
42	授	手	08	줄 수	30	循	彳	09	돌 순
42	收	攵	02	거둘 수	30	殉	歹	06	따라죽을 순
40	秀	禾	02	빼어날 수	30	脣	肉/月	07	입술 순
32	壽	士	11	목숨 수	20	洵	水	06	참으로 순
32	帥	巾	06	장수 수	20	淳	水	08	순박할 순
32	愁	心	09	근심 수	20	珣	玉	06	옥 이름 순
32	殊	歹	06	다를 수	20	盾	目	04	방패 순
32	獸	犬	15	짐승 수	20	舜	舛	06	순임금 순
32	輸	車	09	보낼 수	20	荀	艹	06	풀이름 순
32	隨	阜/阝	13	따를 수	62	術	行	05	재주 술
32	需	雨	06	쓰일/쓸 수	32	述	辶	05	펼 술
30	囚	口	02	가둘 수	30	戌	戈	02	개 술
32	垂	土	05	드리울 수	40	崇	山	08	높을 숭
30	搜	手	09	찾을 수	20	瑟	玉	09	큰거문고 슬

급수	한자	부수	획수	대표훈음	급수	한자	부수	획수	대표훈음
60	習	羽	05	익힐 습	62	信	人	07	믿을 신:
32	拾	手	06	주울 습/열 십	62	新	斤	09	새 신
32	襲	衣	16	엄습할 습	62	神	示	05	귀신 신
32	濕	水	14	젖을 습	62	身	身	00	몸 신
60	勝	力	10	이길 승	52	臣	臣	00	신하 신
42	承	手	04	이을 승	42	申	田	00	납(猿) 신
32	乘	丿	09	탈 승	32	愼	心	10	삼갈 신:
32	僧	人	12	중 승	30	伸	人	05	펼 신
32	昇	日	04	오를 승	30	晨	日	07	새벽 신
20	升	十	02	되 승	30	辛	辛	00	매울 신
20	繩	糸	13	노끈 승	20	紳	糸	05	띠(帶) 신:
72	市	巾	02	저자 시:	20	腎	肉/月	08	콩팥 신:
72	時	日	06	때 시	80	室	宀	06	집 실
62	始	女	05	비로소 시:	60	失	大	02	잃을 실
50	示	示	00	보일 시:	52	實	宀	11	열매 실
42	施	方	05	베풀 시:	70	心	心	00	마음 심
42	是	日	05	이(斯)/옳을 시:	42	深	水	08	깊을 심
42	視	見	05	볼 시:	32	審	宀	12	살필 심(:)
42	試	言	06	시험 시(:)	32	甚	甘	04	심할 심:
42	詩	言	06	시 시	30	尋	寸	09	찾을 심
32	侍	人	06	모실 시:	20	瀋	水	15	즙낼/물 이름 심:
30	矢	矢	00	화살 시:	80	十	十	00	열 십
20	屍	尸	06	주검 시:	32	雙	隹	10	두/쌍 쌍
20	柴	木	06	섶(薪) 시:	40	氏	氏	00	각시/성씨(姓氏) 씨
70	植	木	08	심을 식					
72	食	食	00	밥/먹을 식			◎		
60	式	弋	03	법 식	52	兒	儿	06	아이 아
52	識	言	12	알 식/기록할 지	32	亞	二	06	버금 아(:)
42	息	心	06	쉴 식	32	我	戈	03	나 아:
32	飾	食	05	꾸밀 식	32	阿	阜/阝	05	언덕 아
20	殖	歹	08	불릴 식	32	雅	隹	04	맑을 아(:)
20	湜	水	09	물 맑을 식	32	牙	牙	00	어금니 아
20	軾	車	06	수레 가로나무 식	32	芽	艹	04	싹 아

급수	한자	부수	획수	대표훈음	급수	한자	부수	획수	대표훈음
30	餓	食	07	주릴 아:	30	耶	耳	03	어조사 야
52	惡	心	08	악할 악/ 미워할 오	20	倻	人	09	가야 야
30	岳	山	05	큰 산 악	20	惹	心	09	이끌 야:
20	握	手	09	쥘 악	62	弱	弓	07	약할 약
72	安	宀	03	편안 안	62	藥	++	15	약 약
50	案	木	06	책상 안:	52	約	糸	03	맺을 약
42	眼	目	06	눈 안:	32	若	++	05	같을 약/반야 야
32	岸	山	05	언덕 안:	30	躍	足	14	뛸 약
32	顔	頁	09	낯 안:	60	洋	水	06	큰바다 양
30	雁	隹	04	기러기 안:	60	陽	阜/阝	09	볕 양
30	謁	言	09	뵐 알	52	養	食	06	기를 양:
20	關	門	08	막을 알	42	羊	羊	00	양 양
42	暗	日	09	어두울 암:	40	樣	木	11	모양 양
32	巖	山	20	바위 암	32	壤	土	17	흙덩이 양:
20	癌	疒	12	암 암	32	揚	手	09	날릴 양
42	壓	土	14	누를 압	32	讓	言	17	사양할 양:
30	押	手	05	누를 압	30	楊	木	09	버들 양
20	鴨	鳥	05	오리 압	20	孃	女	17	아가씨 양
32	仰	人/亻	04	우러를 앙:	20	襄	衣	11	도울 양(:)
32	央	大	02	가운데 앙	70	語	言	07	말씀 어:
30	殃	歹	05	재앙 앙	50	漁	水	11	고기 잡을 어
60	愛	心	09	사랑 애(:)	50	魚	魚	00	고기/물고기 어
32	哀	口	06	슬플 애	32	御	彳	08	거느릴 어:
30	涯	水	08	물가 애	30	於	方	04	어조사 어/탄식할 오
20	埃	土	07	티끌 애	50	億	人	13	억(數字) 억
20	艾	++	02	쑥 애	32	憶	心	13	생각할 억
20	礙	石	14	거리낄 애:	32	抑	手	04	누를 억
42	液	水	08	진 액	60	言	言	00	말씀 언
40	額	頁	09	이마 액	30	焉	火	07	어찌 언
30	厄	厂	02	액 액	20	彦	彡	06	선비 언:
60	夜	夕	05	밤 야:	40	嚴	口	17	엄할 엄
60	野	里	04	들(坪) 야:	62	業	木	09	업 업
30	也	乙	02	이끼/어조사 야:	42	如	女	03	같을 여

급수	한자	부수	획수	대표훈음	급수	한자	부수	획수	대표훈음
42	餘	食	07	남을 여	32	染	木	05	물들 염:
40	與	臼	07	더불/줄 여:	32	炎	火	04	불꽃 염
30	予	亅	03	나 여	32	鹽	鹵	13	소금 염
30	余	人	05	나 여	20	厭	厂	12	싫어할 염
30	汝	水	03	너 여	20	閻	門	08	마을 염
30	輿	車	10	수레 여:	50	葉	++	09	잎 엽
42	逆	辶	06	거스릴 역	20	燁	火	12	빛날 엽
40	域	土	08	지경 역	60	永	水	01	길 영:
40	易	日	04	바꿀 역/쉬울 이:	60	英	++	05	꽃부리 영
32	亦	亠	04	또 역	42	榮	木	10	영화 영
32	役	彳	04	부릴 역	40	映	日	05	비칠 영(:)
32	譯	言	13	번역할 역	40	營	火	13	경영할 영
32	驛	馬	13	역 역	40	迎	辶	04	맞을 영
32	疫	疒	04	전염병 역	32	影	彡	12	그림자 영:
70	然	火	08	그럴 연	30	泳	水	05	헤엄칠 영:
42	演	水	11	펼 연:	30	詠	言	05	읊을 영:
42	煙	火	09	연기 연	20	暎	日	09	비칠 영:
42	硏	石	06	갈 연:	20	瑛	玉	09	옥빛 영
40	延	廴	04	늘일 연	20	盈	皿	04	찰 영
40	燃	火	12	탈 연	42	藝	++	15	재주 예:
40	緣	糸	09	인연 연	40	豫	豕	09	미리 예:
40	鉛	金	05	납 연	32	譽	言	14	기릴/명예 예:
32	宴	宀	07	잔치 연:	30	銳	金	07	날카로울 예:
32	沿	水	05	물 따라갈/따를 연(:)	20	濊	水	13	종족 이름 예:
32	軟	車	04	연할 연:	20	睿	目	09	슬기 예:
32	燕	火	12	제비 연(:)	20	芮	++	04	성(姓) 예:
20	妍	女	06	고울 연	20	預	頁	04	맡길/미리 예:
20	淵	水	09	못 연	80	五	二	02	다섯 오:
20	硯	石	07	벼루 연:	72	午	十	02	낮 오:
20	衍	行	03	넓을 연:	42	誤	言	07	그르칠 오:
50	熱	火	11	더울 열	32	悟	心	07	깨달을 오:
32	悅	心	07	기쁠 열	32	烏	火	06	까마귀 오
30	閱	門	07	볼(覽) 열	30	傲	人	11	거만할 오:

급수	한자	부수	획수	대표훈음	급수	한자	부수	획수	대표훈음
30	吾	口	04	나 오	50	曜	日	14	빛날 요:
30	嗚	口	10	슬플 오	52	要	襾	03	요긴할 요(:)
30	娛	女	07	즐길 오:	42	謠	言	10	노래 요
30	汚	水	03	더러울 오:	30	搖	手	10	흔들 요
20	吳	口	04	성(姓) 오	30	腰	肉/月	09	허리 요
20	墺	土	13	물가 오:	30	遙	辶	10	멀 요
20	梧	木	07	오동나무 오(:)	20	堯	土	09	요임금 요
50	屋	尸	06	집 옥	20	妖	女	04	요사할 요
42	玉	玉	00	구슬 옥	20	姚	女	06	예쁠 요
32	獄	犬	11	옥(囹舍) 옥	20	燿	羽	14	빛날 요
20	沃	水	04	기름질 옥	50	浴	水	07	목욕할 욕
20	鈺	金	05	보배 옥	32	慾	心	11	욕심 욕
60	溫	水	10	따뜻할 온	32	欲	欠	07	하고자 할 욕
20	穩	禾	14	편안할 온	32	辱	辰	03	욕될 욕
30	擁	手	13	낄 옹:	62	勇	力	07	날랠 용:
30	翁	羽	04	늙은이 옹	62	用	用	00	쓸 용:
20	甕	瓦	13	독 옹:	42	容	宀	07	얼굴 용
20	邕	邑	03	막힐 옹	30	庸	广	08	떳떳할 용
20	雍	隹	05	화(和)할 옹	20	傭	人	11	품팔 용
32	瓦	瓦	00	기와 와:	20	溶	水	10	녹을 용
30	臥	臣	02	누울 와:	20	熔	火	10	녹을 용
50	完	宀	04	완전할 완	20	瑢	玉	10	패옥소리 용
32	緩	糸	09	느릴 완:	20	鎔	金	10	쇠 녹일 용
20	莞	艹	07	빙그레할 완/왕골 관	20	鏞	金	11	쇠북 용
30	曰	曰	00	가로 왈	72	右	口	02	오를/오른(쪽) 우:
80	王	玉	00	임금 왕	52	友	又	02	벗 우:
42	往	彳	05	갈 왕:	50	牛	牛	00	소 우
20	旺	日	04	왕성할 왕:	52	雨	雨	00	비 우:
20	汪	水	04	넓을 왕(:)	40	優	人	15	넉넉할 우
20	倭	人	08	왜나라 왜	40	遇	辶	09	만날 우:
20	歪	止	05	기울 왜(외)	40	郵	邑/阝	08	우편 우
80	外	夕	02	바깥 외:	32	偶	人	09	짝 우:
30	畏	田	04	두려워할 외:	32	宇	宀	03	집 우:

급수	한자	부수	획수	대표훈음	급수	한자	부수	획수	대표훈음
32	愚	心	09	어리석을 우	40	源	水	10	근원 원
32	憂	心	11	근심 우	20	媛	女	09	계집 원
30	于	二	01	어조사 우	20	瑗	玉	09	구슬 원
30	又	又	00	또 우:	20	苑	艹	05	나라 동산 원:
30	尤	尢	01	더욱 우	20	袁	衣	04	성(姓) 원
32	羽	羽	00	깃 우:	80	月	月	00	달 월
20	佑	人	05	도울 우:	32	越	走	05	넘을 월
20	祐	示	05	복(福) 우:	50	位	人	05	자리 위
20	禹	内	04	성(姓) 우:	52	偉	人	09	클 위
20	旭	日	02	아침해 욱	42	爲	爪	08	하/할 위(:)
20	昱	日	05	햇빛 밝을 욱	42	衛	行	09	지킬 위
20	煜	火	09	빛날 욱	40	危	卩	04	위태할 위
20	郁	邑/阝	06	성할 욱	40	圍	囗	09	에워쌀 위
20	項	頁	04	삼갈 욱	40	委	女	05	맡길 위
62	運	辶	09	옮길 운:	40	威	女	06	위엄 위
52	雲	雨	04	구름 운	40	慰	心	11	위로할 위
32	韻	音	10	운 운:	32	謂	言	09	이를 위
30	云	二	02	이를 운	32	僞	人	12	거짓 위
20	芸	艹	04	향풀 운	30	緯	糸	09	씨 위
20	蔚	艹	11	고을 이름 울	32	胃	肉/月	05	밥통 위
20	鬱	鬯	19	답답할 울	30	違	辶	09	어긋날 위
50	雄	隹	04	수컷 웅	20	尉	寸	08	벼슬 위
20	熊	火	10	곰 웅	20	渭	水	09	물이름 위
60	園	囗	10	동산 원	20	韋	韋	00	가죽 위
60	遠	辶	10	멀 원:	20	魏	鬼	08	성(姓) 위
52	元	儿	02	으뜸 원	70	有	月	02	있을 유:
50	原	厂	08	언덕 원	60	油	水	05	기름 유
50	院	阜/阝	07	집 원	60	由	田	00	말미암을 유
50	願	頁	10	원할 원:	40	乳	乙	07	젖 유
42	員	口	07	인원 원	40	儒	人	14	선비 유
42	圓	囗	10	둥글 원	40	遊	辶	09	놀 유
40	怨	心	05	원망할 원(:)	40	遺	辶	12	남길 유
40	援	手	09	도울 원:	32	幼	幺	02	어릴 유

급수	한자	부수	획수	대표훈음
32	幽	幺	06	그윽할 유
32	悠	心	07	멀 유
32	柔	木	05	부드러울 유
32	猶	犬	09	오히려 유
32	維	糸	08	벼리 유
32	裕	衣	07	넉넉할 유:
32	誘	言	07	꾈 유
30	唯	口	08	오직 유
30	惟	心	08	생각할 유
30	愈	心	09	나을 유
30	酉	酉	00	닭 유
20	俞	入	07	대답할/인월도(人月刂) 유
20	庾	广	08	곳집/노적가리 유
20	楡	木	09	느릅나무 유
20	踰	足	09	넘을 유
70	育	肉/月	04	기를 육
42	肉	肉	00	고기 육
32	潤	水	12	불을 윤:
30	閏	門	04	윤달 윤:
20	允	兒	02	맏(伯) 윤:
20	尹	尸	01	성(姓) 윤:
20	胤	肉/月	05	자손 윤
20	鈗	金	04	창 윤
20	融	虫	10	녹을 융
60	銀	金	06	은 은
42	恩	心	06	은혜 은
40	隱	阜/阝	14	숨을 은
20	垠	土	06	지경 은
20	殷	殳	06	은나라 은
20	誾	言	08	향기 은
32	乙	乙	00	새 을
62	音	音	00	소리 음
62	飮	食	04	마실 음(:)

급수	한자	부수	획수	대표훈음
42	陰	阜/阝	08	그늘 음
30	吟	口	04	읊을 음
32	淫	水	08	음란할 음
70	邑	邑	00	고을 읍
30	泣	水	05	울 읍
42	應	心	13	응할 응:
30	凝	冫	14	엉길 응:
20	鷹	鳥	13	매 응(:)
62	意	心	09	뜻 의
60	衣	衣	00	옷 의
60	醫	酉	11	의원 의
42	義	羊	07	옳을 의:
42	議	言	13	의논할 의(:)
40	依	人	06	의지할 의
40	儀	人	13	거동 의
40	疑	疋	09	의심할 의
30	宜	宀	05	마땅 의
30	矣	矢	02	어조사 의
80	二	二	00	두 이:
52	以	人	03	써 이:
50	耳	耳	00	귀 이:
42	移	禾	06	옮길 이
40	異	田	06	다를 이:
32	已	己	00	이미 이:
30	夷	大	03	오랑캐 이
30	而	而	00	말이을 이
20	伊	人	04	저(彼) 이
20	怡	心	05	기쁠 이
20	珥	玉	06	귀고리 이
20	貳	貝	05	두/갖은두 이:
42	益	皿	05	더할 익
32	翼	羽	11	날개 익
20	翊	羽	05	도울 익

급수	한자	부수	획수	대표훈음	급수	한자	부수	획수	대표훈음
80	人	人	00	사람 인	30	玆	玄	05	이 자
50	因	口	03	인할 인	32	紫	糸	06	자줏빛 자
42	印	卩	04	도장 인	20	滋	水	09	불을(益) 자
42	引	弓	01	끌 인	20	磁	石	09	자석 자
42	認	言	07	알(知) 인	20	諮	言	09	물을 자:
40	仁	人	02	어질 인	20	雌	隹	06	암컷 자
32	忍	心	03	참을 인	62	作	人	05	지을 작
30	姻	女	06	혼인 인	62	昨	日	05	어제 작
30	寅	宀	08	범(虎)/동방 인	30	爵	爪	14	벼슬 작
20	刃	刀	01	칼날 인:	30	酌	酉	03	술 부을/잔질할 작
80	一	一	00	한 일	40	殘	歹	08	남을 잔
80	日	日	00	날 일	32	暫	日	11	잠깐 잠(:)
32	逸	辶	08	편안할 일	32	潛	水	12	잠길 잠
20	佾	人	06	줄춤 일	20	蠶	虫	18	누에 잠
20	壹	士	09	한/갖은 한 일	40	雜	隹	10	섞일 잡
20	鎰	金	10	무게 이름 일	80	長	長	00	긴 장(:)
52	任	人	04	맡길 임(:)	72	場	土	09	마당 장
32	壬	士	01	북방 임:	60	章	立	06	글 장
32	賃	貝	06	품삯 임:	42	將	寸	08	장수 장(:)
20	妊	女	04	아이 밸 임:	42	障	阜/阝	11	막을 장
70	入	入	00	들 입	40	壯	士	04	장할 장:
					40	帳	巾	08	장막 상
					40	張	弓	08	베풀 장
		ㅈ			40	腸	肉/月	09	창자 장
72	子	子	00	아들 자	40	裝	衣	07	꾸밀 장
70	字	子	03	글자 자	40	奬	犬	11	장려할 장(:)
72	自	自	00	스스로 자	32	丈	一	02	어른 장:
60	者	耂	05	놈 자	32	掌	手	08	손바닥 장:
40	姿	女	06	모양 자:	32	粧	米	06	단장할 장
40	資	貝	06	재물 자	32	臟	肉/月	18	오장 장:
40	姉	女	05	손윗누이 자	32	莊	艹	07	씩씩할 장
32	慈	心	10	사랑 자	32	葬	艹	09	장사 지낼 장:
32	刺	刀	06	찌를 자:/ 찌를 척	32	藏	艹	14	감출 장:
30	恣	心	06	마음대로/방자할 자:					

급수	한자	부수	획수	대표훈음	급수	한자	부수	획수	대표훈음
30	墻	土	13	담 장	32	笛	竹	05	피리 적
20	庄	广	03	전장(田莊) 장	32	跡	足	06	발자취 적
20	獐	犬	11	노루 장	32	蹟	足	11	자취 적
20	璋	玉	11	홀 장	30	滴	水	11	물방울 적
20	蔣	++	11	성(姓) 장	72	全	入	04	온전 전
60	在	土	03	있을 재:	72	前	刀	07	앞 전
62	才	手	00	재주 재	72	電	雨	05	번개 전:
50	再	冂	04	두 재:	62	戰	戈	12	싸움 전:
52	材	木	03	재목 재	52	傳	人	11	전할 전
50	災	火	03	재앙 재	52	典	八	06	법 전:
52	財	貝	03	재물 재	52	展	尸	07	펼 전:
32	栽	木	06	심을 재:	42	田	田	00	밭 전
32	裁	衣	06	옷 마를 재	40	專	寸	08	오로지 전
32	載	車	06	실을 재:	40	轉	車	11	구를 전:
30	哉	口	06	어조사 재	40	錢	金	08	돈 전:
30	宰	宀	07	재상 재:	32	殿	殳	09	전각 전:
50	爭	爪	04	다툴 쟁	20	甸	田	02	경기 전
50	貯	貝	05	쌓을 저:	52	切	刀	02	끊을 절/온통 체
42	低	人	05	낮을 저:	52	節	竹	09	마디 절
40	底	广	05	밑 저:	42	絶	糸	06	끊을 절
32	抵	手	05	막을(抗) 저:	40	折	手	04	꺾을 절
32	著	++	09	나타날 저:	30	竊	穴	17	훔칠 절
20	沮	水	05	막을(遮) 저:	52	店	广	05	가게 점:
52	的	白	03	과녁 적	40	占	卜	03	점령할 점:/ 점칠 점
50	赤	赤	00	붉을 적	40	點	黑	05	점 점(:)
42	敵	攵	11	대적할 적	32	漸	水	11	점점 점:
40	積	禾	11	쌓을 적	42	接	手	08	이을 접
40	籍	竹	14	문서 적	30	蝶	虫	09	나비 접
40	績	糸	11	길쌈 적	72	正	止	01	바를 정(:)
40	賊	貝	06	도둑 적	60	定	宀	05	정할 정:
40	適	辶	11	맞을 적	62	庭	广	07	뜰 정
32	寂	宀	08	고요할 적	50	停	人	09	머무를 정
32	摘	手	11	딸(手收) 적	52	情	心	08	뜻 정

급수	한자	부수	획수	대표훈음	급수	한자	부수	획수	대표훈음
42	政	攵	05	정사(政事) 정	42	除	阜/阝	07	덜 제
42	程	禾	07	한도/길(道) 정	42	際	阜/阝	11	즈음/가(邊) 제:
42	精	米	08	정할 정	40	帝	巾	06	임금 제:
40	丁	一	01	고무래/장정 정	32	諸	言	09	모두 제
40	整	攵	12	가지런할 정:	32	齊	齊	00	가지런할 제
40	靜	靑	08	고요할 정	30	堤	土	09	둑 제
32	井	二	02	우물 정(:)	20	劑	刀	14	약제 제
32	亭	亠	07	정자 정	70	祖	示	05	할아비 조
32	廷	廴	04	조정 정	60	朝	月	08	아침 조
32	征	彳	05	칠 정	50	操	手	13	잡을 조(:)
32	淨	水	08	깨끗할 정	52	調	言	08	고를 조
32	貞	貝	02	곧을 정	42	助	力	05	도울 조:
32	頂	頁	02	정수리 정	42	早	日	02	이를 조:
30	訂	言	02	바로잡을 정	42	造	辶	07	지을 조:
20	偵	人	09	염탐할 정	42	鳥	鳥	00	새 조
20	呈	口	04	드릴 정	40	條	木	07	가지 조
20	旌	方	07	기 정	40	潮	水	12	밀물/조수 조
20	晶	日	08	맑을 정	40	組	糸	05	짤 조
20	楨	木	09	광나무 정	32	兆	儿	04	억조 조
20	汀	水	02	물가 정	32	照	火	09	비칠 조:
20	珽	玉	07	옥이름 정	30	弔	弓	01	조상할 조:
20	禎	示	09	상서로울 정	30	燥	火	13	마를 조
20	艇	舟	07	배 정	32	租	禾	05	조세 조
20	鄭	邑/阝	12	나라 정:	20	彫	彡	08	새길 조
20	鼎	鼎	00	솥 정	20	措	手	08	둘(置) 조
80	弟	弓	04	아우 제:	20	曹	日	06	성(姓) 조
62	第	竹	05	차례 제:	20	祚	示	05	복(福) 조
62	題	頁	09	제목 제	20	趙	走	07	나라 조:
42	制	刀	06	절제할 제:	20	釣	金	03	낚을/낚시 조:
42	提	手	09	끌 제	72	足	足	00	발 족
42	濟	水	14	건널 제:	60	族	方	07	겨레 족
42	祭	示	06	제사 제:	42	尊	寸	09	높을 존
42	製	衣	08	지을 제:	40	存	子	03	있을 존

급수	한자	부수	획수	대표훈음	급수	한자	부수	획수	대표훈음
52	卒	十	06	마칠 졸	20	疇	田	14	이랑 주
30	拙	手	05	졸할 졸	20	駐	馬	05	머무를 주:
52	種	禾	09	씨 종(:)	42	竹	竹	00	대 죽
50	終	糸	05	마칠 종	42	準	水	10	준할 준:
42	宗	宀	05	마루 종	30	俊	人	07	준걸 준:
40	從	彳	08	좇을 종(:)	30	遵	辶	12	좇을 준:
40	鍾	金	09	쇠북 종	20	准	冫	08	비준 준:
32	縱	糸	11	세로 종	20	埈	土	07	높을 준:
20	琮	玉	08	옥홀 종	20	峻	山	07	높을/준엄할 준:
20	綜	糸	08	모을 종	20	晙	日	07	밝을 준:
72	左	工	02	왼 좌:	20	浚	水	07	깊게 할 준:
40	座	广	07	자리 좌:	20	濬	水	14	깊을 준:
32	坐	土	04	앉을 좌:	20	駿	馬	07	준마 준:
30	佐	人	05	도울 좌:	80	中	丨	03	가운데 중
50	罪	罒	08	허물 죄:	70	重	里	02	무거울 중:
70	主	丶	04	임금/주인 주	42	衆	血	06	무리 중:
70	住	人	05	살 주:	32	仲	人	04	버금 중(:)
60	晝	日	07	낮 주	32	卽	卩	07	곧 즉
62	注	水	05	부을 주:	42	增	土	12	더할 증
52	州	巛	03	고을 주	40	證	言	12	증거 증
52	週	辶	08	주일 주	32	憎	心	12	미울 증
42	走	走	00	달릴 주	32	曾	日	08	일찍 증
40	周	口	05	두루 주	32	症	疒	05	증세 증(:)
40	朱	木	02	붉을 주	32	蒸	艹	10	찔 증
40	酒	酉	03	술 주(:)	30	贈	貝	12	줄 증
32	宙	宀	05	집 주:	70	地	土	03	따 지
32	柱	木	05	기둥 주	70	紙	糸	04	종이 지
32	洲	水	06	물가 주	50	止	止	00	그칠 지
32	奏	大	06	아뢸 주(:)	52	知	矢	03	알 지
32	株	木	06	그루 주	42	志	心	03	뜻 지
32	珠	玉	06	구슬 주	42	指	手	06	가리킬 지
30	舟	舟	00	배 주	42	支	支	00	지탱할 지
32	鑄	金	14	쇠불릴 주	42	至	至	00	이를 지

급수	한자	부수	획수	대표훈음	급수	한자	부수	획수	대표훈음
40	持	手	06	가질 지	32	疾	疒	05	병 질
40	智	日	08	슬기/지혜 지	32	秩	禾	05	차례 질
40	誌	言	07	기록할 지	30	姪	女	06	조카 질
32	之	丿	03	갈 지	20	窒	穴	06	막힐 질
32	池	水	03	못 지	62	集	隹	04	모을 집
30	只	口	02	다만 지	32	執	土	08	잡을 집
32	枝	木	04	가지 지	20	輯	車	09	모을 집
30	遲	辶	12	더딜/늦을 지	32	徵	彳	12	부를 징
20	址	土	04	터 지	30	懲	心	15	징계할 징
20	旨	日	02	뜻 지					
20	脂	肉/月	06	기름 지					
20	芝	艹	04	지초 지					ㅊ
72	直	目	03	곧을 직	42	次	欠	02	버금 차
42	職	耳	12	직분 직	40	差	工	07	다를 차
40	織	糸	12	짤 직	32	此	止	02	이 차
20	稙	禾	08	올벼 직	30	且	一	04	또 차:
20	稷	禾	10	피(穀名) 직	32	借	人	08	빌/빌릴 차:
42	眞	目	05	참 진	20	遮	辵/辶	11	가릴 차(:)
42	進	辶	08	나아갈 진:	52	着	目	07	붙을 착
40	珍	玉	05	보배 진	30	捉	手	07	잡을 착
40	盡	皿	09	다할 진:	32	錯	金	08	어긋날 착
40	陣	阜/阝	07	진칠 진	40	讚	言	19	기릴 찬:
32	振	手	07	떨칠 진:	32	贊	貝	12	도울 찬:
32	辰	辰	00	별 진/때 신	20	燦	火	13	빛날 찬:
32	鎭	金	10	진압할 진(:)	20	璨	玉	13	옥빛 찬:
32	陳	阜/阝	08	베풀 진:/묵을 진	20	瓚	玉	19	옥잔 찬
32	震	雨	07	우레 진:	20	鑽	金	19	뚫을 찬
20	塵	土	11	티끌 진	20	餐	食	07	밥 찬
20	晋	日	06	진나라 진:	42	察	宀	11	살필 찰
20	津	水	06	나루 진(:)	20	刹	刀	06	절 찰
20	秦	禾	05	성(姓) 진	20	札	木	01	편지 찰
20	診	言	05	진찰할 진	52	參	厶	09	참여할 참/석 삼
52	質	貝	08	바탕 질	30	慘	心	11	참혹할 참
					30	慚	心	11	부끄러울 참

급수	한자	부수	획수	대표훈음	급수	한자	부수	획수	대표훈음
20	斬	斤	07	벨 참(:)	70	川	巛	00	내 천
62	窓	穴	06	창 창	40	泉	水	05	샘 천
50	唱	口	08	부를 창:	32	淺	水	08	얕을 천:
42	創	刀	10	비롯할 창:	32	賤	貝	08	천할 천:
32	倉	人	08	곳집 창(:)	32	踐	足	08	밟을 천:
32	昌	日	04	창성할 창(:)	30	薦	艹	13	천거할 천:
32	蒼	艹	10	푸를 창	32	遷	辶	11	옮길 천:
30	暢	日	10	화창할 창:	20	釧	金	03	팔찌 천
20	彰	彡	11	드러날 창	50	鐵	金	13	쇠 철
20	敞	攵	08	시원할 창	32	哲	口	07	밝을 철
20	昶	日	05	해길 창:	32	徹	彳	12	통할 철
20	滄	水	10	큰 바다 창	20	喆	口	09	밝을/쌍길(吉) 철
40	採	手	08	캘 채:	20	撤	手	12	거둘 철
32	彩	彡	08	채색 채:	20	澈	水	12	맑을 철
32	菜	艹	08	나물 채:	30	尖	小	03	뾰족할 첨
32	債	人	11	빚 채:	30	添	水	08	더할 첨
20	埰	土	08	사패지(賜牌地) 채:	20	瞻	目	13	볼 첨
20	蔡	艹	11	성(姓) 채:	30	妾	女	05	첩 첩
20	采	采	01	풍채 채:	20	諜	言	09	염탐할 첩
52	責	貝	04	꾸짖을 책	80	靑	靑	00	푸를 청
40	冊	冂	03	책 책	62	淸	水	08	맑을 청
32	策	竹	06	꾀 책	42	請	言	08	청할 청
42	處	虍	05	곳 처:	40	廳	广	22	관청 청
32	妻	女	05	아내 처	40	聽	耳	16	들을 청
20	悽	心	08	슬퍼할 처:	30	晴	日	08	갤 청
32	尺	尸	01	자 척	62	體	骨	13	몸 체
32	戚	戈	07	친척 척	30	替	日	08	바꿀 체
32	拓	手	05	넓힐 척/박을 탁	32	滯	水	11	막힐 체
30	斥	斤	01	물리칠 척	30	逮	辶	08	잡을 체
20	陟	阜/阝	07	오를 척	30	遞	辶	10	갈릴 체
20	隻	隹	02	외짝 척	20	締	糸	09	맺을 체
70	千	十	01	일천 천	70	草	艹	06	풀 초
70	天	大	01	하늘 천	50	初	刀	05	처음 초

급수	한자	부수	획수	대표훈음	급수	한자	부수	획수	대표훈음
40	招	手	05	부를 초	30	丑	一	03	소 축
32	礎	石	13	주춧돌 초	32	畜	田	05	짐승 축
32	肖	肉/月	03	닮을/같을 초	30	逐	辶	07	쫓을 축
32	超	走	05	뛰어넘을 초	20	蹴	足	12	찰 축
30	抄	手	04	뽑을 초	20	軸	車	05	굴대 축
30	秒	禾	04	분초 초	70	春	日	05	봄 춘
20	哨	口	07	망볼 초	20	椿	木	09	참죽나무 춘
20	楚	木	09	초나라 초	70	出	凵	03	날 출
20	焦	火	08	탈(燥) 초	52	充	儿	04	채울 충
32	促	人	07	재촉할 촉	42	忠	心	04	충성 충
32	觸	角	13	닿을 촉	42	蟲	虫	12	벌레 충
30	燭	火	13	촛불 촉	32	衝	行	09	찌를 충
20	蜀	虫	07	나라 이름 촉	20	沖	水	04	화할 충
80	寸	寸	00	마디 촌:	20	衷	衣	04	속마음 충
70	村	木	03	마을 촌:	42	取	又	06	가질 취:
42	總	糸	11	다(皆) 총:	40	就	尢	09	나아갈 취:
42	銃	金	06	총 총	40	趣	走	08	뜻 취:
30	聰	耳	11	귀 밝을 총	32	吹	口	04	불 취:
50	最	日	08	가장 최:	32	醉	酉	08	취할 취:
32	催	人	11	재촉할 최:	30	臭	自	04	냄새 취:
20	崔	山	08	성(姓)/높을 최	20	炊	火	04	불땔 취:
70	秋	禾	04	가을 추	20	聚	耳	08	모을 취:
40	推	手	08	밀 추	42	測	水	09	헤아릴 측
32	追	辶	06	쫓을/따를 추	32	側	人	09	곁 측
30	抽	手	05	뽑을 추	40	層	尸	12	층(層階) 층
30	醜	酉	10	추할 추	50	致	至	04	이를 치:
20	楸	木	09	가래 추	42	治	水	05	다스릴 치
20	趨	走	10	달아날 추	42	置	罒	08	둘(措) 치:
20	鄒	邑/阝	10	추나라 추	42	齒	齒	00	이 치
50	祝	示	05	빌 축	32	値	人	08	값 치
42	築	竹	10	쌓을 축	32	恥	心	06	부끄러울 치
42	蓄	++	10	모을 축	32	稚	禾	08	어릴 치
40	縮	糸	11	줄일 축	20	峙	山	06	언덕 치

급수	한자	부수	획수	대표훈음
20	雉	隹	05	꿩 치
50	則	刀	07	법칙 칙/곧 즉
60	親	見	09	친할 친
80	七	一	01	일곱 칠
32	漆	水	11	옻 칠
42	侵	人	07	침노할 침
40	寢	宀	11	잘 침:
40	針	金	02	바늘 침(:)
32	沈	水	04	잠길 침(:)/성(姓) 심:
30	枕	木	04	베개 침:
32	浸	水	07	잠길 침:
40	稱	禾	09	일컬을 칭

ㅋ

급수	한자	부수	획수	대표훈음
42	快	心	04	쾌할 쾌

ㅌ

급수	한자	부수	획수	대표훈음
50	他	人	03	다를 타
50	打	手	02	칠 타:
30	墮	土	12	떨어질 타:
30	妥	女	04	온당할 타:
50	卓	十	06	높을 탁
30	托	手	03	맡길 탁
30	濁	水	13	흐릴 탁
30	濯	水	14	씻을 탁
20	琢	玉	08	다듬을 탁
20	託	言	03	부탁할 탁
50	炭	火	05	숯 탄:
40	彈	弓	12	탄알 탄:
40	歎	欠	11	탄식할 탄:
30	誕	言	07	낳을/거짓 탄:
20	灘	水	19	여울 탄
40	脫	肉/月	07	벗을 탈

급수	한자	부수	획수	대표훈음
32	奪	大	11	빼앗을 탈
40	探	手	08	찾을 탐
30	貪	貝	04	탐낼 탐
20	耽	耳	04	즐길 탐
32	塔	土	10	탑 탑
32	湯	水	09	끓을 탕:
60	太	大	01	클 태
42	態	心	10	모습 태:
32	殆	歹	05	거의 태
32	泰	水	05	클 태
30	怠	心	05	게으를 태
20	兌	儿	05	바꿀/기쁠 태
20	台	口	02	별 태
20	胎	肉/月	05	아이 밸 태
20	颱	風	05	태풍 태
52	宅	宀	03	집 택
40	擇	手	13	가릴 택
32	澤	水	13	못 택
80	土	土	00	흙 토
40	討	言	03	칠(伐) 토(:)
32	兔	儿	06	토끼 토
32	吐	口	03	토할 토(:)
60	通	辶	07	통할 통
42	統	糸	06	거느릴 통:
40	痛	疒	07	아플 통:
42	退	辶	06	물러날 퇴:
40	投	手	04	던질 투
40	鬪	鬥	10	싸움 투
32	透	辶	07	사무칠 투
60	特	牛	06	특별할 특

ㅍ

급수	한자	부수	획수	대표훈음
42	波	水	05	물결 파

급수	한자	부수	획수	대표훈음	급수	한자	부수	획수	대표훈음
42	破	石	05	깨뜨릴 파:	42	包	勹	03	쌀 포(:)
40	派	水	06	갈래 파	42	布	巾	02	베/펼 포(:)/보시 보:
30	把	手	04	잡을 파:	42	砲	石	05	대포 포:
30	播	手	12	뿌릴 파(:)	40	胞	肉/月	05	세포 포(:)
30	罷	罒	10	마칠 파:	32	浦	水	07	개(水邊) 포
30	頗	頁	05	자못 파:	30	抱	手	05	안을 포:
20	坡	土	05	언덕 파	32	捕	手	07	잡을 포:
50	板	木	04	널 판	30	飽	食	05	배부를 포:
40	判	刀	05	판단할 판	20	怖	心	05	두려워할 포
32	版	片	04	판목 판	20	抛	手	04	던질 포
30	販	貝	04	팔(賣) 판	20	葡	艹	09	포도 포
20	阪	阜/阝	04	언덕 판	20	鋪	金	07	펼/가게 포
80	八	八	00	여덟 팔	20	鮑	魚	05	절인 물고기 포:
50	敗	攵	07	패할 패:	42	暴	日	11	사나울 폭/모질 포:
30	貝	貝	00	조개 패:	40	爆	火	15	불터질 폭
20	霸	雨	13	으뜸 패:	30	幅	巾	09	폭 폭
20	彭	彡	09	성(姓) 팽	62	表	衣	03	겉 표
70	便	人	07	편할 편(:)/똥오줌 변	42	票	示	06	표 표
40	篇	竹	09	책 편	40	標	木	11	표할 표
32	片	片	00	조각 편(:)	30	漂	水	11	떠다닐 표
32	偏	人	09	치우칠 편	20	杓	木	03	북두 자루 표
32	編	糸	09	엮을 편	52	品	口	06	물건 품:
30	遍	辶	09	두루 편	62	風	風	00	바람 풍
20	扁	戶	05	작을 편	42	豊	豆	06	풍년 풍
72	平	干	02	평평할 평	32	楓	木	09	단풍 풍
40	評	言	05	평할 평:	40	疲	疒	05	피곤할 피
20	坪	土	05	들 평	40	避	辶	13	피할 피:
40	閉	門	03	닫을 폐:	32	彼	彳	05	저 피:
32	弊	廾	12	폐단/해질 폐:	32	皮	皮	00	가죽 피
32	肺	肉/月	04	허파 폐:	32	被	衣	05	입을 피:
30	幣	巾	12	화폐 폐:	52	必	心	01	반드시 필
32	廢	广	12	폐할/버릴 폐:	52	筆	竹	06	붓 필
30	蔽	艹	12	덮을 폐:	32	畢	田	06	마칠 필

급수	한자	부수	획수	대표훈음	급수	한자	부수	획수	대표훈음
30	匹	匚	02	짝 필	32	項	頁	03	항목 항:
20	弼	弓	09	도울 필	30	巷	己	06	거리 항:
					20	亢	亠	02	높을 항
					20	沆	水	04	넓을 항:
72	下	一	02	아래 하:	72	海	水	07	바다 해:
70	夏	夊	07	여름 하:	52	害	宀	07	해할 해:
50	河	水	05	물 하	42	解	角	06	풀 해:
32	何	人	05	어찌 하	30	亥	亠	04	돼지 해
32	賀	貝	05	하례할 하:	30	奚	大	07	어찌 해
32	荷	艹	07	멜 하(:)	30	該	言	06	갖출(備)/마땅(當) 해
80	學	子	13	배울 학	40	核	木	06	씨 핵
32	鶴	鳥	10	학 학	62	幸	干	05	다행 행:
20	虐	虍	03	모질 학	60	行	行	00	다닐 행(:)/항렬 항
80	韓	韋	08	한국/나라 한(:)	20	杏	木	03	살구 행:
72	漢	水	11	한수/한나라 한:	60	向	口	03	향할 향:
50	寒	宀	09	찰 한	42	鄕	邑/阝	10	시골 향
42	限	阜/阝	06	한할 한:	42	香	香	00	향기 향
40	恨	心	06	한(恨) 한:	32	響	音	13	울릴 향:
40	閑	門	04	한가할 한	30	享	亠	06	누릴 향:
30	旱	日	03	가물 한:	50	許	言	04	허락할 허
32	汗	水	03	땀 한(:)	42	虛	虍	06	빌 허
20	邯	邑/阝	05	조(趙)나라 서울 한/사람 이름 감	40	憲	心	12	법 헌:
20	翰	羽	10	편지 한:	32	獻	犬	16	드릴 헌:
32	割	刀	10	벨 할	30	軒	車	03	집 헌
32	含	口	04	머금을 함	42	驗	馬	13	시험 험:
32	陷	阜/阝	08	빠질 함:	40	險	阜/阝	13	험할 험:
30	咸	口	06	다 함	40	革	革	00	가죽 혁
20	艦	舟	14	큰 배 함:	20	爀	火	14	불빛 혁
60	合	口	03	합할 합	20	赫	赤	07	빛날 혁
42	港	水	09	항구 항:	62	現	玉	07	나타날 현:
42	航	舟	04	배 항:	42	賢	貝	08	어질 현
40	抗	手	04	겨룰 항:	40	顯	頁	14	나타날 현:
32	恒	心	06	항상 항	32	懸	心/忄/㣺	16	달(繫) 현:

급수	한자	부수	획수	대표훈음	급수	한자	부수	획수	대표훈음
32	玄	玄	00	검을 현	42	戶	戶	00	집 호:
30	絃	糸	05	줄 현	42	護	言	14	도울 호:
30	縣	糸	10	고을 현:	32	浩	水	07	넓을 호:
20	峴	山	07	고개 현:	32	胡	肉/月	05	되(狄) 호
20	弦	弓	05	시위 현	32	虎	虍	02	범 호(:)
20	炫	火	05	밝을 현:	32	豪	豕	07	호걸 호
20	鉉	金	05	솥귀 현	30	乎	丿	04	어조사 호
42	血	血	00	피 혈	30	互	二	02	서로 호:
32	穴	穴	00	굴 혈	30	毫	毛	07	터럭 호
30	嫌	女	10	싫어할 혐	20	壕	土	14	해자 호
42	協	十	06	화할 협	20	扈	戶	07	따를 호:
32	脅	肉/月	06	위협할 협	20	昊	日	04	하늘 호:
20	陜	阜/阝	07	좁을 협/땅 이름 합	20	晧	日	07	밝을 호:
20	峽	山	07	골짜기 협	20	澔	水	12	넓을 호:
80	兄	儿	03	형 형	20	濠	水	14	호주 호
62	形	彡	04	모양 형	20	皓	白	07	흴(白) 호
40	刑	刀	04	형벌 형	20	祜	示	05	복(福) 호
30	亨	亠	05	형통할 형	20	鎬	金	10	호경 호:
30	螢	虫	10	반딧불 형	40	或	戈	04	혹 혹
32	衡	行	10	저울대 형	32	惑	心	08	미혹할 혹
20	型	土	06	모형 형	20	酷	酉	07	심할 혹
20	瀅	水	15	물맑을 형:	40	婚	女	08	혼인할 혼
20	炯	火	05	빛날 형	40	混	水	08	섞을 혼:
20	瑩	玉	10	밝을 형/옥돌 영	32	魂	鬼	04	넋 혼
20	邢	邑/阝	04	성(姓) 형	30	昏	日	04	어두울 혼
20	馨	香	11	꽃다울 형	32	忽	心	04	갑자기 홀
42	惠	心	08	은혜 혜:	40	紅	糸	03	붉을 홍
32	慧	心	11	슬기로울 혜:	32	洪	水	06	넓을 홍
30	兮	八	02	어조사 혜	30	弘	弓	02	클 홍
60	號	虍	07	이름 호(:)	30	鴻	鳥	06	기러기 홍
50	湖	水	09	호수 호	20	泓	水	05	물깊을 홍
42	呼	口	05	부를 호	80	火	火	00	불 화(:)
42	好	女	03	좋을 호:	70	花	艹	04	꽃 화

급수	한자	부수	획수	대표훈음	급수	한자	부수	획수	대표훈음
72	話	言	06	말씀 화	40	灰	火	02	재 회
62	和	口	05	화할 화	32	悔	心	07	뉘우칠 회:
60	畫	田	07	그림 화:/그을 획	32	懷	心	16	품을 회
52	化	匕	02	될 화(:)	20	廻	廴	06	돌(旋) 회
42	貨	貝	04	재물 화:	20	檜	木	13	전나무 회:
40	華	艹	07	빛날 화	20	淮	水	08	물 이름 회
32	禍	示	09	재앙 화:	32	劃	刀	12	그을 획
30	禾	禾	00	벼 화	32	獲	犬	14	얻을 획
20	嬅	女	11	탐스러울 화	32	橫	木	12	가로 횡
20	樺	木	11	벚나무/자작나무 화	72	孝	子	04	효도 효:
20	靴	革	04	신(履, 鞋) 화	52	效	攵	06	본받을 효:
42	確	石	10	굳을 확	30	曉	日	12	새벽 효:
30	擴	手	15	넓힐 확	72	後	彳	06	뒤 후:
30	穫	禾	14	거둘 확	40	候	人	08	기후 후:
50	患	心	07	근심 환:	40	厚	厂	07	두터울 후:
40	歡	欠	18	기쁠 환	30	侯	人	07	제후 후
40	環	玉	13	고리 환(:)	20	后	口	03	임금/왕후 후:
32	換	手	09	바꿀 환:	20	喉	口	09	목구멍 후
32	還	辶	13	돌아올 환	60	訓	言	03	가르칠 훈:
30	丸	丶	02	둥글 환	20	勳	力	14	공 훈
20	幻	幺	01	헛보일 환:	20	壎	土	14	질나팔 훈
20	桓	木	06	굳셀 환	20	熏	火	10	불길 훈
20	煥	火	09	빛날 환:	20	薰	艹	14	향풀 훈
72	活	水	06	살 활	30	毁	殳	09	헐 훼:
20	滑	水	10	미끄러울 활/익살스러울 골	40	揮	手	09	휘두를 휘
60	黃	黃	00	누를 황	30	輝	車	08	빛날 휘
40	況	水	05	상황 황:	20	徽	彳	14	아름다울 휘
32	皇	白	04	임금 황	70	休	人	04	쉴 휴
32	荒	艹	06	거칠 황	30	携	手	10	이끌 휴
20	晃	日	06	밝을 황	20	烋	火	06	아름다울 휴
20	滉	水	10	깊을 황	52	凶	凵	02	흉할 흉
62	會	日	09	모일 회:	32	胸	肉/月	06	가슴 흉
42	回	口	03	돌아올 회	20	匈	勹	04	오랑캐 흉

급수	한자	부수	획수	대표훈음	급수	한자	부수	획수	대표훈음
50	黑	黑	00	검을 흑	20	噫	口	13	한숨쉴 희
20	欽	欠	08	공경할 흠	20	姬	女	06	계집 희
42	吸	口	04	마실 흡	20	嬉	女	12	아름다울 희
42	興	臼	09	일(盛) 흥(:)	20	憙	心	12	기뻐할 희
42	希	巾	04	바랄 희	20	熙	火	09	빛날 희
40	喜	口	09	기쁠 희	20	熹	火	12	빛날 희
32	稀	禾	07	드물 희	20	禧	示	12	복(福) 희
32	戱	戈	13	놀이 희	20	羲	羊	10	복희(伏羲) 희

漢字

(사) 한국어문회 주관 / 한국한자능력검정회 시행

본 문 학 습

家

집 **가**
宀 | 7획

7급Ⅱ

비 蒙(어두울 몽)
　宗(마루 종)
동 戶(집 호) 屋(집 옥)
　室(집 실) 宅(집 택)
　堂(집 당) 閣(집 각)
　館(집 관) 宇(집 우)
　宙(집 주)

글자 풀이

옛날 돼지는 그 집의 재산이었으므로 그만큼 돼지(豕)는 집(宀)에 딸린 가축이었다는 것에서 집(家)을 의미한다.

읽기한자

家垈(가대) 家鴨(가압) 家楨(가정) 貰家(세가) 庄家(장가) 家閥(가벌)

쓰기한자

家系(가계) 家君(가군) 家屬(가속) 家忌(가기) 家塗(가도) 家豚(가돈)
家譜(가보) 家畜(가축) 廢家(폐가) 家計(가계) 家門(가문) 家業(가업)
家庭(가정) 家難(가난) 家寶(가보) 家勢(가세) 家戶(가호) 親家(친가)
宗家(종가) 家奴(가노) 家宴(가연) 妻家(처가)

歌

노래 **가**
欠 | 10획

7급

비 軟(연할 연)
동 曲(굽을/노래 곡)
　謠(노래 요)

글자 풀이

입을 크게 벌려서(欠) 유창하게 소리를 뽑아 올리는 것(哥)에서 노래하다(歌)는 의미이다.

읽기한자

歌媛(가원) 龜旨歌(구지가) 悼二將歌(도이장가) 四面楚歌(사면초가)

쓰기한자

歌劇(가극) 歌舞(가무) 歌辭(가사) 歌曲(가곡) 歌手(가수) 歌謠(가요)
歌唱(가창) 校歌(교가) 國歌(국가) 軍歌(군가) 牧歌(목가) 悲歌(비가)
聖歌(성가) 詩歌(시가) 祝歌(축가) 戀歌(연가) 愛國歌(애국가)
流行歌(유행가) 高聲放歌(고성방가)

價

값 **가**
人 | 13획

5급Ⅱ

비 賣(팔 매)
　買(살 매)
　賈(장사 고)
동 値(값 치)
약 価

글자 풀이

상인(人)은 가치가 있는 상품(貝)을 상자(襾)에 넣어 놓고 값(價)을 정한다는 의미이다.

읽기한자

坪當價格(평당가격)

쓰기한자

價額(가액) 株價(주가) 評價(평가) 呼價(호가) 價格(가격) 高價(고가)
單價(단가) 代價(대가) 市價(시가) 原價(원가) 低價(저가) 定價(정가)
價値(가치) 酒價(주가) 營養價(영양가) 同價紅裳(동가홍상) 稀少價値(희소가치)

加

더할 **가**
力 | 3획

5급

비 功(공 공)
동 增(더할 증)
　添(더할 첨)
　益(더할 익)
반 減(덜 감)
　削(깎을 삭)

글자 풀이

손만이 아니고 입(口)도 모아서 기세(力)를 도우려(加)는 의미이다.

읽기한자

加療(가료) 靑酸加里(청산가리) 加俸(가봉) 加餐(가찬)

쓰기한자

加擊(가격) 加階(가계) 加納(가납) 加額(가액) 加資(가자) 加錢(가전)
加點(가점) 加累(가루) 加麻(가마) 加絞(가서) 加贈(가증) 加減(가감)
加擔(가담) 加羅(가라) 加味(가미) 加算(가산) 加稅(가세) 加勢(가세)
加速(가속) 加熱(가열) 加律(가율) 加恩(가은) 加飾(가식) 加速度(가속도)
加用貢物(가용공물)

可

5급

옳을 **가:**

口 | 2획

비 司(맡을 사)
河(물 하)
何(어찌 하)
동 義(옳을 의)
반 否(아닐 부)
不(아니 불)

> **글자 풀이**
> 큰 입(口)을 벌려서 외쳤으므로 입 안에 있던 소리가 기세(丁) 좋게 나오
> 도록 되었다는 의미이다.

> **읽기 한자**
> 允可(윤가)

> **쓰기 한자**
> 可驚(가경) 可否(가부) 可危(가위) 可疑(가의) 可採(가채) 可汗(가한)
> 可決(가결) 可能(가능) 可笑(가소) 可逆(가역) 可用(가용) 可票(가표)
> 不可(불가) 可憎(가증) 裁可(재가) 可縮性(가축성) 可否決定(가부결정)
> 可居之地(가거지지)

假

4급 II

거짓 **가:**

人 | 9획

비 暇(틈/겨를 가)
동 僞(거짓 위)
반 眞(참 진)
약 仮

> **글자 풀이**
> 타인한테 물건을 빌렸을 때는 다시 원래의 사람(人)에게 돌려주어야(反)
> 하므로 임시(假)로 자기 것이라는 의미이다.

> **읽기 한자**
> 假託(가탁) 假縫(가봉)

> **쓰기 한자**
> 假骨(가골) 假髮(가발) 假裝(가장) 假睡(가수) 假道(가도) 假攝(가섭)
> 假登記(가등기) 假量(가량) 假令(가령) 假面(가면) 假名(가명) 假使(가사)
> 假飾(가식) 假葬(가장) 假文書(가문서) 假分數(가분수) 假建物(가건물)

街

4급 II

거리 **가(:)**

行 | 6획

비 往(갈 왕)
桂(계수나무 계)
掛(걸 괘)
동 巷(거리 항)

> **글자 풀이**
> 정확히 토지(土)가 구획되어 사방팔방(行)으로 길이 보기 좋게 뻗어있는
> 것에서 큰 거리가 있는 곳, 화려한 마을(街)이라는 의미이다.

> **읽기 한자**
> 金融街(금융가)

> **쓰기 한자**
> 街販(가판) 街巷(가항) 街談(가담) 街道(가도) 街頭(가두) 街燈(가등)
> 街路(가로) 街上(가상) 街業(가업) 街村(가촌) 商街(상가) 市街(시가)
> 繁華街(번화가) 紅燈街(홍등가) 歡樂街(환락가) 街路燈(가로등)
> 街路樹(가로수) 大學街(대학가)

暇

4급

틈/겨를 **가:**

日 | 9획

비 假(거짓 가)

> **글자 풀이**
> 휴일(日)을 얻어(叚) 겨를(暇)이 있다는 의미이다.

> **쓰기 한자**
> 暇式(가식) 暇日(가일) 公暇(공가) 病暇(병가) 餘暇(여가) 寸暇(촌가)
> 閑暇(한가) 休暇(휴가)

佳

3급 Ⅱ
아름다울 가:
人 | 6획

비 住(살 주)
柱(기둥 주)
往(갈 왕)
桂(계수나무 계)
동 美(아름다울 미)
麗(고울 려)
반 醜(추할 추)

글자 풀이
서옥(圭)처럼 아름다운 사람(人)이라는 데서 아름답다, 좋다(佳)는 의미이다.

읽기 한자
佳餐(가찬)

쓰기 한자
佳朋(가붕) 佳客(가객) 佳果(가과) 佳句(가구) 佳局(가국) 佳氣(가기)
佳期(가기) 佳器(가기) 佳郞(가랑) 佳良(가량) 佳名(가명) 佳味(가미)
佳配(가배) 佳婦(가부) 佳城(가성) 佳詩(가시) 佳辰(가신) 佳實(가실)
佳約(가약) 佳容(가용) 佳月(가월) 佳意(가의) 佳日(가일) 佳作(가작)
佳節(가절) 佳絶(가절) 佳兆(가조) 佳酒(가주) 佳趣(가취) 佳篇(가편)
佳品(가품) 佳話(가화) 佳興(가흥) 佳子弟(가자제)

架

3급 Ⅱ
시렁 가:
木 | 5획

비 袈(가사 가)

글자 풀이
물건을 더(加) 많이 얹기 위하여 나무(木)를 건너질러 만든 시렁(架)을 의미한다.

읽기 한자
藤架(등가)

쓰기 한자
架空(가공) 架橋(가교) 架構(가구) 架臺(가대) 架尾(가미) 架上(가상)
架線(가선) 架設(가설) 架版(가판) 書架(서가) 架工齒(가공치)
高架道路(고가도로)

伽

2급(名)
절 가
人 | 5획

비 加(더할 가)
동 寺(절 사)
刹(절 찰)

글자 풀이
사람(人)이 머물면 보탬(加)이 되는 곳이 절(伽)이란 의미이다.

읽기 한자
伽倻(가야) 伽羅(가라) 伽藍(가람) 僧伽(승가) 伽倻山(가야산)
伽倻琴(가야금)

柯

2급(名)
가지 가
木 | 5획

동 條(가지 조)
枝(가지 지)
반 葉(잎 엽)

글자 풀이
나무(木)가 넓게 퍼진 것(可)이니 가지(柯)를 의미한다.

읽기 한자
柯葉(가엽) 柯亭(가정) 柯條(가조) 柯亭笛(가정적) 南柯一夢(남가일몽)

賈

貝 | 6획

성(姓) 가/장사 고
2급(名)

비 買(살 매)
　 賣(팔 매)
동 商(장사 상)

글자 풀이

재화(貝)를 덮어 가린다(覀)는 것은 장사(賈)의 행위를 의미한다.

읽기 한자

賈島(가도) 賈師(고사) 賈船(고선) 賈人(고인) 賈市(고시) 賈胡(고호)
賈勇(고용) 賈怨(고원) 賈禍(고화) 都賈(도고) 商賈(상고)

軻

車 | 5획

수레/사람이름 가
2급(名)

비 軸(굴대 축)

글자 풀이

수레(車)가 굴러갈 때 찌거덕 거리는 소리를 내는(可) 부분으로 수레(軻)의 굴대를 의미한다.

읽기 한자

孟軻(맹가) 丘軻(구가) 走軻(주가)

迦

辶 | 5획

부처이름 가
2급(名)

비 伽(절 가)

글자 풀이

梵語의 ka(가)의 音譯字로 쓰인다.

읽기 한자

迦藍(가람) 迦葉(가섭) 迦維(가유) 釋迦牟尼(석가모니) 迦陵頻迦(가릉빈가)

各

口 | 3획

각각 각
6급 Ⅱ

비 客(손 객)
　 名(이름 명)
반 合(합할 합)
　 同(한가지 동)
　 共(한가지 공)

글자 풀이

걸어서(夂) 되돌아와 말(口)하는 사람들 모두가 일치하지 않는 것에서 따로따로, 각각(各)이라는 의미이다.

쓰기 한자

各散(각산) 各層(각층) 各派(각파) 各各(각각) 各個(각개) 各界(각계)
各房(각방) 各床(각상) 各色(각색) 各姓(각성) 各種(각종) 各自(각자)
各處(각처) 各葬(각장) 各字竝書(각자병서) 各個擊破(각개격파)
各個戰鬪(각개전투) 各界各層(각계각층) 各樣各色(각양각색)

角 뽈 각
6급 II
角 | 0획

동물의 뿔과 뽀족한 것의 모서리(角)를 의미한다.

비 勇(날랠 용)
　用(쓸 용)

읽기한자

角膜(각막) 圭角(규각) 楞角(능각) 麟角(인각) 獐角(장각) 角鷹(각응)
四角帽(사각모)

쓰기한자

角粉(각분) 角錢(각전) 角點(각점) 角層(각층) 角逐(각축) 鹿角(녹각)
銳角(예각) 角端(각단) 角帶(각대) 角燈(각등) 角狀(각상) 角聲(각성)
角星(각성) 角質(각질) 直角(직각) 角戲(각희) 觸角(촉각) 角逐戰(각축전)
角度器(각도기) 對角線(대각선) 角者無齒(각자무치)

刻 새길 각
4급
刀 | 6획

글자 풀이
딱딱한 멧돼지(亥)의 뼈에 칼(刂)로 조각을 해서 장식품으로 한 것에서 새기다(刻)는 의미이다.

비 核(씨 핵)
　該(갖출 해)
동 刊(새길 간)
　銘(새길 명)
　彫(새길 조)

읽기한자

彫刻(조각) 刻珉(각민)

쓰기한자

刻苦(각고) 刻骨(각골) 刻心(각심) 刻印(각인) 刻字(각자) 刻板(각판)
時刻(시각) 深刻(심각) 陽刻(양각) 陰刻(음각) 正刻(정각) 板刻(판각)
刻漏(각루) 刻削(각삭) 刻銘(각명) 刻薄(각박) 頃刻(경각) 浮刻(부각)
刻骨痛恨(각골통한) 刻骨銘心(각골명심) 刻骨難忘(각골난망)

覺 깨달을 각
4급
見 | 13획

글자 풀이
눈으로 보거(見)나 배우거(學)나 해서 사물의 도리를 깨달아 기억하는 것에서 기억하다, 느낀다(覺)는 의미이다.

비 學(배울 학)
동 悟(깨달을 오)
약 覚

읽기한자

幻覺(환각)

쓰기한자

覺苦(각고) 覺書(각서) 覺知(각지) 覺行(각행) 感覺(감각) 味覺(미각)
發覺(발각) 先覺(선각) 視覺(시각) 自覺(자각) 聽覺(청각) 知覺(지각)
錯覺(착각) 覺悟(각오) 觸覺(촉각) 警覺心(경각심)

脚 다리 각
3급 II
肉/月 | 7획

글자 풀이
몸(肉)의 일부로서 무릎의 마디(卩)를 구부려 걸어가게(去) 하는 다리(脚)를 의미한다.

비 劫(위협할 겁)
　却(물리칠 각)
동 橋(다리 교)

쓰기한자

脚光(각광) 脚本(각본) 脚色(각색) 健脚(건각) 馬脚(마각) 木脚(목각)
失脚(실각) 立脚(입각) 行脚(행각) 脚線美(각선미) 脚氣病(각기병)
二人三脚(이인삼각)

閣 집 각 ｜ 3급Ⅱ
門 ｜ 6획

비 閑(한가할 한)
開(열 개) 閉(닫을 폐)
閤(쪽문 합)
동 家(집 가) 戶(집 호)
室(집 실) 堂(집 당)
屋(집 옥) 宅(집 택)
宙(집 주) 宇(집 우)

글자 풀이

여러 사람이 각각(各) 찾아드는 문(門)이 달린 다락집(閣)을 의미한다.

읽기 한자

闕閣(궐각) 奎章閣(규장각) 芸閣(운각) 峻閣(준각)

쓰기 한자

閣僚(각료) 沙上樓閣(사상누각) 閣議(각의) 閣下(각하) 改閣(개각)
巨閣(거각) 高閣(고각) 內閣(내각) 樓閣(누각) 入閣(입각) 組閣(조각)
鍾閣(종각)

却 물리칠 각 ｜ 3급
卩 ｜ 5획

비 劫(위협할 겁)
脚(다리 각)
동 退(물러날 퇴)

글자 풀이

몸을 움츠리고(卩) 간다(去)는 데서 물러나다, 물리치다(却)는 의미이다.

쓰기 한자

棄却(기각) 燒却(소각) 却說(각설) 却下(각하) 冷却(냉각) 忘却(망각)
賣却(매각) 消却(소각) 退却(퇴각)

珏 쌍옥 각 ｜ 2급(名)
玉 ｜ 5획

비 珪(홀 규)

글자 풀이

옥(玉)을 둘 합쳐 한 쌍의 옥(珏)을 의미한다.

읽기 한자

崔珏圭(최각규:행정관료, 정치가)

間 사이 간(:) ｜ 7급Ⅱ
門 ｜ 4획

비 問(물을 문)
聞(들을 문)
閑(한가할 한)
開(열 개)
동 隔(사이뜰 격)

글자 풀이

닫혀있는 문(門) 사이에서 아침 해(日)가 비추어오는 형태에서 사이, 틈(間)을 의미한다.

읽기 한자

間諜(간첩)

쓰기 한자

間或(간혹) 離間(이간) 間隔(간격) 眉間(미간) 巷間(항간) 間斷(간단)
間伐(간벌) 間選(간선) 間食(간식) 間接(간접) 間紙(간지) 空間(공간)
區間(구간) 近間(근간) 期間(기간) 民間(민간) 世間(세간) 時間(시간)
夜間(야간) 年間(연간) 人間(인간) 晝間(주간) 行間(행간) 瞬間(순간)

干 방패 간 | 干 | 0획 | 4급

비 于(어조사 우)
　　牛(소 우)
　　午(낮 오)
　　千(일천 천)
동 盾(방패 순)
반 矛(창 모)
　　戈(창 과)

글자 풀이
손잡이가 달린 방패(干)의 모양을 본뜬 것으로 적을 찌르거나 막기도 하는 무기라는 것에서 범하다, 거스르다는 의미이다. 또 〈건〉이라는 음이 〈乾〉과 같은 것에서 말리다(干)라는 의미도 된다.

읽기 한자
干戈(간과) 干預(간예)

쓰기 한자
干連(간련) 干滿(간만) 干城(간성) 干與(간여) 干潮(간조) 干支(간지)
如干(여간) 干涉(간섭) 干拓地(간척지) 若干(약간)

看 볼 간 | 目 | 4획 | 4급

비 省(살필 성)
　　着(붙을 착)
동 觀(볼 관)
　　視(볼 시)
　　見(볼 견)
　　監(볼 감)

글자 풀이
눈(目) 위에 손(手)을 올리고 멀리 본다(看)는 의미이다.

읽기 한자
看棋(간기)

쓰기 한자
看過(간과) 看病(간병) 看守(간수) 看破(간파) 看板(간판) 看護(간호)
看役(간역) 看疾(간질) 走馬看山(주마간산)

簡 대쪽/간략할 간(:) | 竹 | 12획 | 4급

비 間(사이 간)
　　節(마디 절)
동 略(간략할 략)

글자 풀이
엷은 대나무(竹)를 끈으로 묶어서 이은 틈새(間)가 있는 뚜껑에 글자를 써넣은 것에서 서책, 편지(簡)를 의미한다.

읽기 한자
簡札(간찰)

쓰기 한자
簡潔(간결) 簡單(간단) 簡略(간략) 簡明(간명) 簡素(간소)
簡約(간약) 簡要(간요) 簡易(간이) 簡紙(간지) 簡冊(간책)
簡擇(간택) 簡便(간편) 內簡(내간) 書簡(서간) 竹簡(죽간)
簡易驛(간이역) 簡搜(간수) 簡閱(간열)

刊 새길 간 | 刀 | 3획 | 3급Ⅱ

비 刑(형벌 형)
　　列(벌릴 렬)
　　別(다를 별)
동 刻(새길 각)
　　銘(새길 명)
　　彫(새길 조)

글자 풀이
활자를 새겨서 책을 펴낸다(刊)는 의미이다.

쓰기 한자
廢刊(폐간) 刊印(간인) 刊行(간행) 季刊(계간) 發刊(발간) 夕刊(석간)
新刊(신간) 年刊(연간) 月刊(월간) 日刊(일간) 朝刊(조간) 終刊(종간)
週刊(주간) 創刊(창간) 出刊(출간) 休刊(휴간)

幹

3급Ⅱ
줄기 **간**
干 | 10획

비 乾(마를 건)
　軒(집 헌)
　軟(연할 연)
동 脈(줄기 맥)
반 根(뿌리 근)
　枝(가지 지)

글자 풀이

하늘을 향해 자라는 줄기(幹)를 의미한다.

읽기한자

棟幹(동간)

쓰기한자

幹枝(간지) 幹部(간부) 幹事(간사) 幹線道路(간선도로) 骨幹(골간)
根幹(근간) 語幹(어간) 才幹(재간) 主幹(주간)

懇

3급Ⅱ
간절할 **간:**
心 | 13획

비 墾(개간할 간)

글자 풀이

두 손(豸)과 마음(心)을 다하여(艮) 간절히(懇) 기도하고 정성을 쏟는다
는 의미이다.

읽기한자

懇款(간관)

쓰기한자

懇曲(간곡) 懇求(간구) 懇談會(간담회) 懇切(간절) 懇請(간청)

肝

3급Ⅱ
간 **간(:)**
肉/月 | 3획

비 朋(벗 붕)

글자 풀이

몸(肉)에 들어오는 독을 분해하고 막는 방패(干) 역할을 하는 간(肝)을 의
미한다.

읽기한자

肝膽(간담) 肝腎(간신) 肝癌(간암) 獐肝(장간)

쓰기한자

肝炎(간염) 肝要(간요) 肝腸(간장) 九曲肝腸(구곡간장) 洗肝(세간)
心肝(심간)

姦

3급
간음할 **간:**
女 | 6획

비 妥(온당할 타)
　妄(망령될 망)
동 淫(음란할 음)

글자 풀이

계집 녀(女) 셋을 써서 간사함(姦)을 의미한다.

읽기한자

姦虐(간학)

쓰기한자

姦婦(간부) 姦夫(간부) 姦生子(간생자) 姦所(간소) 姦淫犯(간음범)
姦淫罪(간음죄) 姦情(간정) 姦通(간통) 姦通罪(간통죄) 強姦(강간)
近親相姦(근친상간) 輪姦(윤간)

杆
2급(名)
몽둥이 **간**
木 | 3획

비 汗(땀 한)
扞(막을 한)
동 干(방패 간)

글자 풀이
장대(干)처럼 곧게 뻗은 몽둥이(木) 또는 나무(木)로 만든 방패(干)를 의미한다.

읽기 한자
杆城(간성) 欄杆(난간)

艮
2급(名)
괘이름 **간**
艮 | 0획

비 良(어질 량)
民(백성 민)

글자 풀이
눈알(目)을 굴리며 몸을 돌리는(匕) 것은 한도(艮)가 있다는 의미인데, 나중에 육십사괘(六十四掛)의 이름으로 쓰이게 되었다.

읽기 한자
艮峴(간현) 艮止(간지) 艮方(간방)

渴
3급
목마를 **갈**
水 | 9획

비 揭(걸 게)
謁(뵐 알)

글자 풀이
햇(日)볕에 싸여서(勹) 사람(人)이 물(水)을 마시고 싶어한다는 데서 목마르다(渴)는 의미이다.

읽기 한자
臨渴掘井(임갈굴정) 焦渴(초갈)

쓰기 한자
渴求(갈구) 渴急(갈급) 渴望(갈망) 渴愛(갈애) 渴症(갈증) 枯渴(고갈)
苦渴(고갈) 飢渴(기갈) 燥渴(조갈) 酒渴(주갈) 解渴(해갈) 渴水期(갈수기)

葛
2급
칡 **갈**
艹 | 9획

글자 풀이
수직으로 자라는 풀의 속성을 어기고(曷) 가로로 자라는 풀(艹)로 칡(葛)을 의미한다.

읽기 한자
葛布(갈포) 葛根(갈근) 葛藤(갈등) 葛籠(갈롱) 葛粉(갈분) 葛衣(갈의)
葛洪(갈홍) 葛花(갈화) 瓜葛(과갈) 管葛(관갈) 細葛(세갈) 疏葛(소갈)
虎葛(호갈) 葛天氏(갈천씨) 葛藤禪(갈등선)

鞨

2급(名)

오랑캐이름 **갈**

革 | 9획

비 靴(신 화)

글자 풀이

종족의 이름자이다. 본래는 가죽(革)을 칡(曷=葛)처럼 엮은 신발(鞨)의 의미였다.

읽기 한자

履鞨(이갈) 靺鞨(말갈)

感

6급

느낄 **감:**

心 | 9획

비 減(덜 감)
　 咸(다 함)

글자 풀이

모처럼 잘 익은 과일을 전부(咸) 먹어서 좋은가 어떤가하고 마음(心)이 흔들리는 것에서 마음이 움직인다, 느낀다(感)는 의미이다.

읽기 한자

感戴(감대)

쓰기 한자

感覺(감각) 感激(감격) 感泣(감읍) 鈍感(둔감) 敏感(민감) 感度(감도)
感動(감동) 感服(감복) 感謝(감사) 感想(감상) 感性(감성) 感聲(감성)
感情(감정) 感知(감지) 感化(감화) 感銘(감명) 感染(감염) 感觸(감촉)
感懷(감회) 距離感(거리감) 靈感(영감) 感歎詞(감탄사)
隔世之感(격세지감)

減

4급Ⅱ

덜 **감:**

水 | 9획

비 感(느낄 감) 咸(다 함)
동 削(깎을 삭)
　 損(덜 손)　 除(덜 제)
반 加(더할 가)
　 增(더할 증)
　 添(더할 첨)
약 减

글자 풀이

잘 익은 열매를 전부 먹어버리면 없어지듯이 물(水)이 다(咸) 없어지는 것에서 줄다(減)는 의미이다.

읽기 한자

減俸(감봉) 減撤(감철)

쓰기 한자

減點(감점) 減縮(감축) 減刑(감형) 激減(격감) 減免(감면) 削減(삭감) 減價(감가)
減軍(감군) 減等(감등) 減量(감량) 減配(감배) 減産(감산) 減算(감산) 減稅(감세)
減勢(감세) 減少(감소) 減速(감속) 減殺(감쇄) 減水(감수) 減收(감수) 減數(감수)
減員(감원) 輕減(경감) 節減(절감) 增減(증감) 減壽(감수) 加減乘除(가감승제)
減價償却(감가상각)

監

4급Ⅱ

볼 **감**

皿 | 9획

비 鑑(거울 감)
　 濫(넘칠 람)
　 藍(쪽 람)
동 觀(볼 관)
　 見(볼 견)
　 視(볼 시)
　 看(볼 간)
약 监

글자 풀이

사람(亻)이 눈(臣)으로 그릇(皿)에 담긴 물을 내려다 보면서 자기의 얼굴을 살핀다(監)는 의미이다.

읽기 한자

台監(태감)

쓰기 한자

監營(감영) 監押(감압) 監觀(감관) 監禁(감금) 監督(감독) 監理(감리)
監房(감방) 監査(감사) 監事(감사) 監修(감수) 監視(감시) 監院(감원)
監察(감찰) 警監(경감) 校監(교감) 大監(대감) 令監(영감) 舍監(사감)
收監(수감) 移監(이감) 入監(입감) 監奴(감노) 監葬(감장) 教育監(교육감)
治安監(치안감)

敢	4급
	감히/구태여 **감:**
	攵 | 8획

- 비 取(취할 취)
  嚴(엄할 엄)

글자 풀이

손에 칼을 들고(攵) 가서 적의 귀(耳)를 베니(工) 감히(敢) 굳세다는 의미이다.

쓰기한자

敢犯(감범) 敢死(감사) 敢戰(감전) 敢請(감청) 敢鬪(감투) 敢行(감행)
果敢(과감) 勇敢(용감) 敢言之地(감언지지) 敢不生心(감불생심)
焉敢生心(언감생심)

甘	4급
	달 **감**
	甘 | 0획

- 비 甚(심할 심)
  日(날 일)
  目(눈 목)
- 반 苦(쓸 고)

글자 풀이

입 안에 사탕을 물고 있어 달다(甘)는 의미이다.

읽기한자

甘瓜(감과) 甘藍(감람) 甘醴(감례) 甘냅(감지)

쓰기한자

甘結(감결) 甘苦(감고) 甘味(감미) 甘辭(감사) 甘受(감수) 甘水(감수)
甘食(감식) 甘心(감심) 甘言(감언) 甘雨(감우) 甘油(감유) 甘精(감정)
甘酒(감주) 甘泉(감천) 甘草(감초) 甘湯(감탕) 甘井(감정) 甘味料(감미료)
甘言利說(감언이설) 苦盡甘來(고진감래)

鑑	3급 Ⅱ
	거울 **감**
	金 | 14획

- 비 監(볼 감)
  濫(넘칠 람)
  藍(쪽 람)
- 동 鏡(거울 경)
- 약 鑑

글자 풀이

쇠(金)를 갈고 닦아서 자기 모습을 살펴볼(監) 수 있는 거울(鑑)을 만든다는 의미이다.

읽기한자

鑑札(감찰) 升鑑(승감) 殷鑑不遠(은감불원)

쓰기한자

龜鑑(귀감) 鑑戒(감계) 鑑古(감고) 鑑別(감별) 鑑賞(감상) 鑑識(감식)
鑑定(감정) 鑑察(감찰) 鑑票(감표) 圖鑑(도감) 年鑑(연감) 印鑑(인감)
鑑定價(감정가) 鑑定書(감정서)

憾	2급
	섭섭할 **감:**
	心 | 13획

- 비 感(느낄 감)
  減(덜 감)
- 동 悲(슬플 비)
  恨(한 한)
  怨(원망할 원)
- 반 喜(기뻐할 희)
  憙(기쁠 희)

글자 풀이

마음(心)이 커다란 자극에 흔들려(感) 섭섭하거나(憾) 불안함을 의미한다.

읽기한자

憾怨(감원) 憾悔(감회) 舊憾(구감) 悲憾(비감) 私憾(사감) 素憾(소감)
宿憾(숙감) 遺憾(유감)

	4급
甲	갑옷 갑
田	0획

비 申(납 신)
　 由(말미암을 유)
　 田(밭 전)
　 中(가운데 중)
동 鉀(갑옷 갑)

글자 풀이

호도, 복숭아 등의 씨앗의 모양으로 껍질이 단단하다는 데서 갑옷(甲)을 의미한다.

읽기 한자

甲乭(갑돌) 甲刹(갑찰)

쓰기 한자

甲家(갑가) 甲利(갑리) 甲盤(갑반) 甲方(갑방) 甲邊(갑변) 甲兵(갑병) 甲部(갑부)
甲富(갑부) 甲士(갑사) 甲狀(갑상) 甲時(갑시) 甲申(갑신) 甲夜(갑야) 甲葉(갑엽)
甲午(갑오) 甲衣(갑의) 甲日(갑일) 甲子(갑자) 甲種(갑종) 甲蟲(갑충) 甲板(갑판)
機甲(기갑) 同甲(동갑) 進甲(진갑) 鐵甲(철갑) 回甲(회갑) 甲班(갑반) 甲宴(갑연)
還甲(환갑) 裝甲車(장갑차) 甲板長(갑판장) 甲勤稅(갑근세) 甲申政變(갑신정변)

	2급(名)
岬	곶(串) 갑
山	5획

비 岫(산굴 수)
동 串(땅이름 곶)

글자 풀이

산(山)의 허리나 골짜기(甲)이니 산허리(岬)를 의미한다.

읽기 한자

岬寺(갑사) 山岬(산갑)

	2급(名)
鉀	갑옷 갑
金	5획

동 甲(갑옷 갑)

글자 풀이

쇠(金)를 이용하여 만든 껍질(甲)이니 갑옷(鉀)을 의미한다.

읽기 한자

貫鉀(관갑) 被鉀(피갑, 被甲) 皮鉀(피갑, 皮甲)

	7급 Ⅱ
江	강 강
水	3획

비 工(장인 공)
　 仁(큰배 홍)
동 河(물 하)
반 山(메 산)

글자 풀이

물(水)이 오랜 세월 흐르면서 만든(工) 것이 강(江)이라는 의미이다.

읽기 한자

江瀅(강형) 洛東江(낙동강) 鴨綠江(압록강) 姚江學派(요강학파)

쓰기 한자

江陵(강릉) 江郊(강교) 江幅(강폭) 渡江(도강) 江珠(강주) 江南(강남)
江邊(강변) 江山(강산) 江心(강심) 江村(강촌) 江湖(강호) 漢江(한강)

強

6급

강할 **강(:)**

弓 | 8획

- 동 健(굳셀 건)
- 반 弱(약할 약)

글자 풀이

활(弓)에 사용하는 실은 누에꼬치(雖)에서 뽑은 실을 송진 등을 발라서 강한 힘으로 당겨도 끊어지지 않도록 한 것에서 강하다, 강하게 하다(強)는 의미이다.

읽기 한자

強心劑(강심제) 強壯劑(강장제)

쓰기 한자

強勸(강권) 強盜(강도) 強烈(강렬) 強點(강점) 強姦(강간) 強奪(강탈)
強健(강건) 強國(강국) 強度(강도) 強買(강매) 強賣(강매) 強盛(강성)
強勢(강세) 強弱(강약) 強調(강조) 補強(보강) 強速球(강속구)

康

4급Ⅱ

편안 **강**

广 | 8획

- 비 庚(별 경)
  慶(경사 경)
- 동 安(편안 안)
  寧(편안 녕)
  便(편할 편)
  健(굳셀 건)

글자 풀이

한낮에 바깥(广)에서 노동한 후에 밤에 이르기(隶)까지 집안에서 일할 정도로 몸이 튼튼한 것에서 건강(康)을 의미한다.

읽기 한자

杜康(두강)

쓰기 한자

康居(강거) 康健(강건) 康國(강국) 康年(강년) 康里(강리) 康福(강복)
健康(건강) 小康(소강) 康寧(강녕)

講

4급Ⅱ

욀 **강:**

言 | 10획

- 비 構(얽을 구)
  購(살 구)
- 동 誦(욀 송)

글자 풀이

단어(言)를 조합(冓)해서 상대에게 잘 이해할 수 있게 이야기하고 화해하는 것에서 설명하다(講)는 의미이다.

읽기 한자

尼講(이강)

쓰기 한자

講評(강평) 聽講(청강) 講究(강구) 講壇(강단) 講堂(강당) 講讀(강독)
講論(강론) 講士(강사) 講師(강사) 講義(강의) 講話(강화) 講和(강화)
開講(개강) 缺講(결강) 受講(수강) 終講(종강) 出講(출강) 特講(특강)
休講(휴강) 講習會(강습회) 講演會(강연회) 講義室(강의실)

降

4급

내릴 **강:**
항복할 **항**

阜/阝 | 6획

- 비 隆(높을 륭)
  陵(언덕 릉)
- 동 伏(엎드릴 복)
  下(아래 하)
- 반 昇(오를 승)
  陟(오를 척)

글자 풀이

높은 산의 벼랑(阝)에서 낮은 곳에 내려오는(夅) 것으로 산이나 언덕, 비탈 등을 내려가다, 강하하다(降)는 의미이다.

읽기 한자

降祐(강우) 陟降(척강) 滑降(활강) 降瑞(강서) 降衷(강충)

쓰기 한자

降階(강계) 降壇(강단) 降等(강등) 降福(강복) 降水(강수) 降神(강신)
降雨(강우) 降下(강하) 降伏(항복) 降書(항서) 下降(하강) 投降(투항)
降臨(강림) 降板(강판) 沈降(침강) 降誕(강탄) 昇降機(승강기)
降雪量(강설량) 降水量(강수량)

剛

3급Ⅱ

굳셀 **강**

刀 | 8획

- 비 岡(산등성이 강)
  罔(없을 망)
- 동 強(강할 강)
  健(굳셀 건)
  彊(굳셀 강)
  桓(굳셀 환)
- 반 弱(약할 약)
  柔(부드러울 유)

글자 풀이

산등성이(岡)의 바위도 자를 만한 칼(刂)이니 굳세다(剛)는 의미이다.

쓰기 한자

剛健(강건) 剛氣(강기) 剛斷(강단) 剛度(강도) 剛毛(강모) 剛性(강성)
剛烈(강렬) 剛柔(강유) 剛日(강일) 剛正(강정) 剛志(강지) 剛直(강직)
剛體(강체) 剛健體(강건체) 金剛山(금강산) 外柔內剛(외유내강)

綱

3급Ⅱ

벼리 **강**

糸 | 8획

- 비 岡(산등성이 강)
  罔(없을 망)
  鋼(강철 강)
  網(그물 망)
- 동 紀(벼리 기)
  維(벼리 유)

글자 풀이

실(糸)로써 산등성이(岡) 같이 단단하게 꼬아 놓은 것이 벼리(綱)라는
의미이다.

쓰기 한자

綱領(강령) 綱目(강목) 綱常(강상) 綱要(강요) 大綱(대강) 要綱(요강)
三綱(삼강) 政綱(정강) 紀綱(기강) 三綱五倫(삼강오륜)

鋼

3급Ⅱ

강철 **강**

金 | 8획

- 비 岡(산등성이 강)
  罔(없을 망)
  綱(벼리 강)
  網(그물 망)
- 동 鐵(쇠 철)

글자 풀이

산등성이(岡)의 바위처럼 굳센 쇠(金)이니 강철(鋼)을 의미한다.

읽기 한자

酸性製鋼(산성제강) 軸鋼(축강)

쓰기 한자

鋼船(강선) 鋼線(강선) 鋼鐵(강철) 鋼筆(강필) 鍊鋼(연강) 製鋼(제강)
鐵鋼(철강)

姜

2급(名)

성(姓) **강**

女 | 6획

- 비 美(아름다울 미)

글자 풀이

양(羊) 토템을 지닌 모계사회(女)의 한 부족에 근원을 둔 성씨(姜)란 의미
이다.

읽기 한자

姜邯瓚(강감찬) 姬姜(희강) 姜太公(강태공)

岡	산등성이 강
	山 | 5획

2급(名)

ㅂ 罔(없을 망)
동 丘(언덕 구)
　 陵(언덕 릉)
　 岸(언덕 안)
　 原(언덕 원)

글자 풀이

岡은 罔(그물 망)의 변형으로 그물을 펼쳐 놓은듯한 나지막한 산인 언덕(岡)을 의미한다.

읽기 한자

岡陵(강릉) 岡阜(강부) 福岡(복강)

崗	언덕 강
	山 | 8획

2급(名)

동 丘(언덕 구)
　 陵(언덕 릉)
　 岸(언덕 안)
　 原(언덕 원)

글자 풀이

岡은 罔(그물 망)의 변형으로 그물을 펼쳐 놓은듯한 나지막한 산인 언덕(崗)을 말한다. 崗은 岡의 俗字이다.

읽기 한자

花崗巖(화강암)

彊	굳셀 강
	弓 | 13획

2급(名)

ㅂ 疆(지경 강)
동 剛(굳셀 강)
　 強(강할 강)
　 健(굳셀 건)
반 弱(약할 약)

글자 풀이

본래는 활(弓)로 밭(田)사이에 경계선(=)을 긋는 것이나 그 행위의 굳셈(彊)을 의미하게 되었다.

읽기 한자

彊弓(강궁) 武彊(무강) 力彊(역강) 雄彊(웅강) 自彊不息(자강불식)

疆	지경 강
	田 | 14획

2급(名)

ㅂ 彊(굳셀 강)
동 域(지경 역)
　 境(지경 경)
　 界(지경 계)

글자 풀이

활(弓)로 밭(田) 사이의 땅(土)에 경계선(疆)을 긋는다는 의미이다.

읽기 한자

疆界(강계) 疆內(강내) 疆吏(강리) 疆上(강상) 疆塞(강새) 疆域(강역)
疆外(강외) 疆土(강토) 無疆(무강) 邊疆(변강) 分疆(분강) 侵疆(침강)
新疆省(신강성)

開	6급 열 개 門 | 4획

비 問(물을 문)
聞(들을 문)
반 閉(닫을 폐)

글자 풀이

빗(开)장을 양손으로 들어올려 벗기고 출입문(門)을 여는 것에서 열다(開)는 의미이다.

읽기한자

開札(개찰) 開掘(개굴) 開允(개윤)

쓰기한자

開管(개관) 開鑛(개광) 開閉(개폐) 開婚(개혼) 開講(개강) 開缺(개결)
開關(개관) 開國(개국) 開發(개발) 開放(개방) 開城(개성) 開所(개소)
開始(개시) 開議(개의) 開通(개통) 開票(개표) 開學(개학) 開港(개항)
開花(개화) 開化(개화) 公開(공개) 滿開(만개) 未開(미개) 開拓(개척)
疏開(소개) 開式辭(개식사)

改	5급 고칠 개(:) 攵 | 3획

비 攻(칠 공)
政(정사 정)
收(거둘 수)
동 更(고칠 경)

글자 풀이

나쁜 행위를 한 사람(己)을 채찍(攵)으로 두들겨 고쳐서 좋게 한다, 바꾸다(改)는 의미이다.

읽기한자

改札(개찰)

쓰기한자

改差(개차) 改痛(개통) 改標(개표) 改憲(개헌) 改革(개혁) 改鑄(개주)
改良(개량) 改備(개비) 改修(개수) 改正(개정) 改造(개조) 改築(개축)
改置(개치) 改票(개표) 改閣(개각) 改稿(개고) 悔改(회개)
改過遷善(개과천선) 朝令暮改(조령모개) 朝變夕改(조변석개)

個	4급 Ⅱ 낱 개(:) 人 | 8획

비 固(굳을 고)
동 枚(낱 매)
약 个

글자 풀이

사람(人)이나 굳은(固) 것은 낱개(個)로 센다는 의미이다.

읽기한자

個別潤滑(개별윤활)

쓰기한자

個當(개당) 個物(개물) 個別(개별) 個性(개성) 個數(개수) 個人(개인)
個體(개체) 別個(별개) 半個(반개) 個別的(개별적) 個人技(개인기)
各個擊破(각개격파)

介	3급 Ⅱ 낄 개: 人 | 2획

비 价(클 개)

글자 풀이

사람(人)이 양쪽(ㅣㅣ) 사이에 끼어든다(介)는 의미이다.

읽기한자

紹介(소개) 蔣介石(장개석) 介圭(개규) 介輔(개보)

쓰기한자

媒介(매개) 仲介(중개) 介潔(개결) 介意(개의) 介入(개입) 介在(개재)

槪	3급 II
	대개 **개:**
	木 | 11획

비 旣(이미 기)
愾(슬퍼할 개)
약 概

평미레로 밀어서 곡식을 되면 양이 대개(槪) 고르다는 의미이다.

쓰기한자
槪觀(개관) 槪念(개념) 槪略(개략) 槪論(개론) 槪算(개산) 槪說(개설)
槪要(개요) 景槪(경개) 氣槪(기개) 大槪(대개) 節槪(절개)
日氣槪況(일기개황)

愾	3급
	슬퍼할 **개:**
	心 | 11획

비 槪(대개 개)
旣(이미 기)
동 嘆(탄식할 탄) 憤(분할 분)
悼(슬퍼할 도) 哀(슬플 애)
반 喜(기쁠 희)
歡(기쁠 환)
약 愾

글자 풀이
이미(旣) 잘못된 일을 마음(心) 속으로 분개하고 슬퍼한다(愾)는 의미
이다.

쓰기한자
感愾無量(감개무량) 憤愾(분개)

皆	3급
	다(總) **개**
	白 | 4획

비 階(섬돌 계)
동 咸(다 함)
總(다 총)

글자 풀이
나란히(比) 서 있는 사람들의 말(白)이 모두, 다(皆) 같다는 의미이다.

쓰기한자
皆勤(개근) 皆兵(개병) 擧皆(거개)

蓋	3급 II
	덮을 **개(:)**
	++ | 10획

비 蓄(쌓을 축)
동 覆(덮을 부)
蔽(덮을 폐)
약 盖

글자 풀이
그릇(皿) 속의 물건이 사라지지(去) 않도록 풀잎(++)으로 덮는다(蓋)는
의미이다.

읽기한자
淵蓋蘇文(연개소문)

쓰기한자
蓋果(개과) 蓋石(개석) 蓋世(개세) 蓋瓦(개와) 蓋車(개차) 蓋草(개초)
蓋板(개판) 蓋皮(개피) 覆蓋(복개) 蓋然性(개연성) 硬口蓋(경구개)
頭蓋骨(두개골) 無蓋車(무개차) 軟口蓋(연구개) 口蓋音化(구개음화)

价

价 클 개: ｜ 人 ｜ 4획 ｜ 2급(名)

- 비 介(낄 개)
- 동 大(큰 대) 碩(클 석)
  偉(클 위) 泰(클 태)
  太(클 태)
- 반 小(작을 소)
  微(작을 미)
  扁(작을 편)

글자 풀이

갑옷(介) 입은 사람(人)이 갑옷을 입지 않은 사람보다 크게(价) 보인다는 의미이다.

읽기 한자

价人(개인) 使价(사개) 价川郡(개천군)

塏 높은땅 개: ｜ 土 ｜ 10획 ｜ 2급(名)

- 비 壇(단 단)
  豈(어찌 기)

글자 풀이

땅(土)이 높이 치솟은 산(豈)처럼 높게(塏) 쌓여 있다는 의미이다.

읽기 한자

勝塏(승개) 幽塏(유개) 李塏(이개)

客 손 객 ｜ 宀 ｜ 6획 ｜ 5급Ⅱ

- 비 容(얼굴 용)
  各(각각 각)
- 동 旅(나그네 려)
  賓(손 빈)
- 반 主(주인 주)

글자 풀이

집안(宀)에 각각(各) 찾아온 사람이 머무르면서 이야기한다는 것에서 찾아온 사람, 불려온 사람(客)을 의미한다.

읽기 한자

棋客(기객) 偵客(정객)

쓰기 한자

客居(객거) 客慮(객려) 客辭(객사) 客家(객가) 客苦(객고) 客工(객공)
客觀(객관) 客官(객관) 客軍(객군) 客氣(객기) 客年(객년) 客談(객담)
客堂(객당) 客待(객대) 客冬(객동) 客旅(객려) 客禮(객례) 客味(객미)
客房(객방) 客兵(객병) 客費(객비) 客使(객사) 客舍(객사) 客狀(객상)
客床(객상) 客虎(객호) 乘客(승객) 賀客(하객)

坑 구덩이 갱 ｜ 土 ｜ 4획 ｜ 2급

- 비 抗(막을 항)

글자 풀이

땅(土)이 사람의 목(亢)처럼 움푹하게 패인 곳으로 구덩이(坑)를 의미한다.

읽기 한자

坑谷(갱곡) 坑口(갱구) 坑內(갱내) 坑道(갱도) 坑夫(갱부) 鑛坑(광갱)
溫坑(온갱) 炭坑(탄갱) 銀坑(은갱)

7급 Ⅱ
車
수레 **거/차**
車	0획

비 東(동녘 동)
　束(묶을 속)
동 輛(수레 량)

글자 풀이

수레(車)의 모양을 본떴다.

읽기 한자

驥服鹽車(기복염거) 紡車(방차) 貳車(이거) 駐車(주차) 駐車場(주차장)
車輛(차량) 車軸(차축) 抛車(포거) 車胤(차윤) 車塵(차진)

쓰기 한자

車庫(차고) 車輪(차륜) 車馬(거마) 車道(차도) 急停車(급정거) 汽車(기차)
馬車(마차) 列車(열차) 電車(전차) 停車(정차) 火車(화차) 乘用車(승용차)
自轉車(자전거) 車馬費(거마비) 人力車(인력거) 停車場(정거장)
電動車(전동차)

5급
去
갈 **거:**
ㅿ	3획

비 怯(겁낼 겁)
　劫(위협할 겁)
동 往(갈 왕)
　過(지날 과)
반 來(올 래)

글자 풀이

안(ㅿ)에 있는 것을 꺼낼 때 뚜껑(土)을 뜯어 제거하는 것에서 가다, 떠나다(去)는 의미이다.

읽기 한자

撤去(철거)

쓰기 한자

去就(거취) 去冷(거냉) 去年(거년) 去毒(거독) 去來(거래) 去聲(거성)
去勢(거세) 去處(거처) 過去(과거) 收去(수거) 除去(제거) 退去(퇴거)
去皮(거피) 七去之惡(칠거지악)

5급
擧
들 **거:**
手	14획

비 與(더불 여)
　譽(명예 예)
　興(일 흥)
동 揭(높이들 게)
약 挙, 舉

글자 풀이

코끼리의 상아는 크고 귀중하므로 여럿(與)이서 들어올리고(手) 소중하게 나르는 것에서 높이 올리다, 들어올리다(擧)는 의미이다.

읽기 한자

擧措(거조) 枚擧(매거) 補闕選擧(보궐선거)

쓰기 한자

擧皆(거개) 薦擧(천거) 擧國(거국) 擧動(거동) 擧名(거명) 擧論(거론)
擧事(거사) 擧用(거용) 擧止(거지) 擧行(거행) 檢擧(검거) 科擧(과거)
大擧(대거) 選擧(선거) 列擧(열거) 義擧(의거) 長擧(장거) 擧黨的(거당적)
一擧一動(일거일동) 行動擧止(행동거지) 輕擧妄動(경거망동)
被選擧權(피선거권) 擧手敬禮(거수경례)

4급
居
살 **거**
尸	5획

비 局(판 국)
　尾(꼬리 미)
　屋(집 옥)
　屈(굽을 굴)
동 住(살 주)

글자 풀이

사람이 집(尸)에 오랫동안(古) 머물러 산다(居)는 의미이다.

읽기 한자

僑居(교거) 窟居(굴거) 朴赫居世(박혁거세)

쓰기 한자

居家(거가) 居官(거관) 居留(거류) 居留民(거류민) 居民(거민) 居士(거사)
居山(거산) 居常(거상) 居生(거생) 居西干(거서간) 居所(거소) 居室(거실)
居接(거접) 居停(거정) 居住(거주) 居住地(거주지) 居處(거처) 居村(거촌)
居宅(거택) 居鄕(거향) 群居(군거) 起居(기거) 同居(동거) 別居(별거)
隱居(은거) 雜居(잡거) 占居(점거) 住居(주거) 居喪(거상)

巨 클 거: 4급
工 | 2획

비 臣(신하 신)
동 大(큰 대)
太(클 태)
碩(클 석)
泰(클 태)
반 小(작을 소)
微(작을 미)
扁(작을 편)

글자 풀이

손잡이가 달린 큰(巨) 자의 모양을 본떴다.

읽기 한자

巨刹(거찰) 巨艦(거함) 巨款(거관)

쓰기 한자

巨家(거가) 巨金(거금) 巨大(거대) 巨盜(거도) 巨頭(거두) 巨木(거목)
巨物(거물) 巨富(거부) 巨商(거상) 巨石(거석) 巨船(거선) 巨額(거액)
巨人(거인) 巨勢(거세) 巨室(거실) 巨姦(거간) 巨役(거역) 巨視的(거시적)
名門巨族(명문거족)

拒 막을 거: 4급
手 | 5획

비 距(상거할 거)
巨(클 거)
동 抗(막을 항)
障(막을 장)
抵(막을 저)

글자 풀이

손(手)을 크게(巨) 움직여 적과 겨루고 막는다(拒)는 의미이다.

읽기 한자

峻拒(준거)

쓰기 한자

拒納(거납) 拒否(거부) 拒否權(거부권) 拒守(거수) 拒逆(거역) 拒戰(거전)
拒絕(거절) 抗拒(항거) 障拒(장거) 拒却(거각)

據 근거 거: 4급
手 | 13획

비 劇(심할 극)
戲(놀이 희)
동 依(의지할 의)
약 拠

글자 풀이

산에서 호랑이(虍)나 멧돼지(豕)를 만나면 손(手)에 든 무기에 의지하여 (據) 위기를 면한다는 의미이다.

읽기 한자

據軾(거식)

쓰기 한자

據守(거수) 據室(거실) 據有(거유) 據點(거점) 根據(근거) 論據(논거)
雄據(웅거) 依據(의거) 占據(점거) 證據(증거) 據執(거집) 割據(할거)
根據地(근거지)

距 상거할 거: 3급 II
足 | 5획

비 拒(막을 거)
倨(거만할 거)
巨(클 거)
동 離(떠날 리)
隔(사이뜰 격)

글자 풀이

발(足)로 크게(巨) 걸어서 떨어져(距) 나간다는 의미이다.

쓰기 한자

距離(거리) 距躍(거약) 短距離(단거리) 長距離(장거리)

件 물건 건
人 | 4획
5급

- 비 仕(섬길 사)
  任(맡길 임)
  佳(아름다울 가)
- 동 物(물건 물)
  品(물건 품)

글자 풀이

노예(亻)나 소(牛)와 같이 매여서 자유의 몸이 되지 못한다는 것에서 움직이지 않는 것, 물건(件)을 의미한다.

쓰기 한자

與件(여건) 條件(조건) 件名(건명) 件數(건수) 物件(물건) 事件(사건)
案件(안건) 餘件(여건) 要件(요건) 用件(용건) 無條件(무조건)
人件費(인건비) 立地條件(입지조건) 條件反射(조건반사)

健 굳셀 건:
人 | 9획
5급

- 비 建(세울 건)
- 동 康(편안 강)
  剛(굳셀 강)
  彊(굳셀 강)
- 반 弱(약할 약)

글자 풀이

사람(人)이 글자를 슬슬(彳) 쓰듯(聿) 병치레를 하지 않고 건강하다(健)는 의미이다.

읽기 한자

穩健(온건)

쓰기 한자

健壯(건장) 健鬪(건투) 健忘症(건망증) 健胃(건위) 健康(건강) 健婦(건부)
健勝(건승) 健實(건실) 健兒(건아) 健全(건전) 保健(보건) 健脚(건각)
剛健(강건) 不健全(불건전)

建 세울 건:
廴 | 6획
5급

- 비 健(굳셀 건)
- 동 立(설 립)
- 반 崩(무너질 붕)
  壞(무너질 괴)

글자 풀이

옛날 붓(聿)을 세워서(廴) 방위나 땅모양을 확인하고 장소를 정했듯이 일을 하기 시작할 때는 잘 생각해서 순서를 밟는 것에서 만든다, 세운다, 제안하다(建)는 의미이다.

읽기 한자

建坪(건평) 延建坪(연건평)

쓰기 한자

建碑(건비) 建國(건국) 建軍(건군) 建極(건극) 建物(건물) 建設(건설)
建玉(건옥) 建議(건의) 建除(건제) 建制(건제) 建造(건조) 建奏(건주)
建築(건축) 建築物(건축물) 建築費(건축비) 建興(건흥) 建議案(건의안)
假建物(가건물) 封建主義(봉건주의) 啓建(계건)

乾 하늘/마를 건
乙 | 10획
3급 II

- 비 幹(줄기 간)
  軒(집 헌)
- 동 燥(마를 조)
  天(하늘 천)
- 반 坤(따 곤)
  濕(젖을 습)
  地(따 지)

글자 풀이

구불구불하게 생긴 초목의 새싹(乙)이 해가 떠오르듯 땅을 뚫고 나와 하늘(乾)을 향한다는 의미이다.

읽기 한자

乾蔘(건삼) 乾葛(건갈)

쓰기 한자

乾坤(건곤) 乾畓(건답) 乾杯(건배) 乾濕(건습) 乾燥(건조) 乾固(건고)
乾空(건공) 乾期(건기) 乾達(건달) 乾德(건덕) 乾性(건성) 乾位(건위)
乾材(건재) 乾菜(건채) 乾川(건천) 乾草(건초) 白手乾達(백수건달)
無味乾燥(무미건조)

鍵

2급(名)

자물쇠/열쇠 **건:**

金 | 9획

(동) 關(관계할 관)

글자 풀이

쇠붙이(金)를 문짝이나 굴대에 세로로(建) 붙인 것으로 열쇠(鍵)를 의미한다.

읽기 한자

鍵盤(건반) 鍵閉(건폐) 關鍵(관건) 管鍵(관건)

傑

4급

뛰어날 **걸**

人 | 10획

(비) 隣(이웃 린)
憐(불쌍히여길 련)
(동) 俊(준걸 준)
秀(빼어날 수)
(반) 拙(졸할 졸)
劣(못할 렬)

글자 풀이

많은 사람(人) 중에서 빼어났다(桀)하여 호걸(傑)이라는 의미이다.

쓰기 한자

傑觀(걸관) 傑句(걸구) 傑氣(걸기) 傑立(걸립) 傑物(걸물) 傑舍(걸사)
傑士(걸사) 傑作(걸작) 傑出(걸출) 傑行(걸행) 女傑(여걸) 人傑(인걸)
俊傑(준걸) 怪傑(괴걸) 豪傑(호걸)

乞

3급

빌 **걸**

乙 | 2획

(동) 丐(빌 개)

글자 풀이

사람(人)이 새(乙)처럼 몸을 굽힌 것으로 빌다(乞)는 의미이다.

쓰기 한자

乞求(걸구) 乞盟(걸맹) 乞命(걸명) 乞不竝行(걸불병행) 乞食(걸식)
乞人(걸인) 求乞(구걸) 哀乞伏乞(애걸복걸)

杰

2급(名)

뛰어날 **걸**

木 | 4획

(동) 傑(뛰어날 걸)

글자 풀이

불(灬=火)에 타지 않고 의연히 남아있는 나무(木)로 뛰어나다(杰)는 의미이다. 傑의 俗字로 주로 이름자에 쓰인다.

桀

2급(名)

하(夏)왕이름 걸

木 | 6획

[비] 傑(뛰어날 걸)

글자 풀이

본래는 좌우 양발(舛)을 나무(木)에 결박하는 형벌(桀)을 의미한다.

읽기한자

暴桀(폭걸) 凶桀(흉걸)

檢

4급Ⅱ

검사할 검:

木 | 13획

[비] 險(험할 험)
　　儉(검소할 검)
　　劍(칼 검)
[동] 査(조사할 사)
[약] 検

글자 풀이

나무(木)를 여러(僉)개 모아 놓고 바리케이트를 쌓은 다음 지나가는 사람을 검사한다(檢)는 의미이다.

읽기한자

檢尿(검뇨) 檢屍(검시) 檢診(검진)

쓰기한자

檢鏡(검경) 檢納(검납) 檢卵(검란) 檢討(검토) 點檢(점검) 檢擧(검거)
檢見(검견) 檢官(검관) 檢斷(검단) 檢督(검독) 檢量(검량) 檢流(검류)
檢律(검률) 檢問(검문) 檢便(검변) 檢事(검사) 檢算(검산) 檢數(검수)
檢水(검수) 檢視(검시) 檢案(검안) 檢藥(검약) 檢溫(검온) 檢字(검자)
檢定(검정) 檢察(검찰) 檢出(검출) 檢波(검파) 臨檢(임검) 檢問所(검문소)

儉

4급

검소할 검:

人 | 13획

[비] 檢(검사할 검)
　　險(험할 험)
　　劍(칼 검)
[반] 奢(사치할 사)
　　侈(사치할 치)
[약] 倹

글자 풀이

사람(人)은 누구나 다(僉) 검소(儉)하여야 한다는 의미이다.

쓰기한자

儉年(검년) 儉德(검덕) 儉省(검생) 儉素(검소) 儉約(검약) 勤儉(근검)
勤儉節約(근검절약)

劍

3급Ⅱ

칼 검:

刀 | 13획

[비] 檢(검사할 검)
　　險(험할 험)
　　儉(검소할 검)
[동] 刀(칼 도)
[약] 剣

글자 풀이

여러(僉) 사람이 모여서 칼(刂)싸움을 한다는 데서 칼(劍)을 의미한다.

읽기한자

戈劍(과검) 隻劍(척검)

쓰기한자

劍客(검객) 劍道(검도) 劍舞(검무) 劍術(검술) 劍把(검파) 短劍(단검)
刀劍(도검) 名劍(명검) 銃劍術(총검술) 刻舟求劍(각주구검)

憩

2급

쉴 **게:**

心 | 12획

비 息(쉴 식)
동 休(쉴 휴)
　息(쉴 식)

혀(舌)로 음식을 먹으며 쉰다(息)는 데서 쉬다(憩)는 의미이다.

읽기 한자

憩息(게식) 憩泊(게박) 小憩(소게) 休憩室(휴게실)

揭

2급

높이들(擧)
걸(掛) **게:**

手 | 9획

동 掛(걸 괘)
　擧(들 거)
　揚(날릴 양)

손(手)을 이용하여 어찌하든(曷) 벽에 액자를 건다(揭)는 의미이다.

읽기 한자

揭示(게시) 揭揚(게양) 揭載(게재) 高揭(고게) 上揭(상게)

格

5급Ⅱ

격식 **격**

木 | 6획

비 洛(물이름 락)
　落(떨어질 락)
동 式(법 식)

나뭇가지(木)가 뻗어 서로(各) 부딪치게 되었으므로 서로 친다는 의미가 되고, 또 뻗은 나뭇가지(木)가 각각(各) 격식(格)대로 되어 있다는 의미이다.

읽기 한자

坪當價格(평당가격)

쓰기 한자

格納(격납) 格差(격차) 格鬪(격투) 骨格(골격) 嚴格(엄격) 資格(자격)
適格(적격) 格上(격상) 格式(격식) 格言(격언) 格子(격자) 格調(격조)
格致(격치) 格下(격하) 規格(규격) 同格(동격) 性格(성격) 神格(신격)
失格(실격) 人格(인격) 主格(주격) 體格(체격) 破格(파격) 品格(품격)
合格(합격) 昇格(승격)

擊

4급

칠(打) **격**

手 | 13획

비 繫(맬 계)
동 打(칠 타) 攻(칠 공)
　伐(칠 벌) 征(칠 정)
반 防(막을 방)
　守(지킬 수)
약 擊

손에 창(殳)을 들거나 혹은 맨손(手)으로 적군(軍)을 친다(擊)는 의미이다.

읽기 한자

遮擊(차격) 衝擊療法(충격요법) 擊斬(격참)

쓰기 한자

擊發(격발) 擊退(격퇴) 擊破(격파) 攻擊(공격) 目擊(목격) 反擊(반격)
射擊(사격) 一擊(일격) 進擊(진격) 銃擊(총격) 出擊(출격) 打擊(타격)
砲擊(포격) 爆擊(폭격) 擊滅(격멸) 擊追(격추) 擊沈(격침) 排擊(배격)
襲擊(습격) 追擊(추격) 衝擊(충격) 被擊(피격) 遊擊隊(유격대)
人身攻擊(인신공격)

激 4급
격할 **격**
水 | 13획

比 倣(본뜰 방)
傲(거만할 오)

글자 풀이

물길(水)이 바위에 부딪혀(敫) 부서지는 모습에서 격렬하다(激), 기세 좋다는 의미이다.

읽기한자

峻激(준격)

쓰기한자

激減(격감) 激勸(격권) 激怒(격노) 激落(격락) 激烈(격렬) 激流(격류)
激務(격무) 激發(격발) 激變(격변) 激賞(격상) 激聲(격성) 激成(격성)
激語(격어) 激音(격음) 激奬(격장) 激戰(격전) 激切(격절) 激情(격정)
激增(격증) 激讚(격찬) 激痛(격통) 激鬪(격투) 激波(격파) 激爆(격폭)
激化(격화) 感激(감격) 過激(과격) 急激(급격) 激突(격돌) 激憤(격분)

隔 3급 II
사이뜰 **격**
阜/阝 | 10획

動 間(사이 간)
反 接(이을 접)

글자 풀이

阝는 사다리를, 鬲은 발이 셋 달린 솥을 본뜬 것으로 땅과 사이가 떠 있다(隔)는 의미이다.

읽기한자

杜隔(두격) 橫隔膜(횡격막)

쓰기한자

隔年(격년) 隔離(격리) 隔世之感(격세지감) 隔月(격월) 隔意(격의)
隔日(격일) 隔墻有耳(격장유이) 隔差(격차) 間隔(간격) 懸隔(현격)

見 5급 II
볼 **견:**
뵈올 **현:**
見 | 0획

比 具(갖출 구)
貝(조개 패)
頁(머리 혈)
動 觀(볼 관)
看(볼 간)
視(볼 시)
監(볼 감)

글자 풀이

제일 위에 큰 눈(目)이 있어 잘 보인다는 것에서 보다, 보인다(見)는 의미이다. 무릎꿇고(儿) 보는(目) 것을 見이라 하고, 서서 보는 것을 望이라 한다.

읽기한자

謬見(유견) 僻見(벽견)

쓰기한자

見困(견곤) 見屈(견굴) 見機(견기) 見積(견적) 見樣(견양) 私見(사견)
豫見(예견) 異見(이견) 偏見(편견) 謁見(알현) 見聞(견문) 見背(견배)
見本(견본) 見佛(견불) 見習(견습) 見識(견식) 見執(견집)
目不忍見(목불인견) 先見之明(선견지명)

堅 4급
굳을 **견**
土 | 8획

比 竪(더벅머리 수)
臥(누울 와)
賢(어질 현)
緊(긴할 긴)
動 固(굳을 고)
硬(굳을 경)
確(굳을 확)
反 柔(부드러울 유)
略 坚

글자 풀이

굳을 간(臤)에 흙 토(土)가 합친 자로 땅(土)이 단단하다(臤)는 데서 굳다, 굳세다(堅)는 의미이다.

쓰기한자

堅甲(견갑) 堅強(견강) 堅決(견결) 堅固(견고) 堅果(견과) 堅利(견리)
堅氷(견빙) 堅石(견석) 堅城(견성) 堅守(견수) 堅信(견신) 堅實(견실)
堅約(견약) 堅確(견확) 中堅(중견) 堅硬(견경) 堅剛(견강) 堅忍(견인)
堅執(견집) 中堅作家(중견작가)

犬 4급
개 견
犬 | 0획

비 大(큰 대)
　 丈(어른 장)
　 太(클 태)
동 狗(개 구)

글자 풀이
개의 옆 모양(犬)을 본떴다.

읽기한자
鷹犬(응견) 駿犬(준견)

쓰기한자
犬馬(견마) 軍犬(군견) 猛犬(맹견) 愛犬(애견) 忠犬(충견) 鬪犬(투견)
犬齒(견치) 名犬(명견) 狂犬病(광견병) 犬馬之勞(견마지로)

牽 3급
이끌/끌 견
牛 | 7획

비 索(찾을 색)
동 引(끌 인)
　 提(끌 제)
　 挽(당길 만)
반 推(밀 추)

글자 풀이
외양간(冖)에 있는 소(牛)를 새끼줄(玄)로 묶어 끌어낸다(牽)는 의미이다.

쓰기한자
牽強附會(견강부회) 牽連之親(견련지친) 牽絲(견사) 牽牛織女(견우직녀)
牽牛花(견우화) 牽引(견인) 牽制(견제) 拘牽(구견) 連牽(연견)

絹 3급
비단 견
糸 | 7획

비 組(짤 조)
　 終(마칠 종)
　 線(줄 선)
동 錦(비단 금)

글자 풀이
누에의 몸(月)의 일부인 주둥이(口)에서 나온 실(糸)로 짠 명주(絹)를 의미한다.

읽기한자
絹膠(견교) 絹紡(견방)

쓰기한자
絹本(견본) 絹絲(견사) 生絹(생견) 絹織物(견직물) 人造絹(인조견)

肩 3급
어깨 견
肉/月 | 4획

비 屋(집 옥)

글자 풀이
몸(月)의 일부로서 물건을 메서 머물게(戶) 할 수 있는 곳이니 어깨(肩)를 의미한다.

쓰기한자
肩骨(견골) 肩關節(견관절) 肩帶(견대) 肩等(견등) 肩部(견부) 肩輿(견여)
肩章(견장) 肩次(견차) 肩把(견파) 路肩(노견) 比肩(비견) 雙肩(쌍견)

遣
보낼 견:
辶 | 10획

- 비 遺(남길 유)
  選(가릴 선)
- 동 送(보낼 송)
  輸(보낼 수)

3급

글자 풀이

귀관으로(貴) 하여금 먼 길(辶)을 가서 근무하도록 보낼(遣) 예정이라는 의미이다.

쓰기 한자

遣唐(견당) 遣忘(견망) 自遣(자견) 遣歸(견귀) 派遣(파견)

甄
질그릇 견
瓦 | 9획

- 동 陶(질그릇 도)

2급(名)

글자 풀이

바구니(西)를 흙(土)으로 기와(瓦) 만들듯이 구워 만든 것이니 질그릇(甄)을 의미한다.

읽기 한자

甄工(견공) 甄陶(견도)

決
결단할 결
水 | 4획

- 비 快(쾌할 쾌)
  缺(이지러질 결)
- 동 判(판단할 판)
  斷(끊을 단)

5급 Ⅱ

글자 풀이

물(水)을 터놓아(夬) 제방을 끊는다는 것에서 끊다, 결단하다(決)는 의미이다.

읽기 한자

諮決(자결)

쓰기 한자

決鬪(결투) 決判(결판) 否決(부결) 判決(판결) 決裂(결렬) 決斷(결단)
決死(결사) 決算(결산) 決選(결선) 決勝(결승) 決心(결심) 決案(결안)
決意(결의) 決議(결의) 決戰(결전) 決定(결정) 決處(결처) 決行(결행)
可決(가결) 對決(대결) 未決(미결) 決裁(결재) 卽決(즉결) 決明子(결명자)

結
맺을 결
糸 | 6획

- 비 納(들일 납)
  終(마칠 종)
- 동 契(맺을 계)
  約(맺을 약)
  締(맺을 체)

5급 Ⅱ

글자 풀이

물건주머니의 입구(口)를 끈(糸)으로 확실히 묶어서(土) 물건을 자루 속에 가둔다, 맺는다(結)는 의미이다.

읽기 한자

結託(결탁) 鬱結(울결) 締結(체결) 結膜(결막) 結晶(결정) 結膜炎(결막염)
結晶體(결정체) 結弓獐皮(결궁장피)

쓰기 한자

結構(결구) 結納(결납) 結髮(결발) 結負(결부) 結辭(결사) 結怨(결원)
結腸(결장) 結錢(결전) 結尾(결미) 妥結(타결) 結講(결강) 結果(결과)
結句(결구) 結局(결국) 結黨(결당) 結氷(결빙) 結稅(결세) 結束(결속)
結實(결실) 結願(결원) 結義(결의) 結制(결제) 結滯(결체) 結像(결상)

潔

4급 Ⅱ
깨끗할 결
水 | 12획

- 비 契(맺을 계)
- 동 淸(맑을 청)
  淨(깨끗할 정)
  純(순수할 순)
- 반 醜(추할 추)
  濁(흐릴 탁)

> **글자 풀이**
> 칼(刀)로 막대봉(丰)에 멋있게 조각을 새기듯이 실타래(糸)를 모아서 물(水) 속에 넣어 깨끗이 하는 것에서 더러움이 없다, 깨끗하다(潔)는 의미이다.

읽기 한자

潔衷(결충) 潔馨(결형)

쓰기 한자

簡潔(간결) 不潔(불결) 潔白(결백) 潔身(결신) 高潔(고결) 純潔(순결)
淸潔(청결) 淨潔(정결)

缺

4급 Ⅱ
이지러질 결
缶 | 4획

- 비 快(쾌할 쾌)
  決(결단할 결)
- 반 出(날 출)
- 약 欠

> **글자 풀이**
> 동이(缶)의 한 귀퉁이가 깨졌다(夬)는 것에서 이지러지다(缺)는 의미이다.

읽기 한자

缺札(결찰)

쓰기 한자

缺勤(결근) 缺點(결점) 缺講(결강) 缺禮(결례) 缺席(결석) 缺食(결식)
缺如(결여) 缺員(결원) 缺航(결항) 病缺(병결) 缺陷(결함) 補缺(보결)
缺損家庭(결손가정) 完全無缺(완전무결)

訣

3급 Ⅱ
이별할 결
言 | 4획

- 동 詖(헤어질 치)
  離(떠날 리)
  別(다를 별)
- 반 逅(만날 후)

> **글자 풀이**
> 각자 따로 흩어져서(夬) 갈 것을 말한다(言)는 것에서 이별하다(訣)는 의미이다.

쓰기 한자

訣別(결별) 訣要(결요) 口訣(구결) 道訣(도결) 妙訣(묘결) 辭訣(사결)
生訣(생결) 神訣(신결) 永訣(영결) 要訣(요결) 引訣(인결) 眞訣(진결)
四句訣(사구결)

兼

3급 Ⅱ
겸할 겸
八 | 8획

- 비 廉(청렴할 렴)
  謙(겸손할 겸)

> **글자 풀이**
> 손(⺕)에 벼 두 포기를 아울러서(兼) 쥔다는 의미이다.

읽기 한자

兼倂(겸병)

쓰기 한자

兼備(겸비) 兼床(겸상) 兼業(겸업) 兼用(겸용) 兼任(겸임) 兼職(겸직)
兼人之勇(겸인지용) 男女兼用(남녀겸용)

謙 3급Ⅱ
겸손할 겸
言 | 10획

비 兼(겸할 겸)
　廉(청렴할 렴)
동 讓(사양할 양)
　遜(겸손할 손)
반 傲(거만할 오)
　慢(거만할 만)

글자 풀이
말(言)에 아울러(兼) 행동까지 겸손(謙)하다는 의미이다.

읽기 한자
謙沖(겸충)

쓰기 한자
謙德(겸덕) 謙讓(겸양) 謙稱(겸칭) 謙虛(겸허)

京 6급
서울 경
亠 | 6획

비 涼(서늘할 량)
　亭(정자 정)
　亨(형통할 형)
　享(누릴 향)
반 鄕(시골 향)
　村(마을 촌)

글자 풀이
어전의 주위에는 많은 사람이 살고 있던 것에서 어전을 중심으로 한 마을, 도읍(京)을 의미한다.

읽기 한자
京兆尹(경조윤) 鎬京(호경) 京闕(경궐) 京峙(경치)

쓰기 한자
京劇(경극) 歸京(귀경) 京畓(경답) 京觀(경관) 京府(경부) 京城(경성)
京田(경전) 京制(경제) 京察(경찰) 京鄕(경향) 上京(상경) 入京(입경)
京畿(경기) 京仁線(경인선)

敬 5급Ⅱ
공경 경:
攵 | 9획

비 警(깨우칠 경)
　驚(놀랄 경)
동 恭(공손할 공)

글자 풀이
사람들을 채찍(攵)으로 다스려서 순한 양처럼 착하게(苟) 인사를 하도록 한 것에서 공경하다, 존경하다(敬)는 의미이다.

읽기 한자
敬呈(경정) 瞻敬(첨경) 敬敷(경부)

쓰기 한자
敬稱(경칭) 敬歎(경탄) 敬慕(경모) 敬老(경로) 敬禮(경례) 敬拜(경배)
敬愛(경애) 敬語(경어) 敬遠(경원) 敬天(경천) 尊敬(존경) 恭敬(공경)
敬天愛人(경천애인)

景 5급
볕 경(:)
日 | 8획

비 影(그림자 영)
동 陽(볕 양)
　光(빛 광)

글자 풀이
높은 곳(京)에서 밖을 내다보면 햇볕(日)을 받아 선명하게 정취 있는 모습이 잘 보인다는 것에서 경치(景)를 의미한다.

읽기 한자
景祚(경조)

쓰기 한자
景況(경황) 景觀(경관) 景光(경광) 景氣(경기) 景福(경복) 景致(경치)
景品(경품) 光景(광경) 雪景(설경) 夜景(야경) 全景(전경) 絕景(절경)
造景(조경) 景槪(경개) 佳景(가경) 不景氣(불경기) 好景氣(호경기)
珍風景(진풍경) 景福宮(경복궁)

競 다툴 경:
立 | 15획
5급

- 비 兢(삼갈 긍)
- 동 爭(다툴 쟁)
  鬪(싸움 투)
  戰(싸움 전)
- 반 和(화할 화)

글자 풀이

두 사람(儿 儿)이 마주 서서(竝) 강한 언성으로 말(口)다툼하는 것에서 다투다(競)의 의미이다.

읽기한자

競艇(경정)

쓰기한자

競舟(경주) 競技(경기) 競落(경락) 競馬(경마) 競買(경매) 競賣(경매)
競步(경보) 競演(경연) 競爭(경쟁) 競走(경주) 競進(경진) 競合(경합)

輕 가벼울 경
車 | 7획
5급

- 비 徑(길 경)
  經(지날 경)
- 반 重(무거울 중)
- 약 軽

글자 풀이

좁은 길을 가는(巠) 데는 작고 가벼운 수레(車)가 좋다는 것에서 가볍다, 간단하다(輕)는 의미이다.

읽기한자

輕蔑(경멸)

쓰기한자

輕犯(경범) 輕傷(경상) 輕侮(경모) 輕減(경감) 輕量(경량) 輕視(경시)
輕油(경유) 輕重(경중) 輕快(경쾌) 輕妄(경망) 輕微(경미) 輕薄(경박)
輕率(경솔) 輕症(경증) 輕洋食(경양식) 輕音樂(경음악) 輕擧妄動(경거망동)

境 지경 경
土 | 11획
4급 II

- 비 竟(마침내 경)
  意(뜻 의)
  鏡(거울 경)
- 동 界(지경 계)
  疆(지경 강)
  域(지경 역)

글자 풀이

국토(土)의 끝(竟)인 경계(境)를 의미한다.

읽기한자

塵境(진경)

쓰기한자

境遇(경우) 困境(곤경) 環境(환경) 境界(경계) 境內(경내) 境地(경지)
國境(국경) 邊境(변경) 死境(사경) 仙境(선경) 心境(심경) 逆境(역경)
接境(접경) 地境(지경) 祕境(비경) 越境(월경) 國境線(국경선)
無我境(무아경)

慶 경사 경:
心 | 11획
4급 II

- 비 麗(고울 려)
  薦(천거할 천)
- 동 賀(하례할 하)
- 반 弔(조상할 조)

글자 풀이

남의 경사에 사슴(鹿)의 가죽을 가지고 가서 사랑하는 마음(愛)으로 드린다는 데서 경사, 하례(慶)를 의미한다.

읽기한자

慶瑞(경서) 祚慶(조경)

쓰기한자

慶弔(경조) 慶事(경사) 慶節(경절) 慶祝(경축) 大慶(대경) 同慶(동경)
慶賀(경하) 慶祝日(경축일) 國慶日(국경일)

經	4급Ⅱ
	지날/글 경
	糸 | 7획

비 徑(지름길 경)
　輕(가벼울 경)
반 緯(씨 위)
약 経

글자 풀이

베틀에서 세로의 실(糸)을 몇 줄이나 늘이(巠)는 것에서 세로(經)를 의미한다.

읽기 한자

楞嚴經(능엄경) 經旨(경지)

쓰기 한자

經營(경영) 經緯(경위) 經穴(경혈) 經過(경과) 經口(경구) 經國(경국)
經度(경도) 經力(경력) 經歷(경력) 經路(경로) 經理(경리) 經費(경비)
經常(경상) 經書(경서) 經由(경유) 經典(경전) 經濟(경제) 金剛經(금강경)
經常費(경상비) 經世濟民(경세제민)

警	4급Ⅱ
	깨우칠 경:
	言 | 13획

비 敬(공경 경)
　驚(놀랄 경)
동 戒(경계할 계)
　覺(깨달을 각)

글자 풀이

존경하는(敬) 분이 오신다고 말하고(言) 통행을 제한하고 경계(警)한다는 의미이다.

읽기 한자

警備網(경비망)

쓰기 한자

警覺(경각) 警戒(경계) 警鍾(경종) 警標(경표) 警監(경감) 警告(경고)
警科(경과) 警句(경구) 警務(경무) 警防(경방) 警報(경보) 警部(경부)
警備(경비) 警省(경성) 警世(경세) 警長(경장) 警政(경정) 警正(경정)
警察(경찰) 警責(경책) 警護(경호) 軍警(군경) 夜警(야경) 警吏(경리)
巡警(순경) 警覺心(경각심) 警護員(경호원)

傾	4급
	기울 경
	人 | 11획

비 頃(이랑 경)
동 斜(비낄 사)

글자 풀이

사람(人)의 머리가 한쪽으로 비뚤어진(頃) 모양을 나타내어 기울어지다(傾)의 의미이다.

쓰기 한자

傾角(경각) 傾庫(경고) 傾度(경도) 傾性(경성) 傾差(경차) 傾覆(경복)
傾注(경주) 傾聽(경청) 傾河(경하) 傾向(경향) 左傾(좌경) 傾倒(경도)
傾斜(경사) 急傾斜(급경사) 傾國之色(경국지색)

更	4급
	고칠 경
	다시 갱:
	日 | 3획

비 吏(관리 리)
　曳(끌 예)
　便(편할 편)
　史(사기 사)
　硬(굳을 경)
동 改(고칠 개)

글자 풀이

하루하루(日) 살아가면서 손(丈)으로 다시(更) 일하며, 불편한 것을 고쳐나간다(更)는 의미이다.

쓰기 한자

更生(갱생) 更新(갱신) 更紙(갱지) 更蘇(갱소) 更張(경장) 更點(경점)
三更(삼경) 五更(오경) 更巡(경순) 更換(경환) 更年期(갱년기)

鏡

4급

거울 **경:**

金 | 11획

ㅂ 竟(마침내 경)
境(지경 경)
동 鑑(거울 감)

글자 풀이

쇠(金)의 표면(竟)을 닦아 모습이 비치도록 거울(鏡)을 만든다는 의미이다.

읽기 한자

鏡澈(경철)

쓰기 한자

鏡面(경면) 鏡映(경영) 鏡察(경찰) 水鏡(수경) 眼鏡(안경) 鏡架(경가)
鏡鑑(경감) 鏡臺(경대) 鏡像(경상) 色眼鏡(색안경) 雙眼鏡(쌍안경)
望遠鏡(망원경) 擴大鏡(확대경) 鏡花水月(경화수월) 明鏡止水(명경지수)

驚

4급

놀랄 **경**

馬 | 13획

ㅂ 警(깨우칠 경)
敬(공경 경)

글자 풀이

말(馬)을 공경하다니(敬) 정말로 놀랄(驚) 일이라는 의미이다.

읽기 한자

驚湍(경단) 驚悼(경도) 驚怖(경포)

쓰기 한자

驚起(경기) 驚氣(경기) 驚異(경이) 驚風(경풍) 驚歎(경탄) 驚倒(경도)
驚騷(경소) 驚搖(경요) 驚怪(경괴) 驚天動地(경천동지)
大驚失色(대경실색)

耕

3급 Ⅱ

밭갈 **경**

耒 | 4획

ㅂ 籍(문서 적)

글자 풀이

쟁기(耒)로 네모진(井) 논밭을 간다(耕)는 의미이다.

읽기 한자

耕蠶(경잠) 併耕(병경)

쓰기 한자

耕作(경작) 耕地(경지) 農耕(농경) 水耕(수경) 筆耕(필경)
晝耕夜讀(주경야독)

頃

3급 Ⅱ

이랑/잠깐 **경**

頁 | 2획

ㅂ 項(항목 항)
傾(기울 경)
동 瞬(눈깜짝할 순)
疇(이랑 주)

글자 풀이

머리(頁)의 방향을 바꿔서(匕) 잠깐(頃) 뒤를 돌아본다는 의미이다.

읽기 한자

萬頃滄波(만경창파)

쓰기 한자

頃刻(경각) 頃年(경년) 頃步(경보) 頃歲(경세) 頃日(경일) 頃者(경자)
頃田(경전) 命在頃刻(명재경각)

卿

벼슬 경	3급
卩	10획

비 鄕(시골 향)
통 官(벼슬 관)
　 爵(벼슬 작)
　 尉(벼슬 위)

글자 풀이

출입하는 사람이 많고(卯) 식록(食)이 많아 부귀를 누리면서 벼슬(卿)을 한다는 의미이다.

읽기 한자

卿尹(경윤) 卿輔(경보)

쓰기 한자

卿輩(경배) 卿相(경상) 公卿(공경) 卿宰(경재) 卿士大夫(경사대부)

庚

별(星) 경	3급
广	5획

비 慶(경사 경)
　 康(편안 강)
통 星(별 성)

글자 풀이

사람(人)이 손(⺕)으로 집(广)과 국가를 위하여 별(庚)을 볼 때까지 일한다는 의미이다.

쓰기 한자

庚癸(경계) 庚方(경방) 庚伏(경복) 庚熱(경열) 庚炎(경염) 庚辰(경진) 同庚(동경)

徑

지름길/길 경	3급Ⅱ
彳	7획

비 經(지날 경)
　 輕(가벼울 경)
통 道(길 도)
　 路(길 로)
약 径

글자 풀이

베틀의 날실(巠)처럼 곧게 난 길(彳)이란 데서 지름길, 곧다(徑)는 의미이다.

쓰기 한자

口徑(구경) 半徑(반경) 直徑(직경)

硬

굳을 경	3급Ⅱ
石	7획

비 更(다시 갱/고칠 경)
　 便(편할 편)
통 堅(굳을 견)
　 固(굳을 고)
　 確(굳을 확)
반 柔(부드러울 유)
　 軟(연할 연)

글자 풀이

돌(石)은 세월이 지나도 고쳐지거나(更) 변하지 않고 계속 단단하다(硬)는 의미이다.

읽기 한자

硬膜(경막)

쓰기 한자

硬度(경도) 硬性(경성) 硬水(경수) 硬直(경직) 硬質(경질) 硬化(경화) 硬貨(경화) 強硬(강경) 生硬(생경) 硬音化(경음화) 動脈硬化(동맥경화)

竟

3급
마침내 경:
立 | 6획

비 意(뜻 의)
　境(지경 경)
　鏡(거울 경)
동 畢(마칠 필)

글자 풀이
어진 사람(儿)이 뜻(音)을 세워 노력하면 마침내(竟) 이룬다는 의미이다.

쓰기 한자
究竟(구경) 畢竟(필경)

儆

2급(名)
경계할 경:
人 | 13획

비 敬(공경 경)
동 戒(경계할 계)
　箴(경계할 잠)

글자 풀이
사람(人)이 부모님을 공경할(敬) 때는 밤낮으로 경계(儆)하는 마음을 갖는다는 의미이다.

읽기 한자
儆戒(경계) 儆備(경비) 申儆(신경) 自儆(자경) 儆新高等學校(경신고등학교)

炅

2급(名)
빛날 경
火 | 4획

동 爛(빛날 란)
　彬(빛날 빈)
　燁(빛날 엽)
　曜(빛날 요)
　輝(빛날 휘)
　熙(빛날 희)

글자 풀이
해(日)와 불(火)을 합쳐 빛남(炅)을 의미한다.

읽기 한자
寒炅(한경)

璟

2급(名)
옥빛 경:
玉 | 12획

비 璋(홀 장)

글자 풀이
구슬(玉)의 밝음(景)을 의미하며, 주로 이름자로 쓰인다.

읽기 한자
璟玉(경옥) 宋璟(송경)

瓊	2급(名)
	구슬 경
	玉 | 15획

[동] 璿(구슬 선)
玉(구슬 옥)
瑗(구슬 원)
珠(구슬 주)

글자 풀이

멀리서(夐) 볼 수 있을 정도로 아름다운 구슬(玉)로 매우 아름다운 구슬(瓊)을 의미한다.

읽기한자

瓊館(경관) 瓊盤(경반) 瓊玉(경옥) 瓊音(경음) 瓊姿(경자) 瓊章(경장)
紅瓊(홍경) 瓊樓玉宇(경루옥우) 瓊枝玉葉(경지옥엽)

界	6급Ⅱ
	지경 계:
	田 | 4획

[동] 境(지경 경)
域(지경 역)
疆(지경 강)

글자 풀이

논밭(田)을 구획해서(介) 경계를 만든다는 것에서 경계(界)를 의미한다.

읽기한자

疆界(강계) 魔界(마계) 垠界(은계) 塵界(진계)

쓰기한자

界盜(계도) 界域(계역) 界標(계표) 界面(계면) 界限(계한) 各界(각계)
境界(경계) 郡界(군계) 世界(세계) 視界(시계) 眼界(안계) 外界(외계)
財界(재계) 政界(정계) 他界(타계) 學界(학계) 臨界(임계) 境界線(경계선)
經濟界(경제계) 別世界(별세계)

計	6급Ⅱ
	셀 계:
	言 | 2획

[비] 訃(부고 부)
討(칠 토)
訓(가르칠 훈)
[동] 算(셈 산)
策(꾀 책)
數(셈 수)

글자 풀이

열(十)을 한 단계로 크게 소리쳐(言) 가며 헤아린다, 셈한다(計)는 의미이다.

읽기한자

計網(계망)

쓰기한자

計略(계략) 計座(계좌) 推計(추계) 累計(누계) 計量(계량) 計算(계산)
計上(계상) 計數(계수) 計定(계정) 計測(계측) 大計(대계) 生計(생계)
設計(설계) 時計(시계) 爲計(위계) 日計(일계) 集計(집계) 總計(총계)
統計(통계) 合計(합계) 會計(회계) 計巧(계교) 計策(계책) 計劃(계획)
家計簿(가계부) 計理士(계리사) 計算書(계산서) 美人計(미인계)
計算機(계산기) 三十六計(삼십육계)

係	4급Ⅱ
	맬 계:
	人 | 7획

[비] 系(이어맬 계)
[동] 繫(맬 계)

글자 풀이

사람(人)이 실(糸) 끝(丿)을 서로 맨다(係)는 의미이다.

쓰기한자

係累(계루) 係數(계수) 係員(계원) 係長(계장) 關係(관계)

季

4급

계절 **계:**

子 | 5획

비 李(오얏 리)
秀(빼어날 수)

글자 풀이

익은 벼(禾)를 거둬들이는 시기(季), 또는 거둬들이는 수확이 맨 나중의
작업임을 빗대어 끝(季)을 의미한다.

읽기한자

卞季良(변계량) 季札掛劍(계찰괘검)

쓰기한자

季節(계절) 季氏(계씨) 冬季(동계) 四季(사계) 秋季(추계) 春季(춘계)
夏季(하계) 季刊(계간)

戒

4급

경계할 **계:**

戈 | 3획

비 戎(되 융)
械(기계 계)
동 警(깨우칠 경)
儆(경계할 경)

글자 풀이

두 손(廾)으로 창(戈)을 들고 적을 경계한다(戒)는 의미이다.

읽기한자

儆戒(경계) 兢戒(긍계)

쓰기한자

戒告(계고) 戒功(계공) 戒具(계구) 戒器(계기) 戒壇(계단) 戒德(계덕)
戒力(계력) 戒令(계령) 戒律(계율) 戒名(계명) 戒文(계문) 戒法(계법)
戒色(계색) 戒世(계세) 戒身(계신) 戒心(계심) 戒嚴(계엄) 戒飮(계음)
戒場(계장) 戒足(계족) 戒責(계책) 戒體(계체) 戒行(계행) 戒香(계향)
戒護(계호) 警戒(경계) 十戒(십계) 懲戒(징계) 戒刀(계도) 戒嚴令(계엄령)
世俗五戒(세속오계)

系

4급

이어맬 **계:**

糸 | 1획

비 絲(실 사)
係(맬 계)

글자 풀이

손(丿)으로 실다발(糸)을 걸치고 있는 모양으로, 손과 실이 이어져 있는
것에서 이어지다(系)는 의미이다.

읽기한자

旁系(방계)

쓰기한자

系圖(계도) 系列(계열) 系統(계통) 家系(가계) 大系(대계) 同系(동계)
母系(모계) 父系(부계) 世系(세계) 直系(직계) 體系(체계) 系譜(계보)
傍系(방계) 母系社會(모계사회) 直系尊屬(직계존속) 直系卑屬(직계비속)

繼

4급

이을 **계:**

糸 | 14획

비 斷(끊을 단)
동 連(이을 련)
續(이을 속)
承(이을 승)
반 斷(끊을 단)
絕(끊을 절)
약 継

글자 풀이

실 사(糸)와 이을 계(㡭)의 합친 글자로 실(糸)을 이어(㡭) 맨다(繼)는 의미
이다.

읽기한자

繼紹(계소)

쓰기한자

繼母(계모) 繼父(계부) 繼夫(계부) 繼續(계속) 繼承(계승) 繼走(계주)
繼緖(계서) 繼襲(계습) 繼妻(계처) 繼軌(계궤) 後繼者(후계자)
引繼引受(인계인수) 中繼放送(중계방송)

階 _{4급}
섬돌 **계**
阜/阝 | 9획

- 비 皆(다 개)
  陸(뭍 륙)
  陛(섬돌 폐)
- 동 段(층계 단)
  層(층 층)

글자 풀이

모두(皆)가 꽃을 진열해 놓듯이 정연히 갖추어 만든 산(阝)의 오르막길이라는 것에서 계단(階)을 의미한다.

읽기 한자

台階(태계) 勳階(훈계)

쓰기 한자

階級(계급) 階段(계단) 階層(계층) 段階(단계) 位階(위계)
音階(음계) 層階(층계) 品階(품계) 無産階級(무산계급)

鷄 _{4급}
닭 **계**
鳥 | 10획

- 비 鶴(학 학)
- 동 酉(닭 유)

글자 풀이

새(鳥)의 하나로 유달리 배가 커(奚) 보이는 것이 닭(鷄)이라는 의미이다.

읽기 한자

蔘鷄湯(삼계탕)

쓰기 한자

鷄口(계구) 鷄卵(계란) 鬪鷄(투계) 鷄冠(계관) 養鷄場(양계장)
烏骨鷄(오골계) 群鷄一鶴(군계일학) 鷄卵有骨(계란유골)
鷄鳴狗盜(계명구도)

啓 _{3급Ⅱ}
열 **계:**
口 | 8획

- 비 牧(칠 목)

글자 풀이

집집(戶)에 사는 사람(口)들을 가르쳐(攵) 슬기와 지능을 열어준다(啓)는 의미이다.

읽기 한자

啓沃(계옥) 啓佑(계우)

쓰기 한자

謹啓(근계) 啓導(계도) 啓蒙(계몽) 啓發(계발) 啓示(계시) 狀啓(장계)
天啓(천계)

契 _{3급Ⅱ}
맺을 **계:**
大 | 6획

- 비 喫(마실 끽)
  潔(깨끗할 결)
- 동 結(맺을 결)
  約(맺을 약)
  締(맺을 체)

글자 풀이

손(手)에 칼(刀)을 들고 크게(大) 새겨서 계약을 맺는다(契)는 의미이다.

읽기 한자

生獐契(생장계)

쓰기 한자

契機(계기) 契約(계약) 契員(계원) 契丹(글안/글단/계단) 默契(묵계)
假契約(가계약)

械

3급 II

기계 **계:**

木 | 7획

비 戒(경계할 계)
동 機(틀 기)

글자 풀이

죄인을 벌 줄(戒) 때 쓰는 나무(木)이니 형틀(械)을 의미한다.

읽기 한자

運搬機械(운반기계)

쓰기 한자

機械(기계) 器械(기계) 械繫(계계) 農機械(농기계) 器械體操(기계체조)

溪

3급 II

시내 **계**

水 | 10획

비 奚(어찌 해)
동 川(내 천)
　 河(물 하)

글자 풀이

손(爪)과 손(大)으로 실(糸)을 늘어뜨리듯이 물(水)이 길게 흐르니 시내(溪)라는 의미이다.

읽기 한자

磻溪(반계) 倻溪集(야계집) 周濂溪(주렴계) 濂溪學派(염계학파)

쓰기 한자

溪谷(계곡) 溪流(계류) 溪水(계수) 碧溪水(벽계수) 淸溪川(청계천)

桂

3급 II

계수나무 **계:**

木 | 6획

비 柱(기둥 주)
　 株(그루 주)
　 住(살 주)
　 往(갈 왕)
　 佳(아름다울 가)

글자 풀이

서옥(圭)같이 아름다운 나무(木)라는 데서 계수나무(桂)를 의미한다.

읽기 한자

蟾桂(섬계) 桂窟(계굴)

쓰기 한자

桂樹(계수) 桂皮茶(계피차) 月桂冠(월계관) 月桂樹(월계수)
桂冠詩人(계관시인)

癸

3급

북방/천간 **계:**

癶 | 4획

비 發(필 발)
　 揆(헤아릴 규)

글자 풀이

천신(天)에게 제사를 올리고(癶) 감사하며(癸) 즐긴다는 의미이다.

쓰기 한자

癸方(계방) 癸未(계미) 癸水(계수) 癸坐(계좌) 癸丑(계축)
癸丑日記(계축일기)

繫

3급
맬 **계:**
糸 | 13획

비 擊(칠 격)
동 縛(묶을 박)
반 解(풀 해)
약 繋

글자 풀이

둘 이상의 물건을 끈(糸)으로 묶어 하나로 만드는(殼) 것으로 매거나 묶는 (繫) 것을 의미한다.

쓰기 한자

繫留(계류) 繫馬(계마) 繫船(계선) 繫獄(계옥) 連繫(연계) 捕繫(포계)
繫風捕影(계풍포영)

古

6급
예 **고:**
口 | 2획

비 右(오른 우)
石(돌 석)
占(점령할 점)
동 舊(예 구)
久(오랠 구)
반 新(새 신)
今(이제 금)

글자 풀이

어버이에서 자식으로, 자식에서 손자로 10대(十)에 걸쳐 오랜 동안 구전 (口)되어온 옛날 옛적의 일이라는 것에서 옛날(古)을 의미한다.

읽기 한자

古刹(고찰) 耽古(탐고)

쓰기 한자

古蹟(고적) 古稀(고희) 蒙古(몽고) 古家(고가) 古宮(고궁) 古今(고금) 古代(고대)
古來(고래) 古木(고목) 古文(고문) 古物(고물) 古書(고서) 古語(고어) 古典(고전)
古參(고참) 古風(고풍) 復古(복고) 上古(상고) 太古(태고) 中古品(중고품)
古書畫(고서화) 考古學(고고학) 東西古今(동서고금) 萬古不變(만고불변)
自古以來(자고이래) 古色蒼然(고색창연)

苦

6급
쓸 **고**
⧾ | 5획

비 若(같을 약)
芳(꽃다울 방)
반 樂(즐길 락)
甘(달 감)

글자 풀이

막 눈이 나온 풀은 쓰지 않지만 오래된(古) 풀(⧾)은 쓰다는 것에서 쓰다, 괴롭다(苦)는 의미이다.

읽기 한자

苦蔘(고삼) 苦楚(고초) 苦衷(고충)

쓰기 한자

苦痛(고통) 刻苦(각고) 苦惱(고뇌) 苦杯(고배) 辛苦(신고) 苦難(고난)
苦樂(고락) 苦味(고미) 苦生(고생) 苦心(고심) 苦言(고언) 苦戰(고전)
苦學(고학) 苦海(고해) 苦行(고행) 客苦(객고) 勞苦(노고) 苦役(고역)
獄苦(옥고) 忍苦(인고) 鶴首苦待(학수고대) 苦盡甘來(고진감래)
千辛萬苦(천신만고)

高

6급 Ⅱ
높을 **고**
高 | 0획

동 崇(높을 숭)
尊(높을 존)
埈(높을 준)
卓(높을 탁)
亢(높을 항)
반 低(낮을 저)
下(아래 하)

글자 풀이

성 위에 높이 치솟은 망루를 본뜬 글자로 높다(高)는 의미이다.

읽기 한자

高揭(고게) 高謨(고모) 高阜(고부) 高敞郡(고창군) 高亢(고항) 高亮(고량)
高旻(고민) 高紳(고신) 高衍(고연) 高旨(고지) 高峯峻嶺(고봉준령)
高水敷地(고수부지)

쓰기 한자

高尙(고상) 高架(고가) 高滯(고체) 高潔(고결) 高貴(고귀) 高僧(고승) 高揚(고양)
高率(고율) 高軌(고궤) 高騰(고등) 最高峯(최고봉) 高金利(고금리) 高價品(고가품)
高官大爵(고관대작) 高溫多濕(고온다습) 高等學校(고등학교) 高臺廣室(고대광실)
氣高萬丈(기고만장) 眼高手卑(안고수비) 天高馬肥(천고마비)

告

5급 Ⅱ

고할 **고:**

口 | 4획

비 浩(클 호)
　牛(소 우)
동 報(알릴 보)
　申(납 신)

글자 풀이

신령님께 소(牛)를 공양하면서 소원을 비는(口) 것에서 고하다, 알리다(告)는 의미이다.

읽기 한자

訃告(부고)

쓰기 한자

謹告(근고) 戒告(계고) 勸告(권고) 宣告(선고) 豫告(예고) 告發(고발)
告白(고백) 告別(고별) 告示(고시) 警告(경고) 公告(공고) 廣告(광고)
論告(논고) 密告(밀고) 報告(보고) 社告(사고) 上告(상고) 申告(신고)
原告(원고) 告祀(고사) 告訴(고소) 啓告(계고) 追告(추고) 被告(피고)
告知書(고지서) 告解聖事(고해성사)

固

5급

굳을 **고(:)**

口 | 5획

비 囚(가둘 수)
　因(인할 인)
　困(곤할 곤)
동 堅(굳을 견)
　確(굳을 확)
　硬(굳을 경)
반 軟(연할 연)
　柔(부드러울 유)

글자 풀이

옛날(古)부터 계속 지켜온 중요한 사물을 한층 엄중하게 지키기 위해서 바깥쪽을 둘러싼다(口)는 것에서 단단하다, 굳다(固)는 의미이다.

읽기 한자

膠固(교고)

쓰기 한자

堅固(견고) 固辭(고사) 凝固(응고) 固守(고수) 固有(고유) 固定(고정)
固着(고착) 固體(고체) 固形(고형) 固執(고집) 固滯(고체)
確固不動(확고부동)

考

5급

생각할 **고(:)**

耂 | 2획

비 老(늙을 로)
　孝(효도 효)
동 思(생각 사)
　想(생각 상)
　念(생각 념)
　慮(생각할 려)

글자 풀이

나이를 먹으면(老) 지금까지의 경험을 토대로 해서 생각을 키우는(丂) 것이 가능하므로 생각하다(考)는 의미이다.

쓰기 한자

考慮(고려) 考證(고증) 顯考(현고) 考訂(고정) 考課(고과) 考閱(고열)
考究(고구) 考試(고시) 考案(고안) 考察(고찰) 論考(논고) 備考(비고)
思考(사고) 先考(선고) 長考(장고) 再考(재고) 祖考(조고) 參考(참고)
考較(고교) 考古學(고고학)

故

4급 Ⅱ

연고 **고(:)**

攵 | 5획

비 姑(시어미 고)
　枯(마를 고)

글자 풀이

옛날(古)부터 전해오는 관습을 때려 고쳐서(攵) 바꾸게 하는 것에서 오랜 관습, 원래(故)를 의미한다.

읽기 한자

故苑(고원) 故址(고지) 託故(탁고) 故巢(고소) 故疇(고주)

쓰기 한자

緣故(연고) 忌故(기고) 故國(고국) 故事(고사) 故人(고인) 故意(고의)
故障(고장) 故鄕(고향) 無故(무고) 事故(사고) 有故(유고) 作故(작고)
溫故知新(온고지신) 竹馬故友(죽마고우)

孤 4급
외로울 고
子 | 5획

비 弧(활 호)
狐(여우 호)
瓜(오이 과)
爪(손톱 조)
동 獨(홀로 독)
寂(고요할 적)

글자 풀이
오이(瓜)가 열매만 남고 덩굴은 시들어 버리듯 자식(子)만 있고 부모가 없다는 데서 외롭다(孤)는 의미이다.

읽기한자
託孤寄命(탁고기명)

쓰기한자
孤苦(고고) 孤高(고고) 孤島(고도) 孤獨(고독) 孤立(고립) 孤兒(고아)
孤寂(고적) 絶海孤島(절해고도) 孤軍奮鬪(고군분투)

庫 4급
곳집 고
广 | 7획

비 庚(별 경)
동 倉(곳집 창)

글자 풀이
수레(車) 등을 넣어 두는 집(广)이니 창고(庫)를 의미한다.

쓰기한자
國庫(국고) 金庫(금고) 文庫(문고) 寶庫(보고) 氷庫(빙고) 書庫(서고)
入庫(입고) 在庫(재고) 車庫(차고) 出庫(출고) 倉庫(창고) 彈藥庫(탄약고)
火藥庫(화약고) 冷藏庫(냉장고)

姑 3급Ⅱ
시어미 고
女 | 5획

비 枯(마를 고)
故(연고 고)
반 婦(며느리 부)

글자 풀이
여자(女)가 늙으면(古) 시어미(姑)가 된다는 의미이다.

쓰기한자
因循姑息(인순고식) 姑母(고모) 姑母夫(고모부) 姑婦(고부) 姑息(고식)
姑息之計(고식지계) 姑從(고종) 王姑母(왕고모)

稿 3급Ⅱ
원고/볏짚 고
禾 | 10획

비 橋(다리 교)
矯(바로잡을 교)

글자 풀이
볏단(禾)을 높이(高) 쌓아 올린다는 데서 볏짚(稿)인데, 원고(稿)를 많이 쓰면 쌓인다는 의미이다.

쓰기한자
稿料(고료) 寄稿(기고) 送稿(송고) 原稿(원고) 遺稿(유고) 草稿(초고)
脫稿(탈고) 投稿(투고) 原稿料(원고료) 原稿紙(원고지)

鼓 북 고 | 鼓 | 0획 | 3급Ⅱ

비 喜(기쁠 희)
臺(대 대)

글자 풀이

손(又)에 북채(十)를 들어 길하다(吉)고 두 손(艹)으로 북을 친다(鼓)는 의미이다.

읽기 한자

鼓膜(고막) 旌鼓(정고) 鼓湍(고단)

쓰기 한자

鼓角(고각) 鼓動(고동) 鼓舞(고무) 鼓手(고수) 鼓鑄(고주) 鼓吹(고취)
法鼓(법고) 勝戰鼓(승전고) 申聞鼓(신문고)

枯 마를 고 | 木 | 5획 | 3급

비 姑(시어미 고)
故(연고 고)
동 燥(마를 조)
乾(마를 건)
반 榮(영화 영)

글자 풀이

나무(木)가 오래(古)되니 말라죽는다(枯)는 의미이다.

읽기 한자

拉枯(납고) 枯柴(고시)

쓰기 한자

枯渴(고갈) 枯骨(고골) 枯木(고목) 枯死(고사) 枯葉(고엽)
榮枯盛衰(영고성쇠)

顧 돌아볼 고 | 頁 | 12획 | 3급

비 雇(품팔 고)
동 回(돌아올 회)

글자 풀이

집(戶)에서 기르는 새(隹)가 주인이 다가가자 머리(頁)를 갸웃이 돌아보고(顧) 지저귄다는 의미이다.

읽기 한자

三顧草廬(삼고초려) 瞻顧(첨고) 廻顧(회고) 顧棟高(고동고) 顧託(고탁)

쓰기 한자

顧客(고객) 顧慮(고려) 顧問(고문) 一顧(일고) 回顧錄(회고록)
四顧無親(사고무친)

皐 언덕 고 | 白 | 6획 | 2급(名)

동 阜(언덕 부)
丘(언덕 구)
阿(언덕 아)
原(언덕 원)
岸(언덕 안)

글자 풀이

언덕을 나타내며 姓氏중의 하나이다.

읽기 한자

皐蘭寺(고란사) 皐蘭草(고란초)

雇 품팔 고

隹 | 4획 | 2급

동 傭(품팔 용)

글자 풀이

남의 집(戶)에 철새(隹)처럼 잠시 머물러 품파는(雇) 사람을 의미한다.

읽기한자

雇兵(고병) 雇役(고역) 雇傭(고용) 雇用(고용) 雇値(고치) 解雇(해고)

曲 굽을 곡

曰 | 2획 | 5급

비 由(말미암을 유)
　田(밭 전)
동 歌(노래 가)
　謠(노래 요)
　屈(굽을 굴)
반 直(곧을 직)

글자 풀이

갈고랑이처럼 굽어져 있는 것을 본뜬 것으로 굽다(曲), 당연한 것이 아니 다라는 의미이다.

읽기한자

曲阜(곡부) 曲蔘(곡삼) 款曲(관곡) 歪曲(왜곡) 曲鞠(곡국) 曲允(곡윤)

쓰기한자

曲折(곡절) 曲盡(곡진) 屈曲(굴곡) 編曲(편곡) 曲流(곡류) 曲目(곡목)
曲水(곡수) 曲藝(곡예) 曲節(곡절) 曲筆(곡필) 曲解(곡해) 歌曲(가곡)
名曲(명곡) 別曲(별곡) 懇曲(간곡) 戲曲(희곡) 雙曲線(쌍곡선)
曲馬團(곡마단) 曲線美(곡선미) 曲射砲(곡사포) 不問曲直(불문곡직)
九曲肝腸(구곡간장)

穀 곡식 곡

禾 | 10획 | 4급

비 毀(헐 훼)
　聲(소리 성)
　款(항목 관)
약 穀

글자 풀이

창(殳)으로 두드려도 부서지지 않는 견고한 껍질을 쓰고(穀) 있는 곡물 (穀)을 의미한다.

읽기한자

聚穀(취곡)

쓰기한자

穀價(곡가) 穀氣(곡기) 穀類(곡류) 穀物(곡물) 穀食(곡식) 穀日(곡일)
米穀(미곡) 糧穀(양곡) 五穀(오곡) 雜穀(잡곡) 秋穀(추곡) 穀倉(곡창)
脫穀機(탈곡기)

哭 울 곡

口 | 7획 | 3급Ⅱ

비 器(그릇 기)
동 泣(울 읍)
　啼(울 제)
　鳴(울 명)
반 笑(웃음 소)

글자 풀이

개(犬)처럼 크게 소리(口口) 내어 울다(哭)의 의미이다.

쓰기한자

哭泣(곡읍) 弔哭(조곡) 哭聲(곡성) 痛哭(통곡) 號哭(호곡)
大聲痛哭(대성통곡) 放聲大哭(방성대곡)

谷 골 곡
谷 | 0획
3급Ⅱ

비 浴(목욕할 욕)
　 容(얼굴 용)
동 洞(골 동)
　 峽(골짜기 협)

글자 풀이

바위가 있고 물이 흐르는 골짜기의 모양(谷)을 본떴다.

읽기한자

坑谷(갱곡) 峽谷(협곡)

쓰기한자

谷風(곡풍) 谷泉(곡천) 溪谷(계곡) 深山幽谷(심산유곡)
進退維谷(진퇴유곡)

困 곤할 곤:
口 | 4획
4급

비 囚(가둘 수)
　 因(인할 인)
동 窮(궁할 궁)
　 疲(피곤할 피)

글자 풀이

좁은 울타리(口) 속에 나무(木)가 갇혀서 자라지 못하여 곤하다(困)는 의미이다.

읽기한자

困頓(곤돈)

쓰기한자

困境(곤경) 困窮(곤궁) 困屯(곤둔) 困馬(곤마) 勞困(노곤) 貧困(빈곤)
春困(춘곤) 疲困(피곤) 困惑(곤혹) 食困症(식곤증)

坤 따 곤
土 | 5획
3급

비 伸(펼 신)
　 申(납 신)
동 地(따 지)
반 乾(하늘 건)
　 天(하늘 천)

글자 풀이

흙(土)이 넓고 넓게 펼쳐져(申) 있으니 땅(坤)을 의미한다.

읽기한자

坤軸(곤축) 坤后(곤후)

쓰기한자

坤殿(곤전) 坤方(곤방) 乾坤(건곤)

骨 뼈 골
骨 | 0획
4급

비 育(기를 육)
반 肉(고기 육)

글자 풀이

동물의 몸을 지탱하고 있는 뼈(冎)와 살(肉)점을 합쳐서 뼈가 섞인 고기를 말하는 것이었다가 오늘날은 뼈, 뼈대(骨)를 의미한다.

읽기한자

骨董品(골동품) 骨膜(골막) 駿骨(준골) 換骨奪胎(환골탈태)

쓰기한자

骨格(골격) 骨相(골상) 骨材(골재) 骨子(골자) 骨折(골절) 毛骨(모골)
無骨(무골) 色骨(색골) 弱骨(약골) 骨幹(골간) 露骨(노골) 皆骨山(개골산)
頭蓋骨(두개골) 納骨堂(납골당) 皮骨相接(피골상접) 骨肉相殘(골육상잔)
甲骨文字(갑골문자) 鷄卵有骨(계란유골) 刻骨難忘(각골난망)
白骨難忘(백골난망) 無骨好人(무골호인)

工

7급 II

장인 **공**

工 | 0획

비 土(흙 토)
　士(선비 사)
　干(방패 간)
동 作(지을 작)
　造(지을 조)

글자 풀이

어려운 작업을 할 때에 사용하는 잣대(工)에서 물건을 만든다(工)는 의미이다.

읽기 한자

甄工(견공) 鍛工(단공) 縫製工場(봉제공장) 靴工(화공)

쓰기 한자

工團(공단) 工夫(공부) 工事(공사) 工業(공업) 工員(공원) 工作(공작)
工場(공장) 工程(공정) 工學(공학) 加工(가공) 起工(기공) 木工(목공)
石工(석공) 細工(세공) 施工(시공) 工巧(공교) 陶工(도공) 沙工(사공)
工産品(공산품) 工藝品(공예품) 輕工業(경공업) 手工業(수공업)

空

7급 II

빌 **공**

穴 | 3획

비 室(집 실)
　完(완전할 완)
　究(연구할 구)
동 虛(빌 허)
반 滿(찰 만)
　充(찰 충)

글자 풀이

머리(工) 위에 덮어씌운 천정(穴)은 하늘과 같다고 하는 것에서 텅빈(空) 것을 의미한다.

읽기 한자

空閨(공규) 防空壕(방공호) 鑽空(찬공) 航空母艦(항공모함) 空柯(공가)

쓰기 한자

空轉(공전) 空間(공간) 空軍(공군) 空氣(공기) 空洞(공동) 空白(공백)
空想(공상) 空席(공석) 空中(공중) 空行(공행) 空虛(공허) 領空(영공)
虛空(허공) 空腹(공복) 空輸(공수) 空襲(공습) 空閑地(공한지)
架空人物(가공인물) 防空訓練(방공훈련) 卓上空論(탁상공론)

公

6급 II

공평할 **공**

八 | 2획

반 私(사사 사)

글자 풀이

사사로운(厶) 일을 떨쳐버리니(八) 공평하다(公)는 의미이다.

읽기 한자

姜太公(강태공) 公翰(공한) 晋文公(진문공) 公槐(공괴) 公輔(공보)
公俸(공봉) 公札(공찰)

쓰기 한자

公憤(공분) 公私(공사) 公判(공판) 公評(공평) 公債(공채) 公開(공개)
公告(공고) 公共(공공) 公金(공금) 公論(공론) 公利(공리) 公賣(공매)
公明(공명) 公法(공법) 公社(공사) 公事(공사) 公式(공식) 公安(공안)
公約(공약) 公館長(공관장) 公企業(공기업) 公納金(공납금) 公課金(공과금)
公權力(공권력) 公文書(공문서) 先公後私(선공후사)

共

6급 II

한가지 **공:**

八 | 4획

비 洪(넓을 홍)
　供(이바지할 공)
동 同(한가지 동)
반 異(다를 이)

글자 풀이

많은 사람(甘)들이 힘을 합쳐서(八) 일하는 것에서 더불어, 같이(共)라는 의미이다.

읽기 한자

共匪(공비) 共産圈(공산권)

쓰기 한자

共鳴(공명) 共犯(공범) 共感(공감) 共同(공동) 共生(공생) 共榮(공영)
共用(공용) 共有(공유) 公共(공공) 反共(반공) 勝共(승공) 容共(용공)
共學(공학) 共謀(공모) 滅共(멸공) 共産黨(공산당) 共和國(공화국)
天人共怒(천인공노)

功

6급 Ⅱ

공(勳) 공
力 | 3획

- 비 攻(칠 공)
  巧(공교할 교)
- 동 勳(공 훈)
- 반 過(지날 과)

글자 풀이

힘(力)을 다하고 궁리(工)를 다해 이루어진 결과에 대한 공(功)이 있다는 의미이다.

읽기 한자

功勳(공훈) 武功勳章(무공훈장) 功閥(공벌)

쓰기 한자

功過(공과) 功德(공덕) 功勞(공로) 功利(공리) 功名(공명) 功臣(공신)
功效(공효) 成功(성공) 恩功(은공) 戰功(전공) 螢雪之功(형설지공)
論功行賞(논공행상) 富貴功名(부귀공명)

孔

4급

구멍 공:
子 | 1획

- 비 浮(뜰 부)
  乳(젖 유)
- 동 穴(구멍 혈)

글자 풀이

아기(子)가 젖(乙)을 물고 젖의 구멍(孔)에서 나오는 젖을 빨아 먹는다는 의미이다.

읽기 한자

孔碩(공석) 孔融(공융)

쓰기 한자

孔劇(공극) 孔子(공자) 九孔炭(구공탄) 氣孔(기공) 孔穴(공혈)

攻

4급

칠(擊) 공:
攵 | 3획

- 비 改(고칠 개)
  政(정사 정)
  功(공 공)
- 동 擊(칠 격)
  伐(칠 벌)
  侵(침노할 침)
- 반 防(막을 방)
  守(지킬 수)

글자 풀이

장인(工)이 만든 무기를 손에 들고(攵) 상대방을 친다(攻)는 의미이다.

읽기 한자

攻掘(공굴) 攻療(공료)

쓰기 한자

攻擊(공격) 攻略(공략) 專攻(전공) 攻守(공수) 強攻(강공) 速攻(속공)
侵攻(침공) 攻襲(공습) 攻防戰(공방전) 特攻隊(특공대)

供

3급 Ⅱ

이바지할 공:
人 | 6획

- 비 洪(넓을 홍)
  共(한가지 공)

글자 풀이

사람(人)이 두 손을 함께(共) 써서 물건을 준다는 데서 이바지하다, 받들어 모시다(供)는 의미이다.

읽기 한자

供託(공탁) 供託金(공탁금)

쓰기 한자

供給(공급) 供物(공물) 供述(공술) 供養(공양) 供養米(공양미) 供與(공여)
供出(공출) 佛供(불공) 提供(제공)

恐

3급Ⅱ

두려울 **공**(:)

心 | 6획

- 町 汎(넓을 범)
- 圄 怖(두려워할 포)
  懼(두려울 구)

글자 풀이

모든(凡) 공사(工)에는 마음(心) 속에 안전 사고와 실수를 염려하는 두려움(恐)이 따른다는 의미이다.

읽기 한자

恐怖(공포)

쓰기 한자

恐龍(공룡) 可恐(가공) 恐水病(공수병) 恐妻家(공처가)

恭

3급Ⅱ

공손할 **공**

心 | 6획

- 町 洪(넓을 홍)
  共(한가지 공)
  供(이바지할 공)
- 圄 敬(공경 경)

글자 풀이

상대편의 뜻에 마음(忄)을 함께(共)하여 공경하고 뜻을 받든다(恭)는 의미이다.

읽기 한자

允恭(윤공)

쓰기 한자

恭敬(공경) 恭待(공대) 不恭(불공)

貢

3급Ⅱ

바칠 **공**:

貝 | 3획

- 町 賀(하례할 하)
- 圄 獻(바칠 헌)

글자 풀이

백성들이 땀 흘려 생산한(工) 재물(貝)을 나라에 공물로 바친다(貢)는 의미이다.

읽기 한자

禹貢(우공)

쓰기 한자

貢女(공녀) 貢物(공물) 貢獻(공헌) 朝貢(조공)

果

6급Ⅱ

실과 **과**:

木 | 4획

- 町 東(동녘 동)
  菓(과자 과)
- 圄 實(열매 실)
- 町 因(인할 인)

글자 풀이

밭(田)에 있는 나무(木)에서 열린 과일(果)을 의미한다.

읽기 한자

果箱(과상) 碩果不食(석과불식)

쓰기 한자

果敢(과감) 果糖(과당) 果木(과목) 果實(과실) 果然(과연) 結果(결과)
實果(실과) 成果(성과) 藥果(약과) 因果(인과) 戰果(전과) 靑果(청과)
效果(효과) 沙果(사과) 果樹園(과수원) 果斷性(과단성) 無花果(무화과)
水正果(수정과) 果菜類(과채류) 五穀百果(오곡백과) 因果應報(인과응보)

科
6급Ⅱ
과목 **과**
禾 | 4획

비 料(헤아릴 료)

글자 풀이

뒷박(斗)으로 곡물(禾)을 달아 검사해서 종류를 나누는 것에서 구별, 과목(科)을 의미한다.

읽기 한자

田柴科(전시과)

쓰기 한자

科擧(과거) 科落(과락) 科目(과목) 科學(과학) 內科(내과) 大科(대과)
登科(등과) 武科(무과) 文科(문과) 兵科(병과) 眼科(안과) 理科(이과)
前科(전과) 罪科(죄과) 學科(학과) 教科書(교과서) 百科事典(백과사전)

課
5급Ⅱ
공부할/과정 **과(:)**
言 | 8획

비 誇(자랑할 과)
　諾(허락할 낙)

글자 풀이

공부한 결과(果)를 물어(言) 본다 하여 시험하다, 공부하다(課)는 의미이다.

읽기 한자

闕課(궐과)

쓰기 한자

賦課(부과) 租課(조과) 課業(과업) 課外(과외) 課程(과정) 課題(과제)
考課(고과) 日課(일과) 課役(과역) 公課金(공과금)

過
5급Ⅱ
지날 **과:**
辶 | 9획

비 禍(재앙 화)
동 去(갈 거)
　失(잃을 실)
　誤(그르칠 오)

글자 풀이

생성되었다가 사라지고, 사라졌다가 생성되는 소용돌이(咼)와 같이 차례차례로 나타나 떠돌아다니는(辶) 것에서 통과하다, 지나치다(過)는 의미이다.

읽기 한자

胃酸過多(위산과다) 過謬(과류)

쓰기 한자

過激(과격) 過納(과납) 過敏(과민) 默過(묵과) 過去(과거) 過年(과년)
過多(과다) 過當(과당) 過勞(과로) 過分(과분) 過歲(과세) 過小(과소)
過速(과속) 過信(과신) 過失(과실) 過言(과언) 過熱(과열) 過慾(과욕)
超過(초과) 過不足(과부족) 過渡期(과도기) 過大包裝(과대포장)
改過遷善(개과천선)

寡
3급Ⅱ
적을 **과:**
宀 | 11획

동 少(적을 소)
반 多(많을 다)
　衆(무리 중)

글자 풀이

집(宀)의 머리(頁)인 남편과 나뉘어져서(分) 혼자 사는 과부(寡)는 돈이 적다(寡)는 의미이다.

읽기 한자

寡尿(과뇨)

쓰기 한자

寡默(과묵) 寡婦(과부) 寡少(과소) 寡守(과수) 寡慾(과욕) 寡人(과인)
多寡(다과) 獨寡占(독과점) 衆寡不敵(중과부적) 寡頭政治(과두정치)

가

誇

3급 II
자랑할 **과:**
言 | 6획

비 課(과정 과)
　諾(허락할 낙)

글자 풀이

말(言)로써 자기의 재주가 비상하다고 잘난체한다(夸)는 데서 자랑하다(誇)는 의미이다.

쓰기 한자

誇大(과대) 誇示(과시) 誇飾(과식) 誇言(과언) 誇張(과장)
誇大妄想(과대망상)

戈

2급
창 **과**
戈 | 0획

비 伐(칠 벌)
　代(대신 대)
동 矛(창 모)
반 干(방패 간)
　盾(방패 순)

글자 풀이

창의 모양(戈)을 본떴다.

읽기 한자

戈劍(과검) 干戈(간과)

瓜

2급
외 **과**
瓜 | 0획

비 爪(손톱 조)
　孤(외로울 고)
　狐(여우 호)

글자 풀이

오이가 덩굴에 달린 모양(瓜)을 본떴다.

읽기 한자

瓜年(과년) 瓜菜(과채) 木瓜(모과) 破瓜(파과)

菓

2급
과자 **과**
실과 **과:**
++ | 8획

동 果(실과 과)

글자 풀이

초목(++)의 열매(果)로 본래는 과일(菓)을 의미한다.

읽기 한자

菓子(과자) 菓品(과품) 生菓(생과) 茶菓(다과) 銘菓(명과) 氷菓(빙과)
乳菓(유과) 油蜜菓(유밀과) 製菓店(제과점) 造菓(조과) 漢菓(한과)

郭

3급
둘레/외성 **곽**
邑/阝 | 8획

비 孰(누구 숙)
熟(익을 숙)
敦(도타울 돈)

글자 풀이
고을(阝)의 평안을 누리기(享) 위하여 쌓은 외성(郭)을 의미한다.

쓰기 한자
城郭(성곽) 外郭(외곽) 郭氏(곽씨)

觀

5급Ⅱ
볼 **관**
見 | 18획

비 權(권세 권)
勸(권할 권)
歡(기쁠 환)
동 見(볼 견) 覽(볼 람)
看(볼 간)
視(볼 시)
監(볼 감)
약 观, 覌, 観

글자 풀이
민첩하게(雚) 큰 눈으로 본다(見)는 의미에서 유념하여 잘 본다, 둘러본다(觀)는 의미이다.

읽기 한자
旁觀(방관) 觀闕(관궐) 觀魏(관위)

쓰기 한자
觀覽(관람) 觀點(관점) 壯觀(장관) 觀客(관객) 觀光(관광) 觀念(관념)
觀燈(관등) 觀望(관망) 觀相(관상) 觀戰(관전) 可觀(가관) 景觀(경관)
達觀(달관) 美觀(미관) 悲觀(비관) 史觀(사관) 外觀(외관) 主觀(주관)
直觀(직관) 參觀(참관) 觀照(관조) 槪觀(개관) 人生觀(인생관)
觀測通(관측통) 觀察使(관찰사) 明若觀火(명약관화)

關

5급Ⅱ
관계할 **관**
門 | 11획

비 開(열 개)
閉(닫을 폐)
동 係(맬 계)
鍵(자물쇠 건)
약 関

글자 풀이
문(門)을 통해 얽히고 얽힌(絲) 관계(關)를 맺는다는 의미이다.

읽기 한자
關鍵(관건) 關尹(관윤) 關津(관진) 關託(관탁)

쓰기 한자
關與(관여) 關係(관계) 關門(관문) 關北(관북) 關稅(관세) 關節(관절)
難關(난관) 相關(상관) 稅關(세관) 有關(유관) 通關(통관) 關聯(관련)
玄關(현관)

官

4급Ⅱ
벼슬 **관**
宀 | 5획

비 宮(집 궁)
管(대롱 관)
동 爵(벼슬 작)
尉(벼슬 위)
반 私(사사 사)
民(백성 민)

글자 풀이
건물(宀) 안에 많은 사람이 모여(㠯) 있는 것에서 일하는 관청, 관리(官)를 의미한다.

읽기 한자
官尹(관윤) 尉官(위관) 准士官(준사관) 官閥(관벌) 官俸(관봉) 官媛(관원)

쓰기 한자
官營(관영) 官廳(관청) 官僚(관료) 官吏(관리) 官家(관가) 官權(관권)
官界(관계) 官繫(관계) 官能(관능) 官報(관보) 官服(관복) 官舍(관사)
官事(관사) 官運(관운) 官印(관인) 官認(관인) 官職(관직) 官許(관허)
警官(경관) 舊官(구관) 器官(기관) 內官(내관) 官公署(관공서)
高官大爵(고관대작) 貪官汚吏(탐관오리)

管 4급 대롱/주관할 관
竹 | 8획

비 官(벼슬 관)

관청(官)에서 대나무(竹)로 만들어 불던 피리(管)를 의미한다.

읽기한자
管葛(관갈) 管鍵(관건) 蘆管(노관) 腎管(신관) 綜管(종관) 管蔡(관채)
管翰(관한) 管鮑之交(관포지교)

쓰기한자
管內(관내) 管理(관리) 配管(배관) 保管(보관) 所管(소관) 移管(이관)
主管(주관) 總管(총관) 血管(혈관) 管攝(관섭) 管奏(관주) 雷管(뇌관)
管掌(관장) 管制塔(관제탑) 眞空管(진공관) 管絃樂(관현악)
氣管支炎(기관지염)

冠 3급Ⅱ 갓 관
冖 | 7획

비 寬(너그러울 관)
冥(어두울 명)
동 帽(모자 모)

글자 풀이
법도(寸), 신분에 따라 머리(元)에 쓰는(冖) 갓(冠)을 의미한다.

읽기한자
冠帽(관모) 戴冠式(대관식) 冠網(관망) 冠冕(관면) 冠弁(관변)

쓰기한자
冠帶(관대) 冠絶(관절) 鷄冠(계관) 金冠(금관) 弱冠(약관) 王冠(왕관)
衣冠(의관) 冠形詞(관형사) 月桂冠(월계관) 冠婚喪祭(관혼상제)

寬 3급Ⅱ 너그러울 관
宀 | 12획

비 冠(갓 관)
實(열매 실)
약 寛

글자 풀이
집(宀)에서 화초(艹)를 보는(見) 마음이 즐겁다는 데서 너그럽다, 용서하다(寬)는 의미이다.

읽기한자
寬赦(관사) 寬舒(관서) 寬敞(관창) 寬沖(관충)

쓰기한자
寬大(관대) 寬待(관대) 寬容(관용) 寬厚(관후)

慣 3급Ⅱ 익숙할 관
心 | 11획

비 貫(꿸 관)
實(열매 실)
동 習(익힐 습)

글자 풀이
마음(心)이 그 원리를 꿰뚫어(貫) 금방 익숙해진다(慣)는 의미이다.

쓰기한자
慣例(관례) 慣性(관성) 慣習(관습) 慣用(관용) 慣行(관행) 習慣(습관)

貫

3급 II

펠 **관(:)**

貝 | 4획

비 慣(익숙할 관)
實(열매 실)
동 徹(통할 철)
通(통할 통)

글자 풀이

조개(貝) 껍질을 실로 뚫어 꿴다(貫)는 의미이다.

읽기 한자

貫鉀(관갑)

쓰기 한자

貫祿(관록) 貫珠(관주) 貫徹(관철) 貫通(관통) 貫鄕(관향) 本貫(본관)
始終一貫(시종일관) 初志一貫(초지일관)

館

3급 II

집 **관**

食 | 8획

동 家(집 가) 戶(집 호)
室(집 실) 堂(집 당)
屋(집 옥) 宅(집 택)
閣(집 각) 宮(집 궁)
약 舘

글자 풀이

옛날 관원(官)들이 먹고(食) 묵어 갈 수 있도록 지은 객사(館)를 의미한다.

읽기 한자

瓊館(경관) 倭館(왜관)

쓰기 한자

館驛(관역) 館長(관장) 開館(개관) 公館(공관) 舊館(구관) 別館(별관)
本館(본관) 新館(신관) 旅館(여관) 會館(회관) 休館(휴관) 成均館(성균관)
大使館(대사관) 美術館(미술관) 博物館(박물관) 領事館(영사관)

串

2급(名)

펠 **관**
땅이름 **곶**

丨 | 6획

동 貫(펠 관)
岬(곶 갑)

글자 풀이

조개 껍질(口)을 실로 꿴(丨) 것으로 꿰다(串)는 의미이다.

읽기 한자

魚串(어관) 長山串(장산곶) 竹串島(죽곶도) 石串洞(석관동)

款

2급

항목 **관:**

欠 | 8획

비 隷(종 례)
동 誠(정성 성)
項(항목 항)

글자 풀이

잘못을 저지르면 신이 재앙(祟)을 내린다(欠)는 것을 깨닫게 되면 정성
스러워진다(款)는 의미이다.

읽기 한자

款曲(관곡) 款談(관담) 款待(관대) 款誠(관성) 落款(낙관) 約款(약관)
定款(정관) 借款(차관)

琯 옥피리 관

2급(名)

玉 | 8획

비 棺(널 관)

글자 풀이

옥(玉)으로 만든 대롱(官)으로 옥피리(琯)를 의미한다.

읽기한자

白琯(백관) 玉琯(옥관)

光 빛 광

6급 II

儿 | 4획

동 色(빛 색)

글자 풀이

사람(儿)이 불(火)을 들고 있으니 빛(光)이 난다는 의미이다.

읽기한자

瑞光(서광) 蟾光(섬광) 旭光(욱광) 晶光(정광) 遮光(차광) 光輔(광보)
光耀(광요) 光祚(광조) 光軸(광축) 光晃(광황) 光勳(광훈) 趙光祖(조광조)
和光同塵(화광동진)

쓰기한자

燭光(촉광) 光景(광경) 光年(광년) 光度(광도) 光明(광명) 光復(광복)
光線(광선) 光速(광속) 光映(광영) 光陰(광음) 觀光(관광) 發光(발광)
眼光(안광) 夜光(야광) 榮光(영광) 月光(월광) 螢光燈(형광등)
光明珠(광명주) 光合成(광합성) 一寸光陰(일촌광음)

廣 넓을 광:

5급 II

广 | 12획

비 黃(누를 황)
鑛(쇳돌 광)
擴(넓힐 확)
동 汎(넓을 범)
반 狹(좁을 협)
약 広

글자 풀이

껴안은 팔 속에서 틈새가 생기듯이 집안(广)이 휑하니(黃) 비어있는 것에서 넓다(廣)는 의미이다.

읽기한자

廣遼(광료) 廣衍(광연) 廣淵(광연) 廣敞(광창)

쓰기한자

廣範圍(광범위) 廣域(광역) 廣軌(광궤) 廣塗(광도) 廣告(광고) 廣大(광대)
廣野(광야) 廣義(광의) 廣場(광장) 長廣舌(장광설) 高臺廣室(고대광실)

鑛 쇳돌 광:

4급

金 | 15획

비 廣(넓을 광)
擴(넓힐 확)
약 鉱

글자 풀이

원석(金)을 캐낸 뒤의 갱도가 넓게(廣) 텅비어 있는 모습에서 그 곳에서 캐낸 광물(鑛)을 의미한다.

읽기한자

鑛坑(광갱) 錫鑛(석광) 熔鑛爐(용광로) 鎔鑛爐(용광로)

쓰기한자

鑛區(광구) 鑛口(광구) 鑛脈(광맥) 鑛物(광물) 鑛夫(광부) 鑛山(광산)
鑛石(광석) 鑛業(광업) 金鑛(금광) 探鑛(채광) 炭鑛(탄광) 廢鑛(폐광)
鑛工業(광공업)

狂

미칠 광
犬 | 4획

비 枉(굽을 왕)
汪(넓을 왕)

글자 풀이

王은 往의 줄임으로 개(犬)가 미쳐서 여기저기 나다닌다(往)하여 미치다 (狂)는 의미이다.

읽기한자

蹴球狂(축구광)

쓰기한자

狂歌(광가) 狂客(광객) 狂犬(광견) 狂氣(광기) 狂亂(광란) 狂夫(광부)
狂奔(광분) 狂藥(광약) 狂飮(광음) 狂人(광인) 狂症(광증) 狂態(광태)
狂暴(광포) 狂風(광풍) 發狂(발광) 熱狂(열광) 狂言妄說(광언망설)

掛

걸(懸) 괘
手 | 8획

비 封(봉할 봉)
동 揭(걸 게)
懸(달 현)

글자 풀이

점괘(卦)를 누구나 볼 수 있도록 손(手)으로 벽에 걸어(掛) 놓는다는 의미이다.

읽기한자

掛錫(괘석) 掛軸(괘축)

쓰기한자

掛念(괘념) 掛圖(괘도) 掛鍾(괘종) 掛鍾時計(괘종시계)

壞

무너질 괴:
土 | 16획

비 懷(품을 회)
동 滅(멸할 멸)
崩(무너질 붕)
약 壊

글자 풀이

호주머니 속의 거울이 땅(土)에 떨어져서 깨진다는 데서 무너지다, 파괴하다(壞)는 의미이다.

쓰기한자

崩壞(붕괴) 壞滅(괴멸) 壞血病(괴혈병) 損壞(손괴) 破壞(파괴)

怪

괴이할 괴(:)
心 | 5획

비 堅(굳을 견)
동 奇(기이할 기)

글자 풀이

흙(土)을 재료로 하여 손(又)으로 늘 보는 사람의 모양을 만들려고 해도 마음(心)대로 되지 않으니 괴이한(怪) 일이라는 의미이다.

읽기한자

妖怪(요괴)

쓰기한자

怪談(괴담) 怪盜(괴도) 怪力(괴력) 怪聞(괴문) 怪物(괴물) 怪變(괴변)
怪獸(괴수) 怪異(괴이) 怪漢(괴한) 怪誕(괴탄) 奇怪(기괴)
奇巖怪石(기암괴석) 怪常罔測(괴상망측)

塊	3급
흙덩이 괴	
土 | 10획	

비 槐(회화나무 괴)
鬼(귀신 귀)
愧(부끄러울 괴)
魂(넋 혼)
동 壤(흙덩이 양)

글자 풀이
도깨비(鬼) 머리통처럼 못생긴 흙(土)덩이(塊)를 의미한다.

쓰기 한자
塊石(괴석) 金塊(금괴) 土塊(토괴)

愧	3급
부끄러울 괴:	
心 | 10획	

비 槐(회화나무 괴)
鬼(귀신 귀)
塊(흙덩이 괴)
魂(넋 혼)
동 慙(부끄러울 참)
恥(부끄러울 치)

글자 풀이
부끄러운 마음(心)이 들어 얼굴이 도깨비(鬼)처럼 붉어진다는 데서 부끄러워하다(愧)는 의미이다.

읽기 한자
愧沮(괴저)

쓰기 한자
愧色(괴색) 自愧(자괴) 慙愧(참괴)

傀	2급
허수아비 괴:	
人 | 10획	

비 愧(부끄러울 괴)
槐(회화나무 괴)

글자 풀이
귀신(鬼)에 홀려 넋 빠진 사람(人)으로 허수아비(傀)를 의미한다.

읽기 한자
傀奇(괴기)

槐	2급(名)
회화나무/느티나무 괴	
木 | 10획	

비 愧(부끄러울 괴)
傀(허수아비 괴)

글자 풀이
구불구불하고 못생긴(鬼) 나무(木)를 덧붙여 회화나무(槐)라는 의미이다.

읽기 한자
槐木(괴목) 槐門(괴문) 槐實(괴실) 槐葉(괴엽) 槐花(괴화) 三槐(삼괴)
槐山郡(괴산군) 槐安夢(괴안몽) 槐安國(괴안국)

教

8급

가르칠 교:

攵 | 7획

통 訓(가르칠 훈)
반 學(배울 학)

글자 풀이

어른(老)과 아이(子)가 뒤섞여서, 어른이 채찍(攵)으로 어린이를 엄격하게 가르치는 것에서 가르치다(教)는 의미이다.

읽기 한자

教唆(교사) 碩座教授(석좌교수) 胎教(태교) 教旨(교지)

쓰기 한자

教派(교파) 殉教(순교) 教官(교관) 教具(교구) 教區(교구) 教權(교권)
教壇(교단) 教導(교도) 教領(교령) 教理(교리) 教務(교무) 教門(교문)
教本(교본) 教師(교사) 教勢(교세) 教授(교수) 教習(교습) 教養(교양)
教育(교육) 教鍊(교련) 教皇(교황) 教科書(교과서) 三遷之教(삼천지교)

校

8급

학교 교:

木 | 6획

비 交(사귈 교)
동 庠(학교 상)

글자 풀이

나무와 나무(木)를 엇갈리게(交) 해서 만든 나무 도구를 의미하는 것으로 선생과 생도가 섞여서 공부하는 곳, 학교(校)를 의미한다.

읽기 한자

校尉(교위) 庠校(상교)

쓰기 한자

校誌(교지) 閉校(폐교) 校訂(교정) 廢校(폐교) 校歌(교가) 校監(교감)
校內(교내) 校舍(교사) 校外(교외) 校友(교우) 校長(교장) 校正(교정)
校庭(교정) 校則(교칙) 校訓(교훈) 開校(개교) 登校(등교) 母校(모교)
復校(복교) 本校(본교) 分校(분교) 愛校(애교) 將校(장교) 鄕校(향교)
休校(휴교) 校獵(교렵) 校閱(교열) 校外指導(교외지도)

交

6급

사귈 교

亠 | 4획

비 校(학교 교)

글자 풀이

양손, 양발을 벌려서 서있는 사람이 다리를 교차시킨 형태에서 교차하다, 뒤섞이다(交)는 의미이다.

읽기 한자

芝蘭之交(지란지교) 締交(체교) 交款(교관)

쓰기 한자

交尾(교미) 交涉(교섭) 交錯(교착) 交易(교역) 交遊(교유) 交雜(교잡)
交感(교감) 交代(교대) 交流(교류) 交分(교분) 交信(교신) 交友(교우)
交際(교제) 交通(교통) 國交(국교) 斷交(단교) 社交(사교) 性交(성교)
修交(수교) 絶交(절교) 親交(친교) 交付(교부) 交換(교환) 外交官(외교관)

橋

5급

다리 교

木 | 12획

비 稿(원고 고)
矯(바로잡을 교)
동 梁(돌다리 량)
脚(다리 각)

글자 풀이

높은 곳(高)에 걸려 있는 굽은 나무(木), 즉 하천 등에 걸려 있는 다리(橋)를 의미한다.

읽기 한자

筏橋(벌교)

쓰기 한자

橋梁(교량) 架橋(가교) 石橋(석교) 陸橋(육교) 鐵橋(철교) 橋脚(교각)
浮橋(부교) 人道橋(인도교)

巧 3급Ⅱ	
공교할 교	
工 | 2획	

비 功(공 공)
攻(칠 공)

글자 풀이

기술적으로(万) 만든다(工)는 데서 교묘하다, 공교롭다(巧)는 의미이다.

읽기 한자

纖巧(섬교)

쓰기 한자

巧拙(교졸) 巧妙(교묘) 計巧(계교) 技巧(기교) 精巧(정교)

較 3급Ⅱ	
비교할/견줄 교	
車 | 6획	

비 軟(연할 연)
동 比(견줄 비)

글자 풀이

차(車)가 서로 이웃해서 사귈(交) 때에는 두 차의 크기나 모양 등을 견주게(較) 된다는 의미이다.

읽기 한자

較炳(교병)

쓰기 한자

較略(교략) 較覆(교복) 比較(비교) 日較差(일교차)

矯 3급	
바로잡을 교:	
矢 | 12획	

비 稿(원고 고)
橋(다리 교)
동 訂(바로잡을 정)

글자 풀이

나무(木)처럼 휘어진 화살(矢)을 나무틀에 끼워서 곧게 바로 잡는다(矯)는 의미이다.

읽기 한자

矯託(교탁)

쓰기 한자

矯導(교도) 矯僞(교위) 矯正(교정) 矯角殺牛(교각살우)

郊 3급	
들(野) 교	
阝/邑 | 6획	

비 效(본받을 효)
동 野(들 야)
坪(들 평)

글자 풀이

고을(阝)과 인접하여 사귀고(交) 있는 들(郊)을 의미한다.

읽기 한자

郊甸(교전)

쓰기 한자

郊外(교외) 近郊(근교) 近郊園藝(근교원예)

僑 2급 더부살이 교 人 | 12획	

僑 2급
더부살이 **교**
人 | 12획

비 橋(다리 교)
矯(바로잡을 교)

글자 풀이

스스로를 높게(喬) 생각하는 사람(人)은 결국 남의 집에 더부살이(僑)를 한다는 의미이다.

읽기한자

僑居(교거) 僑廬(교려) 僑胞(교포) 華僑(화교)

絞 2급
목맬 **교**
糸 | 6획

동 縊(목맬 액)

글자 풀이

목을 끈(糸)으로 묶어(交) 목을 맨다(絞)는 의미이다.

읽기한자

絞死(교사) 絞殺(교살) 絞首刑(교수형) 絞首臺(교수대)

膠 2급
아교 **교**
肉/月 | 11획

비 謬(그르칠 류)

글자 풀이

翏는 戮(죽일 류)의 줄임으로 옛적에 죽은 동물의 뼈와 가죽(肉)을 접착제로 쓴데서 아교(膠)를 의미한다.

읽기한자

膠固(교고) 膠沙(교사) 膠着(교착) 膠漆(교칠) 阿膠(아교) 漆膠(칠교)
膠柱鼓瑟(교주고슬)

九 8급
아홉 **구**
乙 | 1획

비 丸(둥글 환)
力(힘 력)

글자 풀이

1에서 9까지의 숫자 중에서 맨 마지막 숫자로 수가 많은 것을 의미한다.

읽기한자

九貊(구맥) 九鼎(구정) 九皐(구고) 九旻(구민) 九錫(구석) 九淵(구연)
九垠(구은) 九采(구채) 九重宮闕(구중궁궐) 洪範九疇(홍범구주)

쓰기한자

九日(구일) 九泉(구천) 九官鳥(구관조) 九折羊腸(구절양장)
九死一生(구사일생) 九牛一毛(구우일모) 九十春光(구십춘광)
十中八九(십중팔구) 九曲肝腸(구곡간장)

口

7급
입 구(:)
口 | 0획

입의 모양(口)을 본떴다.

읽기 한자
坑口(갱구) 口脂(구지) 脣焦口燥(순초구조) 衆口熏天(중구훈천)

쓰기 한자
口辯(구변) 鑛口(광구) 險口(험구) 口徑(구경) 口頭(구두) 口文(구문)
口味(구미) 口實(구실) 口語(구어) 口演(구연) 口傳(구전) 口號(구호)
家口(가구) 窓口(창구) 出口(출구) 口述(구술) 浦口(포구) 通風口(통풍구)
突破口(돌파구) 口舌數(구설수) 異口同聲(이구동성) 口蓋音化(구개음화)
口尙乳臭(구상유취) 有口無言(유구무언) 耳目口鼻(이목구비)
一口二言(일구이언) 衆口難防(중구난방)

區

6급
구분할/지경 구
匚 | 9획

비 樞(지도리 추)
동 別(나눌 별)
　 域(지경 역)
　 界(지경 계)
약 区

글자 풀이
일정한 구역(匚) 안에 있는 건물, 인구(品)를 본떠서 구역(區)을 의미한다.

읽기 한자
蘆原區(노원구) 區甸(구전)

쓰기 한자
區域(구역) 區廳(구청) 區間(구간) 區內(구내) 區別(구별) 區分(구분)
地區(지구) 接道區域(접도구역)

球

6급 II
공 구
玉 | 7획

비 求(구할 구)
　 救(구원할 구)

글자 풀이
털(求)을 둥글게 해서 만든 구슬(玉)로 구슬, 둥근형의 물건, 공(球)을 의미한다.

읽기 한자
籠球(농구) 網球(망구) 蹴球(축구) 蹴球狂(축구광)

쓰기 한자
球菌(구균) 球根(구근) 球技(구기) 球團(구단) 球速(구속) 球場(구장)
氣球(기구) 眼球(안구) 野球(야구) 電球(전구) 地球(지구) 直球(직구)
球審(구심) 排球(배구) 白血球(백혈구) 北半球(북반구) 赤血球(적혈구)

具

5급 II
갖출 구(:)
八 | 6획

비 且(또 차)
　 俱(함께 구)
　 其(그 기)
동 備(갖출 비)

글자 풀이
조개(貝)는 보물이나 금전을 나타내며 이것을 양손(八)에 든 것에서 갖춤, 갖추어지다(具)는 의미이다.

읽기 한자
鑽具(찬구) 具瞻(구첨)

쓰기 한자
具象(구상) 機具(기구) 寢具(침구) 具備(구비) 具色(구색) 具眼(구안)
具現(구현) 家具(가구) 工具(공구) 器具(기구) 道具(도구) 具陳(구진)
筆記具(필기구) 具體化(구체화) 裝身具(장신구)

救 구원할 구:
攵 | 7획

5급

비 求(구할 구)
동 護(도울 호)
　 濟(건널 제)
　 援(도울 원)

글자 풀이

도움을 구하는(求) 사람에게 손을 써서(攵) 구원하다(救)는 의미이다.

읽기한자

救命艇(구명정)

쓰기한자

救援(구원) 救國(구국) 救命(구명) 救護(구호) 救濟(구제) 救助(구조)
救出(구출) 自救(자구) 救急藥(구급약) 救世軍(구세군)

舊 예 구:
臼 | 12획

5급 II

동 古(예 고)
　 久(오랠 구)
반 新(새 신)
약 旧

글자 풀이

풀(艹)이나 검불을 새(隹)가 물어다가 절구(臼) 모양의 둥지를 엮은 것이
오래(舊)되었다는 의미이다.

읽기한자

舊憾(구감) 舊址(구지) 舊型(구형) 舊勳(구훈) 勳舊派(훈구파)

쓰기한자

依舊(의구) 舊官(구관) 舊敎(구교) 舊面(구면) 舊式(구식) 舊習(구습)
舊惡(구악) 舊正(구정) 舊形(구형) 復舊(복구) 新舊(신구) 親舊(친구)
舊嫌(구혐) 舊石器(구석기) 舊態依然(구태의연) 送舊迎新(송구영신)

句 글귀 구
口 | 2획

4급 II

비 旬(열흘 순)
동 文(글월 문)
약 勾

글자 풀이

입(口)에서 나오는 말로서 한 묶음으로 묶여질(勹) 수 있는 구절(句)을 의
미한다.

읽기한자

覓句(멱구) 隻句(척구)

쓰기한자

句節(구절) 結句(결구) 警句(경구) 文句(문구) 語句(어구)　字句(자구)
絶句(절구) 句讀點(구두점) 美辭麗句(미사여구) 一言半句(일언반구)

求 구할 구
水 | 2획

4급 II

비 氷(얼음 빙)
　 救(구원할 구)
　 球(공 구)

글자 풀이

가죽옷은 좋은 의류였으므로 사람들이 갖고 싶어하는 것에서 구하다, 탐
내다(求)는 의미이다.

쓰기한자

求刑(구형) 求婚(구혼) 探求(탐구) 求乞(구걸)　求愛(구애) 求職(구직)
急求(급구) 要求(요구) 懇求(간구) 促求(촉구) 追求(추구) 請求書(청구서)
求心點(구심점) 緣木求魚(연목구어) 刻舟求劍(각주구검)
欲求不滿(욕구불만)

究

4급 II

연구할 구
穴 | 2획

- 비 空(빌 공)
  突(갑자기 돌)
- 동 硏(갈 연)

글자 풀이

동굴(穴)의 가장 깊숙한 곳(九)까지 조사하게 된다는 것에서 최후까지 조사하다(究)는 의미이다.

쓰기 한자

窮究(궁구) 究竟(구경) 究極(구극) 究明(구명) 講究(강구) 研究(연구)
學究熱(학구열)

構

4급

얽을 구
木 | 10획

- 비 講(욀 강)
  購(살 구)
- 동 造(지을 조)
  築(쌓을 축)

글자 풀이

나무(木)를 격지격지(井) 그리고 거듭(再)짜서 얽는다(構)는 의미이다.

읽기 한자

締構(체구)

쓰기 한자

構內(구내) 構圖(구도) 構文(구문) 構想(구상) 構成(구성)
構造(구조) 構築(구축) 機構(기구) 虛構性(허구성)

久

3급 II

오랠 구:
ノ | 2획

- 비 夕(저녁 석)
- 동 永(길 영)
  悠(멀 유)

글자 풀이

떠나려는 사람(人)의 다리를 꼭 잡고(丶) 놓지 않아 오래도록(久) 머물게 한다는 의미이다.

읽기 한자

久闕(구궐)

쓰기 한자

久遠(구원) 耐久性(내구성) 未久(미구) 悠久(유구) 永久不變(영구불변)
長久(장구) 持久力(지구력) 久滯(구체)

拘

3급 II

잡을 구
手 | 5획

- 비 狗(개 구)
  苟(구차할 구)
- 동 捕(잡을 포)
  執(잡을 집)
  拘(잡을 획)
- 반 放(놓을 방)
  解(풀 해)

글자 풀이

손(手)으로 사람을 묶어(句) 잡아(拘) 가둔다는 의미이다.

읽기 한자

拘礙(구애)

쓰기 한자

拘繫(구계) 拘禁(구금) 拘留(구류) 拘束(구속) 不拘(불구) 拘引狀(구인장)
拘置所(구치소)

丘

3급Ⅱ

언덕 구

一 | 4획

비 兵(병사 병)
동 岸(언덕 안)
　 陵(언덕 릉)
　 皐(언덕 고)
　 邱(언덕 구)
　 阜(언덕 부)

글자 풀이

언덕(丘)의 모양을 본떴다.

읽기 한자

丘軻(구가) 丘阜(구부) 丘岡(구강)

쓰기 한자

丘陵(구릉) 丘木(구목) 丘墓(구묘) 丘山(구산) 丘民(구민)
首丘初心(수구초심) 靑丘永言(청구영언)

俱

3급

함께 구

人 | 8획

비 具(갖출 구)
　 其(그 기)
동 同(한가지 동)
　 皆(다 개)
　 咸(다 함)

글자 풀이

사람(人)이 갖춰야 할 것을 모두, 다(俱) 가지고 있다는 의미이다.

읽기 한자

不俱戴天(불구대천)

쓰기 한자

俱存(구존) 俱現(구현) 俱樂部(구락부)

懼

3급

두려워할 구

心 | 18획

비 權(권세 권)
동 恐(두려울 공)
　 怖(두려워할 포)

글자 풀이

새(隹)가 독수리의 침입을 당해 눈을 크게 뜨고(目目) 마음(心) 속으로 두려워한다(懼)는 의미이다.

읽기 한자

兢懼(긍구) 怖懼(포구)

쓰기 한자

懼然(구연) 疑懼心(의구심)

狗

3급

개 구

犬 | 5획

비 拘(잡을 구)
　 苟(구차할 구)
동 犬(개 견)
　 戌(개 술)

글자 풀이

작은(句) 개(犭)라는 데서 집에서 기르는 개(狗)의 의미이다.

읽기 한자

海狗腎(해구신) 狗膽(구담)

쓰기 한자

狗竊(구절) 水狗(수구) 走狗(주구) 黃狗(황구) 羊頭狗肉(양두구육)

苟
++ | 5획

구차할/진실로 **구**

비 狗(개 구)
拘(잡을 구)

글자 풀이

글(句)하느라고 돈을 못 벌어 풀(++)만 먹고 살아 생활이 구차하다(苟)는 의미이다.

쓰기 한자

苟免(구면) 苟安(구안) 苟且(구차) 苟活(구활)

3급

驅
馬 | 11획

몰 **구**

비 鷗(갈매기 구)

글자 풀이

말(馬)을 일정한 지역(區)으로 몬다(驅)는 의미이다.

읽기 한자

驅逐艦(구축함)

쓰기 한자

驅迫(구박) 驅步(구보) 驅使(구사) 驅逐(구축) 驅蟲(구충) 先驅者(선구자)
乘勝長驅(승승장구)

3급

龜
龜 | 0획

거북 **구/귀**
터질 **균**

약 亀

글자 풀이

거북의 모양(龜)을 본떴다.

읽기 한자

龜旨歌(구지가) 麟鳳龜龍(인봉귀룡) 龜麟(귀린) 龜鼎(귀정)

쓰기 한자

龜鑑(귀감) 龜甲(귀갑) 龜頭(귀두) 龜卜(귀복) 龜船(귀선) 龜占(귀점)
龜裂(균열) 龜毛兔角(귀모토각)

2급

歐
欠 | 11획

구라파/칠 **구**

동 吐(토할 토)
打(칠 타)
약 欧

글자 풀이

입을 벌리고(欠) 몸 안에 저장되어 있는 것(區)을 끄집어내는 것으로 토하다(歐)는 의미이다.

읽기 한자

歐文(구문) 歐美(구미) 歐打(구타) 歐吐(구토) 東歐(동구) 北歐(북구)
西歐(서구) 歐陽修(구양수)

玖	2급(名)

玖 옥돌 **구**
玉 | 3획

图 玟(옥돌 민)
　 珉(옥돌 민)

글자 풀이

오래된(久) 구슬(玉)같은 돌로 옥돌(玖)을 의미한다.

읽기한자

玖璇(구선) 瓊玖(경구) 李玖(이구)

購 살 **구**
貝 | 10획 ··· 2급

비 講(욀 강)
图 買(살 매)
반 販(팔 판)
　 賣(팔 매)

글자 풀이

물건을 갖고 있는 사람과 만나(冓) 돈(貝)을 건네는 것으로 사는(購) 것을 의미한다.

읽기한자

購讀(구독) 購買(구매) 購書(구서) 購入(구입) 購販場(구판장) 急購(급구)
博購(박구) 希購(희구)

邱 언덕 **구** ··· 2급(名)
邑/阝 | 5획

图 丘(언덕 구)
　 阜(언덕 부)
　 皐(언덕 고)
　 陵(언덕 릉)

글자 풀이

언덕 구의 본래 자는 丘이나 이것이 孔子의 이름자인 관계로 피하여 淸나라 때부터 邱를 언덕 구로 썼다.

읽기한자

大邱(대구)

鷗 갈매기 **구** ··· 2급
鳥 | 11획

비 驅(몰 구)

글자 풀이

일정한 구역(區)인 해변에서만 사는 새(鳥)라 하여 갈매기(鷗)의 의미이다.

읽기한자

白鷗(백구) 海鷗(해구)

國	8급
	나라 **국**
	口 | 8획

비 圖(그림 도)
　圓(둥글 원)
　園(동산 원)
　域(지경 역)
동 邦(나라 방)
약 国

글자 풀이

영토(口), 국방(戈), 국민(口), 주권(一)으로서 나라(國)를 의미한다.

읽기 한자

槐安國(괴안국) 國棋(국기) 國庠(국상) 國楨(국정) 旁國(방국) 倭國(왜국)
託國(탁국) 霸國(패국) 國柄(국병) 國祚(국조) 國勳(국훈) 閻羅國(염라국)
汎國民的(범국민적) 輔國安民(보국안민)

쓰기 한자

國籍(국적) 殉國(순국) 國家(국가) 國境(국경) 國交(국교) 國軍(국군)
國權(국권) 國旗(국기) 國難(국난) 國道(국도) 國力(국력) 國是(국시)
國樂(국악) 國語(국어) 國益(국익) 國政(국정) 國土(국토) 國學(국학)
國葬(국장) 國策(국책) 還國(환국) 賣國奴(매국노) 國慶日(국경일)

局	5급 Ⅱ
	판 **국**
	尸 | 4획

비 尾(꼬리 미)
　居(살 거)
　屋(집 옥)

글자 풀이

자(尺)로 재듯이 정확한 말(口)로 법도에 따라 일을 하는 관청의 일부(局)라는 의미이다.

읽기 한자

棋局(기국) 楸局(추국)

쓰기 한자

亂局(난국) 局量(국량) 局面(국면) 局番(국번) 局部(국부) 局長(국장)
局限(국한) 開局(개국) 難局(난국) 當局(당국) 對局(대국) 本局(본국)
分局(분국) 時局(시국) 藥局(약국) 政局(정국) 終局(종국) 支局(지국)
總局(총국) 破局(파국) 形局(형국) 局外者(국외자) 局地戰(국지전)
放送局(방송국) 電話局(전화국) 事務局(사무국)

菊	3급 Ⅱ
	국화 **국**
	艹 | 8획

비 茂(무성할 무)
　菌(버섯 균)

글자 풀이

국화의 모양(菊)을 본뜬 글자이다.

쓰기 한자

菊月(국월) 菊版(국판) 菊花(국화) 水菊(수국) 黃菊(황국)
梅蘭菊竹(매란국죽)

鞠	2급(名)
	성姓/국문할 **국**
	革 | 8획

동 毬(공 구)
　球(공 구)
　鞠(국문할 국)

글자 풀이

가죽(革)으로 만든 주머니에 털(米)을 넣고 싼(勹) 것으로 공(鞠)을 의미한다.

읽기 한자

鞠育(국육) 鞠問(국문=鞫問) 鞠戱(국희) 蹴鞠(축국)

軍 군사 군
8급
車 | 2획

비 運(옮길 운)
　揮(휘두를 휘)
동 兵(병사 병)
　士(선비 사)

글자 풀이
전차(車)를 빙 둘러싸고(冖) 있는 형태에서 군대, 전쟁(軍)을 의미한다.

읽기한자
軍帽(군모) 軍閥(군벌) 軍艦(군함) 軍靴(군화) 魔軍(마군) 駐軍(주군)
津軍(진군) 撤軍(철군) 聚軍(취군) 駐屯軍(주둔군)

쓰기한자
軍犬(군견) 軍紀(군기) 軍納(군납) 軍亂(군란) 軍糧(군량) 軍縮(군축)
叛軍(반군) 軍歌(군가) 軍旗(군기) 軍氣(군기) 軍隊(군대) 軍備(군비)
軍事(군사) 軍政(군정) 軍票(군표) 國軍(국군) 農軍(농군) 敵軍(적군)
進軍(진군) 我軍(아군) 軍樂隊(군악대) 强行軍(강행군) 豫備軍(예비군)
白衣從軍(백의종군) 孤軍奮鬪(고군분투)

郡 고을 군:
6급
邑/阝 | 7획

비 群(무리 군)
　君(임금 군)
　郞(사내 랑)
동 邑(고을 읍)
　洞(골 동)

글자 풀이
원래는 군주(君)의 영지(阝)였지만, 지금은 행정구역(郡)의 이름을 의미한다.

읽기한자
价川郡(개천군) 高敞郡(고창군) 槐山郡(괴산군) 舒川郡(서천군)
燕岐郡(연기군) 長湍郡(장단군)

쓰기한자
郡廳(군청) 郡界(군계) 郡內(군내) 郡民(군민) 郡守(군수)

君 임금 군
4급
口 | 4획

비 郡(고을 군)
　群(무리 군)
동 王(임금 왕)
　皇(임금 황)
　帝(임금 제)
반 臣(신하 신)
　民(백성 민)

글자 풀이
손(彐)에 권력(丿)을 쥐고 입(口)으로 명령하여 나라를 다스리는 임금(君)을 의미한다.

읽기한자
允君(윤군) 胤君(윤군)

쓰기한자
君子(군자) 君主(군주) 檀君(단군) 大君(대군) 夫君(부군) 聖君(성군)
暴君(폭군) 君臨(군림) 郞君(낭군) 諸君(제군) 四君子(사군자)
不事二君(불사이군) 君師父一體(군사부일체) 君臣有義(군신유의)
梁上君子(양상군자)

群 무리 군
4급
羊 | 7획

비 郡(고을 군)
　君(임금 군)
동 衆(무리 중)
　黨(무리 당)
　輩(무리 배)
　徒(무리 도)
반 獨(홀로 독)

글자 풀이
지시하기도 하고 전체를 통괄하기도 하는(君) 양치기에 의해 한 무리가 된 양(羊)들의 모습에서 무리(群)를 의미한다.

읽기한자
群聚(군취)

쓰기한자
群居(군거) 群島(군도) 群落(군락) 群像(군료) 群舞(군무) 群小(군소)
群衆(군중) 魚群(어군) 語群(어군) 學群(학군) 拔群(발군) 群像(군상)
症候群(증후군) 群衆心理(군중심리) 群鷄一鶴(군계일학)
群雄割據(군웅할거)

屈 굽힐 굴
尸 | 5획

| 4급 |

비 屋(집 옥)
　尾(꼬리 미)
동 曲(굽을 곡)
　折(꺾을 절)
반 直(곧을 직)

글자 풀이

굴 속으로 몸(尸)이 빠져 나갈(出) 때 몸을 굽힌다(屈)는 의미이다.

쓰기한자

屈強(굴강) 屈曲(굴곡) 屈力(굴력) 屈服(굴복) 屈伏(굴복) 屈折(굴절)
屈指(굴지) 屈辱(굴욕) 卑屈(비굴) 百折不屈(백절불굴)

掘 팔 굴
手 | 8획

| 2급 |

비 屈(굽힐 굴)

글자 풀이

몸을 구부려(屈) 손(手)으로 땅을 파다(掘)는 의미이다.

읽기한자

濫掘(남굴) 盜掘(도굴) 發掘(발굴) 試掘(시굴) 採掘(채굴)
臨渴掘井(임갈굴정)

窟 굴 굴
穴 | 8획

| 2급 |

동 洞(골 동)
　穴(굴 혈)

글자 풀이

몸을 굽히고(屈) 들어가는 구멍(穴)으로 굴(窟)을 의미한다.

읽기한자

窟居(굴거) 窟室(굴실) 窟穴(굴혈) 洞窟(동굴) 巢窟(소굴) 巖窟(암굴)
土窟(토굴) 貧民窟(빈민굴)

宮 집 궁
宀 | 7획

| 4급Ⅱ |

비 官(벼슬 관)
동 家(집 가) 戶(집 호)
　室(집 실) 堂(집 당)
　屋(집 옥) 宅(집 택)
　閣(집 각) 館(집 관)

글자 풀이

방(呂)의 수가 많은 집(宀)에 빗대어 훌륭한 저택(宮)을 의미한다.

읽기한자

九重宮闕(구중궁궐) 宮闕(궁궐) 宮媛(궁원) 宮苑(궁원) 璇宮(선궁)
璿宮(선궁) 蟾宮(섬궁) 子宮癌(자궁암) 后宮(후궁)

쓰기한자

宮刑(궁형) 龍宮(용궁) 宮女(궁녀) 宮城(궁성) 宮殿(궁전) 宮調(궁조)
宮體(궁체) 宮合(궁합) 古宮(고궁) 王宮(왕궁) 月宮(월궁) 子宮(자궁)
合宮(합궁) 後宮(후궁) 尙宮(상궁) 皇宮(황궁) 宮庭文學(궁정문학)

窮

4급

다할/궁할 **궁**

穴 | 10획

- 비 射(쏠 사)
- 동 乏(가난할 핍)
  困(곤할 곤)
  貧(가난할 빈)
  極(다할 극)

글자 풀이

굴(穴) 속으로 몸(身)을 활(弓)처럼 구부리고 피신한다는 데서 궁하다, 궁구하다(窮)는 의미이다.

읽기 한자

窮廬(궁려) 窮覓(궁멱) 窮僻(궁벽)

쓰기 한자

窮究(궁구) 窮極(궁극) 窮氣(궁기) 窮理(궁리) 窮狀(궁상) 窮色(궁색)
窮地(궁지) 困窮(곤궁) 貧窮(빈궁) 四窮(사궁) 春窮(춘궁) 窮塞(궁색)
追窮(추궁) 無窮花(무궁화) 無窮無盡(무궁무진) 窮餘之策(궁여지책)

弓

3급Ⅱ

활 **궁**

弓 | 0획

- 비 引(끌 인)

글자 풀이

활의 모양(弓)을 본떴다.

읽기 한자

彊弓(강궁) 結弓獐皮(결궁장피)

쓰기 한자

弓矢(궁시) 弓腰(궁요) 弓道(궁도) 弓術(궁술) 國弓(국궁) 名弓(명궁)
洋弓(양궁)

權

4급Ⅱ

권세 **권**

木 | 18획

- 비 勸(권할 권)
  歡(기쁠 환)
  觀(볼 관)
- 약 权, 権

글자 풀이

새(隹)도 나무(木)나 풀(艹) 속에서는 먹고 지저귈(口口) 권세(權)가 있다는 의미이다.

읽기 한자

權柄(권병) 權軸(권축) 秉權(병권) 霸權(패권)

쓰기 한자

權威(권위) 權座(권좌) 權稱(권칭) 權衡(권형) 債權(채권) 權能(권능)
權道(권도) 權度(권도) 權量(권량) 權力(권력) 權利(권리) 權勢(권세)
權益(권익) 權限(권한) 官權(관권) 權攝(권섭) 敎權(교권) 女權(여권)
利權(이권) 復權(복권) 父權(부권) 分權(분권) 越權(월권) 執權(집권)
公權力(공권력) 投票權(투표권) 著作權(저작권) 權謀術數(권모술수)

券

4급

문서 **권**

刀 | 6획

- 비 卷(책 권)
  拳(주먹 권)
- 동 簿(문서 부)
  籍(문서 적)

글자 풀이

옛날에 약속을 한 사람들이 나무판을 칼(刀)로 새겨 나눈 다음 각자 보관하였다는 것에서 증서, 증표(券)를 의미한다.

읽기 한자

療養券(요양권) 旌券(정권) 診療券(진료권)

쓰기 한자

馬券(마권) 發券(발권) 福券(복권) 食券(식권) 旅券(여권) 證券(증권)
株券(주권) 債券(채권) 割引券(할인권) 入場券(입장권) 回數券(회수권)

勸	4급
	권할 **권:**
	力 | 18획

- 비 觀(볼 관)
  歡(기쁠 환)
  權(권세 권)
- 동 獎(장려할 장)
- 약 劝, 勧

글자 풀이

기쁜(歡) 마음으로 힘껏(力) 일하라고 권(勸)한다는 의미이다.

읽기한자

勸蠶(권잠)

쓰기한자

勸告(권고) 勸農(권농) 勸勉(권면) 勸士(권사) 勸獎(권장) 勸酒(권주)
勸學(권학) 強勸(강권) 勸誘(권유) 勸善懲惡(권선징악)

卷	4급
	책 **권(:)**
	已 | 6획

- 비 券(문서 권)
  拳(주먹 권)
- 동 冊(책 책)
  篇(책 편)

글자 풀이

두루마리(卩) 종이에 손(拳)으로 문서를 적는 데서 두루마리, 책(卷)을 의미한다.

읽기한자

舒卷(서권) 卷舒(권서) 卷軸(권축)

쓰기한자

卷頭(권두) 卷末(권말) 卷數(권수) 上卷(상권) 席卷(석권) 下卷(하권)
壓卷(압권) 通卷(통권)

拳	3급 Ⅱ
	주먹 **권:**
	手 | 6획

- 비 券(문서 권)
  卷(책 권)

글자 풀이

불(火)같이 강한 힘을 갖는 두(二) 손(手)이니 주먹(拳)을 의미한다.

읽기한자

拳匪(권비) 拳蔘(권삼) 火繩拳銃(화승권총)

쓰기한자

拳法(권법) 拳銃(권총) 拳鬪(권투) 鐵拳(철권)

圈	2급
	우리 **권**
	口 | 8획

- 동 樌(울짱 폐)

글자 풀이

사방에 담장(口)을 쳐서 짐승이 몸을 웅크리고 있도록(卷) 가두는 곳으로 우리(圈)를 의미한다.

읽기한자

圈內(권내) 圈外(권외) 共産圈(공산권) 南極圈(남극권) 當選圈(당선권)
大氣圈(대기권) 文化圈(문화권) 凡野圈(범야권) 北極圈(북극권)
上位圈(상위권) 生活圈(생활권) 成層圈(성층권) 勢力圈(세력권)
驛勢圈(역세권) 運動圈(운동권) 颱風圈(태풍권) 下位圈(하위권)
南大門商圈(남대문상권)

厥 3급
그(其) **궐**
厂 | 10획

비 闕(대궐 궐)

<글자 풀이>
벼랑(厂) 밑에서 고개를 숙이고 숨이 차게 돌을 파낸다(厥)는 의미이다.

<읽기 한자>
腎厥(신궐)

<쓰기 한자>
厥角(궐각) 厥女(궐녀) 厥尾(궐미) 厥者(궐자) 厥後(궐후) 突厥(돌궐)

闕 2급
대궐 **궐**
門 | 10획

비 關(관계할 관)
　厥(그 궐)

<글자 풀이>
문(門) 안의 신하들이 임금 앞에서 고개를 숙이는(欮)곳이라는 데서 대궐(闕)을 의미한다.

<읽기 한자>
闕閣(궐각) 闕內(궐내) 闕漏(궐루) 闕本(궐본) 闕食(궐식) 闕誤(궐오)
闕疑(궐의) 闕字(궐자) 宮闕(궁궐) 大闕(대궐) 入闕(입궐)
闕席裁判(궐석재판) 補闕選擧(보궐선거)

軌 3급
바퀴자국 **궤:**
車 | 2획

비 軋(삐걱거릴 알)

<글자 풀이>
수레(車)가 지나가면 굽은(九) 바퀴자국(軌)이 생긴다는 의미이다.

<쓰기 한자>
軌度(궤도) 軌道(궤도) 軌範(궤범) 軌跡(궤적) 廣軌(광궤) 同軌(동궤)
常軌(상궤)

貴 5급
귀할 **귀:**
貝 | 5획

비 責(꾸짖을 책)
　遺(남길 유)
　遣(보낼 견)
동 稀(드물 희)
반 賤(천할 천)

<글자 풀이>
바구니 속에(忠) 돈(貝)이 계속 들어가니 부하고 귀하여진다(貴)는 의미이다.

<읽기 한자>
貴孃(귀양) 勳貴(훈귀) 貴紳(귀신) 貴庚(귀유) 貴札(귀찰) 貴翰(귀한)

<쓰기 한자>
貴骨(귀골) 珍貴(진귀) 貴賓(귀빈) 貴宅(귀댁) 貴官(귀관) 貴人(귀인)
貴族(귀족) 貴中(귀중) 貴體(귀체) 貴下(귀하) 高貴(고귀) 尊貴(존귀)
品貴(품귀) 貴賤(귀천) 稀貴(희귀) 貴金屬(귀금속) 貴婦人(귀부인)
貴重品(귀중품) 貴公子(귀공자) 富貴榮華(부귀영화) 富貴功名(부귀공명)

歸 4급

돌아갈 **귀:**

止 | 14획

비 婦(며느리 부)
　掃(쓸 소)
반 還(돌아올 환)
약 帰

글자 풀이

아내(婦)가 친정에 갔다가 시집(戶)을 향해 발(足)걸음을 재촉하여 돌아온다(歸)는 의미이다.

읽기 한자

歸巢本能(귀소본능) 歸趨(귀추)

쓰기 한자

歸家(귀가) 歸結(귀결) 歸京(귀경) 歸國(귀국) 歸農(귀농) 歸路(귀로)
歸省(귀성) 歸屬(귀속) 歸順(귀순) 歸依(귀의) 歸任(귀임) 歸着(귀착)
歸港(귀항) 歸鄕(귀향) 歸化(귀화) 歸休(귀휴) 未歸(미귀) 復歸(복귀)
不歸(불귀) 歸還(귀환) 事必歸正(사필귀정)

鬼 3급Ⅱ

귀신 **귀:**

鬼 | 0획

비 塊(흙덩이 괴)
　愧(부끄러울 괴)
동 神(귀신 신)

글자 풀이

도깨비의 모양(鬼)을 본떴다.

읽기 한자

魔鬼(마귀) 妖鬼(요귀) 鬼魅(귀매) 鬼胎(귀태)

쓰기 한자

餓鬼(아귀) 鬼面(귀면) 鬼神(귀신) 鬼才(귀재) 鬼火(귀화) 客鬼(객귀)
惡鬼(악귀) 雜鬼(잡귀) 吸血鬼(흡혈귀)

規 5급

법 **규**

見 | 4획

비 現(나타날 현)
동 式(법 식)
　律(법칙 률)
　法(법 법)
　則(법칙 칙)

글자 풀이

한 사람 몫을 해내는 어른(夫)은 사물을 보는 시각(見)이 옳다고 생각되어 왔다. 거기서 어른이 사람으로서 하는 것을 본받는 것에서 본보기, 규범(規)을 의미한다.

쓰기 한자

規戒(규계) 規模(규모) 規範(규범) 規格(규격) 規約(규약) 規律(규율)
規切(규절) 規定(규정) 規程(규정) 規制(규제) 規準(규준) 規則(규칙)
內規(내규) 例規(예규) 法規(법규) 社規(사규) 新規(신규) 正規(정규)
大規模(대규모) 不規則(불규칙)

叫 3급

부르짖을 **규**

口 | 2획

비 糾(얽힐 규)

글자 풀이

입(口)을 가로, 세로로 크게 움직여 부르짖는다(叫)는 의미이다.

쓰기 한자

叫聲(규성) 絶叫(절규)

糾	3급
	얽힐 **규**
	糸 | 2획

비 叫(부르짖을 규)

글자 풀이

여러 갈래의 실(糸)이 서로 엉킨다(니)는 뜻에서 꼬다, 얽히다(糾)는 의미
이다.

읽기한자

糾繩(규승)

쓰기한자

糾明(규명) 糾紛(규분) 糾正(규정) 糾錯(규착) 糾察(규찰) 糾彈(규탄)
糾合(규합) 紛糾(분규)

圭	2급(名)
	서옥/쌍토 **규**
	土 | 3획

비 玉(옥 옥)

글자 풀이

홀(위가 둥글고 아래가 모진 형태의 玉으로 天子가 諸侯를 封할 때 내려
주는 것)을 의미한다.

읽기한자

圭角(규각) 圭復(규복) 圭璋(규장) 圭田(규전)

奎	2급(名)
	별 **규**
	大 | 6획

동 庚(별 경)

글자 풀이

서옥(圭)처럼 생긴 큰(大) 별(奎)을 의미한다.

읽기한자

奎文(규문) 奎星(규성) 奎宿(규수) 奎運(규운) 奎章(규장) 奎章閣(규장각)

揆	2급(名)
	헤아릴 **규**
	手 | 9획

동 度(법도 도/헤아릴 탁)
測(헤아릴 측)
癸(천간 계/헤아릴 계)

글자 풀이

손(手)으로 재며(癸) 헤아리는 것(揆)을 의미한다.

읽기한자

揆策(규책) 一揆(일규) 測揆(측규) 度揆(탁규)

珪 2급(名)

홀 규

玉 | 6획

동 笏(홀 홀)
圭(쌍토 규)

홀(위가 둥글고 아래가 모진 형태의 玉으로 天子가 諸侯를 封할 때 내려주는 것)을 나타내며 圭의 古字이다.

읽기한자

珪石(규석) 珪璋(규장) 珪幣(규폐)

閨 2급

안방 규

門 | 6획

비 開(열 개)

글자 풀이

문(門) 안에 서옥(圭)같은 규수가 거처하는 안방(閨)을 의미한다.

읽기한자

閨房(규방) 閨秀(규수) 閨中(규중) 閨怨(규원) 空閨(공규)

均 4급

고를 균

土 | 4획

비 拘(잡을 구)
枸(자루 표)
동 平(평평할 평)
衡(저울대 형)

글자 풀이

토지(土)의 울퉁불퉁한 것을 골라서(勻) 높은 것을 대등하게 하는 것에서 갈다, 고르다(均)는 의미이다.

읽기한자

均穩(균온)

쓰기한자

均等(균등) 均配(균배) 均分(균분) 均質(균질) 均衡(균형) 均排(균배)
成均館(성균관) 平均臺(평균대)

菌 3급 II

버섯 균

++ | 8획

비 菊(국화 국)

글자 풀이

메주나 누룩 등을 초목(++)이나 볏짚(禾)으로 싸 두면(口) 버섯, 곰팡이(菌)가 생긴다는 의미이다.

읽기한자

乳酸菌(유산균) 菌傘(균산)

쓰기한자

菌根(균근) 菌類(균류) 滅菌(멸균) 病菌(병균) 殺菌(살균) 細菌(세균)
雜菌(잡균) 大腸菌(대장균) 病原菌(병원균) 保菌者(보균자)

極

극진할/다할 극
木 | 9획

4급 Ⅱ

비 樞(지도리 추)
동 盡(다할 진)
　 端(끝 단)
　 甚(심할 심)
　 至(이를 지)

글자 풀이

나무(木)로 만든 용마루는 사람(人)의 입(口)이나 손(又)이 닿지 않는 집의 끝자리(極)에 있다는 의미이다.

읽기 한자

南極圈(남극권) 北極圈(북극권) 磁極(자극) 峻極(준극) 昊天罔極(호천망극)

쓰기 한자

極祕(극비) 極烈(극렬) 極點(극점) 極盡(극진) 極讚(극찬) 窮極(궁극)
罔極(망극) 極光(극광) 極端(극단) 極度(극도) 極東(극동) 極力(극력)
極貧(극빈) 極少(극소) 極小(극소) 極言(극언) 極右(극우) 極左(극좌)
極致(극치) 極甚(극심) 極大化(극대화) 極樂往生(극락왕생)
極惡無道(극악무도)

劇

심할 극
刀 | 13획

4급

비 獻(바칠 헌)
　 據(근거 거)
동 甚(심할 심)

글자 풀이

호랑이(虍)와 맷돼지(豖)의 다툼의 격렬함을 칼(刀)로서 표현하여 싸움의 격렬함을 나타내왔지만, 연극이 격렬한 움직임을 하는 것에서 연극(劇)이라는 의미가 되었다.

읽기 한자

劇旁(극방) 夢幻劇(몽환극) 探偵劇(탐정극)

쓰기 한자

劇團(극단) 劇本(극본) 劇藥(극약) 劇場(극장) 歌劇(가극) 悲劇(비극) 史劇(사극)
樂劇(악극) 演劇(연극) 唱劇(창극) 寸劇(촌극) 活劇(활극) 喜劇(희극) 戲劇(희극)
劇作家(극작가) 新派劇(신파극) 連續劇(연속극) 人形劇(인형극)

克

이길 극
儿 | 5획

3급 Ⅱ

비 京(서울 경)
동 勝(이길 승)

글자 풀이

사람(人)이 머리(口)에 쓰는 투구(十)의 무게를 능히 이겨낸다(克)는 의미이다.

읽기 한자

裴克廉(배극렴)

쓰기 한자

克己(극기) 克明(극명) 克服(극복) 克復(극복) 克己心(극기심)

根

뿌리 근
木 | 6획

6급

비 板(널 판)
동 本(근본 본)
　 源(근원 원)

글자 풀이

위쪽으로 뻗은 나뭇가지(木)와는 반대로 땅 밑으로 점점 뻗어가는(艮) 것에서 뿌리(根)를 의미한다.

읽기 한자

葛根(갈근) 根塵(근진)

쓰기 한자

根據(근거) 根源(근원) 根本(근본) 根性(근성) 根絕(근절) 根治(근치)
球根(구근) 男根(남근) 毛根(모근) 齒根(치근) 根幹(근간) 禍根(화근)
根抵當(근저당) 草根木皮(초근목피) 事實無根(사실무근)

近 가까울 근:
6급
辶 | 4획

비 返(돌아올 반)
　迷(미혹할 미)
반 遠(멀 원)

글자 풀이

물건을 달때 저울추(斤)를 옮겨가는 거리(辶)가 짧다는 데서 가깝다(近)는 의미이다.

쓰기 한자

近郊(근교) 近似(근사) 隣近(인근) 近年(근년) 近東(근동) 近代(근대) 近來(근래) 近方(근방) 近世(근세) 近因(근인) 近日(근일) 近者(근자) 近海(근해) 接近(접근) 最近(최근) 親近(친근) 近刊(근간) 近影(근영) 附近(부근) 側近(측근) 近視眼(근시안) 近親相姦(근친상간)

勤 부지런할 근(:)
4급
力 | 11획

비 謹(삼갈 근)
　槿(무궁화 근)
　僅(겨우 근)
동 勉(힘쓸 면)
반 慢(거만할 만)
　怠(게으를 태)

글자 풀이

진흙(堇)을 힘(力)있는 대로 잘 개어서 토기를 만들듯이, 모든 것을 다 바치듯이 전력하는 것에서 근무하다, 열심히 하다(勤)는 의미이다.

읽기 한자

勤政勳章(근정훈장)

쓰기 한자

勤儉(근검) 勤勞(근로) 勤勉(근면) 勤務(근무) 勤續(근속) 勤實(근실) 勤學(근학) 缺勤(결근) 內勤(내근) 常勤(상근) 夜勤(야근) 外勤(외근) 轉勤(전근) 通勤(통근) 退勤(퇴근) 皆勤(개근)

筋 힘줄 근
4급
竹 | 6획

비 箱(상자 상)

글자 풀이

대나무(竹)는 줄기가 많고 마디도 있으며 알통(月)도 솟아있는(力) 팔과 같아 보이는 것에서 몸 속의 줄기, 힘줄(筋)을 의미한다.

읽기 한자

筋骨型(근골형) 筋膜(근막)

쓰기 한자

筋骨(근골) 筋力(근력) 鐵筋(철근) 筋肉質(근육질)

僅 겨우 근:
3급
人 | 11획

비 謹(삼갈 근)
　槿(무궁화 근)
　勤(부지런할 근)

글자 풀이

사람(人)이 얼마 되지 않는 황토(堇) 밭에서 농사지으며 겨우(僅) 살아간다는 의미이다.

쓰기 한자

僅僅(근근) 僅少(근소) 僅僅得生(근근득생)

斤 3급

근/날 **근**

斤 | 0획

비 斥(물리칠 척)
近(가까울 근)
동 刃(칼날 인)

<blockquote>
글자 풀이

도끼로 나무를 찍는 모양(斤)을 본떴다.

쓰기 한자

斤兩(근량) 斤量(근량) 百斤(백근) 千斤(천근)
</blockquote>

謹 3급

삼갈 **근:**

言 | 11획

비 槿(무궁화 근)
僅(겨우 근)
勤(부지런할 근)
동 愼(삼갈 신)

<blockquote>
글자 풀이

누런 진흙(堇)을 갖고 도자기를 만드는 정성으로 말씀한다(言)는 데서 삼가다(謹)는 의미이다.

읽기 한자

謹呈(근정) 惇謹(돈근)

쓰기 한자

謹啓(근계) 謹告(근고) 謹身(근신) 謹愼(근신) 謹嚴(근엄) 謹弔(근조)
謹奏(근주) 謹賀新年(근하신년)
</blockquote>

槿 2급(名)

무궁화 **근:**

木 | 11획

비 僅(겨우 근)

<blockquote>
글자 풀이

조금의 황토(堇)만 있어도 자라는 나무(木)로 '무궁화나무'를 의미한다.
무궁화(無窮花)는 아침에 피었다가 저녁에 시든다고들 하는데, 사실 한 송이가 지면 다음날 다른 송이가 다시 피어난다.

읽기 한자

槿域(근역) 槿花(근화) 槿花心(근화심) 槿花一日榮(근화일일영)
</blockquote>

瑾 2급(名)

아름다운옥 **근:**

玉 | 11획

동 玉(구슬 옥)
瓊(구슬 경)

<blockquote>
글자 풀이

노란 진흙(堇) 색 빛깔을 띤 구슬(玉)은 매우 아름다운 구슬(瑾)이라는 의미이다.

읽기 한자

細瑾(세근) 懷瑾(회근)
</blockquote>

가

金	8급
쇠 **금**	
성 **김**	
金 | 0획	

비 全(온전 전)
　釜(가마 부)

산(人)에 번쩍번쩍하는 임금(王) 돌(丶丶)인 금(金)이 있다는 의미이다.

읽기 한자
金融(금융) 鍛金(단금) 預金(예금) 金坑(금갱) 金闕(금궐) 金帽(금모)
金蟾(금섬) 金鴨(금압) 供託金(공탁금) 金富軾(김부식) 金閼智(김알지)
金庾信(김유신) 預入金(예입금) 別段預金(별단예금) 金旺之節(금왕지절)

쓰기 한자
金庫(금고) 金鑛(금광) 金髮(금발) 金額(금액) 金塊(금괴)
金科玉條(금과옥조) 金管樂器(금관악기) 金屬工藝(금속공예)
金枝玉葉(금지옥엽)

今	6급 Ⅱ
이제 **금**	
人 | 2획	

비 吟(읊을 음)
　含(머금을 함)
　令(하여금 령)
반 古(예 고)
　昔(예 석)
　昨(어제 작)

글자 풀이
사람(人)이 예부터 지금까지 계속해서 모여 있다(ㅋ)는 것에서 지금(今)을
의미한다.

쓰기 한자
今世紀(금세기) 今昔之感(금석지감) 今年(금년) 今明間(금명간)
今時(금시) 今時初聞(금시초문) 今月(금월) 今日(금일) 今週(금주)
今後(금후) 古今(고금) 方今(방금) 昨今(작금)

禁	4급 Ⅱ
금할 **금:**	
示 | 8획	

비 楚(초나라 초)
　礎(주춧돌 초)
동 止(그칠 지)
　忌(꺼릴 기)

글자 풀이
신궁(示) 근처에 나무 울타리(林)를 만들어 바람을 피하거나 멋대로 사람들이
출입하는 것을 막겠다는 의미에서 멈추게 하다, 그만두다(禁)는 의미이다.

읽기 한자
禁闕(금궐) 禁網(금망)

쓰기 한자
禁殿(금전) 禁酒(금주) 禁婚(금혼) 嚴禁(엄금) 禁忌(금기) 禁軍(금군)
禁物(금물) 禁書(금서) 禁食(금식) 禁煙(금연) 禁中(금중) 禁止(금지)
監禁(감금) 解禁(해금) 禁慾(금욕) 拘禁(구금) 禁足令(금족령)
禁治産者(금치산자)

琴	3급 Ⅱ
거문고 **금**	
玉 | 8획	

비 班(나눌 반)
동 瑟(큰거문고 슬)

글자 풀이
지금(今)이라도 옥구슬(玉玉)이 부딪치는 듯한 소리를 낼 수 있는 거문고
(琴)라는 의미이다.

읽기 한자
琴瑟(금슬/금실) 琴瑟之樂(금실지락) 琴棋(금기)
琴瑟不調(금슬부조)

쓰기 한자
琴道(금도) 琴書(금서) 琴心(금심) 風琴(풍금)

禽 새 금
3급 Ⅱ
内 | 8획

비 獸(짐승 수)
동 鳥(새 조)
　乙(새 을)

글자 풀이

짐승의 굽은 뿔의 모양(今)과 뿔 사이가 움푹한(凶) 네 발(内)을 가진 짐승(禽)을 의미한다.

쓰기한자

禽獸(금수) 禽獲(금획) 家禽(가금) 猛禽(맹금) 鳴禽(명금)
禽困覆車(금곤복거)

錦 비단 금:
3급 Ⅱ
金 | 8획

비 綿(솜 면)
　線(줄 선)
　泉(샘 천)
동 絹(비단 견)

글자 풀이

금(金)처럼 아름답게 빛나는 흰(白) 천(巾)이니 비단(錦)이라는 의미이다.

읽기한자

錦蔘(금삼)

쓰기한자

錦鷄(금계) 錦地(금지) 錦殿(금전) 錦上添花(금상첨화)
錦衣夜行(금의야행) 錦衣還鄉(금의환향)

急 급할 급
6급 Ⅱ
心 | 5획

동 速(빠를 속)
　緊(긴할 긴)
반 緩(느릴 완)

글자 풀이

앞 사람(人)을 붙잡는(⺕) 듯한 기분(心)으로 성급해하는 모습에서 서두르다, 불안정하다(急)는 의미이다.

읽기한자

急購(급구) 急湍(급단) 急濬(급준) 浚急(준급) 焦急(초급) 焦眉之急(초미지급)

쓰기한자

急激(급격) 急錢(급전) 急派(급파) 危急(위급) 緩急(완급) 急減(급감)
急求(급구) 急救(급구) 急落(급락) 急冷(급랭) 急流(급류) 急變(급변)
急報(급보) 急死(급사) 急性(급성) 急所(급소) 急速(급속) 急造(급조)
急增(급증) 急行(급행) 時急(시급) 特急(특급) 急迫(급박) 急襲(급습)
急症(급증)

級 등급 급
6급
糸 | 4획

비 約(맺을 약)
　給(줄 급)
동 等(무리/등급 등)

글자 풀이

실(糸)의 품질이 어디까지 미치느냐(及)하는 데서 등급(級)을 의미한다.

읽기한자

斬級(참급) 勳級(훈급)

쓰기한자

級數(급수) 級友(급우) 級訓(급훈) 高級(고급) 等級(등급) 首級(수급)
留級(유급) 中級(중급) 進級(진급) 初級(초급) 最上級(최상급) 特級(특급)
下級(하급) 學級(학급) 昇級(승급) 巨物級(거물급) 重量級(중량급)

給

5급

줄 **급**

糸 | 6획

[비] 約(맺을 약)
級(등급 급)
絡(얽힐 락)
終(마칠 종)
[동] 授(줄 수)
贈(줄 증)
與(줄 여)

글자 풀이

실(糸)을 모아(合) 맞추면 굵게 늘어나는 것에서 부족한 것을 내다, 내게 하다, 부여하다(給)는 의미이다.

읽기 한자

俸給(봉급)

쓰기 한자

給與(급여) 給料(급료) 給仕(급사) 給水(급수) 給食(급식) 給油(급유)
官給(관급) 都給(도급) 無給(무급) 發給(발급) 配給(배급) 女給(여급)
日給(일급) 支給(지급) 供給(공급) 補給(보급) 需給(수급) 基本給(기본급)
支給停止(지급정지)

及

3급Ⅱ

미칠 **급**

又 | 2획

[비] 乃(이에 내)
[반] 落(떨어질 락)

글자 풀이

앞서가는 사람(人)을 쫓아가서 손(又)으로 잡는다는 데서 미치다(及)는 의미이다.

읽기 한자

埃及(애급) 措手不及(조수불급)

쓰기 한자

及逮(급체) 及落(급락) 及第(급제) 未及(미급) 普及(보급) 言及(언급)
及其也(급기야) 可及的(가급적) 後悔莫及(후회막급)

肯

3급

즐길 **긍:**

肉/月 | 4획

[비] 散(흩을 산)
[반] 否(아닐 부)

글자 풀이

뼈에 멈춰(止) 있는 살(月)이란 뜻에서 뼈와 살이 행동을 같이 한다는 데서 수긍하다(肯)는 의미이다.

쓰기 한자

肯定(긍정) 首肯(수긍)

兢

2급(名)

떨릴 **긍:**

儿 | 12획

[비] 競(다툴 경)
[동] 恪(삼갈 각)
慎(삼갈 신)
謹(삼갈 근)

글자 풀이

무거운 물건(十)을 머리(口)에 인 사람(儿) 둘을 본떠 떨다, 조심하다(兢)는 의미이다.

읽기 한자

兢戒(긍계) 兢懼(긍구) 兢兢業業(긍긍업업) 戰戰兢兢(전전긍긍)

旗 기 기

7급
方 | 10획

비 族(겨레 족)
　 旅(나그네 려)
동 旌(기 정)

글자 풀이
그(其) 곳에 서 있는 네모진(方) 깃발(厂)이란 데서 기(旗)를 의미한다.

읽기한자
旌旗(정기) 旗艦(기함)

쓰기한자
旗幅(기폭) 弔旗(조기) 旗手(기수) 旗章(기장) 校旗(교기) 國旗(국기)
反旗(반기) 半旗(반기) 白旗(백기) 萬國旗(만국기) 太極旗(태극기)
五輪旗(오륜기)

氣 기운 기

7급 II
气 | 6획

비 汽(물끓는김 기)
약 気

글자 풀이
내뿜은 숨(气)처럼 막 지은 밥(米)에서 솟아오르는 증기(氣)를 의미한다.

읽기한자
馥氣(복기) 瑞氣(서기) 腎氣(신기) 妖氣(요기) 鬱氣(울기) 磁氣(자기)
沮氣(저기) 津氣(진기) 窒氣(질기) 沖氣(충기) 胎氣(태기) 霸氣(패기)
馨氣(형기) 薰氣(훈기) 大氣圈(대기권)

쓰기한자
氣孔(기공) 氣候(기후) 窮氣(궁기) 驚氣(경기) 濕氣(습기) 傲氣(오기)
氣球(기구) 氣道(기도) 氣勢(기세) 氣壓(기압) 氣運(기운) 氣絶(기절)
氣槪(기개) 氣像(기상) 排氣(배기) 邪氣(사기) 氣管支(기관지)
水蒸氣(수증기) 浩然之氣(호연지기) 氣骨壯大(기골장대)

記 기록할 기

7급 II
言 | 3획

비 訪(찾을 방)
　 話(말씀 화)
　 計(셀 계)
동 錄(기록할 록)
　 識(기록할 지)
　 誌(기록할 지)

글자 풀이
무릎 꿇고 사람(己)이 말(言)한 것을 받아 적고 있는 모습에서 기록하다
(記)는 의미이다.

읽기한자
謄記(등기) 倂記(병기) 勳記(훈기)

쓰기한자
記念(기념) 記錄(기록) 記事(기사) 記入(기입) 記者(기자) 記號(기호)
舊記(구기) 登記(등기) 明記(명기) 書記(서기) 速記(속기) 手記(수기)
暗記(암기) 日記(일기) 筆記(필기) 後記(후기) 記述(기술) 記憶(기억)
記載(기재) 附記(부기) 移轉登記(이전등기) 雜記(잡기)
新記錄(신기록) 一代記(일대기) 創世記(창세기)

基 터 기

5급 II
土 | 8획

비 墓(무덤 묘)
　 其(그 기)
동 址(터 지)

글자 풀이
흙벽 등을 쌓을 때에 점토(土)와 쌓아올린 토대(其)를 말하는 것으로 토
대, 터(基)를 의미한다.

읽기한자
基禎(기정) 基軸(기축) 조基(비기) 孫基禎(손기정)

쓰기한자
基底(기저) 基金(기금) 基本(기본) 基數(기수) 基因(기인) 基準(기준)
基地(기지) 國基(국기) 基礎(기초) 基幹産業(기간산업) 基督敎(기독교)
基本權(기본권) 基調演說(기조연설)

己	5급Ⅱ
	몸 기
	己 | 0획

비 已(이미 이)
　 巳(뱀 사)
동 身(몸 신)
　 自(스스로 자)

글자 풀이

상대에게 허리를 낮추고 있는 형태에서 자기, 우리 자신(己)을 의미한다.

쓰기 한자

自己(자기) 知己(지기) 克己(극기) 克己訓鍊(극기훈련)
己卯士禍(기묘사화) 己未運動(기미운동) 利己主義(이기주의)

技	5급
	재주 기
	手 | 4획

비 枝(가지 지)
　 妓(기생 기)
동 才(재주 재)
　 藝(재주 예)
　 術(재주 술)

글자 풀이

대나무(支)를 여러 형태로 구부려서 죽세품을 손(手)으로 만드는 것에서 기예, 솜씨(技)를 의미한다.

읽기 한자

技能妖術(기능요술) 纖技(섬기) 繩技(승기)

쓰기 한자

妙技(묘기) 雜技(잡기) 技工(기공) 技能(기능) 技士(기사) 技術(기술)
技法(기법) 技藝(기예) 競技(경기) 球技(구기) 神技(신기) 實技(실기)
演技(연기) 長技(장기) 特技(특기) 技巧(기교) 個人技(개인기)
酒色雜技(주색잡기)

期	5급
	기약할 기
	月 | 8획

비 欺(속일 기)
　 其(그 기)
동 約(맺을 약)

글자 풀이

사각의 물건이 제대로 안정되어 있듯이, 달(月)그림자는 규칙이 정확하다(其)는 것에서 정해진 일시와 시기(期)를 의미한다.

읽기 한자

末期癌(말기암)

쓰기 한자

納期(납기) 婚期(혼기) 期間(기간) 期年(기년) 期待(기대) 期末(기말)
期成(기성) 期約(기약) 期必(기필) 期限(기한) 短期(단기) 同期(동기)
所期(소기) 定期(정기) 早期(조기) 週期(주기) 次期(차기) 初期(초기)
學期(학기) 劃期的(획기적) 早期教育(조기교육)

汽	5급
	물끓는김 기
	水 | 4획

비 氣(기운 기)

글자 풀이

물(水)의 밑쪽에서 입김(气)처럼 뿌옇게 피어오르는 것에서 수증기(汽)를 의미한다.

쓰기 한자

汽管(기관) 汽船(기선) 汽車(기차) 汽笛(기적)

器

그릇 기
口 | 13획

비 哭(울 곡)
약 器

가

글자 풀이

네 식구(口)가 실컷 먹을 수 있는 개(犬)고기를 담을 그릇(器)을 의미한다.

읽기 한자

棟梁之器(동량지기) 生殖器(생식기) 甕器(옹기) 磁器(자기) 聽診器(청진기)

쓰기 한자

火器(화기) 凶器(흉기) 漆器(칠기) 器官(기관) 器具(기구) 器量(기량)
器物(기물) 器樂(기악) 器材(기재) 器才(기재) 計器(계기) 利器(이기)
木器(목기) 武器(무기) 便器(변기) 兵器(병기) 性器(성기) 器械(기계)
沙器(사기) 核武器(핵무기) 呼吸器(호흡기) 藥湯器(약탕기) 計量器(계량기)
消音器(소음기) 粉靑沙器(분청사기) 大器晩成(대기만성)

起

일어날 기
走 | 3획

비 赴(다다를 부)
越(넘을 월)
동 立(설 립)
반 伏(엎드릴 복)
寢(잠잘 침)
臥(누을 와)

글자 풀이

뱀이 들어와 자고 있던 사람(己)이 당황해서 일어나 달려(走) 도망가는 것에서 일어나다, 깨다(起)는 의미이다.

읽기 한자

倂起(병기) 惹起(야기) 殷起(은기) 起刹(기찰)

쓰기 한자

起居(기거) 起伏(기복) 起源(기원) 起點(기점) 起寢(기침) 蜂起(봉기)
起工(기공) 起動(기동) 起立(기립) 起案(기안) 起用(기용) 起因(기인)
起草(기초) 提起(제기) 起訴(기소) 突起(돌기) 起重機(기중기)
起承轉結(기승전결) 起死回生(기사회생)

奇

기특할 기
大 | 5획

비 寄(부칠 기)
동 怪(괴이할 괴)
特(특별할 특)

글자 풀이

크게(大) 좋은(可) 일은 드물게 나타나는 기이한(奇) 일이라는 의미이다.

읽기 한자

奇謨(기모) 奇僻(기벽) 奇瑞(기서) 奇峻(기준) 奇勳(기훈)

쓰기 한자

奇談(기담) 奇妙(기묘) 奇書(기서) 奇聲(기성) 奇緣(기연) 奇異(기이)
奇人(기인) 奇籍(기적) 奇智(기지) 奇特(기특) 新奇(신기) 神奇(신기)
奇拔(기발) 奇怪(기괴) 奇薄(기박) 奇襲(기습) 奇巖(기암) 奇蹟(기적)
奇巖怪石(기암괴석) 怪奇(괴기) 好奇心(호기심) 奇想天外(기상천외)

寄

부칠 기
宀 | 8획

비 奇(기이할 기)
동 附(붙을 부)

글자 풀이

때를 못 만나(奇) 다른 집(宀)에 잠시 동안 기거하기 위해 몸을 의탁한다(寄)는 의미이다.

읽기 한자

寄託(기탁) 託孤寄命(탁고기명)

쓰기 한자

寄居(기거) 寄留(기류) 寄與(기여) 寄港(기항) 寄贈(기증) 寄稿(기고)
寄附金(기부금) 寄宿舍(기숙사) 寄生蟲(기생충)

機	4급
틀 기	
木	12획

비 幾(몇 기)
　畿(경기 기)
동 械(기계 계)

나무(木)를 짜서 만든 베틀 도구(幾)에서 기계, 장치(機)를 의미한다.

읽기 한자

機軸(기축) 幻燈機(환등기) 機綜(기종)

쓰기 한자

機甲(기갑) 機關(기관) 機構(기구) 機具(기구) 機能(기능) 機先(기선)
機運(기운) 機長(기장) 機種(기종) 機會(기회) 待機(대기) 動機(동기)
時機(시기) 危機(위기) 適期(적기) 轉機(전기) 重機(중기) 投機(투기)
好機(호기) 機敏(기민) 機械(기계) 機微(기미) 契機(계기)
機資材(기자재) 臨機應變(임기응변)

紀	4급
벼리 기	
糸	3획

비 紅(붉을 홍)
동 綱(벼리 강)
　維(벼리 유)

글자 풀이
헝클어진 실(糸)의 끝머리(己)를 찾아서 순서대로 잘 들어가는 것에서 절차, 조리(紀)를 의미한다.

쓰기 한자

紀念(기념) 紀律(기율) 軍紀(군기) 官紀(관기) 檀紀(단기) 黨紀(당기)
西紀(서기) 世紀(세기) 紀綱(기강) 紀元前(기원전) 紀傳體(기전체)
紀行文(기행문) 今世紀(금세기)

企	3급 II
꾀할 기	
人	4획

비 金(쇠 금)
동 圖(그림 / 꾀할 도)

글자 풀이
사람(人)이 연구소 등에 오래 머물면서(止) 일을 도모한다(企)는 의미이다.

읽기 한자

企業合併(기업합병)

쓰기 한자

企待(기대) 企圖(기도) 企望(기망) 企業(기업) 企劃(기획) 公企業(공기업)
工企業(공기업) 中小企業(중소기업)

其	3급 II
그 기	
八	6획

비 箕(키 기)
　具(갖출 구)
　基(터 기)
반 是(이 시)

글자 풀이
其는 키의 모양을 본떠 그, 그것(其)을 의미한다.

읽기 한자

允執其中(윤집기중) 其揆一也(기규일야)

쓰기 한자

其間(기간) 其實(기실) 其人(기인) 其他(기타) 各其(각기)
不知其數(부지기수)

畿 | 3급Ⅱ
경기(京畿) 기
田 | 10획

비 機(기계 기)
幾(몇 기)
동 甸(경기 전)

글자 풀이
어린 사람들(丝)까지도 창(戈)을 들고 밭(田), 국토를 지켜야 하는 땅이니 경기(畿)라는 의미이다.

읽기 한자
畿甸(기전) 畿疆(기강) 畿輔(기보)

쓰기 한자
畿內(기내) 京畿(경기) 京畿道(경기도)

祈 | 3급Ⅱ
빌 기
示 | 4획

비 社(모일 사)
祕(숨길 비)
析(쪼갤 석)
折(꺾을 절)
동 祝(빌 축)
禱(빌 도)

글자 풀이
제단(示) 앞에서 두 손을 도끼날(斤)처럼 모으고 빈다(祈)는 의미이다.

읽기 한자
祈療(기료)

쓰기 한자
祈求(기구) 祈願(기원) 祈雨祭(기우제)

幾 | 3급
몇 기
幺 | 9획

비 機(틀 기)
畿(경기 기)

글자 풀이
창(戈)을 가진 군사(人)가 너무 멀리 있어서 가는 실(絲)처럼 가물가물하여 몇(幾) 명인지 모른다는 의미이다.

읽기 한자
幾何網(기하망)

쓰기 한자
幾微(기미) 幾百(기백) 幾日(기일) 幾何(기하)

忌 | 3급
꺼릴 기
心 | 3획

비 己(몸 기)
念(생각 념)
동 避(피할 피)

글자 풀이
내(己)가 마음(心)으로 미워하다, 꺼리다(忌)는 의미이다.

읽기 한자
厭忌(염기)

쓰기 한자
忌故(기고) 忌日(기일) 忌祭(기제) 忌中(기중) 忌避(기피) 禁忌(금기)

旣

3급

이미 **기**

无 | 7획

[비] 槪(대개 개)
　　慨(슬퍼할 개)
[동] 已(이미 이)
[약] 既

글자 풀이

입을 크게 벌려(无) 밥(食)을 이미(旣) 다 먹었다는 의미이다.

쓰기 한자

旣望(기망) 旣存(기존) 旣婚(기혼) 旣成服(기성복) 旣決囚(기결수)
旣得權(기득권) 旣定事實(기정사실)

棄

3급

버릴 **기**

木 | 8획

[비] 葉(잎 엽)
[동] 捨(버릴 사)
　　廢(버릴 폐)
[약] 弃

글자 풀이

나무(木)로 만든 쓰레받기(世)에 담겨 쓰레기 통에 간다(去)는 데서 버리다(棄)는 의미이다.

읽기 한자

抛棄(포기) 厭棄(염기)

쓰기 한자

棄却(기각) 棄權(기권) 棄世(기세) 棄兒(기아) 遺棄(유기) 破棄(파기)
廢棄(폐기) 自暴自棄(자포자기)

欺

3급

속일 **기**

欠 | 8획

[비] 期(기약할 기)
　　斯(이 사)
[동] 詐(속일 사)

글자 풀이

좀 모자라는(欠) 사람이 이것을 그것(其)이라고 속인다(欺)는 의미이다.

쓰기 한자

欺弄(기롱) 詐欺(사기) 欺罔(기망)

豈

3급

어찌 **기**

豆 | 3획

[동] 那(어찌 나)
　　何(어찌 하)
　　奈(어찌 내)

글자 풀이

콩(豆) 위에 산(山)을 올려 놓는 것이 어찌(豈) 가능하겠는가하는 의미이다.

쓰기 한자

豈敢(기감) 豈不(기불)

飢

3급

주릴 **기**

食 | 2획

[동] 饉(주릴 근)
餓(주릴 아)
饑(주릴 기)
[반] 飽(배부를 포)

글자 풀이

밥상(几)만 있고 먹을(食) 것이 없어서 굶주린다(飢)는 의미이다.

읽기 한자

療飢(요기)

쓰기 한자

飢渴(기갈) 飢餓(기아) 飢寒(기한) 虛飢(허기)

騎

3급 Ⅱ

말탈 **기**

馬 | 8획

[비] 騷(떠들 소)
騏(준마 기)
駿(준마 준)

글자 풀이

말(馬)은 원래 홀로(奇) 타는(騎) 것이라는 의미이다.

읽기 한자

隻騎(척기) 騎馬靴(기마화)

쓰기 한자

騎馬(기마) 騎兵(기병) 騎兵隊(기병대) 騎士(기사) 騎手(기수)
騎馬戰(기마전) 匹馬單騎(필마단기)

冀

2급(名)

바랄 **기**

八 | 14획

[동] 望(바랄 망)
願(바랄 원)

글자 풀이

북방(北)의 이민족(異)이 중국을 바라본다는 데서 바라다(冀)는 의미이다.

읽기 한자

冀圖(기도) 冀望(기망) 冀願(기원) 冀州(기주)

岐

2급(名)

갈림길 **기**

山 | 4획

[비] 伎(재주 기)
妓(기생 기)

글자 풀이

산(山)이 갈라진(支) 곳에서 길도 갈라진다하여 갈림길(岐)을 의미
한다.

읽기 한자

岐塗(기도) 岐路(기로) 岐山(기산) 岐州(기주) 多岐(다기) 分岐(분기)
燕岐郡(연기군) 岐黃之術(기황지술)

棋

2급

바둑 **기**

木 | 8획

동 碁(바둑 기)
棊(바둑 기)

나무(木)판 위에 가로와 세로의 선을 그어(其) 두는 바둑, 장기(棋)를 의미한다.

棋客(기객) 棋局(기국) 棋盤(기반) 棋譜(기보) 棋聖(기성) 棋列(기열)
棋院(기원) 棋子(기자) 棋戰(기전) 國棋(국기) 博棋(박기) 復棋(복기)
速棋(속기) 將棋(장기)

沂

2급(名)

물이름 **기**

水 | 4획

비 近(가까울 근)

중국(中國) 하남성(河南省)에서 발원하는 강(江)의 이름이다.

沂水(기수) 沂河(기하)

淇

2급(名)

물이름 **기**

水 | 8획

비 琪(아름다운 옥 기)

중국(中國) 하남성(河南省) 임현(林縣)에서 발원(發源)하는 황하(黃河)의 지류(支流)를 나타낸다.

淇水(기수) 淇河(기하) 淇園長(기원장)

琦

2급(名)

옥이름 **기**

玉 | 8획

비 倚(기댈 의)

다른 구슬(玉)과는 다른(奇) 뛰어나게 아름다운 구슬(玉)을 의미한다.

琦辭(기사) 琦珍(기진) 琦行(기행)

琪 2급(名) 아름다운옥 **기** 玉 | 8획	**글자풀이** 구슬(玉)의 한 종류로 대단히 아름다운 옥(琪)이다.
비 淇(물이름 기)	**읽기한자** 琪樹(기수) 琪花(기화)

璣 2급(名) 별이름 **기** 玉 | 12획	**글자풀이** 잔(幾) 구슬(玉)로 북두칠성(北斗七星)의 셋째 별을 나타내기도 한다.
비 機(틀 기)	**읽기한자** 珠璣(주기) 璇璣玉衡(선기옥형)

箕 2급(名) 키 **기** 竹 | 8획	**글자풀이** 대나무(竹)를 엮어(其) 만든 그릇으로 키(箕)를 의미한다.
비 其(그 기)	**읽기한자** 箕星(기성) 箕子(기자) 箕張(기장) 箕察(기찰) 箕山之志(기산지지)

耆 2급(名) 늙을 **기** 老 | 4획	**글자풀이** 맛있는 음식(旨)은 늙은(老) 뒤에야 누릴 수 있고, 모두가 바라는 바이므로 늙음과 바램(耆)을 의미한다.
동 老(늙을 로)	**읽기한자** 耆年(기년) 耆蒙(기몽) 耆儒(기유) 耆老所(기로소)

騏 준마 **기**
馬 | 8획
2급(名)

동 驥(천리마 기)

> **글자 풀이**
> 연두빛 비단(其)처럼 검고 푸른 무늬가 줄지어 박혀 있는 말(馬)이니 준마(騏)를 의미한다.
>
> **읽기한자**
> 騏驥(기기) 騏麟(기린＝麒麟, 騏麟)

驥 천리마 **기**
馬 | 16획
2급(名)

동 騏(준마 기)

> **글자 풀이**
> 북방(北)의 이민족(異) 땅에서 난 뛰어난 말(馬)로 준마, 천리마(驥)를 의미한다.
>
> **읽기한자**
> 驥足(기족) 老驥(노기) 人中騏驥(인중기기) 驥服鹽車(기복염거)

麒 기린 **기**
鹿 | 8획
2급(名)

동 麟(기린 린)

> **글자 풀이**
> 연두빛 비단(其)처럼 검고 푸른 무늬가 줄지어 박혀 있는 사슴(鹿)이니 기린(麒)을 의미한다.
>
> **읽기한자**
> 麒麟(기린) 麒麟兒(기린아)

緊 긴할 **긴**
糸 | 8획
3급 Ⅱ

비 賢(어질 현)
　堅(굳을 견)
동 要(요긴할 요)
약 紧

> **글자 풀이**
> 산에서 호랑이를 눈(臣)으로 보면 활시위 줄(糸)을 당기는 손(又)이 팽팽해지고, 급해진다(緊)는 의미이다.
>
> **읽기한자**
> 緊札(긴찰) 緊託(긴탁)
>
> **쓰기한자**
> 緊急(긴급) 緊密(긴밀) 緊迫(긴박) 緊要(긴요) 緊張(긴장) 緊縮(긴축)
> 要緊(요긴) 緊迫感(긴박감) 緊急事態(긴급사태)

吉 5급
길할 **길**
口 | 3획

ㅂ 喆(밝을 철)
ㄹ 凶(흉할 흉)

글자 풀이
선비(士)의 입(口)에서는 길한(吉) 말이 나온다는 의미이다.

읽기한자
吉瑞(길서) 吉祚(길조)

쓰기한자
吉年(길년) 吉禮(길례) 吉報(길보) 吉運(길운) 吉日(길일) 吉鳥(길조)
吉凶(길흉) 不吉(불길) 吉夢(길몽) 吉兆(길조) 立春大吉(입춘대길)

那 3급
어찌 **나:**
邑/阝 | 4획

ㅂ 耶(어조사 야)
邪(간사할 사)
邦(나라 방)
郎(사내 랑)
ㄷ 何(어찌 하)
豈(어찌 기)
奈(어찌 내)

글자 풀이
고을(阝) 땅을 쓸 수 없게 되었으니 어찌하나(那)를 의미한다.

읽기한자
刹那(찰나)

쓰기한자
那何(나하) 那邊(나변) 印度支那(인도지나)

諾 3급 II
허락할 **낙**
言 | 9획

ㅂ 誇(자랑할 과)
課(공부할 과)
ㄷ 許(허락할 허)
ㄹ 拒(막을 거)

글자 풀이
젊은이(若)가 부탁하는 말(言)을 승낙한다(諾)는 의미이다.

쓰기한자
內諾(내락) 受諾(수락) 承諾(승낙) 應諾(응낙) 快諾(쾌락) 許諾(허락)

暖 4급 II
따뜻할 **난:**
日 | 9획

ㅂ 援(도울 원)
緩(느릴 완)
媛(계집 원)
ㄷ 溫(따뜻할 온)
ㄹ 寒(찰 한)
冷(찰 랭)
涼(서늘할 량)

글자 풀이
해(日)가 나오면 어깨가 축 늘어질(爰) 정도로 추위가 풀어진다는 것에서
따뜻하다(暖)는 의미이다.

읽기한자
暖帽(난모)

쓰기한자
暖帶(난대) 暖冬(난동) 暖流(난류) 暖房(난방)

難 4급Ⅱ
어려울 **난(:)**

佳 | 11획

비 漢(한나라 한)
　歎(탄식할 탄)
　離(떠날 리)
반 易(쉬울 이)

글자 풀이

진흙(堇)도, 꽁지가 짧고 재빠른 새(隹)도 다 같이 취급하기 어렵다는 것에서 어렵다(難)는 의미이다.

쓰기 한자

難聽(난청) 難關(난관) 難局(난국) 難民(난민) 難産(난산) 難色(난색)
難題(난제) 難處(난처) 難破(난파) 難航(난항) 難解(난해) 苦難(고난)
難工事(난공사) 難易度(난이도) 難攻不落(난공불락) 刻骨難忘(각골난망)
白骨難忘(백골난망) 難兄難弟(난형난제)

南 8급
남녘 **남**

十 | 7획

반 北(북녘 북)

글자 풀이

다행하고(幸) 좋은 방향(冂)이 남쪽(南)이라는 의미이다.

읽기 한자

南宋(남송) 南闇(남은) 南怡(남이) 南鄭(남정) 南柯一夢(남가일몽)
南極圈(남극권) 淮南子(회남자) 渭南文集(위남문집)

쓰기 한자

南派(남파) 南國(남국) 南極(남극) 南道(남도) 南部(남부) 南山(남산)
南洋(남양) 南殿(남전) 南進(남진) 南侵(남침) 南風(남풍) 南行(남행)
南向(남향) 對南(대남) 三南(삼남) 以南(이남) 湖南(호남) 越南(월남)
指南鐵(지남철) 南男北女(남남북녀)

男 7급Ⅱ
사내 **남**

田 | 2획

동 郞(사내 랑)
반 女(계집 녀)
　娘(계집 낭)
　媛(계집 원)
　姬(계집 희)

글자 풀이

논농사는 힘든 것으로 남자 일이었던 것에서 논(田)과 힘(力)을 합쳐서 사나이(男)라는 의미이다.

읽기 한자

男負女戴(남부여대)

쓰기 한자

男妹(남매) 男裝(남장) 男爵(남작) 男根(남근) 男性(남성) 男便(남편)
得男(득남) 美男(미남) 長男(장남) 男尊女卑(남존여비)
男女老少(남녀노소) 男兒選好(남아선호) 南男北女(남남북녀)
善男善女(선남선녀)

納 4급
들일 **납**

糸 | 4획

비 結(맺을 결)
　終(마칠 종)
　組(짤 조)
동 入(들 입)
반 出(날 출)

글자 풀이

예쁜 색으로 물들여 말린 실(糸)을 집안(內)에 보관한다는 것에서 수납하다, 넣다(納)는 의미이다.

읽기 한자

允納(윤납) 呈納(정납) 納款(납관) 納采(납채)

쓰기 한자

納得(납득) 納本(납본) 納稅(납세) 納品(납품) 納會(납회) 軍納(군납)
半納(반납) 上納(상납) 完納(완납) 容納(용납) 出納(출납) 返納(반납)
納涼(납량) 納付(납부) 獻納(헌납) 納骨堂(납골당) 格納庫(격납고)
歸納法(귀납법)

	3급 II
娘	계집 낭
	女 | 7획

비 始(처음 시)
　　妃(왕비 비)
동 女(계집 녀)
　　媛(계집 원)
　　姬(계집 희)
반 郞(사내 랑)
　　男(사내 남)

 글자 풀이

여자(女)의 가장 보기 좋은(良) 시절은 소녀, 처녀(娘) 시절이라는 의미이다.

쓰기 한자

娘娘(낭랑) 娘子(낭자)

	7급 II
內	안 내:
	入 | 2획

반 外(바깥 외)

글자 풀이

밖에서 건물 안(內)으로 들어오는 것에서 들어가다, 안, 속(內)을 의미한다.

 읽기 한자

疆內(강내) 坑內(갱내) 圈內(권내) 闕內(궐내) 內翰(내한) 內濠(내호)
胎內(태내) 內輔(내보) 內腎(내신) 內偵(내정) 內旨(내지) 內札(내찰)
內獐島(내장도) 室內靴(실내화)

쓰기 한자

內簡(내간) 內勤(내근) 內亂(내란) 內紛(내분) 內賓(내빈) 內科(내과)
內規(내규) 內堂(내당) 內陸(내륙) 內面(내면) 內務(내무) 內密(내밀)
內服(내복) 內部(내부) 內閣(내각) 內諾(내락) 內幕(내막) 內侍(내시)
內藏(내장) 內命婦(내명부) 內政干涉(내정간섭) 內憂外患(내우외환)

	3급 II
耐	견딜 내:
	而 | 3획

비 端(끝 단)
　　瑞(상서 서)
동 忍(참을 인)

글자 풀이

참기 어려울 것이다. 그러나(而) 조금(寸)만 더 견뎌라(耐)하는 의미이다.

읽기 한자

耐酸(내산)

쓰기 한자

耐熱(내열) 耐寒(내한) 耐火性(내화성) 忍耐(인내) 耐久性(내구성)

	3급
乃	이에 내:
	ノ | 1획

비 及(미칠 급)

글자 풀이

사람(人)이 말을 멈추었다가 다시 시작(ノ)하는 데서 이에, 이리하여(乃)라는 의미이다.

쓰기 한자

乃子(내자) 乃至(내지) 人乃天(인내천)

奈 3급
어찌 내
大 | 5획

비 宗(마루 종)
동 何(어찌 하)
　豈(어찌 기)
　那(어찌 나)

크게(大) 보이려면(示) 어찌(奈)할까 하는 의미이다.

쓰기 한자
奈落(나락) 奈何(내하) 莫無可奈(막무가내)

女 8급
계집 녀
女 | 0획

비 安(편안 안)
동 娘(계집 낭)
　媛(계집 원)
　姬(계집 희)
반 男(사내 남)
　郞(사내 랑)

글자 풀이
손을 앞으로 끼고 무릎 꿇고 있는 부드러운 모습에서 여자, 처녀(女)를 의미한다.

읽기 한자
男負女戴(남부여대) 倭女(왜녀) 妖女(요녀) 熊女(웅녀) 媛女(원녀)
處女膜(처녀막)

쓰기 한자
烈女(열녀) 姪女(질녀) 醜女(추녀) 女史(여사) 女人(여인) 宮女(궁녀)
母女(모녀) 美女(미녀) 父女(부녀) 石女(석녀) 仙女(선녀) 少女(소녀)
修女(수녀) 養女(양녀) 女丈夫(여장부) 淑女(숙녀) 侍女(시녀)
兒女子(아녀자) 女流文學(여류문학) 女流作家(여류작가) 男女有別(남녀유별)

年 8급
해 년
干 | 3획

비 牛(소 우)
　午(낮 오)
동 歲(해 세)

글자 풀이
벼가 결실해서 사람에게 수확되기까지의 기간을 뜻하는 것으로 한 해, 세월(年)을 의미한다.

읽기 한자
瓜年(과년) 耆年(기년) 年俸(연봉) 瑞年(서년) 踰年(유년) 椿年(춘년)
禧年(희년) 年祚(연조)

쓰기 한자
年輪(연륜) 甲年(갑년) 壯年(장년) 隔年(격년) 晩年(만년) 芳年(방년)
閏年(윤년) 享年(향년) 年金(연금) 年例(연례) 年齒(연치) 例年(예년)
送年(송년) 新年(신년) 年輩(연배) 年鑑(연감) 幼年(유년) 忘年會(망년회)
成年式(성년식) 安息年(안식년) 同年輩(동년배) 百年佳約(백년가약)

念 5급 Ⅱ
생각 념:
心 | 4획

비 忍(참을 인)
동 思(생각 사)
　想(생각 상)
　慮(생각할 려)

글자 풀이
지금(今) 마음(心)에 있다는 것에서 쭉 계속해서 생각하고 있다(念)는 의미이다.

읽기 한자
欽念(흠념)

쓰기 한자
念慮(염려) 紀念(기념) 雜念(잡념) 專念(전념) 念珠(염주) 掛念(괘념)
念佛(염불) 念頭(염두) 念願(염원) 觀念(관념) 記念(기념) 斷念(단념)
理念(이념) 想念(상념) 信念(신념) 餘念(여념) 留念(유념) 一念(일념)
槪念(개념) 默念(묵념) 執念(집념) 記念碑(기념비) 空念佛(공염불)
追念辭(추념사) 無念無想(무념무상)

寧

3급 II
편안 **녕**
宀 | 11획

비 賓(손 빈)
　 憲(법 헌)
동 安(편안 안)
　 康(편안 강)
　 便(편할 편)
약 寍, 寧

글자 풀이

집(宀)에서 밥상(丁) 위에 음식 그릇(皿)을 올려 놓았을 때 마음(心)이 편안하다(寧)는 의미이다.

읽기한자

遼寧省(요령성) 寧馨(영형) 寧馨兒(영형아)

쓰기한자

寧日(영일) 寧親(영친) 康寧(강녕) 安寧(안녕)

努

4급 II
힘쓸 **노**
力 | 5획

비 奴(종 노)
　 怒(성낼 노)
동 務(힘쓸 무)
　 勵(힘쓸 려)
　 勉(힘쓸 면)

글자 풀이

인내력 강하게 일하는 여자(女)처럼 끈질기게(又) 힘(力)을 쓰는 것에서 노력하다(努)는 의미이다.

쓰기한자

努力(노력)

怒

4급 II
성낼 **노:**
心 | 5획

비 努(힘쓸 노)
　 奴(종 노)
동 憤(분할 분)
반 喜(기쁠 희)

글자 풀이

종(奴)은 일은 많고 사람 대접은 제대로 못받아 마음(心)이 늘 성내어(怒) 있다는 의미이다.

읽기한자

鬱怒(울노) 赫怒(혁노)

쓰기한자

激怒(격노) 憤怒(분노) 怒氣(노기) 怒號(노호) 大怒(대노)
天人共怒(천인공노) 怒發大發(노발대발)

奴

3급 II
종 **노**
女 | 2획

비 如(같을 여)
　 努(힘쓸 노)
　 怒(성낼 노)
동 僕(종 복)
　 隷(종 례)
반 婢(계집종 비)

글자 풀이

손(又)으로 힘써 일하는 여자(女) 즉 종(奴)을 의미한다. 후에 '사내종'으로 바뀜

읽기한자

倭奴(왜노) 匈奴(흉노)

쓰기한자

奴婢(노비) 賣國奴(매국노) 守錢奴(수전노)

農 7급Ⅱ 농사 **농** 辰 | 6획	글자 풀이 아침 일찍(辰)부터 논에 나가 도구(曲)를 갖고 일하는 것에서 논밭을 간 다, 농사를 짓다(農)는 의미이다.

비 晨(새벽 신)
　濃(짙을 농)

쓰기 한자

勸農(권농) 歸農(귀농) 營農(영농) 農家(농가) 農歌(농가) 農軍(농군)
農具(농구) 農大(농대) 農老(농로) 農路(농로) 農樂(농악) 農藥(농약)
農業(농업) 農作(농작) 農場(농장) 農酒(농주) 農地(농지) 農土(농토)
農學(농학) 農耕(농경) 農繁期(농번기) 農産物(농산물) 農作物(농작물)
集團農場(집단농장) 土農工商(사농공상)

濃 2급 짙을 **농:** 水 | 13획	글자 풀이 농부(農)가 새벽에 논물(水)을 댈 때는 짙은(濃) 안개가 끼고 이슬이 많은 때라는 의미이다.

비 農(농사 농)
반 淡(맑을 담)

읽기 한자

濃淡(농담) 濃度(농도) 濃霧(농무) 濃縮(농축) 濃厚(농후)

腦 3급Ⅱ 골/뇌수 **뇌** 肉/月 | 9획	글자 풀이 몸(月)의 일부로서 머리털(巛)이 있고 아래에는 글 상자(囟)가 있으니 뇌 (腦)를 의미한다.

비 惱(번뇌할 뇌)
약 脳

읽기 한자

腦膜炎(뇌막염) 腦膜(뇌막)

쓰기 한자

腦炎(뇌염) 腦裏(뇌리) 腦死(뇌사) 大腦(대뇌) 頭腦(두뇌) 洗腦(세뇌)
首腦部(수뇌부) 腦神經(뇌신경) 腦卒中(뇌졸중) 腦出血(뇌출혈)

惱 3급 번뇌할 **뇌** 心 | 9획	글자 풀이 마음(心)과 머리(齒)로 괴로워하고 번뇌한다(惱)는 의미이다.

비 腦(골 뇌)
동 煩(번거로울 번)
약 悩

쓰기 한자

惱殺(뇌쇄) 苦惱(고뇌) 百八煩惱(백팔번뇌)

尿 오줌 **뇨**
尸 | 4획

2급

비 尼(여승 니)
局(판 국)

> **글자 풀이**
> 꼬리(尸)부분에서 나오는 물(水)로 오줌(尿)을 의미한다.

> **읽기 한자**
> 尿道(요도) 尿意(요의) 尿精(요정) 尿閉(요폐) 尿血(요혈) 檢尿(검뇨)
> 糖尿(당뇨) 放尿(방뇨) 排尿(배뇨) 血尿(혈뇨) 夜尿(야뇨) 尿毒症(요독증)
> 利尿劑(이뇨제) 泌尿器科(비뇨기과)

能 능할 **능**
肉/月 | 6획

5급Ⅱ

비 態(모습 태)
熊(곰 웅)
罷(마칠 파)

> **글자 풀이**
> 곰(熊)의 모양으로 곰은 재주가 여러 가지라는 데서 능하다(能)는 의미이다.

> **읽기 한자**
> 歸巢本能(귀소본능) 能手能爛(능수능란)

> **쓰기 한자**
> 機能(기능) 能動(능동) 能力(능력) 能事(능사) 能通(능통) 可能(가능)
> 官能(관능) 權能(권능) 技能(기능) 萬能(만능) 無能(무능) 本能(본능)
> 不能(불능) 性能(성능) 藝能(예능) 有能(유능) 才能(재능) 全能(전능)
> 體能(체능) 效能(효능) 能率(능률) 能熟(능숙) 放射能(방사능)
> 技能工(기능공) 能小能大(능소능대) 多才多能(다재다능)
> 人工知能(인공지능)

泥 진흙 **니**
水 | 5획

3급Ⅱ

비 尼(여승 니)

> **글자 풀이**
> 여승(尼)이 물(水)이 섞인 진흙(泥)을 파낸다는 의미이다.

> **읽기 한자**
> 泥滑(이활)

> **쓰기 한자**
> 泥土(이토) 泥塗(이도) 泥田鬪狗(이전투구) 雲泥之差(운니지차)

尼 여승 **니**
尸 | 2획

2급

비 泥(진흙 니)

> **글자 풀이**
> 시집도 안가고 농사도 안 짓고 숟가락(匕)만 가지고 다니는 몸(尸)이니 여승(尼)이란 의미이다.

> **읽기 한자**
> 尼房(이방) 尼寺(이사) 尼僧(이승) 尼院(이원) 僧尼(승니) 尼法師(이법사)
> 沙彌尼(사미니)

나

溺 빠질 **닉**
水 | 10획

2급

[비] 弱(약할 약)
[동] 沒(빠질 몰)
陷(빠질 함)

글자 풀이
약(弱)하면 물(水)에서 헤어 나오지 못하므로 물에 빠진(溺)다는 의미이다.

읽기 한자
溺沒(익몰) 溺死(익사) 溺信(익신) 溺愛(익애) 沒溺(몰닉) 耽溺(탐닉)

多 많을 **다**
夕 | 3획

6급

[반] 寡(적을 과)
少(적을 소)

글자 풀이
저녁(夕)때를 두 개 중첩(多)시켜 오늘의 저녁때와 어제의 저녁때, 즉 날짜가 쌓이는 것으로 많다(多)는 의미이다.

읽기 한자
多岐(다기) 多祜(다호) 胃酸過多(위산과다)

쓰기 한자
多辯(다변) 多額(다액) 多樣(다양) 多濕(다습) 多感(다감) 多極(다극)
多大(다대) 多讀(다독) 多量(다량) 多發(다발) 多邊化(다변화) 多福(다복)
多分(다분) 多寡(다과) 一夫多妻(일부다처) 多國籍(다국적) 多收穫(다수확)
多角的(다각적) 多年生(다년생) 多方面(다방면) 多多益善(다다익선)

茶 차 **다/차**
艹 | 6획

3급 II

[비] 菜(나물 채)

글자 풀이
사람(人)이 풀(艹)이나 나무(木)의 열매, 잎을 달여서 차(茶)로 마신다는 의미이다.

읽기 한자
茶菓(다과)

쓰기 한자
茶器(다기) 茶道(다도) 茶禮(다례) 茶房(다방) 綠茶(녹차) 紅茶(홍차)
茶飯事(다반사)

短 짧을 **단(:)**
矢 | 7획

6급 II

[비] 矩(곱자 구)
[반] 長(긴 장)

글자 풀이
화살(矢)은 활보다 짧고, 콩(豆)은 감자나 오이보다 짧다(短)는 의미이다.

읽기 한자
短靴(단화) 短札(단찰)

쓰기 한자
短慮(단려) 短點(단점) 短縮(단축) 短篇(단편) 短見(단견) 短期(단기)
短命(단명) 短文(단문) 短信(단신) 短身(단신) 短打(단타) 短波(단파)
短劍(단검) 短刀(단도) 短時日(단시일) 短距離(단거리)
高低長短(고저장단) 一長一短(일장일단)

團 5급Ⅱ
둥글 **단**
口 | 11획

비 傳(전할 전)
　園(동산 원)
동 圓(둥글 원)
　丸(둥글 환)
약 団

글자 풀이

오로지(專) 같은 목적으로 둥글게(口) 모인다(團)는 의미이다.

읽기 한자

傘下團體(산하단체) 團聚(단취)

쓰기 한자

入團(입단) 財團(재단) 集團(집단) 團結(단결) 團旗(단기) 團束(단속)
團員(단원) 團長(단장) 團地(단지) 團體(단체) 團合(단합) 工團(공단)
球團(구단) 大團圓(대단원) 旅團(여단) 社團(사단) 師團(사단)
調査團(조사단) 合唱團(합창단) 曲馬團(곡마단) 社團法人(사단법인)
一致團結(일치단결)

壇 5급
단 **단**
土 | 13획

비 檀(박달나무 단)

글자 풀이

여럿이 제사지낼 수 있도록 흙(土)으로 높고 크게(亶) 쌓아 만든 제단(壇)을 의미한다.

읽기 한자

杏壇(행단)

쓰기 한자

壇上(단상) 講壇(강단) 教壇(교단) 登壇(등단) 文壇(문단) 樂壇(악단)
演壇(연단) 祭壇(제단) 花壇(화단)

單 4급Ⅱ
홀 **단**
口 | 9획

비 彈(탄알 탄)
　禪(선 선)
동 獨(홀로 독)
반 複(겹칠 복)
약 単

글자 풀이

부채의 모양(單)을 본떴다.

쓰기 한자

單複(단복) 單層(단층) 簡單(간단) 孤單(고단) 單價(단가) 單間(단간)
單科(단과) 單獨(단독) 單利(단리) 單色(단색) 單線(단선) 單手(단수)
單數(단수) 單純(단순) 單語(단어) 單元(단원) 單位(단위) 單音(단음)
單一(단일) 單子(단자) 單調(단조) 食單(식단) 傳單(전단) 名單(명단)
單行本(단행본) 單細胞(단세포) 單刀直入(단도직입)

斷 4급Ⅱ
끊을 **단:**
斤 | 14획

비 繼(이을 계)
동 絶(끊을 절)
반 連(이을 련)
　係(맬 계)
　續(이을 속)
　繼(이을 계)
약 断

글자 풀이

선반 위의 실들을(㡭) 도끼(斤)로 끊는다(斷)는 의미이다.

읽기 한자

診斷(진단) 遮斷(차단)

쓰기 한자

斷髮(단발) 斷層(단층) 斷交(단교) 斷念(단념) 斷面(단면) 斷産(단산)
斷線(단선) 斷續(단속) 斷水(단수) 斷食(단식) 斷案(단안) 斷言(단언)
斷然(단연) 斷電(단전) 斷絶(단절) 斷定(단정) 斷罪(단죄) 斷指(단지)
斷片(단편) 剛斷(강단) 裁斷(재단) 斷頭臺(단두대) 斷熱材(단열재)
斷機之戒(단기지계) 橫斷步道(횡단보도) 優柔不斷(우유부단)

다

檀 4급Ⅱ

박달나무 **단**
木 | 13획

비 壇(단 단)

글자 풀이

단군 임금이 박달나무(木) 밑에 제단(亶)을 쌓고 제사를 지내셨다는 데서 박달나무(檀)를 의미한다.

읽기 한자

檀桓(단환)

쓰기 한자

檀君(단군) 檀紀(단기) 檀木(단목)

端 4급Ⅱ

끝 **단**
立 | 9획

비 瑞(상서 서)
동 末(끝 말)
　 極(다할 극)
반 初(처음 초)
　 發(필 발)
　 始(비로소 시)

글자 풀이

산(山) 꼭대기에 서(立)있다, 그러나(而) 떨어지지 않을 정도로 끝(端)에 서 있다는 의미이다.

읽기 한자

惹端(야단) 端揆(단규)

쓰기 한자

端裝(단장) 異端(이단) 端麗(단려) 端午(단오) 端的(단적) 端正(단정)
極端(극단) 南端(남단) 多端(다단) 兩端(양단) 末端(말단) 發端(발단)
事端(사단) 四端(사단) 上端(상단) 一端(일단) 下端(하단) 尖端(첨단)
端緒(단서) 端雅(단아) 端役(단역) 弊端(폐단) 端末機(단말기)

段 4급

층계 **단**
殳 | 5획

동 階(섬돌 계)
　 層(층 층)

글자 풀이

손(又)에 도구(几)를 들어 계단(段)을 쌓는다는 데서 층계, 계단(段)을 의미한다.

읽기 한자

別段預金(별단예금)

쓰기 한자

段階(단계) 段落(단락) 段數(단수) 階段(계단) 文段(문단) 上段(상단)
手段(수단) 初段(초단) 下段(하단) 昇段(승단) 一段落(일단락)
高段數(고단수) 三段論法(삼단논법)

丹 3급Ⅱ

붉을 **단**
丶 | 3획

비 舟(배 주)
동 赤(붉을 적)
　 紅(붉을 홍)
　 朱(붉을 주)

글자 풀이

광산의 갱도(井) 안에 보이는 붉은 광석(丶)을 그려서 광석의 붉은(丹) 색깔을 의미한다.

읽기 한자

丹脂(단지) 煉丹(연단) 丹款(단관) 丹闕(단궐) 丹鼎(단정) 丹采(단채)
丹脣皓齒(단순호치)

쓰기 한자

丹誠(단성) 丹藥(단약) 丹粧(단장) 丹靑(단청) 丹楓(단풍) 牧丹(목단)
仙丹(선단)

3급Ⅱ

但

다만 단:

人 | 5획

비 個(낱 개)
동 只(다만 지)
唯(오직 유)

사람(人)이 보통 때는 정장을 하고 있으나 아침(旦)에 일어나면 단지(但) 잠옷차림이라는 의미이다.

쓰기 한자

但只(단지) 但書(단서)

3급Ⅱ

旦

아침 단

日 | 1획

비 早(이를 조)
但(다만 단)
亘(걸칠 궁)
且(또 차)
동 朝(아침 조)
반 暮(저물 모)
夕(저녁 석)

글자 풀이

해(日)가 지평선(一) 위에 나타났으니 아침(旦)이라는 의미이다.

쓰기 한자

旦暮(단모) 元旦(원단) 一旦(일단)

2급(名)

湍

여울 단

水 | 9획

비 端(끝 단)
瑞(상서 서)
동 灘(여울 탄)

글자 풀이

물(水)이 비롯되는 시초(耑), 물이 빨리 흐르는 여울(湍)을 의미한다.

읽기 한자

湍流(단류) 湍水(단수) 湍深(단심) 湍中(단중) 急湍(급단) 長湍郡(장단군)

2급

鍛

쇠불릴 단

金 | 9획

비 段(층계 단)
동 鍊(쇠불릴 련)
冶(쇠불릴 야)
煉(달굴 련)

글자 풀이

쇠(金)를 불에 달구어 두드리는(段) 것으로 쇠를 불린다(鍛)는 의미이다.

읽기 한자

鍛工(단공) 鍛金(단금) 鍛鍊(단련) 鍛鐵(단철)

다

達	4급 II 통달할 **달** 辶 | 9획

비 遠(멀 원)
동 通(통할 통)
　　到(이를 도)

글자 풀이
길(辶)을 따라 양(羊)이 있는 땅, 장소(土)에 이른다(達)는 의미이다.

읽기한자
亮達(양달) 睿達(예달) 綜達(종달)

쓰기한자
達辯(달변) 達觀(달관) 達成(달성) 達人(달인) 達筆(달필) 到達(도달)
得達(득달) 未達(미달) 配達(배달) 先達(선달) 速達(속달) 送達(송달)
榮達(영달) 傳達(전달) 通達(통달) 乾達(건달) 洞達(통달) 調達廳(조달청)
用達車(용달차) 四通八達(사통팔달)

談	5급 말씀 **담** 言 | 8획

비 誠(정성 성)
동 話(말씀 화)
　　言(말씀 언)
　　說(말씀 설)
　　語(말씀 어)

글자 풀이
불(炎)이 훤히 타오르듯 입에서 말(言)이 계속 나오는 것, 즉 얘기하다(談)는 의미이다.

읽기한자
款談(관담) 鼎談(정담) 談柄(담병)

쓰기한자
談判(담판) 怪談(괴담) 雜談(잡담) 座談(좌담) 險談(험담) 婚談(혼담)
歡談(환담) 談論(담론) 談笑(담소) 談合(담합) 談話(담화) 客談(객담)
古談(고담) 對談(대담) 德談(덕담) 面談(면담) 美談(미담) 密談(밀담)
放談(방담) 懇談會(간담회) 怪談(괴담) 弄談(농담) 豪言壯談(호언장담)

擔	4급 II 멜 **담** 手 | 13획

비 膽(쓸개 담)
동 負(질 부)
　　任(맡길 임)
약 担

글자 풀이
어떤 사람(人)이 위태하다(危)는 말(言)을 듣고 손(手)에 들것을 들고 가 메고(擔) 온다는 의미이다.

쓰기한자
負擔(부담) 專擔(전담) 擔當(담당) 擔保(담보) 擔稅(담세) 擔任(담임)
加擔(가담) 分擔(분담) 自擔(자담) 全擔(전담) 荷擔(하담)

淡	3급 II 맑을 **담** 水 | 8획

비 炎(불꽃 염)
　　洗(씻을 세)
　　沒(빠질 몰)
동 淑(맑을 숙)
　　淸(맑을 청)
반 濃(짙을 농)

글자 풀이
밝고, 맑은(炎) 물(水)이란 데서 싱겁다, 엷다(淡)는 의미이다.

읽기한자
濃淡(농담) 沖淡(충담) 淡淵(담연)

쓰기한자
淡泊(담박) 淡淡(담담) 淡水(담수) 冷淡(냉담)

潭 | 2급 | 못 담 | 水 | 12획

[동] 池(못 지)
沼(못 소)

글자 풀이

물(水)이 바구니(両) 모양으로 둥글게 일찍부터(早) 고여 있는 것에서 못(潭)을 의미한다.

읽기한자

潭水(담수) 潭思(담사)

膽 | 2급 | 쓸개 담: | 肉/月 | 13획

[비] 擔(멜 담)
[약] 胆

글자 풀이

담즙을 끊임없이(詹) 배출하는 신체부위(肉)라는 데서 쓸개(膽)를 의미한다.

읽기한자

膽大(담대) 膽略(담략) 膽力(담력) 膽石(담석) 肝膽(간담) 落膽(낙담)
大膽(대담) 熊膽(웅담) 膽大心小(담대심소)

答 | 7급 Ⅱ | 대답 답 | 竹 | 6획

[비] 笛(피리 적)
[반] 問(물을 문)

글자 풀이

대쪽(竹)에 써 온 편지 내용에 합(合)당하게 답(答)을 써 보낸다는 의미이다.

읽기한자

答札(답찰)

쓰기한자

答辯(답변) 答辭(답사) 答狀(답장) 答訪(답방) 答禮(답례) 答申(답신)
答信(답신) 答案(답안) 對答(대답) 名答(명답) 問答(문답) 誤答(오답)
應答(응답) 正答(정답) 和答(화답) 回答(회답) 筆答考查(필답고사)
自問自答(자문자답) 東問西答(동문서답) 愚問賢答(우문현답)

踏 | 3급 Ⅱ | 밟을 답 | 足 | 8획

[동] 履(밟을 리)
踐(밟을 천)

글자 풀이

거듭해서(沓) 발(足)을 땅에 대는데서 '밟다'는 뜻이다.

읽기한자

蹴踏(축답)

쓰기한자

踏查(답사) 踏襲(답습) 高踏的(고답적) 踏步狀態(답보상태)

畓	3급
논	답
田	4획

비 畜(짐승 축)
반 田(밭 전)

글자 풀이

밭(田) 위에 물(水)이 있으니 논(畓)을 의미한다.

읽기 한자

門前沃畓(문전옥답)

쓰기 한자

畓穀(답곡) 乾畓(건답) 田畓(전답) 天水畓(천수답)

堂	6급 Ⅱ
집	당
土	8획

비 當(마땅 당)
동 家(집 가) 戶(집 호)
室(집 실) 宮(집 궁)
屋(집 옥) 宅(집 택)
閣(집 각) 館(집 관)

글자 풀이

토대(土) 위에 세운 높은(尙) 건물에서 어전, 큰 건물(堂)을 의미한다.

읽기 한자

椿堂(춘당) 杏堂洞(행당동)

쓰기 한자

堂叔(당숙) 堂姪(당질) 堂內(당내) 堂堂(당당) 堂上(당상) 堂號(당호)
講堂(강당) 內堂(내당) 明堂(명당) 法堂(법당) 別堂(별당) 本堂(본당)
佛堂(불당) 書堂(서당) 聖堂(성당) 食堂(식당) 天堂(천당) 學堂(학당)
慈堂(자당) 正正堂堂(정정당당)

當	5급 Ⅱ
마땅	당
田	8획

비 堂(집 당)
동 該(마땅 해)
약 当

글자 풀이

논(田)을 교환할 때 두 개의 넓이가 딱 맞도록(尙)한 것에서 맞다, 그대로이다(當)는 의미이다.

읽기 한자

當選圈(당선권) 穩當(온당) 允當(윤당) 典當鋪(전당포)
坪當價格(평당가격) 當軸(당축) 當鋪(당포)

쓰기 한자

當座(당좌) 宜當(의당) 該當(해당) 當局(당국) 當塗(당도) 當到(당도)
當落(당락) 當番(당번) 當選(당선) 當時(당시) 當身(당신) 當然(당연)
當付(당부) 當惑(당혹) 割當(할당) 當事者(당사자) 根抵當(근저당)
當爲性(당위성) 當分間(당분간) 妥當性(타당성) 普遍妥當(보편타당)

黨	4급 Ⅱ
무리	당
黑	8획

비 裳(치마 상)
嘗(맛볼 상)
掌(손바닥 장)
동 群(무리 군)
徒(무리 도)
衆(무리 중)
약 党

글자 풀이

어두운(黑) 현실을 개척하려고 높은(尙) 뜻을 가지고 모인 무리(黨)라는 의미이다.

읽기 한자

黨閥(당벌) 聚黨(취당)

쓰기 한자

黨略(당략) 黨籍(당적) 黨派(당파) 黨憲(당헌) 徒黨(도당) 與黨(여당)
殘黨(잔당) 脫黨(탈당) 朋黨(붕당) 黨權(당권) 黨論(당론) 黨費(당비)
黨舍(당사) 黨勢(당세) 黨首(당수) 黨員(당원) 黨爭(당쟁) 結黨(결당)
公黨(공당) 共産黨(공산당) 一黨獨裁(일당독재) 不偏不黨(불편부당)

唐

3급Ⅱ

당나라/당황할 **당(:)**

口 | 7획

비 糖(엿 당)
康(편안 강)
庚(별 경)

글자 풀이

입(口)으로 굳센(康) 척 큰소리를 하는 사람이 일을 당하면 오히려 보통사람보다 더 당황한다(唐)는 의미이다.

읽기한자

隋唐(수당)

쓰기한자

唐突(당돌) 唐詩(당시) 盛唐詩(성당시)

糖

3급Ⅱ

엿 **당**
사탕 **탕**

米 | 10획

비 唐(당나라 당)

글자 풀이

당나라(唐)에서 쌀(米)로 만든 것이 엿(糖)이라는 의미이다.

읽기한자

糖尿(당뇨) 糖尿病(당뇨병)

쓰기한자

糖分(당분) 糖質(당질) 製糖(제당) 血糖(혈당) 砂糖(사탕) 雪糖(설탕)
糖水肉(탕수육)

塘

2급(名)

못(池) **당**

土 | 10획

동 淵(못 연)
池(못 지)
澤(못 택)
潭(못 담)

글자 풀이

넓고 크게(唐) 쌓은 흙(土)으로 둑을 의미, 나아가 둑으로 둘러싸인 못(塘)을 의미한다.

읽기한자

塘池(당지) 芳塘(방당) 蓮塘(연당) 堤塘(제당) 池塘(지당) 春塘(춘당)

大

8급

큰 **대(:)**

大 | 0획

비 犬(개 견)
太(클 태)
동 巨(클 거)
太(클 태)
泰(클 태)
반 小(작을 소)

글자 풀이

사람이 크게 손과 다리를 벌리고 있는 모습에서 크다(大)는 의미이다.

읽기한자

大邱(대구) 大闕(대궐) 大膽(대담) 大鵬(대붕) 大赦(대사) 大鏞(대용)
大尉(대위) 大阪(대판) 大艦(대함) 大型(대형) 大呂(대려) 大柄(대병)
大旨(대지) 大鋪(대포) 大虐(대학) 大勳(대훈) 大氣圈(대기권)
大峙洞(대치동) 大淵獻(대연헌) 膽大心小(담대심소) 閻羅大王(염라대왕)

쓰기한자

大君(대군) 大略(대략) 大僚(대료) 大殿(대전) 大望(대망) 大別(대별)
大事(대사) 大賞(대상) 大商(대상) 大綱(대강) 大規模(대규모)
大成殿(대성전) 大同小異(대동소이) 大驚失色(대경실색) 大器晩成(대기만성)

代 6급Ⅱ
대신할 대:
人 | 3획

비 伐(칠 벌)

글자 풀이
국경에 세워두었던 말뚝 대신(弋)에 사람(亻)을 당번병으로 세워둔 것에서 바뀌다, 대신하다(代)는 의미이다.

읽기 한자
先秦時代(선진시대)

쓰기 한자
代納(대납) 代錢(대전) 代替(대체) 累代(누대) 代價(대가) 代金(대금)
代讀(대독) 代理(대리) 代母(대모) 代父(대부) 代數(대수) 代身(대신)
代用(대용) 代作(대작) 代打(대타) 代行(대행) 古代(고대) 交代(교대)
當代(당대) 歷代(역대) 代役(대역) 稀代(희대) 代名詞(대명사)
近代化(근대화) 代辯人(대변인) 世代交替(세대교체)

對 6급Ⅱ
대할 대:
寸 | 11획

비 業(업 업)
약 対

글자 풀이
작업하는 일(業)과 손(寸)이 서로 마주 대한다(對)는 의미이다.

읽기 한자
對峙(대치) 對壕(대호)

쓰기 한자
對象(대상) 對與(대여) 對偶(대우) 對陣(대진) 對稱(대칭) 對抗(대항)
對替(대체) 對價(대가) 對決(대결) 對空(대공) 對局(대국) 對南(대남)
對談(대담) 對答(대답) 對等(대등) 對流(대류) 對立(대립) 對面(대면)
對美(대미) 對備(대비) 對比(대비) 對案(대안) 對野(대야) 對外(대외)
對應(대응) 對日(대일) 對人關係(대인관계) 對敵(대적) 對照(대조)
對策(대책) 對角線(대각선)

待 6급
기다릴 대:
彳 | 6획

비 侍(모실 시)
持(가질 지)
特(특별할 특)

글자 풀이
중요한 일로 관청(寺)에 갔어도(彳) 사람이 많아서 자신의 순번을 기다리게 된 것에서 기다리다(待)는 의미이다.

읽기 한자
款待(관대) 虐待(학대)

쓰기 한자
待遇(대우) 待避(대피) 優待(우대) 招待(초대) 歡待(환대) 厚待(후대)
待期(대기) 待令(대령) 待望(대망) 待接(대접) 期待(기대) 冷待(냉대)
應待(응대) 接待(접대) 下待(하대) 恭待(공대) 企待(기대) 賤待(천대)
待合室(대합실) 鶴首苦待(학수고대)

帶 4급Ⅱ
띠 대(:)
巾 | 8획

동 紳(띠 신)

글자 풀이
천을 겹쳐 장식을 붙인 허리띠(帶)의 모양을 본떴다.

읽기 한자
韋帶(위대)

쓰기 한자
革帶(혁대) 腰帶(요대) 携帶(휴대) 帶同(대동) 暖帶(난대) 聲帶(성대)
眼帶(안대) 熱帶(열대) 溫帶(온대) 玉帶(옥대) 一帶(일대) 地帶(지대)
寒帶(한대) 帶劍(대검) 附帶(부대) 帶妻僧(대처승) 救命帶(구명대)
連帶責任(연대책임)

隊

4급Ⅱ
무리 대
阜/阝 | 9획

비 遂(드디어 수)
逐(쫓을 축)
豚(돼지 돈)
동 群(무리 군)
衆(무리 중)
黨(무리 당)
반 獨(홀로 독)

글자 풀이

언덕(阝)의 좌우로 나뉘어서(八) 멧돼지(豕)들이 떼(隊)를 지어 달려온다는 의미이다.

읽기 한자

防諜部隊(방첩부대) 艦隊(함대)

쓰기 한자

編隊(편대) 隊商(대상) 隊列(대열) 隊員(대원) 隊長(대장) 軍隊(군대)
部隊(부대) 入隊(입대) 除隊(제대) 中隊(중대) 縱隊(종대) 橫隊(횡대)
後發隊(후발대) 探險隊(탐험대) 先發隊(선발대) 原隊復歸(원대복귀)

臺

3급Ⅱ
대 대
至 | 8획

비 喜(기쁠 희)
약 台, 薹

글자 풀이

길하고(吉) 높은(冖) 곳에 사람들이 이른다(至)는 데서 돈대, 중앙 관서(臺)를 의미한다.

읽기 한자

絞首臺(교수대) 臺灣(대만) 釣臺(조대) 瞻星臺(첨성대) 邢臺縣(형대현)

쓰기 한자

燭臺(촉대) 臺木(대목) 臺詞(대사) 臺帳(대장) 臺紙(대지) 鏡臺(경대)
燈臺(등대) 舞臺(무대) 寢臺(침대) 土臺(토대) 卓球臺(탁구대)
氣象臺(기상대) 斷頭臺(단두대) 展望臺(전망대) 天文臺(천문대)
平均臺(평균대) 高臺廣室(고대광실) 觀象臺(관상대)

貸

3급Ⅱ
빌릴/뀔 대:
貝 | 5획

비 賃(품삯 임)
資(재물 자)
반 借(빌 차)

글자 풀이

재물(貝)을 사용케 한 대신(代) 돈(貝)을 받으니 빌려주다(貸)는 의미이다.

쓰기 한자

貸物(대물) 貸付(대부) 貸損(대손) 貸與(대여) 貸用(대용) 貸切(대절)
貸借(대차) 貸出(대출) 轉貸(전대) 高利貸金(고리대금)

垈

2급
집터 대
土 | 5획

비 代(대신 대)

글자 풀이

대대로 살아 온 땅(土)으로 집터(垈)를 의미한다.

읽기 한자

垈地(대지) 家垈(가대) 裸垈地(나대지)

戴	2급 일(首荷) 대: 戈 | 13획

비 栽(심을 재)
載(실을 재)
통 奉(받들 봉)

글자 풀이

수레에 싣는(載) 것과는 달리(異) 머리에 인다(戴)는 의미이다.

읽기한자

戴白(대백) 戴星(대성) 奉戴(봉대) 推戴(추대) 戴冠式(대관식)
男負女戴(남부여대)

德	5급 Ⅱ 큰 덕 彳 | 12획

통 悳(큰 덕)
약 德

글자 풀이

올바른 마음을 가진(悳) 사람은 어디에 가서(彳)도 신임을 받고, 공경 받는다는 것에서 사람으로서 올바른 행위(德)를 의미한다.

읽기한자

德沼(덕소) 惇德(돈덕) 碩德(석덕) 盈德(영덕) 耀德(요덕) 峻德(준덕)
彰德(창덕) 台德(태덕) 勳德(훈덕)

쓰기한자

厚德(후덕) 德談(덕담) 德望(덕망) 德目(덕목) 德分(덕분) 德性(덕성)
德行(덕행) 功德(공덕) 美德(미덕) 變德(변덕) 不德(부덕) 婦德(부덕)
聖德(성덕) 盛德(성덕) 惡德(악덕) 恩德(은덕) 人德(인덕)
背恩忘德(배은망덕) 公衆道德(공중도덕)

悳	2급(名) 큰(德) 덕 心 | 8획

통 德(큰 덕)

글자 풀이

곧은(直) 마음(心)으로, 덕(悳)을 의미한다. 德의 古字로서 주로 사람의 이름자에 쓰인다.

道	7급 Ⅱ 길 도: 辶 | 9획

비 導(인도할 도)
통 途(길 도)
路(길 로)
程(길 정)

글자 풀이

사람(首)이 왔다갔다(辶)하고 있는 곳은 자연히 길(道)이 된다는 의미이다.

읽기한자

坑道(갱도) 尿道(요도) 道路網(도로망) 遮道(차도) 蜀道(촉도) 霸道(패도)
鋪裝道路(포장도로)

쓰기한자

道廳(도청) 軌道(궤도) 道家(도가) 道界(도계) 道塗(도도) 道敎(도교)
道具(도구) 道德(도덕) 道樂(도락) 道路(도로) 道理(도리) 道民(도민)
道士(도사) 道術(도술) 道人(도인) 道場(도장) 道程(도정) 道政(도정)
道通(도통) 道破(도파) 街道(가도) 劍道(검도) 弓道(궁도) 茶道(다도)
柔道(유도) 片道(편도) 橫斷步道(횡단보도) 道伯(도백) 騎士道(기사도)

圖
6급Ⅱ
그림 **도**
口 | 11획

비 圓(둥글 원)
園(동산 원)
團(둥글 단)
동 畵(그림 화)
약 図

글자 풀이
논밭에 있는 장소를 도면에 표시한 것에서 그림, 그리다, 생각하다(圖)는 의미이다.

읽기 한자
冀圖(기도) 鵬圖(붕도) 丕圖(비도)

쓰기 한자
構圖(구도) 略圖(약도) 縮圖(축도) 掛圖(괘도) 圖錄(도록) 圖面(도면)
圖上(도상) 圖式(도식) 圖案(도안) 圖表(도표) 圖解(도해) 圖形(도형)
圖畵(도화) 試圖(시도) 意圖(의도) 全圖(전도) 製圖(제도) 地圖(지도)
圖鑑(도감) 圖謀(도모) 企圖(기도) 圖遞(도체) 腦電圖(뇌전도) 版圖(판도)
圖書館(도서관) 心電圖(심전도) 風俗圖(풍속도)

度
6급
법도 **도(:)**
헤아릴 **탁**
广 | 6획

비 庶(여러 서)
席(자리 석)
동 法(법 법)
規(법 규)
例(법식 례)
揆(헤아릴 규)
尺(자 척)

글자 풀이
집(广)의 크기를 손가락(甘)을 벌려 재는 것(又)에서 재다, 자, 눈금(度)을 의미한다.

읽기 한자
揆度(규탁) 濃度(농도) 裏度(배도) 預度(예탁)

쓰기 한자
頻度(빈도) 濕度(습도) 緯度(위도) 度量(도량) 度數(도수) 角度(각도)
感度(감도) 強度(강도) 經度(경도) 高度(고도) 光度(광도) 極度(극도)
年度(연도) 民度(민도) 密度(밀도) 法度(법도) 色度(색도) 尺度(척도)
度量衡(도량형) 難易度(난이도) 度外視(도외시) 度支部(탁지부)
加速度(가속도) 印度支那(인도지나)

到
5급Ⅱ
이를 **도:**
刀 | 6획

비 倒(넘어질 도)
동 達(통달할 달)
着(붙을 착)
至(이를 지)

글자 풀이
무사가 칼(刀)을 가지고 소집 장소에 이른다(至)는 데서 도착하다(到)는 의미이다.

읽기 한자
闕到(궐도)

쓰기 한자
到達(도달) 到來(도래) 到着(도착) 到處(도처) 來到(내도) 當到(당도)
殺到(쇄도) 周到綿密(주도면밀) 用意周到(용의주도)

島
5급
섬 **도**
山 | 7획

비 鳥(새 조)
烏(까마귀 오)
동 嶼(섬 서)

글자 풀이
바다에 떠있는 산(山)에서 철새(鳥)가 쉬거나 살기도 하는 것에서 섬(島)을 의미한다.

읽기 한자
賈島(가도) 莞島(완도) 獐島(장도) 竹串島(죽곶도) 內獐島(내장도)
遼東半島(요동반도)

쓰기 한자
群島(군도) 落島(낙도) 半島(반도) 列島(열도) 三多島(삼다도)

都
5급

도읍 **도**

邑/阝 | 9획

비 著(나타날 저)
者(놈 자)

글자 풀이

사람들(者)이 많이 모여서 사는 고을(阝)이니 도읍, 도회지(都)를 의미한다.

읽기한자

都賈(도고) 都盧(도로) 都尉(도위)

쓰기한자

遷都(천도) 都給(도급) 都農(도농) 都城(도성) 都市(도시) 都心(도심)
都下(도하) 都合(도합) 古都(고도) 首都(수도) 王都(왕도) 港都(항도)
訓練都監(훈련도감) 還都(환도) 都散賣(도산매) 都賣商(도매상)
都邑地(도읍지) 都會地(도회지)

導
4급Ⅱ

인도할 **도:**

寸 | 13획

비 道(길 도)
동 引(끌 인)

글자 풀이

사람 머리가 보일락 말락 하듯 어디까지나 계속되는 길(道)을 손(寸)을 끌어 걷는 것에서 인도하다, 안내하다(導)는 의미이다.

읽기한자

弼導(필도)

쓰기한자

導入(도입) 導出(도출) 教導(교도) 先導(선도) 善導(선도) 誤導(오도)
引導(인도) 傳導(전도) 主導(주도) 指導(지도) 啓導(계도) 誘導彈(유도탄)
矯導所(교도소) 領導者(영도자) 導火線(도화선) 半導體(반도체)

徒
4급

무리 **도**

彳 | 7획

비 待(기다릴 대)
從(좇을 종)
동 群(무리 군)
衆(무리 중)
輩(무리 배)
黨(무리 당)
반 獨(홀로 독)

글자 풀이

탈 것에 의지하지 않고 흙을 밟아서(彳) 걸어가는(走) 사람이 많다(徒)는 의미이다.

읽기한자

匪徒(비도)

쓰기한자

徒黨(도당) 徒勞(도로) 徒步(도보) 徒刑(도형) 教徒(교도) 佛徒(불도)
使徒(사도) 生徒(생도) 聖徒(성도) 信徒(신도) 暴徒(폭도) 學徒(학도)
叛徒(반도) 徒輩(도배) 清教徒(청교도) 花郞徒(화랑도)
徒手體操(도수체조) 無爲徒食(무위도식)

盜
4급

도둑 **도(:)**

皿 | 7획

비 恣(방자할 자)
동 賊(도둑 적)
竊(훔칠 절)

글자 풀이

그릇(皿)에 담긴 음식을 보고 침(次)을 흘리다가 몰래 집어 먹는다는 데서 도둑(盜)을 의미한다.

읽기한자

盜掘(도굴)

쓰기한자

盜難(도난) 盜伐(도벌) 盜用(도용) 盜賊(도적) 盜竊(도절) 盜鑄(도주)
盜聽(도청) 強盜(강도) 大盜(대도) 盜汗(도한) 怪盜(괴도)
捕盜大將(포도대장)

逃

4급

도망할 도

辶 | 6획

비 桃(복숭아 도)
　挑(돋울 도)
　跳(뛸 도)
동 避(피할 피)
　亡(망할 망)

글자 풀이

망할 조짐(兆)이 있는 사람이 길(辶)을 따라 도망간다(逃)는 의미이다.

쓰기 한자

逃亡(도망) 逃走(도주) 逃避(도피)

刀

3급Ⅱ

칼 도

刀 | 0획

비 力(힘 력)
　刃(칼날 인)
동 劍(칼 검)

글자 풀이

칼의 모양(刀)을 본떴다.

읽기 한자

纖刀(섬도) 倭刀(왜도) 刀圭(도규) 刀柄(도병)

쓰기 한자

刀劍(도검) 亂刀(난도) 短刀(단도) 單刀直入(단도직입) 面刀(면도)
銀粧刀(은장도) 一刀兩斷(일도양단) 竹刀(죽도) 執刀(집도)

途

3급Ⅱ

길(行中) 도:

辶 | 7획

비 徐(천천할 서)
　除(덜 제)
동 道(길 도)
　路(길 로)
　程(길 정)

글자 풀이

갈 길(辶)이 남아있는(余) 길(途)을 의미한다.

쓰기 한자

途上(도상) 途中下車(도중하차) 方途(방도) 別途(별도) 用途(용도)
壯途(장도) 長途(장도) 前途洋洋(전도양양)

陶

3급Ⅱ

질그릇 도

阜/⻖ | 8획

비 陷(빠질 함)
　隆(높을 륭)
동 甄(질그릇 견)

글자 풀이

언덕(⻖) 위의 가마(勹)에서 독(缶)을 구어 질그릇(陶)을 만든다는 의미
이다.

읽기 한자

甄陶(견도) 皐陶(고도) 陶磁(도자) 薰陶(훈도) 陶淵明(도연명) 陶泓(도홍)

쓰기 한자

陶工(도공) 陶器(도기) 陶然(도연) 陶藝(도예) 陶人(도인) 陶鑄(도주)
陶醉(도취) 陶誕(도탄)

다

倒	3급Ⅱ 넘어질 도: 人 | 8획

비 到(이를 도)

글자 풀이

사람(人)의 머리가 땅에 도착하다(到), 곧 넘어지다(倒)는 의미이다.

읽기 한자

倒戈(도과)

쓰기 한자

倒壞(도괴) 倒立(도립) 倒産(도산) 倒置(도치) 卒倒(졸도) 打倒(타도)

塗	3급 칠할 도 土 | 10획

비 途(길 도)
동 泥(진흙 니)

글자 풀이

본래 도랑(涂)에 있는 흙(土)으로 진흙(塗)을 나타내며 나아가 진흙 등을 칠한다(塗)는 의미이다.

읽기 한자

岐塗(기도) 廻塗(회도)

쓰기 한자

塗工(도공) 塗泥(도니) 塗路(도로) 塗料(도료) 塗壁(도벽) 塗裝(도장)
塗炭(도탄) 道聽塗說(도청도설)

挑	3급 돋울 도 手 | 6획

비 桃(복숭아 도)
逃(도망할 도)
跳(뛸 도)

글자 풀이

손(手)으로 집적거림으로써 어떤 조짐(兆)을 보여 상대방의 화를 돋운다(挑)는 의미이다.

쓰기 한자

挑發(도발) 挑戰(도전)

桃	3급Ⅱ 복숭아 도 木 | 6획

비 挑(돋울 도)
逃(도망할 도)
跳(뛸 도)

글자 풀이

복숭아씨(兆)가 자라서 나무(木)가 되니 곧 복숭아나무(桃)이다.

읽기 한자

桃膠(도교) 扁桃(편도)

쓰기 한자

桃李(도리) 桃園(도원) 桃仁(도인) 桃花(도화) 天桃(천도) 紅桃(홍도)
黃桃(황도) 桃色雜誌(도색잡지) 桃園結義(도원결의) 武陵桃源(무릉도원)

渡 3급 Ⅱ
건널 도
水 | 9획

비 度(법도 도)
동 濟(건널 제)
　涉(건널 섭)

글자 풀이
물(水)의 깊이를 재면서(度) 강을 건넌다(渡)는 의미이다.

읽기 한자
津渡(진도) 繩渡(승도)

쓰기 한자
渡江(도강) 渡來(도래) 渡美(도미) 渡日(도일) 渡河(도하) 渡航(도항)
賣渡(매도) 明渡(명도) 不渡(부도) 言渡(언도) 前渡金(전도금)
過渡期(과도기) 讓渡所得(양도소득)

稻 3급
벼 도
禾 | 10획

비 程(길 정)
　稱(일컬을 칭)
동 禾(벼 화)

글자 풀이
벼(禾)를 절구(臼)에 넣어 손(爪)으로 찧어 쌀을 만든다는 데서 벼(稻)를 의미한다.

읽기 한자
稻稷(도직)

쓰기 한자
稻作(도작) 陸稻(육도) 早稻(조도) 稻熱病(도열병)

跳 3급
뛸 도
足 | 6획

비 桃(복숭아 도)
　逃(도망할 도)
　挑(돋울 도)
동 躍(뛸 약)

글자 풀이
몸 속의 많은(兆) 힘을 발(足)로 모아서 뛴다(跳)는 의미이다.

쓰기 한자
跳躍(도약) 高跳(고도)

悼 2급
슬퍼할 도
心 | 8획

동 悲(슬플 비)
　哀(슬플 애)
반 歡(기쁠 환)
　喜(기쁠 희)

글자 풀이
마음(心)이 평정을 유지하지 못하고 동요하고(卓) 있는 상태, 슬퍼함(悼)을 의미한다.

읽기 한자
悲悼(비도) 哀悼(애도) 追悼辭(추도사) 悼二將歌(도이장가)

다

燾	2급(名)
	비칠 **도**
	火 | 14획

- 비 臺(대 대)
  壽(목숨 수)
- 동 映(비칠 영)
- 약 焘

글자 풀이

불빛(火)이 길게 이어져(壽) 두루 비춤(燾)을 나타내며, 주로 이름자로 쓰인다.

讀	6급Ⅱ
	읽을 **독**
	구절 **두**
	言 | 15획

- 비 續(이을 속)
  賣(팔 매)
- 약 読

글자 풀이

강연 다니는 연사가 말(言)을 팔려면(賣) 많은 책을 읽어야(讀) 한다는 의미이다.

읽기 한자

購讀(구독) 耽讀(탐독)

쓰기 한자

判讀(판독) 讀經(독경) 讀圖法(독도법) 讀本(독본) 讀者(독자) 讀破(독파)
講讀(강독) 多讀(다독) 代讀(대독) 朗讀(낭독) 速讀(속독) 愛讀(애독)
精讀(정독) 必讀書(필독서) 解讀(해독) 訓讀(훈독) 熟讀(숙독) 吏讀(이두)
句讀點(구두점) 讀解力(독해력) 讀後感(독후감) 牛耳讀經(우이독경)
晝耕夜讀(주경야독)

獨	5급Ⅱ
	홀로 **독**
	犬 | 13획

- 비 燭(촛불 촉)
  濁(흐릴 탁)
  觸(닿을 촉)
- 동 孤(외로울 고)
- 반 衆(무리 중)
  群(무리 군)
  徒(무리 도)
- 약 独

글자 풀이

개(犬)는 곤충(虫)처럼 몸을 둥글게(勹) 하고, 한 곳에서 꼼짝하지 않고 있는 것(罒)을 즐기는 것에서 홀로, 딱 하나(獨)를 의미한다.

쓰기 한자

孤獨(고독) 惟獨(유독) 獨斷(독단) 獨立(독립) 獨房(독방) 獨白(독백)
獨床(독상) 獨善(독선) 獨食(독식) 獨身(독신) 獨語(독어) 獨子(독자)
獨走(독주) 獨唱(독창) 獨逸(독일) 獨裁(독재) 獨舞臺(독무대)
獨步的(독보적) 唯我獨尊(유아독존) 獨不將軍(독불장군)
獨守空房(독수공방)

毒	4급Ⅱ
	독 **독**
	毋 | 4획

- 비 靑(푸를 청)
- 약 毒

글자 풀이

모친(母)이 자식을 낳듯이, 잡초가 잡초를 지나치게 자꾸 낳으면 논의 작물(主)에 피해를 준다는 것에서 독(毒)을 의미한다.

읽기 한자

尿毒症(요독증) 胎毒(태독) 酷毒(혹독)

쓰기 한자

毒酒(독주) 酒毒(주독) 毒蛇(독사) 毒牙(독아) 毒氣(독기) 毒物(독물)
毒婦(독부) 毒死(독사) 毒殺(독살) 毒性(독성) 毒素(독소) 毒藥(독약)
毒種(독종) 毒草(독초) 毒蟲(독충) 旅毒(여독) 路毒(노독) 無毒(무독)
消毒(소독) 梅毒(매독) 猛毒(맹독) 毒舌家(독설가) 防毒面(방독면)
毒劇物(독극물)

督	4급Ⅱ 감독할 독 目 | 8획

비 叔(아재비 숙)
淑(맑을 숙)
동 監(볼 감)

글자 풀이
아재비(叔)가 눈(目)을 부릅뜨고 일꾼들을 감독한다(督)는 의미이다.

읽기 한자
董督(동독) 督趣(독촉)

쓰기 한자
監督(감독) 提督(제독) 總督(총독) 督勵(독려) 督攝(독섭) 督促(독촉)
基督教(기독교)

篤	3급 도타울 독 竹 | 10획

비 驚(놀랄 경)
馬(말 마)
동 敦(도타울 돈)
惇(도타울 돈)
厚(두터울 후)

글자 풀이
죽마(竹馬)고우라는 데서 우정이 도탑다(篤)는 의미이다.

읽기 한자
篤亮(독량) 篤弼(독필)

쓰기 한자
篤農(독농) 篤信(독신) 篤實(독실) 篤厚(독후) 敦篤(돈독) 危篤(위독)

敦	3급 도타울 돈 攵 | 8획

비 孰(누구 숙)
郭(둘레 곽)
熟(익을 숙)
동 篤(도타울 독)
惇(도타울 돈)
厚(두터울 후)

글자 풀이
즐거움을 함께 누리고(享) 때로는 치고(攵) 받고 싸움도 하는 가운데 우정이 도타워(敦)진다는 의미이다.

읽기 한자
敦穆(돈목) 敦淳(돈순)

쓰기 한자
敦篤(돈독) 敦睦(돈목) 敦閱(돈열) 敦厚(돈후)

豚	3급 돼지 돈 豕 | 4획

비 逐(쫓을 축)
遂(드디어 수)
동 豕(돼지 시)
亥(돼지 해)

글자 풀이
살(月)이 통통하게 찐 돼지(豕)란 데서 돼지(豚)를 의미한다.

읽기 한자
豚脂(돈지)

쓰기 한자
豚舍(돈사) 豚兒(돈아) 豚肉(돈육) 家豚(가돈) 養豚(양돈) 種豚(종돈)

惇

2급(名)

도타울 **돈**

心 | 8획

동 敦(도타울 돈)
　篤(도타울 독)

글자 풀이

마음(心)에서 우러나와 조상을 정성으로 받들고 제사지내니(享) 그 마음이 도탑다(惇)는 의미이다.

읽기한자

惇謹(돈근) 惇德(돈덕) 惇信(돈신) 惇惠(돈혜)

燉

2급(名)

불빛 **돈**

火 | 12획

비 敦(도타울 돈)

글자 풀이

불(火)이 두텁다(敦)는 데서 불빛(燉)을 의미한다. 주로 이름자로 쓰인다.

頓

2급(名)

조아릴 **돈:**

頁 | 4획

비 須(모름지기 수)

글자 풀이

머리(頁)를 땅에다 대는(屯) 것으로 조아리다(頓)는 의미이다.

읽기한자

頓舍(돈사) 頓然(돈연) 査頓(사돈) 停頓(정돈) 整頓(정돈) 李次頓(이차돈)
頓首百拜(돈수백배) 頓悟漸修(돈오점수)

突

3급Ⅱ

갑자기 **돌**

穴 | 4획

비 空(빌 공)
　究(연구할 구)
동 衝(찌를 충)

글자 풀이

개(犬)가 구멍(穴)에서 갑자기(突) 튀어나와 부딪친다(突)는 의미이다.

읽기한자

突擊艇(돌격정)

쓰기한자

突擊(돌격) 突起(돌기) 突發(돌발) 突變(돌변) 突入(돌입) 突進(돌진)
突出(돌출) 突風(돌풍) 追突(추돌) 衝突(충돌) 激突(격돌) 唐突(당돌)
煙突(연돌) 溫突(온돌) 突破口(돌파구) 左衝右突(좌충우돌)
突然變異(돌연변이)

<table>
<tr><td>

乭
이름 **돌**
乙 | 5획

2급(名)

</td><td>

글자 풀이

돌(石)이라는 우리말을 뜻으로 취하는 동시에 소리나는 그대로 한자로 적기 위해 우리나라에서 만든 글자이다.

읽기한자

甲乭(갑돌) 申乭石(신돌석)

</td></tr>
</table>

東
동녘 **동**
木 | 4획

8급

비 柬(가릴 간)
  束(묶을 속)
반 西(서녘 서)

글자 풀이

나뭇가지(木) 사이에서 태양(日)이 나오는 형태로 해가 뜨는 방향 동녘(東)을 의미한다.

읽기한자

洛東江(낙동강) 東歐(동구) 東萊(동래) 東暹(동섬) 東濊(동예) 東魏(동위)
東晋(동진) 遼東半島(요동반도) 東皐(동고) 東海揚塵(동해양진) 東后(동후)

쓰기한자

東京(동경) 東國(동국) 東北(동북) 東學(동학) 東海(동해) 東向(동향)
關東(관동) 極東(극동) 中東(중동) 海東(해동) 嶺東(영동) 東南亞(동남아)
東奔西走(동분서주) 東問西答(동문서답) 馬耳東風(마이동풍)

冬
겨울 **동(:)**
冫 | 3획

7급

비 夕(저녁 석)
반 夏(여름 하)

글자 풀이

샘물 입구(夂)가 얼어(冫) 물이 나오지 않게 된 추운 계절을 의미하는 것에서 겨울(冬)을 의미한다.

읽기한자

冬柏(동백)

쓰기한자

冬季(동계) 冬服(동복) 冬至(동지) 暖冬(난동) 立冬(입동) 三冬(삼동)
冬眠(동면) 越冬(월동) 冬節期(동절기) 嚴冬雪寒(엄동설한)

動
움직일 **동:**
力 | 9획

7급Ⅱ

비 衝(찌를 충)
반 靜(고요할 정)

글자 풀이

아무리 무거운(重) 것이라도 힘(力)을 가하면 움직인다는 것에서 움직인다(動)는 의미이다.

읽기한자

胎動(태동) 運動圈(운동권) 運動靴(운동화)

쓰기한자

動機(동기) 動亂(동란) 動靜(동정) 激動(격동) 亂動(난동) 動搖(동요)
騷動(소동) 躍動(약동) 動力(동력) 動脈(동맥) 動物(동물) 動産(동산)
動詞(동사) 輕擧妄動(경거망동) 鼓動(고동) 微動(미동) 策動(책동)
機動力(기동력) 驚天動地(경천동지)

同	7급
한가지 **동**	
口 | 3획	

비 洞(골 동)
동 共(한가지 공)
반 異(다를 이)

글자 풀이
동굴 크기가 처음부터 끝까지 어디나 같다는 것에서 같다(同)는 의미이다.

읽기한자
襄同(양동) 吳越同舟(오월동주) 和光同塵(화광동진) 同鼎食(동정식)

쓰기한자
同甲(동갑) 同居(동거) 同僚(동료) 同感(동감) 同格(동격) 同級(동급)
同期(동기) 同氣(동기) 同等(동등) 同類(동류) 同系(동계) 同盟(동맹)
同軌(동궤) 同封(동봉) 同乘(동승) 贊同(찬동) 同年輩(동년배)
同名異人(동명이인) 同病相憐(동병상련) 附和雷同(부화뇌동)
和而不同(화이부동) 同價紅裳(동가홍상) 同苦同樂(동고동락)

洞	7급
골 **동:**	
밝을 **통:**	
水 | 6획	

비 同(한가지 동)
동 里(마을 리)
　明(밝을 명)

글자 풀이
같은(同) 우물이나 시냇물(水)을 사용하는 동네(洞)라는 의미이다.

읽기한자
大峙洞(대치동) 洞窟(동굴) 石串洞(석관동) 阿峴洞(아현동)
鷹巖洞(응암동) 靑坡洞(청파동) 杏堂洞(행당동)

쓰기한자
洞燭(통촉) 洞口(동구) 洞里(동리) 洞長(동장) 空洞(공동) 洞達(통달)
洞察(통찰) 洞事務所(동사무소)

童	6급 Ⅱ
아이 **동(:)**	
立 | 7획	

비 里(마을 리)
동 兒(아이 아)
반 丈(어른 장)

글자 풀이
마을(里)에 들어가면 서서(立) 노는 것은 아이(童)라는 의미이다.

읽기한자
兒童靴(아동화)

쓰기한자
童詩(동시) 童心(동심) 童話(동화) 牧童(목동) 使童(사동) 神童(신동)
兒童(아동) 惡童(악동) 童顔(동안) 童謠(동요) 童貞(동정) 童話冊(동화책)
八朔童(팔삭동) 玉童子(옥동자) 三尺童子(삼척동자)

銅	4급 Ⅱ
구리 **동**	
金 | 6획	

비 銘(새길 명)
　針(바늘 침)

글자 풀이
금(金)과 같이(同) 값어치 있는 붉은 광채가 있는 금속을 가리키는 것으로 동, 붉은 쇠(銅)를 의미한다.

읽기한자
銅坑(동갱) 銅鉢(동발)

쓰기한자
銅鏡(동경) 銅錢(동전) 銅像(동상) 銅版(동판) 古銅色(고동색)
靑銅器(청동기)

凍 얼 **동:**
3급 Ⅱ
氵 | 8획

비 東(동녘 동)
동 冷(찰 랭)

글자 풀이

동녘(東)에 해가 뜨지 않으니 얼음(氵)이 언다(凍)는 의미이다.

읽기 한자

凍屍(동시)

쓰기 한자

凍結(동결) 凍死(동사) 凍傷(동상) 凍凝(동응) 凍土(동토) 凍破(동파)
冷凍(냉동) 解凍(해동) 不凍液(부동액) 凍氷寒雪(동빙한설)

桐 오동나무 **동**
木 | 6획

비 梅(매화나무 매)
동 梧(오동나무 오)

글자 풀이

나무(木) 결이 한결같이(同) 고운 나무가 오동나무(桐)라는 의미이다.

읽기 한자

梧桐(오동)

棟 마룻대 **동**
木 | 8획

비 棋(바둑 기)
凍(얼 동)

글자 풀이

집 지을 때 가장 중요한(東) 위치에 올리는 나무(木)이므로 마룻대(棟)를
의미한다.

읽기 한자

棟幹(동간) 棟梁之器(동량지기) 棟梁之材(동량지재) 精神病棟(정신병동)
韓國아파트 319棟 20號 (한국아파트 319동 20호)

董 바를(正) **동:**
2급(名)
艹 | 9획

동 正(바를 정)

글자 풀이

풀(艹)을 겹(重)으로 쌓을 때는 감독을 두어, 잘못하는 경우 바로잡아야
한다는 데서 바로잡다(董)는 의미이다.

읽기 한자

董督(동독) 董役(동역) 董正(동정) 董仲舒(동중서) 骨董品(골동품)

頭
6급
머리 두
頁 | 7획

비 顏(얼굴 안)
　額(이마 액)
동 首(머리 수)
　頁(머리 혈)
반 尾(꼬리 미)

글자 풀이

사람 머리(頁)의 위치가 이 용기(豆)처럼 몸 위쪽에 있는 것에서 머리(頭)를 의미한다.

읽기 한자

蓬頭亂髮(봉두난발) 斬頭(참두) 喉頭(후두) 喉頭炎(후두염)

쓰기 한자

頭髮(두발) 頭痛(두통) 巨頭(거두) 乳頭(유두) 店頭(점두) 龜頭(귀두)
冒頭(모두) 頭角(두각) 頭領(두령) 頭數(두수) 街頭(가두) 短頭(단두)
白頭(백두) 序頭(서두) 石頭(석두) 頭腦(두뇌) 頭緖(두서) 斷頭臺(단두대)
沒頭(몰두) 園頭幕(원두막) 接頭辭(접두사) 頭蓋骨(두개골)
龍頭蛇尾(용두사미) 徹頭徹尾(철두철미) 頭音法則(두음법칙)

斗
4급Ⅱ
말 두
斗 | 0획

비 十(열 십)
　升(되 승)

글자 풀이

손(千)으로 곡식(丶)을 말(斗)에 담아서 잰다는 의미이다.

읽기 한자

斗柄(두병) 斗升(두승) 斗杓(두표) 尉斗(위두) 斗箕(두기) 斗膽(두담)

쓰기 한자

斗穀(두곡) 斗起(두기) 斗量(두량) 斗牛(두우) 泰斗(태두)
北斗七星(북두칠성) 泰山北斗(태산북두) 斗酒不辭(두주불사)

豆
4급Ⅱ
콩 두
豆 | 0획

비 豈(어찌 기)

글자 풀이

옛날 중국에서는 고기를 神에게 공양할 때 사용하는 그릇을 '두'라고 불렀다. 그 '두'는 우연히 식물의 콩과 같은 발음이었던 것에서 콩(豆)의 의미를 나타내는 글자로서 사용하게 되었다.

읽기 한자

蠶豆(잠두) 扁豆(편두)

쓰기 한자

豆乳(두유) 豆腐(두부) 豆油(두유) 豆太(두태) 綠豆(녹두) 大豆(대두)

杜
2급(名)
막을 두
木 | 3획

동 拒(막을 거)
　防(막을 방)
　抵(막을 저)

글자 풀이

나무(木)와 흙(土)으로 집을 지어 비바람을 막는다는 데서 막는다(杜)는 의미이다.

읽기 한자

杜隔(두격) 杜門不出(두문불출) 杜甫(두보) 通信杜絶(통신두절)

屯 진칠 둔

3급
屮 | 1획

[동] 陣(진칠 진)

글자 풀이

풀(屮)을 엮는(丿) 모양을 본뜬 것으로 사람이 모이는, 진치는(屯) 것을 의미한다.

읽기한자

屯聚(둔취) 駐屯(주둔) 駐屯軍(주둔군)

쓰기한자

屯防(둔방) 屯兵(둔병) 屯守(둔수) 屯營(둔영) 屯田(둔전) 屯陣(둔진)

鈍 둔할 둔:

3급
金 | 4획

[비] 純(순수할 순)
[반] 敏(민첩할 민)
銳(날카로울 예)

글자 풀이

새싹처럼(屯) 부드러운 쇠(金)라는 것에서 굳세거나 날카롭지 못하고 무디고, 우둔하다(鈍)는 의미이다.

읽기한자

魯鈍(노둔)

쓰기한자

鈍感(둔감) 鈍器(둔기) 鈍才(둔재) 鈍濁(둔탁) 愚鈍(우둔)

得 얻을 득

4급Ⅱ
彳 | 8획

[동] 獲(얻을 획)
[반] 失(잃을 실)

글자 풀이

길(彳)에서 재물(旦)을 손(寸)으로 주워서 얻는다(得)는 의미이다.

읽기한자

覓得(멱득)

쓰기한자

得點(득점) 納得(납득) 得達(득달) 得道(득도) 得勢(득세) 得失(득실)
得意(득의) 得票(득표) 求得(구득) 說得(설득) 所得(소득) 拾得(습득)
獲得(획득) 旣得權(기득권) 不得不(부득불) 讓渡所得(양도소득)
高所得者(고소득자) 國民所得(국민소득) 不當利得(부당이득)
不勞所得(불로소득)

登 오를 등

7급
癶 | 7획

[비] 燈(등 등)
笑(웃음 소)
[동] 昇(오를 승)
[반] 降(내릴 강)
落(떨어질 락)

글자 풀이

양발을 벌리고(癶) 디딤대(豆)에 오르는 것에서 오르다(登)는 의미이다.

읽기한자

登頓(등돈) 登洛(등락) 登祚(등조)

쓰기한자

登科(등과) 登校(등교) 登極(등극) 登記(등기) 登壇(등단) 登錄(등록)
登山(등산) 登用(등용) 登院(등원) 登場(등장) 登程(등정) 登板(등판)
登載(등재) 登頂(등정) 登龍門(등용문) 登高自卑(등고자비)

等 6급 II
무리 **등:**
竹 | 6획

[비] 待(기다릴 대)
　　特(특별할 특)
[동] 群(무리 군)
　　衆(무리 중)
　　徒(무리 도)
[반] 獨(홀로 독)

글자 풀이
관청(寺)에서 죽간(竹)에 쓴 문서를 같은(等) 것끼리 분류하고 등급(等)을 정하는 따위(等)를 의미한다.

읽기 한자
勳等(훈등)

쓰기 한자
等差(등차) 等閑(등한) 降等(강등) 均等(균등) 優等(우등) 差等(차등)
吾等(오등) 等級(등급) 等邊(등변) 等分(등분) 等數(등수) 等溫(등온)
等位(등위) 對等(대등) 無等(무등) 比等(비등) 特等(특등) 越等(월등)
何等(하등) 劣等感(열등감) 一等品(일등품) 等高線(등고선)
等身大(등신대) 中等學校(중등학교)

燈 4급 II
등 **등**
火 | 12획

[비] 登(오를 등)
　　證(증거 증)
[약] 灯

글자 풀이
불(火)을 켜서 높은데 올려(登) 놓는다는 데서 등불, 등잔(燈)을 의미한다.

읽기 한자
幻燈機(환등기) 燈籠(등롱) 燈籠草(등롱초)

쓰기 한자
燃燈(연등) 點燈(점등) 燒燈(소등) 燈油(등유) 觀燈(관등) 石燈(석등)
消燈(소등) 電燈(전등) 燈臺(등대) 照明燈(조명등) 螢光燈(형광등)
標識燈(표지등) 街路燈(가로등) 白熱燈(백열등) 紅燈街(홍등가)
燈火可親(등화가친) 燈下不明(등하불명) 風前燈火(풍전등화)

騰 3급
오를 **등**
馬 | 10획

[비] 謄(베낄 등)
[동] 登(오를 등)
[반] 落(떨어질 락)

글자 풀이
물이 솟아 오르듯(朕) 말(馬)이 뛰어 오르는(騰) 것을 의미한다.

읽기 한자
騰勇副尉(등용부위)

쓰기 한자
騰貴(등귀) 騰極(등극) 騰落(등락) 反騰(반등) 飛騰(비등) 續騰(속등)
漸騰(점등) 暴騰(폭등) 物價急騰(물가급등)

藤 2급
등나무 **등**
艹 | 15획

[비] 騰(오를 등)

글자 풀이
물이 솟아 오르(騰)듯이 덩굴(艹)이 위로 퍼지는 데서 등나무(藤)를 의미한다.

읽기 한자
藤架(등가) 葛藤(갈등) 藤家具(등가구)

謄 | 2급 | 베낄 등 | 言 | 10획

비 騰(오를 등)
동 寫(베낄 사)

글자 풀이

朕은 滕의 줄임이다. 한쪽에서 입 벌려서 말을 전달(朕)하면 한쪽에서는 그 말(言)을 적는 데서 베끼다(謄)는 의미이다.

읽기한자

謄記(등기) 謄錄(등록) 謄本(등본) 謄寫(등사) 謄抄(등초)
住民登錄謄本(주민등록등본)

鄧 | 2급(名) | 나라이름 등: | 邑/阝 | 12획

글자 풀이

中國 上古의 鄧나라를 표시하기 위해 만든 글자이나 주로 姓으로 쓰인다.

읽기한자

鄧林(등림) 鄧小平(등소평) 鄧析子(등석자)

羅 | 4급Ⅱ | 벌릴 라 | 罒 | 14획

비 罷(마칠 파)
동 列(벌릴 렬)
  網(그물 망)

글자 풀이

새(隹)를 잡으려고 실(糸)로 짠 그물(罒)을 벌린다(羅)는 의미이다.

읽기한자

伽羅(가라) 羅網(나망) 網羅(망라) 暹羅(섬라) 纖羅(섬라) 耽羅(탐라)
羅敷(나부) 羅甸(나전) 羅刹(나찰) 總網羅(총망라) 羅甸語(나전어)
閻羅國(염라국) 閻羅大王(염라대왕)

쓰기한자

羅列(나열) 羅城(나성) 羅王(나왕) 羅漢(나한) 新羅(신라) 羅針盤(나침반)
徐羅伐(서라벌) 阿修羅場(아수라장) 森羅萬象(삼라만상)

裸 | 2급 | 벗을 라: | 衣 | 8획

동 脫(벗을 탈)

글자 풀이

실과(果)는 껍질(衣)이 없는 열매이므로 벌거벗었음(裸)을 의미한다.

읽기한자

裸麥(나맥) 裸婦(나부) 裸體(나체) 半裸(반라) 赤裸裸(적나라)
裸垈地(나대지)

樂 6급 II

즐길 **락**
노래 **악**
좋아할 **요**

木 | 11획

- 비 藥(약 약)
- 동 喜(기쁠 희)
  娛(즐길 오)
  歌(노래 가)
- 반 悲(슬플 비)
- 약 楽

글자 풀이

나무(木) 틀에 실(絲)이나 북(白)을 달아 악기를 만들어 풍악을 즐기며 좋아한다(樂)는 의미이다.

읽기한자

琴瑟之樂(금실지락) 耽樂(탐락) 嬉樂(희락)

쓰기한자

樂劇(악극) 娛樂(오락) 享樂(향락) 樂譜(악보) 樂觀(낙관) 樂勝(낙승)
樂園(낙원) 苦樂(고라) 極樂(극락) 道樂(도락) 三樂(삼락) 快樂(쾌락)
行樂(행락) 樂曲(악곡) 樂器(악기) 樂團(악단) 樂隊(악대) 樂士(악사)
歡樂街(환락가) 俱樂部(구락부) 管絃樂(관현악) 絃樂器(현악기)
同苦同樂(동고동락) 樂山樂水(요산요수)

落 5급

떨어질 **락**

⼃ | 9획

- 비 洛(물이름 락)
  絡(이을 락)
  路(길 로)
- 동 墮(떨어질 타)
  墜(떨어질 추)
  零(떨어질 령)
- 반 騰(오를 등)
  登(오를 등)

글자 풀이

물(水)이 풍당풍당 끝없이 떨어지듯이(各), 잎새(⼃)가 팔랑팔랑 지는 것에서 떨어지다(落)는 의미이다.

읽기한자

落款(낙관) 落膽(낙담) 落塵(낙진) 落札(낙찰) 落胎(낙태) 聚落(취락)

쓰기한자

落傷(낙상) 落張(낙장) 落差(낙차) 群落(군락) 段落(단락) 脫落(탈락)
落雷(낙뢰) 落薦(낙천) 漏落(누락) 墮落(타락) 落島(낙도) 落馬(낙마)
落望(낙망) 落書(낙서) 落選(낙선) 落水(낙수) 落葉(낙엽) 落第(낙제)
落着(낙착) 落下(낙하) 落鄕(낙향) 落照(낙조) 沒落(몰락) 衰落(쇠락)
陷落(함락) 落落長松(낙락장송)

絡 3급 II

이을/얽을 **락**

糸 | 6획

- 비 洛(물이름 락)
  落(떨어질 락)
  路(길 로)
- 동 連(이을 련)
  聯(연이을 련)
- 반 斷(끊을 단)

글자 풀이

각각(各) 떨어져 있는 실(糸)을 이어(絡) 줄(絡)을 만든다는 의미이다.

읽기한자

籠絡(농락) 聯絡網(연락망)

쓰기한자

絡車(낙거) 經絡(경락) 連絡(연락) 脈絡(맥락)

洛 2급

물이름 **락**

水 | 6획

- 비 烙(지질 락)
  落(떨어질 락)
  絡(이을 락)
  路(길 로)

글자 풀이

빗물(水)이 각각(各) 모여서 큰 물(洛)이 된다는 의미이다.

읽기한자

洛水(낙수) 洛陽(낙양)

亂 어지러울 란:
乙 | 12획

비 辭(말씀 사)
통 紊(어질러울 문)
약 乱

라

4급

글자 풀이

실패의 실을 두 손(爪/又)으로 늘어뜨리면 실이 구불구불(乙) 엉키는 데서 어지럽다(亂)는 의미이다.

읽기한자

紊亂(문란) 蓬頭亂髮(봉두난발) 倭亂(왜란) 壬辰倭亂(임진왜란)
亂揷(난삽) 亂虐(난학)

쓰기한자

亂局(난국) 亂動(난동) 亂離(난리) 亂立(난립) 亂脈(난맥) 亂舞(난무)
亂髮(난발) 亂射(난사) 亂世(난세) 亂視(난시) 亂入(난입) 亂雜(난잡)
亂調(난조) 亂場(난장) 亂政(난정) 亂暴(난폭) 亂中日記(난중일기)

卵 알 란:
卩 | 5획

비 卯(토끼 묘)

4급

글자 풀이

둥글게 엮여있는 계란 모형에서 새나 곤충 등의 모든 알(卵)을 의미한다.

읽기한자

卵巢(난소)

쓰기한자

卵管(난관) 卵白(난백) 卵子(난자) 鷄卵(계란) 明卵(명란) 産卵(산란)
土卵(토란) 累卵(누란) 排卵(배란) 卵生動物(난생동물) 無精卵(무정란)

欄 난간 란
木 | 17획

비 蘭(난초 란)
　 爛(빛날 란)

3급 II

글자 풀이

문(門) 둘레에 나무(木)로 경계를 가지는(柬) 난간, 테두리(欄)를 의미한다.

읽기한자

欄杆(난간)

쓰기한자

欄干(난간) 空欄(공란)

蘭 난초 란
艹 | 17획

비 欄(난간 란)
　 爛(빛날 란)

3급 II

글자 풀이

문(門) 안에 가려서(柬) 심은 화초(艹)이니 난초(蘭)를 의미한다.

읽기한자

皐蘭寺(고란사) 皐蘭草(고란초) 蘭芬(난분) 蘭艾(난애) 芬蘭(분란)
汀蘭(정란) 芝蘭(지란) 芝蘭之交(지란지교) 芝蘭之室(지란지실)

쓰기한자

春蘭(춘란) 和蘭(화란) 蘭殿(난전) 佛蘭西(불란서) 金蘭之交(금란지교)

爛	2급
빛날 **란:**	
火	17획

비 蘭(난초 란)
欄(난간 란)
동 燦(빛날 찬)
耀(빛날 요)
赫(빛날 혁)

글자 풀이

불(火)길이 난간(闌)의 기둥 줄기처럼 피어 오르며 빛난다(爛)는 의미이다.

읽기한자

爛發(난발) 爛熟(난숙) 腐爛(부란) 燦爛(찬란) 天眞爛漫(천진난만)

覽	4급
볼 **람**	
見	14획

비 賢(어질 현)
緊(긴할 긴)
동 見(볼 견)
觀(볼 관)
視(볼 시)
監(볼 감)
약 覧, 覧

글자 풀이

큰 그릇에 물을 담아 물거울(監)로 자기 모습을 보는(見) 것에서 보다, 훑어보다(覽)는 의미이다.

읽기한자

綜覽(종람) 覽揆之辰(남규지신)

쓰기한자

觀覽(관람) 要覽(요람) 遊覽(유람) 便覽(편람) 回覽(회람) 博覽會(박람회)
一覽表(일람표) 展覽會(전람회)

濫	3급
넘칠 **람:**	
水	14획

비 監(볼 감)
藍(쪽 람)
동 氾(넘칠 범)
약 濫

글자 풀이

장마가 진 후 냇물(水)을 살펴보니(監) 홍수가 나서 냇물이 넘친다(濫)는 의미이다.

읽기한자

濫掘(남굴) 濫陟(남척)

쓰기한자

濫發(남발) 濫伐(남벌) 濫獲(남획)

藍	2급
쪽 **람**	
++	14획

비 監(볼 감)
濫(넘칠 람)
약 藍

글자 풀이

야산에서 여러 가지 풀(++)들을 살펴서(監) 쪽(藍)을 찾는다는 의미이다.

읽기한자

藍實(남실) 出藍(출람) 藍青色(남청색) 青出於藍(청출어람)

拉

2급
끌 **랍**
手 | 5획

동 引(끌 인)
提(끌 제)
반 推(밀 추)

글자 풀이

자리를 확실하게 잡고 서서(立) 손(手)에 힘을 주어 물건을 꺾거나 끈다(拉)는 의미이다.

읽기 한자

拉枯(납고) 拉北(납북) 拉致(납치) 被拉(피랍)

朗

5급 Ⅱ
밝을 **랑:**
月 | 7획

비 良(어질 량)
郎(사내 랑)
동 明(밝을 명)
亮(밝을 량)
昞(밝을 병)
반 暗(어두울 암)

글자 풀이

태양이 빛을 내며 움직이듯이(良), 달(月)이 빛나고 있다는 것에서 창조하다, 밝다, 명랑하다(朗)는 의미이다.

읽기 한자

融朗(융랑)

쓰기 한자

朗誦(낭송) 朗讀(낭독) 朗朗(낭랑) 朗報(낭보) 明朗(명랑)

廊

3급 Ⅱ
사랑채/행랑 **랑**
广 | 10획

비 郎(사내 랑)

글자 풀이

사내(郎)들만이 기거하는 집(广)이니 곁채, 행랑(廊)을 의미한다.

읽기 한자

廻廊(회랑)

쓰기 한자

廊下(낭하) 舍廊(사랑) 行廊(행랑) 畫廊(화랑) 回廊(회랑)

浪

3급 Ⅱ
물결 **랑(:)**
水 | 7획

비 良(어질 량)
郎(사내 랑)
동 波(물결 파)

글자 풀이

물(水)이 보기 좋게(良) 물결(浪)을 이룬다는 의미이다.

읽기 한자

滄浪(창랑)

쓰기 한자

浪漫(낭만) 浪說(낭설) 浪費(낭비) 浪人(낭인) 激浪(격랑) 放浪(방랑)
流浪(유랑) 風浪(풍랑) 浮浪者(부랑자) 虛無孟浪(허무맹랑)

郎	3급Ⅱ
	사내 랑
	邑/阝 | 7획

비 朗(밝을 랑)
　浪(물결 랑)
동 男(사내 남)
반 娘(계집 낭)
　女(계집 녀)

글자 풀이

고을(阝)에서 어진(良) 일을 하는 사람이라는 데서 사내, 남편(郎)을 의미한다.

쓰기 한자

郎官(낭관) 郎君(낭군) 郎子(낭자) 侍郎(시랑) 新郎(신랑) 花郎(화랑)

來	7급
	올 래(:)
	人 | 6획

반 往(갈 왕)
　去(갈 거)
약 来

글자 풀이

옛날에는 보리(麥)를 하늘이 내려주신 것이라 생각하고 하늘에서 오는 것이라는 기분으로 보리 형태를 써서 오다(來)는 의미를 나타냈다.

읽기 한자

來診(내진) 覓來(멱래) 來牟(내모) 來胤(내윤) 來旨(내지) 來翰(내한)
舶來品(박래품) 彰往察來(창왕찰래)

쓰기 한자

來賓(내빈) 從來(종래) 招來(초래) 渡來(도래) 來客(내객) 來年(내년)
來歷(내력) 來訪(내방) 來世(내세) 來往(내왕) 來月(내월) 來日(내일)
來週(내주) 來侵(내침) 來韓(내한) 去來(거래) 古來(고래) 近來(근래)
到來(도래) 未來(미래) 本來(본래) 來臨(내림) 來襲(내습)

萊	2급(名)
	명아주 래
	艹 | 8획

비 來(올 래)

글자 풀이

來는 麥과 통한다. 보리(來)처럼 생긴 풀(艹)로 명아주(萊)를 의미한다.

읽기 한자

萊婦(내부) 萊夷(내이) 東萊(동래) 蓬萊山(봉래산) 老萊子(노래자)

冷	5급
	찰 랭:
	冫 | 5획

비 令(하여금 령)
　今(이제 금)
동 寒(찰 한)
　涼(서늘할 량)
반 溫(따뜻할 온)
　暑(더울 서)
　暖(따뜻할 난)

글자 풀이

군주가 부하에게 명령(令)할 때와 같이, 냉소적이며 차가운(冫) 것에서 차갑다(冷)는 의미이다.

읽기 한자

冷酷(냉혹) 冷僻(냉벽)

쓰기 한자

冷嚴(냉엄) 冷靜(냉정) 冷却(냉각) 冷凍(냉동) 冷濕(냉습) 冷湯(냉탕)
冷氣(냉기) 冷帶(냉대) 冷待(냉대) 冷房(냉방) 冷笑(냉소) 冷水(냉수)
冷溫(냉온) 冷戰(냉전) 冷情(냉정) 冷害(냉해) 冷血(냉혈) 空冷(공랭)
急冷(급랭) 溫冷(온랭) 寒冷(한랭) 冷淡(냉담) 冷徹(냉철) 熱冷(숙랭)
水冷式(수냉식) 冷藏庫(냉장고)

略 4급
간략할/약할 **략**
田 | 6획

비 路(길 로)
동 策(꾀 책)
　計(셀 계)
　簡(간략할 간)

글자 풀이

수확을 늘리기 위해서 논(田)의 경계를 각자(各) 자기 멋대로 넓히려는 계략(略)을 의미한다.

읽기한자

膽略(담략) 倂略(병략) 璿源略譜(선원약보) 霸略(패략)

쓰기한자

略史(약사) 略語(약어) 略取(약취) 略稱(약칭) 略號(약호) 簡略(간략)
攻略(공략) 黨略(당략) 大略(대략) 省略(생략) 略圖(약도) 略歷(약력)
略式(약식) 略字(약자) 戰略(전략) 政略(정략) 中略(중략) 智略(지략)
侵略(침략) 略述(약술) 槪略(개략) 謀略(모략) 策略(책략)

라

掠 3급
노략질할 **략**
手 | 8획

비 涼(서늘할 량)
동 奪(빼앗을 탈)
　侵(침노할 침)

글자 풀이

높은 언덕(京), 곧 산에서 사는 산적이 손(手)으로 노략질한다(掠)는 의미이다.

쓰기한자

掠奪(약탈) 侵掠(침략)

良 5급Ⅱ
어질 **량**
艮 | 1획

비 郞(사내 랑)
　朗(밝을 랑)
동 賢(어질 현)
　仁(어질 인)

글자 풀이

원래는 됫박으로 잰다는 것이었는데 잰 분량이 정확했다고 한 것에서 좋다(良)는 의미이다.

읽기한자

良媛(양원) 淳良(순량) 良傅(양부) 駿良(준량) 良輔(양보) 良劑(양제)
良弼(양필) 卞季良(변계량)

쓰기한자

優良(우량) 閑良(한량) 良家(양가) 良民(양민) 良書(양서) 良識(양식)
良心(양심) 良藥(양약) 良好(양호) 良貨(양화) 改良(개량) 不良(불량)
善良(선량) 良久(양구) 優良兒(우량아) 不良少年(불량소년)
賢母良妻(현모양처) 消化不良(소화불량)

量 5급
헤아릴 **량**
里 | 5획

비 重(무거울 중)
동 商(헤아릴 상)
　料(헤아릴 료)

글자 풀이

쌀이나 조 같은 것의 무게나 부피를 잰다(量)는 의미이다.

쓰기한자

適量(적량) 酒量(주량) 斤量(근량) 量産(양산) 量的(양적) 減量(감량) 檢量(검량)
輕量(경량) 計量(계량) 多量(다량) 分量(분량) 商量(상량) 聲量(성량) 少量(소량)
水量(수량) 數量(수량) 熱量(열량) 容量(용량) 雨量(우량) 流量(유량) 定量(정량)
質量(질량) 微量(미량) 雅量(아량) 裁量(재량) 載量(재량) 肺活量(폐활량)
含量(함량) 計量器(계량기) 度量衡(도량형) 降雪量(강설량) 降雨量(강우량)
感慨無量(감개무량)

兩 4급Ⅱ
두 량:
入 | 6획

- 비 雨(비 우)
- 통 再(두 재)
  雙(두 쌍)
- 약 両

글자 풀이

수레의 두 바퀴의 형태처럼 좌우 같은 형태의 사물에서 두 개, 갖춘 것 (兩)을 의미한다.

읽기 한자

銖兩(수량) 兩岐(양기) 兩握(양악)

쓰기 한자

兩家(양가) 兩國(양국) 兩極(양극) 兩端(양단) 兩大(양대) 兩論(양론)
兩立(양립) 兩面(양면) 兩班(양반) 兩半(양반) 兩分(양분) 兩性(양성)
兩親(양친) 物心兩面(물심양면) 水陸兩用(수륙양용) 一擧兩得(일거양득)
進退兩難(진퇴양난) 一刀兩斷(일도양단) 兩者擇一(양자택일)

糧 4급
양식 량
米 | 12획

- 비 精(정할 정)

글자 풀이

쌀(米)을 헤아리고(量) 사들여 양식(糧)으로 한다는 의미이다.

읽기 한자

柴糧(시량)

쓰기 한자

糧穀(양곡) 糧食(양식) 軍糧米(군량미) 食糧(식량) 絕糧(절량) 糧稻(양도)
糧粟(양속)

涼 3급Ⅱ
서늘할 량
水 | 8획

- 비 掠(노략질할 략)
- 통 寒(찰 한)
  冷(찰 랭)
- 반 溫(따뜻할 온)
  暑(더울 서)
- 약 凉

글자 풀이

찬(水) 바람이 언덕에(京) 세게 불어 서늘하다(涼)는 의미이다.

읽기 한자

淸涼劑(청량제)

쓰기 한자

荒涼(황량) 涼風(양풍) 納涼(납량)

梁 3급Ⅱ
들보/돌다리 량
木 | 7획

- 비 染(물들 염)
- 통 橋(다리 교)

글자 풀이

물(水) 위에 칼(刀)로 잘 다듬은(丶) 나무(木)로 다리(梁)를 놓는다는 의미이다.

읽기 한자

棟梁(동량) 津梁(진량) 棟梁之器(동량지기) 棟梁之材(동량지재)

쓰기 한자

橋梁(교량) 上梁(상량) 魚梁(어량) 梁上君子(양상군자)

諒	3급
	살펴알/믿을 **량**
	言 | 8획

- 비 涼(서늘할 량)
  掠(노략질할 략)
- 동 信(믿을 신)

글자 풀이

생각이 크고(京) 깊은 사람이 말(言)을 할 때에는 사전에 충분히 살펴 알아서 듣는 사람으로 하여금 믿음이 가게 참된(諒) 이야기를 한다는 의미이다.

쓰기한자

諒知(양지) 諒察(양찰) 諒解(양해) 海諒(해량)

라

亮	2급(名)
	밝을 **량**
	亠 | 7획

- 동 明(밝을 명)
  朗(밝을 랑)
  昞(밝을 병)
  晳(밝을 석)
  晟(밝을 성)
- 반 暗(어두울 암)

글자 풀이

儿과 高를 합친 글자로 획 줄임이 있었다. 높은 곳(高)에 있는 사람(儿)은 사방을 한 눈에 살필 수 있으므로 밝음(亮)을 의미한다.

읽기한자

亮達(양달) 亮直(양직) 亮察(양찰) 亮許(양허) 諸葛亮(제갈량) 淸亮(청량)

樑	2급(名)
	들보 **량**
	木 | 11획

- 동 梁(들보 량)

글자 풀이

두 기둥 사이에 다리(梁)처럼 걸쳐있는 나무(木)로 대들보(樑)를 의미한다.

읽기한자

棟樑之器(동량지기) 棟樑之材(동량지재) 柱樑(주량)

輛	2급
	수레 **량:**
	車 | 8획

- 동 車(수레 거/차)
- 약 輌

글자 풀이

바퀴가 두 개(兩) 있는 수레(車)를 의미한다.

읽기한자

車輛(차량)

旅
5급II
나그네 **려**
方 | 6획

- 비 族(겨레 족)
  旋(돌 선)
- 동 客(손 객)
  賓(손 빈)

글자 풀이
깃발(方) 아래 모여서 대열을 지어 전진하는 군대의 모습에서 여행, 여행을 하다(旅)는 의미이다.

읽기한자
旅炊(여취)

쓰기한자
旅券(여권) 旅裝(여장) 旅客(여객) 旅團(여단) 旅毒(여독) 旅費(여비)
旅情(여정) 旅行(여행) 旅館(여관) 旅愁(여수)

麗
4급II
고울 **려**
鹿 | 8획

- 비 鹿(사슴 록)
- 동 鮮(고울 선)
  妍(고울 연)
  美(아름다울 미)
- 약 麗

글자 풀이
사슴(鹿)들이 나란히 짝을 짓고 무리를 지어 다니는 모습이 곱고 아름답다(麗)는 의미이다.

읽기한자
纖麗(섬려) 妍麗(연려) 敞麗(창려) 煥麗(환려) 麗采(여채)

쓰기한자
美辭麗句(미사여구) 秀麗(수려) 華麗(화려) 麗謠(여요) 麗人(여인)
高句麗(고구려) 高麗(고려) 流麗(유려) 美麗(미려) 高麗葬(고려장)

慮
4급
생각할 **려:**
心 | 11획

- 비 盧(성(姓) 로)
- 동 思(생각 사)
  想(생각 상)
  念(생각 념)
  考(생각할 고)

글자 풀이
산길을 가는 나그네가 호랑이(虎)를 만나면 두렵게 생각한다(思)는 것에서 염려하다(慮)는 의미이다.

읽기한자
預慮(예려)

쓰기한자
考慮(고려) 無慮(무려) 配慮(배려) 思慮(사려) 心慮(심려) 深慮(심려)
念慮(염려) 千慮一失(천려일실) 憂慮(우려)

勵
3급II
힘쓸 **려:**
力 | 15획

- 동 勉(힘쓸 면)
  努(힘쓸 노)
  務(힘쓸 무)
- 약 励

글자 풀이
벼랑(厂) 밑의 논, 밭에서 만(萬)가지로 힘(力)을 들여 힘써(勵) 일하라고 권면한다는 의미이다.

쓰기한자
激勵(격려) 督勵(독려) 勉勵(면려) 奬勵(장려)

呂	2급(名)
	성(姓)/법칙 **려**:
	口 | 4획

비 宮(집 궁)

글자 풀이

척추뼈(口)가 이어져(丿) 있는 모양을 본뜬 글자로 본래 등뼈를 의미한다.

읽기한자

呂尙(여상) 呂氏春秋(여씨춘추) 呂運亨(여운형) 六呂(육려) 律呂(율려)

廬	2급(名)
	농막집 **려**
	广 | 16획

비 慮(생각할 려)
　蘆(갈대 로)
약 庐

글자 풀이

盧는 버들가지를 엮어 만든 밥그릇으로 보잘 것 없다는 의미를 지니고 있다. 보잘 것 없는(盧) 집(广)이라는 데서 오두막집(廬)을 의미한다.

읽기한자

廬幕(여막) 廬舍(여사) 廬山(여산) 三顧草廬(삼고초려)

礪	2급(名)
	숫돌 **려**:
	石 | 15획

비 勵(힘쓸 려)

글자 풀이

쇠붙이를 가는(厲) 데 쓰는 돌(石)로 숫돌(礪)을 의미한다.

읽기한자

礪石(여석) 礪行(여행) 礪山(여산) 磨礪(마려) 勉礪(면려)
泰山如礪(태산여려)

驪	2급(名)
	검은말 **려/리**
	馬 | 19획

글자 풀이

麗는 黎(검을 려)와 통한다. 윤기가 흐르는 검은(麗) 말(馬)을 의미한다.

읽기한자

驪色之馬(여색지마) 驪龍之珠(여룡지주) 驪州(여주)

7급 II

力 힘 **력**

力 | 0획

비 刀(칼 도)
刃(칼날 인)

팔에 힘을 넣었을 때 생기는 알통에 빗대어 힘, 효능(力)을 의미한다.

읽기한자

膽力(담력) 魔力(마력) 魅力(매력) 勢力圈(세력권) 握力(악력) 力彊(역강)
磁力(자력)

쓰기한자

力點(역점) 力鬪(역투) 筋力(근력) 凝集力(응집력) 力道(역도) 力量(역량)
力說(역설) 力作(역작) 力走(역주) 力學(역학) 權力(권력) 極力(극력)
金力(금력) 努力(노력) 能力(능력) 動力(동력) 武力(무력) 富力(부력)
思力(사력) 死力(사력) 勢力(세력) 速力(속력) 怪力(괴력) 微力(미력)
迫力(박력) 浮力(부력)

5급 II

歷 지날 **력**

止 | 12획

비 曆(책력 력)
동 經(지날 경)
履(밟을 리)

벼(禾)를 순서 있게 늘어놓듯이 차례차례 순서대로 걸어 지나가는(止) 것
에서 지나다(歷)는 의미이다.

읽기한자

蹂歷(유력)

쓰기한자

略歷(약력) 遍歷(편력) 歷代(역대) 歷史(역사) 歷任(역임) 歷程(역정)
經歷(경력) 來歷(내력) 病歷(병력) 歷訪(역방) 歷然(역연) 前歷(전력)
學歷(학력)

3급 II

曆 책력 **력**

日 | 12획

비 歷(지날 력)

벼랑(厂) 밑에서 벼농사(禾禾)를 지으며 하루하루(日)를 지낸다는 데서 책
력(曆)을 의미한다.

쓰기한자

曆法(역법) 萬歲曆(만세력) 西曆(서력) 月曆(월력) 陰曆(음력)
册曆(책력) 太陽曆(태양력) 太陰曆(태음력)

5급 II

練 익힐 **련:**

糸 | 9획

비 鍊(쇠불릴 련)
동 習(익힐 습)
修(닦을 수)
약 練

나무를 쪼개 묶고 장작(柬)을 만들 듯이, 실(糸)을 나누어서 불에 걸어 누
이어 광채를 내는 것에서 누이다, 단련하다(練)는 의미이다.

쓰기한자

練絲(연사) 練祥(연상) 練兵場(연병장) 練武(연무) 練服(연복) 練習(연습)
練日(연일) 洗練(세련) 修練(수련) 熟練(숙련) 調練師(조련사) 訓練(훈련)
訓練兵(훈련병) 練染(연염) 熟練工(숙련공)

連

4급Ⅱ
이을 **련**
辶 | 7획

비 蓮(연꽃 련)
　運(옮길 운)
　進(나아갈 진)
동 繼(이을 계) 係(맬 계)
　續(이을 속) 絡(이을 락)
반 絶(끊을 절) 斷(끊을 단)

글자 풀이

길(辶)에서 수레(車)가 잇달아(連) 달린다는 의미이다.

읽기 한자

連霸(연패)

쓰기 한자

連繫(연계) 連累(연루) 連結(연결) 連發(연발) 連署(연서) 連續(연속)
連勝(연승) 連日(연일) 連作(연작) 連坐(연좌) 連打(연타) 連敗(연패)
連行(연행) 連休(연휴) 不連續(불연속) 連判狀(연판장)
一連番號(일련번호) 連載小說(연재소설) 連鎖反應(연쇄반응)
連席會議(연석회의)

라

戀

3급Ⅱ
그리워할/그릴 **련:**
心 | 19획

비 變(변할 변)
　燮(불꽃 섭)
　蠻(오랑캐 만)
동 慕(그릴 모)
약 恋

글자 풀이

변하지(變) 않는 마음(心)으로 그리워 한다(戀)는 의미이다.

읽기 한자

籠鳥戀雲(농조연운)

쓰기 한자

戀歌(연가) 戀慕(연모) 戀書(연서) 戀愛(연애) 戀愛小說(연애소설)
戀戀(연연) 戀人(연인) 戀情(연정) 同性戀愛(동성연애) 悲戀(비련)
思戀(사련) 邪戀(사련) 失戀(실연)

聯

3급Ⅱ
연이을 **련**
耳 | 11획

비 關(관계할 관)
동 絡(이을 락)
　連(이을 련)
　繼(이을 계)
　係(맬 계)
　續(이을 속)
약 联

글자 풀이

바늘 귀(耳)에 실을 꿰어 꿰매서(絲) 잇는다(聯)는 의미이다.

읽기 한자

聯絡網(연락망)

쓰기 한자

聯句(연구) 聯絡(연락) 聯立內閣(연립내각) 聯盟(연맹) 聯想(연상)
聯合(연합) 關聯(관련) 對聯(대련) 蘇聯(소련)

鍊

3급Ⅱ
쇠불릴/단련할 **련:**
金 | 9획

비 練(익힐 련)
동 鍛(쇠불릴 단)
약 錬

글자 풀이

쇠(金) 중에서 좋은 성분을 가려서(柬) 강철을 만들기 위하여 불린다, 단
련한다(鍊)는 의미이다.

읽기 한자

鍛鍊(단련)

쓰기 한자

鍊磨(연마) 修鍊(수련) 試鍊(시련) 再鍊(재련) 製鍊(제련) 鍊金術(연금술)
敎鍊(교련) 老鍊(노련)

憐	3급
	불쌍히여길 **련**
心	12획

[비] 隣(이웃 린)
傑(뛰어날 걸)
[동] 憫(불쌍히여길 민)

글자 풀이

어려운 처지에 있는 이웃(隣)을 마음(心)으로 불쌍히 여긴다(憐)는 의미
이다.

읽기 한자

憐悼(연도)

쓰기 한자

憐憫(연민) 可憐(가련) 同病相憐(동병상련) 哀憐(애련) 愛憐(애련)
淸純可憐(청순가련)

蓮	3급Ⅱ
	연꽃 **련**
⺾	11획

[비] 連(이을 련)

글자 풀이

줄기와 뿌리가 연이어져(連) 있는 꽃(⺾)이니 연꽃(蓮)을 의미한다.

읽기 한자

蓮塘(연당)

쓰기 한자

蓮根(연근) 蓮葉(연엽) 蓮花(연화) 木蓮(목련)

漣	2급(名)
	잔물결 **련**
水	11획

[비] 連(이을 련)

글자 풀이

물(水)이 끊어지지 않고 쭉 이어져(連) 있는 데서 잔물결(漣)을 의미한다.

읽기 한자

漣落(연락) 漣川(연천) 細漣(세련)

煉	2급
	달굴 **련**
火	9획

[동] 鍛(쇠불릴 단)
鍊(쇠불릴 련)

글자 풀이

쇠를 불(火)에 달구어 불순물을 걸러낸다(柬)는 데서 달구다(煉)는 의미
이다.

읽기 한자

煉丹(연단) 煉獄(연옥) 煉瓦(연와) 煉乳(연유) 煉肉(연육) 煉炭(연탄)
修煉(수련)

列	4급 II
벌릴	**렬**
刀	4획

비 別(다를 별)
　刑(형벌 형)
　判(판단할 판)
동 羅(벌릴 라)

글자 풀이

잡아온 짐승의 뼈(歹)를 칼(刂)로 끊어내어 고기만을 늘어놓는 것에서 열, 늘어서다(列)는 의미이다.

읽기한자

棋列(기열) 列峙(열치)

쓰기한자

系列(계열) 陳列(진열) 列眉(열미) 竝列(병렬) 列強(열강) 列國(열국)
列島(열도) 列傳(열전) 列舉(열거) 列聖(열성) 列星(열성) 列車(열차)
羅列(나열) 隊列(대열) 配列(배열) 分列(분열) 序列(서열) 數列(수열)
順列(순열) 戰列(전열) 前列(전열) 齒列(치열) 葬列(장렬) 列繫(열계)

烈	4급
매울	**렬**
火	6획

비 裂(찢어질 렬)
동 辛(매울 신)

글자 풀이

불(灬)이 줄지어(列) 일어나니 불길이 세차고, 빛나며 연기가 맵다(烈)는 의미이다.

읽기한자

宋時烈(송시열) 峻烈(준열) 酷烈(혹렬)

쓰기한자

烈女(열녀) 烈士(열사) 烈祖(열조) 烈火(열화) 強烈(강렬) 激烈(격렬)
極烈(극렬) 熱烈(열렬) 先烈(선렬) 遺烈(유렬) 壯烈(장렬) 忠烈(충렬)
痛烈(통렬) 猛烈(맹렬) 貞烈(정렬)

劣	3급
못할	**렬**
力	4획

비 尖(뾰족할 첨)
동 拙(졸할 졸)
반 優(넉넉할 우)

글자 풀이

힘(力)이 적다(少)는 데서 못나다(劣)는 의미이다.

읽기한자

劣紳(열신)

쓰기한자

劣等(열등) 劣性(열성) 劣勢(열세) 劣惡(열악) 卑劣(비열) 庸劣(용렬)
優劣(우열) 拙劣(졸렬)

裂	3급 II
찢어질	**렬**
衣	6획

비 烈(매울 렬)
동 破(깨뜨릴 파)

글자 풀이

옷(衣)을 줄줄이(列) 찢는다(裂)는 의미이다.

쓰기한자

裂傷(열상) 決裂(결렬) 龜裂(균열) 分裂(분열) 四分五裂(사분오열)
支離滅裂(지리멸렬) 破裂(파열)

廉
청렴할 렴
广 | 10획

[비] 兼(겸할 겸)
康(편안 강)
[동] 儉(검소할 검)

<글자 풀이>
벼슬하는 사람이 집(广)에서 농사 일을 겸할(兼) 정도로 검소하고 청렴하다(廉)는 의미이다.

<읽기 한자>
裵克廉(배극렴) 廉纖(염섬)

<쓰기 한자>
廉價(염가) 廉恥(염치) 廉探(염탐) 低廉(저렴) 清廉潔白(청렴결백)
破廉恥(파렴치)

3급

濂
물이름 렴
水 | 13획

[비] 廉(청렴할 렴)

2급(名)

<글자 풀이>
중국(中國) 호남성(湖南省) 도현(道縣)에 있는 시내의 이름이다.

<읽기 한자>
濂溪學派(염계학파) 周濂溪(주렴계)

獵
사냥 렵
犬 | 15획

[동] 狩(사냥할 수)
[약] 猟

3급

<글자 풀이>
개(犬)가 긴 갈기의 짐승(巤)을 잡는 데서 사냥하다(獵)는 의미이다.

<읽기 한자>
戈獵(과렵) 鴨獵(압렵)

<쓰기 한자>
獵車(엽거) 獵犬(엽견) 獵官(엽관) 獵奇(엽기) 獵夫(엽부) 獵師(엽사)
獵色(엽색) 獵銃(엽총) 禁獵(금렵) 密獵(밀렵) 涉獵(섭렵) 田獵(전렵)

令
하여금 령(:)
人 | 3획

[비] 今(이제 금)
冷(찰 랭)
[동] 命(목숨 명)
使(하여금 사)

5급

<글자 풀이>
사람을 모아서(人) 무언가 명령(刀)하여 따르게 하는 것에서 명령하다(令)는 의미이다.

<읽기 한자>
令尹(영윤) 敕令(칙령) 令孃(영양) 令胤(영윤) 令媛(영원) 令旨(영지)

<쓰기 한자>
令狀(영장) 戒嚴令(계엄령) 辭令(사령) 朝令暮改(조령모개) 縣令(현령)
令夫人(영부인) 令愛(영애) 令息(영식) 令節(영절) 假令(가령)
禁足令(금족령) 待令(대령) 道令(도령) 命令(명령) 發令(발령) 法令(법령)
部令(부령) 設令(설령) 施行令(시행령) 藥令市(약령시) 司令官(사령관)

領

5급

거느릴 **령**

頁 | 5획

비 嶺(고개 령)
　頂(정수리 정)
　頌(기릴 송)
동 率(거느릴 솔)
　統(거느릴 통)
　御(거느릴 어)

글자 풀이

사람(頁)들을 무릎 꿇려 중요한 것을 명령하는(令) 것에서 지배하다, 중요한 것, 통치하는 사람(領)을 의미한다.

읽기 한자

領揆(영규)

쓰기 한자

領域(영역) 占領(점령) 領空(영공) 領內(영내) 領導者(영도자) 領事(영사)
領收(영수) 領有(영유) 領主(영주) 領地(영지) 領置金(영치금) 領土(영토)
領議政(영의정) 領海(영해) 敎領(교령) 大統領(대통령) 頭領(두령) 首領(수령)
受領(수령) 要領(요령) 綱領(강령) 橫領(횡령)

嶺

3급 II

고개 **령**

山 | 14획

비 領(거느릴 령)
동 峴(고개 현)

글자 풀이

산(山)의 우두머리(領)가 피는 산봉우리(嶺)를 의미한다.

읽기 한자

高峯峻嶺(고봉준령) 踰嶺(유령) 峻嶺(준령) 泰山峻嶺(태산준령)

쓰기 한자

嶺東(영동) 嶺西(영서) 嶺南(영남) 高嶺土(고령토) 大關嶺(대관령)
分水嶺(분수령)

靈

3급 II

신령 **령**

雨 | 16획

비 露(이슬 로)
　零(떨어질 령)
동 魂(넋 혼)
약 灵, 霊

글자 풀이

무당(巫)이 제물(口口口)을 차려 놓고 비를(雨) 주십사하고 신령(靈)께 빈다는 의미이다.

읽기 한자

靈芝(영지) 靈蔡(영채) 靈窟(영굴) 靈瑞(영서) 靈沼(영소) 靈耀(영요)
靈祚(영조) 靈刹(영찰)

쓰기 한자

靈感(영감) 靈物(영물) 靈山(영산) 靈安室(영안실) 靈藥(영약) 靈長(영장)
靈前(영전) 靈驗(영험) 靈魂(영혼) 亡靈(망령) 妄靈(망령) 神靈(신령)
心靈(심령) 慰靈祭(위령제) 幽靈(유령) 護國英靈(호국영령)

零

3급

떨어질 **령**
영(數字) **령**

雨 | 5획

비 霧(안개 분)
　雪(눈 설)
　雲(구름 운)
동 落(떨어질 락)

글자 풀이

명령(令)이 위에서 아래로 내려지듯 빗(雨)방울이 위에서 아래로 떨어진다(零)는 의미이다.

쓰기 한자

零落(영락) 零封(영봉) 零上(영상) 零細業者(영세업자) 零時(영시)
零點(영점) 零下(영하)

玲	옥소리 **령**	2급(名)
	玉	5획

비 冷(찰 랭)

글자 풀이

구슬(玉)이 울리는 소리(令)가 고운 데서 목소리가 곱다(玲)는 의미이다.

읽기한자

玲玲(영령)

例	법식 **례:**	6급
	人	6획

비 列(벌릴 렬)
　烈(매울 렬)
동 式(법 식)
　法(법 법)
　度(법도 도)
　範(법 범)

글자 풀이

사람(人)이 물건을 늘어놓는다(列)는 것에서 늘어져 있는 것(例)과 같은 의미이다.

읽기한자

赦例(사례)

쓰기한자

異例(이례) 條例(조례) 判例(판례) 例規(예규) 例年(예년) 例文(예문)
例示(예시) 例外(예외) 例題(예제) 類例(유례) 法例(법례) 比例(비례)
事例(사례) 常例(상례) 先例(선례) 實例(실례) 例句(예구) 例事(예사)
用例(용례) 月例(월례) 典例(전례) 前例(전례) 定例(정례) 次例(차례)
通例(통례) 慣例(관례) 凡例(범례)

禮	예도 **례:**	6급
	示	13획

비 豊(풍년 풍)
약 礼

글자 풀이

제단에(示) 제물을 풍성하게(豊) 차려놓고 제사 지내는 것이 예(禮)의 근본이라는 의미이다.

읽기한자

廻禮(회례) 禮帽(예모)

쓰기한자

禮遇(예우) 禮儀(예의) 禮讚(예찬) 禮記(예기) 禮度(예도) 禮物(예물)
禮訪(예방) 禮拜(예배) 禮法(예법) 禮服(예복) 禮佛(예불) 禮節(예절)
禮砲(예포) 家禮(가례) 缺禮(결례) 敬禮(경례) 答禮(답례) 目禮(목례)
無禮(무례) 冠禮(관례) 默禮(묵례) 巡禮(순례) 葬禮(장례) 茶禮(차례)
賀禮(하례) 虛禮虛飾(허례허식)

隷	종 **례:**	3급
	隶	8획

비 款(항목 관)
동 奴(종 노)
　婢(계집종 비)
　僕(종 복)

글자 풀이

죄인이나 이민족을 붙잡아(隶) 종(隷)으로 삼는 것을 의미한다.

쓰기한자

隷事(예사) 隷書(예서) 隷屬(예속) 隷臣(예신) 隷也不力(예야불력)
隷役(예역) 隷人(예인) 奴隷(노예) 同隷(동례) 輿隷(여례) 直隷(직례)
賤隷(천례)

醴	2급(名) 단술(甘酒) 례: 酉 | 13획

비 禮(예도 례)

글자 풀이

豊은 제기(祭器)에 바쳐진 단술(甘酒)의 상형이다. 후에 술(酉)이 더해져 단술(甘酒)을 의미한다.

읽기한자

醴酒(예주) 醴酒不設(예주불설) 醴泉(예천) 甘醴(감례)

老	7급 늙을 로: 老 | 0획

비 孝(효도 효)
　考(생각할 고)
동 丈(어른 장)
　翁(늙은이 옹)
반 少(적을 소)
　幼(어릴 유)
　稚(어릴 치)

글자 풀이

늙은이의 모양에서 늙다, 쇠퇴하다(老)는 의미이다.

읽기한자

老驥(노기) 老萊子(노래자) 老檜(노회) 老杜(노두) 老艾(노애) 老坡(노파) 老鋪(노포)

쓰기한자

老松(노송) 老炎(노염) 老翁(노옹) 老眼(노안) 老人(노인) 老親(노친) 老化(노화) 老患(노환) 敬老(경로) 元老(원로) 長老(장로) 耂老(조로) 老鍊(노련) 老妄(노망) 老衰(노쇠) 老人丈(노인장) 老益壯(노익장) 老廢物(노폐물) 老父母(노부모) 老弱者(노약자) 養老院(양로원) 不老草(불로초) 男女老少(남녀노소) 百戰老將(백전노장)

路	6급 길 로: 足 | 6획

비 略(간략할 략)
　洛(물이름 락)
　絡(이을 락)
동 道(길 도)
　途(길 도)
　程(길 정)

글자 풀이

갈림길까지 와서(足) 어디로 갈 것인가를 누구나(各)가 서성이며 중얼거리는 것에서 갈길과 샛길 등 길(路)을 의미한다.

읽기한자

岐路(기로) 道路網(도로망) 路旁(노방) 僻路(벽로) 峻路(준로) 遮路(차로) 阪路(판로) 鋪裝道路(포장도로) 峽路(협로)

쓰기한자

路資(노자) 歸路(귀로) 險路(험로) 路幅(노폭) 迷路(미로) 路面(노면) 路邊(노변) 路上(노상) 路線(노선) 經路(경로) 農路(농로) 大路(대로) 道路(도로) 末路(말로) 路頂(노정) 街路燈(가로등) 高架道路(고가도로) 高速道路(고속도로)

勞	5급Ⅱ 일할 로 力 | 10획

비 榮(영화 영)
　營(경영할 영)
　螢(반딧불 형)
반 使(부릴 사)
약 労

글자 풀이

농사일의 처음에는 불(火)을 피워 농기구를 정리하고 무사를 빌고 신에게 감사드려 매일매일(冖) 진력(力)해서 일한다는 것에서 일하다(勞)는 의미이다.

읽기한자

勞心焦思(노심초사) 旌勞(정로) 勳勞(훈로)

쓰기한자

勤勞(근로) 徒勞(도로) 慰勞(위로) 勞困(노곤) 疲勞(피로) 勞動組合(노동조합) 勞賃(노임) 勞苦(노고) 勞力(노력) 勞使(노사) 功勞(공로) 過勞(과로) 勞總(노총) 勞動者(노동자) 勞務者(노무자) 重勞動(중노동) 勞役(노역)

爐

3급Ⅱ
화로 **로**
火 | 16획

비 盧(성 로)
약 炉

글자 풀이

불(火)을 담는 그릇(盧)이니 화로(爐)를 의미한다.

읽기 한자

鴨爐(압로) 熔鑛爐(용광로) 鎔鑛爐(용광로)

쓰기 한자

爐邊情談(노변정담) 原子爐(원자로) 香爐(향로) 紅爐點雪(홍로점설)
火爐(화로)

露

3급Ⅱ
이슬 **로(:)**
雨 | 13획

비 靈(신령 령)
零(떨어질 령)

글자 풀이

길(路)가의 풀잎 위에 비(雨)처럼 내린 이슬(露)을 의미한다.

읽기 한자

露呈(노정) 瑞露(서로) 塵露(진로)

쓰기 한자

吐露(토로) 露骨(노골) 露骨的(노골적) 露宿(노숙) 露積(노적) 露店(노점)
露天(노천) 露出(노출) 發露(발로) 暴露(폭로) 露珠(노주)

盧

2급(名)
성(姓) **로**
皿 | 11획

비 慮(생각할 려)
膚(살갖 부)

글자 풀이

虍와 田은 대나무나 나무를 엮어 만든 그릇을 본뜬 것이다. 여기에 그릇(皿)을 더하여 밥그릇을 나타냈다. 주로 姓으로 쓰인다.

읽기 한자

盧弓盧矢(노궁노시) 盧生之夢(노생지몽) 盧昇之(노승지)

蘆

2급(名)
갈대 **로**
艹 | 16획

약 芦

글자 풀이

창자루(盧)처럼 길게 자라는 풀(艹)이라서 갈대(蘆)를 의미한다.

읽기 한자

蘆管(노관) 蘆笛(노적) 蘆汀(노정) 蘆花(노화) 蘆原區(노원구)

라

魯

2급(名)

노나라/노둔할 **로**

魚 | 4획

동 鈍(둔할 둔)

글자 풀이

나라이름 외에 성(姓)으로 쓰이고, 둔하다는 의미로 많이 쓰인다.

읽기한자

魯鈍(노둔) 魯論(노론) 魚魯不辨(어로불변)

鷺

2급(名)

백로/해오라기 **로**

鳥 | 13획

글자 풀이

이슬(路)처럼 맑고 하얀 새(鳥)로 백로(鷺)를 의미한다.

읽기한자

鷺鷗(노구) 鷺序(노서) 鷺羽(노우) 鷺梁津(노량진) 白鷺(백로)
霜雪之鷺(상설지로)

綠

6급

푸를 **록**

糸 | 8획

비 錄(기록할 록)
　 祿(녹 록)
동 蒼(푸를 창)
　 靑(푸를 청)

글자 풀이

작은 칼(彔)로 표피를 벗긴 대나무나 나무껍질 같은 깨끗한 색으로 염색
한 실(糸)에서 녹색, 푸르다(綠)는 의미이다.

읽기한자

鴨綠江(압록강) 綠槐(녹괴) 綠灣(녹만)

쓰기한자

綠內障(녹내장) 綠豆(녹두) 綠末(녹말) 綠色(녹색) 綠水靑山(녹수청산)
綠陰(녹음) 綠地(녹지) 綠草(녹초) 綠化(녹화) 常綠樹(상록수) 新綠(신록)
葉綠素(엽록소) 草綠同色(초록동색) 綠肥(녹비) 綠衣紅裳(녹의홍상)
綠茶(녹차)

錄

4급Ⅱ

기록할 **록**

金 | 8획

비 祿(녹 록)
　 綠(푸를 록)
동 記(기록할 기)
　 誌(기록할 지)
　 識(기록할 지)
약 录

글자 풀이

금(金)이나 청동의 표면을 조각칼(彔)로 깎아내어 문자나 그림을 새겨 넣
는 것으로 써서 표시한다(錄)는 의미이다.

읽기한자

謄錄(등록) 輯錄(집록) 懲毖錄(징비록)

쓰기한자

紀錄(기록) 採錄(채록) 芳名錄(방명록) 備忘錄(비망록) 抄錄(초록)
錄音(녹음) 錄畫(녹화) 記錄(기록) 登錄(등록) 目錄(목록) 史錄(사록)
收錄(수록) 新記錄(신기록) 實錄(실록) 語錄(어록) 默示錄(묵시록) 附錄(부록)

祿

녹 | 록

示 | 8획

3급 II

비 綠(푸를 록)
　錄(기록할 록)
동 俸(녹 봉)

글자 풀이

하늘(示)이 주는 곡식(彔)이란 데서 봉, 녹(祿)을 의미한다.

읽기 한자

祿俸(녹봉)

쓰기 한자

貫祿(관록) 官祿(관록) 國祿(국록) 福祿(복록) 爵祿(작록)

鹿

사슴 | 록

鹿 | 0획

3급

비 慶(경사 경)
　麗(고울 려)

글자 풀이

사슴의 모양(鹿)을 본떴다.

읽기 한자

鹿苑(녹원) 鹿腎(녹신) 鹿蜀(녹촉)

쓰기 한자

鹿角(녹각) 鹿獵(녹렵) 鹿皮(녹비) 鹿血(녹혈) 指鹿爲馬(지록위마)
逐鹿(축록)

論

논할 | 론

言 | 8획

4급 II

비 倫(인륜 륜)
　輪(바퀴 륜)
동 議(의논할 의)
　評(평할 평)

글자 풀이

책을 모아서 정연히 정리하듯이(侖) 말(言)은 정연히 정리해서 사리를
세워 말한다(論)는 의미이다.

읽기 한자

魯論(노론) 論旨(논지) 僻論(벽론) 峻論(준론) 汎論(범론)

쓰기 한자

論據(논거) 論評(논평) 論衡(논형) 論客(논객) 論考(논고)
論告(논고) 論壇(논단) 論理(논리) 論文(논문) 論法(논법) 論說(논설)
論語(논어) 論外(논외) 論議(논의) 論爭(논쟁) 論題(논제) 論調(논조)
論罪(논죄) 講論(강론) 論及(논급) 論述(논술) 槪論(개론) 莫論(막론)
緖論(서론) 唯物論(유물론) 唯心論(유심론) 論功行賞(논공행상)

弄

희롱할 | 롱:

廾 | 4획

3급 II

비 奔(달릴 분)
동 戱(놀이 희)

글자 풀이

어린 아이가 구슬(玉)을 두 손(廾)에 들고 재미있게 논다는 데서 희롱하
다, 놀다(弄)는 의미이다.

읽기 한자

弄璋(농장) 弄壎(농훈) 弄璋之喜(농장지희) 弄翰(농한)

쓰기 한자

吟風弄月(음풍농월) 弄月(농월) 弄談(농담) 弄調(농조) 愚弄(우롱)
才弄(재롱) 戱弄(희롱)

籠 2급 대바구니 롱(:) 竹 16획	**글자 풀이** 흙을 날쌔게(龍) 나르기 위해 대나무(竹)를 엮어 만든 그릇으로 대바구니(籠)를 의미한다.

약 筐

읽기 한자

籠中鳥(농중조) 籠球(농구) 籠絡(농락) 籠城(농성) 籠鳥戀雲(농조연운)
藥籠(약롱) 香籠(향롱)

賴 3급Ⅱ 의뢰할 뢰: 貝 9획	**글자 풀이** 칼(刀)과 돈(貝)을 묶어(束) 가져다주면서 어떤 일을 부탁하고 의뢰한다(賴)는 의미이다.

쓰기 한자

無賴漢(무뢰한) 信賴(신뢰) 依賴(의뢰)

雷 3급Ⅱ 우레 뢰 雨 5획	**글자 풀이** 비(雨)가 올 때 논, 밭(田)에서 우뢰, 천둥(雷) 소리가 크게 들린다는 의미이다.

비 電(번개 전)
　霜(서리 상)
동 震(우레 진)

읽기 한자

雷芝(뇌지) 雷煥(뇌환)

쓰기 한자

雷管(뇌관) 雷同(뇌동) 落雷(낙뢰) 魚雷(어뢰) 地雷(지뢰) 避雷(피뢰)

料 5급 헤아릴 료(:) 斗 6획	**글자 풀이** 곡물(米)의 부피를 재는 됫박(斗)에 빗대어 재다, 재료(料)를 의미한다.

비 科(과목 과)
동 量(헤아릴 량)
　測(헤아릴 측)

읽기 한자

飼料(사료)

쓰기 한자

資料(자료) 料金(요금) 料量(요량) 料理(요리) 給料(급료) 無料(무료)
史料(사료) 思料(사료) 送料(송료) 原料(원료) 材料(재료) 香料(향료)
料亭(요정) 稿料(고료) 顔料(안료) 染料(염료) 過怠料(과태료)
香辛料(향신료) 賃貸料(임대료) 手數料(수수료) 食料品(식료품)
飮料水(음료수) 調味料(조미료) 淸料理(청요리) 通行料(통행료)

了 마칠 료:	3급
亅 | 1획	

비 子(아들 자)
予(나 여)
통 終(마칠 종)
末(끝 말)

글자 풀이

사람(ㄱ)이 도구(亅)를 써서 일을 마친다(了)는 의미이다.

읽기한자

魅了(매료)

쓰기한자

了解(요해) 滿了(만료) 修了(수료) 完了(완료) 終了(종료)

僚 동료 료	3급
人 | 12획	

비 療(병고칠 료)

글자 풀이

관청(寮)에서 일하는 사람(人)으로 벼슬아치나 동료(僚)를 의미한다.

쓰기한자

僚吏(요리) 僚友(요우) 閣僚(각료) 官僚(관료) 同僚(동료) 幕僚(막료)

療 병고칠 료	2급
疒 | 12획	

비 僚(동료 료)
遼(멀 료)

글자 풀이

병(疒)을 고치는 직무의 벼슬아치(寮)가 병을 고친다는 데서 병을 고친다(療)는 의미이다.

읽기한자

療飢(요기) 療方(요방) 療法(요법) 療病(요병) 療養(요양) 加療(가료)
醫療(의료) 診療(진료) 治療(치료)

遼 멀 료	2급(名)
辶 | 12획	

비 僚(동료 료)
療(병고칠 료)
통 遠(멀 원)
반 近(가까울 근)

글자 풀이

벼슬아치(寮)의 진급은 쉬엄쉬엄(辶) 이루어지므로 높은 벼슬이 아득히 멀게 느껴진다는 데서 멀다(遼)는 의미이다.

읽기한자

遼隔(요격) 遼東半島(요동반도) 遼寧省(요령성) 遼史(요사) 遼遠(요원)
遼河(요하)

龍	4급
용 룡	
龍 | 0획	

비 襲(엄습할 습)
약 竜

라

글자 풀이

서(立) 있는 몸(月)으로 위(上)를 향하여 꿈틀거리며(己) 하늘(天)로 올라가는 동물이니 용(龍)을 의미한다.

읽기 한자

驪龍之珠(여룡지주) 龍沼(용소) 麟鳳龜龍(인봉귀룡) 趙子龍(조자룡)
亢龍有悔(항룡유회) 龍膽(용담) 龍飛鳳峙(용비봉치) 龍瑞(용서)
龍躍雲津(용약운진) 龍淵(용연) 龍翰鳳翼(용한봉익)

쓰기 한자

龍宮(용궁) 龍馬(용마) 龍床(용상) 龍王(용왕) 龍吟魚躍(용음어약)
登龍門(등용문) 左靑龍(좌청룡) 土龍(토룡) 龍頭蛇尾(용두사미)
龍尾(용미) 臥龍(와룡) 龍顔(용안) 恐龍(공룡)

樓	3급Ⅱ
다락 루	
木 | 11획	

비 數(셀 수)
약 楼

글자 풀이

나무(木)를 여러(婁)개 이어서 지은 다락(樓)을 의미한다.

읽기 한자

瓊樓玉宇(경루옥우) 摩天樓(마천루) 樓闕(누궐) 樓艦(누함)

쓰기 한자

樓閣(누각) 樓上(누상) 望樓(망루)

屢	3급
여러 루:	
尸 | 11획	

비 樓(다락 루)
동 累(자주 루)

글자 풀이

집(尸)에 많은 수(婁)의 사람들이 여러 번, 자주(屢) 드나든다는 의미이다.

쓰기 한자

屢年(누년) 屢屢(누누) 屢代(누대) 屢世(누세) 屢次(누차)

淚	3급
눈물 루:	
水 | 8획	

비 漏(샐 루)
　 派(물결 파)
약 涙

글자 풀이

허물(戾)을 뉘우치며 눈에서 흐르는 물(水)이니 눈물(淚)이다.

쓰기 한자

淚珠(누주) 落淚(낙루) 血淚(혈루)

漏

3급Ⅱ
샐 **루:**
水 | 11획

비 淚(눈물 루)
派(물결 파)

집(尸)에 빗(雨)물(水)이 샌다(漏)는 의미이다.

읽기한자
闕漏(궐루) 漏網(누망)

쓰기한자
漏刻(누각) 漏氣(누기) 漏落(누락) 漏水(누수) 漏電(누전) 漏出(누출)
早漏(조루) 脫漏(탈루)

累

3급Ⅱ
여러/자주 **루:**
糸 | 5획

동 屢(여러 루)

글자 풀이
밭(田) 사이에 실(糸)처럼 가늘게 나 있는 밭두렁이 여러 개, 포개어(累) 보인다는 의미이다.

읽기한자
銖積寸累(수적촌루)

쓰기한자
累計(누계) 累代(누대) 累卵之勢(누란지세) 累名(누명) 累犯(누범)
累積(누적) 累進(누진) 累差(누차) 累責(누책) 連累(연루)

流

5급Ⅱ
흐를 **류**
水 | 7획

비 疏(소통할 소)

글자 풀이
아이가 머리를 하천(川) 밑을 향해 물(水)에 채 떠내려가는 것(去)에서 흘러가다, 방황하다(流)는 의미이다.

읽기한자
湍流(단류) 流線型(유선형) 流衍(유연) 流傭(유용) 流車軸(유차축)

쓰기한자
流域(유역) 流轉(유전) 流彈(유탄) 激流(격류) 濁流(탁류) 漂流(표류)
流動(유동) 流麗(유려) 流配(유배) 流布(유포) 流會(유회) 流量(유량)
流氷(유빙) 流産(유산) 流星(유성) 流失(유실) 流通(유통) 流波(유파)
流血(유혈) 交流(교류) 流浪(유랑) 還流(환류) 橫流(횡류)

類

5급Ⅱ
무리 **류(:)**
頁 | 10획

비 題(제목 제)
額(이마 액)
동 群(무리 군)
衆(무리 중)
徒(무리 도)
等(무리 등)

글자 풀이
쌀알(米)이나 사람(頁)도 같은 종류의 것은 모두(大) 얼굴이 닮아있는 것이다. 거기서 닮아 있는 것끼리를 類라고 말하고, 한 무리, 동류(類)를 의미한다.

읽기한자
類型(유형) 類聚(유취)

쓰기한자
類推(유추) 酒類(주류) 類類相從(유유상종) 類似(유사) 類例(유례)
類別(유별) 同類(동류) 部類(부류) 分類(분류) 書類(서류) 魚類(어류)
語類(어류) 肉類(육류) 衣類(의류) 人類(인류) 鳥類(조류) 種類(종류)
人類愛(인류애) 類萬不同(유만부동)

留 4급Ⅱ
머무를 **류**
田 | 5획

비 番(차례 번)
동 停(머무를 정)
　　泊(머무를 박)
　　駐(머무를 주)

글자 풀이

토끼(卯)가 풀밭(田)에 머물러(留) 풀을 뜯어 먹는다는 의미이다.

읽기 한자

駐留(주류)

쓰기 한자

居留(거류) 拘留(구류) 遺留品(유류품) 殘留(잔류) 押留(압류) 留繫(유계)
留滯(유체) 留級(유급) 留念(유념) 留保(유보) 留宿(유숙) 留意(유의)
留任(유임) 留置場(유치장) 留學(유학) 保留(보류) 停留場(정류장)
抑留(억류)

柳 4급
버들 **류(:)**
木 | 5획

동 楊(버들 양)

글자 풀이

나무(木)잎이 토끼(卯) 털처럼 부드러운 나무가 버드나무(柳)라는
의미이다.

읽기 한자

楡柳(유류) 柳塘(유당)

쓰기 한자

柳器(유기) 花柳界(화류계) 楊柳(양류) 路柳墻花(노류장화)

劉 2급(名)
죽일 **류**
묘금도(卯金刂) **류**
刀 | 13획

글자 풀이

쇠붙이(金)로 만든 말 재갈(卯)과 칼(刀)은 모두 무기이므로 무기, 죽이다
(劉)는 의미로 주로 쓰이게 되었다.

읽기 한자

劉邦(유방) 劉備(유비)

硫 2급
유황 **류**
石 | 7획

글자 풀이

돌(石)에 약간의 열만 가해도 녹아 흘러내린다(流)는 데서 유황(硫)을 의
미한다.

읽기 한자

硫酸(유산) 硫黃(유황)

謬	2급
	그르칠 **류**
	言 | 11획

비 診(진찰할 진)
동 誤(그르칠 오)
　 訛(그릇될 와)

글자 풀이

멀리 벗어나 높이 날아가는(翏) 말(言)은 잘못이라는 데서 그릇되다(謬)는 의미이다.

읽기 한자

謬見(유견) 謬算(유산) 謬想(유상) 謬習(유습) 謬傳(유전) 誤謬(오류)

六	8급
	여섯 **륙**
	八 | 2획

비 大(큰 대)

글자 풀이

무궁화 꽃잎 5개와 꽃술 1개를 이어서 여섯(六)을 의미한다.

읽기 한자

六呂(육려) 六柄(육병) 六采(육채) 六六麟(육육린)

쓰기 한자

六甲(육갑) 六十甲子(육십갑자) 六禮(육례) 六面體(육면체) 六法(육법)
六書(육서) 六親(육친) 死六臣(사육신) 三十六計(삼십육계) 六旬(육순)

陸	5급 Ⅱ
	뭍 **륙**
	阜/阝 | 8획

비 睦(화목할 목)
　 陵(언덕 릉)
　 隆(높을 륭)
동 地(따 지)
반 海(바다 해)
　 空(빌 공)

글자 풀이

솟아오른 언덕(阝)이 이어지는 넓은 토지(坴)의 모습에서 뭍, 육지(陸)를 의미한다.

읽기 한자

陸九淵(육구연)

쓰기 한자

離陸(이륙) 陸稻(육도) 陸梁(육량) 陸橋(육교) 陸軍(육군) 陸路(육로)
陸士(육사) 陸上(육상) 陸送(육송) 陸地(육지) 內陸(내륙) 大陸(대륙)
上陸(상륙) 水陸(수륙) 着陸(착륙) 新大陸(신대륙) 陸上競技(육상경기)
揚陸(양륙)

輪	4급
	바퀴 **륜**
	車 | 8획

비 輸(보낼 수)
　 論(논할 론)

글자 풀이

제대로 갖춘 책(侖)과 같이 중심축이 제대로 갖추어진 수레(車)의 모습에서 수레바퀴(輪)를 의미한다.

읽기 한자

輪廻(윤회)

쓰기 한자

輪番(윤번) 輪伐(윤벌) 輪作(윤작) 輪轉機(윤전기) 輪回(윤회)
三輪車(삼륜차) 年輪(연륜) 五輪旗(오륜기) 銀輪(은륜) 車輪(차륜)
輪姦(윤간) 輪禍(윤화)

倫	3급Ⅱ
	인륜 륜
	人 ǀ 8획

비 論(논할 론)
　輪(바퀴 륜)

책(册)에 있는 이론을 정리하고 합(合)해서 사람(人)이 지켜야 할 인륜(倫)을 밝힌다는 의미이다.

읽기 한자

蔡倫(채륜)

쓰기 한자

倫匹(윤필) 倫理(윤리) 明倫堂(명륜당) 三綱五倫(삼강오륜)
二倫行實圖(이륜행실도) 人倫(인륜) 天倫(천륜)

崙	2급(名)
	산이름 륜
	山 ǀ 8획

글자 풀이

중국(中國) 신강성(新疆省)에 있는 곤륜산(崑崙山)의 이름자이다.

律	4급Ⅱ
	법칙 률
	彳 ǀ 6획

비 津(나루 진)
동 規(법 규)
　法(법 법)
　式(법 식)
　則(법칙 칙)
　例(법식 례)

글자 풀이

법률은 우선 문장으로 쓰여지고(聿) 난 후 천하에 퍼져나가는(彳) 것으로 규정을 만들어 쓴다는 것에서 규정, 규칙, 법률(律)을 의미한다.

읽기 한자

律呂(율려) 秦律(진율)

쓰기 한자

戒律(계율) 紀律(기율) 律法(율법) 律士(율사) 律師(율사) 律動(율동)
律詩(율시) 軍律(군율) 規律(규율) 法律(법률) 音律(음률) 自律(자율)
調律(조율) 他律(타율) 排律(배율) 旋律(선율) 韻律(운율)
二律背反(이율배반)

栗	3급Ⅱ
	밤 률
	木 ǀ 6획

비 粟(조 속)

글자 풀이

바구니(襾) 같은 밤송이가 달리는 나무(木)이니 밤나무(栗)란 의미이다.

쓰기 한자

栗谷(율곡) 生栗(생률) 黃栗(황률)

率

3급Ⅱ

비율 **률**
거느릴 **솔**

玄 | 6획

비 索(찾을 색)
동 領(거느릴 령)
　統(거느릴 통)

글자 풀이

두 손으로 실(ㅗ)을 꼬아 동아줄(糸)을 만들듯 여럿(十)이 힘을 모은다는
데서 거느리다(率)는 의미이다.

읽기한자

滋養率(자양률) 軸率(축률) 扁平率(편평률)

쓰기한자

高率(고율) 能率(능률) 倍率(배율) 比率(비율) 勝率(승률) 稅率(세율)
視聽率(시청률) 低率(저율) 打率(타율) 投票率(투표율) 確率(확률)
換率(환율) 效率(효율) 率家(솔가) 率先(솔선) 率直(솔직) 輕率(경솔)
食率(식솔) 引率(인솔) 眞率(진솔) 統率(통솔)

隆

3급Ⅱ

높을 **륭**

阜/阝 | 9획

비 陵(언덕 릉)
　陸(뭍 륙)
동 崇(높을 숭)
　興(일 흥)
　盛(성할 성)

글자 풀이

언덕(阝)을 천천히(夂) 평탄하게(一) 걸으면 솟아난(生) 봉우리가 있다는
데서 높다, 성하다(隆)는 의미이다.

쓰기한자

隆起(융기) 隆盛(융성) 隆崇(융숭) 隆恩(융은) 隆興(융흥)

陵

3급Ⅱ

언덕 **릉**

阜/阝 | 8획

비 陸(뭍 륙)
　睦(화목할 목)
　隆(높을 륭)
동 丘(언덕 구)
　原(언덕 원)
　岸(언덕 안)

글자 풀이

언덕(阝)의 흙(土)이 넓게 펼쳐져(八) 있어서 천천히 걸어(夂) 올라갈 수
있는 언덕(陵)을 의미한다.

읽기한자

岡陵(강릉) 陵蔑(능멸) 陵虐(능학) 陵遲處斬(능지처참) 阜陵(부릉)
陵聚(능취)

쓰기한자

陵夷(능이) 陵遲(능지) 丘陵(구릉) 武陵桃源(무릉도원) 陵谷(능곡)
陵侮(능모) 陵碑(능비) 陵越(능월) 陵寢(능침) 王陵(왕릉)

楞

2급(名)

네모질 **릉**

木 | 9획

동 愣(모 릉)

글자 풀이

사방(四)의 기둥(木)이 모서리(方)가 있다는 데에서 네모진(楞) 모서리를
의미한다.

읽기한자

楞角(능각) 楞嚴經(능엄경)

里	7급 마을 리: 里 | 0획

비 理(다스릴 리)
　埋(묻을 매)
동 洞(골 동)
　村(마을 촌)

글자 풀이

논(田)과 흙(土)이 보이는 경치에서 시골, 촌(里)을 의미한다.

읽기 한자

彌阿里(미아리) 水踰里(수유리) 沃野千里(옥야천리) 獐項里(장항리)
瞻言百里(첨언백리) 靑酸加里(청산가리)

쓰기 한자

里程標(이정표) 五里霧中(오리무중) 里宰(이재) 里數(이수) 里長(이장)
洞里(동리) 萬里長城(만리장성) 不遠千里(불원천리) 三千里(삼천리)
十里(십리) 千里(천리) 千里眼(천리안) 海里(해리) 鄕里(향리)
明沙十里(명사십리)

利	6급 Ⅱ 이할 리: 刀 | 5획

비 和(화할 화)
　科(과목 과)
동 銳(날카로울 예)
　益(더할 익)
　得(얻을 득)
반 害(해할 해)

글자 풀이

칼(刂)날이 벼(禾)잎 끝과 같이 날카롭게 잘 베어지는 것에서 날카롭다,
도움되다(利)는 의미이다.

읽기 한자

利殖(이식) 牟利(모리) 墺地利(오지리) 墺太利(오태리) 利牟(이모)
伊太利(이태리) 利尿(이뇨)

쓰기 한자

利點(이점) 複利(복리) 營利(영리) 高利貸金(고리대금) 銳利(예리)
利權(이권) 利器(이기) 利益(이익) 利子(이자) 利敵(이적) 利得(이득)
利用(이용) 公利(공리) 功利(공리) 權利(권리) 單利(단리) 名利(명리)
利潤(이윤) 利劍(이검) 利率(이율) 謀利輩(모리배) 私利私慾(사리사욕)

李	6급 오얏/성(姓) 리: 木 | 3획

비 季(계절 계)
　秀(빼어날 수)

글자 풀이

나무(木)의 열매(子)란 뜻인데 특히 오얏나무(李)의 열매를 가리킨다.

읽기 한자

李塏(이개) 李玖(이구) 李相卨(이상설) 李孃(이양) 李垠(이은) 李珥(이이)
李次頓(이차돈) 李滉(이황)

쓰기 한자

李氏(이씨) 張三李四(장삼이사) 桃李(도리) 行李(행리)

理	6급 Ⅱ 다스릴 리: 玉 | 7획

비 里(마을 리)
　埋(묻을 매)
동 治(다스릴 치)

글자 풀이

임금의(王) 명령을 받아 마을(里)을 다스린다(理)는 의미이다.

읽기 한자

燮理(섭리) 綜理(종리)

쓰기 한자

理髮(이발) 管理(관리) 窮理(궁리) 理念(이념) 理事(이사) 理想(이상) 理容(이용)
理財(이재) 理致(이치) 理工(이공) 理科(이과) 理屈(이굴) 理論(이론) 理性(이성)
理由(이유) 理解(이해) 經理(경리) 敎理(교리) 代理(대리) 道理(도리) 論理(논리)
木理(목리) 無理(무리) 物理(물리) 病理(병리) 非理(비리) 事理(사리) 倫理(윤리)
署理(서리) 審理(심리) 辨理士(변리사)

離

4급

떠날 **리:**

隹 | 11획

비 羅(벌릴 라)
동 散(흩을 산)
　別(다를 별)
반 合(합할 합)
　集(모을 집)
약 雜

글자 풀이

날짐승(禽)인 꼬리 짧은 철새(隹)가 계절이 바뀌면 둥지를 버리고 떠난다(離)는 의미이다.

쓰기 한자

離間(이간) 離陸(이륙) 離別(이별) 離散(이산) 離籍(이적) 離脫(이탈)
離婚(이혼) 亂離(난리) 別離(별리) 分離(분리) 遊離(유리) 陸離(육리)
離合集散(이합집산) 隔離(격리) 支離滅裂(지리멸렬) 距離(거리)

吏

3급Ⅱ

관리/벼슬아치 **리:**

口 | 3획

비 史(사기 사)
　使(하여금 사)
동 官(벼슬 관)

글자 풀이

한결같이(一) 중정(中)한 입장에서 손(又)으로 일하는 벼슬아치(吏)라는 의미이다.

읽기 한자

疆吏(강리) 酷吏(혹리)

쓰기 한자

貪官汚吏(탐관오리) 吏道(이도) 吏讀(이두) 吏頭(이두) 吏屬(이속)
吏房(이방) 官吏(관리) 稅吏(세리) 淸白吏(청백리)

履

3급Ⅱ

밟을 **리:**

尸 | 12획

비 復(회복할 복)
동 踏(밟을 답)

글자 풀이

몸(尸)이 되풀이하여(復) 걸으려면 신(履)을 신고 가급적 평평한 길을 밟아(履) 나가야 한다는 의미이다.

읽기 한자

履鞨(이갈) 履祚(이조)

쓰기 한자

廢履(폐리) 履歷書(이력서) 履修(이수) 履行(이행) 木履(목리)

裏

3급Ⅱ

속 **리:**

衣 | 7획

반 表(겉 표)

글자 풀이

옷(衣) 안쪽의 두렁진 이음매(里)가 있어 안, 속(裏)을 의미한다.

쓰기 한자

裏面(이면) 裏書(이서) 腦裏(뇌리) 表裏(표리) 表裏不同(표리부동)

梨

3급
배 리
木 | 7획

글자 풀이

고기를 먹은 후, 또는 갈증에 약이 되는 이로운(利) 열매가 달리는 나무(木)이니 배나무(梨)이다.

쓰기 한자

梨園(이원) 梨花(이화) 烏飛梨落(오비이락)

隣

3급
이웃 린
阜/阝 | 12획

비 憐(불쌍히여길 련)
傑(뛰어날 걸)

글자 풀이

언덕(阝) 밑에서 왼발 오른발(舛)로 걸어 다니면서 쌀(米) 농사를 짓는 이웃(隣)이라는 의미이다.

쓰기 한자

隣近(인근) 隣接(인접) 隣村(인촌) 善隣(선린)

麟

2급(名)
기린 린
鹿 | 12획

동 麒(기린 기)

글자 풀이

사슴(鹿)중에서 빛나는(燐) 것이 기린이라는 데서 기린(麟)을 의미한다.

읽기 한자

麟角(인각) 麟鳳(인봉) 麟鳳龜龍(인봉귀룡) 麟筆(인필) 麒麟(기린)
鳳麟(봉린)

林

7급
수풀 림
木 | 4획

비 材(재목 재)
동 森(수풀 삼)

글자 풀이

나무(木)가 많이 심어져 있는 모습에서 수풀(林)을 의미한다.

읽기 한자

鄧林(등림) 巢林一枝(소림일지) 鬱林(울림) 翰林院(한림원) 杏林(행림)

쓰기 한자

松林(송림) 儒林(유림) 造林(조림) 林立(임립) 林野(임야) 林業(임업)
農林(농림) 密林(밀림) 山林(산림) 森林(삼림) 林杪(임초) 國有林(국유림)
原始林(원시림) 防風林(방풍림) 竹林七賢(죽림칠현)

臨
3급 II
임할 **림**
臣 | 11획

비 熙(빛날 희)
약 临

글자 풀이
사람(人)의 눈(臣)이 물건(品) 가까이에 임한다(臨)는 의미이다.

읽기 한자
臨渴掘井(임갈굴정)

쓰기 한자
臨迫(임박) 臨檢(임검) 臨床(임상) 臨時(임시) 臨戰無退(임전무퇴)
臨終(임종) 臨海(임해) 降臨(강림) 君臨(군림) 來臨(내림) 臨政(임정)
臨難鑄兵(임난주병)

立
7급 II
설 **립**
立 | 0획

동 建(세울 건)
起(일어날 기)

글자 풀이
사람이 서 있는 모양(立)을 본떴다.

읽기 한자
鼎立(정립) 立后(입후) 立勳(입훈)

쓰기 한자
立證(입증) 立憲(입헌) 孤立(고립) 亂立(난립) 私立(사립) 立替(입체)
竝立(병립) 立件(입건) 立冬(입동) 立法(입법) 立案(입안) 立場(입장)
立地(입지) 立秋(입추) 立春(입춘) 立夏(입하) 立會(입회) 建立(건립)
國立(국립) 起立(기립) 對立(대립) 獨立(독립) 分立(분립) 設立(설립)
成立(성립) 樹立(수립) 兩立(양립) 立脚(입각) 立卽(입즉) 聯立(연립)
立體的(입체적) 立身揚名(입신양명)

馬
5급
말 **마:**
馬 | 0획

비 篤(도타울 독)

글자 풀이
말의 옆 모양(馬)을 본떴다.

읽기 한자
驪色之馬(여색지마) 駿馬(준마) 馬融(마융)

쓰기 한자
馬券(마권) 馬賊(마적) 馬匹(마필) 馬力(마력) 馬車(마차) 競馬(경마)
軍馬(군마) 落馬(낙마) 名馬(명마) 木馬(목마) 白馬(백마) 馬脚(마각)
乘馬(승마) 車馬費(거마비) 騎馬隊(기마대) 曲馬團(곡마단)
騎馬戰(기마전) 走馬看山(주마간산) 布帳馬車(포장마차)
回轉木馬(회전목마) 塞翁之馬(새옹지마) 馬耳東風(마이동풍)

磨
3급 II
갈 **마**
石 | 11획

비 麻(삼 마)
동 研(갈 연)

글자 풀이
거칠거칠한 삼(麻)에 연마제를 묻혀서 돌(石)로 문지르고 간다(磨)는 의미이다.

읽기 한자
磨礪(마려)

쓰기 한자
磨滅(마멸) 磨製石器(마제석기) 達磨(달마) 研磨(연마)

3급Ⅱ

麻 삼 마(:)

麻 | 0획

ㅂ 磨(갈 마)

글자 풀이

집(广) 담장 옆의 큰 나무들(林)에 가지런히 기대어 세워서 말리고 있는 것이 삼(麻)이라는 의미이다.

읽기 한자

麻冕(마면) 麻繩(마승)

쓰기 한자

麻衣(마의) 麻布(마포) 亂麻(난마) 大麻草(대마초) 菜麻(채마)

2급

摩 문지를 마

手 | 11획

동 擦(문지를 찰)
撫(어루만질 무)
按(어루만질 안)

글자 풀이

삼(麻)을 손(手)에 쥐고 비벼서 실을 만드는 데서 문지르다, 어루만지다(摩)는 의미이다.

읽기 한자

摩天樓(마천루)

2급

痲 저릴 마

疒 | 8획

ㅂ 麻(삼 마)
동 痺(저릴 비)

글자 풀이

몸이 삼대(麻)처럼 뻣뻣해지는 병(疒)이라는 데서 본래 중풍을 나타냈고, 여기에서 저리다(痲) 등의 의미가 파생되었다.

읽기 한자

痲藥(마약) 痲醉(마취)

2급

魔 마귀 마

鬼 | 11획

글자 풀이

사람을 놀라게 해 삼대(麻)처럼 뻣뻣하게 만드는 귀신(鬼)이라는 데서 마귀(魔)를 의미한다.

읽기 한자

魔界(마계) 魔軍(마군) 魔窟(마굴) 魔鬼(마귀) 魔力(마력) 魔法(마법)
魔手(마수) 魔術(마술) 魔王(마왕) 病魔(병마) 伏魔殿(복마전) 色魔(색마)
心魔(심마) 惡魔(악마)

幕 장막 막
3급Ⅱ
巾 | 11획

[비] 莫(없을 막)
募(모을 모)
暮(저물 모)
慕(그릴 모)
[동] 帳(장막 장)

글자 풀이
햇빛을 가리는(莫) 천(巾)이니 장막, 천막(幕)이란 의미이다.

읽기 한자
廬幕(여막) 遮光幕(차광막) 鋪幕(포막)

쓰기 한자
幕僚(막료) 幕間(막간) 幕府(막부) 幕舍(막사) 幕下(막하) 幕後(막후)
內幕(내막) 序幕(서막) 煙幕(연막) 銀幕(은막) 字幕(자막) 帳幕(장막)
終幕(종막) 酒幕(주막) 天幕(천막) 閉幕(폐막) 黑幕(흑막) 開幕式(개막식)
單幕劇(단막극) 園頭幕(원두막) 除幕式(제막식)

漠 넓을 막
3급Ⅱ
水 | 11획

[비] 謨(꾀 모)
莫(없을 막)
募(모을 모)
暮(저물 모)
慕(그릴 모)
[동] 廣(넓을 광)
博(넓을 박)
汎(넓을 범)

글자 풀이
물(水)이 없는(莫) 사막(漠)으로 넓고 아득하다(漠)는 의미이다.

쓰기 한자
茫漠(망막) 漠漠(막막) 漠然(막연) 沙漠(사막)

莫 없을 막
3급Ⅱ
艹 | 7획

[비] 英(꽃부리 영)
幕(장막 막)
[동] 無(없을 무)

글자 풀이
초목(艹) 밑으로 큰 (大) 해(日)가 져서 밝음이 없다(莫)는 의미이다.

쓰기 한자
莫無可奈(막무가내) 莫強(막강) 莫大(막대) 莫論(막론) 莫上莫下(막상막하)
莫甚(막심) 莫逆(막역) 莫重(막중) 無知莫知(무지막지) 索莫(삭막)

膜 막/꺼풀 막
2급
肉/月 | 11획

[비] 漠(넓을 막)

글자 풀이
莫은 幕의 획 줄임으로 '덮다', '둘러싸다' 등의 의미를 지닌다. 몸(肉)의 여러 기관들을 둘러싼(莫) 것으로 꺼풀(膜)을 의미한다.

읽기 한자
角膜(각막) 結膜炎(결막염) 鼓膜(고막) 骨膜(골막) 腦膜炎(뇌막염)
網膜(망막) 腹膜炎(복막염) 處女膜(처녀막) 橫隔膜(횡격막)

萬

8급
일만 **만:**
++ | 9획

약 万

글자 풀이

벌의 모양을 본뜬 글자로 그 수가 많다는 데서 만(萬)을 의미한다.

읽기한자

萬頃滄波(만경창파) 萬鎰(만일) 萬年芝(만년지) 萬壽無疆(만수무강)
萬旺(만왕)

쓰기한자

萬邦(만방) 千辛萬苦(천신만고) 萬感(만감) 萬康(만강) 萬古不變(만고불변)
萬難(만난) 萬年(만년) 萬能(만능) 萬里長城(만리장성) 萬無(만무)
萬物(만물) 萬物相(만물상) 萬民(만민) 萬病通治(만병통치) 萬福(만복)
萬不當(만부당) 萬石(만석) 萬頃蒼波(만경창파) 萬不得已(만부득이)
氣高萬丈(기고만장) 森羅萬象(삼라만상)

滿

4급 II
찰 **만(:)**
水 | 11획

동 充(채울 충)
반 干(방패 간)
　空(빌 공)
　虛(빌 허)
약 満

글자 풀이

이십(十十) 명이 두(兩) 손으로 물(水)을 길어다 부으니 독 속에 물이 가득
찬다(滿)는 의미이다.

읽기한자

彌滿(미만) 盈滿(영만)

쓰기한자

滿點(만점) 滿潮(만조) 滿洲(만주) 干滿(간만) 滿了(만료) 滿朔(만삭)
飽滿(포만) 滿開(만개) 滿期(만기) 滿面(만면) 滿發(만발) 滿船(만선)
滿員(만원) 滿月(만월) 滿場一致(만장일치) 圓滿(원만) 自信滿滿(자신만만)
滿足(만족) 滿珠(만주) 滿天下(만천하) 未滿(미만) 不滿(불만) 肥滿(비만)

慢

3급
거만할 **만:**
心 | 11획

비 漫(흩어질 만)
동 倨(거만할 거)
　傲(거만할 오)
　怠(게으를 태)

글자 풀이

손(又)으로 그릇(皿) 속의 음식을 먹을(日) 때의 마음(心)이 거만하고, 느
리다(慢)는 의미이다.

쓰기한자

慢性(만성) 傲慢(오만) 緩慢(완만) 慢侮(만모)
自慢(자만) 怠慢(태만)

晚

3급 II
늦을 **만:**
日 | 7획

비 勉(힘쓸 면)
동 遲(늦을 지)
반 早(이를 조)

글자 풀이

해(日)가 서산으로 져서 햇빛을 면하였으니(免) 날이 저물다, 늦다(晚)는
의미이다.

읽기한자

晚餐(만찬) 晚蠶(만잠) 晚炊(만취)

쓰기한자

晚年(만년) 晚成(만성) 晚時之歎(만시지탄) 晚鍾(만종) 晚秋(만추)
晚學(만학) 晚婚(만혼) 大器晚成(대기만성) 早晚間(조만간)

漫	3급 흩어질 **만:** 水 | 11획

비 慢(거만할 만)
동 散(흩을 산)
반 集(모을 집)

글자 풀이

바다(水)에서는 손(又)으로 그릇(皿) 속의 음식을 먹으며(日) 뱃놀이한다는 데서 부질없다(漫)는 의미이다.

읽기 한자

滋漫(자만) 天眞爛漫(천진난만)

쓰기 한자

漫談(만담) 漫然(만연) 漫平(만평) 漫筆(만필) 漫畫(만화) 浪漫(낭만)
放漫(방만) 散漫(산만)

娩	2급 낳을 **만:** 女 | 7획

동 産(낳을 산)
　 誕(낳을 탄)

글자 풀이

여자(女)가 뱃속에서 태아를 맡아서 기르던 일을 면한다(免)는 데서 해산하다(娩)는 의미이다.

읽기 한자

娩痛(만통) 分娩(분만)

灣	2급 물굽이 **만** 水 | 22획

비 蠻(오랑캐 만)
약 湾

글자 풀이

바다(水)가 육지를 향해 굽어(彎) 들어 온 곳으로 물굽이(灣)를 의미한다.

읽기 한자

灣商(만상) 臺灣(대만) 牙山灣(아산만) 港灣(항만)

蠻	2급 오랑캐 **만** 虫 | 19획

비 變(변할 변)
　 燮(불꽃 섭)
　 戀(그릴 련)
동 夷(오랑캐 이)
약 蛮

글자 풀이

모양이나 색이 잘 변하는(變) 벌레(虫)가 사방에 득실거리는 남쪽의 오랑캐(蠻)를 의미한다.

읽기 한자

蠻勇(만용) 蠻行(만행) 野蠻(야만)

末 끝 **말**
5급
木 | 1획

비 未(아닐 미)
동 端(끝 단)
　終(마칠 종)
　粉(가루 분)
반 始(처음 시)
　初(처음 초)
　本(근본 본)

글자 풀이
나뭇가지(木)의 끝을 표시한 모형으로 나무의 세로봉보다 길게(一) 써서 끝, 모서리, 마지막(末)을 의미한다.

읽기 한자
末期癌(말기암)

쓰기 한자
末伏(말복) 卷末(권말) 粉末(분말) 末僚(말료) 末尾(말미) 末期(말기)
末技(말기) 末年(말년) 末端(말단) 末路(말로) 末席(말석) 末世(말세)
末日(말일) 結末(결말) 綠末(녹말) 年末(연말) 月末(월말) 終末(종말)
週末(주말) 始末書(시말서) 端末機(단말기) 微官末職(미관말직)
期末考査(기말고사)

靺 말갈(靺鞨) **말**
2급(名)
革 | 5획

비 靴(신 화)

글자 풀이
중국에서 멀리 떨어져(末) 있는 곳에서 가죽옷(革) 입고 사는 종족(말갈족(靺))을 의미한다.

읽기 한자
靺鞨(말갈)

亡 망할 **망**
5급
亠 | 1획

비 忘(잊을 망)
동 逃(도망할 도)
　死(죽을 사)
　滅(멸할 멸)
　衰(쇠할 쇠)
반 興(일 흥)
　盛(성할 성)
　存(있을 존)

글자 풀이
죽은 사람을 매장하기 위해 사람 눈에 띄지 않도록 한 것에서 없다, 없어지다(亡)는 의미이다.

읽기 한자
亡闕(망궐)

쓰기 한자
逃亡(도망) 脣亡齒寒(순망치한) 亡國(망국) 亡命(망명) 亡失(망실)
亡人(망인) 亡者(망자) 未亡人(미망인) 死亡(사망) 敗家亡身(패가망신)
敗亡(패망) 亡靈(망령) 亡兆(망조) 滅亡(멸망) 興亡盛衰(흥망성쇠)

望 바랄 **망:**
5급Ⅱ
月 | 7획

동 希(바랄 희)
　冀(바랄 기)
　願(원할 원)

글자 풀이
달(月)을 쳐다보고 서서(壬) 객지에 나간(亡) 사람이 돌아오길 바란다(望)는 의미이다.

읽기 한자
冀望(기망) 彌望(미망) 碩望(석망) 瞻望(첨망) 望舒(망서)

쓰기 한자
渴望(갈망) 旣望(기망) 朔望(삭망) 輿望(여망) 望月(망월) 望鄕(망향)
觀望(관망) 待望(대망) 德望(덕망) 落望(낙망) 名望(명망) 所望(소망)
信望(신망) 失望(실망) 野望(야망) 望臺(망대) 望樓(망루) 企望(기망)
仰望(앙망) 慾望(욕망) 潛望鏡(잠망경) 望遠鏡(망원경) 有望株(유망주)

마

妄 3급Ⅱ
망령될 **망:**
女 | 3획

비 忘(잊을 망)

글자 풀이
도리와 예법을 잃은(亡) 여자(女)라는 데서 허망하다, 망령되다(妄)는 의미이다.

읽기한자
妖妄(요망) 妄謬(망류)

쓰기한자
妄覺(망각) 妄靈(망령) 妄發(망발) 妄言(망언) 妄誕(망탄) 輕妄(경망)
輕擧妄動(경거망동) 老妄(노망) 虛妄(허망)

忘 3급
잊을 **망**
心 | 3획

비 妄(망령될 망)

글자 풀이
마음(心) 속에 간직했던 기억이 망했으니(亡) 잊는다(忘)는 의미이다.

읽기한자
鷗鷺忘機(구로망기) 廢寢忘餐(폐침망찬)

쓰기한자
忘却(망각) 忘年會(망년회) 忘失(망실) 刻骨難忘(각골난망)
健忘症(건망증) 背恩忘德(배은망덕) 備忘錄(비망록) 三忘(삼망)

忙 3급
바쁠 **망**
心 | 3획

비 亡(망할 망)
　忘(잊을 망)
동 奔(달릴 분)
반 閑(한가할 한)

글자 풀이
마음(心) 속에 간직한 기억을 잃어버릴(亡) 정도로 바쁘다(忙)는 의미이다.

쓰기한자
忙中閑(망중한) 公私多忙(공사다망) 奔忙(분망)

罔 3급
없을 **망**
网 | 3획

비 岡(산등성이 강)

글자 풀이
그물(网)에 걸렸던 고기가 도망친다(亡)는 데서 속이다, 끝이 없다(罔)는 의미이다.

읽기한자
昊天罔極(호천망극) 罔赦之罪(망사지죄) 罔知所措(망지소조)

쓰기한자
罔極(망극) 罔民(망민) 罔測(망측) 怪常罔測(괴상망측) 欺罔(기망)

茫	3급
	아득할 망
++	6획

비 范(풀이름 범)

글자 풀이

초원(++)이나 바다(氵)가 아득하다(茫)는 의미이다.

읽기 한자

汪茫(왕망) 滄茫(창망) 沆茫(항망)

쓰기 한자

茫漠(망막) 茫茫大海(망망대해) 茫然自失(망연자실)

網	2급
	그물 망
糸	8획

비 綱(벼리 강)

글자 풀이

실(糸)로 짠 그물(罔)을 의미한다.

읽기 한자

網球(망구) 網羅(망라) 網膜(망막) 法網(법망) 漁網(어망)
一網打盡(일망타진) 底引網漁船(저인망어선) 電算網(전산망)
情報網(정보망) 鐵條網(철조망) 投網(투망) 包圍網(포위망)

每	7급 Ⅱ
	매양 매(:)
母	3획

비 海(바다 해)
梅(매화 매)

글자 풀이

풀(屮)은 어머니(母)처럼 차례로 아이를 늘리므로, 늘어난 하나하나를 가
리켜 그때마다, 매번(每)이라는 의미이다.

쓰기 한자

每樣(매양) 每朔(매삭) 每年(매년) 每番(매번) 每事(매사) 每月(매월)
每人(매인) 每日(매일) 每週(매주) 每回(매회) 每懷(매회)

買	5급
	살 매:
貝	5획

동 購(살 구)
반 賣(팔 매)
販(팔 판)

글자 풀이

물고기를 어망(罒)으로 잡아온 뒤에 물품(貝)을 모은 것에서 돈을 지불하
고 물건을 손에 넣는다(買)는 의미이다.

읽기 한자

購買(구매) 預買(예매)

쓰기 한자

豫買(예매) 零買(영매) 買氣(매기) 買名(매명) 買上(매상) 買收(매수)
買受(매수) 買食(매식) 買入(매입) 買票(매표) 賣買(매매) 不買(불매)
收買(수매) 賤買(천매)

賣

5급
팔 매(:)
貝 | 8획

- 동 販(팔 판)
- 반 買(살 매)
  購(살 구)
- 약 売

글자 풀이

사들인(買) 물건이 나간다(土)는 데서 팔다(賣)는 의미이다.

읽기 한자

賣店網(매점망)

쓰기 한자

賣盡(매진) 散賣(산매) 豫賣(예매) 專賣(전매) 投賣(투매) 賣却(매각)
賣渡(매도) 賣淫(매음) 販賣(판매) 賣買(매매) 賣名(매명) 賣物(매물)
賣店(매점) 賣血(매혈) 強賣(강매) 競賣(경매) 公賣(공매) 急賣(급매)
都賣(도매) 密賣(밀매) 發賣(발매) 先賣(선매) 小賣(소매) 賣國奴(매국노)
賣春婦(매춘부) 賣笑婦(매소부) 非賣品(비매품) 賣官賣職(매관매직)

妹

4급
누이 매
女 | 5획

- 반 姉(손윗누이 자)

글자 풀이

여자(女)형제 중에서도 아직 뻗지 못한 나뭇가지(未)처럼 아직 크지 못한
나이어린 사람이라는 의미로 여동생(妹)을 의미한다.

쓰기 한자

妹夫(매부) 妹兄(매형) 男妹(남매) 姉妹(자매)

梅

3급 II
매화 매
木 | 7획

- 비 海(바다 해)

글자 풀이

나무(木) 중에서 매양(每) 아름다운 꽃이 피는 것이 매화(梅)라는 의미
이다.

읽기 한자

梅堯臣(매요신)

쓰기 한자

梅毒(매독) 梅實(매실) 梅實酒(매실주) 梅雨(매우) 梅畫(매화)
梅花(매화)

埋

3급
묻을 매
土 | 7획

- 비 理(다스릴 리)

글자 풀이

마을(里) 뒷산에 흙(土)을 파고 묻는다(埋)는 의미이다.

쓰기 한자

埋沒(매몰) 埋伏(매복) 埋葬(매장) 埋藏(매장) 生埋葬(생매장)
暗埋葬(암매장) 埋幕(매모) 埋魂(매혼)

媒	3급 II 중매 매 女 | 9획

비 謀(꾀 모)

글자 풀이

여자(女)를 아무개(某) 사내에게 중매한다(媒)는 의미이다.

읽기 한자

溶媒(용매)

쓰기 한자

媒介物(매개물) 媒體(매체) 中媒人(중매인) 觸媒(촉매)

枚	2급 낱 매 木 | 4획

비 杯(잔 배)

글자 풀이

攴(=攵)은 본래 채찍을 본뜬 글자이다. 따라서 枚는 채찍과 그 재료인 나무줄기를 다 나타낸다. 또 의미가 변하여 낱, 세는 단위로 쓰인다.

읽기 한자

枚數(매수) 枚擧(매거) 十枚(십매) 條枚(조매)

魅	2급 매혹할 매 鬼 | 5획

동 惑(미혹할 혹)

글자 풀이

본래 자는 彪으로 털(彡) 달린 귀신(鬼)인 도깨비를 나타냈고, 도깨비가 사람을 홀린다는 데서 홀리다(魅)는 의미가 파생되었다.

읽기 한자

魅力(매력) 魅了(매료) 魅惑(매혹)

脈	4급 II 줄기 맥 肉/月 | 6획

비 派(갈래 파)
동 幹(줄기 간)

글자 풀이

피가 몸(月) 속에서 몇 갈래(派)로 나뉘어져 흐르고 있는 것에서 혈관, 맥(脈)을 의미한다.

읽기 한자

診脈(진맥)

쓰기 한자

脈管(맥관) 鑛脈(광맥) 氣盡脈盡(기진맥진) 亂脈(난맥) 靜脈(정맥)
脈脈(맥맥) 動脈(동맥) 命脈(명맥) 文脈(문맥) 山脈(산맥) 水脈(수맥)
人脈(인맥) 一脈相通(일맥상통) 血脈(혈맥)

麥	3급Ⅱ 보리 **맥** 麥 | 0획

비 來(올 래)
약 麦

글자 풀이
보리의 모양(麥)을 본떴다.

읽기 한자
裸麥(나맥)

쓰기 한자
麥飯(맥반) 麥芽(맥아) 麥酒(맥주) 麥秋(맥추) 小麥(소맥) 精麥(정맥)

貊	2급(名) 맥국(貊國) **맥** 豸 | 6획

글자 풀이
곰 또는 담비 따위와 비슷한 어떤 동물의 이름이고 그 동물과 유관한 종족의 이름이기도 하다. 고구려 등은 맥족이 건설한 나라이다.

읽기 한자
貊族(맥족) 貊人(맥인) 九貊(구맥) 蠻貊(만맥) 小水貊(소수맥) 濊貊(예맥)
胡貊(호맥)

孟	3급Ⅱ 맏 **맹(:)** 子 | 5획

비 猛(사나울 맹)
동 允(맏 윤)

글자 풀이
혈연(皿)을 잇는 자식(子) 가운데 맏(孟)아들이란 데서 맏, 우두머리, 첫째(孟)라는 의미이다.

읽기 한자
孟軻(맹가) 孟津(맹진)

쓰기 한자
孟母三遷(맹모삼천) 孟冬(맹동) 孟浪(맹랑) 孟子(맹자) 孟秋(맹추)
孟春(맹춘) 孟夏(맹하) 虛無孟浪(허무맹랑)

猛	3급Ⅱ 사나울 **맹:** 犬 | 8획

비 孟(맏 맹)
동 勇(날랠 용)
　 烈(매울 렬)

글자 풀이
우두머리(孟) 되는 짐승(犭)이니 호랑이처럼 사납고, 날래다(猛)는 의미이다.

쓰기 한자
猛婁(맹서) 猛活躍(맹활약) 猛犬(맹견) 猛毒(맹독) 猛獸(맹수) 猛烈(맹렬)
猛威(맹위) 猛將(맹장) 猛打(맹타) 猛爆(맹폭) 猛虎(맹호) 寬猛(관맹)
勇猛(용맹)

盲	3급 II
	소경/눈멀 맹
	目 | 3획

비 直(곧을 직)

글자 풀이

눈(目)이 망했으니(亡) 소경(盲)을 의미한다.

쓰기 한자

盲目(맹목) 盲目的(맹목적) 盲信(맹신) 盲兒(맹아) 盲人(맹인) 盲腸(맹장)
盲點(맹점) 盲從(맹종) 文盲(문맹) 色盲(색맹) 夜盲症(야맹증)

盟	3급 II
	맹세 맹
	皿 | 8획

동 誓(맹세할 서)

글자 풀이

맹세를 할 때는 말의 피 등을 그릇(皿)에 담아 해(日)와 달(月)을 마시며
맹세한다(盟)는 의미이다.

읽기 한자

締盟(체맹) 盟津(맹진)

쓰기 한자

盟邦(맹방) 盟誓(맹서) 盟約(맹약) 盟主(맹주) 加盟(가맹) 同盟(동맹)
聯盟(연맹) 血盟(혈맹)

覓	2급(名)
	찾을 멱
	見 | 4획

동 索(찾을 색)

글자 풀이

손톱(爪)으로 땅을 파 헤쳐 살펴보는(見) 것으로 무언가를 찾는다(覓)는
의미이다.

읽기 한자

覓句(멱구) 覓得(멱득) 覓來(멱래) 覓索(멱색) 木覓山(목멱산)

面	7급
	낯 면:
	面 | 0획

동 顔(낯 안)
容(얼굴 용)

글자 풀이

얼굴 주위에 표시를 하여, '여기부터 여기까지 얼굴이다' 라고 표시한 것
에서 낯짝, 체면, 얼굴(面)을 의미한다.

읽기 한자

四面楚歌(사면초가)

쓰기 한자

面積(면적) 覆面(복면) 面談(면담) 面目(면목) 面相(면상) 面數(면수)
面識(면식) 面長(면장) 面前(면전) 面接(면접) 面責(면책) 面會(면회)
假面(가면) 舊面(구면) 面刀(면도) 面貌(면모) 面像(면상) 裏面(이면)
人面獸心(인면수심) 鐵面皮(철면피) 側面(측면) 面奏(면주)

4급

勉 힘쓸 면:

力 | 7획

비 晚(늦을 만)
통 勵(힘쓸 려)
　務(힘쓸 무)

<글자 풀이>
토끼(兔)는 재빨리 뛰는 힘(力)이 있어서 잡는 데에 시간이 걸린다는 것에서 북돋우다, 열심히 하다(勉)는 의미이다.

<읽기 한자>
勉勵(면려) 勉彊(면강)

<쓰기 한자>
勉學(면학) 勸勉(권면) 勤勉(근면) 勉勵(면려)

3급Ⅱ

眠 잘 면

目 | 5획

비 眼(눈 안)
통 宿(잘 숙)
　睡(졸음 수)
　寢(잘 침)

<글자 풀이>
백성(民)들이 눈(目)을 감고 잔다(眠)는 의미이다.

<읽기 한자>
睡眠劑(수면제) 催眠劑(최면제)

<쓰기 한자>
冬眠(동면) 不眠症(불면증) 熟眠(숙면) 安眠(안면) 永眠(영면) 休眠(휴면)

3급Ⅱ

綿 솜 면

糸 | 8획

비 錦(비단 금)
　線(줄 선)

<글자 풀이>
실(糸)로 뽑아 흰(白) 천(巾)을 짤 수 있는 솜(綿)을 의미한다.

<읽기 한자>
綿紡績(면방적) 脫脂綿(탈지면)

<쓰기 한자>
綿綿(면면) 綿密(면밀) 綿絲(면사) 綿羊(면양) 綿製品(면제품)
綿織物(면직물) 石綿(석면) 純綿(순면) 連綿(연면) 原綿(원면)
周到綿密(주도면밀)

3급Ⅱ

免 면할 면:

儿 | 5획

비 兎(토끼 토)
　勉(힘쓸 면)
통 除(덜 제)
반 任(맡길 임)

<글자 풀이>
토끼(兔)가 덫에 걸렸다가 꼬리(丶)만 잘리고 죽음을 면한다(免)는 의미이다.

<읽기 한자>
赦免(사면)

<쓰기 한자>
免稅(면세) 免訴(면소) 免役(면역) 免疫(면역) 免除(면제)
免罪符(면죄부) 免責特權(면책특권) 免職(면직) 免許(면허)
減免(감면) 謀免(모면) 放免(방면) 辭免(사면) 罷免(파면)

冕 **2급(名)** 면류관 **면:** 冂 | 9획	**글자 풀이** 썼다, 벗었다(免) 할 수 있는 모자(日)로 면류관(冕)을 의미한다. **읽기한자** 冕服(면복)
비 兔(토끼 토)	

沔 **2급(名)** 물이름/빠질 **면:** 水 | 4획	**글자 풀이** 중국(中國) 섬서성(陝西省) 약양현(略陽縣)에서 발원한 한수(漢水)의 지류(支流) 이름이다. **읽기한자** 沔水(면수) 沔川(면천)

俛 **2급(名)** 힘쓸/구푸릴 **면:** 人 | 7획	**글자 풀이** 아랫사람(人)이 윗사람을 만나면 모자를 벗고(免) 고개를 숙여 인사하므로 구부린다(俛)는 의미이다. **읽기한자** 俛首(면수) 俛視(면시) 俛仰亭(면앙정) 眉俛(미면)
동 俯(구부릴 부)	

滅 **3급Ⅱ** 멸할/꺼질 **멸** 水 | 10획	**글자 풀이** 물(水)과 도끼(戌)로 불(火)을 끈다(滅)는 뜻에서 불이 꺼지듯이 멸망한다(滅)는 의미이다. **읽기한자** 埃滅(애멸) 幻滅(환멸) **쓰기한자** 滅菌(멸균) 磨滅(마멸) 燒滅(소멸) 支離滅裂(지리멸렬) 滅覆(멸복) 滅共(멸공) 滅亡(멸망) 滅門(멸문) 滅私奉公(멸사봉공) 滅族(멸족) 滅種(멸종) 壞滅(괴멸) 明滅(명멸) 不滅(불멸) 死滅(사멸) 消滅(소멸) 掃滅(소멸) 入滅(입멸) 自滅(자멸) 寂滅(적멸) 全滅(전멸) 點滅(점멸) 破滅(파멸) 還滅(환멸)
비 歲(해 세) 減(덜 감) 동 亡(망할 망) 消(사라질 소)	

蔑	2급
업신여길 **멸**	
⧺ | 11획	

동 凌(업신여길 릉)
侮(업신여길 모)
반 恭(공손할 공)
敬(공경 경)

글자 풀이

수자리(戍) 서는 병사는 피곤하여 이내 눈썹(⧺)이 눈(罒)을 가리듯 앞이 잘 안보이게 된다. 나중에는 아예 쳐다보지도 않는다는 뜻으로 발전하여 업신여긴다(蔑)는 의미가 되었다.

읽기한자

蔑視(멸시) 蔑然(멸연) 輕蔑(경멸) 陵蔑(능멸) 侮蔑(모멸)

名	7급 Ⅱ
이름 **명**	
·口 | 3획	

비 各(각각 각)
동 號(이름 호)

글자 풀이

어두워(夕)지면 얼굴이 보이지 않으므로 큰소리(口)로 서로의 이름을 부르는 것에서 이름(名)을 의미한다.

읽기한자

名刹(명찰) 名札(명찰) 釣名(조명)

쓰기한자

汚名(오명) 名歌(명가) 名家(명가) 名曲(명곡) 名技(명기) 名單(명단)
名答(명답) 名利(명리) 名馬(명마) 名望(명망) 名物(명물) 名分(명분)
名色(명색) 名劍(명검) 名簿(명부) 名詞(명사) 名譽(명예) 名著(명저)
立身揚名(입신양명) 署名(서명) 著名(저명) 名宰相(명재상)
芳名錄(방명록) 名實相符(명실상부)

命	7급
목숨 **명:**	
口 | 5획	

동 令(하여금 령)
壽(목숨 수)

글자 풀이

모여든(合) 사람들에게 명령(叩)하고 있는 형태에서 명령하다(命)는 의미이다.

읽기한자

救命艇(구명정) 丕命(비명) 佑命(우명) 祚命(조명) 託孤寄命(탁고기명)
欽命(흠명)

쓰기한자

嚴命(엄명) 延命(연명) 殘命(잔명) 致命傷(치명상) 革命(혁명) 召命(소명)
命令(명령) 命脈(명맥) 命名(명명) 命題(명제) 命中(명중) 求命(구명)
亡命(망명) 密命(밀명) 使命(사명) 生命(생명) 宿命(숙명) 王命(왕명)
美人薄命(미인박명) 非命橫死(비명횡사) 壽命(수명) 御命(어명)

明	6급 Ⅱ
밝을 **명**	
日 | 4획	

동 朗(밝을 랑)
昭(밝을 소)
哲(밝을 철)
晳(밝을 석)
반 暗(어두울 암)
冥(어두울 명)
昏(어두울 혼)

글자 풀이

창문(日)으로 비쳐드는 달빛(月)에서 밝다(明)는 의미이다.

읽기한자

明碩(명석) 明彊(명강) 明亮(명량) 明目張膽(명목장담) 明蟾(명섬)
明邵(명소) 明允(명윤) 明旨(명지)

쓰기한자

明鏡止水(명경지수) 明卵(명란) 辨明(변명) 聰明(총명) 透明(투명)
明記(명기) 明細(명세) 明示(명시) 明殿(명전) 明珠(명주) 明暗(명암)
明快(명쾌) 明太祖(명태조) 明確(명확) 開明(개명) 決明子(결명자)
公明正大(공명정대) 光明(광명) 究明(구명) 明滅(명멸) 明沙十里(명사십리)
明若觀火(명약관화) 克明(극명) 疏明(소명) 幽明(유명) 照明(조명)

鳴 울 명

4급

鳥 | 3획

비 鳥(새 조)
　烏(까마귀 오)
동 哭(울 곡)
　泣(울 읍)
반 笑(웃음 소)

글자 풀이

새(鳥)는 입(口)으로 지저귀는 것에서 운다(鳴)는 의미이다.

읽기한자

磁氣共鳴(자기공명)

쓰기한자

鷄鳴(계명) 共鳴(공명) 百家爭鳴(백가쟁명) 悲鳴(비명) 自鳴鍾(자명종)

銘 새길 명

3급Ⅱ

金 | 6획

비 針(바늘 침)
　銅(구리 동)
동 刻(새길 각)
　刊(새길 간)
　彫(새길 조)

글자 풀이

쇠붙이(金)에 이름(名)을 새겨, 기록한다(銘)는 의미이다.

읽기한자

銘菓(명과) 汪兆銘(왕조명) 鼎銘(정명) 銘旌(명정)

쓰기한자

銘記(명기) 銘文(명문) 銘心(명심) 感銘(감명) 墓碑銘(묘비명)
座右銘(좌우명)

冥 어두울 명

3급

冖 | 8획

비 宴(잔치 연)
동 暗(어두울 암)
　昏(어두울 혼)
반 明(밝을 명)
　朗(밝을 랑)
　昭(밝을 소)
　哲(밝을 철)

글자 풀이

음력으로 16(六)일(日)이 겨우 지났는데 달이 이지러지고 구름마저 덮으니(冖) 저승처럼 어둡다(冥)는 의미이다.

읽기한자

冥佑(명우)

쓰기한자

冥界(명계) 冥冥(명명) 冥福(명복) 冥府(명부) 冥想(명상) 冥王星(명왕성)

母 어미 모:

8급

母 | 1획

비 母(말 무)
반 父(아비 부)

글자 풀이

여인이 성장하여 한사람 몫의 성인이 되면 젖무덤이 붙는 형태가 되어 엄마, 어머니(母)를 의미한다.

읽기한자

母胎(모태) 母艦(모함) 母型(모형) 母后(모후) 航空母艦(항공모함)

쓰기한자

母系(모계) 母乳(모유) 繼母(계모) 未婚母(미혼모) 孟母三遷(맹모삼천)
聘母(빙모) 庶母(서모) 母性愛(모성애) 母音(모음) 母子(모자) 母情(모정)
母體(모체) 母親(모친) 老母(노모) 代理母(대리모) 父母(부모) 分母(분모)
姑母(고모) 伯母(백모) 丈母(장모) 賢母良妻(현모양처)

毛

4급 II

터럭 **모**

毛 | 0획

- 비 手(손 수)
- 동 髮(터럭 발)
  毫(터럭 호)

글자 풀이

새털이나 사람의 머리털 등을 포함하는 동물의 모든 털(毛)의 모양을 본떴다.

읽기 한자

毛彫(모조) 獐毛(장모) 翰毛(한모) 毛銖(모수)

쓰기 한자

毛骨(모골) 毛髮(모발) 毛絲(모사) 毛織(모직) 毛細血管(모세혈관) 紅毛(홍모)
毛根(모근) 毛布(모포) 毛筆(모필) 九牛一毛(구우일모) 不毛地(불모지)
純毛(순모) 羊毛(양모) 原毛(원모) 二毛作(이모작) 體毛(체모)
黃毛筆(황모필) 毛皮(모피)

模

4급

본뜰 **모**

木 | 11획

- 비 漠(넓을 막)
- 동 倣(본뜰 방)
  範(법 범)
  寫(베낄 사)

글자 풀이

나무(木) 모양을 사용해서 손 매무새로 토기를 만든다(莫)는 것에서 모형, 표본(模)을 의미한다.

읽기 한자

模型(모형)

쓰기 한자

模範(모범) 模寫(모사) 模作(모작) 模造品(모조품) 模唱(모창) 規模(규모)
模倣(모방)

慕

3급 II

그릴 **모:**

心 | 11획

- 비 暮(저물 모)
  募(뽑을 모)
- 동 戀(그릴 련)

글자 풀이

해가 질(莫) 무렵이면 마음(心) 속으로 정든 사람이 생각난다는 데서 사모하다(慕)는 의미이다.

읽기 한자

欽慕(흠모)

쓰기 한자

慕情(모정) 敬慕(경모) 思慕(사모) 崇慕(숭모) 愛慕(애모)
戀慕(연모) 追慕(추모)

謀

3급 II

꾀(謨) **모**

言 | 9획

- 비 課(과정 과)
  媒(중매 매)
- 동 策(꾀 책)
  略(생략할 략)

글자 풀이

아무개(某)에게만 소근소근 말(言)을 하여 어떤 일을 꾀한다(謀)는 의미이다.

읽기 한자

諮謀(자모)

쓰기 한자

謀免(모면) 謀叛(모반) 謀略(모략) 謀利輩(모리배) 謀反(모반) 謀事(모사)
謀議(모의) 謀陷(모함) 共謀(공모) 權謀術數(권모술수) 圖謀(도모)
無謀(무모) 逆謀(역모) 陰謀(음모) 主謀者(주모자) 智謀(지모) 參謀(참모)

貌

3급Ⅱ

모양 모

豸 | 7획

비 懇(간절할 간)
동 面(낯 면)
　　樣(모양 양)
　　容(얼굴 용)
　　顔(얼굴 안)
약 皃

글자 풀이

두 손(豸)과 얼굴(白)과 다리(儿)를 합하여 모양(貌)을 의미한다.

쓰기 한자

貌樣(모양) 面貌(면모) 美貌(미모) 變貌(변모) 外貌(외모) 容貌(용모)
全貌(전모) 體貌(체모) 風貌(풍모)

侮

3급

업신여길 모(:)

人 | 7획

동 凌(업신여길 릉)
　　蔑(업신여길 멸)
반 恭(공손할 공)
　　敬(공경할 경)

글자 풀이

每는 晦(어두울 회)의 획 줄임이다. 사람(人)이 어두운(每) 곳에서는 앞이
잘 안보이게 된다. 여기에서 아예 쳐다보지도 않는다는 뜻으로 발전하여
업신여긴다(侮)는 의미이다.

쓰기 한자

侮弄(모롱) 侮慢(모만) 侮笑(모소) 侮言(모언) 侮辱(모욕) 受侮(수모)

冒

3급

무릅쓸 모

冂 | 7획

비 胄(자손 주)
　　胃(밥통 위)

글자 풀이

'月'는 덮는 물건, 머리쓰개의 뜻을 나타내는 상형글자로 눈을 가리다의
뜻이며, 또, '矛', '戊'와 통하여, 무릅쓰고(冒) 길을 뚫고 나가다, 범하
다는 의미이다.

읽기 한자

鬱冒(울모)

쓰기 한자

冒耕(모경) 冒頭(모두) 冒濫(모람) 冒廉(모렴) 冒犯(모범) 冒死(모사)
冒色(모색) 冒涉(모섭) 冒雨(모우) 冒認(모인) 冒進(모진) 冒稱(모칭)
冒寒(모한) 冒險(모험) 干冒(간모) 感冒(감모) 欺冒(기모) 陵冒(능모)
覆冒(복모) 僞冒(위모) 侵冒(침모) 貪冒(탐모) 布冒(포모)

募

3급

모을/뽑을 모

力 | 11획

비 幕(장막 막)
　　慕(그릴 모)
동 拔(뽑을 발)
　　集(모을 집)

글자 풀이

해가 질(莫) 때까지 힘들여(力) 불러들이고 뽑는다(募)는 의미이다.

쓰기 한자

募金(모금) 募集(모집) 公募(공모) 急募(급모) 應募(응모)

暮 저물 모: 日 | 11획

3급

비 募(모을 모)
　慕(그릴 모)
반 朝(아침 조)

글자 풀이
해가 져서(莫) 날(日)이 저문다(暮)는 의미이다.

읽기한자
朝聚暮散(조취모산)

쓰기한자
暮景(모경) 暮境(모경) 暮秋(모추)
歲暮(세모) 朝令暮改(조령모개) 朝三暮四(조삼모사)

某 아무 모: 木 | 5획

3급

비 果(실과 과)

글자 풀이
단(甘) 열매를 맺는 나무(木)를 아무(某)가 가지고 있다는 의미이다.

읽기한자
某孃(모양)

쓰기한자
某某(모모) 某氏(모씨) 某種(모종) 某處(모처)

帽 모자 모 巾 | 9획

2급

글자 풀이
머리를 덮는(冒) 수건(巾)으로 모자(帽)를 의미한다.

읽기한자
帽子(모자) 軍帽(군모) 防寒帽(방한모) 四角帽(사각모) 安全帽(안전모)
中折帽(중절모) 着帽(착모) 脱帽(탈모)

牟 성(姓)/보리(大麥) 모 牛 | 2획

2급(名)

글자 풀이
厶는 소(牛) 울음소리의 象形이라 한다. 먹을 것을 달라는 것일까? 하는
의미가 발전하여 무엇을 탐낸다는 뜻으로 많이 쓰인다.

읽기한자
牟利(모리) 牟食(모식) 牟然(모연) 牟取(모취) 釋迦牟尼(석가모니)

2급

矛 | 창　모
矛 | 0획

비 子(아들 자)
　予(나 여)
동 戈(창 과)
반 盾(방패 순)
　干(방패 간)

글자 풀이

창(矛)의 모양을 본떴다.

읽기한자

矛戈(모과) 矛盾(모순) 利矛(이모)

2급(名)

茅 | 띠(草名)　모
艹 | 5획

비 矛(창 모)

글자 풀이

창(矛)처럼 가늘고 길며 끝이 뾰족한 풀(艹)로 띠(茅)를 의미한다.

읽기한자

茅屋(모옥) 茅草(모초)

2급(名)

謨 | 꾀　모
言 | 11획

동 謀(꾀 모)

글자 풀이

莫은 해(日)가 풀숲(艹)에 가려 있는 모습을 본뜬 것으로 어둠을 나타낸다. 어두운(莫) 상황에 필요한 말씀(言)으로 꾀(謨)를 의미한다.

읽기한자

謨訓(모훈) 高謨(고모) 奇謨(기모) 聖謨(성모) 雄謨(웅모) 遠謨(원모)

8급

木 | 나무　목
木 | 0획

비 才(재주 재)
동 樹(나무 수)

글자 풀이

나무의 모양(木)을 본떴다.

읽기한자

槐木(괴목) 木瓜(목과) 木覓山(목멱산) 木箱(목상) 木彫(목조) 柴木(시목)
鑽木(찬목) 楸木(추목) 木彊(목강) 木槿(목근) 木旺之節(목왕지절)

쓰기한자

木管(목관) 巨木(거목) 雜木(잡목) 枯木(고목) 木蓮(목련) 苗木(묘목)
木器(목기) 木馬(목마) 木石(목석) 木性(목성) 木星(목성) 木手(목수)
木材(목재) 木造(목조) 木草(목초) 木炭(목탄) 木板(목판) 木花(목화)
角木(각목) 廣木(광목) 伐木(벌목) 樹木(수목) 植木(식목) 原木(원목)
材木(재목) 接木(접목) 布木(포목) 木工藝(목공예) 木克土(목극토)

目 | 눈 목 | 6급
目 | 0획

- 비 日(날 일)
  曰(가로 왈)
- 동 眼(눈 안)

글자 풀이
눈의 모양(目)을 본떴다.

읽기한자
目爛(목란) 目出帽(목출모)

쓰기한자
目擊(목격) 目標(목표) 條目(조목) 目攝(목섭) 目禮(목례) 目錄(목록) 目的(목적)
目前(목전) 目次(목차) 目測(목측) 目下(목하) 曲目(곡목) 科目(과목) 綱目(강목)
德目(덕목) 頭目(두목) 面目(면목) 名目(명목) 反目(반목) 費目(비목) 稅目(세목)
眼目(안목) 五目(오목) 要目(요목) 耳目(이목) 題目(제목) 種目(종목) 罪目(죄목)
注目(주목) 指目(지목) 品目(품목) 項目(항목) 盲目的(맹목적) 多目的(다목적)
眞面目(진면목) 目不忍見(목불인견)

牧 | 칠(養) 목 | 4급Ⅱ
牛 | 4획

- 비 物(물건 물)
- 동 養(기를 양)

글자 풀이
소(牛)를 초원에서 방목하고 채찍(攵)으로 몰아 사육하는 모습에서 가축을 기르는 것, 기르는 장소(牧)를 의미한다.

쓰기한자
遊牧民(유목민) 牧畜(목축) 牧歌(목가) 牧童(목동) 牧民心書(목민심서)
牧夫(목부) 牧師(목사) 牧牛(목우) 牧者(목자) 牧場(목장) 牧草(목초)
牧會(목회) 放牧(방목) 軍牧(군목) 府牧懸(부목현)

睦 | 화목할 목 | 3급Ⅱ
目 | 8획

- 비 陵(언덕 릉)
  陸(뭍 륙)
  隆(높은 륭)
- 동 和(화할 화)
  穆(화목할 목)

글자 풀이
씨앗을 흙 속에 뿌리고(坴) 곡식이 자라는 것을 내려다보는 눈(目)매가 화목하다(睦)는 의미이다.

읽기한자
邕睦(옹목) 雍睦(옹목)

쓰기한자
親睦(친목) 和睦(화목)

沐 | 머리감을 목 | 2급
水 | 4획

- 비 木(나무 목)
- 동 浴(목욕할 욕)

글자 풀이
나무(木) 그늘이 있는 냇가(水)에 앉아서 머리를 감는다(沐)는 의미이다.

읽기한자
沐浴(목욕) 沐雨(목우)

穆

2급(名)
화목할 **목**
禾 | 11획

동 悅(기쁠 열)
睦(화목할 목)
美(아름다울 미)
靖(편안할 정)
和(화할 화)

벼(禾)의 줄기에서 떨어진 알곡(彡)을 본뜬 글자로 기쁨, 편안함, 아름다움, 화목함(穆) 등을 의미한다.

穆穆(목목) 穆如淸風(목여청풍) 敦穆(돈목) 安穆(안목) 悅穆(열목)
和穆(화목)

沒

3급 Ⅱ
빠질 **몰**
水 | 4획

비 洗(씻을 세)
동 浸(잠길 침)
沈(잠길 침)
陷(빠질 함)
반 出(날 출)

물(水) 속으로 사람(勹)의 손(又)이 빠져(沒) 들어간다는 의미이다.

沒溺(몰닉)

沒却(몰각) 埋沒(매몰) 沒頭(몰두) 沒落(몰락) 沒死(몰사) 沒殺(몰살)
沒收(몰수) 沒我(몰아) 沒入(몰입) 水沒(수몰) 日沒(일몰) 出沒(출몰)
沈沒(침몰) 陷沒(함몰) 沒廉恥(몰염치) 沒常識(몰상식) 沒人情(몰인정)
沒知覺(몰지각) 神出鬼沒(신출귀몰)

夢

3급 Ⅱ
꿈 **몽**
夕 | 11획

비 蒙(어릴 몽)
약 梦

저녁(夕)에 이불을 덮고(冖) 잘 때 눈(目)에 나타나는 스무(十十)개의 환상이 꿈(夢)이란 의미이다.

槐安夢(괴안몽) 南柯一夢(남가일몽) 盧生之夢(노생지몽) 夢幻(몽환)
瑞夢(서몽) 鄭夢周(정몽주) 診夢(진몽) 胎夢(태몽)

迷夢(미몽) 夢想(몽상) 夢精(몽정) 吉夢(길몽) 惡夢(악몽) 解夢(해몽)
現夢(현몽) 白日夢(백일몽) 夢遊病(몽유병) 一場春夢(일장춘몽)
醉生夢死(취생몽사) 非夢似夢(비몽사몽) 同床異夢(동상이몽)

蒙

3급 Ⅱ
어두울 **몽**
艹 | 10획

비 夢(꿈 몽)

돼지의 머리 위(豕)에 지붕(冖)을 하고 이엉(艹)을 덮는다는 데서 입다, 덮다(蒙)는 의미이다.

眷蒙(기몽) 蒙塵(몽진)

蒙古(몽고)

墓 무덤 묘:
土 | 11획

- 비 幕(장막 막)
  募(뽑을 모)
  慕(그릴 모)
- 동 墳(무덤 분)

흙(土) 속에 묻혀 햇빛이 없다(莫)는 데서 무덤(墓)을 의미한다.

쓰기 한자

墓碑(묘비) 墓所(묘소) 墓域(묘역) 墓地(묘지) 省墓(성묘) 墓穴(묘혈)
墳墓(분묘)

妙 묘할 묘:
女 | 4획

- 비 妨(방해할 방)

글자 풀이
여자(女)는 젊을수록(少) 묘하고 예쁘다(妙)는 의미이다.

읽기 한자

妙旨(묘지)

쓰기 한자

妙計(묘계) 妙技(묘기) 妙味(묘미) 妙方(묘방) 妙手(묘수)
妙案(묘안) 妙藥(묘약) 奇妙(기묘) 絕妙(절묘) 妙態(묘태)
妙策(묘책) 巧妙(교묘) 微妙(미묘)

卯 토끼 묘:
卩 | 3획

- 비 卵(알 란)
- 동 兔(토끼 토)

글자 풀이
대문(卯)을 활짝 연 모양이다.

쓰기 한자

卯方(묘방) 卯時(묘시) 卯日(묘일) 木卯(목묘) 乙卯(을묘) 破卯(파묘)

廟 사당 묘:
广 | 12획

- 비 朝(아침 조)
  潮(조수 조)
- 동 祠(사당 사)
- 약 庿, 庙

글자 풀이
아침(朝)에 제사를 지내는 집(广)이니 사당(廟)을 의미한다.

읽기 한자

宗廟社稷(종묘사직) 廟謨(묘모)

쓰기 한자

廟堂(묘당) 廟議(묘의) 東廟(동묘) 文廟(문묘) 仁祖廟(인조묘) 宗廟(종묘)

苗

3급

모 묘:

艹 | 5획

비 草(풀 초)

밭(田)에 일부러 심어 싹을 나게 한 풀(艹)이니 모, 모종(苗)을 의미한다.

읽기한자

苗胤(묘윤)

쓰기한자

苗木(묘목) 苗族(묘족) 苗板(묘판) 育苗(육묘) 種苗(종묘)

昴

2급(名)

별이름 묘:

日 | 5획

비 卯(토끼 묘)

글자 풀이

백호 일곱 자리 별(白虎七宿) 가운데 넷째 성수(星宿)이다.

읽기한자

昴宿(묘수) 星昴(성묘)

無

5급

없을 무

火 | 8획

비 舞(춤출 무)
동 莫(없을 막)
반 存(있을 존)
　 在(있을 재)
　 有(있을 유)

글자 풀이

원두막(血)에 불(灬)이 나면 다 없어진다(無)는 의미이다.

읽기한자

無疆(무강) 無礙(무애) 天衣無縫(천의무봉)
無縫塔(무봉탑) 無錫(무석)

쓰기한자

無謀(무모) 無雙(무쌍) 無顔(무안) 無價値(무가치) 無賴漢(무뢰한)
無我境(무아경) 無慈悲(무자비) 無盡藏(무진장) 無人之境(무인지경)
無病長壽(무병장수) 四顧無親(사고무친) 臨戰無退(임전무퇴)
束手無策(속수무책) 縱橫無盡(종횡무진) 虛無孟浪(허무맹랑)
傍若無人(방약무인)

務

4급Ⅱ

힘쓸 무:

力 | 9획

동 勞(일할 로)
　 勉(힘쓸 면)
　 努(힘쓸 노)
　 勵(힘쓸 려)

글자 풀이

일을 소홀히 하는 사람을 채찍(攵)이나 창(矛)으로 두드려서 힘(力)으로
시키는 것에서 근무, 책임(務)을 의미한다.

읽기한자

務后(무후)

쓰기한자

激務(격무) 主務官廳(주무관청) 庶務課(서무과) 職務遺棄(직무유기)
債務者(채무자) 務實力行(무실역행) 警務官(경무관) 教務室(교무실)
內務部(내무부) 勞務(노무) 法務士(법무사) 服務期間(복무기간) 事務室(사무실)
兼務(겸무) 稅務署(세무서) 乘務員(승무원) 雙務協定(쌍무협정) 執務(집무)

武

4급 Ⅱ

호반 **무:**

止 | 4획

[반] 文(글월 문)

글자 풀이

쌍창(戈)을 들고 걸어다니는(止) 무사(武)는 굳세다(武)는 의미이다.

읽기 한자

武彊(무강) 武功勳章(무공훈장) 武勳(무훈) 魏武帝(위무제)

쓰기 한자

非武裝(비무장) 威武(위무) 武陵桃源(무릉도원) 武功(무공) 武官(무관)
武器(무기) 武斷(무단) 武道(무도) 武英殿(무영전) 武力(무력) 武士(무사)
武術(무술) 武神(무신) 武藝(무예) 武勇談(무용담) 武人(무인) 武將(무장)
光武(광무) 文武(문무) 化學武器(화학무기) 武運長久(무운장구) 尙武(상무)
玄武(현무)

舞

4급

춤출 **무:**

舛 | 8획

[비] 無(없을 무)
[동] 踊(뛸 용)

글자 풀이

여럿이 손을 잡고(皿) 왼발, 오른발(舛)을 움직여 춤을 춘다(舞)는 의미이다.

읽기 한자

舞姬(무희)

쓰기 한자

舞曲(무곡) 歌舞(가무) 群舞(군무) 亂舞(난무) 圓舞(원무) 舞臺(무대)
劍舞(검무) 鼓舞(고무) 獨舞臺(독무대) 僧舞(승무) 鶴舞(학무)

茂

3급 Ⅱ

무성할 **무:**

艹 | 5획

[비] 戊(천간 무)
[동] 盛(성할 성)

글자 풀이

초목(艹)이 힘차게(戊) 가지 쳐서 자라 우거지다, 무성하다(茂)는 의미이다.

읽기 한자

鬱茂(울무) 滋茂(자무)

쓰기 한자

茂林(무림) 茂盛(무성) 茂才(무재) 茂宰(무재) 茂學(무학)

貿

3급 Ⅱ

무역할 **무:**

貝 | 5획

[비] 賃(품삯 임)
　　賀(하례할 하)
[동] 易(바꿀 역)

글자 풀이

활짝 열린(卯) 대문으로 재물(貝)이 드나드니 장사한다(貿)는 의미이다.

읽기 한자

貿易金融(무역금융)

쓰기 한자

貿穀(무곡) 貿易(무역) 貿易風(무역풍) 密貿易(밀무역)

戊

3급
천간 **무:**
戈 | 1획

비 戌(개 술)

글자 풀이

사람(丿)이 창(戈), 도구를 들어 열심히 일한다(戊)는 의미이다.

읽기한자

戊己校尉(무기교위)

쓰기한자

戊夜(무야) 戊辰年(무진년)

霧

3급
안개 **무:**
雨 | 11획

비 露(이슬 로)
　雲(구름 운)
　雪(눈 설)
　電(번개 전)

글자 풀이

여름 철에 비(雨)가 힘써(務) 내리면 안개(霧)도 자욱해진다는 의미이다.

읽기한자

濃霧(농무) 妖霧(요무) 霧聚(무취)

쓰기한자

霧散(무산) 五里霧中(오리무중) 雲霧(운무)

默

3급Ⅱ
잠잠할 **묵**
黑 | 4획

비 墨(먹 묵)
　點(점 점)
약 黙

글자 풀이

깜깜한(黑) 밤에 통행하는 사람이 없으니 개(犬)가 잠잠하다(默)는 의미이다.

읽기한자

默祐(묵우)

쓰기한자

默珠(묵주) 默契(묵계) 默過(묵과) 默念(묵념) 默禮(묵례)
默默不答(묵묵부답) 默祕權(묵비권) 默殺(묵살) 默想(묵상)
默示錄(묵시록) 默認(묵인) 寡默(과묵) 沈默(침묵)

墨

3급Ⅱ
먹 **묵**
土 | 12획

비 默(잠잠할 묵)
약 墨

글자 풀이

검은(黑) 진흙(土)을 굳혀 놓은 것처럼 생긴 것이 먹(墨)이라는 의미이다.

읽기한자

繩墨(승묵) 紙筆硯墨(지필연묵) 翰墨(한묵) 墨瀋(묵심)

쓰기한자

墨客(묵객) 墨紙(묵지) 墨香(묵향) 墨畫(묵화)
白墨(백묵) 水墨畫(수묵화) 墨字(묵자) 墨刑(묵형)

門 | 8급 | 문 문 | 門 | 0획

글자 풀이

두 개의 개폐문의 형태에서 집의 출입구, 문(門)을 의미한다.

읽기한자

槐門(괴문) 杜門不出(두문불출) 門閥(문벌) 門前沃畓(문전옥답)
旌門(정문) 喉門(후문) 勳門(훈문) 門闕(문궐) 門祚(문조)

쓰기한자

門衡(문형) 專門(전문) 閉門(폐문) 門客(문객) 校門(교문) 開門(개문)
關門(관문) 門閱(문열) 房門(방문) 部門(부문) 佛門(불문) 正門(정문)
窓門(창문) 破門(파문) 砲門(포문) 登龍門(등용문) 門間房(문간방)
門外漢(문외한) 名門巨族(명문거족) 門前成市(문전성시)
門戶開放(문호개방) 絕足動物門(절족동물문)

비 問(물을 문)
동 戶(집 호)

問 | 7급 | 물을 문: | 口 | 8획

글자 풀이

문(門) 앞에서 안의 사람에게 큰소리(口)로 물어보는 것에서 묻다, 방문하다(問)는 의미이다.

읽기한자

鞠問(국문) 諮問(자문) 問鼎輕重(문정경중) 問津(문진)

쓰기한자

問招(문초) 慰問(위문) 疑問(의문) 顧問(고문) 問答(문답) 問病(문병)
問安(문안) 問議(문의) 問題(문제) 問責(문책) 檢問(검문) 難問題(난문제)
東問西答(동문서답) 反問(반문) 訪問(방문) 不問可知(불문가지)
不問曲直(불문곡직) 設問(설문) 一問一答(일문일답) 問喪(문상)
審問(심문) 愚問(우문)

비 聞(들을 문)
間(사이 간)
開(열 개)
閉(닫을 폐)
동 諮(물을 자)
반 聞(들을 문)
聽(들을 청)
答(대답 답)

文 | 7급 | 글월 문 | 文 | 0획

글자 풀이

몸에 문신을 한 것에서 문양이라든가 쓴 것(文)이라는 의미이다.

읽기한자

歐文(구문) 奎文(규문) 文苑(문원) 文化圈(문화권) 紡文績學(방문적학)
沙鉢通文(사발통문) 隋文帝(수문제) 淵蓋蘇文(연개소문) 衍文(연문)
郁文(욱문) 渭南文集(위남문집) 晋文公(진문공) 徽文(휘문)

쓰기한자

文庫(문고) 文段(문단) 文飾(문식) 弔文(조문) 文科(문과) 文官(문관)
文教部(문교부) 文句(문구) 文具(문구) 文壇(문단) 文脈(문맥) 文明(문명)
文物(문물) 文房四友(문방사우) 文盲(문맹) 文武兼備(문무겸비) 文鎭(문진)

비 木(나무 목)
동 章(글 장)
반 武(호반 무)

聞 | 6급 II | 들을 문(:) | 耳 | 8획

글자 풀이

문(門) 안쪽에서 귀(耳)를 기울여서 되묻는 것에서 듣다(聞)는 의미이다.

읽기한자

升聞鼓(승문고)

쓰기한자

探聞(탐문) 醜聞(추문) 見聞(견문) 舊聞(구문) 未聞(미문) 美聞(미문)
新聞(신문) 風聞(풍문) 後聞(후문) 申聞鼓(신문고) 聽聞會(청문회)
見聞錄(견문록) 朝聞夕死(조문석사) 稀代未聞(희대미문)
前代未聞(전대미문) 今時初聞(금시초문) 百聞不如一見(백문불여일견)

비 問(물을 문)
閑(한가할 한)
間(사이 간)
開(열 개)
閉(닫을 폐)
동 聽(들을 청)
반 問(물을 문)

紋	3급 II
	무늬 문
	糸 | 4획

동 絢(무늬 현)
縷(무늬 처)
彩(채색 채)

글자 풀이

'文'은 '문채(文彩)'의 뜻이다. '文'에 많은 뜻이 파생하여, 구별을 위해 '糸'을 덧붙여, 문채(紋)의 의미를 나타낸다.

쓰기한자

紋銀(문은) 家紋(가문) 縠紋(곡문) 錦紋(금문) 羅紋(나문) 細紋(세문)
手紋(수문) 水紋(수문) 魚紋(어문) 衣紋(의문) 縱紋(종문) 指紋(지문)
波紋(파문)

汶	2급(名)
	물이름 문
	水 | 4획

비 旼(화할 민)

글자 풀이

중국(中國) 산동성(山東省)에 있는 강의 이름자이다.

읽기한자

汶山(문산) 汶水(문수)

紊	2급
	문란할/어지러울 문
	糸 | 4획

동 亂(어지러울 란)

글자 풀이

옷감에 무늬(文)를 놓으려면 실(糸)을 교차시켜야 하는 데서 얽히거나 어지럽다(紊)는 의미이다.

읽기한자

紊亂(문란) 紊緒(문서)

物	7급 II
	물건 물
	牛 | 4획

비 勿(말 물)
동 件(물건 건)
반 心(마음 심)

글자 풀이

무리(勿)가 되어 움직이는 소(牛)떼는 가축 중에서도 가장 큰 재산이었다는 것에서 물건(物)을 의미한다.

읽기한자

分泌物(분비물) 受託物(수탁물) 妖物(요물) 紙物鋪(지물포)
抛物線(포물선) 物理療法(물리요법) 物魅(물매) 物常聚於所好(물상취어소호)

쓰기한자

物證(물증) 老廢物(노폐물) 汚物(오물) 唯物論(유물론) 編物(편물)
物件(물건) 物權(물권) 物望(물망) 物心兩面(물심양면) 物議(물의)
物我一體(물아일체) 刊行物(간행물) 乾魚物(건어물) 傑物(걸물)
無用之物(무용지물) 微生物(미생물) 臟物(장물)

마

勿	3급Ⅱ
	말(禁) **물**
勹	2획

비 物(물건 물)
　忽(갑자기 홀)
동 禁(금할 금)

글자 풀이

기(旗)의 모양의 금지 신호기가 올라갔다는 데서 하지 말라(勿)라는 의미이다.

쓰기 한자

勿忘草(물망초) 勿驚(물경) 勿禁(물금) 勿論(물론)

米	6급Ⅱ
	쌀 **미**
米	0획

비 未(아닐 미)
　末(끝 말)

글자 풀이

숙이고 있는 벼 알의 형태에서 쌀(米)을 의미한다.

읽기 한자

俸米(봉미) 米潘(미번)

쓰기 한자

米穀(미곡) 軍糧米(군량미) 祿米(녹미) 米飮(미음) 米作(미작) 白米(백미)
節米(절미) 精米所(정미소) 白米競走(백미경주) 米壽(미수) 玄米(현미)
供養米(공양미)

美	6급
	아름다울 **미(:)**
羊	3획

비 米(쌀 미)
　羊(양 양)
동 麗(고울 려)
　佳(아름다울 가)
반 醜(추할 추)

글자 풀이

당당하게 서있는 사람(大)처럼 살이 찐 더할 나위 없는 양(羊)의 모습에서 아름답다(美)는 의미이다.

읽기 한자

歐美(구미) 美姬(미희) 洵美(순미) 耽美(탐미) 皮膚美容(피부미용)
美晳(미석)

쓰기 한자

美機(미기) 美感(미감) 美觀(미관) 美談(미담) 美德(미덕) 美麗(미려)
美名(미명) 美文(미문) 美味(미미) 美術(미술) 美式(미식) 美食(미식)
美容(미용) 美貌(미모) 美蘇(미소) 美意識(미의식) 美食家(미식가)
美粧院(미장원) 脚線美(각선미) 審美眼(심미안) 美辭麗句(미사여구)

味	4급Ⅱ
	맛 **미:**
口	5획

비 未(아닐 미)

글자 풀이

나무열매(未)가 숙성했으므로 맛있어졌는지 어떤지를 먹어(口) 맛을 보는 것에서 맛, 맛보다(味)는 의미이다.

읽기 한자

酸味(산미) 耽味(탐미)

쓰기 한자

味覺(미각) 妙味(묘미) 珍味(진미) 吟味(음미) 加味(가미) 口味(구미)
氣味(기미) 別味(별미) 性味(성미) 意味(의미) 風味(풍미) 興味(흥미)
調味料(조미료) 五味子(오미자) 人情味(인정미) 甘味料(감미료)
惡趣味(악취미) 無味乾燥(무미건조) 山海珍味(산해진미)

未

4급 II

아닐 미(:)

木 | 1획

비 末(끝 말)
동 不(아닐 불)

글자 풀이

과일이 열렸지만 아직 먹을 수 있을 정도로 익지 않은 상태에서 아직
…이 아니다(未)는 의미이다.

읽기한자

未穩(미온)

쓰기한자

未納(미납) 未遂(미수) 未舉(미거) 未達(미달) 未來(미래) 未練(미련)
未滿(미만) 未明(미명) 未聞(미문) 未備(미비) 未時(미시) 未久(미구)
未及(미급) 未詳(미상) 未開拓(미개척) 未熟兒(미숙아) 乙未年(을미년)
未決囚(미결수) 未亡人(미망인) 未成年(미성년) 未收金(미수금)
前人未踏(전인미답)

微

3급 II

작을 미

彳 | 10획

비 徵(부를 징)
　 徽(아름다울 휘)
동 小(작을 소)
　 扁(작을 편)
반 大(큰 대)
　 太(클 태)

글자 풀이

산 밑(山)에 사는 사람(儿)이 호미(攵)로 약초를 캐는 행동(彳)이니 수입이
적다(少)는 의미이다.

읽기한자

微漣(미련) 微旨(미지) 微塵(미진)

쓰기한자

微動(미동) 微量(미량) 微力(미력) 微明(미명) 微妙(미묘) 微微(미미)
微服(미복) 微分(미분) 微細(미세) 微少(미소) 微笑(미소) 微弱(미약)
微熱(미열) 微指(미지) 微震(미진) 微賤(미천) 微風(미풍) 微行(미행)
輕微(경미) 機微(기미) 寒微(한미) 顯微鏡(현미경) 稀微(희미)
微生物(미생물) 微溫的(미온적) 微官末職(미관말직) 微視經濟(미시경제)

尾

3급 II

꼬리 미:

尸 | 4획

비 屋(집 옥)
　 居(살 거)
　 屈(굽을 굴)
동 末(끝 말)
　 端(끝 단)
반 頭(머리 두)
　 首(머리 수)

글자 풀이

몸(尸) 특히 엉덩이에 난 털(毛)이니 꼬리(尾)를 의미한다.

읽기한자

艦尾(함미) 尾蔘(미삼)

쓰기한자

尾骨(미골) 交尾(교미) 末尾(말미) 首尾(수미) 魚頭肉尾(어두육미)
語尾(어미) 燕尾服(연미복) 龍頭蛇尾(용두사미) 徹頭徹尾(철두철미)
後尾(후미)

眉

3급

눈썹 미

目 | 4획

비 冒(무릅쓸 모)

글자 풀이

눈(目) 위의 눈썹(巴) 모양으로 눈썹(眉)을 의미한다.

읽기한자

眉俛(미면) 舒眉(서미) 纖眉(섬미) 芝眉(지미) 焦眉之急(초미지급)

쓰기한자

眉間(미간) 眉目(미목) 白眉(백미)

迷 3급
미혹할 미(:)
辶 | 6획

- 비 近(가까울 근)
  返(돌아올 반)
- 동 惑(미혹할 혹)

글자 풀이
길(辶)이 사방팔방(米)으로 나서 갈 곳을 몰라 헤맨다(迷)는 의미이다.

읽기한자
妖迷(요미)

쓰기한자
迷宮(미궁) 迷路(미로) 迷夢(미몽) 迷信(미신) 迷兒(미아) 迷惑(미혹)
昏迷(혼미)

彌 2급(名)
미륵/오랠 미
弓 | 14획

- 약 弥

글자 풀이
본래는 활을 부린다는 의미이다. 활을 부리면 활이 퍼지므로 퍼진다는 의미가 파생되었다. 그 외 꿰맨다는 의미로도 쓰인다.

읽기한자
彌滿(미만) 彌望(미망) 彌縫策(미봉책) 彌阿里(미아리)

民 8급
백성 민
氏 | 1획

- 비 斤(날 근)
- 반 君(임금 군)
  王(임금 왕)

글자 풀이
여인(女)이 시초(氏)가 되어 많은 사람이 태어나는 것에서 백성, 사람(民)을 의미한다.

읽기한자
輔國安民(보국안민) 貧民窟(빈민굴) 汎國民的(범국민적)

쓰기한자
民亂(민란) 民怨(민원) 民泊(민박) 民事訴訟(민사소송) 庶民(서민)
零細民(영세민) 民家(민가) 民間(민간) 民權(민권) 民度(민도) 民法(민법)
民弊(민폐) 國泰民安(국태민안) 流浪民(유랑민) 愚民政治(우민정치)
賤民(천민)

憫 3급
민망할 민
心 | 12획

- 비 閔(성 민)
- 동 憐(불쌍히여길 련)

글자 풀이
마음(心) 속으로 민망하여(閔) 불쌍히 여긴다(憫)는 의미이다.

읽기한자
憫悼(민도)

쓰기한자
憫急(민급) 憐憫(연민)

敏	3급
	민첩할 **민**
	攵 | 7획

비 梅(매화 매)
　 每(매양 매)
반 鈍(둔할 둔)

글자 풀이

손에 채찍을 들어(攵) 매사(每)에 민첩하도록(敏) 훈련한다는 의미이다.

읽기한자

駿敏(준민)

쓰기한자

敏感(민감) 敏活(민활) 過敏(과민) 機敏(기민) 不敏(불민)

旻	2급(名)
	하늘 **민**
	日 | 4획

동 天(하늘 천)

글자 풀이

햇살(日)이 좋아 모든 것이 익어 아름다운 무늬(文)를 이룬다는 데서 본래는 가을 하늘(旻)이란 의미이다.

읽기한자

旻天(민천) 蒼旻(창민) 淸旻(청민) 秋旻(추민)

旼	2급(名)
	화할 **민**
	日 | 4획

동 和(화할 화)
　 睦(화목할 목)
　 穆(화목할 목)

글자 풀이

햇살(日)이 좋아 모든 것이 익어 아름다운 무늬(文)를 이루면 삶이 화목해지는 데서 화함(旼)을 의미한다.

읽기한자

旼旼穆穆(민민목목), 洪吉旼(홍길민:고려 · 조선 때의 문신)

玟	2급(名)
	아름다운돌 **민**
	玉 | 4획

동 玖(옥돌 구)
　 珉(옥돌 민)

글자 풀이

무늬(文)는 아름다움이 속성이다. 구슬(玉)처럼 아름다운(文) 돌이라 옥돌(玟)을 의미한다.

珉　옥돌 민　2급(名)
玉 | 5획

동 玖(옥돌 구)
　玟(옥돌 민)

글자 풀이

백성(民)과 가까운 구슬(玉)은 옥돌(珉)이라는 의미이다.

읽기한자

徐珉濠(서민호 : 정치가)

閔　성(姓) 민　2급(名)
門 | 4획

비 間(사이 간)
　開(열 개)

글자 풀이

閔은 姓氏로 쓰이지만 憫과 같이 쓰여 근심하다, 불쌍히 여기다의 의미로도 쓰인다.

읽기한자

閔然(민연) 閔泳煥(민영환) 憐閔(연민) 憂閔(우민)

密　빽빽할 밀　4급Ⅱ
宀 | 8획

비 蜜(꿀 밀)
반 疏(소통할 소)

글자 풀이

산(山) 속의 저택(宀)을 엄중하게(必) 겹겹으로 둘러싼 것에서 틈새가 없다, 은밀하다(密)는 의미이다.

읽기한자

密偵(밀정) 密旨(밀지) 密網(밀망) 密聚(밀취)

쓰기한자

密酒(밀주) 密派(밀파) 密閉(밀폐) 密告(밀고) 密談(밀담) 密度(밀도)
密獵(밀렵) 密林(밀림) 密賣(밀매) 密使(밀사) 密室(밀실) 密約(밀약)
密語(밀어) 密接(밀접) 密造(밀조) 密奏(밀주) 密集(밀집) 密着(밀착)
密航(밀항) 密會(밀회) 過密學級(과밀학급) 密貿易(밀무역) 密封(밀봉)
密輸(밀수) 緊密(긴밀) 祕密(비밀) 周到綿密(주도면밀)

蜜　꿀 밀　3급
虫 | 8획

비 密(빽빽할 밀)

글자 풀이

깊은 산 은밀한(密) 곳에 벌레(虫)가 저장해 놓은 것이 꿀(蜜)이라는 의미이다.

읽기한자

油蜜菓(유밀과)

쓰기한자

蜜語(밀어) 蜜月旅行(밀월여행) 蜂蜜(봉밀)

朴	6급
	성(姓) **박**
木	2획

비 材(재목 재)

글자 풀이

나무(木)의 껍질(卜)이 자연 그대로 꾸밈이 없다는 데서 순박하다(朴)는 의미이다.

읽기 한자

朴赫居世(박혁거세) 淳朴(순박) 朴魯(박로)

쓰기 한자

朴氏(박씨) 素朴(소박) 質朴(질박)

博	4급Ⅱ
	넓을 **박**
十	10획

비 捕(잡을 포)
동 廣(넓을 광)
　 漠(넓을 막)
　 汎(넓을 범)

글자 풀이

법도(寸)에 맞게 보충하고(甫) 더해서(十) 크게 하니 넓다(博)는 의미이다.

읽기 한자

博購(박구) 博棋(박기) 博碩(박석) 博綜(박종)

쓰기 한자

博覽會(박람회) 該博(해박) 博士(박사) 博識(박식) 博愛主義(박애주의)
博學多識(박학다식) 博物館(박물관)

拍	4급
	칠 **박**
手	5획

비 泊(머무를 박)
　 迫(핍박할 박)

글자 풀이

밝은(白) 마음을 갖고 손(手)으로 손뼉치다, 장단을 맞춘다(拍)는 의미이다.

쓰기 한자

拍動(박동) 拍手(박수) 拍子(박자) 拍車(박차) 拍掌大笑(박장대소)

薄	3급Ⅱ
	엷을 **박**
艹	13획

비 簿(문서 부)
반 厚(두터울 후)

글자 풀이

포구(浦)에 사는 사람이 생선을 잡아 생선이 마르지 않게 풀(艹)을 조금(寸) 덮어 가지고 다니며 판다는 데서 엷다, 얇다(薄)는 의미이다.

읽기 한자

薄俸(박봉) 薄膜(박막) 薄祐(박우)

쓰기 한자

薄待(박대) 薄德(박덕) 薄利多賣(박리다매) 薄福(박복) 薄氷(박빙)
薄色(박색) 薄情(박정) 刻薄(각박) 輕薄(경박) 美人薄命(미인박명)
野薄(야박) 肉薄戰(육박전) 精神薄弱(정신박약) 淺薄(천박)
下厚上薄(하후상박) 稀薄(희박)

바

본문학습 ⬦ 245

迫

3급 II

핍박할 **박**

辶 | 5획

비 泊(머무를 박)
拍(칠 박)
동 脅(위협할 협)
약 廹

글자 풀이

길(辶)을 따라 명백하게(白) 닥쳐온다(迫)는 의미이다.

쓰기 한자

驅迫(구박) 迫擊砲(박격포) 迫近(박근) 迫頭(박두) 迫力(박력) 迫切(박절)
迫眞(박진) 迫害(박해) 強迫觀念(강박관념) 窮迫(궁박) 急迫(급박)
緊迫感(긴박감) 壓迫(압박) 臨迫(임박) 切迫(절박) 促迫(촉박) 脅迫(협박)

泊

3급

머무를 / 배댈 **박**

水 | 5획

비 拍(칠 박)
迫(핍박할 박)
동 停(머무를 정)
駐(머무를 주)

글자 풀이

물(水)가에 배를 대고 날이 밝을(白) 때까지 묵는다(泊)는 의미이다.

읽기 한자

憩泊(게박) 駐泊(주박)

쓰기 한자

淡泊(담박) 民泊(민박) 宿泊(숙박) 外泊(외박)

舶

2급

배 **박**

舟 | 5획

동 船(배 선)
舟(배 주)
航(배 항)
艇(큰배 정)
艦(큰배 함)

글자 풀이

먼 곳까지 가려면 배(舟)에서 숙박(泊)해야 한다는 데서 큰 배(舶)를 의미한다.

읽기 한자

舶賈(박고) 舶來品(박래품) 商舶(상박) 船舶(선박) 海舶(해박)

半

6급 II

반 **반:**

十 | 3획

비 羊(양 양)
美(아름다울 미)

글자 풀이

소는 농가의 재산이었다. 그 소(牛)를 2등분(八)한 한쪽을 의미하는 것으로 반쪽분(半)이라는 의미이다.

읽기 한자

半裸(반라) 遼東半島(요동반도)

쓰기 한자

半額(반액) 半折(반절) 半點(반점) 半偏(반편) 半減(반감) 半開(반개)
半球(반구) 半旗(반기) 半年(반년) 半島(반도) 半白(반백) 半分(반분)
半月(반월) 半音(반음) 半字(반자) 半切(반절) 半世紀(반세기)
半導體(반도체) 半信半疑(반신반의) 半身不隨(반신불수)

6급 II

돌이킬/돌아올 반:

又 | 2획

- 비 友(벗 우)
- 동 還(돌아올 환)
  回(돌아올 회)
- 반 贊(도울 찬)

판(厂)을 손(又)으로 밀고 있는 모양으로 손에 밀려 굽어진 판자는 손을 떼면 원래대로 되돌아오는 것에서 돌아오다, 튕겨나오다(反)는 의미이다.

읽기 한자

反託(반탁)

쓰기 한자

反擊(반격) 反骨(반골) 反攻(반공) 反亂(반란) 反射(반사) 違反(위반)
反感(반감) 反旗(반기) 反對(반대) 反動(반동) 反落(반락) 反論(반론)
反面(반면) 反目(반목) 反間(반문) 反美(반미) 反復(반복) 反覆(반복)
反覆無常(반복무상) 反比例(반비례) 反省(반성) 反逆(반역) 反影(반영)
反側(반측) 反響(반향) 謀反(모반) 如反掌(여반장)

6급 II

나눌 반

玉 | 6획

- 동 分(나눌 분)
  別(나눌 별)
  配(나눌 배)
- 반 合(합할 합)

글자 풀이

구슬(玉)을 구별하는 것으로 전체를 몇 개인가로 나누어(刀) 각각의 조직을 가리키는 것으로 반, 그릇(班)을 의미한다.

읽기 한자

班媛(반원) 班閥(반벌) 班瑞(반서)

쓰기 한자

班給(반급) 班師(반사) 班常(반상) 班常會(반상회) 班長(반장) 班村(반촌)
武班(무반) 文班(문반) 首班(수반) 兩班(양반) 越班(월반)

3급 II

가지/일반 반

舟 | 4획

- 비 船(배 선)
  盤(소반 반)

글자 풀이

배(舟)에 짐을 싣고 손(又)으로 노(几)를 저어 옮긴다(般)는 의미이다.

읽기 한자

般桓(반환)

쓰기 한자

般樂(반락) 般師(반사) 般若心經(반야심경) 般遊(반유)
般逸(반일) 今般(금반) 一般(일반) 全般(전반) 諸般(제반)

3급 II

밥 반

食 | 4획

- 비 飮(마실 음)
  飾(꾸밀 식)
- 동 食(밥 식)
  餐(밥 찬)

글자 풀이

반복하여(反) 먹는다(食)는 데서 밥(飯)을 의미한다.

읽기 한자

飯鉢(반발) 餐飯(찬반) 炊飯(취반)

쓰기 한자

飯店(반점) 飯酒(반주) 茶飯事(다반사) 白飯(백반) 朝飯(조반)

바

伴 짝 반: 人 | 5획

3급

- 비 件(물건 건)
- 동 侶(짝 려)
  偶(짝 우)
  配(짝 배)

글자 풀이

하나의 물건을 절반(半)으로 나눈 것처럼 두 사람(人)이 똑같다는 데서 짝(伴)을 의미한다.

쓰기 한자

伴偶(반우) 伴奏(반주) 伴行(반행) 同伴(동반) 隨伴(수반)

叛 배반할 반: 又 | 7획

3급

- 비 版(판목 판)

글자 풀이

절반(半)씩 나누어져 서로 반대하고(反) 싸운다는 데서 배반한다(叛)는 의미이다.

읽기 한자

叛衍(반연)

쓰기 한자

叛軍(반군) 叛旗(반기) 叛徒(반도) 叛亂(반란) 叛逆(반역) 謀叛(모반)
背叛(배반)

盤 소반 반 皿 | 10획

3급 II

- 비 般(일반 반)

글자 풀이

그릇(皿)에 담아 옮긴다(般)는 데서 소반, 쟁반(盤)을 의미한다.

읽기 한자

鍵盤(건반) 瓊盤(경반) 棋盤(기반) 胎盤(태반) 盤阪(반판)

쓰기 한자

盤據(반거) 盤曲(반곡) 盤石(반석) 盤旋(반선) 盤松(반송) 盤還(반환)
骨盤(골반) 基盤(기반) 落盤(낙반) 旋盤(선반) 小盤(소반) 巖盤(암반)
原盤(원반) 音盤(음반) 終盤(종반) 中盤(중반) 地盤(지반) 初盤(초반)
吸盤(흡반) 投圓盤(투원반) 羅針盤(나침반) 盤溪曲徑(반계곡경)

返 돌이킬 반: 辶 | 4획

3급

- 비 迷(미혹할 미)
- 동 歸(돌아갈 귀)
  還(돌아올 환)

글자 풀이

가던 길(辶)을 돌이켜(反) 되돌아온다(返)는 의미이다.

읽기 한자

返札(반찰) 返翰(반한)

쓰기 한자

返納(반납) 返送(반송) 返品(반품) 返還(반환)

搬

2급

옮길 **반**

手 | 10획

비 般(가지 반)
동 移(옮길 이)
  運(옮길 운)

글자 풀이

般에는 옮긴다는 의미가 있다. 여기에 손(手)을 더하여 손으로 물건을 나르는 것(搬)을 의미한다.

읽기한자

搬移(반이) 搬入(반입) 搬出(반출) 運搬(운반)

潘

2급(名)

성(姓) **반**

水 | 12획

비 番(차례 번)

글자 풀이

소용돌이나 쌀뜨물을 가리키기도 하나 주로 姓氏로 쓰인다.

읽기한자

潘岳(반악) 米潘(미번) 潘沐(반목) 潘楊之好(반양지호)

磻

2급(名)

반계 **반/번**

石 | 12획

비 潘(성(姓) 반)

글자 풀이

중국(中國) 섬서성(陝西省)에 있는 반계(磻溪)를 나타내는 물 이름자이다.

읽기한자

磻溪(반계) 磻石(반석)

發

6급 Ⅱ

필 **발**

癶 | 7획

비 廢(폐할 폐)
반 着(붙을 착)
약 発

글자 풀이

활(弓)이나 손에 든 창(殳)을 두 손(癶)으로 쏜다(發)는 의미이다.

읽기한자

爛發(난발) 發掘(발굴) 發舒(발서) 發耀(발요) 發兌(발태)

쓰기한자

發覺(발각) 發券(발권) 發祥地(발상지) 發芽(발아) 發汗(발한) 挑發(도발)
濫發(남발) 頻發(빈발) 發見(발견) 發光(발광) 發給(발급) 發起(발기)
發端(발단) 發達(발달) 發動(발동) 發令(발령) 發賣(발매) 發明(발명)
發刊(발간) 發露(발로) 發付(발부) 發奮(발분) 啓發(계발) 妄發(망발)
突發事故(돌발사고) 奮發(분발) 誘發(유발) 一觸卽發(일촉즉발)
摘發(적발) 增發(증발) 徵發(징발) 觸發(촉발)

바

髪 4급
터럭 발
髟 | 5획

동 毛(터럭 모)
毫(터럭 호)

글자 풀이
긴(長) 터럭(彡)이 개꼬리(犮)처럼 늘어진다는 데서 머리털(髮)을 의미한다.

읽기 한자
蓬頭亂髮(봉두난발) 身體髮膚(신체발부) 握髮(악발) 皓髮(호발)

쓰기 한자
假髮(가발) 金髮(금발) 短髮(단발) 斷髮令(단발령) 頭髮(두발)
理髮所(이발소) 毛髮(모발) 白髮(백발) 散髮(산발) 洗髮(세발)
危機一髮(위기일발) 長髮(장발) 黑髮(흑발) 削髮(삭발)

拔 3급Ⅱ
뽑을 발
手 | 5획

동 選(가릴 선)
擇(가릴 택)
募(뽑을 모)
抄(뽑을 초)
抽(뽑을 추)

글자 풀이
개가 달아날(犮) 때처럼 재빨리 손(手)으로 물건을 빼다, 뽑는다(拔)는 의미이다.

읽기 한자
甄拔(견발)

쓰기 한자
拔本塞源(발본색원) 拔取(발취) 奇拔(기발)
拔群(발군) 選拔(선발) 卓拔(탁발) 海拔(해발)

渤 2급(名)
바다이름 발
水 | 9획

글자 풀이
물(水)이 육지쪽으로 밀려 들어 온(勃) 곳으로 발해(渤海)를 나타낸다. 발해(渤海)는 나라이름으로도 사용되었다.

읽기 한자
渤海(발해) 渤然(발연)

鉢 2급(名)
바리때 발
金 | 5획

글자 풀이
쇠붙이(金)로 만든 밥그릇(本)인 바리때(鉢)를 의미한다.

읽기 한자
飯鉢(반발) 夫鉢(부발) 沙鉢通文(사발통문) 衣鉢(의발) 周鉢(주발)
托鉢僧(탁발승)

方	7급 II
	모(稜) 방
	方 | 0획

비 防(막을 방)
동 稜(모 릉)
　楞(네모질 릉)

두 척의 배를 나란히 붙인 모양을 본뜬 것으로 그 주위가 네모져 보인 데서 모나다(方)는 의미이다.

읽기 한자

艮方(간방) 療方(요방) 兌方(태방) 方珪(방규) 方劑(방제) 方峻(방준)

쓰기 한자

方針(방침) 妙方(묘방) 方今(방금) 方面(방면) 方法(방법) 方席(방석)
方式(방식) 方案(방안) 方言(방언) 方位(방위) 方正(방정) 方程式(방정식)
方寸(방촌) 方便(방편) 方向(방향) 近方(근방) 南方(남방) 東方(동방)
百方(백방) 北方(북방) 方途(방도) 方策(방책) 祕方(비방) 西方淨土(서방정토)
雙方(쌍방)

放	6급 II
	놓을 방(:)
	攵 | 4획

비 政(정사 정)
　故(연고 고)
　效(본받을 효)
동 釋(풀 석)
　解(풀 해)
반 防(막을 방)

손(方)에 채찍(攵)을 든 형태로, 죄인을 채찍으로 때리고 배에 태워 섬으로 유배하는 것에서 쫓아버리다, 떼내다(放)는 의미이다.

읽기 한자

放尿(방뇨) 放赦(방사) 放飼(방사) 放膽文(방담문) 放鷹(방응)

쓰기 한자

放射(방사) 放射能(방사능) 放映(방영) 放漫(방만) 放免(방면) 放恣(방자)
放課(방과) 放談(방담) 放流(방류) 放賣(방매) 放牧(방목) 放生(방생)
放送(방송) 放水(방수) 放心(방심) 放言(방언) 放熱(방열) 放任(방임)
放電(방전) 放出(방출) 放置(방치) 放浪(방랑) 放縱(방종) 追放(추방)

房	4급 II
	방 방
	戶 | 4획

비 屋(집 옥)

집(戶)에 들어 가면 네모진(方) 방(房)이 있다는 의미이다.

읽기 한자

閨房(규방) 尼房(이방) 房貰(방세) 乳房癌(유방암) 房杜姚宋(방두요송)

쓰기 한자

乳房(유방) 冊房(책방) 房門(방문) 監房(감방) 金銀房(금은방) 暖房(난방)
獨守空房(독수공방) 門間房(문간방) 文房四友(문방사우) 福德房(복덕방)
書房(서방) 神房(신방) 藥房(약방) 茶房(다방) 舍廊房(사랑방)

訪	4급 II
	찾을 방:
	言 | 4획

비 計(셀 계)
　記(기록할 기)
동 尋(찾을 심)
　探(찾을 탐)
　索(찾을 색)
　搜(찾을 수)

두 사람이 늘어서(方) 진득하게 대화(言)를 나누기 위해 상대 쪽으로 외출하는 것에서 방문하다(訪)는 의미이다.

쓰기 한자

探訪(탐방) 尋訪(심방) 訪問(방문) 訪議(방의) 訪韓(방한) 來訪(내방)
答訪(답방) 禮訪(예방) 巡訪(순방)

바

防 4급Ⅱ
막을 방
阜/阝 | 4획

- 비 妨(방해할 방)
  放(놓을 방)
- 동 守(지킬 수)
  拒(막을 거)
  抵(막을 저)
  衛(지킬 위)
- 반 攻(칠 공)
  放(놓을 방)

글자 풀이
흙(阝)을 많이 쌓아올려 연결하여(方) 넘치는 물을 막았다는 것에서 막다, 지키다(防)는 의미이다.

읽기 한자
防空壕(방공호) 防腐劑(방부제) 防塵(방진) 防諜部隊(방첩부대)
防寒帽(방한모) 雍防(옹방) 防蟲網(방충망) 防臭劑(방취제)

쓰기 한자
防疫(방역) 防波堤(방파제) 堤防(제방) 防犯(방범) 防彈(방탄) 攻防(공방)
防空(방공) 防壁(방벽) 防備(방비) 防水(방수) 防守(방수) 防衛(방위)
防音(방음) 防除(방제) 防止(방지) 防風(방풍) 防寒服(방한복) 防護(방호)
防火(방화) 國防(국방) 無防備(무방비)

妨 4급
방해할 방
女 | 4획

- 비 防(막을 방)
  放(놓을 방)

글자 풀이
여자(女)가 한쪽 모서리(方)에서 떠들어 공부에 방해(妨)가 된다는 의미이다.

읽기 한자
妨礙(방애) 妨沮(방저)

쓰기 한자
妨害(방해) 無妨(무방)

倣 3급
본뜰 방
人 | 8획

- 비 放(놓을 방)
- 동 模(본뜰 모)

글자 풀이
사람(人)이 방랑하다(放) 보면 본받을(倣) 일을 많이 보게 된다는 의미이다.

쓰기 한자
倣似(방사) 模倣(모방)

傍 3급
곁 방:
人 | 10획

- 동 旁(곁 방)
  側(곁 측)

글자 풀이
사람(人)이 서(立) 있는 좌우(冖) 쌍방(方)이니 곁(傍)을 의미한다.

읽기 한자
傍熱型(방열형)

쓰기 한자
傍觀(방관) 傍白(방백) 傍若無人(방약무인) 傍證(방증) 傍聽客(방청객)

芳 | 3급 II
꽃다울 방
++ | 4획

비 苦(쓸 고)
동 馨(꽃다울 형)

글자 풀이

꽃(++)의 향기가 사방(方)으로 퍼진다 하여 향내나다, 꽃답다(芳)는 의미
이다.

읽기한자

芳塘(방당) 芳馥(방복) 芳香劑(방향제) 芬芳(분방) 姸芳(연방) 芳埃(방애)
芳札(방찰) 芳翰(방한)

쓰기한자

芳年(방년) 芳名錄(방명록) 芳香(방향) 綠陰芳草(녹음방초)
流芳百世(유방백세)

邦 | 3급
나라 방
邑/阝 | 4획

비 那(어찌 나)
邪(간사할 사)
동 國(나라 국)

글자 풀이

풀이 무성하고(丰) 농사가 잘 되는 고을(阝)이라 하여 나라(邦)를 의미
한다.

읽기한자

邦媛(방원) 劉邦(유방) 邦甸(방전)

쓰기한자

邦國(방국) 邦畫(방화) 萬邦(만방) 聯邦(연방) 友邦(우방) 異邦人(이방인)
合邦(합방)

旁 | 2급(名)
곁 방:
方 | 6획

동 傍(곁 방)
側(곁 측)

글자 풀이

원래 글자는 凡+方의 형태였는데 변형된 것이다. 凡과 方 모두 사면팔방
에 퍼져 있는 모든 것, 곁(旁)을 의미한다.

읽기한자

旁系(방계) 旁觀(방관) 旁國(방국) 旁人(방인) 路旁(노방) 四旁(사방)

紡 | 2급
길쌈 방
糸 | 4획

비 妨(방해할 방)
防(막을 방)
동 績(길쌈 적)

글자 풀이

실(糸)을 사방에(方) 늘어놓은 데서 실을 잣거나 길쌈하는(紡) 것을 의미
한다.

읽기한자

紡文績學(방문적학) 紡績(방적) 紡織(방직) 紡車(방차) 混紡(혼방)

龐

2급(名)

높은집 **방**

龍 | 3획

비 龍(용 룡)

글자 풀이

높고 큰(龍) 집(广)을 말했는데, 여기서 크다(龐)는 의미가 파생되었다.

읽기한자

龐眉皓髮(방미호발) 龐統(방통)

倍

5급

곱 **배(:)**

人 | 8획

비 培(북돋울 배)
部(떼 부)

글자 풀이

사람(人)이 물건(口)을 세워서(立) 계속 쌓으니 그 수효가 몇 갑절(倍)이나 많아진다는 의미이다.

읽기한자

倍俸(배봉)

쓰기한자

倍額(배액) 倍加(배가) 倍達民族(배달민족) 倍數(배수) 公倍數(공배수)
勇氣百倍(용기백배) 倍率(배율)

拜

4급Ⅱ

절 **배:**

手 | 5획

비 非(아닐 비)
약 拝

글자 풀이

양손을 치고 머리 숙여 인사를 하고 합장하는 모습에서 배려하다, 인사하다(拜)는 의미이다.

읽기한자

頓首百拜(돈수백배) 拜呈(배정) 趨拜(추배) 拜俛(배면) 拜芝(배지)
拜塵(배진)

쓰기한자

拜伏(배복) 崇拜(숭배) 拜謁(배알) 拜見(배견) 拜金思想(배금사상)
拜禮(배례) 拜命(배명) 拜上(배상) 敬拜(경배) 歲拜(세배) 禮拜(예배)
再拜(재배) 參拜(참배)

背

4급Ⅱ

등 **배:**

肉/月 | 5획

비 肯(즐길 궁)
반 腹(배 복)

글자 풀이

인체(月)의 앞쪽에 대해서 등지(北)는 쪽, 즉 등(背)을 의미한다.

쓰기한자

背水陣(배수진) 背叛(배반) 背泳(배영) 背恩忘德(배은망덕) 違背(위배)
背景(배경) 背反(배반) 背番(배번) 背書(배서) 背信(배신) 背任(배임)
背誕(배탄) 背後(배후) 二律背反(이율배반) 向背(향배) 面從腹背(면종복배)

配

4급 II
나눌/짝 배:
酉 | 3획

비 酌(술부을 작)
동 分(나눌 분)
　偶(짝 우)
　匹(짝 필)
　伴(짝 반)
　侶(짝 려)

글자 풀이
술(酉)을 사람(己)들에게 나누어 친하는 것에서 나누다, 할당하다(配)는 의미이다.

읽기한자
配劑(배제)

쓰기한자
配管(배관) 配慮(배려) 配屬(배속) 配匹(배필) 天定配匹(천정배필)
配給(배급) 配達(배달) 配當(배당) 配列(배열) 配本(배본) 配分(배분)
配色(배색) 配線(배선) 配所(배소) 配食(배식) 配電(배전) 配定(배정)
配車(배차) 配置(배치) 配布(배포) 配合(배합) 交配(교배) 配付(배부)
配役(배역) 配偶者(배우자) 喪配(상배)

培

3급 II
북돋울 배:
土 | 8획

비 倍(곱 배)
　部(떼 부)
동 挑(돋울 도)

글자 풀이
흙(土)에서 몇 십 곱(倍)의 수확을 거두기 위하여 북돋고, 가꾼다(培)는 의미이다.

쓰기한자
培養(배양) 栽培(재배)

排

3급 II
밀칠 배
手 | 8획

비 非(아닐 비)
동 斥(물리칠 척)

글자 풀이
해당하지 않는(非) 것을 손(手)으로 물리친다(排)는 의미이다.

읽기한자
排尿(배뇨)

쓰기한자
排斥(배척) 排擊(배격) 排球(배구) 排氣(배기) 排卵(배란) 排便(배변)
排水施設(배수시설) 排除(배제) 排出(배출) 排他的(배타적) 排布(배포)

輩

3급 II
무리 배:
車 | 8획

동 群(무리 군)
　衆(무리 중)
　徒(무리 도)
　隊(무리 대)
반 獨(홀로 독)
약 輩

글자 풀이
새의 깃(非)처럼 수레(車)가 줄지어 있다는 데서 무리(輩)를 의미한다.

읽기한자
儔輩(주배)

쓰기한자
輩出(배출) 輩行(배행) 同年輩(동년배) 謀利輩(모리배) 浮浪輩(부랑배)
不良輩(불량배) 先輩(선배) 暴力輩(폭력배) 後輩(후배)

바

杯	3급
잔 **배**	
木 | 4획	

동 盞(잔 배)

글자 풀이

나무(木)가 아니고(不) 나무로 만든 잔(杯)을 의미한다.

읽기한자

瓊杯(경배) 戒盈杯(계영배) 拉杯(납배) 腎杯(신배)

쓰기한자

杯盤(배반) 乾杯(건배) 苦杯(고배) 毒杯(독배) 祝杯(축배)

俳	2급
배우 **배**	
人 | 8획	

비 非(아닐 비)
排(밀칠 배)
徘(노닐 배)

글자 풀이

상식에 맞지 않는(非) 익살스러운 행동을 하는 사람(人)으로 광대, 배우(俳)를 의미한다.

읽기한자

俳優(배우) 映畫俳優(영화배우)

裵	2급(名)
성(姓) **배**	
衣 | 8획	

글자 풀이

裴로도 쓰며, 주로 姓氏로 쓰인다.

읽기한자

裵克廉(배극렴) 裵度(배도) 裵航(배항)

賠	2급
물어줄 **배:**	
貝 | 8획	

비 培(북돋울 배)
동 償(갚을 상)

글자 풀이

남에게 손해를 끼치면 곱절(倍)의 재물(貝)을 준다는 데서 물어주다(賠)는 의미이다.

읽기한자

賠償(배상)

	8급
白	흰 **백**
	白 | 0획

비 百(일백 백)
伯(맏 백)
曰(가로 왈)
日(날 일)
自(스스로 자)
동 素(흴 소)
반 黑(검을 흑)

글자 풀이

햇빛(日)이 비치면 번쩍번쩍 빛나서(丶) 밝게 보이는 것에서 희다, 불순물이 없다(白)는 의미이다.

읽기 한자

戴白(대백) 白琯(백관) 白鷗(백구) 白鷺(백로) 白蔘(백삼) 白熊(백웅)
白刃(백인) 白磁(백자) 白膠木(백교목) 白圭(백규) 白茅(백모) 白晳(백석)
白楡(백유)

쓰기 한자

白髮(백발) 白粉(백분) 白骨難忘(백골난망) 白墨(백묵) 白眉(백미)
白蛇(백사) 白內障(백내장) 白馬(백마) 白米(백미) 白兵戰(백병전)
白色(백색) 白書(백서) 白奏(백주) 潔白(결백) 白雪(백설) 白露(백로)

	7급
百	일백 **백**
	白 | 1획

비 白(흰 백)
自(스스로 자)

글자 풀이

하나(一)에서 일백까지 세면 크게 외쳐(白) 일단락 지은 데서 백(百)을 의미한다.

읽기 한자

頓首百拜(돈수백배) 百弗(백불) 瞻言百里(첨언백리) 百揆(백규)
百葉箱(백엽상)

쓰기 한자

百家爭鳴(백가쟁명) 百穀(백곡) 百日紅(백일홍) 百八煩惱(백팔번뇌)
流芳百世(유방백세) 百科事典(백과사전) 百年大計(백년대계) 百方(백방)
百年河淸(백년하청) 百萬長者(백만장자) 百發百中(백발백중) 百僚(백료)
百八念珠(백팔염주) 百事(백사) 百選(백선) 百姓(백성)

	3급 Ⅱ
伯	맏 **백**
	人 | 5획

비 白(흰 백)
百(일백 백)
동 兄(형 형)
孟(맏 맹)
允(맏 윤)

글자 풀이

여러 사람(人) 중에서 머리가 흰(白) 사람이니 맏형(伯)을 의미한다.

읽기 한자

萊伯(내백)

쓰기 한자

伯爵(백작) 伯仲(백중) 伯母(백모) 伯父(백부) 伯氏(백씨) 伯兄(백형)
方伯(방백) 畫伯(화백)

	2급
柏	측백 **백**
	木 | 5획

비 桓(굳셀 환)

글자 풀이

나무(木) 결이 희고(白) 고운 측백나무(柏)이다.

읽기 한자

姜柏(강백) 柏谷(백곡) 春柏(춘백) 柏栗寺(백률사)

番 차례 번 田 | 7획	**6급**

비 留(머무를 류)
동 第(차례 제)
　 序(차례 서)
　 秩(차례 질)

글자 풀이
손(釆)으로 벼(禾)를 논(田)에 차례차례(番) 심는다는 의미이다.

읽기한자
番款(번관)

쓰기한자
不寢番(불침번) 輪番制(윤번제) 吐番(토번) 遞番(체번) 番外(번외)
番地(번지) 番號(번호) 缺番(결번) 局番(국번) 軍番(군번) 當番(당번)
每番(매번) 順番(순번) 十八番(십팔번) 一連番號(일련번호) 主番(주번)
週番(주번) 地番(지번)

繁 번성할 번 糸 | 11획	**3급Ⅱ**

비 敏(민첩할 민)
동 盛(성할 성)
　 昌(창성할 창)
약 繁

글자 풀이
바디를 손에 들고(攵) 실(糸)로 옷을 짜는 일은 매양(每) 번거롭다(繁)는 의미이다.

읽기한자
繁殖(번식) 殷繁(은번) 繁衍(번연) 繁滋(번자) 繁禧(번희)

쓰기한자
頻繁(빈번) 繁多(번다) 繁盛(번성) 繁榮(번영) 繁奏(번주) 繁昌(번창)
繁華街(번화가) 繁雜(번잡) 農繁期(농번기)

煩 번거로울 번 火 | 9획	**3급**

비 頻(자주 빈)

글자 풀이
머리(頁)가 불(火)처럼 뜨겁고 열이 난다는 데서 번열증나다(煩)는 의미이다.

읽기한자
煩鬱(번울)

쓰기한자
煩惱(번뇌) 煩雜(번잡) 百八煩惱(백팔번뇌)
食少事煩(식소사번)

飜 번역할 번 飛 | 12획	**3급**

동 譯(번역할 역)
　 翻(번역할 번)

글자 풀이
외국어와 국어 사이를 차례로(番) 날아다니며(飛) 번역하다(飜)는 의미이다.

읽기한자
飜謄(번등)

쓰기한자
飜刻(번각) 飜案(번안) 飜譯(번역) 飜覆(번복) 飜意(번의)
飜雲覆雨(번운복우)

伐	4급 II 칠(討) 벌 人 | 4획

비 任(맡길 임)
동 征(칠 정)
　討(칠 토)

글자 풀이

사람(人)이 창(戈)을 들고 찌른다는 데서 치다, 베다(伐)는 의미이다.

읽기한자

爕伐(섭벌) 斬伐(참벌) 伐柯(벌가)

쓰기한자

伐採(벌채) 盜伐(도벌) 輪伐(윤벌) 採伐(채벌) 討伐(토벌) 濫伐(남벌)
伐木(벌목) 伐草(벌초) 間伐(간벌) 北伐(북벌) 不伐不德(불벌부덕)
殺伐(살벌) 征伐(정벌)

罰	4급 II 벌할 벌 罒 | 9획

비 罪(허물 죄)
동 罪(허물 죄)
반 賞(상줄 상)

글자 풀이

법망(罒)에 걸린 사람을 말(言)로 심문하여 칼(刀)로 베듯이 벌(罰)을 준다는 의미이다.

읽기한자

陟罰(척벌) 罰俸(벌봉)

쓰기한자

罰點(벌점) 嚴罰(엄벌) 一罰百戒(일벌백계) 刑罰(형벌) 懲罰(징벌)
罰金(벌금) 罰責(벌책) 罰則(벌칙) 賞罰(상벌) 信賞必罰(신상필벌)
重罰(중벌) 處罰(처벌) 天罰(천벌) 體罰(체벌) 雙罰罪(쌍벌죄)

筏	2급(名) 뗏목 벌 竹 | 6획

글자 풀이

적을 치기(伐) 위해 대나무(竹)를 엮어 물에 띄운 것으로 뗏목(筏)을 의미한다.

읽기한자

筏橋(벌교) 筏夫(벌부) 津筏(진벌)

閥	2급 문벌 벌 門 | 6획

비 閉(닫을 폐)

글자 풀이

지체가 높은 가문(門)에서는 문 앞에 사람(人)이 창(戈)을 들고 지킬 뿐 아니라 큰 기둥을 세워 가문(閥)을 표시한다는 의미이다.

읽기한자

閥閱(벌열) 閥族(벌족) 軍閥(군벌) 門閥(문벌) 財閥(재벌) 族閥(족벌)
派閥(파벌) 學閥(학벌)

犯 범할 범:
犬 | 2획
4급

비 狗(개 구)

글자 풀이

사람에게 귀염받고 있는 개(犬)가 주인을 물었다(㔾)고 하는 것에서 해서는 안 될 것을 범하다, 어기다(犯)는 의미이다.

읽기한자

犯闕(범궐)

쓰기한자

犯法(범법) 犯人(범인) 犯罪(범죄) 犯則金(범칙금) 犯行(범행)
強力犯(강력범) 輕犯(경범) 共犯(공범) 國事犯(국사범) 防犯(방범)
完全犯罪(완전범죄) 再犯(재범) 戰犯(전범) 主犯(주범) 重犯(중범)
知能犯(지능범) 眞犯(진범) 初犯(초범) 侵犯(침범) 現行犯(현행범)

範 법 범:
竹 | 9획
4급

비 節(마디 절)
동 規(법 규)
　 律(법칙 률)
　 法(법 법)
　 式(법 식)
　 典(법 전)

글자 풀이

대나무(竹)에는 마디가 있고 수레(車)에는 축이 있고 몸(㔾)에는 예절, 절도가 있다는 데서 법, 법식(範)을 의미한다.

읽기한자

範疇(범주) 洪範九疇(홍범구주)

쓰기한자

範軌(범궤) 範圍(범위) 廣範圍(광범위) 教範(교범) 規範(규범) 模範(모범)
師範(사범) 示範(시범)

凡 무릇 범(:)
几 | 1획
3급 Ⅱ

비 汎(넓을 범)

글자 풀이

하나에서 열까지란 말이 있듯이 둘(二)과 여덟을 합해서 대강, 보통, 모두(凡)를 의미한다.

읽기한자

凡野圈(범야권)

쓰기한자

凡例(범례) 凡百事(범백사) 凡夫(범부) 凡常(범상) 凡失(범실) 凡人(범인)
凡宰(범재) 大凡(대범) 非凡(비범)

汎 넓을 범:
水 | 3획
2급

비 汐(조수 석)
동 廣(넓을 광)
　 漠(넓을 막)
　 博(넓을 박)
　 普(넓을 보)
반 陝(좁을 협)

글자 풀이

홍수가 나서 물(水)에 모든(凡) 것이 잠겨 있다는 데서 넓다(汎)는 의미이다.

읽기한자

汎國民的(범국민적) 汎論(범론) 汎舟(범주) 汎稱(범칭)

范

2급(名)

성(姓) 범:

++ | 5획

비 花(꽃 화)

바

글자 풀이

본래 물에 떠다니는(氾) 풀(++)인 물풀을 나타낸 것이나 주로 姓氏로 쓰인다.

읽기한자

范鎔(범용)

法

5급Ⅱ

법 법

水 | 5획

비 注(부을 주)
　洋(큰바다 양)
동 規(법 규)
　律(법칙 률)
　範(법 범)
　式(법 식)

글자 풀이

물(水)은 높은 곳에서 낮은 곳으로 흐르는(去) 것이 자연법칙이라는 것에서 규칙, 법(法)을 의미한다.

읽기한자

尼法師(이법사) 魔法(마법) 法網(법망) 療法(요법) 峻法(준법)
衝擊療法(충격요법) 胎息法(태식법) 酷法(혹법) 幻法(환법)

쓰기한자

違法(위법) 遵法(준법) 辨證法(변증법) 法科(법과) 法官(법관) 法規(법규)
法堂(법당) 法度(법도) 法令(법령) 法例(법례) 法律(법률) 法名(법명)
法務士(법무사) 法服(법복) 法案(법안) 法語(법어) 法院(법원) 法衣(법의)
法認(법인) 法的(법적) 法殿(법전) 法鼓(법고) 法廷(법정) 拳法(권법)

壁

4급Ⅱ

벽 벽

土 | 13획

비 碧(푸를 벽)

글자 풀이

몸(尸)에 돌(口)을 지고 매운(辛) 고생을 하며 져 날라 흙(土) 위에 벽(壁)을 쌓는다는 의미이다.

읽기한자

防塵壁(방진벽) 壁壕(벽호) 纖維壁(섬유벽) 磁壁(자벽)

쓰기한자

胃壁(위벽) 赤壁賦(적벽부) 壁報(벽보) 壁紙(벽지) 壁畫(벽화) 防壁(방벽)
氷壁(빙벽) 石壁(석벽) 城壁(성벽) 障壁(장벽) 絶壁(절벽) 巖壁(암벽)
奇巖絶壁(기암절벽)

碧

3급Ⅱ

푸를 벽

石 | 9획

비 壁(벽 벽)
동 靑(푸를 청)
　蒼(푸를 창)
　綠(푸를 록)

글자 풀이

옥(玉)돌(石)이 희면서도(白) 푸른(碧) 기가 있다는 데서 푸르다(碧)는 의미이다.

읽기한자

碧蘆(벽로) 碧旻(벽민) 碧疇(벽주)

쓰기한자

桑田碧海(상전벽해) 碧溪水(벽계수) 碧空(벽공) 碧眼(벽안) 碧天(벽천)

僻 궁벽할 벽

2급
人 | 13획

동 偏(치우칠 편)

글자 풀이

성격이 한쪽으로 기울어진(辟) 사람(人)은 외톨이가 되어 후미지고 궁벽한(僻)데 처한다는 의미이다.

읽기한자

僻見(벽견) 僻路(벽로) 僻論(벽론) 僻書(벽서) 僻字(벽자) 僻村(벽촌)
奇僻(기벽) 偏僻(편벽)

變 변할 변:

5급Ⅱ
言 | 16획

비 戀(그릴 련)
　 燮(불꽃 섭)
　 蠻(오랑캐 만)
동 化(될 화)
약 変

글자 풀이

실(絲)처럼 약한 아이를 말(言)로 타이르고 가르쳐서(攵) 옳은 방향으로 변하게(變) 한다는 의미이다.

읽기한자

變幻(변환) 滄桑之變(창상지변)

쓰기한자

變更(변경) 變亂(변란) 變異(변이) 變裝(변장) 變遷(변천) 慘變(참변)
變德(변덕) 變動(변동) 變死(변사) 變色(변색) 變聲(변성) 變性(변성)
變速(변속) 變數(변수) 變身(변신) 變心(변심) 變移(변이) 變節(변절)
變造(변조) 變調(변조) 變種(변종) 變質(변질) 變貌(변모) 變換(변환)
怪變(괴변) 突變(돌변) 逢變(봉변)

邊 가 변

4급Ⅱ
辶 | 15획

동 際(가 제)
약 边, 边

글자 풀이

자기(自) 집(宀)을 지을 때 팔(八) 방(方)으로 뛰어다니며(辶) 주변(邊)을 본다는 의미이다.

읽기한자

邊疆(변강)

쓰기한자

邊錢(변전) 底邊(저변) 周邊(주변) 借邊(차변) 邊境(변경) 邊利(변리)
邊方(변방) 江邊(강변) 官邊(관변) 路邊(노변) 對邊(대변) 等邊(등변)
無邊(무변) 身邊(신변) 年邊(연변) 海邊(해변) 沿邊(연변) 邊地邊(변지변)
多邊化(다변화) 一邊倒(일변도) 街路邊(가로변) 邊上加邊(변상가변)
爐邊談話(노변담화)

辯 말씀 변:

4급
辛 | 14획

비 辨(분별할 변)
동 言(말씀 언)
　 語(말씀 어)
　 說(말씀 설)
　 話(말씀 화)

글자 풀이

두 죄인(辛辛)이 서로 자기에게 유리하게 말한다(言)는 데서 말을 잘한다(辯)는 의미이다.

쓰기한자

辯論(변론) 辯士(변사) 辯護士(변호사) 強辯(강변) 口辯(구변) 多辯(다변)
達辯(달변) 答辯(답변) 代辯人(대변인) 言辯(언변) 熱辯(열변) 雄辯(웅변)
通辯(통변) 抗辯(항변)

辨	3급
	분별할 변:
	辛 | 9획

비 班(나눌 반)
　辯(말씀 변)
동 別(나눌 별)

글자 풀이

죄인 둘(辛辛)이 말다툼하는 것을 보고 칼(刂)로 베듯이 옳고 그름을 분별한다(辨)는 의미이다.

읽기 한자

魚魯不辨(어로불변)

쓰기 한자

辨理士(변리사) 辨明(변명) 辨別(변별) 辨償(변상) 辨濟(변제)
辨證法(변증법)

卞	2급(名)
	성(姓) 변:
	卜 | 2획

비 下(아래 하)

글자 풀이

중요한 결정을 앞두고는 가장 먼저(亠) 점(卜)치는 법이라 법을 나타냈으나 주로 姓氏로 쓰인다.

읽기 한자

卞季良(변계량) 卞隨(변수) 卞急(변급) 卞正(변정)

弁	2급(名)
	고깔 변:
	廾 | 2획

비 允(맏 윤)

글자 풀이

모자(厶)를 두손(廾)으로 쓰고 있는 것으로 고깔(弁)을 의미한다.

읽기 한자

弁冕(변면) 弁韓(변한) 將弁(장변) 弁言(변언)

別	6급
	다를/나눌 별
	刀 | 5획

비 列(벌릴 렬)
동 分(나눌 분)
　區(나눌 구)
반 同(한가지 동)
　共(한가지 공)

글자 풀이

잡아온 동물의 뼈와 고기를 칼(刂)로 끊어 나누는(另) 것에서 나누다, 나눠지다(別)는 의미이다.

읽기 한자

別段預金(별단예금) 別岐(별기)

쓰기 한자

別居(별거) 別納(별납) 別殿(별전) 別差(별차) 別添(별첨) 別個(별개)
別故(별고) 別曲(별곡) 別堂(별당) 別名(별명) 別命(별명) 別味(별미)
別別(별별) 別世(별세) 別數(별수) 別食(별식) 別館(별관) 別途(별도)
別莊(별장) 別策(별책) 鑑別(감별) 惜別(석별) 別手段(별수단)
別動隊(별동대) 別世界(별세계) 別問題(별문제) 別無神通(별무신통)

病

6급

병 병:
疒 | 5획

동 疾(병 질)

아궁이의 불(丙)처럼 열이 나는 병(疒)이란 데서 병들다(病)는 의미이다.

읽기한자
糖尿病(당뇨병) 病棟(병동) 病魔(병마) 病巢(병소) 療病(요병)
精神病棟(정신병동) 診病(진병) 皮膚病(피부병)

쓰기한자
病暇(병가) 病痛(병통) 看病(간병) 病菌(병균) 臥病(와병) 病缺(병결) 病理(병리)
病名(병명) 病死(병사) 病床(병상) 病席(병석) 病勢(병세) 病身(병신) 病室(병실)
病院(병원) 病因(병인) 病者(병자) 病蟲(병충) 病害(병해) 病患(병환) 問病(문병)
發病(발병) 疾病(질병) 肺病(폐병) 相思病(상사병) 傳染病(전염병)
病看護(병간호) 同病相憐(동병상련) 萬病通治(만병통치)

兵

5급 Ⅱ

병사 병
八 | 5획

 丘(언덕 구)
동 軍(군사 군)
　 卒(마칠 졸)
　 士(선비 사)
반 將(장수 장)
　 帥(장수 수)

글자 풀이
전쟁무기인 도끼(斤)를 양손(ㅠ)에 들고, 사람을 치는 것에서 군대, 전쟁
(兵)을 의미한다.

읽기한자
雇兵(고병) 兵戈(병과) 兵柄(병병) 倭兵(왜병) 傭兵(용병) 駐兵(주병)
撤兵(철병) 哨兵(초병) 兵塵(병진) 兵艦(병함)

쓰기한자
兵亂(병란) 兵務廳(병무청) 兵營(병영) 兵籍(병적) 兵丁(병정) 救援兵(구원병)
伏兵(복병) 私兵(사병) 皆兵制(개병제) 騎兵隊(기병대) 兵科(병과) 兵器(병기)
兵力(병력) 兵馬(병마) 兵士(병사) 兵舍(병사) 兵事(병사) 兵卒(병졸) 兵火(병화)
工兵(공병) 老兵(노병) 民兵隊(민병대) 兵役(병역) 徵兵(징병)

丙

3급 Ⅱ

남녘 병:
一 | 4획

비 兩(두 량)

글자 풀이
아궁이에 불을 때는 모양(丙)을 본떴다.

읽기한자
丙魏(병위)

쓰기한자
丙夜(병야) 丙子胡亂(병자호란) 丙坐(병좌)

屛

3급

병풍 병(:)
尸 | 8획

비 屍(주검 시)
약 屛

글자 풀이
몸(尸)을 보호하기 위하여 다리를 나란히 세워(幷) 두르는 병풍(屛)을 의
미한다.

읽기한자
屛翰(병한)

쓰기한자
屛氣(병기) 屛去(병거) 屛居(병거) 屛風(병풍)

竝

竝	3급
	나란히 **병:**
	立 | 5획

약 並

바

글자 풀이

두 사람이 나란히 선(竝) 모양을 본떴다.

쓰기 한자

竝立(병립) 竝列(병렬) 竝用(병용) 竝進(병진) 竝行(병행)

倂

倂	2급
	아우를 **병:**
	人 | 8획

약 併

글자 풀이

사람(人)이 어울리도록(幷) 만드는 것으로 아우름과 나란히(倂) 함을 의미한다.

읽기 한자

倂肩(병견) 倂記(병기) 倂起(병기) 倂略(병략) 倂用(병용) 倂合(병합)

昞

昞	2급(名)
	밝을 **병:**
	日 | 5획

동 炳(밝을 병) 晃(밝을 황)
熙(빛날 희) 曜(빛날 요)
耀(빛날 요) 昱(빛날 욱)
煜(빛날 욱) 赫(빛날 혁)
輝(빛날 휘) 燦(빛날 찬)
煥(빛날 환)
반 暗(어두울 암)

글자 풀이

해(日)처럼 밝다(丙)는 것으로 밝음, 빛남(昞)을 나타내며, 昺으로도 쓰고 주로 이름자로 사용된다.

昺

昺	2급(名)
	밝을 **병:**
	日 | 5획

동 炳(밝을 병)
晃(밝을 황)
昞(밝을 병)
반 暗(어두울 암)

글자 풀이

해(日)처럼 밝다(丙)는 것으로 밝음, 빛남(昺)을 나타내며, 昞으로도 쓰고 주로 이름자로 사용된다.

읽기 한자

刑昺(형병:중국 송나라때의 사람)

柄

2급(名)

자루 **병:**

木 | 5획

비 炳(불꽃 병)

글자 풀이

丙은 본래 물고기 꼬리를 본뜬 글자로 꼬리(丙) 부분에 손잡이 나무(木)가 있다 해서 자루(柄)를 의미한다.

읽기한자

柄用(병용) 權柄(권병) 斗柄(두병) 兵柄(병병) 柄映(병영)

炳

2급(名)

불꽃 **병:**

火 | 5획

동 炳(밝을 병) 晃(밝을 황)
熙(빛날 희) 曜(빛날 요)
耀(빛날 요) 昱(빛날 욱)
燮(불꽃 섭) 炎(불꽃 염)
輝(빛날 휘) 燦(빛날 찬)
煥(빛날 환)
반 暗(어두울 암)

글자 풀이

불(火)은 밝고 남녘(丙)은 햇빛이 잘 비치는 밝은 곳이라 밝다(炳)는 의미이다.

읽기한자

炳如日星(병여일성) 炳然(병연) 炳燭(병촉)

秉

2급(名)

잡을 **병:**

禾 | 3획

동 執(잡을 집)
操(잡을 조)
捉(잡을 착)
逮(잡을 체)
把(잡을 파)

글자 풀이

벼(禾)를 손(⺕)으로 잡은 모습으로 잡는다(秉)는 의미이다.

읽기한자

秉權(병권) 秉燭(병촉) 秉軸(병축)

保

4급Ⅱ

지킬 **보(:)**

人 | 7획

비 條(가지 조)
동 衛(지킬 위)
守(지킬 수)

글자 풀이

아기를 소중히 안고 있는 모습에서 사람(亻)이 아이(呆)를 키우다, 먹여 살리다, 보살피다(保)라는 의미이다.

읽기한자

保佑(보우) 保艾(보애) 保傭(보용) 保聚(보취) 保弼(보필)

쓰기한자

保管(보관) 保眼鏡(보안경) 保存(보존) 保證(보증) 保險(보험) 保菌(보균)
保健(보건) 保稅(보세) 保守(보수) 保身(보신) 保安(보안) 保溫(보온)
保有(보유) 保育(보육) 保障(보장) 保全(보전) 保合勢(보합세) 保衡(보형)
保護(보호) 擔保(담보) 安保(안보) 留保(유보) 確保(확보) 保釋(보석)

報

4급Ⅱ
갚을/알릴 보:
土 | 9획

비 服(옷 복)
동 告(고할 고)
　　償(갚을 상)

다행한(幸) 소식을 재빨리 몸(卩)과 손(又)을 써서 알린다(報)는 의미이다.

읽기 한자

情報網(정보망) 諜報(첩보)

쓰기 한자

豫報(예보) 報償(보상) 弘報(홍보) 報國(보국) 報答(보답) 報復(보복)
會報(회보) 報告(보고) 報道(보도) 警報(경보) 官報(관보) 急報(급보)
壁報(벽보) 悲報(비보) 速報(속보) 續報(속보) 誤報(오보) 月報(월보)
電報(전보) 情報(정보) 通報(통보) 畫報(화보) 朗報(낭보) 旬報(순보)
報覆(보복) 業報(업보) 結草報恩(결초보은) 因果應報(인과응보)

寶

4급Ⅱ
보배 보:
宀 | 17획

비 實(열매 실)
동 珍(보배 진)
약 宝

글자 풀이
대리석(缶) 같은 보물(玉)이나 재산(貝)을 집안(宀)에 중요하게 보관하는
것에서 보물(寶)을 의미한다.

읽기 한자

寶祚(보조) 寶刹(보찰)

쓰기 한자

寶庫(보고) 寶座(보좌) 寶珠(보주) 寶物(보물) 寶石(보석) 寶貨(보화)
家寶(가보) 七寶(칠보) 常平通寶(상평통보) 寶鑑(보감) 寶劍(보검)
寶藏(보장)

步

4급Ⅱ
걸음 보:
止 | 3획

비 涉(건널 섭)

글자 풀이
왼발과 오른발을 서로 다르게 내딛는 것에서 걷다(步)는 의미이다.

읽기 한자

步哨(보초) 駐步(주보) 趨步(추보)

쓰기 한자

巨步(거보) 段步(단보) 徒步(도보) 散步(산보) 步幅(보폭) 驅步(구보)
步道(보도) 步兵(보병) 步調(보조) 步行(보행) 競步(경보) 進步(진보)
初步(초보) 退步(퇴보) 行步(행보) 踏步(답보) 讓步(양보) 獨步的(독보적)
進一步(진일보) 橫斷步道(횡단보도) 步武堂堂(보무당당)
五十步百步(오십보백보)

普

4급
넓을 보:
日 | 8획

비 晉(진나라 진)
　　譜(족보 보)
동 遍(두루 편)
　　漠(넓을 막)

글자 풀이
해(日)가 동, 남, 서로 계속 서서(並) 두루 넓게(普) 비친다는 의미이다.

읽기 한자

普魯士(보로사) 普衍(보연)

쓰기 한자

普通(보통) 普遍性(보편성) 普遍妥當(보편타당) 普及(보급)

補

3급Ⅱ

기울 **보:**

衣 | 7획

- 비 捕(잡을 포)
  浦(개 포)
- 동 助(도울 조)
  扶(도울 부)
  護(도울 호)
  繕(기울 선)

글자 풀이

옷(衣)을 쓸(用) 수 있도록 바늘(十)에 실(丶)을 꿰어 깁는다(補)는 의미이다.

읽기 한자

補闕選擧(보궐선거) 補腎(보신) 補輯(보집) 毘補(비보) 繕補(선보)
補劑(보제) 補胎(보태)

쓰기 한자

補償(보상) 補講(보강) 補強(보강) 補缺(보결) 補給(보급) 補導(보도)
補色(보색) 補選(보선) 補修(보수) 補身(보신) 補藥(보약) 補完(보완)
補任(보임) 補正(보정) 補整(보정) 補助(보조) 補職(보직) 補充(보충)
補血(보혈) 轉補(전보) 增補(증보) 候補(후보) 補聽器(보청기)
次官補(차관보) 補充授業(보충수업)

譜

3급Ⅱ

족보 **보:**

言 | 12획

- 비 普(넓을 보)
  證(증거 증)

글자 풀이

혈연을 넓게(普) 찾아서 자세히 말(言)할 수 있게 적은(譜) 것이 계보, 족보(譜)이다.

읽기 한자

棋譜(기보) 璿源略譜(선원약보)

쓰기 한자

譜學(보학) 系譜(계보) 族譜(족보) 譜表(보표) 樂譜(악보)
年譜(연보)

潽

2급(名)

물이름 **보:**

水 | 12획

- 비 普(넓을 보)

글자 풀이

물(水)이 넓다(普)는 것으로 물이 넓음(潽)을 의미한다. 주로 이름자로 쓰인다.

읽기 한자

尹潽善(윤보선)

甫

2급(名)

클 **보:**

用 | 2획

- 동 太(클 태)
  泰(클 태)
  巨(클 거)
- 반 微(작을 미)
  小(작을 소)
  扁(작을 편)

글자 풀이

밭(田)에 새싹(屮)이 그득한 모양으로 많고, 넓고, 큼(甫)을 의미한다.

읽기 한자

甫田(보전) 甫甫(보보) 皇甫仁(황보인) 甫兒(보아)

輔 도울 보: 2급(名)
車 | 7획

동 翊(도울 익)
佐(도울 좌)
弼(도울 필)
佑(도울 우)

글자 풀이
넓고 큰 밭(甫)에 수레(車)는 일손을 도우므로 도움(輔)을 의미한다.

읽기 한자
輔國安民(보국안민) 輔相(보상) 輔翊(보익) 輔仁(보인) 輔佐(보좌)
輔弼(보필)

服 옷 복 6급
月 | 4획

비 報(알릴 보)
동 衣(옷 의)

글자 풀이
몸(月)의 신분(卩)에 알맞도록 손(又)으로 골라서 입은 옷(服)을 의미한다.

읽기 한자
驥服鹽車(기복염거) 冕服(면복) 欽服(흠복)

쓰기 한자
服裝(복장) 服從(복종) 屈服(굴복) 私服(사복) 服色(복색) 服藥(복약)
服用(복용) 服人(복인) 服制(복제) 服中(복중) 感服(감복) 官服(관복)
校服(교복) 軍服(군복) 內服(내복) 冬服(동복) 法服(법복) 不服(불복)
說服(설복) 素服(소복) 承服(승복) 服飾(복식) 服役(복역) 克服(극복)
喪服(상복) 僧服(승복) 征服(정복) 防寒服(방한복) 旣成服(기성복)
燕尾服(연미복) 服務期間(복무기간)

福 복 복 5급Ⅱ
示 | 9획

비 副(버금 부)
富(부자 부)
동 祐(복 우) 祚(복 조)
祜(복 호) 禧(복 희)
반 禍(재앙 화)
殃(재앙 앙)
災(재앙 재)

글자 풀이
물건이 쌓여있는(畐) 창고처럼 신(示)의 혜택이 풍부한 것에 비유해서 행복, 복(福)을 의미한다.

읽기 한자
福岡(복강) 福祐(복우) 福祚(복조) 福祜(복호) 福禧(복희)
福聚海無量(복취해무량)

쓰기 한자
福券(복권) 降福(강복) 福祿(복록) 冥福(명복) 福金(복금) 福利(복리)
福音(복음) 康福(강복) 多福(다복) 萬福(만복) 食福(식복) 五福(오복)
祝福(축복) 幸福(행복) 薄福(박복) 壽福(수복) 裕福(유복) 禍福(화복)
福德房(복덕방) 福不福(복불복) 國利民福(국리민복) 轉禍爲福(전화위복)

復 회복할 복 / 다시 부: 4급Ⅱ
彳 | 9획

비 腹(배 복)
複(겹칠 복)
동 回(돌아올 회)
반 往(갈 왕)

글자 풀이
계단을 오르고 또 내리는 것에서 갔다가 다시 원래 장소로 돌아오다, 되풀이하다(復)는 의미이다.

읽기 한자
復棋(복기)

쓰기 한자
復歸(복귀) 復籍(복적) 復校(복교) 復舊(복구) 復權(복권) 復命(복명)
復習(복습) 復元(복원) 復原(복원) 復職(복직) 復唱(복창) 復學(복학)
光復(광복) 反復(반복) 報復(보복) 修復(수복) 往復(왕복) 回復(회복)
復活(부활) 文藝復興(문예부흥)

伏 엎드릴 복
4급
人 | 4획

- 비 代(대신 대)
  仗(무기 장)
  休(쉴 휴)
- 동 屈(굽힐 굴)
- 반 起(일어날 기)

글자 풀이

사람(人) 옆에 개(犬)가 엎드려 주인의 말을 따르는 데서 '엎드리다, 굴복하다'는 의미이다.

읽기한자

伏魔殿(복마전) 伏熊(복웅) 伏羲氏(복희씨) 雌伏(자복) 伏屍(복시)
伏軾(복식) 伏羲(복희)

쓰기한자

伏望(복망) 伏兵(복병) 伏線(복선) 伏奏(복주) 伏中(복중) 伏慕(복모)
伏地不動(복지부동) 屈伏(굴복) 起伏(기복) 三伏(삼복) 降伏(항복)
埋伏(매복) 潛伏期(잠복기)

複 겹칠 복
4급
衣 | 9획

- 비 復(다시 부)
  腹(배 복)
- 반 單(홀 단)

글자 풀이

계단을 오르고 또 내려오는(復) 것처럼 의복(衣)을 몇 장이나 겹쳐 입는 것에서 겹치다(複)는 의미이다.

읽기한자

複哨(복초)

쓰기한자

複道(복도) 複利(복리) 複寫(복사) 複線(복선) 複數(복수) 複式(복식)
複雜(복잡) 複製(복제) 複合(복합)

腹 배 복
3급Ⅱ
肉/月 | 9획

- 비 復(다시 부)
  複(겹칠 복)
- 반 背(등 배)

글자 풀이

몸(月)의 일부로서 되풀이하여(復) 음식이 들어오고 나가고 하는 곳이니 배(腹)를 의미한다.

읽기한자

腹膜炎(복막염)

쓰기한자

腹部(복부) 腹水(복수) 腹案(복안) 腹痛(복통) 空腹(공복) 同腹(동복)
私腹(사복) 心腹(심복) 異腹(이복) 割腹(할복) 腹上死(복상사)
抱腹絕倒(포복절도) 開腹手術(개복수술) 面從腹背(면종복배)

卜 점 복
3급
卜 | 0획

- 동 占(점칠 점)

글자 풀이

옛날에 점(卜)을 칠 때는 거북 등을 태워서 나타나는 무늬를 보았는데 그 때의 무늬를 본떠 점(卜)을 의미한다.

쓰기한자

卜居(복거) 卜師(복사) 卜債(복채) 卜馬(복마)

覆 3급Ⅱ 덮을 부 다시 복 襾 | 12획 통 蓋(덮을 개) 復(다시 부)	**글자 풀이** 덮을 아(襾)에 무게가 실려 덮다(覆)는 뜻으로 쓰이고 덮은(襾) 것을 되돌리는(復) 것으로 뒤집다(覆)는 의미이다. **읽기 한자** 覆鉢(복발) **쓰기 한자** 覆育(부육) 覆載(부재) 天覆(천부)

馥 2급(名) 향기 복 香 | 9획 통 芳(꽃다울 방) 香(향기 향) 芬(향기로울 분) 馨(향기 형)	**글자 풀이** 향기(香)는 한 곳에 머물지 않고 바람을 타고 다른 곳으로 퍼져 가므로(复) 향기(馥)를 의미한다. **읽기 한자** 馥氣(복기) 芳馥(방복) 香馥(향복) 馥郁(복욱)

本 6급 근본 본 木 | 1획 비 木(나무 목) 未(아닐 미) 통 根(뿌리 근) 源(근원 원) 반 末(끝 말)	**글자 풀이** 나무 뿌리에 표시를 해서, 굵은 뿌리를 표시한 것에서 근본(本)을 의미한다. **읽기 한자** 闕本(궐본) 歸巢本能(귀소본능) 謄本(등본) 本俸(본봉) 本旨(본지) **쓰기 한자** 本源(본원) 本家(본가) 本科(본과) 本官(본관) 本校(본교) 本局(본국) 本國(본국) 本能(본능) 本堂(본당) 本隊(본대) 本來(본래) 本論(본론) 本流(본류) 本名(본명) 本文(본문) 本部(본부) 本分(본분) 本社(본사) 本色(본색) 本書(본서) 本線(본선) 本性(본성) 本姓(본성) 本業(본업) 本館(본관) 本貫(본관) 本署(본서) 本妻(본처) 脚本(각본) 稿本(고본)

奉 5급Ⅱ 받들 봉: 大 | 5획 비 春(봄 춘) 통 仕(섬길 사) 捧(받들 봉)	**글자 풀이** 세(三) 사람(人)이 손(手)으로 받든다(奉)는 의미이다. **읽기 한자** 奉戴(봉대) 奉呈(봉정) 瞻奉(첨봉) 奉旨(봉지) **쓰기 한자** 奉事(봉사) 奉仕(봉사) 奉養(봉양) 奉唱(봉창) 奉祝(봉축) 奉行(봉행) 信奉(신봉) 奉獻(봉헌) 滅私奉公(멸사봉공)

封	3급Ⅱ
봉할 **봉**	
寸 | 6획	

비 卦(걸 괘)

글자 풀이

국토의 일부인 넓은 땅(圭)을 법도(寸)에 따라 다스리게 한다는 데서 제후로 봉한다(封)는 의미이다.

읽기한자

封采(봉채) 封疆(봉강) 封彌(봉미)

쓰기한자

封墳(봉분) 封鎖(봉쇄) 封書(봉서) 封印(봉인) 封奏(봉주) 封紙(봉지)
封窓(봉창) 封合(봉합) 開封(개봉) 同封(동봉) 密封(밀봉) 金一封(금일봉)
封庫罷職(봉고파직)

峯	3급Ⅱ
봉우리 **봉**	
山 | 7획	

비 蜂(벌 봉)

글자 풀이

산(山)마루가 엇걸려 만나는(夆) 산봉우리(峰)를 의미한다.

읽기한자

高峯峻嶺(고봉준령) 峻峯(준봉)

쓰기한자

主峯(주봉) 最高峯(최고봉)

逢	3급Ⅱ
만날 **봉**	
辶 | 7획	

비 通(통할 통)
　 進(나아갈 진)
동 遇(만날 우)

글자 풀이

길(辶)을 천천히 걸어 가다가(夂) 아는 사람을 만나서 악수한다(丰)는 데서 만나다(逢)는 의미이다.

읽기한자

避獐逢虎(피장봉호)

쓰기한자

逢辱(봉욕) 逢着(봉착) 相逢(상봉)

蜂	3급
벌 **봉**	
虫 | 7획	

비 峯(봉우리 봉)

글자 풀이

서로 만나서(夆) 함께 사는 벌레(虫)이니 벌(蜂)을 의미한다.

읽기한자

蜂巢(봉소) 蜂聚(봉취)

쓰기한자

蜂起(봉기) 蜂蜜(봉밀) 養蜂(양봉)

3급Ⅱ
鳳 봉새 봉:
鳥 | 3획

반 凰(봉황새 황)

글자 풀이

무릇 모든(凡) 새(鳥) 중의 으뜸가는 새가 봉황새(鳳)라는 의미이다.

읽기한자

鳳麟(봉린) 鳳闕(봉궐) 鳳沼(봉소) 鳳苑(봉원) 鳳峙(봉치)
鳳胎龍肝(봉태용간) 麟鳳龜龍(인봉귀룡)

쓰기한자

鳳仙花(봉선화)

2급
俸 녹(祿) 봉:
人 | 8획

비 奉(받들 봉)
　捧(받들 봉)
　棒(몽둥이 봉)
동 祿(녹 록)

글자 풀이

관리가 된 사람(人)이 나랏일을 받들고(奉) 받는 댓가인 녹봉(俸)이라는
의미이다.

읽기한자

俸給(봉급) 俸祿(봉록) 俸米(봉미) 減俸(감봉) 祿俸(녹봉) 薄俸(박봉)
本俸(본봉) 年俸(연봉) 月俸(월봉) 日俸(일봉) 初俸(초봉) 號俸(호봉)

2급
縫 꿰맬 봉
糸 | 11획

비 逢(만날 봉)

글자 풀이

해진 옷감을 맞대어(逢) 실(糸)로 꿰맨다(縫)는 의미이다.

읽기한자

縫製工場(봉제공장) 縫合手術(봉합수술) 彌縫策(미봉책) 裁縫師(재봉사)
裁縫絲(재봉사) 天衣無縫(천의무봉)

2급(名)
蓬 쑥 봉
⧺ | 11획

동 艾(쑥 애)

글자 풀이

무성한 모양을 본 뜬 것이다. 무성하게(逢) 자라는 풀(⧺)로 쑥(蓬)을 의미
한다.

읽기한자

蓬頭亂髮(봉두난발) 蓬矢(봉시) 蓬萊山(봉래산)

父 | 아비 부 | 8급
父 | 0획

- 비 交(사귈 교)
- 반 母(어미 모)

글자 풀이

도끼를 갖고 짐승을 잡으러가는 어른의 모습에서, 그것을 할 수 있는 것은 그 집의 주인이므로 아버지(父)를 의미한다.

읽기 한자

許由巢父(허유소부)

쓰기 한자

父系(부계) 叔父(숙부) 父權(부권) 父女(부녀) 父母(부모) 父親(부친)
父兄(부형) 國父(국부) 伯父(백부) 神父(신부) 義父(의부) 祖父母(조부모)
父老(부로) 家父長(가부장) 嚴父慈母(엄부자모) 父子有親(부자유친)
父傳子傳(부전자전)

夫 | 지아비 부 | 7급
大 | 1획

- 비 大(큰 대)
- 반 婦(며느리 부)
  妻(아내 처)

글자 풀이

갓을 쓴 사내의 모양으로 지아비, 사내(夫)를 의미한다.

읽기 한자

坑夫(갱부) 筏夫(벌부) 夫鉢(부발) 芸夫(운부) 津夫(진부)

쓰기 한자

夫君(부군) 鑛夫(광부) 夫權(부권) 夫人(부인) 農夫(농부) 亡夫(망부)
漁夫(어부) 人夫(인부) 情夫(정부) 兄夫(형부) 夫婦(부부) 夫妻(부처)
士大夫(사대부) 大夫人(대부인) 同夫人(동부인) 令夫人(영부인)
女必從夫(여필종부) 夫婦有別(부부유별)

部 | 떼 부 | 6급 II
邑/阝 | 8획

- 비 郞(사내 랑)
- 동 隊(무리 대)
- 반 單(홀 단)
  獨(홀로 독)
  孤(외로울 고)

글자 풀이

국토를 여러 고을(阝)로 갈라(咅) 나누어 거느린다는 데서 마을, 거느린다(部)는 의미이다.

읽기 한자

防諜部隊(방첩부대)

쓰기 한자

部屬(부속) 部隊(부대) 部落(부락) 部類(부류) 部族(부족) 部令(부령)
部門(부문) 部分(부분) 部數(부수) 部首(부수) 部員(부원) 部位(부위)
部長(부장) 部處(부처) 部品(부품) 部下(부하) 軍部(군부) 內部(내부)
外部(외부) 全部(전부) 部署(부서)

副 | 버금 부: | 4급 II
刀 | 9획

- 비 福(복 복)
  幅(폭 폭)
- 동 次(버금 차)
  亞(버금 아)
  仲(버금 중)
- 반 正(바를 정)

글자 풀이

신령에의 공양물(畐)로서 칼(刀)로 동물의 배를 갈라내고 거기에 곡물을 갖추어 내는 것에서 곁들이다, 도와주다(副)는 의미이다.

읽기 한자

副腎(부신) 副尉(부위) 副簪(부잠) 副軸(부축)

쓰기 한자

副官(부관) 副木(부목) 副本(부본) 副産物(부산물) 副賞(부상)
副食(부식) 副業(부업) 副作用(부작용) 副長(부장) 副題(부제)
副次的(부차적) 正副統領(정부통령) 副詞(부사) 副葬(부장)

婦 며느리 **부**
女 | 8획
4급 II

비 掃(쓸 소)
　歸(돌아갈 귀)
반 姑(시어미 고)
　夫(지아비 부)

수건(巾)을 머리(⼧)에 쓰고 손(⺕)으로 집안 일을 하는 여자(女)이니 지어미(婦)를 의미한다.

읽기 한자

裸婦(나부) 萊婦(내부) 妖婦(요부) 妊婦(임부)

쓰기 한자

姦婦(간부) 酌婦(작부) 姪婦(질부) 婦德(부덕) 婦道(부도) 婦人(부인)
夫婦(부부) 新婦(신부) 子婦(자부) 情婦(정부) 主婦(주부) 孝婦(효부)
姑婦(고부) 寡婦(과부) 慰安婦(위안부) 派出婦(파출부) 接待婦(접대부)
貴婦人(귀부인) 夫唱婦隨(부창부수)

富 부자 **부:**
宀 | 9획
4급 II

비 副(버금 부)
　幅(폭 폭)
동 裕(넉넉할 유)
반 貧(가난할 빈)
약 冨

집안(宀)에 물건이 많이 차 있는(畐) 것에서 재산이 많은 것, 늘다(富)는 의미이다.

읽기 한자

金富軾(김부식) 殷富(은부) 富衍(부연)

쓰기 한자

甲富(갑부) 巨富(거부) 富强(부강) 富國强兵(부국강병) 富貴(부귀)
富農(부농) 富益富(부익부) 富者(부자) 富村(부촌) 富戶(부호) 國富(국부)
貧富(빈부) 年富力强(연부역강) 致富(치부) 豊富(풍부) 富裕(부유)

府 마을[官廳] **부(:)**
广 | 5획
4급 II

비 附(붙을 부)
　符(부호 부)
동 衙(관청 아)
　廳(관청 청)

옛날 관가의 창고(广)에는 중요문서가 가득 보관되어 있었다. 거기서 물건을 틈새없이 딱 붙여(付) 넣어놓은 창고를 빗대어 관청(府)을 의미한다.

읽기 한자

椿府丈(춘부장)

쓰기 한자

府庫(부고) 府君(부군) 府使(부사) 都護府(도호부) 三府要人(삼부요인)
議政府(의정부) 立法府(입법부) 政府(정부) 政府米(정부미) 幕府(막부)
總督府(총독부) 學府(학부) 行政府(행정부) 司法府(사법부) 司憲府(사헌부)

否 아닐 **부:**
口 | 4획
4급

동 不(아닐 불)
　非(아닐 비)
반 可(옳을 가)

날아가버린 새는 소리내어 불러도 돌아오지 않는다는 것에서 〈그러하지 않다〉라고 부정하는 의미이다.

쓰기 한자

否決(부결) 否認(부인) 否定(부정) 否票(부표) 拒否(거부) 拒否權(거부권)
安否(안부) 與否(여부) 眞否(진부) 曰可曰否(왈가왈부) 適否審(적부심)
贊否(찬부)

負

4급
질[荷] **부:**
貝 | 2획

비 員(인원 원)
　賀(하례할 하)
동 敗(질 패)
　荷(멜 하)
　擔(멜 담)
반 勝(이길 승)

글자 풀이
사람이 쪼그리고 앉아 자신의 돈과 재산을 짊어지려고 하는 것에서 짊어지다(負)는 의미이다.

읽기한자
男負女戴(남부여대) 負戴(부대)

쓰기한자
負傷(부상) 負約(부약) 勝負手(승부수) 自負心(자부심) 請負(청부)
抱負(포부)

付

3급Ⅱ
부칠 **부:**
人 | 3획

비 件(물건 건)
　伐(칠 벌)
동 寄(부칠 기)

글자 풀이
사람(人)이 손(手)으로 물건(丶)을 들어서 준다(付)는 의미이다.

읽기한자
付託(부탁)

쓰기한자
貸付(대부) 交付(교부) 給付(급부) 發付(발부) 反對給付(반대급부) 配付(배부)
送付(송부) 還付金(환부금) 付送(부송) 分付(분부) 付壁(부벽) 植付(식부)
結付(결부) 申申當付(신신당부)

扶

3급Ⅱ
도울 **부**
手 | 4획

비 抄(뽑을 초)
　夫(지아비 부)
동 助(도울 조)
　援(도울 원)
　護(도울 호)
　襄(도울 양)

글자 풀이
장부(夫)가 손(手)으로 집안일을 돕는다(扶)는 의미이다.

쓰기한자
扶養家族(부양가족) 扶助(부조) 扶支(부지) 扶持(부지)
相扶相助(상부상조)

浮

3급Ⅱ
뜰 **부**
水 | 7획

비 乳(젖 유)
동 漂(떠다닐 표)
반 沈(잠길 침)
　溺(빠질 닉)

글자 풀이
물(水) 속에 종자(子)를 손(爪)으로 담그면 뜬다(浮)는 의미이다.

읽기한자
浮彫(부조) 浮溺(부닉) 浮埃(부애) 浮塵子(부진자) 浮幻(부환)

쓰기한자
浮漂(부표) 浮刻(부각) 浮氣(부기) 浮浪兒(부랑아) 浮力(부력) 浮流(부류)
浮薄(부박) 浮上(부상) 浮生(부생) 浮說(부설) 浮揚(부양) 浮雲(부운)
浮沈(부침) 浮黃(부황) 浮動層(부동층) 浮誕(부탄)

符

3급Ⅱ
부호 **부(:)**
竹 | 5획

비 附(붙을 부)
府(관청 부)

글자 풀이
대쪽(竹)에 글씨를 써 주어(付) 부신(符)으로 삼는다는 의미이다.

읽기 한자
符瑞(부서)

쓰기 한자
符籍(부적) 符書(부서) 符信(부신) 符節(부절) 符合(부합) 符號(부호)
名實相符(명실상부) 終止符(종지부)

簿

3급Ⅱ
문서 **부:**
竹 | 13획

비 博(넓을 박)
薄(엷을 박)
동 券(문서 권)
狀(문서 장)
籍(문서 적)

글자 풀이
포구(浦)처럼 물건이 들어오고 나가는 내용을 손(寸)으로 죽간(竹)에 적는 장부(簿)를 의미한다.

읽기 한자
簿閥(부벌)

쓰기 한자
簿記(부기) 家計簿(가계부) 名簿(명부) 帳簿(장부) 主簿(주부)
出席簿(출석부) 學籍簿(학적부)

附

3급Ⅱ
붙을 **부(:)**
阜/阝 | 5획

비 付(부칠 부)
府(관청 부)
동 着(붙을 착)

글자 풀이
높은 산에 나지막한 언덕(阝)이 붙어(付) 있는 모양에서 붙다(附)는 의미이다.

읽기 한자
附款(부관) 附驥(부기) 附倭(부왜) 附札(부찰)

쓰기 한자
添附(첨부) 附課(부과) 附近(부근) 附記(부기) 附錄(부록) 附設(부설)
附屬(부속) 附言(부언) 附與(부여) 附逆(부역) 附着(부착) 附則(부칙)
附合(부합) 寄附(기부) 阿附(아부) 回附(회부) 期限附(기한부)
日附印(일부인) 附和雷同(부화뇌동) 附加價値(부가가치)
附帶施設(부대시설)

腐

3급Ⅱ
썩을 **부:**
肉 | 8획

비 府(관청 부)
膚(살갖 부)

글자 풀이
곳집(府)의 고기(肉)가 오래 묵어서 썩는다(腐)는 의미이다.

읽기 한자
防腐劑(방부제) 腐爛(부란)

쓰기 한자
腐植(부식) 腐心(부심) 腐葉土(부엽토) 腐敗(부패) 腐刑(부형)
豆腐(두부) 不正腐敗(부정부패) 切齒腐心(절치부심) 陳腐(진부)

賦

3급Ⅱ

부세 **부:**

貝 | 8획

동 租(조세 조)

글자 풀이

군사(武) 비용을 조달하기 위하여 재물(貝)을 거둔다는 데서 세금을 매긴 다(賦)는 의미이다.

읽기한자

賦活劑(부활제)

쓰기한자

賦課(부과) 賦金(부금) 賦與(부여) 賦役(부역) 賦存資源(부존자원)
詞賦(사부) 月賦(월부) 雜賦金(잡부금) 赤壁賦(적벽부) 天賦的(천부적)
割賦(할부)

赴

3급

다다를[趨赶]
갈[趨] **부:**

走 | 2획

비 起(일어날 기)
越(넘을 월)

글자 풀이

맡은(卜) 일을 수행하기 위하여 달려간다(走)는 데서 다다르다(赴)는 의미 이다.

읽기한자

赴闕(부궐)

쓰기한자

赴告(부고) 赴役(부역) 赴任(부임) 走赴(주부)

傅

2급(名)

스승 **부:**

人 | 10획

비 傳(전할 전)
博(넓을 박)
동 師(스승 사)
佐(도울 좌)

글자 풀이

바른 길을 가도록 가르침을 펼치는(尃) 사람(人)으로 스승(傅)을 의미한 다. 돕는다는 뜻을 내포하고 있다.

읽기한자

傅佐(부좌) 師傅(사부) 良傅(양부)

敷

2급

펼 **부(:)**

攵 | 11획

비 繫(맬 계)
擊(칠 격)
동 演(펼 연)
약 旉

글자 풀이

본래는 尃+攵인데 글자 모양에 변형이 있었다. 두드려서(攵) 넓게 퍼지 도록(尃)하는 것으로 펴는(敷) 것을 의미한다.

읽기한자

敷告(부고) 敷設(부설) 敷衍說明(부연설명) 高水敷地(고수부지)

膚

2급
살갗 **부**
肉/月 | 11획

비 腐(썩을 부)
동 皮(가죽 피)

글자 풀이
몸 속에는 밥통(胃)이 있고 겉에는 호랑이(虍) 가죽 같은 살갗(膚)이 있다는 의미이다.

읽기한자
皮膚美容(피부미용) 皮膚病(피부병) 膚淺(부천) 身體髮膚(신체발부)

釜

2급(名)
가마 **부**
金 | 2획

비 金(쇠 금)

글자 풀이
양쪽에 손잡이용 귀(父)가 달린 쇠(金)로 만든 그릇으로 가마솥(釜)을 의미한다.

읽기한자
釜山(부산) 釜鼎(부정) 釜中生魚(부중생어)

阜

2급(名)
언덕 **부:**
阜 | 0획

동 陵(언덕 릉)
邱(언덕 구)
阿(언덕 아)
岸(언덕 안)
原(언덕 원)
坡(언덕 파)

글자 풀이
층이 진 흙산의 모양을 본 뜬 것으로 언덕(阜)을 의미한다.

읽기한자
阜陵(부릉) 高阜(고부) 曲阜(곡부) 丘阜(구부) 山阜(산부)

北

8급
북녘 **북**
달아날 **배**
匕 | 3획

비 比(견줄 비)
동 敗(패할 패)
반 南(남녘 남)

글자 풀이
두 사람이 서로 등을 지고 있는 모양(北)을 본떴다.

읽기한자
拉北(납북) 北歐(북구) 北極圈(북극권) 北宋(북송) 北魏(북위) 北闕(북궐)

쓰기한자
北緯(북위) 北極(북극) 北端(북단) 北道(북도) 北門(북문) 北方(북방)
北部(북부) 北上(북상) 北風(북풍) 北韓(북한) 北向(북향) 關北(관북)
東北(동북) 以北(이북) 敗北(패배) 越北(월북) 北伐論(북벌론)
北斗七星(북두칠성) 北太平洋(북태평양) 南男北女(남남북녀)

分 6급 II
나눌 분(:)
刀 | 2획

- 비 今(이제 금)
- 동 區(구분할 구)
  配(나눌 배)
  割(벨 할)
  別(나눌 별)
- 반 合(합할 합)

글자 풀이

한 자루의 막대봉을 칼(刀)로서 두 개로 나누는(八) 것에서 나누다(分)는 의미이다.

읽기 한자

分疆(분강) 分岐(분기) 分娩(분만) 分泌物(분비물) 銖分(수분)
滋養分(자양분) 鼎分(정분) 分棟(분동) 分劑(분제)

쓰기 한자

分納(분납) 分段(분단) 分離(분리) 分裂(분열) 分析(분석) 糖分(당분)
分秒(분초) 分家(분가) 分校(분교) 分權(분권) 分斷(분단) 分擔(분담)
分量(분량) 分列(분열) 分類(분류) 分流(분류) 分明(분명) 分付(분부)
分讓(분양) 分割(분할) 分水嶺(분수령) 四分五裂(사분오열)

憤 4급
분할 분:
心 | 12획

- 비 墳(무덤 분)
- 동 怒(노할 노)
  慨(슬퍼할 개)

글자 풀이

마음(心) 속으로 크게(貴) 못마땅하여 성을 낸다(憤)는 의미이다.

읽기 한자

鬱憤(울분)

쓰기 한자

憤怒(분노) 憤死(분사) 憤然(분연) 憤痛(분통) 憤敗(분패) 激憤(격분)
公憤(공분) 發憤(발분) 義憤(의분) 痛憤(통분) 憤慨(분개) 含憤蓄怨(함분축원)

粉 4급
가루 분(:)
米 | 4획

- 비 紛(어지러울 분)
- 동 末(끝 말)

글자 풀이

쌀(米) 등의 곡물을 가루처럼 부수는(分) 것에서 가루, 잘게 부순 것(粉)을 의미한다.

읽기 한자

葛粉(갈분) 粉塵(분진) 脂粉(지분) 脫脂粉乳(탈지분유)

쓰기 한자

粉末(분말) 粉食(분식) 粉筆(분필) 製粉(제분) 花粉(화분)
粉飾(분식) 粉靑沙器(분청사기) 軟粉紅(연분홍)

奔 3급 II
달릴 분
大 | 6획

- 비 奈(어찌 내)
- 동 走(달릴 주)

글자 풀이

아무리 크고(大) 힘이 센 사람이라도 열(十)명 스무(十十) 명이 덤벼들면 달아난다(奔)는 의미이다.

읽기 한자

奔趨(분추)

쓰기 한자

奔忙(분망) 奔放(분방) 奔騰(분등) 奔走(분주)
東奔西走(동분서주)

奮

3급Ⅱ
떨칠 **분:**
大 | 13획

비 舊(예 구)
　奪(빼앗을 탈)
동 振(떨칠 진)

큰(大) 새(隹)가 밭(田)에서 날개를 치며 날아가는 모양으로 떨치다(奮)는 의미이다.

읽기 한자
興奮劑(흥분제)

쓰기 한자
奮起(분기) 奮怒(분노) 奮發(분발) 奮躍(분약) 奮然(분연) 奮戰(분전)
激奮(격분) 孤軍奮鬪(고군분투) 發奮(발분) 興奮(흥분)

紛

3급Ⅱ
어지러울 **분**
糸 | 4획

비 粉(가루 분)
동 亂(어지러울 란)
　紊(어지러울 문)

글자 풀이
실(糸)이 여러 갈래로 나눠져(分) 뒤엉켜 있어서 어지럽고(紛) 번잡하다는 의미이다.

읽기 한자
紛謬(분류) 紛衍(분연) 紛塵(분진)

쓰기 한자
紛糾(분규) 紛亂(분란) 紛紛(분분) 紛失(분실) 紛爭(분쟁) 內紛(내분)

墳

3급
무덤 **분**
土 | 12획

비 憤(분할 분)
동 墓(무덤 묘)

글자 풀이
흙(土)을 모아 크고(賁) 둥글게 만든 것이 무덤(墳)이라는 의미이다.

읽기 한자
墳衍(분연)

쓰기 한자
墳墓(분묘) 古墳(고분) 雙墳(쌍분)

芬

2급(名)
향기 **분**
艹 | 4획

동 芳(꽃다울 방)
　香(향기 향)
　馥(향기 복)
　馨(향기 형)

글자 풀이
풀(艹)이 싹틀 때면 짙은 향기가 사방에 흩어져(分) 퍼지므로 향기(芬)를 의미한다.

읽기 한자
芬蘭(분란=핀란드) 芬芳(분방) 芬芬(분분) 芬皇寺(분황사) 芬香(분향)
芬馨(분형) 蘭芬(난분)

不	7급Ⅱ
아닐 **불**	
一 | 3획	

동 非(아닐 비)

글자 풀이

새가 내려오지 않는 것에서 〈~하지 않다, ~이 아니다〉라고 말하는 것처럼 아래 말을 부정하는 의미이다.

읽기 한자

不穩(불온) 不妊(불임) 腎不全(신부전) 殷鑑不遠(은감불원) 自彊不息(자강불식)
措手不及(조수불급) 杜門不出(두문불출) 不俱戴天(불구대천) 不撤晝夜(불철주야)
碩果不食(석과불식) 魚魯不辨(어로불변) 醴酒不設(예주불설) 不共戴天(불공대천)

쓰기 한자

不凍液(부동액) 搖之不動(요지부동) 不均衡(불균형) 不祥事(불상사)
不透明(불투명) 不軌(불궤) 不軌之心(불궤지심)

佛	4급Ⅱ
부처 **불**	
人 | 5획	

비 拂(떨칠 불)
　弗(아닐 불)
약 仏

글자 풀이

사람이 살아있을 때는 마음 속에서 선악에 관한 것을 생각하고 고민하는데, 그런 걱정을 초월한 사람, 즉 마음이 넓고 인정이 많은 사람으로 성장한 사례로 부처(佛)를 의미한다.

읽기 한자

佛廬(불려) 佛鉢(불발) 佛鉢宇(불발우) 佛鬱(불울) 佛刹(불찰)

쓰기 한자

佛徒(불도) 佛家(불가) 佛經(불경) 佛敎(불교) 佛國(불국) 佛堂(불당)
佛道(불도) 佛門(불문) 佛文(불문) 佛法(불법) 佛心(불심) 佛語(불어)
佛殿(불전) 佛供(불공) 佛蘭西(불란서) 佛像(불상) 佛譯(불역) 排佛(배불)

拂	3급Ⅱ
떨칠 **불**	
手 | 5획	

비 佛(부처 불)
　弗(아닐 불)
약 払

글자 풀이

자기에게 해당 안 되는(弗) 것을 손(手)으로 털어(拂) 버린다는 의미이다.

읽기 한자

呈示拂(정시불) 支拂委託(지불위탁)

쓰기 한자

拂下(불하) 拂逆(불역) 拂入(불입) 假拂(가불) 過拂(과불) 年拂(연불)
未拂(미불) 未拂入金(미불입금) 先拂(선불) 延拂(연불) 完拂(완불)
一時拂(일시불) 支拂(지불) 換拂(환불) 還拂(환불) 後拂(후불)

弗	2급
아닐/말(勿) **불**	
弓 | 2획	

비 佛(부처 불)
　拂(떨칠 불)

글자 풀이

활(弓)과 칼(刂)로 대항하고 반대한다는 데서 아군이 아니다(弗)는 의미이다.

읽기 한자

弗豫(불예) 弗治(불치) 百弗(백불)

崩 무너질 붕 山 | 8획 3급	바

崩 무너질 붕
山 | 8획 3급

비 朋(벗 붕)
동 壞(무너질 괴)
반 建(세울 건)
　　立(설 립)

글자 풀이
산(山)이 무리(朋)를 지어서 무너진다(崩)는 의미이다.

읽기한자
崩湍(붕단)

쓰기한자
崩壞(붕괴) 崩御(붕어) 土崩瓦解(토붕와해)

朋 벗　　붕
月 | 4획 3급

비 明(밝을 명)
　　崩(무너질 붕)
동 友(벗 우)

글자 풀이
몸(月)과 몸(月)이 나란히 있다는 데서 벗, 무리(朋)를 의미한다.

쓰기한자
朋僚(붕료) 朋友有信(붕우유신) 朋黨(붕당)

鵬 새　　붕
鳥 | 8획 2급(名)

동 鳳(봉새 봉)
　　鳥(새 조)

글자 풀이
朋은 본래 봉황새(鳳)를 지칭하는 글자다. 봉황새(鳳) 같은 새(鳥)로 붕새(鵬)를 나타낸다. 붕새는 하루에 구만리를 난다는 상상속의 새이다.

읽기한자
鵬圖(붕도) 鵬飛(붕비) 鵬翼(붕익) 大鵬(대붕) 周世鵬(주세붕)
李起鵬(이기붕)

比 견줄　비:
比 | 0획 5급

비 北(북녘 북)
동 較(견줄 교)

글자 풀이
북(北)과 달리 같은 쪽을 향해서 두 사람이 늘어선 형태에서 늘어서다, 비교하다(比)는 의미이다.

읽기한자
比丘尼(비구니) 比輯(비집)

쓰기한자
比肩(비견) 比等(비등) 比例(비례) 比重(비중) 對比(대비) 反比例(반비례)
正比例(정비례) 比較(비교) 比率(비율)

費 | 쓸 비:
貝 | 5획 · 5급

비 賃(품삯 임)
　資(재물 자)
동 用(쓸 용)

글자 풀이

돈(貝)을 모으려고 생각해도 뜨거운 물처럼 자꾸자꾸 튕겨나가(弗)는 것에서 사용해 줄이다, 소비하다(費)는 의미이다.

읽기한자

消費預金(소비예금) 診療費(진료비)

쓰기한자

私費(사비) 費用(비용) 經費(경비) 國費(국비) 軍費(군비) 社費(사비)
消費(소비) 食費(식비) 實費(실비) 旅費(여비) 自費(자비) 浪費(낭비)
維持費(유지비) 豫備費(예비비) 機密費(기밀비) 間接費(간접비)
車馬費(거마비) 經常費(경상비) 過消費(과소비) 光熱費(광열비)
消費者(소비자) 養育費(양육비) 人件費(인건비)

鼻 | 코 비:
鼻 | 0획 · 5급

비 算(셈 산)

글자 풀이

공기를 빨아들여 몸 속에 저장하는 곳이라는 데서 코(鼻)를 의미한다.

읽기한자

酸鼻(산비)

쓰기한자

鼻孔(비공) 鼻炎(비염) 鼻笑(비소) 鼻祖(비조) 鼻血(비혈)
耳目口鼻(이목구비)

備 | 갖출 비:
人 | 10획 · 4급Ⅱ

동 具(갖출 구)
　該(갖출 해)

글자 풀이

물건을 제대로 넣어둔다는 것에서 사람(人)이 여러 가지를 마련(備)해서 준비해두다(備)는 의미이다.

읽기한자

儆備(경비) 預備(예비) 劉備(유비)

쓰기한자

豫備(예비) 豫備費(예비비) 裝備(장비) 整備(정비) 備忘錄(비망록)
備考(비고) 備蓄(비축) 備品(비품) 改備(개비) 警備(경비) 具備(구비)
軍備(군비) 對備(대비) 無防備(무방비) 未備(미비) 防備(방비) 不備(불비)
兼備(겸비)

悲 | 슬플 비:
心 | 8획 · 4급Ⅱ

비 非(아닐 비)
동 哀(슬플 애)
반 喜(기쁠 희)
　歡(기쁠 환)

글자 풀이

상대 사람과 기분이 잘 맞지 않고(非), 마음(心) 아파하는 것에서 슬프다(悲)는 의미이다.

읽기한자

悲憾(비감) 悲悼(비도)

쓰기한자

悲劇(비극) 悲鳴(비명) 悲壯(비장) 悲痛(비통) 一喜一悲(일희일비)
喜悲(희비) 悲慘(비참) 悲歌(비가) 悲觀(비관) 悲報(비보) 悲運(비운)
悲話(비화) 慈悲(자비) 悲戀(비련) 悲哀(비애) 大慈大悲(대자대비)
無慈悲(무자비)

非 **4급 II** 아닐 비(:) 非 | 0획 비 兆(억조 조) 　北(북녘 북) 동 否(아닐 부) 반 是(옳을 시) 　可(옳을 가)	**글자 풀이** 새의 날개 모양으로 왼쪽 날개와 오른쪽 날개는 서로 다르다는 데서 아니다(非)는 의미이다. **읽기 한자** 非常網(비상망) **쓰기 한자** 非凡(비범) 非違(비위) 非難(비난) 非禮(비례) 非理(비리) 非命(비명) 非番(비번) 非常(비상) 非情(비정) 非行(비행) 是非(시비) 似而非(사이비) 非正常(비정상) 非賣品(비매품) 非金屬(비금속) 非武裝(비무장) 非能率(비능률) 非夢似夢(비몽사몽) 非民主的(비민주적) 非一非再(비일비재) 是非曲直(시비곡직)
飛 **4급 II** 날 비 飛 | 0획 비 氣(기운 기)	**글자 풀이** 새의 나는(飛) 모양을 본떴다. **읽기 한자** 鵬飛(붕비) 飛膜(비막) 飛蔘(비삼) 飛札(비찰) **쓰기 한자** 飛行機(비행기) 飛躍(비약) 烏飛梨落(오비이락) 飛報(비보) 飛上(비상) 飛魚(비어) 飛行(비행) 飛火(비화) 雄飛(웅비) 飛閣(비각)
批 **4급** 비평할 비: 手 | 4획 비 比(견줄 비) 동 評(평할 평)	**글자 풀이** 물건을 늘어놓고 손(手)을 평평히 하여 제대로 비교(比)하는 것에서 좋고 나쁨을 정하다, 비평하다(批)는 의미이다. **읽기 한자** 批旨(비지) 批准(비준) **쓰기 한자** 批點(비점) 批把(비파) 批判(비판) 批評(비평)
碑 **4급** 비석 비 石 | 8획 비 婢(계집종 비) 　卑(낮을 비)	**글자 풀이** 돌(石)로 하여금(卑) 성명, 업적 등을 후세까지 알리려 한다는 데서 비석(碑)을 의미한다. **쓰기 한자** 碑文(비문) 碑石(비석) 口碑文學(구비문학) 記念碑(기념비) 墓碑(묘비) 頌德碑(송덕비) 碑銘(비명)

바

祕	4급
숨길 비:	
示	5획

비 祈(빌 기)

귀신(示)은 반드시(必) 숨어 있다(祕)는 의미이다.

쓰기 한자

祕境(비경) 祕文(비문) 祕密(비밀) 祕方(비방) 祕法(비법) 祕書(비서)
祕資金(비자금) 祕話(비화) 極祕(극비) 神祕(신비) 祕藏(비장) 祕策(비책)
默祕權(묵비권)

卑	3급 Ⅱ
낮을 비:	
十	6획

비 碑(비석 비)
　鬼(귀신 귀)
동 賤(천할 천)
　劣(못할 렬)
　低(낮을 저)
반 尊(높을 존)
　崇(높을 숭)
　高(높을 고)

글자 풀이

손(十)에 술 바가지(由)를 들어 술을 퍼내는 사람은 신분이 낮다는 데서
낮다, 천하다(卑)는 의미이다.

쓰기 한자

卑劣(비열) 卑屈(비굴) 卑小(비소) 卑俗(비속) 卑屬(비속) 卑賤(비천)
卑下(비하) 男尊女卑(남존여비) 鮮卑(선비) 眼高手卑(안고수비)
野卑(야비) 直系卑屬(직계비속)

妃	3급 Ⅱ
왕비 비	
女	3획

비 始(처음 시)
동 后(왕후 후)
반 王(임금 왕)

글자 풀이

자기(己)의 여자(女)로 아내를 의미했으나 임금의 아내인 왕비(妃)의 의미
로 쓰인다.

읽기 한자

媛妃(원비) 后妃(후비)

쓰기 한자

王妃(왕비)

婢	3급 Ⅱ
계집종 비:	
女	8획

비 卑(낮을 비)
　碑(비석 비)
동 奴(종 노)

글자 풀이

신분이 낮은(卑) 여자(女)이니 계집종(婢)을 의미한다.

쓰기 한자

婢妾(비첩) 婢子(비자) 奴婢(노비)

肥 살찔 비:
3급Ⅱ
肉/月 | 4획

비 脂(기름 지)
肝(간 간)

글자 풀이
뱀(巴)이 몸(月)에 보약이 되어 살찐다(肥)는 의미이다.

읽기 한자
肥沃(비옥) 肥滿型(비만형)

쓰기 한자
肥鈍(비둔) 肥大(비대) 肥料(비료) 肥滿(비만) 肥肉牛(비육우)
金肥(금비) 綠肥(녹비) 施肥(시비) 天高馬肥(천고마비)

丕 클 비
2급(名)
一 | 4획

동 大(큰 대)
巨(클 거)
泰(클 태)

글자 풀이
한 물체가 하늘(一)과 땅(一)에 잇닿아(小) 있는 것으로 크다(丕)는 의미이다.

읽기 한자
丕基(비기) 丕圖(비도) 丕命(비명) 丕業(비업) 丕績(비적) 丕訓(비훈)

匪 비적 비:
2급
匚 | 8획

동 賊(도둑 적)

글자 풀이
대나무 그릇(匚)에 그릇된(非) 방법으로 얻은 것을 담고 있는 것으로 도둑, 비적(匪)을 의미한다.

읽기 한자
匪徒(비도) 匪賊(비적) 共匪(공비) 土匪(토비) 討匪(토비)

毖 삼갈 비
2급(名)
比 | 5획

동 謹(삼갈 근)
愼(삼갈 신)

글자 풀이
시비와 선악을 견주어(比) 올바른 삶을 반드시(必)함에서 삼간다(毖)는 의미이다.

읽기 한자
懲毖錄(징비록)

毘

2급(名)

도울 **비**

比 | 5획

- 동 補(기울 보) 輔(도울 보)
  佐(도울 좌) 助(도울 조)
  翼(날개 익) 翊(도울 익)
  贊(도울 찬) 弼(도울 필)

글자 풀이

정수리(囟)에 견줄(比)만큼 중요한 신체 부위로 배꼽을 나타냈다. 배꼽은 태아의 생장을 도우므로 돕는다(毘)는 의미가 파생되었다. 毗로도 쓴다.

읽기 한자

毘盧峯(비로봉) 毘補(비보) 毘益(비익) 毘翼(비익) 毘佐(비좌) 毘贊(비찬)

泌

2급(名)

분비할 **비:**
스며흐를 **필**

水 | 5획

- 비 必(반드시 필)

글자 풀이

물(水)은 막힌 곳에서도 반드시(必) 스며들어 통로를 만들어 내는 데서 스며 흐르다(泌)는 의미이다.

읽기 한자

泌尿器科(비뇨기과) 分泌物(분비물)

貧

4급 Ⅱ

가난할 **빈**

貝 | 4획

- 비 貪(탐할 탐)
- 동 窮(궁할 궁)
  困(곤할 곤)
- 반 富(부자 부)
  優(넉넉할 우)

글자 풀이

돈과 재산(貝)이 산산이 떨어져나가(分) 적어지는 것에서 가난하다, 부족하다(貧)는 의미이다.

읽기 한자

貧民窟(빈민굴)

쓰기 한자

貧困(빈곤) 貧窮(빈궁) 貧富格差(빈부격차) 外華內貧(외화내빈)
貧國(빈국) 貧農(빈농) 貧民(빈민) 貧益貧(빈익빈) 貧者一燈(빈자일등)
貧村(빈촌) 貧寒(빈한) 貧血(빈혈) 極貧(극빈) 赤貧(적빈) 淸貧(청빈)
活貧黨(활빈당)

賓

3급

손 **빈**

貝 | 7획

- 비 寶(보배 보)
- 동 客(손 객)
- 반 主(주인 주)

글자 풀이

손님(賓)이 집(宀)에 찾아오면 적으나마(少) 비용(貝)을 들여 대접하여야 한다는 의미이다.

읽기 한자

紹賓(소빈) 賓頭盧(빈두로)

쓰기 한자

賓客(빈객) 賓服(빈복) 國賓(국빈) 貴賓(귀빈) 內賓(내빈) 迎賓館(영빈관)
外賓(외빈) 接賓客(접빈객)

頻 자주 빈
3급
頁 | 7획

비 煩(번거로울 번)
동 繁(번성할 번)
　 屢(여러 루)

글자 풀이
걷는(步) 일이라든지 머리(頁)를 굴리고 쓰는 일은 자주(頻) 있는 일이라는 의미이다.

읽기한자
頻伽(빈가) 頻尿症(빈뇨증)

쓰기한자
頻度(빈도) 頻發(빈발) 頻繁(빈번)

彬 빛날 빈
2급(名)
彡 | 8획

동 爛(빛날 란)
　 燁(빛날 엽)
　 曜(빛날 요)
　 燦(빛날 찬)

글자 풀이
무늬(彡)가 우거진 숲(林)처럼 많아 빛난다(彬)는 의미이다.

읽기한자
彬彬(빈빈) 彬蔚(빈울) 二漢彬(이한빈)

氷 얼음 빙
5급
水 | 1획

비 永(길 영)
　 水(물 수)
반 炭(숯 탄)

글자 풀이
물(水)이 얼어(丶) 단단해지는 것으로 얼음, 얼다(氷)는 의미이다.

읽기한자
氷菓(빙과) 滑氷(활빙)

쓰기한자
氷庫(빙고) 氷點(빙점) 凍氷寒雪(동빙한설) 氷結(빙결) 氷球(빙구)
氷壁(빙벽) 氷山一角(빙산일각) 氷上競技(빙상경기) 氷水(빙수)
氷凝(빙응) 氷板(빙판) 氷河(빙하) 結氷(결빙) 製氷(제빙) 解氷(해빙)

聘 부를 빙
3급
耳 | 7획

동 招(부를 초)
　 召(부를 소)

글자 풀이
귀(耳)에 교묘하고(丂) 매력있는 이유(由)를 들려주어 상대방을 부른다(聘)는 의미이다.

읽기한자
傭聘(용빙)

쓰기한자
聘母(빙모) 聘父(빙부) 聘召(빙소) 聘丈(빙장) 招聘(초빙)

馮	2급(名)
	탈(乘) 성(姓)
馬 | 2획	빙 풍

비 馬(말 마)

글자 풀이

冫은 얼음에 금이 가 갈라지는 것을 나타낸다. 馮은 본래 얼음에 금이 가 듯(冫) 말(馬)이 빨리 달리는 것(馮)을 나타내나 姓氏로 주로 쓰인다.

읽기한자

馮異(풍이) 馮河(빙하)

四	8급
	넉 사:
口 | 2획	

비 西(서녘 서)

글자 풀이

막대기 넷(四)을 세로로 놓고 모양을 보기 좋게 변형하였다.

읽기한자

四角帽(사각모) 四面楚歌(사면초가) 四旁(사방) 四皓(사호)

쓰기한자

四季(사계) 四窮(사궁) 四方(사방) 四書五經(사서오경) 四聖(사성)
四聲(사성) 四寸(사촌) 四海(사해) 四柱(사주) 四君子(사군자)
四角形(사각형) 張三李四(장삼이사) 四顧無親(사고무친)
四分五裂(사분오열) 朝三暮四(조삼모사) 四通八達(사통팔달)
文房四友(문방사우) 三寒四溫(삼한사온)

事	7급Ⅱ
	일 사:
亅 | 7획	

비 甫(클 보)

글자 풀이

역술사는 여러 가지를 점치는 것이 직업이라고 하는 것에서 일, 직업(事)을 의미한다.

쓰기한자

事件(사건) 事故(사고) 事記(사기) 事端(사단) 事例(사례) 事理(사리)
事變(사변) 事實(사실) 事業(사업) 事由(사유) 事蹟(사적) 事項(사항)
幹事(간사) 役事(역사) 不祥事(불상사) 敍事詩(서사시) 茶飯事(다반사)
事必歸正(사필귀정) 食少事煩(식소사번) 事大主義(사대주의)
基礎工事(기초공사) 已往之事(이왕지사)

使	6급
	하여금/부릴 사:
人 | 6획	

비 史(사기 사)
　 吏(관리 리)
동 令(하여금 령)
　 役(부릴 역)
반 自(스스로 자)

글자 풀이

상관인 웃어른(人)이 아전(吏)으로 하여금(使) 어떤 일을 하도록 부린다(使)는 의미이다.

읽기한자

使札(사찰) 酷使(혹사)

쓰기한자

驅使(구사) 咸興差使(함흥차사) 使動(사동) 使命(사명) 使臣(사신)
使用(사용) 使節團(사절단) 勞使(노사) 大使(대사) 牧使(목사) 密使(밀사)
設使(설사) 外交使節(외교사절) 特使(특사) 使役(사역) 公使館(공사관)

死 죽을 사: | 6급
歹 | 2획

- 통 殺(죽일 살)
- 반 生(살 생)
  活(살 활)

글자 풀이
사람이 죽으면(歹) 살이 떨어지고 뼈(匕)가 되는 것에서 죽다, 죽이다(死)는 의미이다.

읽기 한자
絞死(교사) 溺死(익사) 死屍(사시) 死作閻羅王(사작염라왕) 死胎(사태)

쓰기 한자
死傷者(사상자) 死鬪(사투) 死刑(사형) 枯死(고사) 凍死(동사) 殉死(순사)
慘死(참사) 死境(사경) 死力(사력) 死亡(사망) 死物(사물) 死法(사법)
死別(사별) 死産(사산) 死色(사색) 死生決斷(사생결단) 死線(사선) 死守(사수)
死滅(사멸) 死藏(사장) 沒死(몰사) 卽死(즉사) 醉生夢死(취생몽사)
橫死(횡사)

社 모일 사 | 6급 II
示 | 3획

- 비 祈(빌 기)
  祀(제사 사)
- 통 會(모일 회)

글자 풀이
물건을 낳아주는 흙(土)을 공경해 제사(示)하는 것에서 토지신, 동료, 사회(社)를 의미한다.

읽기 한자
宗廟社稷(종묘사직) 社稷(사직) 社稷壇(사직단) 社稷主(사직주)

쓰기 한자
社債(사채) 株式會社(주식회사) 社告(사고) 社交(사교) 社規(사규)
社說(사설) 社屋(사옥) 社員(사원) 社長(사장) 社會(사회) 本社(본사)
商社(상사) 新聞社(신문사) 愛社心(애사심) 支社(지사)

仕 섬길 사(:) | 5급 II
人 | 3획

- 비 士(선비 사)
  付(부칠 부)
  任(맡길 임)
- 통 奉(받들 봉)

글자 풀이
사람(人)이 공부를 하여 선비(士)가 되어야 벼슬(仕)을 하고 임금을 섬긴다(仕)는 의미이다.

읽기 한자
闕仕(궐사) 奉仕網(봉사망)

쓰기 한자
仕官(사관) 給仕(급사) 奉仕(봉사)

史 사기(史記) 사: | 5급 II
口 | 2획

- 비 吏(관리 리)
  使(하여금 사)

글자 풀이
종이에 글자를 쓰는 것에서 어느 사람은 그대로, 어느 쪽으로도 기울지 않고(中) 정확하게 기록하다(史)는 의미이다.

읽기 한자
遼史(요사)

쓰기 한자
史劇(사극) 略史(약사) 史家(사가) 史觀(사관) 史記(사기) 史官(사관)
史料(사료) 史書(사서) 史實(사실) 史學(사학) 史話(사화) 古史(고사)
國史(국사) 先史時代(선사시대) 野史(야사) 歷史(역사) 正史(정사)
靑史(청사) 通史(통사) 史蹟(사적) 暗行御史(암행어사)

士

5급 II

선비 **사:**

士 | 0획

回 土(흙 토)
　 仕(섬길 사)
동 兵(병사 병)
　 卒(마칠 졸)

"하나(一)를 들으면 열(十)을 안다"는 것이 가능한 지혜있는 사람, 선비(士)를 의미한다.

읽기한자

碩士(석사) 紳士(신사) 紳士協定(신사협정) 彦士(언사) 准士官(준사관)

쓰기한자

辯士(변사) 騎士(기사) 士官(사관) 士氣(사기) 士林(사림) 士兵(사병)
講士(강사) 軍士(군사) 士禍(사화) 機關士(기관사) 辨理士(변리사)
辯護士(변호사) 操縱士(조종사) 士大夫(사대부) 建築士(건축사)
計理士(계리사) 士農工商(사농공상)

寫

5급

베낄 **사**

宀 | 12획

동 謄(베낄 등)
약 写, 寫, 寫

글이나 그림을 다른 종이에 옮긴다는 데서 베끼다, 그리다(寫)는 의미이다.

읽기한자

謄寫(등사) 頓寫(돈사)

쓰기한자

模寫(모사) 複寫(복사) 映寫機(영사기) 寫本(사본) 寫生大會(사생대회)
寫實主義(사실주의) 寫眞(사진) 試寫會(시사회) 靑寫眞(청사진)
筆寫體(필사체) 被寫體(피사체)

思

5급

생각 **사(:)**

心 | 5획

回 恩(은혜 은)
동 想(생각 상)
　 考(생각할 고)
　 慮(생각할 려)
　 念(생각 념)

뇌하수가 들어있는 머리(田)와 마음(心)은 생각하는 역할을 하는 것에서 생각하다(思)는 의미이다.

읽기한자

勞心焦思(노심초사) 潭思(담사)

쓰기한자

思慮(사려) 思慕(사모) 思潮(사조) 易地思之(역지사지) 思惟(사유)
思考方式(사고방식) 思想(사상) 思春期(사춘기) 不可思議(불가사의)
相思病(상사병) 意思(의사) 思料(사료) 思索(사색) 深思熟考(심사숙고)

查

5급

조사할 **사**

木 | 5획

동 探(찾을 탐)

자른 나무(木)를 이리저리 쪼개서 어느(且) 나무가 재료로서 좋은가를 조사하는 것에서 조사하다(査)는 의미이다.

읽기한자

査頓(사돈)

쓰기한자

査證(사증) 入國査證(입국사증) 探査(탐사) 査夫人(사부인) 査實(사실)
査正(사정) 査察(사찰) 檢査(검사) 內査(내사) 走査(주사) 調査(조사)
期末考査(기말고사) 査丈(사장) 鑑査(감사) 踏査(답사) 審査(심사)

寺 4급 Ⅱ
절 **사**
寸 | 3획

비 侍(모실 시)
동 刹(절 찰)
　 伽(절 가)

사람이 모여서 작업하는 곳이라는 것에서 관청의 의미가 되고 거기에 스님을 머무르게 한 것에서 절(寺)이라는 의미가 되었다.

읽기 한자

岬寺(갑사) 皇蘭寺(고란사) 尼寺(이사) 芬皇寺(분황사) 寺址(사지)
寺刹(사찰) 檜巖寺(회암사)

쓰기 한자

寺院(사원) 山寺(산사)

師 4급 Ⅱ
스승 **사**
巾 | 7획

비 帥(장수 수)
동 傅(스승 부)
반 弟(아우 제)
약 师

원래는 언덕(阜) 위에 깃발(帀)을 세워 모여살고 있는 군대를 말했는데, 그것이 상관의 의미가 되고, 상관이 부하를 가르치는 것에서 가르치는 사람(師)을 의미한다.

읽기 한자

賈師(고사) 尼法師(이법사) 師傅(사부) 師尹(사윤) 裁縫師(재봉사)

쓰기 한자

師範學校(사범학교) 看護師(간호사) 禪師(선사) 師團(사단) 師道(사도)
師父(사부) 師弟(사제) 師親會(사친회) 師表(사표) 講師(강사) 教師(교사)
技師(기사) 大師(대사) 牧師(목사) 藥師(약사) 料理師(요리사) 恩師(은사)
醫師(의사)

舍 4급 Ⅱ
집 **사**
舌 | 2획

비 余(나 여)
동 館(집 관)
　 屋(집 옥)
　 宅(집 택)
　 家(집 가)
　 堂(집 당)
　 室(집 실)

정자 형태의 이것은 원래 잠시 쉬어가는 건물로서 임시로 머무르는 곳, 건물(舍)을 의미한다.

읽기 한자

頓舍(돈사) 廬舍(여사) 舍菜(사채)

쓰기 한자

寄宿舍(기숙사) 廳舍(청사) 畜舍(축사) 舍監(사감) 舍宅(사택) 舍兄(사형)
客舍(객사) 官舍(관사) 校舍(교사) 不舍晝夜(불사주야) 舍廊房(사랑방)
館舍(관사) 幕舍(막사)

謝 4급 Ⅱ
사례할 **사:**
言 | 10획

비 射(쏠 사)

활시위를 당겨 화살을 쏜(射) 후 활이 느슨해지듯이 정직한 말(言)로 사죄하면 팽팽히 긴장했던 기분이 편해지는 것에서 빌다, 사례를 하다(謝)는 의미이다.

읽기 한자

頓謝(돈사) 謝赫(사혁)

쓰기 한자

厚謝(후사) 謝過(사과) 謝禮(사례) 謝肉祭(사육제) 謝恩(사은) 謝意(사의)
謝絕(사절) 謝罪(사죄) 感謝(감사) 秋收感謝節(추수감사절) 薄謝(박사)
新陳代謝(신진대사) 陳謝(진사)

射 쏠 사(:)
4급
寸 | 7획

비 謝(사례할 사)
동 發(쏠 발)

몸(身)을 법도(寸)에 맞게 움직여 활을 쏜다(射)는 의미이다.

射擊(사격) 射殺(사살) 射手(사수) 射獵(사렵) 射殿(사전) 射精(사정)
亂射(난사) 發射(발사) 反射(반사) 應射(응사) 注射(주사) 投射(투사)
速射砲(속사포) 熱射病(열사병) 日射病(일사병) 曲射砲(곡사포)
放射線(방사선) 條件反射(조건반사) 直射光線(직사광선)

私 사사(私事) 사
4급
禾 | 2획

비 秋(가을 추)
　松(소나무 송)
반 公(공평할 공)

수확한 벼(禾)를 끌어안고 자신의 것(厶)으로 하는 것에서 저, 나, 자기 일(私)을 의미한다.

私憾(사감) 私札(사찰)

私感(사감) 私見(사견) 私談(사담) 私兵(사병) 私服(사복) 私費(사비)
私事(사사) 私席(사석) 私食(사식) 私信(사신) 私心(사심) 私債(사채)
私淑(사숙) 私嫌(사혐) 私製品(사제품) 私文書(사문서) 私生活(사생활)
私企業(사기업) 私立學校(사립학교) 私設學院(사설학원)
私有財産(사유재산) 私利私慾(사리사욕) 公私多忙(공사다망)

絲 실 사
4급
糸 | 6획

비 係(맬 계)

타래실(絲)의 모양을 본떴다.

蠶絲(잠사) 裁縫絲(재봉사) 絲繩(사승)

絲管(사관) 絲竹之音(사죽지음) 金絲(금사) 原絲(원사) 鐵絲(철사)
絹絲(견사) 一絲不亂(일사불란) 製絲工場(제사공장) 綿絲(면사)

辭 말씀 사
4급
辛 | 12획

비 亂(어지러울 란)
동 言(말씀 언)
　語(말씀 어)
　說(말씀 설)
약 辞

실패(内)의 실을 두 손(爪又)으로 풀듯 죄인(辛)이 자기의 행위를 변명하고 사죄한다는 데서 말씀, 글, 사양하다, 사퇴하다(辭)는 의미이다.

琦辭(기사) 措辭(조사) 追悼辭(추도사) 託辭(탁사) 辭柄(사병) 辭旨(사지)

辭說(사설) 辭意(사의) 辭任(사임) 辭典(사전) 辭證(사증) 辭退(사퇴)
辭表(사표) 歌辭(가사) 答辭(답사) 不辭(불사) 頌辭(송사) 修辭(수사)
式辭(식사) 言辭(언사) 讚辭(찬사) 祝辭(축사) 弔辭(조사) 辭讓(사양)
辭令狀(사령장) 辭職書(사직서) 記念辭(기념사) 功致辭(공치사)
主禮辭(주례사) 斗酒不辭(두주불사) 美辭麗句(미사여구)

3급Ⅱ
司 맡을 사
口 | 2획

비 可(옳을 가)
동 任(맡길 임)

글자 풀이
사람(人)이 입(口)을 움직여 일을 맡는다(司)는 의미이다.

읽기한자
尹司(윤사) 司勳(사훈)

쓰기한자
司令官(사령관) 司法(사법) 司書(사서) 司直當局(사직당국)
司憲府(사헌부) 司會(사회) 公司(공사) 上司(상사)

3급Ⅱ
沙 모래 사
水 | 4획

비 泳(헤엄칠 영)

글자 풀이
물(水) 속의 작은(少) 돌로 모래(沙)를 의미한다.

읽기한자
膠沙(교사) 沙鉢通文(사발통문) 汀沙(정사) 沙彌(사미) 沙彌尼(사미니)
沙鉢(사발) 沙蔘(사삼) 沙衍(사연) 沙塵(사진)

쓰기한자
沙工(사공) 沙果(사과) 沙器(사기) 沙漠(사막) 白沙場(백사장) 黃沙(황사)

3급Ⅱ
祀 제사 사
示 | 3획

비 社(모일 사)
동 祭(제사 제)

글자 풀이
제단(示)에 절을 하며(巳) 제사(祀)를 지낸다는 의미이다.

읽기한자
闕祀(궐사) 撤祀(철사)

쓰기한자
祀天(사천) 告祀(고사) 祭祀(제사)

3급Ⅱ
詞 말/글 사
言 | 5획

비 詐(속일 사)
동 言(말씀 언)
　語(말씀 어)
　話(말씀 화)

글자 풀이
맡은(司) 일에 대하여 의견을 말한다(言)는 데서 말씀(詞)을 의미한다.

읽기한자
詞朵(사채)

쓰기한자
歌詞(가사) 感歎詞(감탄사) 冠詞(관사) 冠形詞(관형사) 代名詞(대명사)
臺詞(대사) 動詞(동사) 名詞(명사) 副詞(부사) 作詞(작사) 助詞(조사)
品詞(품사) 形容詞(형용사)

사

邪 간사할 사

3급Ⅱ
邑/阝 | 4획

- 비 邪(어찌 나)
  邦(나라 방)
- 동 姦(간음할 간)

글자 풀이
고을(阝)에 적의 기(牙)가 꽂히자 간사한 무리들이 적군에 아첨한다는
데서 간사하다(邪)는 의미이다.

읽기한자

妖邪(요사) 邪僻(사벽) 邪滑(사활)

쓰기한자

邪敎(사교) 邪戀(사련) 邪心(사심) 邪惡(사악) 邪慾(사욕) 酒邪(주사)

似 닮을 사:

3급
人 | 5획

- 비 以(써 이)
- 동 肖(닮을 초)
- 반 異(다를 이)

글자 풀이

사람(人)이 공구를 써서(以) 만든 제품이 서로 비슷하다(似)는 의미이다.

읽기한자

酷似(혹사)

쓰기한자

似而非(사이비) 近似(근사) 近似値(근사치) 非夢似夢(비몽사몽)
相似(상사) 類似(유사)

巳 뱀 사:

3급
己 | 0획

- 비 己(몸 기)
  已(이미 이)
- 동 蛇(긴뱀 사)

글자 풀이

뱀의 모양(巳)을 본떴다.

쓰기한자

巳時(사시) 巳進申退(사진신퇴) 己巳年(기사년)

捨 버릴 사:

3급
手 | 8획

- 동 棄(버릴 기)
  廢(버릴 폐)
- 반 取(가질 취)

글자 풀이

손(手)에서 놓는(舍) 데서 버리다, 놓다(捨)는 의미이다.

읽기한자

捨撤(사철)

쓰기한자

捨象(사상) 捨覺(사각) 捨戒(사계) 捨離(사리) 捨施(사시) 捨受(사수)
捨身(사신) 捨石(사석) 捨心(사심) 捨命(사명) 捨家(사가) 姑捨(고사)
外捨(외사) 用捨(용사) 取捨選擇(취사선택) 取捨(취사) 投捨(투사)
喜捨金(희사금) 捨身行(사신행) 捨石工(사석공) 捨生取義(사생취의)
捨身供養(사신공양) 捨近取遠(사근취원) 捨生之心(사생지심)
捨身成道(사신성도) 捨小取大(사소취대) 四捨五入(사사오입)

斜 비낄 **사**
斗 | 7획

3급Ⅱ

비 敍(펼 서)
동 傾(기울 경)

글자 풀이

말(斗) 속에 남아 있는(余) 곡식을 쏟고자 말을 기울인다(斜)는 의미이다.

읽기한자

斜揷(사삽) 斜瞻(사첨)

쓰기한자

斜面(사면) 斜線(사선) 斜視(사시) 斜陽産業(사양산업) 傾斜(경사)

斯 이 **사**
斤 | 8획

3급

비 欺(속일 기)
반 彼(저 피)

글자 풀이

그(其) 도끼(斤)로 이(斯) 나무를 베라는 의미이다.

읽기한자

斯盧(사로)

쓰기한자

斯界(사계) 斯文(사문) 斯文亂賊(사문난적) 斯學(사학)

蛇 긴뱀 **사**
虫 | 5획

3급Ⅱ

동 巳(뱀 사)

글자 풀이

뱀을 본뜬 글자(它)에 벌레(虫)의 의미를 보태어 뱀(蛇)을 의미한다.

읽기한자

蛇窟(사굴)

쓰기한자

蛇身人首(사신인수) 蛇紋石(사문석) 蛇紋巖(사문암) 蛇行川(사행천)
蛇骨(사골) 蛇管(사관) 蛇口(사구) 蛇毒(사독) 蛇廉(사렴) 蛇龍(사룡)
蛇陵(사릉) 蛇目(사목) 蛇紋(사문) 蛇尾(사미) 蛇福(사복) 蛇師(사사)
蛇床(사상) 蛇線(사선) 蛇身(사신) 蛇心(사심) 蛇醫(사의) 蛇足(사족)
蛇座(사좌) 蛇酒(사주) 蛇體(사체) 蛇皮(사피) 蛇行(사행) 蛇形(사형)
蛇黃(사황) 禁蛇花(금사화) 毒蛇(독사) 白蛇(백사) 烏蛇(오사)

詐 속일 **사**
言 | 5획

3급

비 詞(말 사)
동 欺(속일 기)

글자 풀이

거짓으로 말(言)을 지어(作) 남을 속인다(詐)는 의미이다.

읽기한자

詐怖(사포)

쓰기한자

詐欺(사기) 詐稱(사칭) 詐誕(사탄) 詐降(사항)

賜 줄 사: 貝 | 8획

3급

동 授(줄 수)
給(줄 급)
贈(줄 증)
반 受(받을 수)

글자 풀이

상대편의 마음을 바꾸기(易) 위하여 재물(貝)을 준다(賜)는 의미이다.

쓰기한자

賜藥(사약) 下賜(하사) 厚賜(후사)

唆 부추길 사 口 | 7획

2급

비 俊(준걸 준)

글자 풀이

梭(베틀 북 사)는 좌우로 왕복하는 베틀 북을 말한다. 좌우로 다니면서(梭) 입(口)으로 사람을 부추기거나(唆) 꾀는 것을 의미한다.

읽기한자

敎唆(교사) 示唆(시사)

泗 물이름 사: 水 | 5획

2급(名)

비 四(넉 사)

글자 풀이

발원지가 네(四) 곳인 강(水)으로 중국(中國)에 있는 강의 이름이다.

읽기한자

泗上弟子(사상제자) 泗水(사수) 泗河(사하)

赦 용서할 사: 赤 | 4획

2급

동 恕(용서할 서)

글자 풀이

채찍질(攵) 하는 곳이 비어(赤) 있으므로 죄를 용서한다(赦)는 의미이다.

읽기한자

赦令(사령) 赦免(사면) 赦罪(사죄) 寬赦(관사) 大赦(대사) 放赦(방사)
恩赦(은사) 特赦(특사)

飼 기를 **사**
食 | 5획
2급

비 飯(밥 반)
동 育(기를 육)

글자 풀이
동물의 먹이(食)를 담당(司)하고 있는 것으로 동물을 기른다(飼)는 의미이다.

읽기 한자
飼料(사료) 飼養(사양) 飼育(사육) 放飼(방사)

削 깎을 **삭**
刀 | 7획
3급Ⅱ

비 消(사라질 소)
동 減(덜 감)
　 除(덜 제)
반 加(더할 가)
　 添(더할 첨)

글자 풀이
몸(月)을 조금씩(小) 칼(刂)로 깎는다(削)는 의미이다.

읽기 한자
掘削(굴삭)

쓰기 한자
削減(삭감) 削髮(삭발) 削除(삭제) 削奪官職(삭탈관직) 添削(첨삭)

朔 초하루 **삭**
月 | 6획
3급

비 逆(거스릴 역)

글자 풀이
달(月)이 초하루가 되면 거꾸로(逆) 커진다는 데서 초하루(朔)를 의미한다.

읽기 한자
朔軸(삭축)

쓰기 한자
朔望(삭망) 朔方(삭방) 朔風(삭풍) 滿朔(만삭)

山 메 **산**
山 | 0획
8급

반 江(강 강)
　 川(내 천)

글자 풀이
멀리서 본 산(山)의 모양을 본떴다.

읽기 한자
山岬(산갑) 山阜(산부) 山蔘(산삼) 山雉(산치) 山峽(산협) 槐山郡(괴산군)
岐山(기산) 箕山之志(기산지지) 廬山(여산) 木覓山(목멱산) 釜山(부산)
牙山灣(아산만) 礪山(여산) 蔚山(울산) 長山串(장산곶) 稷山(직산)
雉岳山(치악산) 泰山如礪(태산여려)

쓰기 한자
山賊(산적) 山積(산적) 山海珍味(산해진미) 走馬看山(주마간산) 鑛山(광산)
山岳(산악) 山紫水明(산자수명) 山間(산간) 山高水長(산고수장) 山脈(산맥)
山寺(산사) 山城(산성) 山勢(산세) 樂山樂水(요산요수) 人山人海(인산인해)

算 | 7급
셈　산:
竹 | 8획

동 計(셀 계)
　 數(셈 수)

글자 풀이
조개(貝)를 양손(廾)에 갖고 조개 장난을 하듯이 대나무(竹) 막대로 숫자를 세는 것에서 수를 세다(算)는 의미이다.

읽기 한자
謬算(유산) 電算網(전산망)

쓰기 한자
豫算(예산) 採算(채산) 推算(추산) 珠算(주산) 算數(산수) 算術(산술)
算入(산입) 算定(산정) 算出(산출) 加算(가산) 減算(감산) 檢算(검산)
決算(결산) 計算(계산) 公算(공산) 勝算(승산) 換算(환산)

産 | 5급 II
낳을　산:
生 | 6획

동 生(날 생)
　 誕(낳을 탄)
　 娩(낳을 만)

글자 풀이
벼랑(厂)에서 물이 솟거(立)나 풀이 나거(生)나 여러 광물이 채집되는 것에서 생기다, 나온다(産)는 의미이다.

읽기 한자
共産圈(공산권) 殖産(식산)

쓰기 한자
産卵(산란) 資産(자산) 倒産(도산) 畜産(축산) 産苦(산고) 産母(산모)
産物(산물) 産室(산실) 産兒制限(산아제한) 産業(산업) 産油國(산유국)
産地(산지) 家産(가산) 減産(감산) 共産主義(공산주의) 工産品(공산품)
國産(국산) 禁治産(금치산) 難産(난산) 農産物(농산물)

散 | 4급
흩을　산:
攵 | 8획

비 肯(즐길 긍)
동 解(풀 해)
　 分(나눌 분)
　 離(떠날 리)
반 集(모을 집)
　 會(모일 회)

글자 풀이
여럿이 모여 있는(共) 사람이나 짐승(月)을 손에 채찍(攵)을 들어 흩어지게(散) 한다는 의미이다.

읽기 한자
沮散(저산) 聚散(취산) 散鬱(산울)

쓰기 한자
散見(산견) 散官(산관) 散亂(산란) 散賣(산매) 散文(산문) 散發(산발)
散髮(산발) 散步(산보) 散藥(산약) 散在(산재) 散調(산조) 散彈銃(산탄총)
散花(산화) 散華(산화) 散會(산회) 離合集散(이합집산) 發散(발산)
分散(분산) 陰散(음산) 離散(이산) 集散地(집산지) 閑散(한산) 解散(해산)
散漫(산만) 霧散(무산) 擴散(확산) 散僚(산료) 散策(산책) 奔散(분산)

傘 | 2급
우산　산
人 | 10획

글자 풀이
우산(傘)의 모양을 그대로 본뜬 글자이다.

읽기 한자
傘下團體(산하단체) 陽傘(양산) 雨傘(우산) 日傘(일산)

酸	2급
실(味覺)	산
酉	7획

비 俊(준걸 준)

<글자 풀이>

막걸리 술(酉)이 오래 되어(夋) 상하면 시어진다(酸)는 의미이다.

<읽기한자>

酸味(산미) 酸鼻(산비) 酸性(산성) 酸素(산소) 酸化水素(산화수소)
胃酸(위산) 乳酸菌(유산균) 靑酸加里(청산가리) 黃酸(황산)

殺	4급 II
죽일	살
감할	쇄:
殳	7획

동 死(죽을 사)
반 生(날 생)
　　活(살 활)
약 殺

<글자 풀이>

나뭇가지(木)를 다발로 해서 끝으로 묶고(乂) 나온 동물은 때려(殳) 죽이는 것에서 죽이다(殺)는 의미이다.

<읽기한자>

絞殺(교살) 倂殺(병살) 殺蟲劑(살충제) 斬殺(참살) 虐殺(학살)

<쓰기한자>

盜殺(도살) 射殺(사살) 殺身成仁(살신성인) 殺菌(살균) 矯角殺牛(교각살우)
殺氣(살기) 殺伐(살벌) 殺意(살의) 殺蟲(살충) 殺風景(살풍경) 殺害(살해)
毒殺(독살) 沒殺(몰살) 被殺(피살) 惱殺(뇌쇄) 減殺(감쇄) 降殺(강쇄)
驚殺(경쇄) 等殺(등쇄) 相殺(상쇄)

三	8급
석	삼
一	2획

동 參(석 삼)

<글자 풀이>

막대기 셋(三)을 가로로 놓은 모양을 본떴다.

<읽기한자>

三顧草廬(삼고초려) 三槐(삼괴) 三晉(삼진) 三陟(삼척) 三台(삼태)
三鉉(삼현) 韋編三絕(위편삼절) 三迦葉(삼가섭) 三國鼎立(삼국정립)
三斗塵(삼두진) 三分鼎立(삼분정립) 三分鼎足(삼분정족) 三赦(삼사)
三沙彌(삼사미) 三旨相公(삼지상공) 三焦(삼초) 三桓(삼환)

<쓰기한자>

三段論法(삼단논법) 三伏(삼복) 三人稱(삼인칭) 孟母三遷(맹모삼천)
朝三暮四(조삼모사) 三角關係(삼각관계) 三角形(삼각형) 三經(삼경)
三國統一(삼국통일) 三權分立(삼권분립) 三南(삼남) 三多島(삼다도)

森	3급 II
수풀	삼
木	8획

동 林(수풀 림)

<글자 풀이>

나무를 세 개(森) 써서 나무가 빽빽히 늘어섬, 즉 숲(森)을 의미한다.

<읽기한자>

鬱森(울삼) 森敷(삼부)

<쓰기한자>

森林(삼림) 森嚴(삼엄) 森羅萬象(삼라만상)

蔘 2급
삼 삼
艹 | 11획

비 參(석 삼/참여할 참)

글자 풀이

한 뿌리로 환자 셋(參)을 구한다는 약초(艹)로 인삼(蔘)을 의미한다.

읽기한자

蔘鷄湯(삼계탕) 乾蔘(건삼) 苦蔘(고삼) 曲蔘(곡삼) 白蔘(백삼) 山蔘(산삼)
水蔘(수삼) 人蔘(인삼) 直蔘(직삼) 海蔘(해삼) 紅蔘(홍삼)

揷 2급
꽂을 삽
手 | 9획

약 挿

글자 풀이

臿은 절구(臼)에 절구공이(千)가 꽂혀 있는 모양을 본뜬 것이다. 손(手)으로 절구공이를 꽂는(臿) 데서 꽂는다(揷)는 의미이다.

읽기한자

揷入(삽입) 揷紙(삽지) 揷花(삽화) 揷畵(삽화) 揷話(삽화)

上 7급Ⅱ
윗 상:
一 | 2획

비 土(흙 토)
반 下(아래 하)

글자 풀이

중앙에 선을 한(一) 줄 쓰고 그 위에 표시한 점(卜)의 모양에서 위(上)를 의미한다.

읽기한자

上揭(상게) 上庠(상상) 上位圈(상위권) 上弦(상현) 上廻(상회) 疆上(강상)
泗上弟子(사상제자) 沼上(소상) 呈上(정상) 灘上(탄상) 阪上走丸(판상주환)
上頓(상돈) 上棟(상동) 上輔(상보) 上旨(상지)

쓰기한자

上納(상납) 上段(상단) 上騰(상등) 上映(상영) 上卷(상권) 上客(상객)
上宰(상재) 上奏(상주) 上記(상기) 上氣(상기) 上端(상단) 上達(상달)
上狀(상장) 上流(상류)

商 5급Ⅱ
장사 상
口 | 8획

비 適(맞을 적)
동 量(헤아릴 량)

글자 풀이

사들(宀)인 가격을 비밀로 하고, 그보다 높은(冏) 가격으로 물품을 매매하는 것에서 장사, 상매(商)를 의미한다.

읽기한자

商賈(상고) 商圈(상권) 商舶(상박) 商兌(상태) 灣商(만상) 殷商(은상)
商山四晧(상산사호) 商鋪(상포)

쓰기한자

巨商(거상) 商標(상표) 商街(상가) 商家(상가) 商量(상량) 商法(상법)
商社(상사) 商船(상선) 商術(상술) 商業(상업) 商人(상인) 商店(상점)
商品(상품) 商號(상호) 商會(상회) 隊商(대상) 商魂(상혼) 都賣商(도매상)
小賣商(소매상) 士農工商(사농공상) 商去來(상거래) 建材商(건재상)

相 5급 II
서로 **상**
目 | 4획

비 想(생각 상)
동 互(서로 호)

나무(木)의 무성한 모습을 보는(目) 것에서 모습, 상태, 형태(相)를 의미한다.

읽기 한자
輔相(보상) 貳相(이상) 李相卨(이상설) 蜀相(촉상) 幻相(환상)

쓰기 한자
相異(상이) 相忌(상기) 相互(상호) 同病相憐(동병상련) 相隔(상격)
相關(상관) 相談(상담) 相當(상당) 相對(상대) 相面(상면) 相反(상반)
相半(상반) 相法(상법) 相續(상속) 相殺(상쇄) 相應(상응) 相議(상의)
相通(상통) 相好(상호) 觀相(관상) 色相(색상) 首相(수상) 相補(상보)
相逢(상봉) 相扶相助(상부상조) 相乘作用(상승작용) 相値(상치)
名實相符(명실상부) 皮相的(피상적)

賞 5급
상줄 **상**
貝 | 8획

비 償(갚을 상)
반 罰(벌할 벌)

글자 풀이
수훈을 세운 사람에게 기둥보다도 높이 오르는(尙) 연기처럼 상(貝)을 가
득 주는 것에서 칭찬하다, 포상(賞)하다는 의미이다.

읽기 한자
旌賞(정상) 勳賞(훈상)

쓰기 한자
賞金(상금) 賞罰(상벌) 賞狀(상장) 賞品(상품) 觀賞(관상) 大賞(대상)
受賞(수상) 施賞(시상) 入賞(입상) 鑑賞(감상) 賞與金(상여금)
賞春客(상춘객) 懸賞金(현상금) 副賞品(부상품) 論功行賞(논공행상)
信賞必罰(신상필벌)

常 4급 II
떳떳할 **상**
巾 | 8획

비 尙(오히려 상)
　當(마땅 당)
　堂(집 당)
동 凡(무릇 범)
　恒(항상 항)
반 班(나눌 반)

글자 풀이
옛날에는 길게 뻗어가는 연기처럼 가늘고 긴 깃발을 의미하였는데 옷자락
(巾)이 긴 의복을 평소(尙)에도 입고 있었으므로 평소(常)처럼을 의미한다.

읽기 한자
常駐(상주) 常餐(상찬)

쓰기 한자
常勤(상근) 常存(상존) 常軌(상궤) 常道(상도) 常例(상례) 常理(상리)
常務(상무) 常民(상민) 常設(상설) 常習(상습) 常時(상시) 常識(상식)
常溫(상온) 常用(상용) 常主(상주) 班常(반상) 非常(비상) 沒常識(몰상식)
凡常(범상) 常綠樹(상록수) 常備軍(상비군) 經常費(경상비)
常任理事(상임이사) 無常出入(무상출입) 兵家常事(병가상사)

床 4급 II
상 **상**
广 | 4획

동 案(책상 안)

글자 풀이
집(广)에서 쓰는 나무(木)로 만든 평상, 책상, 마루 바닥(床) 등을 의미한다.

읽기 한자
藤床(등상) 揷床(삽상)

쓰기 한자
冊床(책상) 酒案床(주안상) 床播(상파) 苗床(묘상) 交子床(교자상)
起床(기상) 獨床(독상) 病床(병상) 溫床(온상) 着床(착상) 平床(평상)
兼床(겸상) 同床異夢(동상이몽) 臨床實驗(임상실험) 飯床器(반상기)
沈床(침상)

想

4급Ⅱ
생각 상:
心 | 9획

- 비 相(서로 상)
- 동 思(생각 사)
  考(생각할 고)
  慮(생각할 려)
  念(생각 념)

글자 풀이

나무(木)의 발육 상태를 자세히 조사(目)하듯이 사물에 대해 충분히 생각해 보는(心) 것에서 생각하다(想)는 의미이다.

읽기한자

謬想(유상) 預想(예상) 沖想(충상) 幻想(환상)

쓰기한자

構想(구상) 奇想天外(기상천외) 豫想(예상) 冥想(명상) 想起(상기)
想念(상념) 假想(가상) 感想(감상) 空想(공상) 無念無想(무념무상)
發想(발상) 思想(사상) 詩想(시상) 惡想(악상) 理想(이상) 着想(착상)
回想(회상) 想像(상상) 夢想(몽상) 聯想(연상) 被害妄想(피해망상)

狀

4급Ⅱ
형상 상:
문서 장:
犬 | 4획

- 비 壯(장할 장)
- 동 券(문서 권)
  簿(문서 부)
- 약 状

글자 풀이

개(犬)가 나뒹구는 모습이 긴 침대(爿)와 같이 보인다는 것에서 모습, 형태(狀)를 의미한다.

읽기한자

膠狀(교상)

쓰기한자

狀況(상황) 窮狀(궁상) 異狀(이상) 環狀(환상) 險狀(험상) 狀態(상태) 病狀(병상)
實狀(실상) 原狀(원상) 罪狀(죄상) 現狀(현상) 形狀(형상) 答狀(답장) 賞狀(상장)
上狀(상장) 告訴狀(고소장) 拘束令狀(구속영장) 狀啓(장계) 案內狀(안내장)
委任狀(위임장) 招待狀(초대장) 波狀攻擊(파상공격) 情狀參酌(정상참작)
召集令狀(소집영장)

傷

4급
다칠 상
人 | 11획

- 비 場(마당 장)
  陽(볕 양)
  楊(버들 양)
  湯(끓일 탕)
- 동 害(해할 해)

글자 풀이

사람(人)들이 싸우다 상처(昜)가 나도록 다쳤다(傷)는 의미이다.

읽기한자

刃傷(인상) 傷悼(상도)

쓰기한자

傷心(상심) 傷處(상처) 傷害(상해) 感傷(감상) 輕傷(경상) 落傷(낙상)
負傷(부상) 殺傷(살상) 損傷(손상) 食傷(식상) 外傷(외상) 中傷(중상)
銃傷(총상) 致命傷(치명상) 破傷風(파상풍) 火傷(화상) 凍傷(동상)
裂傷(열상)

象

4급
코끼리 상
豕 | 5획

- 비 像(모양 상)

글자 풀이

코끼리 형태를 흉내내 만든 글자이므로 코끼리, 모습과 형태를 흉내내다, 모조하다(象) 등을 의미한다.

읽기한자

象闕(상궐) 象膽(상담) 象魏(상위)

쓰기한자

具象(구상) 氣象(기상) 對象(대상) 物象(물상) 印象(인상) 現象(현상)
形象(형상) 抽象(추상) 象徵(상징) 觀象臺(관상대) 森羅萬象(삼라만상)
象形文字(상형문자) 千態萬象(천태만상)

像 모양 상
人 | 12획

3급 Ⅱ

비 象(코끼리 상)
동 形(모양 형)
態(모습 태)
貌(모양 모)
樣(모양 양)
姿(모양 자)

글자 풀이

사람(人)이 코끼리(象)의 형상(像)을 그린다는 의미이다.

읽기 한자

彫像(조상) 幻像(환상)

쓰기 한자

假像(가상) 群像(군상) 銅像(동상) 佛像(불상) 想像(상상) 石像(석상)
受像機(수상기) 映像(영상) 偶像(우상) 坐像(좌상) 肖像(초상) 虛像(허상)

喪 잃을 상(:)
口 | 9획

3급 Ⅱ

비 畏(두려워할 외)
동 失(잃을 실)
弔(조상할 조)

글자 풀이

어른(長)이 죽어(十) 울며(口口) 슬퍼한다는 데서 복을 잃다(喪)는 의미이다.

읽기 한자

沮喪(저상)

쓰기 한자

喪輿(상여) 弔喪(조상) 喪家(상가) 喪亂(상란) 喪禮(상례) 喪服(상복)
喪失(상실) 喪心(상심) 喪葬(상장) 喪主(상주) 喪中(상중) 喪妻(상처)
冠婚喪祭(관혼상제) 國喪(국상) 記憶喪失(기억상실) 問喪(문상)
初喪(초상) 好喪(호상)

尙 오히려 상(:)
小 | 5획

3급 Ⅱ

비 常(떳떳할 상)
동 猶(오히려 유)

글자 풀이

창문에서 연기나 김이 하늘로 올라가는 모양에서 높이다(尙)는 의미이다.

읽기 한자

呂尙(여상) 尙瑞院(상서원)

쓰기 한자

尙宮(상궁) 尙今(상금) 尙武(상무) 尙存(상존) 高尙(고상) 崇尙(숭상)
時機尙早(시기상조) 和尙(화상)

裳 치마 상
衣 | 8획

3급 Ⅱ

비 堂(집 당)
常(떳떳할 상)

글자 풀이

옷(尙)옷 아래에 입는 옷(衣)이니 치마(裳)를 의미한다.

쓰기 한자

衣裳(의상) 同價紅裳(동가홍상)

詳

3급 Ⅱ

자세할 상
言 | 6획

비 祥(상서 상)
동 細(가늘 세)

글자 풀이

흠이 없이 완벽한(羊) 말(言)로 자세히(詳) 설명한다는 의미이다.

쓰기 한자

昭詳(소상) 詳報(상보) 詳細(상세) 詳述(상술) 未詳(미상)

霜

3급 Ⅱ

서리 상
雨 | 9획

비 露(이슬 로)
電(번개 전)
雲(구름 운)
雪(눈 설)

글자 풀이

수증기가 비(雨)처럼 내려 언 모습(相)이 서리(霜)로 나타난다는 의미이다.

읽기 한자

霜雪之鷺(상설지로) 霜刃(상인) 霜柯(상가) 霜蓬(상봉)

쓰기 한자

霜菊(상국) 霜葉(상엽) 霜害(상해) 雪上加霜(설상가상) 秋霜(추상)
風霜(풍상) 星霜(성상)

償

3급 Ⅱ

갚을 상
人 | 15획

비 賞(상줄 상)
동 報(갚을 보)
賠(물어줄 배)

글자 풀이

다른 사람(人)의 재산(貝)상의 손해를 높은(尙) 값으로 갚아준다(償)는 의미이다.

읽기 한자

賠償(배상)

쓰기 한자

償還(상환) 求償權(구상권) 辨償(변상) 報償(보상) 補償(보상)
有償增資(유상증자)

嘗

3급

맛볼 상
口 | 11획

비 掌(손바닥 장)
약 甞

글자 풀이

음식의 맛(旨)을 숭상한다(尙)는 데서 맛을 본다(嘗)는 의미이다.

읽기 한자

嘗膽(상담)

쓰기 한자

嘗味(상미) 嘗試(상시) 未嘗不(미상불)

桑

3급 II
뽕나무 상
木 | 6획

약 栄

글자 풀이
뽕잎을 손으로 따고(又) 또 따서(又) 누에를 치는 나무(木)라는 것에서 뽕나무(桑)를 의미한다.

읽기한자
滄桑之變(창상지변) 桑蓬之志(상봉지지) 桑楡(상유) 桑扈(상호)

쓰기한자
桑葉(상엽) 桑田碧海(상전벽해)

祥

3급
상서 상
示 | 6획

비 祝(빌 축)
　詳(자세할 상)
　洋(큰바다 양)
동 瑞(상서 서)
　禎(상서로울 정)

글자 풀이
제단(示)에 양(羊)을 제물로 하여 제사를 지내며 복을 비니 상서로운 조짐(祥)이 보인다는 의미이다.

읽기한자
祥瑞(상서) 祥禎(상정) 祥祐(상우)

쓰기한자
祥雲(상운) 吉祥(길상) 大祥(대상) 發祥地(발상지) 不祥事(불상사)
小祥(소상)

庠

2급(名)
학교 상
广 | 6획

동 校(학교 교)

글자 풀이
고전을 상세하게(詳) 강의하는 집(广)으로 학교(庠)를 의미한다. 학교를 夏나라 때는 校, 殷나라 때는 序, 周나라 때는 庠이라 했다.

읽기한자
庠校(상교) 庠序(상서) 國庠(국상) 上庠(상상) 下庠(하상)

箱

2급
상자 상
竹 | 9획

비 相(서로 상)

글자 풀이
대나무(竹)를 엮어 보기 좋은 모양(相)으로 만든 바구니에서, 상자를 의미한다.

읽기한자
箱籠(상롱) 箱子(상자) 果箱(과상) 木箱(목상) 書箱(서상)

色 빛 색
7급
色 | 0획

비 邑(고을 읍)
동 彩(채색 채)

글자 풀이
지팡이를 짚는 사람들의 눈대중으로 지팡이는 표적이 된다. 눈표적은 안색이나 의복의 색깔이라는 것에서 색(色)을 의미한다.

읽기 한자
藍靑色(남청색) 色魔(색마) 驪色之馬(여색지마) 怡色(이색) 色采(색채)

쓰기 한자
色骨(색골) 色傷(색상) 具色(구색) 色感(색감) 色度(색도) 色相(색상)
色素(색소) 色情(색정) 色調(색조) 色紙(색지) 色鄕(색향) 氣色(기색)
名色(명색) 無色(무색) 色盲(색맹) 色慾(색욕) 色彩(색채) 脚色(각색)
薄色(박색) 顔色(안색) 染色(염색) 彩色(채색) 染色體(염색체)
色眼鏡(색안경) 各樣各色(각양각색) 大驚失色(대경실색) 古色蒼然(고색창연)

索 찾을 색 / 노(새끼줄) 삭
3급 II
糸 | 4획

동 搜(찾을 수)
　 探(찾을 탐)
　 覓(찾을 멱)
　 繩(노끈 승)

글자 풀이
열(十) 손가락으로 실(糸)을 꼬아(冖) 동아줄(索)을 만든다는 의미이다.

읽기 한자
覓索(멱색) 繩索(승삭) 徽索(휘삭)

쓰기 한자
搜索(수색) 索引(색인) 索出(색출) 檢索(검색) 思索(사색) 探索(탐색)
索道(삭도) 索居(삭거) 索莫(삭막) 鐵索(철삭)

塞 막힐 색 / 변방 새
3급 II
土 | 10획

비 寒(찰 한)
동 甕(막힐 옹)

글자 풀이
추위(寒)를 이겨내기 위하여 바람 구멍을 흙(土)으로 막는다(塞)는 의미이다.

읽기 한자
疆塞(강새) 關塞(알색) 鬱塞(울색) 窒塞(질색) 塞淵(색연)

쓰기 한자
塞翁之馬(새옹지마) 要塞(요새) 窮塞(궁색) 拔本塞源(발본색원) 閉塞(폐색)

生 날 생
8급
生 | 0획

동 産(낳을 산)
　 活(살 활)
반 死(죽을 사)
　 殺(죽일 살)

글자 풀이
흙 속에서 눈이 나오는 모습에서 싹이 트다, 태어나다(生)는 의미이다.

읽기 한자
胎生(태생) 幻生(환생) 生蔘(생삼) 生殖(생식) 生聚(생취) 生菓(생과)
生殖器(생식기) 生獐契(생장계) 生活圈(생활권) 蔣生傳(장생전)
抗生劑(항생제) 釜中生魚(부중생어) 盧生之夢(노생지몽)

쓰기 한자
派生(파생) 生涯(생애) 生捕(생포) 畜生(축생) 生硬(생경) 生家(생가)
生命(생명) 生産(생산) 生色(생색) 生成(생성) 生育(생육) 生長(생장)
生後(생후) 新生(신생) 生辰(생신) 蘇生(소생) 還生(환생) 生菜(생채)
生彩(생채) 微生物(미생물) 生埋葬(생매장) 醉生夢死(취생몽사)

西 서녘 **서** 襾 | 0획 8급 비 酉(닭 유) 반 東(동녘 동)	글자 풀이 해가 서쪽에서 기울 무렵 새가 집으로 들어가는 것에서 서쪽(西)을 의미한다. 읽기 한자 西歐(서구) 西魏(서위) 西晉(서진) 陝西省(섬서성) 西遼(서료) 西疇(서주) 쓰기 한자 西紀(서기) 西洋(서양) 西風(서풍) 西海(서해) 關西(관서) 西岸(서안) 嶺西(영서) 佛蘭西(불란서) 紅東白西(홍동백서) 東問西答(동문서답) 東西古今(동서고금) 西方淨土(서방정토) 東奔西走(동분서주)

書 글 **서** 曰 | 6획 6급 Ⅱ 비 晝(낮 주) 畫(그림 화) 동 文(글월 문)	글자 풀이 붓(聿)으로 종이(日)에 글자를 쓰고 있는 형태에서 쓰다, 서적(書)을 의미한다. 읽기 한자 購書(구서) 僻書(벽서) 書箱(서상) 書札(서찰) 書翰(서한) 隋書(수서) 妖書(요서) 魏書(위서) 晋書(진서) 勳書(훈서) 書紳(서신) 書傭(서용) 쓰기 한자 書庫(서고) 書籍(서적) 覺書(각서) 書架(서가) 書記(서기) 書堂(서당) 書道(서도) 書類(서류) 書房(서방) 書案(서안) 書藝(서예) 書院(서원) 書店(서점) 書體(서체) 書畫(서화) 但書(단서) 封書(봉서) 司書(사서) 譯書(역서) 著書(저서) 淨書(정서)

序 차례 **서:** 广 | 4획 5급 비 字(글자 자) 동 秩(차례 질) 番(차례 번) 第(차례 제)	글자 풀이 집이나 관청(广)에서 하는 사업은 미리(予) 순서를 정해 놓는다하여 차례(序)를 의미한다. 읽기 한자 鷺序(노서) 庠序(상서) 쓰기 한자 序曲(서곡) 序頭(서두) 序列(서열) 序論(서론) 序文(서문) 序說(서설) 序詩(서시) 序言(서언) 序奏(서주) 序次(서차) 順序(순서) 序幕(서막) 長幼有序(장유유서) 秩序(질서)

徐 천천할 **서(:)** 彳 | 7획 3급 Ⅱ 비 途(길 도) 除(덜 제) 반 急(급할 급) 速(빠를 속)	글자 풀이 시간이 남아도니(余) 자연 걸음(彳)이 느려진다는 데서 천천히(徐)를 의미한다. 쓰기 한자 徐行(서행)

恕

| 3급 II |
| 용서할 서: |
| 心 │ 6획 |

- 비 怒(성낼 노)
- 동 赦(용서할 사)

글자 풀이

상대편을 이해하고 상대편과 같은(如) 마음(心)이 되어 용서한다(恕)는 의미이다.

쓰기 한자

容恕(용서) 恕思(서사) 寬恕(관서) 忠恕(충서)

緒

| 3급 II |
| 실마리 서: |
| 糸 │ 9획 |

- 약 緒

글자 풀이

실(糸)로 바느질을 하려는 사람(者)은 실마리(緒)를 찾아야 바늘에 실을 꿸 수 있다는 의미이다.

읽기 한자

紊緒(문서)

쓰기 한자

緒論(서론) 端緒(단서) 頭緒(두서) 遺緒(유서) 情緒(정서)

署

| 3급 II |
| 마을[官廳] 서: |
| 罒 │ 9획 |

- 비 暑(더울 서)
  著(나타날 저)
  者(놈 자)
- 동 官(벼슬 관)
  廳(관청 청)

글자 풀이

그물(罒)의 코와 같이 서로 연관성을 가지도록 사람(者)을 배치하여 일하는 관청, 부서(署)를 의미한다.

쓰기 한자

署理(서리) 署名(서명) 署押(서압) 署員(서원) 署長(서장)
官署(관서) 本署(본서) 部署(부서) 連署(연서)

庶

| 3급 |
| 여러 서: |
| 广 │ 8획 |

- 비 席(자리 석)

글자 풀이

집(广) 안에 불(火)을 밝히고 20명(卄)이 모여 있다는 데서 많다, 여럿(庶)을 의미한다.

읽기 한자

庶尹(서윤) 庶揆(서규)

쓰기 한자

庶幾(서기) 庶僚(서료) 庶母(서모) 庶務(서무)
庶民(서민) 庶子(서자) 庶出(서출)

敍 펼 서:
攴 | 7획
3급

비 斜(비낄 사)
동 述(펼 술)
약 叙

글자 풀이
곳간에 남아있는(余) 곡식을 멍석 위(卜)에 손(又)으로 펼쳐(敍) 말린다, 편다는 의미이다.

읽기한자
敍勳(서훈)

쓰기한자
敍事(서사) 敍事詩(서사시) 敍述(서술) 敍用(서용)
敍任(서임) 敍情詩(서정시) 自敍傳(자서전) 追敍(추서)

暑 더울 서:
日 | 9획
3급

비 署(관청 서)
著(지을 저)
者(놈 자)
동 溫(따뜻할 온)
반 寒(찰 한)
冷(찰 랭)

글자 풀이
사람(者)의 머리 위에 해(日)가 뜨겁게 비치니 덥다(暑)는 의미이다.

읽기한자
酷暑(혹서) 暑鬱(서울)

쓰기한자
暑氣(서기) 暑滯(서체) 大暑(대서) 小暑(소서) 處暑(처서)
暴暑(폭서) 避暑(피서) 寒暑(한서)

誓 맹세할 서:
言 | 7획
3급

동 盟(맹세할 맹)

글자 풀이
옛적에는 화살을 꺾어 맹세했다. 화살을 꺾으면서(折) 말(言)로 맹세한다(誓)는 의미이다.

쓰기한자
誓券(서권) 誓盟(서맹) 誓文(서문) 誓約(서약) 誓言(서언) 誓願(서원)
盟誓(맹서) 默誓(묵서) 宣誓(선서)

逝 갈 서:
辶 | 7획
3급

동 往(갈 왕), 去(갈 거)
邁(갈 매)
行(다닐 행)
반 來(올 래)

글자 풀이
折은 깎아 내다의 뜻으로 눈앞에서 떠나다(逝)는 의미이다.

쓰기한자
逝去(서거) 逝世(서세) 逝水(서수) 逝川(서천) 高逝(고서) 急逝(급서)
仙逝(선서) 永逝(영서) 遠逝(원서) 流逝(유서) 一月逝(일월서) 長逝(장서)
電逝(전서) 遷逝(천서)

瑞
상서 서:
玉 | 9획
2급

비 端(끝 단)
동 祥(상서 상)
　禎(상서로울 정)

글자 풀이
산(山)에서 구슬(玉)이 연이어(而) 나오는 것은 좋은 징조로 상서롭다(瑞)는 의미이다.

읽기한자
瑞光(서광) 瑞氣(서기) 瑞年(서년) 瑞露(서로) 瑞夢(서몽) 瑞祥(서상)
瑞雪(서설) 瑞玉(서옥) 瑞雨(서우) 瑞雲(서운) 瑞鳥(서조) 瑞兆(서조)
瑞草(서초) 慶瑞(경서) 吉瑞(길서) 祥瑞(상서)

舒
펼 서:
舌 | 6획
2급(名)

동 敍(펼 서)
　述(펼 술)
　伸(펼 신)

글자 풀이
집(舍)에서 사람이 팔다리를 죽 뻗고(予) 편안하게 누워 있는 것으로 펴다(舒)는 의미이다.

읽기한자
舒卷(서권) 舒眉(서미) 舒情(서정) 舒川郡(서천군) 安舒(안서)

夕
저녁 석
夕 | 0획
7급

비 多(많을 다)
동 暮(저물 모)
반 朝(아침 조)
　旦(아침 단)

글자 풀이
해가 저물고 달이 뜨기 시작할 무렵의 모습에서 저녁(夕) 무렵을 의미한다.

읽기한자
熏夕(훈석) 夕餐(석찬)

쓰기한자
夕室(석실) 夕陽(석양) 朝變夕改(조변석개) 朝夕(조석) 秋夕(추석)
七夕(칠석) 夕刊(석간)

席
자리 석
巾 | 7획
6급

비 庶(여러 서)
　度(법도 도)
동 座(자리 좌)
　位(자리 위)

글자 풀이
풀(廾)로 짠 깔개에 면포(巾)를 씌운 방석을 집안(广)에 두고 거기를 앉는 장소로 한 것에서 자리, 앉는 곳(席)을 의미한다.

읽기한자
闕席裁判(궐석재판) 鼎席(정석) 鉉席(현석)

쓰기한자
席卷(석권) 私席(사석) 坐不安席(좌불안석) 坐席(좌석) 座席(좌석)
酒席(주석) 席上(석상) 席次(석차) 客席(객석) 缺席(결석) 空席(공석)
同席(동석) 末席(말석) 方席(방석) 病席(병석) 上席(상석) 首席(수석)
安席(안석) 宴席(연석) 卽席(즉석)

石 돌 석
6급
石 | 0획

비 古(예 고)
　 右(오른 우)
동 巖(바위 암)

글자 풀이
벼랑(厂) 밑에 흩어져 있는 돌(口)의 모양으로 돌(石)을 의미한다.

읽기 한자
珪石(규석) 礪石(여석) 磁石(자석) 石坑(석갱) 石窟(석굴) 石鼎(석정)
石芝(석지) 石泓(석홍) 石壕吏(석호리) 石串洞(석관동) 申乭石(신돌석)
石麒麟(석기린) 石龍芮(석용예) 蔣介石(장개석) 鮑石亭(포석정)

쓰기 한자
石刻(석각) 石灰(석회) 鑛石(광석) 石材(석재) 石淸(석청) 石炭(석탄)
石綿(석면) 石塔(석탑) 巖石(암석) 金剛石(금강석) 舊石器(구석기)
金石文(금석문) 大理石(대리석) 望夫石(망부석) 奇巖怪石(기암괴석)
他山之石(타산지석) 石器時代(석기시대)

惜 아낄 석
3급Ⅱ
心 | 8획

비 昔(예 석)
　 借(빌 차)

글자 풀이
마음(心) 속으로 오래도록(昔) 아끼고(惜) 소중히 여긴다는 의미이다.

읽기 한자
惜閔(석민)

쓰기 한자
惜別(석별) 惜敗(석패) 愛惜(애석)

釋 풀 석
3급Ⅱ
采 | 13획

비 擇(가릴 택)
　 譯(번역할 역)
　 澤(못 택)
동 解(풀 해)
　 放(놓을 방)
약 釈

글자 풀이
손(爪)으로 벼(禾) 속의 돌피를 가려내듯 사물을 자세히 살펴보고(罒) 풀이한다(釋)는 의미이다.

읽기 한자
釋迦(석가) 釋迦牟尼(석가모니) 釋迦如來(석가여래) 釋旨(석지)

쓰기 한자
釋門(석문) 釋放(석방) 釋然(석연) 釋尊(석존) 保釋(보석) 解釋(해석)
稀釋(희석)

昔 예 석
3급
日 | 4획

비 借(빌 차)
　 惜(아낄 석)
동 古(예 고)
　 舊(예 구)
반 今(이제 금)

글자 풀이
날(日)이 포개어 쌓인 지난날이란 데서 옛(昔)을 의미한다.

읽기 한자
伊昔(이석)

쓰기 한자
今昔之感(금석지감) 宿昔(숙석)

3급

析 쪼갤 석

木 | 4획

비 折(꺾을 절)
동 分(나눌 분)

나무(木)를 도끼(斤)로 가르고 쪼갠다(析)는 의미이다.

읽기 한자

鄧析子(등석자) 綜析(종석)

쓰기 한자

分析(분석) 解析(해석)

2급(名)

奭 클/쌍백 석

大 | 12획

동 巨(클 거)
□ 大(큰 대)
丕(클 비)
碩(클 석)

글자 풀이

옛날의 百은 숫자적 의미보다는 많다는 뜻으로 많이 쓰였다. 奭(이백 벽) 또한 마찬가지 의미다. 많은(奭) 식객(食客)을 거둘 수 있을 정도로 세력이 크다(大)는 데서 큼(奭)을 의미한다.

읽기 한자

李範奭(이범석 : 독립운동가 · 정치가)

2급(名)

晳 밝을 석

日 | 8획

동 哲(밝을 철)
晢(밝을 절)

글자 풀이

해(日)에서 나뉘어(析) 나온 햇빛은 매우 밝다(晳)는 의미이다.

읽기 한자

明晳(명석)

2급

碩 클 석

石 | 9획

비 硯(벼루 연)
동 太(클 태)
泰(클 태)
巨(클 거)
大(큰 대)
반 小(작을 소)
微(작을 미)

글자 풀이

머리(頁)가 바위(石)같다는 데서 머리가 큼을 나타냈으나, 일반화 되어 크다(碩)는 의미이다.

읽기 한자

碩果不食(석과불식) 碩德(석덕) 碩望(석망) 碩士(석사) 碩儒(석유)
碩座教授(석좌교수) 碩學(석학) 博碩(박석)

錫

주석 **석**

金 | 8획

2급(名)

비 賜(줄 사)

모양이 쉽게(易) 변하는 쇠붙이(金)로 주석(錫)을 의미한다.

읽기한자

錫鑛(석광) 錫錢(석전) 羅錫疇(나석주 : 독립운동가)

先

먼저 **선**

儿 | 4획

8급

비 洗(씻을 세)
동 前(앞 전)
반 後(뒤 후)

글자 풀이

풀 눈이 쭉쭉 뻗치는 것(生)과 사람이 걸어서(儿) 앞으로 나가는 것에서 먼저(先)라는 의미이다.

읽기한자

先秦時代(선진시대) 先疇(선주) 先斬後啓(선참후계) 先后(선후)

쓰기한자

先納(선납) 先貸(선대) 先導(선도) 先烈(선열) 先占(선점) 于先(우선)
先決(선결) 先考(선고) 先攻(선공) 先金(선금) 先頭(선두) 先例(선례)
先佛(선불) 先山(선산) 先生(선생) 先手(선수) 先約(선약) 先代(선대)
先輩(선배) 先發隊(선발대) 先覺者(선각자) 先驅者(선구자) 先任者(선임자)
立稻先賣(입도선매) 先見之明(선견지명) 先史時代(선사시대)

線

줄 **선**

糸 | 9획

6급Ⅱ

비 綿(솜 면)
  錦(비단 금)
  絹(비단 견)
  終(마칠 종)
동 絃(줄 현)

글자 풀이

샘물(泉)이 솟아올라 어디까지나 흘러내리듯이 실(糸)이 가늘고 길게 이어져 그침이 없다는 것에서 실처럼 가늘고 긴 선(線)을 의미한다.

읽기한자

流線型(유선형) 抛物線(포물선)

쓰기한자

複線(복선) 伏線(복선) 射線(사선) 線路(선로) 線上(선상) 曲線(곡선)
光線(광선) 單線(단선) 路線(노선) 無線(무선) 配線(배선) 死線(사선)
對角線(대각선) 導火線(도화선) 等高線(등고선) 五線紙(오선지)
警戒線(경계선) 放射線(방사선) 脚線美(각선미) 海岸線(해안선)
紫外線(자외선) 幹線道路(간선도로) 不連續線(불연속선)

仙

신선 **선**

人 | 3획

5급Ⅱ

비 化(될 화)

글자 풀이

사람(人)이 산(山)에서 도를 닦으면 신선(仙)이 된다는 의미이다.

읽기한자

仙窟(선굴) 仙呂宮(선녀궁)

쓰기한자

仙風道骨(선풍도골) 鳳仙花(봉선화) 仙境(선경) 仙女(선녀) 仙導(선도)
仙人(선인) 水仙花(수선화) 詩仙(시선) 神仙(신선) 十仙(십선)
仙人掌(선인장)

善

착할 **선:**

口 | 9획

비 美(아름다울 미)
반 惡(악할 악)

글자 풀이

양(羊)처럼 얌전하고, 아름답다는 말에서 유래하여 좋다(善)라는 의미이다.

읽기 한자

旌善(정선)

쓰기 한자

積善(적선) 善隣(선린) 僞善(위선) 善價(선가) 善導(선도) 善良(선량)
善心(선심) 善惡(선악) 善用(선용) 善意(선의) 善戰(선전) 善政(선정)
善處(선처) 善行(선행) 改善(개선) 獨善(독선) 最善(최선) 親善(친선)
慈善(자선) 性善說(성선설) 眞善美(진선미) 次善策(차선책)
改過遷善(개과천선) 勸善懲惡(권선징악) 善男善女(선남선녀)
多多益善(다다익선)

船

배 **선**

舟 | 5획

비 般(일반 반)
동 舟(배 주)
　 舶(배 박)
　 艇(배 정)
　 艦(큰배 함)
약 舩

글자 풀이

구비를 따라 흐르는 계곡물(㕣)을 헤쳐 가는 배(舟)의 모습에서 배(船)를
의미한다.

읽기 한자

賈船(고선) 船舶(선박) 五隻船(오척선) 傭船(용선) 釣船(조선) 艦船(함선)

쓰기 한자

船積(선적) 船上(선상) 船首(선수) 船員(선원) 船人(선인) 船長(선장)
船主(선주) 救助船(구조선) 飛行船(비행선) 上船(상선) 商船(상선)
漁船(어선) 旅客船(여객선) 外航船(외항선) 造船(조선) 下船(하선)
貨物船(화물선) 乘船(승선) 宇宙船(우주선) 蒸氣船(증기선)

選

가릴 **선:**

辶 | 12획

비 遣(보낼 견)
　 遺(남길 유)
동 拔(뽑을 발)
　 別(나눌 별)
　 擇(가릴 택)

글자 풀이

상대를 공경(巽)하여 선물을 보낼 때 가지고 가기(辶)에 좋은 물건만을 고
르는 것에서 고르다(選)는 의미이다.

읽기 한자

當選圈(당선권) 補闕選擧(보궐선거)

쓰기 한자

選擇(선택) 決選投票(결선투표) 國選辯護士(국선변호사) 嚴選(엄선)
豫選(예선) 選拔(선발) 取捨選擇(취사선택) 選擧(선거) 選曲(선곡)
選別(선별) 選手(선수) 選任(선임) 選定(선정) 選出(선출) 選好度(선호도)
間選(간선) 改選(개선) 官選理事(관선이사) 補選(보선) 被選(피선)

鮮

고울 **선**

魚 | 6획

비 漁(고기잡을 어)
동 麗(고울 려)
　 美(아름다울 미)

글자 풀이

양(羊)고기처럼 맛있는 물고기(魚)는 생선(鮮)인데, 맛있는 생선은 곱고,
싱싱하다(鮮)는 의미이다.

읽기 한자

鮮耀(선요)

쓰기 한자

鮮明(선명) 鮮度(선도) 鮮少(선소) 鮮魚(선어) 鮮血(선혈) 生鮮(생선)

宣

4급

宣 베풀 **선**
宀 | 6획

비 宜(마땅 의)
동 布(베/펼 포)
　施(베풀 시)
　設(베풀 설)

글자 풀이

모든 집(宀)과 천지(二) 사이에 햇빛(日)이 퍼지듯이 널리 펴(宣) 알린다는 의미이다.

읽기 한자

宣旨(선지) 宣尼(선니) 宣託(선탁)

쓰기 한자

宣告(선고) 宣教師(선교사) 宣明(선명) 宣騰(선등) 宣政殿(선정전)
宣言(선언) 宣傳(선전) 宣布(선포) 宣傳官(선전관) 宣誓(선서)
國威宣揚(국위선양)

旋

3급 Ⅱ

旋 돌(廻) **선**
方 | 7획

비 旅(나그네 려)
　族(겨레 족)
　施(베풀 시)
동 廻(돌 회)
　巡(돌 순)

글자 풀이

깃발(方)을 선두로 하여 고적대(人)가 발(足)로 행진하면서 돈다(旋)는 의미이다.

읽기 한자

廻旋(회선) 旋淵(선연)

쓰기 한자

旋盤(선반) 旋律(선율) 旋風(선풍) 旋回(선회) 周旋(주선)

禪

3급 Ⅱ

禪 선 **선**
示 | 12획

비 彈(탄알 탄)
　戰(싸움 전)
약 禅

글자 풀이

제단(示) 앞에 홀로(單) 앉아 좌선한다(禪)는 의미이다.

읽기 한자

禪尼(선니)

쓰기 한자

禪問答(선문답) 禪房(선방) 禪師(선사) 禪宗(선종)
口頭禪(구두선) 坐禪(좌선) 參禪(참선) 禪讓(선양) 禪位(선위)

瑄

2급(名)

瑄 도리옥 **선**
玉 | 9획

비 宣(베풀 선)

글자 풀이

궁전(宣)에서 일하는 벼슬아치의 관에 붙이는 구슬(玉)로 길이가 6寸인 도리옥(瑄)을 의미한다.

읽기 한자

瑄玉(선옥) 李瑄根(이선근 : 교육자·사학자)

璇 옥 선
玉 | 11획

동 璿(구슬 선)
　　珠(구슬 주)

2급(名)

글자 풀이
잘 도는 모난 데가 없는(旋) 구슬(玉)로 아름다운 구슬(璇)을 의미한다.

읽기한자
璇宮(선궁) 璇珠(선주) 璇閨(선규) 璇璣玉衡(선기옥형)

璿 구슬 선
玉 | 14획

동 璇(구슬 선)
　　珠(구슬 주)

2급(名)

글자 풀이
윤기나고 깨끗해서 매우 밝은(睿) 구슬(玉)이라는 데서 아름다운 구슬(璿)을 의미한다.

읽기한자
璿宮(선궁) 璿源略譜(선원약보) 璿珠(선주)

繕 기울 선:
糸 | 12획

동 補(기울 보)

2급

글자 풀이
해진 옷을 실(糸)로 기워서 좋게(善) 만드는 것으로 기우다(繕)는 의미이다.

읽기한자
繕補(선보) 修繕(수선) 營繕(영선)

雪 눈 설
雨 | 3획

비 雲(구름 운)
　　電(번개 전)
　　霜(서리 상)

6급Ⅱ

글자 풀이
비(雨)처럼 하늘에서 내려와서, 손바닥(⺕)에 올릴 수 있는 눈(雪)을 의미한다.

읽기한자
霜雪之鷺(상설지로) 瑞雪(서설) 雪膚(설부) 皓雪(호설)

쓰기한자
殘雪(잔설) 積雪(적설) 雪糖(설탕) 螢雪(형설) 雪景(설경) 大雪(대설)
白雪(백설) 小雪(소설) 暴雪(폭설) 雪辱(설욕) 雪中梅(설중매)
降雪量(강설량) 嚴冬雪寒(엄동설한) 雪上加霜(설상가상)
凍氷寒雪(동빙한설)

說

5급Ⅱ

말씀 **설**
달랠 **세:**

言 | 7획

비 設(베풀 설)
稅(세금 세)
脫(벗을 탈)
동 談(말씀 담)
言(말씀 언)
話(말씀 화)

글자 풀이

사람들이 이해하고 기뻐(兌)하도록 말한다(言)는 데서 말씀, 설명하다, 달래다(說)는 의미이다.

읽기한자

僻說(벽설) 併合說(병합설)

쓰기한자

說伏(설복) 甘言利說(감언이설) 辭說(사설) 異說(이설) 却說(각설) 說敎(설교)
說得(설득) 說明(설명) 說法(설법) 說服(설복) 說往說來(설왕설래) 說破(설파)
說話(설화) 假說(가설) 論說(논설) 發說(발설) 社說(사설) 序說(서설) 小說(소설)
語不成說(어불성설) 逆說(역설) 力說(역설) 演說(연설) 浪說(낭설) 辱說(욕설)
遊說(유세)

設

4급Ⅱ

베풀 **설**

言 | 4획

비 說(말씀 설)
話(말씀 화)
동 建(세울 건)
鋪(펼 포)
敷(펼 부)
施(베풀 시)

글자 풀이

제례의식의 장소를 설치(殳)하기 위해 사람에게 명령(言)해서, 도구를 사용하게 하는 것에서 물건을 마련시키다, 사물을 정리하다(設)라는 의미이다.

읽기한자

敷設(부설) 醴酒不設(예주불설) 併設(병설) 鋪設(포설)

쓰기한자

設或(설혹) 私設(사설) 竝設(병설) 設計(설계) 設令(설령) 設立(설립)
設問(설문) 設備(설비) 設使(설사) 設定(설정) 設置(설치) 加設(가설)
改設(개설) 開設(개설) 建設(건설) 常設(상설) 施設(시설) 新設(신설)
爲人設官(위인설관) 增設(증설) 附設(부설)

舌

4급

혀 **설**

舌 | 0획

비 古(예 고)
活(살 활)

글자 풀이

음식물을 맛볼 때 입술을 제치고 밖으로 튀어나온 혀의 모양에서 혀(舌)를 의미한다.

읽기한자

舌癌(설암) 喉舌之臣(후설지신)

쓰기한자

舌端(설단) 舌音(설음) 舌戰(설전) 口舌數(구설수) 毒舌(독설)
長廣舌(장광설) 舌禍(설화)

卨

2급(名)

사람이름 **설**

卜 | 9획

글자 풀이

어떤 짐승(卨)을 본뜬 글자다. 주로 이름자로 쓰인다.

읽기한자

李相卨(이상설)

薛
2급(名)
성(姓) **설**
艹 | 13획

비 僻(궁벽할 벽)

글자 풀이

본래는 쑥(薛)을 나타내는 글자였으나 성씨로 주로 쓰인다.

읽기 한자

薛聰(설총)

暹
2급(名)
햇살치밀 **섬**
나라이름 **섬**
日 | 12획

비 進(나아갈 진)

글자 풀이

해(日)가 나온다(進)는 데서 본래 해돋는 것(暹)을 의미하며, 주로 나라이름으로 쓰였다.

읽기 한자

東暹(동섬) 暹羅(섬라=Siam=현재의 泰國)

纖
2급
가늘 **섬**
糸 | 17획

동 細(가늘 세)
약 繊

글자 풀이

가는 실(糸)과 가는 산부추(韱)를 함께 써서 가늘다는(纖) 것을 의미한다.

읽기 한자

纖巧(섬교) 纖刀(섬도) 纖羅(섬라) 纖麗(섬려) 纖眉(섬미)
纖纖玉手(섬섬옥수) 纖細(섬세) 纖腰(섬요) 纖月(섬월) 纖維(섬유)

蟾
2급(名)
두꺼비 **섬**
虫 | 13획

비 膽(쓸개 담)

글자 풀이

詹(수다스러울 첨)에는 싫다는 의미가 내포되어 있다. 독이 있고, 생긴 모양도 흉측하고, 울음소리 역시 기분 나빠 사람들이 다 싫어하는(詹) 벌레(虫)인 두꺼비(蟾)를 의미한다. 달 속에 두꺼비가 있다는 전설에서 달(月)의 별칭으로도 많이 쓰인다.

읽기 한자

蟾桂(섬계) 蟾光(섬광) 蟾宮(섬궁) 蟾蛇酒(섬사주) 蟾津江(섬진강)

陝 2급(名)

땅이름 **섬**
阜/阝 | 7획

비 陜(좁을 협/땅이름 합)

옛날 괵(虢) 나라의 땅이름으로 쓰인 글자이다.

읽기 한자

陝西省(섬서성) 陝縣(섬현)

攝 3급

다스릴/잡을 **섭**
手 | 18획

동 理(다스릴 리)
　 治(다스릴 치)
　 政(정사 정)
약 摂

글자 풀이

聶은 잡거나 쥐는 것을 나타낸다. 손(手)으로 잡는(聶) 것이므로 쥐는 것, 가지는(攝) 것의 의미이다. 잡은 것은 몸쪽으로 당기므로 당길 섭, 끌려오지 않으면 으르므로 으를 섭, 끌려오면 거느리게 된 것이므로 거느릴 섭, 다스릴 섭, 대신할 섭 등의 의미가 파생되었다.

쓰기 한자

攝理(섭리) 攝生(섭생) 攝政(섭정) 攝取(섭취) 包攝(포섭)

涉 3급

건널 **섭**
水 | 7획

비 步(걸음 보)
　 陟(오를 척)
동 渡(건널 도)
　 濟(건널 제)

글자 풀이

물(水)의 깊이를 재며 걸어서(步) 시내를 건넌다(涉)는 의미이다.

쓰기 한자

涉獵(섭렵) 涉水(섭수) 涉外(섭외) 干涉(간섭) 交涉(교섭)
幕後交涉(막후교섭)

燮 2급(名)

불꽃 **섭**
火 | 13획

동 和(화할 화)
약 変

글자 풀이

본래는 짐승(言)을 손(又)으로 잡고 화톳불(火)에 굽는 모습을 그린 것이나 글자 모양에 많은 변화가 있었다. 고기를 불에 구워 맛있게 만들듯이 말(言)을 맛있게 굽는다는 데서 조화시킨다(燮)는 의미가 파생되었다. 불꽃은 오랜 세월 굳어진 한자의 이름일 뿐 뜻과는 무관하다.

읽기 한자

燮理(섭리) 燮伐(섭벌) 燮友(섭우) 燮和(섭화) 調燮(조섭)
李仲燮(이중섭:서양화가)

姓 7급 II
성 성:
女 | 5획

비 性(성품 성)
동 氏(성씨 씨)

글자 풀이
여자(女)가 아기를 낳으면(生) 그 아기에게 성(姓)이 붙는다는 의미이다.

읽기 한자
僻姓(벽성)

쓰기 한자
姓氏(성씨) 姓名(성명) 同姓同本(동성동본) 百姓(백성) 他姓(타성)
通姓名(통성명) 稀姓(희성)

成 6급 II
이룰 성
戈 | 3획

비 城(재 성)
동 就(나아갈 취)
　 達(통달할 달)
반 敗(패할 패)

글자 풀이
사람(人)이 창(戈), 도구를 써서 어떤 일을 이룬다(成)는 의미이다.

읽기 한자
成層圈(성층권) 翊成(익성) 輯成(집성) 弼成(필성) 合成樹脂(합성수지)

쓰기 한자
成績(성적) 成就(성취) 編成(편성) 成功(성공) 成果(성과) 成年(성년)
成立(성립) 成分(성분) 成事(성사) 成長(성장) 結成(결성) 達成(달성)
大成(대성) 贊成(찬성) 生成(생성) 續成(속성) 守成(수성) 養成(양성)
成均館(성균관) 成熟(성숙) 構成員(구성원) 旣成服(기성복) 光合成(광합성)
未完成(미완성) 三人成虎(삼인성호) 大器晚成(대기만성) 成形手術(성형수술)
古事成語(고사성어) 門前成市(문전성시) 殺身成仁(살신성인)

省 6급 II
살필 성
덜 생
目 | 4획

비 看(볼 간)
　 劣(못할 렬)
동 察(살필 찰)
　 略(줄일 략)

글자 풀이
눈(目)을 가늘게(少) 뜨고 잘 본다는 것에서 주의해서 잘 보다, 잘 생각하다(省)는 의미이다.

읽기 한자
陝西省(섬서성) 新疆省(신강성) 遼寧省(요령성) 省楸(성추)

쓰기 한자
省墓(성묘) 歸省(귀성) 省略(생략) 昏定晨省(혼정신성)
省察(성찰) 反省(반성) 人事不省(인사불성) 自省(자성)

性 5급 II
성품 성:
心 | 5획

비 姓(성 성)

글자 풀이
자연스럽게 흙 위에 자라나는(生) 식물 같은 마음(心)이라는 것에서 천성, 타고난 성질(性)을 의미한다.

읽기 한자
酸性(산성) 水溶性(수용성) 磁性(자성) 僻性(벽성)

쓰기 한자
硬性(경성) 劣性(열성) 慢性(만성) 性格(성격) 性味(성미) 性別(성별)
性徵(성징) 乾性(건성) 慣性(관성) 耐性(내성) 屬性(속성) 習慣性(습관성)
柔軟性(유연성) 特殊性(특수성) 含蓄性(함축성) 蓋然性(개연성)
妥當性(타당성) 性教育(성교육) 性理學(성리학) 性轉換(성전환)
同性戀愛(동성연애)

城

4급Ⅱ

재 성

土 | 7획

비 成(이룰 성)
　 誠(정성 성)
동 郭(외성 곽)

흙(土) 담의 안이 무성한 나무와 넘치는 물처럼 성황을 이루고(成) 있는 것에서 번화한 도읍, 성(城)을 의미한다.

읽기한자

杆城(간성) 籠城(농성) 城址(성지) 城濠(성호) 鐵甕城(철옹성)
漢城判尹(한성판윤) 城闕(성궐)

쓰기한자

孤城(고성) 華城(화성) 城郭(성곽) 牙城(아성) 城壁(성벽) 城主(성주)
宮城(궁성) 內城(내성) 都城(도성) 萬里長城(만리장성) 不夜城(불야성)
山城(산성) 築城(축성) 土城(토성) 城下之盟(성하지맹)

星

4급Ⅱ

별 성

日 | 5획

비 皇(임금 황)
　 是(이 시)
　 易(쉬울 이)
동 辰(별 진)

풀의 눈이 생겨나는 것으로, 여러 가지 사물의 정령(日)이 하늘에 올라가서 다시 태어나(生) 하늘에 흩어졌다는 것에서 별(星)을 의미한다.

읽기한자

奎星(규성) 箕星(기성) 戴星(대성) 炳如日星(병여일성) 星昴(성묘)
妖星(요성) 瞻星臺(첨성대) 星楡(성유) 星津(성진)

쓰기한자

星條旗(성조기) 星座(성좌) 占星術(점성술) 星宿(성수) 星雲(성운)
星火(성화) 北極星(북극성) 衛星(위성) 流星(유성) 將星(장성)
七星堂(칠성당) 星霜(성상) 恒星(항성) 惑星(혹성)

盛

4급Ⅱ

성할 성:

皿 | 7획

비 成(이룰 성)
　 城(재 성)
동 繁(번성할 번)
　 茂(무성할 무)
　 隆(높을 륭)
　 興(일 흥)
반 亡(망할 망)
　 衰(쇠할 쇠)

음식물을 그릇(皿)에 산처럼 괴어 굳혔다(成)는 것에서 그릇을 채우다, 성하다(盛)는 의미이다.

읽기한자

旺盛(왕성) 殷盛(은성) 盛疆(성강) 盛旨(성지) 盛勳(성훈)

쓰기한자

盛裝(성장) 盛況(성황) 盛水不漏(성수불루) 盛大(성대) 盛德(성덕)
盛業(성업) 盛行(성행) 強盛(강성) 全盛(전성) 豊盛(풍성) 興盛(흥성)
盛衰(성쇠) 盛需期(성수기) 茂盛(무성) 繁盛(번성) 隆盛(융성)

聖

4급Ⅱ

성인 성:

耳 | 7획

비 最(가장 최)

사람의 말(口)을 잘 듣고(耳), 그대로 실천함을 다하는(壬) 사람의 모습에서 훌륭한 사람, 성인(聖)을 의미한다.

읽기한자

棋聖(기성) 聖謨(성모) 聖旨(성지) 聖餐(성찬) 聖祚(성조)
聖餐式(성찬식) 聖札(성찰) 聖衷(성충) 聖胎(성태)

쓰기한자

聖君(성군) 聖徒(성도) 聖域(성역) 謁聖及第(알성급제) 聖歌(성가) 聖經(성경)
聖句(성구) 聖女(성녀) 聖堂(성당) 聖母(성모) 聖父(성부) 聖上(성상) 聖恩(성은)
聖人(성인) 聖者(성자) 聖子(성자) 聖典(성전) 聖職(성직) 聖體(성체) 聖賢(성현)

사

聲 4급Ⅱ
소리 **성**
耳 | 11획

비 擊(칠 격)
穀(곡식 곡)
동 音(소리 음)
약 声

글자 풀이

돌로 만든 악기(声)를 봉으로 두들겨서(殳) 소리를 내는 것에서 귀(耳)에 울리는 음, 소리(聲)를 의미한다.

읽기 한자

鄭聲(정성) 秦聲(진성) 灘聲(탄성)

쓰기 한자

聲優(성우) 聲援(성원) 聲討(성토) 怨聲(원성) 聲帶(성대) 聲量(성량)
聲律(성률) 聲望(성망) 聲明(성명) 聲調(성조) 假聲(가성) 去聲(거성)
名聲(명성) 哭聲(곡성) 擴聲器(확성기) 聲樂家(성악가) 大聲痛哭(대성통곡)
聲東擊西(성동격서) 無聲映畵(무성영화) 高聲放歌(고성방가)

誠 4급Ⅱ
정성 **성**
言 | 7획

비 城(재 성)
試(시험 시)

글자 풀이

成은 도끼나 칼 등을 사용해서 사물을 정리한다는 것에서 잘하는 것, 거기에 言을 붙여서 말과 행동이 정리되고, 일치하는 것에서 성심(誠)을 의미한다.

읽기 한자

款誠(관성) 衷誠(충성)

쓰기 한자

誠金(성금) 誠實(성실) 誠意(성의) 不誠實(불성실) 熱誠(열성)
精誠(정성) 至誠(지성) 忠誠(충성) 孝誠(효성)

晟 2급(名)
밝을 **성**
日 | 7획

동 昭(밝을 소)
晙(밝을 준)
明(밝을 명)
昞(밝을 병)
반 暗(어두울 암)

글자 풀이

해(日)의 모양이 완전히 이루어(成) 진 것으로 밝음(晟)을 의미한다. 이름자로 주로 쓰인다.

읽기 한자

李晟(이성:고려시대의 문신)

世 7급Ⅱ
인간 **세:**
一 | 4획

비 也(어조사 야)

글자 풀이

중국에서는 옛날 30년을 '일세' 라 하여, 년 수가 긴 것을 나타내고, 〈세월의 단락〉의 의미로 사용했다.

읽기 한자

朴赫居世(박혁거세) 厭世主義(염세주의) 周世鵬(주세붕) 塵世(진세)
世網(세망) 世繩(세승)

쓰기 한자

世紀(세기) 世稱(세칭) 世評(세평) 亂世(난세) 世間(세간) 世界(세계)
世代(세대) 世論(세론) 世上(세상) 世俗(세속) 世孫(세손) 世襲(세습)
世人(세인) 世子(세자) 世態(세태) 世波(세파) 近世(근세) 來世(내세)
萬世(만세) 末世(말세) 別世(별세) 俗世(속세) 永世(영세) 終世(종세)

歲

5급 Ⅱ

해 세:

止 | 9획

비 威(위엄 위)
濊(깊은 예)
동 年(해 년)
약 岁, 歳

글자 풀이

도끼(戌)나 농기구를 들고 걸어(步) 다니면서 일과 농사를 지으며 해와 세월(歲)을 보낸다는 의미이다.

쓰기 한자

歲拜(세배) 歲時(세시) 歲月(세월) 歲入(세입) 歲次(세차) 歲出(세출)
過歲(과세) 萬歲(만세) 年歲(연세)

洗

5급 Ⅱ

씻을 세:

水 | 6획

비 先(먼저 선)
流(흐를 류)
동 濯(씻을 탁)
滌(씻을 척)

글자 풀이

사람이 냇가(水)에 가서 맨발이 되어 다리(先)의 더러움을 씻어 내리는 것에서 씻다, 깨끗이 하다(洗)는 의미이다.

읽기 한자

洗劑(세제)

쓰기 한자

洗髮(세발) 洗手(세수) 洗眼(세안) 洗車(세차) 水洗式(수세식) 洗練(세련)
洗禮(세례) 洗腦(세뇌) 洗面臺(세면대)

勢

4급 Ⅱ

형세 세:

力 | 11획

비 熱(더울 열)
藝(재주 예)
동 權(권세 권)

글자 풀이

손에 괭이(丸)를 들고 흙(坴)을 파서, 잘 경작하면, 작물은 힘(力)을 받아 들여 잘 성장하므로 깊이 갈아서 심는 것에서 기세, 건강한 모습(勢)을 의미한다.

읽기 한자

勢力圈(세력권) 驛勢圈(역세권) 趨勢(추세)

쓰기 한자

優勢(우세) 威勢(위세) 攻勢(공세) 伯仲之勢(백중지세) 劣勢(열세)
勢道(세도) 勢力(세력) 加勢(가세) 強勢(강세) 去勢(거세) 敎勢(교세)
權勢(권세) 氣勢(기세) 大勢(대세) 得勢(득세) 兵勢(병세) 症勢(증세)

稅

4급 Ⅱ

세금 세:

禾 | 7획

비 悅(기쁠 열)
銳(날카로울 예)
脫(벗을 탈)
동 租(조세 조)

글자 풀이

항상 떫은 얼굴로 공물을 거둬들이는 관리도 쌀(禾)을 보면 기뻐한다(兌)는 것에서 세금, 세(稅)를 의미한다.

쓰기 한자

稅源(세원) 納稅(납세) 免稅(면세) 租稅(조세) 稅關(세관) 稅吏(세리)
稅率(세율) 稅金(세금) 稅法(세법) 稅收(세수) 稅入(세입) 稅制(세제)
減稅(감세) 課稅(과세) 關稅(관세) 贈與稅(증여세) 間接稅(간접세)
所得稅(소득세) 有名稅(유명세) 稅務署(세무서) 擔稅率(담세률)
甲勤稅(갑근세) 國稅廳(국세청) 保稅物品(보세물품)

細 가늘 세:
4급Ⅱ
糸 | 5획

- 비 紳(띠 신)
- 동 微(작을 미)
  纖(가늘 섬)

글자 풀이

뇌 속의 혈관(田)은 실(糸)날 같이 매우 가늘고 예민하기 때문에 가늘다, 세세하다, 예민하다(細)는 의미이다.

읽기 한자

纖細(섬세) 細葛(세갈) 細瑾(세근) 細漣(세련) 癌細胞(암세포)
獐耳細辛(장이세신) 細滑(세활)

쓰기 한자

細胞(세포) 細菌(세균) 零細業者(영세업자) 細工(세공) 細密(세밀)
細分(세분) 細心(세심) 細則(세칙) 細筆(세필) 明細書(명세서) 微細(미세)
詳細(상세)

貰 세놓을 세:
2급
貝 | 5획

- 비 貫(꿸 관)

글자 풀이

재물(貝)을 사고 시간이 흐른 뒤(世)에 갚는 것으로 본래 물건을 외상으로 사는 것(貰)을 의미한다. 여기서 빌리다, 세놓다(貰)는 의미가 파생되었다.

읽기 한자

貰家(세가) 貰房(셋방) 貰錢(세전) 房貰(방세) 月貰(월세) 專貰(전세)

小 작을 소:
8급
小 | 0획

- 비 少(적을 소)
- 동 微(작을 미)
  扁(작을 편)
- 반 大(큰 대)
  太(클 태)
  巨(클 거)

글자 풀이

칼(亅)로 나누면(八) 크기가 작아진다(小)는 의미이다.

읽기 한자

膽大心小(담대심소) 鄧小平(등소평) 小憩(소게) 小水貊(소수맥)
小艇(소정) 小型(소형) 小膽(소담) 小頓(소돈)

쓰기 한자

小仁(소인) 小腸(소장) 小麥(소맥) 小暑(소서) 小康狀態(소강상태)
小計(소계) 小隊(소대) 小道具(소도구) 小路(소로) 小賣(소매) 小木(소목)
小便(소변) 小變(소변) 小事(소사) 小生(소생) 小序(소서) 小說(소설)
小雪(소설) 小數(소수) 小食(소식) 小失(소실) 小作(소작) 小銃(소총)
小鼓(소고) 小乘佛敎(소승불교) 微小(미소) 中小企業(중소기업)

少 적을 소:
7급
小 | 1획

- 비 小(작을 소)
- 동 寡(적을 과)
- 반 多(많을 다)
  老(늙을 로)

글자 풀이

작은 것(小)을 나누면(丿) 더욱 작아진다는 것에서 적다(少)는 의미이다.

읽기 한자

少尉(소위) 少艾(소애) 少昊(소호)

쓰기 한자

少額(소액) 少壯派(소장파) 少數精銳(소수정예) 食少事煩(식소사번)
少女(소녀) 少年(소년) 少量(소량) 少領(소령) 減少(감소) 過少(과소)
男女老少(남녀노소) 多少(다소) 老少同樂(노소동락) 靑少年(청소년)
最少(최소) 寡少(과소) 稀少(희소)

所	7급
	바 소:
	戶 | 4획

동 處(곳 처)

나무를 자르는(斤) 곳(戶)이 어딘지 몰라도 쿵쿵하는 소리만 들려온다. 그 소리가 나는 곳을 말하는 것에서 장소(所)를 의미한다.

읽기 한자

耆老所(기로소) 哨所(초소) 託兒所(탁아소)

쓰기 한자

所管(소관) 所屬(소속) 所持(소지) 所避(소피) 搜所聞(수소문) 所感(소감)
所見(소견) 所得(소득) 所望(소망) 所産(소산) 所信(소신) 所要(소요) 所願(소원)
所爲(소위) 所有(소유) 所以(소이) 所任(소임) 所長(소장) 所定(소정) 所重(소중)
所出(소출) 所謂(소위) 所藏品(소장품) 印刷所(인쇄소)

消	6급 II
	사라질 소
	水 | 7획

비 肖(닮을 초)
　削(깎을 삭)
동 滅(멸할 멸)
반 顯(나타날 현)

글자 풀이

고기를 잘게 썰어가면 고기 형태가 없어지듯이, 물(水)이 점점 줄어가는 것(肖)에서 사라지다, 없어지다(消)는 의미이다.

읽기 한자

消融(소융) 消磁(소자)

쓰기 한자

消滅(소멸) 消盡(소진) 消滯(소체) 消極的(소극적) 消毒(소독) 消燈(소등)
消防(소방) 消息(소식) 消音器(소음기) 消印(소인) 消日(소일) 消長(소장)
消風(소풍) 消化(소화) 消火(소화) 解消(해소)

掃	4급 II
	쓸(掃除) 소(:)
	手 | 8획

비 婦(며느리 부)
　歸(돌아올 귀)
동 蕩(쓸어버릴 탕)

글자 풀이

수건(巾)을 머리(冖)에 쓰고서 비(크)를 손(手)에 들고 쓴다(掃)는 의미이다.

쓰기 한자

掃滅(소멸) 機銃掃射(기총소사) 掃除(소제) 掃地(소지) 一掃(일소)
淸掃(청소)

笑	4급 II
	웃음 소:
	竹 | 4획

비 答(대답 답)
반 哭(울 곡)
　泣(울 읍)

글자 풀이

대나무(竹)가 바람에 휘날리면(夭) 그 흔들리는 모양이 사람이 배를 움켜쥐고 웃고 있는 형태와 닮아 있다는 것에서 웃다(笑)는 의미이다.

읽기 한자

熙笑(희소) 笑柄(소병)

쓰기 한자

笑納(소납) 爆笑(폭소) 假笑(가소) 可笑(가소) 苦笑(고소) 談笑(담소)
冷笑(냉소) 失笑(실소) 拍掌大笑(박장대소) 破顔大笑(파안대소)

사

素

4급Ⅱ
본디/흴(白) 소(:)
糸 | 4획

비 累(여러 루)
紊(어지러울 문)
동 朴(성(姓)/소박할 박)

글자 풀이
삼나무의 섬유를 삼아 삼베를 만드는 실(糸)을 만드는 것에서 실의 근본, 원래, 근본(素)을 의미한다.

읽기한자
酸素(산소) 酸化水素(산화수소) 素憾(소감) 素餐(소찬) 窒素(질소) 素蟾(소섬)

쓰기한자
儉素(검소) 素望(소망) 素朴(소박) 素食(소식) 素養(소양) 素因(소인) 素子(소자) 素材(소재) 素地(소지) 素質(소질) 素行(소행) 毒素(독소) 色素(색소) 水素(수소) 葉綠素(엽록소) 要素(요소) 元素(원소) 炭素(탄소) 平素(평소) 活力素(활력소) 素服丹粧(소복단장)

疏

3급Ⅱ
소통할 소
疋 | 7획

비 蔬(나물 소)
동 遠(멀 원)
반 親(친할 친)

글자 풀이
물 흐르듯이(流) 발(疋)로 걸으니 길이 트인다(疏)는 의미이다.

읽기한자
網疏(망소) 纖疏(섬소) 疏鬱(소울)

쓰기한자
疏槪(소개) 疏漏(소루) 疏遠(소원) 疏脫(소탈) 生疏(생소) 親疏(친소)

蘇

3급Ⅱ
되살아날 소
艹 | 16획

비 鮮(고울 선)

글자 풀이
겨울에 얼어 붙었던 풀(艹)과 물고기(魚)와 벼(禾)가 봄에는 다시 깨어난다(蘇)는 의미이다.

읽기한자
蘇軾(소식) 淵蓋蘇文(연개소문)

쓰기한자
蘇聯(소련) 蘇復(소복) 蘇生(소생) 蘇子(소자)

訴

3급Ⅱ
호소할 소
言 | 5획

비 訂(바로잡을 정)
동 訟(송사할 송)

글자 풀이
억울한 일을 물리치기(斥) 위하여 관청에 그 사정을 말(言)로서 하소연, 송사(訴)한다는 의미이다.

읽기한자
呈訴(정소)

쓰기한자
訴訟(소송) 免訴(면소) 訴願(소원) 告訴(고소) 起訴(기소) 公訴(공소) 上訴(상소) 勝訴(승소) 敗訴(패소) 被訴(피소) 抗訴(항소) 呼訴(호소)

召

3급
부를 **소**
口 | 2획

ㅂ 沼(못 소)
동 招(부를 초)
　 聘(부를 빙)

글자 풀이

윗사람이 칼(刀)의 위엄을 지니고 입(口)으로 부른다(召)는 의미이다.

쓰기 한자

召命(소명) 召集令狀(소집영장) 應召(응소)

昭

3급
밝을 **소**
日 | 5획

ㅂ 沼(못 소)
　 照(비칠 조)
　 召(부를 소)
　 招(부를 초)
동 明(밝을 명)
반 暗(어두울 암)

글자 풀이

하느님께서 해(日)를 부르시니(召) 온 세상이 순식간에 환해졌다는 데서 밝다(昭)는 의미이다.

읽기 한자

昭穆(소목) 昭耀(소요) 昭煥(소환)

쓰기 한자

昭明(소명) 昭詳(소상)

燒

3급Ⅱ
사를 **소(:)**
火 | 12획

ㅂ 曉(새벽 효)
동 燃(탈 연)
약 焼

글자 풀이

불(火)길이 높게(堯) 올라가면 불탄다(燒)는 의미이다.

읽기 한자

熏燒(훈소) 燒溺(소닉) 燒煉(소련)

쓰기 한자

燒却(소각) 燒滅(소멸) 燒失(소실) 燒印(소인)
燒酒(소주) 燒盡(소진) 燃燒(연소) 全燒(전소)

蔬

3급
나물 **소**
艹 | 12획

ㅂ 疏(소통할 소)
동 菜(나물 채)

글자 풀이

배추나 무처럼 사이가 성기게(疏) 가꾸는 풀(艹)이니 나물(蔬)이라는 의미이다.

읽기 한자

蔬筍(소순) 蔬筍之氣(소순지기)

쓰기 한자

蔬飯(소반) 菜蔬(채소)

騷

떠들 소
馬 | 10획

3급

비 驅(몰 구)
騎(말탈 기)

글자 풀이

말(馬)이 벼룩(蚤)한테 물려 가려워서 날뛰고 떠들어, 시끄럽다(騷)는 의미이다.

쓰기 한자

騷客(소객) 騷動(소동) 騷亂(소란) 騷離(소리) 騷音(소음) 騷人(소인)

巢

새집 소
巛 | 8획

2급(名)

비 菓(과자 과)

글자 풀이

나무(木) 위의 새집(田 또는 臼)에 새 3마리(巛)가 있는 모양을 본 떠 새집(巢)을 의미한다.

읽기 한자

巢窟(소굴) 巢林一枝(소림일지) 卵巢(난소) 病巢(병소)
歸巢本能(귀소본능)

沼

못 소
水 | 5획

2급(名)

동 池(못 지)
淵(못 연)
塘(못 당)
澤(못 택)
潭(못 담)

글자 풀이

물줄기가 옆가지를 쳐서 생긴 늪(못)으로 물(水)을 불러(김)들여 이루어진 늪(沼)을 의미한다.

읽기 한자

沼上(소상) 沼池(소지) 沼澤(소택) 德沼(덕소) 淵沼(연소) 龍沼(용소)

紹

이을 소
糸 | 5획

2급

비 昭(밝을 소)
동 繼(이을 계)

글자 풀이

사람을 불러서(김) 끈(糸)으로 묶는 것으로 이어 받음(紹), 중개, 소개의 의미가 있다.

읽기 한자

紹介(소개) 紹繼(소계) 紹賓(소빈) 紹述(소술) 紹興(소흥)

| 邵 | 2급(名) 땅이름/성(姓) 소 邑/阝 | 5획 |

비 昭(밝을 소)

사

글자 풀이

본래 중국(中國) 춘추시대(春秋時代) 진(晋)나라의 고을 이름이었는데, 주로 성씨로 사용된다.

읽기한자

邵雍(소옹) 邵台輔(소태보 : 고려시대의 문신)

| 速 | 6급 빠를 속 辶 | 7획 |

비 束(묶을 속)
동 急(급할 급)
반 徐(천천할 서)
　遲(더딜/늦을 지)

글자 풀이

땔감을 단단히 꿰매(束)듯이, 마음을 꼭 매고 잽싸게 걸어가(辶)는 것에서 빠르다(速)는 의미이다.

읽기한자

速棋(속기) 快速艇(쾌속정)

쓰기한자

速攻(속공) 拙速(졸속) 秒速(초속) 速決(속결) 速記(속기) 速斷(속단)
速達(속달) 速度(속도) 速讀(속독) 速力(속력) 速報(속보) 速寫(속사)
速成(속성) 速戰速決(속전속결) 速行(속행) 加速(가속) 減速(감속)
高速(고속) 過速(과속) 光速(광속) 超音速(초음속)

| 束 | 5급Ⅱ 묶을 속 木 | 3획 |

비 柬(가릴 간)
　速(빠를 속)
　東(동녘 동)
동 縛(묶을 박)
반 解(풀 해)
　釋(풀 석)

글자 풀이

고목이나 나뭇가지(木) 등을 모아서 끈으로 둘둘 말아서 묶은(口) 모양에서 다발로 묶다(束)는 의미이다.

읽기한자

磁束(자속)

쓰기한자

檢束(검속) 結束(결속) 團束(단속) 約束(약속) 束手無策(속수무책)
拘束(구속)

| 俗 | 4급Ⅱ 풍속 속 人 | 7획 |

비 谷(골 곡)

글자 풀이

사람(亻)이 사는 골짜기(谷)마다 나름대로의 풍속(俗)이 있다는 의미이다.

읽기한자

塵俗(진속)

쓰기한자

俗稱(속칭) 脫俗(탈속) 俗談(속담) 俗物(속물) 俗說(속설) 俗世(속세)
俗語(속어) 俗謠(속요) 俗人(속인) 俗字(속자) 民俗(민속) 世俗(세속)
習俗(습속) 野俗(야속) 低俗(저속) 土俗(토속) 通俗(통속) 卑俗(비속)
還俗(환속) 風俗畫(풍속화) 美風良俗(미풍양속)

續	4급 II
이을 **속**	
糸 | 15획	

- 비 讀(읽을 독)
- 통 繼(이을 계)
  係(맬 계)
  連(이을 련)
  絡(이을 락)
- 반 絕(끊을 절)
  斷(끊을 단)
- 약 続

글자 풀이

물건을 팔아서(賣) 조금씩 벌어들이듯이 실(糸)이 조금씩 연결되어 길어지는 것에서 이어지다, 계속되다(續)는 의미이다.

읽기한자

續輯(속집)

쓰기한자

續篇(속편) 勤續(근속) 存續(존속) 持續(지속) 續編(속편) 續絃(속현)
續講(속강) 續報(속보) 續出(속출) 續行(속행) 續會(속회) 相續(상속)
手續(수속) 連續(연속) 永續(영속) 接續(접속) 續刊(속간) 繼續(계속)
不連續線(불연속선)

屬	4급
붙일 **속**	
尸 | 18획	

- 비 囑(부탁할 촉)
  獨(홀로 독)
- 통 附(붙을 부)
  着(붙을 착)
- 약 属

글자 풀이

꼬리(尾)에 한(蜀) 마리의 벌레가 붙었다(屬)는 의미이다.

읽기한자

屬厭(속염) 屬託(촉탁)

쓰기한자

屬國(속국) 屬島(속도) 屬僚(속료) 屬文(속문) 屬性(속성) 貴金屬(귀금속)
歸屬(귀속) 等屬(등속) 配屬(배속) 部屬(부속) 非金屬(비금속) 所屬(소속)
轉屬(전속) 專屬(전속) 族屬(족속) 尊屬(존속) 從屬(종속) 重金屬(중금속)
直屬上官(직속상관) 卑屬(비속)

粟	3급
조 **속**	
米 | 6획	

- 비 栗(밤 률)
  票(표 표)

글자 풀이

쌀(米) 다음으로 중요한(两) 곡식이란 데서 좁쌀(粟)을 의미한다.

읽기한자

滄海一粟(창해일속)

쓰기한자

粟米(속미)

孫	6급
손자 **손(:)**	
子 | 7획	

- 비 係(맬 계)
- 반 祖(할아비 조)

글자 풀이

자식(子)의 대를 잇는(糸) 사람이니 손자(孫)를 의미한다.

읽기한자

孫基禎(손기정) 孫星衍(손성연) 孫吳(손오)

쓰기한자

孫子(손자) 世孫(세손) 外孫(외손) 子子孫孫(자자손손)
宗孫(종손) 後孫(후손) 曾孫(증손)

損

덜 손:

手 | 10획

비 投(던질 투)
　員(인원 원)
동 減(덜 감)
　害(해할 해)
반 益(더할 익)

글자 풀이

손(手)에 넣은(口) 재산(貝)을 밖으로 들고 나가면 적어진다는 것에서 줄다, 손상하다(損)는 의미이다.

읽기 한자

損胎(손태)

쓰기 한자

損傷(손상) 損失(손실) 損財(손재) 損害(손해) 減損(감손) 缺損(결손)
破損(파손) 名譽毀損(명예훼손) 汚損(오손) 損壞(손괴) 換差損(환차손)

送

4급 Ⅱ

보낼 송:

辶 | 6획

비 逆(거스릴 역)
　途(길 도)
동 輸(보낼 수)
반 迎(맞을 영)

글자 풀이

주인 뒤를 따르(辶)면서 물건을 갖고(丬) 가는 것에서 보내다, 배송하다(送)는 의미이다.

읽기 한자

呈送(정송) 託送(탁송)

쓰기 한자

郵送(우송) 歡送(환송) 轉送(전송) 返送(반송) 送別(송별) 送信(송신)
送致(송치) 還送(환송) 急送(급송) 發送(발송) 放送(방송) 運送(운송)
傳送(전송) 電送(전송) 虛送(허송) 送還(송환) 輸送(수송) 葬送曲(장송곡)
送水管(송수관) 送風機(송풍기) 送話機(송화기) 公示送達(공시송달)

松

4급

소나무 송

木 | 4획

비 私(사사 사)
　秋(가을 추)

글자 풀이

나무(木) 가운데 가장 널리 분포(公)되어 있으며 사철 푸른 나무가 소나무(松)라는 의미이다.

읽기 한자

松柏(송백) 松津(송진) 松檜(송회) 松脂(송지)

쓰기 한자

松林(송림) 松葉(송엽) 松花(송화) 落落長松(낙락장송)
老松(노송) 青松(청송) 赤松(적송) 茱松花(채송화)

頌

4급

기릴/칭송할 송:

頁 | 4획

비 領(거느릴 령)
　額(이마 액)
동 稱(일컬을 칭)
　讚(기릴 찬)

글자 풀이

공덕이 큰 어른(公)의 머리(頁) 모양을 본뜬 초상화나 동상을 만들어 그 공덕을 기린다(頌)는 의미이다.

쓰기 한자

頌歌(송가) 頌德碑(송덕비) 頌辭(송사) 頌祝(송축) 讚頌(찬송) 稱頌(칭송)
主婦頌(주부송)

訟

3급 Ⅱ
송사할 송:
言 | 4획

비 許(허락할 허)
評(평할 평)
동 訴(호소할 소)

글자 풀이

옳고 그름을 관공서(公)에 말(言)로써 호소하여 그것을 바로잡는다는 데 서 송사(訟)를 의미한다.

읽기 한자

聚訟(취송)

쓰기 한자

訟事(송사) 訴訟(소송)

誦

3급
욀 송:
言 | 7획

비 踊(뛸 용)
通(통할 통)
동 講(욀 강)
讀(읽을 독)

글자 풀이

앞 뒤의 말(言)이 통하도록(甬) 읽는다, 왼다(誦)는 의미이다.

쓰기 한자

誦讀(송독) 誦奏(송주) 朗誦(낭송) 暗誦(암송) 愛誦(애송)

宋

2급(名)
성(姓) 송:
宀 | 4획

비 禾(벼 화)
榮(영화 영)

글자 풀이

집(宀) 안에 나무(木)가 있는 모양으로 나라이름과 姓氏로 쓰인다.

읽기 한자

宋時烈(송시열) 宋襄之仁(송양지인) 宋學(송학) 南宋(남송) 北宋(북송)

刷

3급 Ⅱ
인쇄할 쇄:
刀 | 6획

비 刺(찌를 자)

글자 풀이

몸(尸)이나 천(巾)에 바늘(刂)로 수를 놓는다는 데서 인쇄하다(刷)는 의미 이다.

쓰기 한자

刷新(쇄신) 印刷(인쇄) 縮刷版(축쇄판)

鎖

3급 Ⅱ

쇠사슬 **쇄:**

金 | 10획

비 鎭(진압할 진)
　鏡(거울 경)

글자 풀이

쇠(金)를 작은(小) 조개(貝) 껍질처럼 둥글게 만들어 이은 쇠사슬(鎖)을 의미한다.

쓰기 한자

鎖國(쇄국) 封鎖(봉쇄) 連鎖(연쇄) 閉鎖(폐쇄)

衰

3급 Ⅱ

쇠할 **쇠**

衣 | 4획

비 哀(슬플 애)
　表(겉 표)
　裏(속 리)
동 亡(망할 망)
반 盛(성할 성)
　興(일 흥)

글자 풀이

비가 올 때 옷(衣)에 도롱이(丑)를 걸친 농부가 초라하게 보인다는 데서 쇠하다(衰)는 의미이다.

읽기 한자

斬衰(참쇠)

쓰기 한자

衰落(쇠락) 衰亡(쇠망) 衰弱(쇠약) 衰殘(쇠잔) 衰退(쇠퇴) 老衰(노쇠)
興亡盛衰(흥망성쇠)

水

8급

물 **수**

水 | 0획

비 氷(얼음 빙)
　永(길 영)
반 火(불 화)

글자 풀이

냇물(水)의 움직임을 나타낸 모양이다.

읽기 한자

沂水(기수) 淇水(기수) 洛水(낙수) 湍水(단수) 潭水(담수) 沔水(면수)
汶水(문수) 泗水(사수) 水蔘(수삼) 洙水(수수) 水鴨(수압) 水晶(수정)
瀋水(심수) 邕水(옹수) 渭水(위수) 小水貊(소수맥) 水溶性(수용성)
水踰里(수유리) 高水敷地(고수부지) 酸化水素(산화수소)

쓰기 한자

水球(수구) 漏水(누수) 汚水(오수) 水道(수도) 水路(수로) 水分(수분)
水墨畫(수묵화) 水冷式(수냉식) 水力發電(수력발전) 水理施設(수리시설)
水魚之交(수어지교) 山紫水明(산자수명)

手

7급 Ⅱ

손 **수(:)**

手 | 0획

반 足(발 족)

글자 풀이

다섯 개의 손가락과 손바닥과 팔의 형태에서 손(手)을 의미한다.

읽기 한자

能手能爛(능수능란) 魔手(마수) 縫合手術(봉합수술) 手製靴(수제화)
措手不及(조수불급) 隻手(척수) 手箱(수상) 手握(수악) 手札(수찰)
手翰(수한)

쓰기 한자

手段(수단) 手織(수직) 手標(수표) 拍手(박수) 射手(사수) 投手(투수) 手交(수교)
手記(수기) 手動(수동) 手配(수배) 手續(수속) 手術(수술) 手藝(수예) 手印(수인)
手足(수족) 手中(수중) 手票(수표) 手話(수화) 洗手(세수) 失手(실수) 惡手(악수)
敵手(적수) 助手(조수) 着手(착수) 砲手(포수) 束手無策(속수무책)

數
7급
셈 수:
攵 | 11획

비 樓(다락 루)
동 算(셈 산)
計(셀 계)
약 数

글자 풀이
드문 드문 흩어져 있는(婁) 물건을 막대기를 들고 돌아다니며 치면서(攵) 하나 둘 셈하는 데서 '셈, 세다'는 의미이다.

읽기 한자
枚數(매수) 坪數(평수) 數尿症(삭뇨증) 數米而炊(수미이취)

쓰기 한자
卷數(권수) 段數(단수) 複數(복수) 額數(액수) 點數(점수) 回數券(회수권)
數量(수량) 數理(수리) 數式(수식) 數列(수열) 數表(수표) 數學(수학)
檢數(검수) 係數(계수) 計數(계수) 級數(급수) 基數(기수) 都數(도수)
同數(동수) 等數(등수) 名數(명수) 無數(무수) 倍數(배수) 變數(변수)
部數(부수) 分數(분수) 算數(산수) 術數(술수) 暗數(암수) 數遞(삭체)

樹
6급
나무 수
木 | 12획

동 木(나무 목)

글자 풀이
서 있는 사람이 리듬에 맞추어 몸을 흔들어대고 북(鼓)을 치듯이 나무(木)가 바람에 흔들리면서 나무, 수목, 세우다(樹) 등을 의미한다.

읽기 한자
琪樹(기수) 樹脂(수지) 苑樹(원수) 合成樹脂(합성수지) 樹勳(수훈)

쓰기 한자
針葉樹(침엽수) 桂樹(계수) 樹林(수림) 樹立(수립) 樹木(수목) 樹液(수액)
樹海(수해) 植樹(식수) 街路樹(가로수) 果樹園(과수원) 常綠樹(상록수)
有實樹(유실수) 花樹會(화수회)

首
5급 II
머리 수
首 | 0획

비 眞(참 진)
동 頭(머리 두)
頁(머리 혈)
반 尾(꼬리 미)

글자 풀이
얼굴과 머리털의 모양을 본떠서 목이나 머리(首)를 의미한다.

읽기 한자
絞首臺(교수대) 絞首刑(교수형) 頓首百拜(돈수백배) 斬首(참수)
皓首(호수) 首祚(수조) 首虐(수학) 首邱初心(수구초심)

쓰기 한자
首肯(수긍) 首都(수도) 首領(수령) 首班(수반) 首相(수상) 首席(수석)
首位(수위) 黨首(당수) 部首(부수) 船首(선수) 元首(원수) 自首(자수)
首弟子(수제자) 首腦(수뇌) 鶴首苦待(학수고대)

修
4급 II
닦을 수
人 | 8획

비 條(가지 조)
悠(멀 유)
동 硏(갈 연)

글자 풀이
바가지(攸)의 물을 부어(丨) 사람(亻)이 머리털(彡)과 몸을 닦고, 꾸민다(修)는 의미이다.

읽기 한자
歐陽修(구양수) 頓悟漸修(돈오점수) 修煉(수련) 修繕(수선)

쓰기 한자
修辭(수사) 修整(수정) 嚴修(엄수) 修好條約(수호조약) 修了(수료)
修訂(수정) 編修(편수) 修交(수교) 修女(수녀) 修道(수도) 修練(수련)
修理(수리) 修史(수사) 修士(수사) 修善(수선) 修習(수습) 修養(수양)
修業(수업) 修正(수정) 修築(수축) 修學(수학) 修行(수행) 監修(감수)
改修(개수) 修飾(수식) 修身齊家(수신제가) 補修(보수)

受

4급 II
받을 수(:)
又 | 6획

반 授(줄 수)
　 賜(줄 사)
　 與(줄 여)

배로 날라 온 화물을 물가에서 건네받는 것에서 받다(受)는 의미이다.

膚受(부수) 受精膜(수정막) 受精型(수정형) 受診(수진)

受納(수납) 甘受(감수) 受侮(수모) 受給(수급) 受難(수난) 受動(수동)
受領(수령) 受理(수리) 受配(수배) 受賞(수상) 受信(수신) 受用(수용)
受容(수용) 受益(수익) 受任(수임) 受精(수정) 受惠(수혜) 買受(매수)
收受(수수) 授受(수수) 領受(영수) 傳受(전수) 接受(접수) 受諾(수락)
受取人(수취인) 受驗生(수험생) 受講生(수강생) 受像機(수상기)
引繼引受(인계인수)

守

4급 II
지킬 수
宀 | 3획

비 宇(집 우)
동 防(막을 방)
　 衛(지킬 위)
　 保(지킬 보)
반 攻(칠 공)

집(宀)을 손(寸)으로 지키고 일하는 것에서 지키다, 대비하다(守)는 의미이다.

守彊(수강)

看守(간수) 嚴守(엄수) 守舊派(수구파) 攻守交代(공수교대) 遵守(준수)
守領(수령) 守兵(수병) 守備(수비) 守成(수성) 守勢(수세) 守衛(수위)
守節(수절) 守則(수칙) 守護(수호) 固守(고수) 郡守(군수) 保守(보수)
死守(사수) 守門將(수문장) 守錢奴(수전노) 宰守(재수)

授

4급 II
줄 수
手 | 8획

비 受(받을 수)
동 賜(줄 사)
　 與(줄 여)
반 受(받을 수)

배로 실어온 화물을 건네받는 것(受)에서 또 다른 손 수(手)자를 붙여서 강화한 것으로 손수 건내다, 하사하다(授)는 의미이다.

碩座教授(석좌교수)

授賞(수상) 授受(수수) 授業(수업) 授與(수여) 授乳(수유) 授精(수정)
教授(교수) 傳授(전수)

收

4급 II
거둘 수
攵 | 2획

비 攻(칠 공)
　 改(고칠 개)
동 穫(거둘 확)
반 支(지탱할 지)
약 収

손에 낫(攵)을 들어 이삭이 달린 곡식(丩)을 베어 거둔다(收)는 의미이다.

收輯(수집) 撤收(철수) 吸收合倂(흡수합병)
收屍(수시) 收聚(수취)

收監(수감) 收錄(수록) 收買(수매) 收復(수복) 收養(수양) 收用(수용)
收容(수용) 收益(수익) 收入(수입) 收支(수지) 收集(수집) 買收(매수)
未收(미수) 月收(월수) 日收(일수) 秋收(추수) 回收(회수) 吸收(흡수)
收拾(수습) 收藏(수장) 收悔(수회) 沒收(몰수) 徵收(징수) 還收(환수)
收納(수납) 收縮(수축) 收奪(수탈) 收穫(수확) 領收證(영수증)

秀 빼어날 수
4급
禾 | 2획

비 季(계절 계)
　李(오얏 리)
동 優(넉넉할 우)
　俊(준걸 준)

글자 풀이
모든 곡식의 이삭 중에서 벼(禾)의 이삭(乃)이 가장 빼어나다(秀)는 의미이다.

읽기한자
閨秀(규수) 峻秀(준수) 鬱秀(울수)

쓰기한자
秀麗(수려) 秀英(수영) 秀才(수재) 優秀(우수) 俊秀(준수)

壽 목숨 수
3급 Ⅱ
士 | 11획

동 命(목숨 명)
약 寿

글자 풀이
선비(士)가 한(一) 평생 공부(工)에 뜻을 두고 입(口)과 손(寸)을 한결같이 (一) 하면 목숨이 길게 이어진다는 데서 '목숨, 수하다' 는 의미이다.

읽기한자
椿壽(춘수)

쓰기한자
壽命(수명) 壽衣(수의) 長壽(장수) 無病長壽(무병장수)
十年減壽(십년감수) 壽誕(수탄)

帥 장수 수
3급 Ⅱ
巾 | 6획

비 師(스승 사)
동 將(장수 장)
반 兵(병사 병)
　卒(마칠 졸)
　軍(군사 군)
약 帅

글자 풀이
언덕(阜) 위의 기(巾) 밑에서 장수(帥)가 지휘한다는 의미이다.

읽기한자
帥甸(수전)

쓰기한자
元帥(원수) 將帥(장수) 統帥權(통수권) 總帥(총수)

愁 근심 수
3급 Ⅱ
心 | 9획

비 秋(가을 추)
동 憂(근심 우)
　哀(슬플 애)
반 歡(기쁠 환)

글자 풀이
가을(秋)에 겨울을 앞두고 온갖 초목이 시들듯 마음(心)도 시든다는 데서, 근심을 의미한다.

읽기한자
濃愁(농수)

쓰기한자
愁心(수심) 哀愁(애수) 旅愁(여수) 憂愁(우수) 鄕愁(향수)

殊 다를 수 歹 | 6획	**글자 풀이** 죄인을 칼로 목을 베어 죽이니(歹) 붉은(朱) 피가 나온다는 데서 '남다르다, 뛰어나다'는 의미이다.

3급 II

비 珠(구슬 주)
　 株(그루 주)
동 別(다를 별)
　 異(다를 이)

읽기 한자

殊勳(수훈)

쓰기 한자

殊塗同歸(수도동귀) 殊常(수상) 殊異傳(수이전) 特殊(특수)

3급 II

獸 짐승 수
 犬 \| 15획

약 獸

글자 풀이

개(犬)를 제외한 부분은 單의 다른 모양으로 본디 활을 본뜬 것이다. 개와 활을 가지고 사냥하는 짐승을 의미한다.

읽기 한자

獸圈(수권) 獸脂(수지) 獸聚而鳥散(수취이조산) 瑞獸(서수)

쓰기 한자

獸醫(수의) 怪獸(괴수) 禽獸(금수) 猛獸(맹수) 野獸(야수) 鳥獸(조수)
人面獸心(인면수심)

사

3급 II

輸 보낼 수
 車 \| 9획

동 送(보낼 송)
반 受(받을 수)

글자 풀이

요구에 응답하여(俞) 수레(車)로 사람이나 짐을 실어 보낸다(輸)는 의미이다.

쓰기 한자

輸送(수송) 輸入(수입) 輸出(수출) 輸血(수혈)
空輸(공수) 密輸(밀수) 運輸(운수) 禁輸品(금수품)

3급 II

隨 따를 수
 阜/阝 \| 13획

비 髓(골수 수)
　 墮(떨어질 타)
동 從(좇을 종)
약 随

글자 풀이

언덕(阝) 길(辶)을 웃어른의 몸(月)의 왼편(左)에 서서 따라간다(隨)는 의미이다.

쓰기 한자

隨時(수시) 隨意(수의) 隨筆(수필) 隨行(수행) 半身不隨(반신불수)
附隨的(부수적) 夫唱婦隨(부창부수)

3급 II
需 쓰일/쓸 수
雨 | 6획

비 儒(선비 유)
電(번개 전)
동 要(요긴할 요)
반 給(줄 급)

글자 풀이

비(雨)가 와서 논밭일은 못하지만(而) 곡식의 수요(需)는 줄지 않는다는 의미이다.

쓰기 한자

需給(수급) 需要(수요) 需用(수용) 民需(민수) 祭需(제수) 婚需(혼수)
盛需期(성수기) 必需品(필수품) 需事之賊(수사지적) 軍需物資(군수물자)

3급
囚 가둘 수
口 | 2획

비 因(인할 인)
困(곤할 곤)
四(넉 사)
반 放(놓을 방)
釋(풀 석)
解(풀 해)

글자 풀이

울타리(口) 속에 갇혀 있는 사람(人)이니 죄수(囚)를 의미한다.

쓰기 한자

囚繫(수계) 囚役(수역) 囚衣(수의) 罪囚(죄수) 旣決囚(기결수)
未決囚(미결수) 良心囚(양심수) 脫獄囚(탈옥수)

3급 II
垂 드리울 수
土 | 5획

비 郵(우편 우)

글자 풀이

땅(土)을 향해 초목의 꽃이나 잎이 늘어져 있는 모양을 본 떠 드리우다, 늘어지다(垂)는 의미이다.

읽기 한자

垂坑(수갱) 垂釣(수조) 垂直坑(수직갱)

쓰기 한자

垂頭喪氣(수두상기) 垂柳(수류) 垂楊(수양) 垂直(수직)
腦下垂體(뇌하수체) 率先垂範(솔선수범) 懸垂幕(현수막)

3급
搜 찾을 수
手 | 9획

동 訪(찾을 방)
索(찾을 색)
探(찾을 탐)
查(조사할 사)
약 捜

글자 풀이

집(宀)에서 손(又)에 불(火)을 들고 무언가를 찾고 있는 것을 그려 찾는다(搜)는 의미이다.

읽기 한자

搜査網(수사망)

쓰기 한자

搜檢(수검) 搜訪(수방) 搜査(수사) 搜索(수색) 搜所聞(수소문)

睡 졸음 수
目 | 8획

비 郵(우편 우)
동 眠(잠잘 면)

글자 풀이

눈(目)꺼풀을 아래로 늘어뜨리고(垂) 잔다(睡)는 의미이다.

읽기한자

睡眠劑(수면제) 睡魔(수마)

쓰기한자

睡眠(수면) 午睡(오수) 昏睡狀態(혼수상태)

3급

誰 누구 수
言 | 8획

비 雖(비록 수)
唯(오직 유)
동 孰(누구 숙)

글자 풀이

꽁지 짧은 새(隹)의 지저귀는 말(言)을 누가 알아듣겠는가? 하는 데서, '누구'를 의미한다.

쓰기한자

誰何(수하)

3급

遂 드디어 수
辶 | 9획

비 逐(쫓을 축)

글자 풀이

팔방(八)에서 멧돼지(豕)를 몰아 도망갈 길(辶)을 차단하여 드디어 잡는다는 데서, 드디어를 의미한다.

쓰기한자

遂行(수행) 未遂(미수) 完遂(완수)

3급

雖 비록 수
隹 | 9획

비 誰(누구 수)
稚(어릴 치)
雅(맑을 아)

글자 풀이

비록 벌레(虫)나 새(隹)가 주둥이(口)로 논밭의 곡식을 먹더라도 수확은 크게 줄지 않는다는 데서, 비록을 의미한다.

쓰기한자

雖然(수연)

	3급
須	모름지기 수
	頁 | 3획

비 順(순할 순)
　 頂(정수리 정)
동 必(반드시 필)

글자 풀이
머리(頁)에는 머리털(彡)이 모름지기(須) 많이 있어야 한다는 의미이다.

읽기 한자
須彌(수미) 須彌壇(수미단)

쓰기 한자
須知(수지) 必須(필수)

	2급(名)
洙	물가 수
	水 | 6획

비 沐(머리감을 목)

글자 풀이
본래는 강의 이름이다. 얕은 물은 돌이나 흙의 색깔이 비쳐 물(水)이 붉게(朱) 보인다는 데서 물가(洙)를 의미한다.

읽기 한자
洙水(수수) 洙泗學(수사학) 金性洙(김성수)

	2급(名)
銖	저울눈 수
	金 | 6획

비 珠(구슬 주)
　 株(그루 주)

글자 풀이
쇠(金)로 저울추를 만들어 붉은(朱) 조 12알의 무게를 잰데서 조12알의 무게(1兩의 1/24)를 나타낸다. 극소량이라는 의미로 주로 쓰인다.

읽기 한자
銖兩(수량) 銖分(수분) 銖積寸累(수적촌루) 銖寸(수촌)

	2급(名)
隋	수나라 수
	阜/阝 | 9획

비 隨(따를 수)
　 惰(게으를 타)

글자 풀이
중국(中國)의 양견(楊堅)이 세운 나라의 이름이다.

읽기 한자
隋唐(수당) 隋文帝(수문제) 隋書(수서)

宿 5급 II

잘　숙
별자리　수:

宀 | 8획

비 縮(줄일 축)
동 寢(잠잘 침)
　 眠(잠잘 면)
　 睡(졸음 수)

글자 풀이

집(宀)에 많은(百) 수의 사람(亻)이 와서 묵고 나가는 모습에서 여행자가 머무는 곳, 숙소(宿)를 의미한다.

읽기한자

奎宿(규수) 昴宿(묘수) 宿憾(숙감)

쓰기한자

宿怨(숙원) 投宿(투숙) 混宿(혼숙) 寄宿舍(기숙사) 宿泊(숙박) 宿滯(숙체)
宿嫌(숙혐) 宿命(숙명) 宿所(숙소) 宿食(숙식) 宿敵(숙적) 宿題(숙제)
宿主(숙주) 宿直(숙직) 宿患(숙환) 同宿(동숙) 留宿(유숙) 下宿(하숙)
合宿(합숙) 旅人宿(여인숙) 宿願事業(숙원사업) 宿醉(숙취) 露宿(노숙)

叔 4급

아재비　숙

又 | 6획

비 淑(맑을 숙)
　 寂(고요할 적)
반 姪(조카 질)

글자 풀이

손(又) 위(上)의 작은(小)아버지이니 아재비(叔)라는 의미이다.

읽기한자

鮑叔牙(포숙아)

쓰기한자

叔父(숙부) 叔行(숙항) 堂叔(당숙) 外叔母(외숙모) 叔姪(숙질)

肅 4급

엄숙할　숙

聿 | 7획

동 嚴(엄할 엄)
약 肃, 肅

글자 풀이

못(淵)가에서 붓(聿)을 들고 글씨를 쓸 때는 조심해야 한다는 데서 엄숙하다, 삼가다(肅)는 의미이다.

읽기한자

雍肅(옹숙)

쓰기한자

肅軍(숙군) 肅黨(숙당) 肅拜(숙배) 肅然(숙연) 肅正(숙정)
肅淸(숙청) 嚴肅(엄숙) 自肅(자숙) 靜肅(정숙) 肅啓(숙계)

淑 3급 II

맑을　숙

水 | 8획

비 叔(아재비 숙)
동 淸(맑을 청)
　 淡(맑을 담)
　 靜(고요할 정)
반 濁(흐릴 탁)

글자 풀이

아재비(叔)네 동네 앞 시냇물(水)이 맑다(淑)는 의미이다.

읽기한자

淑媛(숙원) 淑姬(숙희)

쓰기한자

淑女(숙녀) 淑德(숙덕) 淑淸(숙청) 私淑(사숙) 靜淑(정숙)

熟
3급 Ⅱ
익을 **숙**
火 | 11획

- 비 孰(누구 숙)
  熱(더울 열)
- 동 練(익힐 련)

글자 풀이

어떤(孰) 음식이든지 불(灬)로 익힌다(熟)는 데서 널리 익히다, 숙달하다(熟)는 의미이다.

읽기한자

爛熟(난숙) 劑熟(제숙)

쓰기한자

熟客(숙객) 熟考(숙고) 熟卵(숙란) 熟練(숙련) 熟面(숙면) 熟眠(숙면)
熟設(숙설) 熟成(숙성) 熟語(숙어) 熟議(숙의) 熟知(숙지) 能熟(능숙)
半熟(반숙) 完熟(완숙) 圓熟(원숙) 早熟(조숙) 熟實果(숙실과)
熟地黃(숙지황) 未熟兒(미숙아) 熟不還生(숙불환생) 深思熟考(심사숙고)

孰
3급
누구 **숙**
子 | 8획

- 비 熟(익을 숙)
  熱(더울 열)
- 동 誰(누구 수)

글자 풀이

좋은 환약(丸)을 잡수실(享) 분은 누구(孰)인가 하는 의미이다.

쓰기한자

孰誰(숙수) 孰若(숙약)

順
5급 Ⅱ
순할 **순:**
頁 | 3획

- 비 須(모름지기 수)
  頂(정수리 정)
- 반 逆(거스를 역)

글자 풀이

냇물(川)이 흘러가는 방향으로 순순히 머리(頁)를 돌리는 것에서 순순히 따르다(順)는 의미이다.

읽기한자

順娩(순만)

쓰기한자

順延(순연) 順從(순종) 歸順(귀순) 順理(순리) 順番(순번) 順産(순산)
順序(순서) 順列(순열) 順位(순위) 順應(순응) 順調(순조) 順次(순차)
順天(순천) 順風(순풍) 無順(무순) 不順(불순) 式順(식순) 語順(어순)
逆順(역순) 溫順(온순) 耳順(이순) 和順(화순) 畫順(획순)

純
4급 Ⅱ
순수할 **순**
糸 | 4획

- 비 鈍(둔할 둔)
- 동 潔(깨끗할 결)
  粹(순수할 수)

글자 풀이

누에고치에서 많은 실(糸)이 확실한 생사로, 삼베실 등이 섞여 있지 않은(屯) 예쁜 실이라는 것에서 섞임이 없다, 거짓이 없다(純)는 의미이다.

읽기한자

純殷(순은)

쓰기한자

純潔(순결) 純金(순금) 純度(순도) 純毛(순모) 純白(순백) 純情(순정)
純種(순종) 純眞(순진) 純化(순화) 單純(단순) 不純(불순) 清純(청순)
純綿(순면)

巡	3급 II
	돌廻/순행할 순
	巛 | 4획

동 廻(돌 회)
循(돌 순)

글자 풀이

냇물(巛)이 흐르듯 길(辶_)을 따라 돌아다닌다(巡)는 의미이다.

읽기 한자

巡洋艦(순양함) 巡哨(순초) 巡廻(순회) 巡錫(순석)

쓰기 한자

巡警(순경) 巡禮(순례) 巡訪(순방) 巡視(순시) 巡閱(순열)
巡察(순찰) 巡航(순항) 巡行(순행)

旬	3급 II
	열흘 순
	日 | 2획

비 句(글귀 구)
包(쌀 포)

글자 풀이

열흘(十日)씩 묶는다(勹)는 데서 열흘, 열(旬)을 의미한다.

읽기 한자

呈旬(정순)

쓰기 한자

旬刊(순간) 旬年(순년) 旬報(순보) 旬宣(순선) 旬日(순일) 上旬(상순)
中旬(중순) 七旬(칠순) 下旬(하순) 旬望間(순망간) 四旬節(사순절)

瞬	3급 II
	눈깜짝일 순
	目 | 12획

비 舜(순임금 순)
舞(춤출 무)

글자 풀이

무궁화(舜) 꽃이 아름다워서 눈(目)을 깜짝거리며(瞬) 본다는 의미이다.

읽기 한자

瞬膜(순막)

쓰기 한자

瞬間(순간) 一瞬(일순) 瞬息間(순식간)

循	3급
	돌 순
	彳 | 9획

비 盾(방패 순)
동 巡(돌 순)
廻(돌 회)
旋(돌 선)

글자 풀이

방패(盾)를 들고 성곽 둘레를 다닌다는(彳) 데서 돌다(循)는 의미이다.

읽기 한자

循環霸(순환패)

쓰기 한자

循行(순행) 循環(순환) 因循姑息(인순고식)

殉	3급
	따라죽을 **순**
	歹 | 6획

ⓑ 珣(옥이름 순)

죽은(歹) 사람의 뒤를 이어 열흘(旬) 안에 따라 죽는다(殉)는 의미이다.

쓰기 한자
殉教(순교) 殉國(순국) 殉死(순사) 殉葬(순장) 殉職(순직)

脣	3급
	입술 **순**
	肉/月 | 7획

ⓑ 盾(방패 순)

글자 풀이
몸(月)의 일부로서 말할 때 진동하는(辰) 부분이니 입술(脣)을 의미한다.

읽기 한자
丹脣皓齒(단순호치) 脣焦口燥(순초구조) 焦脣(초순) 脣脂(순지)

쓰기 한자
脣亡齒寒(순망치한) 脣音(순음)

洵	2급(名)
	참으로 **순**
	水 | 6획

ⓑ 狗(개 구)

글자 풀이
본래는 강 이름인 듯하나 진실로, 참으로(洵) 등의 의미로 쓰인다.

읽기 한자
洵美(순미)

淳	2급(名)
	순박할 **순**
	水 | 8획

ⓑ 享(누릴 향)

글자 풀이
본래 글자는 산골에 흐르는 물(水)을 그려 맑고 깨끗함(享)을 표현한 것인데 사람에게 옮겨 정이 도탑다, 꾸밈이 없다, 순박하다(淳)는 의미이다.

읽기 한자
淳良(순량) 淳朴(순박) 淳厚(순후) 淳昌(순창:전라북도)

珣

2급(名)

옥이름 **순**

玉 | 6획

비 洵(참으로 순)

사

글자 풀이

旬은 천간(天干)이 한바퀴 도는 것을 의미하므로 둥글다는 의미를 내포한다. 둥근(旬) 구슬(玉)을 의미하며, 주로 이름자로 쓰인다.

읽기한자

李珣(이순)

盾

2급

방패 **순**

目 | 4획

비 脣(입술 순)
동 干(방패 간)
반 矛(창 모)
　 戈(창 과)

글자 풀이

창이나 도끼(斤)의 공격으로부터 머리, 눈(目)을 보호하는 방패(盾)의 의미이다.

읽기한자

矛盾(모순)

舜

2급(名)

순임금 **순**

舛 | 6획

비 受(받을 수)
　 舞(춤출 무)

글자 풀이

중국(中國) 상고(上古)시대의 임금인 순(舜)임금을 의미한다.

읽기한자

舜禹(순우) 舜英(순영) 李舜臣(이순신)

荀

2급(名)

풀이름 **순**

艹 | 6획

비 苟(구차할 구)

글자 풀이

旬(열흘 순)은 천간(天干)이 한바퀴 도는 것을 의미하므로 제자리로 돌아간다는 의미를 내포한다. 荀은 약초(藥草)의 이름으로 아름다운 얼굴빛으로 되돌아가(旬) 정상을 찾게 해 주는 풀(艹)이라는 의미이다.

읽기한자

荀子(순자) 荀草(순초)

術 6급 II
재주 술
行 | 5획

비 述(펼 술)
동 技(재주 기)
藝(재주 예)
才(재주 재)

글자 풀이

차조(朮) 줄기처럼 쭉 뻗어있는 길(行)에서, 길의 의미이다. 여기에서, '꾀, 재주' 의 뜻이 나왔다.

읽기한자

岐黃之術(기황지술) 魔術(마술) 縫合手術(봉합수술) 妖術(요술) 幻術(환술)

쓰기한자

仁術(인술) 術法(술법) 術數(술수) 技術(기술) 道術(도술) 武術(무술)
美術(미술) 算術(산술) 手術(수술) 施術(시술) 心術(심술) 藝術(예술)
醫術(의술) 戰術(전술) 學術(학술) 話術(화술) 術策(술책) 劍術(검술)
弓術(궁술) 鍊金術(연금술) 占星術(점성술) 讀心術(독심술)
處世術(처세술) 護身術(호신술)

述 3급 II
펼 술
辶 | 5획

비 術(재주 술)
동 著(지을 저)
敍(펼 서)

글자 풀이

차조(朮) 열매가 정연히 죽 이어져 있듯 先人의 언행을 이어받아 간다(辶)는 데서, '좇다, 잇다, 짓다' 는 의미이다. 또 '펴다, 말하다' 는 의미이다.

읽기한자

紹述(소술)

쓰기한자

敍述(서술) 記述(기술) 論述(논술) 詳述(상술) 略述(약술) 著述(저술)
述語(술어) 述懷(술회) 供述(공술) 口述(구술) 陳述(진술)

戌 3급
개 술
戈 | 2획

비 戈(창 과)
戊(천간 무)
동 犬(개 견)
狗(개 구)

글자 풀이

개가 집을 지킨다는 데서, 戌이 戍(지킬 수)와 비슷하여 戌을 따로는 개에 배정하였다.

쓰기한자

庚戌國恥(경술국치)

崇 4급
높을 숭
山 | 8획

비 宗(마루 종)
동 高(높을 고)
隆(높을 륭)

글자 풀이

가묘, 종묘(宗)를 산(山)처럼 높인다(崇)는 의미이다.

읽기한자

崇棟(숭동) 崇峻(숭준)

쓰기한자

崇高(숭고) 崇拜(숭배) 崇慕(숭모) 崇尙(숭상)

瑟

2급(名)

큰 거문고 **슬**

玉 | 9획

동 琴(거문고 금)

글자 풀이

본래자는 珡(거문고 줄)+人(연주자)의 형태였는데 人이 必로 바뀌었다. 큰 거문고(瑟)를 의미한다.

읽기한자

膠柱鼓瑟(교주고슬)
琴瑟(금슬; 부부 사이를 나타낼 땐 '금실'로 읽는다; 琴瑟之樂〈금실지락〉)

習

6급

익힐 **습**

羽 | 5획

비 翁(늙은이 옹)
동 練(익힐 련)
　 慣(익숙할 관)

글자 풀이

새끼 새가 어미 새의 나는 방법을 흉내 내서, 날개(羽)를 퍼덕이면 옆구리의 흰(白)털이 보인다는 데서 털 우(羽)와 흰 백(白)자로 익히다, 배우다(習)는 의미이다.

읽기한자

謬習(유습)

쓰기한자

豫習(예습) 常習犯(상습범) 習得(습득) 習性(습성) 習俗(습속) 習字(습자)
講習(강습) 見習(견습) 敎習(교습) 復習(복습) 實習(실습) 惡習(악습)
練習(연습) 因習(인습) 自習(자습) 風習(풍습) 學習(학습) 習慣(습관)
修習記者(수습기자) 慣習(관습) 弊習(폐습)

拾

3급Ⅱ

주울 **습**
열 **십**

手 | 6획

비 合(합할 합)
　 恰(흡사 흡)
동 十(열 십)

글자 풀이

손(手)과 물건이 합해진다(合)하여 줍는다(拾)는 의미이다. 十의 갖은자로 쓰인다.

쓰기한자

拾得(습득) 收拾(수습) 拾萬(십만)

襲

3급Ⅱ

엄습할 **습**

衣 | 16획

비 龍(용 룡)
　 寵(은혜 총)

글자 풀이

옷(衣)이 안보일 정도로 용(龍)처럼 날래게 엄습한다(襲)는 의미이다.

쓰기한자

襲爵(습작) 襲擊(습격) 襲來(습래) 攻襲(공습) 空襲(공습) 急襲(급습)
奇襲(기습) 來襲(내습) 踏襲(답습) 世襲(세습) 逆襲(역습) 因襲(인습)
一襲(일습) 被襲(피습)

濕	3급Ⅱ
젖을 **습**	
水 | 14획	

동 潤(젖을 윤)
반 乾(마를 건)
　燥(마를 조)
약 湿

글자 풀이

볕(日)을 받은 실(絲)을 물(氵)에 담그면 축축해지는 데서 '젖다, 축축하다'는 의미이다.

읽기 한자

肝膽濕熱(간담습열)

쓰기 한자

濕氣(습기) 濕度(습도) 濕地(습지) 乾濕(건습) 高溫多濕(고온다습)

勝	6급
이길 **승**	
力 | 10획	

반 敗(질 패)
　負(질 부)

글자 풀이

배(舟)에 스며드는 물을 퍼내는 힘(券)의 모습에서 위험상태를 이겨내어 견딘다(勝)는 의미이다.

읽기 한자

勝塏(승개)

쓰기 한자

勝機(승기) 勝負(승부) 優勝(우승) 乘勝長驅(승승장구) 勝景(승경)
勝利(승리) 勝算(승산) 勝勢(승세) 勝者(승자) 勝戰(승전) 勝敗(승패)
健勝(건승) 決勝(결승) 壓勝(압승) 完勝(완승) 戰勝(전승) 勝訴(승소)

承	4급Ⅱ
이을 **승**	
手 | 4획	

동 繼(이을 계)
　連(이을 련)
반 斷(끊을 단)
　絕(끊을 절)

글자 풀이

사람이 무릎을 꿇고 양손으로 물건을 받는 모양으로 중요한 벼슬을 받는 것이 되어 전수하다, 받아들이다(承)는 의미이다.

읽기 한자

紹承(소승) 承款(승관) 承允(승윤) 承旨(승지) 承塵(승진)

쓰기 한자

承繼(승계) 繼承(계승) 起承轉結(기승전결) 承命(승명) 承服(승복)
承恩(승은) 承認(승인) 承前(승전) 承重(승중) 口承(구승) 傳承(전승)
承諾(승낙)

乘	3급Ⅱ
탈 **승**	
丿 | 9획	

비 乖(어그러질 괴)
약 乗

글자 풀이

사람이 나무에 올라타는(乘) 모양을 본떴다.

읽기 한자

乘艦(승함) 乘望風旨(승망풍지) 乘韋(승위)

쓰기 한자

乘客(승객) 乘機(승기) 乘馬(승마) 乘法(승법) 乘船(승선) 乘車(승차)
同乘(동승) 分乘(분승) 史乘(사승) 野乘(야승) 便乘(편승) 合乘(합승)
乘務員(승무원) 乘用車(승용차) 加減乘除(가감승제) 大乘佛敎(대승불교)
萬乘天子(만승천자) 小乘佛敎(소승불교) 乘勝長驅(승승장구)

僧
중 승
人 | 12획
3급 Ⅱ

비 會(모일 회)
僧(미울 증)
增(더할 증)
동 尼(여승 니)

글자 풀이
일찍이(曾) 속세를 버리고 절로 간 사람(人)이니 중(僧)을 의미한다.

읽기 한자
尼僧(이승) 僧伽(승가) 僧尼(승니) 妖僧(요승) 托鉢僧(탁발승) 僧廬(승려)
僧刹(승찰)

쓰기 한자
僧家(승가) 僧舞(승무) 僧服(승복) 高僧(고승) 女僧(여승) 帶妻僧(대처승)
破戒僧(파계승)

昇
오를 승
日 | 4획
3급 Ⅱ

동 登(오를 등)
반 降(내릴 강)

글자 풀이
해(日)가 돋아(升) 오른다(昇)는 의미이다.

읽기 한자
昇陟(승척)

쓰기 한자
昇格(승격) 昇級(승급) 昇段(승단) 昇進(승진) 昇天(승천) 昇華(승화)
昇騰(승등) 昇降機(승강기) 急上昇(급상승)

升
되 승
十 | 2획
2급

비 昇(오를 승)

글자 풀이
곡식을 일정한 분량으로 되서 그릇에 담을 때 되(升)가 오르고 내리는 모양이다.

읽기 한자
升鑑(승감) 升平(승평) 斗升(두승) 十升(십승)

繩
노끈 승
糸 | 13획
2급(名)

약 縄

글자 풀이
실(糸)을 꼬아서 힘을 받을 수(黽) 있도록 한데서 노끈(繩)을 나타낸다. 黽은 맹꽁이를 나타내기도 하는데, 실을 꼰 부분이 볼록하여 맹꽁이 배 같다는데서 이 글자가 생겼다고 하기도 한다.

읽기 한자
繩墨(승묵) 繩索(승삭) 繩尺(승척) 捕繩(포승) 火繩銃(화승총)

사

	7급Ⅱ
市	저자 시:
	巾 │ 2획

비 布(베 포)
　巾(수건 건)

글자 풀이

천(巾)을 사러 가는(ㅗ) 곳이니 저자, 시장(市)을 의미한다.

읽기 한자

賈市(고시) 撤市(철시) 市舶(시박) 市舶使(시박사)

쓰기 한자

市營(시영) 市廳(시청) 市況(시황) 證市(증시) 市販(시판) 市街(시가)
市價(시가) 市內(시내) 市都(시도) 市立(시립) 市民(시민) 市勢(시세)
市長(시장) 市場(시장) 市政(시정) 市中(시중) 都市(도시) 波市(파시)
市街地(시가지) 暗市場(암시장) 魚市場(어시장) 門前成市(문전성시)

	7급Ⅱ
時	때 시
	日 │ 6획

비 詩(시 시)
　侍(모실 시)

글자 풀이

태양(日)이 일한다(寺)는 것은 시간이 경과한다는 것으로 시간의 길이(時)를 의미한다.

읽기 한자

先秦時代(선진시대) 宋時烈(송시열) 伊時(이시)

쓰기 한자

時刻(시각) 時機(시기) 時點(시점) 時價(시가) 時間(시간) 時計(시계)
時局(시국) 時急(시급) 時期(시기) 時代(시대) 時論(시론) 時流(시류)
時事(시사) 時勢(시세) 時速(시속) 時策(시책) 隨時(수시) 臨時(임시)
暫時(잠시) 卽時(즉시) 何時(하시) 時限附(시한부) 時宜適切(시의적절)
晩時之歎(만시지탄)

	6급Ⅱ
始	비로소 시:
	女 │ 5획

비 妃(왕비 비)
동 初(처음 초)
반 末(끝 말)
　終(마칠 종)
　了(마칠 료)
　卒(마칠 졸)

글자 풀이

인간은 여인(女)으로부터 태어나 길러(台)지게 되므로 여인은 인생의 토대라는 데서 시초(始)라는 의미이다.

읽기 한자

秦始皇(진시황)

쓰기 한자

始動(시동) 始發(시발) 始作(시작) 始祖(시조) 始終(시종)
始初(시초) 開始(개시) 原始(원시) 爲始(위시) 創始(창시)
始末書(시말서) 始務式(시무식) 年末年始(연말년시)

	5급
示	보일 시:
	示 │ 0획

동 視(볼 시)
　監(볼 감)
　觀(볼 관)
　見(볼 견)
　覽(볼 람)

글자 풀이

제단에 올려서 기도하는 것과 신령의 마음이 표시된 것에서 표시하다, 보여주다(示)는 의미이다.

읽기 한자

揭示(게시) 示唆(시사) 呈示(정시) 彰示(창시) 耀示(요시)

쓰기 한자

示範(시범) 示威(시위) 豫示(예시) 標示(표시) 示達(시달) 告示(고시)
公示(공시) 敎示(교시) 明示(명시) 暗示(암시) 例示(예시) 展示(전시)
提示(제시) 指示(지시) 表示(표시) 啓示(계시) 誇示(과시) 默示(묵시)

施

4급 II
베풀 시:
方 | 5획

비 族(겨레 족)
旅(나그네 려)
旋(돌 선)
동 設(베풀 설)

글자 풀이

둘둘 말아두었던(也) 깃발(㫃)을 매달아 펼치는 데서 '펴다, 베풀다'는 의미이다.

읽기한자

施療(시료)

쓰기한자

施工(시공) 施賞(시상) 施設(시설) 施術(시술) 施政(시정) 施主(시주)
施行(시행) 實施(실시) 施肥(시비) 施策(시책)

是

4급 II
이(斯)/옳을 시:
日 | 5획

비 定(정할 정)
晨(새벽 신)
반 彼(저 피)
非(아닐 비)

글자 풀이

해(日)와 같이 광명정대(正)하다는 데서 바르다, 옳다(是)는 의미이다.

읽기한자

壹是(일시)

쓰기한자

或是(혹시) 是日(시일) 是非(시비) 是認(시인) 是正(시정) 國是(국시)
必是(필시) 是是非非(시시비비) 如是我聞(여시아문) 亦是(역시)

視

4급 II
볼 시:
見 | 5획

비 親(친할 친)
동 監(볼 감)
觀(볼 관)
見(볼 견)
覽(볼 람)
示(보일 시)
察(살필 찰)

글자 풀이

신령(示)에 공양하며 눈(見)을 크게 뜨고 진지하게 기원하는 모습에서 똑바로 보다, 응시하다(視)는 의미이다.

읽기한자

俛視(면시) 蔑視(멸시) 鷹視(응시) 視瞻(시첨)

쓰기한자

視覺(시각) 視點(시점) 視差(시차) 亂視(난시) 斜視(사시) 錯視(착시)
透視(투시) 視角(시각) 視界(시계) 視力(시력) 視線(시선) 視野(시야)
視察(시찰) 監視(감시) 輕視(경시) 無視(무시) 遠視(원시) 注視(주시)
巡視(순시) 坐視(좌시) 疾視(질시) 賤視(천시) 微視的(미시적)
可視距離(가시거리)

試

4급 II
시험 시(:)
言 | 6획

비 誠(정성 성)
評(평할 평)
동 驗(시험 험)

글자 풀이

사람에게 일을 시키면서(言) 방식(式)대로 하는지 보는 것에서 시험해 보다(試)는 의미이다.

읽기한자

試掘(시굴) 試膽(시담)

쓰기한자

試運轉(시운전) 試圖(시도) 試料(시료) 試食(시식) 試藥(시약) 試用(시용)
試飮(시음) 試作(시작) 試合(시합) 試驗(시험) 考試(고시) 應試(응시)
入試(입시) 試金石(시금석) 試寫會(시사회) 筆記試驗(필기시험)
試鍊(시련)

詩

4급 II
시 시
言 | 6획

비 時(때 시)
동 歌(노래 가)

글자 풀이

손발(寺)을 움직이듯이 마음의 동요나 마음 속에 간직하고 있는 사물을 말(言)로 표현한 것에서 노래, 시(詩)를 의미한다.

읽기 한자

詩魔(시마) 詩軸(시축) 采詩(채시) 廻文詩(회문시)

쓰기 한자

詩篇(시편) 詩評(시평) 敍事詩(서사시) 詩歌(시가) 詩經(시경) 詩論(시론)
詩想(시상) 詩人(시인) 詩作(시작) 詩的(시적) 詩情(시정) 詩題(시제)
詩集(시집) 詩風(시풍) 詩學(시학) 詩畫(시화) 童詩(동시) 序詩(서시)
作詩(작시) 長詩(장시) 漢詩(한시)

侍

3급 II
모실 시:
人 | 6획

비 持(가질 지)
　待(기다릴 대)
　特(특별할 특)

글자 풀이

사람(亻)이 관청(寺)에서 상관을 모신다(侍)는 의미이다.

읽기 한자

侍奉趨承(시봉추승) 侍姬(시희)

쓰기 한자

侍女(시녀) 侍衛(시위) 侍醫(시의) 侍從(시종) 近侍(근시)
內侍(내시) 嚴妻侍下(엄처시하) 層層侍下(층층시하)

矢

3급
화살 시:
矢 | 0획

비 失(잃을 실)

글자 풀이

화살(矢)의 모양을 본떴다.

읽기 한자

蓬矢(봉시) 弦矢(현시)

쓰기 한자

矢石(시석) 矢心(시심) 矢言(시언) 弓矢(궁시)

屍

2급
주검 시:
尸 | 6획

비 尼(여승 니)

글자 풀이

죽은(死) 몸(尸)으로 주검(屍)을 의미한다.

읽기 한자

屍山血海(시산혈해) 屍身(시신) 屍體(시체) 檢屍(검시)

柴 섶[薪] 시:
木 | 6획
2급(名)

동 薪(섶 신)

글자 풀이
此(이 차)는 疵(흠 자)와 통한다. 흠(상처)있는(此) 나무(木)로 섶, 땔나무(柴)를 의미한다.

읽기한자
柴糧(시량) 柴木(시목) 柴地(시지) 柴草(시초) 柴炭(시탄) 田柴科(전시과)

植 심을 식
木 | 8획
7급

비 直(곧을 직)
동 栽(심을 재)

글자 풀이
10인의 눈 앞에선 벗어나지 못하고 순수해지듯이 나무(木)를 똑바로(直) 세워서 키우는 것에서 심다(植)는 의미이다.

읽기한자
挿植(삽식) 胎生植物(태생식물)

쓰기한자
腐植(부식) 植毛(식모) 植木日(식목일) 植物(식물) 植民地(식민지)
植樹(식수) 植字(식자) 寫植(사식) 移植(이식) 植付(식부)

食 밥/먹을 식
食 | 0획
7급 Ⅱ

비 良(어질 량)
동 飯(밥 반)
　 餐(밥 찬)

글자 풀이
밥(皀)을 그릇에 모아(合) 담은 모양에서 밥, 먹다(食)는 의미이다.

읽기한자
闕食(궐식) 牟食(모식) 碩果不食(석과불식) 倭食(왜식) 蠶食(잠식)
餐食(찬식) 食俸(식봉) 食玉炊桂(식옥취계) 食鼎(식정)

쓰기한자
食券(식권) 食糧(식량) 食傷(식상) 穀食(곡식) 食祿(식록) 偏食(편식)
飽食(포식) 食客(식객) 食口(식구) 食器(식기) 食年(식년) 食單(식단)
食堂(식당) 食代(식대) 食母(식모) 食福(식복) 食費(식비) 食事(식사)
食性(식성) 食水(식수) 食言(식언) 食用(식용) 食肉(식육) 間食(간식)
缺食(결식) 食慾(식욕) 食困症(식곤증) 食鹽水(식염수) 菜食(채식)

式 법 식
弋 | 3획
6급

동 規(법 규)
　 律(법칙 률)
　 法(법 법)
　 則(법칙 칙)

글자 풀이
도구(弋)를 사용하여 작업(工)을 하는 것에서 작업의 정해진 방식, 방법(式)을 의미한다.

읽기한자
戴冠式(대관식) 倭式(왜식)

쓰기한자
式辭(식사) 複式(복식) 略式(약식) 樣式(양식) 儀式(의식) 硬式(경식)
式順(식순) 式場(식장) 式典(식전) 開式(개식) 格式(격식) 公式(공식)
舊式(구식) 單式(단식) 圖式(도식) 美式(미식) 方式(방식) 法式(법식)
書式(서식) 新式(신식) 洋式(양식) 年式(연식) 禮式(예식) 開幕式(개막식)
軟式(연식) 除幕式(제막식)

識 알 **식**
기록할 **지**

5급 Ⅱ

言 | 12획

비 職(직분 직)
　 織(짤 직)
동 知(알 지)
　 認(알 인)

글자 풀이

소리(音)를 내어 말하(言)는 것에 의해서 다시 한번 마음 속에 확실히 새기(戈)고 깨닫게 한다는 것에서 표시, 깨닫게 하다(識)는 의미이다.

쓰기 한자

智識(지식) 標識(표지) 面識犯(면식범) 危機意識(위기의식) 唯識(유식)
謹識(근지) 識見(식견) 識別(식별) 識字(식자) 見識(견식) 無識(무식)
博識(박식) 常識(상식) 良識(양식) 有識(유식) 意識(의식) 認識(인식)
知識(지식) 學識(학식) 無意識(무의식) 美意識(미의식) 鑑識(감식)
沒常識(몰상식)

息 쉴 **식**

4급 Ⅱ

心 | 6획

비 惡(악할 악)
동 休(쉴 휴)
　 憩(쉴 게)

글자 풀이

인간의 마음상태는 호흡에 나타나는데, 마음(心)이 온화할 때는 코(自)로 숨쉬는 것에서 편안한 호흡(息)이라는 의미이다.

읽기 한자

憩息(게식) 自彊不息(자강불식) 窒息(질식) 胎息法(태식법) 胎息(태식)

쓰기 한자

歎息(탄식) 喜消息(희소식) 安息(안식) 女息(여식) 슈息(영식) 利息(이식)
子息(자식) 休息(휴식) 安息處(안식처) 自强不息(자강불식) 姑息的(고식적)
蘇息(소식) 瞬息間(순식간)

飾 꾸밀 **식**

3급 Ⅱ

食 | 5획

비 飽(배부를 포)
동 裝(꾸밀 장)

글자 풀이

사람(人)은 음식(食)을 먹은 다음에는 옷(巾)을 꾸민다(飾)는 의미이다.

읽기 한자

彫飾(조식)

쓰기 한자

假飾(가식) 服飾(복식) 修飾(수식) 裝飾(장식) 虛禮虛飾(허례허식)

殖 불릴 **식**

2급

歹 | 8획

비 植(심을 식)
동 增(더할 증)
　 繁(번성할 번)

글자 풀이

죽은(歹)것은 땅에 묻혀(直) 자양분이 되어 새 생명을 일으키므로 불리다, 번성하다(殖)는 의미이다.

읽기 한자

殖利(식리) 殖産(식산) 殖財(식재) 繁殖(번식) 生殖器(생식기) 養殖(양식)
增殖(증식)

湜	2급(名) 물맑을 **식** 水 | 9획

동 淸(맑을 청)
瀅(물맑을 형)

글자 풀이
물(水)은 맑아야 옳은(是) 것이라는 데서 맑음(湜)을 의미한다.

읽기 한자
湜湜(식식) 淸湜(청식)

軾	2급(名) 수레가로나무 **식** 車 | 6획

비 試(시험 시)

글자 풀이
수레(車)를 탈 때 가로로 걸린 손잡이 나무를 만들어 의지할 수(式) 있게 했는데 이를 수레 가로나무(軾)라 한다.

읽기 한자
據軾(거식) 依軾(의식) 金富軾(김부식) 蘇軾(소식)

信	6급Ⅱ 믿을 **신:** 人 | 7획

비 計(셀 계)
訃(부고 부)
동 仰(우러를/믿을 앙)
諒(살펴알/믿을 량)

글자 풀이
마음 속에 여러가지를 생각해도, 사람(人) 말(言)에는 거짓말이 있어서는 안 된다. 신령에게 맹세하고 정직하게 말한다는 것에서 진실, 믿는다(信) 는 의미이다.

읽기 한자
金庾信(김유신) 溺信(익신) 惇信(돈신) 信託(신탁) 通信杜絕(통신두절)
信圭(신규)

쓰기 한자
信徒(신도) 信條(신조) 信標(신표) 迷信(미신) 信誓(신서) 信念(신념)
信望(신망) 信奉(신봉) 信愛(신애) 信用(신용) 信義(신의) 信賴(신뢰)
信仰(신앙) 盲信(맹신)

新	6급Ⅱ 새 **신** 斤 | 9획

비 親(친할 친)
반 舊(예 구)
古(예 고)
故(예 고)

글자 풀이
도끼(斤)로 막 자른(立) 생나무(木)의 모양에서 새롭다, 처음(新)을 의미한다.

읽기 한자
倣新(경신) 新疆省(신강성) 新型(신형) 新禧(신희) 斬新(참신) 新柯(신가)
新機軸(신기축) 新采(신채)

쓰기 한자
新奇(신기) 新銳(신예) 謹賀新年(근하신년) 維新(유신) 新官(신관)
新規(신규) 新年(신년) 新黨(신당) 新綠(신록) 新聞(신문) 新婦(신부)
新書(신서) 新鮮(신선) 新設(신설) 新式(신식) 新約(신약) 新接(신접)
新任(신임) 新種(신종) 新進(신진) 新參(신참) 新築(신축) 新刊(신간)
新館(신관) 新郞(신랑) 新版(신판) 刷新(쇄신)

神

6급 II

귀신 **신**

示 | 5획

- 비 祖(할아비 조)
- 동 鬼(귀신 귀)
  靈(신령 령)

번개처럼 자연스럽게 일어(申)나는 불가사의한 힘을 두려워해 신령님을 제사(示)하는 것에서 신, 마음(神)을 의미한다.

읽기 한자

神祐(신우) 神蔡(신채) 神祜(신호) 怡神(이신) 精神病棟(정신병동)
天佑神助(천우신조) 神託(신탁)

쓰기 한자

神奇(신기) 降神(강신) 神格(신격) 神經(신경) 神技(신기) 神社(신사)
神仙(신선) 神性(신성) 神聖(신성) 神位(신위) 神意(신의) 神殿(신전)
神主(신주) 神通(신통) 神話(신화) 失神(실신) 入神(입신) 神靈(신령)
神祕(신비) 神出鬼沒(신출귀몰) 鬼神(귀신) 山神靈(산신령) 精神薄弱(정신박약)

身

6급 II

몸 **신**

身 | 0획

- 동 體(몸 체)
- 반 心(마음 심)

글자 풀이
아기를 갖게 되면 몸을 소중히 보살피는 것에서 몸, 알맹이(身)를 의미한다.

읽기 한자

屍身(시신) 身體髮膚(신체발부) 隻身(척신) 託身(탁신)
膽大於身(담대어신)

쓰기 한자

隱身(은신) 投身(투신) 避身(피신) 謹身(근신) 身邊(신변) 身病(신병)
身分(신분) 身上(신상) 身長(신장) 身體(신체) 單身(단신) 當身(당신)
代身(대신) 獨身(독신) 等身(등신) 亡身(망신) 文身(문신) 半身(반신)
變身(변신) 病身(병신) 保身(보신) 身元照會(신원조회) 補身(보신)
修身齊家(수신제가) 立身揚名(입신양명) 獻身(헌신)

臣

5급 II

신하 **신**

臣 | 0획

- 비 臥(누울 와)
- 반 君(임금 군)
  王(임금 왕)
  皇(임금 황)
  帝(임금 제)

글자 풀이
눈을 들어 위를 보는 모양으로 주인 앞에 부복하고 있는 사람, 부하(臣)를 의미한다.

읽기 한자

貳臣(이신) 喉舌之臣(후설지신) 勳臣(훈신)

쓰기 한자

君臣(군신) 姦臣(간신) 臣下(신하) 家臣(가신) 功臣(공신) 臣僚(신료)
使臣(사신) 小臣(소신) 忠臣(충신) 君臣有義(군신유의)

申

4급 II

납 **신**

田 | 0획

- 비 田(밭 전)
  甲(갑옷 갑)
  伸(펼 신)
- 동 告(고할 고)

글자 풀이
입(口)을 열(十)번 움직여 아뢴다(申)는 의미이다.

읽기 한자

申儆(신경) 申乭石(신돌석) 申呂(신려) 申申付託(신신부탁)
申託(신탁)

쓰기 한자

甲申政變(갑신정변) 申方(신방) 申告(신고) 申請(신청) 內申(내신)
上申(상신) 申奏(신주) 申聞鼓(신문고) 申申當付(신신당부)

愼 삼갈 **신:**
3급Ⅱ
心 | 10획

回 鎭(진압할 진)
　眞(참 진)
동 謹(삼갈 근)

글자 풀이
참된(眞) 마음(心) 가짐으로 언행을 삼간다(愼)는 의미이다.

읽기 한자
稷愼(직신)

쓰기 한자
謹愼(근신) 愼重(신중) 愼攝(신섭)

伸 펼 **신**
3급
人 | 5획

回 申(납 신)
동 張(베풀 장)
반 縮(줄일 축)

글자 풀이
사람(人)이 이야기(申)를 길게 펼친다(伸)는 의미이다.

쓰기 한자
伸長(신장) 伸縮(신축) 屈伸(굴신) 追伸(추신)

晨 새벽 **신**
3급
日 | 7획

回 農(농사 농)
동 曉(새벽 효)
반 暮(저물 모)
　昏(어두울 혼)

글자 풀이
별(辰)과 해(日)가 교차하는 무렵이니 날이 새는 새벽(晨)이라는 의미이다.

읽기 한자
晨餐(신찬) 晨炊(신취)

쓰기 한자
晨鍾(신종) 昏定晨省(혼정신성)

辛 매울 **신**
3급
辛 | 0획

回 幸(다행 행)
　妾(첩 첩)
동 烈(매울 렬)

글자 풀이
문신할 때 쓰는 날붙이를 본뜬 글자로, 문신에는 매움과 괴로움이 따른다는 데서 '맵다, 괴롭다'는 의미이다.

읽기 한자
辛酸(신산) 獐耳細辛(장이세신)

쓰기 한자
辛苦(신고) 辛方(신방) 辛亥年(신해년)
千辛萬苦(천신만고) 香辛料(향신료)

紳 | 띠[帶] 신: | 糸 | 5획 | 2급

비 細(가늘 세)
동 帶(띠 대)

글자 풀이

허리에 늘어뜨린(申) 띠(糸)로 허리띠(紳)를 의미한다.

읽기 한자

紳士(신사) 紳士協定(신사협정) 鄕紳(향신)

腎 | 콩팥 신: | 肉/月 | 8획 | 2급

비 賢(어질 현)
약 腎

글자 풀이

옛적에 콩팥이 다른 신체기관에 비해 단단하다고 생각한 까닭에 단단한 (堅) 신체부위(肉)로 콩팥(腎)이란 의미이다.

읽기 한자

腎管(신관) 腎氣(신기) 腎不全症(신부전증) 腎臟(신장)
腎虛腰痛(신허요통) 海狗腎(해구신)

室 | 집 실 | 宀 | 6획 | 8급

비 空(빌 공)
동 家(집 가) 館(집 관)
  宇(집 우) 宙(집 주)
  堂(집 당) 屋(집 옥)
  宙(집 주)
  宅(집 택)

글자 풀이

사람이 잠자는 침실은 집(宀) 안쪽에 있는(至) 것으로 방, 거처(室)를 의미한다.

읽기 한자

窟室(굴실) 室內靴(실내화) 蠶室(잠실) 芝蘭之室(지란지실)
休憩室(휴게실) 室廬(실려) 蓬室(봉실)

쓰기 한자

居室(거실) 娛樂室(오락실) 室內(실내) 室人(실인) 室長(실장) 客室(객실)
敎室(교실) 內室(내실) 亡室(망실) 密室(밀실) 別室(별실) 病室(병실) 分室(분실)
産室(산실) 高臺廣室(고대광실) 企劃室(기획실) 秘書室(비서실)

失 | 잃을 실 | 大 | 2획 | 6급

비 矢(화살 시)
  夫(지아비 부)
동 忘(잊을 망)
  喪(잃을 상)
  過(지날 과)
반 得(얻을 득)

글자 풀이

사람(人)이 큰(大) 실수를 하여 물건을 잃었다(失)는 의미이다.

읽기 한자

失措(실조)

쓰기 한자

失機(실기) 失點(실점) 忘失(망실) 燒失(소실) 失攝(실섭) 失格(실격)
失權(실권) 失禮(실례) 失利(실리) 失望(실망) 失命(실명) 失名(실명)
失色(실색) 失勢(실세) 失笑(실소) 失手(실수) 失神(실신) 失言(실언)
失業(실업) 失意(실의) 失足(실족) 失職(실직) 失敗(실패) 失脚(실각)
失語症(실어증) 失戀(실연) 失策(실책) 紛失(분실) 喪失(상실) 損失(손실)

實 5급 Ⅱ
열매 **실**
宀 | 11획

비 貫(꿸 관)
동 果(실과 과)
반 虛(빌 허)
약 実

글자 풀이
집(宀) 안에 보물(貝)이 가득 채워 있는(毌) 것에서 가득차다, 정말, 알맹이(實)를 의미한다.

읽기한자
槐實(괴실) 藍實(남실)

쓰기한자
實吐(실토) 篤實(독실) 旣定事實(기정사실) 實果(실과) 果實(과실)
實感(실감) 實科(실과) 實權(실권) 實技(실기) 實力(실력) 實例(실례)
實錄(실록) 實利(실리) 實名(실명) 實務(실무) 實物(실물) 實費(실비)
實事(실사) 實狀(실상) 實相(실상) 實勢(실세) 實數(실수) 實像(실상)
實踐(실천) 其實(기실) 梅實(매실) 名實相符(명실상부)

心 7급
마음 **심**
心 | 0획

반 身(몸 신)
　體(몸 체)
　物(물건 물)

글자 풀이
옛날 사람은 무언가를 생각하는 마음의 활용이 심장에 있다고 생각하고 있었으므로 심장, 마음(心)을 의미한다.

읽기한자
心魔(심마) 貳心(이심) 衷心(충심) 炯心(형심) 心膽(심담) 心旨(심지)
心塵(심진) 槿花心(근화심) 勞心焦思(노심초사) 膽大心小(담대심소)
首邱初心(수구초심)

쓰기한자
心境(심경) 心弱(심약) 心情(심정) 心血(심혈) 童心(동심) 心琴(심금)
心靈(심령) 心腹(심복) 心臟(심장) 心醉(심취) 丹心(단심) 邪心(사심)
心筋(심근) 心證(심증) 私心(사심) 核心(핵심) 腐心(부심) 切齒腐心(절치부심)

深 4급 Ⅱ
깊을 **심**
水 | 8획

비 探(찾을 탐)
반 淺(얕을 천)

글자 풀이
물(水)을 가득 채운(罙) 깊은(深) 곳이라는 의미이다.

읽기한자
湍深(단심) 深淵(심연) 深穩(심온) 深坑(심갱) 深窟(심굴) 深悼(심도)
深僻(심벽) 深淵薄氷(심연박빙) 深旨(심지) 深衷(심충) 深酷(심혹)
深泓(심홍)

쓰기한자
深刻(심각) 深趣(심취) 深層(심층) 深殿(심전) 深度(심도) 深海(심해)
深化(심화) 水深(수심) 夜深(야심) 深呼吸(심호흡) 深思熟考(심사숙고)
深山幽谷(심산유곡)

審 3급 Ⅱ
살필 **심(:)**
宀 | 12획

비 番(차례 번)
동 察(살필 찰)
　省(살필 성)

글자 풀이
집(宀)에서 작품을 차례로(番) 살피어(審) 등수를 정한다는 의미이다.

쓰기한자
審理(심리) 審問(심문) 審査(심사) 審議(심의) 審判(심판) 結審(결심)
覆審(복심) 豫審(예심) 誤審(오심) 再審(재심) 主審(주심) 審美眼(심미안)
抗告審(항고심) 不審檢問(불심검문) 原審(원심)

甚

3급Ⅱ

심할 **심:**

甘 | 4획

- 비 其(그 기)
  基(터 기)
- 동 劇(심할 극)
  激(격할 격)

글자 풀이

부부의 짝(匹)의 달콤(甘)한 사랑이 심히(甚) 좋다는 의미이다.

읽기한자

滋甚(자심)

쓰기한자

極甚(극심) 甚難(심난) 甚大(심대) 激甚(격심) 甚至於(심지어)

尋

3급

찾을 **심**

寸 | 9획

- 동 探(찾을 탐)
  訪(찾을 방)
  搜(찾을 수)

글자 풀이

좌(工)우(口) 양손(크)을 법도(寸)에 맞게 움직이는 방법을 찾는다(尋)는 의미이다.

읽기한자

尋覓(심멱)

쓰기한자

尋訪(심방) 推尋(추심) 尋常(심상)

瀋

2급(名)

즙낼/물이름 **심:**

水 | 15획

- 비 播(뿌릴 파)

글자 풀이

遼寧省(요녕성) 瀋陽(심양)에 있는 강의 이름자이다.

읽기한자

瀋水(심수) 瀋陽(심양)

十

8급

열 **십**

十 | 0획

- 동 拾(열 십)

글자 풀이

1에서 10까지의 전부를 한 자루에 쥔 모양(十)을 본떴다.

읽기한자

十枚(십매) 十升(십승)

쓰기한자

十干(십간) 十二指腸(십이지장) 十字架(십자가) 十二支(십이지)
十長生(십장생) 十進法(십진법) 十八番(십팔번) 十中八九(십중팔구)

雙

3급Ⅱ
두/쌍 **쌍**
隹 | 10획

동 兩(두 량)
　 再(두 재)
약 双

글자 풀이

새 두 마리(隹隹)를 손(又)에 가지고 있다는 데서 쌍, 짝, 견주다(雙)는 의미이다.

읽기 한자

雙杆菌(쌍간균) 雙步哨(쌍보초) 雙融(쌍융) 雙霸(쌍패)

쓰기 한자

雙墳(쌍분) 雙方(쌍방) 雙罰罪(쌍벌죄) 雙眼鏡(쌍안경) 雙和湯(쌍화탕)
雙曲線(쌍곡선) 變化無雙(변화무쌍) 雙務協定(쌍무협정)

氏

4급
각시/성씨 **씨**
氏 | 0획

비 民(백성 민)
동 姓(성 성)

글자 풀이

나무 뿌리를 본떴으며, 같은 뿌리를 가진 성씨(氏)를 의미한다.

읽기 한자

葛天氏(갈천씨) 伏羲氏(복희씨) 呂氏春秋(여씨춘추) 芮氏(예씨)
曺氏(조씨) 夏禹氏(하우씨)

쓰기 한자

姓氏(성씨) 無名氏(무명씨) 氏族社會(씨족사회) 創氏改名(창씨개명)
諸氏(제씨)

아

兒

5급Ⅱ
아이 **아**
儿 | 6획

동 童(아이 동)
반 長(긴/어른 장)
약 児

글자 풀이

머리(臼)와 다리(儿)를 합쳐 아이(兒)를 의미한다.

읽기 한자

多胎兒(다태아) 小兒癌(소아암) 兒童靴(아동화) 溺兒(익아)
蠶兒(잠아) 胎兒(태아)

쓰기 한자

孤兒(고아) 乳兒(유아) 豚兒(돈아) 棄兒(기아) 兒童(아동) 兒名(아명)
産兒(산아) 院兒(원아) 育兒(육아) 家兒(가아) 健兒(건아) 兒役(아역)
幼兒(유아) 兒女子(아녀자) 小兒科(소아과) 快男兒(쾌남아)
風雲兒(풍운아) 幸運兒(행운아) 未熟兒(미숙아) 優良兒(우량아)

亞

3급Ⅱ
버금 **아(:)**
二 | 6획

비 惡(악할 악)
동 副(버금 부)
　 仲(버금 중)
　 次(버금 차)
반 元(으뜸 원)
약 亜

글자 풀이

두 곱추가 마주 선 모양을 본뜬 자로, 곱추가 건강한 사람보다 못하다 하여 버금가다(亞)는 의미이다.

읽기 한자

亞黃酸(아황산)　亞歐(아구)

쓰기 한자

亞麻(아마) 亞流(아류) 亞聖(아성) 亞鉛(아연) 亞獻(아헌) 亞洲(아주)
亞熱帶(아열대) 亞細亞(아세아) 東南亞(동남아) 東北亞(동북아)

我

3급Ⅱ

나 **아:**

戈 | 3획

- 동 余(나 여)
  予(나 여)
  吾(나 오)
- 반 汝(너 여)

글자 풀이

손(手)에 창, 도구(戈)를 들고 나라를 지키는 나(我)를 의미한다.

읽기 한자

自我型(자아형)

쓰기 한자

唯我獨尊(유아독존) 我國(아국) 我軍(아군) 我執(아집) 無我(무아)
沒我(몰아) 小我(소아) 自我(자아) 我田引水(아전인수) 宰我(재아)
物我一體(물아일체)

阿

3급Ⅱ

언덕 **아**

阜/阝 | 5획

- 비 何(어찌 하)
  河(물 하)
- 동 厓(언덕 애)
  丘(언덕 구)
  岸(언덕 안)

글자 풀이

보기 좋은(可) 언덕(阝)이란 데서 언덕(阿)을 의미한다.

읽기 한자

阿膠(아교) 阿房羅刹(아방나찰)

쓰기 한자

阿丘(아구) 阿附(아부) 阿片(아편)

雅

3급Ⅱ

맑을 **아(:)**

隹 | 4획

- 비 稚(어릴 치)
  雖(비록 수)
- 동 淡(맑을 담)
  淸(맑을 청)
- 반 濁(흐릴 탁)

글자 풀이

상아(牙)나 꼬리 짧은 새(隹)의 깃털은 우아하다(雅)는 의미이다.

읽기 한자

雅旨(아지)

쓰기 한자

雅淡(아담) 雅量(아량) 雅樂(아악) 雅號(아호)
端雅(단아) 優雅(우아) 淸雅(청아)

牙

3급Ⅱ

어금니 **아**

牙 | 0획

- 비 芽(싹 아)

글자 풀이

어금니(牙)의 모양을 본떴다.

읽기 한자

牙山灣(아산만) 牙獐(아장) 鮑叔牙(포숙아)

쓰기 한자

牙器(아기) 牙城(아성) 象牙(상아) 象牙塔(상아탑) 齒牙(치아)

芽 3급Ⅱ
싹 **아**
艹 | 4획

비 牙(어금니 아)
동 萌(싹 맹)

글자 풀이
풀(艹)이 어금니(牙)가 나오듯 돋아난다는 데서 싹(芽)을 의미한다.

읽기 한자
胎芽(태아)

쓰기 한자
發芽(발아)

餓 3급
주릴 **아:**
食 | 7획

비 餘(남을 여)
동 饑(주릴 기)
　 飢(주릴 기)
반 飽(배부를 포)

글자 풀이
먹지(食) 못해 피골이 상접한 모양을 이 빠진 도끼날(我)에 비긴 것으로, 주리다는 의미이다.

쓰기 한자
餓鬼(아귀) 餓死(아사) 飢餓(기아)

惡 5급Ⅱ
악할 **악**
미워할 **오**
心 | 8획

비 恩(은혜 은)
　 悲(슬플 비)
동 憎(미울 증)
반 善(착할 선)
약 悪

글자 풀이
비뚤어진 마음은 보기 싫은(亞) 마음(心)으로 좋지 않다, 나쁘다, 악하다(惡)는 의미이다.

읽기 한자
惡魔(악마) 妖惡(요악) 酷惡(혹악)

쓰기 한자
惡評(악평) 惡循環(악순환) 劣惡(열악) 勸善懲惡(권선징악) 惡心(악심)
惡寒(오한) 惡感(악감) 惡談(악담) 惡黨(악당) 惡德(악덕) 惡童(악동)
惡名(악명) 惡法(악법) 惡相(악상) 惡性(악성) 惡鬼(악귀) 惡靈(악령)
惡夢(악몽) 惡役(악역) 惡疾(악질) 惡妻(악처) 惡弊(악폐) 邪惡(사악)
醜惡(추악) 憎惡(증오) 嫌惡(혐오)

岳 3급
큰산 **악**
山 | 5획

비 丘(언덕 구)
　 兵(병사 병)
동 嶽(큰산 악)

글자 풀이
언덕(丘) 위의 산(山)이라 하여 크고 높은 산(岳)을 의미한다.

읽기 한자
潘岳(반악) 雉岳山(치악산) 岳武穆(악무목)

쓰기 한자
岳母(악모) 岳丈(악장) 山岳(산악)

握
2급
쥘 **악**
手 | 9획

- 비 屋(집 옥)
- 동 把(잡을 파)

글자 풀이

屋은 밖의 상대 개념으로 안(內)이라는 의미를 내포하고 있다. 손(手) 안(屋)에 무엇을 잡고 있는 것으로 쥐다(握)는 의미이다.

읽기한자

握力(악력) 握髮(악발) 握手(악수) 掌握(장악) 把握(파악)

安
7급Ⅱ
편안 **안**
宀 | 3획

- 비 案(책상 안)
- 동 寧(편안 녕)
  便(편할 편)
- 반 危(위태할 위)

글자 풀이

집 안(宀)에 여인(女)이 있어 집을 지키면 가정이 평화롭다는 데서 편안하다(安)는 의미이다.

 읽기한자

槐安國(괴안국) 槐安夢(괴안몽) 輔國安民(보국안민) 安穆(안목)
安舒(안서) 安穩(안온) 安全帽(안전모) 怡安(이안) 安頓(안돈)
安輯(안집) 安胎(안태) 安徽(안휘)

쓰기한자

安危(안위) 安靜(안정) 慰安(위안) 安逸(안일) 坐不安席(좌불안석)
安價(안가) 安家(안가) 安息(안식) 安定(안정) 安住(안주) 安着(안착)
安置(안치) 問安(문안) 未安(미안) 保安(보안) 不安(불안) 治安(치안)

案
5급
책상 **안:**
木 | 6획

- 비 安(편안 안)
- 동 床(상 상)

글자 풀이

음식을 먹을 때 편한(安) 자세로 먹을 수 있도록 나무(木)로 만든 탁자(案)를 의미한다.

읽기한자

案衍(안연)

쓰기한자

妙案(묘안) 酒案床(주안상) 妥協案(타협안) 案內(안내) 案席(안석)
書案(서안) 案件(안건) 檢案(검안) 考案(고안) 起案(기안) 斷案(단안)
答案(답안) 代案(대안) 對案(대안) 圖案(도안) 文案(문안) 方案(방안)
法案(법안) 原案(원안) 議案(의안) 立案(입안) 腹案(복안) 懸案(현안)

眼
4급Ⅱ
눈 **안:**
目 | 6획

- 비 眠(잠잘 면)
- 동 目(눈 목)

글자 풀이

눈(目)으로 끝까지(艮) 살펴본다는 데서 눈(眼)을 의미한다.

 읽기한자

眼如鷹(안여응) 礙眼(애안) 隻眼(척안) 炯眼(형안) 眼采(안채)

쓰기한자

眼鏡(안경) 眼科(안과) 眼光(안광) 眼球(안구) 眼帶(안대) 眼目(안목)
眼藥(안약) 眼中(안중) 開眼(개안) 老眼(노안) 肉眼(육안) 義眼(의안)
血眼(혈안) 眼珠(안주) 主眼(주안) 着眼(착안) 眼疾(안질) 近視眼(근시안)
方眼紙(방안지) 白眼視(백안시) 審美眼(심미안) 雙眼鏡(쌍안경)
眼下無人(안하무인) 眼高手卑(안고수비)

岸	
3급 Ⅱ	
언덕	안:
山	5획

동 厓(언덕 애)
丘(언덕 구)
阿(언덕 아)

글자 풀이

바다나 강물을 막고(干) 있는 산(山)의 벼랑(厂)에서 '언덕, 낭떠러지'를 의미한다.

읽기 한자

汀岸(정안) 津岸(진안) 坡岸(파안) 塘岸(당안)

쓰기 한자

對岸(대안) 沿岸(연안) 彼岸(피안) 海岸(해안)

顔	
3급 Ⅱ	
낯	안:
頁	9획

비 頭(머리 두)
額(이마 액)
諺(속담 언)
동 面(낯 면)
容(얼굴 용)

글자 풀이

彦은 본래 얼굴을 단장하는 연지 등의 안료를 말한다. 화장품(彦)을 바르는 머리(頁) 부위로, 얼굴을 의미한다.

읽기 한자

顔淵(안연) 彊顔(강안) 塵顔(진안)

쓰기 한자

顔面(안면) 顔色(안색) 顔料(안료) 童顔(동안) 無顔(무안)
容顔(용안) 紅顔(홍안) 破顔大笑(파안대소) 厚顔無恥(후안무치)

雁	
3급	
기러기	안:
隹	4획

비 厓(언덕 애)
동 鴻(기러기 홍)

글자 풀이

산기슭(厂)에서 사람 인(人)자 모양으로 나는 새(隹)이니 기러기(雁)를 의미한다.

읽기 한자

雁鼎(안정) 舒雁(서안)

쓰기 한자

雁奴(안노) 雁堂(안당) 雁信(안신) 雁行(안행) 木雁(목안)

謁	
3급	
뵐	알
言	9획

비 渴(목마를 갈)
동 見(뵈올 현)

글자 풀이

말(言)로 윗사람을 뵙기를 청하는(曷) 것으로 '뵙다, 아뢰다, 청하다'는 의미이다.

읽기 한자

謁後塵(알후진)

쓰기 한자

謁廟(알묘) 謁聖科(알성과) 謁見(알현) 拜謁(배알)

閼

2급(名)

막을 **알**

門 | 8획

동 拒(막을 거)
塞(막힐 색)

글자 풀이

문(門)에 진흙(淤)이 쌓여 물이 막힌 것을 보고 막다(閼)를 의미한다.

읽기한자

閼塞(알색) 金閼智(김알지)

暗

4급Ⅱ

어두울 **암:**

日 | 9획

비 音(소리 음)
韻(운 운)
동 暝(저물 명)
冥(어두울 명)
반 明(밝을 명)

글자 풀이

입술과 혀 사이에서 나오는 소리(音)처럼 햇빛(日)이 틈새에서 조금 밖에 나오지 않는 것에서 어둡다(暗)는 의미이다.

읽기한자

暗款(암관) 暗窟(암굴)

쓰기한자

暗君(암군) 暗鬪(암투) 暗標(암표) 暗誦(암송) 暗記(암기) 暗算(암산)
暗殺(암살) 暗示(암시) 暗室(암실) 暗雲(암운) 暗號(암호) 暗黑(암흑)
明暗(명암) 暗鬼(암귀) 暗愚(암우) 暗埋葬(암매장) 暗去來(암거래)
暗市場(암시장) 暗行御史(암행어사)

巖

3급Ⅱ

바위 **암**

山 | 20획

비 嚴(엄할 엄)
약 岩

글자 풀이

산(山) 위에 있는 굳세고, 단단한(嚴) 것이 바위(巖)라는 의미이다.

읽기한자

巖窟(암굴) 熔巖(용암) 鷹巖洞(응암동) 花崗巖(화강암) 檜巖寺(회암사)

쓰기한자

巖盤(암반) 巖壁(암벽) 巖石(암석) 奇巖怪石(기암괴석)

癌

2급

암 **암:**

疒 | 12획

글자 풀이

바위(嵒)처럼 단단한 종기가 생긴 병(疒)으로 암(癌)을 의미한다.

읽기한자

癌病棟(암병동) 癌細胞(암세포) 癌的存在(암적 존재) 肝癌(간암)
末期癌(말기암) 舌癌(설암) 胃癌(위암) 乳房癌(유방암)
子宮癌(자궁암) 肺癌(폐암) 喉頭癌(후두암)

壓
누를 **압**
土 | 14획

4급 Ⅱ

비 厭(싫어할 염)
동 抑(누를 억)
押(누를 압)
약 圧

<글자 풀이>
땅(土)이 꺼질까봐 싫어할(厭) 정도로 세게 누른다(壓)는 의미이다.

<읽기 한자>
壓診(압진) 壓軸(압축) 減壓療法(감압요법)

<쓰기 한자>
壓卷(압권) 壓縮(압축) 威壓(위압) 彈壓(탄압) 壓倒(압도) 壓力(압력)
壓死(압사) 壓勝(압승) 加壓(가압) 強壓(강압) 水壓(수압) 電壓(전압)
制壓(제압) 地壓(지압) 指壓(지압) 血壓(혈압) 壓迫(압박) 抑壓(억압)
鎭壓(진압) 高氣壓(고기압) 高壓線(고압선) 高血壓(고혈압) 變壓器(변압기)
低氣壓(저기압)

押
누를 **압**
手 | 5획

3급

동 壓(누를 압)
抑(누를 억)

<글자 풀이>
甲은 거북의 등딱지로 덮는다는 의미를 내포하고 있어 손(手)으로 덮어(甲) 누르는 데에서 누르다(押)는 의미이다.

<쓰기 한자>
押留(압류) 押送(압송) 押收(압수) 押韻(압운) 差押(차압)

鴨
오리 **압**
鳥 | 5획

2급(名)

비 鳴(울 명)

<글자 풀이>
甲은 呷(합)의 본래자로 오리가 우는 소리를 표기한 글자이다. 꽥꽥(呷呷) 우는 새(鳥)로 오리(鴨)를 의미한다.

<읽기 한자>
鴨爐(압로) 鴨綠江(압록강) 家鴨(가압) 水鴨(수압) 野鴨(야압) 土鴨(토압)
黃鴨(황압)

仰
우러를 **앙:**
人 | 4획

3급 Ⅱ

비 抑(누를 억)
迎(맞을 영)
동 崇(높을 숭)
信(믿을 신)

<글자 풀이>
왼쪽의 사람(人)을 오른쪽의 무릎 꿇은(卩) 사람이 처다보는 모양으로, 우러르다는 의미이다.

<읽기 한자>
俛仰亭(면앙정) 瞻仰(첨앙) 欽仰(흠앙) 仰款(앙관) 仰之彌高(앙지미고)

<쓰기 한자>
仰望(앙망) 仰天(앙천) 仰請(앙청) 仰祝(앙축) 信仰(신앙) 推仰(추앙)
仰騰(앙등) 仰奏(앙주)

央

3급 II
가운데 **앙**
大 | 2획

- 비 夫(지아비 부)
- 동 中(가운데 중)
- 반 邊(가 변)

글자 풀이

크게(大) 팔 다리를 펼친(冂) 사람의 가운데(央)를 의미한다.

쓰기 한자

中央(중앙)

殃

3급
재앙 **앙**
歹 | 5획

- 비 映(비칠 영)
- 동 厄(액 액)
  - 災(재앙 재)
  - 禍(재앙 화)
- 반 福(복 복)

글자 풀이

죽음(歹)의 위험이 인생의 한가운데(央), 청춘 시기에 이른다는 데서, 재앙을 의미한다.

쓰기 한자

殃禍(앙화) 災殃(재앙)

愛

6급
사랑 **애(:)**
心 | 9획

- 동 慕(그릴 모)
  - 戀(그릴 련)
  - 慈(사랑 자)
- 반 憎(미울 증)
  - 惡(미워할 오)

글자 풀이

사랑하는 사람과 빨리 만나고 싶으면(心), 배를 움직여(受)도 성급해져서 배가 나아가지 않는 것에서 사모하다, 사랑하다(愛)는 의미이다.

읽기 한자

溺愛(익애) 隻愛(척애) 愛戴(애대) 愛姬(애희) 酷愛(혹애)

쓰기 한자

愛犬(애견) 愛稱(애칭) 愛誦(애송) 偏愛(편애) 愛校(애교) 愛國(애국)
愛己(애기) 愛社(애사) 愛煙(애연) 愛用(애용) 愛人(애인) 愛情(애정)
愛着(애착) 愛好(애호) 愛護(애호) 敬愛(경애) 愛惜(애석) 愛慾(애욕)
愛憎(애증) 戀愛(연애) 慈愛(자애) 愛之重之(애지중지) 愛妻家(애처가)

哀

3급 II
슬플 **애**
口 | 6획

- 비 衰(쇠할 쇠)
  - 衷(속마음 충)
  - 裏(속 리)
- 동 悲(슬플 비)
  - 悼(슬퍼할 도)
- 반 樂(즐길 락)
  - 喜(기쁠 희)
  - 歡(기쁠 환)

글자 풀이

옷(衣) 깃으로 눈물을 닦으며, 입(口)으로 소리 내어 슬프게 운다는 데서, 슬프다는 의미이다.

읽기 한자

哀悼(애도) 哀鬱(애울)

쓰기 한자

哀憐(애련) 哀而不悲(애이불비) 哀歌(애가) 哀惜(애석) 哀愁(애수)
哀怨(애원) 哀切(애절) 哀絶(애절) 哀調(애조) 哀痛(애통) 哀歡(애환)
悲哀(비애) 喜怒哀樂(희로애락)

3급
涯 물가 애
水 │ 8획

비 厓(언덕 애)
동 汀(물가 정)
洲(물가 주)

글자 풀이

바닷(水)가의 높이 쌓인 흙(圭) 위의 벼랑(厂)이란 데서 물가(涯)를 의미한다.

읽기한자

涯垠(애은)

쓰기한자

水涯(수애) 生涯(생애) 天涯孤兒(천애고아)

2급(名)
埃 티끌 애
土 │ 7획

동 塵(티끌 진)

글자 풀이

흙(土)이 말라 생명력을 잃게 되면 그 마지막(矢)은 티끌, 먼지(埃)라는 의미이다.

읽기한자

埃及(애급=이집트) 埃滅(애멸) 煙埃(연애) 塵埃(진애) 土埃(토애)
黃埃(황애)

2급(名)
艾 쑥 애
⼗⼗ │ 2획

동 蓬(쑥 봉)

글자 풀이

줄기가 옆으로 얼기설기 퍼진(乂) 풀(⼗⼗)로 쑥(艾)을 의미한다.

읽기한자

艾葉(애엽) 蘭艾(난애) 蓬艾(봉애)
七年病求三年艾(칠년병구삼년애:칠년 된 병을 삼년 된 쑥이 낫게 함)

2급
礙 거리낄 애:
石 │ 14획

동 拘(잡을 구)
障(막을 장)
약 碍

글자 풀이

돌(石)로 막힌길을 만나면 사람들이 의심하고(疑) 통행을 주저하는데서 거리끼는(礙) 것을 의미한다.

읽기한자

礙子(애자) 拘礙(구애) 無礙(무애) 障礙(장애)

液

4급Ⅱ
진 **액**
水 | 8획

비 夜(밤 야)
동 汁(즙 즙)

글자 풀이

밤(夜)이 되고 나서 마시는 물(水), 즉 술을 가리키는 것이었는데, 지금은 일반적으로 수성물체, 진액(液) 등을 의미한다.

읽기 한자

溶液(용액) 融液(융액) 津液(진액) 血液型(혈액형) 脂液(지액)

쓰기 한자

不凍液(부동액) 湯液(탕액) 液體(액체) 液化(액화) 水液(수액) 樹液(수액)
精液(정액) 血液(혈액)

額

4급
이마 **액**
頁 | 9획

동 頁(머리 혈)

글자 풀이

사람(客)의 머리(頁) 앞부분의 흰한 이마(額)를 의미한다.

읽기 한자

遮額(차액) 扁額(편액) 焦額(초액)

쓰기 한자

廣額(광액) 額面(액면) 額數(액수) 額子(액자) 價額(가액)
減額(감액) 巨額(거액) 高額(고액) 金額(금액) 多額(다액)
半額(반액) 少額(소액) 殘額(잔액) 全額(전액) 定額(정액)
增額(증액) 差額(차액) 總額(총액)

厄

3급
액 **액**
厂 | 2획

동 災(재앙 재)
福(재앙 화)
殃(재앙 앙)
반 福(복 복)

글자 풀이

산비탈(厂)에서 굴러 떨어진 위태한 사람이 몸을 웅크리고(㔾) 고통스러워하는 데서, 재앙(厄)을 의미한다.

쓰기 한자

厄年(액년) 厄運(액운) 橫厄(횡액) 橫來之厄(횡래지액)

夜

6급
밤 **야:**
夕 | 5획

반 晝(낮 주)
午(낮 오)

글자 풀이

사람(人)들이 집(亠)에서 휴식하는 것은 달(月)이 뜨는 밤(夜)이라는 의미이다.

읽기 한자

不撤晝夜(불철주야) 夜尿(야뇨) 夜餐(야찬)

쓰기 한자

夜勤(야근) 夜景(야경) 夜警(야경) 夜光(야광) 夜食(야식) 夜陰(야음)
夜學(야학) 夜行(야행) 夜話(야화) 白夜(백야) 深夜(심야) 除夜(제야)
晝夜(주야) 初夜(초야) 夜會服(야회복) 前夜祭(전야제) 夜光珠(야광주)
不夜城(불야성) 夜盲症(야맹증) 錦衣夜行(금의야행) 晝耕夜讀(주경야독)

6급

野 들[坪] 야:

里 | 4획

동 坪(들 평)
　　郊(들 교)
반 與(더블 여)

사람이 살고 있는 마을(里)에서 쭉 뻗어간(予) 곳의 풍경에서 넓은 들판(野)을 의미한다.

읽기한자

凡野圈(범야권) 野蠻(야만) 野鴨(야압) 野雉(야치) 沃野千里(옥야천리)
野廬(야려)

쓰기한자

野營(야영) 野積(야적) 與野(여야) 荒野(황야) 野球(야구) 野談(야담)
野黨(야당) 野望(야망) 野史(야사) 野生(야생) 野性(야성) 野俗(야속)
野戰(야전) 野合(야합) 廣野(광야) 分野(분야) 山野(산야) 視野(시야)
野薄(야박) 野卑(야비) 野獸(야수) 野慾(야욕) 野菜(야채) 野遊會(야유회)

3급

也 이끼/어조사 야:

乙 | 2획

비 地(따 지)
　　世(인간 세)

글자 풀이

본래 상형문자이나 주로 어조사로 쓰인다. '이끼' 는 사실은 입에서 나오는 기운의 뜻으로 쓰인 옛말 '입기(口氣)'의 잘못이다.

쓰기한자

也無妨(야무방) 及其也(급기야)

3급

耶 어조사 야

耳 | 3획

비 邪(어찌 나)
　　邦(나라 방)

글자 풀이

邪(야)와 同字로 어조사로 쓰이고, 爺와 同字로 아비의 뜻으로 쓰인다.

읽기한자

耶孃(야양)

쓰기한자

有耶無耶(유야무야)

2급(名)

倻 가야 야

人 | 9획

비 耶(어조사 야)

글자 풀이

나라이름으로 고대(古代) 한반도(韓半島)에 있었던 가야(伽倻)를 의미한다.

읽기한자

伽倻(가야) 伽倻琴(가야금) 倻溪集(야계집)

惹 _{2급}
이끌 **야:**
心 | 9획

- 비 若(같을 약)
- 동 起(일어날 기)

글자 풀이

若은 헝클어진 머리털의 상형이다. 마음(心)을 헝클어뜨리는(若) 것으로 이끌다(惹)는 의미이다.

읽기 한자

惹起(야기) 惹端(야단)

弱 _{6급Ⅱ}
약할 **약**
弓 | 7획

- 비 羽(깃 우)
- 반 強(강할 강)

글자 풀이

새끼 새가 날개를 펼친 모양을 본떠서 약하다, 어리다(弱)는 의미이다.

읽기 한자

弱翰(약한) 膽弱(담약) 纖弱(섬약) 弱圈(약권)

쓰기 한자

弱骨(약골) 弱點(약점) 弱勢(약세) 弱體(약체) 弱化(약화) 強弱(강약)
貧弱(빈약) 心弱(심약) 虛弱(허약) 老弱者(노약자) 弱肉強食(약육강식)
弱冠(약관) 微弱(미약) 薄弱(박약) 衰弱(쇠약) 軟弱(연약)

藥 _{6급Ⅱ}
약 **약**
艹 | 15획

- 비 樂(즐길 락)
- 약 薬

글자 풀이

병으로 열이 날 때 먹이면 편해지(樂)는 풀(艹)에서 약(藥)을 의미한다.

읽기 한자

麻藥(마약) 藥籠(약롱) 藥苑(약원) 藥劑(약제) 藥籠中物(약롱중물)
藥劑師(약제사) 藥鋪(약포)

쓰기 한자

藥酒(약주) 彈藥(탄약) 投藥(투약) 爆藥(폭약) 賜藥(사약) 湯藥(탕약)
丸藥(환약) 藥果(약과) 藥局(약국) 藥理(약리) 藥物(약물) 藥房(약방)
藥師(약사) 藥效(약효) 農藥(농약) 毒藥(독약) 名藥(명약) 生藥(생약)
眼藥(안약) 良藥(양약) 洋藥(양약) 醫藥(의약) 製藥(제약) 齒藥(치약)
韓藥(한약) 補藥(보약) 靈藥(영약) 坐藥(좌약) 藥湯器(약탕기)

約 _{5급Ⅱ}
맺을 **약**
糸 | 3획

- 비 給(줄 급)
  級(등급 급)
- 동 契(맺을 계)
  締(맺을 체)
  束(묶을 속)
- 반 解(풀 해)

글자 풀이

실(糸)을 꾸러미(丶)에 감아(勹) 묶는다(約)는 의미이다.

읽기 한자

約款(약관) 締約(체약)

쓰기 한자

約略(약략) 約婚(약혼) 儉約(검약) 豫約(예약) 條約(조약) 約分(약분)
約束(약속) 約數(약수) 約定(약정) 公約(공약) 規約(규약) 期約(기약)
密約(밀약) 先約(선약) 言約(언약) 要約(요약) 節約(절약) 制約(제약)
集約(집약) 請約(청약) 解約(해약) 協約(협약) 確約(확약) 契約(계약)
盟約(맹약) 違約金(위약금) 百年佳約(백년가약) 隨意契約(수의계약)
友好條約(우호조약)

若

3급 Ⅱ

같을 **약**
반야 **야**

艹 | 5획

- 비 苦(쓸 고)
- 동 如(같을 여)
  肖(같을 초)

오른(右) 손으로 뽑아내는 풀(艹)의 모양이 같다는 데서 같다(若)는 의미이다.

旁若無人(방약무인)

若干(약간) 若輩(약배) 若此(약차) 若何(약하) 若或(약혹) 萬若(만약)
明若觀火(명약관화) 傍若無人(방약무인) 般若心經(반야심경)
若不繫之舟(약불계지주)

躍

3급

뛸 **약**

足 | 14획

- 동 跳(뛸 도)

꿩(翟)이 날기 전에 펄쩍펄쩍 뛰면서 달리는(足) 것을 그려 뛰는(躍) 것을 의미한다.

躍動(약동) 躍進(약진) 跳躍(도약) 飛躍(비약) 暗躍(암약) 一躍(일약)
活躍(활약)

洋

6급

큰바다 **양**

水 | 6획

- 비 羊(양 양)
  注(부을 주)
- 동 滄(큰바다 창)

양(羊) 몸에 나 있는 털처럼 강(水)이 갈래갈래 나누어졌다가 만났다가 하면서 흘러내려가는 모습을 말하는 것으로 넓은 바다(洋)를 의미한다.

巡洋艦(순양함) 洋靴(양화) 汪洋(왕양)

洋裝(양장) 洋酒(양주) 洋灰(양회) 洋服(양복) 洋式(양식) 洋食(양식)
洋藥(양약) 洋洋(양양) 洋屋(양옥) 洋銀(양은) 洋行(양행) 洋畫(양화)
南洋(남양) 大洋(대양) 東洋(동양) 西洋(서양) 海洋(해양) 洋弓(양궁)
輕洋食(경양식)

陽

6급

볕 **양**

阜/阝 | 9획

- 비 揚(날릴 양)
  楊(버들 양)
  場(마당 장)
- 동 景(볕 경)
- 반 陰(그늘 음)

절벽(阝)에 온화한 해(日)가 비추고 있는 것(勿)에서 양지, 양달(陽)을 의미한다.

歐陽修(구양수) 洛陽(낙양) 瀋陽(심양) 陽傘(양산) 襄陽(양양) 渭陽(위양)
遮陽(차양) 淮陽(회양) 陽旭(양욱)

陽刻(양각) 陽春佳節(양춘가절) 斜陽(사양) 陽光(양광) 陽極(양극)
陽氣(양기) 陽性(양성) 陽地(양지) 夕陽(석양) 陰陽(음양) 太陽(태양)
漢陽(한양)

아

養 5급 기를 양: 食 | 6획

⑤ 育(기를 육)
飼(기를 사)

글자 풀이
양(羊)은 풀을 먹여(食) 기른다(養)는 의미이다.

📖 읽기한자
飼養(사양) 養殖(양식) 養蠶(양잠) 營養劑(영양제) 療養(요양)
滋養分(자양분) 養艾(양애) 鞠養(국양)

✏️ 쓰기한자
養鷄(양계) 營養(영양) 靜養(정양) 養豚(양돈) 養蜂(양봉) 養女(양녀)
養病(양병) 養分(양분) 養生(양생) 養成(양성) 養魚(양어) 養育(양육)
養子(양자) 養親(양친) 敎養(교양) 保養(보양) 奉養(봉양) 修養(수양)
收養(수양) 入養(입양) 休養(휴양) 供養(공양) 培養(배양) 扶養(부양)
養老院(양로원) 營養失調(영양실조) 養虎遺患(양호유환)

羊 4급Ⅱ 양 양 羊 | 0획

비 美(아름다울 미)
洋(큰바다 양)

글자 풀이
양(羊)의 머리를 본떴다.

📖 읽기한자
羊祜(양호)

✏️ 쓰기한자
九折羊腸(구절양장) 羊頭狗肉(양두구육) 羊毛(양모) 山羊(산양)
羊皮(양피) 綿羊(면양)

樣 4급 모양 양 木 | 11획

⑤ 態(모습 태), 形(모양 형)
相(서로 상)
貌(모양 모)
像(모양 상)

글자 풀이
양(羊)처럼 모양이 오랫동안(永) 좋은 나무(木)의 모습에서 형태, 있는 모습(樣)을 의미한다.

📖 읽기한자
網樣質(망양질)

✏️ 쓰기한자
樣相(양상) 樣式(양식) 樣態(양태) 多樣(다양) 模樣(모양)
文樣(문양) 外樣(외양) 各樣各色(각양각색)

壤 3급Ⅱ 흙덩이 양: 土 | 17획

비 讓(사양할 양)
⑤ 土(흙 토)
塊(흙덩이 괴)
반 天(하늘 천)
약 壤

글자 풀이
부드럽고 살진(襄) 흙(土)으로 '흙, 흙덩이, 땅'을 의미한다.

📖 읽기한자
僻壤(벽양)

✏️ 쓰기한자
擊壤歌(격양가) 天壤之差(천양지차) 土壤(토양) 平壤(평양)

揚

3급 II

날릴 **양**

手 | 9획

비 陽(볕 양)
　 楊(버들 양)
　 場(마당 장)
동 揭(걸 게)
반 抑(누를 억)

> **글자 풀이**
>
> 아침(旦)에 기(勿)를 손(手)으로 올린다(揚)는 의미이다.
>
> **읽기 한자**
>
> 揭揚(게양) 旌揚(정양)
>
> **쓰기 한자**
>
> 騰揚(등양) 揚名(양명) 讚揚(찬양) 揚陸(양륙) 高揚(고양) 浮揚(부양)
> 揚揚(양양) 抑揚(억양) 引揚(인양) 止揚(지양) 揚水機(양수기)
> 立身揚名(입신양명) 意氣揚揚(의기양양)

讓

3급 II

사양할 **양:**

言 | 17획

비 壤(흙덩이 양)
동 謙(겸손할 겸)
약 譲

> **글자 풀이**
>
> 도와(襄)주겠다는 것을 말(言)로써 겸손하게 사양한다(讓)는 의미이다.
>
> **쓰기 한자**
>
> 讓渡(양도) 讓步(양보) 讓與(양여) 讓位(양위) 謙讓(겸양) 分讓(분양)
> 移讓(이양) 辭讓之心(사양지심)

楊

3급

버들 **양**

木 | 9획

비 陽(볕 양)
　 揚(날릴 양)
　 場(마당 장)
동 柳(버들 류)

> **글자 풀이**
>
> 해가 돋은(旦) 후 깃발(勿)이 휘날리듯 가지와 잎이 하늘거리는 나무(木)이니 버드나무(楊)를 의미한다.
>
> **읽기 한자**
>
> 楊朱泣岐(양주읍기)
>
> **쓰기 한자**
>
> 楊柳(양류) 楊枝(양지)

孃

2급

아가씨 **양**

女 | 17획

비 壤(흙덩이 양)
　 讓(사양할 양)
동 娘(계집 낭)
약 嬢

> **글자 풀이**
>
> 襄은 옷을 벗고 밭을 가는 모습을 표현한 것이다. 밭을 가는(襄) 여자(女)로 본래 어미를 의미했으나 나중에는 발음이 같은 娘(아가씨 낭)과 같이 쓰며 아가씨를 의미하게 되었다.
>
> **읽기 한자**
>
> 貴孃(귀양) 某孃(모양) 슈孃(영양) 李孃(이양) 村孃(촌양)

아

襄

2급(名)

도울 **양(:)**

衣 | 11획

동 輔(도울 보)

글자 풀이

본래 사람이 옷을 벗고 밭을 가는 모습을 표현한 것이다. 밭을 가는 것은 농작물의 생육을 돕는 것이므로 돕는다(襄)는 의미가 파생되었다.

읽기 한자

襄同(양동) 襄陽(양양) 襄禮(양례)

語

7급

말씀 **어:**

言 | 7획

동 言(말씀 언)
談(말씀 담)
話(말씀 화)
辭(말씀 사)

글자 풀이

너와 내(吾)가 서로 입으로 말(言)을 나눈다는 것에서 얘기하다, 말(語)을 의미한다.

읽기 한자

款語(관어)

쓰기 한자

語群(어군) 語源(어원) 略語(약어) 隱語(은어) 語尾(어미) 敍述語(서술어)
語感(어감) 語句(어구) 語根(어근) 語頭(어두) 語錄(어록) 語文(어문)
語法(어법) 語順(어순) 語義(어의) 語調(어조) 語學(어학) 敬語(경어)
古語(고어) 口語(구어) 國語(국어) 單語(단어) 密語(밀어) 語幹(어간)
熟語(숙어) 失語症(실어증)

漁

5급

고기잡을 **어**

水 | 11획

비 魚(고기 어)

글자 풀이

물(水) 속에 숨어버린 물고기(魚)를 잡는 것에서 고기잡이, 사냥(漁)을 의미한다.

읽기 한자

漁網(어망)

쓰기 한자

漁獵(어렵) 漁夫(어부) 漁父(어부) 漁船(어선) 漁場(어장) 漁港(어항)
禁漁(금어) 出漁(출어) 農漁民(농어민) 漁夫之利(어부지리) 漁獲(어획)

魚

5급

고기/물고기 **어**

魚 | 0획

비 漁(고기잡을 어)

글자 풀이

물고기(魚)의 모습을 본떴다.

읽기 한자

釜中生魚(부중생어) 魚串(어관) 魚魯不辨(어로불변) 魚網(어망)
釣魚(조어) 魚網鴻離(어망홍리)

쓰기 한자

緣木求魚(연목구어) 魚頭肉尾(어두육미) 魚類(어류) 魚物(어물)
魚肉(어육) 魚族(어족) 大魚(대어) 北魚(북어) 養魚(양어) 銀魚(은어)
人魚(인어) 長魚(장어) 靑魚(청어) 活魚(활어) 乾魚物(건어물)
水魚之交(수어지교)

御

3급 II

거느릴 **어:**

彳 | 8획

비 卿(벼슬 경)
동 統(거느릴 통)
　 率(거느릴 솔)

무릎(卩)을 꿇고 술잔(缶)을 올리는 행동(彳)을 나타낸 글자로 모시다, 거느리다(御)는 의미이다.

읽기한자

御苑(어원) 御札(어찰)

쓰기한자

御命(어명) 御使(어사) 御押(어압) 御用(어용) 御字(어자) 御酒(어주)
制御(제어) 通御(통어) 御前會議(어전회의)

於

3급

어조사 **어**

탄식할 **오**

方 | 4획

비 放(놓을 방)
　 族(겨레 족)

글자 풀이

본래 烏와 같은 글자로 감탄사로 쓰이었다가 뒤에 어조사의 기능이 추가되었다.

읽기한자

靑出於藍(청출어람)

쓰기한자

於嗚呼(어오호) 於是乎(어시호) 於焉間(어언간)
於中間(어중간) 於此彼(어차피) 甚至於(심지어)

億

5급

억(數字) **억**

人 | 13획

비 意(뜻 의)
　 憶(생각할 억)

글자 풀이

옛날 사람(人)들이 생각할(意) 수 있는 가장 큰 수가 억(億)이라는 의미이다.

쓰기한자

億萬長者(억만장자) 億兆蒼生(억조창생)

憶

3급 II

생각할 **억**

心 | 13획

비 意(뜻 의)
　 億(억 억)
동 念(생각 념)
　 思(생각 사)
　 想(생각 상)
　 考(생각할 고)
　 慮(생각할 려)

글자 풀이

마음(心) 속에서 뜻(意)을 새겨 기억한다(憶)는 의미이다.

쓰기한자

憶昔(억석) 記憶(기억) 追憶(추억)

아

抑	3급 Ⅱ
	누를 억
	手 │ 4획

통 壓(누를 압)
押(누를 압)
반 揚(날릴 양)

글자 풀이

손(手)으로 도장(印)을 찍듯이 누른다(抑)는 의미이다.

읽기한자

抑鬱(억울) 沮抑(저억)

쓰기한자

抑留(억류) 抑壓(억압) 抑揚(억양) 抑制(억제) 抑止(억지)

言	6급
	말씀 언
	言 │ 0획

통 語(말씀 어)
談(말씀 담)
話(말씀 화)
辭(말씀 사)
반 行(다닐 행)

글자 풀이

마음(心)에 있는 바를 입(口)으로 말한다(言)는 의미이다.

읽기한자

妖言(요언) 隻言(척언) 瞻言百里(첨언백리) 託言(탁언) 徽言(휘언)
言近旨遠(언근지원) 言旨(언지)

쓰기한자

言辯(언변) 言辭(언사) 宣言(선언) 言渡(언도) 言誓(언서) 偏言(편언)
言動(언동) 言論(언론) 言明(언명) 言文(언문) 言約(언약) 言語(언어)
言爭(언쟁) 言質(언질) 間言(간언) 格言(격언) 苦言(고언) 公言(공언)
金言(금언) 斷言(단언) 名言(명언) 言及(언급) 妄言(망언) 附言(부언)

焉	3급
	어찌 언
	火 │ 7획

통 那(어찌 나)
何(어찌 하)

글자 풀이

새(鳥)가 나무 가지에 바르게(正) 내려앉는 것이 어찌(焉) 쉬운 일이겠는가를 의미한다.

읽기한자

揭焉(게언)

쓰기한자

焉敢生心(언감생심) 於焉間(어언간) 終焉(종언)

彦	2급(名)
	선비 언:
	彡 │ 6획

통 士(선비 사)
儒(선비 유)

글자 풀이

文+厂+弓이 본래 모습이다. 文은 文才를, 弓의 변형인 彡은 武才를, 厂은 높음을 의미한다. 文武의 자질이 남 보다 높은 선비(彦)를 의미한다.

읽기한자

彦士(언사) 彦會(언회) 諸彦(제언)

嚴 4급
엄할 **엄**
口 | 17획

비 巖(바위 암)
동 肅(엄숙할 숙)
약 厳

벼랑(厂)에 서 있는 사람의 손을 당기며 위험하다고 굳세게(敢) 외치는 (口) 것에서 지독하다, 심하다, 위엄이 있다(嚴)는 의미이다.

읽기한자
楞嚴經(능엄경) 嚴峻(엄준) 嚴酷(엄혹) 嚴旨(엄지) 峻嚴(준엄)

쓰기한자
嚴格(엄격) 嚴禁(엄금) 嚴命(엄명) 嚴密(엄밀) 嚴選(엄선) 嚴守(엄수)
嚴修(엄수) 嚴正(엄정) 嚴重(엄중) 嚴親(엄친) 戒嚴(계엄) 冷嚴(냉엄)
無嚴(무엄) 威嚴(위엄) 尊嚴(존엄) 至嚴(지엄) 莊嚴(장엄) 謹嚴(근엄)
俊嚴(준엄) 森嚴(삼엄) 華嚴經(화엄경) 嚴冬雪寒(엄동설한)
嚴父慈母(엄부자모) 嚴妻侍下(엄처시하)

業 6급 Ⅱ
업 **업**
木 | 9획

동 事(일 사)

북을 올려 놓은 받침대를 본떴는데, 받침대를 조각하는 것을 일삼는다 하여 일(業)을 의미한다.

읽기한자
丕業(비업) 鼎業(정업) 霸業(패업) 勳業(훈업)

쓰기한자
業績(업적) 鑛業(광업) 怠業(태업) 罷業(파업) 業界(업계) 業務(업무)
業報(업보) 業人(업인) 業者(업자) 業種(업종) 業主(업주) 業體(업체)
家業(가업) 開業(개업) 課業(과업) 農業(농업) 企業(기업) 公企業(공기업)
畜産業(축산업) 私企業(사기업) 運輸業(운수업) 軍需産業(군수산업)

如 4급 Ⅱ
같을 **여**
女 | 3획

비 奴(종 노)
동 若(같을 약)
　肖(같을 초)
반 異(다를 이)
　他(다를 타)

부인(女)의 말(口)은 그의 남편과 같다(如)는 의미이다.

읽기한자
穆如淸風(목여청풍) 炳如日星(병여일성) 眼如鷹(안여응)
如飛如翰(여비여한) 泰山如礪(태산여려)

쓰기한자
如干(여간) 如或(여혹) 如意珠(여의주) 如前(여전) 缺如(결여)
萬事如意(만사여의) 如此(여차) 如何(여하) 如反掌(여반장)
何如間(하여간)

餘 4급 Ⅱ
남을 **여**
食 | 7획

비 除(덜 제)
　徐(천천할 서)
동 殘(남을 잔)
　裕(넉넉할 유)
　剩(남을 잉)
약 余

밥(食)을 먹다가 남긴다(余)는 데서 남다, 나머지(餘)를 의미한다.

읽기한자
餘馨(여형) 餘薰(여훈) 餘祚(여조) 餘址(여지) 餘塵(여진)

쓰기한자
餘暇(여가) 餘恨(여한) 殘餘(잔여) 餘滴(여적) 餘墨(여묵) 餘技(여기)
餘念(여념) 餘談(여담) 餘力(여력) 餘錄(여록) 餘望(여망) 餘白(여백)
餘分(여분) 餘生(여생) 餘勢(여세) 餘罪(여죄) 餘地(여지) 餘他(여타)
餘波(여파) 餘興(여흥) 餘韻(여운) 餘裕(여유) 窮餘之策(궁여지책)

아

與

더불/줄 여:
4급
臼 | 7획

- 비 興(일 흥)
  輿(수레 여)
- 동 參(참여할 참)
  給(줄 급)
  授(줄 수)
- 반 野(들 야)
- 약 与

[글자 풀이]
물건을 함께 맞들어(舁) 올려 준다(与)는 데서 더불다, 주다(與)는 의미
이다.

[읽기한자]
與圈(여권)

[쓰기한자]
與件(여건) 與黨(여당) 與否(여부) 與受(여수) 與信(여신) 與野(여야)
干與(간여) 關與(관여) 給與(급여) 寄與(기여) 受與(수여) 參與(참여)
許與(허여) 賞與金(상여금) 與民同樂(여민동락) 貸與(대여) 賦與(부여)
生殺與奪(생살여탈) 贈與稅(증여세) 供與(공여) 附與(부여) 讓與(양여)

予

나 여
3급
亅 | 3획

- 비 子(아들 자)
  矛(창 모)
- 동 我(나 아)
  余(나 여)
- 반 汝(너 여)

[글자 풀이]
사람이 팔을 벌리고 자신(予)을 가리키는 모양을 본떴다.

[쓰기한자]
予奪(여탈)

余

나 여
3급
人 | 5획

- 비 徐(천천할 서)
  金(쇠 금)
- 동 予(나 여)
  我(나 아)
- 반 汝(너 여)

[글자 풀이]
사람(人)이 혼자(一) 나무(木) 의자에 앉아 있는 것으로, 일인칭 대명사
'나'를 의미한다.

[쓰기한자]
余等(여등) 余月(여월) 殘余(잔여)

汝

너 여:
3급
水 | 3획

- 비 女(계집 녀)
- 반 余(나 여)
  我(나 아)
  予(나 여)

[글자 풀이]
시냇물(水)에서 빨래하는 여자(女)에게 너(汝) 여기 있구나 할 때 너(汝)를
의미한다.

[쓰기한자]
汝等(여등) 汝輩(여배)

382 한자능력검정시험 2급

b

輿 3급
수레 **여:**
車 | 10획

비 興(일 흥)
　 與(더불 여)
동 車(수레 거)

글자 풀이
두 손(臼)과 두 손(八)으로 앞뒤에서 들고 다니는 수레(車)란 데서 가마, 수레(輿)를 의미한다.

읽기 한자
藍輿(남여)

쓰기 한자
輿論(여론) 輿望(여망) 輿地(여지) 喪輿(상여)
大東輿地圖(대동여지도)

逆 4급 Ⅱ
거스를 **역**
辶 | 6획

반 順(순할 순)

글자 풀이
물구나무 선 형태(屰)에서 가야(辶)만 할 사람이 되돌아 온 것을 나타내서 거스르다, 거꾸로 된 모양(逆)을 의미한다.

쓰기 한자
逆賊(역적) 逆轉(역전) 逆潮(역조) 逆婚(역혼) 拒逆(거역) 叛逆(반역)
逆境(역경) 逆旅(역려) 逆流(역류) 逆算(역산) 逆說(역설) 逆順(역순)
逆戰(역전) 逆情(역정) 逆調(역조) 逆風(역풍) 逆行(역행) 大逆罪(대역죄)
反逆(반역) 逆利用(역이용) 逆謀(역모) 逆襲(역습) 莫逆(막역) 附逆(부역)

아

域 4급
지경 **역**
土 | 8획

비 或(혹 혹)
동 區(지경 구)
　 界(지경 계)
　 境(지경 경)

글자 풀이
전쟁이 일어났을 때 국경(土)에서 병사들이 무기를 들고(或) 대치하고 있는 모습에서 토지, 경계, 단락(域)을 의미한다.

읽기 한자
疆域(강역) 槿域(근역) 禹域(우역)

쓰기 한자
域內(역내) 光域(광역) 區域(구역) 墓域(묘역) 聖域(성역)
水域(수역) 領域(영역) 異域(이역) 全域(전역) 地域(지역)

易 4급
바꿀 **역**
쉬울 **이:**
日 | 4획

비 是(옳을 시)
동 貿(무역할 무)
반 難(어려울 난)

글자 풀이
해(日)가 없어졌다(勿) 생겼다 하듯 인간의 운명은 쉽게 바뀐다(易)는 의미이다.

쓰기 한자
易經(역경) 易書(역서) 易學(역학) 交易(교역) 周易(주역) 簡易(간이)
安易(안이) 容易(용이) 易地思之(역지사지) 貿易(무역) 密貿易(밀무역)

亦	3급Ⅱ
또	역
亠	4획

비 赤(붉을 적)
동 又(또 우)

글자 풀이

사람의 양 옆구리에 점을 찍어 옆구리를 나타낸 글자인데, 옆구리가 오른 쪽에도 있고 또 왼쪽에도 있다는 데서, '또'를 의미한다.

쓰기 한자

亦是(역시) 亦然(역연)

役	3급Ⅱ
부릴	역
彳	4획

비 投(던질 투)
　 疫(전염병 역)
동 使(하여금/부릴 사)
　 事(일 사)

글자 풀이

걸어 다니며(彳) 몽둥이(殳)로 때리면서 일꾼을 부린다(役)는 의미이다.

읽기 한자

雇役(고역) 董役(동역) 傭役(용역) 甸役(전역)

쓰기 한자

免役(면역) 賦役(부역) 懲役(징역) 荷役(하역) 役軍(역군) 役事(역사)
役員(역원) 役割(역할) 苦役(고역) 勞役(노역) 端役(단역) 代役(대역)
配役(배역) 兵役(병역) 服役(복역) 使役(사역) 兒役(아역) 惡役(악역)
用役(용역) 雜役(잡역) 轉役(전역) 助役(조역) 主役(주역) 重役(중역)
退役(퇴역) 現役(현역) 豫備役(예비역)

譯	3급Ⅱ
번역할	역
言	13획

비 驛(역 역)
　 釋(풀 석)
동 飜(번역할 번)
약 訳

글자 풀이

다른 나라 말(言)을 엿볼(睪) 수 있게 번역한다(譯)는 의미이다.

읽기 한자

倭譯(왜역)

쓰기 한자

飜譯(번역) 抄譯(초역) 譯書(역서) 譯者(역자) 國譯(국역) 內譯書(내역서)
誤譯(오역) 完譯(완역) 意譯(의역) 重譯(중역) 直譯(직역) 通譯(통역)

驛	3급Ⅱ
역	역
馬	13획

비 譯(번역할 역)
　 釋(풀 석)
약 駅

글자 풀이

옛날에 역마(馬)가 엿보고(睪) 들어가 쉬었다던 정거장(驛)을 의미한다.

읽기 한자

驛勢圈(역세권) 津驛(진역)

쓰기 한자

驛馬(역마) 驛夫(역부) 驛長(역장) 驛前(역전) 簡易驛(간이역)
終着驛(종착역) 驛遞(역체)

疫

3급Ⅱ
전염병 역
疒 | 4획

비 投(던질 투)
役(부릴 역)
동 疾(병 질)
病(병 병)

글자 풀이

창(殳)을 들고 무찔러야 할 돌림병(疒)이라는 데서, 전염병을 의미한다.

읽기 한자

檢疫圈(검역권) 防疫網(방역망)

쓰기 한자

疫疾(역질) 檢疫(검역) 免疫(면역) 防疫(방역) 紅疫(홍역)

然

7급
그럴 연
火 | 8획

비 燃(탈 연)
怨(원망할 원)

글자 풀이

불(火)로 개(犬)고기(肉)를 그을려 태워 먹는 일은 당연한(然) 일이란 데서 그러하다(然)는 의미이다.

읽기 한자

頓然(돈연) 蔑然(멸연) 牟然(모연) 閔然(민연) 炳然(병연) 燁然(엽연)
蔚然(울연) 鬱然(울연) 燦然(찬연) 悽然(처연) 赫然(혁연) 煥然(환연)
淵然(연연)

쓰기 한자

然則(연즉) 肅然(숙연) 依然(의연) 然而(연이) 蓋然(개연) 漫然(만연)
蓋然性(개연성) 然後(연후) 果然(과연) 端然(단연) 當然(당연) 自然(자연)
天然(천연) 突然(돌연) 漠然(막연) 奮然(분연)

演

4급Ⅱ
펼 연:
水 | 11획

비 寅(범 인)
동 敷(펼 부)

글자 풀이

유유히 흐르는 물(水)의 형상에서 충분히 생각한 후에 작업을 한다(寅)고 하는 것에서 해보다(演)는 의미이다.

읽기 한자

講演網(강연망) 演奏靴(연주화)

쓰기 한자

演劇(연극) 演出(연출) 演技(연기) 演壇(연단) 演士(연사) 演說(연설)
演習(연습) 演承(연승) 演藝(연예) 演題(연제) 講演(강연) 競演(경연)
公演(공연) 口演(구연) 上演(상연) 試演(시연) 熱演(열연) 再演(재연)
助演(조연) 主演(주연) 初演(초연) 出演(출연) 協演(협연)
三國志演義(삼국지연의)

煙

4급Ⅱ
연기 연
火 | 9획

비 湮(묻힐 연)

글자 풀이

불(火)을 때면 흙(土) 위에 세운 굴뚝(襾)에서 연기(煙)가 나온다는 의미이다.

읽기 한자

煙埃(연애) 塵煙(진연)

쓰기 한자

煙霧(연무) 煙氣(연기) 砲煙(포연) 黑煙(흑연) 煙月(연월) 煙草(연초)
禁煙(금연) 吸煙(흡연) 無煙炭(무연탄) 愛煙家(애연가) 煙幕(연막)

硏 4급Ⅱ

갈 연:

石 | 6획

동 磨(갈 마)
究(연구할 구)

약 研

글자 풀이

돌(石)의 울퉁불퉁한 것을 없애기 위해 평평(幵)하게 깍은 것에서 연마하다, 갈다(硏)는 의미이다.

읽기 한자

硏鑽(연찬)

쓰기 한자

硏磨(연마) 硏究(연구) 硏修(연수)

延 4급

늘일 연

廴 | 4획

비 廷(조정 정)
동 遲(더딜 지)
반 急(급할 급)
速(빠를 속)

글자 풀이

멈춘(止) 것을 일으켜 세워서(丶) 멀리 가게 한다(廴)는 데서 끌다, 늘리다(延)는 의미이다.

읽기 한자

延建坪(연건평) 延祚(연조)

쓰기 한자

延見(연견) 延期(연기) 延吉(연길) 延命(연명) 延人員(연인원) 延長(연장) 延着(연착) 遲延(지연) 遷延(천연)

燃 4급

탈 연

火 | 12획

비 然(그럴 연)
동 燒(사를 소)

글자 풀이

然이라는 글자가 火를 하나 더 붙여서 〈태우다〉는 의미이다.

쓰기 한자

燃燈(연등) 燃料(연료) 可燃性(가연성) 內燃(내연) 不燃(불연) 再燃(재연) 燃燒(연소)

緣 4급

인연 연

糸 | 9획

비 綠(푸를 록)

글자 풀이

실(糸)로 끊긴(彖) 곳을 묶는다는 데서 사람을 서로 이어 인연(緣)을 맺어 준다는 의미이다.

읽기 한자

塵緣(진연) 魔緣(마연) 傘緣(산연) 緣膜(연막) 絶緣劑(절연제)

쓰기 한자

緣故(연고) 緣邊(연변) 緣分(연분) 緣由(연유) 結緣(결연) 奇緣(기연) 內緣(내연) 惡緣(악연) 因緣(인연) 絶緣(절연) 地緣(지연) 血緣(혈연) 緣木求魚(연목구어) 緣飾(연식)

鉛	4급 납 연 金 | 5획

비 沿(물따라갈 연)
약 鈆

글자 풀이

산 속의 늪(?)처럼 검푸른 빛이 나는 쇠(金)가 납(鉛)이라는 의미이다.

읽기 한자

酸化鉛(산화연) 黃酸鉛(황산연)

쓰기 한자

鉛筆(연필) 黑鉛(흑연) 鉛版(연판) 亞鉛(아연)

宴	3급 II 잔치 연: 宀 | 7획

비 宣(베풀 선)

글자 풀이

편안히(安) 앉아서 음식을 먹고 이야기를 나누며(日) 잔치(宴)를 즐긴다는 의미이다.

쓰기 한자

宴居(연거) 宴息(연식) 宴會(연회) 壽宴(수연) 祝賀宴(축하연)
回甲宴(회갑연)

沿	3급 II 물따라갈/따를 연(:) 水 | 5획

비 鉛(납 연)

글자 풀이

산 속의 물(水)이 골짜기를 따라(?) 흘러 내려간다(沿)는 의미이다.

읽기 한자

沿屍(연시)

쓰기 한자

沿道(연도) 沿邊(연변) 沿海(연해) 沿革(연혁) 沿岸(연안)

軟	3급 II 연할 연: 車 | 4획

비 輕(가벼울 경)
동 柔(부드러울 유)
반 硬(굳을 경)
　固(굳을 고)
　堅(굳을 견)
　確(굳을 확)

글자 풀이

바람 빠진 수레(車) 바퀴에 바람을 불어넣으니(欠) 승차감이 부드럽다(軟)는 의미이다.

읽기 한자

軟膜(연막) 軟塵(연진) 軟化劑(연화제)

쓰기 한자

軟骨(연골) 軟禁(연금) 軟性(연성) 軟水(연수) 軟式(연식) 軟食(연식)
軟弱(연약) 軟質(연질) 軟化(연화) 柔軟(유연) 軟文學(연문학)
軟體動物(연체동물)

燕	3급Ⅱ
	제비 연(:)
	火 | 12획

벌린 부리(卄), 몸통(口), 좌우 날개(北), 갈라진 꼬리(灬)를 본떠 제비(燕)를 의미한다.

읽기한자

燕岐郡(연기군) 燕巢(연소) 燕脂(연지) 燕姬(연희)

쓰기한자

燕京(연경) 燕尾服(연미복) 燕息(연식) 燕會(연회)

姸	2급(名)
	고울 연:
	女 | 6획

동 麗(고울 려)
반 醜(추할 추)
약 姸

글자 풀이

매무새를 다듬은 幵 여자(女)로 곱다(姸)는 의미이다.

읽기한자

姸麗(연려) 姸芳(연방) 姸粧(연장) 姸醜(연추) 華姸(화연)

淵	2급(名)
	못 연
	水 | 9획

동 池(못 지)
塘(못 당)
淡(못 담)
澤(못 택)
약 渊,渊

글자 풀이

본래는 氵가 없는 형태였다. 양 기슭 사이에 깊은 못이 있는 모양 淵을 그려 못을 나타냈다. 뒤에 氵를 덧붙여 그 뜻을 분명히 한 것이다.

읽기한자

淵源(연원) 淵蓋蘇文(연개소문) 深淵(심연)

硯	2급
	벼루 연:
	石 | 7획

비 現(나타날 현)
規(법 규)
硏(갈 연)

글자 풀이

먹을 갈 때 벼룻돌(石)을 내려다 보면서(見) 간다는 데서 벼루(硯)를 의미한다.

읽기한자

硯滴(연적) 硯池(연지) 紙筆硯墨(지필연묵) 筆硯(필연)

衍 2급(名)

넓을 연:

行 | 3획

비 行(다닐 행)
동 浩(넓을 호)
洪(넓을 홍)
廣(넓을 광)

글자 풀이

물(水)이 넘쳐 길(行)에 까지 들어 온 것을 그려 넘치다, 넓다(衍) 등의 의미를 나타낸다.

읽기한자

衍文(연문) 衍義(연의) 衍字(연자) 敷衍(부연)

熱 5급

더울 열

火 | 11획

비 勢(형세 세)
藝(재주 예)
동 暑(더울 서)
반 寒(찰 한)
冷(찰 랭)

글자 풀이

토지(坴)를 잘 갈아 심은 작물이 순조롭게 잘자라듯이, 불(火)이 기세좋게 (丸) 타고 있는 모습에서 열, 뜨겁다(熱)는 의미이다.

읽기한자

滄熱(창열) 解熱劑(해열제)

쓰기한자

熱烈(열렬) 熱湯(열탕) 稻熱病(도열병) 熱氣(열기) 熱帶(열대) 熱量(열량)
熱望(열망) 熱誠(열성) 熱心(열심) 熱愛(열애) 熱演(열연) 熱意(열의)
熱戰(열전) 熱情(열정) 熱中(열중) 熱病(열병) 微熱(미열) 亞熱帶(아열대)

悅 3급 II

기쁠 열

心 | 7획

비 稅(세금 세)
脫(벗을 탈)
동 喜(기쁠 희)
樂(즐길 락)
반 悲(슬플 비)

글자 풀이

마음(心)이 기쁘다(兌)는 데서 기쁘다, 즐겁다(悅)는 의미이다.

읽기한자

悅穆(열목) 悅憙(열희) 怡悅(이열)

쓰기한자

悅樂(열락) 法悅(법열) 喜悅(희열)

閱 3급

볼(覽) 열

門 | 7획

동 檢(검사할 검)
査(조사할 사)
覽(볼 람)

글자 풀이

문(門) 앞에서 짐을 벗게(兌) 하고 일일이 조사하는 데서 살피다(閱)는 의미이다.

읽기한자

閥閱(벌열)

쓰기한자

閱讀(열독) 閱覽(열람) 閱兵(열병) 檢閱(검열) 校閱(교열) 査閱(사열)

染

3급 II
물들 염:
木 | 5획

비 梁(들보 량)

글자 풀이

나무(木)에서 뽑아 낸 물감물(水)에 아홉 번(九) 천을 담그어 물들인다(染)는 의미이다.

읽기한자

染翰(염한) 塵染(진염)

쓰기한자

汚染(오염) 染料(염료) 染色(염색) 染織(염직) 感染(감염) 傳染(전염)
染色體(염색체)

炎

3급 II
불꽃 염
火 | 4획

비 災(재앙 재)
동 燮(불꽃 섭)

글자 풀이

불 둘(火火)을 써서 타다, 덥다, 불꽃(炎)을 의미한다.

읽기한자

結膜炎(결막염) 腦膜炎(뇌막염) 腹膜炎(복막염) 酷炎(혹염)
喉頭炎(후두염) 炎塵(염진) 炎赫(염혁)

쓰기한자

炎上(염상) 炎症(염증) 炎蒸(염증) 炎天(염천) 老炎(노염) 腦炎(뇌염)
盛炎(성염) 胃腸炎(위장염) 中耳炎(중이염) 炎涼世態(염량세태)

鹽

3급 II
소금 염
鹵 | 13획

비 監(볼 감)
　藍(쪽 람)
약 塩

글자 풀이

소금밭(鹵)을 잘 살펴(監) 소금(鹽)을 생산한다는 의미이다.

읽기한자

驥服鹽車(기복염거) 鹽酸(염산)

쓰기한자

鹽分(염분) 鹽素(염소) 鹽田(염전) 鹽化(염화) 食鹽(식염) 巖鹽(암염)
竹鹽(죽염) 鹽基性(염기성) 天日鹽(천일염)

厭

2급
싫어할 염:
厂 | 12획

비 壓(누를 압)
동 嫌(싫어할 혐)

글자 풀이

개(犬)가 언덕(厂) 아래에 숨어 고기(肉)를 입(口)에 물고(一) 있는 것을 그려 만족함을 나타낸다. 배부르면 다른 맛있는 것에도 물리게 되므로 물리다, 싫어하다(厭)라는 의미가 되었다.

읽기한자

厭忌(염기) 厭世主義(염세주의) 厭足(염족) 厭症(염증)

閻

2급(名)

마을 염

門 | 8획

동 閭(마을 려)

글자 풀이

구덩이(臽)를 파고 세운 문(門)으로 본래 마을(閭)의 문을 의미한다.

읽기 한자

閻羅國(염라국) 閻羅大王(염라대왕) 閻錫山(염석산)

葉

5급

잎 엽

艹 | 9획

비 棄(버릴 기)

글자 풀이

나뭇가지(木)에 붙어 떨어지면 생겨나고 또 떨어지면 생겨나는(世) 푸른 잎새에서 나무나 풀(艹) 잎(葉)을 의미한다.

읽기 한자

迦葉(가섭) 柯葉(가엽) 瓊枝玉葉(경지옥엽) 槐葉(괴엽) 艾葉(애엽)
胎葉(태엽) 葉柄(엽병) 札葉(찰엽)

쓰기 한자

葉錢(엽전) 松葉酒(송엽주) 針葉樹(침엽수) 枯葉(고엽) 枝葉(지엽)
腐葉土(부엽토) 金枝玉葉(금지옥엽) 一葉片舟(일엽편주) 葉菜(엽채)
葉書(엽서) 葉草(엽초) 末葉(말엽) 十葉(십엽) 中葉(중엽) 初葉(초엽)
葉綠素(엽록소) 觀葉植物(관엽식물) 官製葉書(관제엽서) 葉茶(엽차)

燁

2급(名)

빛날 엽

火 | 12획

동 曄(빛날 엽)
爛(빛날 란)
耀(빛날 요)
燦(빛날 찬)

글자 풀이

해가 빛나듯 불(火)이 빛난다(曄)는 데서 빛나다(燁)는 의미이다.

읽기 한자

燁然(엽연) 燁燁(엽엽) 白善燁(백선엽)

永

6급

길 영:

水 | 1획

비 水(물 수)
氷(얼음 빙)
동 長(긴 장)
久(오랠 구)
遠(멀 원)
반 短(짧을 단)

글자 풀이

강물의 흐름이 지류에 흘러가기도 하고, 합치기도 하면서 오랫동안 흘러 내려 바다로 가는 형태에서 길다(永)는 의미이다.

읽기 한자

永祚(영조)

쓰기 한자

靑丘永言(청구영언) 永生(영생) 永世中立國(영세중립국) 永續(영속)
永永(영영) 永遠(영원) 永住權(영주권) 永訣(영결) 永久(영구) 永眠(영면)

英	6급
	꽃부리 영
++	5획

비 莫(없을 막)
　央(가운데 앙)

글자 풀이
풀(++)이 성장하여 한복판(央)에 멋있는 꽃이 피는 형상에서 꽃 피우다, 예쁘다, 꽃부리(英)를 의미한다.

읽기한자
英輔(영보)

쓰기한자
英傑(영걸) 群英(군영) 英國(영국) 英美(영미) 英數(영수) 英詩(영시) 英語(영어) 英雄(영웅) 英材(영재) 英特(영특) 落英(낙영) 育英(육영) 英靈(영령)

榮	4급Ⅱ
	영화 영
木	10획

비 營(경영할 영)
　螢(반딧불 형)
동 繁(번성할 번)
　華(빛날 화)
반 辱(욕될 욕)
약 栄

글자 풀이
빛(火火)이 주위를 밝게 감싸듯(冖)이 안개꽃이 나무(木)에 가득 피어 있는 모습에서 번영(榮)을 의미한다.

읽기한자
榮耀(영요)

쓰기한자
榮塗(영도) 榮華(영화) 榮轉(영전) 榮枯盛衰(영고성쇠) 榮光(영광) 榮達(영달) 共榮(공영) 虛榮(허영) 榮譽(영예) 榮辱(영욕) 繁榮(번영)

映	4급
	비칠 영(:)
日	5획

비 殃(재앙 앙)
동 燾(비칠 도)
　暎(비칠 영)

글자 풀이
햇빛(日)이 한가운데서(央) 밝게 비친다(映)는 의미이다.

읽기한자
炳映(병영) 耀映(요영)

쓰기한자
映畫(영화) 反映(반영) 放映(방영) 上映(상영) 終映(종영) 映寫機(영사기) 映像(영상)

營	4급
	경영할 영
火	13획

비 榮(영화 영)
　螢(반딧불 형)
약 営

글자 풀이
화려한(火火) 집(宮)을 짓는다(營)는 의미에서 집을 짓는 데는 규모와 계획을 세운다는 데서 경영하다(營)는 의미이다.

읽기한자
營繕(영선) 營養劑(영양제) 營窟(영굴) 營療(영료)

쓰기한자
營利(영리) 營養(영양) 營外(영외) 營爲(영위) 監營(감영) 經營(경영) 公營(공영) 官營(관영) 國營(국영) 軍營(군영) 民營(민영) 兵營(병영) 市營(시영) 野營(야영) 營內(영내) 營農(영농) 運營(운영) 入營(입영) 直營(직영) 陣營(진영) 脫營(탈영) 自營業者(자영업자) 營倉(영창)

迎 맞을 영
4급
辶 | 4획

비 仰(우러를 앙)
　 抑(누를 억)
반 送(보낼 송)
　 輸(보낼 수)

글자 풀이

길(辶)을 따라 오는 손님을 존경하는(卬) 마음으로 맞이한다(迎)는 의미이다.

읽기 한자

趨迎(추영)

쓰기 한자

迎入(영입) 迎接(영접) 迎合(영합) 送迎(송영) 歡迎(환영)
送舊迎新(송구영신) 迎賓(영빈)

影 그림자 영:
3급 II
彡 | 12획

비 景(볕 경)

글자 풀이

햇빛(景)에 물체의 형상이 붓(彡)으로 그린 듯 드러나는 데서, 그림자를 의미한다.

읽기 한자

射影軸(사영축) 隻影(척영) 艦影(함영) 幻影(환영)

쓰기 한자

影像(영상) 影印(영인) 影殿(영전) 影響(영향) 近影(근영) 暗影(암영)
投影(투영)

泳 헤엄칠 영:
3급
水 | 5획

비 沙(모래 사)

글자 풀이

물(水) 속에서 긴(永) 시간 헤엄친다, 잠행한다(泳)는 의미이다.

읽기 한자

水泳帽(수영모)

쓰기 한자

泳法(영법) 背泳(배영) 水泳(수영) 遊泳(유영)
蝶泳(접영) 混泳(혼영) 自由泳(자유영)

詠 읊을 영:
3급
言 | 5획

비 許(허락할 허)
동 吟(읊을 음)

글자 풀이

시조창을 들어보면 알 수 있듯 말(言)을 길게(永) 늘여 읊는데서, 읊다(詠)는 의미이다.

쓰기 한자

詠歌(영가)

暎 비칠 영:
日 | 9획

동 照(비칠 조)
映(비칠 영)

2급(名)

글자 풀이

해(日)가 하늘의 한 가운데(央)에 있으니 햇빛이 식물(++)들을 두루 비춘다(暎)는 의미이다.

읽기 한자

金洙暎(김수영;시인) 張志暎(장지영;국어학자)

瑛 옥빛 영
玉 | 9획

비 暎(비칠 영)

2급(名)

글자 풀이

구슬(玉)이 꽃(英)처럼 아름다운 빛을 내뿜는 데서 구슬 또는 옥빛(瑛)을 의미한다.

盈 찰 영
皿 | 4획

동 滿(찰 만)
반 空(빌 공)
虛(빌 허)

2급(名)

글자 풀이

사람이 손(又)으로 활(乃)을 당겨 펼친 모습으로 가득함을 나타낸다. 그릇(皿)을 보태 그릇에 음식이 가득찬(盈) 것을 의미한다.

읽기 한자

盈德(영덕) 盈滿(영만) 盈月(영월) 盈虛(영허)

藝 재주 예:
++ | 15획

비 熱(더울 열)
勢(형세 세)
동 技(재주 기)
才(재주 재)
術(재주 술)
약 芸, 藝

4급Ⅱ

글자 풀이

식물(++)을 심고(埶) 가꾸는 데는 기술이 필요하다 하여 재주, 기예(藝)를 의미한다.

읽기 한자

藝苑(예원) 藝文類聚(예문유취)

쓰기 한자

藝能(예능) 藝名(예명) 藝術(예술) 曲藝(곡예) 工藝(공예) 技藝(기예)
武藝(무예) 文藝(문예) 書藝(서예) 手藝(수예) 園藝(원예) 學藝(학예)
民藝品(민예품) 陶藝(도예)

豫

4급

미리 **예:**

豕 | 9획

비 預(미리 예)
약 予

글자 풀이

코끼리(象)가 죽기 전에 미리(子) 정해진 곳에 가서 죽음을 기다린다는 데서 미리(豫)를 의미한다.

쓰기 한자

豫感(예감) 豫見(예견) 豫告(예고) 豫期(예기) 豫買(예매) 豫防(예방)
豫報(예보) 豫備(예비) 豫算(예산) 豫選(예선) 豫習(예습) 豫示(예시)
豫約(예약) 豫言(예언) 豫定(예정) 豫行(예행) 豫測不許(예측불허)
豫審(예심) 起訴猶豫(기소유예) 猶豫(유예) 執行猶豫(집행유예)

譽

3급 Ⅱ

기릴/명예 **예:**

言 | 14획

비 擧(들 거)
동 頌(기릴 송)
讚(기릴 찬)
약 誉

글자 풀이

여러 사람이 칭찬의 말(言)을 준다(與)는 데서 명예, 기리다(譽)는 의미이다.

쓰기 한자

名譽(명예) 榮譽(영예)

銳

3급

날카로울 **예:**

金 | 7획

비 說(말씀 설)
脫(벗을 탈)
동 利(이할 리)
반 鈍(둔할 둔)

글자 풀이

장인은 자기가 만든 칼의 쇠(金)가 날카로워야 기뻐한다(兌)는 데서, 날카롭다(銳)는 의미이다.

쓰기 한자

銳角(예각) 銳騎(예기) 銳利(예리) 銳敏(예민) 銳智(예지)
新銳(신예) 精銳(정예) 尖銳(첨예) 銳意注視(예의주시)

濊

2급(名)

종족이름 **예:**

水 | 13획

비 穢(더러울 예)

글자 풀이

물(水)이 넘치는(歲) 데서 물이 깊고 넓음을 나타낸다. 또 물(水)이 도끼(戌)처럼 검은 데서 더러움을 나타낸다. 주로 國史에 등장하는 종족, 나라의 이름으로 쓰인다.

읽기 한자

濊貊(예맥) 東濊(동예) 汚濊(오예) 汪濊(왕예)

睿 슬기 예:
目 | 9획

2급(名)

동 智(슬기 지)

글자 풀이

위의 5획은 깊이 훑어 치는 것을, 중간의 4획은 谷의 획 줄임이다. 합쳐서 골짜기를 깊이 훑어 치워 통하게 하는 것을 나타낸다. 여기에 눈(目)을 보태 사물에 깊고 밝게 통함, 슬기로움(睿)을 의미한다.

읽기한자

睿達(예달) 睿智(예지) 睿宗(예종)

芮 성(姓) 예:
艹 | 4획

2급(名)

비 丙(남녘 병)

글자 풀이

땅(冂)을 뚫고 막 솟아난(入) 풀(艹)로 작고 연한 새싹이 돋아나는 모습을 나타낸다. 주로 姓氏로 쓰인다.

읽기한자

芮氏(예씨) 芮芮(예예) 芮宗錫(예종석)

預 맡길/미리 예:
頁 | 4획

2급

비 頂(정수리 정)
동 豫(미리 예)
任(맡길 임)
託(맡길 탁)

글자 풀이

머리(頁)속으로 앞으로 닥쳐올 일을 미리(予) 생각하고 대비한다는 데서 미리, 참여하다, 맡기다(預)는 의미이다.

읽기한자

預金(예금) 預慮(예려) 預買(예매) 預備(예비) 預想(예상) 預託(예탁)
預度(예탁) 參預(참예)

五 다섯 오:
二 | 2획

8급

글자 풀이

한쪽 손의 손가락(五)을 전부 편 모양을 본떴다.

읽기한자

五隻船(오척선) 春秋五霸(춘추오패) 五靈脂(오령지) 五魔(오마)
五瑞(오서) 五銖錢(오수전) 五鼎(오정) 五塵(오진) 五采(오채) 五虐(오학)

쓰기한자

五穀(오곡) 五輪(오륜) 五賊(오적) 五感(오감) 五目(오목) 五福(오복)
五音(오음) 五大洋(오대양) 五萬相(오만상) 五味子(오미자) 五線紙(오선지)
五行說(오행설) 五里霧中(오리무중) 四分五裂(사분오열)
陰陽五行(음양오행) 三綱五倫(삼강오륜)

午 7급Ⅱ
낮 오:
十 | 2획

비 牛(소 우)
동 晝(낮 주)
반 夜(밤 야)

글자 풀이

열두 시(十二)를 가리키는 시계 바늘 모양으로 정오의 낮(午)을 의미한다.

읽기 한자

午療(오료) 子午圈(자오권)

쓰기 한자

午睡(오수) 午時(오시) 午前(오전) 午後(오후) 端午(단오) 上午(상오)
午午(오오) 正午(정오) 下午(하오) 子午線(자오선)

誤 4급Ⅱ
그르칠 오:
言 | 7획

비 娛(즐길 오)
동 謬(그르칠 류)
　過(지날 과)
반 正(바를 정)

글자 풀이

큰 소리(吳)로 호언장담하는 말(言)일수록 그릇되기(誤) 쉽다는 의미이다.

읽기 한자

闕誤(궐오) 誤謬(오류) 誤診(오진)

쓰기 한자

誤差(오차) 誤判(오판) 錯誤(착오) 誤記(오기) 誤答(오답) 誤導(오도)
誤發(오발) 誤報(오보) 誤算(오산) 誤用(오용) 誤認(오인) 誤入(오입)
誤字(오자) 誤解(오해) 過誤(과오) 正誤表(정오표) 誤審(오심) 誤譯(오역)

悟 3급Ⅱ
깨달을 오:
心 | 7획

비 俉(맞이할 오)
동 覺(깨달을 각)

글자 풀이

내(吾)가 마음(心) 속에서 깨닫는다(悟)는 의미이다.

읽기 한자

頓悟漸修(돈오점수)

쓰기 한자

悟性(오성) 覺悟(각오) 悔悟(회오)

烏 3급Ⅱ
까마귀 오
火 | 6획

비 鳥(새 조)
　嗚(슬플 오)

글자 풀이

까마귀(烏)는 몸이 검기 때문에 눈을 구별하기 어려워서 눈의 표시(一)가 없다는 의미이다.

읽기 한자

烏桓(오환) 烏帽(오모) 烏蟾(오섬) 烏水晶(오수정) 烏焉魚魯(오언어로)

쓰기 한자

烏竹軒(오죽헌) 烏飛梨落(오비이락) 烏金(오금) 烏石(오석) 烏有(오유)
烏呼(오호) 烏骨鷄(오골계) 烏合之卒(오합지졸)

傲 거만할 오:
人 | 11획
3급

비 激(격할 격)
동 慢(거만할 만)
　 倨(거만할 거)
반 謙(겸손할 겸)

글자 풀이

사람(人)이 자기 토지(土)의 사방(方)을 다니며 손에 권력을 쥐고(攵) 거만하게(傲)군다는 의미이다.

읽기한자

傲虐(오학)

쓰기한자

傲氣(오기) 傲慢放恣(오만방자) 傲霜孤節(오상고절) 傲視(오시)
傲慢(오만)

吾 나 오
口 | 4획
3급

비 五(다섯 오)
동 我(나 아)
　 予(나 여)
　 余(나 여)
반 汝(너 여)

글자 풀이

다섯(五) 식구(口)인 우리(吾) 가족이란 데서 우리와 나(吾)를 의미한다.

쓰기한자

吾等(오등) 吾兄(오형) 吾鼻三尺(오비삼척)

嗚 슬플 오
口 | 10획
3급

비 鳴(울 명)
동 悲(슬플 비)
　 哀(슬플 애)
반 喜(기쁠 희)

글자 풀이

까마귀(烏)가 입(口)으로 슬피 우는 소리라는 뜻으로 탄식하다, 슬프다(嗚)는 의미이다.

읽기한자

噫嗚(희오)

쓰기한자

嗚呼(오호)

娛 즐길 오:
女 | 7획
3급

비 誤(그르칠 오)
동 樂(즐길 락)

글자 풀이

여자(女)와 더불어 먹고 마시며 큰 소리로(吳) 노래하고 춤추며 즐거워한다(娛)는 의미이다.

읽기한자

娛嬉(오희)

쓰기한자

娛樂(오락) 娛樂室(오락실) 娛遊(오유) 電子娛樂(전자오락)

汚

3급
더러울 오:
水 | 3획

비 巧(공교할 교)
동 辱(욕될 욕)
　染(물들 염)
반 淨(깨끗할 정)

움푹 패인(亏) 웅덩이의 괸 물(水)은 더럽다는 데서 더럽다는 의미이다.

읽기 한자
塵汚(진오)

쓰기 한자
汚名(오명) 汚物(오물) 汚損(오손) 汚水(오수) 汚染(오염)
汚辱(오욕) 汚點(오점) 貪官汚吏(탐관오리) 環境汚染(환경오염)

吳

2급(名)
성(姓) 오
口 | 4획

비 昊(하늘 호)

머리를 옆으로 젖히고 큰 소리로 떠드는 사람의 모습을 그린 것으로 떠들다를 나타냈으나 주로 國名과 姓氏로 쓰인다.

읽기 한자
吳越同舟(오월동주) 吳吟(오음) 吳子(오자)

아

墺

2급(名)
물가 오:
土 | 13획

동 洙(물가 수)
　涯(물가 애)
　汀(물가 정)

본래 육지로 파고 든 물가를 나타내는데, 주로 땅이름으로 쓰인다.

읽기 한자
墺地利(오지리=오스트리아) 墺太利(오태리=오스트리아)

梧

2급
오동나무 오(:)
木 | 7획

동 桐(오동나무 동)

우리(吾)가 악기나 가구 등의 재목으로 쓰는 나무(木)이니 오동나무(梧)라는 의미이다.

읽기 한자
梧桐(오동)

屋 집 옥

5급

尸 | 6획

비 居(살 거) 尾(꼬리 미)
동 家(집 가) 館(집 관)
　堂(집 당) 室(집 실)
　宇(집 우) 宙(집 주)
　宅(집 택)

글자 풀이

사람(尸)이 찾아오면 머무는(至) 곳, 즉 침식하는 것에서 집, 주거(屋)를 의미한다.

읽기한자

茅屋(모옥) 屋棟(옥동) 帽屋(모옥)

쓰기한자

屋內(옥내) 屋上(옥상) 屋外(옥외) 家屋(가옥)
古屋(고옥) 社屋(사옥) 洋屋(양옥) 草屋(초옥)

玉 구슬 옥

4급Ⅱ

玉 | 0획

비 王(임금 왕)
　主(주인 주)
동 珠(구슬 주)

글자 풀이

세 개의 구슬을 끈으로 꿴 모양을 본뜬 글자로, 王자와 구별하기 위하여 점을 찍었다.

읽기한자

瓊樓玉宇(경루옥우) 瓊枝玉葉(경지옥엽) 瑞玉(서옥) 瑄玉(선옥)
玉琯(옥관) 玉珥(옥이) 玉釧(옥천) 玉杓(옥표) 允玉(윤옥) 胤玉(윤옥)
彫玉(조옥) 琢玉(탁옥) 玉蟾(옥섬) 玉塵(옥진) 玉瓚(옥찬) 玉札(옥찰)

쓰기한자

玉骨(옥골) 玉座(옥좌) 玉篇(옥편) 紅玉(홍옥) 玉指環(옥지환)
金科玉條(금과옥조) 金枝玉葉(금지옥엽) 珠玉(주옥) 玉衡(옥형)

獄 옥(囚舍) 옥

3급Ⅱ

犬 | 11획

비 嶽(큰산 악)

글자 풀이

개(犭)와 개(犬)가 싸우듯이 원고와 피고가 서로 말다툼(言)하는 것을 재판하여 벌을 주는 감옥(獄)을 의미한다.

읽기한자

煉獄(연옥) 踰獄(유옥)

쓰기한자

獄苦(옥고) 獄舍(옥사) 獄事(옥사) 獄死(옥사) 獄中(옥중) 監獄(감옥)
疑獄(의옥) 地獄(지옥) 出獄(출옥) 脫獄(탈옥) 投獄(투옥) 下獄(하옥)

沃 기름질 옥

2급(名)

水 | 4획

동 肥(살찔 비)

글자 풀이

물(水)을 대주면 초목이 왕성하게(夭) 자라는 데서 기름지다(沃)는 의미이다.

읽기한자

沃野千里(옥야천리) 沃沮(옥저) 沃田(옥전) 沃川(옥천) 沃土(옥토)
肥沃(비옥)

鈺	2급(名)
	보배 옥
	金 | 5획

동 寶(보배 보)
珍(보배 진)

글자 풀이

옛사람들에게 쇠붙이(金)와 구슬(玉)은 다 귀한 것이었으므로 보배(鈺)를 나타낸다. 이름자로 주로 쓰인다.

읽기한자

李鈺(이옥 : 조선후기의 문인)

溫	6급
	따뜻할 온
	水 | 10획

동 暖(따뜻할 난)
반 冷(찰 랭)
寒(찰 한)
凍(얼 동)
약 温

글자 풀이

찬 음식을 쪄서 따뜻이(昷) 하듯이 물(水)을 데우는 것에서 따뜻하다(溫)는 의미이다.

읽기한자

溫坑(온갱) 溫祚王(온조왕) 溫滑(온활)

쓰기한자

溫厚(온후) 溫泉(온천) 高溫多濕(고온다습) 溫氣(온기) 溫冷(온냉)
溫帶(온대) 溫度(온도) 溫床(온상) 溫水(온수) 溫順(온순) 溫室(온실)
溫情(온정) 溫風(온풍) 溫和(온화) 溫突(온돌) 溫柔(온유) 恒溫(항온)
微溫的(미온적)

穩	2급
	편안할 온
	禾 | 14획

비 隱(숨을 은)
동 安(편안 안)
逸(편안할 일)
약 穏, 稳

글자 풀이

곡식(禾)을 쌓아 두고(㥯) 있으면 든든하므로 편안함(穩)을 의미한다.

읽기한자

穩健(온건) 穩當(온당) 穩全(온전) 不穩(불온) 深穩(심온) 安穩(안온)
平穩(평온)

擁	3급
	낄 옹:
	手 | 13획

동 抱(안을 포)

글자 풀이

손(手)으로 통로를 막으면서(雍) 에워싸고 있는 것, 옆구리에 끼고 있는 것으로 끼다, 안다(擁)는 의미이다.

쓰기한자

擁立(옹립) 擁書(옹서) 擁衛(옹위) 擁護(옹호) 抱擁(포옹)

翁	3급
	늙은이 **옹**
	羽 | 4획

비 習(익힐 습)
동 老(늙을 로)

어른(公)의 턱수염이 새의 깃털(羽)처럼 늘어져 있다는 데서 늙은이, 어른 (翁)을 의미한다.

翁主(옹주) 老翁(노옹) 塞翁之馬(새옹지마)

甕	2급(名)
	독 **옹:**
	瓦 | 13획

사람, 불, 흙이 조화(雍)를 이루어야만 커다란 질그릇(瓦)을 빚을 수 있다는 데서 항아리, 독(甕)을 의미한다.

甕器(옹기) 甕津(옹진) 鐵甕城(철옹성)

邕	2급(名)
	막힐 **옹**
	邑 | 3획

동 塞(막힐 색)
睦(화목할 목)
穆(화목할 목)

물(水)로 둘러싸인 마을(邑)은 교통이 막히므로 막히다(邕)를 의미한다. 또 막힌 곳에서는 주민이 서로를 의지할 수밖에 없으므로 화목하게 지내 는데서 화목하다를 의미한다.

邕水(옹수) 邕睦(옹목) 蔡邕(채옹)

雍	2급(名)
	화(和)할 **옹**
	隹 | 5획

동 和(화할 화)
睦(화목할 목)
穆(화목할 목)

雍의 본 모양은 雝으로 邕과 통한다. 막히다, 화목하다(雍)를 의미한다.

雍睦(옹목) 雍穆(옹목) 雍防(옹방) 雍蔽(옹폐) 雍和(옹화)

瓦 3급Ⅱ 기와 **와:** 瓦 | 0획	 암키와와 수키와(瓦)가 서로 어울려 있는 모양을 본떴다. 읽기한자 煉瓦(연와) 瓦縫(와봉) 瓦甕(와옹) 쓰기한자 瓦器(와기) 瓦當(와당) 瓦全(와전) 瓦解(와해) 弄瓦(농와)

비 互(서로 호)

臥 3급 누울 **와:** 臣 | 2획	글자 풀이 사람(人)이 눈(臣)을 감고 누워서(臥) 쉰다는 의미이다. 읽기한자 臥蠶(와잠) 쓰기한자 臥龍(와룡) 臥病(와병)

비 臣(신하 신)
반 起(일어날 기)

完 5급 완전할 **완** 宀 | 4획	글자 풀이 담을 토대(元)를 잘 하여 우뚝하게 쌓고 지붕(宀)을 해 씌운다는 데서 완전하다(完)는 의미이다. 읽기한자 完輯(완집) 完聚(완취) 쓰기한자 完納(완납) 完了(완료) 完拂(완불) 完遂(완수) 完決(완결) 完結(완결) 完工(완공) 完備(완비) 完成(완성) 完勝(완승) 完全(완전) 完治(완치) 完快(완쾌) 完敗(완패) 未完(미완) 完製品(완제품) 不完全(불완전) 完熟(완숙) 補完(보완)

비 宗(마루 종)
宅(집 택)
동 全(온전 전)

緩 3급Ⅱ 느릴 **완:** 糸 | 9획	글자 풀이 실(糸)을 손톱(爫)과 두(二) 손(友)으로 풀어 늘어지게 하고, 걸음을 늘어지게 걷는 데서 '늘어지다, 느리다' 는 의미이다. 읽기한자 舒緩(서완) 緩下劑(완하제) 쓰기한자 緩急(완급) 緩慢(완만) 緩行(완행) 緩刑(완형) 緩和(완화) 緩衝地帶(완충지대)

비 暖(따뜻할 난)
援(도울 원)
동 徐(천천할 서)
遲(더딜 지)
반 急(급할 급)
速(빠를 속)

莞	2급(名) 빙그레할 완 왕골 관 ㅛ | 7획

글자 풀이

줄기가 둥근(完) 풀(ㅛ)로 왕골(莞)을 의미한다.

읽기한자

莞島(완도)

曰	3급 가로 왈 曰 | 0획

비 日(날 일)
由(말미암을 유)

글자 풀이

입(口)과 혀(一)로 말한다(曰)는 의미이다.

쓰기한자

曰可曰否(왈가왈부) 曰字(왈자)

王	8급 임금 왕 玉 | 0획

비 玉(구슬 옥)
主(주인 주)
동 君(임금 군)
帝(임금 제)
皇(임금 황)
반 臣(신하 신)
民(백성 민)

글자 풀이

하늘과 땅과 인간(三)을 통치(丨)하는 임금(王)을 의미한다.

읽기한자

魔王(마왕) 閻羅大王(염라대왕) 溫祚王(온조왕) 王姬(왕희)
王羲之(왕희지) 禹王(우왕) 霸王(패왕) 后王(후왕)

쓰기한자

王座(왕좌) 帝王(제왕) 王家(왕가) 王國(왕국) 王宮(왕궁) 王權(왕권)
王道(왕도) 王命(왕명) 王室(왕실) 王位(왕위) 王子(왕자) 王政(왕정)
王朝(왕조) 國王(국왕) 大王(대왕) 女王(여왕) 王冠(왕관) 王陵(왕릉)
王妃(왕비) 王大人(왕대인) 王中王(왕중왕) 生産王(생산왕)
王母珠(왕모주)

往	4급Ⅱ 갈 왕: 彳 | 5획

비 住(살 주)
동 去(갈 거)
반 來(올 래)
復(회복할 복)

글자 풀이

풀이 자라(主)듯이 기세 좋게 쑥쑥 앞으로 나아가(彳)는 것에서 가다, 지나가다(往)는 의미이다.

읽기한자

往診(왕진) 彰往察來(창왕찰래)

쓰기한자

旣往(기왕) 往年(왕년) 往來(왕래) 往復(왕복) 往往(왕왕) 已往(이왕)
來往(내왕) 說往說來(설왕설래) 遞往(체왕) 右往左往(우왕좌왕)
古往今來(고왕금래) 極樂往生(극락왕생)

旺

2급(名)

왕성할 **왕:**

日 | 4획

屠 盛(성할 성)
　 繁(번성할 번)

글자 풀이

王은 크고 넓다는 뜻을 내포하고 있다. 해(日)가 크면(王) 만물의 생육이 왕성해지므로 왕성하다(旺)는 의미이다.

읽기 한자

旺盛(왕성) 旺運(왕운) 儀旺(의왕) 興旺(흥왕)

汪

2급(名)

넓을 **왕(:)**

水 | 4획

글자 풀이

王은 크고 넓다는 뜻을 내포하고 있다. 물(水)이 넓음(王)을 나타낸다. 姓氏로도 쓰인다.

읽기 한자

汪茫(왕망) 汪洋(왕양) 汪兆銘(왕조명)

倭

2급(名)

왜나라 **왜**

人 | 8획

글자 풀이

委(맡길 위)는 믿고 따른다는 뜻을 내포하고 있다. 사람(人)을 믿고 따른다(委)는 데서 성격이 유순함을 나타냈다. 나중에는 주로 日本을 지칭하는데 쓰였다.

읽기 한자

倭館(왜관) 倭國(왜국) 倭女(왜녀) 倭奴(왜노) 倭刀(왜도) 倭亂(왜란)
倭兵(왜병) 倭式(왜식) 倭人(왜인) 倭將(왜장) 倭賊(왜적) 倭政(왜정)
倭風(왜풍)

歪

2급

기울 **왜/외**

止 | 5획

屠 曲(굽을 곡)

글자 풀이

바르지(正) 않은(不) 데서 비뚤다, 기울다(歪)는 의미이다.

읽기 한자

歪曲(왜곡) 歪曲報道(왜곡보도) 歷史歪曲(역사왜곡)

外 | 8급
바깥 **외:**
夕 | 2획

[반] 內(안 내)

저녁(夕)때 거북이 등을 두드려서 점(卜)을 치면 줄금이 바깥쪽에 생기는 것에서 바깥(外)을 의미한다.

읽기한자
疆外(강외) 圈外(권외) 外濠(외호) 塵外(진외) 外託(외탁) 外艦(외함)

쓰기한자
外勤(외근) 外傷(외상) 外叔(외숙) 外樣(외양) 外遊(외유) 外債(외채)
涉外(섭외) 郊外(교외) 外家(외가) 外界(외계) 外科(외과) 外觀(외관)
外交(외교) 外國(외국) 外道(외도) 外面(외면) 外方(외방) 外部(외부)
外勢(외세) 外孫(외손) 外信(외신) 外野(외야) 外製(외제) 外貌(외모)
外換(외환) 外販員(외판원) 外柔內剛(외유내강)

畏 | 3급
두려워할 **외:**
田 | 4획

[비] 長(긴 장)
[동] 怖(두려워할 포)
　　恐(두려울 공)
　　懼(두려워할 구)

글자 풀이
귀신(田)이나 우두머리, 어른(長)을 두려워한다(畏)는 의미이다.

읽기한자
怖畏(포외)

쓰기한자
畏敬(외경) 畏友(외우)

曜 | 5급
빛날 **요:**
日 | 14획

[비] 躍(뛸 약)
[동] 輝(빛날 휘)
　　煜(빛날 욱)
　　耀(빛날 요)
　　燦(빛날 찬)
　　煥(빛날 환)

글자 풀이
새(隹)가 날아 오를 때의 날개(羽)의 아름다움처럼 햇볕(日)이 높이 빛나는 모습에서 빛나다(曜)는 의미이다.

읽기한자
曜煜(요욱) 皓曜(호요) 晃曜(황요)

쓰기한자
曜曜(요요) 曜日(요일) 金曜日(금요일) 木曜日(목요일) 水曜日(수요일)
月曜日(월요일) 日曜日(일요일) 土曜日(토요일) 火曜日(화요일)
曜靈(요령)

要 | 5급 Ⅱ
요긴할 **요(:)**
襾 | 3획

[비] 腰(허리 요)
[동] 緊(긴할 긴)

글자 풀이
여자(女)가 두 손으로 허리(腰)를 잡고 있는 모양을 본 뜬 글자로, 허리는 신체 중에서도 중요한 곳이라고 하는 것에서 중요하다(要)는 의미이다.

읽기한자
要旨(요지) 要津(요진) 要斬(요참)

쓰기한자
要覽(요람) 要點(요점) 要塞(요새) 要誓(요서) 要件(요건) 要求(요구)
要談(요담) 要領(요령) 要路(요로) 要望(요망) 要所(요소) 要素(요소)
要約(요약) 要員(요원) 要人(요인) 要因(요인) 要綱(요강) 要緊(요긴)
概要(개요) 需要(수요) 摘要(적요)

謠

4급Ⅱ

노래 **요**

言 | 10획

비 搖(흔들 요)
　遙(멀 요)
동 歌(노래 가)
　曲(굽을 곡)
약 謡

글자 풀이

고기(月)와 술독의 질그릇(缶)을 앞에 놓고 말(言)을 길게 하면서 노래한다(謠)는 의미이다.

쓰기 한자

謠言(요언) 歌謠(가요) 農謠(농요) 童謠(동요) 民謠(민요) 俗謠(속요)

搖

3급

흔들 **요**

手 | 10획

비 謠(노래 요)
　遙(멀 요)
동 動(움직일 동)
약 揺

글자 풀이

취객이 손(扌)에 고기(月)와 술병(缶)을 들고 흔들흔들하는 데서, 흔들다는 의미이다.

읽기 한자

搖動軸(요동축)

쓰기 한자

搖動(요동) 搖亂(요란) 動搖(동요) 搖之不動(요지부동)

腰

3급

허리 **요**

肉/月 | 9획

비 要(요긴할 요)

글자 풀이

몸(月)을 구부렸다 폈다 하는데 요긴한(要) 부분이니 허리(腰)를 의미한다.

읽기 한자

纖腰(섬요) 腎虛腰痛(신허요통) 楚腰(초요) 腰繩(요승) 腰斬(요참)

쓰기 한자

腰帶(요대) 腰折腹痛(요절복통) 腰痛(요통)

遙

3급

멀 **요**

辶 | 10획

비 謠(노래 요)
　搖(흔들 요)
동 遠(멀 원)
반 近(가까울 근)
약 遥

글자 풀이

고기(月)와 질그릇(缶)을 지고서 길(辶)을 따라 멀리, 걷는다(遙)는 의미이다.

읽기 한자

遼遙(요요)

쓰기 한자

遙望(요망) 遙遠(요원)

아

堯	2급(名)
	요임금 **요**
	土 | 9획

약 尧

글자 풀이

垚는 흙을 높이 쌓은 모양, 兀은 높고 위가 평평한 모양을 그린 것으로 높음을 나타낸다. 주로 중국(中國) 상고(上古)의 제왕(帝王)인 요임금을 의미한다.

읽기한자

堯舜(요순) 堯堯(요요)

妖	2급
	요사할 **요**
	女 | 4획

글자 풀이

여자(女)가 지나치게 예쁘다(夭)는 데서 요망하다, 요염하다(妖)는 의미이다.

읽기한자

妖怪(요괴) 妖鬼(요귀) 妖氣(요기) 妖女(요녀) 妖妄(요망) 妖霧(요무)
妖物(요물) 妖婦(요부) 妖邪(요사) 妖書(요서) 妖星(요성) 妖術(요술)
妖僧(요승) 妖言(요언) 妖雲(요운) 妖異(요이) 妖人(요인) 妖精(요정)
妖態(요태) 妖花(요화)

姚	2급(名)
	예쁠 **요**
	女 | 6획

동 美(아름다울 미)

글자 풀이

아들을 낳을 조짐(兆)이 있는 여자(女)는 아름답다는 데서 예쁘다(姚)는 의미이다.

읽기한자

姚江學派(요강학파)

耀	2급(名)
	빛날 **요**
	羽 | 14획

동 曜(빛날 요)
　 燿(빛날 요)
　 輝(빛날 휘)
　 煜(빛날 욱)
　 燦(빛날 찬)
　 煥(빛날 환)

글자 풀이

꿩의 깃털(翟)이 빛(光)을 받으면 빛나는 데서 빛나다(耀)는 의미이다.

읽기한자

耀德(요덕) 耀耀(요요) 輝耀(휘요)

5급

浴 목욕할 **욕**
水 | 7획

ㅂ 谷(골 곡)
　俗(풍속 속)
동 沐(머리감을 목)

〔글자 풀이〕
옛날은 계곡(谷)사이를 흘러내리는 물(水)로 씻어 정화한 것에서 맞다, 씻다(浴)는 의미이다.

〔읽기한자〕
沐浴(목욕) 沐浴湯(목욕탕)

〔쓰기한자〕
浴室(욕실) 日光浴(일광욕) 浴殿(욕전) 海水浴場(해수욕장)
森林浴(삼림욕)

3급Ⅱ

慾 욕심 **욕**
心 | 11획

ㅂ 欲(하고자할 욕)
동 貪(탐할 탐)

〔글자 풀이〕
하고자 하는(欲) 마음(心)으로, 무언가를 탐내는 욕심을 의미한다.

〔읽기한자〕
釣名慾(조명욕)

〔쓰기한자〕
貪慾(탐욕) 慾求(욕구) 慾望(욕망) 慾心(욕심) 禁慾(금욕) 物慾(물욕)
食慾(식욕) 愛慾(애욕) 野慾(야욕) 意慾(의욕) 虛慾(허욕) 權力慾(권력욕)
私利私慾(사리사욕)

3급Ⅱ

欲 하고자할 **욕**
欠 | 7획

ㅂ 慾(욕심 욕)

〔글자 풀이〕
뱃속이 골(谷)처럼 비어 입을 벌리고(欠) 먹고 싶어한다는 데서 하고자 하다, 바라다(欲)는 의미이다.

〔읽기한자〕
欲塵(욕진)

〔쓰기한자〕
欲情(욕정) 寡欲(과욕) 情欲(정욕) 欲求不滿(욕구불만)

3급Ⅱ

辱 욕될 **욕**
辰 | 3획

동 恥(부끄러울 치)
반 榮(영화 영)

〔글자 풀이〕
별(辰)의 움직임을 따라 농사철에 맞게 부지런히 손(寸)을 놀리지 않으면 가을에 수확이 없어 욕을 보게 된다는 데서, 욕되다는 의미이다.

〔쓰기한자〕
汚辱(오욕) 辱臨(욕림) 辱說(욕설) 辱知(욕지) 苦辱(고욕) 困辱(곤욕)
屈辱(굴욕) 雪辱(설욕) 榮辱(영욕) 恥辱(치욕)

아

勇 6급Ⅱ

날랠 **용:**

力 | 7획

비 男(사내 남)
동 猛(사나울 맹)

글자 풀이

힘(力)이 용솟음(甬) 쳐서 행동이 날래고 용감하다(勇)는 의미이다.

읽기한자

賈勇(고용) 蠻勇(만용) 勇彊(용강) 勇膽(용담)

쓰기한자

勇敢(용감) 勇躍(용약) 勇壯(용장) 勇氣(용기) 勇斷(용단) 勇士(용사)
勇退(용퇴) 武勇談(무용담) 義勇軍(의용군) 勇猛(용맹)

用 6급Ⅱ

쓸 **용:**

用 | 0획

비 丹(붉을 단)
동 費(쓸 비)

글자 풀이

무엇인가 물건을 만들 때 산산히 흩어지지 않도록 못을 사용하는 것에서 이용하다(用)는 의미이다.

읽기한자

雇用(고용) 倂用(병용) 柄用(병용) 采用(채용) 勳用(훈용)

쓰기한자

用件(용건) 用具(용구) 用器(용기) 用度(용도) 用量(용량) 用例(용례)
用務(용무) 用法(용법) 用便(용변) 用兵(용병) 用語(용어) 用言(용언)
用途(용도) 用役(용역) 兼用(겸용) 慣用(관용) 御用(어용) 徵用(징용)
貸用(대용) 濫用(남용) 竝用(병용) 遵用(준용) 借用證(차용증)

容 4급Ⅱ

얼굴 **용**

宀 | 7획

동 顔(낯 안)
　　貌(모양 모)
　　面(낯 면)

글자 풀이

계곡(谷)물이 넓은 강물에 합쳐지는 여울목처럼 집(宀) 앞이 넓어서 물건을 많이 넣을 수 있는 것에서 넣다, 알맹이(容)를 의미한다.

읽기한자

皮膚美容(피부미용) 嬅容(화용) 容赦(용사) 雍容(옹용)

쓰기한자

容納(용납) 容易(용이) 容積(용적) 容疑者(용의자) 形容詞(형용사)
容共(용공) 容器(용기) 容量(용량) 容認(용인) 容態(용태) 內容(내용)
美容(미용) 收容(수용) 受容(수용) 偉容(위용) 理容(이용) 包容(포용)
許容(허용) 容貌(용모) 容恕(용서) 寬容(관용) 陳容(진용)

庸 3급

떳떳할 **용**

广 | 8획

동 常(떳떳할 상)
반 劣(못할 렬)
　　拙(졸할 졸)

글자 풀이

자기집(广)에서도 삼가며 엄숙한(肅) 자세를 유지하는 데서, 떳떳하다는 의미이다.

읽기한자

采庸(채용) 勳庸(훈용)

쓰기한자

庸劣(용렬) 庸人(용인) 庸才(용재) 庸拙(용졸) 登庸(등용) 中庸(중용)

傭 2급
품팔 **용**
人 | 11획

비 庸(쓸 용)
동 雇(품팔 고)

글자 풀이
돈을 주고 사람(人)을 쓰는(庸) 것으로 품팔다(傭)는 의미이다.

읽기 한자
傭兵(용병) 傭船(용선) 傭役(용역) 傭人(용인) 傭賃(용임) 雇傭(고용)

溶 2급(名)
녹을 **용**
水 | 10획

동 熔(녹을 용)

글자 풀이
물(水)이 모든 것을 다 받아들이면서(容) 질펀하게 흐르는 모양을 나타낸다. 모든 것이 물 속에 흡수되는데서 녹는다(溶)는 의미이다.

읽기 한자
溶媒(용매) 溶液(용액) 溶溶(용용) 溶解(용해) 水溶性(수용성)

熔 2급
녹을 **용**
火 | 10획

동 鎔(쇠녹일 용)

글자 풀이
불(火)은 모든 것을 받아들여(容) 녹인다는 데서 녹이다(熔)는 의미이다.

읽기 한자
熔鑛爐(용광로) 熔巖(용암) 熔解(용해)

瑢 2급(名)
패옥소리 **용**
玉 | 10획

비 溶(녹을 용)

글자 풀이
玉匠은 玉이 부딪히는 소리를 듣고 그 종류를 알 수 있다고 한다. 佩(찰패)玉 소리는 玉의 얼굴(容)인 셈이므로 옥의 얼굴로 패옥소리를 나타냈다. 또 패옥소리를 들으면 그 옥을 차고 있는 사람의 얼굴이 떠오르는데서 瑢으로 패옥소리를 나타냈다.

읽기 한자
璇瑢(선용)

鎔	2급(名)
	쇠녹일 **용**
	金 │ 10획

동 熔(녹을 용)

글자 풀이

녹인 쇠붙이(金)를 받아들이는(容) 그릇으로 거푸집을 의미한다. 또 쇠붙이(金)를 받아들여(容) 녹인다는 데서 녹이다(鎔)를 의미한다.

읽기 한자

鎔鑛爐(용광로) 鎔范(용범) 鎔接(용접) 鎔解(용해)

鏞	2급(名)
	쇠북 **용**
	金 │ 11획

동 鍾(쇠북 종)

글자 풀이

쇠붙이(金)로 만들어 법도에 맞게 쓰인다(庸)는 데서 쇠북(鏞)을 의미한다.

읽기 한자

金鏞(금용) 大鏞(대용)

右	7급 Ⅱ
	오를/오른쪽 **우:**
	口 │ 2획

비 古(예 고)
　石(돌 석)
반 左(왼 좌)

글자 풀이

밥을 먹을 때 음식물을 입(口)으로 나르(ナ)는 손의 모습에서 오른쪽(右)을 의미한다.

읽기 한자

右揆(우규) 右弼(우필)

쓰기 한자

右傾(우경) 右派(우파) 右武(우무) 右手(우수) 右心房(우심방) 極右(극우)
左右(좌우) 右翼(우익) 右側(우측) 左之右之(좌지우지)
左衝右突(좌충우돌) 右往左往(우왕좌왕)

友	5급 Ⅱ
	벗 **우:**
	又 │ 2획

비 反(돌이킬 반)
동 朋(벗 붕)

글자 풀이

두 사람이 손(又)을 서로 잡고 서로(ナ) 돕는 것에서 벗(友)을 의미한다.

읽기 한자

燮友(섭우) 允友(윤우) 胤友(윤우) 友穆(우목) 友傅(우부)

쓰기 한자

友邦(우방) 朋友(붕우) 友軍(우군) 友愛(우애) 友人(우인) 友情(우정)
交友(교우) 校友(교우) 教友(교우) 級友(급우) 僚友(요우) 社友(사우)
戰友(전우) 親友(친우) 學友(학우) 鄕友會(향우회) 血友病(혈우병)
竹馬故友(죽마고우) 友好條約(우호조약) 文房四友(문방사우)
歲寒三友(세한삼우)

牛 소 우 5급
牛 | 0획

비 午(낮 오)
年(해 년)
동 丑(소 축)

글자 풀이
소(牛)의 머리 모양을 본떴다.

읽기 한자
牛膽(우담) 牛毛麟角(우모인각) 牛腎(우신)

쓰기 한자
牛乳(우유) 鬪牛(투우) 矯角殺牛(교각살우) 牛角(우각) 牛黃(우황)
農牛(농우) 黃牛(황우) 牛耳讀經(우이독경) 九牛一毛(구우일모)
碧昌牛(벽창우) 肥肉牛(비육우)

雨 비 우: 5급Ⅱ
雨 | 0획

비 兩(두 량)
반 晴(갤 청)

글자 풀이
드리워져 있는 구름에서 비(雨)가 내린다는 의미이다.

읽기 한자
沐雨(목우) 瑞雨(서우) 雨傘(우산) 滋雨(자우) 雨如車軸(우여차축)

쓰기 한자
雨期(우기) 雨量(우량) 雨備(우비) 雨天(우천) 陰雨(음우) 暴雨(폭우)
雨露(우로) 測雨器(측우기) 祈雨祭(기우제) 降雨量(강우량)
豪雨警報(호우경보)

優 넉넉할 우 4급
人 | 15획

비 憂(근심 우)
동 秀(빼어날 수)
裕(넉넉할 유)
반 劣(못할 렬)
拙(졸할 졸)

글자 풀이
손, 발, 몸 등을 조용히(憂) 움직이며 정숙하게 행동하는 사람(亻)을 비
유해서 부드럽다, 품위있다, 배우(優)를 의미한다.

읽기 한자
優旨(우지)

쓰기 한자
優待(우대) 優等(우등) 優良(우량) 優生(우생) 優先(우선)
優性(우성) 優勢(우세) 優秀(우수) 優勝(우승) 優位(우위)
男優(남우) 聲優(성우) 女優(여우) 準優勝(준우승) 最優秀(최우수)
優劣(우열) 優雅(우아) 優越(우월) 優柔不斷(우유부단)

遇 만날 우: 4급
辶 | 9획

비 偶(짝 우)
愚(어리석을 우)
동 逢(만날 봉)

글자 풀이
원숭이(禺)가 이리저리 다니다가(辶) 서로 만난다(遇)는 의미이다.

읽기 한자
酷遇(혹우)

쓰기 한자
遇害(우해) 境遇(경우) 奇遇(기우) 待遇(대우) 不遇(불우) 禮遇(예우)
知遇(지우) 處遇(처우) 千載一遇(천재일우)

郵	4급
우편 우	
邑/阝 | 8획	

비 睡(졸음 수)
垂(드리울 수)

글자 풀이

중앙의 공문이 고을(阝)에 내려진다는(垂) 것에서 우편(郵)을 의미한다.

쓰기 한자

郵送(우송) 郵遞(우체) 郵便(우편) 郵便物(우편물) 郵票(우표)
郵便番號(우편번호) 航空郵便(항공우편)

偶	3급Ⅱ
짝 우:	
人 | 9획	

비 遇(만날 우)
愚(어리석을 우)
동 配(짝 배)
匹(짝 필)
伴(짝 반)

글자 풀이

사람(人)이나 원숭이(禺) 모양으로 만든 허수아비에서, 짝을 의미한다.

쓰기 한자

偶發(우발) 偶像(우상) 偶數(우수) 偶然(우연)
偶人(우인) 配偶者(배우자) 偶像崇拜(우상숭배)

宇	3급Ⅱ
집 우:	
宀 | 3획	

비 于(어조사 우)
동 家(집 가) 宙(집 주)
堂(집 당)
屋(집 옥)
館(집 관)
室(집 실)
宅(집 택)

글자 풀이

집 면(宀)이 뜻으로 어조사 우(于)가 음으로 나타난 자이다.

읽기 한자

瓊樓玉宇(경루옥우) 棟宇(동우) 蓬宇(봉우) 峻宇(준우)

쓰기 한자

宇宙(우주) 宇宙船(우주선) 氣宇(기우) 屋宇(옥우) 殿宇(전우)

愚	3급Ⅱ
어리석을 우	
心 | 9획	

비 遇(만날 우)
偶(짝 우)
반 賢(어질 현)

글자 풀이

마음(心) 씀씀이가 원숭이(禺)같다는 데서, 어리석다는 의미이다.

읽기 한자

愚魯(우로) 愚衷(우충)

쓰기 한자

愚鈍(우둔) 愚劣(우열) 愚見(우견) 愚弄(우롱) 愚惡(우악) 愚弟(우제)
愚直(우직) 愚問賢答(우문현답) 愚民政治(우민정치)

3급Ⅱ

憂

근심 우
心 | 11획

비 優(넉넉할 우)
동 愁(근심 수)
　 患(근심 환)

글자 풀이

머리(頁)와 마음(心) 속에 걱정이 많아 발걸음이 무겁다는(夊)데서 근심, 걱정(憂)을 의미한다.

읽기 한자

憂悶(우민) 憂鬱(우울) 殷憂(은우) 憂焦(우초)

쓰기 한자

憂慮(우려) 憂愁(우수) 憂患(우환) 丁憂(정우)
內憂外患(내우외환) 識字憂患(식자우환)

3급

于

어조사 우
二 | 1획

비 干(방패 간)
　 午(낮 오)

글자 풀이

장애물에 막혀 탄식하는(于) 모양을 나타냈다.

쓰기 한자

于先(우선) 至于今(지우금) 于歸(우귀)

3급

又

또 우:
又 | 0획

비 友(벗 우)
동 亦(또 역)

글자 풀이

오른손(又)의 모양을 본떴다.

쓰기 한자

又重之(우중지)

3급

尤

더욱 우
尢 | 1획

글자 풀이

손에 회초리를 들고 있음을 나타내는 글자로, 허물을 나무라며 더욱 잘할 것을 바라는 데서, 더욱, 나무라다, 허물을 의미한다.

쓰기 한자

尤物(우물) 尤妙(우묘) 尤甚(우심) 不尤人(불우인)

아

羽

3급Ⅱ

깃 우:

羽 | 0획

통 翼(날개 익)

글자 풀이

깃털(羽)의 모양을 본떴다.

읽기한자

鷺羽(노우)

쓰기한자

羽獵(우렵) 羽毛(우모) 羽翼(우익) 羽聲(우성)

佑

2급(名)

도울 우:

人 | 5획

통 祐(도울 우)
　助(도울 조)
　佐(도울 좌)
　輔(도울 보)
　扶(도울 부)
　保(지킬 보)

글자 풀이

右는 본래 돕는다는 뜻으로 쓰였으나 나중에 오른쪽을 의미하는 뜻으로 굳어지게 되자 본래 의미는 돕는 주체인 사람(人)을 덧붙여 佑로 나타내게 되었다.

읽기한자

佑命(우명) 佑助(우조) 保佑(보우) 天佑神助(천우신조)

祐

2급(名)

복(福) 우:

示 | 5획

비 佑(도울 우)
통 福(복 복)
　祚(복 조)
　祜(복 호)
반 殃(재앙 앙)
　災(재앙 재)

글자 풀이

신(示)이 돕는다(右)는 뜻으로, 신의 도움인 복(祐)을 의미한다.

읽기한자

祐助(우조) 降祐(강우) 保祐(보우) 福祐(복우) 神祐(신우) 天祐(천우)

禹

2급(名)

성(姓) 우(:)

内 | 4획

글자 풀이

본래 벌레의 모양을 그린 글자이다. 중국(中國) 상고(上古) 하(夏)나라의 시조(始祖)인 우임금을 나타내며 姓氏로 쓰인다.

읽기한자

禹貢(우공) 禹域(우역) 禹王(우왕) 夏禹氏(하우씨)

旭

아침해 **욱**

日 | 2획

2급(名)

글자 풀이

해(日)가 돋을 때 이상으로 밝은 해는 없다(九)는 데서 아침 해(旭)를 의미한다.

읽기한자

旭光(욱광) 旭日昇天(욱일승천) 紅旭(홍욱)

昱

햇빛 밝을 **욱**

日 | 5획

2급(名)

동 昞(밝을 병) 炳(밝을 병) 晃(밝을 황) 熙(빛날 희) 曜(빛날 요) 耀(빛날 요) 煜(빛날 욱) 赫(밝을 혁) 輝(빛날 휘) 燦(빛날 찬) 煥(빛날 환)

글자 풀이

해(日)가 뜨면(立) 햇빛이 밝다(昱)는 의미이다. 주로 이름자로 쓰인다.

읽기한자

昱昱(욱욱)

煜

빛날 **욱**

火 | 9획

2급(名)

동 昞(밝을 병) 炳(밝을 병) 晃(밝을 황) 熙(빛날 희) 曜(빛날 요) 耀(빛날 요) 昱(빛날 욱) 赫(밝을 혁) 輝(빛날 휘) 燦(빛날 찬) 煥(빛날 환)

글자 풀이

불(火)이 햇빛과 같이 밝은(昱) 것처럼 밝은 데서 빛나다(煜)는 의미이다. 주로 이름자로 쓰인다.

읽기한자

煜煜(욱욱) 李煜(이욱)

郁

성할 **욱**

邑/阝 | 6획

2급(名)

글자 풀이

본래는 땅이름이었다. 손(ナ)에 고기(肉)를 들고 먹을 정도의 고을(邑)은 번성한다는 데서 성하다(郁)는 의미이다.

읽기한자

郁文(욱문) 郁馥(욱복) 郁郁(욱욱)

頊 삼갈 욱

2급(名)

頁 | 4획

비 預(미리 예)
동 謹(삼갈 근)
　慎(삼갈 신)

글자 풀이

옥(玉)처럼 귀중한 존재 앞에서는 머리(頁)를 숙이고 삼간다는 데서 삼가다(頊)는 의미이다. 이름자로 쓰인다.

읽기한자

頊頊(욱욱)

運 옮길 운:

6급Ⅱ

辶 | 9획

비 連(이을 련)
동 移(옮길 이)
　搬(운반할 반)

글자 풀이

병사(軍)들이 전차를 끌면서 걸어가(辶)는 모습에서 나르다(運)는 의미이다.

읽기한자

奎運(규운) 呂運亨(여운형) 旺運(왕운) 運動圈(운동권) 運動靴(운동화)
運搬(운반) 運水搬柴(운수반시) 運祚(운조) 搬運(반운)

쓰기한자

運轉(운전) 運輸(운수) 機運(기운) 運賃(운임) 厄運(액운) 運動(운동)
運命(운명) 運送(운송) 運數(운수) 運身(운신) 運用(운용) 運筆(운필)
運河(운하) 運航(운항) 運行(운행) 家運(가운) 國運(국운) 氣運(기운)
吉運(길운) 大運(대운) 武運(무운)

雲 구름 운

5급Ⅱ

雨 | 4획

비 雪(눈 설)
　露(이슬 로)
　電(번개 전)

글자 풀이

비(雨)를 내리게 하는 뭉게구름(云)의 형태에서 구름(雲)을 의미한다.

읽기한자

瑞雲(서운) 妖雲(요운) 雲聚(운취) 峽雲(협운) 雲脂(운지) 雲翰(운한)
籠鳥戀雲(농조연운)

쓰기한자

祥雲(상운) 雲屯(운둔) 雲母(운모) 雲集(운집) 雲海(운해) 白雲(백운)
星雲(성운) 暗雲(암운) 戰雲(전운) 靑雲(청운) 風雲兒(풍운아)

韻 운 운:

3급Ⅱ

音 | 10획

비 損(덜 손)

글자 풀이

관원(員)이 소리(音)를 하는데 운에 잘 맞는다는 데서 '운, 운치, 울림'을 의미한다.

쓰기한자

韻文(운문) 韻士(운사) 韻律(운율) 韻致(운치) 餘韻(여운) 音韻(음운)
押韻(압운)

3급

云

이를 운

二 | 2획

비 去(갈 거)
동 謂(이를 위)

글자 풀이

사람이 말할 때의 입김이 구름처럼 피어오르는 모양으로 '이르다, 구름'을 의미한다.

쓰기 한자

云云(운운) 云爲(운위)

2급(名)

芸

향풀 운

艹 | 4획

글자 풀이

云(이를 운)은 雲(구름 운)의 옛글자이다. 구름(云)이 떠다니듯 향기가 널리 퍼져 떠다니는 풀(艹)로 향풀(芸)을 의미한다. 藝(재주 예)의 약자로 많이 쓰인다.

읽기 한자

芸閣(운각) 芸夫(운부) 芸芸(운운) 芸窓(운창) 芸香(운향) 芸術(예술)

2급(名)

蔚

고을이름 울

艹 | 11획

글자 풀이

본래 풀이름으로 제비쑥을 의미한다. 또 초목이 우거져 울창한 모양을 나타내며, 고을이름으로도 쓰인다.

읽기 한자

蔚然(울연) 蔚山(울산) 彬蔚(빈울)

2급

鬱

답답할 울

鬯 | 19획

약 欝

글자 풀이

숲(林)이 우거져 향기(鬯)와 무늬(彡)는 덮이고(冖) 숲의 통로는 독(缶) 크기의 구멍 정도에 지나지 않는데서 우거지다, 답답하다는 의미이다.

읽기 한자

鬱結(울결) 鬱氣(울기) 鬱怒(울노) 鬱林(울림) 鬱茂(울무) 鬱憤(울분)
鬱森(울삼) 鬱塞(울색) 鬱然(울연) 鬱郁(울욱) 鬱鬱(울울) 鬱寂(울적)
鬱蒼(울창) 鬱火(울화) 抑鬱(억울) 憂鬱(우울) 陰鬱(음울) 沈鬱(침울)

雄

5급

수컷 **웅**

佳 | 4획

- 비 稚(어릴 치)
- 반 雌(암컷 자)

글자 풀이

큰(大) 부리(厶)가 있는 새(佳)라는 것에서 수컷(雄)을 의미한다.

읽기한자

雄彊(웅강) 雄謀(웅모) 雌雄(자웅) 桓雄(환웅) 雄辯彊據(웅변강거)

쓰기한자

雄據(웅거) 雄辯(웅변) 雄壯(웅장) 雄大(웅대) 雄飛(웅비) 英雄(영웅)
群雄割據(군웅할거)

熊

2급(名)

곰 **웅**

火 | 10획

- 비 態(모습 태)

글자 풀이

본래 能이 곰을 그린 글자였으나 '능하다'라는 뜻으로 쓰이게 되자 불(火)을 더해 熊으로 곰을 나타내었는데, 火를 더한 것은 곰이 불속에서도 재주를 부릴 줄 아는 짐승이었기 때문이라고들 한다.

읽기한자

熊女(웅녀) 熊膽(웅담) 熊津(웅진) 熊虎之將(웅호지장) 白熊(백웅)
伏熊(복웅)

園

6급

동산 **원**

囗 | 10획

- 비 圓(둥글 원)
  團(둥글 단)

글자 풀이

밭의 과일(袁)을 사람에게 뺏기지 않으려고 품 안에 감추려는 듯한 기분으로 울타리(囗)를 하는 것에서 정원, 뜰, 울타리(園)를 의미한다.

읽기한자

淇園長(기원장) 庄園(장원) 園苑(원원)

쓰기한자

園丁(원정) 莊園(장원) 園所(원소) 園兒(원아) 園藝(원예) 公園(공원)
樂園(낙원) 農園(농원) 田園(전원) 庭園(정원) 學園(학원) 花園(화원)
果樹園(과수원) 園頭幕(원두막) 幼稚園(유치원) 遊園地(유원지)

遠

6급

멀 **원:**

辶 | 10획

- 동 遙(멀 요)
  永(길 영)
- 반 近(가까울 근)
- 약 逺

글자 풀이

품 안에 물건을 넣고(袁) 멀리에 보내는(辶) 것에서 멀다(遠)는 의미이다.

읽기한자

遼遠(요원) 遠謨(원모) 殷鑑不遠(은감불원) 峻遠(준원) 崔致遠(최치원)
淵遠(연원)

쓰기한자

遠慮(원려) 遠景(원경) 遠近(원근) 遠大(원대) 遠視(원시) 遠洋(원양)
敬遠(경원) 深遠(심원) 永遠(영원) 疏遠(소원) 遠征(원정) 久遠(구원)
遠隔(원격) 遠距離(원거리) 遠心力(원심력) 望遠鏡(망원경)
遠交近攻(원교근공) 不遠千里(불원천리)

元 으뜸 **원**
儿 | 2획

5급 Ⅱ

비 完(완전할 완)

사람(儿)의 가장 위(二)에 있는 것은 머리이며, 인간은 머리가 근원이라는 것에서 근원, 처음(元)을 의미한다.

읽기한자
元輔(원보) 元祐體(원우체) 元魏(원위) 元弼(원필) 元后(원후) 元勳(원훈)

쓰기한자
紀元(기원) 壯元(장원) 元金(원금) 元氣(원기) 元年(원년) 元來(원래)
元老(원로) 元素(원소) 元首(원수) 元子(원자) 元宰(원재) 元祖(원조)
多元(다원) 單元(단원) 復元(복원) 二元(이원) 一元(일원) 次元(차원)
元利金(원리금) 高次元(고차원) 三次元(삼차원) 元旦(원단) 元帥(원수)

原 언덕 **원**
厂 | 8획

5급

비 源(근원 원)
동 岸(언덕 안)
　 厓(언덕 애)
　 皐(언덕 고)
　 丘(언덕 구)
　 邱(언덕 구)

벼랑(厂) 밑에 맑고 흰(白) 물(水)이 나오는 언덕(原)이 있다는 의미이다.

읽기한자
蘆原區(노원구) 原型(원형) 峻原(준원) 原赦(원사)

쓰기한자
原絲(원사) 原價(원가) 原木(원목) 原告(원고) 原論(원론) 原料(원료)
原理(원리) 原名(원명) 原毛(원모) 原文(원문) 原本(원본) 原狀(원상)
原色(원색) 原書(원서) 原始(원시) 原案(원안) 原音(원음) 原因(원인)
原字(원자) 原稿(원고) 原綿(원면) 原簿(원부) 原審(원심) 原版(원판)
病原菌(병원균)

院 집 **원**
阜/阝 | 7획

5급

비 完(완전할 완)
동 家(집 가) 館(집 관)
　 堂(집 당) 屋(집 옥)
　 宙(집 주) 室(집 실)
　 宅(집 택)

완전히(完) 집을 둘러싸고 있는 흙담(阝)에서 유래하여 담장 안의 정원의 의미였는데 지금은 건물(院)을 지칭하는 의미이다.

읽기한자
棋院(기원) 尼院(이원) 翰林院(한림원)

쓰기한자
大院君(대원군) 府院君(부원군) 院內(원내) 院生(원생) 院長(원장)
開院(개원) 登院(등원) 法院(법원) 病院(병원) 本院(본원) 寺院(사원)
上院(상원) 書院(서원) 議院(의원) 醫院(의원) 入院(입원) 支院(지원)
退院(퇴원) 學院(학원) 監査院(감사원) 大學院(대학원) 養老院(양로원)

願 원할 **원:**
頁 | 10획

5급

동 望(바랄 망)
　 冀(바랄 기)
　 希(바랄 희)

벼랑(厂) 아래를 흐르는 냇물(泉)에 얼굴(頁)을 비쳐보고 예뻐지고 싶다고 생각하는 것에서 염원, 부탁(願)을 의미한다.

읽기한자
冀願(기원)

쓰기한자
歎願書(탄원서) 願望(원망) 願書(원서) 民願(민원) 悲願(비원) 所願(소원)
素願(소원) 宿願(숙원) 念願(염원) 自願(자원) 請願(청원) 祝願(축원)
出願(출원) 祈願(기원) 哀願(애원)

아

員

4급Ⅱ
인원 **원**
口 | 7획

비 貝(조개 패)
貢(바칠 공)
貫(꿸 관)
약 負

둥근(口) 조개(貝)로 돈, 돈을 세다(員)는 의미이다.

읽기한자
闕員(궐원)

쓰기한자
委員(위원) 員石(원석) 減員(감원) 客員(객원) 缺員(결원) 工員(공원)
官員(관원) 教員(교원) 團員(단원) 黨員(당원) 隊員(대원) 動員(동원)
滿員(만원) 契員(계원) 乘務員(승무원) 外販員(외판원)

圓

4급Ⅱ
둥글 **원**
口 | 10획

비 園(동산 원)
동 團(둥글 단)
丸(둥글 환)

원래는 조개(貝)가 돈이었는데, 진짜 돈이 생기면서 사람 손에서 사람 손
으로 돌게 된 데에서 둥근 것, 돈(圓)을 의미한다.

읽기한자
圓滑(원활) 圓頓(원돈) 圓融(원융)

쓰기한자
圓光(원광) 圓滿(원만) 圓卓(원탁) 團圓(단원) 一圓(일원)
圓熟(원숙) 投圓盤(투원반)

怨

4급
원망할 **원(:)**
心 | 5획

비 怒(성낼 노)
동 恨(한 한)
반 恩(은혜 은)

저녁(夕)에 누워있을(巳) 때에도 언짢게 생각하는 마음(心)이니 원망하다
(怨)의 의미이다.

읽기한자
憾怨(감원) 賈怨(고원) 閨怨(규원)

쓰기한자
怨望(원망) 怨聲(원성) 怨恨(원한) 怨嫌(원혐) 民怨(민원) 宿怨(숙원)

援

4급
도울 **원:**
手 | 9획

비 暖(따뜻할 난)
緩(느릴 완)
동 救(구원할 구)
扶(도울 부)
助(도울 조)
護(도울 호)

함정에 빠진 사람에게 손(手)을 내밀어 두 손으로 당겨서(爰) 구원하다
(援)는 의미이다.

쓰기한자
援繫(원계) 援軍(원군) 援用(원용) 援助(원조) 援筆(원필) 援護(원호)
救援(구원) 聲援(성원) 應援(응원) 增援(증원) 支援(지원)
孤立無援(고립무원)

	4급
源	근원 원
	水 | 10획

비 原(언덕 원)
동 根(뿌리 근)
本(근본 본)

글자 풀이
벼랑(厂) 아래에 물(水)이 솟아나오(泉)는 것에서 샘물, 원천(源)을 의미한다.

읽기한자
璿源略譜(선원약보) 淵源(연원) 濬源(준원)

쓰기한자
源流(원류) 源泉(원천) 根源(근원) 起源(기원) 發源(발원) 稅源(세원)
水源(수원) 語源(어원) 資源(자원) 字源(자원) 財源(재원) 電源(전원)
武陵桃源(무릉도원) 拔本塞源(발본색원) 汚染源(오염원) 供給源(공급원)

	2급(名)
媛	계집 원
	女 | 9획

동 女(계집 녀)
姬(계집 희)
娘(계집 낭)
반 男(사내 남)
郞(사내 랑)

글자 풀이
여자(女) 중에서 마음이 끌리는(爰) 예쁜 여자(媛)를 의미한다.

읽기한자
媛女(원녀) 媛妃(원비) 歌媛(가원) 宮媛(궁원) 班媛(반원) 邦媛(방원)
淑媛(숙원) 良媛(양원) 才媛(재원)

	2급(名)
瑗	구슬 원
	玉 | 9획

동 珠(구슬 주)
玉(구슬 옥)

글자 풀이
구슬(玉)이 끌어 당겨(爰) 늘어뜨려 놓은 것처럼 길게 늘어졌다는 데서 둥근 고리 모양의 구슬(瑗)을 의미한다.

	2급
苑	나라동산 원:
	⼗⼗ | 5획

동 園(동산 원)

글자 풀이
짐승이 누워 뒹굴며(夗) 놀 수 있는 초원(⼗⼗)이 펼쳐져 있는 동산(苑)을 의미한다.

읽기한자
苑沼(원소) 苑樹(원수) 苑池(원지) 苑花(원화) 故苑(고원)
宮苑(궁원) 鹿苑(녹원) 文苑(문원) 祕苑(비원) 藥苑(약원) 御苑(어원)
藝苑(예원) 學苑(학원) 花苑(화원)

아

袁
성(姓) 원
衣 | 4획

글자 풀이

遠(멀 원)의 본래 글자이나 姓氏로 쓰인다.

읽기 한자

袁紹(원소)

8급

月
달 월
月 | 0획

비 日(날 일)
目(눈 목)

글자 풀이

산의 저편에서 나오는 초승달(月)의 모습을 본떴다.

읽기 한자

纖月(섬월) 盈月(영월) 月俸(월봉) 月貰(월세) 踰月(유월) 皓月(호월)
月窟(월굴) 月窟水(월굴수) 月老繩(월로승) 月耀(월요)

쓰기 한자

日就月將(일취월장) 月桂冠(월계관) 閏月(윤월) 吟風弄月(음풍농월)
月經(월경) 月光(월광) 月給(월급) 月內(월내) 月例(월례) 月末(월말)
月面(월면) 月別(월별) 月報(월보) 月石(월석) 月收(월수) 月食(월식)
月次(월차) 月出(월출) 今月(금월) 滿月(만월) 每月(매월) 明月(명월)
月刊(월간) 月曆(월력) 月宮殿(월궁전)

3급Ⅱ

越
넘을 월
走 | 5획

동 超(뛰어넘을 초)

글자 풀이

도끼(戉)를 들고 달리어(走) 담장을 넘는다(越)는 의미이다.

읽기 한자

吳越同舟(오월동주) 越女齊姬(월녀제희) 越鳥巢南枝(월조소남지)

쓰기 한자

貸越(대월) 越境(월경) 越權(월권) 越南(월남) 越冬(월동) 越等(월등)
越班(월반) 越北(월북) 越尺(월척) 越便(월편) 優越(우월) 移越(이월)
超越(초월) 追越(추월) 卓越(탁월)

5급

位
자리 위
人 | 5획

비 他(다를 타)
동 座(자리 좌)
席(자리 석)

글자 풀이

옛날은 신분(人)에 의해서 서(立)는 장소가 정해져 있었다는 데서 人과 立를 합성해서 지위, 위치(位)를 의미한다.

읽기 한자

上位圈(상위권) 下位圈(하위권) 闕位(궐위)

쓰기 한자

優位(우위) 帝位(제위) 爵位(작위) 位相(위상) 位置(위치) 各位(각위)
高位(고위) 攝位(섭위) 單位(단위) 同位(동위) 方位(방위) 本位(본위)
部位(부위) 水位(수위) 神位(신위) 王位(왕위) 在位(재위) 地位(지위)
職位(직위) 體位(체위) 退位(퇴위) 品位(품위) 位階秩序(위계질서)
諸位(제위) 卽位(즉위)

偉	5급Ⅱ
	클 위
	人 | 9획

비 違(어긋날 위)
동 大(큰 대)
　巨(클 거)
　太(클 태)
반 小(작을 소)

글자 풀이

사람(人)들이 둘레에 모여드니(韋) 뛰어난(偉) 사람이란 의미이다.

읽기 한자

偉勳(위훈)

쓰기 한자

偉大(위대) 偉力(위력) 偉業(위업) 偉容(위용) 偉人(위인)

爲	4급Ⅱ
	하/할 위(:)
	爪 | 8획

비 僞(거짓 위)
약 为

글자 풀이

손(爪)과 몸(尸)을 새(鳥)처럼 움직여 나라를 위하여(爲) 어떤 일을 한다(爲)는 의미이다.

쓰기 한자

營爲(영위) 無爲徒食(무위도식) 指鹿爲馬(지록위마) 爲己(위기)
爲民(위민) 爲始(위시) 爲業(위업) 爲人(위인) 爲主(위주) 當爲(당위)
無爲(무위) 作爲(작위) 行爲(행위) 爲政者(위정자) 無作爲(무작위)
人爲的(인위적) 轉禍爲福(전화위복)

衛	4급Ⅱ
	지킬 위
	行 | 9획

비 衝(찌를 충)
동 防(막을 방)
　守(지킬 수)
　保(지킬 보)
반 攻(칠 공)
　擊(칠 격)

글자 풀이

성 주위(韋)를 빙빙돌(行)며 경계를 하는 병사에 비유해서 지키는 사람(衛)을 의미한다.

읽기 한자

扈衛(호위) 衛輔(위보) 衛尉(위위)

쓰기 한자

衛生(위생) 衛星(위성) 警衛(경위) 防衛(방위) 守衛(수위) 擁衛(옹위)
自衛(자위) 護衛(호위) 前衛藝術(전위예술) 正當防衛(정당방위)
侍衛(시위)

危	4급
	위태할 위
	卩 | 4획

비 厄(액 액)
동 險(험할 험)
반 安(편안 안)

글자 풀이

산비탈(厂)에서 굴러 떨어진 위태한 사람(卩)을 위에 있는 사람(厃)이 걱정스럽게 내려다보는 모양에서, 위태하다는 의미이다.

읽기 한자

危溺(위닉)

쓰기 한자

危急(위급) 危機(위기) 危重(위중) 危害(위해) 危險(위험) 安危(안위)
危空(위공) 危機一髮(위기일발) 危篤(위독) 危懼心(위구심) 危樓(위루)

圍	4급
에워쌀 **위**	
口 │ 9획	

비 園(동산 원)
통 包(쌀 포)
약 囲

글자 풀이

샘 주위(韋)에 울타리(口)를 치는 것에서 둘러싸다, 주위(圍)를 의미한다.

읽기한자

包圍網(포위망)

쓰기한자

範圍(범위) 圍擁(위옹) 周圍(주위) 包圍(포위)

委	4급
맡길 **위**	
女 │ 5획	

비 季(계절 계)
　 秀(빼어날 수)
통 任(맡길 임)
　 托(맡길 탁)
　 預(맡길 예)

글자 풀이

벼(禾) 이삭이 불어오는 바람에 휘어지듯이, 여인(女)이 자상하게 물건을 만들고 작업을 하는 것에서 위임하다, 맡기다(委)는 의미이다.

읽기한자

委託(위탁) 委頓(위돈)

쓰기한자

委細(위세) 委任(위임) 委積(위적) 敎委(교위) 委員會(위원회)
委任狀(위임장) 委棄(위기)

威	4급
위엄 **위**	
女 │ 6획	

비 滅(멸할 멸)
　 成(이룰 성)
통 嚴(엄할 엄)

글자 풀이

도끼(戌)를 든 듯이 무서운 시어머니(女)란 데서 위엄(威)을 의미한다.

읽기한자

威網(위망) 威柄(위병) 威虐(위학)

쓰기한자

威力(위력) 威武(위무) 威勢(위세) 威信(위신) 威壓(위압) 威嚴(위엄)
威儀(위의) 威風(위풍) 國威(국위) 權威(권위) 示威(시위) 猛威(맹위)
威脅(위협)

慰	4급
위로할 **위**	
心 │ 11획	

비 尉(벼슬 위)

글자 풀이

상관(尉)들은 마음(心) 속으로 부하들을 위로한다(慰)는 의미이다.

쓰기한자

慰勞(위로) 慰問(위문) 慰安(위안) 弔慰金(조위금) 慰靈祭(위령제)

謂 3급Ⅱ
이를 위
言 | 9획

동 云(이를 운)

글자 풀이

위(胃)가 아프다고 말(言)로써 이야기(謂)한다는 의미이다.

쓰기 한자

可謂(가위) 所謂(소위) 云謂(운위)

僞 3급Ⅱ
거짓 위
人 | 12획

비 爲(할 위)
동 假(거짓 가)
반 眞(참 진)
약 偽

글자 풀이

자연의 법칙에는 거짓이 없으나 사람(人)이 하는(爲) 일에는 거짓(僞)이 있다는 의미이다.

읽기 한자

僞膜(위막) 僞札(위찰) 僞勳(위훈)

쓰기 한자

僞善(위선) 僞裝(위장) 僞造(위조) 僞證(위증)
眞僞(진위) 虛僞(허위) 僞造紙幣(위조지폐)

아

緯 3급
씨 위
糸 | 9획

비 韓(나라 한)
반 經(지날 경)

글자 풀이

실 사(糸)에 군복 위(韋)를 합친 자로, 북실이 왔다갔다하며 베를 짠다는 데에서 씨줄(緯)을 의미한다.

쓰기 한자

緯度(위도) 經緯(경위) 北緯(북위)

胃 3급Ⅱ
밥통 위
肉/月 | 5획

비 骨(뼈 골)

글자 풀이

논밭에서 나온 음식물(田)이 들어가는 몸(月)의 한 부분으로, 밥통을 의미한다.

읽기 한자

胃酸(위산) 胃酸過多(위산과다) 胃癌(위암)

쓰기 한자

胃壁(위벽) 胃散(위산) 胃炎(위염) 胃腸(위장) 胃痛(위통) 健胃(건위)

違	3급
어긋날 위	
辶 | 9획	

비 偉(클 위)
동 錯(어긋날 착)

글자 풀이

특정 장소(口)에서 다른 방향으로 발걸음을 내디뎌(舛) 걸어가는(辶) 데서, 어기다는 의미이다.

읽기한자

違旨(위지)

쓰기한자

違反(위반) 違背(위배) 違法(위법) 違覆(위복) 違約(위약)
違憲(위헌) 違和感(위화감) 非違(비위)

尉	2급
벼슬 위	
寸 | 8획	

비 慰(위로할 위)
동 爵(벼슬 작)
　官(벼슬 관)

글자 풀이

본래는 불에 달군 다리미를 손에 들고 있는 모양을 그린 것으로 다림질을 의미했다. 나중에는 법도(寸)를 엄격하게 보여주는(示) 사람(尸)으로 풀어 벼슬아치(尉)를 의미한다.

읽기한자

尉官(위관) 尉斗(위두) 校尉(교위) 大尉(대위) 少尉(소위) 准尉(준위)
中尉(중위)

渭	2급(名)
물이름 위	
水 | 9획	

비 胃(밥통 위)

글자 풀이

중국(中國) 감숙성(甘肅省)에 있는 위수(渭水)의 이름자이다.

읽기한자

渭南文集(위남문집) 渭水(위수) 渭陽(위양) 太公釣渭(태공조위)

韋	2급(名)
가죽 위	
韋 | 0획	

동 皮(가죽 피)
　革(가죽 혁)

글자 풀이

가운데 있는 마을(口)의 위아래로 내디던 방향이 다른 발(止의 변형)을 그려 어긋남을 나타냈다. 나중에는 가죽(口)을 발(止)로 다져서 부드럽게 만든 것으로 풀어 다룬 가죽(韋)을 의미한다.

읽기한자

韋帶(위대) 韋衣(위의) 韋編三絶(위편삼절) 韋布(위포) 韋革(위혁)

魏	2급(名)
	성(姓) 위
	鬼 | 8획

글자 풀이

본래 巍(높을 외)와 마찬가지로 높다는 뜻으로 쓰였다. 뒤에 주로 나라이름과 姓氏로 쓰이고 있다.

읽기 한자

魏武帝(위무제) 魏書(위서) 魏徵(위징) 北魏(북위) 東魏(동위) 西魏(서위)
後魏(후위)

有	7급
	있을 유:
	月 | 2획

비 右(오른 우)
동 在(있을 재)
存(있을 존)
반 無(없을 무)

글자 풀이

손(ナ)에 고기(月)를 가지고 있다(有)는 의미이다.

읽기 한자

亢龍有悔(항룡유회) 有巢氏(유소씨)

쓰기 한자

占有(점유) 有機物(유기물) 有償(유상) 享有(향유) 有感(유감) 有故(유고)
有功(유공) 有給(유급) 能能(유능) 有力(유력) 有利(유리) 有望(유망)
有名(유명) 有別(유별) 有勢(유세) 有數(유수) 有識(유식) 有用(유용)
有意(유의) 有益(유익) 有情(유정) 有罪(유죄) 含有(함유) 未曾有(미증유)

油	6급
	기름 유
	水 | 5획

비 由(말미암을 유)
동 脂(기름 지)

글자 풀이

나무 열매를 짜내 받은 액체(由)로 물(水)보다 진하고 끈끈한 상태인 기름(油)을 의미한다.

읽기 한자

油蜜菓(유밀과) 油脂(유지) 潤滑油(윤활유)

쓰기 한자

送油管(송유관) 揮發油(휘발유) 油畫(유화) 輕油(경유) 給油(급유)
豆油(두유) 燈油(등유) 石油(석유) 原油(원유) 精油(정유) 注油(주유)
重油(중유) 香油(향유) 油壓式(유압식) 油印物(유인물) 産油國(산유국)
肝油(간유)

由	6급
	말미암을 유
	田 | 0획

비 田(밭 전)
申(펼 신)
甲(갑옷 갑)

글자 풀이

나무 가지에 달린 열매의 모양으로, 열매가 나무 가지로 말미암아(由) 달린다는 의미이다.

읽기 한자

由衍(유연)

쓰기 한자

緣由(연유) 由來(유래) 經由(경유) 事由(사유) 理由(이유) 自由(자유)
由緒(유서)

乳

4급

젖 **유**

乙 | 7획

비 浮(뜰 부)
孔(구멍 공)

글자 풀이

어머니가 어린 아기(子)를 안(爪)고 입에 젖(乙)을 물리는 것에서 젖(乳)을 의미한다.

읽기 한자

煉乳(연유) 乳菓(유과) 乳房癌(유방암) 乳酸菌(유산균) 乳脂(유지)
脫脂粉乳(탈지분유)

쓰기 한자

乳母(유모) 乳兒(유아) 乳業(유업) 豆乳(두유) 母乳(모유) 授乳(수유)
牛乳(우유) 乳製品(유제품) 離乳食(이유식)

儒

4급

선비 **유**

人 | 14획

비 需(쓸 수)
동 士(선비 사)
彦(선비 언)

글자 풀이

이 시대의 사람(人)에게 각별히 요구되는(需) 것은 선비(儒) 정신이라는 의미이다.

읽기 한자

坑儒(갱유) 僻儒(벽유) 碩儒(석유) 儒胤(유윤)

쓰기 한자

儒家思想(유가사상) 儒敎(유교) 儒林(유림) 儒生(유생) 儒學(유학)

遊

4급

놀 **유**

辶 | 9획

동 戲(놀이 희)

글자 풀이

어린이(子)가 깃발(㫃)을 들고 뛰어다니며(辶) 논다는 데서, 놀다는 의미이다.

읽기 한자

釣遊(조유) 嬉遊(희유) 遊闕(유궐) 遊仙窟(유선굴) 遊衍(유연)

쓰기 한자

遊覽(유람) 遊獵(유렵) 遊離(유리) 遊牧(유목) 遊星(유성) 遊說(유세)
遊學(유학) 交遊(교유) 外遊(외유) 遊泳(유영) 遊戲(유희) 浮遊(부유)
遊擊隊(유격대) 野遊會(야유회) 夢遊病(몽유병) 遊園地(유원지)
遊興業(유흥업)

遺

4급

남길 **유**

辶 | 12획

비 遣(보낼 견)

글자 풀이

길(辶)을 가다가 귀(貴)한 물건을 떨어뜨리는 데서 '잃어버리다, 남기다'는 의미이다.

읽기 한자

遺憾(유감) 遺址(유지) 遺尿(유뇨) 遺翰(유한) 遺勳(유훈)

쓰기 한자

遺骨(유골) 遺物(유물) 遺産(유산) 遺書(유서) 遺言(유언) 遺業(유업)
遺作(유작) 遺傳(유전) 遺族(유족) 遺珠(유주) 遺品(유품) 遺訓(유훈)
遺家族(유가족) 遺留品(유류품) 遺子女(유자녀) 職務遺棄(직무유기)
遺稿(유고) 遺蹟(유적) 遺腹子(유복자) 後遺症(후유증) 養虎遺患(양호유환)

幼

3급 II
어릴 **유**
幺 | 2획

비 幻(헛보일 환)
동 稚(어릴 치)
　 兒(아이 아)
반 老(늙을 로)
　 長(어른 장)

글자 풀이

가는 실(幺)처럼 힘(力)이 약하다는 데서 어리다(幼)는 의미이다.

읽기 한자

幼艾(유애)

쓰기 한자

幼年(유년) 幼兒(유아) 幼稚園(유치원) 老幼(노유) 長幼有序(장유유서)

幽

3급 II
그윽할 **유**
幺 | 6획

글자 풀이

산(山) 속의 어둡고(幺) 검은(幺) 골짜기가 그윽하다(幽)는 의미이다.

읽기 한자

幽塏(유개) 幽浚(유준) 幽僻(유벽) 幽鬱(유울)

쓰기 한자

幽界(유계) 幽靈(유령) 幽明(유명) 幽雅(유아) 幽宅(유택) 幽偏(유편)
幽閉(유폐) 幽玄(유현) 深山幽谷(심산유곡)

悠

3급 II
멀 **유**
心 | 7획

비 愁(근심 수)
동 遙(멀 요)
　 遠(멀 원)
반 近(가까울 근)

글자 풀이

기다란 줄(攸)의 끝자락이 저 멀리 있어 마음(心)에 멀게 느껴지는 데서
'멀다, 아득하다' 는 의미이다.

읽기 한자

鬱悠(울유)

쓰기 한자

悠隔(유격) 悠久(유구) 悠然(유연) 悠悠自適(유유자적)

柔

3급 II
부드러울 **유**
木 | 5획

동 軟(연할 연)
반 堅(굳을 견)
　 硬(굳을 경)
　 固(굳을 고)
　 確(굳을 확)

글자 풀이

창(矛)의 자루로 쓰는 나무(木)가 탄력이 있고 부드럽다(柔)는 의미이다.

읽기 한자

柔翰(유한) 柔滑(유활) 輯柔(집유)

쓰기 한자

柔道(유도) 柔弱(유약) 柔軟(유연) 溫柔(온유)
懷柔(회유) 外柔內剛(외유내강) 優柔不斷(우유부단)

猶

3급 II

오히려 **유**

犬 | 9획

[비] 尊(높을 존)
[동] 尙(오히려 상)

글자 풀이

개(犭)고기와 술(酉)을 나눠(八) 먹고도 오히려(猶) 남는다는 의미이다.

쓰기 한자

猶不足(유부족) 猶父猶子(유부유자) 猶豫(유예)
起訴猶豫(기소유예) 執行猶豫(집행유예)

維

3급 II

벼리 **유**

糸 | 8획

[비] 經(글 경)
[동] 綱(벼리 강)
紀(벼리 기)

글자 풀이

실(糸)로 새(隹)의 발목을 맨다는 데서 매다(維)는 의미이다.

읽기 한자

迦維(가유) 纖維(섬유)

쓰기 한자

維舟(유주) 維繫(유계) 維新(유신) 維持(유지) 維歲次(유세차) 四維(사유)

裕

3급 II

넉넉할 **유:**

衣 | 7획

[동] 富(부유할 부)
餘(남을 여)
足(발/족할 족)
[반] 貧(가난할 빈)
窮(궁할 궁)

글자 풀이

한복 옷(衣)의 소매가 골짜기(谷)처럼 휑하니 넉넉하다(裕)는 의미이다.

쓰기 한자

裕寬(유관) 裕福(유복) 裕足(유족) 富裕(부유) 餘裕(여유)

誘

3급 II

꾈 **유**

言 | 7획

[비] 透(사무칠 투)
[동] 惑(미혹할 혹)

글자 풀이

말(言)을 빼어나게(秀)하여 상대방을 꾀어낸다(誘)는 의미이다.

읽기 한자

誘衷(유충)

쓰기 한자

誘導(유도) 誘發(유발) 誘引(유인) 誘致(유치) 誘惑(유혹) 勸誘(권유)
誘導彈(유도탄)

唯	3급
	오직 유
	口 | 8획

비 惟(생각할 유)

글자 풀이

새(隹)가 주둥이(口)로 할 수 있는 것은 오직(唯) 우는 일 뿐이라는 의미이다.

쓰기 한자

唯一(유일) 唯物論(유물론) 唯心論(유심론)
唯我獨尊(유아독존) 唯唯諾諾(유유낙낙)

惟	3급
	생각할 유
	心 | 8획

비 唯(오직 유)
　 推(밀 추)
동 思(생각 사)
　 想(생각 상)
　 考(생각할 고)
　 廬(생각할 려)

글자 풀이

새(隹)가 날아다니듯이 마음(心) 속으로 상상의 날개를 펴서 생각한다(惟)는 의미이다.

쓰기 한자

惟獨(유독) 惟憂(유우) 思惟(사유) 伏惟(복유) 竊惟(절유)

愈	3급
	나을 유
	心 | 9획

글자 풀이

마음(心)이 즐거워(兪) 병이 낫는다(愈)는 의미이다.

쓰기 한자

愈愈(유유) 愈出愈怪(유출유괴) 愈盛(유성) 愈甚(유심)

酉	3급
	닭 유
	酉 | 0획

비 西(서녘 서)
　 酒(술 주)
동 鷄(닭 계)

글자 풀이

술그릇을 본뜬 글자로 술은 닭이 홰에 오르는 저녁에 마신다는 데서, 띠로는 닭을 나타낸다.

쓰기 한자

酉方(유방) 酉時(유시) 癸酉(계유) 辛酉(신유)

兪	2급(名)
	대답할/인월도(人月刂) 유
	入 | 7획

비 愈(나을 유)

글자 풀이

본래 통나무의 가운데를 파서 만든 배인 통나무배를 의미했으나, 주로 성씨로 쓰이고 있다. 인월도(人月刂)는 兪를 풀어 말하는 것으로 뜻은 아니다.

읽기 한자

兪應孚(유응부) 兪扁之術(유편지술)

庾	2급(名)
	곳집/노적가리 유
	广 | 8획

글자 풀이

臾는 풀을 엮어 만든 그릇을 본뜬 것이다. 풀을 엮어 만든 그릇(臾) 모양의 집(广)으로 임시 창고(庾)를 의미한다.

읽기 한자

庾積(유적) 金庾信(김유신)

楡	2급(名)
	느릅나무 유
	木 | 9획

글자 풀이

통나무배(兪)를 만들기에 적당한 나무(木)로 느릅나무(楡)라는 의미이다.

읽기 한자

楡柳(유류)

踰	2급(名)
	넘을 유
	足 | 9획

글자 풀이

발(足)이 통나무배(兪) 역할을 하는 것으로 통나무배를 타고 물을 건너듯 발로 일정 경계나 한계를 넘어서는 것으로 넘다(踰)는 의미이다.

읽기 한자

踰年(유년) 踰歷(유력) 踰嶺(유령) 踰獄(유옥) 踰月(유월) 踰限(유한)
水踰里(수유리)

育

7급

기를 **육**

肉/月 | 4획

비 骨(뼈 골)
동 養(기를 양)
　 飼(기를 사)

글자 풀이

물구나무선 어린이(子)는 보통보다 약한 어린이로 건강하게 키우기 위해서는 고기(肉)를 먹여서 키운다, 양육하다(育)는 의미이다.

읽기 한자

鞠育(국육) 飼育(사육) 薰育(훈육)

쓰기 한자

育成(육성) 育兒(육아) 育英(육영) 敎育(교육) 發育(발육) 保育(보육)
事育(사육) 生育(생육) 養育(양육) 體育(체육) 訓育(훈육)

肉

4급 II

고기 **육**

肉 | 0획

비 內(안 내)
동 身(몸 신)
　 體(몸 체)

글자 풀이

새와 짐승의 고기 한 조각의 형태에서 고기, 몸, 육체(肉)를 의미한다.

읽기 한자

煉肉(연육) 脂肉(지육) 鼎肉(정육)

쓰기 한자

肉彈(육탄) 肉滯(육체) 肉感(육감) 肉類(육류) 肉味(육미) 肉聲(육성)
肉食(육식) 肉身(육신) 肉眼(육안) 肉體(육체) 肉親(육친) 肉筆(육필)
食肉(식육) 魚肉(어육) 肉慾(육욕) 靈肉(영육) 肉薄戰(육박전)
苦肉策(고육책) 筋肉質(근육질) 糖水肉(탕수육) 酒池肉林(주지육림)
骨肉相殘(골육상잔) 羊頭狗肉(양두구육) 魚頭肉尾(어두육미)

潤

3급 II

불을 **윤:**

水 | 12획

비 閏(윤달 윤)

글자 풀이

저수지의 큰(王) 수문(門)에서 물(水)이 나와 논을 적시어(潤) 풍년이 든다는 의미이다.

읽기 한자

潤滑油(윤활유) 潤滑(윤활) 滋潤(자윤)

쓰기 한자

浸潤(침윤) 潤氣(윤기) 潤色(윤색) 潤澤(윤택) 潤筆(윤필) 利潤(이윤)

閏

3급

윤달 **윤:**

門 | 4획

비 開(열 개)
　 閉(닫을 폐)

글자 풀이

윤달에는 왕(王)이 대궐의 문(門) 밖 출입을 하지 않았던 고대의 풍습에서 윤달(閏)을 의미한다.

쓰기 한자

閏年(윤년) 閏月(윤월)

아

允

2급(名)

맏(伯) 윤:

儿 | 2획

동 伯(맏 백)

본래 머리가 빼어난 사람을 본뜬 글자로 걸출한(允) 사람을 의미한다.

읽기 한자

允可(윤가) 允恭(윤공) 允君(윤군=胤君) 允納(윤납) 允當(윤당)
允文允武(윤문윤무) 允玉(윤옥=胤玉) 允友(윤우=胤友)
允執其中(윤집기중) 允許(윤허)

尹

2급(名)

성(姓) 윤:

尸 | 1획

글자 풀이

손(⺕)에 신성한 지팡이(丿)를 잡고 있는 모습을 그린 것으로 벼슬, 다스리다(尹)를 나타낸다. 姓氏로 쓰인다.

읽기 한자

尹司(윤사) 卿尹(경윤) 京兆尹(경조윤) 官尹(관윤) 關尹(관윤)
師尹(사윤) 庶尹(서윤) 令尹(영윤) 漢城判尹(한성판윤)

胤

2급(名)

자손 윤

肉/月 | 5획

동 裔(후손 예)
孫(손자 손)

글자 풀이

혈통(肉)이 분화(八=分)하면서도 이어지는(幺=糸) 것으로 잇다, 자손(胤)을 의미한다.

읽기 한자

胤君(윤군) 胤玉(윤옥) 胤友(윤우) 胤子(윤자) 令胤(영윤)

鈗

2급(名)

창 윤

金 | 4획

동 矛(창 모)
戈(창 과)
반 干(방패 간)
盾(방패 순)

글자 풀이

임금 곁에서는 쇠붙이를 지닐 수 없다. 예외로 호위무사는 허락된(允) 쇠붙이(金)인 창(鈗)을 지닐 수 있다는 의미이다.

읽기 한자

鈗人(윤인) 執鈗(집윤)

融 녹을 융
虫 | 10획

동 溶(녹을 용)
熔(녹을 용)

글자 풀이
솥(鬲) 안으로 들어 간 벌레(虫)는 끓는 물에 녹아 버리므로 녹다(融)는 의미이다.

읽기한자
融液(융액) 融資(융자) 融暢(융창) 融通(융통) 融合(융합) 融解(융해)
融化(융화) 融和(융화) 金融(금융)

銀 은 은
金 | 6획

비 根(뿌리 근)

글자 풀이
금(金)에 비교해 조금 값어치가 떨어지는(艮) 금속을 가리켜 은, 흰금(銀)을 의미한다.

읽기한자
銀坑(은갱) 銀杏(은행) 銀灣(은만) 銀蟾(은섬) 銀鴨(은압) 銀艾(은애)
銀釧(은천)

쓰기한자
銀鑛(은광) 銀髮(은발) 銀錢(은전) 銀婚式(은혼식) 銀塊(은괴) 銀賞(은상)
銀魚(은어) 銀製(은제) 銀貨(은화) 洋銀(양은) 銀河水(은하수)
金銀房(금은방) 銀行員(은행원) 銀幕(은막) 銀粧刀(은장도)

恩 은혜 은
心 | 6획

비 思(생각 사)
동 惠(은혜 혜)
반 怨(원망할 원)

글자 풀이
큰 도움으로 말미암아(因) 감사하는 마음(心)이 생긴다는 데서 은혜(恩)를 의미한다.

읽기한자
恩赦(은사) 恩傅(은부) 恩錫(은석)

쓰기한자
背恩忘德(배은망덕) 忘恩(망은) 恩功(은공) 恩德(은덕) 恩師(은사)
恩人(은인) 恩典(은전) 恩情(은정) 恩惠(은혜) 報恩(보은) 謝恩會(사은회)
結草報恩(결초보은)

隱 숨을 은
阜/阝 | 14획

비 穩(편안할 온)
동 遁(숨을 둔)
반 現(나타날 현)
　顯(나타날 현)
약 隐, 隠

글자 풀이
산 언덕(阝) 밑에서 조심스레(㥯) 피해 산다는 데서 숨어살다(隱)는 의미이다.

읽기한자
隱僻(은벽) 隱耀(은요)

쓰기한자
隱居(은거) 隱密(은밀) 隱士(은사) 隱身(은신) 隱語(은어) 隱然(은연)
隱者(은자) 隱退(은퇴) 隱忍自重(은인자중)

垠

2급(名)

지경 은

土 | 6획

동 界(지경 계)

글자 풀이

땅(土) 끝(艮)의 경계(垠)를 의미한다.

읽기한자

垠界(은계) 垠際(은제) 李垠(이은) 地垠(지은)

殷

2급(名)

은나라 은

殳 | 6획

글자 풀이

왼쪽 6획은 배가 튀어 나온 사람을 그린 것이다. 배가 튀어 나오도록 얻어맞는다는(殳) 데서 근심하다를 나타내기도 하고, 배가 나온 것을 임신한 것으로 보아 번성하다를 나타내기도 한다. 그러나 나라이름으로 많이 알려져 있다.

읽기한자

殷鑑不遠(은감불원) 殷起(은기) 殷繁(은번) 殷富(은부) 殷商(은상)
殷盛(은성) 殷憂(은우) 殷殷(은은) 殷正(은정) 殷昌(은창)

誾

2급(名)

향기 은

言 | 8획

글자 풀이

문(門) 밖으로 소리(言)가 나가지 않도록 조용히, 화기애애하게(誾) 말하는 것을 나타낸다. 여기서 향기가 짙다는 의미가 파생되었다.

읽기한자

誾誾(은은) 南誾(남은)

乙

3급 II

새 을

乙 | 0획

비 之(갈 지)
동 鳥(새 조)

글자 풀이

새(乙)의 모양을 본떴다.

읽기한자

乙卯倭亂(을묘왜란)

쓰기한자

乙丑甲子(을축갑자) 乙夜(을야) 甲男乙女(갑남을녀)

音	6급 II
	소리 음
	音 | 0획

비 意(뜻 의)
동 聲(소리 성)

글자 풀이

해(日)가 뜨면(立) 사람들이 일어나서 소리(音)를 내기 시작한다는 의미이다.

읽기한자

瓊音(경음) 徽音(휘음) 音旨(음지) 音塵(음진) 翰音(한음)

쓰기한자

音階(음계) 音域(음역) 音標(음표) 雜音(잡음) 音盤(음반) 濁音(탁음)
音讀(음독) 音聲(음성) 音素(음소) 音速(음속) 音信(음신) 音樂(음악)
音律(음률) 音節(음절) 音波(음파) 高音(고음) 錄音(녹음) 單音(단음)
得音(득음) 母音(모음) 半音(반음) 發音(발음) 防音(방음) 福音(복음)
音韻(음운) 音響(음향) 口蓋音化(구개음화)

飮	6급 II
	마실 음(:)
	食 | 4획

비 飯(밥 반)
　　飾(꾸밀 식)
동 吸(마실 흡)

글자 풀이

물이나 국(食)을 큰 입을 벌려(欠) 마셔 넘기는 것에서 마시다(飮)는 의미이다.

읽기한자

飮至策勳(음지책훈)

쓰기한자

飮酒(음주) 飮泣(음읍) 食飮全廢(식음전폐) 飮毒(음독) 飮料(음료)
飮福(음복) 飮食(음식) 過飮(과음) 米飮(미음) 試飮(시음) 暴飮(폭음)

陰	4급 II
	그늘 음
	阜/阝 | 8획

반 陽(볕 양)
　　景(볕 경)

글자 풀이

언덕(阝) 위에 지금(今) 구름(云)이 있어서 그늘(陰)이 져 있다는 의미이다.

읽기한자

陰鬱(음울)

쓰기한자

陰刻(음각) 陰散(음산) 陰濕(음습) 陰氣(음기) 陰冷(음냉) 陰德(음덕)
陰門(음문) 陰府(음부) 陰部(음부) 陰聲(음성) 陰陽(음양) 陰地(음지)
陰害(음해) 陰凶(음흉) 光陰(광음) 綠陰(녹음) 夜陰(야음) 寸陰(촌음)
滯陰(체음) 陰曆(음력) 陰謀(음모) 陰沈(음침)

吟	3급
	읊을 음
	口 | 4획

비 今(이제 금)
　　令(하여금 령)
　　冷(찰 랭)
동 詠(읊을 영)

글자 풀이

입(口)으로 지금(今) 시를 읊는다(吟)는 의미이다.

읽기한자

吳吟(오음)

쓰기한자

吟味(음미) 吟風弄月(음풍농월) 吟唱(음창)
吟遊詩人(음유시인) 吟曲(음곡) 吟情(음정)

아

3급Ⅱ
淫
음란할 음
水 | 8획

글자 풀이

婬과 同字로 여자(女)와 더불어 손(爪)을 놀리고 알랑거리는(壬) 데서 음란하다, 음탕하다는 의미이다.

읽기 한자

淫溺(음닉) 淫僻(음벽) 淫虐(음학)

쓰기 한자

淫亂(음란) 淫行(음행) 姦淫(간음) 賣淫(매음) 手淫(수음) 荒淫(황음)

7급
邑
고을 읍
邑 | 0획

비 色(빛 색)
동 郡(고을 군)

글자 풀이

인구(口)가 모여 사는 지역(巴)이란 데서 고을(邑)을 의미한다.

읽기 한자

埰邑(채읍) 聚邑(취읍)

쓰기 한자

邑憐(읍련) 邑內(읍내) 邑民(읍민) 邑人(읍인) 邑長(읍장) 邑宰(읍재)
邑村(읍촌) 都邑(도읍) 小邑(소읍) 食邑(식읍) 偏邑(편읍)

3급
泣
울 읍
水 | 5획

비 立(설 립)
동 哭(울 곡)
반 笑(웃음 소)

글자 풀이

눈물(水)의 물줄기가 서있는(立) 듯 이어져 흐르는 데서, 울다는 의미이다.

쓰기 한자

泣訴(읍소) 泣血(읍혈) 感泣(감읍)

4급Ⅱ
應
응할 응:
心 | 13획

비 雁(기러기 안)
동 諾(허락할 낙)
약 応

글자 풀이

매(鷹)가 꿩을 잡아 주인의 마음에 호응한다는 데서, 응하다는 의미이다.

읽기 한자

應札(응찰)

쓰기 한자

應射(응사) 應援(응원) 適應(적응) 應募(응모) 應答(응답) 應當(응당)
應待(응대) 應對(응대) 應分(응분) 應試(응시) 應用(응용) 應戰(응전)
應接(응접) 對應(대응) 反應(반응) 不應(불응) 相應(상응) 順應(순응)
呼應(호응) 因果應報(인과응보) 應諾(응낙) 臨機應變(임기응변)

凝

3급
엉길 응:
冫 | 14획

비 疑(의심할 의)
동 結(맺을 결)

글자 풀이

생각의 갈피를 잡지 못하고(疑) 얼음이 얼 듯(冫) 굳어 버린 것으로 얼다, 굳다, 엉기다(凝)는 의미이다.

읽기 한자

凝脂(응지)

쓰기 한자

凝結(응결) 凝固(응고) 凝視(응시) 凝積(응적) 凝集力(응집력) 凝滯(응체)
凝縮(응축) 凝血(응혈)

鷹

2급(名)
매 응(:)
鳥 | 13획

글자 풀이

본래는 厂과 隹의 합성자로 언덕 아래 사는 새인 매를 나타냈다. 뒤에 厂이 广으로 바뀌고 새 조(鳥)가 덧붙는 등 글자 모양에 변형이 생겼다.

읽기 한자

鷹犬(응견) 鷹視(응시) 鷹岩洞(응암동) 籠鷹(농응) 眼如鷹(안여응)
秋鷹(추응)

意

6급 Ⅱ
뜻 의:
心 | 9획

비 章(글 장)
音(소리 음)
동 志(뜻 지)

글자 풀이

마음(心)에 담고 있는 소리(音)와 말에서 생각하다, 생각하고 있는 것(意)을 의미한다.

읽기 한자

尿意(요의) 壹意(일의) 旨意(지의) 意衷(의충) 託意(탁의)

쓰기 한자

隔意(격의) 弔意(조의) 意見(의견) 意氣(의기) 意圖(의도) 意味(의미)
意思(의사) 意識(의식) 意外(의외) 意義(의의) 意中(의중) 意志(의지)
意表(의표) 意向(의향) 決意(결의) 敬意(경의) 故意(고의) 同意(동의)
民意(민의) 發意(발의) 本意(본의) 意譯(의역) 意慾(의욕) 介意(개의)

衣

6급
옷 의
衣 | 0획

동 服(옷 복)

글자 풀이

의복의 형태에서 옷, 의복(衣)을 의미한다.

읽기 한자

葛衣(갈의) 韋衣(위의) 衣鉢(의발) 天衣無縫(천의무봉)

쓰기 한자

脫衣(탈의) 麻衣(마의) 囚衣(수의) 壽衣(수의) 衣類(의류) 衣服(의복)
上衣(상의) 下衣(하의) 衣冠(의관) 衣裳(의상) 衣食住(의식주) 布衣(포의)
白衣從軍(백의종군) 錦衣夜行(금의야행) 錦衣還鄕(금의환향)
人相着衣(인상착의) 好衣好食(호의호식)

醫 6급
의원 **의**
酉 | 11획

약 医

글자 풀이
화살(矢)과 창(殳)에 맞아 움푹 패인 상처(匚)를 술(酉)로 소독하여 고치는
사람에서 의원, 병 고치다는 의미이다.

읽기 한자
醫療(의료) 醫劑(의제)

쓰기 한자
專門醫(전문의) 醫師(의사) 醫術(의술) 醫院(의원) 名醫(명의) 洋醫(양의)
醫務室(의무실) 醫藥品(의약품) 軍醫官(군의관) 無醫村(무의촌)
主治醫(주치의) 韓醫學(한의학) 東醫寶鑑(동의보감) 獸醫師(수의사)

義 4급 II
옳을 **의:**
羊 | 7획

비 儀(거동 의)
동 可(옳을 가)

글자 풀이
착하고 아름다운(美) 마음씨를 내(我)가 좋아하니 의롭고, 올바르다(義)는
의미이다.

읽기 한자
衍義(연의) 厭世主義(염세주의) 旨義(지의) 義淵(의연)

쓰기 한자
義憤(의분) 義賊(의적) 義擧(의거) 義警(의경) 義理(의리) 義務(의무)
義兵(의병) 義父(의부) 義眼(의안) 義絶(의절) 義足(의족) 義齒(의치)
講義(강의) 結義(결의) 廣義(광의) 大義(대의) 道義(도의) 字義(자의)
定義(정의) 主義(주의) 忠義(충의) 義勇軍(의용군) 義兄弟(의형제)
君臣有義(군신유의) 三國志演義(삼국지연의)

議 4급 II
의논할 **의(:)**
言 | 13획

비 講(욀 강)
동 論(논할 론)

글자 풀이
옳은(義) 결론을 얻기 위하여 말씀(言)으로 상담하고 의논한다(議)는 의미
이다.

읽기 한자
諮議(자의) 沮議(저의)

쓰기 한자
異議(이의) 討議(토의) 抗議(항의) 議決(의결) 議席(의석) 議案(의안)
議員(의원) 議院(의원) 議長(의장) 議場(의장) 議題(의제) 議會(의회)
建議(건의) 決議(결의) 論議(논의) 奏議(주의) 同議(동의) 動議(동의)
問議(문의) 物議(물의) 發議(발의) 相議(상의) 爭議(쟁의) 提議(제의)
合議(합의) 會議(회의) 閣議(각의) 謀議(모의) 熟議(숙의) 審議(심의)

依 4급
의지할 **의**
人 | 6획

비 他(다를 타)
동 賴(의뢰할 뢰)

글자 풀이
사람(人)은 옷(衣)에 의지하여(依) 활동한다는 의미이다.

읽기 한자
依軾(의식) 依託(의탁) 依戴(의대) 依韋(의위)

쓰기 한자
依據(의거) 依舊(의구) 依例(의례) 依然(의연) 依存(의존) 依支(의지)
歸依(귀의) 依他心(의타심) 依法處斷(의법처단) 舊態依然(구태의연)
依願免職(의원면직) 依賴(의뢰)

4급
거동 **의**
人 | 13획

비 義(옳을 의)

글자 풀이

사람(人)은 올바르게(義) 서동(儀)을 하어야 한다는 의미이다.

읽기 한자

傅儀(부의) 儀旺(의왕)

쓰기 한자

儀軌(의궤) 儀禮(의례) 儀範(의범) 儀式(의식) 儀容(의용) 儀表(의표)
禮儀(예의) 祭天儀式(제천의식) 葬儀(장의)

4급
의심할 **의**
疋 | 9획

비 凝(엉길 응)
동 惑(미혹할 혹)

글자 풀이

비수(匕)나 화살(矢), 창(矛)이 날아올 가능성이 있는 적지에서 발걸음(疋)
이 더디고 무거운 데서 의심하다는 의미이다.

읽기 한자

闕疑(궐의) 疑沮(의저) 疑怖(의포)

쓰기 한자

疑問(의문) 疑心(의심) 質疑(질의) 容疑者(용의자) 半信半疑(반신반의)
疑懼心(의구심) 疑妻症(의처증) 疑惑(의혹) 被疑者(피의자) 嫌疑(혐의)
懷疑(회의)

3급
마땅 **의**
宀 | 5획

비 宣(베풀 선)
동 當(마땅 당)
약 冝

글자 풀이

집(宀)에서 음식을 많이 쌓아(且) 놓고 제사를 지내는 일은 마땅하고, 옳
은(宜) 일이라는 의미이다.

쓰기 한자

宜當(의당) 便宜(편의) 時宜適切(시의적절)

3급
어조사 **의**
矢 | 2획

비 矢(화살 시)

글자 풀이

화살(矢)이 날아가 꽂히는 곳(厶)이란 데서 말이 그칠 때 쓰이는 어조사
(矣)이다.

쓰기 한자

萬事休矣(만사휴의) 汝矣島(여의도)

아

8급
二 두 이: 二 ∣ 0획
동 貳(두/갖은 두이)

글자 풀이

一에 一을 포개서 둘, 다음, 배(二)를 의미한다.

읽기한자

悼二將歌(도이장가) 二傅(이부) 二柄(이병)

쓰기한자

二塗(이도) 二分(이분) 二十(이십) 二重(이중) 二次(이차) 二輪車(이륜차)
二毛作(이모작) 二重唱(이중창) 十二支(십이지) 不事二君(불사이군)
十二指腸(십이지장) 唯一無二(유일무이) 二律背反(이율배반)
二八靑春(이팔청춘) 一口二言(일구이언) 一石二鳥(일석이조)
二人三脚(이인삼각)

5급Ⅱ
以 써 이: 人 ∣ 3획
비 似(닮을 사)

글자 풀이

쟁기를 본뜬 글자로 밭갈 때 쟁기를 가지고 쓰는 데서 쓰다, 가지다의 뜻이 나왔다.

읽기한자

以類聚(이유취)

쓰기한자

以南(이남) 以內(이내) 以來(이래) 以北(이북) 以上(이상) 以外(이외)
以前(이전) 以下(이하) 以後(이후) 所以(소이) 以爲(이위) 所以然(소이연)
深以廣(심이광) 以實直告(이실직고) 以心傳心(이심전심)
以熱治熱(이열치열) 自古以來(자고이래)

5급
耳 귀 이: 耳 ∣ 0획
비 目(눈 목)

글자 풀이

사람 귀(耳)의 모양을 본떴다.

읽기한자

獐耳細辛(장이세신) 鼎耳(정이)

쓰기한자

耳目(이목) 耳目口鼻(이목구비) 耳順(이순)
石耳(석이) 馬耳東風(마이동풍) 牛耳讀經(우이독경)

4급Ⅱ
移 옮길 이 禾 ∣ 6획
비 利(이할 리) 동 運(옮길 운) 轉(구를 전) 徙(옮길 사) 搬(운반할 반)

글자 풀이

많은(多) 양의 벼(禾)를 창고로 옮긴다(移)는 의미이다.

읽기한자

搬移(반이)

쓰기한자

移管(이관) 移植(이식) 移籍(이적) 移轉(이전) 轉移(전이) 移替(이체)
移監(이감) 移動(이동) 移民(이민) 移送(이송) 移住(이주) 移職(이직)
移行(이행) 變移(변이) 移越(이월) 移葬(이장)

異	4급
	다를 이:
田	6획

비 翼(날개 익)
동 他(다를 타)
반 同(같을 동)
　　若(같을 약)
　　如(같을 여)
　　肖(같을 초)

글자 풀이

모든 밭(田)이 한가지(共) 곡식을 심는 것이 아니고 다른(異) 작물을 심기노 안나는 의미이다.

읽기 한자

妖異(요이) 異瑞(이서) 異采(이채)

쓰기 한자

異見(이견) 異端(이단) 異論(이론) 異變(이변) 異狀(이상) 異常(이상)
異色(이색) 異說(이설) 異性(이성) 異域(이역) 異議(이의) 異體(이체)
異邦人(이방인) 異蹟(이적) 異彩(이채) 怪異(괴이) 異腹兄弟(이복형제)
隔異(격이)　同床異夢(동상이몽)

已	3급Ⅱ
	이미 이:
己	0획

비 己(몸 기)
　　巳(뱀 사)
동 旣(이미 기)

글자 풀이

뱀(巳)을 칼로 이미 베어 끊었다(已)는 데서 이미, 그치다, 말다는 의미이다.

쓰기 한자

已甚(이심) 已往(이왕) 不得已(부득이)

夷	3급
	오랑캐 이
大	3획

비 弔(조상할 조)

글자 풀이

큰(大) 활(弓)을 가지고 다니는 종족을 지칭하였으나 뒤에 오랑캐의 뜻이 붙었다.

읽기 한자

萊夷(내이) 淮夷(회이) 夷艦(이함)

쓰기 한자

夷滅(이멸) 東夷(동이) 島夷(도이) 明夷(명이) 邊夷(변이) 洋夷(양이)
以夷制夷(이이제이)

而	3급
	말이을 이
而	0획

비 面(얼굴 면)

글자 풀이

그리고, 그리하여, 그러나(而)를 의미한다.

쓰기 한자

而公(이공) 而立(이립) 而已(이이) 然而(연이) 似而非(사이비)
而金以後(이금이후) 形而上學(형이상학) 形而下學(형이하학)

伊 2급(名) 저(彼) **이** 人 │ 4획	**글자 풀이** 다스리는(尹) 사람(亻)이 손가락으로 이 사람 저 사람을 가리키며 지시하는 데서 지시대명사, 저를 의미한다. **읽기한자** 伊昔(이석) 伊時(이시) 伊人(이인) 伊太利(이태리)

怡 2급(名) 기쁠 **이** 心 │ 5획 图 悅(기쁠 열) 歡(기쁠 환)	**글자 풀이** 台는 본래 쟁기를 본뜬 것으로 쟁기가 땅을 풀어 부드럽게 하듯 사람의 마음(心)을 풀어(台) 기쁘게 한다(怡)는 의미이다. **읽기한자** 怡色(이색) 怡神(이신) 怡安(이안) 怡悅(이열) 怡怡(이이) 南怡(남이) 歡怡(환이) 嬉怡(희이)

珥 2급(名) 귀고리 **이:** 玉 │ 6획	**글자 풀이** 玉으로 만들어 귀(耳)에 거는 것으로 귀고리(珥)를 의미한다. **읽기한자** 玉珥(옥이) 李珥(이이)

貳 2급 두/갖은두 **이:** 貝 │ 5획 图 二(두 이) 약 弍, 弐	**글자 풀이** 주살(弋)을 두 번(二) 쏘면 재화(貝)가 두 배로 거듭 늘어나는 데서 둘, 거듭을 의미한다. 二의 갖은자로 쓰인다. **읽기한자** 貳心(이심) 貳車(이거) 貳相(이상) 貳臣(이신)

益 4급Ⅱ
더할 **익**
皿 | 5획

圄 添(더할 첨)
　加(더할 가)
囲 損(덜 손)
　除(덜 제)

〔글자 풀이〕
접시(皿) 안에 물(水)이 넘칠 정도 들어 있는 것에서 늘다, 도움이 된다 (益)는 의미이다.

〔읽기한자〕
毖益(비익)

〔쓰기한자〕
損益(손익) 差益(차익) 老益壯(노익장) 益甚(익심) 弘益人間(홍익인간)
益鳥(익조) 公益(공익) 國益(국익) 權益(권익) 無益(무익) 收益(수익)
受益(수익) 純益(순익) 有益(유익) 利益(이익) 便益(편익) 益甚(익심)

翼 3급Ⅱ
날개 **익**
羽 | 11획

囲 異(다를 이)
圄 羽(깃 우)

〔글자 풀이〕
서로 다른(異) 깃(羽)들이 모여 날개(翼)를 의미한다.

〔읽기한자〕
輔翼(보익) 鵬翼(붕익) 毖翼(비익) 翼戴(익대) 翼戴功臣(익대공신)
翼亮(익량)

〔쓰기한자〕
羽翼(우익) 右翼(우익) 左翼(좌익)

翊 2급(名)
도울 **익**
羽 | 5획

囲 翌(다음날 익)
圄 輔(도울 보)

〔글자 풀이〕
깃(羽)을 세운(立) 것으로 나는 것을 의미한다. 翼(날개 익, 도울 익)과 통하여 돕는다(翊)는 의미이다.

〔읽기한자〕
翊戴(익대) 翊成(익성) 輔翊(보익)

人 8급
사람 **인**
人 | 0획

囲 入(들 입)
　八(여덟 팔)

〔글자 풀이〕
사람(人)이 옆을 향한 모양을 본떴다.

〔읽기한자〕
价人(개인) 賈人(고인) 貊人(맥인) 旁若無人(방약무인) 旁人(방인)
倭人(왜인) 妖人(요인) 傭人(용인) 鈗人(윤인) 伊人(이인) 人蔘(인삼)
佃人(전인) 諜人(첩인) 邢人(형인) 人妖怪物(인요괴물) 人之準繩(인지준승)

〔쓰기한자〕
異邦人(이방인) 弘益人間(홍익인간) 人倫(인륜) 人跡(인적) 佳人(가인)
浪人(낭인) 戀人(연인) 凡人(범인) 喪人(상인) 丈人(장인) 哲人(철인)
超人(초인) 宇宙人(우주인) 人面獸心(인면수심) 人之常情(인지상정)

아

因	5급
	인할 인
口	3획

비 困(곤할 곤)
囚(가둘 수)
반 果(실과 과)

글자 풀이

어떤 일(口)에 크게(大) 인연(因)이 있다는 의미이다.

읽기한자

桓因(환인)

쓰기한자

因緣(인연) 遺傳因子(유전인자) 因果(인과) 因習(인습) 因子(인자)
近因(근인) 起因(기인) 病因(병인) 死因(사인) 心因(심인) 要因(요인)
原因(원인) 主因(주인) 火因(화인) 因果應報(인과응보) 因襲(인습)
因數分解(인수분해) 因人成事(인인성사)

印	4급 Ⅱ
	도장 인
卩	4획

비 卯(토끼 묘)

글자 풀이

어진(仁) 사람임을 나타내는 표시(卩)이니 도장(印)을 의미한다.

읽기한자

印籠(인롱) 印札(인찰)

쓰기한자

印象(인상) 印朱(인주) 刻印(각인) 印本(인본) 印稅(인세) 印章(인장)
印出(인출) 印紙(인지) 官印(관인) 消印(소인) 調印(조인) 職印(직인)
印鑑(인감) 印刷(인쇄) 封印(봉인) 影印(영인)

引	4급 Ⅱ
	끌 인
弓	1획

비 弘(클 홍)
동 導(인도할 도)
牽(끌 견)
반 推(밀 추)

글자 풀이

활(弓)을 당겨(丨) 화살이 날아가는 것에서 당기다, 데려가다(引)는 의미
이다.

읽기한자

底引網(저인망) 引繩批根(인승비근)

쓰기한자

引繼(인계) 引繼引受(인계인수) 引伸(인신) 凡人引渡(범인인도)
引見(인견) 引導(인도) 引力(인력) 引上(인상) 引攝(인섭) 引用(인용)
引接(인접) 引責(인책) 引出(인출) 引下(인하) 吸引(흡인) 引率(인솔)
引揚(인양) 誘引(유인) 引嫌(인혐)

認	4급 Ⅱ
	알(知) 인
言	7획

동 識(알 식)
知(알 지)

글자 풀이

사람의 말(言)과 행위를 곰곰히 마음(心) 속에 새겨 두는(刃) 것에서 인정
하다, 용서하다(認)는 의미이다.

읽기한자

認准(인준)

쓰기한자

否認(부인) 認可(인가) 認識(인식) 認定(인정) 認知(인지) 認許(인허)
公認(공인) 官認(관인) 承認(승인) 是認(시인) 誤認(오인) 容認(용인)
自認(자인) 確認(확인) 檢認定(검인정) 未確認(미확인) 默認(묵인)

4급

仁 어질 **인**

人 | 2획

동 慈(사랑 자)
賢(어질 현)

글자 풀이
두(二) 사람(人)이 서로 사랑하고 생각해 준다는 것에서 배려하다, 어질다(仁)는 의미이다.

읽기 한자

輔仁(보인) 杏仁(행인) 皇甫仁(황보인) 仁瑞(인서) 仁徽(인휘)

쓰기 한자

仁術(인술) 仁義(인의) 仁者(인자) 殺身成仁(살신성인) 仁慈(인자)

3급 Ⅱ

忍 참을 **인**

心 | 3획

동 耐(견딜 내)

글자 풀이
칼날(刃)을 잡은 고통도 참아내는 마음(心)으로, 참다는 의미이다.

쓰기 한자

忍苦(인고) 忍耐(인내) 忍辱(인욕) 忍從(인종) 目不忍見(목불인견)
隱忍自重(은인자중) 不忍(불인) 殘忍(잔인)

3급

姻 혼인 **인**

女 | 6획

동 婚(혼인할 혼)

글자 풀이
여자(女)가 인연(因)이 있어서 결혼을 한다(姻)는 의미이다.

쓰기 한자

姻戚(인척) 婚姻(혼인)

3급

寅 범(虎)/동방 **인**

宀 | 8획

비 演(펼 연)
동 虎(범 호)

글자 풀이
활을 본뜬 글자로, 고대에 활쏘기는 군자가 예절을, 지키며 하는 운동 겸 수양인 데서, 공경하다는 뜻이 나왔다. 띠로는 '범'이고, 방위로는 '동방'이 된다.

쓰기 한자

寅念(인념) 寅方(인방) 寅時(인시) 甲寅年(갑인년)

아

刃
칼날 **인:**
刀 | 1획

비 刀(칼 도)
　 力(힘 력)

글자 풀이
칼(刀)에 칼날의 표시로 점(ヽ)을 더하여 칼날(刃)을 의미한다.

읽기 한자
刃傷(인상) 白刃(백인) 自刃(자인)

一
한 **일**
一 | 0획

동 壹(한/갖은 한 일)

글자 풀이
막대기 하나(一)를 가로로 놓은 모양이다.

읽기 한자
一揆(일규) 一蹴(일축) 一葛(일갈) 一頓(일돈) 一輛(일량) 一握(일악)
一塵(일진) 一札(일찰) 一軸(일축) 一酸化(일산화) 南柯一夢(남가일몽)
巢林一枝(소림일지) 滄海一粟(창해일속) 一網打盡(일망타진)

쓰기 한자
唯一(유일) 一邊倒(일변도) 一騎當千(일기당천) 一魚濁水(일어탁수)
一葉片舟(일엽편주) 一躍(일약) 一軌(일궤) 一偏(일편) 金一封(금일봉)
劃一性(획일성) 一家親戚(일가친척) 一刀兩斷(일도양단)

日
날 **일**
日 | 0획

비 曰(가로 왈)
　 目(눈 목)
반 月(달 월)

글자 풀이
해(日)의 모양을 본떴다.

읽기 한자
炳如日星(병여일성) 旭日昇天(욱일승천) 日俸(일봉) 日傘(일산)
駐日(주일) 遮日(차일)

쓰기 한자
日帝(일제) 日誌(일지) 日射病(일사병) 日就月將(일취월장) 日給(일급)
在日同胞(재일동포) 日暮(일모) 日課(일과) 日光(일광) 日氣(일기)
日軌(일궤) 誕生日(탄생일) 日當(일당) 日常(일상) 日收(일수) 日新(일신)
日刊(일간) 日較差(일교차) 日沒(일몰) 日照權(일조권) 日辰(일진)

逸
편안할 **일**
辶 | 8획

비 勉(힘쓸 면)
동 安(편안 안)
　 穩(편안할 온)

글자 풀이
토끼(兔)가 빠르게 달아나(辶) 숨으니 편안하다는 데서 편안하다, 숨다는 의미이다.

읽기 한자
逸驥(일기)

쓰기 한자
逸居(일거) 逸德(일덕) 逸民(일민) 逸士(일사) 逸品(일품) 逸話(일화)
安逸(안일) 隱逸(은일)

佾 줄춤 일
人 | 6획
2급(名)

비 僧(중 승)
동 舞(춤출 무)

글자 풀이

여덟(八) 명의 사람(人)이 줄지어 몸(肉)으로 추는 춤(佾)을 의미한다.

읽기한자

八佾舞(팔일무)

壹 한/갖은 한 일
士 | 9획
2급

동 一(한 일)
약 壱

글자 풀이

술단지(壺)에 한결같이 좋은(吉) 술만 담는다는 데서, 한 일의 뜻이 나왔다. 一의 갖은자로 쓰인다.

읽기한자

壹意(일의) 壹是(일시)

鎰 무게이름 일
金 | 10획
2급(名)

글자 풀이

한 근(16兩)이 넘는(益) 쇠붙이(金)의 무게로 24兩의 무게(鎰)를 의미한다.

읽기한자

萬鎰(만일) 張鎰(장일)

任 맡길 임(:)
人 | 4획
5급Ⅱ

비 仕(섬길 사)
　 件(물건 건)
동 擔(멜 담)
　 委(맡길 위)
　 托(맡길 탁)
반 免(면할 면)

글자 풀이

사람(人)이 중요한 물건을 등지고 있는 것을 중요한 직책에 근무(壬)한다고 하는 것에서 근무, 직책(任)을 의미한다.

쓰기한자

辭任(사임) 委任(위임) 離任(이임) 赴任(부임) 任官(임관) 任期(임기)
任命(임명) 任務(임무) 任用(임용) 任員(임원) 任地(임지) 任意(임의)
任置(임치) 擔任(담임) 大任(대임) 放任(방임) 兼任(겸임)

壬	3급Ⅱ
	북방 임:
	士 | 1획

비 王(임금 왕)
士(선비 사)

글자 풀이

사람이 벼를 베어 앞뒤로 안고 진 것(壬)을 본떴다.

읽기한자

壬辰倭亂(임진왜란)

쓰기한자

壬方(임방) 壬人(임인)

賃	3급Ⅱ
	품삯 임:
	貝 | 6획

비 貨(재물 화)
貸(빌릴 대)

글자 풀이

일을 맡기고(任) 돈(貝)을 준다는 데서, 품삯을 의미한다.

읽기한자

傭賃(용임)

쓰기한자

賃金(임금) 賃貸(임대) 賃借(임차) 無賃(무임) 運賃(운임) 賃借人(임차인)
賃貸借(임대차) 低賃金(저임금)

妊	2급
	아이밸 임:
	女 | 4획

동 姙(아이밸 임)
娠(아이밸 신)
孕(아이밸 잉)
胎(아이밸 태)
胚(아이밸 배)

글자 풀이

壬은 본래 베를 짤때 날실을 감는 도투마리를 본 뜬 것이다. 도투마리는 실이 감겨 배가 불룩하기 마련이므로 배가 불룩한(壬) 여자(女)로 아이 밴 것을 의미한다.

읽기한자

妊婦(임부) 不妊(불임) 胎妊(태임) 避妊(피임) 懷妊(회임)

入	7급
	들 입
	入 | 0획

비 人(사람 인)
동 納(들일 납)
반 出(날 출)

글자 풀이

동굴에 들어가는 형태에서 입구로, 들어가다(入)는 의미이다.

읽기한자

購入(구입) 搬入(반입) 挿入(삽입) 預入金(예입금) 入闕(입궐) 入札(입찰)

쓰기한자

入庫(입고) 入營(입영) 入寂(입적) 入荷(입하) 編入(편입) 入監(입감)
入校(입교) 入口(입구) 入國(입국) 入金(입금) 入隊(입대) 入力(입력)
入門(입문) 入社(입사) 入選(입선) 入所(입소) 入試(입시) 入室(입실)
入養(입양) 入院(입원) 入場(입장) 入閣(입각) 入館(입관) 入滅(입멸)
入籍(입적) 介入(개입) 沒入(몰입) 輸入(수입) 潛入(잠입) 漸入佳境(점입가경)

子 7급 Ⅱ
아들 **자**
子 | 0획

비 予(나 여)
　了(마칠 료)
　矛(창 모)
반 女(계집 녀)

글자 풀이

갓난 아기(子)의 모양을 본떴다.

읽기 한자

菓子(과자) 棋子(기자) 箕子(기자) 老萊子(노래자) 鄧析子(등석자)
帽子(모자) 柏子(백자) 泗上弟子(사상제자) 箱子(상자) 荀子(순자)
吳子(오자) 胤子(윤자) 子宮癌(자궁암) 趙子龍(조자룡) 杓子(표자)
淮南子(회남자)

쓰기 한자

孔子(공자) 君子(군자) 卵子(난자) 遺腹子(유복자) 梁上君子(양상군자)
子宮(자궁) 子女(자녀) 子方(자방) 子婦(자부) 子孫(자손) 子時(자시)
子息(자식) 子音(자음) 子正(자정) 子弟(자제) 公子(공자) 男子(남자)

字 7급
글자 **자**
子 | 3획

비 宇(집 우)

글자 풀이

집에서(宀) 아이(子)가 차례차례 태어나듯 글자에서 글자가 생겨나므로 문자(字)를 의미한다.

읽기 한자

闕字(궐자) 僻字(벽자) 衍字(연자) 隻字(척자) 字型(자형)

쓰기 한자

字源(자원) 略字(약자) 點字(점자) 十字架(십자가) 字句(자구) 字母(자모)
字意(자의) 字典(자전) 字解(자해) 字形(자형) 檢字(검자) 文字(문자) 習字(습자)
植字(식자) 英字(영자) 誤字(오자) 字幕(자막)

自 7급 Ⅱ
스스로 **자**
自 | 0획

비 白(흰 백)
동 己(몸 기)
반 他(다를 타)

글자 풀이

자기의 코를 가리키면서 나(自)라고 한 것에서 자기(自)를 의미한다.

읽기 한자

自彊不息(자강불식) 自儆(자경) 自刃(자인) 自炊(자취) 自虐(자학)
自彊(자강)

쓰기 한자

自覺(자각) 自負(자부) 自愧(자괴) 自酌(자작) 自決(자결) 自救(자구)
自國(자국) 自己(자기) 自動(자동) 自力(자력) 自我(자아) 自若(자약)
自滅(자멸) 自販機(자판기) 自敍傳(자서전) 自慢心(자만심)
自閉症(자폐증) 悠悠自適(유유자적) 自激之心(자격지심)
自暴自棄(자포자기)

者 6급
놈 **자**
耂 | 5획

비 著(지을 저)
약 者

글자 풀이

노인(老)이 젊은 사람에게 말할(白) 때 이 놈(者) 저 놈(者) 한다는 의미이다.

읽기 한자

諜者(첩자) 霸者(패자) 編輯者(편집자)

쓰기 한자

或者(혹자) 勤勞者(근로자) 先驅者(선구자) 强者(강자) 記者(기자)
讀者(독자) 亡者(망자) 牧者(목자) 病者(병자) 富者(부자) 死者(사자)
勝者(승자) 信者(신자) 業者(업자) 王者(왕자) 著者(저자) 配偶者(배우자)
被疑者(피의자)

姿 모양 자:
女 | 6획

4급

비 恣(방자할 자)
동 態(모양 태)
　 樣(모양 양)

인간에게 무엇보다 중요한 것은 아름다운 마음이지만, 여자(女)에 요구되는 그 다음(次)의 자세도 중요하다는 것에서 자세, 형태(姿)를 의미한다.

읽기 한자

瓊姿(경자) 姿采(자채)

쓰기 한자

姿色(자색) 姿勢(자세) 姿態(자태) 姿質(자질) 高姿勢(고자세) 雄姿(웅자)

資 재물 자
貝 | 6획

4급

비 質(바탕 질)
동 財(재물 재)
　 貨(재물 화)

글자 풀이

생명과 마음 다음(次)에 중요한 것은 생활 밑천인 돈과 재산(貝)이라는 것에서 밑천, 돈, 도움이 되는 것(資) 등을 의미한다.

읽기 한자

融資(융자)

쓰기 한자

資格(자격) 資金(자금) 資力(자력) 資料(자료) 資本(자본) 資産(자산)
資源(자원) 資財(자재) 資質(자질) 內資(내자) 物資(물자) 增資(증자)
出資(출자) 合資(합자) 軍資金(군자금) 機資材(기자재) 水資源(수자원)
學資金(학자금)

姉 손윗누이 자
女 | 5획

4급

반 妹(누이 매)

글자 풀이

시장(市)에 사람들이 슬슬 들어오듯이 차례차례 태어나는 아이들 중에서 가장 위의 여인(女)이라는 의미에서 누나(姉)를 의미한다.

쓰기 한자

姉妹(자매) 姉妹結緣(자매결연) 姉兄(자형) 兄弟姉妹(형제자매)

慈 사랑 자
心 | 10획

3급Ⅱ

비 玆(이 자)
동 仁(어질 인)
　 愛(사랑 애)

글자 풀이

자식을 사랑하는 마음(心)이 풀이 우거져 무성하듯(慈) 한없는 데서, 사랑을 의미한다.

쓰기 한자

慈悲(자비) 慈善(자선) 慈愛(자애) 慈惠(자혜) 仁慈(인자) 慈堂(자당)
無慈悲(무자비) 大慈大悲(대자대비)

刺 3급Ⅱ 찌를 **자:** 찌를 **척** 刀 | 6획	

비 刷(인쇄할 쇄)
통 衝(찌를 충)

글자 풀이
가시가 있는 나무(束)나 칼(刂)로 찌른다(刺)는 의미이다.

읽기 한자
縫刺(봉자) 刺網(자망)

쓰기 한자
刺客(자객) 亂刺(난자) 刺字(자자) 刺殺(척살)

恣 3급 마음대로/방자할 **자:** 心 | 6획	

비 姿(모양 자)

글자 풀이
마음(心)에 내키는 대로 차례차례(次) 제멋대로 행한다는 데서 방자하다(恣)는 의미이다.

쓰기 한자
恣行(자행) 放恣(방자)

玆 3급 이 **자** 玄 | 5획	

통 斯(이 사)
　 是(이 시)
반 彼(저 피)

글자 풀이
어린(幺幺) 풀(艹)이 이(玆)곳에서 자란다는 데서 이, 이에(玆)를 의미한다.

쓰기 한자
今玆(금자)

紫 3급Ⅱ 자줏빛 **자** 糸 | 6획	

비 柴(섶 시)

글자 풀이
이(此) 실과(糸) 옷감의 색은 자주빛(紫)이라는 의미이다.

읽기 한자
紫水晶(자수정) 紫葛(자갈) 紫闕(자궐)

쓰기 한자
紫色(자색) 紫煙(자연) 紫外線(자외선) 山紫水明(산자수명)

滋 불을 자
水 | 9획
2급(名)

동 潤(불을 윤)

글자 풀이

어린 (絲) 초목(艹)에 물(水)을 주어 가꾸면 가지와 잎이 무성하게 자라는 데서 붇다, 자라다, 더욱을 의미한다.

읽기 한자

滋漫(자만) 滋茂(자무) 滋殖(자식) 滋甚(자심) 滋養分(자양분) 滋雨(자우)

磁 자석 자
石 | 9획
2급

글자 풀이

쇠를 끌어 당기는 검은(玆) 돌(石)로 자석(磁)을 의미한다.

읽기 한자

磁極(자극) 磁器(자기) 磁氣(자기) 磁力(자력) 磁石(자석) 磁性(자성)
磁場(자장) 磁針(자침) 陶磁(도자) 白磁(백자) 電磁(전자) 靑磁(청자)

諮 물을 자:
言 | 9획
2급

동 咨(물을 자)
詢(물을 순)
問(물을 문)

글자 풀이

여러 사람에게 차례로(次) 물어서(口) 대답(言)을 듣는 것으로 묻다, 의논하다(諮)는 의미이다.

읽기 한자

諮決(자결) 諮謀(자모) 諮問(자문) 諮議(자의)

雌 암컷 자
隹 | 6획
2급

반 雄(수컷 웅)

글자 풀이

이(此) 새(隹)는 암컷(雌)이라는 의미이다.

읽기 한자

雌伏(자복) 雌雄(자웅)

6급Ⅱ
作 지을 **작**
人 | 5획

동 著(지을 저)
造(지을 조)
創(비롯할 창)
製(지을 제)

글자 풀이

사람(人)이 나뭇가지를 구부려서 담장을 만들고, 그 안에 집을 만들고 (乍) 있는 형태에서 만들다(作)는 의미이다.

읽기 한자

傭作(용작)

쓰기 한자

作況(작황) 佳作(가작) 稻作(도작) 拙作(졸작) 作嫌(작혐) 作家(작가)
作故(작고) 作曲(작곡) 作黨(작당) 作動(작동) 作名(작명) 作文(작문)
作法(작법) 作別(작별) 作色(작색) 作成(작성) 作詩(작시) 作詞(작사)
作弊(작폐) 輪作(윤작) 著作權(저작권) 振作(진작)

6급Ⅱ
昨 어제 **작**
日 | 5획

비 作(지을 작)
반 今(이제 금)

글자 풀이

하루 해(日)가 잠깐(乍) 사이에 휙 지나가 버리니 어제(昨)를 의미한다.

쓰기 한자

昨今(작금) 昨年(작년) 昨日(작일)

3급
爵 벼슬 **작**
爪 | 14획

동 官(벼슬 관)
吏(벼슬아치 리)
尉(벼슬 위)

글자 풀이

참새 모양의 고급 술잔을 그린 것으로 , 벼슬아치가 사용하는 데서 벼슬을 의미한다.

읽기 한자

勳爵(훈작) 爵弁(작변)

쓰기 한자

爵位(작위) 爵號(작호) 公爵(공작) 男爵(남작) 伯爵(백작) 封爵(봉작)
人爵(인작) 子爵(자작) 天爵(천작) 侯爵(후작) 進爵(진작) 獻爵(헌작)
高官大爵(고관대작)

3급
酌 술부을/잔질할**작**
酉 | 3획

비 配(나눌 배)

글자 풀이

술(酉)을 국자(勺)로 따른다(酌)는 의미이다.

쓰기 한자

酌定(작정) 參酌(참작) 淸酌(청작) 無酌定(무작정) 情狀參酌(정상참작)

殘	4급
	남을 **잔**
	歹 | 8획

비 錢(돈 전)
淺(얕을 천)
踐(밟을 천)
동 餘(남을 여)
약 残

글자 풀이

창을 마주대고(戔) 서로 싸우고 해치니 주검(歹)만 남는다(殘)는 의미이다.

읽기한자

殘虐(잔학) 殘酷(잔혹) 殘闕(잔궐)

쓰기한자

殘高(잔고) 殘金(잔금) 殘黨(잔당) 殘命(잔명) 殘雪(잔설)
殘惡(잔악) 殘額(잔액) 殘業(잔업) 殘餘(잔여) 殘忍(잔인)
殘存(잔존) 殘暴(잔포) 同族相殘(동족상잔) 敗殘兵(패잔병)
殘飯(잔반) 衰殘(쇠잔)

暫	3급 II
	잠깐 **잠(:)**
	日 | 11획

비 慙(부끄러울 참)

글자 풀이

죄인을 베는(斬)데 걸리는 시간(日)은 잠깐(暫)이면 된다는 의미이다.

쓰기한자

暫間(잠간) 暫時(잠시) 暫定的(잠정적)

潛	3급 II
	잠길 **잠**
	水 | 12획

동 沈(잠길 침)
沒(빠질 몰)
반 浮(뜰 부)

글자 풀이

물(水) 속에 숨는다(朁)는 데서 잠기다, 자맥질하다는 의미이다.

읽기한자

潛水艦(잠수함) 潛淵(잠연)

쓰기한자

潛伏(잠복) 潛入(잠입) 潛跡(잠적) 潛行(잠행)

蠶	2급
	누에 **잠**
	虫 | 18획

약 蚕

글자 풀이

입김을 내듯(朁) 실을 토해내는 벌레(虫虫)에서 누에를 의미한다.

읽기한자

蠶食(잠식) 蠶室(잠실) 養蠶(양잠)

雜

4급
섞일 **잡**
隹 | 10획

비 難(어려울 난)
　 離(떠날 리)
동 混(섞을 혼)
약 雑

글자 풀이

온갖 빛의 새들이 나무에 모여들 듯(集) 여러 빛깔의 천(衣)이 모인데서, 섞이다는 의미이다.

읽기한자

塵雜(진잡)

쓰기한자

雜居(잡거) 雜穀(잡곡) 雜技(잡기) 雜念(잡념) 雜多(잡다) 雜談(잡담)
雜文(잡문) 雜犯(잡범) 雜費(잡비) 雜音(잡음) 雜誌(잡지) 雜草(잡초)
複雜(복잡) 混雜(혼잡) 雜菌(잡균) 雜湯(잡탕) 煩雜(번잡) 錯雜(착잡)
醜雜(추잡) 雜鬼(잡귀) 雜貨(잡화) 亂雜(난잡) 雜商人(잡상인)
雜記帳(잡기장) 雜役夫(잡역부) 酒色雜技(주색잡기)

長

8급
긴 **장(:)**
長 | 0획

반 短(짧을 단)
　 幼(어릴 유)

글자 풀이

지팡이를 짚은 노인(長)의 모습에서 본떴다.

읽기한자

鬱長(울장) 坑長(갱장)

쓰기한자

長髮(장발) 長點(장점) 長篇小說(장편소설) 長考(장고) 長官(장관)
長技(장기) 長短(장단) 長文(장문) 長成(장성) 長詩(장시) 長魚(장어)
長音(장음) 長者(장자) 長子(장자) 長長(장장) 長調(장조) 長足(장족)
長指(장지) 長打(장타) 家長(가장) 係長(계장) 課長(과장) 官長(관장)
校長(교장) 局長(국장) 長距離(장거리) 長劍(장검) 長久(장구) 長壽(장수)
長幼有序(장유유서) 長征(장정) 長生殿(장생전)

場

7급 Ⅱ
마당 **장**
土 | 9획

비 陽(볕 양)
　 揚(날릴 양)
　 腸(창자 장)

글자 풀이

깃발(勿) 위로 높이 해(日)가 또 오르듯이 높게 흙(土)을 돋운 장소를 빗댄 곳, 장소(場)를 의미한다.

읽기한자

購販場(구판장) 縫製工場(봉제공장) 磁場(자장) 駐車場(주차장)

쓰기한자

劇場(극장) 亂場(난장) 刑場(형장) 場外(장외) 開場(개장) 工場(공장)
廣場(광장) 球場(구장) 農場(농장) 當場(당장) 道場(도장) 登場(등장)
牧場(목장) 白沙場(백사장) 場面(장면) 場所(장소) 一場春夢(일장춘몽)
荷置場(하치장)

章

6급
글 **장**
立 | 6획

비 意(뜻 의)
동 文(글월 문)

글자 풀이

소리와 음(音)을 구별하는 것으로, 음악의 끝(十)이라든가 문장의 한 단락, 글(章)을 의미한다.

읽기한자

瓊章(경장) 奎章(규장) 奎章閣(규장각) 勤政勳章(근정훈장)
武功勳章(무공훈장) 勳章(훈장) 徽章(휘장)

쓰기한자

憲章(헌장) 肩章(견장) 章理(장리) 章程(장정) 國章(국장) 旗章(기장)
文章(문장) 序章(서장) 章奏(장주) 樂章(악장) 印章(인장) 終章(종장)
中章(중장) 初章(초장) 體力章(체력장) 喪章(상장) 詞章派(사장파)

將

4급Ⅱ

장수 **장(:)**

寸 | 8획

- 비 獎(장려할 장)
- 동 帥(장수 수)
- 반 兵(병사 병)
  軍(군사 군)
  士(선비 사)
- 약 将

글자 풀이

장수(爿)가 되려고 촌(寸)에서 홀몸(月)으로 전쟁에 참가해서 장수(將)가 되었다는 의미이다.

읽기한자

悼二將歌(도이장가) 倭將(왜장) 熊虎之將(웅호지장) 將棋(장기)
將弁(장변) 准將(준장)

쓰기한자

智將(지장) 將校(장교) 將軍(장군) 將來(장래) 將兵(장병) 將星(장성)
將養(장양) 將次(장차) 老將(노장) 名將(명장) 武將(무장) 小將(소장)
主將(주장) 猛將(맹장) 將帥(장수) 守門將(수문장) 日就月將(일취월장)
獨不將軍(독불장군)

障

4급Ⅱ

막을 **장**

阜/阝 | 11획

- 비 章(글 장)
  陣(진칠 진)
- 동 礙(거리낄 애)
  防(막을 방)
  拒(막을 거)
  抵(막을 저)

글자 풀이

수많은 글자가 모여 글(章)을 이루듯 언덕(阝)이 모여 험한 산을 이루어 사람의 통행을 막는 데서, 막다는 의미이다.

읽기한자

障礙(장애)

쓰기한자

障壁(장벽) 障害(장해) 故障(고장) 保障(보장)
支障(지장) 綠內障(녹내장) 白內障(백내장)

壯

4급

장할 **장:**

士 | 4획

- 비 莊(씩씩할 장)
- 동 健(굳셀 건)
- 약 壮

글자 풀이

나무를 조각(爿)낼 수 있는 무사(士)이니 씩씩하다, 장하다(壯)는 의미이다.

쓰기한자

壯觀(장관) 壯年(장년) 壯談(장담) 壯大(장대) 壯烈(장렬)
壯士(장사) 壯元(장원) 壯丁(장정) 壯快(장쾌) 強壯(강장)
健壯(건장) 悲壯(비장) 雄壯(웅장) 老益壯(노익장) 小壯派(소장파)
壯版(장판) 豪言壯談(호언장담)

帳

4급

장막 **장**

巾 | 8획

- 비 張(베풀 장)
- 동 幕(장막 막)

글자 풀이

벌레방지로 침상에 달아 논 것, 또 길게(長) 매달아논 천(巾)을 말하는 것으로 모기장, 장막(帳)을 의미한다.

읽기한자

屍帳(시장)

쓰기한자

原帳(원장) 日記帳(일기장) 通帳(통장) 揮帳(휘장) 布帳馬車(포장마차)
帳幕(장막) 帳簿(장부) 臺帳(대장)

張

4급

베풀 **장**

弓 | 8획

비 帳(장막 장)
동 伸(펼 신)
　　擴(넓힐 확)
반 縮(줄일 축)

글자 풀이

머리털이 자라 덥수룩하게 되듯이, 당긴 활(弓)줄이 늘어나(長)는 것에서 당기다, 넓어지다(張)는 의미이다.

읽기 한자

張網類(장망류)

쓰기 한자

張力(장력) 張數(장수) 主張(주장) 冊張(책장) 出張(출장) 擴張(확장)
甲午更張(갑오경장) 伸張(신장) 誇張(과장) 緊張(긴장)

腸

4급

창자 **장**

肉/月 | 9획

비 陽(볕 양)
　　揚(날릴 양)
　　場(마당 장)

글자 풀이

깃발(勿)이 아침 해(日)에 펄럭이며 움직이듯이 몸(月) 안에서 길게 자라 움직이고 있는 창자(腸)를 의미한다.

읽기 한자

腸腎(장신) 腎腸(신장)

쓰기 한자

腸壁(장벽) 斷腸(단장) 大腸(대장) 小腸(소장) 心腸(심장) 直腸(직장)
脫腸(탈장) 九折羊腸(구절양장) 十二指腸(십이지장) 胃腸(위장)
肝腸(간장) 盲腸(맹장)

裝

4급

꾸밀 **장**

衣 | 7획

동 飾(꾸밀 식)
약 装

글자 풀이

옷(衣)을 웅장하게(壯) 꾸며(裝) 입는다는 의미이다.

읽기 한자

鋪裝道路(포장도로) 鋪裝(포장)

쓰기 한자

裝備(장비) 裝着(장착) 裝置(장치) 假裝(가장) 輕裝(경장) 軍裝(군장)
男裝(남장) 武裝(무장) 變裝(변장) 服裝(복장) 盛裝(성장) 洋裝(양장)
女裝(여장) 旅裝(여장) 正裝(정장) 治裝(치장) 僞裝(위장) 裝飾(장식)
裝身具(장신구) 非武裝(비무장)

獎

4급

장려할 **장(:)**

犬 | 11획

비 將(장수 장)
동 勵(힘쓸 려)
　　勸(권할 권)
약 奬, 奨

글자 풀이

개(犬)를 날쌔도록 훈련시키듯, 앞으로 장수(將)가 되라고 권하며 돕는 데서 장려하다는 의미이다.

쓰기 한자

獎學金(장학금) 勸獎(권장) 獎勵(장려)

자

丈

3급 II
어른 **장:**
一 │ 2획

비 大(큰 대)
동 長(어른 장)
반 少(적을 소)

글자 풀이
긴 지팡이를 손에 든 모양을 그린 글자로, 어른(丈)을 의미한다.

읽기 한자
椿府丈(춘부장)

쓰기 한자
聘丈(빙장) 丈母(장모) 丈夫(장부) 丈人(장인) 丈尺(장척) 査丈(사장)
老人丈(노인장) 大丈夫(대장부) 主人丈(주인장) 春府丈(춘부장)
氣高萬丈(기고만장)

掌

3급 II
손바닥 **장:**
手 │ 8획

비 拳(주먹 권)
裳(치마 상)
常(떳떳할 상)

글자 풀이
손(手)의 거의(尙) 대부분을 차지하는 것이 손바닥(掌)이라는 의미이다.

읽기 한자
掌握(장악)

쓰기 한자
管掌(관장) 分掌(분장) 車掌(차장) 合掌(합장) 仙人掌(선인장)
如反掌(여반장) 掌篇小說(장편소설) 拍掌大笑(박장대소) 掌中珠(장중주)

粧

3급 II
단장할 **장**
米 │ 6획

비 粉(가루 분)
동 飾(꾸밀 식)

글자 풀이
돌집(广) 벽에 흙(土)을 바르고 고운 분(米)을 덧입혀서 단장한다(粧)는
의미이나.

읽기 한자
姸粧(연장)

쓰기 한자
粧鏡(장경) 粧飾(장식) 內粧(내장) 丹粧(단장) 治粧(치장)
化粧(화장) 美粧院(미장원) 銀粧刀(은장도) 化粧紙(화장지)

臟

3급 II
오장 **장:**
肉/月 │ 18획

비 藏(감출 장)
약 臓

글자 풀이
몸(月) 속에 감추어진(藏) 오장(臟)을 의미한다.

읽기 한자
腎臟(신장)

쓰기 한자
臟器(장기) 臟府(장부) 肝臟(간장) 內臟(내장) 心臟(심장)

莊 3급 II 씩씩할 장 艹 | 7획 비 壯(장할 장) 약 荘	**글자 풀이** 초목(艹)이 씩씩하게(壯) 자라서 장엄하다(莊)는 의미이다. **쓰기 한자** 莊嚴(장엄) 莊子(장자) 莊重(장중) 別莊(별장) 山莊(산장) 老莊思想(노장사상)

葬 3급 II 장사지낼 장: 艹 | 9획 동 喪(잃을 상)	**글자 풀이** 옛날에는 사람이 죽으면(死) 볏짚(艹)으로 위, 아래를 싸서 장사를 지냈다(葬)는 의미이다. **쓰기 한자** 埋葬(매장) 殉葬(순장) 假埋葬(가매장) 生埋葬(생매장) 暗埋葬(암매장) 葬禮(장례) 葬儀(장의) 葬地(장지) 國葬(국장) 水葬(수장) 安葬(안장) 移葬(이장) 合葬(합장) 火葬(화장) 葬送曲(장송곡) 高麗葬(고려장) 副葬品(부장품)

藏 3급 II 감출 장: 艹 | 14획 비 臧(착할 장) 약 蔵	**글자 풀이** 사람의 눈(臣)에 띄지 않게 창(戈)을 판자(爿)나 풀(艹)로 덮어 감춘다(藏)는 의미이다. **쓰기 한자** 藏府(장부) 藏書(장서) 死藏(사장) 私藏(사장) 所藏(소장) 收藏(수장) 貯藏(저장) 藏中(장중) 愛藏品(애장품)

墙 3급 담 장 土 | 13획 동 牆(담 장)	**글자 풀이** 거두어들인 곡식(嗇)을 보존하기 위하여 흙(土)으로 높게 쌓은 담(墙)을 의미한다. **쓰기 한자** 墙內(징 내) 墙有耳(장유이) 路柳墙花(노류장화)

자

庄

전장(田莊) 장
广 | 3획

농토(土) 주변에 세운 집(广)으로 농막(庄)을 의미한다.

읽기한자

庄家(장가) 庄園(장원)

獐

노루 장
犬 | 11획

글자 풀이

개(犭)보다는 귀한(貴) 짐승이니 노루(獐)를 의미한다.

읽기한자

牙獐(아장) 獐角(장각) 獐肝(장간) 獐島(장도) 獐毛(장모)
獐足(장족) 獐皮(장피) 獐血(장혈) 香獐(향장)

璋

홀 장
玉 | 11획

동 圭(홀 규)
笏(홀 홀)

글자 풀이

글(章)을 써 넣은 옥(玉)으로 홀(璋)을 의미한다.

읽기한자

圭璋(규장) 弄璋(농장)

蔣

성(姓) 장
艹 | 11획

약 蒋

글자 풀이

본래 줄이라는 식물을 나타냈으나 주로 姓氏로 쓰인다.

읽기한자

蔣介石(장개석) 蔣茅(장모) 蔣生傳(장생전)

在

6급

있을 재:

土 | 3획

비 布(베 포)
동 有(있을 유)
　存(있을 존)
반 無(없을 무)

글자 풀이

땅(土)이 있으면 어디서나 반드시 식물의 싹(才)이 움트는 데서, 있다는 의미이다.

읽기 한자

癌的存在(암적존재) 駐在(주재)

쓰기 한자

在庫(재고) 散在(산재) 在籍(재적) 殘在(잔재) 偏在(편재) 在家(재가)
在京(재경) 在來(재래) 在野(재야) 在中(재중) 在學(재학) 健在(건재)
內在(내재) 實在(실재) 存在(존재) 滯在(체재) 現在(현재) 在所者(재소자)
在任中(재임중) 所在地(소재지) 不在者(부재자) 介在(개재) 潛在(잠재)

才

6급 Ⅱ

재주 재

手 | 0획

비 寸(마디 촌)
　丈(어른 장)
　木(나무 목)
동 技(재주 기)
　術(재주 술)
　藝(재주 예)

글자 풀이

풀이 지면에 싹텄을 때의 형태로 이것은 이윽고 가지와 잎이 되는 모태를 갖고 있는 것에서 소질, 지혜(才)를 의미한다.

읽기 한자

才媛(재원)

쓰기 한자

秀才(수재) 鈍才(둔재) 才能(재능) 才談(재담) 才德(재덕) 才量(재량)
才士(재사) 才質(재질) 才致(재치) 英才(영재) 天才(천재) 才幹(재간)
才弄(재롱) 鬼才(귀재) 才色兼備(재색겸비) 才勝薄德(재승박덕)
才子佳人(재자가인) 多才多能(다재다능)

再

5급

두 재:

冂 | 4획

비 用(쓸 용)
동 兩(두 량)
　雙(두 쌍)

글자 풀이

같은 것을 몇 개나 쌓은 것에서 겹쳐서, 재차(再)를 의미한다.

읽기 한자

再祚(재조)

쓰기 한자

再婚(재혼) 再湯(재탕) 再編(재편) 再建(재건) 再考(재고) 再起(재기)
再論(재론) 再拜(재배) 再生(재생) 再選(재선) 再修(재수) 再演(재연)
再任(재임) 再次(재차) 再唱(재창) 再請(재청) 再現(재현) 再活(재활)
再會(재회) 再臨(재림) 再審(재심) 再版(재판) 再開發(재개발)
再發見(재발견) 再製酒(재제주) 非一非再(비일비재)

材

5급 Ⅱ

재목 재

木 | 3획

비 林(수풀 림)
　村(마을 촌)

글자 풀이

판자나 기둥으로 하기 위해 쓰러트린 나무(木)는 이제부터 도움(才)이 되는 나무라는 것에서 재목(材)을 의미한다.

읽기 한자

棟梁之材(동량지재)

쓰기 한자

骨材(골재) 資材(자재) 材木(재목) 木材(목재) 製材(제재) 材料(재료)
教材(교재) 素材(소재) 藥材(약재) 惡材(악재) 取材(취재) 石材(석재)
樂材(악재) 人材(인재) 機資材(기자재) 建材商(건재상) 適材適所(적재적소)

자

災

	5급
재앙 **재**	
火 | 3획	

비 炎(불꽃 염)
동 殃(재앙 앙)
　厄(액 액)
　禍(재앙 화)
반 福(복 복)

글자 풀이

강물(巛)이 불어나고 화재(火)로 집을 태우거나 하듯이 물과 불에 의한 화재, 재난(災)을 의미한다.

읽기한자

災妖(재요)

쓰기한자

災殃(재앙) 災厄(재액) 災難(재난) 災害(재해) 官災(관재) 三災(삼재)
水災(수재) 火災(화재) 天災地變(천재지변) 災禍(재화) 橫災(횡재)

財

	5급 Ⅱ
재물 **재**	
貝 | 3획	

동 資(재물 자)
　貨(재물 화)

글자 풀이

싹을 띤 식물(才)이 크게 되듯이, 이제부터 값어치가 나가는 돈과 재산(貝)을 뜻하는 것으로 보물, 재물(財)을 의미한다.

읽기한자

殖財(식재) 財閥(재벌)

쓰기한자

財源(재원) 私財(사재) 損財(손재) 財界(재계) 財團(재단) 財力(재력)
財物(재물) 財産(재산) 財政(재정) 財貨(재화) 理財(이재) 蓄財(축재)
文化財(문화재) 家財道具(가재도구) 橫財(횡재)

栽

	3급 Ⅱ
심을 **재:**	
木 | 6획	

비 裁(옷마를 재)
　哉(어조사 재)
　載(실을 재)
동 植(심을 식)

글자 풀이

열(十) 번 삽질(戈)하여 나무(木)를 심는다(栽)는 의미이다.

읽기한자

栽挿(재삽)

쓰기한자

栽培(재배) 植栽(식재)

裁

	3급 Ⅱ
옷마를 **재**	
衣 | 6획	

비 哉(어조사 재)
　栽(심을 재)
　載(실을 재)

글자 풀이

옷감(衣)을 열(十) 번정도 가위질(戈)하여 마름질 한다(裁)는 의미이다.

읽기한자

闕席裁判(궐석재판) 裁縫師(재봉사) 裁縫絲(재봉사) 裁衷(재충)

쓰기한자

仲裁(중재) 裁可(재가) 裁斷(재단) 裁量(재량) 裁定(재정) 決裁(결재)
獨裁(독재) 洋裁(양재) 裁判(재판) 總裁(총재)

3급 Ⅱ
載 실을 재:
車 | 6획

비 哉(어조사 재)
栽(심을 재)

열(十) 개의 창(戈)을 수레(車)에 싣는다(載)는 의미이다.

읽기한자
揭載(게재) 艦載(함재)

쓰기한자
記載(기재) 滿載(만재) 連載(연재) 積載(적재) 全載(전재) 轉載(전재)
千載一遇(천재일우) 偏載(편재)

3급
哉 어조사 재
口 | 6획

비 裁(옷마를 재)
栽(심을 재)
載(실을 재)
약 㢤

글자 풀이
말이 끊어질 때 쓰는 어조사(哉)이다.

쓰기한자
嗚呼痛哉(오호통재)

3급
宰 재상 재:
宀 | 7획

비 辛(매울 신)
帝(임금 제)

글자 풀이
집(宀)에서 조리용 칼(辛)로 요리하는 것은 음식을 다스리는(宰) 것으로
다스리다, 재상(宰)을 의미한다.

읽기한자
宰柄(재병) 宰輔(재보)

쓰기한자
宰府(재부) 宰殺(재살) 宰相(재상) 宰臣(재신) 宰牛(재우) 宰人(재인)
主宰(주재) 總宰(총재)

5급
爭 다툴 쟁
爪 | 4획

비 淨(깨끗할 정)
동 競(다툴 경)
戰(싸움 전)
鬪(싸움 투)
반 和(화할 화)
약 争

글자 풀이
손(爪)과 손(⺕)에 갈고리(亅)를 들고 싸운다(爭)는 의미이다.

읽기한자
爭霸(쟁패)

쓰기한자
爭點(쟁점) 鬪爭(투쟁) 抗爭(항쟁) 百家爭鳴(백가쟁명) 爭奪戰(쟁탈전)
爭議(쟁의) 爭取(쟁취) 競爭(경쟁) 論爭(논쟁) 黨爭(당쟁) 分爭(분쟁)
言爭(언쟁) 戰爭(전쟁) 紛爭(분쟁) 爭衡(쟁형)

자

貯 쌓을 저:
5급
貝 | 5획

- 동 蓄(모을 축)
  築(쌓을 축)
  積(쌓을 적)
- 반 崩(무너질 붕)
  壞(무너질 괴)

글자 풀이
재물(貝)을 고무래(丁)로 긁어 모아 집(宀)에 쌓는다(貯)는 의미이다.

읽기한자
貯柴(저시)

쓰기한자
貯金(저금) 貯水(저수) 貯蓄(저축) 貯炭(저탄) 貯藏(저장)

低 낮을 저:
4급 II
人 | 5획

- 비 抵(막을 저)
  底(밑 저)
- 동 卑(낮을 비)
- 반 高(높을 고)

글자 풀이
원래는 건물이 무너져가는 듯한 쇠퇴나 신분이 낮은(氐) 사람(人)을 가리켰는데 지금은 낮다, 저수준(低)을 의미한다.

쓰기한자
低廉(저렴) 低價(저가) 低空(저공) 低級(저급) 低利(저리) 低俗(저속)
低溫(저온) 低音(저음) 低調(저조) 低地(저지) 低質(저질) 低下(저하)
高低(고저) 低頭(저두) 低率(저율) 低氣壓(저기압) 低血壓(저혈압)
低姿勢(저자세) 低賃金(저임금)

底 밑 저:
4급
广 | 5획

- 비 抵(막을 저)
  低(낮을 저)

글자 풀이
바위집(广) 아래의 낮은(氐) 곳에서 밑을 의미한다.

읽기한자
底引網(저인망)

쓰기한자
底力(저력) 底流(저류) 底邊(저변) 底意(저의) 基底(기저) 心底(심저)
海底(해저) 徹底(철저)

抵 막을[抗] 저:
3급 II
手 | 5획

- 비 低(낮을 저)
  底(밑 저)
- 동 抗(겨룰 항)

글자 풀이
손(手)에 무기를 들고 성벽을 오르는 적을 낮은(氐) 곳으로 물리치며 대항한다(抵)는 의미이다.

쓰기한자
抵當(저당) 抵觸(저촉) 抵抗(저항) 根抵當(근저당) 大抵(대저)
抵死爲限(저사위한)

著

3급 Ⅱ
나타날 저:
++ | 9획

ㅂ 者(놈 자)
　暑(더울 서)
　署(관청 서)
동 作(지을 작)
　造(지을 조)

글자 풀이

풀(++)의 섬유로 만든 옷을 모아(者) 전시하는 데서 입다, 나타나다, 짓다 는 의미이다.

읽기한자

著雍(저옹)

쓰기한자

編著(편저) 著名(저명) 著書(저서) 著述(저술) 著者(저자)
著作(저작) 共著(공저) 論著(논저) 顯著(현저) 著押(착압)

沮

2급
막을[遮] 저:
水 | 5획

동 遏(막을 알)

글자 풀이

냇물이나 강물(水)에 둑이나 제방을 쌓아서(且) 물길을 막고(沮) 흐름을 그치게 한다(沮)는 의미이다.

읽기한자

沮氣(저기) 沮散(저산) 沮喪(저상) 沮抑(저억) 沮議(저의) 沮止(저지)
沮澤(저택) 沮害(저해)

的

5급 Ⅱ
과녁 적
白 | 3획

ㅂ 酌(술따를 작)

글자 풀이

흰(白) 바탕의 과녁(勺) 모양으로 과녁, 목표(的)를 의미한다.

읽기한자

汎國民的(범국민적) 癌的存在(암적존재) 綜合的(종합적) 的款(적관)

쓰기한자

標的(표적) 劇的(극적) 私的(사적) 的中(적중) 目的(목적) 的實(적실)
的確(적확) 公的(공적) 內的(내적) 物的(물적) 法的(법적) 病的(병적)
橫的(횡적) 盲目的(맹목적) 組織的(조직적) 超人的(초인적)
皮相的(피상적)　恒久的(항구적) 可及的(가급적) 感傷的(감상적)
天賦的(천부적) 劃期的(획기적)

赤

5급
붉을 적
赤 | 0획

ㅂ 亦(또 역)
동 朱(붉을 주)
　紅(붉을 홍)

글자 풀이

큰 화재의 불색깔이 빨갛다(赤)는 의미이다.

읽기한자

赤裸利(적나찰) 赤繩(적승)

쓰기한자

赤潮(적조) 赤軍(적군) 赤旗(적기) 赤貧(적빈) 赤色(적색) 赤誠(적성)
赤身(적신) 赤子(적자) 赤字(적자) 赤化(적화) 赤信號(적신호)
赤壁賦(적벽부) 赤十字(적십자) 赤外線(적외선) 赤血球(적혈구)
赤貧如洗(적빈여세) 赤口毒語(적구독어) 赤手空拳(적수공권)

敵

4급 II

대적할 **적**

攵 | 11획

回 敲(두드릴 고)

글자 풀이

침략이라는 하나(商)의 목적만 가지고 쳐들어(攵) 오는 적을 대적한다(敵)는 의미이다.

읽기 한자

敵艦(적함)

쓰기 한자

敵陣(적진) 匹敵(필적) 敵國(적국) 敵軍(적군) 敵手(적수) 敵意(적의)
敵情(적정) 敵地(적지) 強敵(강적) 對敵(대적) 無敵(무적) 宿敵(숙적)
外敵(외적) 政敵(정적) 天敵(천적) 敵對感(적대감) 利敵行爲(이적행위)
衆寡不敵(중과부적)

積

4급

쌓을 **적**

禾 | 11획

回 績(길쌈 적)
동 蓄(모을 축)
　築(쌓을 축)
　貯(쌓을 저)
반 崩(무너질 붕)
　壞(무너질 괴)

글자 풀이

자기가 벤 볏단(禾)을 책임(責)지고 쌓는다는 데서 쌓다는 의미이다.

읽기 한자

銖積寸累(수적촌루) 庾積(유적) 沖積(충적) 積屍(적시) 積鬱(적울)
積聚(적취)

쓰기 한자

積金(적금) 積量(적량) 積立(적립) 積分(적분) 積善(적선) 見積(견적)
面積(면적) 山積(산적) 船積(선적) 容積(용적) 集積(집적) 蓄積(축적)
露積(노적) 乘積(승적) 積滯(적체) 積極的(적극적) 積雪量(적설량)
野積場(야적장) 積載量(적재량)

籍

4급

문서 **적**

竹 | 14획

回 耕(밭갈 경)
동 券(문서 권)
　簿(문서 부)

글자 풀이

따비(耒)질이 시작된 옛날(昔)부터 대쪽(竹)에 소유와 관련된 글을 남기기 시작한 데서 문서를 의미한다.

읽기 한자

艦籍(함적) 勳籍(훈적)

쓰기 한자

國籍(국적) 無籍(무적) 兵籍(병적) 復籍(복적) 本籍(본적) 史籍(사적)
書籍(서적) 原籍(원적) 移籍(이적) 入籍(입적) 在籍(재적) 典籍(전적)
除籍(제적) 地籍(지적) 戸籍(호적) 自國籍(자국적) 二重國籍(이중국적)
戸籍抄本(호적초본) 學籍簿(학적부)

績

4급

길쌈 **적**

糸 | 11획

回 積(쌓을 적)
동 紡(길쌈 방)
　織(짤 직)

글자 풀이

실(糸)을 한 올 한 올 책임(責)있게 엮어 천을 짜는 것에서 짜다, 작업의 완성도(績)를 의미한다.

읽기 한자

綿紡績(면방적) 紡文績學(방문적학) 紡績(방적) 玊績(비적) 勳績(훈적)
徽績(휘적)

쓰기 한자

績工(적공) 功績(공적) 成績(성적) 實績(실적) 業績(업적) 治績(치적)
行績(행적)

賊 | 4급
도둑 적
貝 | 6획

비 賤(천할 천)
동 盜(도둑 도)
竊(훔칠 절)

글자 풀이
병장기(戎)를 들고 남의 재물(貝)을 훔치는 도둑(賊)이라는 의미이다.

읽기한자
匪賊(비적) 倭賊(왜적) 賊窟(적굴) 賊巢(적소) 賊虐(적학) 諜賊(첩적)

쓰기한자
賊徒(적도) 賊心(적심) 盜賊(도적) 馬賊(마적) 山賊(산적) 五賊(오적)
義賊(의적) 海賊(해적) 逆賊(역적)

適 | 4급
맞을 적
辶 | 11획

비 摘(딸 적)
滴(물방울 적)

글자 풀이
나무뿌리(啇)는 가지가 자라기에 알맞게 뻗어 나간다(辶)는 데서 (알)맞다는 의미이다.

읽기한자
舒適(서적)

쓰기한자
適歸(적귀) 適格(적격) 適期(적기) 適當(적당) 適量(적량) 適性(적성)
適時(적시) 適用(적용) 適應(적응) 適人(적인) 適任(적임) 適正(적정)
適合(적합) 最適(최적) 快適(쾌적) 適法節次(적법절차)
適者生存(적자생존) 適材適所(적재적소) 拘束適否審(구속적부심)
悠悠自適(유유자적)

寂 | 3급 II
고요할 적
宀 | 8획

비 叔(아재비 숙)
동 閑(한가할 한)
靜(고요할 정)
반 忙(바쁠 망)

글자 풀이
산골에 사는 아재비(叔)네 집(宀)이 고요하다(寂)는 의미이다.

읽기한자
鬱寂(울적) 沖寂(충적)

쓰기한자
寂滅(적멸) 寂寂(적적) 孤寂(고적) 入寂(입적) 靜寂(정적) 閑寂(한적)

摘 | 3급 II
딸[手收] 적
手 | 11획

비 滴(물방울 적)
適(맞을 적)

글자 풀이
손(扌)을 중심의 한 점으로 모아(啇) 열매를 따는 데서 따다는 의미이다.

쓰기한자
摘芽(적아) 摘要(적요) 摘發(적발) 摘出(적출) 指摘(지적)

자

笛	3급 II
	피리 **적**
	竹 | 5획

비 畓(논 답)

대(竹)통에 뚫은 구멍으로 말미암아(由) 소리를 내는 피리(笛)를 의미한다.

읽기한자
柯亭笛(가정적) 蘆笛(노적) 魔笛(마적)

쓰기한자
警笛(경적) 鼓笛隊(고적대) 汽笛(기적)

跡	3급 II
	발자취 **적**
	足 | 6획

비 跋(밟을 발)
동 蹟(자취 적)

글자 풀이
사람의 양쪽 겨드랑이(亦)처럼 길 양쪽에 생기는 발자국(足)에서 발자취를 의미한다.

쓰기한자
跡捕(적포) 遺跡(유적) 人跡(인적) 潛跡(잠적) 足跡(족적) 追跡(추적)
筆跡(필적)

蹟	3급 II
	자취 **적**
	足 | 11획

동 跡(발자취 적)

글자 풀이
발(足)의 책임(責)은 발자취(蹟)를 남기는 것이라는 의미이다.

쓰기한자
古蹟(고적) 奇蹟(기적) 史蹟(사적) 事蹟(사적) 遺蹟(유적)

滴	3급
	물방울 **적**
	水 | 11획

비 摘(딸 적)
適(맞을 적)
敵(대적할 적)

글자 풀이
물(水)이 중심의 한 점에 둥글게 맺히는(商) 데서 물방울을 의미한다.

읽기한자
硯滴(연적)

쓰기한자
滴水(적수) 餘滴(여적)

全
7급 Ⅱ
온전 전
入 | 4획

비 金(쇠 금)
동 完(완전할 완)

흠이 없는 쪽으로 넣는(入) 구슬(玉)이니 온전한(全) 구슬을 의미한다.

읽기 한자
腎不全症(신부전증) 腎不全(신부전) 安全帽(안전모) 穩全(온전)
全託(전탁)

쓰기 한자
全段(전단) 全額(전액) 全域(전역) 全燒(전소) 食飮全廢(식음전폐)
全景(전경) 全國(전국) 全軍(전군) 全權(전권) 全能(전능) 全擔(전담)
全量(전량) 全部(전부) 全盛(전성) 全勝(전승) 全身(전신) 全員(전원)
全集(전집) 全治(전치) 全敗(전패) 健全(건전) 萬全(만전) 保全(보전)
全滅(전멸) 全貌(전모) 全般(전반)

前
7급 Ⅱ
앞 전
刀 | 7획

비 刑(형벌 형)
반 後(뒤 후)

글자 풀이
매어있는 배의 밧줄을 칼(刀)로 자르고 배(月)가 나아가는 것에서 배가 나아가는 쪽의 뱃머리, 앞(前)을 의미한다.

읽기 한자
門前沃畓(문전옥답) 前秦(전진) 前哨(전초) 前勳(전훈) 前徽(전휘)
前瞻後顧(전첨후고)

쓰기 한자
前篇(전편) 前殿(전전) 前嫌(전혐) 前景(전경) 前科(전과) 前過(전과)
前歷(전력) 前例(전례) 前夜(전야) 前衛(전위) 前提(전제) 前職(전직)
前進(전진) 驛前(역전) 靈前(영전) 前置詞(전치사) 前渡金(전도금)
前輪驅動(전륜구동) 前車覆後車戒(전차복후차계)

電
7급 Ⅱ
번개 전:
雨 | 5획

비 雷(우레 뢰)
　雲(구름 운)
　露(이슬 로)

글자 풀이
비(雨)가 내릴 때 일어나는 번갯불(申)에서 번개, 전기(電)를 의미한다.

읽기 한자
電算網(전산망) 電磁(전자) 電磁波(전자파) 電赫(전혁) 瑞電(서전)
耀電(요전)

쓰기 한자
電擊(전격) 電離(전리) 電源(전원) 漏電(누전) 電球(전구) 電極(전극)
電氣(전기) 電燈(전등) 電流(전류) 電報(전보) 電線(전선) 電送(전송)
電信(전신) 電壓(전압) 電車(전차) 電鐵(전철) 電蓄(전축) 電波(전파)
電話(전화) 感電(감전) 斷電(단전) 無電(무전) 發電(발전) 放電(방전)
配電(배전) 送電(송전) 電柱(전주) 電池(전지) 蓄電池(축전지)

戰
6급 Ⅱ
싸움 전:
戈 | 12획

비 單(홑 단)
동 競(다툴 경)
　爭(다툴 쟁)
　鬪(싸움 투)
반 和(화할 화)
약 战, 戰

글자 풀이
사람마다 한명씩(單) 창(戈)을 들고 있는 데서 싸우다는 의미이다.

읽기 한자
棋戰(기전) 戰艦(전함) 戰塵(전진) 戰鬪艦(전투함) 戰怖(전포)

쓰기 한자
戰亂(전란) 戰略(전략) 戰鬪(전투) 激戰(격전) 挑戰(도전) 戰功(전공)
戰果(전과) 戰力(전력) 戰法(전법) 戰士(전사) 戰死(전사) 戰線(전선)
戰勢(전세) 戰術(전술) 戰勝(전승) 戰時(전시) 戰友(전우) 戰運(전운)
戰爭(전쟁) 戰車(전차) 戰後(전후) 開戰(개전) 決戰(결전) 苦戰(고전)
觀戰(관전) 交戰(교전) 戰況(전황) 騎馬戰(기마전) 角逐戰(각축전)
肉薄戰(육박전) 臨戰無退(임전무퇴)

자

傳 전할 전
人 | 11획

5급 Ⅱ

비 專(오로지 전)
약 伝

글자 풀이
고지식한 사람(人)은 오로지(專) 자기가 들은 대로만 전한다(傳)는 의미이다.

읽기 한자
傳鉢(전발) 傳胤(전윤) 傳旨(전지) 傳餐(전찬)

쓰기 한자
宣傳(선전) 遺傳(유전) 評傳(평전) 傳染(전염) 傳送(전송) 傳受(전수)
傳授(전수) 傳言(전언) 傳統(전통) 經傳(경전) 口傳(구전) 傳記(전기)
列傳(열전) 傳乘(전승) 自敍傳(자서전) 傳道師(전도사) 偉人傳(위인전)
父傳子傳(부전자전) 以心傳心(이심전심)

典 법 전:
八 | 6획

5급 Ⅱ

비 曲(굽을 곡)
동 規(법 규)
　 度(법도 도)
　 法(법 법)
　 式(법 식)
　 律(법칙 률)

글자 풀이
종이가 만들어지기 전에는 서책이나 문서가 대나무나 나무에 쓰여 있었다. 그 형태에서 서책, 가르침, 본보기(典)를 의미한다.

읽기 한자
典當鋪(전당포) 典型(전형)

쓰기 한자
典範(전범) 典押(전압) 典籍(전적) 辭典(사전) 儀典(의전) 典質(전질)
經典(경전) 古典(고전) 大典(대전) 法典(법전) 佛典(불전) 事典(사전)
盛典(성전) 式典(식전) 藥典(약전) 原典(원전) 字典(자전) 祭典(제전)
出典(출전) 全國體典(전국체전) 典獄署(전옥서) 典掌(전장)

展 펼 전:
尸 | 7획

5급 Ⅱ

비 尾(꼬리 미)
　 屋(집 옥)
동 伸(펼 신)
　 鋪(펼 포)
　 舒(펼 서)

글자 풀이
사람(尸)이 옷(衣)을 입고 누우면 옷이 흐트러지는 것에서 퍼지다, 열리다(展)는 의미이다.

읽기 한자
舒展(서전)

쓰기 한자
展墓(전묘) 展覽會(전람회) 展開(전개) 展示(전시) 國展(국전) 美展(미전)
展望(전망) 發展(발전) 進展(진전) 展閱(전열)

田 밭 전
田 | 0획

4급 Ⅱ

비 由(말미암을 유)
　 甲(갑옷 갑)
　 申(납 신)
반 畓(논 답)

글자 풀이
넓은 전원(田)을 멀리에서 본 모양을 본떴다.

읽기 한자
圭田(규전) 甫田(보전) 沃田(옥전) 田柴科(전시과) 田疇(전주) 阪田(판전)
田廬(전려)

쓰기 한자
田畓(전답) 鹽田(염전) 桑田碧海(상전벽해) 田獵(전렵) 田園(전원)
田地(전지) 火田民(화전민) 耕者有田(경자유전) 丹田(단전)
我田引水(아전인수)

專

4급
오로지 전
寸 | 8획

비 傳(전할 전)
惠(은혜 혜)

글자 풀이

손(寸)으로 물레(車)를 돌리는 모양을 나타낸 글자로, 물레는 한쪽으로만 돈다는 데서 오로지라는 의미이다.

읽기 한자

專貰(전세) 專託(전탁)

쓰기 한자

專攻(전공) 專斷(전단) 專賣(전매) 專務(전무) 專門(전문) 專屬(전속)
專用(전용) 專任(전임) 專制(전제) 專有物(전유물) 專管水域(전관수역)
一心專力(일심전력) 專橫(전횡)

轉

4급
구를 전:
車 | 11획

동 廻(돌 회)
回(돌 회)
약 転

글자 풀이

수레(車)가 하는 일은 오로지(專) 구르는(轉) 일 뿐이라는 의미이다.

읽기 한자

廻轉(회전) 轉蓬(전봉)

쓰기 한자

轉勤(전근) 轉記(전기) 轉寫(전사) 轉送(전송) 轉業(전업) 轉用(전용)
轉籍(전적) 轉轉(전전) 轉職(전직) 公轉(공전) 逆轉(역전) 移轉(이전)
自轉(자전) 回轉(회전) 輪轉機(윤전기) 急轉直下(급전직하)
起承轉結(기승전결) 心機一轉(심기일전) 轉禍爲福(전화위복)
轉換(전환) 性轉換(성전환) 轉役(전역) 轉載(전재)

錢

4급
돈 전:
金 | 8획

비 賤(천할 천)
踐(밟을 천)
동 幣(화폐 폐)
약 銭

글자 풀이

물건(金)을 몇 번이나 잘라버려 작고 산산이 조각 난(戔) 듯이 작은 단위의 화폐를 말하는 것으로 화폐단위, 동전(錢)을 의미한다.

읽기 한자

錫錢(석전) 貰錢(세전) 錢塘江(전당강) 俸錢(봉전) 餐錢(찬전)

쓰기 한자

錢主(전주) 錢票(전표) 金錢(금전) 急錢(급전) 銅錢(동전)
無錢旅行(무전여행) 本錢(본전) 守錢奴(수전노) 葉錢(엽전)
一錢(일전) 紙錢(지전) 換錢(환전)

殿

3급Ⅱ
전각 전:
殳 | 9획

비 展(펼 전)

글자 풀이

본래 엉덩이를 나타냈으나 파생하여 엉덩이와 같이 안정감이 있는 큰 집, 전각(殿)을 의미한다.

읽기 한자

伏魔殿(복마전)

쓰기 한자

殿閣(전각) 殿角(전각) 殿階(전계) 殿內(전내) 殿堂(전당) 殿廊(전랑)
殿試(전시) 殿宇(전우) 殿最(전최) 殿下(전하) 宮殿(궁전) 內殿(내전)
大殿(대전) 大雄殿(대웅전) 別殿(별전) 寶殿(보전) 佛殿(불전) 聖殿(성전)
神殿(신전) 御殿(어전) 正殿(정전) 太極殿(태극전)

자

旬

2급(名)

경기 **전**

田 | 2획

동 畿(경기 기)

글자 풀이

왕성(王城)을 둘러싼(勹) 500里 이내의 땅(田)으로 천자의 직할지(直轄地)인 왕터, 경기(旬)를 의미한다.

읽기한자

旬役(전역) 旬人(전인) 旬地(전지) 畿甸(기전) 甸服(전복)

切

5급Ⅱ

끊을 **절**
온통 **체**

刀 | 2획

동 斷(끊을 단)
　 絶(끊을 절)
반 繼(이을 계)
　 續(이을 속)

글자 풀이

칼(刀)로 막대봉(七)을 자르는 것에서 자르다, 새기다(切)는 의미이다.

읽기한자

楚切(초절)

쓰기한자

適切(적절) 貸切(대절) 切齒腐心(절치부심) 切感(절감) 切開(절개)
切斷(절단) 切望(절망) 切上(절상) 切實(절실) 切除(절제) 切親(절친)
切下(절하) 半切(반절) 一切(일체) 親切(친절) 品切(품절) 切迫(절박)
懇切(간절) 哀切(애절)

節

5급Ⅱ

마디 **절**

竹 | 9획

비 範(법 범)
동 寸(마디 촌)
약 节

글자 풀이

대나무(竹)가 자라면서(卽) 마디마디로 나누어져 있는 것에서 마디, 일단락(節)을 의미한다.

읽기한자

旌節(정절) 峻節(준절) 瑞節(서절)

쓰기한자

節儉(절검) 季節(계절) 仲秋佳節(중추가절) 節減(절감) 節氣(절기)
節度(절도) 節目(절목) 節奏(절주) 節米(절미) 節婦(절부) 節水(절수)
節約(절약) 節電(절전) 節制(절제) 節操(절조) 節次(절차) 節後(절후)
關節(관절) 句節(구절) 變節(변절) 使節(사절) 節槪(절개) 節介(절개)
禮儀凡節(예의범절) 貞節(정절) 換節期(환절기)

絶

4급Ⅱ

끊을 **절**

糸 | 6획

동 斷(끊을 단)
　 切(끊을 절)
반 繼(이을 계)
　 續(이을 속)
　 結(맺을 결)

글자 풀이

실(糸)로 묶은 마치 뱀이 똬리를 튼 모양의 매듭(巴)을 칼(刀)로 자른다는 데서 끊다는 의미이다.

읽기한자

韋編三絶(위편삼절) 絶亢(절항) 遮絶(차절) 悽絶(처절)
通信杜絶(통신두절) 絶垠(절은) 絶峻(절준) 絶塵(절진)

쓰기한자

絶妙(절묘) 絶緣(절연) 絶讚(절찬) 拒絶(거절) 絶海孤島(절해고도)
絶叫(절규) 昏絶(혼절) 抱腹絶倒(포복절도) 絶景(절경) 絶交(절교)
絶斷(절단) 絶對(절대) 絶望(절망) 絶命(절명) 絶壁(절벽) 絶食(절식)
絶筆(절필) 絶後(절후) 根絶(근절) 氣絶(기절) 斷絶(단절) 謝絶(사절)

折

4급
꺾을 **절**
手 | 4획

비 析(쪼갤 석)
　 祈(빌 기)
동 屈(굽을 굴)
　 曲(굽을 곡)

글자 풀이

손(手)에 도끼(斤)를 쥐고 절단하는 것에서 꺾다, 부러뜨리다(折)는 의미이다.

읽기한자

折衷(절충) 中折帽(중절모)

쓰기한자

折骨(절골) 折半(절반) 曲折(곡절) 骨折(골절) 斷折(단절) 面折(면절)
半折(반절) 九折羊腸(구절양장) 百折不屈(백절불굴) 折閱(절열)
折腰(절요) 腰折腹痛(요절복통)

竊

3급
훔칠 **절**
穴 | 17획

동 盜(도둑 도)
　 賊(도둑 적)
약 窃

글자 풀이

짐승 또는 벌레(禼)가 구멍(穴)을 뚫고 들어와 쌀(米)을 훔쳐 빼내가는(丿) 것으로 훔치다, 몰래(竊)를 의미한다.

읽기한자

竊脂(절지)

쓰기한자

竊據(절거) 竊念(절념) 竊盜(절도) 竊賊(절적) 竊聽(절청) 竊取(절취)

店

5급Ⅱ
가게 **점:**
广 | 5획

비 底(밑 저)
동 鋪(가게 포)

글자 풀이

점(占)칠 때 여러 가지를 늘어놓으며 얘기 하듯이 집 안(广)에 물품을 진열해 파는 가게(店)를 의미한다.

읽기한자

店鋪(점포) 製菓店(제과점)

쓰기한자

酒店(주점) 店員(점원) 開店(개점) 賣店(매점) 本店(본점) 分店(분점)
商店(상점) 書店(서점) 支店(지점) 飯店(반점) 百貨店(백화점)
飲食店(음식점) 露店商(노점상) 連鎖店(연쇄점)

占

4급
점령할 **점:**/점칠 **점**
卜 | 3획

비 古(예 고)
동 卜(점 복)
　 領(거느릴 령)

글자 풀이

입(口)으로 중얼대며 길흉을 점치는(卜) 데서, 점치다는 의미이다. 또, 땅(口)을 차지하려고 깃대(卜)를 꽂는 데서 점령하다는 의미이다.

읽기한자

胎占(태점)

쓰기한자

占居(점거) 占據(점거) 占領(점령) 占術(점술) 占用(점용) 占有(점유)
强占(강점) 獨占(독점) 先占(선점) 寡占(과점) 占星術(점성술)

點

4급

점 점(:)

黑 | 5획

비 默(잠잠할 묵)
약 奌, 点

글자 풀이

점(占)술로 병을 알아맞추고 거기에 검은(黑) 표시를 붙인 것에서 표시(點)를 의미한다.

읽기한자

焦點(초점)

쓰기한자

點檢(점검) 點燈(점등) 點線(점선) 點數(점수) 點心(점심) 點字(점자)
點點(점점) 點呼(점호) 點火(점화) 減點(감점) 強點(강점) 據點(거점)
缺點(결점) 觀點(관점) 極點(극점) 短點(단점) 同點(동점) 得點(득점)
滿點(만점) 盲點(맹점) 半點(반점) 罰點(벌점) 氷點(빙점) 時點(시점)
汚點(오점) 點滅(점멸)

漸

3급Ⅱ

점점 점:

水 | 11획

비 斬(벨 참)
동 進(나아갈 진)

글자 풀이

도끼(斤)를 실은 수레(車)가 냇물(水)을 건너려고 바퀴를 점점(漸) 물 속으로 밀고 있다는 의미이다.

읽기한자

頓悟漸修(돈오점수) 漸摩(점마)

쓰기한자

漸減(점감) 漸染(점염) 漸增(점증) 漸進(점진)
漸次(점차) 漸入佳境(점입가경) 西勢東漸(서세동점)

接

4급Ⅱ

이을 접

手 | 8획

비 妾(첩 첩)
동 續(이을 속)

글자 풀이

옛날 여자(女) 죄인을 표시(立)하는 문신을 하기 위해, 손(手)으로 안아 끌어 당겼던 것에서 접근하다, 접근시기다(接)는 의미이다.

읽기한자

鎔接(용접) 晉接(진접)

쓰기한자

接着(접착) 接骨(접골) 接點(접점) 迎接(영접) 接見(접견) 接境(접경)
接戰(접전) 接近(접근) 接待(접대) 接木(접목) 接線(접선) 接續(접속)
接受(접수) 接收(접수) 接種(접종) 接合(접합) 間接(간접) 交接(교접)
近接(근접) 待接(대접) 面接(면접) 接觸(접촉) 接頭辭(접두사)
接尾辭(접미사) 皮骨相接(피골상접)

蝶

3급

나비 접

虫 | 9획

비 葉(잎 엽)
동 蝴(나비 호)

글자 풀이

초목(木)과 화초를 세상(世)으로 삼는 벌레(虫)이니 나비(蝶)라는 의미이다.

읽기한자

雌蝶(자접)

쓰기한자

蝶夢(접몽) 蝶泳(접영) 胡蝶(호접)

正 7급Ⅱ
바를 정(:)
止 | 1획

图 直(곧을 직)
반 反(돌이킬 반)
　誤(그릇될 오)

글자 풀이

목표로 한(一) 곳에 정확히 가서 거기서 딱 멈추는(止) 것에서 올바르다, 때마침(正)을 의미한다.

읽기 한자

董正(동정) 殷正(은정) 正弦(정현) 衷正(충정)

쓰기 한자

正刻(정각) 正裝(정장) 更正(경정) 訂正(정정) 正軌(정궤) 正殿(정전)
正規(정규) 正答(정답) 正當(정당) 正道(정도) 正面(정면) 正門(정문)
正服(정복) 正史(정사) 正常(정상) 正色(정색) 正書(정서) 正視(정시)
正式(정식) 正義(정의) 正直(정직) 正體(정체) 正統(정통) 正確(정확)

定 6급
정할 정:
宀 | 5획

비 宅(집 택)
약 㝎

글자 풀이

한 집(宀)에 정착하여 움직이지(疋) 않는 것에서 결정하다, 정하다(定)는 의미이다.

읽기 한자

紳士協定(신사협정) 定款(정관) 定置網(정치망) 定型(정형) 欽定(흠정)
定鼎(정정)

쓰기 한자

定額(정액) 定評(정평) 定婚(정혼) 肯定(긍정) 定價(정가) 定量(정량)
定例(정례) 定立(정립) 定石(정석) 定說(정설) 改定(개정) 檢定(검정)
決定(결정) 鑑定(감정) 策定(책정) 定礎(정초) 暫定的(잠정적)
昏定晨省(혼정신성) 旣定事實(기정사실)

庭 6급Ⅱ
뜰 정
广 | 7획

비 廷(조정 정)

글자 풀이

곧바로 길고 평평하게 만든 정원(廷)이 있는 관청(广)의 모습에서 건물과 건물 사이에 있는 안쪽 정원(庭)을 의미한다.

읽기 한자

椿庭(춘정) 庭柯(정가)

쓰기 한자

庭球(정구) 庭園(정원) 校庭(교정) 家庭(가정) 親庭(친정)

停 5급
머무를 정
人 | 9획

비 亭(정자 정)
图 留(머무를 류)
　止(그칠 지)
　駐(머무를 주)

글자 풀이

사람(人)의 형태와 사람이 머무는 숙소(亭)의 형태에서 머무르다, 멈추다(停)는 의미이다.

읽기 한자

停頓(정돈) 停駐(정주)

쓰기 한자

停滯(정체) 停年(정년) 停電(정전) 停戰(정전) 停止(정지) 停學(정학)
停會(정회) 調停(조정) 停刊(정간) 停車場(정거장) 急停車(급정거)
停留場(정류장) 營業停止(영업정지)

情 5급Ⅱ
뜻 정
心 | 8획

비 精(정할 정)
동 意(뜻 의)
　 志(뜻 지)

글자 풀이

풀처럼 파랗게(靑) 투명한 물같은 마음(心)이라는 것에서 진심, 정(情)을 의미한다.

읽기 한자

舒情(서정) 情報網(정보망) 衷情(충정) 情款(정관) 情網(정망) 情塵(정진)

쓰기 한자

情感(정감) 情景(정경) 情談(정담) 情理(정리) 情婦(정부) 情勢(정세)
情熱(정열) 情調(정조) 情表(정표) 感情(감정) 冷情(냉정) 母情(모정)
無情(무정) 物情(물정) 慕情(모정) 薄情(박정) 戀情(연정) 情緒(정서)
情慾(정욕) 情趣(정취) 情況(정황) 激情(격정) 情途(정도)

政 4급Ⅱ
정사[政事] 정
攵 | 5획

비 放(놓을 방)
　 效(본받을 효)
동 治(다스릴 치)

글자 풀이

나쁜 부분을 채찍으로 때려서(攵) 고치고 올바른(正) 행동을 하게끔 하는 것에서 다스리다, 정치(政)를 의미한다.

읽기 한자

勤政勳章(근정훈장) 倭政(왜정) 虐政(학정) 政網(정망) 政柄(정병)
酷政(혹정)

쓰기 한자

政客(정객) 政見(정견) 政經(정경) 政界(정계) 政局(정국) 政權(정권)
政堂(정당) 政變(정변) 政府(정부) 政社(정사) 政勢(정세) 政治(정치)
軍政(군정) 農政(농정) 財政(재정) 暴政(폭정) 學政(학정) 政綱(정강)
政略(정략) 政績(정적) 政策(정책) 政途(정도)

程 4급Ⅱ
한도/길[道] 정
禾 | 7획

비 稅(세금 세)
동 道(길 도)
　 路(길 로)

글자 풀이

벼(禾)가 성장한 크기를 나타낸다(呈)는 뜻에서 정도, 과정(程)을 의미한다.

읽기 한자

揆程(규정)

쓰기 한자

射程(사정) 里程標(이정표) 路程(노정) 工程(공정) 過程(과정) 課程(과정)
科程(과정) 規程(규정) 道程(도정) 登程(등정) 上程(상정) 旅程(여정)
日程(일정) 程道(정도) 路程記(노정기) 方程式(방정식)

精 4급Ⅱ
정할 정
米 | 8획

비 情(뜻 정)

글자 풀이

파랗게(靑) 투명하듯이 아름다운 쌀(米)을 만든다는 것에서 희게 하다, 쌀을 찧다(精)는 의미이다.

읽기 한자

蔘精(삼정) 腎精(신정) 精紡(정방) 精巢(정소)

쓰기 한자

射精(사정) 酒精(주정) 精勤賞(정근상) 精華(정화) 精麥(정맥) 精銳(정예)
精潔(정결) 精氣(정기) 精讀(정독) 精力(정력) 精密(정밀) 精白(정백)
精兵(정병) 精算(정산) 精選(정선) 精誠(정성) 精細(정세) 精神(정신)
精液(정액) 精油(정유) 精子(정자) 精製(정제) 精進(정진) 精通(정통)
精巧(정교) 精靈(정령)

丁 4급
고무래/장정 정
一 | 1획

비 了(마칠 료)

글자 풀이

못의 모양을 본떠, 못의 의미이다. 또, 고무래모양과 같고, 고무래질하는 장정에서 고무래, 장정의 뜻이 나왔다.

읽기 한자

丁彊(정강)

쓰기 한자

丁男(정남) 白丁(백정) 兵丁(병정) 押丁(압정) 壯丁(장정) 園丁(원정)

整 4급
가지런할 정:
攵 | 12획

동 齊(가지런할 제)

글자 풀이

땔감을 꼭 매고(束) 그것을 탕탕 두드려(攵) 깔끔히 정리하는(正) 것에서 갖추다, 정리하다(整)는 의미이다.

읽기 한자

整頓(정돈) 整峻(정준)

쓰기 한자

整列(정렬) 整理(정리) 整備(정비) 整地(정지) 調整(조정)
整形手術(정형수술)

靜 4급
고요할 정
靑 | 8획

동 寂(고요할 적)
　肅(엄숙할 숙)
반 動(움직일 동)
약 静

글자 풀이

다툼(爭)이 끝난 뒤는 정원의 우물처럼 깨끗해지(靑)는 것에서 조용하다, 고요하다(靜)는 의미이다.

읽기 한자

鎭靜劑(진정제) 沖靜(충정) 靜僻(정벽) 靜淵(정연) 靜穩(정온)

쓰기 한자

靜觀(정관) 靜脈(정맥) 靜物(정물) 靜攝(정섭) 靜肅(정숙) 靜養(정양)
靜的(정적) 動靜(동정) 安靜(안정) 平靜(평정) 靜寂(정적) 靜坐(정좌)
鎭靜(진정) 靜中動(정중동) 靜電氣(정전기)

井 3급Ⅱ
우물 정(:)
二 | 2획

글자 풀이

우물(井)의 둘레에 두른 난간의 모양을 본떴다.

읽기 한자

臨渴掘井(임갈굴정) 浚井(준정)

쓰기 한자

井間紙(정간지) 井然(정연) 天井(천정) 井華水(정화수)
市井雜輩(시정잡배) 井中觀天(정중관천)

亭
3급 Ⅱ
정자 **정**
亠 | 7획

비 京(서울 경)
享(누릴 향)
亨(형통할 형)

> **글자 풀이**
> 높게(高) 기둥(丁)을 세워서 지은 정자(亭)를 의미한다.

> **읽기 한자**
> 柯亭(가정) 柯亭笛(가정적) 俛仰亭(면앙정) 鮑石亭(포석정)

> **쓰기 한자**
> 孤亭(고정) 亭子(정자) 望洋亭(망양정) 八角亭(팔각정)

廷
3급 Ⅱ
조정 **정**
廴 | 4획

비 延(늘일 연)

> **글자 풀이**
> 일을 맡은(壬) 사람들이, 천천히 걷듯이(廴) 심사숙고하여 일을 처리하는 조정, 법정(廷)을 의미한다.

> **읽기 한자**
> 廷尉(정위) 闕廷(궐정)

> **쓰기 한자**
> 廷論(정론) 廷吏(정리) 開廷(개정) 宮廷(궁정) 法廷(법정) 朝廷(조정)
> 出廷(출정) 退廷(퇴정) 閉廷(폐정) 休廷(휴정)

征
3급 Ⅱ
칠[伐] **정**
彳 | 5획

비 往(갈 왕)
동 伐(칠 벌)
討(칠 토)
擊(칠 격)

> **글자 풀이**
> 적을 바로(正) 잡기 위한 행동(彳)이라는 데서 치다(征)는 의미이다.

> **읽기 한자**
> 征塵(정진)

> **쓰기 한자**
> 征途(정도) 征伐(정벌) 征服(정복) 征夫(정부) 征人(정인) 長征(장정)
> 遠征競技(원정경기) 遠征隊(원정대)

淨
3급 Ⅱ
깨끗할 **정**
水 | 8획

비 爭(다툴 쟁)
동 潔(깨끗할 결)
반 汚(더러울 오)
약 浄

> **글자 풀이**
> 계곡의 물(水)이 어우러져 다투며(爭) 흐르니 맑고 깨끗하다(淨)는 의미이다.

> **읽기 한자**
> 淨名尉(정명위) 淨沼(정소) 淨刹(정찰)

> **쓰기 한자**
> 淨潔(정결) 淨水(정수) 淨化(정화) 不淨(부정) 淸淨(청정)
> 西方淨土(서방정토) 自淨作用(자정작용)

貞 3급 Ⅱ 곧을 **정** 貝 | 2획 비 貝(조개 패) 동 直(곧을 직) 반 曲(굽을 곡) 　折(꺾을 절)	**글자 풀이** 돈(貝)을 내고 점(卜)을 치면 점괘가 바르고 곧게(貞) 나온다는 의미이다. **읽기한자** 貞亮(정량) 貞珉(정민) **쓰기한자** 貞潔(정결) 貞淑(정숙) 貞節(정절) 貞操(정조) 童貞(동정) 不貞(부정)
頂 3급 Ⅱ 정수리 **정** 頁 | 2획 비 順(순할 순) 　項(항목 항)	**글자 풀이** 못(丁)의 머리(頁)에서 꼭대기를 의미한다. **읽기한자** 頂戴(정대) 摩頂(마정) **쓰기한자** 頂上(정상) 登頂(등정) 山頂(산정) 絶頂(절정)
訂 3급 바로잡을 **정** 言 | 2획 비 詠(읊을 영) 동 矯(바로잡을 교) 　正(바를 정)	**글자 풀이** 못을 쳐서 물체를 고정시키듯(丁) 말(言)로 잘못을 치는 데서 바로잡다는 의미이다. **쓰기한자** 訂正(정정) 訂定(정정) 改訂(개정) 校訂(교정) 修訂(수정)
偵 2급 염탐할 **정** 人 | 9획 비 貞(곧을 정) 동 諜(염탐할 첩)	**글자 풀이** 貞은 본래 점친다는 뜻이고, 점치는 것은 하늘의 비밀을 엿보는 것이다. 남(人)의 비밀을 몰래 살핀다(貞)는 데서 엿보는 것, 염탐하는 것(偵)을 의 미한다. **읽기한자** 偵客(정객) 偵察(정찰) 偵探(정탐) 密偵(밀정) 探偵(탐정)

呈
드릴 정
口 | 4획

동 獻(드릴 헌)

글자 풀이

임금(壬)에게 말(口)한다는 데서 '드러내다'를, 임금(壬)에게 입(口)에 맞는 음식을 올린다는 데서 드리다(呈)를 의미한다.

읽기 한자

呈納(정납) 呈上(정상) 呈訴(정소) 呈送(정송) 呈示(정시) 敬呈(경정)
謹呈(근정) 露呈(노정) 拜呈(배정) 奉呈(봉정) 贈呈(증정) 進呈(진정)
獻呈(헌정)

2급(名)

旌
기 정
方 | 7획

동 旗(기 기)

글자 풀이

깃대(㫃)와 깃대의 장식(生)을 본뜬 것으로 기의 의미이다. 본래 旌은 벼슬아치만이 사용할 수 있었던 데서 표창하다의 뜻이 파생되었다.

읽기 한자

旌鼓(정고) 旌旗(정기) 旌勞(정로) 旌門(정문) 旌賞(정상)
旌善(정선) 旌揚(정양) 旌節(정절)

2급(名)

晶
맑을 정
日 | 8획

비 品(물건 품)
동 淸(맑을 청)

글자 풀이

하늘이 맑은 날에 별이 많이 보이므로 맑다(晶)를 의미한다. 또 맑다는 데서 수정의 의미가 파생되었다.

읽기 한자

晶光(정광) 晶耀(정요) 結晶體(결정체) 紫水晶(자수정)

2급(名)

楨
광나무 정
木 | 9획

글자 풀이

곧은(貞) 나무(木)로 광나무(楨)를 나타내며 담을 칠 때 근본이 되는 중요한 나무이다.

읽기 한자

楨幹(정간) 家楨(가정) 國楨(국정) 基楨(기정)

汀 물가 **정**
2급(名)
水 | 2획

동 渚(물가 저)
　 涯(물가 애)
　 洲(물가 주)

글자 풀이
물(水)의 움직임이 안정(丁)되어 오는 곳인 물가(汀)라는 의미이다.

읽기 한자
汀蘭(정란) 汀沙(정사) 汀岸(정안) 汀瀅(정형)

玎 옥이름 **정**
2급(名)
玉 | 7획

글자 풀이
조정(廷)에서 쓰이는 옥(王)이므로 옥홀(玎)을 의미한다.

禎 상서로울 **정**
2급(名)
示 | 9획

동 祺(복 기)
　 福(복 복)
　 祥(상서 상)
　 瑞(상서 서)

글자 풀이
신(示)의 뜻을 점쳐(貞) 알고 그대로 행하면 복이 온다는 데서 복, 상서로운 조짐(禎)을 의미한다.

읽기 한자
禎祥(정상) 禎瑞(정서) 祥禎(상정) 孫基禎(손기정)

艇 배 **정**
2급
舟 | 7획

동 舟(배 주)
　 舶(배 박)
　 艦(배 함)

글자 풀이
배(舟)가 마당(廷)처럼 편편하게 생긴 데서 큰배(艇)를 의미한다.

읽기 한자
競艇(경정) 救命艇(구명정) 飛行艇(비행정) 小艇(소정) 快速艇(쾌속정) 艦艇(함정)

자

鄭

2급(名)

나라 정:

邑/阝 | 12획

제사지낼(奠) 때는 점잖고 무게있게 행동하므로 정중하다는 뜻을 나타낸다. 본래 나라이름이었기로 고을 읍(阝)이 붙어 있다. 주로 姓氏로 쓰인다.

읽기한자

鄭夢周(정몽주) 鄭聲(정성) 鄭重(정중) 鄭玄(정현)

鼎

2급(名)

솥 정

鼎 | 0획

글자 풀이

세 발과 두 귀가 달려있는 솥을 그려 솥을 의미한다. 특히 솥을 지탱하고 있는 세발이 중요한 의미 요소로 사용되어 삼공(三公), 삼국(三國)의 비유로 쓰이고 세발(삼공)의 보필을 받는 솥(帝王)을 비유로 쓰이기도 한다.

읽기한자

鼎談(정담) 鼎立(정립) 鼎銘(정명) 鼎分(정분) 鼎業(정업) 鼎席(정석)
鼎足(정족) 九鼎(구정)

弟

8급

아우 제:

弓 | 4획

비 第(차례 제)
반 兄(형 형)
　師(스승 사)

글자 풀이

끈을 위에서 밑으로 빙빙 감듯이 차례차례 태어나는 남동생(弟)을 의미한다.

읽기한자

泗上弟子(사상제자)

쓰기한자

弟子(제자) 師弟(사제) 首弟子(수제자) 子弟(자제) 兄弟(형제) 妻弟(처제)
難兄難弟(난형난제) 呼兄呼弟(호형호제)

第

6급Ⅱ

차례 제:

竹 | 5획

비 弟(아우 제)
동 序(차례 서)
　秩(차례 질)

글자 풀이

대나무(竹)에 풀줄기가 말아 올라간 형태(弟)에서 사물의 순서(第)를 의미한다.

쓰기한자

及第(급제) 第一(제일) 第舍(제사) 第宅(제택) 落第(낙제)
等第(등제) 鄕第(향제) 第三者(제삼자) 第五列(제오열)
本第入納(본제입납) 謁聖及第(알성급제)

題

6급 II

제목 **제**

頁 | 9획

回 類(무리 류)

글자 풀이
옛날 머리털을 깎아 이마(頁)가 훤하게(是) 한 후 문신을 한 사례에서 이마를 앞을 나타내다, 제목 등의 의미가 되었다.

읽기 한자
扁題(편제)

쓰기 한자
題額(제액) 豫題(예제) 賦題(부제) 題奏(제주) 題名(제명) 題目(제목)
題書(제서) 題詩(제시) 題言(제언) 題字(제자) 題品(제품) 題號(제호)
題畫(제화) 改題(개제) 課題(과제) 難題(난제) 論題(논제) 命題(명제)
無題(무제) 問題(문제) 小題(소제) 宿題(숙제) 演題(연제) 例題(예제)
原題(원제) 議題(의제) 主題(주제)

制

4급 II

절제할 **제:**

刀 | 6획

回 製(지을 제)

글자 풀이
툭 튀어나온 나뭇가지와 나무 줄기(未)를 칼(刀)로써 끊어 정리하는 것에서 절단하다, 제압하다(制)는 의미이다.

읽기 한자
制霸(제패) 制帽(제모) 制俸(제봉)

쓰기 한자
制憲(제헌) 專制(전제) 軌制(궤제) 制動(제동) 制服(제복) 制書(제서)
制壓(제압) 制約(제약) 制定(제정) 制止(제지) 制限(제한) 強制(강제)
官制(관제) 規制(규제) 自制(자제) 節制(절제) 統制(통제) 制度(제도)
法制(법제) 稅制(세제) 體制(체제) 學制(학제) 制御(제어) 制裁(제재)
抑制(억제) 制空權(제공권) 許可制(허가제) 內閣制(내각제)

提

4급 II

끌 **제**

手 | 9획

回 堤(둑 제)
동 引(끌 인)
　牽(끌 견)
　携(이끌 휴)

글자 풀이
물건을 손(手)으로 바르게(是) 끌고(提) 가야 한다는 의미이다.

읽기 한자
提呈(제정)

쓰기 한자
提携(제휴) 提高(제고) 提起(제기) 提督(제독) 提示(제시) 提案(제안)
提言(제언) 提議(제의) 提請(제청) 提出(제출) 前提(전제) 提訴(제소)
提供(제공) 提燈行列(제등행렬)

濟

4급 II

건널 **제:**

水 | 14획

回 齊(가지런할 제)
동 渡(건널 도)
약 済

글자 풀이
논에 대는 물(水)을 조절(齊)하는 것에서 도움주다(濟)는 의미이다.

읽기 한자
亮濟(양제)

쓰기 한자
辨濟(변제) 弘濟(홍제) 濟度(제도) 濟美(제미) 濟民(제민) 濟世(제세)
決濟(결제) 經濟(경제) 救濟(구제) 濟濟多士(제제다사)
經世濟民(경세제민) 共濟組合(공제조합)

祭 제사 제:
4급Ⅱ
示 | 6획

비 察(살필 찰)
동 祀(제사 사)

글자 풀이
제단(示)에 짐승고기(月)를 올려서(又) 제사지내는 것에서 제사, 축제(祭)를 의미한다.

읽기 한자
闕祭(궐제) 殷祭(은제) 祭靴(제화)

쓰기 한자
祭酒(제주) 祭天儀式(제천의식) 祭享(제향) 忌祭(기제) 祭官(제관)
祭器(제기) 祭壇(제단) 祭禮(제례) 祭文(제문) 祭物(제물) 祭服(제복)
祭典(제전) 祭主(제주) 時祭(시제) 祝祭(축제) 祭祀(제사) 祭需(제수)
冠婚喪祭(관혼상제) 祈雨祭(기우제) 司祭(사제) 慰靈祭(위령제)

製 지을 제:
4급Ⅱ
衣 | 8획

비 制(절제할 제)
동 作(지을 작)
　造(지을 조)

글자 풀이
옷(衣)을 만들기 위해 옷감을 재단하는(制) 것에서 옷을 만들다, 물건을 만들다(製)는 의미이다.

읽기 한자
縫製工場(봉제공장) 手製靴(수제화) 製菓(제과) 製菓店(제과점)
製劑(제제)

쓰기 한자
製粉(제분) 複製(복제) 私製(사제) 製鋼(제강) 製糖(제당) 製圖(제도)
製本(제본) 製氷(제빙) 製藥(제약) 製作(제작) 製材(제재) 製造(제조)
製紙(제지) 製鐵(제철) 製品(제품) 木製(목제) 美製(미제) 製鍊(제련)

除 덜 제
4급Ⅱ
阜/阝 | 7획

비 徐(천천할 서)
동 減(덜 감)
　削(깎을 삭)
반 添(더할 첨)
　加(더할 가)

글자 풀이
절벽(阝)이 생길 정도로 많이 있는 흙이 걸리적거려(余) 치워버리는 것에서 버리다, 제거하다(除)는 의미이다.

읽기 한자
除害劑(제해제) 撤除(철제)

쓰기 한자
除籍(제적) 免除(면제) 削除(삭제) 除去(제거) 除隊(제대) 除毒(제독)
除名(제명) 除番(제번) 除法(제법) 除雪(제설) 除授(제수) 除夜(제야)
除外(제외) 防除(방제) 掃除(소제) 切除(절제) 解除(해제) 除幕(제막)
排除(배제)

際 즈음/가邊 제:
4급Ⅱ
阜/阝 | 11획

비 祭(제사 제)
동 交(사귈 교)

글자 풀이
언덕(阝)에서 제사(祭)를 지내면서 많은 사람을 사귄다(際)는 의미이다.

읽기 한자
鵬際(붕제) 垠際(은제)

쓰기 한자
際遇(제우) 際涯(제애) 際會(제회) 交際(교제) 國際(국제)
實際(실제) 此際(차제)

帝	4급
	임금 제:
	巾 | 6획

동 王(임금 왕)
　君(임금 군)
　皇(임금 황)
반 民(백성 민)
　臣(신하 신)

글자 풀이

왕(帝)이 면류관을 쓰고 곤룡포를 입고 띠를 맨 모양을 본떴다.

읽기 한자

隋文帝(수문제) 魏武帝(위무제) 帝姬(제희) 帝闕(제궐) 帝傅(제부)
帝祐(제우) 帝胤(제윤) 帝祚(제조)

쓰기 한자

帝王(제왕) 帝政(제정) 反帝(반제) 日帝(일제) 天帝(천제)
帝國主義(제국주의)

諸	3급 Ⅱ
	모두 제
	言 | 9획

비 緖(실마리 서)
동 皆(다 개)
　咸(다 함)

글자 풀이

말씀(言)을 모으는(者) 데서 모두를 의미한다. 또 어조사로 쓰인다.

읽기 한자

諸彦(제언) 諸葛(제갈) 諸葛亮(제갈량) 蟾諸(섬제)

쓰기 한자

諸侯(제후) 偏諸(편제) 諸國(제국) 諸君(제군) 諸氏(제씨) 諸員(제원)
諸位(제위) 諸賢(제현) 諸子百家(제자백가) 諸般節次(제반절차)

齊	3급 Ⅱ
	가지런할 제
	齊 | 0획

비 濟(건널 제)
동 整(가지런할 정)
약 斉

글자 풀이

곡물의 이삭이 가지런하게 자라난 모양을 본뜬 글자로 가지런하다는 의미이다.

읽기 한자

齊魯(제로) 斬齊(참제)

쓰기 한자

整齊(정제) 一齊射擊(일제사격) 齊家(제가) 齊唱(제창)

堤	3급
	둑 제
	土 | 9획

비 提(끌 제)
　題(제목 제)

글자 풀이

흙(土)과 돌을 옳게(是) 쌓아서 둑(堤)을 만든다는 의미이다.

읽기 한자

堤塘(제당)

쓰기 한자

堤防(제방) 防潮堤(방조제) 防波堤(방파제)

자

劑

2급
약제 **제**
刀 | 14획

약 剂

약초 등의 약재를 칼(刀)로 가지런히(齊) 썰어서 조제한 약으로 약제(劑)를 의미한다.

읽기한자

洗劑(세제) 藥劑(약제) 製劑(제제) 調劑(조제) 湯劑(탕제) 丸劑(환제)
強心劑(강심제) 強壯劑(강장제) 芳香劑(방향제) 防腐劑(방부제)
殺蟲劑(살충제) 睡眠劑(수면제) 營養劑(영양제) 利尿劑(이뇨제)
止血劑(지혈제) 鎭靜劑(진정제) 鎭痛劑(진통제) 淸涼劑(청량제)
催眠劑(최면제) 抗生劑(항생제) 解熱劑(해열제) 幻覺劑(환각제)

祖

7급
할아비 **조**
示 | 5획

비 租(조세 조)
組(짤 조)
반 孫(손자 손)

글자 풀이
이미(且) 이 세상에 없는 몇 대 이전의 선조를 제사(示)하는 것에서 선조, 조상(祖)을 의미한다.

읽기한자

趙光祖(조광조) 彭祖(팽조) 傅祖(부조)

쓰기한자

祖國(조국) 祖母(조모) 祖父(조부) 祖上(조상) 祖宗(조종) 開祖(개조)
鼻祖(비조) 先祖(선조) 始祖(시조) 遠祖(원조) 高祖父(고조부)

朝

6급
아침 **조**
月 | 8획

비 潮(조수 조)
반 夕(저녁 석)
暮(저녁 모)

글자 풀이
풀 사이에서 아침 해가 나왔(卓)으므로 주위가 밝아져 왔지만 아직 달(月)이 완전히 지지 못하고 달그림자가 보이고 있는 모습에서 아침, 새벽(朝)을 의미한다.

읽기한자

朝餐(조찬) 朝柄(조병) 朝旭(조욱) 朝旨(조지) 朝聚暮散(조취모산)

쓰기한자

朝禮(조례) 朝服(조복) 朝夕(조석) 朝鮮(조선) 朝臣(조신) 朝野(조야)
朝見(조현) 朝會(조회) 王朝(왕조) 朝飯(조반) 朝貢(조공) 朝廷(조정)
朝刊新聞(조간신문) 早朝割引(조조할인) 朝變夕改(조변석개)
朝令暮改(조령모개) 朝三暮四(조삼모사)

操

5급
잡을 **조(:)**
手 | 13획

비 燥(마를 조)
동 拘(잡을 구)
捉(잡을 착)
捕(잡을 포)

글자 풀이
새가 나무 위에 둥지(喿)를 틀 듯 손(手)을 생각대로 움직인다, 조정하다, 잡다(操)는 의미이다.

읽기한자

操向杆(조향간)

쓰기한자

操身(조신) 操心(조심) 操業(조업) 操作(조작) 操筆(조필) 操行(조행)
情操(정조) 志操(지조) 體操(체조) 操鍊(조련) 操縱(조종)

調

5급 II

고를 조

言 | 8획

비 謂(이를 위)
동 和(화할 화)

글자 풀이

말(言)이나 행동이 전체에 두루(周) 전해지도록 하는 것에서 조정하다(調)는 의미이다.

읽기한자

調燮(조섭) 調劑(조제)

쓰기한자

調整(조정) 亂調(난조) 散調(산조) 調達(조달) 調練(조련) 調理(조리)
調査(조사) 調書(조서) 調律(조율) 調印(조인) 調節(조절) 調停(조정)
調和(조화) 強調(강조) 格調(격조) 高調(고조) 曲調(곡조) 基調(기조)
論調(논조) 單調(단조) 短調(단조) 同調(동조) 步調(보조) 色調(색조)
順調(순조) 弄調(농조) 哀調(애조)

助

4급 II

도울 조:

力 | 5획

동 扶(도울 부)
   援(도울 원)
   佐(도울 좌)
   佑(도울 우)

글자 풀이

사람의 힘(力)이 부족했을 때 옆에서 힘을 보내 다시하는(且) 것에서 돕다(助)는 의미이다.

읽기한자

佑助(우조) 祐助(우조) 天佑神助(천우신조)

쓰기한자

補助(보조) 援助(원조) 傍助(방조) 助敎(조교) 助力(조력) 助産(조산)
助手(조수) 助言(조언) 助演(조연) 助長(조장) 救助(구조) 內助(내조)
協助(협조) 助詞(조사) 助役(조역) 扶助(부조) 贊助(찬조) 助動詞(조동사)
相扶相助(상부상조)

早

4급 II

이를 조:

日 | 2획

비 旱(가물 한)
동 旦(아침 단)
   曉(새벽 효)
   晨(새벽 신)
반 晚(늦을 만)
   夕(저녁 석)

글자 풀이

풀(十) 위로 얼굴을 내민 일출(日)의 형태로 아침은 빠르다는 것에서 일찍, 빠르다(早)는 의미이다.

쓰기한자

早婚(조혼) 早漏(조루) 早期(조기) 早老(조로) 早産(조산) 早速(조속)
早退(조퇴) 早熟(조숙) 早晚間(조만간) 早失父母(조실부모)
早朝割引(조조할인) 時機尙早(시기상조)

造

4급 II

지을 조:

辶 | 7획

비 浩(넓을 호)
동 作(지을 작)
   著(나타날 저)
   製(지을 제)

글자 풀이

주문받은 물품이 다 되었음을 알리러(告) 가는(辶) 것에서 제조하다, 만들다(造)는 의미이다.

읽기한자

鎔造(용조) 造菓(조과) 造癌(조암)

쓰기한자

構造(구조) 模造(모조) 僞造(위조) 造景(조경) 造林(조림) 造船(조선)
造成(조성) 造語(조어) 造作(조작) 造形(조형) 造化(조화) 造花(조화)
改造(개조) 建造(건조) 急造(급조) 變造(변조) 石造(석조) 製造(제조)
創造(창조) 築造(축조) 造物主(조물주) 被造物(피조물) 造幣公社(조폐공사)

자

鳥

새 조

鳥 | 0획

비 烏(까마귀 오)
동 乙(새 을)
　禽(새 금)

글자 풀이

꼬리가 긴 새(鳥)의 모양을 본떴다.

읽기 한자

籠鳥戀雲(농조연운) 籠中鳥(농중조) 瑞鳥(서조) 蜀鳥(촉조) 鳥網(조망)

쓰기 한자

候鳥(후조) 鳥類(조류) 吉鳥(길조) 白鳥(백조) 鳥獸(조수) 不死鳥(불사조)
七面鳥(칠면조) 一石二鳥(일석이조) 鳥足之血(조족지혈)

條

가지 조

木 | 7획

비 修(닦을 수)
동 枝(가지 지)
약 条

글자 풀이

바람에 몸을 맡기고 유연하게(攸) 뻗어있는 나뭇가지(木)에서 가지를 의미한다. 또, 가지의 뻗어나가는 것이 질서가 있다는 데서, 조리의 의미로도 쓰인다.

읽기 한자

柯條(가조) 條枚(조매) 鐵條網(철조망) 條款(조관)

쓰기 한자

條件(조건) 條理(조리) 條目(조목) 條文(조문) 條約(조약) 敎條(교조)
信條(신조) 條奏(조주) 枝條(지조) 條項(조항) 無條件(무조건)
不條理(부조리) 金科玉條(금과옥조) 逐條審議(축조심의)

潮

조수/밀물 조

水 | 12획

비 朝(아침 조)

글자 풀이

바닷물(水)이 아침(朝) 저녁으로 들어갔다 나갔다 하여 조수(潮)를 의미한다.

쓰기 한자

潮流(조류) 潮水(조수) 干潮(간조) 高潮(고조) 滿潮(만조) 思潮(사조)
逆潮(역조) 赤潮(적조) 初潮(초조) 退潮(퇴조) 風潮(풍조) 紅潮(홍조)
潮力發電(조력발전) 防潮堤(방조제)

組

짤 조

糸 | 5획

비 租(조세 조)
　祖(할아비 조)
동 紡(길쌈 방)
　績(길쌈 적)
　織(짤 직)

글자 풀이

실(糸)을 겹치고 또(且) 겹쳐서 짠 끈으로 짜다는 의미이다.

읽기 한자

縫組(봉조)

쓰기 한자

組立(조립) 組成(조성) 組長(조장) 組織(조직) 組合(조합)
水利組合(수리조합) 組閣(조각) 組版(조판)

兆
3급 Ⅱ
억조 **조**
儿 | 4획

비 非(아닐 비)
北(북녘 북)
比(견줄 비)

글자 풀이
거북의 등을 태워서 점을 칠 때 나타나는 무늬의 모양(非)을 본떴다.

읽기 한자
京兆尹(경조윤) 瑞兆(서조) 汪兆銘(왕조명)

쓰기 한자
兆民(조민) 兆域(조역) 兆占(조점) 吉兆(길조) 前兆(전조) 徵兆(징조)
凶兆(흉조) 億兆蒼生(억조창생)

照
3급 Ⅱ
비칠 **조:**
火 | 9획

비 昭(밝을 소)
동 映(비칠 영)

글자 풀이
낮에는 해(日)를 부르고(召) 밤에는 불(火)을 밝혀 비춘다(照)는 의미이다.

읽기 한자
浚照(준조) 照膽鏡(조담경) 照亮(조량) 照魔鏡(조마경)

쓰기 한자
照度(조도) 照騰(조등) 照明(조명) 照準(조준) 落照(낙조) 探照(탐조)
照會(조회) 觀照(관조) 對照(대조) 參照(참조)

弔
3급
조상할 **조:**
弓 | 1획

비 弓(활 궁)
弟(아우 제)
동 喪(잃을 상)
반 慶(경사 경)

글자 풀이
옛날 사람들은 조상집에 활(弓)과 칼(|)을 가지고 가서 조상하였다(弔)는 의미이다.

읽기 한자
弔悼(조도)

쓰기 한자
弔客(조객) 弔哭(조곡) 弔橋(조교) 弔旗(조기) 弔文(조문) 弔問(조문)
弔辭(조사) 弔詞(조사) 弔喪(조상) 弔慰金(조위금) 弔意(조의) 弔電(조전)
慶弔事(경조사) 謹弔(근조)

燥
3급
마를 **조**
火 | 13획

비 操(잡을 조)
동 乾(마를 건)
반 濕(젖을 습)

글자 풀이
나무(木)가 불(火)기운을 받아 소리를 내며(品) 눋는 데서 마르다는 의미이다.

읽기 한자
焦燥(초조) 亢燥(항조)

쓰기 한자
乾燥(건조) 燥渴症(조갈증)

3급Ⅱ
租
조세 **조**
禾 | 5획

비 祖(할아비 조)
　組(짤 조)
동 稅(세금 세)
　賦(부세 부)

글자 풀이

벼(禾)를 거두어 쌓아 놓은(且) 것의 일부를 조세(租)로 바친다는 의미이다.

쓰기 한자

租稅(조세) 租界(조계) 租借(조차)

2급
彫
새길 **조**
彡 | 8획

비 周(두루 주)
동 刻(새길 각)
　刊(새길 간)

글자 풀이

무늬(彡)를 두루(周) 새겨 놓는 것으로 새기다(彫)는 의미이다.

읽기 한자

彫刻(조각) 彫像(조상) 彫飾(조식) 彫玉(조옥) 彫琢(조탁) 毛彫(모조)
木彫(목조) 浮彫(부조)

2급
措
둘(置) **조**
手 | 8획

동 置(둘 치)

글자 풀이

손(扌)을 놀리는 것은 행위를 뜻하고, 행위의 근거를 세우는 것, 두는 것은 그 모범이 예(昔)에 있는 데서 두다는 의미이다.

읽기 한자

措辭(조사) 措手不及(조수불급) 措處(조처) 措置(조치) 擧措(거조)

2급(名)
曺
성(姓) **조**
日 | 6획

글자 풀이

曹(마을 조)의 俗字로 우리나라에서 姓氏로 쓰인다. 중국에서는 曹를 쓴다.

읽기 한자

曺氏(조씨) 曺奉巖(조봉암 : 독립 운동가)

祚	2급(名)
	복(福) 조
	示 │ 5획

图 禧(복 희)
祺(복 기)
祜(복 호)
福(복 복)

신(示)이 갑자기(乍) 사람에게 내려 주는 선물로 복(祚)을 의미한다.

읽기한자
祚慶(조경) 祚命(조명) 景祚(경조) 吉祚(길조) 福祚(복조) 溫祚王(온조왕)

趙	2급(名)
	나라 조:
	走 │ 7획

글자 풀이
나라이름과 姓氏로 사용된다.

읽기한자
趙光祖(조광조) 趙子龍(조자룡)

釣	2급
	낚을/낚시 조:
	金 │ 3획

글자 풀이
쇠붙이(金)를 구부려 국자(勺) 모양의 낚시를 만들어 고기를 낚는데서 낚시, 낚는다(釣)는 의미이다.

읽기한자
釣臺(조대) 釣名(조명) 釣船(조선) 釣魚(조어) 釣遊(조유)

足	7급Ⅱ
	발 족
	足 │ 0획

비 定(정할 정)
동 豊(풍년 풍)
洽(흡족할 흡)
반 手(손 수)

글자 풀이
발(足) 전체의 모양을 본떴다.

읽기한자
驥足(기족) 厭足(염족) 獐足(장족) 鼎足(정족) 駿足(준족) 扁平足(편평족)
頓足(돈족) 三分鼎足(삼분정족) 聚足(취족)

쓰기한자
足跡(족적) 蛇足(사족) 滿足(만족) 發足(발족) 不足(부족) 四足(사족)
手足(수족) 失足(실족) 自足(자족) 長足(장족) 充足(충족) 豊足(풍족)
足跡(족적) 過不足(과부족) 禁足令(금족령) 力不足(역부족)
定足數(정족수) 太不足(태부족) 自給自足(자급자족) 鳥足之血(조족지혈)

자

族

6급

겨레 **족**

方 | 7획

- 비 旅(나그네 려)
  旋(돌 선)
  施(베풀 시)

글자 풀이

펄럭이(⻗)는 깃발(方)아래 화살(矢)을 모아놓은 모습에서 동료, 집안, 겨레(族)를 의미한다.

읽기한자

貊族(맥족) 閥族(벌족) 族閥(족벌) 彊族(강족) 鼎族(정족)

쓰기한자

族屬(족속) 氏族(씨족) 遺族(유족) 族譜(족보) 族長(족장) 家族(가족)
貴族(귀족) 同族(동족) 民族(민족) 部族(부족) 水族(수족) 魚族(어족)
宗族(종족) 種族(종족) 親族(친족) 血族(혈족) 滅族(멸족) 妻族(처족)
豪族(호족) 皇族(황족) 核家族(핵가족) 擧族的(거족적) 大家族(대가족)
配達民族(배달민족)

尊

4급Ⅱ

높을 **존**

寸 | 9획

- 비 遵(좇을 준)
- 동 崇(높을 숭)
  高(높을 고)
- 반 卑(낮을 비)

글자 풀이

축제 때에 신령에게 바치는(寸) 술(酋)에 연유하여 존엄하다, 중요하다(尊)는 의미이다.

읽기한자

尊札(존찰) 尊翰(존한)

쓰기한자

尊屬(존속) 尊嚴(존엄) 尊稱(존칭) 尊敬(존경) 尊貴(존귀) 尊重(존중)
尊兄(존형) 自尊心(자존심) 男尊女卑(남존여비) 直系尊屬(직계존속)
唯我獨尊(유아독존)

存

4급

있을 **존**

子 | 3획

- 동 在(있을 재)
  有(있을 유)
- 반 無(없을 무)
  亡(망할 망)
  廢(폐할 폐)

글자 풀이

흙 속에 남아있는 뿌리(才)는 머지않아 아이(子)가 자라듯이 싹을 틔운다. 그래서 지금은 보이지 않아도 있다, 남아있다(存) 등의 의미이다.

읽기한자

癌的存在(암적존재)

쓰기한자

存立(존립) 存亡(존망) 存問(존문) 存續(존속) 存在(존재) 共存(공존)
保存(보존) 常存(상존) 生存(생존) 實存(실존) 依存(의존) 殘存(잔존)
適者生存(적자생존) 現存(현존) 存廢(존폐) 賦存(부존) 尙存(상존)

卒

5급Ⅱ

마칠 **졸**

十 | 6획

- 동 兵(병사 병)
  士(선비 사)
  終(마칠 종)
  罷(마칠 파)
- 반 將(장수 장)
  帥(장수 수)
- 약 卆

글자 풀이

똑같은 옷(衣)을 입은 열(十) 명의 군사(卒)라는 의미이다.

읽기한자

津卒(진졸)

쓰기한자

卒徒(졸도) 卒業(졸업) 卒然(졸연) 高卒(고졸) 國卒(국졸) 大卒(대졸)
中卒(중졸) 卒哭(졸곡) 倉卒間(창졸간)

拙	3급
	졸할 졸
	手 | 5획

동 劣(못할 렬)
반 優(넉넉할 우)
　秀(뛰어날 수)

글자 풀이

손(手)으로 만들어 낸(出) 작품이 실물보다 못하다(拙)는 의미이다.

쓰기 한자

拙稿(졸고) 拙劣(졸렬) 拙速(졸속) 拙作(졸작) 拙著(졸저) 拙筆(졸필)
稚拙(치졸) 拙丈夫(졸장부) 大巧如拙(대교여졸)

種	5급Ⅱ
	씨 종(:)
	禾 | 9획

비 鍾(쇠북 종)

글자 풀이

거둔 벼(禾) 중에서 다음 해에 뿌릴 종자로서 무겁고(重) 실한 것을 쓴다
는 것에서 종자, 씨(種)를 의미한다.

읽기 한자

蠻種(만종) 倭種(왜종) 蠶種(잠종)

쓰기 한자

甲種(갑종) 雜種(잡종) 種豚(종돈) 播種(파종) 種藝(종예) 種子(종자)
種族(종족) 種類(종류) 種別(종별) 種目(종목) 各種(각종) 變種(변종)
別種(별종) 純種(순종) 新種(신종) 惡種(악종) 業種(업종) 人種(인종)
接種(접종) 職種(직종) 車種(차종) 土種(토종) 特種(특종) 品種(품종)
改良種(개량종)

終	5급
	마칠 종
	糸 | 5획

동 末(끝 말)
　端(끝 단)
　了(마칠 료)
반 始(처음 시)
　初(처음 초)

글자 풀이

실(糸)을 짜는 일은 겨울(冬)이 되기 전에 끝마쳐(終) 종결짓는다는 의미
이다.

쓰기 한자

終點(종점) 終映(종영) 終了(종료) 終盤(종반) 終焉(종언) 終講(종강)
終結(종결) 終局(종국) 終禮(종례) 終末(종말) 終始(종시) 臨終(임종)
終戰(종전) 終止(종지) 最終(최종) 終刊(종간) 終乃(종내) 終幕(종막)
終着驛(종착역) 終無消息(종무소식) 自初至終(자초지종)

宗	4급Ⅱ
	마루 종
	宀 | 5획

비 完(완전할 완)
동 廟(사당 묘)

글자 풀이

조상(示)을 기리는 사당(宀)의 형태에서 신의 가르침, 종가(宗)를 의미한다.

읽기 한자

睿宗(예종) 宗廟社稷(종묘사직) 宗旨(종지)

쓰기 한자

宗氏(종씨) 宗派(종파) 儒宗(유종) 宗廟(종묘) 宗家(종가) 宗敎(종교)
宗團(종단) 宗孫(종손) 宗族(종족) 宗親(종친) 改宗(개종) 祖宗(조종)
宗主國(종주국)

자

從 (4급)

좇을 종(:)

彳 | 8획

- 비 徒(무리 도)
- 동 遵(좇을 준)
  追(좇을 추)
- 약 从, 従

글자 풀이

앞사람(人)에 뒷사람(人)이 붙어 따르듯이(彳) 걷는(步) 것에서 따르다, 따라가다(從)는 의미이다.

읽기 한자

扈從(호종)

쓰기 한자

從軍(종군) 從來(종래) 從事(종사) 從屬(종속) 從前(종전) 服從(복종)
相從(상종) 順從(순종) 再從(재종) 主從(주종) 從享(종향) 侍從(시종)
追從(추종) 從業員(종업원) 從兄弟(종형제) 白衣從軍(백의종군)
三從之道(삼종지도) 女必從夫(여필종부) 類類相從(유유상종)
面從腹背(면종복배)

鍾 (4급)

쇠북 종

金 | 9획

- 비 種(씨 종)
- 동 鐘(쇠북 종)

글자 풀이

본디 금속제(金)의 무거운(重) 그릇으로 '술병, 술그릇'을 나타냈으나, 鐘과 함께 '쇠북 종'의 뜻으로 주로 쓰이며, 술그릇에서 옮겨온 뜻인 '종지(작은 그릇)'의 뜻으로도 많이 쓰인다.

읽기 한자

鍾鳴鼎食(종명정식) 鍾鼎(종정) 鍾鼎文(종정문) 鼎鍾(정종)

쓰기 한자

警鍾(경종) 打鍾(타종) 鍾閣(종각) 鍾樓(종루) 鍾路(종로) 藥鍾(약종)
玉鍾(옥종) 自鳴鍾(자명종) 鍾乳石(종유석) 招人鍾(초인종)

縱 (3급Ⅱ)

세로 종

糸 | 11획

- 반 橫(가로 횡)
- 약 縦

글자 풀이

실(糸)이 앞의 실을 따라(從) 길게 아래로 늘어진다는 데서 세로(縱)를 의미한다.

읽기 한자

縱軸(종축)

쓰기 한자

縱斷(종단) 縱隊(종대) 縱的(종적) 縱走(종주) 放縱(방종) 操縱(조종)
縱誕(종탄) 縱橫無盡(종횡무진)

琮 (2급(名))

옥홀 종

玉 | 8획

글자 풀이

천자나 제후 등 우두머리(宗)가 사용하는 옥(玉)제품이다. 예물로 쓰던 모가 있는 옥으로 만든 홀(琮)이다.

읽기 한자

琮花(종화)

綜 모을 종
2급
糸 | 8획

동 集(모을 집)
　 合(합할 합)
반 散(흩을 산)

실(糸)을 다스리는 우두머리(宗)로 본래 잉아를 나타낸다. 잉아는 베틀의 날실을 한 칸씩 걸러서 끌어 올리도록 맨 굵은 실로 그 기능에서 모으다(綜)는 의미가 파생되었다.

읽기한자

綜管(종관) 綜達(종달) 綜覽(종람) 綜理(종리) 綜析(종석) 綜合(종합)
綜核(종핵)

左 왼 좌:
7급 Ⅱ
工 | 2획

비 在(있을 재)
반 右(오른 우)

글자 풀이

무언가를 만들 때 가늠자 등을 들고 오른 손을 돕는 손의 형태에서 왼쪽(左)을 의미한다.

읽기한자

遼左(요좌)

쓰기한자

左傾(좌경) 左派(좌파) 證左(증좌) 左遷(좌천) 左記(좌기) 左邊(좌변)
左手(좌수) 左右(좌우) 左側(좌측) 左心房(좌심방) 左翼手(좌익수)
左靑龍(좌청룡) 左之右之(좌지우지) 右往左往(우왕좌왕)
左衝右突(좌충우돌)

座 자리 좌:
4급
广 | 7획

비 坐(앉을 좌)
동 席(자리 석)
　 位(자리 위)

글자 풀이

사람이 집안(广)에 앉아(坐) 있는 곳으로 자리(座)를 의미한다.

읽기한자

碩座敎授(석좌교수)

쓰기한자

座談(좌담) 座上(좌상) 座席(좌석) 座中(좌중) 星座(성좌) 座標(좌표)
講座(강좌) 計座(계좌) 口座(구좌) 權座(권좌) 上座(상좌)
當座手票(당좌수표) 座右銘(좌우명)

坐 앉을 좌:
3급 Ⅱ
土 | 4획

비 座(자리 좌)
반 立(설 립)

글자 풀이

두 사람(人人)이 흙(土) 위에 마주 앉는다(坐)는 의미이다.

읽기한자

鼎坐(정좌)

쓰기한자

坐禪(좌선) 坐臥(좌와) 坐繫(좌계) 坐像(좌상) 坐視(좌시) 坐藥(좌약)
坐罪(좌죄) 坐板(좌판) 對坐(대좌) 連坐(연좌) 正坐(정좌) 靜坐(정좌)

자

佐 도울 좌:
人 | 5획 | 3급

비 件(물건 건)
동 補(기울 보)
　助(도울 조)
　扶(도울 부)
　援(도울 원)

글자 풀이

사람(人)의 왼손(左) 노릇을 하여 준다는 데서 돕다는 의미이다.

읽기한자

輔佐(보좌) 傅佐(부좌) 毘佐(비좌) 弼佐(필좌)

쓰기한자

補佐(보좌) 保佐(보좌) 上佐(상좌)

罪 허물 죄:
罒 | 8획 | 5급

동 過(지날/허물 과)

글자 풀이

인간의 도리를 저버린 나쁜(非) 짓을 해서 세상에 깔려있는 법률 망(罒)에 걸려든 사람에 연유해서 죄, 죄인(罪)을 의미한다.

읽기한자

赦罪(사죄) 斬罪(참죄)

쓰기한자

犯罪(범죄) 罪囚(죄수) 罪科(죄과) 罪過(죄과) 罪名(죄명) 罪目(죄목)
罪狀(죄상) 罪惡(죄악) 罪人(죄인) 罪質(죄질) 論罪(논죄) 斷罪(단죄)
大罪(대죄) 無罪(무죄) 謝罪(사죄) 餘罪(여죄) 原罪(원죄) 有罪(유죄)
重罪(중죄) 輕犯罪(경범죄) 免罪符(면죄부) 雙罰罪(쌍벌죄)

主 임금/주인 주
、 | 4획 | 7급

비 王(임금 왕)
동 王(임금 왕)
반 賓(손님 빈)
　客(손님 객)

글자 풀이

조용히 움직이지 않고 타오르는 등잔을 본 뜬 것으로 주위를 밝게 하고 중심이 되는 사람을 빗대어 주인, 중심(主)을 의미한다.

읽기한자

厭世主義(염세주의) 主旨(주지) 主軸(주축)

쓰기한자

主管(주관) 主犯(주범) 主張(주장) 主從(주종) 君主(군주) 抱主(포주)
荷主(하주) 主格(주격) 主觀(주관) 主導(주도) 主動(주동) 主力(주력)
主流(주류) 主婦(주부) 主上(주상) 主要(주요) 主義(주의) 主人(주인)
主將(주장) 主幹(주간) 主峯(주봉) 主宰(주재) 主謀者(주모자)

住 살 주:
人 | 5획 | 7급

비 往(갈 왕)
　佳(아름다울 가)
동 居(살 거)

글자 풀이

사람(人)은 주인(主)의식을 갖고 산다(住)는 의미이다.

읽기한자

住址(주지)

쓰기한자

居住(거주) 住民(주민) 住所(주소) 住宅(주택) 安住(안주) 移住(이주)
入住(입주) 住居地(주거지) 永住權(영주권) 原住民(원주민)
衣食住(의식주) 現住所(현주소)

晝

6급

낮 주

日 | 7획

[비] 畵(그림 화)
書(글 서)
[동] 午(낮 오)
[반] 夜(밤 야)
[약] 昼

해가 뜨고(旦) 학교에 가니 글(書) 공부를 하는 낮(晝)을 의미한다.

읽기한자

不撤晝夜(불철주야) 晝餐(주찬)

쓰기한자

晝間(주간) 晝夜(주야) 白晝(백주) 晝耕夜讀(주경야독)

注

6급 II

부을 주:

水 | 5획

[비] 住(살 주)

글자 풀이

물(水)이 주(主)로 하는 일은 물대는(注) 일이란 의미이다.

읽기한자

注措(주조)

쓰기한자

注射(주사) 傾注(경주) 注目(주목) 注文(주문) 注視(주시) 注油(주유)
注意(주의) 注入(주입) 受注(수주) 脚注(각주)

州

5급 II

고을 주

巛 | 3획

[비] 川(내 천)
[동] 郡(고을 군)
邑(고을 읍)
洞(골 동)

글자 풀이

하천 안에 흙과 모래가 쌓여 섬이 만들어지는 모습에서 토지, 섬, 대륙(州)을 의미한다.

읽기한자

冀州(기주) 岐州(기주) 驪州(여주) 晋州(진주) 坡州(파주)

쓰기한자

州郡(주군) 州宰(주재)

週

5급 II

주일 주

辶 | 8획

[비] 周(두루 주)

글자 풀이

모두에게 무언가를 두루(周) 알리기 위해 쭉 걸어도는(辶) 것에서 한바퀴 돌다, 한 주(週)를 의미한다.

쓰기한자

週間(주간) 週給(주급) 週期(주기) 週年(주년) 週末(주말) 週番(주번)
週報(주보) 週日(주일) 週初(주초) 今週(금주) 來週(내주) 每週(매주)
週刊(주간) 隔週(격주)

走 4급II
달릴 **주**
走 | 0획

비 赤(붉을 적)
동 奔(달릴 분)

글자 풀이
팔을 사방(十)으로 휘저으며 발(疋)을 재빠르게 놀리는 데서 달리다는 의미이다.

읽기 한자
走軻(주가) 阪上走丸(판상주환) 滑走(활주) 趨走(추주)

쓰기 한자
逃走(도주) 脫走(탈주) 走狗(주구) 走力(주력) 縱走(종주) 走査(주사)
走者(주자) 走行(주행) 競走(경주) 獨走(독주) 力走(역주) 敗走(패주)
奔走(분주) 疾走(질주) 走馬燈(주마등) 走馬看山(주마간산)
東奔西走(동분서주)

周 4급
두루 **주**
口 | 5획

비 週(주일 주)

글자 풀이
둘레(冂)를 보기 좋게(吉) 두른다(周)는 의미이다.

읽기 한자
鄭夢周(정몽주) 周濂溪(주렴계) 周鉢(주발) 周世鵬(주세붕) 姬周(희주)

쓰기 한자
周年(주년) 周到(주도) 周密(주밀) 周邊(주변) 周易(주역) 周圍(주위)
周知(주지) 一周(일주) 周旋(주선) 周波數(주파수) 用意周到(용의주도)
周到綿密(주도면밀)

朱 4급
붉을 **주**
木 | 2획

비 未(아닐 미)
동 丹(붉을 단)
　 赤(붉을 적)
　 紅(붉을 홍)

글자 풀이
소(牛)를 칼로 나누면(八) 붉은(朱) 피가 나온다는 의미이다.

읽기 한자
朱錫(주석) 朱熹(주희) 朱闕(주궐)

쓰기 한자
朱木(주목) 朱門(주문) 朱書(주서) 朱紅(주홍) 朱黃(주황) 印朱(인주)

酒 4급
술 **주(:)**
酉 | 3획

비 猶(오히려 유)

글자 풀이
단지(酉)에 담겨있는 술(水)을 걸러 올린 것에서 술(酒)을 의미한다.

읽기 한자
醴酒(예주) 蟾蛇酒(섬사주) 醴酒不設(예주불설) 酒杓(주표)
酒鋪(주포) 旨酒(지주)

쓰기 한자
酒席(주석) 酒稅(주세) 甘酒(감주) 禁酒(금주) 農酒(농주) 毒酒(독주)
密酒(밀주) 藥酒(약주) 洋酒(양주) 飲酒(음주) 祭酒(제주) 淸酒(청주)
暴酒(폭주) 麥酒(맥주) 燒酒(소주) 濁酒(탁주) 酒幕(주막) 酒邪(주사)
飯酒(반주) 合歡酒(합환주) 酒案床(주안상) 愛酒家(애주가)
勸酒歌(권주가) 酒色雜技(주색잡기) 斗酒不辭(두주불사)

	3급Ⅱ
宙	집 주:
宀	5획

비 笛(피리 적)
동 戶(집 호) 室(집 실)
　　堂(집 당) 屋(집 옥)
　　宅(집 택) 閣(집 각)
　　館(집 관) 宇(집 우)

글자 풀이

한 가족이 사는 집(宙)에서 뜻을 넓혀 모든 우주(宙)의 공간을 의미한다.

읽기한자

宇宙塵(우주진)

쓰기한자

宇宙(우주) 宇宙船(우주선) 宇宙人(우주인)

	3급Ⅱ
柱	기둥 주
木	5획

비 桂(계수나무 계)
　　杜(막을 두)

글자 풀이

집을 버티게 하는 주된(主) 역할을 하는 나무(木)이니 기둥(柱)을 의미한다.

읽기한자

柱樑(주량)

쓰기한자

柱石(주석) 四柱(사주) 電柱(전주) 支柱(지주)

	3급Ⅱ
洲	물가 주
水	6획

비 州(고을 주)
동 涯(물가 애)
　　汀(물가 정)

글자 풀이

강이나 물(水) 가운데 있는 고을(州)에서 물가, 섬을 의미한다. 강의 섬은 洲, 바다의 섬은 島이다.

읽기한자

濠洲(호주) 蘆洲(노주)

쓰기한자

滿洲(만주) 美洲(미주) 亞洲(아주) 三角洲(삼각주) 六大洲(육대주)

	3급Ⅱ
奏	아뢸 주(:)
大	6획

비 秦(나라이름 진)
　　奉(받들 봉)

글자 풀이

윗사람 앞에 엎드려 아뢰는 모양, 음악을 연주하는 모양을 본뜬 것으로 아뢰다, 연주하다(奏)는 의미이다.

읽기한자

倂奏(병주) 滑奏(활주)

쓰기한자

奏曲(주곡) 奏達(주달) 奏文(주문) 奏聞(주문) 奏疏(주소) 奏樂(주악)
奏請(주청) 奏效(주효) 獨奏(독주) 讀奏(독주) 伴奏(반주) 伏奏(복주)
面奏(면주) 變奏(변주) 上奏(상주) 演奏(연주) 二重奏(이중주) 前奏(전주)
進奏(진주) 吹奏(취주) 彈奏(탄주) 合奏(합주)

株	3급 II
그루 주	
木 | 6획	

비 珠(구슬 주)

글자 풀이

나무(木)의 밑바탕을 이루는 붉은(朱) 뿌리를 의미한다.

쓰기 한자

株價(주가) 株券(주권) 株式(주식) 株主(주주) 株總(주총) 新株(신주)
優良株(우량주) 優先株(우선주) 有望株(유망주) 人氣株(인기주)
守株待兎(수주대토) 株價指數(주가지수) 株式會社(주식회사)
赤松一株(적송일주)

珠	3급 II
구슬 주	
玉 | 6획	

동 玉(구슬 옥)

글자 풀이

붉고 고운(朱) 구슬(玉)로 진주(珠)를 의미한다.

읽기 한자

璇珠(선주) 璿珠(선주) 驪龍之珠(여룡지주) 珠璣(주기) 珠珥(주이)

쓰기 한자

珠閣(주각) 珠露(주로) 珠履(주리) 珠米(주미) 珠玉(주옥) 珠殿(주전)
珠汗(주한) 涙珠(누주) 寶珠(보주) 念珠(염주) 珍珠(진주) 眞珠(진주)

舟	3급
배 주	
舟 | 0획	

비 丹(붉을 단)
동 船(배 선)
舶(배 박)
艇(배 정)
艦(배 함)

글자 풀이

작은 배(舟)의 모양을 본떴다.

읽기 한자

汎舟(범주) 吳越同舟(오월동주) 扁舟(편주) 舟艦(주함)

쓰기 한자

舟車(주거) 舟師(주사) 刻舟求劍(각주구검) 一葉片舟(일엽편주)

鑄	3급 II
쇠불릴 주	
金 | 14획	

비 壽(목숨 수)
동 鍊(쇠불릴 련)
약 鋳

글자 풀이

오랜 시간(壽) 동안 쇠(金)를 다루어 물건을 만들어 내므로 쇠를 부어 물건을 만드는 것(鑄)을 의미한다.

읽기 한자

鑄鎔(주용) 鑄型(주형)

쓰기 한자

鑄工(주공) 鑄錢(주전) 鑄造(주조) 鑄鐵(주철)

疇
2급(名)
이랑 주
田 | 14획

동 壟(밭이랑 롱)
頃(이랑 경)

글자 풀이

본래 밭을 그린 데서 출발하여 모양에 많은 변형이 생겨 밭이랑(疇)을 나타낸다. 또 밭이랑, 밭고랑이 분류되듯 분류된 항목, 부류의 의미로 쓰인다.

읽기한자

範疇(범주) 田疇(전주) 洪範九疇(홍범구주)

駐
2급
머무를 주:
馬 | 5획

동 留(머무를 류)
停(머무를 정)

글자 풀이

말(馬)이 머물고(主) 있는 곳에는 군인이나 관리가 머물게 마련이므로 머물다(駐)는 의미이다.

읽기한자

駐軍(주군) 駐屯(주둔) 駐留(주류) 駐泊(주박) 駐兵(주병) 駐步(주보)
駐在(주재) 駐車(주차) 常駐(상주) 停駐(정주) 進駐(진주)

竹
4급 Ⅱ
대 죽
竹 | 0획

글자 풀이

대나무(竹) 잎의 모양을 본떴다.

읽기한자

竹串島(죽곶도) 竹胎(죽태)

쓰기한자

竹簡(죽간) 松竹(송죽) 爆竹(폭죽) 竹刀(죽도) 竹夫人(죽부인)
竹林七賢(죽림칠현) 竹馬故友(죽마고우) 破竹之勢(파죽지세)

準
4급 Ⅱ
준할 준:
水 | 10획

비 准(비준 준)
약 准

글자 풀이

물(水) 표면에 파도가 조금 일어도 매(隹)처럼 재빠르게 평평하게(十) 하는 것에서 사물을 평정하는, 평정함의 정도(準)를 의미한다.

읽기한자

準繩(준승)

쓰기한자

準據(준거) 標準(표준) 準備(준비) 準用(준용) 準則(준칙) 基準(기준)
水準(수준) 平準(평준) 隆準(융준) 照準(조준) 準優勝(준우승)
標準語(표준어) 準租稅(준조세) 準決勝(준결승)

자

俊 준걸 **준:** 人 ∣ 7획	**3급**

동 秀(빼어날 수)
　傑(뛰어날 걸)

고개 숙이고(允) 오직 걷기만(夊) 하는 사람(亻)은 행동이 민첩하여 남보다 빼어난 데서 준걸을 의미한다.

읽기한자
俊弼(준필)

쓰기한자
俊傑(준걸) 俊德(준덕) 俊秀(준수) 俊嚴(준엄) 俊才(준재) 英俊(영준)

遵 좇을 **준:** 辶 ∣ 12획	**3급**

비 尊(높을 존)
동 追(좇을 추)
　從(좇을 종)

글자 풀이
존경하는(尊) 사람의 가르침대로 길을 간다(辶)는 데서 따라가다, 좇다(遵)는 의미이다.

쓰기한자
遵法(준법) 遵守(준수) 遵行(준행) 遵法精神(준법정신)

准 비준 **준:** 冫 ∣ 8획	**2급**

비 準(준할 준)
　淮(물이름 회)

글자 풀이
얼음(氷)이 어는 계절에 철새(隹)가 머물도록 허락한다는 데서 비준하다, 승인하디(准)는 의미이다.

읽기한자
准尉(준위) 准將(준장) 批准(비준) 認准(인준)
准士官(준사관)

埈 높을 **준:** 土 ∣ 7획	**2급(名)**

비 晙(밝을 준)
　浚(깊게할 준)
동 峻(높을 준)

글자 풀이
땅(土)이 다른 곳 보다 빼어나다(夋)는 데서 높다(埈)를 나타낸다. 주로 이름자로 쓰인다.

峻

2급(名)

높을/준엄할 준:

山 | 7획

통 埈(높을 준)
嚴(엄할 엄)

글자 풀이

산(山)이 다른 곳 보다 빼어나다(夋)는 데서 높다는 의미이다.

읽기한자

峻閣(준각) 峻極(준극) 峻湍(준단) 峻德(준덕) 峻嶺(준령) 峻路(준로)
峻論(준론) 峻法(준법) 峻峯(준봉) 峻秀(준수) 峻烈(준열) 峻遠(준원)
峻節(준절) 峻責(준책) 嚴峻(엄준) 險峻(험준)

晙

2급(名)

밝을 준:

日 | 7획

비 埈(높을 준)
峻(높을 준)
통 明(밝을 명)
朗(밝을 랑)
皓(밝을 호)

글자 풀이

해(日)가 무엇보다 빼어나다(夋)는 데서 밝다(晙)는 의미이다. 주로 이름
자로 쓰인다.

읽기한자

權晙(권준 : 독립운동가)

浚

2급(名)

깊게할 준:

水 | 7획

비 俊(준걸 준)

글자 풀이

물(水)을 모으려면 끊임없이(夋) 흙을 퍼내야 하는데서 퍼내다, 치다를 나타
낸다. 또 흙을 퍼내면 그 곳이 깊어지므로 깊다, 깊게 하다(浚)를 의미한다.

읽기한자

浚急(준급) 浚井(준정) 浚照(준조) 浚湖(준호) 幽浚(유준)

濬

2급(名)

깊을 준:

水 | 14획

통 浚(깊게할 준)

글자 풀이

물(水)이 깊다(睿), 또 물(水)을 깊게 하다(睿), 즉 물밑의 바닥을 치다는 의
미이다.

읽기한자

濬潭(준담) 濬源(준원) 濬池(준지) 濬川(준천) 濬哲(준철)
急濬(급준)

자

駿	2급(名)
	준마 준:
	馬 | 7획

동 驥(천리마 기)
騏(준마 기)

<글자 풀이>
말(馬)이 다른 말 보다 빼어나다(夋)는 데서 '준마'를 나타낸다.

<읽기한자>
駿桀(준걸) 駿犬(준견) 駿骨(준골) 駿驥(준기) 駿良(준량) 駿馬(준마)
駿敏(준민) 駿足(준족)

中	8급
	가운데 중
	丨 | 3획

동 央(가운데 앙)
반 邊(가 변)
際(즈음/가 제)

<글자 풀이>
돌아가는 팽이의 중심축이 어느 쪽으로도 기울지 않고 한복판을 지키고 있는 것에서 가운데, 중심(中)을 의미한다.

<읽기한자>
閨中(규중) 湍中(단중) 中尉(중위) 中焦(중초) 中軸(중축) 中呂(중려)
籠中鳥(농중조) 中折帽(중절모) 釜中生魚(부중생어) 允執其中(윤집기중)

<쓰기한자>
中媒(중매) 中盤(중반) 中庸(중용) 中途(중도) 中殿(중전) 中湯(중탕)
忌中(기중) 中途(중도) 中旬(중순) 胸中(흉중) 中耳炎(중이염)
中距離(중거리) 忙中閑(망중한) 五里霧中(오리무중) 中小企業(중소기업)

重	7급
	무거울 중:
	里 | 2획

비 里(마을 리)
반 輕(가벼울 경)

<글자 풀이>
천(千) 리(里)를 걸으면 발이 무겁다(重)는 의미이다.

<읽기한자>
鄭重(정중) 重淵(중연) 重鼎(중정) 重祚(중조) 九重宮闕(구중궁궐)

<쓰기한자>
重犯(중범) 重複(중복) 重傷(중상) 重點(중점) 重奏(중주) 偏重(편중)
荷重(하중) 重大(중대) 重量(중량) 重力(중력) 重罰(중벌) 重病(중병)
重稅(중세) 重修(중수) 重水(중수) 重視(중시) 重要(중요) 重用(중용)
重油(중유) 重任(중임) 重罪(중죄) 重刊(중간) 重譯(중역) 重役(중역)
重版(중판) 愼重(신중) 重鎭(중진) 隱忍自重(은인자중)

衆	4급Ⅱ
	무리 중:
	血 | 6획

비 寡(적을 과)
동 群(무리 군)
類(무리 류)
徒(무리 도)
等(무리 등)
반 寡(적을 과)

<글자 풀이>
혈통(血)이 같은 돼지(豕)들이 한 무리(衆)를 이루고 산다는 의미이다.

<읽기한자>
衆口熏天(중구훈천)

<쓰기한자>
衆智(중지) 衆評(중평) 群衆(군중) 聽衆(청중) 衆論(중론) 衆生(중생)
公衆(공중) 觀衆(관중) 大衆(대중) 民衆(민중) 出衆(출중) 合衆國(합중국)
衆口難防(중구난방) 衆寡不敵(중과부적)

仲 3급Ⅱ
버금 중(:)
人 | 4획

동 次(버금 차)
亞(버금 아)
副(버금 부)
반 伯(맏 백)

글자 풀이

사람(人)이 어떤 일의 중간(中)에 서서 중개한다(仲)는 의미이다.

읽기한자

仲呂(중려)

쓰기한자

仲介人(중개인) 仲媒(중매) 仲裁(중재) 仲秋節(중추절) 仲兄(중형)
伯仲之勢(백중지세)

卽 3급Ⅱ
곧 즉
卩 | 7획

비 旣(이미 기)
약 即

글자 풀이

밥(食)을 보면 수저를 들어(卩) 곧(卽) 먹는다는 의미이다.

읽기한자

卽祚(즉조)

쓰기한자

卽刻(즉각) 卽決(즉결) 卽死(즉사) 卽席(즉석) 卽時(즉시) 卽位(즉위)
卽興的(즉흥적) 不卽不離(부즉불리) 一觸卽發(일촉즉발)

增 4급Ⅱ
더할 증
土 | 12획

비 僧(중 승)
동 加(더할 가)
添(더할 첨)
반 減(덜 감)
削(깎을 삭)
약 増

글자 풀이

흙(土)이 많이 쌓여 늘어나는(曾) 것에서 늘다(增)는 의미이다.

읽기한자

增殖(증식) 增俸(증봉)

쓰기한자

增額(증액) 增資(증자) 累增(누증) 增幅(증폭) 增加(증가) 增感(증감)
增強(증강) 增大(증대) 增産(증산) 增設(증설) 增員(증원) 增進(증진)
增築(증축) 增便(증편) 急增(급증) 漸增(점증) 割增(할증) 增補(증보)
遞增(체증)

證 4급
증거 증
言 | 12획

비 燈(등 등)
약 証

글자 풀이

여러 사람이 잘 보이는 단 위에 올라가(登) 사실대로 말하여(言) 증명한다(證)는 의미이다.

쓰기한자

證據(증거) 證券(증권) 證明(증명) 證書(증서) 證言(증언) 證人(증인) 證左(증좌)
證紙(증지) 證參(증참) 證驗(증험) 干證(간증) 檢證(검증) 考證(고증) 公證(공증)
物證(물증) 反證(반증) 辨證(변증) 保證(보증) 査證(사증) 實證(실증) 心證(심증)
認證(인증) 立證(입증) 確證(확증) 傍證(방증) 僞證(위증) 通行證(통행증)
領收證(영수증)

憎 3급 II
미울 **증**
心 | 12획

비 增(더할 증)
　僧(중 승)
동 惡(미워할 오)
반 愛(사랑 애)

글자 풀이
섭섭한 마음(心)이 거듭되어(曾) 미워한다(憎)는 의미이다.

쓰기 한자
憎嫌(증혐) 憎惡(증오) 可憎(가증) 愛憎(애증)

曾 3급 II
일찍 **증**
日 | 8획

비 會(모일 회)
　僧(중 승)
약 曽

글자 풀이
증조부는 조부보다 일찍(曾) 태어났다는 의미이다.

읽기 한자
曾閔(증민)

쓰기 한자
曾經(증경) 曾孫(증손) 曾往(증왕) 曾祖父(증조부) 未曾有(미증유)

症 3급 II
증세 **증(:)**
疒 | 5획

비 疾(병 질)

글자 풀이
어떤 병(疒)인가를 바르게(正) 알아 낼 수 있는 병증세(症)를 의미한다.

읽기 한자
腎不全症(신부전증) 厭症(염증) 尿毒症(요독증) 塵肺症(진폐증)
合併症(합병증)

쓰기 한자
渴症(갈증) 炎症(염증) 症狀(증상) 症勢(증세) 痛症(통증) 症候群(증후군)
健忘症(건망증) 不感症(불감증) 不眠症(불면증) 食困症(식곤증)
疑妻症(의처증) 後遺症(후유증)

蒸 3급 II
찔 **증**
艹 | 10획

약 菜

글자 풀이
마른 풀(艹)과 땔감으로 솥에 재료를 넣고 불(灬)을 때는(烝) 데서 찌다는
의미이다.

읽기 한자
蒸鬱(증울) 蒸炊(증취)

쓰기 한자
汗蒸(한증) 蒸騰(증등) 蒸氣(증기) 蒸發(증발) 水蒸氣(수증기)

3급

贈 줄 **증**
貝 | 12획

동 授(줄 수)
呈(드릴 정)
與(줄 여)
賜(줄 사)

말로만 감사하다고 하는 것이 아니고 재물(貝)까지 거듭해서(曾) 준다(贈)는 의미이다.

贈呈(증정)

贈與(증여) 寄贈(기증) 追贈(추증)

7급

地 따 **지**
土 | 3획

비 池(못 지)
동 坤(따 곤)
반 天(하늘 천)
乾(하늘 건)

뱀은 논밭의 두렁처럼 구불구불 하다고 하여 지면(土)과 뱀(也)의 형태에서 흙, 땅(地)을 의미한다.

高水敷地(고수부지) 垈地(대지) 柴地(시지) 墺地利(오지리) 甸地(전지)
地垠(지은) 地軸(지축) 埰地(채지) 地閥(지벌) 地妖(지요)

地塊(지괴) 地雷(지뢰) 地盤(지반) 地價(지가) 地境(지경) 地區(지구)
地球(지구) 地代(지대) 陸地(육지) 地帶(지대) 地圖(지도) 地力(지력)
地理(지리) 地利(지리) 地面(지면) 高地(고지) 共地(공지) 地獄(지옥)
葬地(장지) 發祥地(발상지) 避暑地(피서지) 耕作地(경작지)

7급

紙 종이 **지**
糸 | 4획

섬유질(糸)을 근원, 원료(氏)로 하여 종이(紙)를 생산한다는 의미이다.

揷紙(삽지) 紙物鋪(지물포) 紙筆硯墨(지필연묵) 紙繩(지승) 紙札(지찰)
紙型(지형)

紙錢(지전) 更紙(갱지) 紙價(지가) 紙面(지면) 紙上(지상) 紙質(지질)
壁紙(벽지) 別紙(별지) 製紙(제지) 證紙(증지) 破紙(파지) 板紙(판지)
便紙(편지) 表紙(표지) 標紙(표지) 韓紙(한지) 休紙(휴지) 紙幣(지폐)
封紙(봉지) 片紙(편지) 紙筆墨(지필묵) 減光紙(감광지) 答案紙(답안지)
壯版紙(장판지) 化粧紙(화장지)

5급

止 그칠 **지**
止 | 0획

동 停(머무를 정)
禁(금할 금)

발이 한걸음 앞에 나간 상태에서 딱 멈추었다(止)고 하는 것에서 멈추다, 멈추게 하다(止)는 의미이다.

艮止(간지) 沮止(저지) 止血劑(지혈제) 遮止(차지) 止駐(지주)

靜止(정지) 閉止(폐지) 廢止(폐지) 止血(지혈) 禁止(금지) 防止(방지)
停止(정지) 制止(제지) 終止(종지) 解止(해지) 止揚(지양) 抑止(억지)
明鏡止水(명경지수) 行動擧止(행동거지)

자

知 5급 II
알 지
矢 | 3획

§ 認(알 인)
識(알 식)

화살(矢)처럼 곧바로 날아가 맞추(口)는 것을 나타내는 글자로, 잘 알고 있다는 것에서 알다, 기억하다(知)는 의미이다.

읽기한자
諜知(첩지)

쓰기한자
知覺(지각) 知事(지사) 認知(인지) 周知(주지) 探知(탐지) 知己(지기)
知能(지능) 知面(지면) 知名(지명) 知性(지성) 知識(지식) 知人(지인)
知的(지적) 感知(감지) 告知(고지) 無知(무지) 未知(미지) 親知(친지)
通知(통지) 沒知覺(몰지각) 道知事(도지사) 知行合一(지행합일)
不問可知(불문가지) 溫故知新(온고지신)

志 4급 II
뜻 지
心 | 3획

§ 意(뜻 의)
旨(뜻 지)
趣(뜻 취)

글자 풀이
선비(士)의 마음(心) 속에는 깊은 뜻(志)이 있다는 의미이다.

읽기한자
箕山之志(기산지지) 楚漢志(초한지)

쓰기한자
同志(동지) 鬪志(투지) 志望(지망) 志士(지사) 志願(지원) 志操(지조)
志向(지향) 意志(의지) 有志(유지) 立志(입지) 寸志(촌지) 三國志(삼국지)
篤志家(독지가) 初志一貫(초지일관)

指 4급 II
가리킬 지
手 | 6획

비 脂(기름 지)

글자 풀이
맛(旨)있는 것을 집어서 먹는 손(手)의 모습에서 손가락(指)을 의미한다.

쓰기한자
指鹿爲馬(지록위마) 指摘(지적) 指呼之間(지호지간) 屈指(굴지)
指針(지침) 指彈(지탄) 指標(지표) 十二指腸(십이지장) 指壓(지압)
指章(지장) 斷指(단지) 指稱(지칭) 長指(장지) 中指(중지) 指導(지도)
指令(지령) 指名(지명) 指目(지목) 指數(지수) 指示(지시) 指定(지정)
指向(지향) 指揮(지휘) 指南鐵(지남철) 指天爲誓(지천위서)

支 4급 II
지탱할 지
支 | 0획

글자 풀이
손(又)으로 열(十)가지 일을 버티어(支) 해낸다는 의미이다.

읽기한자
支軸(지축)

쓰기한자
支署(지서) 支柱(지주) 支援(지원) 依支(의지) 支持(지지) 支局(지국)
支給(지급) 支流(지류) 支配(지배) 支部(지부) 度支(탁지) 支拂(지불)
支社(지사) 支院(지원) 支障(지장) 支店(지점) 收支(수지) 支出(지출)
氣管支(기관지) 十二支(십이지) 支離滅裂(지리멸렬) 假支給金(가지급금)

至

4급 II

이를 **지**

至 | 0획

동 到(이를 도)
致(이를 치)
着(붙을 착)

글자 풀이

새가 땅에 내려앉은 모습을 본 떠 오다, 도착하다, 다다르다(至)는 의미
이다.

쓰기 한자

乃至(내지) 踏至(답지) 至嚴(지엄) 至極(지극) 至今(지금) 至難(지난)
至當(지당) 至大(지대) 至毒(지독) 至樂(지락) 至論(지론) 至上(지상)
至誠(지성) 至月(지월) 至日(지일) 至尊(지존) 至親(지친) 冬至(동지)
夏至(하지) 甚至於(심지어) 自初至終(자초지종)

持

4급

가질 **지**

手 | 6획

비 待(기다릴 대)
特(특별할 특)
侍(모실 시)
동 取(가질 취)

글자 풀이

관청(寺)에서 보낸 공문서를 손(手)에 소중히 가지고(持) 있다는 의미
이다.

읽기 한자

握持(악지)

쓰기 한자

持論(지론) 持病(지병) 持參(지참) 堅持(견지) 把持(파지) 所持(소지)
支持(지지) 持續性(지속성) 持久力(지구력) 持久戰(지구전) 維持(유지)

智

4급

지혜/슬기 **지**

日 | 8획

비 知(알 지)
동 慧(슬기로울 혜)
睿(슬기 예)

글자 풀이

해(日)와 같이 밝게 안다(知)는 데서 지혜, 슬기(智)를 의미한다.

읽기 한자

睿智(예지) 膽智(담지) 金閼智(김알지)

쓰기 한자

智略(지략) 理智(이지) 衆智(중지) 奇智(기지) 銳智(예지) 智謀(지모)
智慧(지혜) 智德體(지덕체) 仁義禮智信(인의예지신)

誌

4급

기록할 **지**

言 | 7획

비 詩(시 시)
談(말씀 담)
동 記(기록할 기)
錄(기록할 록)

글자 풀이

말(言)이나 뜻(志)을 적는다(誌)는 의미이다.

읽기 한자

膽寫雜誌(등사잡지)

쓰기 한자

誌面(지면) 誌文(지문) 誌上(지상) 校誌(교지) 貴誌(귀지)
外誌(외지) 日誌(일지) 雜誌(잡지) 會誌(회지) 墓誌文(묘지문)

자

之

3급Ⅱ

갈 지

ノ | 3획

- 동 往(갈 왕)
  去(갈 거)
- 반 來(올 래)

본디 땅을 딛고 서있는 발의 모양을 나타낸 글자로, 가다는 의미이다. 어조사로 많이 쓰인다.

읽기 한자

琴瑟之樂(금실지락/금슬지락) 箕山之志(기산지지) 岐黃之術(기황지술)
盧生之夢(노생지몽) 盧昇之(노승지) 棟梁之器(동량지기)
棟梁之材(동량지재) 霜雪之鷺(상설지로) 驪龍之珠(여룡지주)
驪色之馬(여색지마) 王羲之(왕희지) 熊虎之將(웅호지장)

쓰기 한자

旣往之事(기왕지사) 晩時之歎(만시지탄) 伯仲之勢 (백중지세)
三遷之敎(삼천지교) 塞翁之馬(새옹지마) 搖之不動(요지부동)

池

3급Ⅱ

못 지

水 | 3획

- 비 地(따 지)
- 동 沼(못 소)
  潭(못 담)
  澤(못 택)

물(水)이 많이 고여 있으니(也) 못(池)을 의미한다.

읽기 한자

塘池(당지) 沼池(소지) 苑池(원지) 濬池(준지) 池沼(지소) 硯池(연지)

쓰기 한자

蓮池(연지) 天池(천지) 乾電池(건전지) 水源池(수원지)
遊水池(유수지) 貯水池(저수지) 蓄電池(축전지) 酒池肉林(주지육림)

只

3급

다만 지

口 | 2획

- 동 但(다만 단)

입(口)에서 나온 말이 흩어져서(八) 다만, 단지(只) 여운이 남아 있을 뿐이라는 의미이다.

쓰기 한자

但只(단지)

枝

3급Ⅱ

가지 지

木 | 4획

- 비 技(재주 기)
- 동 條(가지 조)
  柯(가지 가)

나무(木)의 가지(支)로 가지(枝)라는 의미이다.

읽기 한자

瓊枝玉葉(경지옥엽) 巢林一枝(소림일지) 枝梧(지오) 枝胤(지윤)

쓰기 한자

枝葉(지엽) 幹枝(간지) 金枝玉葉(금지옥엽)

遲 더딜/늦을 지 辶 | 12획 〔3급〕	**글자 풀이** 코뿔소(犀)가 천천히 걸어가니(辶) 더디다(遲)는 의미이다. **읽기한자** 陵遲處斬(능지처참) 舒遲(서지) **쓰기한자** 遲刻(지각) 遲延(지연) 遲進兒(지진아) 遲參(지참) 遲滯(지체) 遲明(지명) 遲遲不進(지지부진)

[동] 延(늘일 연)
晩(늦을 만)
[반] 急(급할 급)
速(빠를 속)
[약] 遅

址 터 지 土 | 4획 〔2급(名)〕	**글자 풀이** 집이나 건축물이 머물러(止) 있는 땅(土)으로 집터(址)를 의미한다. **읽기한자** 故址(고지) 舊址(구지) 寺址(사지) 城址(성지) 遺址(유지)

[동] 基(터 기)

旨 뜻 지 日 | 2획 〔2급〕	**글자 풀이** 匕는 숟가락을 본뜬 것이고, 日은 입(口)안에 혀(ヽ)를 본뜬 것이다. 음식을 숟가락(匕)으로 떠서 혀(日)로 맛보는 데서 맛, 뜻(旨)의 의미가 파생되었다. **읽기한자** 旨甘(지감) 旨意(지의) 旨義(지의) 論旨(논지) 密旨(밀지) 本旨(본지) 聖旨(성지) 要旨(요지) 宗旨(종지) 主旨(주지) 趣旨(취지)

[동] 志(뜻 지)
意(뜻 의)
義(옳을 의)

脂 기름 지 肉/月 | 6획 〔2급〕	**글자 풀이** 기름기가 있는 맛있는(旨) 고기(月)에서 기름(脂)의 의미가 파생되었다. **읽기한자** 脂粉(지분) 脂韋(지위) 脂肉(지육) 脂澤(지택) 丹脂(단지) 樹脂(수지) 乳脂(유지) 油脂(유지) 凝脂(응지) 竊脂(절지) 脫脂(탈지)

[동] 肪(기름 방)
油(기름 유)

자

芝 지초 지
2급(名)
艹 | 4획

글자 풀이

곰팡이에 의해 퍼져 나가서(之) 번식하는 다년생 식물(艹)이라는 데서 영지버섯(芝)을 의미한다.

읽기한자

芝眉(지미) 芝草(지초) 瑞芝(서지) 靈芝(영지)
芝蘭之交(지란지교) 芝蘭之室(지란지실)

直 곧을 직
7급Ⅱ
目 | 3획

비 眞(참 진)
동 貞(곧을 정)
반 屈(굽을 굴)
　曲(굽을 곡)

글자 풀이

숨어(乚) 있어도 열(十) 사람의 눈(目)이 보고 있으면 나쁜 짓을 할 수 없다는 것에서 올바르다, 바로(直)를 의미한다.

읽기한자

亮直(양직) 直蔘(직삼) 彊直(강직) 繩直(승직)

쓰기한자

直覺(직각) 直系(직계) 直屬(직속) 直營(직영) 直腸(직장) 直派(직파)
硬直(경직) 直角(직각) 直感(직감) 直結(직결) 直觀(직관) 直球(직구)
直流(직류) 直賣(직매) 直接(직접) 直進(직진) 直通(직통) 直後(직후)
曲直(곡직) 堂直(당직) 直輸入(직수입) 直譯(직역) 剛直(강직) 率直(솔직)
愚直(우직) 直徑(직경)

職 직분 직
4급Ⅱ
耳 | 12획

비 識(알 식)
　織(짤 직)
동 官(벼슬 관)

글자 풀이

귀(耳)로 듣는 말소리(音)를 창(戈)이나 칼로 새기는 직업(職)을 맡는다는 의미이다.

쓰기한자

辭職(사직) 離職(이직) 免職(면직) 職僚(직료) 削奪官職(삭탈관직)
殉職(순직) 職工(직공) 職權(직권) 職能(직능) 職務(직무) 職分(직분)
職業(직업) 職員(직원) 職位(직위) 職人(직인) 職場(직장) 職種(직종)
職責(직책) 公職(공직) 官職(관직) 敎職(교직) 求職(구직) 無職(무직)
復職(복직) 微官末職(미관말직) 補職(보직) 兼職(겸직)

織 짤 직
4급
糸 | 12획

비 識(알 식)
　職(직분 직)
동 紡(길쌈 방)
　績(길쌈 적)
　組(짤 조)

글자 풀이

실(糸)을 사용해서 음악(音)과 같이 즐거운 무늬가 붙은 문양(戈) 옷감을 짜는 것에서 짜다, 직물(織)을 의미한다.

읽기한자

紡織(방직) 織縫(직봉)

쓰기한자

織物(직물) 織婦(직부) 織造(직조) 毛織(모직) 手織(수직) 組織(조직)
絹織(견직) 染織(염직) 織女星(직녀성) 綿織物(면직물) 編織物(편직물)
牽牛織女(견우직녀)

稙

2급(名)
올벼 **직**
禾 | 8획

비 植(심을 식)

글자 풀이
다른 벼는 아직 이삭이 익지 않아서 곧게(直) 서있는 상황에서 이미 익어 버린 벼(禾)로 올벼(稙)를 의미한다. 주로 이름자로 쓰인다.

읽기 한자
稙禾(직화)

稷

2급(名)
피(穀名) **직**
禾 | 10획

글자 풀이
畟은 사람(儿)이 밭(田)에서 일하는(夂) 것으로 밭가는 것을 나타낸다. 밭 갈아(畟) 얻을 수 있는 중요한 곡식(禾)으로 기장을 의미한다.

읽기 한자
稷山(직산) 后稷(후직) 宗廟社稷(종묘사직)

眞

4급Ⅱ
참 **진**
目 | 5획

비 直(곧을 직)
반 假(거짓 가)
　 僞(거짓 위)

글자 풀이
비수(匕)로 재산(貝)의 일부(一)를 잘라내서(八) 학비를 대어 참(眞)을 배우게 한다는 의미이다.

읽기 한자
天眞爛漫(천진난만)

쓰기 한자
眞犯(진범) 眞否(진부) 眞率(진솔) 眞僞(진위) 眞珠(진주) 眞宰(진재)
眞價(진가) 眞空(진공) 眞談(진담) 眞影(진영) 迫眞(박진) 眞理(진리)
眞味(진미) 眞相(진상) 眞性(진성) 眞數(진수) 眞實(진실) 眞心(진심)
眞言(진언) 眞意(진의) 眞正(진정) 眞情(진정) 眞品(진품) 寫眞(사진)
純眞(순진) 眞紅色(진홍색) 眞面目(진면목) 眞善美(진선미)

進

4급Ⅱ
나아갈 **진:**
辶 | 8획

동 就(나아갈 취)
반 退(물러날 퇴)

글자 풀이
새(隹)가 날 때와 같이 빨리 걷는(辶) 것에서 진행하다, 앞으로 나가다(進)는 의미이다.

읽기 한자
進呈(진정) 進駐(진주) 進陟(진척) 亢進(항진) 頓進(돈진) 趨進(추진)

쓰기 한자
進甲(진갑) 進擊(진격) 累進(누진) 躍進(약진) 進軍(진군) 進級(진급)
進度(진도) 進路(진로) 進步(진보) 進取(진취) 進退(진퇴) 進學(진학)
進行(진행) 進化(진화) 競進(경진) 突進(돌진) 遞進(체진)
遲進兒(지진아) 進奏吏(진주리) 進奏院(진주원) 遲遲不進(지지부진)

珍

4급

보배 **진**

玉 | 5획

통 寶(보배 보)
약 珍

글자 풀이

사람(人)의 머릿결(彡) 같이 고운 무늬가 있는 구슬(玉)로 보배(珍)라는 의미이다.

읽기 한자

琦珍(기진) 珍圭(진규) 珍瑞(진서) 珍錫(진석)

쓰기 한자

珍貴(진귀) 珍技(진기) 珍奇(진기) 珍味(진미) 珍重(진중) 珍珠(진주)
珍風景(진풍경) 山海珍味(산해진미)

盡

4급

다할 **진:**

皿 | 9획

통 窮(다할 궁)
極(다할 극)
약 尽

글자 풀이

화로(皿)에 불씨(火)가 다 꺼져(聿) 가는 데서 다하다(盡)는 의미이다.

읽기 한자

一網打盡(일망타진)

쓰기 한자

盡力(진력) 盡心(진심) 極盡(극진) 賣盡(매진) 備盡(비진)
消盡(소진) 脫盡(탈진) 盡終日(진종일) 無盡藏(무진장)
盡忠報國(진충보국) 氣盡脈盡(기진맥진) 無窮無盡(무궁무진)
縱橫無盡(종횡무진)

陣

4급

진칠 **진**

阜/阝 | 7획

비 陳(베풀 진)
통 屯(진칠 둔)

글자 풀이

언덕(阝)을 의지하여 병차(車)를 중심으로 진을 친다(陣)는 의미이다.

읽기 한자

陣哨(진초)

쓰기 한자

陣營(진영) 陣地(진지) 陣痛(진통) 對陣(대진) 直陣(직진) 出陣(출진)
退陣(퇴진) 布陣(포진) 背水陣(배수진) 鶴翼陣(학익진)

振

3급 Ⅱ

떨칠 **진:**

手 | 7획

비 辰(별 진)
통 奮(떨칠 분)
拂(떨칠 불)

글자 풀이

별(辰)이 항상 움직이듯 손(手)을 흔들어 움직인다(振)는 의미이다.

읽기 한자

振怖(진포)

쓰기 한자

振幅(진폭) 振動(진동) 振武(진무) 振作(진작) 振興(진흥) 不振(부진)

辰

3급 Ⅱ

별 **진**/때 **신**

辰 | 0획

동 星(별 성)
庚(별 경)

글자 풀이

별(辰)의 모양을 본떴다.

읽기 한자

壬辰倭亂(임진왜란)

쓰기 한자

辰方(진방) 辰宿(진숙) 辰時(진시) 北辰(북진) 生辰(생신) 誕辰(탄신)
戊辰年(무진년)

鎭

3급 Ⅱ

진압할 **진(:)**

金 | 10획

동 壓(누를 압)

글자 풀이

쇳(金)덩어리같이 참으로(眞) 무거운 것으로써 누른다(鎭)는 의미이다.

읽기 한자

鎭靜劑(진정제) 鎭痛劑(진통제) 鎭圭(진규)

쓰기 한자

鎭壓(진압) 鎭定(진정) 鎭靜(진정) 鎭痛(진통)
鎭火(진화) 書鎭(서진) 重鎭(중진) 鎭山(진산)

陳

3급 Ⅱ

베풀 **진:**

묵을 **진**

阜/阝 | 8획

비 陣(진칠 진)
동 施(베풀 시)
設(베풀 설)

글자 풀이

언덕(阝) 동쪽(東)에 고추를 늘어놓는다(陳)는 의미이다.

읽기 한자

陳亮(진량)

쓰기 한자

陳腐(진부) 陳奏(진주) 陳平宰肉(진평재육) 陳頭(진두) 陳列(진열)
陳謝(진사) 陳設(진설) 陳述(진술) 陳情(진정) 開陳(개진)
新陳代謝(신진대사)

震

3급 Ⅱ

우레 **진:**

雨 | 7획

비 雨(비 우)
雲(구름 운)
雪(눈 설)
동 雷(우레 뢰)

글자 풀이

비(雨) 올 때 별(辰)처럼 번쩍이는 우레(震)를 의미한다.

읽기 한자

震悼(진도) 震怖(진포)

쓰기 한자

震驚(진경) 震恐(진공) 震怒(진노) 震檀(진단) 震度(진도) 震動(진동)
震雷(진뢰) 震死(진사) 震源(진원) 震災(진재) 震電(진전) 強震(강진)
耐震(내진) 餘震(여진) 地震(지진)

塵 티끌 진 土 | 11획	**2급**

동 埃(티끌 애)

글자 풀이

사슴(鹿)이 마른 땅(土)에서 달리면 먼지(塵)가 일어난다는 의미이다.

읽기 한자

塵境(진경) 塵界(진계) 塵露(진로) 塵世(진세) 塵俗(진속) 塵埃(진애)
塵煙(진연) 塵外(진외) 塵土(진토) 塵肺症(진폐증) 落塵(낙진) 蒙塵(몽진)
防塵(방진) 粉塵(분진) 風塵(풍진) 和光同塵(화광동진)

晋 진나라 진: 日 | 6획	**2급(名)**

글자 풀이

해(日)가 이르면(至至) 지상은 깨끗하게 되고, 만물이 자라 나아간다(晋)는 의미이다.

읽기 한자

晋文公(진문공) 晋書(진서) 晋接(진접) 晋州(진주) 晋秩(진질)
東晋(동진) 三晋(삼진) 西晋(서진)

津 나루 진(:) 水 | 6획	**2급**

글자 풀이

손으로 노를 저어(聿) 바다(水)를 건너다니는 선착장인 나루터(津)를 의미한다.

읽기 한자

津軍(진군) 津氣(진기) 津渡(진도) 津梁(진량) 津筏(진벌) 津夫(진부)
津岸(진안) 津液(진액) 津驛(진역) 津卒(진졸) 鷺梁津(노량진) 松津(송진)
興味津津(흥미진진)

秦 성(姓) 진 禾 | 5획	**2급(名)**

글자 풀이

본래 절구공이로 벼(禾)를 찧는(舂) 것을 나타낸 글자인데 나중에 나라이름과 姓氏로 굳어졌다.

읽기 한자

秦聲(진성) 秦始皇(진시황) 秦律(진율) 前秦(전진)
秦穆公(진목공) 先秦時代(선진시대)

診

2급

진찰할 **진**

言 | 5획

통 療(병고칠 료)

일이나 병을 살필 때 세밀하게(彡) 물어(言) 보는데서 진찰하다(診)는 의미이다.

診斷(진단) 診療(진료) 診脈(진맥) 診病(진병) 診察(진찰) 診治(진치)
檢診(검진) 來診(내진) 誤診(오진) 往診(왕진) 聽診(청진) 打診(타진)
宅診(택진) 特診(특진) 回診(회진) 休診(휴진) 診夢(진몽)

質

5급 II

바탕 **질**

貝 | 8획

비 贊(도울 찬)
통 素(본디 소)
　 本(근본 본)
약 貭

돈(貝)을 빌린 표시로 도끼(斤) 두 자루를 상대에게 건네고 그것과 동등한 값어치가 있는 돈을 받아드는 것에서 약속 표시, 알맹이(質)를 의미한다.

質劑(질제) 瑞質(서질) 纖質(섬질)

質疑(질의) 均質(균질) 異質(이질) 資質(자질) 硬質(경질) 質權(질권)
質量(질량) 質問(질문) 質責(질책) 角質(각질) 氣質(기질) 對質(대질)
同質(동질) 木質(목질) 物質(물질) 變質(변질) 本質(본질) 性質(성질)
素質(소질) 水質(수질) 實質(실질) 惡質(악질) 弱質(약질) 良質(양질)
言質(언질) 人質(인질)

疾

3급 II

병 **질**

疒 | 5획

통 病(병 병)

화살(矢)에 맞아 병(疒)에 걸린다는 데서 병(病)을 의미한다.

託疾(탁질)

疾故(질고) 疾苦(질고) 疾病(질병) 疾視(질시)
疾走(질주) 疾患(질환) 惡疾(악질) 眼疾(안질)

秩

3급 II

차례 **질**

禾 | 5획

비 秋(가을 추)
　 稀(드물 희)
통 序(차례 서)
　 第(차례 제)

벼(禾)를 실수(失)없이 차례차례(秩) 쌓는다는 의미이다.

晉秩(진질) 秩俸(질봉)

秩紋(질서) 秩滿(질만) 秩米(질미) 秩序(질서)

姪 조카 질
女 | 6획
3급

비 致(이를 치)
반 叔(아재비 숙)

글자 풀이
형수(女)의 몸에서 태어나 세상에 이른(至) 조카(姪)를 의미한다.

쓰기 한자
姪女(질녀) 姪婦(질부) 叔姪(숙질) 族姪(족질)

窒 막힐 질
穴 | 6획
2급

동 塞(막힐 색)
壅(막힐 옹)
滯(막힐 체)

글자 풀이
구멍(穴)에 무엇이 이르러(至) 메워지면 막힌다(窒)는 의미이다.

읽기 한자
窒氣(질기) 窒酸(질산) 窒塞(질색) 窒素(질소) 窒息(질식) 窒礙(질애)

集 모을 집
隹 | 4획
6급Ⅱ

동 蓄(모을 축)
聚(모을 취)
募(모을 모)
반 散(흩을 산)
配(나눌 배)

글자 풀이
나무(木) 위에 새(隹)가 많이 무리지어 모여드는 것에서 모여들다, 모이다(集)는 의미이다.

읽기 한자
倻溪集(야계집) 渭南文集(위남문집) 集輯(집집) 集聚(집취)

쓰기 한자
集積(집적) 採集(채집) 募集(모집) 召集(소집) 集結(집결) 集計(집계)
集團(집단) 集配(집배) 集約(집약) 集注(집주) 全集(전집) 集中(집중)
集合(집합) 集會(집회) 結集(결집) 文集(문집) 密集(밀집) 收集(수집)
詩集(시집) 雲集(운집) 徵集(징집) 集賢殿(집현전) 集大成(집대성)
集散地(집산지) 離合集散(이합집산)

執 잡을 집
土 | 8획
3급Ⅱ

동 握(쥘 악)
拘(잡을 구)
操(잡을 조)
捕(잡을 포)
반 放(놓을 방)

글자 풀이
행운(幸)을 손(九)에 쥔다(丶)는 데서 잡다, 가지다(執)는 의미이다.

읽기 한자
允執其中(윤집기중) 執銳(집윤) 執柯(집가) 執圭(집규) 執柄(집병)

쓰기 한자
執權(집권) 執念(집념) 執刀(집도) 執務(집무) 執事(집사) 執着(집착)
執筆(집필) 執行(집행) 固執(고집) 父執(부집) 我執(아집) 執奏(집주)
宰執(재집) 偏執(편집)

輯

2급

모을 **집**

車 | 9획

동 蒐(모을 수)
集(모을 집)

글자 풀이

耴은 말하고(口) 듣는(耳) 것이고, 車는 수레를 타는 것이다. 수레를 타고(車) 다니며 말하고 들으면서(耴) 자료를 모으는(輯) 것을 의미한다.

읽기 한자

輯錄(집록) 輯成(집성) 補輯(보집) 收輯(수집) 完輯(완집) 特輯(특집)
編輯(편집)

徵

3급Ⅱ

부를 **징**

彳 | 12획

비 微(작을 미)
徽(아름다울 휘)
동 김(부를 소)
招(부를 초)
약 徴

글자 풀이

작은(微) 존재로 숨어 있어도 임무를 맡기기(壬) 위하여 부른다(徵)는 의미이다.

읽기 한자

魏徵(위징) 瑞徵(서징)

쓰기 한자

徵發(징발) 徵兵(징병) 徵收(징수) 徵用(징용) 徵兆(징조) 徵集(징집)
徵表(징표) 徵驗(징험) 徵候(징후) 象徵(상징) 性徵(성징) 追徵(추징)
特徵(특징)

懲

3급

징계할 **징**

心 | 15획

비 徵(부를 징)
동 戒(경계할 계)

글자 풀이

죄인을 불러(徵) 마음(心)으로 뉘우치도록 벌을 준다는 데서 징계하다(懲)는 의미이다.

읽기 한자

懲艾(징애) 懲窒(징질) 懲毖錄(징비록)

쓰기 한자

懲戒(징계) 懲罰(징벌) 懲役(징역) 勸善懲惡(권선징악)

次

4급Ⅱ

버금 **차**

欠 | 2획

비 吹(불 취)
동 亞(버금 아)
仲(버금 중)
副(버금 부)

글자 풀이

입을 크게 벌리(冫)고 하품(欠)을 하고 나서 다음 작업에 들어가는 것에서 다음(次)을 의미한다.

읽기 한자

李次頓(이차돈)

쓰기 한자

次點(차점) 屢次(누차) 次官(차관) 次期(차기) 次男(차남) 次女(차녀)
次席(차석) 次善(차선) 次長(차장) 次例(차례) 次元(차원) 次第(차제)
年次(연차) 目次(목차)

差

다를 차
工 | 7획
4급

비 着(붙을 착)
동 異(다를 이)
　 他(다를 타)
　 別(다를 별)
반 若(같을 약)
　 如(같을 여)

글자 풀이
다른 벼 포기와 달리 유독 하나의 벼 포기가 왼쪽(左)으로 이삭이 드리워진(垂) 데서 다르다는 의미이다.

읽기 한자
預差(예차) 艇差(정차)

쓰기 한자
差減(차감) 差度(차도) 差等(차등) 差別(차별) 差使(차사) 差送(차송) 差額(차액)
誤差(오차) 差異(차이) 差益(차익) 差入(차입) 差出(차출) 格差(격차) 交差(교차)
落差(낙차) 時差(시차) 快差(쾌차) 參差(참차) 視覺差(시각차) 千差萬別(천차만별)
偏差(편차) 日較差(일교차) 咸興差使(함흥차사) 天壤之差(천양지차)
參差不齊(참치부제)

此

이 차
止 | 2획
3급Ⅱ

동 是(이 시)
반 彼(저 피)

글자 풀이
멈춰서서(止) 비수(匕)로 이곳(此)이라고 지시하여 가리킨다는 의미이다.

쓰기 한자
此際(차제) 此後(차후) 如此(여차) 彼此(피차) 於此彼(어차피)
此日彼日(차일피일)

且

또 차:
一 | 4획
3급

비 具(갖출 구)
　 目(눈 목)
동 亦(또 역)
　 又(또 우)

글자 풀이
자루나 박스로 쌓고 또(且) 쌓는다는 의미이다.

쓰기 한자
且置(차치) 苟且(구차) 重且大(중차대)

借

빌/빌릴 차:
人 | 8획
3급Ⅱ

비 惜(아낄 석)
반 貸(빌릴 대)

글자 풀이
옛날(昔)에는 나라의 주인인 임금의 땅을 빌려 농사를 짓는 것으로 사람(人)들이 생각한 데서 빌리다는 의미이다.

읽기 한자
借款(차관) 彊借(강차)

쓰기 한자
借名(차명) 借問(차문) 借邊(차변) 借用(차용) 借入(차입)
假借(가차) 貸借(대차) 租借(조차) 賃貸借(임대차)

遮

2급
가릴 **차(:)**
辶 | 11획

[동] 遏(막을 알)
蔽(덮을 폐)

글자 풀이

여러 사람(庶)이 길을 가면(辶) 길이 막히므로 막다, 가리다(遮)는 의미
이다.

읽기 한자

遮擊(차격) 遮光(차광) 遮斷(차단) 遮道(차도) 遮路(차로) 遮陽(차양)
遮額(차액) 遮日(차일) 遮絶(차절) 遮止(차지) 遮蔽(차폐)

着

5급Ⅱ
붙을 **착**
目 | 7획

[비] 差(다를 차)
[동] 到(이를 도)
附(붙을 부)
[반] 發(필 발)

글자 풀이

양(羊)털이 자라면 눈(目)에 달라붙어 보이지 않을 정도가 되는 것에서 도
착하다, 달라붙다, 몸에 붙다(着)는 의미이다.

읽기 한자

膠着(교착) 着帽(착모) 着靴(착화)

쓰기 한자

倒着(도착) 着劍(착검) 逢着(봉착) 附着(부착) 執着(집착) 沈着(침착)
吸着(흡착) 歸着(귀착) 着工(착공) 着陸(착륙) 着服(착복) 着床(착상)
着色(착색) 着生(착생) 着席(착석) 着手(착수) 着實(착실) 着眼(착안)
着用(착용) 着衣(착의) 終着驛(종착역)

捉

3급
잡을 **착**
手 | 7획

[비] 促(재촉할 촉)
[동] 執(잡을 집)
捕(잡을 포)

글자 풀이

범인이 도망을 못가도록 범인의 발(足)을 손(手)으로 꽉 잡는다(捉)는 의
미이다.

쓰기 한자

捉弄(착롱) 捉筆(착필) 把捉(파착) 捕捉(포착)

錯

3급Ⅱ
어긋날 **착**
金 | 8획

[동] 誤(그르칠 오)
謬(그르칠 류)

글자 풀이

옛날(昔)에 쇠붙이(金)에 새긴 글씨를 읽을 때 녹슬어 판독이 틀리는 일
이 있었던 데서 어긋나다는 의미이다.

읽기 한자

錯謬(착류) 錯峙(착치)

쓰기 한자

錯覺(착각) 錯亂(착란) 錯視(착시) 錯誤(착오) 錯雜(착잡) 倒錯(도착)
失錯(실착) 錯衡(착형) 施行錯誤(시행착오) 精神錯亂(정신착란)

讚	4급
	기릴 찬:
	言 │ 19획

- 동 頌(기릴 송)
  譽(기릴 예)
- 약 讃

글자 풀이

상대의 좋은 점을 말(言)로 칭찬하며 재물로 돕는다(贊)는 데서 기리다는
의미이다.

쓰기 한자

讚歌(찬가) 讚美(찬미) 絕讚(절찬) 讚辭(찬사) 激讚(격찬) 極讚(극찬)
禮讚(예찬) 自讚(자찬) 稱讚(칭찬) 讚頌歌(찬송가) 自畫自讚(자화자찬)
讚揚(찬양)

贊	3급 Ⅱ
	도울 찬:
	貝 │ 12획

- 비 質(바탕 질)
- 동 助(도울 조)
  扶(도울 부)
  援(도울 원)
  補(기울 보)
- 반 反(돌아올 반)
- 약 賛

글자 풀이

어려움에 처한 사람에게 앞을 다투어(先先) 재물(貝)을 내서 돕는다는 데
서 돕다는 의미이다.

읽기 한자

毘贊(비찬) 贊佑(찬우)

쓰기 한자

贊同(찬동) 贊否(찬부) 贊成(찬성) 贊意(찬의) 贊助(찬조) 協贊(협찬)

燦	2급(名)
	빛날 찬:
	火 │ 13획

- 동 昞(밝을 병) 炳(밝을 병)
  晃(밝을 황) 熙(빛날 희)
  曜(빛날 요) 耀(빛날 요)
  昱(빛날 욱) 煜(빛날 욱)
  赫(밝을 혁) 輝(빛날 휘)
  煥(빛날 환)

글자 풀이

粲은 쓿은 쌀(精米)로 깨끗하다는 의미를 내포하고 있다. 불(火)빛이 깨
끗하(粲) 데서 빛나다(燦)를 의미한다.

읽기 한자

燦爛(찬란) 燦然(찬연) 燦煥(찬환)

璨	2급(名)
	옥빛 찬:
	玉 │ 13획

글자 풀이

粲은 쓿은 쌀(精米)로 깨끗하다는 의미를 내포하고 있다. 옥(玉)빛이 쓿은
쌀(粲)처럼 깨끗함(璨)을 의미한다.

읽기 한자

璨璨(찬찬) 璨幽(찬유)

	2급(名)
瓚	옥잔 찬
	玉 | 19획

약 瓉

제사를 돕는(贊) 옥(玉) 그릇으로 손잡이가 홀로 되어 있는 옥(玉)으로 만든 술그릇(瓚)을 의미한다.

읽기한자

姜邯瓚(강감찬) 圭瓚(규찬) 璋瓚(장찬)

	2급(名)
鑽	뚫을 찬
	金 | 19획

동 鑿(뚫을 착)
약 鑚

글자 풀이

구멍 뚫는 것을 돕는(贊) 쇠붙이(金)로 끌이나 송곳 등을 나타낸다. 여기서 뚫는다(鑽)는 의미가 파생되었다.

읽기한자

鑽空(찬공) 鑽具(찬구) 鑽礪(찬려) 鑽木(찬목) 研鑽(연찬)

	2급
餐	밥 찬
	食 | 7획

동 食(밥/먹을 식)
飯(밥 반)

글자 풀이

歺은 부서진 뼈, 또는 손을 본뜬 것으로 손(又)으로 뼈(歺)를 들고 먹는(食) 것으로 음식, 먹다(餐)는 의미이다.

읽기한자

餐飯(찬반) 餐食(찬식) 佳餐(가찬) 晚餐(만찬) 常餐(상찬) 聖餐(성찬)
素餐(소찬) 午餐(오찬) 朝餐(조찬)

차

	4급Ⅱ
察	살필 찰
	宀 | 11획

비 際(즈음/가 제)
동 監(볼 감)
省(살필 성/덜 생)

글자 풀이

집(宀)에서 제사(祭) 지낼 때 제물의 종류나 놓이는 위치 등을 정성껏 살피는 데서 살피다는 의미이다.

읽기한자

箕察(기찰) 亮察(양찰) 偵察(정찰) 診察(진찰) 彰往察來(창왕찰래)
繩察(승찰)

쓰기한자

監察(감찰) 檢察(검찰) 警察(경찰) 考察(고찰) 視察(시찰) 觀察(관찰)
不察(불찰) 查察(사찰) 省察(성찰) 巡察(순찰) 貞察(정찰) 洞察(통찰)
偏察(편찰)

刹 2급
절 **찰**
刀 | 6획

동 寺(절 사)

글자 풀이
낫(乂)과 칼(刂)로 나무를 베어(木)다가 절(刹)을 짓는다는 의미이다.

읽기한자
刹那(찰나) 巨刹(거찰) 古刹(고찰) 名刹(명찰) 寺刹(사찰)

札 2급
편지 **찰**
木 | 1획

동 翰(편지 한)
簡(편지 간)

글자 풀이
종이가 없던 시절에는 나무(木)에 쇠꼬챙이(乙)로 글자를 새겨 넣어 글을 쓴 데서 패찰, 편지(札)를 의미한다.

읽기한자
札翰(찰한) 簡札(간찰) 鑑札(감찰) 改札(개찰) 開札(개찰) 落札(낙찰)
名札(명찰) 書札(서찰) 應札(응찰) 入札(입찰) 標札(표찰) 現札(현찰)

參 5급Ⅱ
참여할 **참**
석 **삼**
厶 | 9획

비 慘(참혹할 참)
蔘(삼 삼)
동 三(석 삼)
與(더불/줄 여)
약 参

글자 풀이
사람(人)이 머리에(彡) 장식을 한 비녀(宀)를 꽂고 의식에 참가한다는 데서, '참가하다'는 의미이다.

읽기한자
參預(참예) 趨參(추참)

쓰기한자
參散(삼산) 參與(참여) 持參(지참) 參禪(참선) 參酌(참작) 參加(참가)
參見(참견) 參考(참고) 參觀(참관) 參禮(참례) 參拜(참배) 參席(참석)
參戰(참전) 古參(고참) 不參(불참) 新參(신참) 參謀(참모) 參照(참조)

慘 3급
참혹할 **참**
心 | 11획

비 參(참여할 참)
동 憺(참담할 담)
酷(심할 혹)
약 惨

글자 풀이
심장(心)이 세(參) 갈래로 찢어지는 듯이 아프다(慘)는 의미이다.

읽기한자
慘酷(참혹) 悽慘(처참) 慘虐(참학)

쓰기한자
慘劇(참극) 慘變(참변) 慘事(참사) 慘狀(참상) 慘敗(참패) 慘禍(참화)
無慘(무참) 悲慘(비참)

慙 3급 부끄러울 **참** 心 | 11획	글자 풀이 양심에 가책을 느끼면 마음(心)이 베임(斬)을 당하는 듯 아픈 데서 부끄럽다는 의미이다. **읽기한자** 慙沮(참저) **쓰기한자** 慙愧(참괴) 慙德(참덕) 慙伏(참복) 慙色(참색) 慙悔(참회)

비 暫(잠깐 잠)
　漸(점점 점)
동 愧(부끄러울 괴)
　羞(부끄러울 수)

斬 2급 벨 **참(:)** 斤 | 7획	글자 풀이 여기의 車는 형틀을 본뜬 것이다. 옛날에 중죄인을 형틀(車)에 묶고 도끼(斤)로 목을 쳐서 베어 죽인 데서 베다(斬)는 의미이다. **읽기한자** 斬級(참급) 斬頭(참두) 斬伐(참벌) 斬殺(참살) 斬首(참수) 斬新(참신; 여기의 斬은 '가장', '매우'의 의미의 조사) 斬刑(참형) 陵遲處斬(능지처참)

동 刈(벨 예)

窓 6급 Ⅱ 창 **창** 穴 | 6획	글자 풀이 벽에 창(厶)으로 구멍(穴)을 뚫어 마음(心)이 시원하고 밝도록 창문(窓)을 만든다는 의미이다. **읽기한자** 芸窓(운창) 蓬窓(봉창) **쓰기한자** 窓口(창구) 窓門(창문) 同窓(동창) 東窓(동창) 北窓(북창) 西窓(서창) 車窓(차창) 鐵窓(철창) 隔窓(격창) 封窓(봉창) 窓戶紙(창호지) 學窓時節(학창시절)

비 密(빽빽할 밀)

唱 5급 부를 **창:** 口 | 8획	글자 풀이 입(口)을 벌리고 모두가 큰 소리로 민요를 부르는(昌) 것에서 확실히 조정하다, 노래 부르다(唱)는 의미이다. **쓰기한자** 唱劇(창극) 唱歌(창가) 唱導(창도) 唱法(창법) 歌唱(가창) 獨唱(독창) 名唱(명창) 復唱(복창) 奉唱(봉창) 先唱(선창) 再唱(재창) 提唱(제창) 主唱(주창) 重唱(중창) 合唱(합창) 愛唱曲(애창곡) 夫唱婦隨(부창부수)

비 昌(창성할 창)

차

創	4급 Ⅱ
	비롯할 창:
	刀 | 10획

비 倉(곳집 창)
동 造(지을 조)

글자 풀이

지금부터 요리(刂)를 하려고 곡물 등을 창고(倉)에서 꺼내 준비하는 것에서 시작하다, 만들다(創)는 의미이다.

읽기 한자

創艾(창애)

쓰기 한자

創傷(창상) 創氏改名(창씨개명) 創建(창건) 創立(창립) 創設(창설)
創始(창시) 創案(창안) 創業(창업) 創意(창의) 創作(창작) 創制(창제)
創造(창조) 創出(창출) 創世記(창세기) 獨創的(독창적) 草創期(초창기)
創刊(창간)

倉	3급 Ⅱ
	곳집 창(:)
	人 | 8획

비 蒼(푸를 창)
　 滄(큰바다 창)
동 庫(곳집 고)

글자 풀이

곡식을 쌓아두는 창고 모양을 본뜬 글자로, 곳집을 의미한다.

읽기 한자

倉扁(창편)

쓰기 한자

倉庫(창고) 倉卒間(창졸간) 倉皇(창황) 穀倉地帶(곡창지대)
營倉(영창) 彈倉(탄창)

昌	3급 Ⅱ
	창성할 창(:)
	日 | 4획

비 唱(부를 창)
동 盛(성할 성)
　 繁(번성할 번)

글자 풀이

해(日)와 해(日)를 합해서 밤낮이 없이 창성함(昌)을 의미한다.

읽기 한자

殷昌(은창)

쓰기 한자

昌盛(창성) 繁昌(번창) 隆昌(융창) 碧昌牛(벽창우)

蒼	3급 Ⅱ
	푸를 창
	⺾ | 10획

비 倉(곳집 창)
동 靑(푸를 청)
　 綠(푸를 록)
　 碧(푸를 벽)

글자 풀이

풀(⺾)을 베어 창고(倉)에 가득 쌓으니 색이 푸르다(蒼)는 의미이다.

읽기 한자

鬱蒼(울창) 蒼旻(창민) 蒼昊(창호) 蒼龍窟(창룡굴) 蒼鷹(창응)

쓰기 한자

蒼空(창공) 蒼白(창백) 蒼遠(창원) 蒼天(창천) 古色蒼然(고색창연)
萬頃蒼波(만경창파) 億兆蒼生(억조창생)

暢	3급
	화창할 **창:**
	日 | 10획

비 陽(볕 양)
동 和(화할 화)

글자·풀이

햇볕(陽)이 넓게 퍼져(申) 날씨가 화창하다(暢)는 의미이다.

읽기한자

融暢(융창) 舒暢(서창)

쓰기한자

暢達(창달) 暢茂(창무) 暢懷(창회) 流暢(유창) 和暢(화창)

彰	2급
	드러날 **창**
	彡 | 11획

글자·풀이

붓(彡)으로 글(章)을 써서 그 내용을 밝게 드러낸다는 데서 밝다, 나타나다, 드러나다(彰)는 의미이다.

읽기한자

彰德(창덕) 彰示(창시) 彰往察來(창왕찰래) 表彰(표창)

敞	2급(名)
	시원할 **창**
	攵 | 8획

글자·풀이

높은 곳(尙)의 땅을 깎고 다져(攵) 만든 집을 나타낸다. 이런 집은 전망이 좋으므로 높다, 시원하다(敞)는 의미가 파생되었다.

읽기한자

敞麗(창려) 高敞郡(고창군) 通敞(통창) 華敞(화창)

昶	2급(名)
	해길 **창:**
	日 | 5획

글자·풀이

해(日)가 긴(永) 것을 의미한다. 또 해가 길면(昶) 날이 화창한데서 화창하다를 의미하며, 이름자로 주로 쓰인다.

읽기한자

和昶(화창=和暢) 金基昶(김기창)

滄	2급 큰바다 창 水 | 10획

비 蒼(푸를 창)
　創(비롯할 창)
동 洋(큰바다 양)

글자 풀이
창고(倉)만한 큰 파도가 일어나는 바다(水)이니 푸르고, 큰 바다(滄)라는 의미이다.

읽기 한자
滄波(창파) 滄熱(창열) 滄海(창해) 萬頃滄波(만경창파)
滄桑之變(창상지변) 滄海一粟(창해일속)

採	4급 캘 채: 手 | 8획

비 菜(나물 채)
　彩(채색 채)
동 擇(가릴 택)
　取(가질 취)

글자 풀이
손(手)과 손(爪)으로 삽이나 괭이를 써서 나무(木)를 캔다(採)는 의미이다.

읽기 한자
採掘(채굴) 採蔘(채삼)

쓰기 한자
採鑛(채광) 採光(채광) 採錄(채록) 採伐(채벌) 採算(채산) 採石(채석)
採用(채용) 採油(채유) 採點(채점) 採集(채집) 採取(채취) 採炭(채탄)
採擇(채택) 採血(채혈) 採火(채화) 公採(공채) 伐採(벌채) 特採(특채)

彩	3급Ⅱ 채색 채: 彡 | 8획

비 菜(나물 채)
　採(캘 채)

글자 풀이
손(爫)에 붓(彡)을 들어 나무(木)에 채색한다(彩)는 의미이다.

읽기 한자
彩型化(채형화)

쓰기 한자
彩色(채색) 光彩(광채) 文彩(문채) 色彩(색채) 異彩(이채) 水彩畫(수채화)

菜	3급Ⅱ 나물 채: ⧾⧾ | 8획

비 採(캘 채)
　彩(채색 채)
동 蔬(나물 소)

글자 풀이
손(爪)으로 풀(⧾⧾)이나 나무(木)에서 나물(菜)을 뜯는다는 의미이다.

읽기 한자
瓜菜(과채)

쓰기 한자
菜蔬(채소) 菜毒(채독) 菜食(채식) 乾菜(건채) 山菜(산채)
生菜(생채) 野菜(야채) 菜麻田(채마전)

債 빗 채:
人 | 11획
3급Ⅱ

ㅂ 責(꾸짖을 책)
　積(쌓을 적)

글자 풀이

사람(人)은 책임(責)지고 빚(債)을 갚아야 한다는 의미이다.

읽기한자

倭債(왜채)

쓰기한자

債券(채권) 債權(채권) 債務(채무) 公債(공채) 國債(국채) 起債(기채)
卜債(복채) 負債(부채) 私債(사채) 外債(외채) 會社債(회사채)

埰 사패지(賜牌地) 채:
土 | 8획
2급(名)

글자 풀이

采는 본래 손(爪)으로 나무(木)의 열매를 따거나 뿌리를 캐는 것을 나타낸다. 나아가 그런 권리가 부여된 땅을 의미한다. 나중에 풍채 등의 의미로 바뀌자 식읍, 영지 등의 의미는 땅(土)을 더해 埰를 만들어 썼다.

읽기한자

埰地(채지) 埰邑(채읍)

蔡 성(姓) 채:
艹 | 11획
2급(名)

글자 풀이

옛날에 신에게 제사(祭)지낸 뒤 마른 풀(艹)위에 글을 새긴 거북 껍질을 놓고 태워 껍질의 갈라진 틈을 보고 길흉을 판단하였는데, 이처럼 점치는 데 사용한 거북을 나타낸다. 주로 姓氏로 사용된다.

읽기한자

蔡倫(채륜) 靈蔡(영채) 神蔡(신채) 蔡濟恭(채제공)

采 풍채 채:
采 | 1획
2급(名)

글자 풀이

본래 손(爪)으로 나무(木)의 열매를 따거나 뿌리를 캐는 것을 나타낸다. 나중에 풍채 등의 의미로 바뀌었다. 캐다, 따다(採) 등의 의미는 손(手)을 더해 만들어 썼다.

읽기한자

風采(풍채)

차

責

5급 II
꾸짖을 **책**
貝 | 4획

- 비 債(빚 채)
  貴(귀할 귀)
- 동 叱(꾸짖을 질)
- 반 讚(기릴 찬)

글자 풀이

쿡쿡 가시로 찔러(主) 대듯이 돈(貝)을 돌려주라고 볶아 대는 것에서 책하다, 추궁하다(責)는 의미이다.

읽기한자

峻責(준책)

쓰기한자

免責(면책) 責望(책망) 責務(책무) 責罰(책벌) 責善(책선) 責任(책임)
見責(견책) 問責(문책) 罰責(벌책) 自責(자책) 罪責(죄책) 重責(중책)
職責(직책) 總責(총책) 無責任(무책임) 引責辭退(인책사퇴)
連帶責任(연대책임)

冊

4급
책 **책**
冂 | 3획

- 비 朋(벗 붕)
- 동 卷(책 권)
  篇(책 편)

글자 풀이

옛날에 대오리에 글자를 써서 엮어 책을 만들었으므로 책(冊)을 의미한다.

쓰기한자

冊立(책립) 冊名(책명) 冊房(책방) 冊子(책자) 冊張(책장)
分冊(분책) 書冊(서책) 冊曆(책력) 冊封(책봉)

策

3급 II
꾀 **책**
竹 | 6획

- 동 計(셀 계)
  略(간략할 략)
  謀(꾀 모)

글자 풀이

대나무(竹)나 가시나무(束)로 만든 채찍(策)도 꾀(策)를 써서 다루어야 한다는 의미이다.

읽기한자

揆策(규책) 策勳(책훈)

쓰기한자

策動(책동) 策略(책략) 策命(책명) 策問(책문) 策定(책정)
計策(계책) 對策(대책) 妙策(묘책) 方策(방책) 祕策(비책)
散策(산책) 上策(상책) 術策(술책) 施策(시책) 失策(실책)
政策(정책) 劃策(획책) 苦肉策(고육책) 窮餘之策(궁여지책)

處

4급 II
곳 **처:**
虍 | 5획

- 비 虎(범 호)
- 동 所(바 소)
- 약 処

글자 풀이

호랑이(虍)가 천천히 걷고(夂) 있는 곳(處)을 의미한다.

읽기한자

措處(조처) 處斬(처참) 僻處(벽처) 陵遲處斬(능지처참)

쓰기한자

處遇(처우) 居處(거처) 處刑(처형) 傷處(상처) 婚處(혼처) 處暑(처서) 某處(모처)
處決(처결) 處女(처녀) 處斷(처단) 處理(처리) 處方(처방) 處罰(처벌) 處分(처분)
處事(처사) 處世(처세) 處所(처소) 處身(처신) 處地(처지) 處置(처치) 各處(각처)
去處(거처) 近處(근처) 難處(난처) 對處(대처) 到處(도처) 部處(부처) 善處(선처)
自處(자처) 出處(출처) 熱處理(열처리) 假處分(가처분) 卽決處分(즉결처분)

妻 아내 처

3급 Ⅱ
女 | 5획

비 妾(첩 첩)
반 夫(지아비 부)

글자 풀이

손(ㅋ)으로 열(十)가지 일을 하며 집안의 살림을 맡아서 하는 여자(女)이니 아내(妻)를 의미한다.

쓰기 한자

妻家(처가) 妻男(처남) 妻子(처자) 妻弟(처제) 妻族(처족) 妻兄(처형)
本妻(본처) 夫妻(부처) 喪妻(상처) 惡妻(악처) 良妻(양처) 前妻(전처)
恐妻家(공처가) 愛妻家(애처가) 疑妻症(의처증) 帶妻僧(대처승)
現地妻(현지처) 嚴妻侍下(엄처시하) 賢母良妻(현모양처)
一夫多妻(일부다처)

悽 슬퍼할 처:

2급
心 | 8획

동 哀(슬플 애)
悼(슬퍼할 도)
慨(슬퍼할 개)

글자 풀이

남편을 잃은 아내(妻)의 마음(心)이니 몹시 슬프다(悽)는 의미이다.

읽기 한자

悽然(처연) 悽絶(처절) 悽慘(처참)

尺 자 척

3급 Ⅱ
尸 | 1획

비 尸(주검 시)
동 度(법도 도)

글자 풀이

몸(尸)의 일부인 손목에서 팔꿈치(乀)까지의 길이가 한 자(尺)라는 의미이다.

 읽기 한자

繩尺(승척) 鮑尺(포척) 尺翰(척한)

쓰기 한자

尺度(척도) 尺土(척토) 越尺(월척) 縮尺(축척) 尺貫法(척관법)
九尺長身(구척장신) 三尺童子(삼척동자)

戚 친척 척

3급 Ⅱ
戈 | 7획

비 成(이룰 성)

글자 풀이

콩대에 달린 콩(尗)처럼 작은 도끼(戉)를 나타낸 글자였으나 도끼 들고 같이 일하고 싸우는 사람, 콩처럼 무성하게 퍼져가는 사람에서, 친척을 의미한다.

 읽기 한자

戚勳(척훈)

쓰기 한자

姻戚(인척) 戚臣(척신) 外戚(외척) 親戚(친척) 婚戚(혼척) 休戚(휴척)

拓
3급Ⅱ
넓힐 **척**
박을 **탁**
手 | 5획

동 擴(넓힐 확)

황량한 땅에서 손(手)으로 돌(石)을 가려내어 밭을 넓힌다(拓)는 의미이다.

읽기한자
拓殖(척식)

쓰기한자
干拓(간척) 開拓(개척) 拓本(탁본)

斥
3급
물리칠 **척**
斤 | 1획

비 斤(근/날 근)
동 排(밀칠 배)
　却(물리칠 각)
반 和(화할 화)

글자 풀이
도끼(斤)로 찍어(ヽ) 적을 물리친다(斥)는 의미이다.

읽기한자
斥倭(척왜)

쓰기한자
斥和(척화) 斥候(척후) 排斥(배척)

陟
2급(名)
오를 **척**
阜/阝 | 7획

비 涉(건널 섭)
동 升(오를 승)
　登(오를 등)
반 降(내릴 강)

글자 풀이
언덕(阜)을 걸어(步) 오르는데서 오르다(陟)는 의미이다.

읽기한자
陟降(척강) 陟罰(척벌) 三陟(삼척) 進陟(진척)

隻
2급
외짝 **척**
隹 | 2획

반 雙(두/쌍 쌍)

글자 풀이
雙은 손(又)에 두 마리의 새(隹)를 잡고 있는데 隻은 한 마리 뿐으로 외짝을 나타낸다. 배를 세는 단위로도 쓰인다.

읽기한자
隻劍(척검) 隻句(척구) 隻騎(척기) 隻手(척수) 隻身(척신) 隻眼(척안)
隻愛(척애) 隻言(척언) 隻字(척자) 五隻船(오척선)

千	7급
十	일천 **천**
	1획

비 干(방패 간)

사람이 앞으로 나아가는 모습과 十자를 포개 놓은 형태로, 숫자가 많은 것을 말한 것이며, 十의 백 배, 百의 열 배의 것을 의미한다.

읽기한자
沃野千里(옥야천리)

쓰기한자
千古(천고) 千金(천금) 千年(천년) 千秋(천추) 千里馬(천리마)
千里眼(천리안) 千字文(천자문) 三千里(삼천리) 數千萬(수천만)
危險千萬(위험천만) 千慮一失(천려일실) 千差萬別(천차만별)
千篇一律(천편일률) 千萬多幸(천만다행) 千態萬象(천태만상)
千辛萬苦(천신만고) 千載一遇(천재일우)

天	7급
大	하늘 **천**
	1획

비 夫(지아비 부)
동 乾(하늘 건)
반 地(따 지)
　 坤(따 곤)

양손·양발을 벌리고 서있는 사람(大)의 머리 위에 크게 펼쳐 있는(一) 하늘(天)을 의미한다.

읽기한자
旻天(민천) 天祐(천우) 天魔(천마) 天網(천망) 天祜(천호) 沖天(충천)
昊天(호천) 皓天(호천) 葛天氏(갈천씨) 摩天樓(마천루)
不俱戴天(불구대천) 天佑神助(천우신조) 天衣無縫(천의무봉)
天眞爛漫(천진난만) 旭日昇天(욱일승천) 衆口熏天(중구훈천)
昊天罔極(호천망극)

쓰기한자
天干(천간) 天倫(천륜) 天涯(천애) 炎天(염천) 天賦(천부) 天日鹽(천일염)

川	7급
巛	내 **천**
	0획

비 水(물 수)
동 河(물 하)
반 山(메 산)

양 쪽 기슭 사이를 물이 흐르고 있는 모양에서 내, 하천(川)을 의미한다.

읽기한자
价川郡(개천군) 沔川(면천) 漣川(연천) 沃川(옥천)
潗川(준천) 陜川(합천)

쓰기한자
川獵(천렵) 山川(산천) 河川(하천) 山川草木(산천초목)
川邊風景(천변풍경) 晝夜長川(주야장천) 乾川(건천)

泉	4급
水	샘 **천**
	5획

비 帛(비단 백)

샘물이 솟아나서(白) 흘러내려 내(川)가 되어가는 모양으로 샘, 원천(泉)을 의미한다.

읽기한자
醴泉(예천) 淵泉(연천)

쓰기한자
泉布(천포) 鑛泉(광천) 九泉(구천) 溫泉(온천) 源泉(원천) 黃泉(황천)

차

淺	3급Ⅱ
얕을 **천:**	
水 | 8획	

비 殘(남을 잔)
　 踐(밟을 천)
동 薄(엷을 박)
반 深(깊을 심)
약 浅

글자 풀이

물(水) 속의 창들(戔)이 보일 정도로 물이 얕다(淺)는 의미이다.

읽기한자

膚淺(부천)

쓰기한자

淺綠(천록) 淺薄(천박) 淺學(천학) 深淺(심천) 日淺(일천)

賤	3급Ⅱ
천할 **천:**	
貝 | 8획	

비 踐(밟을 천)
　 錢(돈 전)
동 卑(낮을 비)
반 貴(귀할 귀)
약 賎

글자 풀이

신분이 낮아 재화(貝)라고는 창 두개(戔) 뿐이라는 데서 천하다는 의미이다.

쓰기한자

賤價(천가) 賤待(천대) 賤民(천민) 賤視(천시) 賤人(천인) 賤職(천직)
貴賤(귀천) 微賤(미천) 卑賤(비천)

踐	3급Ⅱ
밟을 **천:**	
足 | 8획	

비 賤(천할 천)
　 錢(돈 전)
동 踏(밟을 답)
약 践

글자 풀이

창들(戔)을 들고 발(足)로 걸어 다닌다는 데서 밟다, 행하다(踐)는 의미이다.

읽기한자

踐祚(천조)

쓰기한자

實踐(실천) 踐約(천약) 踐歷(천력)

薦	3급
천거할 **천:**	
艹 | 13획	

비 慶(경사 경)
동 擧(들 거)

글자 풀이

윗사람에게 약초(艹)나 녹용(鹿)이나 새(鳥)를 드리며 천거한다(薦)는 의미이다.

읽기한자

薦紳(천신)

쓰기한자

薦擧(천거) 薦新(천신) 薦奏(천주) 公薦(공천) 落薦(낙천)
自薦(자천) 推薦(추천) 他薦(타천) 毛遂自薦(모수자천)

遷

3급Ⅱ
옮길 천:
辶 | 11획

비 邊(가 변)
동 運(옮길 운)
　 移(옮길 이)
　 徙(옮길 사)
약 迁

글자 풀이

사람(巳)이 큰(大) 바구니(襾)를 지고 가는(辶) 것을 보니 이삿짐을 옮긴다(遷)는 의미이다.

읽기한자

遷鋪(천포)

쓰기한자

遷都(천도) 遷延(천연) 變遷(변천) 左遷(좌천) 播遷(파천)
改過遷善(개과천선) 孟母三遷(맹모삼천) 三遷之敎(삼천지교)

釧

2급(名)
팔찌 천
金 | 3획

글자 풀이

시내(川)는 산이나 마을을 빙 두르며 굴곡을 이루며 흘러가므로 빙 두르다는 의미를 내포하고 있다. 금속(金)으로 만들어 팔목을 빙 두르는(川) 물건으로 팔찌(釧)를 의미한다.

읽기한자

玉釧(옥천) 釧路(천로)

鐵

5급
쇠 철
金 | 13획

동 金(쇠 금)
약 鉄

글자 풀이

창(戈)을 만드는데 으뜸(王)으로 좋은(吉) 쇠(金)가 철(鐵)이라는 의미이다.

읽기한자

鍛鐵(단철) 鐵網(철망) 鐵甕城(철옹성) 鐵條網(철조망) 鐵冕(철면)
鐵鉢(철발)

쓰기한자

鐵甲(철갑) 鐵鑛(철광) 鐵筋(철근) 鐵絲(철사) 鋼鐵(강철) 鐵鋼(철강)
鐵工(철공) 鐵橋(철교) 鐵器(철기) 鐵道(철도) 鐵路(철로) 鐵門(철문)
鐵物(철물) 鐵壁(철벽) 鐵石(철석) 鐵人(철인) 鐵製(철제) 鐵窓(철창)
鐵則(철칙) 鐵板(철판) 古鐵(고철) 洋鐵(양철) 電鐵(전철) 鐵拳(철권)
製鐵所(제철소) 地下鐵(지하철) 鐵面皮(철면피) 寸鐵殺人(촌철살인)

哲

3급Ⅱ
밝을 철
口 | 7획

동 明(밝을 명)
　 晳(밝을 석)
반 冥(어두울 명)
　 昏(어두울 혼)
　 暗(어두울 암)

글자 풀이

사리의 옳고 그름을 나무를 꺾듯이(折) 입(口)으로 말한다는 것에서 사리에 밝다(哲)는 의미이다.

읽기한자

濬哲(준철)

쓰기한자

哲理(철리) 哲人(철인) 哲學(철학) 明哲(명철) 賢哲(현철)

徹

3급Ⅱ

통할 철

彳 | 12획

비 撤(거둘 철)
동 貫(꿸 관)
　 透(사무칠 투)
　 通(통할 통)

글자 풀이

徹은 본래 鬲(솥 력)과 又(손을 의미)의 합성자로 식사 뒤치다꺼리로 손(又)으로 솥(鬲)을 치우는 것을 나타냈다. 지금은 예전에 어린이가 걷기(彳) 시작한 때부터는 잘 기르기(育) 위해 회초리를 들고 때려(攵) 가면서 가르쳐 사리에 통하게 하였다는 데서 통하다는 뜻으로 푼다.

읽기 한자

呈徹(정철)

쓰기 한자

透徹(투철) 徹頭徹尾(철두철미) 徹夜(철야) 貫徹(관철) 冷徹(냉철)
徹天之恨(철천지한)

喆

2급(名)

밝을/쌍길 철

口 | 9획

동 哲(밝을 철)

글자 풀이

哲과 同字다. 둘 다 밝을 철이라 하면 글자 구분이 안되므로 뜻과 무관하게 吉이 두 개인데서 쌍길 철(喆)이라 부른다. 이름자로 주로 쓰인다.

撤

2급

거둘 철

手 | 12획

비 澈(맑을 철)
동 收(거둘 수)

글자 풀이

손(手)으로 철저하게(散) 거두고, 치우다(撤)의 의미이다.

읽기 한자

撤去(철거) 撤軍(철군) 撤兵(철병) 撤收(철수) 撤市(철시) 撤廢(철폐)
撤回(철회) 不撤晝夜(불철주야)

澈

2급(名)

맑을 철

水 | 12획

동 澄(맑을 징)
　 淸(맑을 청)
반 濁(흐릴 탁)

글자 풀이

물(水)이 바닥까지 꿰뚫어(徹) 쳐다 볼 수 있을 정도로 맑다(澈)는 의미이다.

읽기 한자

鏡澈(경철) 淸澈(청철) 鄭澈(정철)

尖	3급
	뾰족할 첨
小	3획

비 劣(못할 렬)
동 端(끝 단)
　 銳(날카로울 예)

글자 풀이

창날이나 칼날은 몸체(大)부분에서 점점 가늘어져(小) 끝이 뾰족하다(尖)
는 의미이다.

읽기 한자

尖纖(첨섬)

쓰기 한자

尖端(첨단) 尖兵(첨병) 尖銳(첨예)

添	3급
	더할 첨
水	8획

동 加(더할 가)
　 增(더할 증)
반 減(덜 감)
　 削(깎을 삭)

글자 풀이

화초를 사랑하고 예뻐하는(天) 마음(心)으로 물(水)을 준다는 데서 더하다
(添)는 의미이다.

읽기 한자

添柄(첨병)

쓰기 한자

添加(첨가) 添附(첨부) 添削(첨삭) 錦上添花(금상첨화) 別添(별첨)

瞻	2급(名)
	볼 첨
目	13획

동 觀(볼 관)
　 視(볼 시)
　 眺(바라볼 조)

글자 풀이

눈(目)이 어딘가에 도달하는(詹) 것으로 보다(瞻)는 의미이다.

읽기 한자

瞻敬(첨경) 瞻顧(첨고) 瞻望(첨망) 瞻奉(첨봉) 瞻仰(첨앙)
瞻星臺(첨성대) 瞻言百里(첨언백리)

妾	3급
	첩 첩
女	5획

비 辛(매울 신)

글자 풀이

늘 사람 옆에 서서(立) 시중을 드는 계집(女) 몸종을 나타냈으나 뒤에
'첩'의 의미가 되었다.

읽기 한자

姬妾(희첩)

쓰기 한자

妾室(첩실) 妻妾(처첩) 愛妾(애첩)

諜
2급
염탐할 **첩**
言 | 9획

동 偵(염탐할 정)

글자 풀이

바람에 날리어 어디든지 가는 잎사귀(葉)처럼 적진에 스며들어가 말(言)을 주고 받으며 동정을 살피는 것으로 염탐하다, 엿보다(諜)는 의미이다.

읽기한자

諜報(첩보) 諜人(첩인) 諜者(첩자) 諜知(첩지) 諜候(첩후) 間諜(간첩)
防諜部隊(방첩부대)

靑
8급
푸를 **청**
靑 | 0획

비 淸(맑을 청)
동 蒼(푸를 창)
綠(푸를 록)
碧(푸를 벽)

글자 풀이

풀잎의 색깔처럼 파랗게 맑은 우물의 물색에서 파랗게(靑) 투명한 색깔을 의미한다.

읽기한자

藍靑色(남청색) 靑桐(청동) 靑酸加里(청산가리) 靑磁(청자)
靑出於藍(청출어람) 靑廬(청려) 靑翰(청한) 靑坡洞(청파동)

쓰기한자

靑龍(청룡) 靑松(청송) 靑丘(청구) 靑珠(청주) 靑果(청과) 靑史(청사)
靑山(청산) 靑色(청색) 靑魚(청어) 靑年(청년) 丹靑(단청) 踏靑(답청)
靑春(청춘) 左靑龍(좌청룡) 靑少年(청소년)
靑寫眞(청사진) 靑信號(청신호) 粉靑沙器(분청사기)

淸
6급 II
맑을 **청**
水 | 8획

동 淡(맑을 담)
淑(맑을 숙)
雅(맑을 아)
반 濁(흐릴 탁)

글자 풀이

푸릇푸릇한 풀잎처럼, 파랗게(靑) 맑은 물(水)의 아름다움에서 맑다(淸)는 의미이다.

읽기한자

淸亮(청량) 淸旻(청민) 淸湜(청식) 淸澈(청철) 淸楚(청초) 淸湍(청단)
淸漣(청련) 淸穆(청목) 淸蟾(청섬) 淸沖(청충) 淸徽(청휘)
淸涼劑(청량제) 穆如淸風(목여청풍)

쓰기한자

肅淸(숙청) 淸敎徒(청교도) 淸廉(청렴) 淸濁(청탁) 淸心丸(청심환)
淸潔(청결) 淸談(청담) 淸掃(청소) 淸塗(청도) 淸涼殿(청량전) 淸殿(청전)
淸純(청순) 血淸(혈청) 淸風明月(청풍명월) 百年河淸(백년하청)

請
4급 II
청할 **청**
言 | 8획

비 淸(맑을 청)
晴(갤 청)
동 願(원할 원)

글자 풀이

청년(靑)이 웃어른께 부탁의 말씀(言)을 드린다는 데서 청하다(請)는 의미이다.

읽기한자

請託(청탁) 請旨(청지) 請札(청찰) 彊請(강청)

쓰기한자

請婚(청혼) 招請(초청) 下請(하청) 請負(청부) 請求(청구) 請約(청약)
請願(청원) 請由(청유) 強請(강청) 奏請(주청) 所請(소청) 申請(신청)
要請(요청) 自請(자청) 再請(재청) 提請(제청) 懇請(간청) 訴請(소청)

廳

4급

관청 **청**

广 | 22획

비 聽(들을 청)
동 署(관청 서)
　府(관청 부)
약 庁

글자 풀이

넘칠 정도로 많은 백성의 소리를 듣는(聽) 건물(广)이라는 것에서 관청(廳)을 의미한다.

쓰기 한자

廳舍(청사) 官廳(관청) 區廳(구청) 郡廳(군청) 調達廳(조달청)
道廳(도청) 市廳(시청) 大廳(대청) 兵務廳(병무청) 特許廳(특허청)
中央廳(중앙청)

聽

4급

들을 **청**

耳 | 16획

비 廳(관청 청)
동 聞(들을 문)
반 問(물을 문)
약 聴

글자 풀이

귀(耳)가 맡은(壬) 역할은 바른(直) 마음(心)에서 나오는 소리를 듣는 것이라는 데서 듣다는 의미이다.

읽기 한자

聽診(청진) 聽診器(청진기) 幻聽(환청) 聽允(청윤)

쓰기 한자

聽覺(청각) 聽力(청력) 聽衆(청중) 聽取(청취) 可聽(가청) 偏聽(편청)
傾聽(경청) 難聽(난청) 盜聽(도청) 視聽(시청) 傍聽(방청)
公聽會(공청회) 補聽器(보청기)

晴

3급

갤 **청**

日 | 8획

비 清(맑을 청)
　請(청할 청)

글자 풀이

해(日)가 나고 하늘이 푸르니(靑) 날씨가 개다, 맑다(晴)는 의미이다.

읽기 한자

晴昊(청호) 晴旭(청욱)

쓰기 한자

晴雨(청우) 晴天(청천) 快晴(쾌청)

體

6급Ⅱ

몸 **체**

骨 | 13획

비 禮(예도 례)
동 身(몸 신)
반 心(마음 심)
약 体

글자 풀이

뼈(骨)를 중심으로 내장과 같이 풍성하게(豊) 붙어서 된 것이 몸(體)이라는 의미이다.

읽기 한자

結晶體(결정체) 裸體(나체) 傘下團體(산하단체) 屍體(시체) 體型(체형)
身體髮膚(신체발부)

쓰기 한자

體系(체계) 媒體(매체) 體感(체감) 體格(체격) 體內(체내) 體能(체능)
體得(체득) 體力(체력) 體面(체면) 體毛(체모) 體罰(체벌) 體言(체언)
體溫(체온) 體外(체외) 體貌(체모) 體裁(체재) 媒介體(매개체)
染色體(염색체) 被寫體(피사체) 物我一體(물아일체) 軟體動物(연체동물)

替 바꿀 체
日 | 8획

동 換(바꿀 환)

글자 풀이

두 사내(夫夫)가 마주 앉아 말(曰)을 하는데 서로 번갈아(替) 가면서 말한다는 의미이다.

읽기 한자

闕替(궐체)

쓰기 한자

交替(교체) 代替(대체) 移替(이체) 立替(입체)
隆替(융체) 替費地(체비지) 世代交替(세대교체)

滯 막힐 체
水 | 11획

비 帶(띠 대)
동 塞(막힐 색)
窒(막힐 질)
邕(막힐 옹)

글자 풀이

옷을 흘러내리지 않게 하듯 띠(帶)를 두른 물(水)로 물의 흐름을 막는 것, 머무르게 하는(滯) 것을 의미한다.

읽기 한자

礙滯(애체)

쓰기 한자

滯空時間(체공시간) 滯納(체납) 滯念(체념) 滯留(체류) 滯佛(체불)
滯賃(체임) 滯在(체재) 滯症(체증) 延滯(연체) 積滯(적체) 停滯(정체)
遲滯(지체) 沈滯(침체)

逮 잡을 체
辶 | 8획

동 捕(잡을 포)

글자 풀이

꼬리(氺)를 잡으려는(辶) 손(크)이 뒤에서 미치는 모양에서 미치다, 잡다(逮)는 의미이다.

쓰기 한자

逮捕(체포) 逮夜(체야) 及逮(급체) 未逮(미체) 連逮(연체)

遞 갈릴 체
辶 | 10획

약 逓

글자 풀이

가지런하지 않게(虒) 여기저기로 왔다갔다(辶)하는 것에서 갈마들다(遞)는 의미이다.

쓰기 한자

遞加(체가) 遞減(체감) 遞代(체대) 遞送(체송) 遞信(체신) 遞傳(체전)
遞增(체증) 驛遞(역체) 郵遞局(우체국) 郵遞夫(우체부)

締	맺을 체
	糸 | 9획

2급

- 동 結(맺을 결)
  約(맺을 약)

> **글자 풀이**

帝는 蒂의 획줄임이다. 체꼭지(蒂)가 잎이나 열매를 나뭇가지와 연결하듯 양쪽을 연결(糸)하는데서 맺다(締)는 의미이다.

> **읽기 한자**

締結(체결) 締交(체교) 締構(체구) 締盟(체맹) 締約(체약)

草	풀 초
	⧾⧾ | 6획

7급

> **글자 풀이**

해가 아침 일찍(早) 물 위로 나오듯이 빠르게 여기저기 무성(⧾⧾)해지는 모습에서 잡풀(草)을 의미한다.

> **읽기 한자**

皐蘭草(고란초) 茅草(모초) 三顧草廬(삼고초려) 瑞草(서초) 荀草(순초)
柴草(시초) 芝草(지초) 草萊(초래) 草廬(초려) 纖草(섬초)

> **쓰기 한자**

草略(초략) 甘草(감초) 草綠(초록) 草屋(초옥) 草原(초원) 草人(초인)
草地(초지) 草稿(초고) 草露(초로) 草率(초솔) 乾草(건초) 蘭草(난초)
勿忘草(물망초) 大麻草(대마초) 草創期(초창기) 草根木皮(초근목피)

初	처음 초
	刀 | 5획

5급

- 동 始(비로소 시)
- 반 終(마칠 종)
  了(마칠 료)
  末(끝 말)

> **글자 풀이**

옷(衤)감을 칼(刀)로 자르는 것은 옷을 만들기 위해 처음(初) 하는 일로 처음, 초기(初)를 의미한다.

> **읽기 한자**

首邱初心(수구초심) 初俸(초봉) 初旭(초욱)

> **쓰기 한자**

初段(초단) 初伏(초복) 初盤(초반) 初經(초경) 初級(초급) 初給(초급)
初期(초기) 初年(초년) 初代(초대) 初等(초등) 初面(초면) 初步(초보)
初産(초산) 初選(초선) 初聲(초성) 初刊(초간) 初旬(초순) 初審(초심)
初版(초판) 初喪(초상) 初動搜査(초동수사) 初志一貫(초지일관)
初度巡視(초도순시)

招	부를 초
	手 | 5획

4급

- 비 超(뛰어넘을 초)
- 동 召(부를 소)
  呼(부를 호)
  聘(부를 빙)

> **글자 풀이**

신령님의 계시를 받기 위해서 손(手)짓해서 불러(召) 들이는 것에서 불러 들이다(招)는 의미이다.

> **읽기 한자**

招輯(초집)

> **쓰기 한자**

招待(초대) 招來(초래) 招請(초청) 招致(초치) 問招(문초) 自招(자초)
招聘(초빙) 招魂(초혼) 招待狀(초대장)

차

礎	3급Ⅱ
	주춧돌 초
	石 | 13획

비 楚(초나라 초)

글자 풀이

기둥의 무게를 견디려고 아픈(楚) 고생을 하고 있는 돌(石)이라는 데서 주춧돌을 의미한다.

읽기 한자

巢礎(소초)

쓰기 한자

礎石(초석) 基礎(기초) 定礎(정초) 柱礎(주초)

肖	3급Ⅱ
	닮을/같을 초
	肉/月 | 3획

비 消(사라질 소)
동 若(같을 약)
　 如(같을 여)
　 似(닮을 사)

글자 풀이

자식은 어버이의 몸(月)을 작게(小) 줄인 것이라는 데서 닮다(肖)는 의미이다.

읽기 한자

酷肖(혹초)

쓰기 한자

肖似(초사) 肖像畫(초상화) 不肖(불초)

超	3급Ⅱ
	뛰어넘을 초
	走 | 5획

비 招(부를 초)
동 越(넘을 월)
　 過(지날 과)

글자 풀이

임금의 부르심(召)에 평지는 달리고(走) 시냇물은 뛰어넘는다는 데서 뛰어넘다는 의미이다.

쓰기 한자

超遙(초요) 超過(초과) 超然(초연) 超脫(초탈) 超越(초월) 超人(초인)
超短波(초단파) 超黨派(초당파) 超滿員(초만원) 超非常(초비상)
超音速(초음속) 超音波(초음파) 超自然(초자연) 超人的(초인적)

抄	3급
	뽑을 초
	手 | 4획

비 妙(묘할 묘)
동 拔(뽑을 발)
　 抽(뽑을 추)
　 募(뽑을 모)

글자 풀이

손(扌)으로 원본의 일부인 적은(少) 부분만 가려 뽑는다는 데서 뽑다는 의미이다.

읽기 한자

謄抄(등초)

쓰기 한자

抄啓(초계) 抄錄(초록) 抄本(초본) 抄譯(초역) 抄掠(초략)
戶籍抄本(호적초본)

秒	3급
	분초 초
	禾 | 4획

글자 풀이

벼(禾)에 붙은 작은(小) 부분(丿)으로 적은 시간 단위(秒)를 의미한다.

쓰기 한자

秒速(초속) 秒針(초침) 分秒(분초) 閏秒(윤초)

哨	2급
	망볼 초
	口 | 7획

글자 풀이

입(口)을 작게(肖)하여 말소리를 내지 않고 망보는 것(哨)을 의미한다.

읽기 한자

哨兵(초병) 哨船(초선) 哨所(초소) 哨戒艦(초계함) 步哨(보초) 巡哨(순초)
前哨(전초)

楚	2급(名)
	초나라 초
	木 | 9획

글자 풀이

본래 가시나무를 나타냈는데, 이후 많은 의미가 파생되어 회초리, 매질하
다, 곱다, 아프다 등의 뜻으로 쓰이고, 나라이름으로도 쓰인다.

읽기 한자

楚腰(초요) 楚切(초절) 楚楚(초초) 苦楚(고초) 淸楚(청초)
楚漢志(초한지) 四面楚歌(사면초가)

焦	2급
	탈(燥) 초
	火 | 8획
동	燃(탈 연)
	燥(탈 조)

글자 풀이

새(隹)를 불(火)에 굽는 것으로 타다, 태우다(焦)는 의미이다.

읽기 한자

焦急(초급) 焦脣(초순) 焦燥(초조) 焦點(초점) 焦土化(초토화)
焦眉之急(초미지급) 勞心焦思(노심초사) 脣焦口燥(순초구조)

促

3급Ⅱ

재촉할 촉

人 | 7획

비 捉(잡을 착)
동 催(재촉할 최)
　急(급할 급)
　迫(핍박할 박)

글자 풀이
걷는 사람(人)한테 발(足)걸음을 빨리하라고 재촉한다(促)는 의미이다.

쓰기 한자
販促(판촉) 促求(촉구) 促急(촉급) 促迫(촉박)
促成(촉성) 促進(촉진) 督促(독촉)

觸

3급Ⅱ

닿을 촉

角 | 13획

비 獨(홀로 독)
　濁(흐릴 탁)
　燭(촛불 촉)
동 接(이을 접)
약 触

글자 풀이
곤충(蜀)의 뿔(角), 즉 촉각이 무엇을 살피느라고 물건에 닿는다(觸)는 의미이다.

읽기 한자
觸網(촉망)

쓰기 한자
繫觸(계촉) 觸媒(촉매) 觸角(촉각) 觸覺(촉각) 觸感(촉감) 觸怒(촉노)
觸發(촉발) 觸手(촉수) 感觸(감촉) 抵觸(저촉) 接觸(접촉)
一觸卽發(일촉즉발)

燭

3급

촛불 촉

火 | 13획

비 獨(홀로 독)
　濁(흐릴 탁)
　觸(닿을 촉)

글자 풀이
불(火)이 하나씩 하나씩 홀로(蜀) 타고 있으니 촛불(燭)을 의미한다.

읽기 한자
炳燭(병촉) 秉燭(병촉) 脂燭(지촉)

쓰기 한자
燭光(촉광) 燭臺(촉대) 燭漏(촉루) 燭數(촉수) 燭察(촉찰) 洞燭(통촉)
華燭(화촉)

蜀

2급(名)

나라이름 촉

虫 | 7획

글자 풀이
본래 큰 눈(罒)과 구부러진 몸(勹)을 가진 벌레(虫)로 나비애벌레를 나타냈다. 뒤에 나라이름으로 주로 쓰이게 되자 본래의미는 虫을 더 보태 蠋으로 썼다.

읽기 한자
蜀道(촉도) 蜀相(촉상) 蜀鳥(촉조) 蜀漢(촉한) 蜀魂(촉혼)
魏吳蜀三國(위오촉삼국)

寸	8급
마디 촌:	
寸	0획

비 才(재주 재)
동 節(마디 절)

글자 풀이

손(十) 바닥에서 맥을 짚는 곳(丶)까지의 거리는 대개 한 치(寸) 전후라는 의미이다.

읽기한자

銖積寸累(수적촌루) 銖寸(수촌) 寸札(촌찰)

쓰기한자

寸刻(촌각) 寸劇(촌극) 寸評(촌평) 寸數(촌수) 寸陰(촌음) 寸志(촌지)
方寸(방촌) 四寸(사촌) 一寸光陰(일촌광음) 寸鐵殺人(촌철살인)

村	7급
마을 촌:	
木	3획

비 林(수풀 림)
동 里(마을 리)
府(마을 부)
署(마을 서)

글자 풀이

나무(木)가 조금(寸) 자라고 있는 곳에 사람이 모여 산다는 것에서 마을(村)을 의미한다.

읽기한자

僻村(벽촌) 村孃(촌양)

쓰기한자

散村(산촌) 村落(촌락) 村老(촌로) 村婦(촌부) 村長(촌장) 江村(강촌)
農村(농촌) 富村(부촌) 貧村(빈촌) 山村(산촌) 漁村(어촌)
基地村(기지촌) 鑛山村(광산촌) 無醫村(무의촌) 寺下村(사하촌)
地球村(지구촌) 集姓村(집성촌) 村夫子(촌부자)

總	4급 II
다(皆) 총:	
糸	11획

비 聰(귀밝을 총)
동 皆(다 개)
咸(다 함)
合(합할 합)
약 総, 緫

글자 풀이

실(糸)로 바쁘게(悤) 베를 짜도록 여러 사람들을 모두 모아 거느린다(總)는 의미이다.

읽기한자

總網羅(총망라) 總聚(총취)

쓰기한자

總額(총액) 總點(총점) 總評(총평) 總罷業(총파업) 總販(총판) 總攝(총섭)
總角(총각) 總警(총경) 總計(총계) 總局(총국) 總量(총량) 總力(총력)
總論(총론) 總理(총리) 總務(총무) 總數(총수) 總員(총원) 總長(총장)
總裁(총재) 總帥(총수)

銃	4급 II
총 총	
金	6획

비 統(거느릴 통)

글자 풀이

쇠(金)를 알차게(充) 조립하여 만든 것이 총(銃)이라는 의미이다.

읽기한자

火繩銃(화승총)

쓰기한자

銃擊(총격) 銃傷(총상) 銃彈(총탄) 銃器(총기) 銃殺(총살) 銃聲(총성)
銃砲(총포) 小銃(소총) 長銃(장총) 銃劍(총검) 拳銃(권총) 銃獵(총렵)
獵銃(엽총) 機關銃(기관총) 機銃掃射(기총소사)

차

聰

귀밝을 **총**

耳 | 11획

비 總(다 총)
약 聡 聡

글자 풀이

귀(耳)로 상대방의 말을 재빨리(悤) 알아들으니 귀가 밝고, 총명하다(聰)의 의미이다.

읽기한자

薛聰(설총) 聰睿(총예)

쓰기한자

聰氣(총기) 聰明(총명) 聰敏(총민)

最

가장 **최:**

日 | 8획

비 聖(성인 성)

글자 풀이

옛날에 전쟁에서 위험을 무릅쓰고(日) 적의 귀(耳)를 잘라(又) 오는 것은 가장 큰 모험이라는 데서 가장, 제일(最)의 의미이다.

읽기한자

最新型(최신형)

쓰기한자

最適(최적) 最殿(최전) 最強(최강) 最高(최고) 最古(최고) 最近(최근)
最多(최다) 最大(최대) 最良(최량) 最善(최선) 最小(최소) 最少(최소)
最新(최신) 最惡(최악) 最長(최장) 最低(최저) 最終(최종) 最初(최초)
最後(최후) 最尖端(최첨단)

催

재촉할 **최:**

人 | 11획

동 促(재촉할 촉)

글자 풀이

사람(人)이 높은(崔) 지위에 앉아 어떤 일을 빨리 하도록 재촉한다(催)는 의미이다.

읽기한자

催眠劑(최면제) 催淚劑(최루제)

쓰기한자

催告(최고) 催眠(최면) 催促(최촉) 開催(개최) 主催(주최)
催淚彈(최루탄)

崔

성(姓)/높을 **최**

山 | 8획

글자 풀이

새(隹)만이 오를 수 있는 산(山)으로 높다(崔)를 나타낸다. 주로 姓氏로 쓰인다.

읽기한자

崔致遠(최치원)

秋 7급

가을 추
禾 | 4획

비 私(사사 사)
　松(소나무 송)
반 春(봄 춘)

글자 풀이

벼(禾)가 불(火)빛 같은 태양에 익는 계절이니 가을(秋)을 의미한다.

읽기 한자

呂氏春秋(여씨춘추) 秋旻(추민) 秋鷹(추응) 春秋五霸(춘추오패)

쓰기 한자

秋季(추계) 秋穀(추곡) 秋毫(추호) 晩秋(만추) 秋分(추분) 秋夕(추석)
秋收(추수) 秋波(추파) 立秋(입추) 中秋(중추) 春秋(춘추) 千秋(천추)
秋霜(추상) 春秋服(춘추복) 仲秋佳節(중추가절) 秋風落葉(추풍낙엽)
春夏秋冬(춘하추동) 存亡之秋(존망지추)

推 4급

밀 추
手 | 8획

비 雄(수컷 웅)
반 引(끌 인)
　導(인도할 도)

글자 풀이

새(隹)들이 싸울 때 날개를 치며 적을 밀어내듯이 손(手)을 써서 상대방을 밀어낸다(推)는 의미이다.

읽기 한자

推戴(추대) 推鞠(추국) 推俸(추봉) 推衍(추연) 推託(추탁)

쓰기 한자

推進(추진) 推移(추이) 推計(추계) 推考(추고) 推論(추론)
推理(추리) 推算(추산) 推定(추정) 推測(추측) 類推(유추)
推薦(추천) 推尋(추심) 推閱(추열) 推仰(추앙)

追 3급Ⅱ

쫓을/따를 추
辶 | 6획

비 進(나아갈 진)
　退(물러날 퇴)
동 遵(좇을 준)
　從(좇을 종)

글자 풀이

조상신께 고기를 바치러 가는 것을 나타내는 글자로, 조상님을 잘 모시고 따르는 데서 쫓다, 따르다는 의미이다.

읽기 한자

追悼(추도) 追悼辭(추도사)

쓰기 한자

追伸(추신) 追加(추가) 追擊(추격) 追更(추경) 追求(추구) 追究(추구)
追窮(추궁) 追記(추기) 追念(추념) 追突(추돌) 追慕(추모) 追放(추방)
追想(추상) 追憶(추억) 追越(추월) 追認(추인) 追跡(추적) 追從(추종)
追徵(추징) 追後(추후) 訴追(소추)

抽 3급

뽑을 추
手 | 5획

비 油(기름 유)
동 拔(뽑을 발)
　擢(뽑을 탁)

글자 풀이

손(手)으로 과일(由)을 따듯이 어떤 물건을 빼낸다, 뽑는다(抽)는 의미이다.

쓰기 한자

抽出(추출) 抽脫(추탈) 抽拔(추발) 抽身(추신) 抽象化(추상화)

醜 3급
추할 **추**
酉 | 10획

비 醉(취할 취)
반 美(아름다울 미)

글자 풀이
술(酉)에 취하면 도깨비(鬼)처럼 날뛰는 꼴이 보기에 추하다(醜)는 의미이다.

읽기 한자
姸醜(연추)

쓰기 한자
醜男(추남) 醜女(추녀) 醜貌(추모) 醜夫(추부) 醜惡(추악)
醜雜(추잡) 醜態(추태) 醜行(추행)

楸 2급(名)
가래 **추**
木 | 9획

글자 풀이
단풍드는 가을(秋)의 나무(木)처럼 잎과 줄기는 빨갛고 꽃은 노란데서 가래나무(楸)를 의미한다. 바둑판을 나타내기도 한다

읽기 한자
楸木(추목) 楸局(추국)

趨 2급
달아날 **추**
走 | 10획

글자 풀이
걸음 폭을 짧고 많게(芻) 하여 달리는(走) 것으로 종종걸음치다(趨)는 의미이다.

읽기 한자
趨拜(추배) 趨步(추보) 趨勢(추세) 趨迎(추영) 歸趨(귀추)

鄒 2급(名)
추나라 **추**
邑/阝 | 10획

글자 풀이
나라이름과 姓氏로 쓰인다. 노(魯)는 공자(孔子), 추(鄒)는 맹자(孟子)의 나라로 추로(鄒魯) 두 글자로 공맹(孔孟)을 나타내는 일이 많다.

읽기 한자
鄒魯之鄕(추로지향) 鄒魯學(추로학) 鄒衍(추연)

祝 빌 축
示 | 5획
5급

비 稅(세금 세)
동 祈(빌 기)
　 禱(빌 도)

제단(示) 앞에서 축문을 낭독하는 사람(兄)의 모습에서 축복하다, 축하하다(祝)는 의미이다.

祝融(축융) 祝融峰(축융봉)

祝髮(축발) 祝壽(축수) 祝儀(축의) 頌祝(송축) 祝辭(축사) 祝杯(축배)
祝歌(축가) 祝官(축관) 祝文(축문) 祝福(축복) 祝願(축원) 祝典(축전)
祝電(축전) 慶祝(경축) 奉祝(봉축) 自祝(자축) 祝手(축수) 祝祭(축제)
祭祝(제축) 祝賀(축하) 仰祝(앙축)

築 쌓을 축
竹 | 10획
4급 Ⅱ

동 貯(쌓을 저)
　 積(쌓을 적)

대나무(竹)와 나무(木)로 여러 가지(凡) 공사(工)를 한다는 데서 짓다, 쌓다(築)는 의미이다.

傭築(용축)

構築(구축) 築城(축성) 築造(축조) 築港(축항) 改築(개축) 建築(건축)
新築(신축) 增築(증축) 築臺(축대)

蓄 모을 축
艹 | 10획
4급 Ⅱ

비 畜(짐승 축)
동 貯(쌓을 저)
　 募(모을 모)
　 集(모을 집)
　 積(쌓을 적)

곡식을 거두어 쌓아 놓고(畜) 풀(艹)로 덮은 데서 쌓다, 모으다는 의미이다.

蓄聚(축취)

蓄怨(축원) 蓄積(축적) 蓄妾(축첩) 蓄財(축재) 備蓄(비축) 貯蓄(저축)
電蓄(전축) 含蓄(함축) 蓄音機(축음기) 蓄電池(축전지)
不正蓄財(부정축재)

縮 줄일 축
糸 | 11획
4급

비 宿(잘 숙)
반 伸(펼 신)
　 擴(넓힐 확)

집안에 사람이 몸을 웅크리고 머무르(宿)듯이, 실(糸)로 꾹 매서 작게 하는 것에서 작게 하다, 줄이다, 짧게 하다(縮)는 의미이다.

濃縮(농축) 縮縫(축봉)

縮圖(축도) 縮米(축미) 縮小(축소) 減縮(감축) 軍縮(군축) 短縮(단축)
收縮(수축) 壓縮(압축) 縮刷(축쇄) 縮尺(축척) 緊縮(긴축)
縮地法(축지법) 伸縮性(신축성) 軍備縮小(군비축소)

차

丑 3급 소 축 一 | 3획	**글자 풀이** 손(⺕)으로 소의 코뚜레(丨)를 잡는 것으로서 소(丑)를 의미한다.
비 母(어미 모) 동 牛(소 우)	**쓰기 한자** 丑方(축방) 丑時(축시) 公孫丑(공손축) 癸丑日記(계축일기)

畜 3급Ⅱ 짐승 축 田 | 5획	**글자 풀이** 가축(畜)을 기르면 바닥의 흙(田)이 검게(玄) 된다는 데서 기르다, 가축 (畜)을 의미한다.
비 畓(논 답) 蓄(쌓을 축) 동 獸(짐승 수)	**읽기 한자** 畜聚(축취) **쓰기 한자** 畜舍(축사) 畜産(축산) 畜生(축생) 畜養(축양) 畜牛(축우) 家畜(가축) 牧畜(목축)

逐 3급 쫓을 축 辶 | 7획	**글자 풀이** 돼지(豕)가 달아나는(辶) 것을 쫓는다(逐)는 의미이다.
비 遂(드디어 수) 隊(무리 대) 동 追(쫓을 추) 驅(몰 구)	**읽기 한자** 驅逐艦(구축함) **쓰기 한자** 逐鹿(축록) 逐條(축조) 逐出(축출) 驅逐(구축) 角逐戰(각축전) 逐條審議(축조심의)

蹴 2급 찰 축 足 | 12획	**글자 풀이** 발(足)이 어떤 물체로 나아가는(就) 데서 찬다(蹴)는 의미이다.
	읽기 한자 蹴球(축구) 蹴鞠(축국) 一蹴(일축)

軸 굴대 축 | 2급
車 | 5획

수레(車)가 말미암는(由) 바, 즉 수레가 굴러갈 수 있게 하는 의지처로 굴대(軸)를 의미한다.

읽기한자

權軸(권축) 基軸(기축) 機軸(기축) 主軸(주축) 地軸(지축) 支軸(지축)
車軸(차축)

春 봄 춘 | 7급
日 | 5획

비 奉(받들 봉)
泰(클 태)
반 秋(가을 추)

글자 풀이

따뜻한 햇살(日)에 초목의 새순이 돋아나기 시작하는 계절로 봄(春)을 의미한다.

읽기한자

呂氏春秋(여씨춘추) 春塘(춘당) 春秋五霸(춘추오패) 春融(춘융)
春秋鼎盛(춘추정성)

쓰기한자

春季(춘계) 春困(춘곤) 春分(춘분) 春情(춘정) 春秋(춘추) 春耕(춘경) 春夢(춘몽)
春風(춘풍) 賣春(매춘) 新春(신춘) 早春(조춘) 靑春(청춘) 回春(회춘)
春窮期(춘궁기) 思春期(사춘기) 春秋服(춘추복) 春府丈(춘부장)
二八靑春(이팔청춘) 立春大吉(입춘대길) 陽春佳節(양춘가절) 一場春夢(일장춘몽)

椿 참죽나무 춘 | 2급(名)
木 | 9획

글자 풀이

본래 참죽나무를 나타내나 상고(上古)에 대춘(大椿)이 만년 이상을 살았다는 장자(莊子)의 우언(寓言)에 의해 장수(長壽)의 비유로 쓰이고, 남의 아비의 경칭(敬稱)으로 쓰인다.

읽기한자

椿年(춘년) 椿堂(춘당) 椿壽(춘수) 椿庭(춘정)
椿府丈(춘부장)

出 날 출 | 7급
凵 | 3획

동 進(나아갈 진)
반 入(들 입)

글자 풀이

풀이 여기저기 어우러져 만들어진 모양에서 나오다, 내다(出)는 의미이다.

읽기한자

杜門不出(두문불출) 搬出(반출) 靑出於藍(청출어람) 出藍(출람)
出疆(출강) 出廬(출려) 出塵(출진)

쓰기한자

出擊(출격) 出庫(출고) 出勤(출근) 出納(출납) 出迎(출영) 傑出(걸출)
出荷(출하) 出家(출가) 出監(출감) 出講(출강) 出金(출금) 出動(출동)
出頭(출두) 出力(출력) 出馬(출마) 出發(출발) 出兵(출병) 出仕(출사)
出産(출산) 出生(출생) 出席(출석) 出世(출세) 出所(출소) 出班奏(출반주)

充 5급Ⅱ
채울 **충**
儿 | 4획

비 允(맏 윤)
동 滿(찰 만)

글자 풀이

아이를 낳아 기를(育) 때, 해가 차면 스스로 걸을 수 있는 사람(儿)이 되는 데서 차다, 가득하다는 의미이다.

읽기 한자

充棟(충동) 充盈(충영)

쓰기 한자

擴充(확충) 充當(충당) 充滿(충만) 充分(충분) 充實(충실) 充員(충원)
充位(충위) 充耳(충이) 充足(충족) 充血(충혈) 不充分(불충분)
補充(보충)

忠 4급Ⅱ
충성 **충**
心 | 4획

비 患(근심 환)

글자 풀이

어느 쪽으로도 기울지 않고(中) 거짓이 없는 참된 마음(心)을 이르는 진심, 참(忠)을 의미한다.

읽기 한자

忠亮(충량) 忠謨(충모) 忠允(충윤)

쓰기 한자

忠犬(충견) 顯忠日(현충일) 忠告(충고) 忠誠(충성) 忠臣(충신) 忠實(충실)
忠心(충심) 忠言(충언) 忠義(충의) 忠節(충절) 忠孝(충효) 不忠(불충)
忠魂(충혼)

蟲 4급Ⅱ
벌레 **충**
虫 | 12획

약 虫

글자 풀이

뱀(虫)들이 모여 있는 모양을 본떴다.

읽기 한자

殺蟲劑(살충제)

쓰기 한자

蟲災(충재) 蟲齒(충치) 毒蟲(독충) 害蟲(해충) 寄生蟲(기생충)
病蟲害(병충해)

衝 3급Ⅱ
찌를 **충**
行 | 9획

비 衡(저울대 형)
동 突(갑자기 돌)

글자 풀이

행길(行)에서 무거운(重) 트럭끼리 부딪친다(衝)는 의미이다.

읽기 한자

衝擊療法(충격요법)

쓰기 한자

衝擊(충격) 衝突(충돌) 衝動(충동) 衝天(충천) 上衝(상충) 折衝(절충)
要衝地(요충지) 緩衝地帶(완충지대) 士氣衝天(사기충천)
正面衝突(정면충돌) 左衝右突(좌충우돌)

沖 2급(名) 화할(和) 충 水 | 4획 약 沖	글자 풀이 물(水) 속(中)은 깊다, 온화하다(沖)라는 의미이다. 읽기한자 崔沖(최충) 沖氣(충기) 沖年(충년)

衷 2급 속마음 충 衣 | 4획 비 衰(쇠할 쇠) 哀(슬플 애)	글자 풀이 본래 눈에 보이지 않는 속(中)옷(衣)을 나타냈다. 여기에서 속마음, 진심(衷)의 의미가 파생되었다. 읽기한자 衷誠(충성) 衷心(충심) 衷情(충정) 衷正(충정) 苦衷(고충) 折衷(절충)

取 4급Ⅱ 가질 취: 又 | 6획 동 持(가질 지) 得(얻을 득) 반 捨(버릴 사)	글자 풀이 중국에서는 적을 잡은 표시로 귀(耳)를 잘라 거둔(又) 것에서 취하다, 잡다(取)는 의미이다. 읽기한자 牟取(모취) 쓰기한자 攝取(섭취) 略取(약취) 採取(채취) 聽取(청취) 詐取(사취) 奪取(탈취) 取得(취득) 取消(취소) 取食(취식) 取材(취재) 取調(취조) 爭取(쟁취) 受取人(수취인) 進取的(진취적) 無錢取食(무전취식) 取捨選擇(취사선택)

就 4급 나아갈 취: 尢 | 9획 동 進(나아갈 진) 去(갈 거)	글자 풀이 더욱(尤) 공부를 열심히 하여 서울(京)의 벼슬길에 나아간다(就)는 의미이다. 읽기한자 勳業就(훈업취) 쓰기한자 就業(취업) 就任(취임) 就職(취직) 就寢(취침) 就學(취학) 就役(취역) 就航(취항) 去就(거취) 成就(성취) 進就的(진취적) 就勞事業(취로사업) 所願成就(소원성취) 日就月將(일취월장)

차

趣 4급
뜻 취:
走 | 8획

[동] 志(뜻 지)
意(뜻 의)

글자 풀이
물고기를 잡기(取) 위하여 공휴일마다 낚시터로 달려간다(走)는 데서 취미(趣)를 의미한다.

읽기 한자
趣旨(취지)

쓰기 한자
趣味(취미) 趣舍(취사) 趣向(취향) 情趣(정취) 興趣(흥취)
惡趣味(악취미)

吹 3급II
불 취:
口 | 4획

[비] 次(버금 차)
[반] 吸(마실 흡)

글자 풀이
입(口)을 크게 벌리고(欠) 입김을 불어(吹) 낸다는 의미이다.

쓰기 한자
吹入(취입) 吹奏(취주)

醉 3급II
취할 취:
酉 | 8획

[비] 醜(추할 추)
[동] 酩(술취할 명)
酊(술취할 정)
[반] 醒(깰 성)
[약] 酔

글자 풀이
술(酉)을 마시면 마침내(卒) 취한다(醉)는 의미이다.

읽기 한자
痲醉(마취)

쓰기 한자
醉客(취객) 醉氣(취기) 醉中(취중) 醉興(취흥) 滿醉(만취) 熟醉(숙취)
陶醉(도취) 心醉(심취) 醉生夢死(취생몽사)

臭 3급
냄새 취:
自 | 4획

[비] 鼻(코 비)

글자 풀이
개(犬)의 코(自)는 냄새(臭)를 잘 맡는다는 의미이다.

읽기 한자
酷臭(혹취)

쓰기 한자
臭覺(취각) 臭氣(취기) 惡臭(악취) 體臭(체취) 口尙乳臭(구상유취)

	2급
炊	불땔 취:
	火 | 4획

글자 풀이

입을 크게 벌리고(欠) 입김을 불어 넣어 불(火)길을 일으키는 것으로 불때다(炊)는 의미이다.

읽기한자

炊飯(취반) 炊事(취사) 炊湯(취탕) 自炊(자취)

	2급(名)
聚	모을 취:
	耳 | 8획

동 集(모을 집)
　會(모일 회)
반 散(흩을 산)

글자 풀이

아래 6획은 사람 인(人) 셋을 합쳐 만든 것으로 많은 사람을 의미한다. 많은 사람을 모으다(取)가 본뜻이고, 많은 사람이(乑) 모여(聚) 사는 마을을 의미한다.

읽기한자

聚穀(취곡) 聚軍(취군) 聚落(취락) 聚散(취산) 聚訟(취송) 聚土(취토)
聚合(취합) 雲聚(운취)

	4급Ⅱ
測	헤아릴 측
	水 | 9획

비 側(곁 측)
동 量(헤아릴 량)
　揆(헤아릴 규)

글자 풀이

조개(貝)를 칼(刀)로 자르는 형태는 균등하다는 것으로 일정한 규칙에 따라서 물(水)의 깊이를 재는 것에서 재다(測)는 의미이다.

읽기한자

測揆(측규)

쓰기한자

豫測(예측) 推測(추측) 測量(측량) 測定(측정) 測地(측지) 計測(계측)
觀測(관측) 目測(목측) 實測(실측) 凶測(흉측) 測雨器(측우기)
測候所(측후소) 怪常罔測(괴상망측)

	3급Ⅱ
側	곁 측
	人 | 9획

비 則(법칙 칙)
　測(헤아릴 측)
동 傍(곁 방)
　旁(곁 방)

글자 풀이

사람(人)은 법칙(則)을 곁(側)에 두고 살아야 한다는 의미이다.

읽기한자

僻側(벽측)

쓰기한자

側近(측근) 側面(측면) 側目(측목) 貴側(귀측) 兩側(양측) 外側(외측)
右側(우측) 左側(좌측) 反側(반측) 偏側(편측) 左側通行(좌측통행)

層 4급
층(層階) 층
尸 | 12획

동 階(섬돌 계)

글자 풀이
집(尸) 위에 집이 거듭(曾) 있다는 데서 층(層)을 의미한다.

읽기한자
成層圈(성층권) 峻層(준층)

쓰기한자
層階(층계) 各層(각층) 階層(계층) 基層(기층) 單層(단층) 斷層(단층)
上層(상층) 深層(심층) 地層(지층) 下層(하층) 貧民層(빈민층)
知識層(지식층) 高位層(고위층) 加一層(가일층) 中産層(중산층)
特權層(특권층) 庶民層(서민층) 富裕層(부유층) 高層建物(고층건물)
層巖絶壁(층암절벽) 層層侍下(층층시하)

致 5급
이를 치:
至 | 4획

비 姪(조카 질)
동 至(이를 지)
　 到(이를 도)

글자 풀이
손에 도구를 들고(攵) 열심히 일하여 어떤 일의 끝까지 다달아(至) 이룬다
(致)는 의미이다.

읽기한자
拉致(납치) 崔致遠(최치원)

쓰기한자
致辭(치사) 招致(초치) 功致辭(공치사) 致享(치향) 致家(치가) 致敬(치경)
致富(치부) 致謝(치사) 致仕(치사) 致誠(치성) 致身(치신) 致語(치어)
才致(재치) 風致(풍치) 筆致(필치) 合致(합치) 致位(치위) 致意(치의)
理致(이치) 一致(일치) 致賀(치하) 致詞(치사) 韻致(운치)

治 4급 II
다스릴 치
水 | 5획

비 汝(너 여)
　 始(처음 시)
동 政(정사 정)
　 理(다스릴 리)
　 攝(다스릴 섭)

글자 풀이
물(水)의 흐름을 살피어 조절하고, 홍수를 막기 위해 물을 다스리는(台)
의식에서 유래하여 다스리다, 진압하다(治)는 의미이다.

읽기한자
診治(진치) 治療(치료) 鞫治(국치) 繩治(승치) 療治(요치)

쓰기한자
治略(치략) 治裝(치장) 治積(치적) 治濕(치습) 治家(치가) 治國(치국)
治道(치도) 治理(치리) 治民(치민) 治山(치산) 治世(치세) 治水(치수)
治安(치안) 治下(치하) 內治(내치) 法治(법치) 治粧(치장)

置 4급 II
둘[措] 치:
罒 | 8획

비 直(곧을 직)
동 措(둘 조)

글자 풀이
마음이 솔직한(直) 사람은 잡혀가(罒)도 금방 방면되므로 처음부터 그대
로 해 놓는다(置)는 의미이다.

읽기한자
預置(예치) 定置網(정치망) 措置(조치) 抛置(포치)

쓰기한자
置酒(치주) 置標(치표) 裝置(장치) 倒置(도치) 置毒(치독) 置中(치중)
代置(대치) 放置(방치) 配置(배치) 備置(비치) 設置(설치) 安置(안치)
領置(영치) 位置(위치) 任置(임치) 處置(처치) 置簿(치부) 置換(치환)
拘置(구치) 留置場(유치장) 前置詞(전치사) 荷置場(하치장)
置之度外(치지도외)

齒 4급Ⅱ
이 치
齒 | 0획

약 歯

비 直(곧을 직)
동 價(값 가)

차

글자 풀이

입을 벌려서 이빨이 보이고 있는 모양으로 사람이나 동물 등의 이빨(齒)을 의미한다.

읽기 한자

丹脣皓齒(단순호치) 皓齒(호치)

쓰기 한자

齒骨(치골) 齒痛(치통) 齒牙(치아) 齒科(치과) 齒德(치덕) 齒石(치석)
齒藥(치약) 齒列(치열) 不齒(불치) 年齒(연치) 義齒(의치) 蟲齒(충치)
脣亡齒寒(순망치한) 切齒腐心(절치부심)

値 3급Ⅱ
값 치
人 | 8획

비 直(곧을 직)
동 價(값 가)

글자 풀이

사람(人)은 곧고(直) 바르게 살아야 값(値) 있는 인생이 될 수 있다는 의미이다.

읽기 한자

雇値(고치) 允値(윤치)

쓰기 한자

値遇(치우) 相値(상치) 數値(수치) 價値(가치) 價値觀(가치관)
加重値(가중치) 近似值(근사치) 絕對值(절대치) 平均值(평균치)
稀少價値(희소가치)

恥 3급Ⅱ
부끄러울 치
心 | 6획

동 辱(욕될 욕)
愧(부끄러울 괴)
慙(부끄러울 참)

글자 풀이

귀(耳)가 붉어지는 마음(心)이란 데서 부끄러움(恥)이라는 의미이다.

쓰기 한자

雪恥(설치) 廉恥(염치) 恥部(치부) 恥事(치사) 恥辱(치욕)
國恥日(국치일) 破廉恥(파렴치) 厚顔無恥(후안무치)

稚 3급Ⅱ
어릴 치
禾 | 8획

비 雅(맑을 아)
惟(생각할 유)
동 幼(어릴 유)
반 老(늙을 로)
長(긴 장)
丈(어른 장)

글자 풀이

벼(禾)가 새(隹)의 꼬리처럼 짧아 덜 자랐다는 데서 어리다(稚)는 의미이다.

읽기 한자

稚蠶(치잠)

쓰기 한자

稚拙(치졸) 稚氣(치기) 稚魚(치어) 幼稚園(유치원)

峙

언덕 **치**

山 | 6획

동 崗(언덕 강)
　皐(언덕 고)
　丘(언덕 구)
　邱(언덕 구)

글자 풀이

옛날 관청은 평지보다 높은 산 언덕을 깎아 만들었으므로 관청(寺)이 있는 산(山), 즉 높은 언덕(峙)을 의미한다.

읽기한자

大峙洞(대치동) 對峙狀況(대치상황)

雉

꿩 **치**

佳 | 5획

글자 풀이

화살(矢)처럼 곧바르게 날아가는 새(佳)로 꿩(雉)을 의미한다.

읽기한자

山雉(산치) 野雉(야치) 雉岳山(치악산) 春雉自鳴(춘치자명)

則

법칙 **칙**
곧 **즉**

刀 | 7획

비 測(헤아릴 측)
　側(곁 측)
동 法(법 법)
　規(법 규)
　律(법칙 률)

글자 풀이

재산과 돈(貝)을 칼(刀)로 나눌 때 법칙(則)에 따라 나눈다는 의미이다.

쓰기한자

軌則(궤칙) 犯則(범칙) 校則(교칙) 規則(규칙) 反則(반칙) 法則(법칙)
變則(변칙) 稅則(세칙) 守則(수칙) 原則(원칙) 準則(준칙) 鐵則(철칙)
總則(총칙) 學則(학칙) 會則(회칙) 附則(부칙) 然則(연즉) 不規則(불규칙)

親

친할 **친**

見 | 9획

비 新(새 신)
　視(볼 시)
반 疏(소통할 소)

글자 풀이

서(立) 있는 나무(木) 옆에서 언제나 눈을 떼지 않고 봐(見)주고 있는 사람이라는 뜻에서 어버이, 양친(親)을 의미한다.

읽기한자

親札(친찰)

쓰기한자

親家(친가) 親交(친교) 親閱(친열) 親舊(친구) 親權(친권) 親近(친근)
親密(친밀) 親分(친분) 親書(친서) 親友(친우) 親切(친절) 親庭(친정)
親政(친정) 親族(친족) 親知(친지) 親筆(친필) 兩親(양친) 事親(사친)
養親(양친) 親睦(친목) 親喪(친상) 親戚(친척) 雙親(쌍친)

七 일곱 칠

8급
一 | 1획

글자 풀이

다섯 손가락에 두 손가락을 십자형으로 포개서 일곱을 나타냈다.

읽기한자

七札(칠찰)

쓰기한자

七寶(칠보) 七夕(칠석) 七月(칠월) 七音(칠음) 七情(칠정) 七旬(칠순)
七星堂(칠성당) 七言詩(칠언시) 七面鳥(칠면조) 北斗七星(북두칠성)
七去之惡(칠거지악)

漆 옻 칠

3급 II
水 | 11획

동 黑(검을 흑)

글자 풀이

옻나무(木)에서 사람(人)이 진액(水)을 뽑아서 기름(尢)과 배합하며 옻칠을 한다(漆)는 의미이다.

읽기한자

膠漆(교칠) 漆膠(칠교)

쓰기한자

漆器(칠기) 漆夜(칠야) 漆板(칠판) 漆黑(칠흑) 金漆(금칠)
漆工藝(칠공예)

侵 침노할 침

4급 II
人 | 7획

비 浸(잠길 침)
동 掠(노략질할 략)
　 擄(노략질할 로)
　 犯(범할 범)

글자 풀이

사람(亻)이 손(又)에 비(帚)를 들고 마당을 점점 쓸어 들어간다는 데서, 침노하다는 의미이다.

읽기한자

侵疆(침강) 侵牟(침모) 侵虐(침학)

쓰기한자

侵攻(침공) 侵略(침략) 侵犯(침범) 侵掠(침략) 侵奪(침탈)
侵入(침입) 侵害(침해) 南侵(남침) 來侵(내침) 再侵(재침)
不可侵(불가침)

寢 잘 침:

4급
宀 | 11획

동 睡(졸음 수)
　 眠(잘 면)
　 宿(잘 숙)
반 起(일어날 기)

글자 풀이

집(宀)에서 침대(爿)를 쓸고(帚) 잔다(寢)는 의미이다.

쓰기만자

寢具(침구) 寢息(침식) 寢食(침식) 寢室(침실) 寢殿(침전)
起寢(기침) 同寢(동침) 就寢(취침) 寢臺(침대) 寢床(침상)
不寢番(불침번)

針 4급	
바늘 침(:)	
金 | 2획	

비 計(셀 계)

글자 풀이

쇠(金)로 된 바늘의 모양(十)에서 바늘(針)을 의미한다.

읽기 한자

磁針(자침) 縫針(봉침)

쓰기 한자

針線(침선) 針術(침술) 毒針(독침) 分針(분침) 時針(시침)

沈 3급Ⅱ	
잠길 침(:)	
성(姓) 심:	
水 | 4획	

비 枕(베개 침)
동 潛(잠길 잠)
　 浸(잠길 침)
　 沒(빠질 몰)
반 浮(뜰 부)

글자 풀이

물(水) 속으로 사람이 잠기는 모양(冘)을 나타내어 잠기다, 가라앉다(沈)는 의미이다.

읽기 한자

沈鬱(침울) 沈溺(침닉) 沈頓(침돈)

쓰기 한자

沈降(침강) 沈眠(침면) 沈沒(침몰) 沈水(침수) 沈重(침중) 沈着(침착)
沈痛(침통) 沈氏(심씨) 陰沈(음침) 沈默(침묵) 沈思(침사) 沈潛(침잠)
擊沈(격침) 浮沈(부침) 沈奏(침주) 沈滯(침체)

枕 3급	
베개 침:	
木 | 4획	

비 沈(잠길 침)

글자 풀이

사람(儿)이 나무(木)로 만든 베개(冖)를 베고 있는 데서, 베개를 의미한다.

읽기 한자

膠枕(교침) 藤枕(등침) 屍枕(시침) 莞枕(완침)

쓰기 한자

枕頭(침두) 枕木(침목) 枕上(침상) 木枕(목침)

浸 3급Ⅱ	
잠길 침:	
水 | 7획	

비 侵(침노할 침)
동 潛(잠길 잠)
　 沈(잠길 침)
　 沒(빠질 몰)
반 浮(뜰 부)

글자 풀이

물(水)이 침범하여(侵) 스며들어 적신다, 잠긴다(浸)는 의미이다.

읽기 한자

浸劑(침제)

쓰기 한자

浸水(침수) 浸染(침염) 浸透(침투)

稱

4급

일컬을 칭

禾 | 9획

비 稻(벼 도)
약 称

벼(禾) 바구니(冉)를 손(爪)으로 들어 저울질(稱)하고 그 무게를 일컫는다(稱)는 의미이다.

읽기 한자

汎稱(범칭) 稱旨(칭지) 稱託(칭탁)

쓰기 한자

稱擧(칭거) 稱格(칭격) 稱德(칭덕) 稱道(칭도) 稱量(칭량) 稱名(칭명)
稱美(칭미) 稱病(칭병) 稱辭(칭사) 稱善(칭선) 稱頌(칭송) 稱情(칭정)
稱帝(칭제) 稱職(칭직) 稱讚(칭찬) 稱號(칭호) 假稱(가칭) 改稱(개칭)
敬稱(경칭) 對稱(대칭) 略稱(약칭) 名稱(명칭) 世稱(세칭) 俗稱(속칭)
詐稱(사칭) 稱慕(칭모) 稱疾(칭질) 稱衡(칭형)

快

4급 II

쾌할 쾌

心 | 4획

비 決(결단할 결)
　 抉(도려낼 결)
동 爽(상쾌할 상)
　 逞(쾌할 령)

글자 풀이

손으로 물건의 일부를 깎아내듯이 마음(心)을 열어 제쳐서(夬) 거침이 없는 것에서 기분이 좋다(快)는 의미이다.

읽기 한자

快速艇(쾌속정)

쓰기 한자

快適(쾌적) 快差(쾌차) 痛快(통쾌) 快哉(쾌재) 快晴(쾌청) 快感(쾌감)
快擧(쾌거) 快樂(쾌락) 快走(쾌주) 快活(쾌활) 輕快(경쾌) 明快(명쾌)
不快(불쾌) 完快(완쾌) 快刀(쾌도) 快諾(쾌락) 豪快(호쾌)
快男兒(쾌남아) 快速船(쾌속선) 不快指數(불쾌지수)

他

5급

다를 타

人 | 3획

비 地(따 지)
　 池(못 지)
동 異(다를 이)
　 差(다를 차)
반 自(스스로 자)

글자 풀이

살모사(也)는 사람(人)이 좋아할 수 없는 것으로 밖으로 나가라는 의미에서 밖, 옆, 딴 것(他)을 의미한다.

읽기 한자

他岐(타기)

쓰기 한자

依他(의타) 他界(타계) 他官(타관) 他國(타국) 他力(타력) 他殺(타살)
他姓(타성) 他律(타율) 他意(타의) 他人(타인) 他鄕(타향) 餘他(여타)
出他(출타) 排他(배타) 他方面(타방면) 他動詞(타동사)
自他共存(자타공존) 他山之石(타산지석)

打

5급

칠 타:

手 | 2획

비 抒(풀 서)
동 擊(칠 격)

글자 풀이

손(手)으로 못(丁)을 탕탕 두드려 박는 것에서 두드리다, 치다(打)는 의미이다.

읽기 한자

歐打(구타) 一網打盡(일망타진) 打診(타진)

쓰기 한자

打擊(타격) 打點(타점) 打鍾(타종) 亂打(난타) 打倒(타도) 打開(타개)
打力(타력) 打令(타령) 打算(타산) 打殺(타살) 打線(타선) 打手(타수)
打數(타수) 打字(타자) 打者(타자) 打電(타전) 打破(타파) 強打(강타)
短打(단타) 代打(대타) 十打(십타) 安打(안타) 連打(연타) 猛打(맹타)
打率(타율)

카

墮

3급

떨어질 **타:**

土 | 12획

비 隨(따를 수)
동 落(떨어질 락)
약 堕

글자 풀이

언덕(阝) 왼편으로(左) 몸(月)이 굴러 흙(土) 위에 떨어진다(墮)는 의미
이다.

읽기 한자

墮胎(타태)

쓰기 한자

墮落(타락) 墮獄(타옥) 墮地(타지) 墮罪(타죄) 墮淚(타루)
失墮(실타)

妥

3급

온당할 **타:**

女 | 4획

동 當(마땅 당)

글자 풀이

남자가 성년이 되어 손(爪)으로 아내인 여자(女)를 맞이하는 일은 온당
하다(妥)는 의미이다.

쓰기 한자

妥結(타결) 妥當(타당) 妥協(타협) 普遍妥當(보편타당)

卓

5급

높을 **탁**

十 | 6획

비 早(이를 조)
동 高(높을 고)
　 尙(오히려 상)
　 越(넘을 월)
반 低(밑 저)

글자 풀이

이른 아침(早)에 해가 떠서 하늘 위(上)로 높이 오른다는 데서 높다, 뛰어
나다(卓)는 의미이다.

읽기 한자

卓峙(탁치)

쓰기 한자

卓見(탁견) 卓立(탁립) 卓然(탁연) 卓球(탁구) 卓子(탁자) 食卓(식탁)
圓卓(원탁) 卓越(탁월) 卓超(탁초) 卓冠(탁관) 卓拔(탁발)
卓上空論(탁상공론)

托

3급

맡길 **탁**

手 | 3획

비 託(부탁할 탁)
동 任(맡길 임)
　 委(맡길 위)
　 預(맡길 예)

글자 풀이

손(手)으로 맡아서(乇) 할 일거리를 맡긴다(托)는 의미이다.

읽기 한자

托鉢(탁발) 托鉢僧(탁발승)

쓰기 한자

托子(탁자) 依托(의탁)

濁

3급

흐릴 **탁**

水 | 13획

비 獨(홀로 독)
　 燭(촛불 촉)
반 淨(깨끗할 정)
　 淸(맑을 청)

글자 풀이

미꾸라지 한(蜀) 마리가 온 도랑물(心)을 흐린다(濁)는 의미이다.

읽기한자

濃濁(농탁) 尿濁(요탁)

쓰기한자

濁流(탁류) 濁世(탁세) 濁音(탁음) 濁酒(탁주) 淸濁(청탁) 混濁(혼탁)
一魚濁水(일어탁수)

濯

3급

씻을 **탁**

水 | 14획

비 曜(빛날 요)
동 洗(씻을 세)

글자 풀이

새(隹)가 깃, 날개(羽)를 물(水)에서 씻는다는 데서 씻다, 빨래하다(濯)는
의미이다.

쓰기한자

濯足(탁족) 洗濯(세탁)

琢

2급

다듬을 **탁**

玉 | 8획

글자 풀이

옥(玉)을 끌로 쪼아(豕) 다듬는다는 데서 쪼다, 닦다(琢)는 의미이다.

읽기한자

琢玉(탁옥) 彫琢(조탁) 追琢(추탁) 琢器(탁기) 琢磨(탁마)
上色琢器(상색탁기)

託

2급

부탁할 **탁**

言 | 3획

동 囑(부탁할 촉)

글자 풀이

말(言)로 부탁(乇)하는 것을 나타낸다. 여기에서 핑계대다(託)는 의미가
파생되었다.

읽기한자

託故(탁고) 託國(탁국) 託辭(탁사) 託事(탁사) 託送(탁송) 託身(탁신)
託言(탁언) 託疾(탁질) 假託(가탁) 結託(결탁) 供託(공탁) 寄託(기탁)
反託(반탁) 付託(부탁) 受託(수탁) 信託(신탁) 預託(예탁) 委託(위탁)
依託(의탁) 請託(청탁) 稱託(칭탁) 託兒所(탁아소) 託孤寄命(탁고기명)

타

炭 5급

숯 **탄:**

火 | 5획

ㅂ 灰(재 회)
ㅂ 氷(얼음 빙)

글자 풀이

산(山)기슭이나 높은 언덕(厂)에서 숯구이 가마를 만들고 불(火)을 지펴 숯을 만드는 것에서 숯(炭)을 의미한다.

읽기 한자

柴炭(시탄) 煉炭(연탄) 炭坑(탄갱) 炭酸(탄산) 炭峴(탄현)

쓰기 한자

炭鑛(탄광) 炭層(탄층) 採炭(채탄) 塗炭(도탄) 石炭(석탄) 炭素(탄소)
炭水(탄수) 九孔炭(구공탄) 無煙炭(무연탄) 白炭(백탄)
貯藏炭(저장탄) 炭化水素(탄화수소)

彈 4급

탄알 **탄:**

弓 | 12획

ㅂ 禪(선 선)
　 單(홑 단)
약 弾

글자 풀이

활(弓)에서 화살이 하나(單)씩 튀어나간다는 데서 탄알(彈)을 의미한다.

읽기 한자

彈徽(탄휘) 雍門彈(옹문탄)

쓰기 한자

彈道(탄도) 彈力(탄력) 彈性(탄성) 彈壓(탄압) 彈藥(탄약) 防彈(방탄)
失彈(실탄) 流彈(유탄) 指彈(지탄) 銃彈(총탄) 砲彈(포탄) 爆彈(폭탄)
彈丸(탄환) 彈糾(탄규) 彈奏(탄주) 糾彈(규탄) 彈冠(탄관) 彈琴(탄금)
彈倉(탄창) 誤發彈(오발탄) 肉彈戰(육탄전) 誘導彈(유도탄)
照明彈(조명탄) 催淚彈(최루탄) 彈道彈(탄도탄) 核彈頭(핵탄두)

歎 4급

탄식할 **탄:**

欠 | 11획

ㅂ 歡(기쁠 환)
　 難(어려울 난)

글자 풀이

어려운(菫) 일을 당하여 입을 크게 벌리고(欠) 한숨쉬다, 탄식하다(歎)는 의미이다.

읽기 한자

歎悼(탄도)

쓰기 한자

歎服(탄복) 歎聲(탄성) 歎息(탄식) 感歎(감탄) 敬歎(경탄) 驚歎(경탄)
自歎(자탄) 痛歎(통탄) 恨歎(한탄) 慨歎(개탄) 歎願書(탄원서)
晩時之歎(만시지탄)

誕 3급

낳을/거짓 **탄:**

言 | 7획

동 生(날 생)
　 欺(속일 기)
　 妄(망령될 망)

글자 풀이

말(言)을 길게 늘여(延)하는 것으로 본래 거짓말하다, 속이다(誕)라는 의미인데, 새로 태어나다(誕)는 의미를 나타내기도 한다.

쓰기 한자

誕降(탄강) 誕欺(탄기) 誕妄(탄망) 誕生(탄생) 誕辰(탄신) 佛誕日(불탄일)
聖誕節(성탄절)

灘 여울 **탄**
2급(名)
水 | 19획

강 또는 바다(水)의 바닥이 얕거나 폭이 좁아 물살이 세게 흘러 건너기가
어렵다(難)는 데서 여울(灘)을 의미한다.

읽기한자
灘上(탄상) 灘聲(탄성) 灘響(탄향) 新灘津(신탄진) 玄海灘(현해탄)

脫 벗을 **탈**
4급
肉/月 | 7획

비 稅(세금 세)
동 裸(벗을 라)

글자 풀이
몸(月)에 살이 빠지거나 곤충 따위가 껍질을 벗는 데서, 벗다는 의미이다.

읽기한자
脫硫(탈류) 脫帽(탈모) 脫脂(탈지) 脫胎(탈태)
脫脂綿(탈지면) 脫脂粉乳(탈지분유)

쓰기한자
脫穀(탈곡) 脫黨(탈당) 脫線(탈선) 脫稅(탈세) 脫俗(탈속) 脫水(탈수) 脫營(탈영)
脫衣(탈의) 脫走(탈주) 脫盡(탈진) 脫出(탈출) 脫退(탈퇴) 離脫(이탈) 解脫(해탈)
虛脫(허탈) 脫漏(탈루) 脫稿(탈고) 脫獄(탈옥) 脫皮(탈피) 疏脫(소탈) 超脫(초탈)

奪 빼앗을 **탈**
3급Ⅱ
大 | 11획

비 奮(떨칠 분)
동 掠(노략질할 략)

글자 풀이
큰(大) 새(隹)를 손(寸)에 넣는다는 데서, 빼앗다는 의미이다.

읽기한자
奪胎(탈태) 換骨奪胎(환골탈태)

쓰기한자
奪取(탈취) 奪還(탈환) 強奪(강탈) 掠奪(약탈) 收奪(수탈) 爭奪(쟁탈)
侵奪(침탈) 奪氣(탈기) 削奪官職(삭탈관직)

探 찾을 **탐**
4급
手 | 8획

비 深(깊을 심)
동 索(찾을 색)
　訪(찾을 방)
　尋(찾을 심)

글자 풀이
깊은(深) 굴 속에 들어가 더듬어(手) 물건을 찾는다(探)는 의미이다.

읽기한자
偵探(정탐) 探偵(탐정)

쓰기한자
探究(탐구) 探求(탐구) 探問(탐문) 探訪(탐방) 探査(탐사)
探情(탐정) 探知(탐지) 探險(탐험) 內探(내탐) 廉探(염탐)
探索(탐색) 探照燈(탐조등)

타

3급

탐낼 탐

貝 | 4획

비 貧(가난할 빈)
동 慾(욕심 욕)

글자 풀이

사람의 도리를 저버리고 지금(今) 눈 앞에 있는 재물(貝)을 탐낸다(貪)는 의미이다.

읽기 한자

貪虐(탐학) 貪酷(탐혹)

쓰기 한자

貪官汚吏(탐관오리) 貪慾(탐욕) 食貪(식탐) 貪權(탐권) 貪廉(탐렴)
貪利(탐리) 貪位(탐위)

2급(名)

즐길 탐

耳 | 4획

동 嗜(즐길 기)

글자 풀이

尤는 늘어진 귀를 본뜬 것으로 본래는 귀(耳)가 늘어지다(尤)를 나타냈다. 귀(耳)가 늘어진(尤) 사람은 행동이 급하지 않고 여유있게 사색하고 생을 즐긴다(耽)는 의미이다.

읽기 한자

耽古(탐고) 耽溺(탐닉) 耽讀(탐독) 耽羅(탐라) 耽樂(탐락) 耽味(탐미)
耽美(탐미)

3급 II

탑 탑

土 | 10획

글자 풀이

흙(土) 위에 돌을 모아 합한(合) 후 지붕(++)을 올린 탑(塔)을 의미한다.

읽기 한자

塔酸(탑산)

쓰기 한자

金塔(금탑) 佛塔(불탑) 石塔(석탑) 鐵塔(철탑) 金字塔(금자탑)
管制塔(관제탑) 司令塔(사령탑) 象牙塔(상아탑)

3급 II

끓을 탕:

水 | 9획

비 傷(다칠 상)
場(마당 장)
陽(볕 양)
揚(날릴 양)

글자 풀이

물(水)을 데워서(昜) 끓인다(湯)는 의미이다.

읽기 한자

沐浴湯(목욕탕) 蔘鷄湯(삼계탕) 炊湯(취탕) 湯劑(탕제) 湯網(탕망)
湯鼎(탕정)

쓰기 한자

湯殿(탕전) 湯藥(탕약) 冷湯(냉탕) 熱湯(열탕) 雜湯(잡탕) 再湯(재탕)
重湯(중탕) 補身湯(보신탕) 雙和湯(쌍화탕) 藥湯器(약탕기)
金城湯池(금성탕지)

太 | 6급
클 **태**
大 | 1획

- 동 大(큰 대)
  巨(클 거)
  泰(클 태)
- 반 小(작을 소)
  微(작을 미)

큰 대(大) 두 개를 써서 아주 크다(太)는 의미이다.

읽기한자

姜太公(강태공) 墺太利(오태리) 伊太利(이태리) 太后(태후) 樺太(화태)
皇太后(황태후) 太傅(태부) 太上皇后(태상황후) 太皓(태호)

쓰기한자

太空(태공) 太極(태극) 太半(태반) 太白(태백) 太陽(태양) 太祖(태조)
太宗(태종) 太初(태초) 太平(태평) 豆太(두태) 明太(명태) 太甚(태심)
太宰(태재) 太上王(태상왕) 太極旗(태극기) 太不足(태부족) 太極殿(태극전)
太平洋(태평양) 太平聖代(태평성대) 太陰曆(태음력)

態 | 4급 II
모습 **태:**
心 | 10획

- 비 熊(곰 웅)
  能(능할 능)
- 동 樣(모양 양)
  姿(모양 자)
  像(모양 상)
  形(모양 형)

글자 풀이
마음(心) 먹기에 따라서 능하게(能) 나타나는 모양이나 태도(態)를 의미한다.

읽기한자

妖態(요태)

쓰기한자

樣態(양태) 姿態(자태) 醜態(추태) 態度(태도) 態勢(태세) 動態(동태)
變態(변태) 形態(형태) 事態(사태) 狀態(상태) 生態(생태) 世態(세태)
實態(실태) 容態(용태) 作態(작태) 重態(중태) 千態萬象(천태만상)
舊態依然(구태의연)

殆 | 3급 II
거의 **태**
歹 | 5획

- 비 殃(재앙 앙)
- 동 危(위태할 위)

글자 풀이
죽음(歹)이 시작(台)되는 듯 거의(殆) 죽을 지경이란 데서 위태하다(殆)는 의미이다.

쓰기한자

殆半(태반) 危殆(위태) 殆無心(태무심)

泰 | 3급 II
클 **태**
水 | 5획

- 비 春(봄 춘)
- 동 大(큰 대)
  巨(클 거)
  太(클 태)
- 반 小(작을 소)
  微(작을 미)
  扁(작을 편)

글자 풀이
불(火)이나 물(水)의 힘은 둘(二)다 크다(泰)는 의미이다.

읽기한자

泰山峻嶺(태산준령)

쓰기한자

泰斗(태두) 泰然(태연) 泰平(태평) 泰山北斗(태산북두)
國泰民安(국태민안) 天下泰平(천하태평) 泰然自若(태연자약)

怠

3급

게으를 **태**

心 | 5획

비 念(생각 념)
동 慢(게으를 만)
반 勤(부지런할 근)

젖(厶)을 입(口)에 물고 있는 아기의 마음(心)이니 느리고, 게으르다(怠)는 의미이다.

怠慢(태만) 怠業(태업) 過怠料(과태료)

兌

2급(名)

바꿀/기쁠 **태**

儿 | 5획

동 換(바꿀 환)
약 兊

본래 입가(口)에 주름(八)이 잡히도록 웃으며 기뻐하는 사람(儿)을 그려 기쁘다(兌)를 나타냈고, 뒤에 사람(八)과 사람(儿)사이에 물건(口)이 오가는 것으로 해석, 바꾸다(兌)를 나타내기도 한다. 괘이름으로도 사용된다.

兌方(태방) 兌換(태환) 商兌(상태)

台

2급(名)

별 **태**

口 | 2획

台는 본래 쟁기를 본뜬 것으로 쟁기가 땅을 풀어 부드럽게 하듯 사람의 마음을 풀어 기쁘게 한다는 뜻으로 쓰였다. 뒤에 台가 '나(音 이), 별(音 태)' 등의 뜻으로 바뀌었다. 왕이 자신을 지칭하는데, 높은 벼슬아치를 가리키는데 사용된다. 현재 전혀 다른 글자인 臺(대)의 俗字로도 많이 쓰인다.

台德(이덕) 台監(태감) 台傅(태부) 三台(삼태)

胎

2급

아이밸 **태**

肉/月 | 5획

동 姙(아이밸 임)
妊(아이밸 임)
娠(아이밸 신)
胚(아이밸 배)
孕(아이밸 잉)

육신(月)의 시작(台)이라는 데서 아이배다(胎)를 의미한다.

胎敎(태교) 胎氣(태기) 胎內(태내) 胎膜(태막) 胎母(태모) 胎夢(태몽)
胎盤(태반) 胎生(태생) 胎兒(태아) 胎葉(태엽) 落胎(낙태) 母胎(모태)
雙胎(쌍태) 受胎(수태) 脫胎(탈태) 胞胎(포태) 懷胎(회태) 胎息法(태식법)
換骨奪胎(환골탈태)

颱	2급
	태풍 **태**
	風 | 5획

글자 풀이

하늘의 별(台)을 흔들 정도로 강한 바람(風)이라는 데서 태풍(颱)을 의미한다.

읽기 한자

颱風(태풍)

宅	5급 Ⅱ
	집 **택**
	宀 | 3획

비 完(완전할 완)
동 戶(집 호) 室(집 실)
　 堂(집 당) 屋(집 옥)
　 閣(집 각) 館(집 관)
　 宇(집 우) 舍(집 사)

글자 풀이

몸을 의지하여 맡기는(乇) 집(宀)이라는 것에서 집(宅)을 의미한다.

읽기 한자

宅診(택진) 廬宅(여택)

쓰기 한자

私宅(사택) 宅地(택지) 家宅(가택) 舍宅(사택) 社宅(사택) 陽宅(양택)
陰宅(음택) 自宅(자택) 住宅(주택) 宅內(댁내) 宅兆(택조) 幽宅(유택)

擇	4급
	가릴 **택**
	手 | 13획

비 澤(못 택)
　 譯(번역할 역)
동 選(가릴 선)
　 拔(뽑을 발)
약 択

글자 풀이

여러 물건을 엿보고(睪) 손(扌)으로 좋은 것을 고른다는 데서, 가리다는 의미이다.

쓰기 한자

擇一(택일) 擇日(택일) 採擇(채택) 選擇(선택) 兩者擇一(양자택일)
取捨選擇(취사선택)

澤	3급 Ⅱ
	못 **택**
	水 | 13획

비 擇(가릴 택)
동 池(못 지)
　 潭(못 담)
　 沼(못 소)
약 沢

글자 풀이

물(水)이 주변을 엿보고(睪) 자리 잡은 뒤에 오래도록 머무는 데서, 못을 의미한다.

읽기 한자

沼澤(소택) 沮澤(저택) 脂澤(지택) 淵澤(연택)

쓰기 한자

澤雨(택우) 德澤(덕택) 光澤(광택) 潤澤(윤택) 惠澤(혜택)

土	8급
흙 **토**	
土 | 0획	

비 士(선비 사)
동 地(따 지)
　壤(흙덩이 양)

글자 풀이
초목이 새눈을 내미는 것에서 흙(土)을 의미한다.

읽기한자
疆土(강토) 沃土(옥토) 塵土(진토) 焦土化(초토화) 聚土(취토) 土窟(토굴)
土匪(토비) 土鴨(토압) 土埃(토애) 后土(후토) 土圭(토규) 土屯(토둔)
土沃(토옥) 土旺(토왕) 土鼎(토정)

쓰기한자
土管(토관) 土卵(토란) 土龍(토룡) 土鍾(토종) 凍土(동토) 荒土(황토)
土建(토건) 土器(토기) 土木(토목) 土石(토석) 土星(토성) 土着(토착)
客土(객토) 國土(국토) 農土(농토) 樂土(낙토) 領土(영토) 出土(출토)
風土(풍토) 鄕土(향토) 黃土(황토) 土臺(토대) 土壤(토양) 腐葉土(부엽토)

討	4급
칠(伐) **토(:)**	
言 | 3획	

비 計(셀 계)
동 伐(칠 벌)
　征(칠 정)
반 守(지킬 수)
　防(막을 방)

글자 풀이
규정(寸)에 따라 심문(言)하는 것에서 묻다, 조사하다(討)는 의미이다.

읽기한자
討匪(토비)

쓰기한자
討論(토론) 討伐(토벌) 討議(토의) 討罪(토죄) 檢討(검토)
聲討(성토) 討索(토색)

兎	3급Ⅱ
토끼 **토**	
儿 | 6획	

비 免(면할 면)
동 卯(토끼 묘)
약 兎

글자 풀이
토끼(兎)의 모양을 본떴다.

쓰기한자
兎脣(토순) 兎影(토영) 兎眼(토안) 家兎(가토) 赤兎馬(적토마) 野兎(야토)

吐	3급Ⅱ
토할 **토(:)**	
口 | 3획	

비 味(맛 미)

글자 풀이
입(口)을 땅(土)으로 향해서 토한다(吐)는 의미이다.

읽기한자
歐吐(구토) 吐握(토악) 吐劑(토제)

쓰기한자
吐氣(토기) 吐說(토설) 吐血(토혈) 實吐(실토)

通

6급

통할 통

辶 | 7획

비 痛(아플 통)
동 達(통달할 달)
　 徹(통할 철)
　 貫(꿸 관)

글자 풀이

판지에 못을 박았(甬)듯이 도로(辶)가 어디까지나 계속되고 있는 것에서 통하다, 왕래하다(通)는 의미이다.

쓰기 한자

通卷(통권)　通勤(통근)　姦通(간통)　亨通(형통)　通告(통고)　通過(통과)
通關(통관)　通禁(통금)　通念(통념)　通達(통달)　通讀(통독)　通例(통례)
通路(통로)　通論(통론)　通報(통보)　通分(통분)　通貨(통화)　通譯(통역)
通弊(통폐)　貫通(관통)　疏通(소통)

統

4급Ⅱ

거느릴 통:

糸 | 6획

비 銃(총 총)
동 率(거느릴 솔)
　 總(거느릴 총)
　 御(거느릴 어)
　 領(거느릴 령)

글자 풀이

실(糸)을 알차게(充) 모아서 줄을 꼬듯이 힘을 모은다는 데서 거느리다(統)는 의미이다.

읽기 한자

龐統(방통)　統輯(통집)　旨統(지통)

쓰기 한자

系統(계통)　統攝(통섭)　統監(통감)　統計(통계)　統一(통일)　統將(통장)
統制(통제)　統治(통치)　統合(통합)　家統(가통)　法統(법통)　心統(심통)
傳統(전통)　正統(정통)　體統(체통)　總統(총통)　血統(혈통)　統率(통솔)
統帥權(통수권)

痛

4급

아플 통:

疒 | 7획

비 通(통할 통)

글자 풀이

병(疒)에 걸린 사람이 몸에 못이 박힌(甬) 듯이 아파하는 것에서 아프다, 슬퍼하다(痛)는 의미이다.

읽기 한자

娩痛(만통)　腎虛腰痛(신허요통)　鎭痛劑(진통제)　痛悼(통도)　酷痛(혹통)

쓰기 한자

痛感(통감)　痛憤(통분)　痛心(통심)　痛飮(통음)　痛切(통절)　痛快(통쾌)
痛恨(통한)　苦痛(고통)　頭痛(두통)　憤痛(분통)　悲痛(비통)　陣痛(진통)
齒痛(치통)　胃痛(위통)　腰痛(요통)　痛哭(통곡)　痛症(통증)　腹痛(복통)
哀痛(애통)　沈痛(침통)　大聲痛哭(대성통곡)

退

4급Ⅱ

물러날 퇴:

辶 | 6획

비 近(가까울 근)
반 進(나아갈 진)

글자 풀이

가던 길(辶)이 그쳤으니(艮) 물러날(退) 수밖에 없다는 의미이다.

읽기 한자

撤退(철퇴)　退闕(퇴궐)　退艦(퇴함)　幻退(환퇴)

쓰기 한자

退勤(퇴근)　退酒(퇴주)　退潮(퇴조)　退陣(퇴진)　擊退(격퇴)　辭退(사퇴)
隱退(은퇴)　退却(퇴각)　退去(퇴거)　退路(퇴로)　退物(퇴물)　退步(퇴보)
退社(퇴사)　退色(퇴색)　退院(퇴원)　退位(퇴위)　退任(퇴임)　退場(퇴장)
退職(퇴직)　退治(퇴치)　退學(퇴학)　退行(퇴행)　退化(퇴화)　減退(감퇴)
勇退(용퇴)　退役(퇴역)　退藏(퇴장)　退廷(퇴정)　衰退(쇠퇴)
臨戰無退(임전무퇴)

타

投 던질 투 | 手 | 4획 | 4급

글자 풀이
손(扌)으로 창(殳)을 던지는 데서, 던지다는 의미이다.

비 役(부릴 역)
동 抛(던질 포)

읽기한자
投網(투망) 投託(투탁) 投翰(투한)

쓰기한자
投球(투구) 投機(투기) 投賣(투매) 投射(투사) 投書(투서) 投宿(투숙)
投藥(투약) 投入(투입) 投資(투자) 投票(투표) 投下(투하) 投降(투항)
投稿(투고) 投影(투영) 投獄(투옥) 投圓盤(투원반) 意氣投合(의기투합)

鬪 싸움 투 | 鬥 | 10획 | 4급

글자 풀이
두 사람(鬥)이 우승컵(豆)을 놓고 경기 규칙(寸)에 따라 싸운다(鬪)는 의미이다.

동 競(다툴 경)
爭(다툴 쟁)
戰(싸움 전)

읽기한자
鬪艦(투함)

쓰기한자
鬪犬(투견) 鬪鷄(투계) 鬪技(투기) 鬪病(투병) 鬪爭(투쟁) 鬪志(투지)
健鬪(건투) 激鬪(격투) 決鬪(결투) 亂鬪(난투) 暗鬪(암투) 戰鬪(전투)
鬪魂(투혼) 拳鬪(권투) 奮鬪(분투) 敢鬪精神(감투정신)
惡戰苦鬪(악전고투)

透 사무칠 투 | 辶 | 7획 | 3급 II

글자 풀이
광선이 유리를 빼어나게(秀) 빠른 속도로 뚫고 들어가니(辶) 환하다(透)는 의미이다.

동 徹(통할 철)

읽기한자
透磁率(투자율)

쓰기한자
透明(투명) 透視(투시) 騰透(등투) 透徹(투철) 浸透(침투)
透明體(투명체) 透視圖(투시도)

特 특별할 특 | 牛 | 6획 | 6급

글자 풀이
관청(寺)에서 특별한 일이 있으면 소(牛)를 잡아 제사를 지낸다는 데서 특별하다(特)는 의미이다.

비 待(기다릴 대)
侍(모실 시)
持(가질 지)
반 普(넓을 보)
遍(두루 편)

읽기한자
特赦(특사) 特診(특진) 特輯(특집) 特旨(특지) 特峙(특치) 峻特(준특)

쓰기한자
特異(특이) 特採(특채) 特派(특파) 特講(특강) 特權(특권) 特級(특급)
特等(특등) 特報(특보) 特使(특사) 特選(특선) 特性(특성) 特用(특용)
特有(특유) 特長(특장) 特典(특전) 特電(특전) 特定(특정) 特製(특제)
特種(특종) 特進(특진) 特出(특출) 特徵(특징) 超特急(초특급)

波

4급 II
물결 **파**
水 | 5획

비 彼(저 피)
派(갈래 파)
동 浪(물결 랑)
濤(큰물결 도)

글자 풀이
동물 가죽(皮)처럼 구불구불한 강물(水)의 움직임, 파도(波)를 의미한다.

쓰기 한자
波高(파고) 波動(파동) 波文(파문) 波市(파시) 波長(파장) 短波(단파)
世波(세파) 餘波(여파) 音波(음파) 人波(인파) 電波(전파) 秋波(추파)
風波(풍파) 寒波(한파) 波及(파급) 波浪(파랑) 腦波(뇌파) 高周波(고주파)
防波堤(방파제) 周波數(주파수) 超短波(초단파) 超音波(초음파)
平地風波(평지풍파)

破

4급 II
깨뜨릴 **파:**
石 | 5획

동 裂(찢어질 렬)
壞(무너질 괴)

글자 풀이
돌(石)로 만든 도끼로 짐승 가죽(皮)을 벗기는 것에서 찢다, 부수다(破)는
의미이다.

읽기 한자
破瓜(파과) 破膽(파담)

쓰기 한자
破鏡(파경) 破戒(파계) 破損(파손) 破棄(파기) 破裂(파열) 凍破(동파)
破格(파격) 破局(파국) 破門(파문) 破産(파산) 破船(파선) 破字(파자)
破材(파재) 破題(파제) 破紙(파지) 破滅(파멸) 破片(파편) 踏破(답파)
突破(돌파) 破壞(파괴) 破廉恥(파렴치) 破竹之勢(파죽지세)
破顔大笑(파안대소)

派

4급
갈래 **파**
水 | 6획

비 波(물결 파)
脈(줄기 맥)

글자 풀이
강물(水)의 본류에서 나누어진 지류, 분류(派)를 말하는 나눔, 가지(派)를
의미한다.

읽기 한자
僻派(벽파)

쓰기 한자
派兵(파병) 派生(파생) 派爭(파쟁) 各派(각파) 敎派(교파) 舊派(구파)
急派(급파) 南派(남파) 黨派(당파) 密派(밀파) 分派(분파) 新派(신파)
右派(우파) 流派(유파) 一派(일파) 自派(자파) 政派(정파) 宗派(종파)
左派(좌파) 增派(증파) 特派(특파) 派遣(파견) 學派(학파)
生命派(생명파) 派出婦(파출부)

把

3급
잡을 **파:**
手 | 4획

동 操(잡을 조)
拘(잡을 구)
執(잡을 집)
握(쥘 악)

글자 풀이
머리를 쳐든 뱀(巴)의 머리를 손(手)으로 잡는데서 잡다(把)는 의미이다.

읽기 한자
把握(파악)

쓰기 한자
把手(파수) 把守(파수) 把持(파지)

타

播

뿌릴 **파(:)**

手 | 12획

비 番(차례 번)

글자 풀이

손(手)으로 차례차례(番) 씨를 뿌린다(播)는 의미이다.

읽기한자

繩播(승파)

쓰기한자

播多(파다) 播種(파종) 播遷(파천) 代播(대파)
傳播(전파) 直播(직파) 乾畓直播(건답직파)

罷

마칠 **파:**

罒 | 10획

비 能(능할 능)
　態(모습 태)
　熊(곰 웅)
동 終(마칠 종)
　了(마칠 료)

글자 풀이

재능(能)이 있는 사람이라도 법망(罒)에 걸리면 파면(罷)이 된다는 데서
파하다(罷)는 의미이다.

읽기한자

倂罷(병파) 撤罷(철파)

쓰기한자

罷免(파면) 罷業(파업) 罷場(파장) 罷職(파직)

頗

자못 **파**

頁 | 5획

동 偏(치우칠 편)

글자 풀이

대머리의 머리(頁) 가죽(皮)에 머리카락이 한쪽으로 자못(頗) 치우쳐서
(頗) 나 있다는 의미이다.

쓰기한자

頗多(파다) 頗偏(파편)

坡

언덕 **파**

土 | 5획

동 岸(언덕 안)
　坂(언덕 판)
　阪(언덕 판)

글자 풀이

벗겨 놓은 가죽(皮)처럼 울퉁불퉁한 땅(土)으로 고개, 언덕(坡)을 의미
한다.

읽기한자

坡塘(파당) 坡岸(파안) 坡州(파주) 靑坡洞(청파동)

板

5급
널 **판**
木 | 4획

비 版(판목 판)
根(뿌리 근)

글자 풀이

나무(木)를 엷게 켜서 손으로 밀었을 뿐이라도 휘어지도록 한 판자(反)에서 엷은 판자(板)를 의미한다.

읽기한자

揭板(게판) 模型板(모형판) 揷紙板(삽지판) 屍狀板(시상판)

쓰기한자

板刻(판각) 看板(간판) 甲板(갑판) 降板(강판) 鋼板(강판) 苗板(묘판)
漆板(칠판) 板木(판목) 板本(판본) 板書(판서) 板子(판자) 板紙(판지)
經板(경판) 京板(경판) 氷板(빙판) 完板(완판) 鐵板(철판) 合板(합판)
畫板(화판) 黑板(흑판) 坐板(좌판) 珠板(주판)

判

4급
판단할 **판**
刀 | 5획

비 刑(형벌 형)

글자 풀이

원래는 농가의 재산인 소(半)를 반씩 나누(刀)는 것이었는데, 점차 보고 판단하다, 구별하다(判)는 의미가 되었다.

읽기한자

闕席裁判(궐석재판) 判型(판형) 漢城判尹(한성판윤)

쓰기한자

判決(판결) 判斷(판단) 判讀(판독) 判例(판례) 判明(판명) 判別(판별)
判事(판사) 判書(판서) 判異(판이) 判定(판정) 決判(결판) 公判(공판)
談判(담판) 批判(비판) 誤判(오판) 審判(심판) 裁判(재판) 菊判(국판)
判押(판압) 培判(배판) 判無識(판무식)

版

3급 II
판목 **판**
片 | 4획

비 板(널 판)

글자 풀이

뒤집을(反) 수 있는 나무 조각(片)이니 널판지(版)이고 널판지에 글자를 새겨 판목(版)을 만든다는 의미이다.

읽기한자

膠版(교판) 網版(망판) 寺刹版(사찰판)

쓰기한자

架版(가판) 版權(판권) 版圖(판도) 版木(판목) 版畫(판화) 銅版(동판)
木版(목판) 新版(신판) 鉛版(연판) 原版(원판) 再版(재판) 絕版(절판)
組版(조판) 重版(중판) 初版(초판) 出版(출판) 活版(활판)
改訂版(개정판) 複寫版(복사판)

販

3급
팔(賣) **판**
貝 | 4획

동 賣(팔 매)
반 買(살 매)
購(살 구)

글자 풀이

돈(貝)을 받고 반대로(反) 물건을 준다는 데서 판다(販)는 의미이다.

읽기한자

購販場(구판장) 傭販(용판)

쓰기한자

販禁(판금) 販路(판로) 販賣(판매) 販促(판촉) 街販(가판) 市販(시판)
外販(외판) 直販(직판) 總販(총판) 自販機(자판기) 共販場(공판장)

파

阪

2급(名)

언덕 **판**

阜/阝 | 4획

동 岸(언덕 안)
坂(언덕 판)
坡(언덕 파)

글자 풀이

反은 본래 언덕(厂)을 손(又)으로 기어오르는 것을 나타낸다. 손으로 기어 올라(反)야 할 만큼 높은 언덕(阝)을 의미한다.

읽기한자

阪路(판로) 阪田(판전) 大阪(대판) 阪上走丸(판상주환)

八

8급

여덟 **팔**

八 | 0획

비 入(들 입)
人(사람 인)

글자 풀이

엄지손가락 둘을 구부린 여덟(八)개의 손가락의 모양을 본떴다.

읽기한자

八佾舞(팔일무) 八年風塵(팔년풍진) 八垠(팔은) 八佾(팔일)

쓰기한자

八角(팔각) 八景(팔경) 八道(팔도) 八屯(팔둔) 八字(팔자) 八等身(팔등신)
上八字(상팔자) 十八番(십팔번) 初八日(초팔일) 二八靑春(이팔청춘)
十中八九(십중팔구) 四通八達(사통팔달) 八方美人(팔방미인)
百八煩惱(백팔번뇌) 四柱八字(사주팔자)

敗

5급

패할 **패:**

攵 | 7획

동 負(질 부)
北(달아날 배)
반 勝(이길 승)
成(이룰 성)

글자 풀이

재산인 조개(貝)가 두들겨(攵) 맞아 산산이 부서지는 것에서 지다, 돌파 당하다, 가능성이 없다(敗)는 의미이다.

읽기한자

酸敗(산패)

쓰기한자

憤敗(분패) 覆敗(복패) 腐敗(부패) 慘敗(참패) 敗亡(패망) 敗北(패배)
敗色(패색) 敗子(패자) 敗戰(패전) 敗走(패주) 敗退(패퇴) 大敗(대패)
不敗(불패) 成敗(성패) 勝敗(승패) 失敗(실패) 連敗(연패) 完敗(완패)
惜敗(석패) 全敗(전패) 敗訴(패소) 敗殘兵(패잔병) 敗血症(패혈증)
敗家亡身(패가망신)

貝

3급

조개 **패:**

貝 | 0획

비 目(눈 목)
頁(머리 혈)

글자 풀이

옛날에 조개 껍질을 화폐로 쓴 데서 돈, 재물, 재산(貝)을 의미한다.

읽기한자

貝闕(패궐)

쓰기한자

貝物(패물) 珠貝(주패)

霸

2급

으뜸 패:

雨 | 13획

동 元(으뜸 원)
약 覇

글자 풀이

천하를 덮는(雨) 혁명(革)의 세월(月)을 이룩해서 우두머리, 으뜸(霸)이 되었다는 의미이다.

읽기한자

霸國(패국) 霸權(패권) 霸氣(패기) 霸道(패도) 霸略(패략) 霸業(패업)
霸王(패왕) 霸者(패자) 爭霸(쟁패) 制霸(제패) 春秋五霸(춘추오패)

彭

2급(名)

성(姓) 팽

彡 | 9획

글자 풀이

壴(악기이름 주)는 북을 그린 것이고, 彡은 소리가 울려 퍼지는 모양을 나타낸 것이다. 본래 북소리가 울려 퍼지는 모양을 나타낸다. 姓氏로 쓰인다.

읽기한자

彭祖(팽조) 彭沖(팽충 : 중국의 정치가)

便

7급

편할 편(:)
똥오줌 변

人 | 7획

비 更(다시 갱)
　硬(굳을 경)
동 安(편안 안)
　寧(편안할 녕)
　糞(똥 분)

글자 풀이

사람(人)은 불편한 것을 고쳐서(更) 편해(便)지려고 한다는 의미이다.

읽기한자

便妍(편연) 便宜網(편의망)

쓰기한자

便覽(편람) 便易(편이) 便殿(편전) 簡便(간편) 便痛(변통) 郵便(우편)
便乘(편승) 便宜(편의) 便利(편리) 便法(편법) 便安(편안) 便益(편익)
男便(남편) 不便(불편) 便紙(편지) 方便(방편) 右便(우편) 人便(인편)
增便(증편) 車便(차편) 形便(형편) 便器(변기) 便所(변소) 大便(대변)
小便(소변) 用便(용변) 相對便(상대편) 便祕(변비)

파

篇

4급

책 편

竹 | 9획

비 遍(두루 편)
동 冊(책 책)

글자 풀이

옛날에 대나무(竹)를 쪼갠 조각(扁)을 모아 엮어 책을 만든 데서, 책을 의미한다.

읽기한자

篇軸(편축) 篇翰(편한)

쓰기한자

篇次(편차) 短篇(단편) 上篇(상편) 詩篇(시편) 玉篇(옥편) 長篇(장편)
全篇(전편) 前篇(전편) 中篇(중편) 下篇(하편) 後篇(후편)
千篇一律(천편일률)

片
3급Ⅱ
조각 **편(:)**
片 | 0획

나무(木)의 오른쪽 반의 모양으로 조각(片)을 의미한다.

片貌(편모) 片志(편지) 片紙(편지) 斷片(단편) 破片(파편)
片層雲(편층운) 片片金(편편금) 一葉片舟(일엽편주)
一片丹心(일편단심) 片道料金(편도요금)

偏
3급Ⅱ
치우칠 **편**
人 | 9획

 僻(궁벽할/치우칠 벽)

扁은 본래 액자로서 문의 좌우 한 쪽에 걸리게 마련이므로 가운데서 벗어나 있음을 의미한다. 사람(人)의 생각이 어느 한 쪽으로 치우쳐(扁) 있다는 의미이다.

偏僻(편벽)

偏角(편각) 偏見(편견) 偏黨(편당) 偏母(편모) 偏食(편식) 偏愛(편애)
偏額(편액) 偏重(편중) 偏頗(편파) 偏向(편향) 偏頭痛(편두통)
偏執症(편집증) 不偏不黨(불편부당)

編
3급Ⅱ
엮을 **편**
糸 | 9획

동 構(얽을 구)

집(戶)에서 책(冊)을 실(糸)로 엮는다(編)는 의미이다.

韋編三絕(위편삼절) 編輯(편집) 韋編(위편)

編柳(편류) 編修(편수) 編曲(편곡) 編隊(편대) 編物(편물) 編成(편성)
編入(편입) 編者(편자) 編著(편저) 編制(편제) 改編(개편) 續編(속편)
再編(재편) 編髮(변발) 編年體(편년체)

遍
3급
두루 **편**
辶 | 9획

비 篇(책 편)
　 編(엮을 편)
동 普(넓을 보)
반 特(특별할 특)

이 집 저 집(戶)을 돌아다니며(辶) 책(冊)을 두루 본다는 데서, 두루를 의미한다.

遍踏(편답) 遍歷(편력) 普遍性(보편성) 普遍妥當(보편타당)

扁 작을 **편**
戶 | 5획

2급(名)

- 동 小(작을 소)
  微(작을 미)
- 반 大(큰 대)
  太(클 태)
  价(클 개)
  巨(클 거)
  甫(클 보)

문(戶)에 걸려 있는 글을 적은 나무쪽(冊)으로 본래 액자를 나타냈다. 액자가 작고 납작하므로 작다, 편평하다(扁)를 의미한다.

읽기한자

扁額(편액) 扁題(편제) 扁舟(편주) 扁平(편평)

平 평평할 **평**
干 | 2획

7급 Ⅱ

- 동 均(고를 균)

글자 풀이
부초가 물에 떠 있는 모양에서 평평하다, 평지, 평온(平)을 의미한다.

읽기한자

鄧小平(등소평) 升平(승평) 扁平(편평) 扁平足(편평족) 平穩(평온)
平衍(평연) 平允(평윤) 平允之士(평윤지사) 平疇(평주) 平津(평진)
平滑(평활)

쓰기한자

平均(평균) 平亂(평란) 平易(평이) 平靜(평정) 平價(평가) 平交(평교)
平年(평년) 平等(평등) 平面(평면) 平民(평민) 平生(평생) 平聲(평성)
平素(평소) 平時(평시) 平安(평안) 平野(평야) 平原(평원) 平日(평일)
平定(평정) 平準(평준) 平凡(평범) 泰平(태평) 平衡(평형)

評 평할 **평:**
言 | 5획

4급

- 비 誣(무고할 무)
- 동 批(비평할 비)

글자 풀이
어느 쪽으로도 쏠리지 않고(平) 느낀 그대로를 말(言)한 것에서 사물의 좋고, 나쁨을 기울지 않고 말한다(評)는 의미이다.

읽기한자

酷評(혹평)

쓰기한자

評價(평가) 評論(평론) 評傳(평전) 評點(평점) 評定(평정) 評判(평판)
講評(강평) 論評(논평) 批評(비평) 世評(세평) 時評(시평) 詩評(시평)
惡評(악평) 定評(정평) 寸評(촌평) 總評(총평) 品評(품평) 好評(호평)
漫評(만평) 評議會(평의회) 再評價(재평가)

坪 들(野) **평**
土 | 5획

2급

- 동 郊(들 교)
  野(들 야)

글자 풀이
본래 평평한(平) 땅(土)으로 들판(坪)을 의미한다.

읽기한자

坪數(평수) 建坪(건평) 延建坪(연건평) 坪當價格(평당가격)

파

閉	4급
닫을 **폐:**	
門 | 3획	

비 閑(한가할 한)
반 開(열 개)

글자 풀이

문(門)에 빗장을 걸어(才) 문이 열리지 않도록 하는 것에서 닫다, 막다(閉)는 의미이다.

읽기한자

鍵閉(건폐) 尿閉(요폐) 鬱閉(울폐)

쓰기한자

開閉(개폐) 幽閉(유폐) 閉講(폐강) 閉校(폐교) 閉門(폐문) 閉業(폐업)
閉店(폐점) 閉會(폐회) 密閉(밀폐) 閉塞(폐색) 閉鎖(폐쇄) 閉幕(폐막)
自閉症(자폐증)

弊	3급 Ⅱ
폐단/해질 **폐:**	
廾 | 12획	

비 蔽(덮을 폐)
　幣(화폐 폐)
동 害(해할 해)

글자 풀이

비단(敝) 옷이 해져서 두 손(廾)으로 꿰매야 한다는 데서 해지다, 곤하다, 폐단(弊)을 의미한다.

읽기한자

弊廬(폐려) 弊札(폐찰)

쓰기한자

弊家(폐가) 弊端(폐단) 弊社(폐사) 弊習(폐습) 弊風(폐풍) 弊害(폐해)
民弊(민폐) 惡弊(악폐) 作弊(작폐) 通弊(통폐) 疲弊(피폐)

肺	3급 Ⅱ
허파 **폐:**	
肉/月 | 4획	

비 肢(사지 지)

글자 풀이

좌우로 나뉘어(巿) 공기가 들어가고 나오는 기능을 하는 몸(月)의 일부라는 데서, 허파를 의미한다.

읽기한자

塵肺症(진폐증) 肺癌(폐암)

쓰기한자

肺炎(폐렴) 肺病(폐병) 肺患(폐환) 肺結核(폐결핵) 肺氣量(폐기량)

幣	3급
화폐 **폐:**	
巾 | 12획	

비 弊(해질 폐)
　蔽(덮을 폐)
동 錢(돈 전)

글자 풀이

해진(敝) 천(巾)도 돈이 된다는 데서 '돈, 화폐'를 의미한다.

읽기한자

珪幣(규폐)

쓰기한자

幣物(폐물) 納幣(납폐) 禮幣(예폐) 紙幣(지폐)
僞幣(위폐) 造幣(조폐) 貨幣(화폐)

廢

3급Ⅱ

폐할/버릴 폐:

广 | 12획

- 비 發(필 발)
- 동 棄(버릴 기)
  亡(망할 망)
- 반 存(있을 존)
- 약 廃

글자 풀이

집(广)에 살던 사람이 모두 떠나가(發) 없다는 데서 폐하다(廢)는 의미이다.

읽기한자

撤廢(철폐) 廢址(폐지) 廢撤(폐철) 廢艦(폐함) 廢后(폐후) 頓廢(돈폐)

쓰기한자

廢家(폐가) 廢刊(폐간) 廢鑛(폐광) 廢校(폐교) 廢棄(폐기) 廢農(폐농)
廢物(폐물) 廢石(폐석) 廢水(폐수) 廢業(폐업) 廢人(폐인) 廢止(폐지)
廢車(폐차) 廢品(폐품) 廢合(폐합) 改廢(개폐) 存廢(존폐) 偏廢(편폐)
荒廢(황폐) 老廢物(노폐물) 食飮全廢(식음전폐)

蔽

3급

덮을 폐:

艹 | 12획

- 비 弊(해질 폐)
  幣(화폐 폐)
- 동 隱(숨을 은)
  蓋(덮을 개)

글자 풀이

비단(敝)이 해져서 나뭇잎(艹)으로 가린다(蔽)는 의미이다.

읽기한자

雍蔽(옹폐) 遮蔽(차폐) 蔽遮(폐차)

쓰기한자

蔽塞(폐색) 擁蔽(옹폐) 隱蔽(은폐)
建蔽率(건폐율) 蔽一言(폐일언)

包

4급Ⅱ

쌀[裏] 포(:)

勹 | 3획

- 비 句(글귀 구)
  抱(안을 포)
- 동 裝(꾸밀 장)
  飾(꾸밀 식)

글자 풀이

손으로 뱃속의 아기를 덮어 감추듯이 감싸고 있는 모양에서 싸다(包)는 의미이다.

읽기한자

包蔘(포삼) 包圍網(포위망)

쓰기한자

包圍(포위) 包裝(포장) 包覆(포복) 包攝(포섭)
包容(포용) 內包(내포) 小包(소포) 包含(포함)

布

4급Ⅱ

베/펼 포(:)
보시 보:

巾 | 2획

- 비 在(있을 재)

글자 풀이

손(广)으로 천(巾)을 짠다는 데서 베, 포목(布)을 의미한다.

읽기한자

葛布(갈포) 韋布(위포) 撤布(철포)

쓰기한자

布帳(포장) 布陣(포진) 宣布(선포) 麻布(마포) 濕布(습포) 布告(포고)
布敎(포교) 布木(포목) 布石(포석) 布衣(포의) 公布(공포) 流布(유포)
毛布(모포) 發布(발포) 配布(배포) 分布(분포) 布覆(포복) 布覆(포부)
塗布(도포)

파

砲 대포 포:
石 | 5획
4급 II

비 胞(세포 포)
　抱(안을 포)

글자 풀이

옛날에는 돌(石)을 여러 개 싸서(包) 한 번에 발사한 데서, 대포를 의미한다. 뒤에 화약을 쓰는 대포 등도 이 글자를 그대로 썼다.

읽기 한자

砲艦(포함) 艦砲(함포)

쓰기 한자

砲擊(포격) 砲彈(포탄) 砲門(포문) 砲兵(포병) 砲聲(포성) 砲手(포수) 砲煙(포연) 砲火(포화) 空砲(공포) 大砲(대포) 發砲(발포) 銃砲(총포) 祝砲(축포) 曲射砲(곡사포) 高射砲(고사포) 投砲丸(투포환) 十字砲(십자포) 迫擊砲(박격포)

胞 세포 포(:)
肉/月 | 5획
4급

비 抱(안을 포)

글자 풀이

어미 뱃속에서 아기를 감싸고(包) 있는 인체의 기관(月)에서 '세포, 태반'을 의미한다.

읽기 한자

僑胞(교포) 胞胎(포태) 癌細胞(암세포)

쓰기 한자

胞宮(포궁) 胞子(포자) 同胞(동포) 細胞(세포) 多細胞(다세포) 單細胞(단세포) 細胞分裂(세포분열)

浦 개(水邊) 포
水 | 7획
3급 II

비 捕(잡을 포)
동 津(나루 진)

글자 풀이

물가(水)에 배를 대는 일을 돕는(甫) 곳이니 개(浦)라는 의미이다.

읽기 한자

浦灣(포만)

쓰기 한자

浦口(포구) 浦村(포촌) 浦項(포항) 浦港(포항) 浦邊(포변) 浦田(포전)

抱 안을 포:
手 | 5획
3급

비 胞(세포 포)
동 擁(낄 옹)
　懷(품을 회)

글자 풀이

손(手)으로 물건을 싸서(包) 가슴에 안는다(抱)는 의미이다.

읽기 한자

塵抱(진포)

쓰기 한자

抱負(포부) 抱擁(포옹) 抱主(포주) 懷抱(회포) 抱腹絶倒(포복절도)

捕

3급Ⅱ
잡을 **포:**
手 | 7획

비 浦(개 포)
補(기울 보)
동 獲(얻을 획)
拘(잡을 구)
操(잡을 조)

글자 풀이
포위망을 크게 펼쳐(甫) 죄인을 손으로 잡는다(扌)는 데서, 잡다는 의미이다.

읽기 한자
捕繩(포승)

쓰기 한자
捕繫(포계) 捕球(포구) 捕手(포수) 捕卒(포졸) 捕獲(포획) 生捕(생포)
逮捕(체포)

飽

3급
배부를 **포:**
食 | 5획

비 飾(꾸밀 식)
반 飢(주릴 기)
饑(주릴 기)
餓(주릴 아)

글자 풀이
뱃속에 음식(食)을 가득 싸고(包) 있어서 배가 부르다(飽)는 의미이다.

읽기 한자
盈飽(영포)

쓰기 한자
飽滿(포만) 飽食(포식) 飽聞(포문) 飽和(포화) 飽食暖衣(포식난의)

怖

2급
두려워할 **포**
心 | 5획

동 懼(두려워할 구)
畏(두려워할 외)
慄(두려워할 율)
怯(두려워할 겁)
恐(두려울 공)

글자 풀이
베는 옛날에 화폐의 대용이었고, 제사옷을 짓거나 세금을 낼 때 사용한 귀중품이었다. 베를 지닌 사람은 항상 베(布)의 손상이나 분실 염려로 늘 마음(忄) 쓰며 두려워하는 데서 두려워하다(怖)는 의미이다.

읽기 한자
怖懼(포구) 怖畏(포외) 恐怖(공포)

抛

2급
던질 **포:**
手 | 4획

동 擲(던질 척)
投(던질 투)
棄(버릴 기)

글자 풀이
손(手)에 더욱(尤) 많은 힘(力)을 모아 던진다, 버린다(抛)는 의미이다.

읽기 한자
抛車(포거) 抛棄(포기) 抛物線(포물선) 抛置(포치)

葡

2급(名)

포도 **포**

艹 | 9획

동 萄(포도 도)

글자 풀이

匍는 많은(甫) 열매를 감싼(勹) 송이를 의미한다. 송이(匍)져서 열매가 열리는 식물(艹)로 포도(葡)를 의미한다.

鋪

2급

펼/가게 **포**

金 | 7획

동 廛(가게 전)
店(가게 점)
肆(가게 사)
敷(펼 부)

글자 풀이

쇠붙이(金)를 넓게(甫) 만든다는 데서 펴다(鋪)를 나타낸다. 또 돈(金)이 많이(甫) 쌓여 있는 것으로 보아 가게(鋪)를 의미한다.

읽기 한자

鋪張(포장) 典當鋪(전당포) 店鋪(점포) 紙物鋪(지물포)
鋪裝道路(포장도로)

鮑

2급(名)

절인물고기 **포:**

魚 | 5획

글자 풀이

생선(魚)이 소금에 싸여(包) 간이 배었다는 데서 절인 물고기(鮑)를, 생선(魚)이 껍질에 둘러싸여(包) 있다는 데서 선복을 나타낸다. 姓氏로도 쓰인다.

읽기 한자

鮑尺(포척) 鮑叔牙(포숙아) 鮑石亭(포석정)

暴

4급Ⅱ

사나울 **폭**
모질 **포:**

日 | 11획

비 爆(불터질 폭)
동 猛(사나울 맹)

글자 풀이

해(日)는 가뭄을, 홍수(水)는 수해를 가져오니 해와 물은 한가지로(共) 사납다(暴)는 의미이다.

읽기 한자

暴虐(포학) 暴桀(폭걸) 暴酷(폭혹)

쓰기 한자

暴徒(폭도) 亂暴(난폭) 暴酒(폭주) 暴騰(폭등) 暴暑(폭서) 暴炎(폭염)
暴動(폭동) 暴力(폭력) 暴雪(폭설) 暴言(폭언) 暴雨(폭우) 暴政(폭정)
暴行(폭행) 暴利(폭리) 暴飮(폭음) 暴落(폭락) 暴發(폭발) 暴惡(포악)
暴露(폭로) 橫暴(횡포) 暴風雨(폭풍우) 自暴自棄(자포자기)

爆

4급
불터질 **폭**
火 | 15획

비 暴(사나울 폭)

글자 풀이
불(火)이 사납게(暴) 타니 폭발하다(爆)는 의미이다.

읽기 한자
增爆劑(증폭제)

쓰기 한자
爆擊(폭격) 爆發(폭발) 爆死(폭사) 爆笑(폭소) 爆藥(폭약) 爆竹(폭죽)
爆彈(폭탄) 猛爆(맹폭) 原爆(원폭) 自爆(자폭) 戰爆機(전폭기)

幅

3급
폭 **폭**
巾 | 9획

비 福(복 복)

글자 풀이
천(巾)이 옆으로 꽉찼다(畐)는 데서 폭(幅)을 의미한다.

쓰기 한자
幅廣(폭광) 江幅(강폭) 落幅(낙폭) 路幅(노폭) 大幅(대폭) 步幅(보폭)
小幅(소폭) 增幅(증폭) 振幅(진폭) 畫幅(화폭) 全幅的(전폭적)

表

6급 II
겉 **표**
衣 | 3획

비 衰(쇠할 쇠)
衣(옷 의)
衷(속마음 충)
반 裏(속 리)

글자 풀이
털(毛-土) 옷(衣)을 겉(表)에 입고 밖으로 나타난다(表)는 의미이다.

읽기 한자
表揭(표게) 表札(표찰) 塵表(진표) 風塵表(풍진표)

쓰기 한자
表象(표상) 表皮(표피) 亂數表(난수표) 辭表(사표) 表奏(표주) 表決(표결)
表記(표기) 表面(표면) 表明(표명) 表文(표문) 表示(표시) 表情(표정)
表題(표제) 表紙(표지) 表出(표출) 表現(표현) 公表(공표) 代表(대표)
圖表(도표) 發表(발표) 別表(별표) 師表(사표) 年表(연표) 意表(의표)
情表(정표) 地表(지표) 徵表(징표) 表裏(표리) 價格表(가격표)
無表情(무표정) 出師表(출사표) 統計表(통계표) 表裏不同(표리부동)

票

4급 II
표 **표**
示 | 6획

비 栗(밤 률)
粟(조 속)

글자 풀이
신령(示)한테 받은 액막이 부적이 들어있는 상자(襾)에서 유래하여 펄렁이는 패찰(票)을 의미한다.

읽기 한자
票姚(표요)

쓰기 한자
否票(부표) 郵票(우표) 投票(투표) 票決(표결) 票然(표연) 開票(개표)
計票(계표) 得票(득표) 手票(수표) 暗票(암표) 車票(차표) 換票(환표)
價格票(가격표) 賣票所(매표소) 番號票(번호표) 空手票(공수표)
記票所(기표소) 浮動票(부동표) 買票行爲(매표행위)

파

標 4급
표할 **표**
木 | 11획

비 漂(떠돌 표)

글자 풀이
신령한테 받은 부적(票)을 나무(木)판에 붙이는 것에서 표시, 표시판(標)을 의미한다.

읽기한자
標札(표찰) 標峻(표준) 標軸(표축)

쓰기한자
標記(표기) 標本(표본) 標示(표시) 標語(표어) 標的(표적) 標題(표제)
標準(표준) 標紙(표지) 目標(목표) 物標(물표) 商標(상표) 音標(음표)
座標(좌표) 指標(지표) 祕標(비표)

漂 3급
떠다닐 **표**
水 | 11획

비 標(표할 표)
동 浮(뜰 부)
반 留(머무를 류)
　 停(머무를 정)

글자 풀이
쪽지(票)가 물(水) 위에 떠다니듯 한다는 데서 '떠다니다, 빨래하다'는 의미이다.

읽기한자
漂白劑(표백제)

쓰기한자
漂流(표류) 漂流記(표류기) 漂母(표모) 漂白(표백)
漂然(표연) 漂着(표착) 漂漂(표표) 浮漂(부표)

杓 2급(名)
북두자루 **표**
木 | 3획

동 柄(자루 병)
　 瓢(국자 표)

글자 풀이
나무(木)로 만든 국자(勺)나 국자의 자루(杓)를 의미한다.

읽기한자
杓子(표자) 斗杓(두표) 玉杓(옥표) 酒杓(주표)

品 5급Ⅱ
물건 **품:**
口 | 6획

동 物(물건 물)
　 件(물건 건)

글자 풀이
입(口)이 셋으로 많은 사람을 의미하고, 그 의미가 넓어져서 많은 물건, 물품(品)을 의미한다.

읽기한자
骨董品(골동품) 菓品(과품) 舶來品(박래품)

쓰기한자
納品(납품) 返品(반품) 廢品(폐품) 品格(품격) 品貴(품귀) 品名(품명)
品目(품목) 品性(품성) 品切(품절) 品種(품종) 品質(품질) 品行(품행)
景品(경품) 金品(금품) 氣品(기품) 名品(명품) 物品(물품) 部品(부품)
備品(비품) 商品(상품) 賞品(상품) 品詞(품사) 類似品(유사품)
副葬品(부장품) 化粧品(화장품)

風 | 바람 풍 | 6급Ⅱ | 風 | 0획

보통(凡) 벌레(虫)들은 햇볕보다 바람(風)을 싫어한다는 의미이다.

읽기 한자

倭風(왜풍) 颱風(태풍) 風塵(풍진) 風采(풍채) 廻風(회풍) 薰風(훈풍)
風埃(풍애) 趨風(추풍) 結繩風(결승풍) 風塵表物(풍진표물)
風餐露宿(풍찬노숙) 穆如淸風(목여청풍) 風塵世上(풍진세상)

쓰기 한자

威風(위풍) 驚風(경풍) 風景(풍경) 風浪(풍랑) 風貌(풍모) 風敎(풍교)
風力(풍력) 風物(풍물) 風速(풍속) 風俗(풍속) 風習(풍습) 風齒(풍치)
學風(학풍) 殺風景(살풍경) 破傷風(파상풍) 珍風景(진풍경)
馬耳東風(마이동풍) 風前燈火(풍전등화) 風化作用(풍화작용)

豊 | 풍년 풍 | 4급Ⅱ | 豆 | 6획

비 禮(예도 례)
반 凶(흉할 흉)

글자 풀이
벼이삭을 산처럼 쌓아(曲)서 신령(豆)에게 바치며 기원을 올리는 것에서
작물의 작황이 좋은 것, 풍부하다(豊)는 의미이다.

쓰기 한자

豊年(풍년) 豊滿(풍만) 豊富(풍부) 豊盛(풍성) 豊作(풍작)
時和年豊(시화연풍)

楓 | 단풍 풍 | 3급Ⅱ | 木 | 9획

비 極(다할 극)

글자 풀이
가을 바람(風)에 잎이 물이 드는 나무(木)이니 단풍나무(楓)라는 의미
이다.

쓰기 한자

楓葉(풍엽) 楓菊(풍국) 楓林(풍림) 觀楓(관풍) 霜楓(상풍) 丹楓(단풍)

疲 | 피곤할 피 | 4급 | 疒 | 5획

비 波(물결 파)
동 困(곤할 곤)

글자 풀이
뼈와 가죽(皮)이 붙어 병(疒)이 날 정도로 고달프고, 느른하다(疲)는 의미
이다.

쓰기 한자

疲困(피곤) 疲勞(피로) 疲弊(피폐)

파

避	4급
	피할 **피**:
	辶 | 13획

비 壁(벽 벽)
　碧(푸를 벽)
동 逃(도망할 도)

글자 풀이

길(辶)을 가는 몸(尸)이 돌(口)이나 죄인(辛)을 피한다(避)는 의미이다.

읽기한자

避妊(피임) 避獐逢虎(피장봉호) 廻避(회피)

쓰기한자

避難(피난) 避身(피신) 待避(대피) 逃避(도피) 所避(소피) 避暑(피서)
忌避(기피) 回避(회피) 避難民(피난민) 避暑地(피서지) 避雷針(피뢰침)

皮	3급 Ⅱ
	가죽 **피**
	皮 | 0획

비 反(돌이킬 반)
동 膚(살갗 부)
　革(가죽 혁)

글자 풀이

짐승 가죽을 벗기는 모양을 본뜬 글자로, 가죽을 의미한다.

읽기한자

獐皮(장피) 皮鉀(피갑) 皮膚(피부) 檜皮(회피) 皮膜(피막) 皮弁(피변)
皮膚病(피부병) 結弓獐皮(결궁장피) 皮膚美容(피부미용)

쓰기한자

桂皮(계피) 皮骨(피골) 皮下(피하) 皮革(피혁) 去皮(거피) 毛皮(모피)
羊皮(양피) 外皮(외피) 牛皮(우피) 五加皮(오가피) 鐵面皮(철면피)

彼	3급 Ⅱ
	저 **피**:
	彳 | 5획

비 波(물결 파)
반 是(옳을/이 시)
　此(이 차)
　我(나 아)

글자 풀이

가죽(皮) 상점이 길(彳) 건너 저(彼)쪽에 있다는 의미이다.

쓰기한자

彼我(피아) 彼岸(피안) 彼此(피차) 於此彼(어차피) 此日彼日(차일피일)

被	3급 Ⅱ
	입을 **피**:
	衣 | 5획

비 衲(기울 납)

글자 풀이

사람이 몸에 옷(衣)이나 가죽(皮)을 걸친다는 데서 입다, 덮다(被)는 의미이다.

읽기한자

被鉀(피갑) 被拉(피랍)

쓰기한자

被擊(피격) 被服(피복) 被殺(피살) 被害(피해) 被覆(피복) 被逮(피체)
被寫體(피사체) 被害妄想(피해망상)

必 | 5급 II
반드시 **필**
心 | 1획

비 心(마음 심)
동 須(모름지기 수)

글자 풀이

삐뚤어진(丿) 마음(心)은 반드시(必) 고칠 필요(必)가 있다는 의미이다.

쓰기 한자

必須(필수) 必勝(필승) 期必(기필) 必讀書(필독서) 必要惡(필요악)
生必品(생필품) 必需品(필수품) 事必歸正(사필귀정) 信賞必罰(신상필벌)
生者必滅(생자필멸)

筆 | 5급 II
붓 **필**
竹 | 6획

동 毫(붓 호)

글자 풀이

붓대(聿)로는 옛날부터 대나무(竹)를 사용했는데, 그 붓을 손에 든 형태에
서 붓(筆)을 의미한다.

 읽기 한자

麟筆(인필) 筆硯(필연) 筆帽(필모) 筆札(필찰) 筆翰(필한)
紙筆硯墨(지필연묵)

쓰기 한자

筆舌(필설) 粉筆(분필) 鉛筆(연필) 漫筆(만필) 紙筆墨(지필묵)
筆記(필기) 筆談(필담) 筆答(필답) 筆力(필력) 筆名(필명) 筆法(필법)
筆順(필순) 筆者(필자) 筆體(필체) 筆致(필치) 加筆(가필) 曲筆(곡필)
筆耕(필경) 筆跡(필적) 筆禍(필화) 隨筆(수필)

畢 | 3급 II
마칠 **필**
田 | 6획

비 華(빛날 화)
동 竟(마침내 경)

글자 풀이

본래 그물로 사냥하는 뜻을 나타내는 글자였으나, 그 물질로 사냥을 마
치는 데서, 마치다는 뜻도 나왔다.

 **쓰기 한자**

畢竟(필경) 畢納(필납) 畢生(필생) 畢業(필업) 檢査畢(검사필)
檢定畢(검정필)

匹 | 3급
짝 **필**
匚 | 2획

비 四(넉 사)
동 偶(짝 우)
　 配(짝 배)

글자 풀이

포목상에서 피륙을 짝지어(匹) 쌓아 놓은 모양을 본떴다.

 **쓰기 한자**

匹馬(필마) 匹夫(필부) 匹敵(필적) 配匹(배필)
匹馬單騎(필마단기)

파

弼

2급(名)
도울 **필**
弓 | 9획

동 輔(도울 보)
　佐(도울 좌)
　助(도울 조)
　翊(도울 익)
　贊(도울 찬)
　毘(도울 비)

글자 풀이

휜(百) 활(弓)을 바로잡는 것을 틀이 돕는데서 돕다(弼)를 의미한다.

읽기한자

弼導(필도) 弼成(필성) 輔弼(보필)

下

7급Ⅱ
아래 **하:**
一 | 2획

반 上(윗 상)

글자 풀이

가로선을 한 줄 긋고, 그 아래에 표시를 한 형태로 아래(下)를 의미한다.

읽기한자

下庠(하상) 下位圈(하위권) 下弦(하현) 下廻(하회)
下劑(하제) 下焦(하초) 趨下(추하) 傘下團體(산하단체)

쓰기한자

下降(하강) 下卷(하권) 下段(하단) 下略(하략) 零下(영하) 下賜(하사)
下界(하계) 下官(하관) 下校(하교) 下交(하교) 下級(하급) 下女(하녀)
下端(하단) 下達(하달) 下待(하대) 下落(하락) 下流(하류) 下命(하명)
下問(하문) 下部(하부) 殿下(전하) 下懷(하회) 層層侍下(층층시하)
下石上臺(하석상대) 下厚上薄(하후상박) 莫上莫下(막상막하) 嚴妻侍下(엄처시하)

夏

7급
여름 **하:**
夂 | 7획

반 冬(겨울 동)

글자 풀이

천천히 걸어도(夂) 머리(頁)에 땀이 나는 여름(夏)이라는 의미이다.

읽기한자

夏禹氏(하우씨) 夏桀(하걸) 夏后氏(하후씨)

쓰기한자

夏傑(하걸) 夏季(하계) 夏穀(하곡) 華夏(화하) 夏期(하기) 夏服(하복)
夏至(하지) 立夏(입하) 夏節期(하절기) 春夏秋冬(춘하추동)

河

5급
물 **하**
水 | 5획

비 何(어찌 하)
동 江(강 강)
　川(내 천)
　水(물 수)
반 山(메 산)

글자 풀이

물(水)의 흐름이 보기에 좋다(可)는 데서 강(河)을 의미한다.

읽기한자

沂河(기하) 淇河(기하) 泗河(사하) 遼河(요하) 河津(하진)

쓰기한자

河口(하구) 河馬(하마) 河上(하상) 河川(하천) 河海(하해) 氷河(빙하)
山河(산하) 運河(운하) 大河小說(대하소설) 百年河淸(백년하청)
銀河水(은하수)

何

3급Ⅱ
어찌 **하**
人 | 5획

비 河(물 하)
　 可(옳을 가)
동 那(어찌 나)
　 奚(어찌 해)

짐을 지고 있는(可) 사람(人)의 옆 모습으로 지고 있는 물건이 무엇(何)인가하는 의미이다.

幾何(기하) 誰何(수하) 幾何級數(기하급수) 何等(하등) 何時(하시)
何如(하여) 何人(하인) 何處(하처) 何必(하필) 如何(여하) 何如間(하여간)
抑何心情(억하심정)

賀

3급Ⅱ
하례할 **하:**
貝 | 5획

비 貨(재물 화)
동 慶(경사 경)

돈(貝)이나 물건을 주면서(加) 하례한다(賀)는 의미이다.

賀客(하객) 賀禮(하례) 賀正(하정) 慶賀(경하) 敬賀(경하) 祝賀(축하)
致賀(치하) 年賀狀(연하장) 年賀葉書(연하엽서) 謹賀新年(근하신년)

荷

3급Ⅱ
멜 **하(:)**
艹 | 7획

비 苛(매울 가)

옛날에는 사람들이 짐을 무엇이건(何) 풀(艹)을 엮어 싼 데서, 짐을 의미한다.

荷物(하물) 荷船(하선) 荷役(하역) 荷主(하주) 荷重(하중) 荷香(하향)
荷花(하화) 薄荷(박하) 負荷(부하) 入荷(입하) 出荷(출하) 荷置場(하치장)

하

學

8급
배울 **학**
子 | 13획

비 覺(깨달을 각)
반 敎(가르칠 교)
　 訓(가르칠 훈)
약 学

아이들(子)이 서당(冖)에서 두 손으로 책을 잡고(臼) 스승을 본받으며(爻) 글을 배운다는 데서, 배우다는 의미이다.

碩學(석학) 宋學(송학) 學閥(학벌) 學苑(학원) 學廬(학려)
姚江學派(요강학파) 濂溪學派(염계학파) 紡文績學(방문적학)

學界(학계) 學科(학과) 學校(학교) 學究(학구) 學級(학급) 學期(학기)
學年(학년) 學堂(학당) 學力(학력) 學歷(학력) 學名(학명) 學問(학문)
學兵(학병) 學部(학부) 學府(학부) 學費(학비) 學士(학사) 學舍(학사)
學生(학생) 學說(학설) 學術(학술) 學習(학습) 學識(학식) 學業(학업)

鶴 학 | 학 3급Ⅱ
鳥 | 10획

비 鷄(닭 계)

머리 위에 살이 붉게 드러나 있는 새라는 데서 '두루미, 학'을 의미한다.

읽기한자
鶴俸(학봉) 鶴鼎(학정) 瑞鶴(서학) 皓鶴(호학)

쓰기한자
鶴髮(학발) 白鶴(백학) 丹頂鶴(단정학) 群鷄一鶴(군계일학)
鶴髮雙親(학발쌍친) 鶴首苦待(학수고대)

虐 모질 | 학 2급
虍 | 3획

동 暴(사나울 폭/모질 포)
苛(매울 가)
酷(심할 혹)

글자 풀이
범(虍)이 발톱(爪)으로 사람(人)을 해치는 것을 나타내 해치다, 모질다(虐)는 의미이다.

읽기한자
虐待(학대) 虐殺(학살) 虐政(학정) 自虐(자학) 殘虐(잔학) 暴虐(포학)
酷虐(혹학) 凶虐(흉학)

韓 한국/나라 | 한(:) 8급
韋 | 8획

비 緯(씨 위)

글자 풀이
해가 돋는(卓) 동방의 위대한(韋) 나라인 한국(韓)을 의미한다.

읽기한자
弁韓(변한) 駐韓(주한) 韓琦(한기) 韓盧(한로) 韓魏(한위)

쓰기한자
韓國(한국) 韓末(한말) 韓美(한미) 韓方(한방) 韓服(한복) 韓食(한식)
韓式(한식) 韓醫(한의) 韓人(한인) 韓日(한일) 韓族(한족) 韓紙(한지)
韓貨(한화) 南韓(남한) 來韓(내한) 對韓(대한) 訪韓(방한) 北韓(북한)
三韓(삼한) 韓半島(한반도) 韓國語(한국어) 大韓民國(대한민국)
英韓辭典(영한사전)

漢 한수/한나라 | 한: 7급Ⅱ
水 | 11획

비 嘆(탄식할 탄)

글자 풀이
물(水)과 진흙(堇)의 양자강 유역에 세운 한나라(漢)라는 의미이다.

읽기한자
楚漢志(초한지) 蜀漢(촉한) 漢菓(한과) 漢城判尹(한성판윤)

쓰기한자
巨漢(거한) 漢江(한강) 漢文(한문) 漢城(한성) 漢水(한수) 漢陽(한양)
漢王(한왕) 漢字(한자) 漢族(한족) 漢學(한학) 銀漢(은한) 羅漢(나한)
惡漢(악한) 怪漢(괴한) 門外漢(문외한) 好色漢(호색한) 漢四郡(한사군)
無賴漢(무뢰한)

寒 찰 한 5급
宀 | 9획

ㅂ 塞(변방 새)
동 冷(찰 랭)
반 溫(따뜻할 온)
　暖(따뜻할 난)
　熱(더울 열)

겨울(冬)이 되면 움집(宀) 지면이 얼어서 풀을 깔고(茻) 사람이 그 위에서 자는 모습에서 춥다(寒)는 의미이다.

읽기 한자
防寒帽(방한모) 酷寒(혹한) 寒蟾(한섬) 寒泓(한홍)

쓰기 한자
寒氣(한기) 寒暖(한난) 寒冷(한랭) 寒帶(한대) 寒流(한류) 寒食(한식)
寒天(한천) 寒村(한촌) 寒波(한파) 寒害(한해) 極寒(극한) 大寒(대한)
惡寒(오한) 小寒(소한) 耐寒(내한) 寒微(한미) 防寒服(방한복)
三寒四溫(삼한사온) 嚴冬雪寒(엄동설한) 凍氷寒雪(동빙한설)
脣亡齒寒(순망치한)

限 한할 한: 4급Ⅱ
阜/阝 | 6획

ㅂ 恨(한 한)
　根(뿌리 근)

험한 산언덕(阝)에 막혀 걸음을 멈추어야(艮) 하는 데서 '한하다, 막히다'는 의미이다.

읽기 한자
踰限(유한) 疆限(강한)

쓰기 한자
限界(한계) 限度(한도) 限定(한정) 期限(기한) 無限(무한) 上限(상한)
時限(시한) 年限(연한) 有限(유한) 制限(제한) 下限(하한) 無限大(무한대)
無限量(무한량) 無限定(무한정) 無期限(무기한) 無制限(무제한)
最大限(최대한) 最小限(최소한) 限界狀況(한계상황)

恨 한[怨] 한: 4급
心 | 6획

ㅂ 限(한할 한)
　根(뿌리 근)
동 怨(원망할 원)
　悔(뉘우칠 회)
반 恩(은혜 은)

마음(心) 속에 머물러(艮) 잊혀지지 않는 원한(恨)을 의미한다.

쓰기 한자
恨歎(한탄) 餘恨(여한) 遺恨(유한) 怨恨(원한) 痛恨(통한)
悔恨(회한) 嫌恨(혐한)

閑 한가할 한 4급
門 | 4획

ㅂ 閉(닫을 폐)
　開(열 개)
반 忙(바쁠 망)

문(門) 안에 나무(木)가 한가롭게(閑) 서 있다는 의미이다.

쓰기 한자
閑暇(한가) 閑良(한량) 閑散(한산) 閑人(한인) 閑職(한직) 閑邪(한사)
閑寂(한적) 空閑地(공한지) 農閑期(농한기) 等閑視(등한시)
忙中閑(망중한) 有閑階級(유한계급)

하

旱 3급
가물 **한:**
日 | 3획

비 旴(이를 조)

글자 풀이
해(日)를 방패로 막아야(干) 할 정도로 가물다(旱)는 의미이다.

읽기한자
亢旱(항한)

쓰기한자
旱災(한재) 旱害(한해) 旱徵(한징) 旱熱(한열) 旱鬼(한귀) 旱炎(한염)
旱暑(한서) 枯旱(고한) 久旱(구한) 耐旱(내한) 七年大旱(칠년대한)

汗 3급 II
땀 **한:**
水 | 3획

비 干(방패 간)

글자 풀이
더위를 이겨내는 방패(干) 역할을 하는 물(水)이니 땀(汗)을 의미한다.

읽기한자
尿汗症(요한증) 止汗劑(지한제)

쓰기한자
汗蒸(한증) 盜汗(도한) 發汗(발한) 汗汗(한한) 不汗黨(불한당)

邯 2급(名)
조(趙)나라 서울 **한**
사람 이름 **감**
邑/阝 | 5획

글자 풀이
중국 전국시대 조(趙)나라 서울 한단(邯鄲)을 의미한다.

읽기한자
姜邯瓚(강감찬)

翰 2급
편지 **한:**
羽 | 10획

동 札(편지 찰)

글자 풀이
羽를 제외한 부분은 倝部로 깃대를 나타낸 것으로 깃대처럼 긴 날개(羽)
라는 데서 깃을 나타낸다. 깃은 날 수 있게 하므로 '날다'를 나타내고, 새
깃으로 붓을 만들었으므로 '붓'을 나타내며, 붓은 글을 쓰므로 '글', 나
아가 '문인, 학자'를 나타낸다. 또 새의 발목에 편지를 묶어 전한데서 '편
지'를 의미한다.

읽기한자
翰毛(한모) 翰墨(한묵) 翰飛(한비) 翰札(한찰) 公翰(공한)
內翰(내한) 書翰(서한) 翰林院(한림원) 如飛如翰(여비여한)

割

3급 Ⅱ

벨 **할**

刀 | 10획

비 害(해할 해)
동 分(나눌 분)

글자 풀이

칼(刂)로 베어 해친다(害)는 데서 '베다, 가르다, 나누다'는 의미이다.

쓰기 한자

割賦(할부) 宰割(재할) 割據(할거) 割當(할당) 割禮(할례) 割腹(할복)
割愛(할애) 割引(할인) 割增(할증) 分割(분할) 役割(역할)

含

3급 Ⅱ

머금을 **함**

口 | 4획

비 今(이제 금)
吟(읊을 음)

글자 풀이

지금(今) 입(口) 속에 무엇이 있다하여 머금다(含)는 의미이다.

읽기 한자

含憾(함감)

쓰기 한자

含量(함량) 含有(함유) 含蓄(함축) 包含(포함) 含嫌(함혐)
含憤蓄怨(함분축원)

陷

3급 Ⅱ

빠질 **함:**

阜/阝 | 8획

동 沒(빠질 몰)
溺(빠질 닉)

글자 풀이

언덕(阝)에 있는 함정(臼)에 사람(人)이 빠진다(陷)는 의미이다.

읽기 한자

陷溺(함닉) 坑陷(갱함)

쓰기 한자

陷落(함락) 陷沒(함몰) 陷害(함해) 缺陷(결함) 謀陷(모함)

咸

3급

다 **함**

口 | 6획

비 減(덜 감)
成(이룰 성)
동 皆(다 개)
總(다 총)

글자 풀이

도끼(戌)의 서슬이 모든 사람(口)에게 위압감을 느끼게 한다는 데서 '다, 모두'를 의미한다.

쓰기 한자

咸登(함등) 咸服(함복) 咸悅(함열) 咸池(함지) 咸集(함집)

艦 | 큰배 **함:**
2급
舟 | 14획

- 동 舟(배 주)
  船(배 선)
  舶(배 박)
  航(배 항)
  艇(큰배 정)
- 약 艦

글자 풀이

적의 동태를 감시(監)하고 유사시에는 싸움에 나서는 배(舟)로 큰배(艦)를 의미한다.

읽기 한자

艦隊(함대) 艦尾(함미) 艦船(함선) 艦長(함장) 艦艇(함정) 艦砲(함포)
巨艦(거함) 軍艦(군함) 大艦(대함) 母艦(모함) 乘艦(승함) 戰艦(전함)
砲艦(포함) 巡洋艦(순양함) 潛水艦(잠수함) 驅逐艦(구축함)
航空母艦(항공모함)

合 | 합할 **합**
6급
口 | 3획

- 비 今(이제 금)
  令(하여금 령)
- 반 分(나눌 분)

글자 풀이

사람(人)들이 모여(一)들어서 대화(口)하는 것에서 얘기하는 것이 일치한다, 맞다(合)는 의미이다.

읽기 한자

倂合(병합) 縫合手術(봉합수술) 融合(융합) 綜合(종합) 綜合的(종합적)
聚合(취합) 合倂(합병) 合倂症(합병증) 合成樹脂(합성수지)

쓰기 한자

合邦(합방) 合格(합격) 合計(합계) 合宮(합궁) 合金(합금) 合當(합당)
合同(합동) 合流(합류) 合理(합리) 合法(합법) 合本(합본) 合算(합산)
合席(합석) 合乘(합승) 合葬(합장) 合掌(합장) 合奏(합주) 封合(봉합)
附合(부합) 符合(부합) 統廢合(통폐합) 烏合之卒(오합지졸)

港 | 항구 **항:**
4급Ⅱ
水 | 9획

- 비 巷(거리 항)

글자 풀이

물(水)에 접하고 있는 마을(巷)의 모습에서 배가 출입하는 항구(港)를 의미한다.

읽기 한자

港灣(항만)

쓰기 한자

歸港(귀항) 寄港(기항) 港口(항구) 港都(항도) 開港(개항) 空港(공항)
軍港(군항) 商港(상항) 漁港(어항) 外港(외항) 入港(입항) 出港(출항)

航 | 배 **항:**
4급Ⅱ
舟 | 4획

- 동 舟(배 주)
  船(배 선)
  舶(배 박)
  艇(큰배 정)

글자 풀이

사람의 목줄기(亢)처럼 배(舟)가 똑바로 나가는 것에서 건너다, 나가다(航)는 의미이다.

읽기 한자

航空母艦(항공모함)

쓰기 한자

歸航(귀항) 就航(취항) 渡航(도항) 航路(항로) 航母(항모) 航速(항속)
航海(항해) 缺航(결항) 難航(난항) 密航(밀항) 運航(운항) 直航(직항)
出航(출항) 回航(회항) 巡航(순항) 航空機(항공기) 航法士(항법사)
外航船(외항선) 航空郵便(항공우편)

抗

4급

겨룰 **항:**

手 | 4획

비 折(꺾을 절)
동 競(다툴 경)
　　爭(다툴 쟁)
　　戰(싸움 전)

<글자 풀이>
손(手)으로 적과 겨루어(亢) 대항하고 막는다(抗)는 의미이다.

<읽기한자>
抗生劑(항생제) 抗塵走俗(항진주속)

<쓰기한자>
抗拒(항거) 抗告(항고) 抗命(항명) 抗辯(항변) 抗手(항수)
抗議(항의) 抗日(항일) 抗爭(항쟁) 抗戰(항전) 抗體(항체)
對抗(대항) 反抗(반항) 抗衡(항형) 抗訴(항소) 抵抗(저항)
不可抗力(불가항력)

恒

3급 II

항상 **항**

心 | 6획

동 常(떳떳할 상)

<글자 풀이>
하늘과 땅 사이에 해가 늘 뜨듯(亘) 마음(心)도 늘 한결같다는 데서 '늘, 항상'을 의미한다.

<쓰기한자>
恒常(항상) 恒星(항성) 恒心(항심) 恒溫(항온)
恒用(항용) 恒久的(항구적)

項

3급 II

항목 **항:**

頁 | 3획

비 境(지경 경)
　　頂(정수리 정)
동 款(항목 관)
　　條(가지 조)

<글자 풀이>
머리(頁)의 방향을 이리 저리 돌리게 하는(工) 목덜미(項)를 의미한다.

<읽기한자>
獐項里(장항리) 款項(관항)

<쓰기한자>
項鎖(항쇄) 項領(항령) 項目(항목) 各項(각항) 事項(사항) 條項(조항)
同類項(동류항)

巷

3급

거리 **항:**

己 | 6획

비 恭(공손할 공)
　　港(항구 항)
동 街(거리 가)

<글자 풀이>
고을(邑) 사람들이 함께(共) 사는 곳이니 거리, 마을(巷)을 의미한다.

<읽기한자>
僻巷(벽항)

<쓰기한자>
巷間(항간) 巷談(항담) 巷說(항설) 塗巷(도항) 衡巷(형항)

亢

2급(名)

높을 **항**

亠 | 2획

[동] 高(높을 고)
崔(높을 최)

> **글자 풀이**
>
> 亠는 머리를 几는 목을 본떠 목(亢)을 나타낸다. 또 머리와 목은 인체의 윗부분에 있으므로 높다(亢)를 의미한다.

> **읽기한자**
>
> 亢龍有悔(항룡유회) 亢進(항진) 高亢(고항) 絶亢(절항)

沆

2급(名)

넓을 **항:**

水 | 4획

[동] 茫(아득할 망)
瀁(물넓을 양)

> **글자 풀이**
>
> 물(水)이 길(亢)게 흐르는 것은 물의 양이 풍부하기 때문으로 당연히 물이 깊고 넓게 마련인데서 물이 넓다(沆)는 의미이다.

> **읽기한자**
>
> 沆茫(항망)

海

7급Ⅱ

바다 **해:**

水 | 7획

[비] 梅(매화 매)
每(매양 매)
[동] 洋(큰바다 양)
滄(큰바다 창)
[반] 陸(뭍 륙)

> **글자 풀이**
>
> 강물(水)은 매양(每) 바다(海)로 통한다는 의미이다.

> **읽기한자**
>
> 渤海(발해) 滄海(창해) 海鷗(해구) 海舶(해박) 海蔘(해삼) 海峽(해협)
> 海膽(해담) 海灣(해만) 海甸(해전) 海聚(해취) 淵海(연해) 塵海(진해)
> 翰海(한해) 福聚海(복취해) 海狗腎(해구신) 玄海灘(현해탄)
> 屍山血海(시산혈해) 滄海一粟(창해일속)

> **쓰기한자**
>
> 海底(해저) 海賊(해적) 海拔(해발) 海警(해경) 海軍(해군) 海難(해난)
> 海女(해녀) 海圖(해도) 海島(해도) 海東(해동) 海路(해로) 海流(해류)
> 海里(해리) 海面(해면) 海邊(해변) 桑田碧海(상전벽해)

害

5급Ⅱ

해할 **해:**

宀 | 7획

[비] 割(벨 할)
憲(법 헌)
[동] 損(덜 손)
[반] 利(이할 리)

> **글자 풀이**
>
> 손(手)이나 입(口)을 잘못 놀리면 집(宀)에 해(害)가 돌아온다는 의미이다.

> **읽기한자**
>
> 沮害(저해) 害虐(해학) 酷害(혹해)

> **쓰기한자**
>
> 妨害(방해) 傷害(상해) 霜害(상해) 損害(손해) 危害(위해) 旱害(한해)
> 害毒(해독) 害惡(해악) 害蟲(해충) 加害(가해) 公害(공해) 冷害(냉해)
> 病害(병해) 殺害(살해) 水害(수해) 要害(요해) 有害(유해) 陰害(음해)
> 利害(이해) 迫害(박해) 自害(자해) 弊害(폐해) 被害(피해) 被害妄想(피해망상)

解

4급 II

풀 해:
角 | 6획

- 동 釋(풀 석)
  放(놓을 방)
- 반 結(맺을 결)

칼(刀)로써 소(牛)뿔(角)을 잘라 낸다는 기분으로 산산조각 내다, 잘라 떼내어 풀다(解)는 의미이다.

읽기한자

溶解(용해) 熔解(용해) 鎔解(용해) 融解(융해) 解雇(해고) 解熱劑(해열제) 解傭(해용) 沮解(저해)

쓰기한자

解散(해산) 解脫(해탈) 解渴(해갈) 解免(해면) 解析(해석) 解答(해답) 解讀(해독) 解毒(해독) 解得(해득) 解明(해명) 解放(해방) 解氷(해빙) 解産(해산) 解說(해설) 解消(해소) 解約(해약) 解夢(해몽) 解釋(해석)

亥

3급

돼지 해
亠 | 4획

- 비 刻(새길 각)
- 동 豚(돼지 돈)
  豕(돼지 시)

글자 풀이

돼지 시(豕)와 글자 모양이 비슷하여 돼지띠로 배당했다.

쓰기한자

亥方(해방) 亥時(해시) 乙亥年(을해년)

奚

3급

어찌 해
大 | 7획

- 비 系(이을 계)
  溪(시내 계)
- 동 那(어찌 나)
  何(어찌 하)

글자 풀이

손(爪)으로 머리털을 실타래(糸)처럼 크게(大) 땋는 종족을 뜻한다. 또 그 종족을 종으로 부린 데서 '종'의 뜻이, 그 종족을 어디서 어떻게 잡아오나 하는 데서, '어찌'의 뜻이 나왔다.

쓰기한자

奚暇(해가) 奚故(해고) 奚琴(해금) 奚奴(해노) 奚童(해동) 奚兒(해아) 奚若(해약)

該

3급

갖출(備)/마땅(當) 해
言 | 6획

- 비 核(씨 핵)
- 동 備(갖출 비)
  具(갖출 구)
  當(마땅 당)
  宜(마땅 의)

글자 풀이

고사지낼 때 돼지(亥) 머리가 갖추어 졌다고 말하는(言) 데서 '갖추다, 마땅하다'는 의미이다.

읽기한자

呈該(정해)

쓰기한자

該當(해당) 該地(해지) 該敏(해민) 該博(해박)

하

核 4급
씨 핵
木 | 6획

비 該(갖출/마땅 해)
刻(새길 각)

나무(木)의 씨앗이 살 속의 뼈(亥)처럼 외피에 쌓여 있는 데서 '씨, 알맹이'를 의미한다.

읽기한자
綜核(종핵) 核膜(핵막)

쓰기한자
核果(핵과) 核心(핵심) 核子(핵자) 結核(결핵) 果核(과핵) 原子核(원자핵)
核爆彈(핵폭탄) 核武器(핵무기) 核發電(핵발전) 核實驗(핵실험)
肺結核(폐결핵) 核分裂(핵분열)

幸 6급 II
다행 행:
干 | 5획

비 辛(매울 신)

글자 풀이
토지(土)와 양(羊)따위의 가축이 많으면 다행하다(幸)는 의미이다.

읽기한자
幸冀(행기) 幸姬(행희) 妖幸(요행)

쓰기한자
幸福(행복) 幸運(행운) 天幸(천행) 行幸(행행) 多幸(다행) 不幸(불행)
幸運兒(행운아) 千萬多幸(천만다행)

行 6급
다닐 행(:)
항렬 항
行 | 0획

비 往(갈 왕)
반 言(말씀 언)

글자 풀이
십자로(十)의 모양에서 유래되어 사람이 걷는 곳이므로 가다(行)는 의미이다.

읽기한자
琦行(기행) 蠻行(만행) 飛行艇(비행정) 礪行(여행)

쓰기한자
尾行(미행) 竝行(병행) 遂行(수행) 緩行(완행) 恣行(자행) 醜行(추행)
行間(행간) 行軍(행군) 行動(행동) 行列(항렬) 行路(행로) 行方(행방)
行步(행보) 行事(행사) 行使(행사) 行商(행상) 行色(행색) 行書(행서)
行星(행성) 行勢(행세) 行實(행실) 行員(행원) 行爲(행위) 行人(행인)
行脚(행각) 行廊(행랑) 行蹟(행적) 刊行(간행) 隨行(수행) 攝行(섭행)

杏 2급(名)
살구 행:
木 | 3획

글자 풀이
사람이 먹으면(口) 좋은 열매가 열리는 나무(木), 사람(口)과 가까운 나무(木)로 살구나무(杏)를 의미한다.

읽기한자
杏壇(행단) 杏林(행림) 杏仁(행인) 杏花(행화) 銀杏(은행) 杏堂洞(행당동)

向 향할 **향:**
口 | 3획

비 同(한가지 동)

<글자 풀이>
창은 남과 북, 동과 서로 같이 마주서서 만드는 것에서 향하다, 대하다(向)는 의미이다.

<읽기 한자>
廻向(회향) 趨向(추향)

<쓰기 한자>
傾向(경향) 轉向(전향) 趣向(취향) 偏向(편향) 向發(향발) 向方(향방)
向拜(향배) 向上(향상) 向時(향시) 南向(남향) 動向(동향) 東向(동향)
方向(방향) 性向(성향) 意向(의향) 指向(지향) 志向(지향) 風向(풍향)
下向(하향) 內向性(내향성) 外向性(외향성)

鄕 시골 **향**
邑/阝 | 10획

비 響(울릴 향)
반 京(서울 경)
약 郷

<글자 풀이>
본래 사람들이 시골 마당에서 음식을 가운데 두고 둘러앉아 있는 모양을 그린 글자로, 시골을 의미한다.

<읽기 한자>
鄕紳(향신)

<쓰기 한자>
歸鄕(귀향) 鄕歌(향가) 鄕校(향교) 鄕軍(향군) 鄕里(향리) 鄕樂(향악)
鄕約(향약) 鄕村(향촌) 鄕土(향토) 京鄕(경향) 故鄕(고향) 同鄕(동향)
落鄕(낙향) 望鄕(망향) 本鄕(본향) 思鄕(사향) 色鄕(색향) 他鄕(타향)
失鄕民(실향민) 鄕友會(향우회) 理想鄕(이상향) 鄕愁(향수)

香 향기 **향**
香 | 0획

비 番(차례 번)
동 誾(향기 은)
　 馥(향기 복)

<글자 풀이>
쌀(禾)로 빚은 술이 단(日은 甘의 변형)맛을 풍긴다는 데서, 향기를 의미한다.

<읽기 한자>
芳香劑(방향제) 芬香(분향) 芸香(운향) 香籠(향롱) 香馥(향복)
香獐(향장) 香薰(향훈) 馨香(형향) 鬱金香(울금향) 熏陸香(훈육향)

<쓰기 한자>
香辛料(향신료) 墨香(묵향) 香氣(향기) 香料(향료) 香水(향수) 香油(향유)
香火(향화) 香爐(향로)

하

響 울릴 **향:**
音 | 13획

비 鄕(시골 향)

<글자 풀이>
고요한 시골(鄕)에서는 소리(音)가 잘 울려(響) 퍼진다는 의미이다.

<읽기 한자>
灘響(탄향)

<쓰기 한자>
響應(향응) 反響(반향) 影響(영향) 音響(음향) 交響樂(교향악)

	3급
享	누릴 향:
	亠 | 6획

비 亨(형통할 형)
　亭(정자 정)
　京(서울 경)

글자 풀이

조상신에게 음식을 바치는 모양을 그린 글자로, 드리다는 뜻을, 제사를 드리고 복을 받아 누린다는 데서, 누리다는 의미이다.

읽기한자

享祐(향우)

쓰기한자

享年(향년) 享樂(향락) 享祀(향사) 享受(향수) 享有(향유) 時享(시향)
秋享(추향)

	5급
許	허락할 허
	言 | 4획

비 評(평할 평)
동 諾(허락할 낙)

글자 풀이

상대의 말(言)을 잘 듣고 일정한 범위(午) 안에서 허락한다(許)는 의미이다.

읽기한자

亮許(양허) 允許(윤허) 赦許(사허)

쓰기한자

幾許(기허) 免許(면허) 許可(허가) 許多(허다) 許容(허용) 官許(관허)
認許(인허) 特許(특허) 許諾(허락) 許衡(허형) 十里許(십리허)
無許可(무허가) 何許人(하허인)

	4급Ⅱ
虛	빌 허
	虍 | 6획

동 空(빌 공)
반 實(열매 실)
약 虚

글자 풀이

호랑이(虎)를 잡으려고 함정(业)을 파 놓았는데, 걸린 것이 없다는 데서, 비다를 의미한다.

읽기한자

腎虛腰痛(신허요통) 盈虛(영허) 沖虛(충허) 虛誕(허탄) 充虛(충허)

쓰기한자

虛構(허구) 虛點(허점) 虛辭(허사) 虛飢(허기) 虛僞(허위) 虛荒(허황)
虛空(허공) 虛實(허실) 虛數(허수) 虛無(허무) 虛費(허비) 虛想(허상)
虛事(허사) 虛勢(허세) 虛送(허송) 虛言(허언) 虛風(허풍) 空虛(공허)
虛氣(허기) 虛弱(허약) 虛妄(허망) 虛像(허상) 虛慾(허욕) 虛榮心(허영심)
虛禮虛飾(허례허식) 虛無孟浪(허무맹랑) 虛張聲勢(허장성세)

	4급
憲	법 헌:
	心 | 12획

비 害(해할 해)
동 法(법 법)
　式(법 식)
　規(법 규)
　律(법칙 률)

글자 풀이

집(宀)에서 손(丰) 넷(罒)이 마음(心)을 같이하여 일하려면 법(憲)에 따라야 한다는 의미이다.

쓰기한자

憲法(헌법) 憲兵(헌병) 憲章(헌장) 憲政(헌정) 改憲(개헌) 軌憲(궤헌)
官憲(관헌) 黨憲(당헌) 入憲(입헌) 制憲(제헌) 護憲(호헌) 違憲(위헌)
司憲府(사헌부)

獻

3급 II
드릴 **헌:**
犬 │ 16획

비 戲(놀이 희)
동 呈(드릴 정)
　貢(바칠 공)
　贈(줄 증)
약 献

글자 풀이

호랑이(虍)가 개(犬)를 솥(鬲)에 넣고 삶아서 드린다, 바친다(獻)는 의미
이다.

읽기 한자

獻呈(헌정)

쓰기 한자

獻金(헌금) 獻納(헌납) 獻上(헌상) 獻身(헌신) 獻血(헌혈) 獻花(헌화)
貢獻(공헌) 奉獻(봉헌) 進獻(진헌) 文獻(문헌)

軒

3급
집 **헌**
車 │ 3획

동 閣(집 각)
　館(집 관)
　堂(집 당)
　舍(집 사)
　室(집 실)

글자 풀이

수레나 가마(車)를 타고 가는 사람을 막는(干) 곳이니 처마, 집(軒)이라는
의미이다.

읽기 한자

軒岐(헌기) 軒冕(헌면) 軒頊(헌욱) 軒昊(헌호)

쓰기 한자

軒頭(헌두) 東軒(동헌) 騰軒(등헌) 烏竹軒(오죽헌) 軒軒丈夫(헌헌장부)

驗

4급 II
시험 **험:**
馬 │ 13획

동 試(시험 시)
약 験

글자 풀이

말(馬)을 여러(僉) 사람이 타 보고, 살펴보아 좋고 나쁨을 가리는 데서, 시
험을 의미한다.

쓰기 한자

證驗(증험) 驗覆(험복) 受驗(수험) 試驗(시험) 實驗(실험) 經驗(경험)
先驗(선험) 體驗(체험) 效驗(효험) 靈驗(영험)

險

4급
험할 **험:**
阜/阝 │ 13획

비 檢(검사할 검)
　儉(검소할 검)
동 危(위태할 위)
약 険

글자 풀이

언덕(阝)이 모두 다(僉) 험하다(險)는 의미이다.

읽기 한자

險峻(험준) 險滑(험활) 峻險(준험)

쓰기 한자

險口(험구) 險難(험난) 險談(험담) 險路(험로) 偏險(편험) 險狀(험상)
險惡(험악) 保險(보험) 危險(위험) 探險(탐험) 冒險(모험)

革 4급

가죽 **혁**
革 | 0획

图 皮(가죽 피)
韋(가죽 위)

글자 풀이
동물의 뼈와 털과 고기를 모피에서 제거하는 것에서 깨끗한 가죽(革)을
의미한다.

읽기한자
韋革(위혁) 鼎革(정혁)

쓰기한자
革帶(혁대) 變革(변혁) 革命(혁명) 革新(혁신) 改革(개혁) 沿革(연혁)
皮革(피혁) 革細工(혁세공) 反革命(반혁명) 無血革命(무혈혁명)
宗敎改革(종교개혁) 軍事革命(군사혁명)

爀 2급(名)

불빛 **혁**
火 | 14획

글자 풀이
불(火)이 빛나는(赫) 모양으로 불빛(爀)을 의미한다. 주로 이름자로 쓰인다.

읽기한자
權爀(권혁) 金尙爀(김상혁)

赫 2급(名)

빛날 **혁**
赤 | 7획

图 昞(밝을 병) 炳(밝을 병)
晃(밝을 황) 熙(빛날 희)
曜(빛날 요) 耀(빛날 요)
昱(빛날 욱) 煜(빛날 욱)
輝(밝을 휘) 燦(빛날 찬)
煥(빛날 환)

글자 풀이
赤은 불빛을 받은 사람을 본뜬 글자로 그것을 겹쳐 써서 불이 붉게 빛나
는 모양을 나타낸다. 또 불길이 일어나듯 사람이 크게 성내는 것을 나타
낸다.

읽기한자
赫怒(혁노) 赫然(혁연) 赫赫(혁혁) 朴赫居世(박혁거세)

現 6급Ⅱ

나타날 **현:**
玉 | 7획

비 規(법 규)
視(볼 시)
图 顯(나타날 현)
반 消(사라질 소)
隱(숨을 은)

글자 풀이
옥(玉)을 갈고 닦으면 아름다운 빛깔이 드러난다(見)는 데서, 나타나다는
의미이다.

읽기한자
現札(현찰)

쓰기한자
現象(현상) 現存(현존) 現況(현황) 現夢(현몽) 現金(현금) 現今(현금)
現代(현대) 現物(현물) 現狀(현상) 現世(현세) 現實(현실) 現業(현업)
現場(현장) 現在(현재) 現地(현지) 現職(현직) 現品(현품) 現下(현하)
現行(현행) 具現(구현) 實現(실현) 再現(재현) 出現(출현) 現役(현역)
現行犯(현행범) 現住所(현주소)

賢 4급Ⅱ
어질 **현**
貝 | 8획

비 資(재물 자)
　賃(품삯 임)
동 良(어질 량)
　仁(어질 인)
반 惡(악할 악)
　愚(어리석을 우)
약 肾

<글자 풀이>
임금이 신하(臣)의 손(又)에 재물(貝)을 내려 어질다(賢)는 의미이다.

<읽기한자>
賢輔(현보)

<쓰기한자>
賢明(현명) 賢友(현우) 賢人(현인) 賢者(현자) 賢宰(현재) 名賢(명현)
先賢(선현) 聖賢(성현) 賢淑(현숙) 竹林七賢(죽림칠현)
賢母良妻(현모양처)

顯 4급
나타날 **현:**
頁 | 14획

동 現(나타날 현)
약 顕

<글자 풀이>
누에 머리(頁)에서 나온 고치를 솥(日)에 넣어서 찐(火) 후에 실(絲)을 뽑으면 명주실이 나타난다(顯)는 의미이다.

<읽기한자>
顯允(현윤) 顯敞(현창) 顯赫(현혁)

<쓰기한자>
顯考(현고) 顯達(현달) 顯奏(현주) 顯職(현직) 顯著(현저)
顯忠日(현충일) 顯微鏡(현미경) 破邪顯正(파사현정)

懸 3급Ⅱ
달[繫] **현:**
心 | 16획

비 縣(고을 현)
동 繫(맬 계)

<글자 풀이>
마음(心)에 오래 간직하도록 고을(縣) 사람들이 모두 볼 수 있는 곳에 매단다는 데서 '달다, 걸다'는 의미이다.

<읽기한자>
懸湍(현단)

<쓰기한자>
懸隔(현격) 懸板(현판) 懸案(현안) 懸珠(현주) 懸賞手配(현상수배)

玄 3급Ⅱ
검을 **현**
玄 | 0획

동 黑(검을 흑)
반 白(흰 백)

<글자 풀이>
검은 실을 길게 묶은 모양을 본뜬 글자로 '검다, 현묘하다'는 의미이다.

<읽기한자>
鄭玄(정현) 玄海灘(현해탄) 玄圭(현규) 玄冕(현면) 玄謨(현모) 玄耀(현요)
玄旨(현지) 玄津(현진)

<쓰기한자>
玄關(현관) 玄木(현목) 玄妙(현묘) 玄武(현무) 玄米(현미) 玄孫(현손)
玄黃(현황) 幽玄(유현)

하

絃	3급
줄 **현**	
糸 | 5획	

圓 弦(시위 현)
동 線(줄 선)

글자 풀이

현묘한(玄) 소리를 내는 실(糸)이니 현악기의 줄(絃)이라는 의미이다.

쓰기 한자

續絃(속현) 絕絃(절현) 絃樂器(현악기) 管絃樂器(관현악기)

縣	3급
고을 **현:**	
糸 | 10획	

圓 懸(달 현)
동 郡(고을 군)
　邑(고을 읍)
약 県

글자 풀이

눈(目)에 잘 띄게 나무(木)에 줄(糸)을 걸어 매다는 데서, 매달다는 의미이다. 뒤에 縣은 州나 郡 등의 큰 고을에 매달려 있는 작은 고을이라는 데서, 고을의 뜻이 되었다.

읽기 한자

陝縣(섬현) 僻縣(벽현) 邢臺縣(형대현)

쓰기 한자

縣監(현감) 縣令(현령) 縣衡(현형)

峴	2급(名)
고개 **현:**	
山 | 7획	

동 嶺(고개 령)

글자 풀이

산(山)처럼 보이는 (見)것이니 고개(峴)를 의미한다.

읽기 한자

峴山(현산) 炭峴(탄현) 阿峴洞(아현동)

弦	2급
시위 **현**	
弓 | 5획	

圓 絃(줄 현)

글자 풀이

활(弓) 시위에 손때가 묻어 검은(玄) 빛을 띠는 데서, 활시위를 의미한다.

읽기 한자

弦矢(현시) 弦影(현영) 上弦(상현) 正弦(정현) 下弦(하현)

炫	2급(名)
	밝을　현:
	火 ∣ 5획

글자 풀이

불(火)은 어두운(玄) 곳에서 더욱 빛나므로 빛나다(炫)를 나타낸다. 이름자로 주로 쓰인다.

읽기 한자

炫炫(현현)

鉉	2급(名)
	솥귀　현
	金 ∣ 5획

글자 풀이

쇠붙이(金)를 꼬아서 만든 손잡이(玄)로 솥귀(鉉)를 나타낸다. 鼎(세발솥 정)과 마찬가지로 발이 셋 달린 솥을 나타내어 三公의 비유로 쓰인다.

읽기 한자

鉉席(현석) 鉉台(현태) 三鉉(삼현)

血	4급 Ⅱ
	피　혈
	血 ∣ 0획

글자 풀이

그릇(皿)에 담은(丶) 피(血)라는 의미이다.

읽기 한자

尿血(요혈) 獐血(장혈) 血尿(혈뇨) 血胤(혈윤) 鬱血(울혈)
止血劑(지혈제) 血液型(혈액형) 屍山血海(시산혈해)

쓰기 한자

血管(혈관) 血緣(혈연) 血鬪(혈투) 血糖(혈당) 血淚(혈루) 血氣(혈기)
血路(혈로) 血脈(혈맥) 血書(혈서) 血眼(혈안) 血壓(혈압) 血液(혈액)
血肉(혈육) 血戰(혈전) 血族(혈족) 血淸(혈청) 血統(혈통) 貧血(빈혈)
鮮血(선혈) 止血(지혈) 血盟(혈맹) 輸血(수혈) 獻血(헌혈)
腦出血(뇌출혈) 吸血鬼(흡혈귀) 鳥足之血(조족지혈)

穴	3급 Ⅱ
	굴　혈
	穴 ∣ 0획

비 空(빌 공)
동 窟(굴 굴)

글자 풀이

굴(穴), 터널 입구의 모양을 본떴다.

읽기 한자

掘穴(굴혈) 窟穴(굴혈)

쓰기 한자

穴居(혈거) 經穴(경혈) 洞穴(동혈) 墓穴(묘혈) 虎穴(호혈)

하

嫌 싫어할 **혐** 女 | 10획	**3급**

동 忌(꺼릴 기)
厭(싫어할 염)
惡(미워할 오)
반 好(좋을 호)

글자 풀이

여자(女)가 일이 겹쳐(兼) 있어 마음이 불편한 데서 의심하다, 싫어하다(嫌)
는 의미이다.

읽기 한자

嫌厭(혐염)

쓰기 한자

嫌家(혐가) 嫌忌(혐기) 嫌惡(혐오) 嫌疑(혐의)

協 화할 **협** 十 | 6획	**4급Ⅱ**

동 和(화할 화)

글자 풀이

힘 셋(劦)을 한데 묶어서(十) 돕는다(協)는 것에서, 서로 도우니 화합(協)
하다는 의미이다.

읽기 한자

紳士協定(신사협정)

쓰기 한자

協奏(협주) 妥協(타협) 協同(협동) 協力(협력) 協商(협상) 協心(협심)
協約(협약) 協議(협의) 協定(협정) 協助(협조) 協調(협조) 協會(협회)
協贊(협찬) 不協和音(불협화음) 協同組合(협동조합)

脅 위협할 **협** 肉/月 | 6획	**3급Ⅱ**

동 威(위엄 위)

글자 풀이

세 개의 힘(劦)으로써 상대방 몸(月)에 으름장(脅)을 놓는다는 의미이다.

쓰기 한자

脅奪(협탈) 脅迫(협박) 脅弱(협약) 脅痛(협통) 威脅(위협) 誘脅(유협)

陜 좁을 **협** 땅이름 **합** 阜/阝 | 7획	**2급(名)**

비 陝(땅이름 섬)
동 狹(좁을 협)
隘(좁을 애)
반 廣(넓을 광)
약 陕

글자 풀이

언덕과 언덕(阝) 사이에 낀(夾) 땅은 좁다는 데서 좁다(陜)를 나타낸다. 현
재 땅이름으로 쓰이고 좁다는 뜻으로는 주로 狹을 쓴다.

읽기 한자

陜川(합천)

峽	2급 골짜기 협 山 | 7획

동 谷(골 곡)
약 峡

글자 풀이

양쪽에 산(山)을 끼고(夾)있는 골짜기(峽)를 의미한다.

읽기한자

峽谷(협곡) 峽路(협로) 峽水(협수) 峽雲(협운) 山峽(산협) 海峽(해협)

兄	8급 형 형 儿 | 3획

동 允(맏 윤)
　伯(맏 백)
반 弟(아우 제)

글자 풀이

먼저 태어나서 걸음마(儿)를 하게 되고 나이 어린 사람에게 말(口)로 지시를 하는 사람의 태도에서 형제 중에 윗사람(兄)을 의미한다.

읽기한자

允兄(윤형)

쓰기한자

兄氏(형씨) 兄夫(형부) 兄弟(형제) 老兄(노형) 父兄(부형) 長兄(장형)
學兄(학형) 妻兄(처형) 伯兄(백형) 雅兄(아형) 義兄弟(의형제)
親兄弟(친형제) 難兄難弟(난형난제) 異腹兄弟(이복형제)
呼兄呼弟(호형호제) 兄弟姉妹(형제자매)

形	6급 II 모양 형 彡 | 4획

비 刑(형벌 형)
동 像(모양 상)
　樣(모양 양)
　態(모습 태)

글자 풀이

아름다운 선으로 그린 테두리의 모양에서 모양, 형태(形)를 의미한다.

읽기한자

纖形(섬형)

쓰기한자

形象(형상) 象形(상형) 異形(이형) 形局(형국) 形狀(형상) 形相(형상)
形色(형색) 形成(형성) 形勢(형세) 形式(형식) 形言(형언) 形容(형용)
形質(형질) 形體(형체) 形態(형태) 形便(형편) 造形(조형) 地形(지형)
固形(고형) 大形(대형) 圖形(도형) 無形(무형) 變形(변형) 成形(성형)
小形(소형) 外形(외형) 圓形(원형) 原形(원형) 有形(유형) 人形(인형)
字形(자형) 形而上學(형이상학) 形而下學(형이하학)

刑	4급 형벌 형 刀 | 4획

비 形(모양 형)
동 罰(벌할 벌)

글자 풀이

형틀(开)에 올려놓고 매를 치거나 칼(刂)로 벌을 내리는 데서, 형벌을 의미한다.

읽기한자

斬刑(참형) 酷刑(혹형) 刑網(형망) 刑柄(형병) 峻刑(준형) 絞首刑(교수형)

쓰기한자

刑期(형기) 刑罰(형벌) 刑法(형법) 刑場(형장) 減刑(감형) 求刑(구형)
極刑(극형) 死刑(사형) 實刑(실형) 惡刑(악형) 重刑(중형) 處刑(처형)
體刑(체형) 行刑(행형) 火刑(화형) 終身刑(종신형) 刑務所(형무소)
刑事事件(형사사건) 刑事訴訟(형사소송)

하

亨

3급

형통할 **형**

亠 | 5획

- 비 享(누릴 향)
- 亭(정자 정)
- 京(서울 경)

글자 풀이

조상신에게 음식을 바치는 모양을 그린 글자로, 제사를 드리고 복을 받아 만사형통한다는 데서, 형통하다는 의미이다.

읽기한자

呂運亨(여운형)

쓰기한자

亨通(형통) 萬事亨通(만사형통)

螢

3급

반딧불 **형**

虫 | 10획

- 비 螢(경영할 영)
- 勞(일할 로)
- 약 蛍

글자 풀이

쌍불(火火)을 두르고(冖) 있는 벌레(虫)이니 개똥벌레(螢)라는 의미이다.

읽기한자

聚螢(취형)

쓰기한자

螢光燈(형광등) 螢光物質(형광물질) 螢光板(형광판) 螢雪之功(형설지공)

衡

3급 II

저울대 **형**

行 | 10획

- 동 銓(저울 전)
- 稱(일컬을 칭)
- 均(고를 균)

글자 풀이

소(大)를 몰고 길을 다닐(行) 때 쇠뿔(角)이 사람에 접촉되어도 받히지 않도록 양쪽 뿔위에 가로로 걸어 놓은 나무(木)로 본래 쇠뿔나무를 나타내었는데, 이것이 평형을 이루어야 하므로 저울대, 저울, 저울질하다(衡)는 의미가 되었다.

쓰기한자

衡度(형도) 衡平(형평) 權衡(권형) 均衡(균형) 稱衡(칭형) 平衡(평형)
度量衡(도량형)

型

2급

모형 **형**

土 | 6획

글자 풀이

흙(土)으로 만든 틀(刑)로 거푸집(모형), 본보기(型)를 의미한다.

읽기한자

舊型(구형) 大型(대형) 模型(모형) 母型(모형) 小型(소형) 新型(신형)
原型(원형) 類型(유형) 典型(전형) 定型(정형) 鑄型(주형) 體型(체형)
判型(판형) 流線型(유선형) 血液型(혈액형)

瀅 물맑을 형: 水 | 15획 동 湜(물맑을 식)	**글자 풀이** 물(水)이 맑은(瀅) 것을 의미한다. **읽기한자** 江瀅(강형) 汀瀅(정형)
炯 빛날 형 火 | 5획 비 桐(오동나무 동) 동 明(밝을 명) 晛, 炳(밝을 병) 晃(밝을 황) 熙(빛날 희) 曜, 耀(빛날 요)	**글자 풀이** 불(火)이 빛나면(同) 밝은 데서 밝다(炯)는 의미이다. **읽기한자** 炯心(형심) 炯眼(형안) 炯炯(형형)
瑩 밝을 형 옥돌 영 玉 | 10획	**글자 풀이** 구슬(玉)처럼 빛나는(熒) 돌로 옥돌(瑩)을 의미한다. 맑다, 밝다는 의미로도 쓰인다. **읽기한자** 瑩鏡(영경) 瑩然(영연) 崔瑩(최영)
邢 성(姓) 형 邑/阝 | 4획	**글자 풀이** 견족(幵)이 살던 땅(邑)으로 주공(周公)의 아들을 봉하여 나라가 되었다. 姓氏로도 쓰인다. **읽기한자** 邢人(형인) 邢臺縣(형대현)

馨

2급(名)

꽃다울 **형**

香 | 11획

圖 芳(꽃다울 방)
香(향기 향)
芬(향기로울 분)
馥(향기 복)

글자 풀이

경쇠 소리처럼 멀리 퍼지는(磬) 향기(香)로 향기(馨)를 의미한다.

읽기 한자

馨氣(형기) 馨香(형향) 芬馨(분형) 餘馨(여형)

惠

4급Ⅱ

은혜 **혜:**

心 | 8획

比 專(오로지 전)
圖 恩(은혜 은)
약 恵

글자 풀이

물레(車)가 한쪽으로만 돌듯 사람의 마음(心)이 한쪽으로 베풀어지는 데서, 은혜를 의미한다.

읽기 한자

惇惠(돈혜) 惠翰(혜한) 惠棟(혜동) 惠札(혜찰)

쓰기 한자

惠存(혜존) 惠賜(혜사) 惠贈(혜증) 互惠(호혜) 惠書(혜서) 惠聲(혜성)
惠政(혜정) 施惠(시혜) 恩惠(은혜) 天惠(천혜) 惠澤(혜택) 慈惠(자혜)

慧

3급Ⅱ

슬기로울 **혜:**

心 | 11획

圖 智(슬기 지)

글자 풀이

두 손에 비를 들고(彗) 마당을 쓸듯 마음(心)의 잡념을 제거하는 데서, 슬기롭다는 의미이다.

쓰기 한자

慧眼(혜안) 知慧(지혜) 智慧(지혜)

兮

3급

어조사 **혜**

八 | 2획

比 分(나눌 분)

글자 풀이

선행의 말이 끝나고, 다시 말을 시작할 때 쓰는 조사이다.

쓰기 한자

樂兮(낙혜) 實兮歌(실혜가) 沙八兮(사팔혜)

<table>
<tr><td>

號
이름 호(:)
虍 | 7획

6급

동 名(이름 명)
약 号

</td><td>

글자 풀이

호랑이(虎)의 울음소리처럼 입을 크게 가로 세로로(号) 움직여 부르짖는다(號)는 의미이다.

읽기한자

號俸(호봉) 徽號(휘호)

쓰기한자

略號(약호) 稱號(칭호) 號泣(호읍) 號令(호령) 號數(호수) 口號(구호)
國號(국호) 今號(금호) 記號(기호) 年號(연호) 怒號(노호) 番號(번호)
商號(상호) 信號(신호) 號外(호외) 暗號(암호) 屋號(옥호) 字號(자호)
題號(제호) 號哭(호곡) 雅號(아호) 符號(부호) 赤信號(적신호)
創刊號(창간호) 郵便番號(우편번호)

</td></tr>
</table>

<table>
<tr><td>

湖
호수 호
水 | 9획

5급

비 胡(되 호)

</td><td>

글자 풀이

물(水)이 예(古)부터 머물러 있는 곳에 달(月) 그림자가 비치니 호수(湖)라는 의미이다.

읽기한자

浚湖(준호) 鼎湖(정호)

쓰기한자

湖南(호남) 湖水(호수) 江湖(강호) 畿湖(기호)

</td></tr>
</table>

<table>
<tr><td>

呼
부를 호
口 | 5획

4급Ⅱ

비 乎(어조사 호)

</td><td>

글자 풀이

입(口)에서 숨을 와하고 뱉어내는 것에서 큰소리를 내어(乎) 외치다, 부르다(呼)는 의미이다.

읽기한자

頓呼法(돈호법) 呼冲(호충)

쓰기한자

點呼(점호) 歡呼(환호) 呼稱(호칭) 嗚呼(오호) 騰呼(등호) 呼價(호가)
呼客(호객) 呼名(호명) 呼應(호응) 呼出(호출) 呼吸(호흡) 呼訴(호소)
深呼吸(심호흡) 呼兄呼弟(호형호제)

</td></tr>
</table>

하

<table>
<tr><td>

好
좋을 호:
女 | 3획

4급Ⅱ

비 奴(종 노)
妃(왕비 비)
동 良(어질 량)
반 惡(미워할 오)

</td><td>

글자 풀이

어머니(女)가 아들(子)을 안고 좋아한다(好)는 의미이다.

읽기한자

好事多魔(호사다마)

쓰기한자

好價(호가) 好感(호감) 好機(호기) 好美(호미) 好事(호사) 良好(양호)
友好(우호) 好色(호색) 好惡(호오) 好意(호의) 好材(호재) 好轉(호전)
好調(호조) 好評(호평) 好況(호황) 絶好(절호) 好喪(호상) 同好人(동호인)
好奇心(호기심) 好景氣(호경기) 好戰的(호전적) 好色漢(호색한)
好時節(호시절) 好衣好食(호의호식) 無骨好人(무골호인)
友好條約(우호조약)

</td></tr>
</table>

戸 4급Ⅱ
집 호:
戸 | 0획

- 비 尸(주검 시)
- 동 家(집 가) 室(집 실)
  堂(집 당) 宅(집 택)
  屋(집 옥) 館(집 관)
  閣(집 각) 門(문 문)

글자 풀이
쌍 문의 왼쪽 반의 형태에서 문, 집(戸)을 의미한다.

읽기 한자
蓬戸(봉호) 葛戸(갈호)

쓰기 한자
戸籍(호적) 戸口(호구) 戸當(호당) 戸別(호별) 戸主(호주) 窓戸(창호)
門戸(문호) 門戸開放(문호개방) 家家戸戸(가가호호)

護 4급Ⅱ
도울 호:
言 | 14획

- 비 獲(얻을 획)
  穫(거둘 확)
- 동 援(도울 원)
  助(도울 조)
  扶(도울 부)
  輔(도울 보)

글자 풀이
숲(艹)에서 손(又) 위에 앵무새(隹)를 올려놓고 사람 말(言)을 흉내내도록
돕고 돌보는 데서 '돕다, 지키다' 는 의미이다.

읽기 한자
輔護(보호)

쓰기 한자
護憲(호헌) 看護(간호) 辯護(변호) 援護(원호) 擁護(옹호) 護國(호국)
護送(호송) 護衛(호위) 加護(가호) 警護(경호) 救護(구호) 防護(방호)
保護(보호) 守護(수호) 愛護(애호) 養護室(양호실) 護身術(호신술)

浩 3급Ⅱ
넓을 호:
水 | 7획

- 비 造(지을 조)
- 동 博(넓을 박)
  廣(넓을 광)
  洪(넓을 홍)
- 반 狹(좁을 협)

글자 풀이
비가 많이 와서 물(水)이 불어난다고 큰 소리로 알린다(告)는 데서 넓다,
크다(洪)는 의미이다.

쓰기 한자
浩然之氣(호연지기) 浩大(호대) 浩繁(호번) 浩博(호박) 浩歌(호가)

胡 3급Ⅱ
되(狄) 호
肉/月 | 5획

- 비 湖(호수 호)

글자 풀이
옛(古)부터 북쪽에 사는 종족(月)을 오랑캐(胡)라고 하였다.

읽기 한자
賈胡(고호) 胡貊(호맥) 胡盧(호로) 胡應麟(호응린) 胡塵(호진) 彊胡(강호)
盧胡(노호)

쓰기 한자
胡桃(호도) 胡燕(호연) 胡亂(호란) 胡壽(호수) 胡人(호인) 胡笛(호적)

虎

3급Ⅱ

범 호(:)

虍 | 2획

비 虛(빌 허)
　處(곳 처)
동 寅(범 인)

글자 풀이

호랑이(虎)의 모양을 본떴다.

읽기한자

虎葛(호갈) 虎膽(호담) 熊虎之將(웅호지장) 避獐逢虎(피장봉호)

쓰기한자

虎穴(호혈) 虎口(호구) 猛虎(맹호) 白虎(백호) 殿中虎(전중호)
三人成虎(삼인성호) 虎死留皮(호사유피) 養虎遺患(양호유환)

豪

3급Ⅱ

호걸 호

豕 | 7획

비 毫(터럭 호)
동 傑(뛰어날 걸)

글자 풀이

등덜미가 높게(高) 솟은 멧돼지(豕)같이 강하다하여 뛰어나다, 굳세다(豪)
는 의미이다.

읽기한자

豪彊(호강) 豪膽(호담) 豪華燦爛(호화찬란)

쓰기한자

豪傑(호걸) 豪放(호방) 豪言(호언) 豪雨(호우) 豪族(호족) 豪快(호쾌)
豪華(호화) 強豪(강호) 文豪(문호) 富豪(부호) 土豪(토호)
英雄豪傑(영웅호걸)

乎

3급

어조사 호

丿 | 4획

비 平(평평할 평)
　呼(부를 호)

글자 풀이

그런가 아닌가 할 때의 그런가(乎)의 뜻을 가진 조사이다.

읽기한자

鬱乎(울호) 煥乎(환호)

쓰기한자

斷乎(단호) 確乎(확호)

互

3급

서로 호:

二 | 2획

비 瓦(기와 와)
동 相(서로 상)

글자 풀이

고리와 고리가 서로 어긋나지 않게 맞추어진(互) 모양을 본떴다.

쓰기한자

互選(호선) 互讓(호양) 互惠(호혜) 互換(호환) 相互(상호)
互角之勢(호각지세) 互惠關稅(호혜관세)

毫
터럭 **호**
毛 | 7획

3급

비 豪(호걸 호)
동 髮(터럭 발)
　 毛(털 모)

고품질(高)의 털(毛)과 그 털로 만든 붓에서 '붓, 터럭'을 의미한다.

獐毫(장호) 毫纖(호섬) 纖毫(섬호)

毫端(호단) 毫末(호말) 毫髮(호발) 秋毫(추호) 揮毫(휘호)

壕
해자 **호**
土 | 14획

2급(名)

동 濠(호주 호)

豪는 본래 빳빳한 갈기털을 가진 산돼지를 가리키는 글자였다. 갈기털이 다른 털 보다 긴데서 길다는 뜻을 내포하고 있다. 흙(土)을 파서 길게(豪) 城 주변에 도랑으로 방어막을 쌓는데서 해자(壕)를 의미한다.

防空壕(방공호)

扈
따를 **호:**
戶 | 7획

2급(名)

동 從(좇을 종)

한 집안(戶)의 아래에 고을(邑)이 속해 있는데서 알 수 있듯 아랫사람이 윗사람을 따라 다니며(扈) 시중을 드는 것을 의미한다.

扈衛(호위) 扈從(호종)

昊
하늘 **호:**
日 | 4획

2급(名)

동 天(하늘 천)
　 旻(하늘 민)
　 乾(하늘 건)
반 地(따 지)
　 坤(따 곤)

여름 하늘(天)에 떠 있는 해(日)의 기운이 가장 널리 미쳐 만물을 왕성하게 자라게 한다고 보아 주로 여름 하늘(昊)을 의미한다.

蒼昊(창호) 晴昊(청호) 昊天(호천) 昊天罔極(호천망극)

晧 밝을 호:

2급(名)

日 | 7획

비 皓(흴 호)
동 朗(밝을 랑)
　亮(밝을 량)
　明(밝을 명)
　昞(밝을 병)

 글자 풀이

해(日)가 뜨면서 세상에 어둠이 물러갔다는 것을 알리는(告)데서 해뜬다, 밝다를 의미한다.

澔 넓을 호:

2급(名)

水 | 12획

동 普(넓을 보)
　衍(넓을 연)
　汪(넓을 왕)
　沆(넓을 항)
　浩(넓을 호)
　洪(넓을 홍)

 글자 풀이

물(水) 흐르는 소리가 홍수가 일어났음을 아뢴다(皓)는 데서 본래 홍수를 의미한다. 홍수가 나면 물이 넓게 흐르므로 넓다(澔)를 의미하게 되었다.

濠 호주 호

2급

水 | 14획

동 壕(해자 호)

글자 풀이

길게(豪) 성 주변에 도랑을 파서 물(水)을 채워 방어막을 형성한 데서 해자(濠)의 의미이다. 물이름이나 고을이름으로 쓰였다. 현재 호주(Australia)를 나타낼 때 주로 사용된다.

 읽기 한자

濠洲(호주) 內濠(내호) 城濠(성호) 外濠(외호)

皓 흴(白) 호

2급(名)

白 | 7획

비 晧(밝을 호)
동 白(흴 백)

글자 풀이

흰 빛(白)은 밝은 빛으로 세상에 어둠이 물러갔다는 것을 알리는(告) 데서 희다, 밝다(皓)를 의미한다.

 읽기 한자

皓髮(호발) 皓雪(호설) 皓首(호수) 皓月(호월) 皓天(호천)
丹脣皓齒(단순호치) 皓皓白髮(호호백발)

하

祜 복福 **호** 示 | 5획	**글자 풀이** 사람이 오래도록(古) 착한 일을 하면 신(示)이 그 대가로 복(祜)을 내린다 는 의미이다. **읽기한자** 多祜(다호) 福祜(복호) 神祜(신호) 天祜(천호)
통 禧(복 희) 祺(복 기) 祚(복 조) 福(복 복)	

鎬 호경 **호:** 金 | 10획	**글자 풀이** 현재의 중국(中國) 섬서성(陝西省) 서안(西安) 지역으로 주(周)나라 무왕 (武王)의 도읍지인 호경(鎬京)을 의미이다. 본래는 금속(金)으로 높게 (高) 만들어 음식 조리 기구로 썼던 냄비(鎬)를 의미했다. **읽기한자** 鎬京(호경)

或 혹 **혹** 戈 | 4획	**글자 풀이** 나라(國)에 성벽 등의 울타리(口)가 없으면 혹 적이 쉽게 쳐들어 올 수 있 고, 창(戈)을 들고 백성(口)과 땅(一)을 지킨다 해도 혹시나 하는 데서 '혹'을 의미한다. **쓰기한자** 或是(혹시) 或時(혹시) 或者(혹자)
비 域(지경 역) 惑(미혹할 혹)	

惑 미혹할 **혹** 心 | 8획	**글자 풀이** 혹시나 혹(或)하는 마음이(心) 생긴는 데서, 미혹하다(惑)는 의미이다. **읽기한자** 魅惑(매혹) 幻惑(환혹) 惑溺(혹닉) 妖惑(요혹) 溺惑(익혹) 炫惑(현혹) **쓰기한자** 迷惑(미혹) 惑星(혹성) 惑世(혹세) 困惑(곤혹) 當惑(당혹) 不惑(불혹) 誘惑(유혹) 疑惑(의혹)
비 或(혹 혹) 통 迷(미혹할 미)	

酷 심할 **혹**
2급
酉 | 7획

글자 풀이
독한 술(酉)은 냄새로 그 존재를 스스로 알리는(告) 까닭에 본래 술맛이 독하다, 술 냄새가 심하다(酷)는 의미이다.

읽기 한자
酷毒(혹독) 酷烈(혹렬) 酷吏(혹리) 酷法(혹법) 酷似(혹사) 酷暑(혹서)
酷炎(혹염) 酷評(혹평) 酷寒(혹한) 酷刑(혹형) 冷酷(냉혹) 嚴酷(엄혹)
殘酷(잔혹) 慘酷(참혹)

婚 혼인할 **혼**
4급
女 | 8획

비 昏(어두울 혼)
동 姻(혼인 인)

글자 풀이
예전에 신부(女)를 맞는 혼례식은 저물녘(昏)에 촛불을 켜고 진행한 데서, 혼인하다는 의미이다.

쓰기 한자
婚期(혼기) 婚談(혼담) 婚禮(혼례) 婚事(혼사) 婚主(혼주) 婚處(혼처)
結婚(결혼) 求婚(구혼) 禁婚(금혼) 成婚(성혼) 新婚(신혼) 約婚(약혼)
離婚(이혼) 再婚(재혼) 定婚(정혼) 早婚(조혼) 重婚(중혼) 請婚(청혼)
初婚(초혼) 破婚(파혼) 華婚(화혼) 回婚(회혼) 婚姻(혼인) 旣婚(기혼)
晩婚(만혼) 婚需(혼수) 婚嫌(혼혐)

混 섞을 **혼:**
4급
水 | 8획

비 溫(따뜻할 온)
동 雜(섞일 잡)

글자 풀이
탁하고 맑은 물(水)이 모두 같은(昆) 곳으로 흘러 섞인다(混)는 의미이다.

읽기 한자
混紡(혼방)

쓰기 한자
混同(혼동) 混亂(혼란) 混線(혼선) 混成(혼성) 混聲(혼성)
混宿(혼숙) 混食(혼식) 混用(혼용) 混入(혼입) 混雜(혼잡)
混戰(혼전) 混合(혼합) 混血(혼혈) 混泳(혼영) 混濁(혼탁)

魂 넋 **혼**
3급Ⅱ
鬼 | 4획

비 愧(부끄러울 괴)
　 塊(흙덩이 괴)
동 靈(신령 령)
　 魄(넋 백)

글자 풀이
구름(云)처럼 떠다니는 귀신(鬼)을 혼(魂)이라 한다는 의미이다.

읽기 한자
蜀魂(촉혼) 魂膽(혼담)

쓰기 한자
魂靈(혼령) 商魂(상혼) 靈魂(영혼) 招魂(초혼) 鬪魂(투혼)

昏

3급
어두울 **혼**
日 | 4획

- 비 婚(혼인할 혼)
- 동 暗(어두울 암)
- 반 明(밝을 명)
- 朗(밝을 랑)

글자 풀이

나무 뿌리(氏) 밑으로 해(日)가 져서 날이 저물어, 어둡다(昏)는 의미이다.

읽기 한자

昏札(혼찰) 昏虐(혼학)

쓰기 한자

昏迷(혼미) 昏睡(혼수) 昏絕(혼절) 黃昏(황혼) 昏定晨省(혼정신성)

忽

3급Ⅱ
갑자기 **홀**
心 | 4획

- 비 勿(말 물)
- 忿(성낼 분)
- 동 突(갑자기 돌)

글자 풀이

마음(心)에 없던(勿) 일이 홀연(忽)히 생각난다는 의미이다.

쓰기 한자

忽待(홀대) 忽然(홀연) 疏忽(소홀)

紅

4급
붉을 **홍**
糸 | 3획

- 비 經(지날 경)
- 동 赤(붉을 적)
- 朱(붉을 주)
- 丹(붉을 단)

글자 풀이

빨갛게 물들인(工) 색실(糸)에서 홍색, 붉다(紅)는 의미이다.

읽기 한자

紅瓊(홍경) 紅蔘(홍삼) 紅旭(홍욱) 紅脂(홍지) 紅塵(홍진) 紅靺鞨(홍말갈)

쓰기 한자

紅潮(홍조) 紅玉(홍옥) 朱紅(주홍) 紅疫(홍역) 紅顏(홍안) 紅茶(홍차)
紅珠(홍주) 紅燈街(홍등가) 紅一點(홍일점)

洪

3급Ⅱ
넓을 **홍**
水 | 6획

- 동 博(넓을 박)
- 廣(넓을 광)
- 浩(넓을 호)
- 반 狹(좁을 협)

글자 풀이

장마가 져서 물(水)이 사방팔방 한가지(共)로 넓게(洪) 펼쳐져 있다는 의미이다.

읽기 한자

葛洪(갈홍) 洪謨(홍모) 洪纖(홍섬) 洪淵(홍연) 洪津(홍진)
洪範九疇(홍범구주)

쓰기 한자

洪震(홍진) 洪軌(홍궤) 洪覆(홍복) 洪範(홍범) 洪水(홍수) 洪州(홍주)
洪城(홍성) 洪福(홍복)

弘 클 홍
3급
弓 | 2획

- 비 引(끌 인)
- 동 巨(클 거)
  大(큰 대)
  泰(클 태)
  太(클 태)
- 반 小(작을 소)
  微(작을 미)

글자 풀이

활(弓)을 쏘기 위하여 팔(厶)을 크게(弘) 편다는 의미이다.

읽기 한자

弘敷(홍부) 弘敞(홍창)

쓰기 한자

弘報(홍보) 弘範(홍범) 弘誓(홍서) 弘教(홍교) 弘通(홍통) 弘滯(홍체)
弘誓舟(홍서주) 弘益人間(홍익인간)

鴻 기러기 홍
3급
鳥 | 6획

- 동 雁(기러기 안)

글자 풀이

강(江) 위를 나는 새(鳥)에서, 기러기를 의미한다.

읽기 한자

鴻謨(홍모) 鴻瑞(홍서) 鴻徽(홍휘) 鴻禧(홍희)

쓰기 한자

鴻基(홍기) 鴻毛(홍모) 鴻恩(홍은) 鴻名(홍명) 鴻學(홍학) 鴻儒(홍유)
鴻雁(홍안)

泓 물깊을 홍
2급(名)
水 | 5획

- 비 弘(클 홍)

글자 풀이

물(水)이 넓으면(弘) 수심이 깊게 마련이므로 물이 깊음(泓)을 의미한다.
중국(中國) 하남성(河南省)에 있는 泓水의 이름이기도 하다.

읽기 한자

泓水(홍수) 泓泓(홍홍)

火 불 화(:)
8급
火 | 0획

- 반 水(물 수)

글자 풀이

불(火)이 타고 있는 모양을 본떴다.

읽기 한자

鬱火(울화) 火繩銃(화승총) 火蔘(화삼) 火繩(화승) 火柴(화시)
火旺之節(화왕지절)

쓰기 한자

火傷(화상) 火刑(화형) 點火(점화) 採火(채화) 烈火(열화) 火器(화기) 火氣(화기)
火力(화력) 火山(화산) 火星(화성) 火食(화식) 火藥(화약) 防火(방화) 聖火(성화)
消火(소화) 失火(실화) 引火(인화) 砲火(포화) 鎭火(진화) 耐火(내화) 火爐(화로)
火葬(화장) 活火山(활화산) 休火山(휴화산) 死火山(사화산) 導火線(도화선)
明若觀火(명약관화) 電光石火(전광석화)

花	7급
꽃 **화**	
⺾ | 4획	

비 化(될 화)

풀(⺾)의 모습이 변하는(化) 것에서 꽃(花)을 의미한다.

읽기 한자

葛花(갈화) 槐花(괴화) 槿花(근화) 槿花心(근화심) 蘆花(노화) 揷花(삽화)
妖花(요화) 苑花(원화) 琮花(종화) 杏花(행화) 花崗巖(화강암) 花苑(화원)
瑞花(서화) 聚花(취화)

쓰기 한자

桃花(도화) 花粉(화분) 花押(화압) 花鬪(화투) 花環(화환) 花壇(화단)
花代(화대) 花信(화신) 花園(화원) 花鳥(화조) 花草(화초) 花燭(화촉)
無窮花(무궁화) 鳳仙花(봉선화) 花柳界(화류계) 錦上添花(금상첨화)
路柳墻花(노류장화)

話	7급 II
말씀 **화**	
言 | 6획	

비 活(살 활)
동 談(말씀 담)
  言(말씀 언)
  語(말씀 어)
  說(말씀 설)

글자 풀이

혀(舌)와 입술을 사용해서 마음에 생각하고 있는 것을 얘기(言)해 전하는
것에서 이야기, 말하다(話)는 의미이다.

읽기 한자

揷話(삽화) 話柄(화병) 款話(관화)

쓰기 한자

話頭(화두) 話法(화법) 話術(화술) 話者(화자) 話題(화제) 講話(강화)
祕話(비화) 口話(구화) 談話(담화) 對話(대화) 童話(동화) 史話(사화)
說話(설화) 手話(수화) 神話(신화) 實話(실화) 野話(야화) 詞話(사화)
逸話(일화) 電話(전화) 通話(통화) 會話(회화) 訓話(훈화) 受話器(수화기)
送話機(송화기)

和	6급 II
화할 **화**	
口 | 5획	

비 私(사사 사)
  利(이할 리)
동 睦(화목할 목)
반 競(다툴 경)
  爭(다툴 쟁)
  戰(싸움 전)
  鬪(싸움 투)

글자 풀이

벼(禾)가 잘 익어 기뻐 말(口)하고 있는 것에서 온화하다, 부드럽다(和)는
의미이다.

읽기 한자

燮和(섭화) 雍和(옹화) 融和(융화) 沖和(충화) 舒和(서화) 穩和(온화)
和穆(화목) 和昶(화창) 和沖(화충) 和輯(화집) 和夷(화충) 趨和(추화)
和衷協同(화충협동) 和光同塵(화광동진)

쓰기 한자

斥和(척화) 飽和(포화) 緩和(완화) 和氣(화기) 和色(화색) 和順(화순)
和約(화약) 雙和湯(쌍화탕) 違和感(위화감) 附和雷同(부화뇌동)

畫	6급
그림 **화:**	
그을 **획**	
田 | 7획	

비 書(글 서)
  晝(낮 주)
동 圖(그림 도)
약 画

글자 풀이

붓(聿)으로 도화지(一)에 그림(田)을 그린다(畫)는 의미이다.

읽기 한자

揷畫(삽화) 濃彩畫(농채화)

쓰기 한자

映畫(영화) 畫幅(화폭) 漫畫(만화) 墨畫(묵화) 邦畫(방화) 畫家(화가)
畫面(화면) 畫法(화법) 畫室(화실) 畫板(화판) 畫筆(화필) 錄畫(녹화)
名畫(명화) 壁畫(벽화) 佛畫(불화) 書畫(서화) 詩畫(시화) 洋畫(양화)
外畫(외화) 原畫(원화) 油畫(유화) 印畫(인화) 版畫(판화) 畫廊(화랑)
畫伯(화백) 自畫像(자화상) 彩色畫(채색화) 肖像畫(초상화)
靜物畫(정물화) 自畫自讚(자화자찬)

化

5급Ⅱ
될 화(:)
匕 | 2획

비 北(북녘 북)
　 比(견줄 비)
　 仁(어질 인)
동 變(변할 변)

글자 풀이
사람(人)이 거꾸로(匕) 서 있는 형태에서 바뀌다, 둔갑하다(化)는 의미이다.

읽기한자
文化圈(문화권) 酸化(산화) 酸化水素(산화수소) 融化(융화)
一酸化(일산화) 焦土化(초토화) 薰化(훈화)

쓰기한자
激化(격화) 歸化(귀화) 劇化(극화) 鈍化(둔화) 鹽化(염화) 化石(화석)
化工(화공) 化身(화신) 化成(화성) 化學(화학) 化合(화합) 感化(감화)
强化(강화) 開化(개화) 敎化(교화) 老化(노화) 綠化(녹화) 同化(동화)
文化(문화) 美化(미화) 消化(소화) 化粧(화장) 軟化(연화) 淨化(정화)
企業化(기업화) 荒廢化(황폐화)

貨

4급Ⅱ
재물 화:
貝 | 4획

비 資(재물 자)
　 貰(품삯 임)
동 資(재물 자)
　 財(재물 재)

글자 풀이
돈인 조개(貝) 껍질은 여러 가지 물품으로 바뀌는(化) 것이 가능한 것으로 값어치가 있는 것, 돈(貨)을 의미한다.

읽기한자
蔘貨(삼화) 殖貨(식화) 外貨預金(외화예금)

쓰기한자
雜貨(잡화) 貨幣(화폐) 硬貨(경화) 貨物(화물) 貨主(화주) 貨車(화차)
金貨(금화) 良貨(양화) 美貨(미화) 寶貨(보화) 惡貨(악화) 外貨(외화)
銀貨(은화) 日貨(일화) 財貨(재화) 通貨(통화) 韓貨(한화) 百貨店(백화점)
手貨物(수화물)

華

4급
빛날 화
艹 | 7획

비 畢(마칠 필)
동 煥(빛날 환)
　 燦(빛날 찬)
　 輝(빛날 휘)

글자 풀이
화초(艹)가 흐드러지게 피어 드리워진(垂) 모양에서 '꽃, 빛나다'는 의미이다.

읽기한자
華僑(화교) 華硏(화연) 華敞(화창) 華閥(화벌) 華翰(화한) 華煥(화환)

쓰기한자
散華(산화) 榮華(영화) 精華(정화) 中華(중화) 華甲(화갑) 華髮(화발)
華商(화상) 華婚(화혼) 華燭(화촉) 繁華(번화) 昇華(승화) 豪華(호화)
華嚴經(화엄경) 井華水(정화수)

禍

3급Ⅱ
재앙 화:
示 | 9획

비 過(지날 과)
동 災(재앙 재)
　 殃(재앙 앙)
　 厄(액 액)
　 凶(흉할 흉)
반 吉(길할 길)
　 福(복 복)

글자 풀이
사람의 도리를 저버리는 잘못(過)을 저지르면 신(示)이 재앙을 내린다는 데서, 재앙을 의미한다.

읽기한자
賈禍(고화) 禍胎(화태) 禍酷(화혹)

쓰기한자
慘禍(참화) 禍根(화근) 禍福(화복) 禍因(화인) 士禍(사화) 輪禍(윤화)
災禍(재화) 戰禍(전화) 筆禍(필화) 吉凶禍福(길흉화복)
轉禍爲福(전화위복)

하

禾	3급
벼 **화**	
禾	0획

비 木(나무 목)
동 稻(벼 도)

> **글자 풀이**
>
> 이삭이 늘어진 벼(禾)의 모양을 본떴다.
>
> **읽기한자**
>
> 稙禾(직화) 瑞禾(서화)
>
> **쓰기한자**
>
> 禾穀(화곡) 禾苗(화묘) 禾尺(화척) 禾主(화주) 禾積(화적) 晚禾(만화)
> 松禾(송화) 田禾(전화) 種禾稻(종화도)

嬅	2급(名)
탐스러울 **화**	
女	11획

> **글자 풀이**
>
> 여자(女)가 꽃(華)처럼 아름다운데서 탐스럽다(嬅)는 의미이다. 주로 이름 자로 쓰인다.
>
> **읽기한자**
>
> 嬅容(화용)

樺	2급(名)
자작나무/벚나무 **화**	
木	11획

> **글자 풀이**
>
> 껍질로 신(華)을 만드는 나무(木)로 자작나무(樺)를 의미한다.
>
> **읽기한자**
>
> 樺太(화태=사할린)

靴	2급
신(履鞋) **화**	
革	4획

동 履(밟을 리)

> **글자 풀이**
>
> 가죽(革)을 다루어 모양을 바꾸어(化) 신발을 만드는데서 신(靴)을 의미한다.
>
> **읽기한자**
>
> 靴工(화공) 軍靴(군화) 短靴(단화) 長靴(장화) 着靴(착화)
> 洋靴(양화) 手製靴(수제화) 室內靴(실내화) 運動靴(운동화)
> 蹴球靴(축구화)

確

굳을 확

4급 II

石 | 10획

- 비 鶴(학 학)
- 동 固(굳을 고)
  堅(굳을 견)
  硬(굳을 경)
- 반 軟(연할 연)

글자 풀이

돌(石)처럼 단단하고 높이 나는 새(隺)처럼 지조가 높고 굳은 데서,
굳다는 의미이다.

읽기한자

確診(확진)

쓰기한자

確證(확증) 確固(확고) 確答(확답) 確立(확립) 確保(확보) 確信(확신)
確實(확실) 確約(확약) 確言(확언) 確認(확인) 確定(확정) 明確(명확)
正確(정확) 精確(정확) 確率(확률) 未確認(미확인) 不確實(불확실)
確固不動(확고부동)

擴

넓힐 확

3급

手 | 15획

- 비 橫(가로 횡)
- 동 張(베풀 장)
- 반 縮(줄일 축)
- 약 拡

글자 풀이

손(手)을 써서 넓게(廣) 늘리고 넓힌다(擴)는 의미이다.

쓰기한자

擴大(확대) 擴散(확산) 擴張(확장) 擴充(확충) 擴聲器(확성기)

穫

거둘 확

3급

禾 | 14획

- 비 獲(얻을 획)
  護(도울 호)
- 동 收(거둘 수)

글자 풀이

벼(禾)를 얻고자(隻) 풀(++)을 베듯이 베어 거둔다(穫)는 의미이다.

읽기한자

芸穫(운확)

쓰기한자

收穫(수확) 耕穫(경확) 秋穫(추확)

患

근심 환:

5급

心 | 7획

- 비 忠(충성 충)
- 동 憂(근심 우)
  愁(근심 수)

글자 풀이

꼬챙이(串)로 심장(心)을 쑤신다는 데서 근심, 병(患)을 의미한다.

읽기한자

胎患(태환)

쓰기한자

患亂(환란) 患難(환난) 患部(환부) 患者(환자) 憂患(우환) 疾患(질환)
後患(후환) 急患(급환) 外患(외환) 老患(노환) 病患(병환) 宿患(숙환)
重患者(중환자) 內憂外患(내우외환) 外來患者(외래환자)
有備無患(유비무환) 識字憂患(식자우환) 養虎遺患(양호유환)

歡

4급

기쁠 **환**

欠 | 18획

- 비 歎(탄식할 탄)
  勸(권할 권)
- 동 喜(기쁠 희)
- 반 哀(슬플 애)
  怒(성낼 노)
- 약 欢, 歓

글자 풀이

풀숲(++)에서 새(佳)가 입(口)을 크게 벌리고(欠) 먹고 노래하며(口) 기뻐한다(歡)는 의미이다.

읽기 한자

歡怡(환이)

쓰기 한자

哀歡(애환) 歡談(환담) 歡待(환대) 歡聲(환성) 歡送(환송) 歡心(환심)
歡躍(환약) 歡迎(환영) 歡呼(환호) 歡喜(환희) 合歡酒(합환주)
歡樂街(환락가) 歡呼聲(환호성)

環

4급

고리 **환(:)**

玉 | 13획

- 비 還(돌아올 환)

글자 풀이

옥(玉)으로 놀라 휘둥그렇게 뜬 사람의 눈(睘)처럼 둥글게 만든 가락지로, 고리를 의미한다.

읽기 한자

環翊(환익)

쓰기 한자

環境(환경) 環狀(환상) 環視(환시) 環玉(환옥) 金環(금환)
一環(일환) 指環(지환) 花環(화환) 循環(순환) 惡循環(악순환)
衆人環視(중인환시)

換

3급 II

바꿀 **환:**

手 | 9획

- 동 替(바꿀 체)

글자 풀이

크게(奐) 필요한 것을 손(手)에 넣으려고 다른 물건과 바꾼다(換)는 의미이다.

읽기 한자

兌換(태환) 換骨奪胎(환골탈태)

쓰기 한자

互換(호환) 換拂(환불) 換錢(환전) 換氣(환기) 換買(환매) 換物(환물)
轉換(전환) 換算(환산) 換言(환언) 換率(환율) 換票(환표) 交換(교환)
變換(변환) 外換(외환) 換去來(환거래) 郵便換(우편환) 換節期(환절기)

還

3급 II

돌아올 **환**

辶 | 13획

- 비 環(고리 환)
- 동 回(돌아올 회)
  歸(돌아갈 귀)

글자 풀이

고리(睘)를 따라 길(辶)을 가면 먼저 있던 자리로 돌아온다(還)는 의미이다.

읽기 한자

牟還(모환) 撤還(철환)

쓰기 한자

還拂(환불) 返還(반환) 償還(상환) 奪還(탈환) 김還(소환) 還甲(환갑)
還國(환국) 還給(환급) 還都(환도) 還流(환류) 還付(환부) 還生(환생)
還屬(환속) 還俗(환속) 還收(환수) 還元(환원) 歸還(귀환) 生還(생환)
送還(송환) 錦衣還鄕(금의환향)

丸
3급
둥글 **환**
丶 | 2획

비 九(아홉 구)
동 圓(둥글 원)
團(둥글 단)

글자 풀이

반죽한 물건, 약재를 아홉(九)번 굴려서 덩어리(丶)가 둥근(丸) 알을 만든 다는 의미이다.

읽기한자

丸劑(환제) 阪上走丸(판상주환)

쓰기한자

丸藥(환약) 一丸(일환) 彈丸(탄환) 砲丸(포환) 淸心丸(청심환)

幻
2급
헛보일 **환:**
幺 | 1획

글자 풀이

가는 실(幺)처럼 힘없이 가물가물 흔들린다(丁)는 데서 헛보이다(幻)는 의미이다.

읽기한자

幻覺(환각) 幻滅(환멸) 幻夢(환몽) 幻法(환법) 幻像(환상) 幻想(환상)
幻相(환상) 幻術(환술) 幻影(환영) 幻聽(환청) 幻惑(환혹) 夢幻(몽환)
變幻(변환) 幻燈機(환등기)

桓
2급(名)
굳셀 **환**
木 | 6획

글자 풀이

행인이 찾는(亘) 나무(木)로 본래 우정(郵亭)의 푯말, 이정표를 나타냈다. 이 푯말은 튼튼하게 세워 놓았고, 행인은 그 푯말 앞에서 정보를 얻기 위해 머뭇거리게 되므로 여기에서 굳세다, 머뭇거리다(桓)는 의미가 되었다.

읽기한자

桓雄(환웅) 桓桓(환환) 盤桓(반환) 烏桓(오환)

煥
2급(名)
빛날 **환:**
火 | 9획

동 昞(밝을 병) 炳(밝을 병)
晃(밝을 황) 熙(빛날 희)
曜(빛날 요) 耀(빛날 요)
昱(빛날 욱) 煜(빛날 욱)
赫(밝을 혁) 輝(빛날 휘)
煥(빛날 환)

글자 풀이

불(火)이 성대하여 활활 타오르면(奐) 사방이 밝아지는데서 빛난다(煥)는 의미이다.

읽기한자

煥爛(환란) 煥麗(환려) 煥然(환연)

하

活 살 활
水 | 6획
7급 II

비 話(말씀 화)
  浩(넓을 호)
동 生(날 생)
반 死(죽을 사)
  殺(죽일 살)

글자 풀이
혀(舌)를 정신없이 놀리며 먹듯이 활발히 움직이는 물(水)의 형상에서 살다, 생동감이 있다(活)는 의미이다.

읽기 한자
生活圈(생활권)

쓰기 한자
活劇(활극) 活況(활황) 活躍(활약) 敏活(민활) 活氣(활기) 活動(활동)
活力(활력) 活路(활로) 活魚(활어) 活用(활용) 活字(활자) 活着(활착)
復活(부활) 死活(사활) 生活(생활) 自活(자활) 活版(활판)

滑 미끄러울 활 / 익살스러울 골
水 | 10획
2급

글자 풀이
물(水)이 뼈(骨)의 표면에 묻으면 미끄러운데서 미끄럽다(滑)는 의미이다. 또 말이나 행동을 미끄러지듯 익살맞게 잘 하는 경우에도 쓰인다.

읽기 한자
滑降(활강) 滑氷(활빙) 滑走(활주) 圓滑(원활) 潤滑油(윤활유)

黃 누를 황
黃 | 0획
6급

비 寅(범 인)

글자 풀이
밭(田)은 모두 한 가지로(共) 누렇게(黃) 익었다는 의미이다.

읽기 한자
硫黃(유황) 黃酸(황산) 黃鴨(황압) 黃埃(황애) 黃廬(황려) 黃巢(황소)
黃塵(황진) 鴨黃(압황) 亞黃酸(아황산) 岐黃之術(기황지술)

쓰기 한자
黃泉(황천) 朱黃(주황) 黃狗(황구) 黃桃(황도) 黃昏(황혼) 黃口(황구)
黃金(황금) 黃道(황도) 黃牛(황우) 黃鳥(황조) 黃土(황토) 黃海(황해)
牛黃(우황) 黃人種(황인종) 黃禍(황화) 浮黃(부황) 黃金萬能(황금만능)
黃金分割(황금분할)

況 상황 황:
水 | 5획
4급

비 兄(맏 형)
동 狀(형상 상)

글자 풀이
물(水)이 불어나고(兄) 줄어드는 상황(況)을 알아본다는 의미이다.

쓰기 한자
景況(경황) 近況(근황) 不況(불황) 狀況(상황) 盛況(성황) 實況(실황)
作況(작황) 戰況(전황) 情況(정황) 現況(현황) 好況(호황) 活況(활황)
況且(황차) 槪況(개황)

皇

3급 II

임금 황

白 | 4획

동 王(임금 왕)
帝(임금 제)
君(임금 군)
반 臣(신하 신)
民(백성 민)

글자 풀이
흰(白) 면류관을 쓴 임금(王)이란 데서 임금, 황제(皇)를 의미한다.

읽기 한자
皇后(황후) 皇謨(황모) 皇胤(황윤) 皇祚(황조) 皇祜(황호)
芬皇寺(분황사) 秦始皇(진시황) 皇甫仁(황보인) 皇太后(황태후)
皇天后土(황천후토)

쓰기 한자
皇考(황고) 皇國(황국) 皇宮(황궁) 皇女(황녀) 皇妃(황비) 皇室(황실)
皇恩(황은) 皇帝(황제) 皇族(황족) 敎皇(교황) 張皇(장황)
三皇五帝(삼황오제)

荒

3급 II

거칠 황

艹 | 6획

비 流(흐를 류)

글자 풀이
냇(川)물이 마르고 풀(艹), 농작물이 말라 죽어서(亡) 들이 거칠어진다(荒)
는 의미이다.

읽기 한자
荒僻(황벽) 荒疇(황주)

쓰기 한자
荒年(황년) 荒唐(황당) 荒涼(황량) 荒城(황성) 荒誕(황탄) 荒野(황야)
荒廢(황폐) 虛荒(허황) 凶荒(흉황)

晃

2급(名)

밝을 황

日 | 6획

동 明(밝을 명) 昞(밝을 병)
炳(밝을 병) 熙(빛날 희)
曜(빛날 요) 耀(빛날 요)
昱(빛날 욱) 煜(빛날 욱)
赫(밝을 혁) 輝(빛날 휘)
燦(빛날 찬) 煥(빛날 환)

글자 풀이
해(日)가 빛나므로(光) 밝다(晃)는 의미이다.

읽기 한자
晃耀(황요) 晃昱(황욱) 晃晃(황황)

滉

2급(名)

깊을 황

水 | 10획

글자 풀이
그 이름을 빛내려면(晃) 깊고 넓어야 하는데서 물(水)이 깊고 넓다(滉)는
의미이다.

읽기 한자
李滉(이황)

會
모일 회:
日 | 9획

비 曾(일찍 증)
동 集(모을 집)
　　社(모일 사)
반 散(흩을 산)
　　離(떠날 리)
약 会

글자 풀이
사람의 얼굴에 눈, 귀, 코, 입 따위가 모인 모양을 본뜬 글자로, 모이다는 의미이다.

읽기한자
彦會(언회)

쓰기한자
會誌(회지) 機會(기회) 會見(회견) 會計(회계) 會期(회기) 會談(회담) 會同(회동)
會得(회득) 會報(회보) 會費(회비) 會社(회사) 會食(회식) 會心(회심) 會員(회원)
會意(회의) 會議(회의) 會則(회칙) 會合(회합) 會話(회화) 開會(개회) 敎會(교회)
國會(국회) 大會(대회) 流會(유회) 面會(면회) 牧會(목회) 密會(밀회) 會館(회관)
司會(사회) 宴會(연회) 照會(조회) 懇談會(간담회)

回
돌아올 회
口 | 3획

비 固(굳을 고)
동 還(돌아올 환)
　　歸(돌아올 귀)

글자 풀이
소용돌이가 빙글빙글 돌고 있는 모양에서 돌다(回)는 의미이다.

읽기한자
撤回(철회) 回診(회진)

쓰기한자
回甲(회갑) 回歸(회귀) 回覽(회람) 回遊(회유) 回轉(회전) 回避(회피)
回婚(회혼) 回顧(회고) 回軍(회군) 回答(회답) 回路(회로) 回復(회복)
回容(회용) 回想(회상) 回船(회선) 回線(회선) 回收(회수) 回數(회수)
回信(회신) 回心(회심) 回春(회춘) 回航(회항) 今回(금회) 每回(매회)
數回(수회) 回廊(회랑) 回附(회부) 回邪(회사) 回旋(회선) 旋回(선회)

灰
재 회
火 | 2획

비 厄(액 액)

글자 풀이
손(厂)에 드는 것이 가능할 듯한 불(火)씨이니 다 타버린 뒤에 남은 재(灰)를 의미한다.

읽기한자
灰塵(회진)

쓰기한자
灰壁(회벽) 灰色(회색) 石灰(석회) 洋灰(양회) 灰白色(회백색)
灰色分子(회색분자)

悔
뉘우칠 회:
心 | 7획

비 海(바다 해)

글자 풀이
지나간 잘못을 마음(心) 속으로 매양(每) 뉘우친다(悔)는 의미이다.

읽기한자
憾悔(감회) 亢龍有悔(항룡유회)

쓰기한자
後悔莫及(후회막급)

懷

3급Ⅱ

품을 회
心 | 16획

비 壞(무너질 괴)
동 抱(안을 포)
약 懐

호주머니에 거울을 간직하듯(襄) 마음(心)에 간직하는 데서, 품다는 의미이다.

 읽기 한자

懷瑾(회근) 懷妊(회임) 懷胎(회태) 懷輯(회집) 款懷(관회) 舒懷(서회) 塵懷(진회) 衷懷(충회)

쓰기 한자

懷抱(회포) 懷古(회고) 懷柔(회유) 懷疑(회의) 感懷(감회) 所懷(소회) 述懷(술회)

廻

2급

돌(旋) 회
廴 | 6획

동 回(돌 회)
避(피할 피)

빙빙 돌면서(回) 제자리 걸음(廴)하는 것으로 돈다(廻)를 나타낸다. 또 돌아서(回) 간다(廴)는 뜻으로 피하다(廻)는 의미이다.

읽기 한자

廻顧(회고) 廻塗(회도) 廻廊(회랑) 廻禮(회례) 廻旋(회선) 廻轉(회전) 廻風(회풍) 廻避(회피) 廻向(회향) 上廻(상회) 巡廻(순회) 輪廻(윤회) 下廻(하회)

檜

2급(名)

전나무 회:
木 | 13획

잎은 잣나무와 같고, 줄기는 소나무와 같다는데서 잣나무와 소나무가 만나서(會) 만들어진 나무(木)라고 보아 전나무(檜)를 의미한다.

읽기 한자

檜皮(회피) 老檜(노회) 松檜(송회) 檜巖寺(회암사)

淮

2급(名)

물이름 회
水 | 8획

비 准(비준 준)

중국(中國) 안휘성(安徽省), 강소성(江蘇省) 일대를 흐르는 강의 이름자이다.

읽기 한자

淮水(회수) 淮陽(회양) 淮夷(회이) 淮南子(회남자)

하

劃

3급Ⅱ

그을 **획**

刀 | 12획

비 晝(낮 주)
　畫(그림 화)

붓(聿)으로 논밭(田)의 경계(一)를 그어 나눈다(刂)는 데서 긋다, 쪼개다(劃)는 의미이다.

읽기한자

碩劃(석획)

쓰기한자

劃數(획수) 劃定(획정) 劃策(획책) 計劃(계획) 區劃(구획) 企劃(기획)
劃期的(획기적) 劃一的(획일적)

獲

3급Ⅱ

얻을 **획**

犬 | 14획

비 護(도울 호)
　穫(거둘 확)
동 得(얻을 득)
반 失(잃을 실)

글자 풀이

사냥개(犬)를 수풀(艹) 속에 데리고 가서 새(隹)를 손(又)으로 잡아, 얻는다(獲)는 의미이다.

읽기한자

獲麟(획린)

쓰기한자

濫獲(남획) 捕獲(포획) 獲得(획득) 漁獲(어획) 藏獲(장획)

橫

3급Ⅱ

가로 **횡**

木 | 12획

비 黃(누를 황)
　擴(넓힐 확)
반 縱(세로 종)

글자 풀이

대문의 빗장으로 쓰이는 가로지른(黃) 나무(木)로 '가로, 비끼다'는 의미이다.

읽기한자

橫隔膜(횡격막) 橫柯(횡가) 橫虐(횡학)

쓰기한자

橫帶(횡대) 橫列(횡렬) 橫領(횡령) 橫流(횡류) 橫步(횡보) 橫書(횡서)
橫線(횡선) 橫數(횡수) 橫材(횡재) 橫災(횡재) 橫暴(횡포) 橫行(횡행)
專橫(전횡) 縱橫(종횡) 縱橫無盡(종횡무진) 橫斷步道(횡단보도)

孝

7급Ⅱ

효도 **효:**

子 | 4획

비 老(늙을 로)

글자 풀이

자식(子)이 나이든 부모(耂)를 등에 진 형태에서 부모를 잘 섬기다, 효도하다(孝)는 의미이다.

읽기한자

孝廬(효려)

쓰기한자

孝女(효녀) 孝道(효도) 孝婦(효부) 孝誠(효성) 孝心(효심)
孝子(효자) 孝行(효행) 不孝(불효) 忠孝(충효)

效

5급Ⅱ
본받을 **효:**
攵 | 6획

비 敎(가르칠 교)
救(구할 구)
약 効

글자 풀이
착한 사람과 사귀어(交) 그 행실을 본받도록 타이르고 회초리질 한다(攵) 는 데서, 본받다는 의미이다.

읽기 한자
勳效(훈효)

쓰기 한자
效則(효칙) 效死(효사) 效果(효과) 效能(효능) 效力(효력) 效用(효용)
效驗(효험) 無效(무효) 發效(발효) 時效(시효) 實效(실효) 失效(실효)
藥效(약효) 奏效(주효) 特效(특효) 有效(유효) 效率(효율)
溫室效果(온실효과) 展示效果(전시효과)

曉

3급
새벽 **효:**
日 | 12획

비 燒(사를 소)
동 晨(새벽 신)
반 昏(어두울 혼)
약 暁

글자 풀이
해(日)가 높은(堯) 산이나 언덕 위로 떠오르는 밝은 녘, 새벽(曉)이라는 의미이다.

쓰기 한자
曉星(효성) 曉達(효달) 曉得(효득) 拂曉(불효) 通曉(통효)
殘月曉星(잔월효성)

後

7급Ⅱ
뒤 **후:**
彳 | 6획

반 前(앞 전)
先(먼저 선)

글자 풀이
길(彳)을 걷는데 어린아이(幺)는 걸음이 느려(攵) 뒤진다(後)는 의미이다.

읽기 한자
後魏(후위) 後苑(후원) 後胤(후윤) 後塵(후진)

쓰기 한자
後輪(후륜) 後援(후원) 後尾(후미) 押後(압후) 殿後(전후) 後見(후견)
後光(후광) 後宮(후궁) 後期(후기) 後記(후기) 後代(후대) 後面(후면)
後門(후문) 後聞(후문) 後味(후미) 後半(후반) 後方(후방) 後佛(후불)
後事(후사) 後生(후생) 後世(후세) 後送(후송) 後食(후식) 後悔(후회)
幕後(막후) 此後(차후) 後輩(후배) 後遺症(후유증)

候

4급
기후 **후:**
人 | 8획

비 侯(제후 후)

글자 풀이
사람(亻)이 활을 쏠 때 과녁(候)을 살피는 데서, 살피다는 의미이다. 또 활 쏘기에 좋은 날씨를 살피는 데서, 기후를 의미한다.

읽기 한자
腎候(신후) 診候(진후)

쓰기 한자
候鳥(후조) 候補(후보) 氣候(기후) 症候(증후) 徵候(징후)
惡天候(악천후) 全天候(전천후) 氣體候(기체후) 測候所(측후소)
立候補(입후보) 斥候兵(척후병)

하

厚 4급
두터울 후:
厂 | 7획

동 敦(도타울 돈)
篤(도타울 독)
반 薄(엷을 박)

글자 풀이

포대기(冃)로 아이(子)를 두텁게 감싼 모양으로 산기슭(厂)에 두텁게 흙과 돌 등이 쌓여 있는 데서, 두텁다는 의미이다.

읽기 한자

濃厚(농후) 淳厚(순후)

쓰기 한자

厚待(후대) 厚德(후덕) 厚謝(후사) 厚意(후의) 溫厚(온후) 重厚(중후)
厚賜(후사) 厚薄(후박) 顔厚(안후) 厚顔無恥(후안무치)
上厚下薄(상후하박) 厚生事業(후생사업)

侯 3급
제후 후
人 | 7획

비 候(기후 후)

글자 풀이

화살(矢)을 쏘아 과녁(弓)에 맞추는 사람(人)을 제후로 봉한 것에서 '제후(侯)'를 의미한다.

쓰기 한자

侯爵(후작) 諸侯(제후) 土侯國(토후국) 王侯將相(왕후장상)

后 2급(名)
임금/왕후 후:
口 | 3획

동 妃(왕비 비)

글자 풀이

앉아서 입(口)으로 명령을 내리는 사람(人)으로 임금, 왕후(后)를 의미한다. 또 토지신을 의미하기도 한다.

읽기 한자

后宮(후궁) 后妃(후비) 后王(후왕) 后土(후토) 母后(모후) 太后(태후)
皇后(황후)

喉 2급
목구멍 후
口 | 9획

비 候(기후 후)
동 咽(목구멍 인)

글자 풀이

숨이 입(口)에서 과녁(侯)인 허파에 이르는 동안 목구멍을 통하는 데서, 목구멍을 의미한다.

읽기 한자

喉頭(후두) 喉門(후문) 喉頭炎(후두염) 喉舌之臣(후설지신)

訓	6급
	가르칠 훈:
	言 │ 3획

동 敎(가르칠 교)
반 學(배울 학)

글자 풀이
하천(川)의 형태를 따라 물이 순조롭게 흐르듯이, 말(言)에 따르도록 하는 것에서 말로 따르게 하다, 인도하다(訓)는 의미이다.

읽기한자
謨訓(모훈) 조訓(비훈)

쓰기한자
訓戒(훈계) 訓讀(훈독) 訓練(훈련) 訓令(훈령) 訓放(훈방) 訓手(훈수)
訓示(훈시) 訓育(훈육) 訓長(훈장) 訓話(훈화) 家訓(가훈) 敎訓(교훈)
校訓(교훈) 級訓(급훈) 內訓(내훈) 社訓(사훈) 音訓(음훈) 字訓(자훈)
政訓(정훈) 訓釋(훈석) 訓民正音(훈민정음) 訓蒙字會(훈몽자회)

勳	2급
	공(功) 훈
	力 │ 14획

동 功(공 공)
약 勲

글자 풀이
연기가 하늘 높이 올라가듯(熏) 나랏일에 힘(力)을 써서 높은 업적을 쌓은 데서 공(勳)을 의미한다.

읽기한자
勳功(훈공) 勳貴(훈귀) 勳級(훈급) 勳記(훈기) 勳德(훈덕) 勳等(훈등)
勳勞(훈로) 勳門(훈문) 勳閥(훈벌) 勳賞(훈상) 勳書(훈서) 勳臣(훈신)
勳業(훈업) 勳爵(훈작) 勳章(훈장) 勳績(훈적) 功勳(공훈) 武勳(무훈)
偉勳(위훈) 勳舊派(훈구파)

壎	2급(名)
	질나팔 훈
	土 │ 14획

동 塤(질나팔 훈)

글자 풀이
흙(土)을 불에 구워(熏) 만든 악기로 질나팔(壎)을 의미한다.

읽기한자
弄壎(농훈)

熏	2급(名)
	불길 훈
	火 │ 10획

글자 풀이
불(灬)을 때면 아궁이(土)에 불기운이 일어나고 굴뚝(申)을 거쳐 연기가 위(丿)와 좌우(一)로 퍼지는 데서, '불길, 불태우다, 연기가 끼다'는 의미이다.

읽기한자
熏夕(훈석) 熏燒(훈소) 衆口熏天(중구훈천; 움직일 훈)

薰

2급(名)

향풀 **훈**

艹 | 14획

글자 풀이

연기가 위로 올라(熏) 널리 퍼지듯이 향기가 피어 올라 널리 퍼지는 풀(艹)로 향풀, 향기, 향기롭다(薰)를 의미한다. 또 향기로 사람의 마음을 정화시키듯 덕으로 사람을 감화시키는 경우에도 쓰여 감화시키다를 의미한다.

읽기한자

薰氣(훈기) 薰陶(훈도) 薰育(훈육) 薰風(훈풍) 薰化(훈화) 餘薰(여훈)
香薰(향훈)

毁

3급

헐 **훼:**

殳 | 9획

동 壞(무너질 괴)
　　損(덜 손)
반 建(세울 건)

글자 풀이

땅(土) 위에 절구(臼)를 놓고 공이(几)를 손(又)에 들어 빻아서 헐고, 무너뜨린다(毁)는 의미이다.

읽기한자

毁頓(훼돈) 毁沮(훼저) 毁撤(훼철)

쓰기한자

毁慕(훼모) 毁傷(훼상) 名譽毁損(명예훼손)

揮

4급

휘두를 **휘**

手 | 9획

비 輝(빛날 휘)
동 指(가리킬 지)

글자 풀이

전차(車)를 둘러싸고(冖) 있는 군대를 손(手)을 휘두르면서 지시하는 것에서 휘두르다, 지시하다(揮)는 의미이다.

쓰기한자

發揮(발휘) 指揮(지휘) 揮毫(휘호) 指揮權(지휘권) 指揮者(지휘자)
一筆揮之(일필휘지)

輝

3급

빛날 **휘**

車 | 8획

비 揮(휘두를 휘)
동 華(빛날 화)
　　煥(빛날 환)
　　燦(빛날 찬)

글자 풀이

기치와 창검을 들고 행진하는 군인(軍)의 행진이 빛(光)나 보인다는 데서, 빛나다는 의미이다.

읽기한자

輝耀(휘요) 輝赫(휘혁) 輝煥(휘환)

쓰기한자

光輝(광휘) 輝炭(휘탄) 輝巖(휘암) 德輝(덕휘) 明輝(명휘) 星輝(성휘)
顔輝(안휘)

徽 아름다울 휘
彳 | 14획
2급(名)

[동] 美(아름다울 미)
佳(아름다울 가)
烋(아름다울 휴)
嬉(아름다울 희)

글자 풀이

가는(微) 실(糸)을 세 가락으로 꼬아 만든 끈으로 이 끈은 신분, 지위를 표시하는 標識(표지)를 나타낸다. 또 이 끈이 아름다운데서 아름답다를 의미한다.

읽기한자

徽文(휘문) 徽索(휘삭) 徽言(휘언) 徽音(휘음) 徽章(휘장) 徽號(휘호)

休 쉴 휴
人 | 4획
7급

[비] 林(수풀 림)
[동] 息(쉴 식)
憩(쉴 게)

글자 풀이

사람(人)이 큰 나무(木) 아래에서 잠시 쉬는 것에서 쉬다(休)는 의미이다.

읽기한자

休憩室(휴게실) 休診(휴진) 休祐(휴우) 休勳(휴훈)

쓰기한자

休暇(휴가) 歸休(귀휴) 遊休(유휴) 休講(휴강) 休校(휴교) 休德(휴덕)
休務(휴무) 休息(휴식) 休養(휴양) 休業(휴업) 休日(휴일) 休戰(휴전)
休電(휴전) 休止(휴지) 休紙(휴지) 休職(휴직) 休學(휴학) 休會(휴회)
無休(무휴) 連休(연휴) 年休(연휴) 休刊(휴간) 休眠(휴면) 休廷(휴정)
休火山(휴화산) 出産休暇(출산휴가)

攜 이끌 휴
手 | 10획
3급

[동] 引(끌 인)
提(끌 제)

글자 풀이

사냥꾼은 사냥하러 갈 때 곧(乃) 손(扌)으로 새매(隹)를 이끌어 지니고 가는 데서 '이끌다, 지니다' 는 의미이다.

쓰기한자

攜帶(휴대) 提攜(제휴) 技術提攜(기술제휴)

烋 아름다울 휴
火 | 6획
2급(名)

[동] 佳(아름다울 가)
美(아름다울 미)
徽(아름다울 휘)

글자 풀이

지쳐 쉬는(休) 사람에게 불(火)을 지펴 주는 행위는 아름답다는 데서 아름답다(烋)를 나타낸다. 주로 이름자로 쓰인다.

凶	5급Ⅱ
	흉할 **흉**
	凵 | 2획

동 禍(재앙 화)
　 災(재앙 재)
　 殃(재앙 앙)
반 吉(길할 길)
　 福(복 복)

글자 풀이

함정(凵)에 빠지면(乂) 죽게 되므로 흉하다(凶)는 의미이다.

읽기 한자

凶桀(흉걸) 凶虐(흉학) 凶札(흉찰) 妖凶(요흉)

쓰기 한자

凶彈(흉탄) 凶家(흉가) 凶計(흉계) 凶器(흉기) 凶年(흉년) 凶物(흉물)
凶事(흉사) 凶相(흉상) 凶惡(흉악) 凶漁(흉어) 凶作(흉작) 凶測(흉측)
吉凶(길흉) 陰凶(음흉) 凶夢(흉몽) 凶兆(흉조)
凶惡無道(흉악무도) 吉凶禍福(길흉화복)

胸	3급Ⅱ
	가슴 **흉**
	肉/月 | 6획

글자 풀이

匈은 양쪽 젖가슴 사이의 움푹하게 패인 부분(凶)이 오장육부를 가린다
(勹)는 데서 본래는 가슴을 나타냈다. 뒤에 중국 북방 이민족인 흉노를 지
칭하게 됨에 따라 肉(月)을 더해 胸으로 썼다.

읽기 한자

胸中麟甲(흉중인갑)

쓰기 한자

胸背(흉배) 胸部(흉부) 胸像(흉상) 胸圍(흉위) 胸中(흉중)

匈	2급(名)
	오랑캐 **흉**
	勹 | 4획

글자 풀이

양쪽 젖가슴 사이의 움푹하게 패인 부분(凶)이 오장육부를 가린다(勹)는
데서 본래는 가슴을 의미했다. 뒤에 중국 북방 이민족인 흉노를 지칭하
였다.

읽기 한자

匈奴(흉노)

黑	5급
	검을 **흑**
	黑 | 0획

비 墨(먹 묵)
동 漆(옻 칠)
　 暗(어두울 암)
　 玄(검을 현)
반 白(흰 백)
약 黒

글자 풀이

불(火)을 피우면 나오는 그을음으로 굴뚝(里)이 까맣게 되는 것에서 검다
(黑)는 의미이다.

쓰기 한자

黑髮(흑발) 黑鉛(흑연) 黑點(흑점) 漆黑(칠흑) 黑幕(흑막) 黑白(흑백)
黑色(흑색) 黑心(흑심) 黑煙(흑연) 黑人(흑인) 黑子(흑자) 黑板(흑판)
黑海(흑해) 暗黑(암흑) 黑死病(흑사병) 黑雪糖(흑설탕)
黑衣宰相(흑의재상)

欽

2급(名)

공경할 **흠**

欠 | 8획

- 통 敬(공경 경)
- 仰(우러를 앙)

자신에게 모자란(欠) 것을 갖추고 있는 사람을 대할 때는 쇠(金)처럼 무거운 태도로 대한다는 데서 삼가다, 공경하다(欽)는 의미이다.

읽기한자

欽念(흠념) 欽命(흠명) 欽慕(흠모) 欽服(흠복) 欽仰(흠앙) 欽定(흠정)

吸

4급Ⅱ

마실 **흡**

口 | 4획

- 비 及(미칠 급)
- 통 飮(마실 음)

글자 풀이

입(口)을 벌리고 있으면 공기가 연이어(及) 따라 붙듯이 들어오는 것에서 입으로 숨을 빨아들이다(吸)는 의미이다.

읽기한자

吸收合倂(흡수합병)

쓰기한자

吸盤(흡반) 吸氣(흡기) 吸力(흡력) 吸收(흡수) 吸水(흡수) 吸煙(흡연)
吸引(흡인) 吸入(흡입) 吸着(흡착) 呼吸(호흡) 深呼吸(심호흡)
吸血鬼(흡혈귀)

興

4급Ⅱ

일(盛) **흥(:)**

白 | 9획

- 비 與(더불 여)
- 輿(수레 여)
- 통 盛(성할 성)
- 起(일어날 기)
- 반 亡(망할 망)
- 衰(쇠할 쇠)
- 약 兴

글자 풀이

손을 맞잡고(舁) 힘을 합하면(同) 사업이 흥성하게 일어난다는 데서, 일다는 의미이다.

읽기한자

紹興(소흥) 興旺(흥왕) 鬱興(울흥)

쓰기한자

興趣(흥취) 遊興(유흥) 遞興(체흥) 興國(흥국) 卽興(즉흥) 振興(진흥)
醉興(취흥) 興奮(흥분) 興亡(흥망) 興味(흥미) 興盛(흥성) 興業(흥업)
興行(흥행) 發興(발흥) 復興(부흥) 新興(신흥) 餘興(여흥) 中興(중흥)
興信所(흥신소) 興亡盛衰(흥망성쇠) 興盡悲來(흥진비래)

希

4급Ⅱ

바랄 **희**

巾 | 4획

- 비 布(베 포)
- 통 望(바랄 망)
- 願(원할 원)

글자 풀이

실이 엇갈리며 무늬가 놓인(爻) 천(布)은 누구나 갖고 싶어 한다는 데서 바라다는 의미이다.

읽기한자

希覯(희구) 希覬(희면) 希旨(희지)

쓰기한자

希求(희구) 希望(희망) 希願(희원)

喜
4급
기쁠 **희**
口 | 9획

길하다고(吉) 두 손(艸)으로 북을 치고 입(口)으로 노래하며 기뻐한다(喜)는 의미이다.

동 歡(기쁠 환)
悅(기쁠 열)
樂(즐길 락)
반 哀(슬플 애)
怒(성낼 노)

쓰기 한자

喜劇(희극) 喜報(희보) 喜悲(희비) 喜色(희색) 喜躍(희약) 歡喜(환희)
喜壽(희수) 喜悅(희열) 喜消息(희소식) 一喜一悲(일희일비)
喜喜樂樂(희희낙락) 喜色滿面(희색만면) 喜怒哀樂(희로애락)

稀
3급 II
드물 **희**
禾 | 7획

벼(禾)농사가 바라는(希) 만큼 풍년이 드는 일은 드물다(稀)는 의미이다.

동 薄(엷을 박)
반 密(빽빽할 밀)

읽기 한자

稀酸(희산)

쓰기 한자

稀貴(희귀) 稀年(희년) 稀代(희대) 稀微(희미) 稀薄(희박)
稀釋(희석) 稀姓(희성) 稀世(희세) 稀少(희소) 稀壽(희수)
稀有(희유) 古稀(고희) 稀少價値(희소가치)

戲
3급 II
놀이 **희**
戈 | 13획

범(虍)의 탈을 쓰고, 창(戈)을 들고 춤추는 연극판에서 그릇(豆)의 음식을 먹고 논다는 데서, 놀이를 의미한다.

비 獻(드릴 헌)
동 遊(놀 유)
약 戱, 戯

읽기 한자

鞠戲(국희) 鬪戲(투희) 魔戲(마희) 沮戲(저희) 呈戲(정희)

쓰기 한자

於戲(오희) 戲曲(희곡) 戲弄(희롱) 戲笑(희소) 戲筆(희필) 戲畫(희화)
遊戲(유희)

噫
2급
한숨쉴 **희**
口 | 13획

일이 뜻(意)대로 되지 않아서 입(口)으로 길게 한숨쉰다(噫)는 의미이다.

읽기 한자

噫嗚(희오) 噫噫(희희) 噫氣(희기)

비 億(억 억)
憶(생각할 억)

姬	2급
	계집 희
女	6획

(동) 女(계집 녀)
娘(계집 낭)
媛(계집 원)
(반) 男(사내 남)
郎(사내 랑)

글자 풀이

女 옆에 臣으로 쓰는 것은 俗字이고 본래 글자는 흡이 '이'로 빗을 그린 글자이다. 빗질(臣)하는 여자(女)로 본래 신분과 재력이 있는 여자(姬)를 의미한다.

읽기한자

姬周(희주) 姬妾(희첩) 舞姬(무희) 美姬(미희) 王姬(왕희) 帝姬(제희)

嬉	2급(名)
	아름다울 희
女	12획

(동) 佳(아름다울 가)
美(아름다울 미)
徽(아름다울 휘)
侎(아름다울 휴)

글자 풀이

여자(女)가 즐겁게(喜) 노는 모양에서 즐기다, 아름답다는 의미이다.

읽기한자

嬉樂(희락) 嬉遊(희유) 嬉戲(희희)

憙	2급(名)
	기뻐할 희
心	12획

(동) 悅(기쁠 열)
欣(기뻐할 흔)
憘(기쁠 희)

글자 풀이

마음(心)이 즐거우면(喜) 기쁘므로 기쁘다(憙)는 의미이다.

읽기한자

悅憙(열희)

熙	2급
	빛날 희
火	9획

(동) 耀(빛날 요)
煜(빛날 욱)
歡(기쁠 환)
(반) 暗(어두울 암)
昏(어두울 혼)

글자 풀이

아기(巳)를 밴 불룩한 배(臣) 모양으로 불(灬)빛이 넓게 일어 빛나는 데서, 빛나다는 의미이다.

읽기한자

熙笑(희소) 熙熙(희희) 熙熙壤壤(희희양양)

熹	2급(名)
	빛날 **희**
火	12획

[동] 熙(빛날 희)
曜(빛날 요)
燿(빛날 요)
煜(빛날 욱)

글자 풀이

북(壴)처럼 생긴 그릇(口)에 불(火)을 때는 것으로 본래는 굽다를 의미했다. 불은 주위를 밝히므로 빛나다(熹)를 의미한다.

읽기한자

朱熹(주희)

禧	2급(名)
	복(福) **희**
示	12획

[동] 祚(복 조)
祺(복 기)
祜(복 호)
福(복 복)

글자 풀이

신(示)에게 빌어서 얻은 기쁨(喜)으로 복(禧)을 의미한다.

읽기한자

禧年(희년) 福禧(복희) 新禧(신희)

羲	2급(名)
	복희(伏羲) **희**
羊	10획

[비] 義(옳을 의)

글자 풀이

兮+義, 義는 날이 세 개 달린 창(我)에 꽂혀 있는 희생양(羊)을 나타내고, 兮는 김이 무럭무럭 오르는 모양을 나타낸 것으로 본래 희생양으로 제사지내는 것을 나타냈다. 뒤에 사람이름으로 쓰이게 되었다.

읽기한자

伏羲氏(복희씨) 王羲之(왕희지)

漢字

(사) 한국어문회 주관 / 한국한자능력검정회 시행

부록 I

사자성어(四字成語)

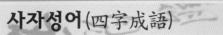

街談巷說	4Ⅱ 5 3 5Ⅱ (가담항설)	3	길거리에 떠도는 소문. 세상의 풍문
佳人薄命	3Ⅱ 8 3Ⅱ 7 (가인박명)	3Ⅱ	아름다운 여자는 기박한 운명을 타고남을 이르는 말
刻骨難忘	4 4 4Ⅱ 3 (각골난망)	3	뼈에 깊이 사무쳐 결코 잊혀지지 않음
刻骨銘心	4 4 3Ⅱ 7 (각골명심)	3Ⅱ	뼈 속에 새기고 마음 속에 새긴다는 데서 마음 속에 깊이 새겨 잊혀지지 아니함
刻骨痛恨	4 4 4 4 (각골통한)	4	뼈에 사무쳐 마음 속 깊이 맺힌 원한
角者無齒	6 6 5 4Ⅱ (각자무치)	4Ⅱ	뿔이 있는 짐승은 날카로운 이빨이 없다는 뜻으로 한사람이 모든 복이나 재주를 다 가질 수 없음을 이르는 말
刻舟求劍	4 3 4Ⅱ 3Ⅱ (각주구검)	3	칼을 빠뜨린 뱃전에 칼자국을 새겨 강을 건넌 후 그자리에서 칼을 찾는다는 것으로 어리석고 미련하여 융통성이 없음을 이르는 말
肝膽相照	3Ⅱ 2 5Ⅱ 3Ⅱ (간담상조)	2	서로의 간과 쓸개를 꺼내 보인다는 뜻으로 속마음을 터놓고 가까이 사귐을 이르는 말
感慨無量	6 3 5 5 (감개무량)	3	마음속에서 느끼는 감동이나 느낌이 끝이 없음
敢不生心	4 7Ⅱ 8 7 (감불생심)	4	감히 엄두를 내지 못함
甘言利說	4 6 6Ⅱ 5Ⅱ (감언이설)	4	남의 비위를 맞추는 달콤한 말과 이로운 조건만을 들어 그럴듯 하게 꾸미는 말
感之德之	6 3Ⅱ 5 3Ⅱ (감지덕지)	3Ⅱ	감사하게 여기고 덕으로 여긴다는 데서, 대단히 고맙게 여기는 것을 이르는 말
甲男乙女	4 7Ⅱ 3Ⅱ 8 (갑남을녀)	3Ⅱ	평범한 보통 사람들
江湖煙波	7Ⅱ 5 4Ⅱ 4Ⅱ (강호연파)	4Ⅱ	강이나 호수 위에 안개처럼 하얗게 어린 기운, 자연풍경
改過遷善	5 5Ⅱ 3Ⅱ 5 (개과천선)	3Ⅱ	잘못을 고치고 착하게 됨
蓋世之才	3Ⅱ 7Ⅱ 3Ⅱ 6Ⅱ (개세지재)	3Ⅱ	온 세상을 덮을 만큼 뛰어난 재주
居安思危	4 7Ⅱ 5 4 (거안사위)	4	편안히 살 때 위태로움을 생각함
擧案齊眉	5 5 3Ⅱ 3 (거안제미)	3	양홍의 아내가 밥상을 들어 눈썹과 나란히 하여 남편 앞에 놓았다는 데서 유래한 말로, 아내가 남편을 깍듯이 공경함을 이르는 말
乞人憐天	3 8 3 7 (걸인연천)	3	거지가 하늘을 걱정한다는 뜻으로 격에 맞지 않는 걱정을 이름
格物致知	5Ⅱ 7 5 5Ⅱ (격물치지)	5	사물의 이치를 연구하여 자기의 지식을 확고하게 함

隔世之感	3Ⅱ7Ⅱ3Ⅱ6 (격세지감)	3Ⅱ	많은 변화와 진보를 겪어서 마치 딴 세상처럼 여겨지는 느낌
見利思義	5Ⅱ6Ⅱ5 4Ⅱ (견리사의)	4Ⅱ	이익이 보일 때 먼저 의리를 생각함
犬馬之勞	4 5 3Ⅱ5Ⅱ (견마지로)	3Ⅱ	개나 말 정도의 하찮은 힘으로, 윗사람에게 충성을 다하는 자신의 노력을 낮추어 이르는 말
見物生心	5Ⅱ7 87 (견물생심)	5	물건을 보면 그 물건을 가지고 싶은 생각이 듦
堅忍不拔	4 3Ⅱ7Ⅱ3Ⅱ (견인불발)	3Ⅱ	굳게 참고 견디어 마음이 흔들리지 않음
牽強附會	3 6 3Ⅱ6Ⅱ (견강부회)	3	이치에 맞지 않는 말을 억지로 끌어 붙여 자기에게 유리하게 함
結者解之	5Ⅱ6 4Ⅱ3Ⅱ (결자해지)	3Ⅱ	맺은 사람이 풀어야 한다는 뜻으로, 자기가 저지른 일을 자기가 해결하여야 함을 이르는 말
結草報恩	5Ⅱ7 4Ⅱ4Ⅱ (결초보은)	4Ⅱ	죽어 혼령이 되어서라도 은혜를 잊지 않고 갚음을 이르는 말
兼人之勇	3Ⅱ83Ⅱ6Ⅱ (겸인지용)	3Ⅱ	혼자서 능히 여러 사람을 당해낼 만한 용기
輕擧妄動	5 5 3Ⅱ7Ⅱ (경거망동)	3Ⅱ	깊이 생각해보지도 않고 경솔하게 행동함
傾國之色	4 8 3Ⅱ7 (경국지색)	3Ⅱ	한 나라의 형세를 기울어지게 할만한 뛰어나게 아름다운 미인
經世濟民	4Ⅱ7Ⅱ4Ⅱ8 (경세제민)	4Ⅱ	세상을 다스리고 백성을 구함
敬天勤民	5Ⅱ7 4 8 (경천근민)	4	하느님을 공경하고 백성을 다스리기에 부지런함
驚天動地	4 77Ⅱ7 (경천동지)	4	하늘이 놀라고 땅이 흔들린다는 뜻으로 세상을 크게 놀라게 함
敬天愛人	5Ⅱ7 6 8 (경천애인)	5	하늘을 공경하고 사람을 사랑함
鷄卵有骨	4 4 7 4 (계란유골)	4	달걀에도 뼈가 있다는 뜻으로, 공교롭게 일이 방해됨을 이르는 말
鷄鳴狗盜	4 4 3 4 (계명구도)	3	비굴하게 남을 속이는 하찮은 재주 또는 그런 재주를 가진 사람을 이르는 말
孤軍奮鬪	4 83Ⅱ4 (고군분투)	3Ⅱ	외로운 군력으로 분발하여 싸운다는 데서 홀로 여럿을 상대로 하여 싸우는 것을 이르는 말
高臺廣室	6Ⅱ3Ⅱ5Ⅱ8 (고대광실)	3Ⅱ	높은 대와 넓은 집이란 뜻에서 굉장히 크고 좋은 집을 이름
孤立無援	4 7Ⅱ5 4 (고립무원)	4	고립되어 도움 받을 만한 곳이 없음
姑息之計	3Ⅱ4Ⅱ3Ⅱ6Ⅱ (고식지계)	3Ⅱ	당장의 편안함만을 꾀하는 일시적인 방편
苦肉之策	64Ⅱ3Ⅱ3Ⅱ (고육지책)	3Ⅱ	적을 속이기 위해 자기를 상해가면서 하는 계책
孤掌難鳴	4 3Ⅱ4Ⅱ4 (고장난명)	3Ⅱ	외손뼉은 울리지 않는다는 데서, 혼자만의 힘으로는 어떤 일을 하기가 어려움을 이르는 말

苦盡甘來	6 4 4 7 (고진감래)	4	고생 끝에 낙이 옴
高枕安眠	6Ⅱ3Ⅱ7 3Ⅱ (고침안면)	3	베개를 높이 하여 편안히 잔다는 뜻으로, 근심없이 편안히 지냄을 이르는 말
曲學阿世	5 8 3Ⅱ7Ⅱ (곡학아세)	3Ⅱ	학문을 왜곡하여 세속에 아부함
骨肉相殘	4 4Ⅱ5 4 (골육상잔)	4	같은 민족끼리 해치고 상하게 하는 일
空前絶後	7Ⅱ7Ⅱ4 7Ⅱ (공전절후)	4Ⅱ	전에도 없었고 앞으로도 없을 일
過猶不及	5Ⅱ3Ⅱ7Ⅱ3Ⅱ (과유불급)	3Ⅱ	정도를 지나침은 미치지 않은 것만 못함을 이르는 말
瓜田李下	2 4Ⅱ6 7Ⅱ (과전이하)	2	오이 밭에서는 갓을 고쳐 쓰지 말라는 뜻으로 의심받을 만한 일은 하지 말것을 이르는 말
矯角殺牛	3 6Ⅱ4Ⅱ5 (교각살우)	3	소뿔을 바로 잡으려다가 소를 잡는다는 뜻으로, 잘못된 점을 고치려다가 그 정도가 지나쳐 오히려 일을 그르침을 이르는 말
巧言令色	3Ⅱ6 5 7 (교언영색)	3Ⅱ	남의 환심을 사려고 아첨하는 교묘한 말과 보기 좋게 꾸미는 얼굴빛
教學相長	8 8 5 8 (교학상장)	5	남을 가르치는 일과 스승에게서 배우는 일이 서로 도와서 자기의 학문을 길러 줌을 이르는 말
九曲肝腸	8 5 3Ⅱ4 (구곡간장)	3Ⅱ	굽이굽이 서린 창자라는 뜻으로, 깊은 마음속 또는 시름이 쌓인 마음속을 이르는 말
口蜜腹劍	7 3 3Ⅱ3Ⅱ (구밀복검)	3	입으로는 달콤한 말을 하면서도 배에 칼을 품고 있음을 이르는 말
九死一生	8 6 8 8 (구사일생)	6	여러 차례 죽을 고비를 넘기고 살아남
口尚乳臭	7 3Ⅱ4 3 (구상유취)	3	입에서 아직 젖비린내가 난다는 뜻으로 하는 말이 유치함을 이름
九牛一毛	8 5 8 4Ⅱ (구우일모)	4Ⅱ	아홉 마리 소의 가운데 박힌 하나의 털이란 뜻으로 썩 많은 것 가운데 작은 하나를 이르는 말
九折羊腸	8 4 4Ⅱ4 (구절양장)	4	아홉 번 꺾인 양의 창자란 뜻에서 꼬불꼬불하고 험한 산길을 말함
國泰民安	8 3Ⅱ8 7Ⅱ (국태민안)	3Ⅱ	나라는 태평하고 백성은 평안함
群鷄一鶴	4 4 8 3Ⅱ (군계일학)	3Ⅱ	평범한 사람 가운데 뛰어난 한 사람을 이르는 말
君臣有義	4 5Ⅱ7 4Ⅱ (군신유의)	4	임금과 신하 사이의 도리는 의리에 있음을 이르는 말
群雄割據	4 5 3Ⅱ4 (군웅할거)	3Ⅱ	여러 영웅이 각기 한 지방씩 차지하고 위세를 부림
君爲臣綱	4 4Ⅱ5Ⅱ3Ⅱ (군위신강)	3Ⅱ	임금은 신하의 모범이 되어야 한다는 말

窮餘之策 4 4Ⅱ 3Ⅱ 3Ⅱ (궁여지책)	3Ⅱ	생각다 못해 해내는 계책
權謀術數 4Ⅱ3Ⅱ6Ⅱ 7 (권모술수)	3Ⅱ	남을 교묘히 속이는 술책
權不十年 4Ⅱ 7 8 8 (권불십년)	4Ⅱ	권세가 10년을 가지 못함을 이르는 말
勸善懲惡 4 5 3 5Ⅱ (권선징악)	3	선행을 장려하고 악행을 벌함
克己復禮 3Ⅱ5 4Ⅱ 6 (극기복례)	3Ⅱ	자기의 사욕을 극복하고 예를 회복함
極惡無道 4Ⅱ5Ⅱ 5 7Ⅱ (극악무도)	4Ⅱ	지극히 악하고 도의심이 없음
近墨者黑 6 3Ⅱ 6 5 (근묵자흑)	3Ⅱ	먹을 가까이 하는 사람은 검어진다는 뜻으로 나쁜 사람을 가까이 하면 물들기 쉬움을 이르는 말
近朱者赤 6 4 6 5 (근주자적)	4	붉은 색을 가까이하는 사람은 붉어지게 됨
金科玉條 8 6Ⅱ4Ⅱ 4 (금과옥조)	4	금옥과 같이 몹시 귀중한 법칙이나 규정
金蘭之契 8 3Ⅱ3Ⅱ3Ⅱ (금란지계)	3Ⅱ	친구 사이의 매우 두터운 정을 이르는 말
錦上添花 3Ⅱ7Ⅱ 3 7 (금상첨화)	3	비단 위에다 꽃을 얹는다는 데서 좋은 일이 겹침을 이름
金石之交 8 6 3Ⅱ 6 (금석지교)	3Ⅱ	쇠나 돌처럼 굳고 변함없는 교제
金城湯池 8 4Ⅱ 3Ⅱ 3Ⅱ (금성탕지)	3Ⅱ	쇠로 만든 성과 그 둘레에 파 놓은 뜨거운 물로 가득찬 못이라는 뜻으로, 방비가 완벽한 성을 이르는 말
今時初聞 6 7Ⅱ 5 6Ⅱ (금시초문)	5	바로 지금 처음으로 들음
錦衣夜行 3Ⅱ 6 6 6 (금의야행)	3Ⅱ	비단옷을 입고 밤길을 걷는다는 뜻으로 아무 보람없는 일을 함을 이르는 말
錦衣玉食 3Ⅱ 6 4Ⅱ7Ⅱ (금의옥식)	3Ⅱ	비단옷과 흰쌀밥이라는 뜻으로 사치스럽고 부유스런 생활을 이름
錦衣還鄉 3Ⅱ 6 3Ⅱ 4Ⅱ (금의환향)	3Ⅱ	비단옷을 입고 고향에 돌아간다는 뜻으로 성공하여 고향으로 돌아감을 이름
金枝玉葉 8 3Ⅱ 4Ⅱ 5 (금지옥엽)	3Ⅱ	금으로 된 가지와 옥으로 된 잎사귀라는 뜻에서, 임금의 가족을 높여 이르는 말
氣高萬丈 7Ⅱ6Ⅱ 8 3Ⅱ (기고만장)	3Ⅱ	일이 뜻대로 잘되어 기세가 대단함을 이름
起死回生 4Ⅱ 6 4Ⅱ 8 (기사회생)	4Ⅱ	사경에서 일어나 되살아남, 곧 중병으로 죽을 뻔하다가 도로 회복되어 살아남을 이르는 말
奇想天外 4 4Ⅱ 7 8 (기상천외)	4	보통은 생각할 수 없는 기발한 생각이나 그런 모양
吉凶禍福 5 5Ⅱ 3Ⅱ5Ⅱ (길흉화복)	3Ⅱ	길흉과 화복
落落長松 5 5 8 4 (낙락장송)	4	가지가 축축 길게 늘어지고 키가 큰 소나무
落木寒天 5 8 5 7 (낙목한천)	5	낙엽 진 나무와 차가운 하늘, 곧 추운 겨울철

落花流水	5 7 5Ⅱ 8 (낙화유수)	5	떨어지는 꽃과 흐르는 물이라는 뜻으로 가는 봄의 경치 또는 남녀가 서로 그리워함을 이르는 말
難攻不落	4Ⅱ 4 7Ⅱ 5 (난공불락)	4	공격하기가 어려워 좀처럼 함락되지 아니함
亂臣賊子	4 5Ⅱ 4 7Ⅱ (난신적자)	4	나라를 어지럽게 하는 신하와 부모에게 불효하는 자식
難兄難弟	4Ⅱ 8 4Ⅱ 8 (난형난제)	4Ⅱ	누가 형인지 누가 아우인지 분간하기 어렵다는 뜻으로 두 사물의 낫고 못함을 분간하기 어려움을 이르는 말
南柯一夢	8 2 8 3Ⅱ (남가일몽)	2	한 때의 헛된 부귀영화를 이르는 말
男負女戴	7Ⅱ 4 8 2 (남부여대)	2	남자는 등에 짐을 지고 여자는 머리에 짐을 인다는 뜻으로 가난한 사람이나 재난을 당한 사람들이 살 곳을 찾아 이리저리 떠돌아다님을 이르는 말
內憂外患	7Ⅱ 3Ⅱ 8 5 (내우외환)	3Ⅱ	나라 안팎의 근심 걱정
內柔外剛	7Ⅱ 3Ⅱ 8 3Ⅱ (내유외강)	3Ⅱ	사실은 마음이 약한데도 외부에는 강하게 나타남
怒甲移乙	4Ⅱ 4 4Ⅱ 3Ⅱ (노갑이을)	3Ⅱ	어떤 사람에게 당한 화풀이를 다른 사람에게 해댐
怒氣衝天	4Ⅱ 7Ⅱ 3Ⅱ 7 (노기충천)	3Ⅱ	성난 기색이 하늘을 찌를 정도로 잔뜩 성이 나 있음을 말함
怒發大發	4Ⅱ 6Ⅱ 8 6Ⅱ (노발대발)	4Ⅱ	크게 성을 냄
勞心焦思	5Ⅱ 7 2 5 (노심초사)	2	몹시 애쓰고 속을 태움
綠楊芳草	6 3 3Ⅱ 7 (녹양방초)	3	푸른 버들과 아름다운 풀
論功行賞	4Ⅱ 6 6 5 (논공행상)	4Ⅱ	세운 공을 논정하여 상을 줌
累卵之勢	3Ⅱ 4 3Ⅱ 4Ⅱ (누란지세)	3Ⅱ	달걀을 포개어 놓은 것과 같은 몹시 위태로운 형세를 이름
累卵之危	3Ⅱ 4 3Ⅱ 4 (누란지위)	3Ⅱ	달걀을 포개어 놓은 것과 같은 몹시 위태로운 형세를 이름
能小能大	5Ⅱ 8 5Ⅱ 8 (능소능대)	5	작은 일에도 능하고 큰일에도 능하다는 데서 모든 일에 두루 능함
多多益善	6 6 4Ⅱ 5 (다다익선)	4Ⅱ	많으면 많을수록 좋음
多才多能	6 6Ⅱ 6 5Ⅱ (다재다능)	5	재능이 많음
斷機之敎	4Ⅱ 4 3Ⅱ 8 (단기지교)	3Ⅱ	학문을 중도에서 그만두는 것은 짜던 베의 날을 끊는 것과 같다는 가르침
單刀直入	4Ⅱ 3Ⅱ 7 7 (단도직입)	3Ⅱ	한칼로 바로 적진에 쳐들어간다는 뜻으로, 여러 말을 늘어놓지 않고 바로 요점이나 본문제를 중심적으로 말함을 이르는 말

丹脣皓齒	3Ⅱ 3 2 4Ⅱ (단순호치)	2	붉은 입술과 흰 이라는 뜻으로 썩 아름다운 여자를 이르는 말
堂狗風月	6Ⅱ 3 6Ⅱ 8 (당구풍월)	3	서당 개 삼년이면 풍월을 읊는다는 말
大驚失色	8 4 6 7 (대경실색)	4	몹시 놀라 얼굴빛이 하얗게 변함
大器晚成	8 4Ⅱ 3Ⅱ 6Ⅱ (대기만성)	3Ⅱ	큰 그릇을 만드는 데는 시간이 오래 걸린다는 뜻으로, 크게 될 사람은 늦게 이루어짐을 이르는말
大同小異	8 7 8 4 (대동소이)	4	거의 다를 것이 없고 거의 비슷비슷함
大聲痛哭	8 4Ⅱ 4 3Ⅱ (대성통곡)	3Ⅱ	큰 목소리로 슬피 욺
塗炭之苦	3 5 3Ⅱ 6 (도탄지고)	3	진구렁에 빠지고 숯불에 타는 괴로움을 이르는 말
獨不將軍	5Ⅱ 7 4Ⅱ 8 (독불장군)	4Ⅱ	남의 의견은 무시하고 저 혼자 모든 일을 처리함
獨也靑靑	5Ⅱ 3 8 8 (독야청청)	3	홀로 푸르름. 혼탁한 세상에서 홀로 높은 절개를 드러냄
同價紅裳	7 5Ⅱ 4 3Ⅱ (동가홍상)	3Ⅱ	같은 값이면 다홍치마라는 뜻으로, 같은 값이면 좋은 물건을 가짐을 이르는 말
同苦同樂	7 6 7 6Ⅱ (동고동락)	6	같이 고생하고 같이 즐김, 괴로움과 즐거움을 함께 함
東問西答	8 7 8 7Ⅱ (동문서답)	7	묻는 말에 전혀 딴 말을 함
同病相憐	7 6 5Ⅱ 3 (동병상련)	3	같은 병을 앓는 사람끼리 서로 가엾게 여긴다는 데서, 처지가 비슷한 사람끼리 서로 동정함을 이름
東奔西走	8 3Ⅱ 8 4Ⅱ (동분서주)	3Ⅱ	사방으로 이리저리 바삐 돌아다님
同床異夢	7 4Ⅱ 4 3Ⅱ (동상이몽)	3Ⅱ	같은 잠자리에서 다른 꿈을 꾼다는 데서 같은 처지에 있으면서도 목표가 저마다 다름을 이르는 말
杜門不出	2 8 7Ⅱ 7 (두문불출)	2	문을 닫고 나오지 않는다는 데서, 세상과의 인연을 끊고 은거함을 말함
登高自卑	7 6Ⅱ 7Ⅱ 3Ⅱ (등고자비)	3Ⅱ	높이 오르려면 낮은 곳에서부터 오른다는 말로, 일을 하는 데는 반드시 순서를 밟아야 함을 이르는 말
燈下不明	4Ⅱ 7Ⅱ 7Ⅱ 6Ⅱ (등하불명)	4Ⅱ	등잔 밑이 어둡다는 데서, 가까이 있는 것을 모름을 이름
燈火可親	4Ⅱ 8 5 6 (등화가친)	4Ⅱ	등불을 가까이하여 글 읽기에 좋음
良藥苦口	5Ⅱ 6Ⅱ 6 7 (양약고구)	5	좋은 약은 입에 쓰다는 말
馬耳東風	5 5 8 6Ⅱ (마이동풍)	5	남의 말을 귀담아 듣지 않고 흘려버림
莫上莫下	3Ⅱ 7Ⅱ 3Ⅱ 7Ⅱ (막상막하)	3Ⅱ	위도 없고 아래도 없다는 데서, 우열의 차이가 없음을 이르는 말

莫逆之友	3Ⅱ4 3Ⅱ5Ⅱ (막역지우)	3Ⅱ	서로의 뜻을 거스르지 않는 친한 벗
萬頃蒼波	8 3Ⅱ3Ⅱ4Ⅱ (만경창파)	3Ⅱ	한없이 넓고 푸른 바다
萬古不變	8 6 7Ⅱ5Ⅱ (만고불변)	5	오랜 세월을 두고 변하지 않음
晩時之歎	3Ⅱ7Ⅱ3Ⅱ4 (만시지탄)	3Ⅱ	시기가 늦었음을 원통해하는 탄식
罔極之恩	3 4Ⅱ3Ⅱ4Ⅱ (망극지은)	3	끝없이 베풀어 주는 혜택이나 고마움
亡羊之歎	5 4Ⅱ3Ⅱ4 (망양지탄)	3Ⅱ	갈림길에서 양을 잃고 탄식한다는 뜻으로 학문의 길이 여러 갈래여서 잡기 어려움을 이르는 말
茫然自失	3 7 7Ⅱ6 (망연자실)	3	정신을 잃고 어리둥절한 모양
面從腹背	7 4 3Ⅱ4Ⅱ (면종복배)	3Ⅱ	겉으로는 복종하면서도 속으로는 배반함
滅私奉公	3Ⅱ4 5Ⅱ6Ⅱ (멸사봉공)	3Ⅱ	사적인 것을 버리고 공적인 것을 위하여 힘써 일함
明鏡止水	6Ⅱ4 5 8 (명경지수)	4	맑은 거울과 조용한 물이란 뜻에서 고요하고 잔잔한 마음을 비유
名實相符	7 5Ⅱ5Ⅱ3Ⅱ (명실상부)	3Ⅱ	명목과 실상이 서로 부합함
明若觀火	6Ⅱ3Ⅱ5Ⅱ8 (명약관화)	3Ⅱ	밝기가 불을 보는 것과 같다는 데서 어떤 사실이 불을 보듯이 환함을 이름
命在頃刻	7 6 3Ⅱ4 (명재경각)	3Ⅱ	목숨이 경각에 있다는 데서 거의 죽게 됨을 이름
目不識丁	6 7Ⅱ5Ⅱ4 (목불식정)	4	아주 간단한 글자인 '丁'자를 보고도 그것이 '고무래'인 줄을 알지 못한다는 뜻으로, 아주 까막눈임을 이르는 말
目不忍見	6 7Ⅱ3Ⅱ5Ⅱ (목불인견)	3Ⅱ	몹시 딱하거나 불쌍해 눈을 뜨고 볼 수 없음
武陵桃源	4Ⅱ3Ⅱ3Ⅱ4 (무릉도원)	3Ⅱ	속세를 떠난 별천지
無不通知	5 7Ⅱ6 5Ⅱ (무불통지)	5	무엇이든지 환히 통하여 모르는 것이 없음
無所不爲	5 7 7Ⅱ4Ⅱ (무소불위)	4Ⅱ	못하는 것이 없음
無爲徒食	5 4Ⅱ4 7Ⅱ (무위도식)	4	아무 하는 일없이 한갓 먹기만 함
聞一知十	6Ⅱ8 5Ⅱ8 (문일지십)	5	하나를 들으면 열을 앎
門前乞食	8 7Ⅱ3 7Ⅱ (문전걸식)	3	문 앞에서 음식을 구걸한다는 데서 이 집 저 집 돌아다니며 빌어먹는 것을 이르는 말
門前成市	8 7Ⅱ6Ⅱ7Ⅱ (문전성시)	6	찾아오는 사람이 많아 집 문 앞이 시장을 이루다시피 함을 이르는 말
勿失好機	3Ⅱ6 4Ⅱ4 (물실호기)	3Ⅱ	좋은 기회를 놓치지 않음

美辭麗句	6 4 4Ⅱ 4Ⅱ (미사여구)	4	좋은 말과 화려한 글귀
博覽強記	4Ⅱ 4 6 7Ⅱ (박람강기)	4	동서고금의 책을 널리 읽고 사물을 잘 기억함
拍掌大笑	4 3 8 4Ⅱ (박장대소)	3Ⅱ	손뼉을 치고 크게 웃음
博學多識	4Ⅱ 8 6 5Ⅱ (박학다식)	4Ⅱ	학문이 넓고 식견이 많음
拔本塞源	3Ⅱ 6 3Ⅱ 4 (발본색원)	3Ⅱ	폐단의 근본 원인을 아주 없앰
傍若無人	3 3Ⅱ 5 8 (방약무인)	3	곁에 아무도 없는 것과 같이 언행이 기탄없음
背恩忘德	4Ⅱ 4Ⅱ 3 5Ⅱ (배은망덕)	3	남한테 입은 은혜를 저버리고 은덕을 잊음
百家爭鳴	7 7Ⅱ 5 4 (백가쟁명)	4	많은 학자나 논객들이 거리낌 없이 자유롭게 논쟁함
百計無策	7 6Ⅱ 5 3Ⅱ (백계무책)	3Ⅱ	온갖 계책이 다 소용없음
白骨難忘	8 4 4Ⅱ 3 (백골난망)	3	죽어 백골이 되어도 깊은 은덕을 잊을 수 없음을 이르는 말
百年大計	7 8 8 6Ⅱ (백년대계)	6	먼 뒷날까지 걸친 큰 계획
百年河淸	7 8 5 6Ⅱ (백년하청)	5	아무리 오래 기다려도 어떤 일이 이루어지기 어려움을 이름
白面書生	8 7 6Ⅱ 8 (백면서생)	6	글만 읽고 세상물정을 하나도 모르는 사람
百戰老將	7 6Ⅱ 7 4Ⅱ (백전노장)	4Ⅱ	수많은 싸움을 치른 노련한 장수, 세상의 온갖 풍파를 다 겪은 사람
百戰百勝	7 6Ⅱ 7 6 (백전백승)	6	싸우는 때마다 모조리 이김
百折不屈	7 4 7Ⅱ 4 (백절불굴)	4	어떠한 난관에도 결코 굽히지 않음
伯仲之勢	3Ⅱ 3Ⅱ 3Ⅱ 4Ⅱ (백중지세)	3Ⅱ	맏형과 다음의 사이처럼 서로 우열을 가리기 어려움
百八煩惱	7 8 3 3 (백팔번뇌)	3	인간의 과거 · 현재 · 미래의 삼세에 걸쳐 있다는 백 여덟 가지 번뇌
富貴在天	4Ⅱ 5 6 7 (부귀재천)	4Ⅱ	부귀는 하늘에 달려 있어서 인력으로는 어찌할 수 없음을 이르는 말
夫婦有別	7 4Ⅱ 7 6 (부부유별)	4Ⅱ	남편과 아내 사이에는 인륜상 서로 침범하지 못하는 구별이 있어야 함
夫爲婦綱	7 4Ⅱ 4Ⅱ 3Ⅱ (부위부강)	3Ⅱ	남편은 아내의 모범이 되어야 함
父爲子綱	8 4Ⅱ 7 3Ⅱ (부위자강)	3Ⅱ	부모는 자식의 모범이 되어야 함
不知其數	7Ⅱ 5 3Ⅱ 7 (부지기수)	3Ⅱ	그 수를 알 수 없을 정도로 무수히 많음

夫唱婦隨	7 5 4Ⅱ 3Ⅱ (부창부수)	3Ⅱ	남편이 주장하고 아내가 이에 잘 따름
附和雷同	3Ⅱ 6 3Ⅱ 7 (부화뇌동)	3Ⅱ	아무런 주견 없이 남의 의견이나 행동을 덩달아 따름
北窓三友	8 6Ⅱ 8 5Ⅱ (북창삼우)	5Ⅱ	거문고, 술, 시를 아울러 이르는 말
不俱戴天	7Ⅱ 3 2 7 (불구대천)	2	하늘을 함께 이지 못한다는 뜻으로 세상에서 같이 살 수 없을 만큼 큰 원한을 가짐을 이르는 말
不問可知	7Ⅱ 7 5 5Ⅱ (불문가지)	5	묻지 않아도 알 수 있음
不問曲直	7Ⅱ 7 5 7Ⅱ (불문곡직)	5	옳고 그른 것을 묻지 않고 다짜고짜로
不遠千里	7Ⅱ 6 7 7 (불원천리)	6	천리를 멀다 여기지 아니함
不撤晝夜	7Ⅱ 2 6 6 (불철주야)	2	밤낮을 가리지 않음. 조금도 쉴 사이 없이 일에 힘쓰는 모양
不恥下問	7Ⅱ 3Ⅱ 7Ⅱ 7 (불치하문)	3Ⅱ	아랫사람에게 묻기를 부끄러워하지 않음
不偏不黨	7Ⅱ 3Ⅱ 7Ⅱ 4Ⅱ (불편부당)	3Ⅱ	어느 한쪽으로 치우치거나 기울어짐 없이 아주 공평함
朋友有信	3 5Ⅱ 7 6Ⅱ (붕우유신)	3	벗과 벗의 도리는 믿음에 있다는 말
鵬程萬里	2 4Ⅱ 8 7 (붕정만리)	2	앞길이 매우 멀고도 큼을 일컫는 말
非一非再	4Ⅱ 8 4Ⅱ 5 (비일비재)	4Ⅱ	한두 번이 아님
貧者一燈	4Ⅱ 6 8 4Ⅱ (빈자일등)	4Ⅱ	가난한 사람이 바치는 하나의 등(燈)이라는 뜻으로, 물질의 많고 적음보다 정성이 중요함을 이르는 말
氷炭之間	5 5 3Ⅱ 7Ⅱ (빙탄지간)	3Ⅱ	얼음과 숯의 사이처럼 서로 화합할 수 없는 사이
四顧無親	8 3 5 6 (사고무친)	3	사방을 둘러보아도 의지할 사람이 없음
四分五裂	8 6Ⅱ 8 3Ⅱ (사분오열)	3Ⅱ	이리저리 아무렇게나 나눠지고 찢어짐
沙上樓閣	3Ⅱ 7Ⅱ 3Ⅱ 3Ⅱ (사상누각)	3Ⅱ	모래 위의 누각이라는 뜻, 오래 유지되지 못할 일이나 실현 불가능한 일
死生決斷	6 8 5Ⅱ 4Ⅱ (사생결단)	4Ⅱ	죽고 사는 것을 거들떠보지 않고 끝장을 내려고 덤벼 듦
事必歸正	7Ⅱ 5 4 7Ⅱ (사필귀정)	4	모든 잘잘못은 반드시 바른 길로 돌아 옮
山紫水明	8 3Ⅱ 8 6Ⅱ (산자수명)	3Ⅱ	산수의 경치가 썩 아름다움
殺身成仁	4Ⅱ 6 6Ⅱ 4 (살신성인)	4	옳은 일을 위해 자신을 희생함
三顧草廬	8 3 7 2 (삼고초려)	2	인재를 맞기 위해 참을성 있게 노력함

森羅萬象	3Ⅱ 4Ⅱ 84 (삼라만상)	3Ⅱ	우주 속에 존재하는 모든 사물과 모든 현상
三旬九食	83Ⅱ 87Ⅱ (삼순구식)	3Ⅱ	삼십 일 동안 아홉 끼니밖에 먹지 못한다는 뜻으로, 몹시 가난함을 이르는 말
三從之道	8 43Ⅱ7Ⅱ (삼종지도)	3Ⅱ	여자는 어렸을 때는 아버지를 따르고, 시집을 가서는 남편을 따르고, 남편이 죽으면 아들을 따라야 한다는 유교 규범
桑田碧海	3Ⅱ4Ⅱ3Ⅱ7Ⅱ (상전벽해)	3Ⅱ	뽕나무 밭이 변하여 푸른 바다가 된다는 뜻으로, 세상일의 변천이 심함을 비유적으로 이르는 말
塞翁之馬	3Ⅱ 33Ⅱ 5 (새옹지마)	3	인생의 길흉화복은 항상 바뀌어 미리 점칠 수 없음을 이름
生不如死	87Ⅱ4Ⅱ6 (생불여사)	4Ⅱ	삶이 죽음만 같지 못하다는 매우 곤경에 처해 있음을 이르는 말
先見之明	85Ⅱ 3Ⅱ6Ⅱ (선견지명)	3Ⅱ	닥쳐올 일을 미리 앎
先公後私	86Ⅱ7Ⅱ4 (선공후사)	4	공사를 먼저하고 사사를 뒤로 미룸
雪膚花容	6Ⅱ 2 7 4Ⅱ (설부화용)	2	눈 같은 살결과 꽃 같은 얼굴, 미인을 이르는 말
雪上加霜	6Ⅱ7Ⅱ 5 3Ⅱ (설상가상)	3Ⅱ	엎친 데 덮친 격
說往說來	5Ⅱ4Ⅱ5Ⅱ 7 (설왕설래)	4Ⅱ	서로 자신의 주장을 내세우며 옥신각신하는 것을 이름
纖纖玉手	2 24Ⅱ7Ⅱ (섬섬옥수)	2	가냘프고 고운 여자의 손
騷人墨客	3 83Ⅱ5Ⅱ (소인묵객)	3	시문과 서화에 종사하는 사람
小貪大失	8 386 (소탐대실)	3	작은 것을 탐하다가 큰 것을 잃음
束手無策	5Ⅱ7Ⅱ 5 3Ⅱ (속수무책)	3Ⅱ	손을 묶어 놓아 방책이 없다는 데서, 꼼짝할 수 없음을 이르는 말
送舊迎新	4Ⅱ 5Ⅱ4 6Ⅱ (송구영신)	4	묵은해를 보내고 새해를 맞음
首丘初心	5Ⅱ3Ⅱ 5 7 (수구초심)	3Ⅱ	여우가 죽을 때 고향 쪽으로 머리를 두고 죽는다는 데서 비롯한 것으로 고향을 그리워하는 마음을 이르는 말
壽福康寧	3Ⅱ5Ⅱ4Ⅱ3Ⅱ (수복강녕)	3Ⅱ	장수하고 행복하며 건강하고 평안함
手不釋卷	7Ⅱ7Ⅱ3Ⅱ4 (수불석권)	3Ⅱ	손에서 책을 놓지 않음
修身齊家	4Ⅱ6Ⅱ3Ⅱ7Ⅱ (수신제가)	3Ⅱ	몸을 닦고 집안을 바로 잡음
水魚之交	8 5 3Ⅱ6 (수어지교)	3Ⅱ	물과 고기의 사이처럼 떨어질 수 없는 특별한 친분
守株待兔	4Ⅱ3Ⅱ63Ⅱ (수주대토)	3Ⅱ	한가지 일에만 얽매여 발전을 모르는 어리석은 사람을 비유적으로 이르는 말
宿虎衝鼻	5Ⅱ3Ⅱ3Ⅱ5 (숙호충비)	3Ⅱ	잠자는 범의 코를 찌른다는 뜻으로 화를 스스로 불러들임

脣亡齒寒	3 54Ⅱ5 (순망치한)	3	입술이 없으면 이가 시리다는 뜻으로 이해관계가 서로 밀접하여 한쪽이 망하면 다른 한쪽도 보전하기 어려움을 이르는 말
乘勝長驅	3Ⅱ6 8 3 (승승장구)	3	싸움에서 이긴 기세를 타고 계속 적을 몰아침
是是非非	4Ⅱ4Ⅱ4Ⅱ4Ⅱ (시시비비)	4Ⅱ	옳은 것은 옳고 그른 것은 그르다고 하는 일
始終如一	6Ⅱ54Ⅱ8 (시종여일)	4Ⅱ	처음부터 끝까지 한결같아서 변함없음
始終一貫	6Ⅱ5 8 3Ⅱ (시종일관)	3Ⅱ	처음부터 끝까지 한결같이 관철함
食少事煩	7Ⅱ77Ⅱ3 (식소사번)	3	먹을 것은 적고 할 일은 많음
識字憂患	5Ⅱ73Ⅱ5 (식자우환)	3Ⅱ	글자를 아는 것이 오히려 근심이 된다는 말
信賞必罰	6Ⅱ55Ⅱ4Ⅱ (신상필벌)	4Ⅱ	공이 있는 자에게는 반드시 상을 주고, 죄가 있는 사람에게는 반드시 벌을 준다는 말
身言書判	6Ⅱ66Ⅱ4 (신언서판)	4	인물을 선택하는 네 가지 조건으로, 신수·말씨·글씨·판단력
身體髮膚	6Ⅱ6Ⅱ4 2 (신체발부)	2	몸과 머리털과 피부. 곧 몸 전체를 이르는 말
神出鬼沒	6Ⅱ73Ⅱ3Ⅱ (신출귀몰)	3Ⅱ	귀신처럼 자유자재로 나타났다 사라졌다 함
實事求是	5Ⅱ7Ⅱ4 4Ⅱ (실사구시)	4Ⅱ	사실에 근거하여 진리나 진상을 탐구하는 일
深思熟考	4Ⅱ53Ⅱ5 (심사숙고)	3Ⅱ	깊이 생각하고 곰곰이 생각함
深山幽谷	4Ⅱ83Ⅱ3Ⅱ (심산유곡)	3Ⅱ	깊은 산의 으슥한 골짜기
十中八九	8 8 8 8 (십중팔구)	8	열이면 그 가운데 여덟이나 아홉은 그러함
我田引水	3Ⅱ4Ⅱ4Ⅱ8 (아전인수)	3Ⅱ	제 논에 물대기라는 뜻으로, 자기에게 이롭게 되도록 생각하거나 행동함을 이르는 말
惡戰苦鬪	5 6Ⅱ6 4 (악전고투)	4	몹시 어렵게 싸우는 것
安分知足	7Ⅱ6Ⅱ5Ⅱ7Ⅱ (안분지족)	5Ⅱ	제 분수를 지키고 만족할 줄을 앎
安貧樂道	7Ⅱ4Ⅱ6Ⅱ7Ⅱ (안빈낙도)	4Ⅱ	가난한 생활 가운데서도 편안한 마음으로 도를 닦음
安心立命	7Ⅱ77Ⅱ7 (안심입명)	7	하찮은 일에 흔들리지 않는 경지
眼下無人	4Ⅱ7Ⅱ5 8 (안하무인)	4Ⅱ	눈 아래 사람이 없다는 뜻으로 남을 업신여김을 이르는 말
哀乞伏乞	3Ⅱ3 4 3 (애걸복걸)	3	슬프게 빌고 엎드려 빈다는 데서, 갖가지 수단으로 하소연하는 것을 이름
藥房甘草	6Ⅱ4Ⅱ4 7 (약방감초)	4	무슨 일이나 빠짐없이 끼임

弱肉强食	6Ⅱ4Ⅱ 67Ⅱ (약육강식)	4Ⅱ	약한 것이 강한 것에 먹힘
羊頭狗肉	4Ⅱ634Ⅱ (양두구육)	3	양의 머리를 내걸어놓고 개고기를 판다는 데서, 겉으로는 그럴 듯하게 내세우나 속은 변변치 않음을 이르는 말
梁上君子	3Ⅱ7Ⅱ4 7Ⅱ (양상군자)	3Ⅱ	들보 위의 군자라는 뜻으로, 도둑을 점잖게 이르는 말
魚東肉西	5 84Ⅱ8 (어동육서)	4Ⅱ	제사음식을 차릴 때, 생선은 동쪽에 고기는 서쪽에 놓는 일
魚頭肉尾	5 64Ⅱ3Ⅱ (어두육미)	3Ⅱ	물고기는 머리 쪽이, 짐승의 고기는 꼬리 쪽이 맛있음을 이르는 말
語不成說	7 7Ⅱ6Ⅱ5Ⅱ (어불성설)	5Ⅱ	말이 조금도 이치에 맞지 않음을 이르는 말
漁夫之利	5 73Ⅱ6Ⅱ (어부지리)	3Ⅱ	제삼자가 이익을 취함을 이르는 말
億兆蒼生	53Ⅱ3 8 (억조창생)	3Ⅱ	수많은 백성
抑强扶弱	3Ⅱ63Ⅱ6Ⅱ (억강부약)	3Ⅱ	강한 자를 누르고 약한 자를 도움
言語道斷	6 77Ⅱ4Ⅱ (언어도단)	4Ⅱ	말할 길이 끊어졌다는 뜻으로 어이가 없어 말을 할 수가 없음을 이르는 말
言中有骨	6 87 4 (언중유골)	4	말 속에 뼈가 있다는 뜻으로 예사로운 말 속에 심상치 않은 뜻이 있음을 이르는 말
嚴妻侍下	43Ⅱ3Ⅱ7Ⅱ (엄처시하)	3Ⅱ	무서운 아내를 아래에서 모시고 있다는 데서, 아내에게 쥐어 사는 남편을 조롱하는 말
如履薄氷	4Ⅱ 3Ⅱ 3Ⅱ5 (여리박빙)	3Ⅱ	살얼음을 밟는 것과 같다는 뜻으로 아슬아슬하고 불안한 지경
如出一口	4Ⅱ787 (여출일구)	4Ⅱ	여러 사람의 말이 한결같이 같음
女必從夫	8 547 (여필종부)	4	아내는 반드시 남편에게 순종해야 한다는 말
易地思之	4 753Ⅱ (역지사지)	3Ⅱ	처지를 바꾸어서 생각함
緣木求魚	4 84Ⅱ5 (연목구어)	4	나무에서 물고기를 구한다는 뜻으로 도저히 불가능한 일을 굳이 하려는 것을 비유적으로 이르는 말
連戰連勝	4Ⅱ6Ⅱ4Ⅱ6 (연전연승)	4Ⅱ	때마다 연달아 이김
榮枯盛衰	4Ⅱ34Ⅱ3Ⅱ (영고성쇠)	3	개인이나 사회의 성하고 쇠함은 일정하지 않음
五穀百果	8 476Ⅱ (오곡백과)	4	온갖 곡식과 온갖 과일
五里霧中	8 738 (오리무중)	3	짙은 안개 속에서 길을 찾아 헤맨다는 뜻으로 도무지 어떤 것의 종적을 알 수 없음을 이르는 말

吾鼻三尺	3 5 8 3Ⅱ (오비삼척)	3	내 코가 석자라는 말로 자신의 어려움이 심하여 남의 사정을 돌볼 겨를이 없음을 이르는 말
烏飛梨落	3Ⅱ 4Ⅱ 3 5 (오비이락)	3	까마귀 날자 배 떨어진다는 말로, 일이 공교롭게 같이 일어나 남의 의심을 사게 됨을 이르는 말
傲霜孤節	3 3Ⅱ 4 5Ⅱ (오상고절)	3	서릿발이 심한 속에서도 굴하지 않고 외로이 지키는 절개의 뜻으로, 국화를 이르는 말
五車之書	8 7Ⅱ 3Ⅱ 6Ⅱ (오거지서)	3Ⅱ	장서가 매우 많음을 이르는 말
烏合之卒	3Ⅱ 6 3Ⅱ 5Ⅱ (오합지졸)	3Ⅱ	까마귀가 모인 것처럼 규율이 없는 병졸. 어중이떠중이
玉骨仙風	4Ⅱ 4 5Ⅱ 6Ⅱ (옥골선풍)	4	옥과 같은 골격과 선인과 같은 풍채
溫故知新	6 4Ⅱ 5 6Ⅱ (온고지신)	4Ⅱ	옛 것을 익혀 새 것을 앎
曰可曰否	3 5 3 4 (왈가왈부)	3	어떤 일에 대하여 옳거니, 옳지 않거니 하고 말함
樂山樂水	6Ⅱ 8 6Ⅱ 8 (요산요수)	6Ⅱ	산과 물을 좋아한다는 뜻으로 즉 자연을 좋아함
搖之不動	3 3Ⅱ 7 7Ⅱ (요지부동)	3	흔들어도 꼼짝 않음
龍頭蛇尾	4 6 3Ⅱ 3Ⅱ (용두사미)	3Ⅱ	용의 머리와 뱀의 꼬리란 뜻에서 시작만 좋고 나중은 좋지 않음을 비유적으로 이르는 말
龍味鳳湯	4 4Ⅱ 3Ⅱ 3Ⅱ (용미봉탕)	3Ⅱ	맛이 썩 좋은 음식
雨順風調	5 5 5Ⅱ 6Ⅱ 5Ⅱ (우순풍조)	5	비가 오고 바람이 부는 것이 때와 분량이 알맞음
右往左往	7Ⅱ 4Ⅱ 7Ⅱ 4Ⅱ (우왕좌왕)	4Ⅱ	오른쪽으로 갔다 왼쪽으로 갔다 하며 종잡지 못함
優柔不斷	4 3Ⅱ 7Ⅱ 4Ⅱ (우유부단)	3Ⅱ	어물저물하며 딱 잘라 결단을 내리지 못함
牛耳讀經	5 5 6Ⅱ 4Ⅱ (우이독경)	4Ⅱ	쇠귀에 경 읽기 곧 아무리 말해도 소용이 없음을 이르는 말
遠禍召福	6 3Ⅱ 3 5Ⅱ (원화소복)	3	화를 멀리 하고 복을 불러들임
危機一髮	4 4 8 4 (위기일발)	4	여유가 조금도 없이 몹시 절박한 순간
有口無言	7 7 5 6 (유구무언)	5	입은 있으나 말이 없다는 뜻으로, 변명할 말이 없거나 변명을 하지 못함을 이르는 말
有名無實	7 7 5 5Ⅱ (유명무실)	5	명목만 있고 실상은 없음을 이르는 말
流芳百世	5Ⅱ 3Ⅱ 7 7Ⅱ (유방백세)	3Ⅱ	꽃다운 이름이 후세에 길이 전함

有備無患	7 4Ⅱ 5 5 (유비무환)	4Ⅱ	준비가 되어 있으면 근심거리가 없음을 이르는 말
唯我獨尊	3 3Ⅱ5 4Ⅱ (유아독존)	3	오직 자기만이 홀로 존귀하다는 데서, 이 세상에 자기 혼자만이 잘났다고 하는 일
類類相從	5Ⅱ5Ⅱ5Ⅱ 4 (유유상종)	4	서로 비슷한 사람들끼리 어울림
悠悠自適	3Ⅱ 3Ⅱ7Ⅱ4 (유유자적)	3Ⅱ	속세를 떠나 아무 것에도 얽매이지 않고 자유롭게 마음 편히 삶
隱忍自重	4 3Ⅱ7Ⅱ 7 (은인자중)	3Ⅱ	마음속으로 참아가며 행동을 신중히 함
吟風弄月	3 6Ⅱ3Ⅱ 8 (음풍농월)	3	맑은 바람을 쐬며 시를 읊고 밝은 달을 바라보며 시를 짓는다는 뜻으로 풍류를 즐김
異口同聲	4 7 7 4Ⅱ (이구동성)	4	다른 입에서 같은 소리를 낸다는 데서, 여러 사람의 말이 한결같음을 이르는 말
以卵擊石	5Ⅱ 4 4 6 (이란격석)	4	달걀로 돌을 친다는 뜻으로 턱없이 약한 것으로 강한 것을 당해내려는 어리석음을 비유적으로 이르는 말
以心傳心	5Ⅱ 7 5Ⅱ 7 (이심전심)	5	마음에서 마음으로 뜻을 전함
以熱治熱	5Ⅱ 5 4 5 (이열치열)	4Ⅱ	열로 열을 다스림 곧 힘은 힘으로써 물리침
利用厚生	6Ⅱ6 4 8 (이용후생)	4	기물의 사용을 편리하게 하고 백성의 생활을 윤택하게 함
泥田鬪狗	3Ⅱ 4Ⅱ4 3 (이전투구)	3	진흙밭에서 싸우는 개의 뜻으로, 저급한 싸움을 이름
離合集散	4 6 6Ⅱ 4 (이합집산)	4	헤어졌다가 모였다가 하는 일
因果應報	5 6Ⅱ4 4Ⅱ (인과응보)	4Ⅱ	좋은 인연에 좋은 과보가 오고, 악한 인연에는 악한 과보가 온다는 불교 용어
人面獸心	8 7 3Ⅱ 7 (인면수심)	3Ⅱ	사람의 얼굴을 하고 있으나 마음은 짐승과 같다는 뜻으로 마음이나 행동이 흉악하고 음탕함을 이르는 말
人命在天	8 7 6 7 (인명재천)	6	사람의 목숨은 하늘에 달려 있다는 말
人死留名	8 6 4Ⅱ7Ⅱ (인사유명)	4Ⅱ	사람은 죽어서 이름을 남긴다
一刻千金	8 4 7 8 (일각천금)	4	매우 짧은 시간도 천금만큼 귀하다
一擧兩得	8 5 4Ⅱ 4Ⅱ (일거양득)	4Ⅱ	한 가지 일로써 두 가지 이득을 얻음
日久月深	8 3Ⅱ 8 4Ⅱ (일구월심)	3Ⅱ	세월이 흐를수록 바라는 마음이 더욱 간절해짐
一刀兩斷	8 3Ⅱ4Ⅱ4Ⅱ (일도양단)	3Ⅱ	한 칼로 쳐서 두 동강이를 내듯이 머뭇거리지 않고 일이나 행동을 선뜻 결정함을 이르는 말

一蓮托生	8 3Ⅱ 3 8 (일련탁생)	3	어떤 일이 선악이나 결과에 대한 예견에 관계없이 끝까지 행동과 운명을 같이 함을 이르는 말
一脈相通	8 4Ⅱ5 6 (일맥상통)	4Ⅱ	하나의 맥락으로 서로 통한다는 데서 솜씨나 성격 등이 비슷함을 말함
一罰百戒	8 4Ⅱ7 4 (일벌백계)	4	한 사람이나 한 가지 죄를 벌줌으로써 여러 사람을 경계함
一絲不亂	8 4 7 4 (일사불란)	4	한 타래의 실이 전혀 엉클어지지 않았다는 데서 질서정연하여 조금도 어지러움이 없음을 이름
一石二鳥	8 6 8 4Ⅱ (일석이조)	4Ⅱ	하나의 돌로 두 마리의 새를 잡는다는 말
一魚濁水	8 5 3 8 (일어탁수)	3	한 마리의 물고기가 물을 흐린다는 뜻에서 한 사람의 잘못으로 여러 사람이 그 해를 입게 됨을 비유적으로 이르는 말
一言半句	8 6 6Ⅱ4Ⅱ (일언반구)	4Ⅱ	한 마디의 말과 한 구의 반. 아주 짧은 말이나 글귀
一衣帶水	8 6 4Ⅱ 8 (일의대수)	4Ⅱ	한 가닥의 띠와 같이 좁은 냇물이나 바다
一以貫之	8 5Ⅱ3Ⅱ3Ⅱ (일이관지)	3Ⅱ	하나의 이치로서 모든 것을 꿰뚫음
一日三秋	8 8 8 7 (일일삼추)	7	하루가 삼 년처럼 길게 느껴짐
一日之長	8 8 3Ⅱ 8 (일일지장)	3Ⅱ	하루 먼저 태어나서 나이가 조금 위임을 이르는 말
一場春夢	8 7Ⅱ7 3Ⅱ (일장춘몽)	3Ⅱ	한바탕의 봄꿈이란 뜻으로, 헛된 영화나 덧없는 일을 비유적으로 이르는 말
一觸卽發	8 3Ⅱ3Ⅱ6Ⅱ (일촉즉발)	3Ⅱ	금방이라도 일이 터질 듯한 아슬아슬한 긴장상태
日就月將	8 4 8 4Ⅱ (일취월장)	4	날로 달로 자라나감
一波萬波	8 4Ⅱ8 4Ⅱ (일파만파)	4Ⅱ	하나의 물결이 수많은 물결이 된다는 데서, 하나의 사건이 여러 가지로 자꾸 확대되는 것을 이르는 말
一片丹心	8 3Ⅱ 3 7 (일편단심)	3Ⅱ	변치 않는 참된 마음
一筆揮之	8 5Ⅱ4 3Ⅱ (일필휘지)	3Ⅱ	한숨에 글씨나 그림을 죽 쓰거나 그림
一喜一悲	8 4 8 4Ⅱ (일희일비)	4	한편 기쁘고 한편 슬픔, 기쁜 일과 슬픈 일이 번갈아 일어남
臨機應變	3Ⅱ4 4 5Ⅱ (임기응변)	3Ⅱ	그때그때 일의 형편에 따라 일을 처리함
立身揚名	7Ⅱ6Ⅱ3Ⅱ7Ⅱ (입신양명)	3Ⅱ	입신하여 이름을 널리 알림
自激之心	7Ⅱ4 3Ⅱ 7 (자격지심)	3Ⅱ	자기가 한일에 대해 스스로 미흡하다고 생각하는 것
自業自得	7Ⅱ6Ⅱ7Ⅱ4Ⅱ (자업자득)	4Ⅱ	자신이 저지른 일의 과보를 자기가 받음

自中之亂	7Ⅱ 8 3Ⅱ 4 (자중지란)	3Ⅱ	한패 속에서 싸움이 일어남
自初至終	7Ⅱ 5 4Ⅱ 5 (자초지종)	4Ⅱ	처음부터 끝까지 이르는 동안 또 그 사실
自暴自棄	7Ⅱ4Ⅱ7Ⅱ 3 (자포자기)	3	스스로 자기의 몸을 해치고 자기의 몸을 버림
自畵自讚	7Ⅱ 6 7Ⅱ 4 (자화자찬)	4	자기가 한 일을 자기 스스로 칭찬함
自強不息	7Ⅱ 6 7Ⅱ4Ⅱ (자강불식)	4Ⅱ	스스로 힘쓰고 쉬지 아니함
作心三日	6Ⅱ 7 8 8 (작심삼일)	6	한 번 결심한 것이 사흘을 가지 않음
張三李四	4 8 6 8 (장삼이사)	4	평범한 사람들
適材適所	4 5Ⅱ 4 7 (적재적소)	4	마땅한 인재를 마땅한 자리에 씀
電光石火	7Ⅱ6 6 8 (전광석화)	6	번갯불이나 부싯돌의 불이 번쩍거리는 것과 같이 몹시 짧은 시간
前無後無	7Ⅱ 5 7Ⅱ 5 (전무후무)	5	전에도 없었고 후에도 없음
轉禍爲福	4 3Ⅱ4Ⅱ5Ⅱ (전화위복)	3Ⅱ	화가 바뀌어 복이 됨
切齒腐心	5 4Ⅱ 3Ⅱ 7 (절치부심)	3Ⅱ	몹시 분하여 이를 갈면서 속을 썩임
漸入佳境	3Ⅱ 7 3Ⅱ 4Ⅱ (점입가경)	3Ⅱ	점점 흥미로운 경지로 들어감
朝令暮改	6 5 3 5 (조령모개)	3	아침에 명령을 내렸다가 저녁에 고친다는 말로 무슨 일을 자주 변경함을 이르는 말
朝變夕改	6 5Ⅱ 7 5 (조변석개)	5	아침저녁으로 뜯어 고친다는 뜻으로, 일관성 없이 자주 고침을 이르는 말
朝三暮四	6 8 3 8 (조삼모사)	3	눈에 보이는 차이만 알고 그 결과를 알지 못함, 간사한 꾀로 남을 속여 희롱함
鳥足之血	4Ⅱ7Ⅱ3Ⅱ4Ⅱ (조족지혈)	3Ⅱ	아주 적은 분량
足脫不及	7Ⅱ4Ⅱ7Ⅱ3Ⅱ (족탈불급)	3Ⅱ	맨발로 뛰어도 미치지 못함을 말하는 것으로 능력이나 역량이 현저히 차이가 남을 이르는 말
存亡之秋	4 5 3Ⅱ 7 (존망지추)	3Ⅱ	죽고 사느냐의 절박한 상황
種豆得豆	5 4Ⅱ4Ⅱ4Ⅱ (종두득두)	4Ⅱ	콩 심은데 콩 난다
縱橫無盡	3Ⅱ 3Ⅱ 5 4 (종횡무진)	3Ⅱ	자유자재로 행동하여 거침이 없는 상태
坐不安席	3Ⅱ7Ⅱ7Ⅱ6 (좌불안석)	3Ⅱ	마음에 초조·불안·근심 등이 있어 한 자리에 오래 앉아 있지 못함을 이르는 말

坐井觀天	3Ⅱ 3 5Ⅱ 7 (좌정관천)	3Ⅱ	우물에 앉아 하늘을 본다는 뜻으로, 견문이 좁아 세상 물정을 너무 모름을 이르는 말
左之右之	7Ⅱ 3Ⅱ 7 3Ⅱ (좌지우지)	3Ⅱ	제 마음대로 다루거나 휘두름
左衝右突	7Ⅱ 3Ⅱ 7 3Ⅱ (좌충우돌)	3Ⅱ	이리저리 마구 치고 받고 함
主客一體	7 5Ⅱ 8 6Ⅱ (주객일체)	5Ⅱ	주인과 손이 한 몸이라는 데서, 나와 나 밖의 대상이 하나가 됨을 이르는 말
晝耕夜讀	6 3Ⅱ 6 6Ⅱ (주경야독)	3Ⅱ	낮에는 일하고 밤에는 책을 읽는다는 뜻으로 바쁜 틈을 타서 공부를 한다는 말
走馬看山	4Ⅱ 5 4 8 (주마간산)	4	달리는 말 위에서 산천을 구경한다는 것으로, 이것저것 살필 겨를 없이 대충 지나치며 살핌을 이름
酒池肉林	4 3Ⅱ 4 7 (주지육림)	3Ⅱ	술은 못을 이루고 고기는 숲을 이룬다는 것으로 호사스러운 술잔치를 이름
竹馬故友	4Ⅱ 5 4Ⅱ 5Ⅱ (죽마고우)	4Ⅱ	죽마를 타고 놀던 오래된 벗, 어렸을 때부터 친하게 사귄 벗
衆寡不敵	4Ⅱ 3Ⅱ 7Ⅱ 4Ⅱ (중과부적)	3Ⅱ	적은 사람으로는 많은 사람을 대적하지 못함
衆口難防	4Ⅱ 7 4Ⅱ 4Ⅱ (중구난방)	4Ⅱ	여러 사람의 말은 막기가 어렵다는 말
指鹿爲馬	4Ⅱ 3 4Ⅱ 5 (지록위마)	3	윗사람을 농락하여 권세를 마음대로 휘두르는 것을 이르는 말
支離滅裂	4Ⅱ 4 3Ⅱ 3Ⅱ (지리멸렬)	3Ⅱ	서로 갈라져 흩어지고 찢기어 나눠진다는 뜻으로, 어떤 일의 갈피를 잡을 수 없음을 이르는 말
知命之年	5Ⅱ 7 3Ⅱ 8 (지명지년)	3Ⅱ	쉰 살의 나이를 달리 이르는 말
至誠感天	4Ⅱ 4Ⅱ 6 7 (지성감천)	4Ⅱ	지극한 정성에 하늘이 감동함
盡忠報國	4 4Ⅱ 4Ⅱ 8 (진충보국)	4	충성을 다하여 나라의 은혜를 갚음
進退兩難	4Ⅱ 4Ⅱ 4Ⅱ 4Ⅱ (진퇴양난)	4Ⅱ	나아갈 수도 물러설 수도 없는 궁지에 몰린 상황
進退維谷	4Ⅱ 4Ⅱ 3Ⅱ 3Ⅱ (진퇴유곡)	3Ⅱ	나아가거나 물러서거나 오직 골짜기뿐이라는 데서, 꼼짝할 수 없는 궁지에 빠짐을 이르는 말
此日彼日	3Ⅱ 8 3Ⅱ 8 (차일피일)	3Ⅱ	이날저날 하고 자꾸 기일을 미루는 것을 이르는 말
滄海一粟	2 7 8 3 (창해일속)	2	큰 바다에 뜬 한 알의 좁쌀이란 뜻에서, 아주 큰 물건 속에 있는 아주 작은 물건을 이름
天高馬肥	7 6Ⅱ 5 3Ⅱ (천고마비)	3Ⅱ	하늘은 높고 말은 살찐다

千慮一得	7 4 8 4Ⅱ (천려일득)	4	어리석은 사람도 많은 생각 가운데 한 가지쯤 좋은 생각이 미칠 수 있다는 말
千慮一失	7 4 8 6 (천려일실)	4	지혜로운 사람도 많은 생각 가운데는 간혹 실책이 있을 수 있다는 말
天生緣分	7 8 4 6Ⅱ (천생연분)	4	하늘에서 미리 정해 준 연분
千辛萬苦	7 3 8 6 (천신만고)	3	온갖 신고 또는 그것을 겪음
天壤之差	7 3Ⅱ 3Ⅱ 4 (천양지차)	3Ⅱ	하늘과 땅의 차이 곧 커다란 차이
天人共怒	7 8 6Ⅱ 4Ⅱ (천인공노)	4Ⅱ	하늘과 사람이 함께 분노한다는 뜻에서, 도저히 용서할 수 없음을 이르는 말
千載一遇	7 3Ⅱ 8 4 (천재일우)	3Ⅱ	좀처럼 얻기 어려운 좋은 기회
千差萬別	7 4 8 6 (천차만별)	4	여러 가지 사물이 모두 차이가 있고 구별이 있음
千篇一律	7 4 8 4Ⅱ (천편일률)	4	많은 사물이 색다른 바가 없이 모두 비슷비슷함을 이르는 말
徹頭徹尾	3Ⅱ 6 3Ⅱ 3Ⅱ (철두철미)	3Ⅱ	처음부터 끝까지 투철함. 처음부터 끝까지 철저하게
靑出於藍	8 7 3 2 (청출어람)	2	쪽에서 나온 푸른 물감이 쪽보다 더 푸르다는 뜻으로 제자가 스승보다 나음을 이르는 말
寸鐵殺人	8 5 4Ⅱ 8 (촌철살인)	4Ⅱ	한 치의 쇠붙이로 사람을 죽인다는 데서, 짧은 말로 어떤 일의 급소를 찔러 사람을 크게 감동시키는 것을 이르는 말
秋風落葉	7 6Ⅱ 5 5 (추풍낙엽)	5	가을바람에 흩어져 떨어지는 낙엽으로, 세력 같은 것이 일순간에 실추됨을 비유적으로 이르는 말
出將入相	7 4Ⅱ 7 5Ⅱ (출장입상)	4Ⅱ	나가서는 장수가 되고 들어와서는 재상이 된다는 뜻으로 문무를 겸비하여 장상의 벼슬을 모두 지낸 사람
忠言逆耳	4Ⅱ 6 4Ⅱ 5 (충언역이)	4Ⅱ	바르게 타이르는 말일수록 듣기 싫음을 이르는 말
取捨選擇	4Ⅱ 3 5 4 (취사선택)	3	취할 것은 취하고 버릴 것은 버려서 골라잡음
醉生夢死	3Ⅱ 8 3Ⅱ 6 (취생몽사)	3Ⅱ	술에 취하여 꿈을 꾸다가 죽는다는 말로, 아무 의미 없이, 이룬 일도 없이 한 평생을 흐리멍텅하게 보내는 것을 이름
置之度外	4Ⅱ 3Ⅱ 6 8 (치지도외)	3Ⅱ	내버려두어 문제로 삼지 아니함
七去之惡	8 5 3Ⅱ 5Ⅱ (칠거지악)	3Ⅱ	아내를 내쫓는 이유가 되는 일곱 가지 사항
他山之石	5 8 3Ⅱ 6 (타산지석)	3Ⅱ	다른 사람의 하찮은 언행도 자기 지덕을 닦는 데는 도움이 됨

卓上空論	5 7Ⅱ7Ⅱ4Ⅱ (탁상공론)	4Ⅱ	실현성이 없는 헛된 공론
貪官汚吏	3 4Ⅱ 3 3Ⅱ (탐관오리)	3	탐욕이 많고 행실이 깨끗하지 못한 벼슬아치
泰山北斗	3Ⅱ 8 8 4Ⅱ (태산북두)	3Ⅱ	태산과 북두성을 이르는 말로 세상 사람들로부터 가장 존경받는 사람들을 이르는 말
破邪顯正	4Ⅱ3Ⅱ4 7Ⅱ (파사현정)	3Ⅱ	그릇된 생각을 깨뜨리고 바른 도리를 드러냄
破顔大笑	4Ⅱ 3Ⅱ 8 4Ⅱ (파안대소)	3Ⅱ	즐거운 표정으로 한바탕 웃음
破竹之勢	4Ⅱ4Ⅱ3Ⅱ4Ⅱ (파죽지세)	3Ⅱ	대를 쪼개는 것과 같은 기세로, 세력이 강하여 막을 수 없는 형세를 이름
八方美人	8 7Ⅱ6 8 (팔방미인)	6	어느 모로 보나 아름다운 사람이란 뜻으로, 여러 방면에 능통한 사람을 이르는 말
抱腹絶倒	3 3Ⅱ 4 3Ⅱ (포복절도)	3	배를 안고 넘어진다는 표현으로 아주 우스운 형세
飽食暖衣	3 7Ⅱ4Ⅱ 6 (포식난의)	3	배불리 먹고 따뜻하게 입음, 곧 의식이 넉넉함을 이름
表裏不同	6Ⅰ3Ⅱ7Ⅱ7 (표리부동)	3Ⅱ	겉과 속이 다름
風前燈火	6Ⅰ7Ⅱ4Ⅱ 8 (풍전등화)	4Ⅱ	바람 앞의 등불이란 뜻으로 매우 위태로운 상황을 가리키는 말
皮骨相接	3Ⅱ4 5Ⅱ4Ⅱ (피골상접)	3Ⅱ	살가죽과 뼈가 맞붙을 정도로 몹시 마름
彼此一般	3Ⅱ 3Ⅱ 8 3Ⅱ (피차일반)	3Ⅱ	저편이나 이편이나 한가지. 두 편이 서로 같음
匹夫匹婦	3 7 3 4Ⅱ (필부필부)	3	한 사람의 남자와 한 사람의 여자. 평범한 보통 사람
下石上臺	7Ⅱ 6 7Ⅱ3Ⅱ (하석상대)	3Ⅱ	아랫돌 빼서 윗돌 괴고 윗돌 빼서 아랫돌 괸다는 뜻으로 임시변통으로 이리저리 둘러맞춤을 이르는 말
鶴首苦待	3Ⅱ 5 6 6 (학수고대)	3Ⅱ	학의 목처럼 목을 길게 늘여 애태우며 기다린다는 뜻으로 몹시 기다림을 이름
咸興差使	3 4Ⅱ 4 6 (함흥차사)	3	한번 가면 깜깜무소식이라는 말
恒茶飯事	3Ⅱ3Ⅱ3Ⅱ7Ⅱ (항다반사)	3Ⅱ	늘 있는 일
虛張聲勢	4Ⅱ 4 4Ⅱ 4Ⅱ (허장성세)	4	실속 없이 허세만 부림
軒軒丈夫	3 3 3Ⅱ 7 (헌헌장부)	3	이목구비가 반듯하고 헌거로운 남자
賢母良妻	4Ⅱ8 5Ⅱ3Ⅱ (현모양처)	3Ⅱ	어진 어머니이면서 착한 아내
螢雪之功	3 6 3Ⅱ6Ⅱ (형설지공)	3	반딧불과 눈빛으로 글을 읽었다 하여 애써 공부한 보람을 이름

浩然之氣	3Ⅱ 7 3Ⅱ 7Ⅱ (호연지기)	3Ⅱ	공명정대하여 조금도 부끄러울 바가 없는 도덕적 용기
好衣好食	4Ⅱ 6 4Ⅱ 7Ⅱ (호의호식)	4Ⅱ	잘 먹고 잘 입음 또는 그런 생활
昏定晨省	3 6 3 6Ⅱ (혼정신성)	3	저녁에 이부자리를 보고 아침에 자리를 돌아본다는 뜻으로, 자식이 조석으로 부모의 안부를 물어서 살핌을 이르는 말
紅爐點雪	4 3Ⅱ 4 6Ⅱ (홍로점설)	3Ⅱ	빨갛게 달아오른 화로 위에 눈을 뿌리면 순식간에 녹듯이 사욕이나 의혹이 일순간에 꺼져 없어짐을 이르는 말
弘益人間	3 4Ⅱ 8 7Ⅱ (홍익인간)	3	널리 인간세상을 이롭게 한다는 말
畫蛇添足	6 3Ⅱ 3 7Ⅱ (화사첨족)	3	뱀을 그리면서 발을 보태어 넣는다는 데서, 쓸데없는 일을 하는 것을 말함
花朝月夕	7 6 8 7 (화조월석)	6	꽃피는 아침과 달뜨는 저녁. 경치가 썩 좋은 때를 이르는 말
會者定離	6Ⅱ 6 6 4 (회자정리)	4	만나는 자는 반드시 헤어지게 마련이라는 것
興亡盛衰	4Ⅱ 5 4Ⅱ 3Ⅱ (흥망성쇠)	3Ⅱ	흥하고 망하고 성하고 쇠하는 일
興盡悲來	4Ⅱ 4 4Ⅱ 7 (흥진비래)	4	즐거운 일이 다하면 슬픈 일이 온다는 데서, 순환하는 세상의 이치를 이르는 말
喜怒哀樂	4 4Ⅱ 3Ⅱ 6Ⅱ (희로애락)	3Ⅱ	기쁨과 노여움과 슬픔과 즐거움. 사람의 온갖 감정

첫 音節에서 長音으로 발음되는 漢字語

漢字	級	用 例	漢字	級	用 例
可 옳을 가:	5	可決(가결) 可能(가능) 可否(가부) 可視(가시)	介 낄 개:	3Ⅱ	介意(개의) 介入(개입) 介在(개재)
佳 아름다울 가:	3Ⅱ	佳觀(가관) 佳人(가인) 佳作(가작)	慨 슬퍼할 개:	3	慨世(개세) 慨然(개연) 慨嘆특급Ⅱ(개탄)
架 시렁 가:	3Ⅱ	架空(가공) 架橋(가교) 架上(가상) 架設(가설)	概 대개 개:	3Ⅱ	概念(개념) 概略(개략) 概論(개론) 概說(개설)
假 거짓 가:	4Ⅱ	假令(가령) 假名(가명) 假作(가작) 假定(가정)	去 갈 거:	5	去年(거년) 去來(거래) 去勢(거세) 去就(거취)
暇 틈 가:	4	暇隙1급(가극) 暇日(가일)	巨 클 거:	4	巨大(거대) 巨物(거물) 巨餘洞(거여동) 巨人(거인)
姦 간음할 간:	3	姦夫(간부) 姦婦(간부) 姦淫(간음) 姦通(간통)	拒 막을 거:	4	拒否(거부) 拒逆(거역) 拒絕(거절)
懇 간절할 간:	3Ⅱ	懇曲(간곡) 懇談會(간담회) 懇切(간절)	距 상거할 거:	3Ⅱ	距今(거금) 距離(거리)
減 덜 감:	4Ⅱ	減少(감소) 減員(감원) 減損(감손) 減縮(감축)	據 근거 거:	4	據點(거점)
敢 감히 감:	4	敢然(감연) 敢戰(감전) 敢鬪(감투) 敢行(감행)	擧 들 거:	5	擧國(거국) 擧動(거동) 擧手(거수) 擧行(거행)
感 느낄 감:	6	感激(감격) 感動(감동) 感謝(감사) 感化(감화)	建 세울 건:	5	建國(건국) 建物(건물) 建設(건설) 建築(건축)
憾 섭섭할 감:	2	憾情(감정)	健 굳셀 건:	5	健脚(건각) 健康(건강) 健在(건재) 健金(건금)
講 욀 강:	4Ⅱ	講究(강구) 講讀(강독) 講習(강습) 講演(강연)	儉 검소할 검:	4	儉朴(검박) 儉素(검소) 儉約(검약)

漢字	級	用 例	漢字	級	用 例
劍 칼 검:	3Ⅱ	劍客(검객) 劍道(검도) 劍舞(검무)	系 이어맬 계:	4	系譜(계보) 系列(계열) 系統(계통)
檢 검사할 검:	4Ⅱ	檢擧(검거) 檢査(검사) 檢出(검출)	戒 경계할 계:	4	戒告(계고) 戒嚴(계엄) 戒律(계율)
揭 높이들 게:	2	揭示(게시) 揭揚(게양) 揭載(게재)	季 계절 계:	4	季刊(계간) 季嫂1급(계수) 季氏(계씨) 季節(계절)
憩 쉴 게:	2	憩流(계류) 憩息(게식)	界 지경 계:	6Ⅱ	界面調(계면조) 界域(계역) 界標(계표) 界限(계한)
見 볼 견: 뵈올 현:	5Ⅱ	見聞(견문) 見識(견식) 見學(견학) 見解(견해) 見舅1급姑(현구고)	癸 북방 계:	3	癸卯1급(계앙) 癸丑日記(계축일 기) 癸亥(계해)
遣 보낼 견:	3	遣唐使(견당사) 遣奠1급(견전)	係 맬 계:	4Ⅱ	係數(계수) 係員(계원) 係長(계장)
竟 마침내 경:	3	竟夜(경야) 竟宴(경연)	計 셀 계:	6Ⅱ	計略(계략) 計量(계량) 計算(계산) 計畫(계화)
敬 공경 경:	5Ⅱ	敬禮(경례) 敬仰(경앙) 敬愛(경애) 敬意(경의)	桂 계수나무 계:	3Ⅱ	桂冠(계관) 桂樹(계수) 桂花(계화)
慶 경사 경:	4Ⅱ	慶事(경사) 慶尙道(경상도) 慶弔(경조) 慶州(경주)	啓 열 계:	3Ⅱ	啓蒙(계몽) 啓發(계발) 啓示(계시)
警 깨우칠 경:	4Ⅱ	警覺心(경각심) 警戒(경계) 警告(경고) 警備(경비)	械 기계 계:	3Ⅱ	械器(계기)
鏡 거울 경:	4	鏡鑑(경감) 鏡臺(경대) 鏡城(경성) 鏡浦臺(경포대)	繫 맬 계:	3	繫累(계루) 繫留(계류) 繫辭(계사) 繫援(계원)
競 다툴 경:	5	競技(경기) 競馬(경마) 競試(경시) 競爭(경쟁)	繼 이을 계:	4	繼母(계모) 繼續(계속) 繼承(계승) 繼統(계통)

漢字	級	用 例	漢字	級	用 例
古 예 고:	6	古今(고금) 古代(고대) 古典(고전) 古稀(고희)	款 항목 관:	2	款談(관담) 款項(관항)
告 고할 고:	5Ⅱ	告發(고발) 告白(고백) 告示(고시) 告知書(고지서)	廣 넓을 광:	5Ⅱ	廣告(광고) 廣範圍(광범위) 廣州(광주)
困 곤할 곤:	4	困境(곤경) 困窮(곤궁) 困難(곤란)	鑛 쇳돌 광:	4	鑛山(광산) 鑛夫(광부) 鑛石(광석) 鑛業(광업)
孔 구멍 공:	4	孔丘(공구) 孔德洞(공덕동) 孔孟(공맹) 孔雀(공작)	傀 허수아비 괴:	2	傀儡1급(괴뢰)
共 한가지 공:	6Ⅱ	共感(공감) 共動(공동) 共謀(공모) 共通(공통)	愧 부끄러울괴:	3	愧死(괴사)
攻 칠 공:	4	攻擊(공격) 攻駁1급(공박) 攻防戰(공방전) 攻守(공수)	壞 무너질 괴:	3Ⅱ	壞滅(괴멸) 壞症(괴증) 壞敗(괴패)
供 이바지할공:	3Ⅱ	供給(공급) 供養(공양) 供託(공탁)	校 학교 교:	8	校舍(교사) 校長(교장) 校正(교정) 校訓(교훈)
貢 바칠 공:	3Ⅱ	貢納(공납) 貢物(공물) 貢案(공안) 貢獻(공헌)	敎 가르칠 교:	8	敎授(교수) 敎育(교육) 敎訓(교훈) 敎會(교회)
果 실과 과:	6Ⅱ	果斷性(과단성) 果樹(과수) 果實(과실) 果然(과연)	矯 바로잡을 교:	3	矯角殺牛(교각살우) 矯導所(교도소)
過 지날 과:	5Ⅱ	過去(과거) 過激(과격) 過渡期(과도기) 過誤(과오)	久 오랠 구:	3Ⅱ	久遠(구원)
誇 자랑할 과:	3Ⅱ	誇大(과대) 誇示(과시) 誇張(과장)	救 구원할 구:	5	救命(구명) 救世軍(구세군) 救助(구조)
寡 적을 과:	3Ⅱ	寡默(과묵) 寡婦(과부) 寡少(과소) 寡人(과인)	舊 예 구:	5Ⅱ	舊面(구면) 舊式(구식) 舊習(구습) 舊正(구정)

漢字	級	用 例	漢字	級	用 例
郡 고을 군:	6	郡內(군내) 郡民(군민) 郡守(군수) 郡廳(군청)	肯 즐길 긍:	3	肯從(긍종) 肯諾(긍낙) 肯定(긍정)
拳 주먹 권:	3Ⅱ	拳法(권법) 拳銃(권총) 拳鬪(권투)	那 어찌 나:	3	那邊(나변)
勸 권할 권:	4	勸農(권농) 勸善懲惡(권선징악) 勸誘(권유)	暖 따뜻할 난:	4Ⅱ	暖帶(난대) 暖流(난류) 暖衣飽食(난의포식)
軌 바퀴자국 궤:	3	軌度(궤도) 軌跡(궤적)	乃 이에 내:	3	乃公(내공) 乃父(내부) 乃祖(내조) 乃至(내지)
鬼 귀신 귀:	3Ⅱ	鬼氣(귀기) 鬼神(귀신)	內 안 내:	7Ⅱ	內閣(내각) 內科(내과) 內部(내부) 內外(내외)
貴 귀할 귀:	5	貴公子(귀공자) 貴族(귀족) 貴重(귀중)	耐 견딜 내:	3Ⅱ	耐久(내구) 耐震(내진) 耐乏1급(내핍) 耐火(내화)
歸 돌아갈 귀:	4	歸家(귀가) 歸國(귀국) 歸省客(귀성객)	念 생각 념:	5Ⅱ	念頭(염두) 念佛(염불) 念願(염원)
近 가까울 근:	6	近郊(근교) 近似(근사) 近世(근세) 近況(근황)	怒 성낼 노:	4Ⅱ	怒氣(노기) 怒色(노색)
僅 겨우 근:	3	僅僅(근근) 僅少(근소)	濃 짙을 농:	2	濃度(농도) 濃淡(농담) 濃縮(농축) 濃厚(농후)
謹 삼갈 근:	3	謹啓(근계) 謹愼(근신) 謹嚴(근엄) 謹賀(근하)	但 다만 단:	3Ⅱ	但書(단서) 但只(단지)
禁 금할 금:	4Ⅱ	禁忌(금기) 禁煙(금연) 禁止(금지)	斷 끊을 단:	4Ⅱ	斷交(단교) 斷水(단수) 斷食(단식) 斷煙(단연)
錦 비단 금:	3Ⅱ	錦衣還鄉(금의환향) 錦上添花(금상첨화)	膽 쓸개 담:	2	膽大(담대) 膽略(담략) 膽石(담석) 膽汁1급(담즙)

漢字	級	用 例	漢字	級	用 例
代 대신 대:	6Ⅱ	代理(대리) 代表(대표) 代行(대행)	動 움직일 동:	7Ⅱ	動機(동기) 動力(동력) 動物(동물) 動詞(동사)
待 기다릴 대:	6	待機(대기) 待望(대망) 待遇(대우) 待避(대피)	鈍 둔할 둔:	3	鈍器(둔기) 鈍感(둔감) 鈍化(둔화)
貸 빌릴 대:	3Ⅱ	貸館料(대관료) 貸金(대금) 貸出(대출)	等 무리 등:	6Ⅱ	等距離(등거리) 等級(등급) 等式(등식)
對 대할 대:	6Ⅱ	對決(대결) 對象(대상) 對外(대외) 對話(대화)	裸 벗을 라:	2	裸體(나체) 裸身(나신)
戴 일 대:	2	戴冠式(대관식) 戴白(대백)	卵 알 란:	4	卵白(난백) 卵生(난생) 卵巢(난소) 卵子(난자)
到 이를 도:	5Ⅱ	到達(도달) 到任(도임) 到着(도착) 到處(도처)	亂 어지러울 란:	4	亂動(난동) 亂離(난리)
倒 넘어질 도:	3Ⅱ	倒産(도산) 倒錯的(도착적)	爛 빛날 란:	2	爛漫(난만) 爛熟(난숙) 爛然(난연)
途 길 도:	3Ⅱ	途上(도상) 途中下車(도중하차)	濫 넘칠 람:	3	濫發(남발) 濫用(남용) 濫造(남조)
道 길 도:	7Ⅱ	道德(도덕) 道理(도리)	朗 밝을 랑:	5Ⅱ	朗讀(낭독) 朗報(낭보) 朗誦(낭송)
導 인도할 도:	4Ⅱ	導水路(도수로) 導入(도입) 導出(도출)	冷 찰 랭:	5	冷却(냉각) 冷氣(냉기) 冷待(냉대) 冷凍(냉동)
洞 골 동: 밝을 통:	7	洞窟(동굴) 洞內(동내) 洞里(동리) 洞會(동회) 洞達(통달) 洞察(통찰) 洞燭(통촉) 洞徹(통철)	兩 두 량:	4Ⅱ	兩家(양가) 兩極(양극) 兩親(양친)
凍 얼 동:	3Ⅱ	凍傷(동상) 凍土(동토) 凍破(동파) 凍結(동결)	慮 생각할 려	4	慮無所不到(여무소부도) 慮外(여외)

漢字	級	用 例	漢字	級	用 例
勵 힘쓸 려:	3Ⅱ	勵精(여정) 勵行(여행)	累 여러 루:	3Ⅱ	累計(누계) 累進(누진) 累積(누적)
鍊 쇠불릴 련:	3Ⅱ	鍊金術(연금술) 鍊磨(연마)	淚 눈물 루:	3	淚管(누관) 淚腺(누선) 淚水(누수)
練 익힐 련:	5Ⅱ	練兵場(연병장) 練習(연습) 練祭祀(연제사)	屢 여러 루:	3	屢屢(누누)이 屢代(누대) 屢沈(누침)
戀 그리워할 련:	3Ⅱ	戀慕(연모) 戀愛(연애) 戀情(연정)	漏 샐 루:	3Ⅱ	漏刻(누각) 漏落(누락) 漏泄(누설)
例 법식 례:	6	例見(예견) 例示(예시) 例外(예외)	里 마을 리:	7	里數(이수) 里長(이장) 里程標(이정표)
禮 예도 례:	6	禮物(예물) 禮拜(예배) 禮義(예의)	理 다스릴 리:	6Ⅱ	理科(이과) 理論(이론) 理致(이치)
隷 종 례:	3	隷僕(예복) 隷屬(예속)	利 이할 리:	6Ⅱ	利己主義(이기주의) 利潤(이윤)
老 늙을 로:	7	老衰(노쇠) 老人(노인)	離 떠날 리:	4	離陸(이륙) 離別(이별) 離婚(이혼)
路 길 로:	6	路上(노상) 路線(노선) 路資(노자)	裏 속 리:	3Ⅱ	裏面(이면) 裏書(이서) 裏作(이작) 裏海(이해)
弄 희롱할 롱:	3Ⅱ	弄談(농담) 弄調(농조) 弄筆(농필)	履 밟을 리:	3Ⅱ	履歷書(이력서) 履霜曲(이상곡) 履行(이행)
賴 의뢰할 뢰:	3Ⅱ	賴德(뇌덕) 賴力(뇌력)	李 오얏 리:	6	李氏(이씨) 李下不整冠(이하부정관)
了 마칠 료:	3	了結(요결) 了然(요연) 了定(요정)	吏 관리 리:	3Ⅱ	吏道(이도) 吏讀(이두) 吏胥1급(이서)

漢字	級	用例	漢字	級	用例
馬 말 마:	5	馬軍(마군) 馬事會(마사회) 馬上(마상) 馬耳東風(마이동풍)	命 목숨 명:	7	命令(명령) 命脈(명맥) 命名(명명) 命中(명중)
萬 일만 만:	8	萬能(만능) 萬民法(만민법) 萬歲(만세) 萬愚節(만우절)	母 어미 모:	8	母系(모계) 母校(모교)
晚 늦을 만:	3Ⅱ	晚學(만학) 晚時之歎(만시지탄) 晚秋(만추) 晚覺(만각)	某 아무 모:	3	某官(모관) 某國(모국) 某年(모년) 某氏(모씨)
慢 거만할 만:	3	慢驚風(만경풍) 慢悔(만회) 慢然(만연)	慕 그릴 모:	3Ⅱ	慕心(모심) 慕情(모정) 慕華(모화)
漫 흩어질 만:	3	漫談(만담) 漫筆(만필) 漫畫(만화)	暮 저물 모:	3	暮景(모경) 暮年(모년) 暮夜(모야)
妄 망령될 망:	3Ⅱ	妄念(망념) 妄動(망동) 妄想症(망상증)	卯 토끼 묘:	3	卯末(묘말) 卯飯(묘반) 卯睡(묘수) 卯初(묘초)
望 바랄 망:	5Ⅱ	望夫石(망부석) 望遠鏡(망원경) 望鄕(망향)	妙 묘할 묘:	4	妙計(묘계) 妙技(묘기) 妙齡1급(묘령) 妙香山(묘향산)
買 살 매:	5	買價(매가) 買受(매수) 買食(매식) 買入(매입) 買占(매점)	苗 모 묘:	3	苗脈(묘맥) 苗木(묘목) 苗床(묘상) 苗圃1급(묘포)
猛 사나울 맹:	3Ⅱ	猛犬(맹견) 猛攻擊(맹공격) 猛烈(맹렬) 猛獻(맹헌)	墓 무덤 묘:	4	墓碣특급Ⅱ(묘갈) 墓碑(묘비) 墓所(묘소) 墓誌(묘지)
免 면할 면:	3Ⅱ	免稅(면세) 免罪(면죄) 免職(면직)	廟 사당 묘:	3	廟堂(묘당) 廟論(묘론) 廟議(묘의)
面 낯 면:	7	面壁參禪(면벽참선) 面識(면식) 面接(면접) 面會(면회)	戊 천간 무:	3	戊午士禍(무오사화) 戊辰(무진)
勉 힘쓸 면:	4	勉勵(면려) 勉從(면종) 勉學(면학)	茂 무성할 무:	3Ⅱ	茂林(무림) 茂盛(무성) 茂樹(무수) 茂才(무재)

漢字	級	用 例	漢字	級	用 例
武 호반 무:	4Ⅱ	武家(무가) 武器(무기) 武斷(무단) 武力(무력)	叛 배반할 반	3	叛軍(반군) 叛起(반기) 叛亂(반란) 叛逆(반역)
務 힘쓸 무:	4Ⅱ	務望(무망) 務實力行(무실역행)	訪 찾을 방:	4Ⅱ	訪客(방객) 訪求(방구) 訪問(방문) 訪議(방의)
貿 무역할 무:	3Ⅱ	貿穀(무곡) 貿易政策(무역정책)	傍 곁 방:	3	傍觀(방관) 傍點(방점) 傍證(방증) 傍聽(방청)
舞 춤출 무:	4	舞曲(무곡) 舞臺(무대) 舞蹈1급場(무도장) 舞踊1급(무용)	拜 절 배:	4Ⅱ	拜金(배금) 拜禮(배례) 拜伏(배복) 拜席(배석)
霧 안개 무:	3	霧露(무로) 霧散(무산) 霧塞(무새) 霧消(무소)	背 등 배:	4Ⅱ	背景(배경) 背叛(배반) 背水陣(배수진)
問 물을 문:	7	問答(문답) 問病(문병) 問安(문안) 問題(문제)	配 나눌 배:	4Ⅱ	配管(배관) 配給(배급) 配當(배당) 配列(배열)
尾 꼬리 미:	3Ⅱ	尾骨(미골) 尾行(미행)	培 북돋을 배:	3Ⅱ	培根(배근) 培植(배식) 培養(배양)
味 맛 미:	4Ⅱ	味覺(미각) 味感(미감) 味神經(미신경)	輩 무리 배:	3Ⅱ	輩流(배류) 輩作(배작) 輩出(배출)
反 돌이킬 반:	6Ⅱ	反共(반공) 反對(반대) 反復(반복) 反省(반성)	賠 물어줄 배:	2	賠償(배상)
半 반 반:	6Ⅱ	半跏특급Ⅱ像(반가상) 半減(반감) 半導體(반도체)	犯 범할 범:	4	犯法(범법) 犯人(범인) 犯罪(범죄) 犯行(범행)
伴 짝 반:	3	伴侶1급者(반려자) 伴奏(반주) 伴行(반행)	汎 넓을 범:	2	汎國民的(범국민적) 汎論(범론) 汎神論(범신론)
返 돌이킬 반:	3	返納(반납) 返送(반송) 返品(반품)	範 법 범:	4	範式(범식) 範圍(범위) 範疇(범주)

漢字	級	用例	漢字	級	用例
辨 분별할 변:	3	辨理士(변리사) 辨明(변명) 辨別(변별) 辨證(변증)	寶 보배 보:	4Ⅱ	寶庫(보고) 寶物(보물) 寶石(보석)
辯 말씀 변:	4	辯論(변론) 辯明(변명) 辯士(변사) 辯護人(변호인)	奉 받들 봉:	5Ⅱ	奉公(봉공) 奉仕(봉사) 奉送(봉송) 奉呈式(봉정식)
變 변할 변:	5Ⅱ	變改(변개) 變更(변경) 變動(변동) 變化(변화)	俸 녹 봉:	2	俸給(봉급)
丙 남녘 병:	3Ⅱ	丙子(병자) 丙午(병오)	鳳 봉새 봉:	3Ⅱ	鳳德(봉덕) 鳳仙花(봉선화) 鳳凰1급(봉황)
竝 나란히 병:	3	竝記(병기) 竝立(병립) 竝用(병용)	付 부칠 부:	3Ⅱ	付壁書(부벽서) 付與(부여) 付之一笑(부지일소)
病 병 병:	6	病苦(병고) 病菌(병균) 病床(병상) 病院(병원)	否 아닐 부:	4	否決(부결) 否認(부인) 否定(부정) 否票(부표)
倂 아우를 병:	2	倂科(병과) 倂記(병기) 倂立(병립) 倂算制(병산제)	負 질 부:	4	負擔(부담) 負傷(부상) 負債(부채)
步 걸음 보:	4Ⅱ	步道(보도) 步兵(보병) 步幅(보폭) 步行(보행)	副 버금 부:	4Ⅱ	副官(부관) 副詞(부사) 副業(부업)
普 넓을 보:	4	普及(보급) 普通法(보통법) 普遍的(보편적)	富 부자 부:	4Ⅱ	富強(부강) 富國(부국) 富貴(부귀) 富者(부자)
補 기울 보:	3Ⅱ	補強(보강) 補償(보상) 補修(보수) 補充(보충)	腐 썩을 부:	3Ⅱ	腐談(부담) 腐蝕(부식) 腐心(부심) 腐敗(부패)
報 알릴 보:	4Ⅱ	報告書(보고서) 報答(보답) 報道陣(보도진) 報償(보상)	賦 부세 부:	3Ⅱ	賦課稅(부과세) 賦與(부여)
譜 족보 보:	3Ⅱ	譜所(보소) 譜牒1급(보첩) 譜學(보학)	簿 문서 부:	3Ⅱ	簿記(부기) 簿籍(부적) 簿牒1급(부첩)

漢字	級	用 例	漢字	級	用 例
憤 분할 분:	4	憤慨(분개) 憤激(분격) 憤氣(분기) 憤敗(분패)	鼻 코 비:	5	鼻高(비고) 鼻祖(비조) 鼻出血(비출혈)
奮 떨칠 분:	3Ⅱ	奮發(분발) 奮然(분연) 奮戰(분전) 奮鬪(분투)	士 선비 사:	5Ⅱ	士官(사관) 士氣(사기) 士兵(사병) 士禍(사화)
比 견줄 비:	5	比較(비교) 比例(비례) 比喩1급(비유) 比率(비율)	巳 뱀 사:	3	巳生(사생) 巳時(사시) 巳座(사좌)
批 비평할 비:	4	批答(비답) 批判(비판) 批評(비평)	四 넉 사:	8	四季(사계) 四君子(사군자) 四時(사시) 四月(사월)
肥 살찔 비:	3Ⅱ	肥大(비대) 肥料(비료) 肥沃(비옥)	史 사기 사:	5	史家(사가) 史記(사기) 史學(사학)
卑 낮을 비:	3Ⅱ	卑賤(비천) 卑下(비하)	死 죽을 사:	6	死力(사력) 死亡(사망) 死文(사문) 死因(사인)
匪 비적 비:	2	匪魁1급(비괴) 匪賊(비적)	似 닮을 사:	3	似而非(사이비) 似虎(사호)
祕 숨길 비:	4	祕決(비결) 祕密(비밀) 祕書(비서)	事 일 사:	7Ⅱ	事件(사건) 事理(사리) 事物(사물) 事大主義(사대주의)
悲 슬플 비:	4Ⅱ	悲觀(비관) 悲劇(비극) 悲鳴(비명) 悲哀(비애)	使 하여금 사:	6	使動(사동) 使命(사명) 使臣(사신) 使者(사자)
費 쓸 비:	5	費目(비목) 費用(비용) 費財(비재)	捨 버릴 사:	3	捨近取遠(사근취원) 捨石工(사석공) 捨身(사신)
備 갖출 비:	4Ⅱ	備考(비고) 備忘錄(비망록) 備蓄(비축)	赦 용서할 사:	2	赦令(사령) 赦免(사면) 赦罪(사죄)
婢 계집종 비:	3Ⅱ	婢女(비녀) 婢僕(비복) 婢妾(비첩)	賜 줄 사:	3	賜暇(사가) 賜金(사금) 賜姓(사성) 賜藥(사약)

부록
Ⅰ

漢字	級	用 例	漢字	級	用 例
謝 사례할 사:	4Ⅱ	謝禮(사례) 謝意(사의) 謝恩(사은) 謝罪(사죄)	瑞 상서 서:	2	瑞光(서광) 瑞氣(서기)
産 낳을 산:	5Ⅱ	産故(산고) 産氣(산기) 産卵(산란) 産母(산모)	誓 맹세할 서:	3	誓卷(서권) 誓文(서문) 誓約(서약) 誓願(서원)
散 흩을 산:	4	散漫(산만) 散文(산문) 散在(산재)	緒 실마리 서:	3Ⅱ	緒論(서론) 緒業(서업) 緒正(서정)
算 셈 산:	7	算數(산수) 算術(산술) 算出(산출)	善 착할 선:	5	善導(선도) 善惡(선악) 善意(선의) 善行(선행)
上 윗 상:	7Ⅱ	上客(상객) 上層(상층) 上品(상품) 上下(상하)	選 가릴 선:	5	選擧(선거) 選拔(선발) 選定(선정) 選出(선출)
想 생각 상:	4Ⅱ	想紀(상기) 想念(상념) 想定(상정)	繕 기울 선:	2	繕補(선보) 繕寫(선사)
序 차례 서:	5	序頭(서두) 序論(서론) 序文(서문) 序列(서열)	性 성품 성:	5Ⅱ	性格(성격) 性慾(성욕) 性質(성질) 性品(성품)
恕 용서할 서:	3Ⅱ	恕諒(서량) 恕免(서면) 恕宥₁급(서유) 恕罪(서죄)	姓 성 성:	7Ⅱ	姓名(성명) 姓氏(성씨) 姓銜₁급(성함)
庶 여러 서:	3	庶務(서무) 庶物(서물) 庶民(서민) 庶子(서자)	盛 성할 성:	4Ⅱ	盛大(성대) 盛了(성료) 盛需品(성수품) 盛況(성황)
敍 펼 서:	3	敍景詩(서경시) 敍事(서사) 敍說(서설) 敍述(서술)	聖 성인 성:	4Ⅱ	聖歌(성가) 聖經(성경) 聖女(성녀) 聖人(성인)
暑 더울 서:	3	暑退(서퇴) 暑滯(서체)	世 인간 세:	7Ⅱ	世界(세계) 世代(세대) 世上(세상) 世評(세평)
署 마을 서:	3Ⅱ	署理(서리) 署名(서명) 署員(서원) 署長(서장)	洗 씻을 세:	5Ⅱ	洗鍊(세련) 洗禮(세례) 洗面器(세면기) 洗濯(세탁)

漢字	級	用例	漢字	級	用例
細 가늘 세:	4Ⅱ	細菌(세균) 細密(세밀) 細部(세부) 細胞(세포)	頌 칭송할 송:	4	頌歌(송가) 頌德(송덕) 頌詩(송시) 頌祝(송축)
稅 세금 세:	4Ⅱ	稅關(세관) 稅金(세금) 稅務士(세무사) 稅制(세제)	誦 욀 송:	3	誦經(송경) 誦讀(송독) 誦說(송설) 誦言(송언)
歲 해 세:	5Ⅱ	歲暮(세모) 歲拜(세배) 歲費(세비) 歲時(세시)	刷 인쇄할 쇄:	3Ⅱ	刷馬(쇄마) 刷新(쇄신)
勢 형세 세:	4Ⅱ	勢道(세도) 勢力(세력)	鎖 쇄사슬 쇄:	3Ⅱ	鎖骨(쇄골) 鎖國(쇄국) 鎖門(쇄문)
貰 세놓을 세:	2	貰家(세가) 貰器(세기) 貰物(세물) 貰房(세방)	順 순할 순:	5Ⅱ	順理(순리) 順産(순산) 順序(순서) 順位(순위)
小 작을 소:	8	小劇場(소극장) 小企業(소기업) 小說家(소설가)	市 저자 시:	7Ⅱ	市街(시가) 市立(시립) 市民(시민) 市場(시장)
少 적을 소:	7	少量(소량) 少數(소수) 少年(소년) 少女(소녀)	示 보일 시:	5	示達(시달) 示範(시범) 示唆(시사) 示威(시위)
所 바 소:	7	所見(소견) 所望(소망) 所信(소신) 所謂(소위) 所長(소장)	矢 화살 시:	3	矢數(시수) 矢心(시심) 矢言(시언)
笑 웃음 소:	4Ⅱ	笑門萬福來(소문만복래) 笑聲(소성) 笑話(소화)	侍 모실 시:	3Ⅱ	侍墓(시묘) 侍婢(시비)
損 덜 손:	4	損傷(손상) 損失(손실) 損益(손익) 損財(손재) 損害(손해)	始 비로소 시:	6Ⅱ	始動(시동) 始務式(시무식) 始作(시작) 始終(시종)
送 보낼 송:	4Ⅱ	送舊迎新(송구영신) 送別(송별)	是 이 시:	4Ⅱ	是日(시일) 是是非非(시시비비) 是認(시인) 是正(시정)
訟 송사할 송:	3Ⅱ	訟官(송관) 訟事(송사) 訟隻(송척)	屍 주검 시:	2	屍毒(시독) 屍身(시신) 屍體(시체)

漢字	級	用 例	漢字	級	用 例
施 베풀 시:	4Ⅱ	施工(시공) 施政(시정) 施策(시책) 施行(시행)	雁 기러기 안:	3	雁言(안언) 雁行(안행)
視 볼 시:	4Ⅱ	視力(시력) 視野(시야) 視察(시찰) 視聽者(시청자)	顔 낯 안:	3Ⅱ	顔料(안료) 顔面不知(안면부지) 顔色(안색)
信 믿을 신:	6Ⅱ	信仰(신앙) 信用(신용) 信義(신의) 信任(신임)	暗 어두울 암:	4Ⅱ	暗記(암기) 暗示(암시) 暗中摸1급索(암중모색)
腎 콩팥 신:	2	腎結石(신결석) 腎經(신경) 腎熱(신열) 腎臟(신장)	仰 우러를 앙:	3Ⅱ	仰望(앙망) 仰視(앙시)
愼 삼갈 신:	3Ⅱ	愼戒(신계) 愼口(신구) 愼言(신언) 愼重(신중)	礙 거리낄 애:	2	礙眼(애안) 礙人耳目(애인이목)
紳 띠 신:	2	紳民(신민) 紳士(신사) 紳商(신상)	也 어조사 야:	3	~ 也帶(야대) 也無妨(야무방)
甚 심할 심:	3Ⅱ	甚急(심급) 甚難(심난) 甚深(심심) 甚至於(심지어)	夜 밤 야:	6	夜間(야간) 夜景(야경) 夜勤(야근) 夜學(야학)
我 나 아:	3Ⅱ	我國(아국) 我軍(아군) 我田引水(아전인수) 我執(아집)	野 들 야:	6	野球(야구) 野望(야망) 野生馬(야생마) 野人(야인)
餓 주릴 아:	3	餓鬼(아귀) 餓狼1급(아랑)	惹 이끌 야:	2	惹起(야기) 惹端(야단) 惹鬧특급Ⅱ(야료)
岸 언덕 안:	3Ⅱ	岸壁(안벽)	養 기를 양:	5Ⅱ	養鷄(양계) 養成(양성) 養殖(양식) 養育(양육)
案 책상 안:	5	案件(안건) 案內(안내) 案頭(안두) 案出(안출)	壤 흙덩이 양:	3Ⅱ	壤地(양지) 壤土(양토)
眼 눈 안:	4Ⅱ	眼境(안경) 眼孔(안공) 眼目(안목) 眼下無人(안하무인)	讓 사양할 양:	3Ⅱ	讓渡(양도) 讓步(양보) 讓位(양위) 讓許(양허)

漢字	級	用 例	漢字	級	用 例
御 거느릴 어:	3Ⅱ	御命(어명) 御用(어용) 御前(어전)	永 길 영:	6	永劫1급(영겁) 永訣式(영결식) 永久(영구)
語 말씀 어:	7	語感(어감) 語根(어근) 語不成說(어불성설)	泳 헤엄칠 영:	3	泳法(영법)
汝 너 여:	3	汝等(여등) 汝輩(여배)	詠 읊을 영:	3	詠歌(영가) 詠嘆특급Ⅱ(영탄)
與 더불 여:	4	與件(여건) 與民(여민) 與樂(여락) 與野(여야)	影 그림자 영:	3Ⅱ	影像(영상) 影印本(영인본) 影響(영향)
輿 수레 여:	3	輿駕1급(여가) 輿論調査(여론조사) 輿望(여망)	預 맡길 예:	2	預金(예금)
宴 잔치 연:	3Ⅱ	宴樂(연락) 宴席(연석) 宴饗1급(연향) 宴會(연회)	銳 날카로울 예:	3	銳角(예각) 銳利(예리)
軟 연할 연:	3Ⅱ	軟骨(연골) 軟球(연구) 軟禁(연금) 軟弱(연약)	豫 미리 예:	4	豫感(예감) 豫告(예고) 豫想(예상) 豫約(예약)
硏 갈 연:	4Ⅱ	硏究(연구) 硏修(연수) 硏學(연학)	藝 재주 예:	4Ⅱ	藝能(예능) 藝文(예문) 藝術(예술)
硯 벼루 연:	2	硯床(연상) 硯水(연수) 硯滴(연적)	譽 기릴 예:	3Ⅱ	譽望(예망) 譽聲(예성) 譽言(예언)
演 펼 연:	4Ⅱ	演劇(연극) 演士(연사) 演習(연습) 演繹1급(연역)	午 낮 오:	7Ⅱ	午睡(오수) 午時(오시) 午正(오정) 午後(오후)
染 물들 염:	3Ⅱ	染料(염료) 染病(염병) 染色(염색) 染化(염화)	五 다섯 오:	8	五感(오감) 五倫(오륜) 五色(오색)
厭 싫어할 염:	2	厭世(염세) 厭忌(염기)	汚 더러울 오:	3	汚名(오명) 汚染(오염)

漢字	級	用 例	漢字	級	用 例
悟 깨달을 오:	3Ⅱ	悟道(오도) 悟性(오성) 悟入(오인)	用 쓸 용:	6Ⅱ	用途(용도) 用兵(용병) 用意(용의) 用品(용품)
娛 즐길 오:	3	娛樂(오락) 娛遊(오유)	勇 날랠 용:	6Ⅱ	勇氣(용기) 勇斷(용단) 勇士(용사) 勇將(용장)
傲 거만할 오:	3	傲氣(오기) 傲慢(오만) 傲霜孤節(오상고절)	又 또 우:	3	又重之(우중지) 又況(우황)
誤 그르칠 오:	4Ⅱ	誤記(오기) 誤報(오보) 誤算(오산) 誤解(오해)	友 벗 우:	5Ⅱ	友軍(우군) 友邦(우방) 友愛(우애) 友誼1급(우의) 友情(우정)
擁 낄 옹:	3	擁立(옹립) 擁壁(옹벽) 擁護(옹호)	宇 집 우:	3Ⅱ	宇內(우내) 宇宙(우주)
瓦 기와 와:	3Ⅱ	瓦屋(와옥) 瓦葺1급(와즙) 瓦解(와해)	羽 깃 우:	3Ⅱ	羽緞1급(우단) 羽毛(우모) 羽扇1급(우선) 羽調(우조)
臥 누울 와:	3	臥龍(와룡) 臥病(와병) 臥薪1급嘗膽(와신상담)	雨 비 우:	5Ⅱ	雨期(우기) 雨備(우비) 雨傘(우산) 雨天時(우천시)
緩 느릴 완:	3Ⅱ	緩急(완급) 緩衝(완충) 緩行(완행) 緩和(완화)	偶 짝 우:	3Ⅱ	偶像(우상) 偶數(우수) 偶然(우연)
往 갈 왕:	4Ⅱ	往年(왕년) 往來(왕래) 往復(왕복) 往診(왕진)	遇 만날 우:	4	遇事生風(우사생풍) 遇賊歌(우적가)
外 바깥 외:	8	外家(외가) 外見上(외견상) 外交官(외교관) 外國(외국)	運 옮길 운:	6Ⅱ	運命(운명) 運營(운영) 運行(운행)
畏 두려워할 외:	3	畏敬(외경) 畏縮(외축)	韻 운 운:	3Ⅱ	韻文(운문) 韻書(운서) 韻律(운율) 韻致(운치)
曜 빛날 요:	5	曜日(요일)	苑 나라동산 원:	2	苑池(원지)

漢字	級	用 例	漢字	級	用 例
援 도울 원:	4	援軍(원군) 援兵(원병) 援助(원조) 援護(원호)	已 이미 이:	3Ⅱ	已往之事(이왕지사) 已久(이구) 已完工夫(이완공부)
遠 멀 원:	6	遠隔(원격) 遠景(원경) 遠近(원근)	以 써 이:	5Ⅱ	以南(이남) 以上(이상) 以心傳心(이심전심)
願 원할 원:	5	願望(원망) 願書(원서)	耳 귀 이:	5	耳鳴症(이명증) 耳目口鼻(이목구비) 耳順(이순)
有 있을 유:	7	有感(유감) 有口無言(유구무언) 有名無實(유명무실)	異 다를 이:	4	異見(이견) 異口同聲(이구동성) 異質的(이질적)
裕 넉넉할 유:	3Ⅱ	裕福(유복)	貳 갖은두 이:	2	貳拾(이십) 貳極(이극) 貳師(이사)
閏 윤달 윤:	3	閏年(윤년) 閏月(윤월)	刃 칼날 인:	2	刃器(인기) 刃傷(인상) 刃創(인창)
潤 불을 윤:	3Ⅱ	潤色(윤색) 潤澤(윤택)	壬 북방 임:	3Ⅱ	壬戌(임술) 壬午軍亂(임오군란) 壬辰倭亂(임진왜란)
凝 엉길 응:	3	凝結(응결) 凝固(응고) 凝視(응시) 凝集(응집)	賃 품삯 임:	3Ⅱ	賃金(임금) 賃貸(임대) 賃船(임선) 賃借(임차)
應 응할 응:	4Ⅱ	應當(응당) 應授(응수)	妊 아이밸 임:	2	姙婦(임부) 姙産婦(임산부) 姙娠1급(임신)
意 뜻 의:	6Ⅱ	意見(의견) 意氣衝天(의기충천) 意圖(의도) 意慾(의욕)	姿 모양 자:	4	姿勢(자세) 姿態(자태) 姿色(자색)
義 옳을 의:	4Ⅱ	義理(의리) 義務(의무) 義士(의사) 義人(의인)	恣 방자할 자:	3	恣樂(자락) 恣意(자의) 恣行(자행)
二 두 이:	8	二頭膊1급筋(이두박근) 二類(이류) 二律背反(이율배반)	諮 물을 자:	2	諮問(자문)

漢字	級	用 例	漢字	級	用 例
丈 어른 장:	3Ⅱ	丈母(장모) 丈夫(장부) 丈人(장인)	抵 막을 저:	3Ⅱ	抵當權(저당권) 抵抗(저항)
壯 장할 장:	4	壯觀(장관) 壯年(장년) 壯途(장도) 壯丁(장정)	沮 막을 저:	2	沮喪(저상) 沮止(저지) 沮害(저해)
掌 손바닥 장:	3Ⅱ	掌匣1급(장갑) 掌骨(장골) 掌上煎1급醬1급(장상전장)	貯 쌓을 저:	5	貯金(저금) 貯水池(저수지) 貯蓄(저축) 貯炭場(저탄장)
葬 장사지낼장:	3Ⅱ	葬禮(장례) 葬儀社(장의사)	典 법 전:	5Ⅱ	典據(전거) 典禮(전례) 典範(전범) 典雅(전아)
藏 감출 장:	3Ⅱ	藏經(장경) 藏書(장서) 藏中(장중)	展 펼 전:	5Ⅱ	展開(전개) 展覽會(전람회) 展望(전망) 展示場(전시장)
臟 오장 장:	3Ⅱ	臟厥症(장궐증) 臟器(장기)	電 번개 전:	7Ⅱ	電球(전구) 電氣(전기) 電鐵(전철) 電話(전화)
在 있을 재:	6	在庫(재고) 在所者(재소자) 在野(재야) 在學生(재학생)	殿 전각 전:	3Ⅱ	殿閣(전각) 殿堂(전당) 殿下(전하)
再 두 재:	5	再開(재개) 再建(재건) 再考(재고) 再現(재현)	錢 돈 전:	4	錢穀(전곡) 錢主(전주) 錢貨(전화)
宰 재상 재:	3	宰相(재상) 宰殺(재살)	戰 싸움 전:	6Ⅱ	戰亂(전란) 戰略(전략) 戰死者(전사자) 戰爭(전쟁)
栽 심을 재:	3Ⅱ	栽培(재배) 栽植(재식)	轉 구를 전:	4	轉落(전락) 轉補(전보) 轉移(전이) 轉換(전환)
低 낮을 저:	4Ⅱ	低價(저가) 低開發(저개발) 低調(저조) 低質化(저질화)	店 가게 점:	5Ⅱ	店員(점원) 店村(점촌) 店鋪(점포)
底 밑 저:	4	底力(저력) 底流(저류) 底邊(저변) 底意(저의)	漸 점점 점:	3Ⅱ	漸入佳境(점입가경) 漸增(점증) 漸進(점진) 漸次(점차)

漢字	級	用 例	漢字	級	用 例
定 정할 정:	6	定價(정가) 定款(정관) 定立(정립) 定着(정착)	助 도울 조:	4Ⅱ	助敎(조교) 助力(조력) 助詞(조사) 助言(조언)
整 가지런할 정:	4	整理(정리) 整備(정비) 整然(정연) 整地(정지)	造 지을 조:	4Ⅱ	造景(조경) 造成(조성) 造語(조어) 造作(조작)
弟 아우 제:	8	弟子(제자) 弟嫂(제수)	釣 낚을 조:	2	釣竿1급(조간) 釣臺(조대) 釣況(조황)
制 절제할 제:	4Ⅱ	制度(제도) 制動(제동) 制服(제복) 制約(제약)	照 비칠 조:	3Ⅱ	照明(조명) 照會(조회)
帝 임금 제:	4	帝國(제국) 帝王(제왕) 帝政(제정)	左 왼 좌:	7Ⅱ	左傾(좌경) 左顧右眄1급(좌고우면) 左翼(좌익)
第 차례 제:	6Ⅱ	第一(제일) 第三章(제삼장) 第三者(제삼자)	坐 앉을 좌:	3Ⅱ	坐高(좌고) 坐骨(좌골) 坐不安席(좌불안석) 坐禪(좌선)
祭 제사 제:	4Ⅱ	祭器(제기) 祭禮(제례) 祭物(제물) 祭祀(제사)	佐 도울 좌:	3	佐郞(좌랑) 佐平(좌평)
製 지을 제:	4Ⅱ	製鋼(제강) 製粉(제분) 製藥(제약) 製作(제작)	座 자리 좌:	4	座談(좌담) 座席(좌석) 座右銘(좌우명) 座中(좌중)
際 즈음 제:	4Ⅱ	際遇(제우) 際會(제회)	罪 허물 죄:	5	罪過(죄과) 罪惡(죄악) 罪人(죄인) 罪責感(죄책감)
濟 건널 제:	4Ⅱ	濟度(제도) 濟物浦(제물포) 濟世(제세)	住 살 주:	7	住居(주거) 住民(주민) 住所(주소) 住宅街(주택가)
弔 조상할 조:	3	弔客(조객) 弔旗(조기) 弔問(조문) 弔花(조화)	宙 집 주:	3Ⅱ	宙合樓(주합루)
早 이를 조:	4Ⅱ	早産(조산) 早熟(조숙) 早失父母(조실부모) 早退(조퇴)	注 부을 주:	6Ⅱ	注力(주력) 注目(주목) 注文(주문) 注意(주의)

漢字	級	用 例	漢字	級	用 例
駐 머무를 주:	2	駐屯(주둔) 駐在(주재) 駐車場(주차장) 駐韓(주한)	借 빌릴 차:	3Ⅱ	借用(차용) 借入(차입)
俊 준걸 준:	3	俊傑(준걸) 俊才(준재)	贊 도울 찬:	3Ⅱ	贊成(찬성) 贊意(찬의) 贊助(찬조)
准 비준 준:	2	准敎師(준교사) 准尉(준위) 准將(준장)	讚 기릴 찬:	4	讚歌(찬가) 讚美(찬미) 讚辭(찬사)
準 준할 준:	4Ⅱ	準決勝(준결승) 準備(준비) 準例(준례)	唱 부를 창:	5	唱歌(창가) 唱劇(창극) 唱妓1급(창기) 唱樂(창악)
遵 좇을 준:	3	遵法(준법) 遵守(준수)	創 비롯할 창:	4Ⅱ	創團(창단) 創立(창립) 創造(창조)
重 무거울 중:	7	重工業(중공업) 重傷(중상) 重言復言(중언부언)	暢 화창할 창:	3	暢達(창달) 暢懷(창회)
衆 무리 중:	4Ⅱ	衆口難防(중구난방) 衆論(중론) 衆寡不敵(중과부적)	菜 나물 채:	3Ⅱ	菜根譚1급(채근담) 菜蔬(채소) 菜松花(채송화)
振 떨칠 진:	3Ⅱ	振動(진동) 振幅(진폭) 振興(진흥)	採 캘 채:	4	採鑛(채광) 採算性(채산성) 採點(채점) 採取(채취)
進 나아갈 진:	4Ⅱ	進路(진로) 進一步(진일보) 進退兩難(진퇴양난)	彩 채색 채:	3Ⅱ	彩色(채색) 彩雲(채운)
盡 다할 진:	4	盡人事待天命(진인사대천명) 盡忠(진충) 盡力(진력)	債 빚 채:	3Ⅱ	債券(채권) 債權(채권) 債務(채무)
震 우레 진:	3Ⅱ	震動(진동) 震災(진재)	處 곳 처:	4Ⅱ	處女(처녀) 處理(처리) 處方(처방) 處世(처세) 處所(처소)
且 또 차:	3	且問且答(차문차답) 且置(차치) 且驚且喜(차경차대)	悽 슬퍼할 처:	2	悽然(처연) 悽絶(처절) 悽慘(처참)

漢字	級	用 例	漢字	級	用 例
淺 얕을 천:	3Ⅱ	淺見(천견) 淺聞(천문) 淺薄(천박) 淺學(천학)	臭 냄새 취:	3	臭氣(취기) 臭敗(취패)
踐 밟을 천:	3Ⅱ	踐踏(천답) 踐歷(천력) 踐行(천행)	就 나아갈 취:	4	就業(취업) 就任(취임) 就職(취직) 就學(취학)
賤 천할 천:	3Ⅱ	賤待(천대) 賤視(천시) 賤人(천인)	醉 취할 취:	3Ⅱ	醉客(취객) 醉興(취흥)
遷 옮길 천:	3Ⅱ	遷都(천도) 遷善(천선)	趣 뜻 취:	4	趣味(취미) 趣意(취의) 趣旨(취지) 趣向(취향)
薦 천거할 천:	3	薦擧(천거) 薦拔(천발) 薦新(천신)	炊 불땔 취:	2	炊事(취사)
寸 마디 촌:	8	寸步(촌보) 寸數(촌수) 寸陰(촌음) 寸志(촌지)	致 이를 치:	5	致命傷(치명상) 致富(치부) 致死(치사) 致賀(치하)
村 마을 촌:	7	村老(촌로) 村落(촌락) 村婦(촌부) 村邑(촌읍)	置 둘 치:	4Ⅱ	置簿(치부) 置中(치중) 置換(치환)
總 다 총:	4Ⅱ	總計(총계) 總動員(총동원) 總額(총액)	浸 잠길 침:	3Ⅱ	浸水(침수) 浸蝕1급(침식) 浸潤(침윤) 浸透(침투)
最 가장 최:	5	最高(최고) 最近(최근) 最大(최대) 最善(최선)	寢 잘 침:	4	寢具(침구) 寢臺(침대) 寢室(침실) 寢衣(침의)
催 재촉할 최:	3Ⅱ	催告(최고) 催眠(최면) 催促(최촉)	打 칠 타:	5	打開(타개) 打算(타산) 打作(타작) 打診(타진)
吹 불 취:	3Ⅱ	吹笛(취적) 吹奏(취주)	妥 온당할 타:	3	妥結(타결) 妥當(타당) 妥協(타협)
取 가질 취:	4Ⅱ	取得(취득) 取消(취소) 取材(취재) 取下(취하)	墮 떨어질 타:	3	墮落(타락)

漢字	級	用 例	漢字	級	用 例
炭 숯 탄:	5	炭鑛(탄광) 炭素(탄소)	貝 조개 패:	3	貝物(패물) 貝石(패석) 貝塚1급(패총) 貝貨(패화)
誕 낳을 탄:	3	誕生(탄생) 誕辰(탄신) 誕日(탄일)	敗 패할 패:	5	敗家亡身(패가망신) 敗北(패배) 敗戰(패전)
彈 탄알 탄:	4	彈頭(탄두) 彈力(탄력) 彈壓(탄압) 彈丸(탄환)	霸 으뜸 패:	2	霸權(패권) 霸氣(패기) 霸者(패자)
歎 탄식할 탄:	4	歎服(탄복) 歎息(탄식) 歎願(탄원)	評 평할 평:	4	評價(평가) 評論(평론) 評者(평자) 評判(평판)
湯 끓을 탕:	3Ⅱ	湯飯(탕반) 湯藥(탕약) 湯材(탕재)	肺 허파 폐:	3Ⅱ	肺結核(폐결핵) 肺病(폐병) 肺癌(폐암) 肺炎(폐렴)
態 모습 태:	4Ⅱ	態度(태도) 態勢(태세)	閉 닫을 폐:	4	閉校(폐교) 閉鎖(폐쇄) 閉店(폐점) 閉會(폐회)
痛 아플 통:	4	痛感(통감) 痛哭(통곡) 痛症(통증) 痛快(통쾌)	廢 폐할 폐:	3Ⅱ	廢兵(폐병) 廢人(폐인)
統 거느릴 통:	4Ⅱ	統計(통계) 統一(통일) 統制(통제) 統合(통합)	蔽 덮을 폐:	3	蔽一言(폐일언) 蔽罪(폐죄) 蔽護(폐호)
退 물러날 퇴:	4Ⅱ	退却(퇴각) 退去(퇴거) 退任(퇴임) 退役(퇴역)	弊 폐단 폐:	3Ⅱ	弊家(폐가) 弊端(폐단) 弊事(폐사) 弊習(폐습)
破 깨뜨릴 파:	4Ⅱ	破壞(파괴) 破産(파산) 破裂(파열)	幣 화폐 폐:	3	幣物(폐물) 幣帛1급(폐백) 幣柬1급(폐조)
罷 마칠 파:	3	罷免(파면) 罷宴(파연) 罷業(파업) 罷職(파직)	抛 던질 포:	2	抛棄(포기) 抛物線(포물선)
把 잡을 파:	3	把守(파수) 把握(파악)	抱 안을 포:	3	抱朴子(포박자) 抱負(포부) 抱擁(포옹)

漢字	級	用 例	漢字	級	用 例
捕 잡을 포:	3Ⅱ	捕鯨1급(포경) 捕校(포교) 捕盜(포도) 捕縛1급(포박)	限 한할 한:	4Ⅱ	限界(한계) 限度(한도) 限定(한정)
砲 대포 포:	4Ⅱ	砲擊(포격) 砲門(포문) 砲聲(포성) 砲彈(포탄)	漢 한수 한:	7	漢文(한문) 漢字(한자) 漢族(한족) 漢學(한학)
飽 배부를 포:	3	飽滿(포만) 飽腹(포복) 飽食(포식) 飽和(포화)	翰 편지 한:	2	翰林別曲(한림별곡) 翰墨(한묵)
品 물건 품:	5Ⅱ	品格(품격) 品目(품목) 品性(품성) 品質(품질)	陷 빠질 함:	3Ⅱ	陷沒(함몰) 陷穽1급(함정)
彼 저 피:	3Ⅱ	彼我(피아) 彼岸(피안) 彼此(피차)	艦 큰배 함:	2	艦隊(함대) 艦上(함상) 艦艇(함정) 艦砲(함포)
被 입을 피:	3Ⅱ	被擊(피격) 被告(피고) 被殺(피살) 被害(피해)	抗 겨룰 항:	4	抗拒(항거) 抗辯(항변) 抗訴(항소) 抗議(항의)
避 피할 피:	4	避難(피난) 避暑(피서) 避身(피신) 避妊(피임)	巷 거리 항:	3	巷間(항간) 巷說(항설)
下 아래 하:	7Ⅱ	下降(하강) 下校(하교) 下山(하산) 下車(하차)	航 배 항:	4Ⅱ	航空(항공) 航路(항로) 航海(항해) 航行(항행)
夏 여름 하:	7	夏季(하계) 夏穀(하곡) 夏服(하복) 夏至(하지)	港 항구 항:	4Ⅱ	港口(항구) 港都(항도) 港灣(항만)
賀 하례할 하:	3Ⅱ	賀客(하객) 賀禮(하례)	項 항목 항:	3Ⅱ	項目(항목) 項鎖(항쇄)
旱 가물 한:	3	旱魃1급(한발) 旱災(한재) 旱害(한해)	害 해할 해:	5Ⅱ	害毒(해독) 害惡(해악) 害蟲(해충)
恨 한 한:	4	恨歎(한탄)	海 바다 해:	7Ⅱ	海女(해녀) 海岸(해안) 海洋(해양)

漢字	級	用 例	漢字	級	用 例
解 풀 해:	4Ⅱ	解決(해결) 解禁(해금) 解答(해답) 解明(해명) 解析(해석)	顯 나타날 현:	4	顯官(현관) 顯示(현시) 顯著(현저) 顯正(현정)
幸 다행 행:	6Ⅱ	幸福(행복) 幸運(행운)	惠 은혜 혜:	4Ⅱ	惠存(혜존) 惠澤(혜택)
向 향할 향:	6	向方(향방) 向上(향상) 向學熱(향학열) 向後(향후)	慧 슬기로울 혜:	3Ⅱ	慧敏(혜민) 慧眼(혜안)
享 누릴 향:	3	享年(향년) 享樂(향락) 享受(향수) 享有(향유)	戶 집 호:	4Ⅱ	戶口(호구) 戶當(호당) 戶籍(호적)
響 울릴 향:	3Ⅱ	響胴₁급(향동)	互 서로 호:	3	互選(호선) 互平(호평) 互惠(호혜) 互換性(호환성)
憲 법 헌:	4	憲法(헌법) 憲兵(헌병) 憲章(헌장) 憲政(헌정)	好 좋을 호:	4Ⅱ	好感(호감) 好奇心(호기심) 好調(호조)
獻 드릴 헌:	3Ⅱ	獻金(헌금) 獻納(헌납) 獻血(헌혈) 獻花(헌화)	浩 넓을 호:	3Ⅱ	浩氣(호기) 浩蕩(호탕) 浩然之氣(호연지기)
驗 시험 험:	4Ⅱ	驗算(험산) 驗電氣(험전기)	護 도울 호:	4Ⅱ	護國(호국) 護衛(호위) 護憲(호헌)
險 험할 험:	4	險難(험난) 險談(험담)	混 섞을 혼:	4	混沌(혼돈) 混同(혼동) 混亂(혼란)
現 나타날 현:	6Ⅱ	現金(현금) 現代(현대) 現實(현실) 現在(현재)	貨 재물 화:	4Ⅱ	貨物(화물) 貨幣(화폐)
縣 고을 현:	3	縣監(현감) 縣令(현령)	禍 재앙 화:	3Ⅱ	禍根(화근) 禍難(화난)
懸 달 현:	3Ⅱ	懸賞(현상) 懸板式(현판식)	幻 헛보일 환:	2	幻覺(환각) 幻想(환상) 幻生(환생) 幻影(환영)

漢字	級	用 例	漢字	級	用 例
患 근심 환:	5	患難(환난) 患者(환자)	毀 헐 훼:	3	毀謗1급(훼방) 毀傷(훼상) 毀損(훼손) 毀譽(훼예)
換 바꿀 환:	3Ⅱ	換金(환금) 換言(환언) 換算(환산) 換率(환율)			
況 상황 황:	4	況且(황차)			
悔 뉘우칠 회:	3Ⅱ	悔改(회개)			
會 모일 회:	6Ⅱ	會見(회견) 會計(회계) 會者定離(회자정리)			
孝 효도 효:	7Ⅱ	孝道(효도) 孝誠(효성) 孝悌1급忠信(효제충신)			
效 본받을 효:	5Ⅱ	效果(효과) 效能(효능) 效力(효력) 效用(효용)			
曉 새벽 효:	3	曉起(효기) 曉星(효성) 曉示(효시)			
厚 두터울 후:	4	厚待(후대) 厚生(후생) 厚意(후의)			
後 뒤 후:	7Ⅱ	後見人(후견인) 後記(후기) 後代(후대) 後世(후세)			
候 기후 후:	4	候補(후보) 候鳥(후조)			
訓 가르칠 훈:	6	訓練(훈련) 訓民正音(훈민정음) 訓示(훈시)			

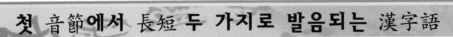

첫 音節에서 長短 두 가지로 발음되는 漢字語

漢字	級	用 例
街 거리 가(:)	4Ⅱ	[단] 街路樹(가로수) 街路燈(가로등) [장] 街道(가도) 街頭示威(가두시위)
肝 간 간(:)	3Ⅱ	[단] 肝氣(간기) 肝油(간유) 肝腸(간장) [장] 肝膽(간담) 肝癌(간암) 肝臟(간장) 肝要(간요)
間 사이 간(:)	7Ⅱ	[단] 間隔(간격) 間隙1급(간극) 間數(간수) [장] 間食(간식) 間接(간접) 間諜(간첩) 間或(간혹)
簡 간략할 간(:) 대쪽 간(:)	4	[단] 簡單(간단) 簡略(간략) 簡素(간소) [장] 簡易(간이) 簡紙(간지)
強 강할 강(:)	6	[단] 強大國(강대국) 強力(강력) 強化(강화) [장] 強姦(강간) 強勸(강권) 強盜(강도) 強制(강제)
降 내릴 강(:) 항복할 항	4	[단] 降兵(항병) 降伏(항복) [장] 降等(강등) 降臨(강림) 降雪(강설) 降雨(강우)
改 고칠 개(:)	5	[단] 改札(개찰) 改漆(개칠) [장] 改良(개량) 改作(개작) 改正(개정) 改宗(개종)
個 낱 개(:)	4Ⅱ	[단] 個人(개인) [장] 個別(개별) 個性(개성) 個體(개체)
蓋 덮을 개(:)	3Ⅱ	[단] 蓋棺1급事定(개관사정) 蓋草(개초) [장] 蓋頭(개두) 蓋馬高原(개마고원) 蓋然(개연)
更 고칠 경 다시 갱:	4	[단] 更迭1급(경질) 更張(경장) [장] 更年期(갱년기) 更生(갱생) 更新(갱신)
景 볕 경(:)	5	[단] 景槪(경개) 景氣(경기) 景物(경물) 景致(경치) [장] 景武臺(경무대) 景福宮(경복궁) 景品(경품)
契 맺을 계:	3Ⅱ	[단] 契丹(거란) [장] 契機(계기) 契分(계분) 契約(계약) 契員(계원)

漢字	級	用 例
考 생각할 고(:)	5	[단] 考案(고안) 考察(고찰) [장] 考古(고고) 考査(고사) 考試(고시)
固 굳을 고(:)	5	[단] 固辭(고사) 固守(고수) 固執(고집) 固着(고착) [장] 固城(고성)
故 연고 고(:)	4Ⅱ	[단] 故鄕(고향) [장] 故國(고국) 故事(고사) 故人(고인) 故障(고장)
恐 두려울 공(:)	3Ⅱ	[단] 恐怖(공포) [장] 恐喝(공갈) 恐龍(공룡) 恐慌(공황)
課 공부할 과(:) 과정 과(:)	5Ⅱ	[단] 課業(과업) 課程(과정) 課題(과제) [장] 課稅(과세)
菓 과자 과 실과 과:	2	[단] 菓子(과자) [장] 菓品(과품)
貫 꿸 관(:)	3Ⅱ	[단] 貫流(관류) 貫通(관통) 貫鄕(관향) 貫徹(관철) [장] 貫珠(관주) 貫革(관혁)
怪 괴이할 괴(:)	3Ⅱ	[단] 怪怪罔測(괴괴망측) 怪常(괴상) 怪異(괴이) [장] 怪物(괴물) 怪變(괴변) 怪病(괴병)
口 입 구(:)	7	[단] 口文(구문) 口錢(구전) [장] 口腔1급(구강) 口論(구론) 口辯(구변) 口號(구호)
具 갖출 구(:)	5Ⅱ	[단] 具備(구비) 具色(구색) 具全(구전) 具現(구현) [장] 具氏(구씨)
卷 책 권(:)	4	[단] 卷頭言(권두언) 卷數(권수) 卷帙1급(권질) [장] 卷煙(궐련)
勤 부지런할 근(:)	4	[단] 勤告(근고) [장] 勤儉(근검) 勤勞(근로) 勤務(근무) 勤念(근념)

부록
I

漢字	級	用 例
難 어려울 난(:)	4Ⅱ	[단] 難關(난관) 難局(난국) 難解(난해) [장] 難堪_{1급}(난감) 難處(난처) 難兄難弟(난형난제)
短 짧을 단(:)	6Ⅱ	[단] 短距離(단거리) 短點(단점) 短縮(단축) [장] 短篇_{1급}(단소) 短杖(단장) 短靴(단화)
唐 당나라 당(:) 당황할 당(:)	3Ⅱ	[단] 唐書(당서) 唐詩(당시) 唐麵_{특급Ⅱ}(당면) [장] 唐突(당돌)
帶 띠 대(:)	4Ⅱ	[단] 帶狀(대상) 帶率(대솔) [장] 帶劍(대검) 帶同(대동) 帶妻僧(대처승)
大 큰 대(:)	8	[단] 大邱(대구) 大斗(대두) 大田(대전) 大宗孫(대종손) [장] 大家(대가) 大國(대국) 大將(대장) 大盛況(대성황)
度 법도 도(:) 헤아릴 탁	6	[단] 度外視(도외시) 度外置之(도외치지) 度支部(탁지부) [장] 度量(도량) 度數(도수)
盜 도둑 도(:)	4	[단] 盜掘(도굴) 盜用(도용) 盜賊(도적) [상] 盜跖_{특급}(도척)
冬 겨울 동(:)	7	[단] 冬至(동지) [장] 冬期(동기) 冬眠(동면)
童 아이 동(:)	6Ⅱ	[단] 童蒙先習(동몽선습) [장] 童妓(동기) 童心(동심) 童謠(동요) 童話(동화)
浪 물결 랑(:)	3Ⅱ	[단] 浪太(낭태) [장] 浪漫(낭만) 浪費(낭비) 浪說(낭설)
來 올 래(:)	7	[단] 來年(내년) 來歷(내력) 來日(내일) 來診(내진) [장] 來客(내객) 來賓(내빈) 來住(내주)
令 하여금 령(:)	5	[단] 令夫人(영부인) 令愛(영애) [장] 令監(영감)

漢字	級	用 例
露 이슬 로(:)	3Ⅱ	[단] 露骨(노골) 露語(노어) 露出(노출) [장] 露積(노적)
籠 대바구니 롱(:)	2	[단] 籠球(농구) 籠絡(농락) [장] 籠鳥(농조) 籠中鳥(농중조)
料 헤아릴 료(:)	5	[단] 料理(요리) 料食(요식) 料量(요량) [장] 料金(요금) 料給(요급)
類 무리 류(:)	5Ⅱ	[단] 類달리(유달리) [장] 類萬不同(유만부동) 類類相從(유유상종)
柳 버들 류(:)	4	[단] 柳京(유경) 柳眉(유미) 柳氏(유씨) [장] 柳器(유기) 柳緣(유연)
麻 삼 마(:)	3Ⅱ	[단] 麻姑(마고) 麻谷寺(마곡사) 麻織物(마직물) 麻布(마포) [장] 麻雀(마작)
滿 찰 만(:)	4Ⅱ	[단] 滿朔(만삭) 滿了(만료) 滿足(만족) 滿洲(만주) [장] 滿面(만면) 滿堂(만당) 滿發(만발) 滿場(만장)
每 매양 매(:)	7Ⅱ	[단] 每(매)양(←常) 每日(매일) [장] 每年(매년) 每事(매사) 每時間(매시간) 每回(매회)
賣 팔 매(:)	5	[단] 賣買(매매) [장] 賣家(매가) 賣却(매각) 賣國奴(매국노) 賣上(매상)
孟 맏 맹(:)	3Ⅱ	[단] 孟浪(맹랑) [장] 孟冬(맹동) 孟母三遷(맹모삼천) 孟子(맹자)
侮 업신여길 모(:)	3	[단] 侮辱(모욕) [장] 侮慢(모만) 侮罵1급(모매) 侮蔑(모멸)
木 나무 목	8	[단] 木家具(목가구) 木工(목공) 木馬(목마) 木曜日(목요일) [장] 木瓜(모과)

漢字	級	用 例
聞 들을 문(:)	6Ⅱ	[단] 聞慶(문경) [장] 聞見(문견) 聞一知十(문일지십)
未 아닐 미(:)	4Ⅱ	[단] 未安(미안) [장] 未開(미개) 未決(미결) 未來(미래) 未熟(미숙)
美 아름다울 미(:)	6	[단] 美國(미국) 美人(미인– 미국인) [장] 美術(미술) 美人(미인– 미녀)
迷 미혹할 미(:)	3	[단] 迷兒(미아) 迷惑(미혹) [장] 迷信(미신) 迷宮(미궁) 迷夢(미몽)
放 놓을 방(:)	6Ⅱ	[단] 放學(방학) [장] 放談(방담) 放浪(방랑) 放送(방송)
倍 곱 배(:)	5	[단] 倍達族(배달족) [장] 倍加(배가) 倍量(배량) 倍率(배율)
凡 무릇 범(:)	3Ⅱ	[단] 凡節(범절) [장] 凡例(범례) 凡百(범백) 凡夫(범부) 凡俗(범속)
屛 병풍 병(:)	3	[단] 屛山書院(병산서원) 屛風(병풍) [장] 屛迹1급(병적)
保 지킬 보(:)	4Ⅱ	[단] 保證(보증) [장] 保健(보건) 保管(보관) 保留(보류)
復 회복할 복 다시 부:	4Ⅱ	[단] 復刊(복간) 復古(복고) 復歸(복귀) 復學(복학) [장] 復活(부활) 復興(부흥)
附 붙을 부:	3Ⅱ	[단] 附子(부자) [장] 附加稅(부가세) 附記(부기) 附錄(부록) 附設(부설)
符 부호 부(:)	3Ⅱ	[단] 符節(부절) [장] 符籍(부적) 符號(부호)

漢字	級	用 例
府 마을 부(:) [官廳]	4Ⅱ	[단] 府使(부사) 府域(부역) 府廳(부청) 府中(부중) [장] 府君(부군)
敷 펼 부(:)	2	[단] 敷地(부지) [장] 敷教(부교) 敷設(부설) 敷衍(부연)
分 나눌 분(:)	6Ⅱ	[단] 分家(분가) 分校(분교) 分岐點(분기점) 分配(분배) [장] 分量(분량) 分福(분복) 分數(분수)
粉 가루 분(:)	4	[단] 粉匣1급(분갑) 粉骨碎身(분골쇄신) 粉食(분식) [장] 粉紅(분홍)
非 아닐 비(:)	4Ⅱ	[단] 非但(비단) [장] 非公開(비공개) 非常(비상) 非情(비정) 非行(비행)
仕 섬길 사(:)	5Ⅱ	[단] 仕官(사관) 仕記(사기) 仕日(사일) [장] 仕宦1급(사환)
寺 절 사	4Ⅱ	[단] 寺門(사문) 寺院(사원) 寺刹(사찰) [장] 寺奴婢(시노비) 寺人(시인) 寺正(시정)
思 생각 사(:)	5	[단] 思考(사고) 思念(사념) 思慕(사모) [장] 思想(사상)
射 쏠 사(:)	4	[단] 射擊(사격) 射殺(사살) 射手(사수) 射精(사정) [장] 射場(사장) 射亭(사정)
殺 죽일 살 감할 쇄:	4Ⅱ	[단] 殺氣(살기) 殺伐(살벌) 殺傷(살상) 殺生(살생) [장] 殺到(쇄도)
尙 오히려 상(:)	3Ⅱ	[단] 尙宮(상궁) 尙今(상금) 尙門(상문) 尙州(상주) [장] 尙古(상고) 尙文(상문) 尙武(상무)
狀 형상 상 문서 장:	4Ⅱ	[단] 狀態(상태) 狀況(상황) [장] 狀啓(장계) 狀頭(장두)

漢字	級	用 例
喪 잃을 상(:)	3Ⅱ	[단] 喪家(상가) 喪亡(상망) 喪服(상복) 喪主(상주) [장] 喪配(상배) 喪夫(상부) 喪妻(상처)
徐 천천할 서(:)	3Ⅱ	[단] 徐氏(서씨) 徐羅伐(서라벌) [장] 徐步(서보) 徐徐(서서)히 徐行(서행)
說 말씀 설 달랠 세:	5Ⅱ	[단] 說明(설명) 說往說來(설왕설래) [장] 說客(세객)
素 본디 소(:) 흴[白] 소(:)	4Ⅱ	[단] 素朴(소박) 素數(소수) 素材(소재) 素質(소질) [장] 素物(소물) 素服(소복) 素饌1급(소찬)
掃 쓸[糞除] 소(:)	4Ⅱ	[단] 掃灑1급(소쇄) 掃蕩1급(소탕) [장] 掃除(소제) 掃地(소지)
燒 사를 소(:)	3Ⅱ	[단] 燒却(소각) 燒失(소실) 燒盡(소진) 燒火(소화) [장] 燒紙(소지)
孫 손자 손(:)	6	[단] 孫女(손녀) 孫婦(손부) 孫氏(손씨) 孫子(손자) [장] 孫(손一後孫)
手 손 수(:)	7Ⅱ	[단] 手段(수단) 手足(수족) 手帖1급(수첩) [장] 手巾(수건)
受 받을 수(:)	4Ⅱ	[단] 受講(수강) 受賞(수상) 受信(수신) 受業(수업) [장] 受苦(수고)
數 셈 수:	7	[단] 數尿症(삭뇨증) 數罟특급(촉고) [장] 數量(수량) 數學(수학)
宿 잘 숙 별자리 수:	5Ⅱ	[단] 宿根(숙근) 宿德(숙덕) 宿命(숙명) 宿食(숙식) [장] 宿曜(수요)
試 시험 시(:)	4Ⅱ	[단] 試驗(시험) [장] 試官(시관) 試金石(시금석) 試食(시식)

漢字	級	用 例
審 살필 심(:)	3Ⅱ	[단] 審理(심리) 審美眼(심미안) 審査(심사) [장] 審議(심의) 審判(심판)
亞 버금 아(:)	3Ⅱ	[단] 亞細亞(아세아) 亞鉛(아연) [장] 亞流(아류) 亞聖(아성) 亞將(아장)
雅 맑을 아(:)	3Ⅱ	[단] 雅淡(아담) [장] 雅俗(아속) 雅趣(아취)
愛 사랑 애(:)	6	[단] 愛國(애국) 愛人(애인) 愛情(애정) 愛酒(애주) [장] 愛誦(애송) 愛煙(애연) 愛之重之(애지중지)
易 바꿀 역 쉬울 이:	4	[단] 易數(역수) 易理(역리) 易學(역학) [장] 易行(이행)
沿 물따라갈 연(:)	3Ⅱ	[단] 沿道(연도) 沿岸(연안) 沿邊(연변) 沿海(연해) [장] 沿革(연혁)
燕 제비 연(:)	3Ⅱ	[단] 燕京(연경) 燕山君(연산군) 燕行(연행) [장] 燕子(연자) 燕雀(연작)
映 비칠 영(:)	4	[단] 映寫(영사) 映畫(영화) [장] 映窓(영창)
梧 오동나무 오(:)	2	[단] 梧桐(오동) 梧月(오월) [장] 梧島(오도)
汪 넓을 왕(:)	2(名)	[단] 汪兆銘(왕조명) 汪은 성일때만 단음 [장] 汪洋(왕양) 汪然(왕연)
要 요긴할 요(:)	5Ⅱ	[단] 要緊(요긴) 要領(요령) 要素(요소) 要約(요약) [장] 要綱(요강) 要求(요구) 要人(요인) 要點(요점)
禹 성 우(:)	2(名)	[당] 禹行舜趨 (우행순추) [장] 禹氏(우씨)

漢字	級	用 例
怨 원망할 원(:)	4	[단] 怨讎특급Ⅱ(원수) [장] 怨咎특급Ⅱ(원구) 怨望(원망) 怨聲(원성)
爲 하 위(:) 할 위(:)	4Ⅱ	[단] 爲始(위시) 爲人(위인-사람됨) [장] 爲人(위인-사람을 위함)
飮 마실 음(:)	6Ⅱ	[단] 飮毒(음독) 飮料(음료) [장] 飮福(음복) 飮食(음식)
鷹 매 응(:)	2(名)	[단] 鷹犬 (응견) [장] 鷹德嶺(응덕령) 鷹峰山(응봉산) 鷹巖洞(응암동)
議 의논할 의(:)	4Ⅱ	[단] 議決(의결) 議事(의사) 議員(의원) 議長(의장) [장] 議政府(의정부)
任 맡길 임(:)	5Ⅱ	[단] 任氏(임씨) [장] 任期(임기) 任命(임명) 任務(임무) 任員(임원)
刺 찌를 자: 찌를 척	3Ⅱ	[단] 刺殺(척살) [장] 刺戟1급(자극) 刺客(자객)
暫 잠깐 잠(:)	3Ⅱ	[단] 暫間(잠간) 暫別(잠별) 暫逢(잠봉) 暫定(잠정) [장] 暫時(잠시)
長 긴 장(:)	8	[단] 長短(장단) 長久(장구) 長篇(장편) [장] 長官(장관) 長老(장로) 長成(장성) 長者(장자)
將 장수 장(:)	4Ⅱ	[단] 將軍(장군) 將來(장래) 將次(장차) 將就(장취) [장] 將校(장교) 將帥(장수) 將兵(장병) 將星(장성)
獎 장려할 장(:)	4	[단] 獎忠壇(장충단) [장] 獎麗(장려) 獎學生(장학생)
著 입을 착 나타날 저:	3Ⅱ	[단] 著押(착압) [장] 著書(저서) 著述(저술) 著者(저자) 著作權(저작권)

漢字	級	用 例
點 점 점(:)	4	[단] 點檢(점검) 點線(점선) 點數(점수) 點火(점화) [장] 點心(점심)
占 점칠 점 점령할 점:	4	[단] 占卦₁급(점괘) 占卜(점복) 占術(점술) [장] 占據(점거) 占領(점령) 占有物(점유물)
井 우물 정(:)	3Ⅱ	[단] 井間(정간) 井底蛙(정저와) 井華水(정화수) [장] 井邑詞(정읍사)
正 바를 정(:)	7Ⅱ	[단] 正月(정월) 正二月(정이월) 正朝(정조) 正初(정초) [장] 正當(정당) 正道(정도) 正式(정식) 正直(정직)
操 잡을 조(:)	5	[단] 操業短縮(조업단축) 操作(조작) 操縱(조종) [장] 操心性(조심성) 操鍊(조련)
從 좇을 종(:)	4	[단] 從當(종당) 從屬(종속) 從事(종사) 從軍(종군) [장] 從弟(종제) 從祖(종조) 從姪(종질) 從兄(종형)
種 씨 종(:)	5Ⅱ	[단] 種犬(종견) 種鷄(종계) 種子(종자) 種豚(종돈) 種族(종족) [장] 種類(종류) 種目(종목) 種別(종별)
酒 술 주(:)	4	[단] 酒案床(주안상) 酒煎₁급子(주전자) 酒池肉林(주지육림) [장] 酒酊₁급(주정)
奏 아뢸 주(:)	3Ⅱ	[단] 奏效(주효) [장] 奏功(주공) 奏請(주청)
仲 버금 중(:)	3Ⅱ	[단] 仲介人(중개인) 仲媒(중매) 仲秋佳節(중추가절) [장] 仲氏(중씨) 仲兄(중형)
症 증세 증(:)	3Ⅱ	[단] 症勢(증세) 症候(증후) [장] 症(증)나다
陳 베풀 진: 묵을 진	3Ⅱ	[단] 陳久(진구) 陳腐(진부) 陳外家(진외가) [장] 陳列(진열) 陳設(진설) 陳述(진술)

漢字	級	用 例
津 나루 진(:)	2	[단] 津島(진도) 津夫(진부) [장] 津氣(진기)
鎭 진압할 진(:)	3Ⅱ	[단] 鎭南浦(진남포) 鎭靜劑(진정제) 鎭魂祭(진혼제) [장] 鎭壓(진압) 鎭痛(진통)
遮 가릴 차(:)	2	[단] 遮額(차액) 遮陽(차양) 遮日(차일) [장] 遮光(차광) 遮斷(차단) 遮道(차도) 遮燈(차등) 遮面(차면)
斬 벨 참(:)	2	[단] 斬奸1급(참간) 斬級(참급) 斬新(참신) [장] 斬頭(참두) 斬伐(참벌) 斬殺(참살) 斬首(참수)
昌 창성할 창(:)	3Ⅱ	[단] 昌寧(창녕) 昌平(창평) [장] 昌慶苑(창경원) 昌德宮(창덕궁) 昌盛(창성)
倉 곳집 창(:)	3Ⅱ	[단] 倉庫(창고) [장] 倉卒(창졸)
沈 잠길 침(:) 성(姓) 심:	3Ⅱ	[단] 沈降(침강) 沈鬱(침울) 沈積(침적) 沈滯(침체) 沈痛(침통) [징] 沈溺(침닉) 沈默(침묵) 沈潛(침잠) 沈氏(심씨) 沈淸(심청)
針 바늘 침(:)	4	[단] 針小棒大(침소봉대) 針葉樹(침엽수) [장] 針母(침모) 針線(침선)
吐 토할 토(:)	3Ⅱ	[단] 吐露(토로) [장] 吐根(토근) 吐瀉(토사) 吐血(토혈)
討 칠[伐] 토(:)	4	[단] 討伐(토벌) 討滅(토멸) 討食(토식) 討破(토파) [장] 討論(토론) 討議(토의)
播 뿌릴 파(:)	3	[단] 播多(파다) 播植(파식) [장] 播說(파설) 播種(파종) 播遷(파천)
片 조각 편(:)	3Ⅱ	[단] 片鱗1급(편린) 片影(편영) 片肉(편육) 片仔1급丸(편자환) [장] 片紙(편지)

漢字	級	用 例
便 편할 편(:)	7	[단] 便利(편리) 便法(편법) 便安(편안) 便易(편이) [장] 便紙(편지)
布 베/펼 포(:)	4Ⅱ	[단] 布木(포목) 布笠1급(포립) 布網(포망) 布衣寒士(포의한사) [장] 布告(포고) 布敎(포교) 布德(포덕) 布石(포석)
包 쌀[裹] 포(:)	4Ⅱ	[단] 包裝(포장) 包紙(포지) 包含(포함) [장] 包括1급(포괄) 包容(포용) 包圍網(포위망)
胞 세포 포(:)	4	[단] 胞衣(포의) 胞子(포자) [장] 胞胎(포태)
暴 사나울 폭 모질 포:	4Ⅱ	[단] 暴徒(폭도) 暴露(폭로) 暴行(폭행) [장] 暴惡(포악) 暴虐(포학)
荷 멜 하(:)	3Ⅱ	[단] 荷香(하향) 荷花(하화) [장] 荷物(하물) 荷役(하역)
韓 한국 한(:)	8	[단] 韓山(한산) 韓氏(한씨) [장] 韓國(한국) 韓服(한복)
汗 땀 한(:)	3Ⅱ	[단] 汗國(한국) 汗黨(한당) [장] 汗馬(한마) 汗衫특급Ⅱ(한삼) 汗蒸(한증) 汗疹1급(한진)
行 다닐 행(:) 항렬 항	6	[단] 行動(행동) 行路(행로) 行事(행사) 行列(항렬) 行政(행정) [장] 行實(행실)
虎 범 호(:)	3Ⅱ	[단] 虎班(호반) [장] 虎口(호구) 虎視耽耽(호시탐탐) 虎患(호환)
號 이름 호(:)	6	[단] 號角(호각) [장] 號哭(호곡) 號外(호외)
火 불 화(:)	8	[단] 火曜日(화요일) [장] 火氣(화기) 火力(화력) 火病(화병) 火葬(화장)

漢字	級	用 例
畫 그림 화: 그을 획	6	[단] 畫順(획순) 畫一(획일) 畫策(획책) [장] 畫家(화가) 畫龍點睛1급(화룡점정) 畫幅(화폭)
化 될 화(:)	5Ⅱ	[단] 化學(화학) 化粧(화장) [장] 化石(화석) 化身(화신)
環 고리 환(:)	4Ⅱ	[단] 環狀(환상) [장] 環境(환경)
興 일[盛] 흥(:)	4Ⅱ	[단] 興亡(흥망) 興盛(흥성) [장] 興味(흥미) 興趣(흥취)

반대자(反對字) – 뜻이 반대되는 한자(漢字)

可 (옳을 가) 5	↔	否 (아닐 부) 4	開 (열 개) 6	↔	閉 (닫을 폐) 4
加 (더할 가) 5	↔	減 (덜 감) 4Ⅱ	慨 (슬퍼할 개) 3	↔	悅 (기쁠 열) 3Ⅱ
		省 (덜 생) 6Ⅱ			歡 (기쁠 환) 4
		除 (덜 제) 4Ⅱ			喜 (기쁠 희) 4
佳 (아름다울 가) 3Ⅱ	↔	醜 (추할 추) 3			怡 (기쁠 이) 2(名)
干 (방패 간) 4	↔	矛 (창 모) 2			兌 (기쁠 태) 2(名)
		戈 (창 과) 2	去 (갈 거) 5	↔	來 (올 래) 7
		滿 (찰 만) 4Ⅱ			留 (머무를 류) 4Ⅱ
簡 (간략할 간) 4	↔	細 (가늘 세) 4Ⅱ	巨 (클 거) 4	↔	小 (작을 소) 8
甘 (달 감) 4	↔	苦 (쓸 고) 6			細 (가늘 세) 4Ⅱ
減 (덜 감) 4Ⅱ	↔	益 (더할 익) 4Ⅱ			扁 (작을 편) 2(名)
		添 (더할 첨) 3			微 (작을 미) 3Ⅱ
江 (강 강) 7Ⅱ	↔	山 (메 산) 8	乾 (하늘 건) 3Ⅱ	↔	地 (따 지) 7
降 (내릴 강) 4	↔	騰 (오를 등) 3			坤 (따 곤) 3
		昇 (오를 승) 3Ⅱ	乾 (마를 건) 3Ⅱ	↔	濕 (젖을 습) 3Ⅱ
		陟 (오를 척) 2	牽 (끌 견) 3	↔	推 (밀 추) 4
剛 (굳셀 강) 3Ⅱ	↔	柔 (부드러울 유) 3Ⅱ	堅 (굳을 견) 4	↔	軟 (연할 연) 3Ⅱ
康 (편안 강) 4Ⅱ	↔	危 (위태할 위) 4	遣 (보낼 견) 3	↔	迎 (맞을 영) 4
強 (강할 강) 6	↔	弱 (약할 약) 6Ⅱ			適 (맞을 적) 4
皆 (다 개) 3	↔	個 (낱 개) 4Ⅱ	結 (맺을 결) 5Ⅱ	↔	釋 (풀 석) 3Ⅱ
		枚 (낱 매) 2			解 (풀 해) 4Ⅱ
個 (낱 개) 4Ⅱ	↔	總 (다 총) 4Ⅱ	潔 (깨끗할 결) 4Ⅱ	↔	汚 (더러울 오) 3
		咸 (다 함) 3	京 (서울 경) 6	↔	鄕 (시골 향) 4Ⅱ
			硬 (굳을 경) 3Ⅱ	↔	軟 (연할 연) 3Ⅱ

輕 (가벼울 경)	5	↔	重 (무거울 중)	7		昊 (하늘 호)	2(名)	
經 (지날 경)	4Ⅱ	↔	緯 (씨 위)	3	骨 (뼈 골)	4 ↔ 肉 (고기 육)	4Ⅱ	
慶 (경사 경)	4Ⅱ	↔	弔 (조상할 조)	3	公 (공평할 공)	6Ⅱ ↔ 私 (사사 사)	4	
競 (다툴 경)	5	↔	和 (화할 화)	6Ⅱ	攻 (칠 공)	4 ↔ 守 (지킬 수)	4Ⅱ	
			協 (화할 협)	4Ⅱ		防 (막을 방)	4Ⅱ	
繼 (이을 계)	4	↔	切 (끊을 절)	5Ⅱ	功 (공 공)	6Ⅱ ↔ 過 (지날 과)	5Ⅱ	
			絶 (끊을 절)	4Ⅱ		罪 (허물 죄)	5	
			斷 (끊을 단)	4Ⅱ	供 (이바지할 공)	3Ⅱ ↔ 需 (쓸 수)	3Ⅱ	
啓 (열 계)	3Ⅱ	↔	閉 (닫을 폐)	4	空 (빌 공)	7Ⅱ ↔ 在 (있을 재)	6	
古 (예 고)	6	↔	今 (이제 금)	6Ⅱ		有 (있을 유)	7	
苦 (쓸 고)	6	↔	樂 (즐길 락)	6Ⅱ		存 (있을 존)	4	
姑 (시어미 고)	3Ⅱ	↔	婦 (며느리 부)	4Ⅱ		滿 (찰 만)	4Ⅱ	
枯 (마를 고)	3	↔	濕 (젖을 습)	3Ⅱ		盈 (찰 영)	2(名)	
			潤 (불을 윤)	3Ⅱ	戈 (창 과)	2 ↔ 盾 (방패 순)	2	
故 (연고 고)	4Ⅱ	↔	新 (새 신)	6	寬 (너그러울 관)	3Ⅱ ↔ 猛 (사나울 맹)	3Ⅱ	
高 (높을 고)	6Ⅱ	↔	卑 (낮을 비)	3Ⅱ	光 (빛 광)	6Ⅱ ↔ 陰 (그늘 음)	4Ⅱ	
			低 (낮을 저)	4Ⅱ	廣 (넓을 광)	5Ⅱ ↔ 陜 (좁을 협)	2(名)	
			下 (아래 하)	7Ⅱ	巧 (공교할 교)	3Ⅱ ↔ 拙 (졸할 졸)	3	
曲 (굽을 곡)	5	↔	直 (곧을 직)	7Ⅱ	敎 (가르칠 교)	8 ↔ 學 (배울 학)	8	
			貞 (곧을 정)	3Ⅱ	拘 (잡을 구)	3Ⅱ ↔ 放 (놓을 방)	6Ⅱ	
哭 (울 곡)	3Ⅱ	↔	笑 (웃음 소)	4Ⅱ	俱 (함께 구)	3 ↔ 獨 (홀로 독)	5Ⅱ	
坤 (따 곤)	3	↔	天 (하늘 천)	7	購 (살 구)	2 ↔ 賣 (팔 매)	5	
			旻 (하늘 민)	2(名)		販 (팔 판)	3	

君 (임금 군)	4	↔	臣 (신하 신)	5Ⅱ	諾 (허락할 낙)	3Ⅱ	↔	否 (아닐 부)	4
			民 (백성 민)	8	暖 (따뜻할 난)	4Ⅱ	↔	寒 (찰 한)	5
群 (무리 군)	4	↔	獨 (홀로 독)	5Ⅱ	難 (어려울 난)	4Ⅱ	↔	易 (쉬울 이)	4
屈 (굽힐 굴)	4	↔	伸 (펼 신)	3	男 (사내 남)	7Ⅱ	↔	娘 (계집 낭)	3Ⅱ
			直 (곧을 직)	7Ⅱ				女 (계집 녀)	8
			貞 (곧을 정)	3Ⅱ				姬 (계집 희)	2
弓 (활 궁)	3	↔	矢 (화살 시)	5				媛 (계집 원)	2(名)
窮 (궁할 궁)	4	↔	裕 (넉넉할 유)	3Ⅱ	南 (남녘 남)	8	↔	北 (북녘 북)	8
			富 (부자 부)	4Ⅱ	內 (안 내)	7Ⅱ	↔	外 (바깥 외)	8
貴 (귀할 귀)	5	↔	賤 (천할 천)	3Ⅱ	女 (계집 녀)	8	↔	郎 (사내 랑)	3Ⅱ
克 (이길 극)	3Ⅱ	↔	敗 (패할 패)	5	寧 (편안 녕)	3Ⅱ	↔	危 (위태할 위)	4
近 (가까울 근)	6	↔	遠 (멀 원)	6	奴 (종 노)	3Ⅱ	↔	婢 (계집종 비)	3Ⅱ
勤 (부지런할 근)	4	↔	怠 (게으를 태)	3	濃 (짙을 농)	2	↔	淡 (맑을 담)	3Ⅱ
			慢 (거만할 만)	3				薄 (엷을 박)	3Ⅱ
今 (이제 금)	6Ⅱ	↔	昔 (예 석)	3	溺 (빠질 닉)	2	↔	浮 (뜰 부)	3Ⅱ
及 (미칠 급)	3Ⅱ	↔	落 (떨어질 락)	5	多 (많을 다)	6	↔	寡 (적을 과)	3Ⅱ
急 (급할 급)	6Ⅱ	↔	緩 (느릴 완)	3Ⅱ				少 (적을 소)	7
			徐 (천천할 서)	3Ⅱ	旦 (아침 단)	3Ⅱ	↔	夕 (저녁 석)	7
起 (일어날 기)	4Ⅱ	↔	結 (맺을 결)	5Ⅱ	單 (홑 단)	4Ⅱ	↔	複 (겹칠 복)	4
			伏 (엎드릴 복)	4	端 (끝 단)	4Ⅱ	↔	初 (처음 초)	5
			陷 (빠질 함)	3Ⅱ	斷 (끊을 단)	4Ⅱ	↔	絡 (이을 락)	3Ⅱ
飢 (주릴 기)	3	↔	飽 (배부를 포)	3				聯 (연이을 련)	3Ⅱ
吉 (길할 길)	5	↔	凶 (흉할 흉)	5Ⅱ				連 (이을 련)	4Ⅱ

		續 (이을 속)	4Ⅱ				類 (무리 류)	5Ⅱ		
		紹 (이을 소)	2				輩 (무리 배)	3Ⅱ		
		承 (이을 승)	4Ⅱ				衆 (무리 중)	4Ⅱ		
		接 (이을 접)	4Ⅱ	冬 (겨울 동)	7	↔	夏 (여름 하)	7		
淡 (맑을 담)	3Ⅱ	↔ 濁 (흐릴 탁)	3	同 (한가지 동)	7	↔	異 (다를 이)	4		
答 (대답 답)	7Ⅱ	↔ 問 (물을 문)	7	東 (동녘 동)	8	↔	西 (서녘 서)	8		
		諮 (물을 자)	2	凍 (얼 동)	3Ⅱ	↔	熔 (녹을 용)	2		
當 (마땅 당)	5Ⅱ	↔ 落 (떨어질 락)	5				融 (녹을 융)	2		
		否 (아닐 부)	4				溶 (녹을 용)	2(名)		
黨 (무리 당)	4Ⅱ	↔ 獨 (홀로 독)	5Ⅱ	動 (움직일 동)	7Ⅱ	↔	靜 (고요할 정)	4		
大 (큰 대)	8	↔ 小 (작을 소)	8				止 (그칠 지)	5		
		扁 (작을 편)	2(名)	童 (아이 동)	6Ⅱ	↔	丈 (어른 장)	3Ⅱ		
		微 (작을 미)	3Ⅱ	頭 (머리 두)	6	↔	尾 (꼬리 미)	3Ⅱ		
隊 (무리 대)	4Ⅱ	↔ 獨 (홀로 독)	5Ⅱ	鈍 (둔할 둔)	3	↔	銳 (날카로울 예)	3		
貸 (빌릴 대)	3Ⅱ	↔ 借 (빌릴 차)	3Ⅱ				敏 (민첩할 민)	3		
徒 (무리 도)	4	↔ 獨 (홀로 독)	5Ⅱ	得 (얻을 득)	4Ⅱ	↔	失 (잃을 실)	6		
悼 (슬퍼할 도)	2	↔ 悅 (기쁠 열)	3Ⅱ				喪 (잃을 상)	3Ⅱ		
		歡 (기쁠 환)	4	登 (오를 등)	7	↔	降 (내릴 강)	4		
		喜 (기쁠 희)	4				落 (떨어질 락)	5		
		怡 (기쁠 이)	2(名)	等 (무리 등)	6Ⅱ	↔	孤 (외로울 고)	4		
		兌 (기쁠 태)	2(名)	裸 (벗을 라)	2	↔	着 (붙을 착)	5Ⅱ		
都 (도읍 도)	5	↔ 農 (농사 농)	7Ⅱ	絡 (이을 락)	3Ⅱ	↔	切 (끊을 절)	5Ⅱ		
獨 (홀로 독)	5Ⅱ	↔ 等 (무리 등)	6Ⅱ				絕 (끊을 절)	4Ⅱ		

拉 (끌 랍)	2	↔	推 (밀 추)	4		
郎 (사내 랑)	3Ⅱ	↔	娘 (계집 낭)	3Ⅱ		
			姬 (계집 희)	2		
			媛 (계집 원)	2(名)		
朗 (밝을 랑)	5Ⅱ	↔	暗 (어두울 암)	4Ⅱ		
			冥 (어두울 명)	3		
			昏 (어두울 혼)	3		
來 (올 래)	7	↔	赴 (갈 부)	3		
			之 (갈 지)	3Ⅱ		
			進 (나아갈 진)	4Ⅱ		
			就 (나아갈 취)	4		
冷 (찰 랭)	5	↔	暖 (따뜻할 난)	4Ⅱ		
			溫 (따뜻할 온)	6		
			熱 (더울 열)	5		
良 (어질 량)	5Ⅱ	↔	否 (아닐 부)	4		
旅 (나그네 려)	5Ⅱ	↔	主 (주인 주)	7		
連 (이을 련)	4Ⅱ	↔	切 (끊을 절)	5Ⅱ		
			絕 (끊을 절)	4Ⅱ		
聯 (연이을 련)	3Ⅱ	↔	切 (끊을 절)	5Ⅱ		
			絕 (끊을 절)	4Ⅱ		
劣 (못할 렬)	3	↔	優 (넉넉할 우)	4		
			秀 (빼어날 수)	4		
老 (늙을 로)	7	↔	少 (적을 소)	7		

			幼 (어릴 유)	3Ⅱ
勞 (일할 로)	5Ⅱ	↔	使 (하여금 사)	6
了 (마칠 료)	3	↔	初 (처음 초)	5
			始 (비로소 시)	6Ⅱ
累 (자주 루)	3Ⅱ	↔	稀 (드물 희)	3Ⅱ
陸 (뭍 륙)	5Ⅱ	↔	海 (바다 해)	7Ⅱ
隆 (높을 륭)	3Ⅱ	↔	卑 (낮을 비)	3Ⅱ
			低 (낮을 저)	4Ⅱ
利 (이할 리)	6Ⅱ	↔	害 (해할 해)	5Ⅱ
			損 (덜 손)	4
理 (다스릴 리)	6Ⅱ	↔	亂 (어지러울 란)	4
離 (떠날 리)	4	↔	合 (합할 합)	6
吏 (벼슬아치 리)	3Ⅱ	↔	民 (백성 민)	8
莫 (없을 막)	3Ⅱ	↔	有 (있을 유)	7
			存 (있을 존)	4
			在 (있을 재)	6
漠 (넓을 막)	3Ⅱ	↔	陜 (좁을 협)	2
晚 (늦을 만)	3Ⅱ	↔	早 (이를 조)	4Ⅱ
滿 (찰 만)	4Ⅱ	↔	虛 (빌 허)	4Ⅱ
漫 (흩어질 만)	3	↔	募 (모을 모)	3
			綜 (모을 종)	2
			集 (모을 집)	6Ⅱ
			輯 (모을 집)	2

		蓄 (모을 축)	4Ⅱ	沒 (빠질 몰)	3Ⅱ ↔	浮 (뜰 부)	3Ⅱ
		聚 (모을 취)	2(名)	茂 (무성할 무)	3Ⅱ ↔	衰 (쇠할 쇠)	3Ⅱ
末 (끝 말)	5 ↔	初 (처음 초)	5	無 (없을 무)	5 ↔	在 (있을 재)	6
忙 (바쁠 망)	3 ↔	閑 (한가할 한)	4	默 (잠잠할 묵)	3Ⅱ ↔	騷 (떠들 소)	3
忘 (잊을 망)	3 ↔	憶 (생각할 억)	3Ⅱ	問 (물을 문)	7 ↔	兪 (대답할 유)	2(名)
罔 (없을 망)	3 ↔	有 (있을 유)	7	文 (글월 문)	7 ↔	武 (호반 무)	4Ⅱ
		存 (있을 존)	4			言 (말씀 언)	6
		在 (있을 재)	6	物 (물건 물)	7 ↔	心 (마음 심)	7
買 (살 매)	5 ↔	賣 (팔 매)	5	美 (아름다울 미) 6 ↔		醜 (추할 추)	3
		販 (팔 판)	3	微 (작을 미)	3Ⅱ ↔	碩 (클 석)	2
枚 (낱 매)	2 ↔	總 (다 총)	4Ⅱ			偉 (클 위)	5Ⅱ
		咸 (다 함)	3			泰 (클 태)	3Ⅱ
免 (면할 면)	3Ⅱ ↔	司 (맡을 사)	3Ⅱ			太 (클 태)	6
		委 (맡길 위)	4			弘 (클 홍)	3
		任 (맡길 임)	5Ⅱ			价 (클 개)	2(名)
		托 (맡길 탁)	3			甫 (클 보)	2(名)
滅 (멸할 멸)	3Ⅱ ↔	興 (일 흥)	4Ⅱ			丕 (클 비)	2(名)
		盛 (성할 성)	4Ⅱ			奭 (클 석)	2(名)
明 (밝을 명)	6Ⅱ ↔	暗 (어두울 암)	4Ⅱ	民 (백성 민)	8 ↔	官 (벼슬 관)	4Ⅱ
		滅 (멸할 멸)	3Ⅱ			王 (임금 왕)	8
		冥 (어두울 명)	3			帝 (임금 제)	4
母 (어미 모)	8 ↔	子 (아들 자)	7Ⅱ			主 (임금 주)	7
矛 (창 모)	2 ↔	盾 (방패 순)	2			后 (임금 후)	2(名)

密 (빽빽할 밀)	4Ⅱ	↔	稀 (드물 희)	3Ⅱ	
拍 (칠 박)	4	↔	守 (지킬 수)	4Ⅱ	
			防 (막을 방)	4Ⅱ	
博 (넓을 박)	4Ⅱ	↔	陜 (좁을 협)	2	
班 (나눌 반)	6Ⅱ	↔	綜 (모을 종)	2	
			合 (합할 합)	6	
發 (필 발)	6Ⅱ	↔	着 (붙을 착)	5Ⅱ	
防 (막을 방)	4Ⅱ	↔	擊 (칠 격)	4	
			攻 (칠 공)	4	
			毆 (칠 구)	2	
			伐 (칠 벌)	4Ⅱ	
			征 (칠 정)	3Ⅱ	
			討 (칠 토)	4	
			打 (칠 타)	5	
放 (놓을 방)	6Ⅱ	↔	操 (잡을 조)	5	
			執 (잡을 집)	3Ⅱ	
			捉 (잡을 착)	3	
			逮 (잡을 체)	3	
			捕 (잡을 포)	3Ⅱ	
			把 (잡을 파)	3	
			秉 (잡을 병)	2	
背 (등 배)	4Ⅱ	↔	腹 (배 복)	3Ⅱ	
			向 (향할 향)	6	

輩 (무리 배)	3Ⅱ	↔	孤 (외로울 고)	4	
白 (흰 백)	8	↔	玄 (검을 현)	3Ⅱ	
煩 (번거로울 번)	3	↔	簡 (간략할 간)	4	
伐 (칠 벌)	4Ⅱ	↔	守 (지킬 수)	4Ⅱ	
汎 (넓을 범)	2	↔	陜 (좁을 협)	2(名)	
別 (다를 별)	6	↔	若 (같을 약)	3Ⅱ	
			如 (같을 여)	4Ⅱ	
			肖 (같을 초)	3Ⅱ	
兵 (병사 병)	5	↔	帥 (장수 수)	3Ⅱ	
保 (지킬 보)	4Ⅱ	↔	擊 (칠 격)	4	
			攻 (칠 공)	4	
			毆 (칠 구)	2	
			征 (칠 정)	3Ⅱ	
			討 (칠 토)	4	
			打 (칠 타)	5	
普 (넓을 보)	4	↔	陜 (좁을 협)	2	
福 (복 복)	5Ⅱ	↔	災 (재앙 재)	5	
			殃 (재앙 앙)	3	
本 (근본 본)	6	↔	末 (끝 말)	5	
父 (아비 부)	8	↔	母 (어미 모)	8	
夫 (지아비 부)	7	↔	妻 (아내 처)	3Ⅱ	
			婦 (며느리 부)	4Ⅱ	
			子 (아들 자)	7Ⅱ	

負 (질 부)	4	↔	勝 (이길 승)	6	氷 (얼음 빙)	5	↔	炭 (숯 탄)	5
浮 (뜰 부)	3Ⅱ	↔	沈 (잠길 침)	3Ⅱ	士 (선비 사)	5Ⅱ	↔	民 (백성 민)	8
富 (부자 부)	4Ⅱ	↔	困 (곤할 곤)	4				帥 (장수 수)	3Ⅱ
分 (나눌 분)	6Ⅱ	↔	綜 (모을 종)	2	死 (죽을 사)	6	↔	生 (날 생)	8
			合 (합할 합)	6				活 (살 활)	7Ⅱ
不 (아닐 불)	7Ⅱ	↔	正 (바를 정)	7Ⅱ	師 (스승 사)	4Ⅱ	↔	弟 (아우 제)	8
妃 (왕비 비)	3Ⅱ	↔	王 (임금 왕)	8	社 (모일 사)	6Ⅱ	↔	散 (흩을 산)	4
			皇 (임금 황)	3Ⅱ	邪 (간사할 사)	3Ⅱ	↔	正 (바를 정)	7Ⅱ
			后 (임금 후)	2(名)	捨 (버릴 사)	3	↔	拾 (주울 습)	3Ⅱ
卑 (낮을 비)	3Ⅱ	↔	崇 (높을 숭)	4	斜 (비낄 사)	3Ⅱ	↔	平 (평평할 평)	7
			尊 (높을 존)	4Ⅱ	賜 (줄 사)	3	↔	受 (받을 수)	4Ⅱ
			卓 (높을 탁)	5	削 (깎을 삭)	3Ⅱ	↔	添 (더할 첨)	3
			埈 (높을 준)	2	山 (메 산)	8	↔	川 (내 천)	7
			峻 (높을 준)	2				河 (물 하)	5
			崔 (높을 최)	2				海 (바다 해)	7Ⅱ
			亢 (높을 항)	2	散 (흩을 산)	4	↔	募 (모을 모)	3
悲 (슬플 비)	4Ⅱ	↔	樂 (즐길 락)	6Ⅱ				綜 (모을 종)	2
			悅 (기쁠 열)	3Ⅱ				集 (모을 집)	6Ⅱ
			歡 (기쁠 환)	4				輯 (모을 집)	2
			怡 (기쁠 이)	2				蓄 (모을 축)	4Ⅱ
			兌 (기쁠 태)	2				聚 (모을 취)	2
貧 (가난할 빈)	4Ⅱ	↔	富 (부자 부)	4Ⅱ				會 (모일 회)	6Ⅱ
賓 (손 빈)	3	↔	主 (주인 주)	7	殺 (죽일 살)	4Ⅱ	↔	活 (살 활)	7Ⅱ

殺 (감할 쇄)	4Ⅱ	↔	益 (더할 익)	4Ⅱ			增 (더할 증)	4Ⅱ
			增 (더할 증)	4Ⅱ			添 (더할 첨)	3
			添 (더할 첨)	3	盛 (성할 성)	4Ⅱ ↔	衰 (쇠할 쇠)	3Ⅱ
上 (윗 상)	7Ⅱ	↔	下 (아래 하)	7Ⅱ	細 (가늘 세)	4Ⅱ ↔	大 (큰 대)	8
喪 (잃을 상)	3Ⅱ	↔	獲 (얻을 획)	3Ⅱ	小 (작을 소)	8 ↔	偉 (클 위)	5Ⅱ
詳 (자세할 상)	3Ⅱ	↔	簡 (간략할 간)	4			泰 (클 태)	3Ⅱ
			略 (약할 략)	4			太 (클 태)	6
賞 (상줄 상)	5	↔	罰 (벌할 벌)	4Ⅱ			弘 (클 홍)	3
生 (날 생)	8	↔	滅 (멸할 멸)	3Ⅱ			价 (클 개)	2(名)
			沒 (빠질 몰)	3Ⅱ			甫 (클 보)	2(名)
			殺 (죽일 살)	4Ⅱ			丕 (클 비)	2(名)
徐 (천천할 서)	3Ⅱ	↔	速 (빠를 속)	6			奭 (클 석)	2(名)
暑 (더울 서)	3	↔	寒 (찰 한)	5	昭 (밝을 소)	3 ↔	暗 (어두울 암)	4Ⅱ
夕 (저녁 석)	7	↔	朝 (아침 조)	6			冥 (어두울 명)	3
昔 (예 석)	3	↔	新 (새 신)	6Ⅱ			昏 (어두울 혼)	3
析 (쪼갤 석)	3	↔	綜 (모을 종)	2	笑 (웃음 소)	4Ⅱ ↔	鳴 (울 명)	4
			合 (합할 합)	6			泣 (울 읍)	3
碩 (클 석)	2	↔	小 (작을 소)	8	消 (사라질 소)	6Ⅱ ↔	著 (나타날 저)	3Ⅱ
			扁 (작을 편)	2(名)			現 (나타날 현)	6Ⅱ
先 (먼저 선)	8	↔	後 (뒤 후)	7Ⅱ			顯 (나타날 현)	4
善 (착할 선)	5	↔	惡 (악할 악)	5Ⅱ	紹 (이을 소)	2 ↔	切 (끊을 절)	5Ⅱ
成 (이룰 성)	6Ⅱ	↔	敗 (패할 패)	5			絕 (끊을 절)	4Ⅱ
省 (덜 생)	6Ⅱ	↔	益 (더할 익)	4Ⅱ	速 (빠를 속)	6 ↔	緩 (느릴 완)	3Ⅱ

		徐 (천천할 서)	3Ⅱ		如 (같을 여)	4Ⅱ
續 (이을 속)	4Ⅱ ↔	切 (끊을 절)	5Ⅱ		肖 (같을 초)	3Ⅱ
		絶 (끊을 절)	4Ⅱ	輸 (보낼 수) 3Ⅱ ↔	受 (받을 수)	4Ⅱ
損 (덜 손)	4 ↔	得 (얻을 득)	4Ⅱ	首 (머리 수) 5Ⅱ ↔	尾 (꼬리 미)	3Ⅱ
		益 (더할 익)	4Ⅱ	需 (쓸 수) 3Ⅱ ↔	給 (줄 급)	5
		添 (더할 첨)	3	叔 (아재비 숙) 4 ↔	姪 (조카 질)	3
送 (보낼 송)	4Ⅱ ↔	受 (받을 수)	4Ⅱ	淑 (맑을 숙) 3Ⅱ ↔	濁 (흐릴 탁)	3
		迎 (맞을 영)	4	崇 (높을 숭) 4 ↔	低 (낮을 저)	4Ⅱ
衰 (쇠할 쇠)	3Ⅱ ↔	興 (일 흥)	4Ⅱ	拾 (주울 습) 3Ⅱ ↔	廢 (버릴 폐)	3Ⅱ
水 (물 수)	8 ↔	陸 (뭍 륙)	5Ⅱ		棄 (버릴 기)	3
		火 (불 화)	8	昇 (오를 승) 3Ⅱ ↔	降 (내릴 강)	4
手 (손 수)	7Ⅱ ↔	足 (발 족)	7Ⅱ	承 (이을 승) 4Ⅱ ↔	切 (끊을 절)	5Ⅱ
守 (지킬 수)	4Ⅱ ↔	歐 (칠 구)	2		絶 (끊을 절)	4Ⅱ
		征 (칠 정)	3Ⅱ	勝 (이길 승) 6 ↔	負 (질 부)	4
		討 (칠 토)	4		敗 (패할 패)	5
		打 (칠 타)	5	乘 (탈 승) 3Ⅱ ↔	降 (내릴 강)	4
受 (받을 수)	4Ⅱ ↔	給 (줄 급)	5		除 (덜 제)	4Ⅱ
		拂 (떨칠 불)	3Ⅱ	始 (비로소 시) 6Ⅱ ↔	末 (끝 말)	5
		授 (줄 수)	4Ⅱ		終 (마칠 종)	5
		贈 (줄 증)	3		卒 (마칠 졸)	5
收 (거둘 수)	4Ⅱ ↔	給 (줄 급)	5		罷 (마칠 파)	3
		支 (지탱할 지)	4Ⅱ		畢 (마칠 필)	3Ⅱ
殊 (다를 수)	3Ⅱ ↔	若 (같을 약)	3Ⅱ	是 (이 시) 4Ⅱ ↔	非 (아닐 비)	4Ⅱ

新 (새 신)	6Ⅱ	↔	古 (예 고)	6	
			舊 (예 구)	5Ⅱ	
臣 (신하 신)	5Ⅱ	↔	民 (백성 민)	8	
			王 (임금 왕)	8	
			帝 (임금 제)	4	
			主 (임금 주)	7	
			皇 (임금 황)	3Ⅱ	
			后 (임금 후)	2(名)	
伸 (펼 신)	3	↔	縮 (줄일 축)	4	
信 (믿을 신)	6Ⅱ	↔	疑 (의심할 의)	4	
失 (잃을 실)	6	↔	獲 (얻을 획)	3Ⅱ	
			拾 (주을 습)	3Ⅱ	
心 (마음 심)	7	↔	身 (몸 신)	6Ⅱ	
			體 (몸 체)	6Ⅱ	
深 (깊을 심)	4Ⅱ	↔	淺 (얕을 천)	3Ⅱ	
我 (나 아)	3Ⅱ	↔	汝 (너 여)	3	
兒 (아이 아)	5Ⅱ	↔	丈 (어른 장)	3Ⅱ	
雅 (맑을 아)	3Ⅱ	↔	俗 (풍속 속)	4Ⅱ	
			濁 (흐릴 탁)	3	
餓 (주릴 아)	3	↔	飽 (배부를 포)	3	
安 (편안 안)	7Ⅱ	↔	否 (아닐 부)	4	
			危 (위태할 위)	4	
壓 (누를 압)	4Ⅱ	↔	釋 (풀 석)	3Ⅱ	

			解 (풀 해)	4Ⅱ	
殃 (재앙 앙)	3	↔	祐 (복 우)	2(名)	
			祚 (복 조)	2(名)	
			祜 (복 호)	2(名)	
			禧 (복 희)	2(名)	
哀 (슬플 애)	3Ⅱ	↔	樂 (즐길 락)	6Ⅱ	
			悅 (기쁠 열)	3Ⅱ	
			歡 (기쁠 환)	4	
			喜 (기쁠 희)	4	
			怡 (기쁠 이)	2(名)	
			兌 (기쁠 태)	2(名)	
愛 (사랑 애)	6	↔	惡 (미워할 오)	5Ⅱ	
			憎 (미울 증)	3Ⅱ	
夜 (밤 야)	6	↔	午 (낮 오)	7Ⅱ	
若 (같을 약)	3Ⅱ	↔	異 (다를 이)	4	
			差 (다를 차)	4	
			他 (다를 타)	5	
抑 (누를 억)	3Ⅱ	↔	釋 (풀 석)	3Ⅱ	
			揚 (날릴 양)	3Ⅱ	
			解 (풀 해)	4Ⅱ	
言 (말씀 언)	6	↔	行 (다닐 행)	6	
予 (나 여)	3	↔	汝 (너 여)	3	
如 (같을 여)	4Ⅱ	↔	異 (다를 이)	4	

		差 (다를 차)	4	穩 (편안할 온)	2	↔ 危 (위태할 위)	4
		他 (다를 타)	5	翁 (늙은이 옹)	3	↔ 幼 (어릴 유)	3Ⅱ
與 (줄 여)	4	↔ 受 (받을 수)	4Ⅱ			稚 (어릴 치)	3Ⅱ
		野 (들 야)	6	緩 (느릴 완)	3Ⅱ	↔ 急 (급할 급)	6Ⅱ
逆 (거스를 역)	4Ⅱ	↔ 順 (순할 순)	5Ⅱ			敏 (민첩할 민)	3
延 (늘일 연)	4	↔ 縮 (줄일 축)	4	往 (갈 왕)	4Ⅱ	↔ 來 (올 래)	7
然 (그럴 연)	7	↔ 否 (아닐 부)	4			返 (돌이킬 반)	3
悅 (기쁠 열)	3Ⅱ	↔ 嗚 (슬플 오)	3			復 (회복할 복)	4Ⅱ
		悽 (슬퍼할 처)	2			還 (돌아올 환)	3Ⅱ
熱 (더울 열)	5	↔ 涼 (서늘할 량)	3Ⅱ	用 (쓸 용)	6Ⅱ	↔ 捨 (버릴 사)	3
厭 (싫어할 염)	2	↔ 好 (좋을 호)	4Ⅱ	雨 (비 우)	5Ⅱ	↔ 晴 (갤 청)	3
炎 (불꽃 염)	3Ⅱ	↔ 涼 (서늘할 량)	3Ⅱ	優 (넉넉할 우)	4	↔ 劣 (못할 렬)	3
榮 (영화 영)	4Ⅱ	↔ 枯 (마를 고)	3	遠 (멀 원)	6	↔ 近 (가까울 근)	6
		辱 (욕될 욕)	3Ⅱ	危 (위태할 위)	4	↔ 逸 (편안할 일)	3Ⅱ
豫 (미리 예)	4	↔ 決 (결단할 결)	5Ⅱ	僞 (거짓 위)	3Ⅱ	↔ 眞 (참 진)	4Ⅱ
銳 (날카로울 예)	3	↔ 鈍 (둔할 둔)	3	有 (있을 유)	7	↔ 無 (없을 무)	5
汚 (더러울 오)	3	↔ 淨 (깨끗할 정)	3Ⅱ	幼 (어릴 유)	3Ⅱ	↔ 丈 (어른 장)	3Ⅱ
嗚 (슬플 오)	3	↔ 歡 (기쁠 환)	4	恩 (은혜 은)	4Ⅱ	↔ 怨 (원망할 원)	4
		喜 (기쁠 희)	4	隱 (숨을 은)	4	↔ 見 (볼 견)	5Ⅱ
		怡 (기쁠 이)	2(名)			顯 (나타날 현)	4
		兌 (기쁠 태)	2(名)			現 (나타날 현)	6Ⅱ
玉 (구슬 옥)	4Ⅱ	↔ 石 (돌 석)	6	音 (소리 음)	6Ⅱ	↔ 義 (옳을 의)	4Ⅱ
溫 (따뜻할 온)	6	↔ 涼 (서늘할 량)	3Ⅱ			訓 (가르칠 훈)	6

陰 (그늘 음)	4Ⅱ	↔	陽 (볕 양)	6				協 (화할 협)	4Ⅱ
			晴 (갤 청)	3	低 (낮을 저)	4Ⅱ	↔	尊 (높을 존)	4Ⅱ
益 (더할 익)	4Ⅱ	↔	除 (덜 제)	4Ⅱ				卓 (높을 탁)	5
人 (사람 인)	8	↔	天 (하늘 천)	7				埈 (높을 준)	2(名)
因 (인할 인)	5	↔	果 (실과 과)	6Ⅱ				峻 (높을 준)	2(名)
日 (날 일)	8	↔	月 (달 월)	8				崔 (높을 최)	2(名)
入 (들 입)	7	↔	出 (날 출)	7				亢 (높을 항)	2(名)
子 (아들 자)	7Ⅱ	↔	女 (계집 녀)	8	前 (앞 전)	7Ⅱ	↔	後 (뒤 후)	7Ⅱ
姉 (손윗누이 자)	4	↔	妹 (누이 매)	4	田 (밭 전)	4Ⅱ	↔	畓 (논 답)	3
自 (스스로 자)	7Ⅱ	↔	他 (다를 타)	5	戰 (싸움 전)	6Ⅱ	↔	協 (화할 협)	4Ⅱ
慈 (사랑 자)	3Ⅱ	↔	憎 (미울 증)	3Ⅱ	切 (끊을 절)	5Ⅱ	↔	接 (이을 접)	4Ⅱ
雌 (암컷 자)	2	↔	雄 (수컷 웅)	5	折 (꺾을 절)	4	↔	直 (곧을 직)	7Ⅱ
昨 (어제 작)	6Ⅱ	↔	今 (이제 금)	6Ⅱ				貞 (곧을 정)	3Ⅱ
長 (긴 장)	8	↔	短 (짧을 단)	6Ⅱ	正 (바를 정)	7Ⅱ	↔	副 (버금 부)	4Ⅱ
			幼 (어릴 유)	3Ⅱ				僞 (거짓 위)	3Ⅱ
將 (장수 장)	4Ⅱ	↔	兵 (병사 병)	5Ⅱ				反 (돌아올 반)	6Ⅱ
			士 (선비 사)	5Ⅱ				誤 (그릇칠 오)	4Ⅱ
			卒 (마칠 졸)	5Ⅱ	提 (끌 제)	4Ⅱ	↔	推 (밀 추)	4
災 (재앙 재)	5	↔	祐 (복 우)	2(名)	弔 (조상할 조)	3	↔	賀 (하례할 하)	3Ⅱ
			祚 (복 조)	2(名)	早 (이를 조)	4Ⅱ	↔	晩 (늦을 만)	3Ⅱ
			祜 (복 호)	2(名)	朝 (아침 조)	6	↔	暮 (저물 모)	3
			禧 (복 희)	2(名)				夕 (저녁 석)	7
爭 (다툴 쟁)	5	↔	和 (화할 화)	6Ⅱ				野 (들 야)	6

燥 (마를 조)	3	↔	濕 (젖을 습)	3Ⅱ	衆 (무리 중)	4Ⅱ	↔	寡 (적을 과)	3Ⅱ

燥 (마를 조) 3 ↔ 濕 (젖을 습) 3Ⅱ

祖 (할아비 조) 7 ↔ 孫 (손자 손) 6

存 (있을 존) 4 ↔ 亡 (망할 망) 5
　　　　　　　　滅 (멸할 멸) 3Ⅱ
　　　　　　　　沒 (빠질 몰) 3Ⅱ
　　　　　　　　無 (없을 무) 5
　　　　　　　　廢 (폐할 폐) 3Ⅱ

尊 (높을 존) 4Ⅱ ↔ 卑 (낮을 비) 3Ⅱ
　　　　　　　　　侍 (모실 시) 3Ⅱ

拙 (졸할 졸) 3 ↔ 秀 (빼어날 수) 4
　　　　　　　　俊 (준걸 준) 3

終 (마칠 종) 5 ↔ 初 (처음 초) 5

縱 (세로 종) 3Ⅱ ↔ 橫 (가로 횡) 3Ⅱ

左 (왼 좌) 7Ⅱ ↔ 右 (오른 우) 7Ⅱ

坐 (앉을 좌) 3Ⅱ ↔ 立 (설 립) 7Ⅱ
　　　　　　　　臥 (누울 와) 3

罪 (허물 죄) 5 ↔ 罰 (벌할 벌) 4Ⅱ
　　　　　　　　刑 (형벌 형) 4

主 (주인 주) 7 ↔ 客 (손 객) 5Ⅱ
　　　　　　　　從 (좇을 종) 4

晝 (낮 주) 6 ↔ 夜 (밤 야) 6

俊 (준걸 준) 3 ↔ 劣 (못할 렬) 3

中 (가운데 중) 8 ↔ 外 (바깥 외) 8

衆 (무리 중) 4Ⅱ ↔ 寡 (적을 과) 3Ⅱ

增 (더할 증) 4Ⅱ ↔ 減 (덜 감) 4Ⅱ
　　　　　　　　削 (깎을 삭) 3Ⅱ
　　　　　　　　省 (덜 생) 6Ⅱ
　　　　　　　　損 (덜 손) 4
　　　　　　　　除 (덜 제) 4Ⅱ

贈 (줄 증) 3 ↔ 答 (대답 답) 7Ⅱ

地 (따 지) 7 ↔ 旻 (하늘 민) 2(名)
　　　　　　　　昊 (하늘 호) 2(名)

知 (알 지) 5Ⅱ ↔ 行 (다닐 행) 6

智 (지혜 지) 4 ↔ 愚 (어리석을 우) 3Ⅱ

遲 (더딜 지) 3 ↔ 敏 (민첩할 민) 3
　　　　　　　　速 (빠를 속) 6

眞 (참 진) 4Ⅱ ↔ 假 (거짓 가) 4Ⅱ
　　　　　　　　僞 (거짓 위) 3Ⅱ
　　　　　　　　誕 (거짓 탄) 3

集 (모을 집) 6 ↔ 配 (나눌 배) 4Ⅱ
　　　　　　　　散 (흩을 산) 4

進 (나아갈 진) 4Ⅱ ↔ 退 (물러날 퇴) 4Ⅱ

差 (다를 차) 4 ↔ 肖 (같을 초) 3Ⅱ

贊 (도울 찬) 3Ⅱ ↔ 反 (돌아올 반) 6Ⅱ

悽 (슬퍼할 처) 2 ↔ 歡 (기쁠 환) 4
　　　　　　　　喜 (기쁠 희) 4

					怡 (기쁠 이)	2(名)	
					兌 (기쁠 태)	2(名)	
隻 (외짝 척)	2	↔	雙 (두 쌍)	3Ⅱ			
天 (하늘 천)	7	↔	地 (따 지)	7			
			壤 (흙덩이 양)	3Ⅱ			
淺 (얕을 천)	3Ⅱ	↔	濬 (깊을 준)	2(名)			
			滉 (깊을 황)	2(名)			
添 (더할 첨)	3	↔	減 (덜 감)	4Ⅱ			
			削 (깎을 삭)	3Ⅱ			
淸 (맑을 청)	6Ⅱ	↔	濁 (흐릴 탁)	3			
推 (밀 추)	4	↔	惹 (이끌 야)	2			
			引 (끌 인)	4Ⅱ			
			携 (이끌 휴)	3			
醜 (추할 추)	3	↔	徽 (아름다울 휘)	2(名)			
			烋 (아름다울 휴)	2(名)			
			嬉 (아름다울 희)	2(名)			
縮 (줄일 축)	4	↔	張 (베풀 장)	4			
			擴 (넓힐 확)	3			
春 (봄 춘)	7	↔	秋 (가을 추)	7			
出 (날 출)	7	↔	缺 (이지러질 결)	4Ⅱ			
			納 (들일 납)	4			
			沒 (빠질 몰)	3Ⅱ			
忠 (충성 충)	4Ⅱ	↔	逆 (거스릴 역)	4Ⅱ			

取 (가질 취)	4Ⅱ	↔	貸 (빌릴 대)	3Ⅱ
			捨 (버릴 사)	3
就 (나아갈 취)	4	↔	退 (물러날 퇴)	4Ⅱ
治 (다스릴 치)	4Ⅱ	↔	亂 (어지러울 란)	4
快 (쾌할 쾌)	4Ⅱ	↔	鈍 (둔할 둔)	3
太 (클 태)	6	↔	扁 (작을 편)	2(名)
吐 (토할 토)	3Ⅱ	↔	納 (들일 납)	4
投 (던질 투)	4	↔	打 (칠 타)	5
鬪 (싸움 투)	4	↔	和 (화할 화)	6Ⅱ
			協 (화할 협)	4Ⅱ
罷 (마칠 파)	3	↔	初 (처음 초)	5
廢 (폐할 폐)	3Ⅱ	↔	立 (설 립)	7Ⅱ
			置 (둘 치)	4Ⅱ
表 (겉 표)	6Ⅱ	↔	裏 (속 리)	3Ⅱ
皮 (가죽 피)	3Ⅱ	↔	骨 (뼈 골)	4
彼 (저 피)	3Ⅱ	↔	我 (나 아)	3Ⅱ
			此 (이 차)	3Ⅱ
夏 (여름 하)	7	↔	冬 (겨울 동)	7
學 (배울 학)	8	↔	問 (물을 문)	7
寒 (찰 한)	5	↔	暖 (따뜻할 난)	4Ⅱ
			暑 (더울 서)	3
			熱 (더울 열)	5
			溫 (따뜻할 온)	6

閑 (한가할 한)	4	↔	忙 (바쁠 망)	3	
合 (합할 합)	6	↔	配 (나눌 배)	4Ⅱ	
			別 (나눌 별)	6	
海 (바다 해)	7Ⅱ	↔	空 (빌 공)	7Ⅱ	
虛 (빌 허)	4Ⅱ	↔	盈 (찰 영)	2(名)	
			實 (열매 실)	5Ⅱ	
玄 (검을 현)	3Ⅱ	↔	白 (흰 백)	8	
			素 (흴 소)	4Ⅱ	
			皓 (흴 호)	2(名)	
賢 (어질 현)	4Ⅱ	↔	愚 (어리석을 우)	3Ⅱ	
形 (모양 형)	6Ⅱ	↔	影 (그림자 영)	3Ⅱ	
顯 (나타날 현)	4	↔	微 (작을 미)	3Ⅱ	
			密 (빽빽할 밀)	4Ⅱ	
嫌 (싫어할 혐)	3	↔	好 (좋을 호)	4Ⅱ	
兄 (형 형)	8	↔	弟 (아우 제)	8	
浩 (넓을 호)	3Ⅱ	↔	陜 (좁을 협)	2(名)	
好 (좋을 호)	4Ⅱ	↔	惡 (미워할 오)	5Ⅱ	
呼 (부를 호)	4Ⅱ	↔	應 (응할 응)	4Ⅱ	
			吸 (마실 흡)	4Ⅱ	
昏 (어두울 혼)	3	↔	明 (밝을 명)	6Ⅱ	
弘 (클 홍)	3	↔	扁 (작을 편)	2(名)	
洪 (넓을 홍)	3Ⅱ	↔	陜 (좁을 협)	2(名)	
火 (불 화)	8	↔	河 (물 하)	5	

和 (화할 화)	6Ⅱ	↔	戰 (싸움 전)	6Ⅱ	
皇 (임금 황)	3Ⅱ	↔	民 (백성 민)	8	
禍 (재앙 화)	3Ⅱ	↔	福 (복 복)	5Ⅱ	
			祐 (복 우)	2(名)	
			祚 (복 조)	2(名)	
			祜 (복 호)	2(名)	
			禧 (복 희)	2(名)	
會 (모일 회)	6Ⅱ	↔	散 (흩을 산)	4	
厚 (두터울 후)	4	↔	薄 (엷을 박)	3Ⅱ	
訓 (가르칠 훈)	6	↔	學 (배울 학)	8	
毀 (헐 훼)	3	↔	譽 (기릴 예)	3Ⅱ	
凶 (흉할 흉)	5Ⅱ	↔	豊 (풍년 풍)	4Ⅱ	
胸 (가슴 흉)	3Ⅱ	↔	背 (등 배)	4Ⅱ	
黑 (검을 흑)	5	↔	白 (흰 백)	8	
			皓 (흴 호)	2	
興 (일 흥)	4Ⅱ	↔	亡 (망할 망)	5	
			敗 (패할 패)	5	
喜 (기쁠 희)	4	↔	怒 (성낼 노)	4Ⅱ	
			悲 (슬플 비)	4Ⅱ	

반대어(反對語) – 뜻이 반대되는 한자어(漢字語)

可決	가결	↔	否決	부결	4	公平	공평	↔	偏頗	편파	3
架空	가공	↔	實在	실재	3Ⅱ	公翰	공한	↔	私翰	사한	2
可溶	가용	↔	不溶	불용	2	過激	과격	↔	穩健	온건	2
加重	가중	↔	輕減	경감	4Ⅱ	過失	과실	↔	故意	고의	4Ⅱ
幹線	간선	↔	支線	지선	3Ⅱ	寬大	관대	↔	嚴格	엄격	3Ⅱ
干涉	간섭	↔	放任	방임	3	拘束	구속	↔	放免	방면	3Ⅱ
間接	간접	↔	直接	직접	4Ⅱ	舊型	구형	↔	新型	신형	2
干潮	간조	↔	滿潮	만조	4	均等	균등	↔	差等	차등	4
減俸	감봉	↔	增俸	증봉	2	僅少	근소	↔	過多	과다	3
減産	감산	↔	增産	증산	4Ⅱ	近接	근접	↔	遠隔	원격	3Ⅱ
感性	감성	↔	理性	이성	5Ⅱ	及第	급제	↔	落第	낙제	3Ⅱ
剛健	강건	↔	柔弱	유약	3Ⅱ	奇數	기수	↔	偶數	우수	3Ⅱ
概述	개술	↔	詳述	상술	3Ⅱ	納稅	납세	↔	徵稅	징세	3Ⅱ
拒否	거부	↔	承認	승인	4	內包	내포	↔	外延	외연	4
傑作	걸작	↔	拙作	졸작	3	年頭	연두	↔	歲暮	세모	3
揭揚	게양	↔	下旗	하기	2	農繁	농번	↔	農閑	농한	3Ⅱ
結果	결과	↔	原因	원인	5	濃色	농색	↔	淡色	담색	2
高雅	고아	↔	卑俗	비속	3Ⅱ	濃粧	농장	↔	淡粧	담장	2
困難	곤란	↔	容易	용이	4	濃厚	농후	↔	稀薄	희박	2
供給	공급	↔	需要	수요	3Ⅱ	能動	능동	↔	被動	피동	3Ⅱ

單式	단식	↔	複式	복식	4	未熟	미숙	↔	老鍊	노련	3Ⅱ
當番	당번	↔	非番	비번	4Ⅱ	微視	미시	↔	巨視	거시	3Ⅱ
大型	대형	↔	小型	소형	2	敏速	민속	↔	遲鈍	지둔	3
對話	대화	↔	獨白	독백	5Ⅱ	薄畓	박답	↔	沃畓	옥답	2
獨創	독창	↔	模倣	모방	3	薄土	박토	↔	沃土	옥토	2
杜絕	두절	↔	不絕	부절	2	搬入	반입	↔	搬出	반출	2
樂天	낙천	↔	厭世	염세	2	反託	반탁	↔	贊託	찬탁	2
濫用	남용	↔	節約	절약	3	發生	발생	↔	消滅	소멸	3Ⅱ
朗讀	낭독	↔	默讀	묵독	3Ⅱ	白晝	백주	↔	深夜	심야	4Ⅱ
弄談	농담	↔	眞談	진담	3Ⅱ	保守	보수	↔	進步	진보	4Ⅱ
隆起	융기	↔	沈降	침강	3Ⅱ	複雜	복잡	↔	單純	단순	4
臨時	임시	↔	經常	경상	3Ⅱ	敷衍	부연	↔	省略	생략	2
漠然	막연	↔	確然	확연	3Ⅱ	富裕	부유	↔	貧窮	빈궁	3Ⅱ
忘却	망각	↔	記憶	기억	3	分析	분석	↔	綜合	종합	2
埋沒	매몰	↔	發掘	발굴	2	紛爭	분쟁	↔	和解	화해	3Ⅱ
滅亡	멸망	↔	隆盛	융성	3Ⅱ	不當	부당	↔	妥當	타당	3
明朗	명랑	↔	憂鬱	우울	2	不允	불윤	↔	允許	윤허	2
模倣	모방	↔	創造	창조	3	卑俗	비속	↔	高雅	고아	3Ⅱ
模型	모형	↔	原型	원형	2	辭任	사임	↔	就任	취임	4
文明	문명	↔	野蠻	야만	2	削減	삭감	↔	添加	첨가	3

相逢	상봉	↔	離別	이별	3Ⅱ	溫暖	온난	↔	寒冷	한랭	4Ⅱ
上廻	상회	↔	下廻	하회	2	緩慢	완만	↔	急激	급격	3
生面	생면	↔	熟面	숙면	3Ⅱ	王道	왕도	↔	霸道	패도	2
碩學	석학	↔	淺學	천학	2	外柔	외유	↔	內剛	내강	3Ⅱ
仙界	선계	↔	紅塵	홍진	2	容易	용이	↔	難解	난해	4
禪尼	선니	↔	禪門	선문	2	溶解	용해	↔	凝固	응고	2
洗練	세련	↔	稚拙	치졸	3	優待	우대	↔	虐待	학대	2
消滅	소멸	↔	生成	생성	3Ⅱ	偶然	우연	↔	必然	필연	3Ⅱ
送舊	송구	↔	迎新	영신	4	韻文	운문	↔	散文	산문	3Ⅱ
淑女	숙녀	↔	紳士	신사	2	原告	원고	↔	被告	피고	3Ⅱ
拾得	습득	↔	遺失	유실	3Ⅱ	原書	원서	↔	譯書	역서	3Ⅱ
濕潤	습윤	↔	乾燥	건조	3	遠心	원심	↔	求心	구심	4Ⅱ
昇天	승천	↔	降臨	강림	3Ⅱ	遠洋	원양	↔	近海	근해	6
新婦	신부	↔	新郞	신랑	3Ⅱ	怨恨	원한	↔	恩惠	은혜	4
愼重	신중	↔	輕率	경솔	3Ⅱ	柔和	유화	↔	強硬	강경	3Ⅱ
惡化	악화	↔	好轉	호전	4	融解	융해	↔	凝固	응고	2
安靜	안정	↔	興奮	흥분	3Ⅱ	應用	응용	↔	原理	원리	4Ⅱ
愛好	애호	↔	嫌惡	혐오	3	義務	의무	↔	權利	권리	4Ⅱ
野圈	야권	↔	與圈	여권	2	異端	이단	↔	正統	정통	4
抑制	억제	↔	促進	촉진	3Ⅱ	人爲	인위	↔	自然	자연	4Ⅱ

入闕	입궐	↔	退闕	퇴궐	2	贊成	찬성	↔	反對	반대	3Ⅱ
潛在	잠재	↔	顯在	현재	3Ⅱ	贊評	찬평	↔	酷評	혹평	2
低下	저하	↔	向上	향상	4Ⅱ	慘敗	참패	↔	快勝	쾌승	3
絶讚	절찬	↔	酷評	혹평	2	彰善	창선	↔	彰惡	창악	2
漸進	점진	↔	急進	급진	3Ⅱ	聽者	청자	↔	話者	화자	4
精算	정산	↔	槪算	개산	3Ⅱ	超人	초인	↔	凡人	범인	3Ⅱ
靜肅	정숙	↔	騷亂	소란	3	總角	총각	↔	處女	처녀	4Ⅱ
精神	정신	↔	物質	물질	4Ⅱ	抽象	추상	↔	具體	구체	3
定着	정착	↔	漂流	표류	3	縮小	축소	↔	擴大	확대	3
弔客	조객	↔	賀客	하객	3	忠臣	충신	↔	逆臣	역신	4Ⅱ
拙劣	졸렬	↔	巧妙	교묘	3	治世	치세	↔	亂世	난세	4
左遷	좌천	↔	榮轉	영전	3Ⅱ	稱讚	칭찬	↔	非難	비난	4
重厚	중후	↔	輕薄	경박	3Ⅱ	快樂	쾌락	↔	苦痛	고통	4
增進	증진	↔	減退	감퇴	4Ⅱ	脫退	탈퇴	↔	加入	가입	4
支出	지출	↔	收入	수입	4Ⅱ	統合	통합	↔	分析	분석	3
進步	진보	↔	保守	보수	4Ⅱ	退步	퇴보	↔	進步	진보	4Ⅱ
陳腐	진부	↔	斬新	참신	2	特殊	특수	↔	普遍	보편	3
質疑	질의	↔	應答	응답	4	破壞	파괴	↔	建設	건설	3Ⅱ
借用	차용	↔	返濟	반제	3	平等	평등	↔	差別	차별	4
着帽	착모	↔	脫帽	탈모	2	廢業	폐업	↔	開業	개업	3Ⅱ

飽食	포식	↔	飢餓	기아	3	開架式	개가식	↔	閉架式	폐가식 3Ⅱ
被害	피해	↔	加害	가해	3Ⅱ	開放性	개방성	↔	閉鎖性	폐쇄성 3Ⅱ
畢讀	필독	↔	始讀	시독	3Ⅱ	巨視的	거시적	↔	微視的	미시적 3Ⅱ
下待	하대	↔	恭待	공대	3Ⅱ	高踏的	고답적	↔	世俗的	세속적 3Ⅱ
下落	하락	↔	騰貴	등귀	3	購買者	구매자	↔	販賣者	판매자 2
夏至	하지	↔	冬至	동지	4Ⅱ	具體的	구체적	↔	抽象的	추상적 3
陷沒	함몰	↔	隆起	융기	3Ⅱ	根本的	근본적	↔	彌縫的	미봉적 2
解散	해산	↔	集合	집합	4	急騰勢	급등세	↔	急落勢	급락세 3
許可	허가	↔	禁止	금지	4Ⅱ	及第點	급제점	↔	落第點	낙제점 3Ⅱ
虛僞	허위	↔	眞實	진실	3Ⅱ	旣決案	기결안	↔	未決案	미결안 3
革新	혁신	↔	保守	보수	4	南極圈	남극권	↔	北極圈	북극권 2
顯官	현관	↔	微官	미관	3Ⅱ	女俳優	여배우	↔	男俳優	남배우 2
現實	현실	↔	理想	이상	4Ⅱ	農繁期	농번기	↔	農閑期	농한기 3Ⅱ
酷暑	혹서	↔	酷寒	혹한	2	單純性	단순성	↔	複雜性	복잡성 4
紅顔	홍안	↔	白髮	백발	3Ⅱ	大殺年	대살년	↔	大有年	대유년 4Ⅱ
訓讀	훈독	↔	音讀	음독	6	大丈夫	대장부	↔	拙丈夫	졸장부 3
吸氣	흡기	↔	排氣	배기	3Ⅱ	都給人	도급인	↔	受給人	수급인 4Ⅱ
興奮	흥분	↔	鎭靜	진정	3Ⅱ	同質化	동질화	↔	異質化	이질화 4
可燃性	가연성	↔	不燃性	불연성	4	落選人	낙선인	↔	當選人	당선인 5
可溶性	가용성	↔	不溶性	불용성	2	樂天家	낙천가	↔	厭世家	염세가 2

兩非論 양비론	↔	兩是論 양시론 4Ⅱ	拾得物 습득물	↔	紛失物 분실물 3Ⅱ
劣等感 열등감	↔	優越感 우월감 3	勝利者 승리자	↔	敗北者 패배자 5
老處女 노처녀	↔	老總角 노총각 4Ⅱ	昇壓器 승압기	↔	降壓器 강압기 3Ⅱ
立席券 입석권	↔	座席券 좌석권 4	始發驛 시발역	↔	終着驛 종착역 3Ⅱ
買受人 매수인	↔	賣渡人 매도인 3Ⅱ	嚴侍下 엄시하	↔	慈侍下 자시하 3Ⅱ
門外漢 문외한	↔	專門家 전문가 4	逆轉勝 역전승	↔	逆轉敗 역전패 4
搬入量 반입량	↔	搬出量 반출량 2	外斜面 외사면	↔	內斜面 내사면 3Ⅱ
發信人 발신인	↔	受信人 수신인 4Ⅱ	外疏薄 외소박	↔	內疏薄 내소박 3Ⅱ
白眼視 백안시	↔	靑眼視 청안시 4Ⅱ	偶順列 우순열	↔	奇順列 기순열 3Ⅱ
富益富 부익부	↔	貧益貧 빈익빈 4Ⅱ	違憲性 위헌성	↔	合憲性 합헌성 3
不文律 불문율	↔	成文律 성문율 4Ⅱ	唯心論 유심론	↔	唯物論 유물론 3
非需期 비수기	↔	盛需期 성수기 3Ⅱ	賃貸料 임대료	↔	賃借料 임차료 3Ⅱ
上位圈 상위권	↔	下位圈 하위권 2	積極策 적극책	↔	消極策 소극책 3Ⅱ
上終價 상종가	↔	下終價 하종가 5	早熟性 조숙성	↔	晩熟性 만숙성 3Ⅱ
夕刊紙 석간지	↔	朝刊紙 조간지 3Ⅱ	縱斷面 종단면	↔	橫斷面 횡단면 3Ⅱ
小口徑 소구경	↔	大口徑 대구경 3Ⅱ	增加率 증가율	↔	減少率 감소율 3Ⅱ
送荷人 송하인	↔	受荷人 수하인 3Ⅱ	初盤戰 초반전	↔	終盤戰 종반전 3Ⅱ
輸入國 수입국	↔	輸出國 수출국 3Ⅱ	出發驛 출발역	↔	到着驛 도착역 3Ⅱ
收入額 수입액	↔	支出額 지출액 4	就任辭 취임사	↔	離任辭 이임사 4
受託人 수탁인	↔	委託人 위탁인 2	販賣品 판매품	↔	非賣品 비매품 3

廢刊號	폐간호	↔	創刊號	창간호 3Ⅱ	吉則大凶	길즉대흉	↔	凶則大吉	흉즉대길 5

<table>

廢刊號 폐간호 ↔ 創刊號 창간호 3Ⅱ	吉則大凶 길즉대흉 ↔ 凶則大吉 흉즉대길 5
胞胎法 포태법 ↔ 避妊法 피임법 2	暖房裝置 난방장치 ↔ 冷房裝置 냉방장치 4
暴騰勢 폭등세 ↔ 暴落勢 폭락세 3	凍氷寒雪 동빙한설 ↔ 和風暖陽 화풍난양 3Ⅱ
必然性 필연성 ↔ 偶然性 우연성 3Ⅱ	樂觀論者 낙관론자 ↔ 悲觀論者 비관론자 4Ⅱ
下位圈 하위권 ↔ 上位圈 상위권 2	弄璋之慶 농장지경 ↔ 弄瓦之慶 농와지경 2
閑中忙 한중망 ↔ 忙中閑 망중한 3	流芳百世 유방백세 ↔ 遺臭萬年 유취만년 3
歡送宴 환송연 ↔ 歡迎宴 환영연 3Ⅱ	麻中之蓬 마중지봉 ↔ 近墨者黑 근묵자흑 2
凶漁期 흉어기 ↔ 豊漁期 풍어기 4Ⅱ	物價下落 물가하락 ↔ 物價騰貴 물가등귀 3
見利思義 견리사의 ↔ 見利忘義 견리망의 3	歲入豫算 세입예산 ↔ 歲出豫算 세출예산 4
輕擧妄動 경거망동 ↔ 隱忍自重 은인자중 3Ⅱ	始終一貫 시종일관 ↔ 龍頭蛇尾 용두사미 3Ⅱ
景氣上昇 경기상승 ↔ 景氣下降 경기하강 3Ⅱ	我田引水 아전인수 ↔ 易地思之 역지사지 3Ⅱ
高官大爵 고관대작 ↔ 微官末職 미관말직 3	違法行爲 위법행위 ↔ 適法行爲 적법행위 3
高臺廣室 고대광실 ↔ 一間斗屋 일간두옥 3Ⅱ	積善餘慶 적선여경 ↔ 積惡餘殃 적악여앙 3
高山流水 고산유수 ↔ 市道之交 시도지교 3Ⅱ	卒年月日 졸년월일 ↔ 生年月日 생년월일 5
管鮑之交 관포지교 ↔ 市道之交 시도지교 2	支出豫算 지출예산 ↔ 收入豫算 수입예산 4
錦上添花 금상첨화 ↔ 雪上加霜 설상가상 3	下意上達 하의상달 ↔ 上意下達 상의하달 4Ⅱ
奇數拍子 기수박자 ↔ 偶數拍子 우수박자 3Ⅱ	興盡悲來 흥진비래 ↔ 苦盡甘來 고진감래 4

</table>

유의자(類義字) – 뜻이 비슷한 한자(漢字)

可 (옳을 가)	5	–	義 (옳을 의)	4Ⅱ		
加 (더할 가)	5	–	益 (더할 익)	4Ⅱ		
			增 (더할 증)	4Ⅱ		
佳 (아름다울 가)	3Ⅱ	–	美 (아름다울 미)	6		
家 (집 가)	7Ⅱ	–	閣 (집 각)	3Ⅱ		
			館 (집 관)	3Ⅱ		
			宮 (집 궁)	4Ⅱ		
			堂 (집 당)	6Ⅱ		
			室 (집 실)	8		
			屋 (집 옥)	5		
			宇 (집 우)	3Ⅱ		
			院 (집 원)	5		
			宙 (집 주)	3Ⅱ		
			宅 (집 택)	5Ⅱ		
			戶 (집 호)	4Ⅱ		
			軒 (집 헌)	3		
假 (거짓 가)	4Ⅱ	–	僞 (거짓 위)	3Ⅱ		
街 (거리 가)	4Ⅱ	–	巷 (거리 항)	3		
			徑 (길 경)	3Ⅱ		
			道 (길 도)	7Ⅱ		
			路 (길 로)	6		
			程 (길 정)	4Ⅱ		
歌 (노래 가)	7	–	曲 (굽을 곡)	5		

			樂 (노래 악)	6Ⅱ		
			詠 (읊을 영)	3		
			謠 (노래 요)	4Ⅱ		
			唱 (부를 창)	5		
價 (값 가)	5Ⅱ	–	値 (값 치)	3Ⅱ		
却 (물리칠 각)	3	–	斥 (물리칠 척)	3		
刻 (새길 각)	4	–	刊 (새길 간)	3Ⅱ		
			銘 (새길 명)	3Ⅱ		
脚 (다리 각)	3Ⅱ	–	橋 (다리 교)	5		
			梁 (돌다리 량)	3Ⅱ		
覺 (깨달을 각)	4	–	悟 (깨달을 오)	3Ⅱ		
干 (방패 간)	4	–	盾 (방패 순)	2		
姦 (간음할 간)	3	–	淫 (음란할 음)	3Ⅱ		
看 (볼 간)	4	–	監 (볼 감)	4Ⅱ		
			見 (볼 견)	5Ⅱ		
			觀 (볼 관)	5Ⅱ		
			覽 (볼 람)	4		
			視 (볼 시)	4Ⅱ		
			閱 (볼 열)	3		
			瞻 (볼 첨)	2(名)		
間 (사이 간)	7Ⅱ	–	隔 (사이뜰 격)	3Ⅱ		
幹 (줄기 간)	3Ⅱ	–	脈 (줄기 맥)	4Ⅱ		
簡 (간략할 간)	4	–	略 (간략할 략)	4		

減 (덜 감)	4Ⅱ –	省 (덜 생)	6Ⅱ		
		損 (덜 손)	4		
		除 (덜 제)	4Ⅱ		
監 (볼 감)	4Ⅱ –	觀 (볼 관)	5Ⅱ		
		視 (볼 시)	4Ⅱ		
		察 (살필 찰)	4Ⅱ		
憾 (섭섭할 감)	2 –	怨 (원망할 원)	4		
		恨 (한 한)	4		
感 (느낄 감)	6 –	覺 (깨달을 각)	4		
甲 (갑옷 갑)	4 –	鉀 (갑옷 갑)	2(名)		
江 (강 강)	7Ⅱ –	河 (물 하)	5		
剛 (굳셀 강)	3Ⅱ –	健 (굳셀 건)	5		
		彊 (굳셀 강)	2(名)		
		桓 (굳셀 환)	2(名)		
強 (강할 강)	6 –	健 (굳셀 건)	5		
康 (편안 강)	4Ⅱ –	寧 (편안 녕)	3Ⅱ		
		穩 (편안할 온)	2		
		逸 (편안할 일)	3Ⅱ		
綱 (벼리 강)	3Ⅱ –	紀 (벼리 기)	4		
		維 (벼리 유)	3Ⅱ		
鋼 (강철 강)	3Ⅱ –	鐵 (쇠 철)	5		
講 (욀 강)	4Ⅱ –	釋 (풀 석)	3Ⅱ		
		解 (풀 해)	4Ⅱ		

				誦 (욀 송)	3
介 (낄 개)	3Ⅱ –	擁 (낄 옹)	3		
改 (고칠 개)	5 –	更 (고칠 경)	4		
皆 (다 개)	3 –	總 (다 총)	4Ⅱ		
		咸 (다 함)	3		
個 (낱 개)	4Ⅱ –	枚 (낱 매)	2		
開 (열 개)	6 –	啓 (열 계)	3Ⅱ		
蓋 (덮을 개)	3Ⅱ –	覆 (다시 복)	3Ⅱ		
		蔽 (덮을 폐)	3		
慨 (슬퍼할 개)	3 –	悼 (슬퍼할 도)	2		
		悽 (슬퍼할 처)	2		
		哀 (슬플 애)	3Ⅱ		
		嗚 (슬플 오)	3		
更 (다시 갱)	4 –	復 (다시 부)	4Ⅱ		
		覆 (다시 복)	3Ⅱ		
去 (갈 거)	5 –	赴 (갈 부)	3		
		往 (갈 왕)	4Ⅱ		
		之 (갈 지)	3Ⅱ		
		進 (나아갈 진)	4Ⅱ		
巨 (클 거)	4 –	大 (큰 대)	8		
		碩 (클 석)	2		
		偉 (클 위)	5Ⅱ		
		泰 (클 태)	3Ⅱ		

	太 (클 태)	6
	弘 (클 홍)	3
	价 (클 개)	2(名)
	甫 (클 보)	2(名)
	丕 (클 비)	2(名)
	奭 (클 석)	2(名)
車 (수레 거/차) 7Ⅱ –	輛 (수레 량)	2
	輿 (수레 여)	3
	軻 (수레 가)	2
居 (살 거) 4 –	留 (머무를 류)	4Ⅱ
	住 (살 주)	7
拒 (막을 거) 4 –	防 (막을 방)	4Ⅱ
	障 (막을 장)	4Ⅱ
	抵 (막을 저)	3Ⅱ
	沮 (막을 저)	2
	杜 (막을 두)	2(名)
	閼 (막을 알)	2(名)
距 (상거할 거) 3Ⅱ –	離 (떠날 리)	4
擧 (들 거) 5 –	揭 (높이들 게)	2
	動 (움직일 동)	7Ⅱ
件 (물건 건) 5 –	品 (물건 품)	5Ⅱ
建 (세울 건) 5 –	立 (설 립)	7Ⅱ
乾 (하늘 건) 3Ⅱ –	天 (하늘 천)	7

	旻 (하늘 민)	2(名)
	昊 (하늘 호)	2(名)
乾 (마를 건) 3Ⅱ –	枯 (마를 고)	3
	燥 (마를 조)	3
傑 (뛰어날 걸) 4 –	杰 (뛰어날 걸)	2(名)
檢 (검시할 검) 4Ⅱ –	閱 (볼 열)	3
	査 (조사할 사)	5
	察 (살필 찰)	4Ⅱ
堅 (굳을 견) 4 –	強 (강할 강)	6
	固 (굳을 고)	5
格 (격식 격) 5Ⅱ –	式 (법 식)	6
激 (격할 격) 4 –	烈 (매울 렬)	4
擊 (칠 격) 4 –	打 (칠 타)	5
犬 (개 견) 4 –	狗 (개 구)	3
	戌 (개 술)	3
牽 (끌 견) 3 –	引 (끌 인)	4Ⅱ
遣 (보낼 견) 3 –	送 (보낼 송)	4Ⅱ
	輸 (보낼 수)	3Ⅱ
絹 (비단 견) 3 –	錦 (비단 금)	3Ⅱ
決 (결단할 결) 5Ⅱ –	斷 (끊을 단)	4Ⅱ
	判 (판단할 판)	4
結 (맺을 결) 5Ⅱ –	束 (묶을 속)	5Ⅱ
	約 (맺을 약)	5Ⅱ

				締 (맺을 체)	2
潔 (깨끗할 결)	4Ⅱ	–	白 (흰 백)	8
			淨 (깨끗할 정)	3Ⅱ
訣 (이별할 결)	3Ⅱ	–	別 (나눌 별)	6
謙 (겸손할 겸)	3Ⅱ	–	讓 (사양할 양)	3Ⅱ
兼 (겸할 겸)	3Ⅱ	–	倂 (아우를 병)	2
庚 (별 경)	3	–	星 (별 성)	4Ⅱ
			辰 (별 진)	3Ⅱ
			奎 (별 규)	2(名)
京 (서울 경)	6	–	都 (도읍 도)	5
頃 (이랑 경)	3Ⅱ	–	疇 (이랑 주)	2(名)
頃 (잠깐 경)	3Ⅱ	–	暫 (잠깐 잠)	3Ⅱ
景 (볕 경)	5	–	光 (빛 광)	6Ⅱ
			陽 (볕 양)	6
卿 (벼슬 경)	3	–	官 (벼슬 관)	4Ⅱ
			吏 (벼슬아치 리)	3Ⅱ
			尉 (벼슬 위)	2
			爵 (벼슬 작)	3
慶 (경사 경)	4Ⅱ	–	福 (복 복)	5Ⅱ
			祝 (빌 축)	5
			賀 (하례할 하)	3Ⅱ
硬 (굳을 경)	3Ⅱ	–	堅 (굳을 견)	4
			固 (굳을 고)	5

				確 (굳을 확)	4Ⅱ
敬 (공경 경)	5Ⅱ	–	欽 (공경할 흠)	2(名)
傾 (기울 경)	4	–	倒 (넘어질 도)	3Ⅱ
			斜 (비낄 사)	3Ⅱ
			歪 (기울 왜)	2
鏡 (거울 경)	4	–	鑑 (거울 감)	3Ⅱ
經 (지날 경)	4Ⅱ	–	過 (지날 과)	5Ⅱ
			歷 (지날 력)	5Ⅱ
經 (글 경)	4Ⅱ	–	句 (글귀 구)	4Ⅱ
			文 (글월 문)	7
			詞 (글 사)	3Ⅱ
			書 (글 서)	6Ⅱ
			章 (글 장)	6
境 (지경 경)	4Ⅱ	–	界 (지경 계)	6Ⅱ
			區 (지경 구)	6
			域 (지경 역)	4
			疆 (지경 강)	2(名)
			垠 (지경 은)	2(名)
競 (다툴 경)	5	–	爭 (다툴 쟁)	5
警 (깨우칠 경)	4Ⅱ	–	覺 (깨달을 각)	4
			戒 (경계할 계)	4
系 (이어맬 계)	4	–	係 (맬 계)	4Ⅱ
			繫 (맬 계)	3

戒 (경계할 계)	4	–	儆 (경계할 경) 2(名)		惟 (생각할 유)	3
癸 (북방 계)	3	–	壬 (북방 임) 3Ⅱ	苦 (쓸 고) 6	難 (어려울 난)	4Ⅱ
契 (맺을 계)	3Ⅱ	–	約 (맺을 약) 5Ⅱ		辛 (매울 신)	3
			締 (맺을 체) 2	告 (알릴 고) 5Ⅱ	白 (흰 백)	8
計 (셀 계)	6Ⅱ	–	算 (셈 산) 7		示 (보일 시)	5
			數 (셈 수) 7	雇 (품팔 고) 2	傭 (품팔 용)	2
階 (섬돌 계)	4	–	級 (등급 급) 6	孤 (외로울 고) 4	獨 (홀로 독)	5Ⅱ
			段 (층계 단) 4	高 (높을 고) 6Ⅱ	隆 (높을 륭)	3Ⅱ
			層 (층 층) 4		卓 (높을 탁)	5
溪 (시내 계)	3Ⅱ	–	川 (내 천) 7		埈 (높을 준)	2(名)
季 (계절 계)	4	–	末 (끝 말) 5		峻 (높을 준)	2(名)
			節 (마디 절) 5Ⅱ		崔 (높을 최)	2(名)
繼 (이을 계)	4	–	續 (이을 속) 4Ⅱ		亢 (높을 항)	2(名)
			承 (이을 승) 4Ⅱ	庫 (곳집 고) 4	倉 (곳집 창)	3Ⅱ
鷄 (닭 계)	4	–	酉 (닭 유) 3		庾 (곳집 유)	2(名)
古 (예 고)	6	–	舊 (예 구) 5Ⅱ	谷 (골 곡) 3Ⅱ	洞 (골 동)	7
			故 (연고 고) 4Ⅱ	哭 (울 곡) 3Ⅱ	鳴 (울 명)	4
			昔 (예 석) 3		泣 (울 읍)	3
枯 (마를 고)	3	–	渴 (목마를 갈) 3	穀 (곡식 곡) 4	糧 (양식 량)	4
考 (생각할 고)	5	–	念 (생각 념) 5Ⅱ	困 (곤할 곤) 4	疲 (피곤할 피)	4
			慮 (생각할 려) 4		窮 (궁할 궁)	4
			想 (생각 상) 4Ⅱ	坤 (따 곤) 3	地 (따 지)	7
			憶 (생각할 억) 3Ⅱ	工 (장인 공) 7Ⅱ	作 (지을 작)	6Ⅱ

			造 (지을 조)	4Ⅱ	
功 (공 공)	6Ⅱ	–	勳 (공 훈)	2	
共 (한가지 공)	6Ⅱ	–	同 (한가지 동)	7	
攻 (칠 공)	4	–	擊 (칠 격)	4	
			歐 (칠 구)	2	
			拍 (칠 박)	4	
			伐 (칠 벌)	4Ⅱ	
			征 (칠 정)	3Ⅱ	
			討 (칠 토)	4	
			打 (칠 타)	5	
供 (이바지할 공)	3Ⅱ	–	給 (줄 급)	5	
			與 (줄 여)	4	
孔 (구멍 공)	4	–	穴 (굴 혈)	3Ⅱ	
空 (빌 공)	7Ⅱ	–	虛 (빌 허)	4Ⅱ	
貢 (바칠 공)	3Ⅱ	–	納 (들일 납)	4	
			呈 (드릴 정)	2	
			獻 (드릴 헌)	3Ⅱ	
恭 (공손할 공)	3Ⅱ	–	敬 (공경 경)	5Ⅱ	
恐 (두려울 공)	3Ⅱ	–	懼 (두려워할 구)	3	
			畏 (두려워할 외)	3	
			怖 (두려워할 포)	2	
戈 (창 과)	2	–	矛 (창 모)	2	
果 (실과 과)	6Ⅱ	–	菓 (실과 과)	2	

			實 (열매 실)	5Ⅱ	
過 (지날 과)	5Ⅱ	–	去 (갈 거)	5	
			失 (잃을 실)	6	
			誤 (그르칠 오)	4Ⅱ	
寡 (적을 과)	3Ⅱ	–	少 (적을 소)	7	
官 (벼슬 관)	4Ⅱ	–	爵 (벼슬 작)	3	
冠 (갓 관)	3Ⅱ	–	帽 (모자 모)	2	
款 (항목 관)	2	–	項 (항목 항)	3Ⅱ	
貫 (꿸 관)	3Ⅱ	–	串 (꿸 관)	2(名)	
			徹 (통할 철)	3Ⅱ	
			通 (통할 통)	6	
觀 (볼 관)	5Ⅱ	–	覽 (볼 람)	4	
			察 (살필 찰)	4Ⅱ	
關 (관계할 관)	5Ⅱ	–	鎖 (쇠사슬 쇄)	3Ⅱ	
			與 (줄 여)	4	
光 (빛 광)	6Ⅱ	–	明 (밝을 명)	6Ⅱ	
			彩 (채색 채)	3Ⅱ	
			色 (빛 색)	7	
			輝 (빛날 휘)	3	
廣 (넓을 광)	5Ⅱ	–	漠 (넓을 막)	3Ⅱ	
			博 (넓을 박)	4Ⅱ	
			汎 (넓을 범)	2	
			普 (넓을 보)	4	

	浩 (넓을 호)	3Ⅱ		丘 (언덕 구)	3Ⅱ –	陵 (언덕 릉) 3Ⅱ
	洪 (넓을 홍)	3Ⅱ				岸 (언덕 안) 3Ⅱ
	衍 (넓을 연)	2(名)				原 (언덕 원) 5
	汪 (넓을 왕)	2(名)				崗 (언덕 강) 2(名)
	沆 (넓을 항)	2(名)				皐 (언덕 고) 2(名)
	澔 (넓을 호)	2(名)				邱 (언덕 구) 2(名)
掛 (걸 괘) 3 –	揭 (걸 게)	2				阜 (언덕 부) 2(名)
塊 (흙덩이 괴) 3 –	壤 (흙덩이 양)	3Ⅱ				峙 (언덕 치) 2(名)
怪 (괴이할 괴) 3Ⅱ –	奇 (기특할 기)	4				坡 (언덕 파) 2(名)
	異 (다를 이)	4				阪 (언덕 판) 2(名)
愧 (부끄러울 괴) 3 –	慚 (부끄러울 참)	3	區 (구분할 구)	6 –	別 (나눌 별) 6	
	恥 (부끄러울 치)	3Ⅱ			分 (나눌 분) 6Ⅱ	
郊 (들 교) 3 –	野 (들 야)	6	區 (지경 구)	6 –	域 (지경 역) 4	
	坪 (들 평)	2	具 (갖출 구)	5Ⅱ –	備 (갖출 비) 4Ⅱ	
巧 (공교할 교) 3Ⅱ –	妙 (묘할 묘)	4			該 (갖출 해) 3	
橋 (다리 교) 5 –	梁 (들보 량)	3Ⅱ	拘 (잡을 구)	3Ⅱ –	攝 (잡을 섭) 3	
校 (학교 교) 8 –	庠 (학교 상)	2(名)			操 (잡을 조) 5	
敎 (가르칠 교) 8 –	訓 (가르칠 훈)	6			執 (잡을 집) 3Ⅱ	
矯 (바로잡을 교) 3 –	正 (바를 정)	7Ⅱ			捉 (잡을 착) 3	
	訂 (바로잡을 정)	3			逮 (잡을 체) 3	
久 (오랠 구) 3Ⅱ –	彌 (오랠 미)	2(名)			捕 (잡을 포) 3Ⅱ	
求 (구할 구) 4Ⅱ –	乞 (빌 걸)	3			把 (잡을 파) 3	
	索 (찾을 색)	3Ⅱ			秉 (잡을 병) 2(名)	

救 (구원할 구)	5	–	援 (도울 원)	4			
			濟 (건널 제)	4Ⅱ			
購 (살 구)	2	–	買 (살 매)	5			
構 (얽을 구)	4	–	造 (지을 조)	4Ⅱ			
			築 (쌓을 축)	4Ⅱ			
			絡 (얽을 락)	3Ⅱ			
君 (임금 군)	4	–	王 (임금 왕)	8			
			帝 (임금 제)	4			
			主 (임금 주)	7			
			皇 (임금 황)	3Ⅱ			
			后 (임금 후)	2(名)			
軍 (군사 군)	8	–	兵 (병사 병)	5Ⅱ			
			士 (선비 사)	5Ⅱ			
			卒 (마칠 졸)	5Ⅱ			
郡 (고을 군)	6	–	邑 (고을 읍)	7			
			州 (고을 주)	5Ⅱ			
			縣 (고을 현)	3			
群 (무리 군)	4	–	黨 (무리 당)	4Ⅱ			
			徒 (무리 도)	4			
			隊 (무리 대)	4Ⅱ			
			等 (무리 등)	6Ⅱ			
			類 (무리 류)	5Ⅱ			
			輩 (무리 배)	3Ⅱ			

		衆 (무리 중)	4Ⅱ	
屈 (굽힐 굴)	4 –	曲 (굽을 곡)	5	
		折 (꺾을 절)	4	
窟 (굴 굴)	2 –	穴 (굴 혈)	3Ⅱ	
宮 (집 궁)	4Ⅱ –	闕 (대궐 궐)	2	
		殿 (전각 전)	3Ⅱ	
窮 (다할 궁)	4 –	極 (다할 극)	4Ⅱ	
		盡 (다할 진)	4	
券 (문서 권)	4 –	狀 (문서 장)	4Ⅱ	
		籍 (문서 적)	4	
卷 (책 권)	4 –	册 (책 책)	4	
		篇 (책 편)	4	
勸 (권할 권)	4 –	勵 (힘쓸 려)	3Ⅱ	
		勉 (힘쓸 면)	4	
		奬 (장려할 장)	4	
鬼 (귀신 귀)	3Ⅱ –	神 (귀신 신)	6Ⅱ	
貴 (귀할 귀)	5 –	重 (무거울 중)	7	
歸 (돌아갈 귀)	4 –	還 (돌아올 환)	3Ⅱ	
規 (법 규)	5 –	格 (격식 격)	5Ⅱ	
		度 (법도 도)	6	
		例 (법식 례)	6	
		律 (법칙 률)	4Ⅱ	
		範 (법 범)	4	

	式 (법 식)	6		禽 (새 금)	3Ⅱ –	鳳 (봉새 봉)	3Ⅱ
	典 (법 전)	5Ⅱ				乙 (새 을)	3Ⅱ
	則 (법칙 칙)	5				鳥 (새 조)	4Ⅱ
	憲 (법 헌)	4				鵬 (새 붕)	2(名)
	呂 (법칙 려)	2(名)		琴 (거문고 금)	3Ⅱ –	瑟 (큰거문고 슬)	2(名)
糾 (얽힐 규) 3 –	結 (맺을 결)	5Ⅱ		急 (급할 급)	6Ⅱ –	迫 (핍박할 박)	3Ⅱ
	明 (밝을 명)	6Ⅱ				速 (빠를 속)	6
	察 (살필 찰)	4Ⅱ		給 (줄 급) 5 –	賜 (줄 사)	3
	彈 (탄알 탄)	4			授 (줄 수)	4Ⅱ
均 (고를 균) 4 –	等 (무리 등)	6Ⅱ			與 (줄 여)	4
	調 (고를 조)	5Ⅱ		肯 (즐길 긍) 3 –	樂 (즐길 락)	6Ⅱ
	平 (평평할 평)	7Ⅱ			娛 (즐길 오)	3
龜 (터질 균) 3 –	裂 (찢어질 렬)	3Ⅱ			耽 (즐길 탐)	2(名)
克 (이길 극) 3Ⅱ –	勝 (이길 승)	6		己 (몸 기) 5Ⅱ –	身 (몸 신)	6Ⅱ
極 (다할 극) 4Ⅱ –	端 (끝 단)	4Ⅱ		企 (꾀할 기) 3Ⅱ –	望 (바랄 망)	5Ⅱ
	盡 (다할 진)	4		技 (재주 기) 5 –	術 (재주 술)	6Ⅱ
劇 (심할 극) 4 –	甚 (심할 심)	3Ⅱ			藝 (재주 예)	4Ⅱ
	酷 (심할 혹)	2			才 (재주 재)	6Ⅱ
根 (뿌리 근) 6 –	本 (근본 본)	6		祈 (빌 기) 3Ⅱ –	祝 (빌 축)	5
謹 (삼갈 근) 3 –	愼 (삼갈 신)	3Ⅱ		豈 (어찌 기) 3 –	奈 (어찌 내)	3
	毖 (삼갈 비)	2(名)			那 (어찌 나)	3
	頊 (삼갈 욱)	2(名)			焉 (어찌 언)	3
金 (쇠 금) 8 –	鐵 (쇠 철)	5			奚 (어찌 해)	3

	何 (어찌 하)	3Ⅱ	娘 (계집 낭)	3Ⅱ	女 (계집 녀)	8
記 (기록할 기) 7Ⅱ	錄 (기록할 록)	4Ⅱ			姬 (계집 희)	2
	識 (기록할 지)	5Ⅱ			媛 (계집 원)	2(名)
	誌 (기록할 지)	4	年 (해 년) 8	歲 (해 세)		5Ⅱ
飢 (주릴 기) 3	餓 (주릴 아)	3	念 (생각 념) 5Ⅱ	慮 (생각할 려)		4
基 (터 기) 5Ⅱ	垈 (집터 대)	2	寧 (편안 녕) 3Ⅱ	穩 (편안할 온)		2
	址 (터 지)	2(名)			逸 (편안할 일)	3Ⅱ
寄 (부칠 기) 4	付 (부칠 부)	3Ⅱ	奴 (종 노) 3Ⅱ	隷 (종 례)		3
旣 (이미 기) 3	已 (이미 이)	3Ⅱ	努 (힘쓸 노) 4Ⅱ	勵 (힘쓸 려)		3Ⅱ
棄 (버릴 기) 3	捨 (버릴 사)	3			力 (힘 력)	7Ⅱ
	廢 (버릴 폐)	3Ⅱ			勉 (힘쓸 면)	4
旗 (기 기) 7	旌 (기 정)	2(名)			務 (힘쓸 무)	4Ⅱ
起 (일어날 기) 4	立 (설 립)	7Ⅱ	怒 (성낼 노) 4Ⅱ	憤 (분할 분)		4
	發 (필 발)	6Ⅱ	農 (농사 농) 7Ⅱ	耕 (밭갈 경)		3Ⅱ
畿 (경기 기) 3Ⅱ	甸 (경기 전)	2	濃 (짙을 농) 2	厚 (두터울 후)		4
器 (그릇 기) 4Ⅱ	具 (갖출 구)	5Ⅱ	旦 (아침 단) 3Ⅱ	朝 (아침 조)		6
	陶 (질그릇 도)	3Ⅱ	但 (다만 단) 3Ⅱ	只 (다만 지)		3
	甄 (질그릇 견)	2(名)	單 (홑 단) 4Ⅱ	獨 (홀로 독)		5Ⅱ
忌 (꺼릴 기) 3	嫌 (싫어할 혐)	3	團 (둥글 단) 5Ⅱ	圓 (둥글 원)		4Ⅱ
緊 (긴할 긴) 3Ⅱ	要 (요긴할 요)	5Ⅱ			丸 (둥글 환)	3
男 (사내 남) 7	郎 (사내 랑)	3Ⅱ	端 (끝 단) 4Ⅱ	卒 (마칠 졸)		5Ⅱ
南 (남녘 남) 8	丙 (남녘 병)	3Ⅱ	斷 (끊을 단) 4Ⅱ	切 (끊을 절)		5Ⅱ
納 (들일 납) 4	入 (들 입)	7			絶 (끊을 절)	4Ⅱ

鍛 (쇠불릴 단) 2	–	鍊 (쇠불릴 련) 3Ⅱ			着 (붙을 착)	5Ⅱ
達 (통달할 달) 4Ⅱ	–	成 (이룰 성) 6Ⅱ			致 (이를 치)	5
潭 (못 담) 2	–	池 (못 지) 3Ⅱ	挑 (돋울 도) 3	–	培 (북돋울 배)	3Ⅱ
		澤 (못 택) 3Ⅱ	徒 (무리 도) 4	–	黨 (무리 당)	4Ⅱ
		塘 (못 당) 2(名)			輩 (무리 배)	3Ⅱ
		沼 (못 소) 2(名)	道 (길 도) 7Ⅱ	–	途 (길 도)	3
		淵 (못 연) 2(名)			路 (길 로)	6
談 (말씀 담) 5	–	辯 (말씀 변) 4	逃 (도망할 도) 4	–	亡 (망할 망)	5
		辭 (말씀 사) 4			北 (달아날 배)	8
		說 (말씀 설) 5Ⅱ			避 (피할 피)	4
		語 (말씀 어) 7			趨 (달아날 추)	2
		言 (말씀 언) 6	盜 (도둑 도) 4	–	賊 (도둑 적)	4
		話 (말씀 화) 7Ⅱ			竊 (훔칠 절)	3
擔 (멜 담) 4Ⅱ	–	荷 (멜 하) 3Ⅱ	渡 (건널 도) 3Ⅱ	–	涉 (건널 섭)	3
		任 (맡길 임) 5Ⅱ			濟 (건널 제)	4Ⅱ
答 (대답 답) 7Ⅱ	–	兪 (대답할 유) 2(名)	跳 (뛸 도) 3	–	躍 (뛸 약)	3
踏 (밟을 답) 3Ⅱ	–	履 (밟을 리) 3Ⅱ	圖 (그림 도) 6Ⅱ	–	畫 (그림 화)	6
堂 (집 당) 6Ⅱ	–	室 (집 실) 8	稻 (벼 도) 3	–	稙 (올벼 직)	2(名)
當 (마땅 당) 5Ⅱ	–	宜 (마땅 의) 3			禾 (벼 화)	3
		該 (마땅 해) 3	毒 (독 독) 4Ⅱ	–	害 (해할 해)	5Ⅱ
刀 (칼 도) 3Ⅱ	–	劍 (칼 검) 3Ⅱ	敦 (도타울 돈) 3	–	篤 (도타울 독)	3
到 (이를 도) 5Ⅱ	–	達 (통달할 달) 4Ⅱ			厚 (두터울 후)	4
		至 (이를 지) 4Ⅱ	豚 (돼지 돈) 3	–	亥 (돼지 해)	3

突 (갑자기 돌) 3Ⅱ	–	忽 (갑자기 홀)	3Ⅱ	爛 (빛날 란)	2	–	曜 (빛날 요)	5

突 (갑자기 돌) 3Ⅱ – 忽 (갑자기 홀) 3Ⅱ

同 (한가지 동) 7 – 等 (무리 등) 6Ⅱ
       一 (한 일) 8

洞 (골 동) 7 – 窟 (굴 굴) 2
       里 (마을 리) 7
       穴 (굴 혈) 3Ⅱ

動 (움직일 동) 7Ⅱ – 搖 (흔들 요) 3

頭 (머리 두) 6 – 首 (머리 수) 5Ⅱ

屯 (진칠 둔) 3 – 陣 (진칠 진) 4

登 (오를 등) 7 – 騰 (오를 등) 3
       昇 (오를 승) 3Ⅱ
       陟 (오를 척) 2(名)

等 (무리 등) 6Ⅱ – 級 (등급 급) 6
       類 (무리 류) 5Ⅱ
       衆 (무리 중) 4Ⅱ

謄 (베낄 등) 2 – 寫 (베낄 사) 5

羅 (버릴 라) 4Ⅱ – 列 (벌릴 렬) 4Ⅱ

絡 (이을 락) 3Ⅱ – 繼 (이을 계) 4
       聯 (연이을 련) 3Ⅱ
       連 (이을 련) 4Ⅱ
       續 (이을 속) 4Ⅱ
       紹 (이을 소) 2
       承 (이을 승) 4Ⅱ

爛 (빛날 란) 2 – 曜 (빛날 요) 5
       華 (빛날 화) 4
       輝 (빛날 휘) 3
       熙 (빛날 희) 2
       炅 (빛날 경) 2(名)
       彬 (빛날 빈) 2(名)
       燁 (빛날 엽) 2(名)
       煜 (빛날 욱) 2(名)
       耀 (빛날 요) 2(名)
       燦 (빛날 찬) 2(名)
       赫 (빛날 혁) 2(名)

朗 (밝을 랑) 5Ⅱ – 洞 (밝을 통) 7
       昭 (밝을 소) 3
       哲 (밝을 철) 3Ⅱ
       亮 (밝을 량) 2(名)
       昞 (밝을 병) 2(名)
       昺 (밝을 병) 2(名)
       晟 (밝을 성) 2(名)
       晳 (밝을 석) 2(名)
       瑩 (밝을 형) 2(名)
       昱 (햇빛밝을 욱) 2(名)

冷 (찰 랭) 5 – 寒 (찰 한) 5
       涼 (서늘할 량) 3Ⅱ

掠 (노략질할 략) 3	–	奪 (빼앗을 탈) 4	靈 (신령 령) 3Ⅱ	–	魂 (넋 혼) 3Ⅱ
良 (어질 량) 5Ⅱ	–	仁 (어질 인) 4	零 (떨어질 령) 3	–	落 (떨어질 락) 5
		好 (좋을 호) 4Ⅱ	嶺 (고개 령) 3Ⅱ	–	峴 (고개 현) 2(名)
兩 (두 량) 4Ⅱ	–	雙 (두 쌍) 3Ⅱ	例 (법식 례) 6	–	法 (법 법) 5Ⅱ
		二 (두 이) 8			式 (법 식) 5
		貳 (두 이) 2			典 (법 전) 5Ⅱ
		再 (두 재) 5	勞 (일할 로) 5Ⅱ	–	勤 (부지런할 근) 4
梁 (들보 량) 3Ⅱ	–	樑 (들보 량) 2(名)	老 (늙을 로) 7	–	翁 (늙은이 옹) 3
量 (헤아릴 량) 5	–	揆 (헤아릴 규) 2(名)			耆 (늙을 기) 2(名)
諒 (살펴알 량) 3	–	知 (알 지) 5Ⅱ	祿 (녹 록) 3Ⅱ	–	俸 (녹 봉) 2
旅 (나그네 려) 5Ⅱ	–	客 (손 객) 5Ⅱ	綠 (푸를 록) 6	–	碧 (푸를 벽) 3Ⅱ
慮 (생각할 려) 4	–	憶 (생각할 억) 3Ⅱ			蒼 (푸를 창) 3Ⅱ
		惟 (생각할 유) 3			靑 (푸를 청) 8
麗 (고울 려) 4Ⅱ	–	姸 (고울 연) 2(名)	論 (논할 론) 4Ⅱ	–	議 (의논할 의) 4Ⅱ
連 (이을 련) 4Ⅱ	–	續 (이을 속) 4Ⅱ	雷 (우레 뢰) 3Ⅱ	–	震 (우레 진) 3Ⅱ
		承 (이을 승) 4Ⅱ	料 (헤아릴 료) 5	–	量 (헤아릴 량) 5
		接 (이을 접) 4Ⅱ			度 (헤아릴 탁) 6
練 (익힐 련) 5Ⅱ	–	習 (익힐 습) 6	了 (마칠 료) 3	–	卒 (마칠 졸) 5Ⅱ
鍊 (쇠불릴 련) 3Ⅱ	–	鑄 (쇠불릴 주) 3Ⅱ			罷 (마칠 파) 3
憐 (불쌍히여길 련) 3	–	憫 (민망할 민) 3			畢 (마칠 필) 3Ⅱ
戀 (그리워할 련) 3Ⅱ	–	慕 (그릴 모) 3Ⅱ	樓 (다락 루) 3Ⅱ	–	閣 (집 각) 3Ⅱ
領 (거느릴 령) 5	–	率 (거느릴 솔) 3Ⅱ	累 (여러 루) 3Ⅱ	–	屢 (여러 루) 3
		統 (거느릴 통) 4Ⅱ			庶 (여러 서) 3

累 (자주 루)	3Ⅱ	–	頻 (자주 빈)	3	每 (매양 매)	7Ⅱ	–	常 (떳떳할 상)	4Ⅱ

累 (자주 루) 3Ⅱ – 頻 (자주 빈) 3 　　每 (매양 매) 7Ⅱ – 常 (떳떳할 상) 4Ⅱ

留 (머무를 류) 4Ⅱ – 泊 (머무를 박) 3 　　脈 (줄기 맥) 4Ⅱ – 絡 (이을 락) 3Ⅱ

　　　　　　　住 (살 주) 7 　　麥 (보리 맥) 3Ⅱ – 牟 (보리 모) 2(名)

流 (흐를 류) 5Ⅱ – 浪 (물결 랑) 3Ⅱ 　　孟 (맏 맹) 3Ⅱ – 伯 (맏 백) 3Ⅱ

陸 (뭍 륙) 5Ⅱ – 地 (따 지) 7 　　　　　　　允 (맏 윤) 2(名)

輪 (바퀴 륜) 4 – 廻 (돌 회) 2 　　猛 (사나울 맹) 3Ⅱ – 暴 (모질 포) 4Ⅱ

隆 (높을 륭) 3Ⅱ – 盛 (성할 성) 4Ⅱ 　　盟 (맹세 맹) 3Ⅱ – 誓 (맹세할 서) 3

　　　　　　　昌 (창성할 창) 3Ⅱ 　　面 (낯 면) 7 – 貌 (모양 모) 3Ⅱ

　　　　　　　興 (일 흥) 4Ⅱ 　　　　　　　容 (얼굴 용) 4Ⅱ

里 (마을 리) 7 – 府 (마을 부) 4Ⅱ 　　眠 (잘 면) 3Ⅱ – 宿 (잘 숙) 5Ⅱ

　　　　　　署 (마을 서) 3Ⅱ 　　　　　　　寢 (잘 침) 4

　　　　　　閭 (마을 염) 2(名) 　　勉 (힘쓸 면) 4 – 勵 (힘쓸 려) 3Ⅱ

利 (이할 리) 6Ⅱ – 益 (더할 익) 4Ⅱ 　　滅 (멸할 멸) 3Ⅱ – 亡 (망할 망) 5

離 (떠날 리) 4 – 別 (나눌 별) 6 　　名 (이름 명) 7Ⅱ – 稱 (일컬을 칭) 4

魔 (마귀 마) 2 – 鬼 (귀신 귀) 3Ⅱ 　　命 (목숨 명) 7 – 令 (하여금 령) 5

莫 (없을 막) 3Ⅱ – 罔 (없을 망) 3 　　明 (밝을 명) 6Ⅱ – 朗 (밝을 랑) 5Ⅱ

　　　　　　無 (없을 무) 5 　　　　　　　白 (흰 백) 8

幕 (장막 막) 3Ⅱ – 帳 (장막 장) 4 　　　　　　　輝 (빛날 휘) 3

滿 (찰 만) 4Ⅱ – 盈 (찰 영) 2(名) 　　毛 (터럭 모) 4Ⅱ – 毫 (터럭 호) 3

末 (끝 말) 5 – 端 (끝 단) 4Ⅱ 　　　　　　　髮 (터럭 발) 4

　　　　　尾 (꼬리 미) 3Ⅱ 　　侮 (업신여길 모) 3 – 蔑 (업신여길 멸) 2

忘 (잊을 망) 3 – 失 (잃을 실) 6 　　模 (본뜰 모) 4 – 倣 (본뜰 방) 3

望 (바랄 망) 5Ⅱ – 冀 (바랄 기) 2(名) 　　貌 (모양 모) 3Ⅱ – 範 (법 범) 4

		像 (모양 상)	3Ⅱ		非 (아닐 비)	4Ⅱ
		樣 (모양 양)	4	美 (아름다울 미) 6 -	麗 (고울 려)	4Ⅱ
募 (모을 모)	3 -	集 (모을 집)	6		徽 (아름다울 휘)	2(名)
謀 (꾀 모)	3Ⅱ -	策 (꾀 책)	3Ⅱ		烋 (아름다울 휴)	2(名)
		謨 (꾀 모)	2(名)		嬉 (아름다울 희)	2(名)
沐 (머리감을 목) 2 -		浴 (목욕할 욕)	5	迷 (미혹할 미)	3 - 惑 (미혹할 혹)	3Ⅱ
睦 (화목할 목)	3Ⅱ -	穆 (화목할 목)	2(名)	微 (작을 미)	3Ⅱ - 小 (작을 소)	8
沒 (빠질 몰)	3Ⅱ -	溺 (빠질 닉)	2		細 (가늘 세)	4Ⅱ
		陷 (빠질 함)	3Ⅱ		扁 (작을 편)	2(名)
卯 (토끼 묘)	3 -	兔 (토끼 토)	3Ⅱ	敏 (민첩할 민)	3 - 速 (빠를 속)	6
苗 (모 묘)	3 -	芽 (싹 아)	3Ⅱ		急 (급할 급)	6Ⅱ
茂 (무성할 무)	3Ⅱ -	繁 (번성할 번)	3Ⅱ	班 (나눌 반)	6Ⅱ - 配 (나눌 배)	4Ⅱ
		盛 (성할 성)	4Ⅱ		別 (나눌 별)	6
		昌 (창성할 창)	3Ⅱ		分 (나눌 분)	6Ⅱ
		旺 (왕성할 왕)	2(名)	返 (돌이킬 반)	3 - 還 (돌아올 환)	3Ⅱ
		郁 (성할 욱)	2(名)	飯 (밥 반)	3Ⅱ - 食 (밥 식)	7Ⅱ
貿 (무역할 무)	3Ⅱ -	易 (바꿀 역)	4		餐 (밥 찬)	2
文 (글월 문)	7 -	書 (글 서)	6Ⅱ	發 (필 발)	6Ⅱ - 敷 (펼 부)	2
		章 (글 장)	6		射 (쏠 사)	4
紊 (어지러울 문) 2 -		亂 (어지러울 란)	4		敍 (펼 서)	3
物 (물건 물)	7Ⅱ -	件 (물건 건)	5		述 (펼 술)	3Ⅱ
		品 (물건 품)	6Ⅱ		伸 (펼 신)	3
未 (아닐 미)	4Ⅱ -	否 (아닐 부)	4		演 (펼 연)	4Ⅱ

展 (펼 전) 5Ⅱ

鋪 (펼 포) 2

舒 (펼 서) 2(名)

髮 (터럭 발) 4 – 毫 (터럭 호) 3

邦 (나라 방) 3 – 國 (나라 국) 8

芳 (꽃다울 방) 3Ⅱ – 馨 (꽃다울 형) 2(名)

妨 (방해할 방) 4 – 害 (해할 해) 5Ⅱ

房 (방 방) 4Ⅱ – 閨 (안방 규) 2

傍 (곁 방) 3 – 側 (곁 측) 3Ⅱ

旁 (곁 방) 2(名)

紡 (길쌈 방) 2 – 績 (길쌈 적) 4

配 (짝 배) 4Ⅱ – 伴 (짝 반) 3

偶 (짝 우) 3Ⅱ

匹 (짝 필) 3

俳 (배우 배) 2 – 優 (넉넉할 우) 4

排 (밀칠 배) 3Ⅱ – 斥 (물리칠 척) 3

白 (흰 백) 8 – 素 (흴 소) 4Ⅱ

皓 (흴 호) 2(名)

番 (차례 번) 6 – 序 (차례 서) 5

第 (차례 제) 6Ⅱ

秩 (차례 질) 3Ⅱ

次 (버금 차) 4Ⅱ

飜 (번역할 번) 3 – 譯 (번역할 역) 3Ⅱ

繁 (번성할 번) 3Ⅱ – 茂 (무성할 무) 3Ⅱ

法 (법 법) 5Ⅱ – 規 (법 규) 5

度 (법도 도) 6

律 (법칙 률) 4Ⅱ

式 (법 식) 6

典 (법 전) 5Ⅱ

則 (법칙 칙) 5

碧 (푸를 벽) 3Ⅱ – 綠 (푸를 록) 6

靑 (푸를 청) 8

變 (변할 변) 5Ⅱ – 改 (고칠 개) 5

更 (고칠 경) 4

易 (바꿀 역) 4

革 (가죽 혁) 4

化 (될 화) 5Ⅱ

病 (병 병) 6 – 疫 (전염병 역) 3Ⅱ

患 (근심 환) 5

倂 (아우를 병) 2 – 合 (합할 합) 6

兵 (병사 병) 5Ⅱ – 士 (선비 사) 5Ⅱ

卒 (마칠 졸) 5Ⅱ

保 (지킬 보) 4Ⅱ – 守 (지킬 수) 4Ⅱ

衛 (지킬 위) 4Ⅱ

護 (도울 호) 4Ⅱ

報 (갚을 보) 4Ⅱ – 償 (갚을 상) 3Ⅱ

報 (알릴 보) 4Ⅱ	–	告 (고할 고) 5Ⅱ
寶 (보배 보) 4Ⅱ	–	珍 (보배 진) 4
		鈺 (보배 옥) 2(名)
服 (옷 복) 6	–	衣 (옷 의) 6
福 (복 복) 5Ⅱ	–	祐 (복 우) 2(名)
		祚 (복 조) 2(名)
		祜 (복 호) 2(名)
		禧 (복 희) 2(名)
本 (근본 본) 6	–	源 (근원 원) 4
奉 (받들 봉) 5Ⅱ	–	仕 (섬길 사) 5Ⅱ
		承 (이을 승) 4Ⅱ
		獻 (드릴 헌) 3Ⅱ
逢 (만날 봉) 3Ⅱ	–	遇 (만날 우) 4
否 (아닐 부) 4	–	弗 (아닐 불) 2
		非 (아닐 비) 4Ⅱ
		不 (아닐 불) 7Ⅱ
扶 (도울 부) 3Ⅱ	–	援 (도울 원) 4
		佐 (도울 좌) 3
		助 (도울 조) 4Ⅱ
		贊 (도울 찬) 3Ⅱ
		護 (도울 호) 4Ⅱ
		輔 (도울 보) 2(名)
		毘 (도울 비) 2(名)

		襄 (도울 양) 2(名)
		佑 (도울 우) 2(名)
		翊 (도울 익) 2(名)
		弼 (도울 필) 2(名)
付 (부칠 부) 3Ⅱ	–	託 (부탁할 탁) 2
負 (질 부) 4	–	荷 (멜 하) 3Ⅱ
府 (관청 부) 4Ⅱ	–	廳 (관청 청) 4
附 (붙을 부) 3Ⅱ	–	着 (붙을 착) 5Ⅱ
		屬 (붙일 속) 4
部 (떼 부) 6Ⅱ	–	隊 (무리 대) 4Ⅱ
		類 (무리 류) 5Ⅱ
副 (버금 부) 4Ⅱ	–	亞 (버금 아) 3Ⅱ
		仲 (버금 중) 3Ⅱ
		次 (버금 차) 4Ⅱ
簿 (문서 부) 3Ⅱ	–	狀 (문서 장) 4Ⅱ
		籍 (문서 적) 4
奔 (달릴 분) 3Ⅱ	–	走 (달릴 주) 4Ⅱ
分 (나눌 분) 6Ⅱ	–	配 (나눌 배) 4Ⅱ
		別 (나눌 별) 6
		析 (쪼갤 석) 3
		割 (벨 할) 3Ⅱ
粉 (가루 분) 4	–	末 (끝 말) 5
紛 (어지러울 분) 3Ⅱ	–	紊 (어지러울 문) 2

奮 (떨칠 분)	3Ⅱ	–	拂 (떨칠 불)	3Ⅱ	巳 (뱀 사)	3	–	蛇 (긴뱀 사)	3Ⅱ
			振 (떨칠 진)	3Ⅱ	寺 (절 사)	4Ⅱ	–	刹 (절 찰)	2
墳 (무덤 분)	3	–	墓 (무덤 묘)	4				伽 (절 가)	2(名)
朋 (벗 붕)	3	–	友 (벗 우)	5Ⅱ	思 (생각 사)	5	–	考 (생각할 고)	5
崩 (무너질 붕)	3	–	壞 (무너질 괴)	3Ⅱ				念 (생각 념)	5Ⅱ
比 (견줄 비)	5	–	較 (견줄 교)	3Ⅱ				慮 (생각할 려)	4
批 (비평할 비)	4	–	評 (평할 평)	4				慕 (그릴 모)	3Ⅱ
悲 (슬플 비)	4Ⅱ	–	慨 (슬퍼할 개)	3				想 (생각 상)	4Ⅱ
			哀 (슬플 애)	3Ⅱ				惟 (생각할 유)	3
			慘 (참혹할 참)	5	死 (죽을 사)	6	–	殺 (죽일 살)	4Ⅱ
卑 (낮을 비)	3Ⅱ	–	低 (낮을 저)	4Ⅱ	似 (닮을 사)	3	–	肖 (닮을 초)	3Ⅱ
			賤 (천할 천)	3Ⅱ	事 (일 사)	7Ⅱ	–	務 (힘쓸 무)	4Ⅱ
費 (쓸 비)	5	–	需 (쓸 수)	3Ⅱ				業 (일 업)	6Ⅱ
			用 (쓸 용)	6Ⅱ	使 (부릴 사)	6	–	役 (부릴 역)	3Ⅱ
賓 (손 빈)	3	–	客 (손 객)	5Ⅱ	使 (하여금 사)	6	–	令 (하여금 령)	5
貧 (가난할 빈)	4Ⅱ	–	困 (곤할 곤)	4	社 (모일 사)	6Ⅱ	–	會 (모일 회)	6Ⅱ
			窮 (궁할 궁)	4	師 (스승 사)	4Ⅱ	–	傅 (스승 부)	2(名)
聘 (부를 빙)	3	–	召 (부를 소)	3	斯 (이 사)	3	–	是 (이 시)	4Ⅱ
			唱 (부를 창)	5				玆 (이 자)	3
			呼 (부를 호)	4Ⅱ				此 (이 차)	3Ⅱ
舍 (집 사)	4Ⅱ	–	屋 (집 옥)	5	詐 (속일 사)	3	–	欺 (속일 기)	3
			宅 (집 택)	5Ⅱ	飼 (기를 사)	2	–	養 (기를 양)	5Ⅱ
士 (선비 사)	5Ⅱ	–	彦 (선비 언)	2(名)	辭 (말씀 사)	4	–	說 (말씀 설)	5Ⅱ

削 (깎을 삭)	3Ⅱ	–	減 (덜 감)	4Ⅱ		覓 (찾을 멱)	2(名)
山 (메 산)	8	–	岳 (큰산 악)	3	索 (노 삭) 3Ⅱ	–	繩 (노끈 승) 2(名)
産 (낳을 산)	5Ⅱ	–	娩 (낳을 만)	2	生 (날 생) 8	–	産 (낳을 산) 5Ⅱ
			誕 (낳을 탄)	3			活 (살 활) 7Ⅱ
散 (흩을 산)	4	–	漫 (흩어질 만)	3	恕 (용서할 서) 3Ⅱ	–	赦 (용서할 사) 2
算 (셈 산)	7	–	數 (셈 수)	7	徐 (천천할 서) 3Ⅱ	–	緩 (느릴 완) 3Ⅱ
殺 (죽일 살)	4Ⅱ	–	劉 (죽일 류)	2(名)	書 (글 서) 6Ⅱ	–	籍 (문서 적) 4
三 (석 삼)	8	–	參 (석 삼)	5			册 (책 책) 4
森 (수풀 삼)	3Ⅱ	–	林 (수풀 림)	7	逝 (갈 서) 3	–	去 (갈 거) 5
上 (윗 상)	7Ⅱ	–	昇 (오를 승)	3Ⅱ	暑 (더울 서) 3	–	熱 (더울 열) 5
床 (상 상)	4Ⅱ	–	案 (책상 안)	5	署 (마을 서) 3Ⅱ	–	村 (마을 촌) 7
尙 (오히려 상)	3Ⅱ	–	猶 (오히려 유)	3Ⅱ			閻 (마을 염) 2(名)
狀 (형상 상)	4Ⅱ	–	態 (모습 태)	4Ⅱ	署 (관청 서) 3Ⅱ	–	廳 (관청 청) 4
相 (서로 상)	5Ⅱ	–	互 (서로 호)	3	席 (자리 석) 6	–	位 (자리 위) 5
商 (장사 상)	5Ⅱ	–	賈 (장사 고)	2(名)			座 (자리 좌) 4
想 (생각 상)	4Ⅱ	–	念 (생각 념)	5Ⅱ	釋 (풀 석) 3Ⅱ	–	放 (놓을 방) 6Ⅱ
祥 (상서 상)	3	–	瑞 (상서 서)	2	先 (먼저 선) 8	–	前 (앞 전) 7Ⅱ
			禎 (상서로울 정)	2	宣 (베풀 선) 4	–	設 (베풀 설) 4Ⅱ
							施 (베풀 시) 4Ⅱ
喪 (잃을 상)	3Ⅱ	–	失 (잃을 실)	6			張 (베풀 장) 4
塞 (막힐 색)	3Ⅱ	–	邕 (막힐 옹)	2(名)			陳 (베풀 진) 3Ⅱ
索 (찾을 색)	3Ⅱ	–	訪 (찾을 방)	4Ⅱ	善 (착할 선) 5	–	良 (어질 량) 5Ⅱ
			搜 (찾을 수)	3	旋 (돌 선) 3Ⅱ	–	循 (돌 순) 3
			尋 (찾을 심)	3			

		巡 (돌 순)	3Ⅱ			郁 (성할 욱)	2(名)
		回 (돌아올 회)	4Ⅱ	世 (인간 세)	7Ⅱ -	界 (지경 계)	6Ⅱ
鮮 (고울 선)	5Ⅱ -	麗 (고울 려)	4Ⅱ			代 (대신할 대)	6Ⅱ
船 (배 선)	5 -	舶 (배 박)	2	洗 (씻을 세)	5Ⅱ -	濯 (씻을 탁)	3
		艇 (큰배 정)	2	稅 (세금 세)	4Ⅱ -	租 (조세 조)	3Ⅱ
選 (가릴 선)	5 -	拔 (뽑을 발)	3Ⅱ	素 (본디 소)	4Ⅱ -	朴 (성 박)	6
		別 (나눌 별)	6			質 (바탕 질)	5
		擇 (가릴 택)	4	消 (사라질 소)	6Ⅱ -	滅 (멸할 멸)	3Ⅱ
線 (줄 선)	6Ⅱ -	索 (노/새끼줄 삭)	3Ⅱ	訴 (호소할 소)	3Ⅱ -	訟 (송사할 송)	3Ⅱ
		絃 (줄 현)	3	蔬 (나물 소)	3 -	菜 (나물 채)	3Ⅱ
說 (말씀 설)	5Ⅱ -	話 (말씀 화)	7Ⅱ	屬 (붙일 속)	4 -	着 (붙을 착)	5Ⅱ
纖 (가늘 섬)	2 -	細 (가늘 세)	4Ⅱ	孫 (손자 손)	6 -	胤 (자손 윤)	2(名)
攝 (다스릴 섭)	3 -	理 (다스릴 리)	6	損 (덜 손)	4 -	傷 (다칠 상)	4
性 (성품 성)	7Ⅱ -	心 (마음 심)	7			失 (잃을 실)	6
姓 (성 성)	7Ⅱ -	氏 (성씨 씨)	4			害 (해할 해)	5Ⅱ
省 (살필 성)	6Ⅱ -	審 (살필 심)	3Ⅱ	衰 (쇠할 쇠)	3Ⅱ -	弱 (약할 약)	6Ⅱ
		察 (살필 찰)	4Ⅱ	收 (거둘 수)	4Ⅱ -	拾 (주울 습)	3Ⅱ
省 (덜 생)	6Ⅱ -	略 (간략할 략)	4			穫 (거둘 확)	3
		損 (덜 손)	4	秀 (빼어날 수)	4 -	傑 (뛰어날 걸)	4
		除 (덜 제)	4Ⅱ			俊 (준걸 준)	3
成 (이룰 성)	6Ⅱ -	就 (나아갈 취)	4			優 (넉넉할 우)	4
盛 (성할 성)	4Ⅱ -	昌 (창성할 창)	3Ⅱ	樹 (나무 수)	6 -	林 (수풀 림)	7
		旺 (왕성할 왕)	2(名)			木 (나무 목)	8

睡 (졸음 수)	3	–	眠 (잠잘 면) 3Ⅱ	熟 (익을 숙)	3Ⅱ	–	練 (익힐 련) 5Ⅱ
壽 (목숨 수)	3Ⅱ	–	命 (목숨 명) 7	宿 (잘 숙)	5Ⅱ	–	寢 (잘 침) 4
輸 (보낼 수)	3Ⅱ	–	送 (보낼 송) 4Ⅱ	純 (순수할 순)	4Ⅱ	–	潔 (깨끗할 결) 4Ⅱ
修 (닦을 수)	4Ⅱ	–	習 (익힐 습) 6	巡 (돌 순)	3Ⅱ	–	廻 (돌 회) 2
			飾 (꾸밀 식) 3Ⅱ	崇 (높을 숭)	4	–	高 (높을 고) 6Ⅱ
授 (줄 수)	4Ⅱ	–	與 (줄 여) 4				尙 (오히려 상) 3Ⅱ
守 (지킬 수)	4Ⅱ	–	衛 (지킬 위) 4Ⅱ	習 (익힐 습)	6	–	慣 (익숙할 관) 3Ⅱ
殊 (다를 수)	3Ⅱ	–	別 (다를 별) 6	濕 (젖을 습)	3Ⅱ	–	潤 (불을 윤) 3Ⅱ
			異 (다를 이) 4	始 (비로소 시)	6Ⅱ	–	初 (처음 초) 5
			差 (다를 차) 4	試 (시험 시)	4Ⅱ	–	驗 (시험 험) 4Ⅱ
			他 (다를 타) 5	時 (때 시)	7Ⅱ	–	期 (기약할 기) 5
隨 (따를 수)	3Ⅱ	–	沿 (따를 연) 3Ⅱ	施 (베풀 시)	4Ⅱ	–	設 (베풀 설) 4Ⅱ
			追 (따를 추) 3Ⅱ	息 (쉴 식)	4Ⅱ	–	憩 (쉴 게) 2
			扈 (따를 호) 2(名)	式 (법 식)	6	–	典 (법 전) 5Ⅱ
誰 (누구 수)	3	–	孰 (누구 숙) 3	植 (심을 식)	7	–	栽 (심을 재) 3Ⅱ
獸 (짐승 수)	3Ⅱ	–	畜 (짐승 축) 3Ⅱ	識 (알 식)	5Ⅱ	–	認 (알 인) 4Ⅱ
淑 (맑을 숙)	3Ⅱ	–	淡 (맑을 담) 3Ⅱ	申 (납 신)	4Ⅱ	–	告 (알릴 고) 5Ⅱ
			雅 (맑을 아) 3Ⅱ	伸 (펼 신)	3	–	張 (베풀 장) 4
			淸 (맑을 청) 6Ⅱ	辛 (매울 신)	3	–	烈 (매울 렬) 4
			湜 (물맑을 식) 2(名)	身 (몸 신)	6Ⅱ	–	體 (몸 체) 6Ⅱ
			晶 (맑을 정) 2(名)	信 (믿을 신)	6Ⅱ	–	諒 (믿을 량) 3
			澈 (맑을 철) 2(名)	晨 (새벽 신)	3	–	曉 (새벽 효) 3
			瀅 (물맑을 형) 2(名)	神 (귀신 신)	6Ⅱ	–	靈 (신령 령) 3Ⅱ

愼 (삼갈 신)	3Ⅱ	–	重 (무거울 중)	7		
失 (잃을 실)	6	–	敗 (질 패)	5		
深 (깊을 심)	4Ⅱ	–	濬 (깊을 준)	2(名)		
			滉 (깊을 황)	2(名)		
尋 (찾을 심)	3	–	訪 (찾을 방)	4Ⅱ		
審 (살필 심)	3Ⅱ	–	査 (조사할 사)	5		
十 (열 십)	8	–	拾 (열 십)	3Ⅱ		
阿 (언덕 아)	3Ⅱ	–	丘 (언덕 구)	3Ⅱ		
兒 (아이 아)	5Ⅱ	–	童 (아이 동)	6Ⅱ		
我 (나 아)	3Ⅱ	–	予 (나 여)	3Ⅱ		
			余 (나 여)	3		
			吾 (나 오)	3		
安 (편안 안)	7Ⅱ	–	康 (편안 강)	4Ⅱ		
			寧 (편안 녕)	3Ⅱ		
			全 (온전 전)	7Ⅱ		
雁 (기러기 안)	3	–	鴻 (기러기 홍)	3		
眼 (눈 안)	4Ⅱ	–	目 (눈 목)	6		
顔 (낯 안)	3Ⅱ	–	面 (낯 면)	7		
暗 (어두울 암)	4Ⅱ	–	冥 (어두울 명)	3		
殃 (재앙 앙)	3	–	災 (재앙 재)	5		
			禍 (재앙 화)	3Ⅱ		
涯 (물가 애)	3	–	洲 (물가 주)	3Ⅱ		
			洙 (물가 수)	2(名)		

			墺 (물가 오)	2(名)		
			汀 (물가 정)	2(名)		
哀 (슬플 애)	3Ⅱ	–	悼 (슬퍼할 도)	2		
愛 (사랑 애)	6	–	慈 (사랑 자)	3Ⅱ		
厄 (액 액)	3	–	禍 (재앙 화)	3Ⅱ		
約 (맺을 약)	5Ⅱ	–	束 (묶을 속)	5Ⅱ		
藥 (약 약)	6Ⅱ	–	劑 (약제 제)	2		
樣 (모양 양)	4	–	態 (모습 태)	4Ⅱ		
揚 (날릴 양)	3Ⅱ	–	揭 (높이들 게)	2		
楊 (버들 양)	3	–	柳 (버들 류)	4		
養 (기를 양)	5Ⅱ	–	育 (기를 육)	7		
御 (거느릴 어)	3Ⅱ	–	領 (거느릴 령)	5		
語 (말씀 어)	7	–	辭 (말씀 사)	4		
抑 (누를 억)	3Ⅱ	–	押 (누를 압)	3		
			壓 (누를 압)	4Ⅱ		
言 (말씀 언)	6	–	語 (말씀 어)	7		
嚴 (엄할 엄)	4	–	肅 (엄숙할 숙)	4		
業 (업 업)	6Ⅱ	–	務 (힘쓸 무)	4Ⅱ		
如 (같을 여)	4Ⅱ	–	若 (같을 약)	3Ⅱ		
			肖 (같을 초)	3Ⅱ		
餘 (남을 여)	4Ⅱ	–	暇 (겨를 가)	4		
			遺 (남길 유)	4		
輿 (수레 여)	3	–	輛 (수레 량)	2		

				軻 (수레 가)	2
亦 (또 역)	3Ⅱ	–	又 (또 우)	3
			且 (또 차)	3
易 (바꿀 역)	4	–	替 (바꿀 체)	3
			換 (바꿀 환)	3Ⅱ
			兌 (바꿀 태)	2(名)
硏 (갈 연)	4Ⅱ	–	究 (연구할 구)	4Ⅱ
			磨 (갈 마)	3Ⅱ
			修 (닦을 수)	4Ⅱ
燃 (탈 연)	4	–	燒 (사를 소)	3Ⅱ
			焦 (탈 초)	2
悅 (기쁠 열)	3Ⅱ	–	樂 (즐길 락)	6Ⅱ
			歡 (기쁠 환)	4
			喜 (기쁠 희)	4
			怡 (기쁠 이)	2(名)
			兌 (기쁠 태)	2(名)
閱 (볼 열)	3	–	覽 (볼 람)	4
炎 (불꽃 염)	3Ⅱ	–	炳 (불꽃 병)	2(名)
			燮 (불꽃 섭)	2(名)
迎 (맞을 영)	4	–	適 (맞을 적)	4
永 (길 영)	6	–	久 (오랠 구)	3Ⅱ
			遠 (멀 원)	6
英 (꽃부리 영)	6	–	特 (특별할 특)	6

榮 (영화 영)	4Ⅱ	–	華 (빛날 화)	4
映 (비칠 영)	4	–	照 (비칠 조)	3Ⅱ
			燾 (비칠 도)	2(名)
			暎 (비칠 영)	2(名)
詠 (읊을 영)	3	–	歌 (노래 가)	7
			唱 (부를 창)	5
			吟 (읊을 음)	3
藝 (재주 예)	4Ⅱ	–	術 (재주 술)	6Ⅱ
銳 (날카로울 예)	3	–	利 (이할 리)	6Ⅱ
譽 (기릴 예)	3Ⅱ	–	讚 (기릴 찬)	4
午 (낮 오)	7Ⅱ	–	晝 (낮 주)	6
梧 (오동나무 오)	2	–	桐 (오동나무 동)	2
娛 (즐길 오)	3	–	樂 (즐길 락)	6Ⅱ
傲 (거만할 오)	3	–	慢 (거만할 만)	3
汚 (더러울 오)	3	–	濁 (흐릴 탁)	3
誤 (그르칠 오)	4Ⅱ	–	謬 (그르칠 류)	2
溫 (따뜻할 온)	6	–	暖 (따뜻할 난)	4Ⅱ
玉 (구슬 옥)	4Ⅱ	–	瓊 (구슬 경)	2(名)
			璿 (구슬 선)	2(名)
			瑗 (구슬 원)	2(名)
穩 (편안할 온)	2	–	全 (온전 전)	7Ⅱ
完 (완전할 완)	5	–	全 (온전 전)	7Ⅱ
畏 (두려워할 외)	3	–	懼 (두려워할 구)	3

遙 (멀 요)	3	–	遠 (멀 원)	6	園 (동산 원)	6	–	苑 (나라동산 원) 2
			悠 (멀 유)	3Ⅱ	越 (넘을 월)	3Ⅱ	–	超 (뛰어넘을 초)3Ⅱ
			遼 (멀 료)	2(名)				踰 (넘을 유) 2(名)
要 (요긴할 요)	5Ⅱ	–	求 (구할 구)	4Ⅱ	委 (맡길 위)	4	–	任 (맡길 임) 5Ⅱ
浴 (목욕할 욕)	5	–	沐 (머리감을 목)	2				託 (부탁할 탁) 2
容 (얼굴 용)	4Ⅱ	–	貌 (모양 모)	3Ⅱ	偉 (클 위)	5Ⅱ	–	大 (큰 대) 8
勇 (날랠 용)	6Ⅱ	–	敢 (감히 감)	4	僞 (거짓 위)	3Ⅱ	–	誕 (거짓 탄) 3
			猛 (사나울 맹)	3Ⅱ	違 (어긋날 위)	3	–	錯 (어긋날 착) 3Ⅱ
庸 (떳떳할 용)	3	–	常 (떳떳할 상)	4Ⅱ	緯 (씨 위)	3	–	種 (씨 종) 5Ⅱ
牛 (소 우)	5	–	丑 (소 축)	3Ⅱ				核 (씨 핵) 4
宇 (집 우)	3Ⅱ	–	宙 (집 주)	3Ⅱ	危 (위태할 위)	4	–	殆 (거의 태) 3Ⅱ
羽 (깃 우)	3Ⅱ	–	翼 (날개 익)	3Ⅱ	幼 (어릴 유)	3Ⅱ	–	少 (적을 소) 7
遇 (만날 우)	4	–	逢 (만날 봉)	3Ⅱ				稚 (어릴 치) 3Ⅱ
憂 (근심 우)	3Ⅱ	–	愁 (근심 수)	3Ⅱ	有 (있을 유)	7	–	在 (있을 재) 6
			患 (근심 환)	5				存 (있을 존) 4
優 (넉넉할 우)	4	–	裕 (넉넉할 유)	3Ⅱ	悠 (멀 유)	3Ⅱ	–	久 (오랠 구) 3Ⅱ
云 (이를 운)	3	–	謂 (이를 위)	3Ⅱ	儒 (선비 유)	4	–	士 (선비 사) 5Ⅱ
運 (옮길 운)	6Ⅱ	–	動 (움직일 동)	7Ⅱ	遺 (남을 유)	4	–	失 (잃을 실) 6
			遷 (옮길 천)	3Ⅱ	裕 (넉넉할 유)	3Ⅱ	–	足 (발 족) 7Ⅱ
			搬 (운반할 반)	2	油 (기름 유)	6	–	脂 (기름 지) 2
元 (으뜸 원)	5Ⅱ	–	霸 (으뜸 패)	2	唯 (오직 유)	3	–	專 (오로지 전) 4
怨 (원망할 원)	4	–	恨 (한 한)	4	遊 (놀 유)	4	–	戲 (놀이 희) 3Ⅱ
願 (원할 원)	5	–	望 (바랄 망)	5Ⅱ	肉 (고기 육)	4Ⅱ	–	身 (몸 신) 6Ⅱ

融 (녹을 융)	2	-	通 (통할 통)	6		提 (끌 제)	4Ⅱ
			和 (화할 화)	6Ⅱ	因 (인할 인) 5	-	緣 (인연 연) 4
隱 (숨을 은)	4	-	祕 (숨길 비)	4	忍 (참을 인) 3Ⅱ	-	耐 (견딜 내) 3Ⅱ
恩 (은혜 은)	4Ⅱ	-	惠 (은혜 혜)	4Ⅱ	寅 (범 인) 3	-	虎 (범 호) 3Ⅱ
音 (소리 음)	6Ⅱ	-	聲 (소리 성)	4Ⅱ	仁 (어질 인) 4	-	慈 (사랑 자) 3Ⅱ
			韻 (운 운)	3Ⅱ	認 (알 인) 4Ⅱ	-	識 (알 식) 5Ⅱ
意 (뜻 의)	6Ⅱ	-	思 (생각 사)	5			知 (알 지) 5Ⅱ
			義 (옳을 의)	4Ⅱ	一 (한 일) 8	-	壹 (한 일) 2
			情 (뜻 정)	5Ⅱ	賃 (품삯 임) 3Ⅱ	-	貸 (빌릴 대) 3Ⅱ
			旨 (뜻 지)	2	自 (스스로 자) 7Ⅱ	-	己 (몸 기) 5Ⅱ
			志 (뜻 지)	4Ⅱ	姿 (모양 자) 4	-	貌 (모양 모) 3Ⅱ
			趣 (뜻 취)	4	諮 (물을 자) 2	-	問 (물을 문) 7
依 (의지할 의)	4	-	據 (근거 거)	4	慈 (사랑 자) 3Ⅱ	-	愛 (사랑 애) 6
宜 (마땅 의)	3	-	當 (마땅 당)	5Ⅱ	刺 (찌를 자/척) 3Ⅱ	-	衝 (찌를 충) 3Ⅱ
醫 (의원 의)	6	-	療 (병고칠 료)	2	資 (재물 자) 4	-	財 (재물 재) 5Ⅱ
衣 (옷 의)	6	-	服 (옷 복)	6			質 (바탕 질) 5Ⅱ
移 (옮길 이)	4Ⅱ	-	運 (옮길 운)	6Ⅱ			貨 (재물 화) 4Ⅱ
			轉 (구를 전)	4	殘 (남을 잔) 4	-	餘 (남을 여) 4Ⅱ
							遺 (남길 유) 4
刃 (칼날 인)	2	-	斤 (날 근)	3			
引 (끌 인)	4Ⅱ	-	導 (인도할 도)	4Ⅱ	雜 (섞일 잡) 4	-	混 (섞을 혼) 4
			惹 (이끌 야)	2	長 (긴 장) 8	-	久 (오랠 구) 3Ⅱ
			携 (이끌 휴)	3	丈 (어른 장) 3Ⅱ	-	長 (긴 장) 8
			拉 (끌 랍)	2			夫 (지아비 부) 7

粧 (단장할 장)	3Ⅱ	–	飾 (꾸밀 식)	3Ⅱ
將 (장수 장)	4Ⅱ	–	帥 (장수 수)	3Ⅱ
裝 (꾸밀 장)	4	–	飾 (꾸밀 식)	3Ⅱ
障 (막을 장)	4Ⅱ	–	礙 (거리낄 애)	2
臟 (오장 장)	3Ⅱ	–	腸 (창자 장)	4
才 (재주 재)	6Ⅱ	–	術 (재주 술)	6Ⅱ
			藝 (재주 예)	4Ⅱ
災 (재앙 재)	5	–	殃 (재앙 앙)	3
			厄 (액 액)	3
			禍 (재앙 화)	3Ⅱ
財 (재물 재)	5Ⅱ	–	貨 (재물 화)	4Ⅱ
栽 (심을 재)	3Ⅱ	–	植 (심을 식)	7
著 (나타날 저)	3Ⅱ	–	作 (지을 작)	6Ⅱ
抵 (막을 저)	3Ⅱ	–	抗 (겨룰 항)	4
貯 (쌓을 저)	5	–	積 (쌓을 적)	4
			蓄 (모을 축)	4Ⅱ
赤 (붉을 적)	5	–	丹 (붉을 단)	3Ⅱ
			朱 (붉을 주)	4
			紅 (붉을 홍)	4
笛 (피리 적)	3Ⅱ	–	琯 (옥피리 관)	2(名)
跡 (발자취 적)	3Ⅱ	–	蹟 (자취 적)	3Ⅱ
戰 (싸움 전)	6Ⅱ	–	爭 (다툴 쟁)	5
			鬪 (싸움 투)	4

轉 (구를 전)	4	–	回 (돌아올 회)	4Ⅱ
錢 (돈 전)	4	–	幣 (화폐 폐)	3
切 (온통 체)	5Ⅱ	–	全 (온전 전)	7Ⅱ
折 (꺾을 절)	4	–	曲 (굽을 곡)	5
竊 (훔칠 절)	3	–	盜 (도둑 도)	4
店 (가게 점)	5Ⅱ	–	鋪 (가게 포)	2
接 (이을 접)	4Ⅱ	–	續 (이을 속)	4Ⅱ
正 (바를 정)	7Ⅱ	–	直 (곧을 직)	7Ⅱ
靜 (고요할 정)	4	–	寂 (고요할 적)	4
貞 (곧을 정)	3Ⅱ	–	直 (곧을 직)	7Ⅱ
征 (칠 정)	3Ⅱ	–	伐 (칠 벌)	4Ⅱ
停 (머무를 정)	5	–	留 (머무를 류)	4Ⅱ
			主 (살 주)	3
			駐 (머무를 주)	2
			止 (그칠 지)	5
整 (가지런할 정)	4	–	齊 (가지런할 제)	3Ⅱ
偵 (염탐할 정)	2	–	探 (찾을 탐)	4
製 (지을 제)	4Ⅱ	–	作 (지을 작)	6Ⅱ
			造 (지을 조)	4Ⅱ
祭 (제사 제)	4Ⅱ	–	祀 (제사 사)	3Ⅱ
帝 (임금 제)	4	–	王 (임금 왕)	8
組 (짤 조)	4	–	織 (짤 직)	4
彫 (새길 조)	3Ⅱ	–	刻 (새길 각)	4

租 (조세 조)	3Ⅱ	–	賦 (부세 부)	3Ⅱ			
			稅 (세금 세)	4Ⅱ			
造 (지을 조)	4Ⅱ	–	作 (지을 작)	6Ⅱ			
調 (고를 조)	5Ⅱ	–	和 (화할 화)	6Ⅱ			
尊 (높을 존)	4Ⅱ	–	高 (높을 고)	6Ⅱ			
			貴 (귀할 귀)	5			
			崇 (높을 숭)	4			
存 (있을 존)	4	–	在 (있을 재)	6			
拙 (졸할 졸)	3	–	劣 (못할 렬)	3			
終 (마칠 종)	5	–	結 (맺을 결)	5Ⅱ			
			端 (끝 단)	4Ⅱ			
			了 (마칠 료)	3			
			末 (끝 말)	5			
			止 (그칠 지)	5			
綜 (모을 종)	2	–	合 (합할 합)	6			
座 (자리 좌)	4	–	席 (자리 석)	6			
罪 (허물 죄)	5	–	過 (지날 과)	5Ⅱ			
周 (두루 주)	4	–	遍 (두루 편)	3			
			圍 (에워쌀 위)	4			
州 (고을 주)	5Ⅱ	–	郡 (고을 군)	6			
駐 (머무를 주)	2	–	留 (머무를 류)	4Ⅱ			
舟 (배 주)	3	–	船 (배 선)	5			
珠 (구슬 주)	3Ⅱ	–	玉 (구슬 옥)	4Ⅱ			

朱 (붉을 주)	4	–	紅 (붉을 홍)	4
俊 (준걸 준)	3	–	傑 (뛰어날 걸)	4
遵 (좇을 준)	3	–	守 (지킬 수)	4Ⅱ
重 (무거울 중)	7	–	複 (겹칠 복)	4
中 (가운데 중)	8	–	央 (가운데 앙)	3Ⅱ
卽 (곧 즉)	3Ⅱ	–	則 (곧 즉)	5
贈 (줄 증)	3	–	給 (줄 급)	5
			與 (줄 여)	4
			呈 (드릴 정)	2
憎 (미울 증)	3Ⅱ	–	惡 (미워할 오)	5Ⅱ
知 (알 지)	5Ⅱ	–	識 (알 식)	5Ⅱ
智 (슬기 지)	4	–	慧 (슬기로울 혜)	3Ⅱ
持 (가질 지)	4	–	取 (가질 취)	4Ⅱ
進 (나아갈 진)	4Ⅱ	–	出 (날 출)	7
			就 (나아갈 취)	4
珍 (보배 진)	4	–	寶 (보배 보)	4Ⅱ
辰 (별 진)	3Ⅱ	–	宿 (별자리 수)	5Ⅱ
眞 (참 진)	4Ⅱ	–	實 (열매 실)	5Ⅱ
陳 (베풀 진)	3Ⅱ	–	列 (벌릴 렬)	4Ⅱ
質 (바탕 질)	5Ⅱ	–	朴 (성 박)	6
疾 (병 질)	3Ⅱ	–	病 (병 병)	6
			患 (근심 환)	5
窒 (막힐 질)	2	–	塞 (막힐 색)	3Ⅱ

秩 (차례 질)	3Ⅱ	-	序 (차례 서)	5		淨 (깨끗할 정)	3Ⅱ
集 (모을 집)	6Ⅱ	-	會 (모일 회)	6Ⅱ	聽 (들을 청) 4 -	聞 (들을 문)	6Ⅱ
懲 (징계할 징)	3	-	戒 (경계할 계)	4	靑 (푸를 청) 8 -	蒼 (푸를 창)	3Ⅱ
徵 (부를 징)	3Ⅱ	-	聘 (부를 빙)	3	滯 (막힐 체) 3Ⅱ -	塞 (막힐 색)	3Ⅱ
			收 (거둘 수)	4Ⅱ	替 (바꿀 체) 3 -	換 (바꿀 환)	3Ⅱ
車 (수레 차)	7Ⅱ	-	輛 (수레 량)	2	招 (부를 초) 4 -	聘 (부를 빙)	3
差 (다를 차)	4	-	別 (다를 별)	6	超 (뛰어넘을 초) 3Ⅱ -	過 (지날 과)	5Ⅱ
			異 (다를 이)	4		越 (넘을 월)	3Ⅱ
錯 (어긋날 착)	3Ⅱ	-	誤 (그르칠 오)	4Ⅱ	促 (재촉할 촉) 3Ⅱ -	急 (급박할 급)	6Ⅱ
察 (살필 찰)	4Ⅱ	-	見 (볼 견)	5Ⅱ		迫 (핍박할 박)	3Ⅱ
參 (참여할 참)	5	-	與 (더불 여)	4	村 (마을 촌) 7 -	里 (마을 리)	7
慘 (참혹할 참)	3	-	酷 (심할 혹)	2	寸 (마디 촌) 8 -	節 (마디 절)	5Ⅱ
倉 (곳집 창)	3Ⅱ	-	庫 (곳집 고)	4	聰 (귀밝을 총) 3 -	明 (밝을 명)	6Ⅱ
創 (비롯할 창)	4Ⅱ	-	始 (비로소 시)	6Ⅱ	催 (재촉할 최) 3Ⅱ -	促 (재촉할 촉)	3Ⅱ
			作 (지을 작)	6Ⅱ	抽 (뽑을 추) 3 -	拔 (뽑을 발)	3Ⅱ
			初 (처음 초)	5	追 (쫓을 추) 3Ⅱ -	隨 (따를 수)	3Ⅱ
採 (캘 채)	4	-	擇 (가릴 택)	4		從 (좇을 종)	4
責 (꾸짖을 책)	5Ⅱ	-	任 (맡길 임)	5Ⅱ	逐 (쫓을 축) 3 -	追 (쫓을 추)	3Ⅱ
踐 (밟을 천)	3Ⅱ	-	踏 (밟을 답)	3Ⅱ		遵 (좇을 준)	3
淺 (얕을 천)	3Ⅱ	-	薄 (엷을 박)	3Ⅱ	蓄 (모을 축) 4Ⅱ -	積 (쌓을 적)	4
撤 (거둘 철)	2	-	收 (거둘 수)	4Ⅱ	出 (날 출) 7 -	生 (날 생)	8
添 (더할 첨)	3	-	加 (더할 가)	5	充 (채울 충) 5Ⅱ -	滿 (찰 만)	4Ⅱ
淸 (맑을 청)	6Ⅱ	-	潔 (깨끗할 결)	4Ⅱ	衝 (찌를 충) 3Ⅱ -	激 (격할 격)	4

		突 (갑자기 돌) 3Ⅱ		統 (거느릴 통) 4Ⅱ	–	合 (합할 합)	6
側 (곁 측) 3Ⅱ	–	傍 (곁 방) 3		退 (물러날 퇴) 4Ⅱ	–	却 (물리칠 각)	3
測 (헤아릴 측) 4Ⅱ	–	量 (헤아릴 량) 5		投 (던질 투) 4	–	抛 (던질 포)	2
		度 (헤아릴 탁) 6		透 (사무칠 투) 3Ⅱ	–	徹 (통할 철)	3Ⅱ
治 (다스릴 치) 4Ⅱ	–	理 (다스릴 리) 6Ⅱ		鬪 (싸움 투) 4	–	爭 (다툴 쟁)	5
侵 (침노할 침) 4Ⅱ	–	掠 (노략질할 략) 3		特 (특별할 특) 6	–	殊 (다를 수)	3Ⅱ
		犯 (범할 범) 4				異 (다를 이)	4
沈 (잠길 침) 3Ⅱ	–	沒 (빠질 몰) 3Ⅱ		把 (잡을 파) 3	–	握 (쥘 악)	2
		默 (잠잠할 묵) 3Ⅱ		波 (물결 파) 4Ⅱ	–	浪 (물결 랑)	3Ⅱ
		潛 (잠길 잠) 3Ⅱ				漣 (잔물결 련)	2(名)
墮 (떨어질 타) 3	–	落 (떨어질 락) 5		販 (팔 판) 3	–	賣 (팔 매)	5
度 (헤아릴 탁) 6	–	量 (헤아릴 량) 5		敗 (패할 패) 5	–	亡 (망할 망)	5
貪 (탐낼 탐) 4	–	抛 (던질 포) 2				北 (달아날 배)	8
探 (찾을 탐) 4	–	訪 (찾을 방) 4Ⅱ		便 (편안 편) 7	–	安 (편안 안)	7Ⅱ
		索 (찾을 색) 3Ⅱ		偏 (치우칠 편) 3Ⅱ	–	僻 (궁벽할 벽)	2
怠 (게으를 태) 3	–	慢 (거만할 만) 3		平 (평평할 평) 7Ⅱ	–	等 (무리 등)	6Ⅱ
討 (칠 토) 4	–	伐 (칠 벌) 4Ⅱ				安 (편안 안)	7Ⅱ
土 (흙 토) 8	–	壤 (흙덩이 양) 3Ⅱ				和 (화할 화)	6Ⅱ
		地 (따 지) 7		廢 (폐할 폐) 3Ⅱ	–	棄 (버릴 기)	3
通 (통할 통) 6	–	達 (통달할 달) 4Ⅱ				亡 (망할 망)	5
		徹 (통할 철) 3Ⅱ		弊 (폐단 폐) 3Ⅱ	–	害 (해할 해)	5Ⅱ
洞 (밝을 통) 7	–	達 (통달할 달) 4Ⅱ		抛 (던질 포) 2	–	棄 (버릴 기)	3
		徹 (통할 철) 3Ⅱ		抱 (안을 포) 3	–	擁 (낄 옹)	3

包 (쌀 포)	4Ⅱ	-	圍 (에워쌀 위)	4		釋 (풀 석)	3Ⅱ
			含 (머금을 함)	3Ⅱ	行 (다닐 행) 6 -	動 (움직일 동)	7Ⅱ
捕 (잡을 포)	3Ⅱ	-	捉 (잡을 착)	3		爲 (할 위)	4Ⅱ
暴 (모질 포)	4Ⅱ	-	虐 (모질 학)	2	香 (향기 향) 4Ⅱ -	馥 (향기 복)	2(名)
表 (겉 표)	6Ⅱ	-	皮 (가죽 피)	3Ⅱ		芬 (향기 분)	2(名)
豊 (풍년 풍)	4Ⅱ	-	足 (발 족)	7Ⅱ		闇 (향기 은)	2(名)
			厚 (두터울 후)	4	鄕 (시골 향) 4Ⅱ -	村 (마을 촌)	7
皮 (가죽 피)	3Ⅱ	-	膚 (살갗 부)	2	許 (허락할 허) 5 -	可 (옳을 가)	5
			革 (가죽 혁)	4		諾 (허락할 낙)	3Ⅱ
疲 (피곤할 피)	4	-	困 (곤할 곤)	4	虛 (빌 허) 4Ⅱ -	無 (없을 무)	5
			勞 (일할 로)	5Ⅱ		僞 (거짓 위)	3Ⅱ
畢 (마침내 필)	3Ⅱ	-	竟 (마침내 경)	3	憲 (법 헌) 4 -	法 (법 법)	5Ⅱ
下 (아래 하)	7Ⅱ	-	降 (내릴 강)	4	獻 (드릴 헌) 3Ⅱ -	納 (들일 납)	4
河 (물 하)	5	-	川 (내 천)	7	玄 (검을 현) 3Ⅱ -	妙 (묘할 묘)	4
學 (배울 학)	8	-	習 (익힐 습)	6		黑 (검을 흑)	5
陷 (빠질 함)	3Ⅱ	-	沒 (빠질 몰)	3Ⅱ	顯 (나타날 현) 4 -	著 (나타날 저)	3Ⅱ
艦 (큰배 함)	2	-	船 (배 선)	5		現 (나타날 현)	6Ⅱ
			艇 (배 정)	2	賢 (어질 현) 4Ⅱ -	良 (어질 량)	5Ⅱ
抗 (겨룰 항)	4	-	拒 (막을 거)	4	絃 (줄 현) 3 -	線 (줄 선)	6Ⅱ
航 (배 항)	4Ⅱ	-	船 (배 선)	5	嫌 (싫어할 혐) 3 -	惡 (미워할 오)	5Ⅱ
海 (바다 해)	7Ⅱ	-	洋 (큰바다 양)	6	峽 (골짜기 협) 2 -	谷 (골 곡)	3Ⅱ
			滄 (큰바다 창)	2	脅 (위협할 협) 3Ⅱ -	迫 (핍박할 박)	3Ⅱ
解 (풀 해)	4Ⅱ	-	放 (놓을 방)	6Ⅱ	形 (모양 형) 6Ⅱ -	貌 (모양 모)	3Ⅱ

	像 (모양 상)	3Ⅱ		畫 (그을 획)	6	– 劃 (그을 획)	3Ⅱ
	態 (모습 태)	4Ⅱ		獲 (얻을 획)	3Ⅱ	– 得 (얻을 득)	4Ⅱ
刑 (형벌 형) 4	– 罰 (벌할 벌)	4Ⅱ		曉 (새벽 효)	3	– 晨 (새벽 신)	3
慧 (슬기로울 혜)3Ⅱ	– 睿 (슬기 예)	2(名)		毁 (헐 훼)	3	– 壞 (무너질 괴)	3Ⅱ
號 (이름 호) 6	– 名 (이름 명)	7Ⅱ		休 (쉴 휴)	7	– 憩 (쉴 게)	2
酷 (심할 혹) 2	– 甚 (심할 심)	3Ⅱ				息 (쉴 식)	4Ⅱ
混 (섞을 혼) 4	– 亂 (어지러울 란)	4		携 (이끌 휴)	3	– 帶 (띠 대)	4Ⅱ
	雜 (섞일 잡)	4		凶 (흉할 흉)	5Ⅱ	– 猛 (사나울 맹)	3Ⅱ
	濁 (흐릴 탁)	3				惡 (악할 악)	5Ⅱ
昏 (어두울 혼) 3	– 冥 (어두울 명)	3				暴 (모질 포)	4Ⅱ
婚 (혼인할 혼) 4	– 姻 (혼인 인)	3		吸 (마실 흡)	4Ⅱ	– 飮 (마실 음)	6Ⅱ
鴻 (기러기 홍) 3	– 雁 (기러기 안)	3		興 (일 흥)	4Ⅱ	– 起 (일어날 기)	4Ⅱ
和 (화할 화) 6Ⅱ	– 睦 (화목할 목)	3Ⅱ		稀 (드물 희)	3Ⅱ	– 貴 (귀할 귀)	5
	協 (화할 협)	4Ⅱ				少 (적을 소)	7
貨 (재물 화) 4Ⅱ	– 幣 (화폐 폐)	3		喜 (기쁠 희)	4	– 樂 (즐길 락)	6Ⅱ
確 (굳을 확) 4Ⅱ	– 固 (굳을 고)	5				悅 (기쁠 열)	3Ⅱ
歡 (기쁠 환) 4	– 悅 (기쁠 열)	3Ⅱ		希 (바랄 희)	4Ⅱ	– 望 (바랄 망)	5Ⅱ
	喜 (기쁠 희)	4				願 (바랄 원)	5
皇 (임금 황) 3Ⅱ	– 王 (임금 왕)	8					
	帝 (임금 제)	4					
回 (돌아올 회) 4Ⅱ	– 歸 (돌아갈 귀)	4					
	轉 (구를 전)	4					
懷 (품을 회) 3Ⅱ	– 抱 (안을 포)	3					

유의어(類義語) – 뜻이 비슷한 한자어(漢字語)

架空	가공	–	虛構	허구	3Ⅱ	景仰	경앙	–	仰慕	앙모	3Ⅱ
佳氣	가기	–	瑞氣	서기	2	傾向	경향	–	動向	동향	4
佳約	가약	–	婚約	혼약	3Ⅱ	計略	계략	–	方略	방략	4
角逐	각축	–	逐鹿	축록	3	高見	고견	–	尊意	존의	4Ⅱ
簡拔	간발	–	選拔	선발	3Ⅱ	考量	고량	–	思料	사료	5
干城	간성	–	棟梁	동량	2	苦慮	고려	–	焦思	초사	2
簡策	간책	–	竹簡	죽간	3Ⅱ	固守	고수	–	墨守	묵수	3Ⅱ
間諜	간첩	–	五列	오열	2	高紳	고신	–	貴人	귀인	2
講士	강사	–	演士	연사	4Ⅱ	故友	고우	–	故舊	고구	4Ⅱ
強風	강풍	–	猛風	맹풍	3Ⅱ	鼓吹	고취	–	鼓舞	고무	3Ⅱ
改札	개찰	–	改票	개표	2	古賢	고현	–	先哲	선철	3Ⅱ
開拓	개척	–	開荒	개황	3Ⅱ	古稀	고희	–	從心	종심	3Ⅱ
客房	객방	–	賓室	빈실	3	曲解	곡해	–	誤解	오해	4Ⅱ
坑夫	갱부	–	鑛夫	광부	2	功業	공업	–	功烈	공렬	4
巨商	거상	–	大賈	대고	2	貢獻	공헌	–	寄與	기여	3Ⅱ
巨商	거상	–	豪商	호상	3Ⅱ	過激	과격	–	急進	급진	4
乞身	걸신	–	請老	청로	3	瓜年	과년	–	瓜滿	과만	2
激勵	격려	–	鼓舞	고무	3Ⅱ	管見	관견	–	短見	단견	4
決心	결심	–	覺悟	각오	3Ⅱ	冠省	관생	–	除煩	제번	3
敬老	경로	–	尙齒	상치	3Ⅱ	廣才	광재	–	逸才	일재	3Ⅱ
驚蔘	경삼	–	長蘆	장로	2	交番	교번	–	遞番	체번	3

부록 I

交涉	교섭	–	折衷	절충	2	驥足	기족	–	駿足	준족	2
交涉	교섭	–	折衝	절충	3	寄贈	기증	–	贈呈	증정	2
歐美	구미	–	西洋	서양	2	氣品	기품	–	風格	풍격	5Ⅱ
驅迫	구박	–	虐待	학대	2	吉凶	길흉	–	慶弔	경조	3
久疾	구질	–	宿病	숙병	3Ⅱ	斷頭	단두	–	斬首	참수	2
求婚	구혼	–	請婚	청혼	4	短命	단명	–	薄命	박명	3Ⅱ
窮民	궁민	–	難民	난민	4	丹誠	단성	–	丹衷	단충	2
闕字	궐자	–	逸字	일자	2	丹粧	단장	–	化粧	화장	3Ⅱ
厥初	궐초	–	始初	시초	3	當到	당도	–	到達	도달	4Ⅱ
貴家	귀가	–	尊宅	존택	4Ⅱ	大功	대공	–	丕績	비적	2
歸宅	귀택	–	還家	환가	3Ⅱ	對立	대립	–	對峙	대치	2
極力	극력	–	盡力	진력	4	大寶	대보	–	至寶	지보	4Ⅱ
極暑	극서	–	酷暑	혹서	2	大商	대상	–	富賈	부고	2
根幹	근간	–	基礎	기초	3Ⅱ	待遇	대우	–	處遇	처우	4
琴瑟	금실	–	連理	연리	2	大河	대하	–	長江	장강	5
給料	급료	–	給與	급여	4	同甲	동갑	–	同齒	동치	4
急所	급소	–	要點	요점	4	同類	동류	–	伴黨	반당	3
奇計	기계	–	妙策	묘책	3Ⅱ	董役	동역	–	監役	감역	2
器量	기량	–	才能	재능	4Ⅱ	同意	동의	–	贊成	찬성	3Ⅱ
寄留	기류	–	託足	탁족	2	頭尾	두미	–	始終	시종	3Ⅱ
旣述	기술	–	前述	전술	3	頭緒	두서	–	條理	조리	3Ⅱ

登極 등극	–	卽位 즉위	3Ⅱ	望鄕 망향	– 懷鄕 회향 3Ⅱ
爛商 난상	–	熟議 숙의	2	面相 면상	– 容貌 용모 3Ⅱ
濫用 남용	–	誤用 오용	3	名馬 명마	– 逸驥 일기 2
浪費 낭비	–	徒消 도소	3Ⅱ	明晳 명석	– 聰明 총명 2
冷暖 냉난	–	寒暑 한서	3	名勝 명승	– 景勝 경승 5
旅館 여관	–	客舍 객사	3Ⅱ	謀略 모략	– 方略 방략 3Ⅱ
戀歌 연가	–	情歌 정가	3Ⅱ	模範 모범	– 龜鑑 귀감 3
鍊磨 연마	–	鍛鍊 단련	2	矛盾 모순	– 背反 배반 2
廉價 염가	–	低價 저가	3	目讀 목독	– 默讀 묵독 3Ⅱ
零落 영락	–	衰落 쇠락	3	沒頭 몰두	– 專心 전심 3Ⅱ
領域 영역	–	分野 분야	4	武術 무술	– 武藝 무예 4Ⅱ
領土 영토	–	版圖 판도	3Ⅱ	默諾 묵낙	– 默認 묵인 3Ⅱ
禮物 예물	–	幣物 폐물	3	問候 문후	– 問安 문안 4
勞作 노작	–	力作 역작	5	未久 미구	– 不遠 불원 3Ⅱ
留級 유급	–	落第 낙제	4Ⅱ	彌滿 미만	– 充滿 충만 2
流離 유리	–	漂泊 표박	3	美酒 미주	– 佳酒 가주 3Ⅱ
倫理 윤리	–	道德 도덕	3Ⅱ	密通 밀통	– 暗通 암통 4Ⅱ
利潤 이윤	–	利文 이문	3Ⅱ	薄情 박정	– 冷淡 냉담 3Ⅱ
理解 이해	–	會得 회득	4Ⅱ	叛徒 반도	– 逆黨 역당 3
魔法 마법	–	妖術 요술	2	半百 반백	– 艾老 애로 2
晚年 만년	–	老年 노년	3Ⅱ	反逆 반역	– 謀反 모반 3Ⅱ

發端	발단	–	始作	시작	4Ⅱ	肥土	비토	–	沃土	옥토	2
發送	발송	–	郵送	우송	4	射技	사기	–	弓術	궁술	3Ⅱ
傍觀	방관	–	坐視	좌시	3	事前	사전	–	未然	미연	4Ⅱ
方法	방법	–	手段	수단	4	詐稱	사칭	–	冒名	모명	3
妨害	방해	–	障礙	장애	2	私通	사통	–	通情	통정	4
背恩	배은	–	忘德	망덕	3	山林	산림	–	隱士	은사	4
白眉	백미	–	壓卷	압권	3	散策	산책	–	散步	산보	3Ⅱ
凡夫	범부	–	俗人	속인	3Ⅱ	賞美	상미	–	稱讚	칭찬	4
汎愛	범애	–	博愛	박애	2	桑碧	상벽	–	滄桑	창상	2
僻地	벽지	–	深巷	심항	2	狀況	상황	–	情勢	정세	4
變遷	변천	–	沿革	연혁	3Ⅱ	暑衣	서의	–	夏服	하복	3
兵塵	병진	–	戰塵	전진	2	仙境	선경	–	桃源	도원	3Ⅱ
普遍	보편	–	一般	일반	3	先納	선납	–	豫納	예납	4
伏龍	복룡	–	臥龍	와룡	3	善治	선치	–	善政	선정	4Ⅱ
本末	본말	–	首尾	수미	3Ⅱ	說破	설파	–	論破	논파	4Ⅱ
本源	본원	–	淵源	연원	2	蟾輝	섬휘	–	蟾光	섬광	2
部門	부문	–	分野	분야	6	成就	성취	–	達成	달성	4
負約	부약	–	僞言	위언	3Ⅱ	所望	소망	–	念願	염원	5
鵬圖	붕도	–	雄圖	웅도	2	所願	소원	–	希望	희망	4Ⅱ
祕本	비본	–	珍書	진서	4	素行	소행	–	品行	품행	4Ⅱ
比翼	비익	–	連理	연리	3Ⅱ	俗論	속론	–	流議	유의	4Ⅱ

俗世	속세	–	塵世	진세	2	暗示	암시	–	示唆	시사	2
刷新	쇄신	–	鼎新	정신	2	壓迫	압박	–	威壓	위압	3Ⅱ
刷新	쇄신	–	革新	혁신	3Ⅱ	哀歡	애환	–	喜悲	희비	3Ⅱ
首尾	수미	–	始終	시종	3Ⅱ	野合	야합	–	私通	사통	4
修飾	수식	–	治粧	치장	3Ⅱ	約婚	약혼	–	佳約	가약	3Ⅱ
熟歲	숙세	–	豊年	풍년	3Ⅱ	漁夫	어부	–	淵客	연객	2
宿患	숙환	–	久疾	구질	3Ⅱ	御聲	어성	–	德音	덕음	3Ⅱ
瞬間	순간	–	刹那	찰나	2	業績	업적	–	功績	공적	4
濕地	습지	–	沮澤	저택	2	逆轉	역전	–	反轉	반전	4
承諾	승낙	–	許諾	허락	3Ⅱ	燃眉	연미	–	焦眉	초미	2
昇進	승진	–	榮轉	영전	3Ⅱ	然否	연부	–	與否	여부	4
視野	시야	–	眼界	안계	4Ⅱ	永眠	영면	–	他界	타계	3Ⅱ
始祖	시조	–	鼻祖	비조	5	緩急	완급	–	遲速	지속	3
食言	식언	–	負約	부약	4	愚見	우견	–	拙見	졸견	3
辛酸	신산	–	辛苦	신고	2	優待	우대	–	厚待	후대	4
神算	신산	–	神策	신책	3Ⅱ	佑命	우명	–	天佑	천우	2
信音	신음	–	雁書	안서	3	運送	운송	–	通運	통운	4Ⅱ
信音	신음	–	雁札	안찰	2	原因	원인	–	理由	이유	5
失望	실망	–	落膽	낙담	2	威儀	위의	–	儀觀	의관	4
心友	심우	–	知音	지음	5Ⅱ	維新	유신	–	革新	혁신	3Ⅱ
我軍	아군	–	友軍	우군	3Ⅱ	遺址	유지	–	舊址	구지	2

幼稚	유치	–	未熟	미숙	3Ⅱ	精讀	정독	–	熟讀	숙독	3Ⅱ
潤文	윤문	–	改稿	개고	3Ⅱ	情勢	정세	–	狀況	상황	4
潤澤	윤택	–	豊富	풍부	3Ⅱ	情趣	정취	–	風情	풍정	4
應變	응변	–	隨機	수기	3Ⅱ	操心	조심	–	注意	주의	5
移葬	이장	–	遷墓	천묘	3Ⅱ	尊稱	존칭	–	敬稱	경칭	4
認可	인가	–	許可	허가	4Ⅱ	拙稿	졸고	–	愚稿	우고	3
日給	일급	–	日俸	일봉	2	卒壽	졸수	–	凍梨	동리	3
逸才	일재	–	秀才	수재	3Ⅱ	從心	종심	–	稀壽	희수	3Ⅱ
一毫	일호	–	秋毫	추호	3	座下	좌하	–	硯北	연북	2
任意	임의	–	恣意	자의	3	駿馬	준마	–	駿足	준족	2
入寂	입적	–	歸元	귀원	3Ⅱ	峻刑	준형	–	酷刑	혹형	2
殘命	잔명	–	餘壽	여수	3Ⅱ	仲介	중개	–	居間	거간	3Ⅱ
壯志	장지	–	雄志	웅지	4	贈與	증여	–	贈呈	증정	2
在廷	재정	–	在朝	재조	3Ⅱ	知命	지명	–	艾年	애년	2
著姓	저성	–	名族	명족	3Ⅱ	遲參	지참	–	晩到	만도	3
沮害	저해	–	障礙	장애	2	進步	진보	–	向上	향상	4Ⅱ
摘出	적출	–	摘發	적발	3Ⅱ	進退	진퇴	–	去就	거취	4
轉居	전거	–	移轉	이전	4	贊反	찬반	–	可否	가부	3Ⅱ
專決	전결	–	獨斷	독단	4	贊助	찬조	–	協贊	협찬	3Ⅱ
轉變	전변	–	變化	변화	4	蒼空	창공	–	碧空	벽공	3Ⅱ
漸漸	점점	–	次次	차차	3Ⅱ	尺土	척토	–	寸土	촌토	3Ⅱ

天地	천지	–	乾坤	건곤	3	評論	평론	–	批評	비평	4
天地	천지	–	覆載	부재	3Ⅱ	平凡	평범	–	尋常	심상	3
淸濁	청탁	–	好惡	호오	3	抱腹	포복	–	絕倒	절도	3
滯拂	체불	–	滯納	체납	3Ⅱ	抱負	포부	–	雄志	웅지	3
焦思	초사	–	苦心	고심	2	暴政	폭정	–	虐政	학정	2
招請	초청	–	招待	초대	4	漂流	표류	–	漂迫	표박	3
秋毫	추호	–	毫末	호말	3	風燈	풍등	–	累卵	누란	3Ⅱ
出荷	출하	–	積出	적출	3Ⅱ	下技	하기	–	末藝	말예	4Ⅱ
治粧	치장	–	裝飾	장식	3Ⅱ	閑居	한거	–	燕息	연식	3Ⅱ
寢床	침상	–	寢臺	침대	3Ⅱ	抗爭	항쟁	–	抗戰	항전	4
託送	탁송	–	傳送	전송	2	海外	해외	–	異域	이역	4
脫獄	탈옥	–	破獄	파옥	3Ⅱ	獻供	헌공	–	獻納	헌납	3Ⅱ
奪胎	탈태	–	換骨	환골	2	革新	혁신	–	鼎新	정신	2
耽美	탐미	–	唯美	유미	2	顯職	현직	–	達官	달관	4
吐說	토설	–	實吐	실토	3Ⅱ	脅迫	협박	–	威脅	위협	3Ⅱ
痛感	통감	–	切感	절감	4	螢窓	형창	–	學窓	학창	3
統率	통솔	–	統領	통령	3Ⅱ	護國	호국	–	衛國	위국	4Ⅱ
特酒	특주	–	名酒	명주	4	忽變	홀변	–	突變	돌변	3Ⅱ
破産	파산	–	倒産	도산	3Ⅱ	鴻圖	홍도	–	丕圖	비도	2
霸者	패자	–	王者	왕자	2	鴻業	홍업	–	鴻積	홍적	3
遍歷	편력	–	轉歷	전력	3	和顔	화안	–	怡顔	이안	2

皇恩	황은	–	皇澤	황택	3Ⅱ	空想家 공상가	–	夢想家 몽상가	3Ⅱ

皇恩	황은	–	皇澤	황택	3Ⅱ	空想家 공상가	–	夢想家 몽상가	3Ⅱ
回覽	회람	–	轉照	전조	3Ⅱ	共通點 공통점	–	同一點 동일점	4
劃一	획일	–	一律	일률	3Ⅱ	槐安夢 괴안몽	–	南柯夢 남가몽	2
訓戒	훈계	–	勸戒	권계	4	敎鍊場 교련장	–	訓鍊場 훈련장	3Ⅱ
凶報	흉보	–	哀啓	애계	3Ⅱ	交通網 교통망	–	道路網 도로망	2
欽慕	흠모	–	悅慕	열모	2	交通業 교통업	–	運輸業 운수업	3Ⅱ
興亡	흥망	–	盛衰	성쇠	3Ⅱ	極上品 극상품	–	最上品 최상품	4Ⅱ
喜樂	희락	–	喜悅	희열	3Ⅱ	金蘭契 금란계	–	魚水親 어수친	3Ⅱ
稀姓	희성	–	僻姓	벽성	2	禁足令 금족령	–	杜門令 두문령	2
懇親會 간친회	–	親睦會 친목회	3Ⅱ	騎馬術 기마술	–	乘馬術 승마술	3Ⅱ
改良種 개량종	–	育成種 육성종	5	都大體 도대체	–	大關節 대관절	5
開催者 개최자	–	主催者 주최자	3Ⅱ	桃源境 도원경	–	理想鄕 이상향	3Ⅱ
車同軌 거동궤	–	書同文 서동문	3	毒舌家 독설가	–	險口家 험구가	4
巨細事 거세사	–	大小事 대소사	4	力不足 역부족	–	力不及 역불급	3Ⅱ
儉約家 검약가	–	節約家 절약가	4	隷屬物 예속물	–	從屬物 종속물	3
揭示板 게시판	–	案內板 안내판	2	模造紙 모조지	–	白上紙 백상지	4
景勝地 경승지	–	名勝地 명승지	5	貿易國 무역국	–	通商局 통상국	3Ⅱ
經驗談 경험담	–	體驗談 체험담	4Ⅱ	未開人 미개인	–	野蠻人 야만인	2
姑息策 고식책	–	彌縫策 미봉책	2	未曾有 미증유	–	破天荒 파천황	3Ⅱ
孤兒院 고아원	–	保育院 보육원	4	放浪者 방랑자	–	流浪者 유랑자	3Ⅱ
高潮線 고조선	–	滿潮線 만조선	4	訪問記 방문기	–	探訪記 탐방기	4

別乾坤 별건곤	別天地 별천지	3	
普遍性 보편성	一般性 일반성	3	
本土種 본토종	在來種 재래종	5	
浮浪者 부랑자	無賴漢 무뢰한	3Ⅱ	
不具者 불구자	障礙人 장애인	2	
不老草 불로초	不死藥 불사약	6	
比翼鳥 비익조	連理枝 연리지	3Ⅱ	
私有地 사유지	民有地 민유지	4	
相思病 상사병	花風病 화풍병	5	
喪布契 상포계	爲親契 위친계	3Ⅱ	
設計圖 설계도	靑寫眞 청사진	4Ⅱ	
所有物 소유물	掌中物 장중물	3Ⅱ	
瞬息間 순식간	一刹那 일찰나	2	
瞬息間 순식간	轉瞬間 전순간	3Ⅱ	
新年辭 신년사	年頭辭 연두사	4	
伸縮性 신축성	融通性 융통성	2	
愛酒家 애주가	好酒家 호주가	4	
藥劑室 약제실	調劑室 조제실	2	
魚水親 어수친	知音人 지음인	5	
永久性 영구성	恒久性 항구성	3Ⅱ	
宇宙船 우주선	衛星船 위성선	3Ⅱ	

雲雨樂 운우락	薦枕席 천침석	3	
月旦評 월단평	月朝評 월조평	3Ⅱ	
潤筆料 윤필료	揮毫料 휘호료	3	
雜所得 잡소득	雜收入 잡수입	4	
再構成 재구성	再編成 재편성	3Ⅱ	
精米所 정미소	製粉所 제분소	4	
周遊家 주유가	旅行家 여행가	4	
紙物商 지물상	紙物鋪 지물포	2	
地方色 지방색	鄕土色 향토색	4Ⅱ	
推定量 추정량	想定量 상정량	4	
軸馬力 축마력	實馬力 실마력	2	
通俗物 통속물	大衆物 대중물	4Ⅱ	
合法性 합법성	適法性 적법성	4	
香味料 향미료	香味劑 향미제	2	
鄕愁病 향수병	懷鄕病 회향병	3Ⅱ	
紅一點 홍일점	一點紅 일점홍	4	
休耕地 휴경지	休閑地 휴한지	3Ⅱ	
街談巷說 가담항설	道聽塗說 도청도설	3	
佳人薄命 가인박명	紅顏薄命 홍안박명	3Ⅱ	
刻骨難忘 각골난망	結草報恩 결초보은	3	
各樣各色 각양각색	形形色色 형형색색	4	

刻舟求劍각주구검	–	守株待兔수주대토	3	淡水之交담수지교	–	莫逆之友막역지우	3Ⅱ
干城之材간성지재	–	棟梁之器동량지기	2	大海一滴대해일적	–	九牛一毛구우일모	3
甲男乙女갑남을녀	–	張三李四장삼이사	3Ⅱ	道不拾遺도불습유	–	太平聖代태평성대	3Ⅱ
擊壤之歌격양지가	–	鼓腹擊壤고복격양	3Ⅱ	同病相憐동병상련	–	草綠同色초록동색	3
見利思義견리사의	–	見危授命견위수명	4	東山高臥동산고와	–	悠悠自適유유자적	3
犬兔之爭견토지쟁	–	漁夫之利어부지리	3Ⅱ	連理比翼연리비익	–	琴瑟相和금슬상화	2
傾國之色경국지색	–	雪膚花容설부화용	2	盧生之夢노생지몽	–	榮枯一炊영고일취	2
高閣大樓고각대루	–	高臺廣室고대광실	3Ⅱ	累卵之危누란지위	–	風前燈火풍전등화	3Ⅱ
孤立無援고립무원	–	四面楚歌사면초가	2	類類相從유유상종	–	草綠同色초록동색	4
高山流水고산유수	–	芝蘭之交지란지교	2	臨時方便임시방편	–	目前之計목전지계	3Ⅱ
姑息之計고식지계	–	凍足放尿동족방뇨	2	馬耳東風마이동풍	–	吾不關焉오불관언	3
骨肉之親골육지친	–	血肉之親혈육지친	3Ⅱ	莫上莫下막상막하	–	伯仲之間백중지간	3Ⅱ
口蜜腹劍구밀복검	–	笑裏藏刀소리장도	3	麥秀之歎맥수지탄	–	亡國之恨망국지한	3Ⅱ
九牛一毛구우일모	–	滄海一粟창해일속	2	孟母斷機맹모단기	–	三遷之敎삼천지교	3Ⅱ
近墨者黑근묵자흑	–	近朱者赤근주자적	3Ⅱ	面壁九年면벽구년	–	積塵成山적진성산	2
金蘭之契금란지계	–	膠漆之交교칠지교	2	面從腹背면종복배	–	陽奉陰違양봉음위	3
金城湯池금성탕지	–	難攻不落난공불락	3Ⅱ	目不識丁목불식정	–	魚魯不辨어로불변	2
琴瑟相和금슬상화	–	琴瑟之樂금실지락	2	傍若無人방약무인	–	眼下無人안하무인	3
難伯難仲난백난중	–	難兄難弟난형난제	3Ⅱ	百年河淸백년하청	–	何待歲月하대세월	3Ⅱ
南柯一夢남가일몽	–	盧生之夢노생지몽	2	比翼連理비익연리	–	二姓之樂이성지락	3Ⅱ
斷金之交단금지교	–	膠漆之交교칠지교	2	山海珍味산해진미	–	龍味鳳湯용미봉탕	3Ⅱ

동음이의어(同音異義語) - 소리는 같고 뜻은 다른 한자어(漢字語)

可恐	(가공)	5 3Ⅱ	두려워하거나 놀랄 만함.
架空	(가공)	3Ⅱ 7Ⅱ	어떤 시설물을 공중에 가설함. 이유나 근거가 없음. 사실이 아니고 거짓이나 상상으로 꾸며냄.
架構	(가구)	3Ⅱ 4	낱낱의 재료를 조립하여 만든 구조물.
佳句	(가구)	3Ⅱ 4Ⅱ	잘 지은 글귀.
佳期	(가기)	3Ⅱ 5	좋은 계절. 사랑을 처음 맺게 되는 좋은 시기.
佳氣	(가기)	3Ⅱ 7Ⅱ	자연의 상서롭고 맑은 기운.
佳器	(가기)	3Ⅱ 4Ⅱ	좋은 그릇. 훌륭한 인재를 비유.
架上	(가상)	3Ⅱ 7Ⅱ	시렁 또는 선반의 위.
假像	(가상)	4Ⅱ 3Ⅱ	실물처럼 보이는 거짓 형상.
假飾	(가식)	4Ⅱ 3Ⅱ	말이나 행동 따위를 거짓으로 꾸밈. 임시로 장식함.
加飾	(가식)	5 3Ⅱ	어떤 것을 꾸밈.
佳絕	(가절)	3Ⅱ 4Ⅱ	빼어나게 아름다움.
佳節	(가절)	3Ⅱ 5Ⅱ	좋은 시절이나 계절. 좋은 명절.
架版	(가판)	3Ⅱ 3Ⅱ	인쇄하기 전에 연판이나 원판을 인쇄기 판 위에 페이지 차례대로 정돈하여 인쇄할 수 있도록 준비하는 공정.
街販	(가판)	4Ⅱ 3	길거리에 물건을 벌여 놓고 파는 일
各其	(각기)	6Ⅱ 3Ⅱ	저마다의 사람이나 사물.
脚氣	(각기)	3Ⅱ 7Ⅱ	비타민 비 원(B1)이 부족하여 일어나는 영양실조 증상.
脚下	(각하)	3Ⅱ 7Ⅱ	다리 아래라는 뜻으로, 현재 또는 지금 당장을 이르는 말.
却下	(각하)	3 7Ⅱ	물리침. 행정상 신청을 배척하는 처분. 또는 상소 따위가 형식적인 요건을 갖추지 못한 경우 소송을 종료하는 일.
閣下	(각하)	3Ⅱ 7Ⅱ	특정한 고급 관료에 대한 경칭.
肝膽	(간담)	3Ⅱ 2	간과 쓸개. 속마음.
懇談	(간담)	3Ⅱ 5	서로 정답게 이야기를 주고받음. 또는 그 이야기.
幹部	(간부)	3Ⅱ 6Ⅱ	조직체의 중심이 되는 자리에서 책임을 맡거나 지도하는 사람.
姦婦	(간부)	3 4Ⅱ	간통한 여자.

姦夫	(간부)	3 7	간통한 남자.
肝臟	(간장)	3Ⅱ 3Ⅱ	간(肝).
肝腸	(간장)	3Ⅱ 4	간과 창자. 애. 마음.
憾情	(감정)	2 5Ⅱ	원망하거나 성내는 마음.
甘井	(감정)	4 3Ⅱ	물맛이 좋은 우물.
鑑定	(감정)	3Ⅱ 6	사물의 특성이나 참과 거짓, 좋고 나쁨을 분별하여 판정함. 재판 관련 사항에 대하여 전문가가 의견과 지식을 보고하는 일.
剛氣	(강기)	3Ⅱ 7Ⅱ	굳세고 꿋꿋한 기상.
綱紀	(강기)	3Ⅱ 4	나라의 법과 풍속, 풍습에 대한 기율(紀律). 삼강오륜 등 사람이 지켜야 할 도리.
開刊	(개간)	6 3Ⅱ	신문이나 책 따위를 처음으로 간행함.
改刊	(개간)	5 3Ⅱ	책 따위의 원판을 고치어 간행함.
開館	(개관)	6 3Ⅱ	도서관 따위의 기관이 처음으로 문을 엶.
槪觀	(개관)	3Ⅱ 5Ⅱ	전체를 대강 살펴봄. 윤곽, 구도 따위의 대체의 모양.
慨然	(개연)	3 7	억울하고 원통하여 몹시 분함.
蓋然	(개연)	3Ⅱ 7	단정할 수는 없지만 대개 그럴 것이라고 생각되는 상태.
槪意	(개의)	3Ⅱ 6Ⅱ	내용의 개략적인 뜻.
介意	(개의)	3Ⅱ 6Ⅱ	어떤 일 따위를 마음에 두고 생각하거나 신경을 씀.
改訂	(개정)	5 3	글의 틀린 곳 따위를 고쳐 바로잡음.
開廷	(개정)	6 3Ⅱ	법정을 열어 재판을 시작하는 일.
健胃	(건위)	5 3Ⅱ	위(胃)를 튼튼하게 함.
乾位	(건위)	3Ⅱ 5	남자의 신주나 위패 또는 무덤.
劍技	(검기)	3Ⅱ 5	검을 다루는 솜씨.
劍氣	(검기)	3Ⅱ 7Ⅱ	검의 칼날에서 풍기는 싸늘한 기운.
堅剛	(견강)	4 3Ⅱ	성질 따위가 매우 굳세고 단단함.
牽強	(견강)	3 6	이치에 맞지 않는 것을 억지로 끌고 감.

牽引	(견인)	3 4Ⅱ	끌어서 당김.
堅忍	(견인)	4 3Ⅱ	굳게 참고 견딤.
見執	(견집)	5Ⅱ 3Ⅱ	남에게 붙잡힘.
堅執	(견집)	4 3Ⅱ	굳게 지님. 자신의 의견을 바꾸거나 고치지 않고 버팀.
兼事	(겸사)	3Ⅱ 7Ⅱ	둘 이상의 대상을 아울러 섬김. 한 가지 일을 하면서 동시에 다른 일도 아울러 함.
謙辭	(겸사)	3Ⅱ 4	겸손하게 사양함. 겸손의 말.
硬度	(경도)	3Ⅱ 6	굳기.
驚倒	(경도)	4 3Ⅱ	몹시 놀라 넘어짐.
傾倒	(경도)	4 3Ⅱ	기울어 넘어짐. 또는 기울여 넘어뜨림. 온 마음을 기울여 사모하거나 열중함.
耕織	(경직)	3Ⅱ 4	농사짓는 일과 길쌈하는 일.
硬直	(경직)	3Ⅱ 7Ⅱ	몸 따위가 굳어서 뻣뻣하게 됨. 사고방식 따위가 부드럽지 못함.
敬賀	(경하)	5Ⅱ 3Ⅱ	공경하여 축하함.
慶賀	(경하)	4Ⅱ 3Ⅱ	경사스러운 일을 치하(致賀)함.
硬貨	(경화)	3Ⅱ 4Ⅱ	금속으로 만든 화폐. 언제든지 금이나 다른 화폐로 바꿀 수 있는 화폐.
硬化	(경화)	3Ⅱ 5Ⅱ	물건이나 몸의 조직 따위가 단단하게 굳어짐. 주장이나 의견, 태도, 사고방식 따위가 강경해짐.
鷄冠	(계관)	4 3Ⅱ	닭의 볏.
桂冠	(계관)	3Ⅱ 3Ⅱ	월계수의 가지와 잎으로 만들어 경기의 우승자에게 씌워 주던 관.
啓導	(계도)	3Ⅱ 4Ⅱ	남을 일깨우고 이끌어 줌.
戒刀	(계도)	4 3Ⅱ	비구가 늘 가지고 다니는 작은 칼.
溪流	(계류)	3Ⅱ 5Ⅱ	산골짜기에 흐르는 시냇물.
繫留	(계류)	3 4Ⅱ	밧줄 같은 것으로 붙잡아 매어 놓음. 어떤 사건이 해결되지 않은 상태임.
溪水	(계수)	3Ⅱ 8	산골짜기에 흐르는 시냇물.
桂樹	(계수)	3Ⅱ 6	계수나무.
契狀	(계장)	3Ⅱ 4Ⅱ	계약서.

契長	(계장)	3Ⅱ 8	계의 일을 맡아서 처리하는 책임자.
桂皮	(계피)	3Ⅱ 3Ⅱ	계수나무 껍질을 한방에서 이르는 말.
鷄皮	(계피)	4 3Ⅱ	닭의 살갗처럼 거친 살갗. 늙은 사람.
鼓角	(고각)	3Ⅱ 6Ⅱ	군중(軍中)에서 호령할 때 쓰던 북과 나발.
高閣	(고각)	6Ⅱ 3Ⅱ	높게 지은 집이나 누각.
顧復	(고복)	3 4Ⅱ	부모가 자식을 기름.
鼓腹	(고복)	3Ⅱ 3Ⅱ	배를 두드린다는 뜻으로, 생활이 풍족하여 태평한 세월을 즐기는 것을 이르는 말.
高鳳	(고봉)	6Ⅱ 3Ⅱ	아름다운 봉황(鳳凰).
高峯	(고봉)	6Ⅱ 3Ⅱ	높은 산봉우리.
告祀	(고사)	5Ⅱ 3Ⅱ	액운(厄運)은 없어지고 풍요와 행운이 오도록 집안에서 섬기는 신(神)에게 음식을 차려 놓고 비는 제사.
枯死	(고사)	3 6	나무나 풀 따위가 말라 죽음.
鼓笛	(고적)	3Ⅱ 3Ⅱ	북과 피리.
古蹟	(고적)	6 3Ⅱ	남아 있는 옛날 건물이나 물건. 옛 문화를 보여 주는 건물이나 물건이 있던 터.
孤寂	(고적)	4 3Ⅱ	외롭고 쓸쓸함.
恭敬	(공경)	3Ⅱ 5Ⅱ	공손히 받들어 모심.
公卿	(공경)	6Ⅱ 3	삼공(三公)과 구경(九卿)을 아울러 이르는 말.
公募	(공모)	6Ⅱ 3	공개 모집.
共謀	(공모)	6Ⅱ 3Ⅱ	공동 어떤 일을 꾀함.
供物	(공물)	3Ⅱ 7Ⅱ	신령이나 부처 앞에 바치는 물건.
貢物	(공물)	3Ⅱ 7Ⅱ	중앙 관서와 궁중의 수요를 충당하기 위하여 여러 군현에 부과상납하게 한 특산물. 조(租)용(庸)조(調)의 조(調).
空輸	(공수)	7Ⅱ 3Ⅱ	항공 수송을 줄여 이르는 말.
供需	(공수)	3Ⅱ 3Ⅱ	공급과 수요.
空襲	(공습)	7Ⅱ 3Ⅱ	공중 습격을 줄여 이르는 말.
攻襲	(공습)	4 3Ⅱ	갑자기 공격하여 침.

過渡	(과도)	5Ⅱ 3Ⅱ	한 상태에서 다른 상태로 넘어가거나 바뀌어 가는 도중.
果刀	(과도)	6Ⅱ 3Ⅱ	과일 깎는 칼.
過慾	(과욕)	5Ⅱ 3Ⅱ	욕심이 지나침. 또는 그 욕심.
寡慾	(과욕)	3Ⅱ 3Ⅱ	욕심이 적음. 또는 그 욕심.
款待	(관대)	2 6	친절히 대하거나 정성껏 대접함.
寬大	(관대)	3Ⅱ 8	마음이 너그럽고 큼.
寬待	(관대)	3Ⅱ 6	너그럽게 대접함.
冠帶	(관대)	3Ⅱ 4Ⅱ	옛날 벼슬아치들의 공복(公服).
冠禮	(관례)	3Ⅱ 6	예전에, 남자가 성년에 이르면 어른이 된다는 의미로 상투를 틀고 갓을 쓰게 하던 예식.
慣例	(관례)	3Ⅱ 6	전례(前例)가 관습으로 굳어진 것.
官祿	(관록)	4Ⅱ 3Ⅱ	관원(官員)에게 주던 봉급.
貫祿	(관록)	3Ⅱ 3Ⅱ	쌓은 경력과 그에 따르는 권위.
冠詞	(관사)	3Ⅱ 3Ⅱ	영어 따위에서 명사 앞에 놓여 단수, 복수, 성, 격 따위를 나타내는 품사.
館舍	(관사)	3Ⅱ 4Ⅱ	외국 사신이나 다른 곳에서 온 벼슬아치를 대접하고 묵게 하던 숙소.
官署	(관서)	4Ⅱ 3Ⅱ	관청과 그 부속 기관을 통틀어 이르는 말.
寬恕	(관서)	3Ⅱ 3Ⅱ	죄나 허물 따위를 너그럽게 용서함.
寬容	(관용)	3Ⅱ 4Ⅱ	남의 잘못을 너그럽게 받아들이거나 용서함.
慣用	(관용)	3Ⅱ 6Ⅱ	습관적으로 늘 씀.
館長	(관장)	3Ⅱ 8	‘관(館)’ 자가 붙은 기관의 최고 책임자.
管掌	(관장)	4 3Ⅱ	일을 맡아서 주관함.
狂暴	(광폭)	3Ⅱ 4Ⅱ	미쳐 날뛰듯이 매우 거칠고 사나움.
廣幅	(광폭)	5Ⅱ 3	넓은 폭.
怪變	(괴변)	3Ⅱ 5Ⅱ	예상하지 못한 괴상한 재난이나 사고.
壞變	(괴변)	3Ⅱ 5Ⅱ	무너져 모양이 바뀜.

怪死	(괴사)	3Ⅱ 6	원인을 알 수 없이 죽음. 또는 그런 죽음.
壞死	(괴사)	3Ⅱ 6	생체 내의 조직이나 세포가 부분적으로 죽는 일.
僑民	(교민)	2 8	외국에 나가 살고 있는 자기 나라의 사람.
巧敏	(교민)	3Ⅱ 3	행동이 교묘하고 재빠름.
校訂	(교정)	8 3	출판물 따위의 잘못된 글자나 글귀 따위를 바르게 고침.
矯正	(교정)	3 7Ⅱ	틀어지거나 잘못된 것을 바로잡음. 재소자의 잘못된 품성이나 행동을 바로잡음.
克服	(극복)	3Ⅱ 6	악조건이나 고생 따위를 이겨 냄. 적을 이기어 굴복시킴.
克復	(극복)	3Ⅱ 4Ⅱ	이기어 도로 회복함. 정도(正道)로 돌아감.
根幹	(근간)	6 3Ⅱ	뿌리와 줄기. 바탕이나 중심이 되는 중요한 것.
近刊	(근간)	6 3Ⅱ	최근에 출판함.
斤量	(근량)	3 5	저울로 단 무게.
斤兩	(근량)	3 4Ⅱ	무게를 나타내는 단위인 근과 냥을 아울러 이르는 말.
禁輸	(금수)	4Ⅱ 3Ⅱ	수입이나 수출을 금함.
禽獸	(금수)	3Ⅱ 3Ⅱ	날짐승과 길짐승이라는 뜻으로, 모든 짐승을 이르는 말. 행실이 아주 더럽고 나쁜 사람을 비유.
旣刊	(기간)	3 3Ⅱ	책 따위가 이미 간행됨. 또는 그런 간행물.
基幹	(기간)	5Ⅱ 3Ⅱ	어떤 분야나 부문에서 가장 으뜸이 되거나 중심이 되는 부분.
其間	(기간)	3Ⅱ 7Ⅱ	어느 때부터 다른 어느 때까지의 동안.
機械	(기계)	4 3Ⅱ	동력을 써서 움직이거나 일을 하는 장치.
器械	(기계)	4Ⅱ 3Ⅱ	연장, 연모, 그릇, 기구 따위를 통틀어 이르는 말. 구조가 간단하며 제조나 생산을 목적으로 하지 아니하고 사용하는 도구를 통틀어 이르는 말.
寄稿	(기고)	4 3Ⅱ	신문, 잡지 따위에 싣기 위하여 원고를 써서 보냄. 또는 그 원고.
忌故	(기고)	3 4Ⅱ	해마다 사람이 죽은 날에 제사를 지내는 일. 또는 그 날.
機巧	(기교)	4 3Ⅱ	잔꾀와 솜씨가 매우 교묘함.
技巧	(기교)	5 3Ⅱ	기술이나 솜씨가 아주 교묘함.
欺罔	(기망)	3 3	남을 속여 넘김.

부록
I

旣望	(기망)	3 5Ⅱ	음력으로 매달 열엿샛날.
企望	(기망)	3Ⅱ 5Ⅱ	어떠한 일이 이루어지기를 바람.
幾微	(기미)	3 3Ⅱ	낌새.
機微	(기미)	4 3Ⅱ	낌새.
機敏	(기민)	4 3	눈치가 빠르고 동작이 날쌤.
飢民	(기민)	3 8	굶주린 백성.
幾死	(기사)	3 6	거의 다 죽게 됨.
騎士	(기사)	3Ⅱ 5Ⅱ	말을 탄 무사.
棋士	(기사)	2 5Ⅱ	바둑이나 장기를 두는 사람.
騎手	(기수)	3Ⅱ 7Ⅱ	경마에서 말을 타는 사람.
其數	(기수)	3Ⅱ 7	그 수.
記述	(기술)	7Ⅱ 3Ⅱ	기록하여 서술함.
旣述	(기술)	3 3Ⅱ	이미 앞서 기술함.
棄兒	(기아)	3 5Ⅱ	남몰래 아이를 내다 버림. 또는 그렇게 버린 아이.
飢餓	(기아)	3 3	굶주림.
氣宇	(기우)	7Ⅱ 3Ⅱ	기개와 도량을 아울러 이르는 말.
祈雨	(기우)	3Ⅱ 5Ⅱ	날이 가물 때에 비가 오기를 빎.
祈願	(기원)	3Ⅱ 5	바라는 일이 이루어지기를 빎.
棋院	(기원)	2 5	돈을 내고 바둑을 두는 곳. 바둑을 즐기는 사람들이 조직하는 단체.
忌日	(기일)	3 8	해마다 돌아오는 제삿날. 불길하다 하여 꺼리는 날.
幾日	(기일)	3 8	몇 날.
郞子	(낭자)	3Ⅱ 7Ⅱ	예전에, 남의 집 총각을 점잖게 이르던 말.
娘子	(낭자)	3Ⅱ 7Ⅱ	예전에, '처녀'를 높여 이르던 말.
來賓	(내빈)	7 3	모임에 공식적으로 초대를 받고 온 사람.

內賓	(내빈)	7 II 3	안손님.
內粧	(내장)	7 II 3 II	집 안을 손질하고 꾸밈. 내부 수장을 줄여 이르는 말.
內藏	(내장)	7 II 3 II	밖으로 드러나지 않게 안에 간직함.
內臟	(내장)	7 II 3 II	척추동물의 위, 간 등 여러 가지 기관.
耐旱	(내한)	3 II 3	가뭄을 견딤.
耐寒	(내한)	3 II 5	추위를 견딤.
老婢	(노비)	7 3 II	늙은 여자종.
奴婢	(노비)	3 II 3 II	사내종과 계집종을 아울러 이르는 말.
勞役	(노역)	5 II 3 II	몹시 괴롭고 힘든 노동.
奴役	(노역)	3 II 3 II	고용인에 의하여 일방적으로 혹사를 당하는 일. 노예로 부려지는 일.
蘆笛	(노적)	1 II 3 II	갈피리.
露積	(노적)	3 II 4	곡식 따위를 한데에 수북이 쌓음. 또는 그런 물건.
綠肥	(녹비)	6 3 II	생풀이나 생나무의 잎으로 만들어 완전히 썩지 아니하는 거름. 풋거름.
鹿皮	(녹비)	3 3 II	사슴가죽.
弄談	(농담)	3 II 5	실없이 놀리거나 장난으로 하는 말.
濃淡	(농담)	2 3 II	색깔, 명암, 용액 따위의 짙음과 옅음. 또는 진함과 묽음. 생각이나 표현의 강함과 약함.
樓閣	(누각)	3 II 3 II	사방을 바라볼 수 있도록 문과 벽이 없이 다락처럼 높이 지은 집.
漏刻	(누각)	3 II 4	물시계. 누전(漏箭)에 새긴 눈금.
累代	(누대)	3 II 6 II	여러 대.
樓臺	(누대)	3 II 3 II	누각과 대사와 같이 높은 건물.
累積	(누적)	3 II 4	포개어 여러 번 쌓음. 또는 쌓임.
漏籍	(누적)	3 II 4	호적, 병적, 학적 따위의 기록에서 빠뜨림.
漏盡	(누진)	3 II 4	모두 새어 없어짐.
累進	(누진)	3 II 4 II	지위, 등급 따위가 차차 올라감. 가격, 수량 따위가 더해져 비율이 점점 높아짐.

茶果	(다과)	3Ⅱ 6Ⅱ	차와 과실.
多寡	(다과)	6 3Ⅱ	수량의 많고 적음.
但書	(단서)	3Ⅱ 6Ⅱ	법률 조문이나 문서 따위에서, 본문 다음에 그에 대한 어떤 조건이나 예외 따위를 나타내는 글.
端緒	(단서)	4Ⅱ 3Ⅱ	어떤 문제를 해결하는 방향으로 이끌어 가는 실마리.
膽小	(담소)	2 8	겁이 많고 배짱이 없음.
淡素	(담소)	3Ⅱ 4Ⅱ	담담하고 소박함.
堂姪	(당질)	6Ⅱ 3	사촌 형제의 아들로, 오촌이 되는 관계. 종질(從姪).
糖質	(당질)	3Ⅱ 5Ⅱ	당분(糖分)이 들어 있는 물질.
臺辭	(대사)	3Ⅱ 4	연극이나 영화 따위에서 배우가 하는 말.
臺詞	(대사)	3Ⅱ 3Ⅱ	연극이나 영화 따위에서 배우가 하는 말.
大役	(대역)	8 3Ⅱ	국가적인 큰 공사. 큰 역할.
代役	(대역)	6Ⅱ 3Ⅱ	다른 사람이 역할을 대신 맡아 하는 일.
對譯	(대역)	6Ⅱ 3Ⅱ	원문과 맞대어서 번역함.
貸地	(대지)	3Ⅱ 7	세를 받고 빌려 주는 땅.
臺紙	(대지)	3Ⅱ 7	그림이나 사진 따위의 뒤에 붙여 그 바탕이 되게 하는 두꺼운 종이.
臺地	(대지)	3Ⅱ 7	주위보다 고도가 높고 넓은 면적의 평탄한 표면을 가지고 있는 지형.
垈地	(대지)	2 7	집터로서의 땅.
桃園	(도원)	3Ⅱ 6	복숭아나무가 많은 정원.
桃源	(도원)	3Ⅱ 4	복숭아꽃이 핀 수원지라는 데서 살기 좋은 이상향, 별천지.
陶人	(도인)	3Ⅱ 8	옹기장이.
桃仁	(도인)	3Ⅱ 4	복숭아씨의 알맹이를 한방에서 이르는 말.
倒錯	(도착)	3Ⅱ 3Ⅱ	뒤바뀌어 거꾸로 됨. 사회나 도덕에 어그러진 행동을 나타냄.
倒着	(도착)	3Ⅱ 5Ⅱ	옷 따위를 거꾸로 입음.
獨奏	(독주)	5Ⅱ 3Ⅱ	한 사람이 악기를 연주하는 것.

讀奏	(독주)	6Ⅱ 3Ⅱ	임금에게 아뢸 문서를 어전에서 읽던 일.
凍死	(동사)	3Ⅱ 6	얼어 죽음.
動詞	(동사)	7Ⅱ 3Ⅱ	사물의 동작이나 작용을 나타내는 품사.
銅像	(동상)	4Ⅱ 3Ⅱ	구리로 사람이나 동물의 형상을 만들거나 그런 형상에 구릿빛을 입혀서 만들어 놓은 기념물.
凍傷	(동상)	3Ⅱ 4	추위 때문에 살갗이 얼어서 조직이 상하는 일.
慢性	(만성)	3 5Ⅱ	버릇이 되다시피 하여 쉽게 고쳐지지 아니하는 성질.
晚成	(만성)	3Ⅱ 6Ⅱ	늦게 이루어짐.
晚禾	(만화)	3Ⅱ 3	늦벼.
漫畫	(만화)	3 6	붓 가는 대로 아무렇게나 그린 그림. 이야기 따위를 그린 그림.
忘却	(망각)	3 3	어떤 사실을 잊어버림.
妄覺	(망각)	3Ⅱ 4	외부 세계의 자극을 잘못 지각하거나 없는 자극을 있는 것처럼 생각하는, 병적 현상.
妄靈	(망령)	3Ⅱ 3Ⅱ	늙거나 정신이 흐려서 말이나 행동이 정상을 벗어남.
亡靈	(망령)	5 3Ⅱ	죽은 사람의 영혼.
忙忙	(망망)	3 3	매우 바쁨.
茫茫	(망망)	3 3	넓고 멂. 막연하고 아득함.
埋葬	(매장)	3 3Ⅱ	시체나 유골 따위를 땅속에 묻음.
埋藏	(매장)	3 3Ⅱ	묻어서 감춤. 지하자원 따위가 땅속에 묻히어 있음.
梅畫	(매화)	3Ⅱ 6	매화를 치는 일. 또는 그런 그림.
梅花	(매화)	3Ⅱ 7	매화꽃. 매실나무.
猛將	(맹장)	3Ⅱ 4Ⅱ	용맹한 장수.
盲腸	(맹장)	3Ⅱ 4	척추동물의, 작은창자에서 큰창자로 넘어가는 부분에 있는 주머니 모양의 부분. 막창자.
免死	(면사)	3Ⅱ 6	죽음을 면함.
綿絲	(면사)	3Ⅱ 4	솜에서 자아낸 실. 무명실.
免疫	(면역)	3Ⅱ 3Ⅱ	몸속에 들어온 병원(病原)에 대항하는 항체를 생산하여 다음에는 그 병에 걸리지 않도록 된 상태. 반복되는 자극 따위에 반응하지 않고 무감각해지는 상태를 비유.

免職	(면직)	3Ⅱ 4Ⅱ	일정한 직무에서 물러나게 함.
綿織	(면직)	3Ⅱ 4	목화솜을 주원료로 하여 짠 직물.
冥府	(명부)	3 4Ⅱ	사람이 죽은 뒤에 심판을 받는 곳.
名簿	(명부)	7Ⅱ 3Ⅱ	어떤 일에 관련된 사람의 이름, 주소, 직업 따위를 적어 놓은 장부.
冒耕	(모경)	3 3Ⅱ	땅 임자의 허락 없이 남의 땅에 농사를 지음.
暮境	(모경)	3 4Ⅱ	늙바탕.
暮景	(모경)	3 5	저녁때의 경치.
謀事	(모사)	3Ⅱ 7Ⅱ	일을 꾀함.
謀士	(모사)	3Ⅱ 5Ⅱ	꾀를 써서 일이 잘 이루어지게 하는 사람.
眉間	(미간)	3 7Ⅱ	눈썹사이.
未刊	(미간)	4Ⅱ 3Ⅱ	아직 간행되지 않음.
迷妄	(미망)	3 3Ⅱ	사리에 어두워 갈피를 잡지 못하고 헤맴.
彌望	(미망)	1Ⅱ 5Ⅱ	멀리 넓게 바라봄.
微笑	(미소)	3Ⅱ 4Ⅱ	소리 없이 빙긋이 웃음.
美蘇	(미소)	6 3Ⅱ	미국과 소련을 아울러 이르는 말.
米壽	(미수)	6 3Ⅱ	여든 여덟 살을 달리 이르는 말.
未遂	(미수)	4Ⅱ 3	목적한 바를 시도하였으나 이루지 못함.
微行	(미행)	3Ⅱ 6	지위가 높은 사람이 무엇을 몰래 살피기 위하여 남루한 옷차림을 하고 남 모르게 다님.
尾行	(미행)	3Ⅱ 6	다른 사람의 행동을 감시하거나 증거를 잡기 위하여 그 사람 몰래 뒤를 밟음.
密封	(밀봉)	4Ⅱ 3Ⅱ	단단히 붙여 꼭 봉함.
蜜蜂	(밀봉)	3 3	꿀벌.
叛起	(반기)	3 4Ⅱ	배반하여 일어남.
飯器	(반기)	3Ⅱ 4Ⅱ	밥그릇.
飯床	(반상)	3Ⅱ 4Ⅱ	격식을 갖추어 밥상 하나를 차리도록 만든 한 벌의 그릇. 반상기.

盤上	(반상)	3Ⅱ 7Ⅱ	밥상의 위. 장기판이나 바둑판 따위의 위.
搬送	(반송)	2 4Ⅱ	물건 따위를 운반하여 보냄.
盤松	(반송)	3Ⅱ 4	키가 작고 가지가 옆으로 퍼진 소나무.
返送	(반송)	3 4Ⅱ	돌려보냄.
飯酒	(반주)	3Ⅱ 4	밥을 먹을 때에 곁들여서 한두 잔 마시는 술.
伴奏	(반주)	3 3Ⅱ	노래나 기악의 연주를 도와주기 위하여 옆에서 다른 악기를 연주함. 또는 그렇게 하는 연주.
方伯	(방백)	7Ⅱ 3Ⅱ	관찰사. 도지사를 예스럽게 이르는 말.
傍白	(방백)	3 8	연극에서, 등장인물이 말을 하지만 무대 위의 다른 인물에게는 들리지 않고 관객만 들을 수 있는 것으로 약속되어 있는 대사.
排律	(배율)	3Ⅱ 4Ⅱ	오언(五言)이나 칠언(七言)의 대구(對句)를 여섯 구 이상 늘어놓은 한시.
倍率	(배율)	5 3Ⅱ	어떤 수(數)가 기준이 되는 수의 몇 배가 되는가를 나타내는 수.
輩出	(배출)	3Ⅱ 7	인재(人材)가 계속하여 나옴.
排出	(배출)	3Ⅱ 7	안에서 밖으로 밀어 내보냄.
白沙	(백사)	8 3Ⅱ	빛깔이 희고 깨끗한 모래.
白蛇	(백사)	8 3Ⅱ	몸이 흰 뱀.
變喪	(변상)	5Ⅱ 3Ⅱ	변고로 인하여 생긴 상사(喪事).
辨償	(변상)	3 3Ⅱ	남에게 진 빚을 갚음.
補強	(보강)	3Ⅱ 6	보태거나 채워서 본디보다 더 튼튼하게 함.
補講	(보강)	3Ⅱ 4Ⅱ	결강이나 휴강 따위로 빠진 강의를 보충함.
補給	(보급)	3Ⅱ 5	물자나 자금 따위를 계속해서 대어 줌.
普及	(보급)	4 3Ⅱ	널리 펴서 많은 사람들에게 골고루 미치게 하여 누리게 함.
報償	(보상)	4Ⅱ 3Ⅱ	남에게 진 빚 또는 받은 물건을 갚음.
補償	(보상)	3Ⅱ 3Ⅱ	남에게 끼친 손해를 갚음.
補正	(보정)	3Ⅱ 7Ⅱ	부족한 부분을 보태어 바르게 함. 오차를 없애고 참값에 가까운 값을 구하는 것.
補整	(보정)	3Ⅱ 4	보태어 가지런히 정돈함.

補佐	(보좌)	3Ⅱ 3	상관을 도와 일을 처리함.
保佐	(보좌)	4Ⅱ 3	보호하여 도움.
服役	(복역)	6 3Ⅱ	공역이나 병역 따위에 종사함. 징역을 삶.
卜役	(복역)	3 3Ⅱ	나라에서 백성에게 책임 지우던 강제 노동이나 병역.
本貫	(본관)	6 3Ⅱ	성씨의 시조(始祖)가 난 곳.
本館	(본관)	6 3Ⅱ	별관(別館)이나 분관(分館)에 상대하여 주가 되는 건물.
封合	(봉합)	3Ⅱ 6	봉투 따위를 열지 못하게 꼭 붙이거나 싸서 막아 붙임.
縫合	(봉합)	2 6	수술을 하려고 절단한 자리나 외상(外傷)으로 갈라진 자리를 꿰매어 붙이는 일.
浮氣	(부기)	3Ⅱ 7Ⅱ	부종(浮腫)으로 인하여 부은 상태.
附記	(부기)	3Ⅱ 7Ⅱ	원문에 덧붙이어 적음. 또는 그런 기록.
簿記	(부기)	3Ⅱ 7Ⅱ	자산, 자본, 부채의 수지증감 따위를 밝히는 기장법(記帳法).
附圖	(부도)	3Ⅱ 6Ⅱ	어떤 책에 부속된 지도나 도표. 딸린 그림.
不渡	(부도)	7Ⅱ 3Ⅱ	기한이 되어도 어음이나 수표에 적힌 돈을 지불받지 못하는 일.
浮動	(부동)	3Ⅱ 7Ⅱ	물이나 공기 중에 떠서 움직임. 고정되어 있지 않고 움직임.
不凍	(부동)	7Ⅱ 3Ⅱ	얼지 않음.
部署	(부서)	6Ⅱ 3Ⅱ	기관, 기업, 조직 따위에서 일이나 사업의 체계에 따라 나뉘어 있는, 사무의 각 부문.
符書	(부서)	3Ⅱ 6Ⅱ	점술에서, 뒷날에 일어날 일을 미리 알아서 해석하기 어렵게 적어 놓은 글.
浮說	(부설)	3Ⅱ 5Ⅱ	유언비어.
敷設	(부설)	2 4Ⅱ	다리, 철도, 지뢰 따위를 설치함.
附設	(부설)	3Ⅱ 4Ⅱ	어떤 기관 따위에 부속시켜 설치함.
扶養	(부양)	3Ⅱ 5Ⅱ	생활 능력이 없는 사람의 생활을 돌봄.
浮揚	(부양)	3Ⅱ 3Ⅱ	가라앉은 것이 떠오름.
賦與	(부여)	3Ⅱ 4	나누어 줌.
附與	(부여)	3Ⅱ 4	권리 명예 임무 가치 따위를 지니도록 해 주거나, 붙여 줌.

赴役	(부역)	3 3Ⅱ	병역이나 부역(賦役)을 치르러 나감.
負役	(부역)	4 3Ⅱ	백성이 부담하는 공역.
賦役	(부역)	3Ⅱ 3Ⅱ	국가나 공공 단체가 특정한 공익사업을 위하여 보수 없이 국민에게 의무적으로 책임을 지우는 노역.
附逆	(부역)	3Ⅱ 4Ⅱ	국가에 반역이 되는 일에 동조하거나 가담함.
富裕	(부유)	4Ⅱ 3Ⅱ	재물이 넉넉함.
浮遊	(부유)	3Ⅱ 4	물 위나 물속, 또는 공기 중에 떠다님. 행선지를 정하지 아니하고 이리저리 떠돌아다님.
不貞	(부정)	7Ⅱ 3Ⅱ	정조를 지키지 아니함.
不淨	(부정)	7Ⅱ 3Ⅱ	깨끗하지 못함. 사람이 죽는 따위의 불길한 일.
符合	(부합)	3Ⅱ 6	부신(符信)이 꼭 들어맞듯 사물이나 현상이 서로 꼭 들어맞음.
附合	(부합)	3Ⅱ 6	서로 맞대어 붙임. 분리하지 못할 상태에 있는 것.
符號	(부호)	3Ⅱ 6	일정한 뜻을 나타내기 위하여 따로 정하여 쓰는 기호.
富豪	(부호)	4Ⅱ 3Ⅱ	재산이 넉넉하고 세력이 있는 사람.
佛供	(불공)	4Ⅱ 3Ⅱ	부처 앞에 공양을 드림.
不恭	(불공)	7Ⅱ 3Ⅱ	공손하지 못함.
不祥	(불상)	7Ⅱ 3	상서롭지 못함.
佛像	(불상)	4Ⅱ 3Ⅱ	부처의 형상을 표현한 상.
拂逆	(불역)	3Ⅱ 4Ⅱ	마음에 거슬림.
佛譯	(불역)	4Ⅱ 3Ⅱ	프랑스 어로 번역함.
卑屬	(비속)	3Ⅱ 4	아들 이하의 항렬에 속하는 친족을 통틀어 이르는 말.
卑俗	(비속)	3Ⅱ 4Ⅱ	격이 낮고 속됨.
匪賊	(비적)	2 4	무장을 하고 떼를 지어 다니면서 사람들을 해치는 도둑.
丕績	(비적)	1Ⅱ 4	훌륭하게 여길 만한 큰 공적.
邪氣	(사기)	3Ⅱ 7Ⅱ	요사스럽고 나쁜 기운.
沙器	(사기)	3Ⅱ 4Ⅱ	흙을 원료로 하여서 구워 만든 그릇. 사기그릇.

詐欺	(사기)	3 3	나쁜 꾀로 남을 속임.
邪戀	(사련)	3Ⅱ 3Ⅱ	도덕이나 도리에 벗어나거나 떳떳하지 못한 연애.
思戀	(사련)	5 3Ⅱ	생각하여 그리워함.
赦免	(사면)	2 3Ⅱ	죄를 용서하여 형벌을 면제함.
斜面	(사면)	3Ⅱ 7	경사가 진 평면이나 지면을 수평면에 상대하여 이르는 말. 비탈면. 빗면.
辭免	(사면)	4 3Ⅱ	맡아보던 일자리를 그만두고 물러남.
思慕	(사모)	5 3Ⅱ	애틋하게 생각하고 그리워함.
私募	(사모)	4 3	새로 주식이나 사채를 발행할 때에 발행 회사와 특정한 관계가 있는 곳에서 모집하는 일.
蛇紋	(사문)	3Ⅱ 3Ⅱ	뱀 껍질 모양의 무늬.
斯文	(사문)	3 7	유학의 도의나 문화를 이르는 말.
斜線	(사선)	3Ⅱ 6Ⅱ	비스듬하게 비껴 그은 줄. 빗금. 한 평면 또는 직선에 수직이 아닌 선.
蛇線	(사선)	3Ⅱ 6Ⅱ	뱀이 기어가는 모양으로 구불구불한 줄.
邪術	(사술)	3Ⅱ 6Ⅱ	바르지 못한 요사스러운 술법.
詐術	(사술)	3 6Ⅱ	남을 속이는 수단.
蛇身	(사신)	3Ⅱ 6Ⅱ	뱀의 몸. 또는 뱀과 같은 몸.
捨身	(사신)	3 6Ⅱ	수행과 보은을 위하여 속계의 몸을 버리고 불문에 들어감. 불사(佛事) 또는 불도의 수행을 위하여 자기의 몸과 목숨을 버림.
邪神	(사신)	3Ⅱ 6Ⅱ	재앙을 내린다고 하는 요사스러운 귀신.
蛇心	(사심)	3Ⅱ 7	뱀과 같이 간사하고 흉악한 마음.
邪心	(사심)	3Ⅱ 7	간사스러운 마음.
辭讓	(사양)	4 3Ⅱ	겸손하여 받지 아니하거나 응하지 아니함.
斜陽	(사양)	3Ⅱ 6	저녁때의 햇빛. 또는 저녁때의 저무는 해.
思惟	(사유)	5 3	대상을 두루 생각하는 일.
四維	(사유)	8 3Ⅱ	사방의 네 방위 乾坤艮巽. 나라를 다스리는 데 지켜야 할 네 가지 원칙인 禮義廉恥.
査丈	(사장)	5 3Ⅱ	사돈집의 웃어른을 높여 이르는 말.

死藏	(사장)	6 3Ⅱ	사물 따위를 필요한 곳에 활용하지 않고 썩혀 둠.
私藏	(사장)	4 3Ⅱ	개인이 사사로이 간직함.
事蹟	(사적)	7Ⅱ 3Ⅱ	사업의 남은 자취.
史蹟	(사적)	5Ⅱ 3Ⅱ	역사적으로 중요한 사건이나 시설의 자취. 국가가 법적으로 지정한 문화재.
史跡	(사적)	5Ⅱ 3Ⅱ	역사적으로 중요한 사건이나 시설의 자취.
四柱	(사주)	8 3Ⅱ	사람이 태어난 연월일시의 네 간지(干支). 또는 이에 근거하여 사람의 길흉화복을 알아보는 점.
蛇酒	(사주)	3Ⅱ 4	뱀술.
私債	(사채)	4 3Ⅱ	개인 사이의 사사로운 빚.
社債	(사채)	6Ⅱ 3Ⅱ	주식회사가 채권을 발행하여 사업 자금을 조달하는 채무.
詳報	(상보)	3Ⅱ 4Ⅱ	자세히 보고하거나 보도함.
相補	(상보)	5Ⅱ 3Ⅱ	서로 모자란 부분을 보충함.
喪事	(상사)	3Ⅱ 7Ⅱ	사람이 죽은 사고.
上司	(상사)	7Ⅱ 3Ⅱ	위 등급의 관청. 자기보다 벼슬이나 지위가 위인 사람.
相似	(상사)	5Ⅱ 3	서로 비슷함.
上訴	(상소)	7Ⅱ 3Ⅱ	상급 법원에 재심을 요구하는 일.
上疏	(상소)	7Ⅱ 3Ⅱ	임금에게 글을 올리던 일.
詳述	(상술)	3Ⅱ 3Ⅱ	자세하게 설명하여 말함.
上述	(상술)	7Ⅱ 3Ⅱ	윗부분이나 앞부분에서 말하거나 적음.
喪主	(상주)	3Ⅱ 7	주(主)가 되는 상제(喪制).
上奏	(상주)	7Ⅱ 3Ⅱ	임금에게 말씀을 아뢰던 일.
生彩	(생채)	8 3Ⅱ	생생한 빛이나 기운.
生菜	(생채)	8 3Ⅱ	익히지 아니하고 날로 무친 나물.
敍事	(서사)	3 7Ⅱ	사실을 있는 그대로 적음.
序詞	(서사)	5 3Ⅱ	책 따위의 첫머리에 그 책의 취지나 내용을 적은 글.

宣揚	(선양)	4 3Ⅱ	명성이나 권위 따위를 널리 떨치게 함.
禪讓	(선양)	3Ⅱ 3Ⅱ	임금의 자리를 물려줌.
燒却	(소각)	3Ⅱ 3	불에 태워 없애 버림.
消却	(소각)	6Ⅱ 3	지워서 없애 버림.
消滅	(소멸)	6Ⅱ 3Ⅱ	사라져 없어짐.
燒滅	(소멸)	3Ⅱ 3Ⅱ	불살라 없앰.
疏明	(소명)	3Ⅱ 6Ⅱ	까닭이나 이유를 밝혀 설명함. 법에서 당사자가 제출하는 증거로 증명(證明)보다 낮은 정도의 심증(心證). 해명.
召命	(소명)	3 7	임금이 신하를 부르는 명령. 사람이 하나님의 일을 하도록 하나님의 부르심을 받는 일.
小盤	(소반)	8 3Ⅱ	자그마한 밥상.
蔬飯	(소반)	3 3Ⅱ	변변하지 아니한 음식.
昭詳	(소상)	3 3Ⅱ	분명하고 자세함.
小祥	(소상)	8 3	사람이 죽은 지 1년 만에 지내는 제사.
騷然	(소연)	3 7	떠들썩함.
昭然	(소연)	3 7	일이나 이치 따위가 밝고 선명함.
疏遠	(소원)	3Ⅱ 6	지내는 사이가 두텁지 아니하고 거리가 있어서 서먹서먹함.
訴願	(소원)	3Ⅱ 5	하소연하여 바로잡아 주기를 바람.
燒印	(소인)	3Ⅱ 4Ⅱ	불에 달구어 찍는, 쇠붙이로 된 도장.
騷人	(소인)	3 8	시인이나 문필가를 이름.
所藏	(소장)	7 3Ⅱ	자기의 것으로 지니어 간직함.
訴狀	(소장)	3Ⅱ 4Ⅱ	소송을 제기하기 위하여 제일심 법원에 제출하는 서류.
睡蓮	(수련)	3 3Ⅱ	수련과의 여러해살이 수초.
修鍊	(수련)	4Ⅱ 3Ⅱ	인격, 기술, 학문 따위를 닦아서 단련함.
誰某	(수모)	3 3	아무개.
受侮	(수모)	4Ⅱ 3	모욕을 받음.

隨發	(수발)	3Ⅱ 6Ⅱ	두 가지 이상의 일이 한꺼번에 일어남.
垂髮	(수발)	3Ⅱ 4	머리를 뒤로 길게 늘어뜨림. 또는 그 머리.
搜査	(수사)	3 5	찾아서 조사함. 범인을 발견, 확보하고 증거를 수집, 보전하는 수사기관의 활동.
數詞	(수사)	7 3Ⅱ	사물의 수량이나 순서를 나타내는 품사.
垂裳	(수상)	3Ⅱ 3Ⅱ	옷소매를 늘어뜨리고 팔짱을 낀다는 뜻으로, 아무 일도 하지 않음을 이르는 말.
受像	(수상)	4Ⅱ 3Ⅱ	텔레비전이나 사진 전송 따위에서, 신호로 받은 사물의 상을 재생하는 일.
殊常	(수상)	3Ⅱ 4Ⅱ	보통과는 달리 이상하여 의심스러움.
愁心	(수심)	3Ⅱ 7	매우 근심함. 또는 그런 마음.
獸心	(수심)	3Ⅱ 7	짐승같이 사납고 모진 마음.
獸醫	(수의)	3Ⅱ 6	가축에 생기는 여러 가지 질병을 진찰하고 치료하는 의사.
囚衣	(수의)	3 6	죄수가 입는 옷.
隨意	(수의)	3Ⅱ 6Ⅱ	자기의 마음대로 함.
壽衣	(수의)	3Ⅱ 6	염습할 때에 송장에 입히는 옷.
收藏	(수장)	4Ⅱ 3Ⅱ	거두어서 깊이 간직함.
水葬	(수장)	8 3Ⅱ	시체를 물속에 넣어 장사 지냄. 물속에서 잃어버리거나 물속에 가라앉힘.
遂行	(수행)	3 6	생각하거나 계획한 대로 일을 해냄.
隨行	(수행)	3Ⅱ 6	일정한 임무를 띠고 가는 사람을 따라감.
熟眠	(숙면)	3Ⅱ 3Ⅱ	잠이 깊이 듦.
熟面	(숙면)	3Ⅱ 7	여러 번 보아서 낯이 익은 사람.
熟醉	(숙취)	3Ⅱ 3Ⅱ	술에 흠뻑 취함.
宿醉	(숙취)	5Ⅱ 3Ⅱ	이튿날까지 깨지 아니하는 취기.
旬刊	(순간)	3Ⅱ 3Ⅱ	신문, 잡지 따위를 열흘에 한 번씩 간행하는 일. 또는 그런 간행물.
瞬間	(순간)	3Ⅱ 7Ⅱ	아주 짧은 동안.
循例	(순례)	3 6	관례나 전례를 따름.

巡禮	(순례)	3Ⅱ 6	종교적인 의미가 있는 곳을 찾아다니며 방문하여 참배함.
瞬時	(순시)	3Ⅱ 7Ⅱ	매우 짧은 시간.
巡視	(순시)	3Ⅱ 4Ⅱ	돌아다니며 사정을 살핌.
旬葬	(순장)	3Ⅱ 3Ⅱ	죽은 지 열흘 만에 지내는 장사.
殉葬	(순장)	3 3Ⅱ	한 집단의 지배층 계급에 속하는 사람이 죽었을 때 그 사람의 뒤를 따라 강제로 혹은 자진하여 산 사람을 함께 묻던 일.
乘降	(승강)	3Ⅱ 4	차, 배, 비행기 따위를 타고 내림.
昇降	(승강)	3Ⅱ 4	오르고 내림.
乘務	(승무)	3Ⅱ 4Ⅱ	차, 기차, 배, 비행기 따위의 안에서 운행과 관련된 직무와 승객에 관한 사무를 맡아봄.
僧舞	(승무)	3Ⅱ 4	장삼과 고깔을 걸치고 부채를 쥐고 추는 민속춤.
侍婢	(시비)	3Ⅱ 3Ⅱ	곁에서 시중을 드는 계집종.
施肥	(시비)	4Ⅱ 3Ⅱ	거름주기.
時宜	(시의)	7Ⅱ 3	그 당시의 사정에 알맞음.
侍醫	(시의)	3Ⅱ 6	궁중에서, 임금과 왕족의 진료를 맡은 의사.
時策	(시책)	7Ⅱ 3Ⅱ	시국에 대처할 정책.
施策	(시책)	4Ⅱ 3Ⅱ	어떤 정책을 시행함.
柴戶	(시호)	1Ⅱ 4Ⅱ	사립문. 가난한 집을 이르는 말.
市虎	(시호)	7Ⅱ 3Ⅱ	저자의 호랑이라는 데서 여러 사람이 한 입으로 하는 거짓말은 쇠도 녹임의 뜻.
腎臟	(신장)	2 3Ⅱ	콩팥.
伸張	(신장)	3 4	세력이나 권리 따위가 늘어남. 또는 늘어나게 함.
伸長	(신장)	3 8	길이 따위를 길게 늘림.
雙舞	(쌍무)	3Ⅱ 4	둘이 쌍을 이루어 추는 춤.
雙務	(쌍무)	3Ⅱ 4Ⅱ	계약 당사자 양쪽이 서로 지는 의무.
亞聖	(아성)	3Ⅱ 4Ⅱ	유학에서 공자 다음가는 성인(聖人)이라고 하여 孟子를 이르는 말.
牙城	(아성)	3Ⅱ 4Ⅱ	예전에, 주장(主將)이 거처하던 성. 아주 중요한 근거지를 비유.

顔面	(안면)	3Ⅱ 7	얼굴. 서로 얼굴을 알 만한 친분.
安眠	(안면)	7Ⅱ 3Ⅱ	편안히 잠을 잠.
安徐	(안서)	7Ⅱ 3Ⅱ	잠시 보류함.
雁書	(안서)	3 6Ⅱ	기러기 편지라는 데서 먼 곳에서 온 소식이나 편지.
愛惜	(애석)	6 3Ⅱ	사랑하고 아깝게 여김.
哀惜	(애석)	3Ⅱ 3Ⅱ	슬프고 아까움.
哀願	(애원)	3Ⅱ 5	소원이나 요구 따위를 들어 달라고 애처롭게 사정하여 간절히 바람.
哀怨	(애원)	3Ⅱ 4	슬프게 원망함.
諒知	(양지)	3 5Ⅱ	살피어 앎.
楊枝	(양지)	3 3Ⅱ	나무로 만든 이쑤시개.
譯官	(역관)	3Ⅱ 4Ⅱ	통역을 맡아보는 관리. 사역원의 벼슬아치를 통틀어 이르는 말. 역학인.
驛館	(역관)	3Ⅱ 3Ⅱ	역참에서 인마(人馬)의 중계를 맡아보던 집.
役事	(역사)	3Ⅱ 7Ⅱ	토목이나 건축 따위의 공사. 하나님이 이룬 일.
驛舍	(역사)	3Ⅱ 4Ⅱ	역으로 쓰는 건물.
曆術	(역술)	3Ⅱ 6Ⅱ	해와 달의 운행을 재어 책력을 만드는 기술.
譯述	(역술)	3Ⅱ 3Ⅱ	번역하여 기술함.
疫學	(역학)	3Ⅱ 8	전염병 따위의 원인이나 변동 상태를 연구하는 학문.
曆學	(역학)	3Ⅱ 8	천체의 운동을 관측하여 책력을 연구하는 학문.
譯學	(역학)	3Ⅱ 8	조선 시대에, 외국어 학습·교육·연구·통역 따위의 분야를 통틀어 이르던 말.
軟禁	(연금)	3Ⅱ 4Ⅱ	외부와의 접촉을 제한·감시하고 외출을 허락하지 아니함.
鍊金	(연금)	3Ⅱ 8	쇠붙이를 불에 달구어 두드려 단련함.
連署	(연서)	4Ⅱ 3Ⅱ	한 문서에 여러 사람이 잇따라 서명함.
戀書	(연서)	3Ⅱ 6Ⅱ	연애편지.
緣飾	(연식)	4 3Ⅱ	겉치레.

燕息	(연식)	3Ⅱ 4Ⅱ	한가로이 집에서 쉼.	
軟食	(연식)	3Ⅱ 7Ⅱ	죽, 빵, 국수 따위의 주식에다 소화가 잘되는 반찬을 곁들인 부드러운 음식물.	
戀敵	(연적)	3Ⅱ 4Ⅱ	연애의 경쟁자. 또는 연애를 방해하는 사람.	
硯滴	(연적)	2 3	벼루에 먹을 갈 때 쓰는, 물을 담아 두는 그릇.	
延滯	(연체)	4 3Ⅱ	정한 기한에 약속을 지키지 못하고 지체함.	
軟體	(연체)	3Ⅱ 6Ⅱ	연하고 무른 몸.	
聯彈	(연탄)	3Ⅱ 4	한 대의 피아노를 두 사람이 함께 치며 연주함.	
軟炭	(연탄)	3Ⅱ 5	역청탄. 검고 광택이 있는 가장 일반적인 석탄.	
蓮花	(연화)	3Ⅱ 7	연꽃.	
軟化	(연화)	3Ⅱ 5Ⅱ	단단한 것이 부드럽고 무르게 됨. 강경하게 주장하던 것을 버리고 타협하는 태도를 보임.	
鹽基	(염기)	3Ⅱ 5Ⅱ	산과 반응하여 염을 만드는 물질.	
厭忌	(염기)	2 3	싫어하고 꺼림.	
鹽氣	(염기)	3Ⅱ 7Ⅱ	소금기.	
炎症	(염증)	3Ⅱ 3Ⅱ	생체 조직이 손상을 입었을 때에 체내에서 일어나는 방어적 반응. 몸의 일부에 충혈, 부종, 발열, 통증을 일으키는 증상.	
厭症	(염증)	2 3Ⅱ	싫증.	
炎蒸	(염증)	3Ⅱ 3Ⅱ	찌는 듯한 더위.	
零上	(영상)	3 7Ⅱ	0℃ 이상의 기온을 이르는 말.	
影像	(영상)	3Ⅱ 3Ⅱ	사람의 얼굴을 그린 족자. 빛의 굴절이나 반사에 의하여 물체의 상(像)이 비추어진 것.	
映像	(영상)	4 3Ⅱ	빛의 굴절이나 반사에 의하여 물체의 상(像)이 비추어진 것. 머릿속에서 그려지는 모습이나 광경.	
嶺西	(영서)	3Ⅱ 8	강원도의 대관령 서쪽에 있는 지역.	
永逝	(영서)	6 3	영원히 딴 세상으로 떠난다는 뜻으로, 죽음을 이르는 말.	
零時	(영시)	3 7Ⅱ	이십사 시간제에서 24시부터 1시까지의 사이로 하루가 시작하는 시각.	
詠詩	(영시)	3 4Ⅱ	시를 읊음.	
影殿	(영전)	3Ⅱ 3Ⅱ	임금의 초상을 모신 전각. 高僧의 화상(畫像)을 모신 집.	

靈前	(영전)	3Ⅱ 7Ⅱ	신이나 죽은 사람의 영혼을 모서 놓은 자리의 앞.
詠唱	(영창)	3 5	오페라 따위에서 기악 반주가 있는 서정적인 가락의 독창곡. 아리아 (aria).
營倉	(영창)	4 3Ⅱ	법을 어긴 군인을 가두기 위하여 부대 안에 설치한 감옥.
午睡	(오수)	7Ⅱ 3	낮잠.
汚水	(오수)	3 8	구정물.
烏有	(오유)	3Ⅱ 7	어찌 있겠느냐는 뜻으로, 있던 사물이 없게 되는 것을 이르는 말.
娛遊	(오유)	3 4	즐기고 놂.
嗚呼	(오호)	3 4Ⅱ	슬플 때나 탄식할 때 내는 소리.
於戲	(오호)	3 3Ⅱ	감탄하거나 찬미할 때 내는 소리.
玉稿	(옥고)	4Ⅱ 3Ⅱ	훌륭한 원고라는 뜻으로, 다른 사람의 원고를 높여 이르는 말.
獄苦	(옥고)	3Ⅱ 6	옥살이를 하는 고생.
獄舍	(옥사)	3Ⅱ 4Ⅱ	죄인을 가두어 두는 건물.
獄死	(옥사)	3Ⅱ 6	감옥에서 죽음.
療飢	(요기)	2 3	시장기를 겨우 면할 정도로 조금 먹음.
妖氣	(요기)	2 7Ⅱ	요사스러운 기운.
遙望	(요망)	3 5Ⅱ	멀리 바라보거나 멀리서 바라봄.
妖妄	(요망)	2 3Ⅱ	요사스럽고 망령됨. 언행이 방정맞고 경솔함.
龍顔	(용안)	4 3Ⅱ	임금의 얼굴을 높여 이르는 말.
容顔	(용안)	4Ⅱ 3Ⅱ	얼굴.
憂愁	(우수)	3Ⅱ 3Ⅱ	근심과 걱정을 아울러 이르는 말.
偶數	(우수)	3Ⅱ 7	둘로 나누어 나머지 없이 떨어지는 수. 짝수.
優劣	(우열)	4 3	나음과 못함.
愚劣	(우열)	3Ⅱ 3	어리석고 못남.
胃腸	(위장)	3Ⅱ 4	위(胃)와 장(腸)을 아울러 이르는 말.

僞裝	(위장)	3Ⅱ 4	본래의 정체나 모습이 드러나지 않도록 거짓으로 꾸밈.
違和	(위화)	3 6Ⅱ	조화가 어그러짐.
僞貨	(위화)	3Ⅱ 4Ⅱ	위조한 화폐.
誘導	(유도)	3Ⅱ 4Ⅱ	사람이나 물건을 목적한 장소나 방향으로 이끎. 물체가 전기 마당이나 자기 마당의 영향을 받아 전기나 자기를 띠는 것.
柔道	(유도)	3Ⅱ 7Ⅱ	두 사람이 맨손으로 던져 넘어뜨리거나 조르거나 눌러 승부를 겨루는 운동.
遺緖	(유서)	4 3Ⅱ	선대(先代)부터 이어온 사업.
由緖	(유서)	6 3Ⅱ	예로부터 전하여 내려오는 까닭과 내력.
幼兒	(유아)	3Ⅱ 5Ⅱ	생후 1년부터 만 6세까지의 어린아이.
幽雅	(유아)	3Ⅱ 3Ⅱ	그윽하고 품위가 있음.
柔軟	(유연)	3Ⅱ 3Ⅱ	부드럽고 연함.
悠然	(유연)	3Ⅱ 7	침착하고 여유가 있음.
悠遠	(유원)	3Ⅱ 6	아득히 멂.
幽遠	(유원)	3Ⅱ 6	심오하여 아득함.
誘因	(유인)	3Ⅱ 5	어떤 일 또는 현상을 일으키는 원인.
誘引	(유인)	3Ⅱ 4Ⅱ	주의나 흥미를 일으켜 꾀어냄.
遺旨	(유지)	4 2	죽은 사람이 살아 있을 때에 가졌던 생각.
乳脂	(유지)	4 2	크림(cream). 젖이나 우유에 들어 있는 지방. 젖기름.
維持	(유지)	3Ⅱ 4	어떤 상태나 상황을 그대로 보존하거나 변함없이 계속하여 지탱함.
幼齒	(유치)	3Ⅱ 4Ⅱ	어린 나이.
誘致	(유치)	3Ⅱ 5	꾀어서 데려옴. 행사나 사업 따위를 이끌어 들임.
幼稚	(유치)	3Ⅱ 3Ⅱ	나이가 어림. 수준이 낮거나 미숙함.
吏房	(이방)	3Ⅱ 4Ⅱ	조선 시대에, 승정원과 지방 관아의 두었던 육방(六房) 가운데 하나로 문관의 인사(人事) 따위에 관한 일을 맡아보던 관아.
異邦	(이방)	4 3	다른 나라.
立脚	(입각)	7Ⅱ 3Ⅱ	어떤 사실이나 주장 따위에 근거를 두어 그 입장에 섬.

入閣	(입각)	7 3Ⅱ	내각(內閣)의 한 사람이 됨.
子爵	(자작)	7Ⅱ 3	다섯 등급으로 나눈 귀족의 작위(爵位) 가운데 넷째.
自酌	(자작)	7Ⅱ 3	자기 스스로 술을 따라 마심.
暫福	(잠복)	3Ⅱ 5Ⅱ	세상에서 갖는 잠시 동안의 행복.
潛伏	(잠복)	3Ⅱ 4	드러나지 않게 숨음. 병원체에 감염되어 있으면서도 병의 증상이 겉으로 드러나지 않음.
壯途	(장도)	4 3Ⅱ	중대한 사명이나 장한 뜻을 품고 떠나는 길.
長途	(장도)	8 3Ⅱ	오랜 기간의 여행.
粧刀	(장도)	3Ⅱ 3Ⅱ	주머니 속에 넣거나 옷고름에 늘 차고 다니는 칼집이 있는 작은 칼.
丈夫	(장부)	3Ⅱ 7	다 자란 씩씩한 남자. 남편. 불성(佛性)의 이치를 깨달은 사람.
藏府	(장부)	3Ⅱ 4Ⅱ	예전에, 창고(倉庫)를 이르던 말.
帳簿	(장부)	4 3Ⅱ	물건의 출납이나 돈의 수지(收支) 계산을 적어 두는 책.
葬事	(장사)	3Ⅱ 7Ⅱ	죽은 사람을 땅에 묻거나 화장하는 일.
長蛇	(장사)	8 3Ⅱ	크고 긴 뱀.
長逝	(장서)	8 3	영영 가고 돌아오지 아니한다는 뜻으로 죽음을 완곡하게 이르는 말.
藏書	(장서)	3Ⅱ 6Ⅱ	책을 간직하여 둠. 또는 그 책.
將帥	(장수)	4Ⅱ 3Ⅱ	군사를 거느리는 우두머리.
長壽	(장수)	8 3Ⅱ	오래도록 삶.
裝飾	(장식)	4 3Ⅱ	옷이나 액세서리 따위로 치장하는 것.
粧飾	(장식)	3Ⅱ 3Ⅱ	얼굴 따위를 매만져 꾸밈.
藏中	(장중)	3Ⅱ 8	광이나 창고의 속.
莊重	(장중)	3Ⅱ 7	씩씩하고 무게가 있음.
載量	(재량)	3Ⅱ 5	물건을 쌓아 실은 분량이나 중량.
裁量	(재량)	3Ⅱ 5	자기의 생각과 판단에 따라 일을 처리함.
再版	(재판)	5 3Ⅱ	이미 간행된 책을 다시 출판함.

裁判	(재판)	3Ⅱ 4	옳고 그름을 따져 판단함. 법관이 공권적 판단을 내리는 일.
積債	(적채)	4 3Ⅱ	오랫동안 쌓이고 쌓여 많아진 빚.
摘採	(적채)	3Ⅱ 4	무엇을 따거나 캠.
電柱	(전주)	7Ⅱ 3Ⅱ	전봇대.
前奏	(전주)	7Ⅱ 3Ⅱ	성악이나 기악 독주의 반주 첫머리.
貞潔	(정결)	3Ⅱ 4Ⅱ	정조가 굳고 행실이 깨끗함.
淨潔	(정결)	3Ⅱ 4Ⅱ	매우 깨끗하고 깔끔함.
淨書	(정서)	3Ⅱ 6	글씨를 깨끗이 씀.
情緒	(정서)	5Ⅱ 3Ⅱ	사람의 마음에 일어나는 여러 가지 감정. 또는 감정을 불러일으키는 기분이나 분위기.
靜淑	(정숙)	4 3Ⅱ	여자의 성품과 몸가짐이 조용하고 얌전함.
貞淑	(정숙)	3Ⅱ 3Ⅱ	여자로서 행실이 곧고 마음씨가 맑고 고움.
亭亭	(정정)	3Ⅱ 3Ⅱ	나무 따위가 우뚝하게 높이 솟음. 늙은 몸이 굳세고 건강함.
訂正	(정정)	3 7Ⅱ	글자나 글 따위의 잘못을 고쳐서 바로잡음.
正坐	(정좌)	7Ⅱ 3Ⅱ	·몸을 바르게 하고 앉음.
靜坐	(정좌)	4 3Ⅱ	마음을 가라앉히고 몸을 바르게 하여 조용히 앉음.
早稻	(조도)	4Ⅱ 3	올벼.
照度	(조도)	3Ⅱ 6	단위 면적이 단위 시간에 받는 빛의 양.
助詞	(조사)	4Ⅱ 3Ⅱ	체언 따위에 붙어 문법적 관계를 표시하거나 말뜻을 도와주는 품사.
弔辭	(조사)	3 4	죽은 사람을 슬퍼하여 조상(弔喪)의 뜻을 표하는 글이나 말.
助役	(조역)	4Ⅱ 3Ⅱ	일을 도와줌.
兆域	(조역)	3Ⅱ 4	무덤이 있는 지역.
種苗	(종묘)	5Ⅱ 3	식물의 씨나 싹을 심어서 가꿈. 또는 그런 모종이나 묘목.
宗廟	(종묘)	4Ⅱ 3	왕실 조상의 위패를 모시던 사당.
主幹	(주간)	7 3Ⅱ	어떤 일을 책임지고 맡아서 처리함.

週刊	(주간)	5Ⅱ 3Ⅱ	한 주일에 한 번씩 간행함.
酒邪	(주사)	4 3Ⅱ	술 마신 뒤에 버릇으로 하는 못된 언행.
州司	(주사)	5Ⅱ 3Ⅱ	주의 관사(官司). 또는 주의 벼슬아치.
俊秀	(준수)	3 4	생김, 풍채 따위가 빼어남.
遵守	(준수)	3 4Ⅱ	규칙 따위를 그대로 좇아서 지킴.
仲媒	(중매)	3Ⅱ 3Ⅱ	결혼이 이루어지도록 중간에서 소개하는 일.
仲買	(중매)	3Ⅱ 5	생산자와 판매상, 또는 도매상과 소매상의 중간에서 물건이나 권리의 매매를 중개하고 이익을 얻는 일.
重役	(중역)	7 3Ⅱ	책임이 무거운 역할. 중요한 임무를 맡은 임원.
重譯	(중역)	7 3Ⅱ	한 번 번역된 말이나 글을 다시 다른 말이나 글로 번역함.
震死	(진사)	3Ⅱ 6	벼락을 맞아 죽음.
陳謝	(진사)	3Ⅱ 4Ⅱ	까닭을 설명하며 사과의 말을 함.
震災	(진재)	3Ⅱ 5	지진으로 생긴 재해.
眞宰	(진재)	4Ⅱ 3	노장철학에서, 도(道)의 본체인 하늘을 이르는 말. 우주의 주재자. 또는 조화의 신.
鎭靜	(진정)	3Ⅱ 4	몹시 소란스럽고 어지러운 일을 가라앉힘.
鎭定	(진정)	3Ⅱ 6	반대하는 세력이나 기세를 억눌러 안정되게 함.
陳情	(진정)	3Ⅱ 5Ⅱ	실정이나 사정을 진술함.
陳奏	(진주)	3Ⅱ 3Ⅱ	사정을 윗사람에게 진술하여 아룀.
進奏	(진주)	4Ⅱ 3Ⅱ	임금 앞에 나아가 아룀.
眞珠	(진주)	4Ⅱ 3Ⅱ	진주조개 대합 전복 따위의 조가비나 살 속에 생기는 아름다운 빛깔의 광택이 나는 딱딱한 덩어리.
震幅	(진폭)	3Ⅱ 3	지반(地盤)의 흔들림이 지진계에 감촉되어 기록되는 그 너비.
振幅	(진폭)	3Ⅱ 3	진동하고 있는 물체가 정지 또는 평형 위치에서 최대 변위까지 이동하는 거리.
鎭火	(진화)	3Ⅱ 8	불이 난 것을 끔. 말썽, 소동, 소문 따위를 해결함.
秦火	(진화)	1Ⅱ 8	秦의 始皇帝가 儒學과 諸子百家의 서적을 불태운 일, 焚書坑儒.
秩序	(질서)	3Ⅱ 5	혼란 없이 순조롭게 이루어지게 하는 사물의 순서나 차례.

疾徐	(질서)	3Ⅱ 3Ⅱ	빠름과 느림을 아울러 이르는 말.	
遮日	(차일)	2 8	햇볕을 가리기 위하여 치는 포장.	
此日	(차일)	3Ⅱ 8	이날.	
慘死	(참사)	3 6	비참하게 죽음.	
慘事	(참사)	3 7Ⅱ	비참하고 끔찍한 일.	
斬殺	(참살)	2 4Ⅱ	칼로 목을 베어 죽임.	
慘殺	(참살)	3 4Ⅱ	참혹하게 죽임.	
敞然	(창연)	1Ⅱ 7	드높아 시원스러움.	
蒼然	(창연)	3Ⅱ 7	빛깔이 몹시 푸름. 날이 저물어 어둑어둑함. 물건 따위가 오래되어 예스러운 느낌이 은근함.	
債券	(채권)	3Ⅱ 4	남에게 빌린 돈의 금액을 적는 장부. 사업에 필요한 자금을 차입하기 위하여 발행하는 유가 증권.	
債權	(채권)	3Ⅱ 4Ⅱ	특정인이 다른 특정인에게 재산과 관련한 어떤 행위를 청구할 수 있는 권리.	
天桃	(천도)	7 3Ⅱ	선가(仙家)에서, 하늘나라에서 난다고 하는 복숭아.	
遷都	(천도)	3Ⅱ 5	도읍을 옮김.	
天覆	(천부)	7 3Ⅱ	넓은 하늘이 덮은 그 아래.	
天賦	(천부)	7 3Ⅱ	하늘이 주었다는 뜻으로, 타고날 때부터 지님.	
體裁	(체재)	6Ⅱ 3Ⅱ	생기거나 이루어진 틀. 또는 그런 됨됨이.	
滯在	(체재)	3Ⅱ 6	객지에 가서 머물러 있음.	
滯症	(체증)	3Ⅱ 3Ⅱ	먹은 음식이 잘 소화되지 아니하는 증상. 교통의 흐름이 순조롭지 아니하여 길이 막히는 상태.	
遞增	(체증)	3 4Ⅱ	수량이 차례로 점차 늚.	
肖像	(초상)	3Ⅱ 3Ⅱ	사진, 그림 따위에 나타낸 사람의 얼굴이나 모습.	
初喪	(초상)	5 3Ⅱ	사람이 죽어서 장사 지낼 때까지의 일.	
觸覺	(촉각)	3Ⅱ 4	물건이 피부에 닿아서 느껴지는 감각.	
觸角	(촉각)	3Ⅱ 6Ⅱ	절지동물의 머리 부분에 있는 감각 기관. 더듬이.	
觸手	(촉수)	3Ⅱ 7Ⅱ	하등 무척추동물의 몸 앞부분이나 입 주위에 있는 돌기 모양의 기관으로 촉각, 미각 따위의 감각 기관. 물건을 쥐는 손. 오른손. 사물에 손을 댐. 어떤 작용이나 행동이 미치는 영향을 비유.	

燭數	(촉수)	3 7	촉광의 정도를 나타내는 수.
促進	(촉진)	3Ⅱ 4Ⅱ	다그쳐 빨리 나아가게 함.
觸診	(촉진)	3Ⅱ 2	진맥 등 환자의 몸을 손으로 만져서 진단하는 일.
追求	(추구)	3Ⅱ 4Ⅱ	목적을 이룰 때까지 뒤쫓아 구함.
追究	(추구)	3Ⅱ 4Ⅱ	근본까지 깊이 캐어 들어가 연구함.
醜貌	(추모)	3 3Ⅱ	보기 흉한 용모. 또는 못생긴 용모.
追慕	(추모)	3Ⅱ 3Ⅱ	죽은 사람을 그리며 생각함.
抽象	(추상)	3 4	여러 가지 사물이나 개념에서 공통되는 특성이나 속성 따위를 추출하여 파악하는 작용.
追想	(추상)	3Ⅱ 4Ⅱ	지나간 일을 돌이켜 생각함.
秋霜	(추상)	7 3Ⅱ	가을의 찬 서리.
抽身	(추신)	3 6Ⅱ	바쁘거나 어려운 처지에서 몸을 뺌.
追伸	(추신)	3Ⅱ 3	뒤에 덧붙여 말한다는 뜻으로, 편지의 끝에 더 쓰고 싶은 것이 있을 때에 그 앞에 쓰는 말.
追增	(추증)	3Ⅱ 4Ⅱ	나중에 더 보탬.
追贈	(추증)	3Ⅱ 3	종이품 이상 벼슬아치의 죽은 아버지, 할아버지, 증조할아버지에게 벼슬을 주던 일. 나라에 공로가 있는 벼슬아치가 죽은 뒤에 품계를 높여 주던 일.
出征	(출정)	7 3Ⅱ	군에 입대하여 싸움터에 나감. 군사를 보내어 정벌함.
出廷	(출정)	7 3Ⅱ	법정에 나가는 일.
置簿	(치부)	4Ⅱ 3Ⅱ	금전이나 물건의 들어오고 나감을 기록함. 또는 그런 장부. 마음속으로 그러하다고 보거나 여김.
恥部	(치부)	3Ⅱ 6Ⅱ	남에게 드러내고 싶지 아니한 부끄러운 부분.
恥事	(치사)	3Ⅱ 7Ⅱ	행동이나 말 따위가 쩨쩨하고 남부끄러움.
致詞	(치사)	5 3Ⅱ	다른 사람을 칭찬함. 경사가 있을 때에 임금에게 올리던 송덕(頌德)의 글.
沈水	(침수)	3Ⅱ 8	물에 잠김.
寢睡	(침수)	4 3	잠의 높임말.
浸水	(침수)	3Ⅱ 8	물에 젖거나 잠김.
脫臭	(탈취)	4 3	냄새를 빼어 없앰.

奪取	(탈취)	3Ⅱ 4Ⅱ	빼앗아 가짐.
貪政	(탐정)	3 4Ⅱ	탐욕을 부려 재물을 약탈하고 백성을 억압하는 정치를 함.
探偵	(탐정)	4 2	드러나지 않은 사정을 몰래 살펴 알아냄.
胎盤	(태반)	2 3Ⅱ	임신 중 태아와 모체의 자궁을 연결시키는 기관.
殆半	(태반)	3Ⅱ 6Ⅱ	거의 절반.
特殊	(특수)	6 3Ⅱ	특별히 다름. 평균 수준을 넘음.
特需	(특수)	6 3Ⅱ	특별한 상황에서 발생하는 수요.
片道	(편도)	3Ⅱ 7Ⅱ	가고 오는 길 가운데 어느 한쪽. 일방적으로만 함.
扁桃	(편도)	1Ⅱ 3Ⅱ	사람의 입속 양쪽 구석에 퍼져 있는 림프 소절의 집합체.
遍歷	(편력)	3 5Ⅱ	이곳저곳을 널리 돌아다님. 여러 가지 경험을 함.
編曆	(편력)	3Ⅱ 3Ⅱ	달력을 만듦.
偏母	(편모)	3Ⅱ 8	아버지가 죽거나 이혼하여 홀로 있는 어머니.
片貌	(편모)	3Ⅱ 3Ⅱ	단편적인 모습.
片志	(편지)	3Ⅱ 4Ⅱ	자그마한 뜻.
片紙	(편지)	3Ⅱ 7	안부, 소식, 용무 따위를 적어 보내는 글.
編輯	(편집)	3Ⅱ 2	여러 가지 재료를 모아 신문, 잡지, 책, 작품 따위를 만드는 일.
偏執	(편집)	3Ⅱ 3Ⅱ	편견을 고집하고, 남의 말을 듣지 않음.
廢家	(폐가)	3Ⅱ 7Ⅱ	버려 두어 낡아 빠진 집.
弊家	(폐가)	3Ⅱ 7Ⅱ	말하는 이가 자기 집을 낮추어 이르는 말.
浦口	(포구)	3Ⅱ 7	배가 드나드는 개의 어귀.
捕球	(포구)	3Ⅱ 6Ⅱ	공을 잡음.
飽食	(포식)	3 7Ⅱ	배부르게 먹음.
捕食	(포식)	3Ⅱ 7Ⅱ	다른 동물을 잡아먹음.
被覆	(피복)	3Ⅱ 3Ⅱ	거죽을 덮어씌움. 덮기.

被服	(피복)	3Ⅱ 6	옷을 문어적으로 이르는 말. 공공 기관의 제복을 이르는 말.
筆耕	(필경)	5Ⅱ 3Ⅱ	직업으로 글이나 글씨를 씀. 등사 원지(原紙)에 글씨를 씀.
畢竟	(필경)	3Ⅱ 3	끝장에 가서는.
必須	(필수)	5Ⅱ 3	꼭 있어야 하거나 하여야 함.
必需	(필수)	5Ⅱ 3Ⅱ	반드시 있어야 함. 또는 반드시 쓰임.
筆跡	(필적)	5Ⅱ 3Ⅱ	글씨의 모양이나 솜씨.
匹敵	(필적)	3 4Ⅱ	능력이나 세력이 엇비슷하여 서로 맞섬.
合掌	(합장)	6 3Ⅱ	두 손바닥을 합하여 마음이 한결같음을 나타냄.
合葬	(합장)	6 3Ⅱ	여러 사람의 시체를 한 무덤에 묻음.
享受	(향수)	3 4Ⅱ	어떤 혜택을 받아 누림. 예술적인 아름다움이나 감동 따위를 음미하고 즐김.
鄕愁	(향수)	4Ⅱ 3Ⅱ	고향을 그리워하는 마음이나 시름.
玄關	(현관)	3Ⅱ 5Ⅱ	건물의 출입문이나 건물에 붙이어 따로 달아낸 문간. 깊고 묘한 이치에 드는 관문(關門).
縣官	(현관)	3 4Ⅱ	현(縣)의 우두머리인 현령과 현감을 아울러 이르던 말.
懸象	(현상)	3Ⅱ 4	일월, 천문, 천상(天象) 따위의 천상(天上)에 걸린 현상(現象).
懸賞	(현상)	3Ⅱ 5	무엇을 모집하거나 구하거나 사람을 찾는 일 따위에 현금이나 물품 따위를 내걺.
現像	(현상)	6Ⅱ 3Ⅱ	노출된 필름이나 인화지를 약품으로 처리하여 상이 나타나도록 함.
豪氣	(호기)	3Ⅱ 7Ⅱ	씩씩하고 거리낌 없는 기상.
浩氣	(호기)	3Ⅱ 7Ⅱ	호연지기. 하늘과 땅 사이에 가득 찬 넓고 큰 원기.
互換	(호환)	3 3Ⅱ	서로 교환함.
虎患	(호환)	3 5	호랑이에게 당하는 화(禍).
酷稅	(혹세)	2 4Ⅱ	가혹한 세금.
惑世	(혹세)	3Ⅱ 7Ⅱ	어지러운 세상. 세상을 어지럽게 함.
昏睡	(혼수)	3 3	정신없이 잠이 듦. 의식을 잃고 인사불성이 되는 일.
婚需	(혼수)	4 3Ⅱ	혼인에 드는 물품.

鴻雁	(홍안)	3 3	큰 기러기와 작은 기러기를 아울러 이르는 말.
紅顔	(홍안)	4 3Ⅱ	붉은 얼굴이란 뜻으로, 젊어서 혈색이 좋은 얼굴.
花郞	(화랑)	7 3Ⅱ	신라 때에 둔, 심신 수련을 위한 귀족 청소년 단체.
畫廊	(화랑)	6 3Ⅱ	그림 따위의 미술품을 진열하여 관람하도록 만든 방.
和尙	(화상)	6Ⅱ 3Ⅱ	수행을 많이 한 중. 중을 높여 이르는 말.
畫像	(화상)	6 3Ⅱ	사람의 얼굴을 그림으로 그린 형상.
火葬	(화장)	8 3Ⅱ	죽은 사람을 불에 살라 장사 지냄.
化粧	(화장)	5Ⅱ 3Ⅱ	화장품 따위로 얼굴을 곱게 꾸밈. 머리나 옷의 맵시를 냄.
還屬	(환속)	3Ⅱ 4	이전의 소속으로 다시 돌려보냄.
還俗	(환속)	3Ⅱ 4Ⅱ	중이 다시 속인이 됨.
黃菊	(황국)	6 3Ⅱ	누런색의 국화.
皇國	(황국)	3Ⅱ 8	황제가 다스리는 나라.
懷古	(회고)	3Ⅱ 6	옛 자취를 돌이켜 생각함.
回顧	(회고)	4Ⅱ 3	뒤를 돌아다봄. 지나간 일을 돌이켜 생각함.
戲笑	(희소)	3Ⅱ 4Ⅱ	실없이 희롱으로 웃음.
稀少	(희소)	3Ⅱ 7	매우 드물고 적음.
稀壽	(희수)	3Ⅱ 3Ⅱ	나이 일흔 살을 달리 이르는 말.
喜壽	(희수)	4 3Ⅱ	나이 일흔일곱 살을 달리 이르는 말.

약자(略字)

基本字	級	略字	基本字	級	略字	基本字	級	略字
假	4Ⅱ	仮	穀	4	穀	惱	3	悩
價	5Ⅱ	価	寬	3Ⅱ	寛	腦	3Ⅱ	脳
覺	4	覚	觀	5Ⅱ	覌, 观, 観	單	4Ⅱ	単
減	4Ⅱ	減	關	5Ⅱ	関	團	5Ⅱ	団
監	4Ⅱ	監	館	3Ⅱ	舘	斷	4Ⅱ	断
鑑	3Ⅱ	鑑	廣	5Ⅱ	広	擔	4Ⅱ	担
蓋	3Ⅱ	盖	鑛	4	鉱	膽	2	胆
個	4Ⅱ	个	壞	3Ⅱ	壊	當	5Ⅱ	当
槪	3Ⅱ	概	區	6	区	黨	4Ⅱ	党
慨	3	慨	歐	2	欧	對	6Ⅱ	対
據	4	拠	舊	5Ⅱ	旧	臺	3Ⅱ	台, 臺
擧	5	挙, 舉	句	4Ⅱ	勾	德	5Ⅱ	徳
儉	4	倹	龜	3	亀	圖	6Ⅱ	図
劍	3Ⅱ	剣	國	8	国	燾	2(名)	燾
檢	4Ⅱ	検	勸	4	劝, 勧	獨	5Ⅱ	独
擊	4	撃	權	4Ⅱ	权, 権	讀	6Ⅱ	読
堅	4	堅	歸	4	帰	毒	4Ⅱ	毒
缺	4Ⅱ	欠	旣	3	既	燈	4Ⅱ	灯
徑	3Ⅱ	径	棄	3	弃	樂	6Ⅱ	楽
經	4Ⅱ	経	氣	7Ⅱ	気	亂	4	乱
輕	5	軽	器	4Ⅱ	器	濫	3	濫
繼	4	継	緊	3Ⅱ	緊	藍	2	藍
繫	3	繋	寧	3Ⅱ	寍, 寧	覽	4	覧, 览

基本字	級	略字	基本字	級	略字	基本字	級	略字
來	7	来	臨	3Ⅱ	临	寶	4Ⅱ	宝
涼	3Ⅱ	涼	滿	4Ⅱ	満	富	4Ⅱ	冨
兩	4Ⅱ	両	灣	2	湾	敷	2	勇
輛	2	輌	蠻	2	蛮	佛	4Ⅱ	仏
勵	3Ⅱ	励	萬	8	万	拂	3Ⅱ	払
盧	2(名)	庐	賣	5	売	寫	5	写,写,寫
麗	4Ⅱ	麗	麥	3Ⅱ	麦	師	4Ⅱ	师
戀	3Ⅱ	恋	貌	3Ⅱ	皃	辭	4	辞
聯	3Ⅱ	联	夢	3Ⅱ	梦	殺	4Ⅱ	殺
練	5Ⅱ	練	廟	3	庿,庙	插	2	挿
鍊	3Ⅱ	錬	墨	3Ⅱ	墨	嘗	3	甞
獵	3	猟	默	3Ⅱ	黙	桑	3Ⅱ	桒
靈	3Ⅱ	灵,霊	彌	2(名)	弥	狀	4Ⅱ	状
禮	6	礼	迫	3Ⅱ	廹	敍	3	叙
勞	5Ⅱ	労	發	6Ⅱ	発	緒	3Ⅱ	緖
爐	3Ⅱ	炉	輩	3Ⅱ	輩	釋	3Ⅱ	釈
蘆	2(名)	芦	拜	4Ⅱ	拝	船	5	舩
錄	4Ⅱ	录	繁	3Ⅱ	繁	禪	3Ⅱ	禅
籠	2	篭	變	5Ⅱ	変	纖	2	繊
龍	4	竜	邊	4Ⅱ	辺,边	攝	3	摂
樓	3Ⅱ	楼	屛	3	屏	燮	2(名)	変
淚	3	涙	倂	2	併	聲	4Ⅱ	声
離	4	难	竝	3	並	歲	5Ⅱ	岁,崴

基本字	級	略字	基本字	級	略字	基本字	級	略字
燒	3Ⅱ	焼	藥	6Ⅱ	薬	遙	3	遥
屬	4	属	壤	3Ⅱ	壌	搖	3	揺
續	4Ⅱ	続	孃	2	嬢	鬱	2	欝
壽	3Ⅱ	寿	讓	3Ⅱ	譲	員	4Ⅱ	貟
收	4Ⅱ	収	嚴	4	厳	遠	6	逺
數	7	数	與	4	与	僞	3Ⅱ	偽
獸	3Ⅱ	獣	餘	4Ⅱ	余	圍	4	囲
隨	3Ⅱ	随	譯	3Ⅱ	訳	爲	4Ⅱ	為
帥	3Ⅱ	帅	驛	3Ⅱ	駅	隱	4	隠,隐
搜	3	捜	淵	2(名)	渊,渊	應	4Ⅱ	応
肅	4	甫,粛	硏	4Ⅱ	研	宜	3	冝
濕	3Ⅱ	湿	姸	2(名)	妍	醫	6	医
乘	3Ⅱ	乗	鉛	4	鈆	貳	2	弍,弐
繩	2(名)	縄	鹽	3Ⅱ	塩	壹	2	壱
腎	2	肾	榮	4Ⅱ	栄	者	6	者
實	5Ⅱ	実	營	4	営	殘	4	残
雙	3Ⅱ	双	藝	4Ⅱ	芸,藝	蠶	2	蚕
亞	3Ⅱ	亜	譽	3Ⅱ	誉	雜	4	雑
兒	5Ⅱ	児	豫	4	予	壯	4	壮
惡	5Ⅱ	悪	溫	6	温	將	4Ⅱ	将
巖	3Ⅱ	岩	穩	2	穏,穩	莊	3Ⅱ	荘
壓	4Ⅱ	圧	堯	2(名)	尭	裝	4	装
礙	2	碍	謠	4Ⅱ	謡	獎	4	奨,獎

基本字	級	略字	基本字	級	略字	基本字	級	略字
蔣	2(名)	蒋	鑄	3Ⅱ	鋳	鐵	5	鉄
臟	3Ⅱ	臓	準	4Ⅱ	准	廳	4	庁
藏	3Ⅱ	蔵	卽	3Ⅱ	即	聽	4	聴
哉	3	㦲	增	4Ⅱ	増	體	6Ⅱ	体
爭	5	争	曾	3Ⅱ	曽	遞	3	逓
傳	5Ⅱ	伝	蒸	3Ⅱ	烝	觸	3Ⅱ	触
戰	6Ⅱ	战,戦	證	4	証	聰	3	聡,聦
轉	4	転	遲	3	遅	總	4Ⅱ	総,緫
錢	4	銭	珍	4	珎	沖	2	冲
竊	3	窃	盡	4	尽	蟲	4Ⅱ	虫
節	5Ⅱ	節	質	5Ⅱ	貭	醉	3Ⅱ	酔
點	4	点,奌	徵	3Ⅱ	徴	齒	4Ⅱ	歯
定	6	㝎	贊	3Ⅱ	賛	稱	4	称
靜	4	静	讚	4	讃	墮	3	陏
淨	3Ⅱ	浄	瓚	2(名)	瓉	彈	4	弾
劑	2	剤	鑽	2(名)	鑚	兌	2(名)	兊
濟	4Ⅱ	済	參	5Ⅱ	参	擇	4	択
齊	3Ⅱ	斉	慘	3	惨	澤	3Ⅱ	沢
條	4	条	處	4Ⅱ	処	兔	3Ⅱ	兎
卒	5Ⅱ	卆	淺	3Ⅱ	浅	霸	2	覇
從	4	从,従	賤	3Ⅱ	賎	廢	3Ⅱ	廃
縱	3Ⅱ	縦	踐	3Ⅱ	践	學	8	学
晝	6	昼	遷	3Ⅱ	迁	艦	2	艦

基本字	級	略字	基本字	級	略字	基本字	級	略字
虛	4Ⅱ	虚	陝	2(名)	陜	會	6Ⅱ	会
獻	3Ⅱ	献	螢	3	蛍	懷	3Ⅱ	懐
險	4	険	惠	4Ⅱ	恵	曉	3	暁
驗	4Ⅱ	験	號	6	号	效	5Ⅱ	効
縣	3	県	畫	6	画	勳	2	勲
賢	4Ⅱ	賢	擴	3	拡	黑	5	黒
顯	4	顕	歡	4	欢,歓	興	4Ⅱ	兴
峽	2	峡	鄕	4Ⅱ	郷	戲	3Ⅱ	戯,戏

三顧草廬

삼고초려

인재를 맞기 위해 참을성 있게 노력함

漢字

(사) 한국어문회 주관 / 한국한자능력검정회 시행

부록 Ⅱ

최근 기출 & 실전문제

최근 기출 & 실전문제 정답

제97회 2급 기출문제 (2022. 05. 28 시행)

㈜한국어문회 주관 · 한국한자능력검정회 시행

▶ 다음 문장에서 밑줄 친 漢字語의 讀音을 쓰시오. (1~20)

○ 국내 (1)搬入이 금지된 (2)麻藥을 몰래 들여오려던 범인이 (3)摘發되었다.

○ 당국은 부대를 (4)併合하고 군량미를 (5)備蓄했다.

○ 지난날 (6)縫製 산업이 발달했던 우리나라는 많은 옷을 (7)輸出하여 외화를 (8)獲得했다.

○ 장군은 (9)師傅를 찾아가 (10)戰勝의 묘수를 (11)聽取했다.

○ 강사는 강의 후 (12)該當 문제를 (13)敷衍하여 설명했다.

○ 혼란기를 틈타 (14)匪賊들이 이곳저곳에서 (15)暗躍했다.

○ 우리 대학에서는 (16)碩座 교수를 (17)招聘했다.

○ 죄인은 (18)捕繩에 묶여 (19)監獄에 들어갔다.

○ 그는 열심히 일하여 재산을 (20)增殖했다.

▶ 다음 漢字語의 讀音을 쓰시오. (21~45)

(21) 腎臟	(22) 掌握	(23) 塵埃
(24) 硯滴	(25) 雇傭	(26) 胃酸
(27) 沮止	(28) 趣旨	(29) 遮斷
(30) 歪曲	(31) 刹那	(32) 應札

(33) 峻嶺	(34) 諜報	(35) 自炊
(36) 琢磨	(37) 耽溺	(38) 霸權
(39) 虐待	(40) 酷評	(41) 約款
(42) 宮闕	(43) 關鍵	(44) 抛棄
(45) 締結		

○ 다음 漢字의 訓과 音을 쓰시오. (46~72)

(46) 槿	(47) 濃	(48) 悼
(49) 棟	(50) 療	(51) 灣
(52) 裸	(53) 岐	(54) 耆
(55) 蔑	(56) 紡	(57) 赦
(58) 屍	(59) 礙	(60) 媛
(61) 閣	(62) 巢	(63) 頓
(64) 尉	(65) 諮	(66) 峙
(67) 灘	(68) 艇	(69) 挿
(70) 茅	(71) 枚	(72) 網

○ 다음 漢字語 중 첫음절이 長音으로 발음되는 것의 번호를 쓰시오. (73~77)

(73) ① 浮橋 ② 副校

(74) ① 瑞典 ② 書傳

(75)　① 演技　② 煙氣

(76)　① 星河　② 聖下

(77)　① 訴請　② 所請

⊙ 다음 문장에서 밑줄 친 漢字語를 漢字(正字)로 쓰시오. (78~107)

○ 마라톤 대회에 참가한 (78)건각들이 힘차게 (79)질주했다.

○ 대통령은 (80)각료 회의에서 국가 (81)정책 사업을 (82)토의했다.

○ 이 (83)간선 도로를 따라가면 목적지인 (84)청사가 보입니다.

○ 사장은 외국 (85)험지에 (86)파견되어 (87)근무하는 직원들을 (88)위로했다.

○ 그의 성공 (89)비결은 (90)겸허한 마음의 (91)자세에 있다.

○ 농부는 여러 (92)곡물을 (93)경작하여 많은 (94)수확을 했다.

○ 이 고층 빌딩은 (95)내진 설계를 하여 (96)견고하게 지었다.

○ 비판 없이 (97)관행을 (98)답습하면 사회 발전이 더디다.

○ 두 (99)진영 간의 (100)충돌은 사회 불안으로 이어질 수 있다.

○ (101)증권 시장에서는 (102)주식이 (103)등락을 반복하고 있다.

○ 이웃 국가와 (104)선린 관계를 (105)유지하기 위해서는 서로 상대에 대한 (106)배려가 필요하다.

○ 5월은 (107)화목한 가정의 달.

⬇ 다음 漢字와 비슷한 뜻을 가진 漢字(正字)를 ( ) 안에 써서 문장에 적합한 漢字語가 되게 하시오. (108~112)

(108) 문화재가 ( )損되지 않도록 주의하자.

(109) 고장 난 자동차를 ( )引한다.

(110) 봄철 ( )燥한 날씨에 산불을 조심하자.

(111) 그는 잘못을 뉘우치고 謹( )하며 지냈다.

(112) 우리 두 사람은 의리를 지키기로 盟( )하였다.

⬇ 다음 문장에서 漢字와 뜻이 反對 또는 相對되는 漢字(正字)를 써서 漢字語를 완성하시오. (113~117)

(113) 언어에서 ( )揚은 중요한 의미를 나타낸다.

(114) 이 옷은 ( )縮의 기능이 있어 입기에 편하다.

(115) 노사의 화합 여부에 따라 기업의 盛( )가 결정된다.

(116) 영화에서 주인공은 愛( )의 감정을 종종 표출했다.

(117) 그들은 叔( ) 사이의 친척이다.

⬇ 다음 漢字語의 反對語 또는 相對語를 2음절로 된 漢字(正字)로 쓰시오. (118~122)

(118) 容易 ↔ (   )

(119) 靜肅 ↔ (   )

(120) 記憶 ↔ (   )

(121) 高雅 ↔ (　　)

(122) 公平 ↔ (　　)

➡ 다음 漢字語의 同音異義語를 漢字(正字)로 쓰되, 제시된 뜻에 맞는 것으로 하시오. (123~127)

(123) 尿道 – (　　) 허리에 차는 칼.

(124) 運逢 – (　　) 구름을 이고 있는 산봉우리.

(125) 優秀 – (　　) 우울과 수심.

(126) 悲鳴 – (　　) 비석에 새긴 글.

(127) 花郎 – (　　) 미술품을 진열하여 전시하는 곳.

➡ 다음 (　) 안에 알맞은 漢字(正字)를 써서 四字成語를 완성하시오. (128~137)

(128) 孤軍(　)鬪 : 적은 군사력으로 분발하여 싸움.

(129) 明(　)觀火 : 밝기가 불을 보는 것 같다.

(130) 拔本(　)源 : 폐단의 근본 원인을 아주 없앰.

(131) 雪上加(　) : 엎친 데 덮친 격.

(132) (　)言令色 : 환심을 사려고 교묘한 말과 좋게 꾸민 얼굴빛.

(133) 三(　)草廬 : 인재를 데려오기 위해 참을성 있게 노력함.

(134) 縱(　)無盡 : 자유자재로 행동하여 거침이 없음.

(135) 手不(　)卷 : 손에서 책을 놓지 않음.

(136) 父爲子(　) : 부모는 자식의 모범이 되어야 한다.

(137) (　)世之才 : 온 세상을 덮을 만큼 뛰어난 재주.

◗ 다음 漢字의 部首를 쓰시오. (138~142)

(138) 尼

(139) 坌

(140) 魔

(141) 舶

(142) 奎

◗ 다음 漢字의 略字를 쓰시오. (143~145)

(143) 擴

(144) 巖

(145) 縣

◗ 다음 漢字語의 뜻을 쓰시오. (146~150)

(146) 築城

(147) 暴暑

(148) 窒息

(149) 鎭痛

(150) 悔改

㈜한국어문회 주관 · 한국한자능력검정회 시행

▶ 다음 문장에서 밑줄 친 漢字語의 讀音을 쓰시오. (1~20)

○ 그 만화가는 한 일간지에 (1)漫評을 (2)揭載하기로 했다.

○ (3)歐美로 나간 우리 (4)僑胞들은 각국에서 한국인의 긍지를 드높이고 있다.

○ 내일까지 그에게 진 빚을 모두 (5)辨償하기로 했어요.

○ 그 댁 (6)閨秀는 재색을 (7)兼備한, 보기 드문 처녀다.

○ 공해에서 일본 (8)艦隊에 (9)被拉되었던 우리의 선원들이 무사히 고국으로 돌아왔다.

○ 그는 지쳐서, 고통과 (10)憤怒와 (11)恐怖와 (12)抑鬱함에 짓눌려서 눈을 감고 있었다.

○ 그는 망망대해에 (13)扁舟를 타고 (14)漂流하였다.

○ 청년은 국위를 (15)宣揚한 공로로 나라에서 (16)表彰을 받았다.

○ 경찰의 (17)鎭壓으로 시위대의 가두 진출이 (18)沮止되었다.

○ 습기가 많은 곳에서는 (19)細菌이 (20)繁殖하기 쉽다.

▶ 다음 漢字語의 讀音을 쓰시오. (21~45)

(21) 勳閥	(22) 藤架	(23) 茶菓
(24) 耽味	(25) 鵬翼	(26) 混紡
(27) 鴻謨	(28) 瓜葛	(29) 僻巷

(30) 糾繩	(31) 罪囚	(32) 脫帽
(33) 倂罷	(34) 憩泊	(35) 丸劑
(36) 謹呈	(37) 胃癌	(38) 投網
(39) 妖鬼	(40) 欺罔	(41) 遮蔽
(42) 瞻仰	(43) 酸素	(44) 頻尿
(45) 魔術		

⬢ 다음 漢字의 訓과 音을 쓰시오. (46~72)

(46) 娩	(47) 悽	(48) 掘
(49) 紹	(50) 惇	(51) 舶
(52) 甸	(53) 蟾	(54) 伽
(55) 雇	(56) 診	(57) 礪
(58) 稙	(59) 喉	(60) 箕
(61) 虐	(62) 孃	(63) 旌
(64) 鴨	(65) 摩	(66) 台
(67) 翰	(68) 偵	(69) 杜
(70) 雌	(71) 鉢	(72) 甫

⬢ 다음 漢字語 중 첫음절이 <u>길게</u> 발음되는 것의 번호를 쓰시오. (73~77)

(73) ① 代錢 ② 垈田

(74) ① 俳優 ② 配偶

(75)　① 赦狀　② 寫場

(76)　① 紳士　② 辛巳

(77)　① 彫像　② 弔喪

⊙ 다음 문장에서 밑줄 친 漢字語를 漢字(正字)로 쓰시오. (78~107)

○ 농가의 소득 증대를 위해 농민들에게 (78)양봉, 양잠을 (79)권장하고 있다.

○ (80)쾌적한 (81)수면을 위해서는 좋은 (82)침구를 사용해야 한다.

○ 점점 (83)심각해지는 (84)환경 오염 극복 대책을 모색하기 위한 공개 토론회가 열렸다.

○ (85)접영은 수영 선수에게도 (86)요통을 불러일으킬 수 있는 (87)과격한 동작이다.

○ 귀빈들은 국립묘지에서 의장대를 (88)사열한 뒤 (89)헌화하고 (90)묵념했다.

○ 그녀는 (91)부여된 (92)책무를 (93)완수하지 못한 것에 대해 책임을 지고 (94)사퇴하겠다고 밝혔다.

○ 그는 회사가 본인의 의사에 반하여 인사이동을 강행한 것은 (95)직권 남용일 뿐 아니라 (96)헌법의 (97)위배라며 보직 회복을 요청했다.

○ 대학 병원에서 장기 (98)이식을 기다리던 한 여성이 자신의 (99)장기를 (100)기증하고 영면했다.

○ 국가 경제의 (101)근간도 지식을 (102)기반으로 하는 (103)첨단 지식 산업으로 (104)전환되고 있다.

○ 올해 (105)파종한 약초의 (106)발아가 (107)완만히 진행되고 있다.

다음 漢字와 비슷한 뜻을 가진 漢字(正字)를 ( ) 안에 써서 문장에 적합한 漢字語가 되게 하시오. (108~112)

(108) 금메달을 목에 건 선수들은 ( )喜에 찬 표정으로 손을 흔들었다.

(109) 그의 ( )賣 실적은 나날이 향상되고 있다.

(110) 대폭적인 예산 ( )減으로 사업이 축소되었다.

(111) 교황의 서거 소식을 듣고 전 세계의 가톨릭 신자들이 ( )悼하였다.

(112) 그는 이번 학기에 강사로 招( )되었다.

다음 문장에서 漢字와 뜻이 反對 또는 相對되는 漢字(正字)를 써서 문장에 적합한 漢字語가 되게 하시오. (113~117)

(113) 학생생활부에 고교 3년간의 학업 성적과 ( )怠 상황을 기록하였다.

(114) 많은 참고 문헌 중에 이 자료가 取( )선택되었다.

(115) 열차가 정거장에 들어올 때에 送( ) 나온 군중은 깃발을 두르며 만세를 부르고⋯.≪이광수, 흙≫

(116) 지난달에는 생필품의 균형 있는 需( )이 이루어졌다.

(117) 부대 병력들이 교전을 하느라 서로 뒤엉켜 ( )我의 구별조차 어려운 상황이었다.

다음 漢字語의 反對語 또는 相對語를 2음절로 된 漢字(正字)로 쓰시오. (118~122)

(118) 寬大 ↔ ( )

(119) 模倣 ↔ ( )

(120) 近接 ↔ ( )

(121) 特殊 ↔ (　　)

(122) 返濟 ↔ (　　)

▶ 다음 漢字語의 同音異義語를 漢字(正字)로 쓰되, 제시된 뜻에 맞는 것으로 하시오. (123~127)

(123) 制空 − (　　) 무엇을 내주거나 갖다 바침.

(124) 靈想 − (　　) 섭씨온도계에서, 눈금이 0℃ 이상의 온도.

(125) 享壽 − (　　) 고향을 그리워하는 마음이나 시름.

(126) 球速 − (　　) 행동이나 의사의 자유를 제한하거나 속박함.

(127) 注射 − (　　) 술 마신 뒤에 버릇으로 하는 못된 언행.

▶ 다음 (　) 안에 알맞은 漢字(正字)를 써서 四字成語를 완성하시오. (128~137)

(128) 朝令(　)改 : 아침에 명령을 내렸다가 저녁에 다시 고침. 법령을 자꾸 고쳐서 갈피를 잡기가 어려움.

(129) 畫蛇(　)足 : 쓸데없는 군짓을 하여 도리어 잘못되게 함

(130) (　)勝長驅 : 싸움에 이긴 형세를 타고 계속 몰아침.

(131) 肝膽相(　) : 서로 속마음을 털어놓고 친하게 사귐.

(132) 榮(　)盛衰 : 인생이나 사물의 번성함과 쇠락함이 서로 바뀜.

(133) (　)友有信 : 벗과 벗 사이의 도리는 믿음에 있음.

(134) 南柯之(　) : 꿈과 같이 헛된 한때의 부귀영화를 이르는 말.

(135) (　)興差使 : 심부름을 가서 오지 아니하거나 늦게 온 사람을 이르는 말.

(136) (　)脣皓齒 : 붉은 입술과 하얀 치아라는 뜻으로, 아름다운 여자를 이름.

(137) 綠(　)芳草 : 푸른 버드나무와 향기로운 풀.

● 다음 漢字의 部首를 쓰시오. (138~142)

(138) 庫

(139) 豆

(140) 裁

(141) 戊

(142) 垂

● 다음 漢字의 略字를 쓰시오. (143~145)

(143) 爐

(144) 澤

(145) 徑

● 다음 漢字語의 뜻을 쓰시오. (146~150)

(146) 但只

(147) 碑銘

(148) 療飢

(149) 薄俸

(150) 保佑

제99회 2급 기출문제 (2022. 11. 26 시행)

漢字能力檢定試驗

㈜한국어문회 주관 · 한국한자능력검정회 시행

● 다음 문장에서 밑줄 친 漢字語의 讀音을 쓰시오. (1~20)

○ 그는 살인을 (1)敎唆한 (2)嫌疑로 징역의 (3)處罰을 받았다.

○ 민영은 굽적거리며 철수에게 (4)懇切히 (5)付託했다.

○ 렌즈에 세균이 (6)增殖하면 (7)角膜炎이 발병할 수 있다.

○ 그녀는 (8)妖精처럼 아름답고 (9)魅惑적이었다.

○ 사단장은 오늘 예편한 (10)准尉를 (11)晩餐에 초대하였다.

○ 이 (12)荒涼한 땅이 푸른 초목으로 (13)鬱蒼할 날을 기대합니다.

○ (14)洗濯을 너무 자주 하여 (15)纖維가 많이 상했다.

○ 적국의 (16)要塞인 이곳만 점령하면 전 국토를 (17)掌握하는 것은 시간문제입니다.

○ 그는 실종된 아내를 찾기 위해 (18)探偵을 (19)雇傭하여 수사를 (20)依賴했다.

● 다음 漢字語의 讀音을 쓰시오. (21~45)

(21) 釋迦	(22) 峽谷	(23) 溶媒
(24) 胎夢	(25) 欄杆	(26) 匈奴
(27) 膠着	(28) 艦尾	(29) 沒溺
(30) 微塵	(31) 鑑札	(32) 陶磁

(33) 紹介	(34) 棟樑	(35) 遼隔
(36) 焦眉	(37) 俳優	(38) 酷吏
(39) 冠帽	(40) 華僑	(41) 崩御
(42) 巡哨	(43) 鹽酸	(44) 凝固
(45) 撤收		

 다음 漢字의 訓과 音을 쓰시오. (46~72)

(46) 抛	(47) 趨	(48) 擁
(49) 宰	(50) 幻	(51) 艾
(52) 硯	(53) 閨	(54) 枚
(55) 隻	(56) 琢	(57) 碩
(58) 屍	(59) 諜	(60) 疇
(61) 弦	(62) 療	(63) 紳
(64) 尤	(65) 賁	(66) 輛
(67) 輯	(68) 衷	(69) 刃
(70) 虐	(71) 潭	(72) 縫

다음 漢字語 중 첫음절이 길게 발음되는 것의 번호를 쓰시오. (73~77)

(73) ① 祚命　② 照明

(74) ① 但只　② 團地

(75) ① 乾綱　② 健康

(76)　① 笑話　　② 消火

(77)　① 提議　　② 祭儀

⚫ 다음 문장에서 밑줄 친 **漢字語**를 **漢字(正字)**로 쓰시오. (78~107)

○ 비행기를 (78)폭파하겠다는 (79)협박 전화 때문에 비행기들의 (80)이륙이 (81)지연되었다.

○ 김 부장은 (82)직무 (83)태만으로 회사로부터 (84)경고를 받았다.

○ 회계감사는 지출 회계 (85)장부를 꼼꼼히 (86)열람했다.

○ 그 소문이 인터넷상에서 (87)파다하게 (88)전파되어 나갔다.

○ 감시의 (89)소홀한 틈을 타 도주했던 범인들이 3일 만에 다시 (90)체포되었다.

○ 그들은 우리의 증오와 (91)배척의 대상이 아니라 (92)용서와 (93)연민의 대상입니다.

○ 그 식당은 영업장 (94)폐쇄 조치를 받아 (95)면허를 반납했다.

○ (96)계약을 일방적으로 파기할 경우 계약금의 배를 (97)변상해야 한다.

○ 심판의 (98)오심에 대해 선수들의 격분을 (99)우려한 (100)감독이 제지에 나섰다.

○ 그는 감각 중에서 (101)촉각에 매우 (102)예민하게 반응한다.

○ 그는 (103)투철한 애국심으로 단단히 (104)무장하다.

○ 그동안 (105)위헌 소지가 있었던 (106)조항들이 이번에 헌법에서 (107)삭제되었다.

◗ 다음 漢字와 비슷한 뜻을 가진 漢字(正字)를 (   ) 안에 써서 문장에 적합한 漢字語가 되게 하시오. (108~112)

(108) 그는 戀(   )의 감정을 주체하지 못하고 상사병에 걸렸다.

(109) 고소 (   )怖증이 있는 그녀는 절대로 비행기를 타지 않았다.

(110) 땡볕에 오래 있었더니 (   )膚가 검게 타 버렸다.

(111) 그녀는 영문으로 된 원서를 飜(   )하고 있다.

(112) 성공을 위해서는 앞으로도 많은 노력과 끈(   )가 필요하다.

◗ 다음 문장에서 漢字와 뜻이 反對 또는 相對되는 漢字(正字)를 써서 漢字語를 완성하시오. (113~117)

(113) 바둑판은 (   )橫으로 각각 19줄이다.

(114) 김장철에 농협 購(   )場에서 배추와 무 등을 싸게 팔고 있다.

(115) 이 책에는 현장을 발로 뛰는 취재 기자의 哀(   )이 담겨 있다.

(116) (   )此에 손해를 보지 않는 선에서 이 일을 마무리합시다.

(117) 이 바지는 伸(   )性이 좋아 활동하기 편하다.

◗ 다음 漢字語의 反對語 또는 相對語를 2음절로 된 漢字(正字)로 쓰시오. (118~122)

(118) 紛失 ↔ (   )

(119) 濃厚 ↔ (   )

(120) 受禪 ↔ (   )

(121) 存續 ↔ (　　)

(122) 喜悅 ↔ (　　)

▶ 다음 漢字語의 同音異義語를 漢字(正字)로 쓰되, 제시된 뜻에 맞는 것으로 하시오. (123~127)

(123) 婚需 – (　　) : 정신없이 잠이 듦.

(124) 孤寂 – (　　) : 북과 피리.

(125) 沙器 – (　　) : 나쁜 꾀로 남을 속임.

(126) 干支 – (　　) : 식물의 줄기와 가지.

(127) 筆耕 – (　　) : 끝장에 가서는.

▶ 다음 (　) 안에 알맞은 漢字(正字)를 써서 四字成語를 완성하시오. (128~137)

(128) 烏飛(　)落 : 아무 관계도 없이 한 일이 공교롭게도 때가 같아 억울하게 의심을 받거나 난처한 위치에 서게 됨.

(129) 勸善(　)惡 : 착한 일을 권장하고 악한 일을 징계함.

(130) 日(　)月深 : 세월이 흐를수록 더함.

(131) (　)入佳境 : 시간이 지날수록 하는 짓이나 몰골이 더욱 꼴불견임.

(132) 東(　)西走 : 사방으로 이리저리 몹시 바쁘게 돌아다님.

(133) 千(　)一遇 : 좀처럼 만나기 어려운 좋은 기회.

(134) (　)和雷同 : 줏대 없이 남의 의견에 따라 움직임.

(135) (　)田鬪狗 : 자기의 이익을 위하여 비열하게 다툼.

(136) (　)卵之勢 : 몹시 위태로운 형세.

(137) (　)上君子 : 도둑.

◐ 다음 漢字의 部首를 쓰시오. (138~142)

(138) 摩

(139) 戴

(140) 鼎

(141) 亏

(142) 欽

◐ 다음 漢字의 略字를 쓰시오. (143~145)

(143) 竊

(144) 勵

(145) 拂

◐ 다음 漢字語의 뜻을 쓰시오. (146~150)

(146) 燒却

(147) 牽引

(148) 斬殺

(149) 返送

(150) 厭症

부
록
Ⅱ

제100회 2급 기출문제 (2023. 02. 25 시행)

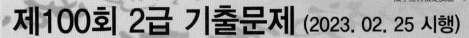

㈜한국어문회 주관 · 한국한자능력검정회 시행

➡ 다음 문장에서 밑줄 친 漢字語의 讀音을 쓰시오. (1~20)

(1) 잘 쉬었더니 皮膚가 좋아졌다.

(2) 그는 곧 災殃이 닥칠 것이라고 예언했다.

(3) 링컨은 奴隷를 해방했다.

(4) 의사가 利尿劑를 처방했다.

(5) 雇用지수가 하락하는 추세.

(6) 3시에 休憩室에서 만나.

(7) 고양이에게 飼料를 주었다.

(8) 너의 주장은 矛盾으로 가득하다.

(9) 대문호 蘇軾은 황주에 거주했다.

(10) 절망의 深淵에 빠지지 않게 조심해야.

(11) 모로코 鐵甕城 5분만에 깬 프랑스.

(12) 교수는 지신의 주장을 敷衍하여 설명했다.

(13) 寺刹을 방문하면 마음이 편해진다.

(14) 自炊는 생각보다 비용이 많이 든다.

(15) 군왕을 올바르게 輔弼하여.

(16) 강태공은 渭水에서 낚시했다.

(17) 신부는 명문대 출신의 才媛이다.

(18) 원주민들은 화산에 대한 <u>畏敬</u>의 마음을 품고 있었다.

(19) 요새는 <u>妊婦服</u>도 디자인이 아름답다.

(20) 드라큘라 <u>伯爵</u>.

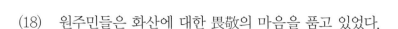 다음 漢字語의 讀音을 쓰시오. (21~45)

(21) 魔笛	(22) 奏請	(23) 論旨
(24) 診療	(25) 斬新	(26) 締結
(27) 減縮	(28) 姸醜	(29) 妥協
(30) 彫琢	(31) 弁韓	(32) 修繕
(33) 攝政	(34) 柴炭	(35) 穩睡
(36) 棋院	(37) 鷹犬	(38) 沮害
(39) 偵探	(40) 九鼎	(41) 綜合
(42) 窒酸	(43) 付託	(44) 耽溺
(45) 該當		

다음 漢字의 訓과 音을 쓰시오. (46~72)

(46) 兀	(47) 胤	(48) 融
(49) 詠	(50) 崩	(51) 僻
(52) 筏	(53) 暮	(54) 敏

(55) 俳	(56) 娩	(57) 賠
(58) 鉢	(59) 鳳	(60) 箱
(61) 簣	(62) 洙	(63) 鴨
(64) 愈	(65) 燃	(66) 闕
(67) 匪	(68) 秉	(69) 纖
(70) 孰	(71) 額	(72) 鉛

▶ 다음 漢字語 중 첫 음절이 길게 발음되는 것의 번호를 쓰시오. (73~77)

(73) ① 將帥 ② 長壽

(74) ① 右便 ② 郵便

(75) ① 零上 ② 影像

(76) ① 詩人 ② 是認

(77) ① 駐日 ② 週日

▶ 다음 문장에서 밑줄 친 漢字語를 漢字(正字)로 쓰시오. (78~107)

○ (78)출하 (79)장려금 (80)지급을 (81)확대하여 (82)성수기 수급 안정은 물론 (83)소비자 (84)신뢰(85)제고에도 보탬이 될 전망이다.

○ 종교 지도자들은 (86)증오 (87)분노를 넘어서는 (88)인내와 (89)용서 (90)화해를 (91)강조했다.

○ 기축 (92)통화의 (93)조건으로는 가치안정성을 (94)필수 요건으로 꼽는다.

○ (95)비약적인 (96)발전을 위해 (97)변호사님을 대표로 (98)추천했다.

○ (99)박람회에 인파가 (100)밀집하다 보니 안전사고의 (101)우려가 있다.

○ (102)한파가 밀려오기 전에 동파를 (103)방지하기 위해 자동차에 미리 (104)부동액을 채워 넣었다.

○ 최악의 폭설사태에 (105)약탈과 (106)범죄가 (107)기승을 부렸다.

▶ 다음 漢字와 비슷한 뜻을 가진 漢字(正字)를 ( ) 안에 써서 문맥에 어울리는 漢字語가 되게 하시오. (108~112)

(108) 담당자의 錯( )로 문제가 발생했다.

(109) 우리 팀의 攻( )이 끝났다.

(110) 사장님은 사업을 하시면서 많은 ( )曲을 겪으셨다.

(111) ( )盜 혐의로 용의자를 체포했다.

(112) 유치하고 ( )劣한 행위는 이제 그만두어야.

▶ 다음 문장에서 漢字와 뜻이 反對 또는 相對되는 漢字(正字)를 ( ) 안에 써서 漢字語를 완성하시오. (113~117)

(113) 세상사 모든 일에는 흥망과 ( )沈이 있게 마련이다.

(114) 손흥민의 縱( )무진 활약이 팀을 승리로 이끌었다.

(115) 表( )부동한 사람과는 함께 일할 수 없다.

(116) 수묵화는 먹의 濃( )을 활용한다.

(117) 교수님이 학생의 글을 添( )해주셨다.

◉ 다음 漢字語의 反對語 또는 相對語를 漢字(正字)로 쓰시오. (118~122)

(118) 嚴格 ↔ ( )

(119) 緩慢 ↔ ( )

(120) 獨創 ↔ ( )

(121) 外延 ↔ ( )

(122) 愼重 ↔ ( )

◉ 다음 漢字語의 同音異義語를 제시된 뜻에 맞는 漢字(正字)로 쓰시오. (123~127)

(123) 稅布 – ( ) 생물체를 이루는 기본 단위.

(124) 柔道 – ( ) 사람이나 물건을 목적한 장소나 방향으로 이끎.

(125) 報告 – ( ) 귀중한 물건을 간수해 두는 창고.

(126) 未盡 – ( ) 진도 1의 약한 지진.

(127) 戰果 – ( ) 학과 따위를 옮김.

◉ 다음 ( ) 안에 알맞은 漢字(正字)를 써서 四字成語를 완성하시오. (128~137)

(128) 經世( )民 : 세상을 다스리고 백성을 구함.

(129) 吉凶( )福 : 길흉과 화복.

(130) 群雄( )據 : 여러 영웅이 각기 한 지방씩 차지하고 위세를 부림.

(131) 男( )女戴 : 남자는 등에 지고 여자는 머리에 짐을 인다.

(132) 拔本( )源 : 폐단의 근본 원인을 아주 없앰.

(133) 束手無( ) : 손을 묶어놓아 방책이 없음.

(134) 切齒( )心 : 몹시 분하여 이를 갈며 속을 썩임.

(135) (　)卵之勢 : 층층이 쌓아 놓은 알처럼, 몹시 위태로운 형세.

(136) 太平(　)月 : 근심이나 걱정이 없는 편안한 세월.

(137) 危(　)一髮 : 여유가 조금도 없이 몹시 절박한 순간.

⬤ 다음 漢字의 部首를 쓰시오. (138～142)

(138) 暴

(139) 尺

(140) 衆

(141) 壯

(142) 疑

⬤ 다음 漢字의 略字를 쓰시오. (143～145)

(143) 靈

(144) 麥

(145) 驛

⬤ 다음 漢字語의 뜻을 쓰시오. (146～150)

(146) 浸潤

(147) 舊址

(148) 贈與

(149) 駿馬

(150) 搖動

제101회 2급 기출문제 (2023. 06. 03 시행)

漢字能力檢定試驗

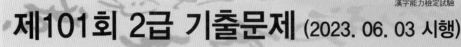

㈜한국어문회 주관 · 한국한자능력검정회 시행

⭕ 다음 문장에서 밑줄 친 漢字語의 讀音을 쓰시오. (1~20)

(1) 아침 햇살이 눈부시게 燦爛하다

(2) 전쟁에서는 작전이 승패의 關鍵이 된다.

(3) 蔚珍에 난 산불이 드디어 진화되었다.

(4) 절망의 深淵에서 빠져 나왔다.

(5) 경찰은 범죄의 巢窟을 소탕하였다.

(6) 동물원에서 목이 긴 麒麟을 보았다.

(7) 棟樑이 없는 집은 없다.

(8) 이순신 장군은 倭軍을 통쾌하게 물리쳤다.

(9) 목수는 槐木으로 책상을 만들었다.

(10) 선거에서 執權 여당이 야당에 참패하였다.

(11) 아드님께서는 아주 明晳합니다.

(12) 죄수의 捕繩을 풀어 주었다.

(13) 그 사건은 한반도에 삼국을 鼎立시켰다.

(14) 이 탁자는 철판을 鎔接하여 만들었다.

(15) 여러 자료를 聚合하여 보고서를 작성하였다.

(16) 이 작품은 화가의 오랜 노력의 結晶이다.

(17) 도로는 저 교차로에서 分岐된다.

(18) 사람들은 누구나 향락에 쉽게 耽溺하는 경향이 있다.

(19) 그 선생님은 風采가 좋으시다.

(20) 황제는 皇后를 무척 사랑하였다.

● 다음 漢字語의 讀音을 쓰시오. (21~45)

(21) 葛藤   (22) 茶菓   (23) 胎夢

(24) 芬馥   (25) 赦免   (26) 散髮

(27) 妖怪   (28) 彌縫   (29) 締盟

(30) 硯滴   (31) 災殃   (32) 俸祿

(33) 痲醉   (34) 借款   (35) 付託

(36) 坑陷   (37) 酸症   (38) 輔弼

(39) 揭揚   (40) 酷炎   (41) 恐怖

(42) 幻滅   (43) 掘穴   (44) 薰陶

(45) 抛棄

● 다음 漢字의 訓과 音을 쓰시오. (46~72)

(46) 昊   (47) 盾   (48) 雜

(49) 廟   (50) 彬   (51) 芸

(52) 雉   (53) 翰   (54) 怡

(55) 湍   (56) 葉   (57) 旭

(58) 燁   (59) 哨   (60) 彫

(61) 折   (62) 祐   (63) 遙

(64) 拉   (65) 濃   (66) 隻

(67) 竊   (68) 惇   (69) 塘

(70) 禾   (71) 靴   (72) 頓

⯀ 다음 漢字의 部首를 쓰시오. (73~77)

(73) 屍   (74) 庠   (75) 玲

(76) 欽   (77) 允

⯀ 다음 漢字의 略字를 쓰시오. (78~80)

(78) 麥   (79) 遷   (80) 縣

⯀ 다음 중 첫소리가 長音인 것을 가려 그 번호를 쓰시오. (81~85)

(81) ① 假需   ② 價數

(82) ① 干將   ② 肝臟

(83) ① 渡口   ② 道具

(84) ① 美蘇   ② 微少

(85) ① 私莊   ② 謝狀

⯀ 다음 ( ) 안에 밑줄 친 漢字와 뜻이 같거나 비슷한 漢字를 正字로 적어 문장을 완성하시오. (86~90)

(86) 그들은 ( )瑟 좋은 부부로 소문나 있다.

(87) 방송 중에 송신 시설의 이상으로 ( )礙가 발생하였다.

(88) 국가 간에 疆( )를 정하는 일은 쉽지 않다

(89) 산수는 ( )峻하고 날카로운 고산들로 이루어져 있다.

(90) 그는 ( )僻한 성품을 지녀 사람들이 쉽게 범접할 수 없었다.

⚫ 다음 ( ) 안에 밑줄 친 漢字와 뜻이 상대(또는 반대)되는 漢字를 正字로 적어 문장을 완성하시오. (91~95)

(91) 그의 인생은 浮( )이 심하였다.

(92) 서로 雌( )을 겨루다.

(93) 잘못으로 치자면 ( )此 일반이다.

(94) 이 스프링은 ( )縮력이 뛰어나다.

(95) 우리집은 ( )婦간 갈등이 없다.

⚫ 다음 漢字語의 상대(또는 반대)되는 漢字語를 正字의 漢字로 쓰시오. (96~100)

(96) 供給   (97) 送舊

(98) 穩健   (99) 濕潤

(100) 記憶

⚫ 다음 漢字語의 뜻을 쓰시오. (101~105)

(101) 嫌厭   (102) 謄載

(103) 搬送   (104) 細塵

(105) 憩泊

⚫ 다음 ( ) 속 단어의 同音異義語를 주어진 뜻에 맞게 漢字(正字)로 쓰시오. (106~110)

(106) (簡選) – 도로, 수로, 전신, 철도 따위에서 줄기가 되는 주요한 선.

(107) (熟質) – 아저씨와 조카.

(108) (初月) – 한계나 표준을 뛰어넘음.

(109) (抵掌) – 물건이나 재화 따위를 모아서 간수함.

(110) (慰靈) – 명령을 어김.

◐ 다음 ( ) 안에 알맞은 漢字(正字)를 써서 四字成語를 완성하시오. (111~120)

(111) ( )廻無常 : 인생은 수레바퀴가 끊임없이 구르는 것과 같이 돌고 돌며 덧없음.

(112) 堯舜之( ) : 요임금과 순임금이 덕으로 천하를 다스리던 태평한 시절.

(113) ( )鉢通文 : 서명에 참여한 사람들의 이름을 사발 모양으로 둥글게 삥 돌려 적은 통문.

(114) 天佑( )助 : 하늘이 돕고 신령이 도움.

(115) 好事( )魔 : 좋은 일에는 흔히 방해되는 일이 많음.

(116) 纖纖( )手 : 가냘프고 옥처럼 고운 여자의 손.

(117) 丹( )皓齒 : 붉은 입술과 하얀 치아.

(118) 沃( )千里 : 끝없이 넓은 기름진 들판.

(119) 不撤晝( ) : 일에 몰두하여 조금도 쉴 사이 없이 밤낮을 가리지 아니함.

(120) 韋編三( ) : 책을 열심히 읽음.

◐ 다음 문장의 밑줄 친 漢字語를 正字의 漢字로 쓰시오. (121~150)

(121) 살인적인 폭서가 계속되었다.

(122) 그는 조국을 모반하고 타국으로 달아났다.

(123) 여름철은 섭생을 잘 해야 하는 계절이다.

(124) 돈사에는 돼지가 천 마리쯤 되는 것 같았다.

(125) 우승한 선수는 항상 도전자들의 도전을 피할 수 없다.

(126) 프라하의 여행은 잊지 못할 낭만의 시간이 될 것이다.

(127) 홍콩은 다시 중국인들에게 반환되었다.

(128) 세계로 파견할 해외봉사단원을 모집하고 있다.

(129) 여당과 야당이 서로 타협하여 문제를 해결하였다.

(130) 여름 산행에는 오이와 소금이 필수이다.

(131) 다른 기계와 호환하여 사용할 수 있으면 좋겠다.

(132) 국민이 한마음으로 단결하여 약진의 발판으로 삼다.

(133) 노폭이 좁아 통행에 어려움이 많았다.

(134) 할머니를 위해 편지를 확대해 복사했다.

(135) 그들은 오래도록 서로 포옹을 한 채 있었다

(136) 논바닥도 오랜 가뭄으로 균열되기 시작했다.

(137) 폭우로 인해 출발시간이 늦어지고 있사오니 여러분의 양지를 바랍니다.

(138) 그는 편지에 네 잎 클로버를 별첨시켰다.

(139) 그 영화는 홍감독의 야심작이었는데 흥행에는 참패했다.

(140) 예전엔 염치를 모르는 탐관오리들이 많았다.

(141) 옛날에는 점복으로 국사를 결정하는 일이 많았다.

(142) 나는 지금 막 집에 도착했다.

(143) 마지막으로 원고를 교정해서 출판사에 제출했다.

(144) 그를 감옥에 수금한다고 일이 다 끝난 것이 아니다.

(145) 잘못을 해서 근신의 징계를 받았다.

(146) 그의 처지가 나락으로 빠져 들었다.

(147) 그 말을 듣고 철수는 분개하기 시작했다.

(148) 대감께서는 아침 일찍 조복을 차려입고 입궐하셨다.

(149) 모방 범죄의 심각성이 날로 심해졌다.

(150) 내 피부는 아주 과민해서 햇빛을 조금만 받아도 금방 빨개진다.

제102회 2급 기출문제 (2023. 08. 06 시행)

㈜한국어문회 주관 · 한국한자능력검정회 시행

⬤ 다음 문장에서 밑줄 친 漢字語의 讀音을 쓰시오. (1~20)

(1) 그는 회사에 손해 賠償을 청구했다.

(2) 생존을 위한 그들의 싸움은 아주 悽絶했다

(3) 국군은 태백산맥의 峽谷을 지나 전진했다.

(4) 사람들은 여우를 간사하고 妖妄스러운 짐승으로 알고 있다.

(5) 아이는 恐怖에 사로잡혀 아무 말도 하지 못하고 있었다.

(6) 마약 중독자는 幻覺에 빠져 거리를 헤맸다.

(7) 남쪽 산등성이에 돌로 쌓은 址臺 위에 정자가 놓여있었다.

(8) 임금이 친히 御札을 내렸다.

(9) 전문가들은 사건의 본질을 把握했다.

(10) 유족은 재산상속권을 抛棄했다.

(11) 동지들은 반역자를 斬殺하였다.

(12) 가게 앞에는 遮陽을 설치하여 햇볕을 가렸다.

(13) 이번 사건의 歸趨가 주목된다.

(14) 그는 薄俸에도 근검절약하여 주택을 구매하였다.

(15) 그는 敷地를 마련하여 공장을 세웠다.

(16) 그는 阿膠를 사용하여 떨어진 가방끈을 붙였다.

(17) 그녀는 나를 너무 酷毒히 대했다.

(18) 범인들은 피해자를 籠絡하고 은폐했다.

(19) 사소한 부주의로 큰 사고가 惹起된다.

(20) 그는 돌을 彫琢하여 작품을 완성했다.

○ 다음 漢字語의 讀音을 쓰시오. (21~45)

(21) 岐路   (22) 耽溺   (23) 欽慕

(24) 扈衛   (25) 睿眞   (26) 瑩澈

(27) 輔弼   (28) 遼遠   (29) 寬敞

(30) 彌縫   (31) 茶毘式   (32) 炯心

(33) 冀圖   (34) 蟾注   (35) 緩舒

(36) 沈沔   (37) 範疇   (38) 盈月

(39) 旌旗   (40) 甕器   (41) 積峙

(42) 瓊團   (43) 查頓   (44) 進陟

(45) 瞻病

○ 다음 漢字의 訓과 音을 쓰시오. (46~72)

(46) 項   (47) 弁   (48) 蓬

(49) 鴨   (50) 柄   (51) 姚

(52) 昃   (53) 龐   (54) 礪

(55) 庠   (56) 芮   (57) 灘

(58) 闋   (59) 璿   (60) 沆

(61) 悳   (62) 穆   (63) 怡

(64) 昻   (65) 衍   (66) 滉

(67) 珪   (68) 耆   (69) 巢

(70) 柴   (71) 燁   (72) 彬

▶ 다음 漢字의 部首를 쓰시오. (73~77)

(73) 兌 　　　　　(74) 串 　　　　　(75) 殷

(76) 允 　　　　　(77) 釜

▶ 다음 漢字의 略字를 쓰시오. (78~80)

(78) 螢 　　　　　(79) 攝 　　　　　(80) 雙

▶ 다음 중 첫소리가 長音인 것을 가려 그 번호를 쓰시오. (81~85)

(81) ① 攻擊 ② 公格

(82) ① 悼懼 ② 倒句

(83) ① 美蘇 ② 微笑

(84) ① 傷處 ② 喪妻

(85) ① 辛巳 ② 紳士

▶ 다음 ( ) 안에 밑줄 친 漢字와 뜻이 같거나 비슷한 漢字를 正字로 적어 문장을 완성하시오. (86~90)

(86) 국가 간에 疆( )를 정하는 일은 쉽지 않다

(87) 경기 승패의 ( )鍵은 양 팀 감독의 전략에 달렸다.

(88) 한때 한문학의 旺( )으로 순수 국문학이 쇠퇴한 시기가 있었다.

(89) 산이 워낙 ( )峻해서 오르려는 사람이 없다

(90) ( )虐한 적들의 침범을 막기 위해서 사람들은 힘을 모아 성을 쌓았다.

◗ 다음 ( ) 안에 밑줄 친 漢字와 뜻이 상대(또는 반대)되는 漢字를 正字로 적어 문장을 완성하시오. (91~95)

(91) 요즘은 물가의 ( )落이 심하다.

(92) 그들은 叔( ) 간으로 사이가 좋다.

(93) 두 선수는 優( )을 가리지 못하고 재시합하기로 했다.

(94) 학생들에게 문장의 ( )削 지도를 철저히 했다.

(95) 이 스프링은 ( )縮이 잘 되어 편리하다.

◗ 다음 漢字語의 상대(또는 반대)되는 漢字語를 正字의 漢字로 쓰시오. (96~100)

(96) 穩健   (97) 發掘

(98) 創造   (99) 融解

(100) 乾燥

◗ 다음 漢字語의 뜻을 쓰시오. (101~105)

(101) 製繩   (102) 不溶

(103) 賈舶   (104) 漣波

(105) 偉彦

◗ 다음 ( ) 속 단어의 同音異義語를 주어진 뜻에 맞게 漢字(正字)로 쓰시오. (106~110)

(106) (加補) − 한 집안의 친족 관계나 내력을 계통적으로 적은 책.

(107) (幹枝) – 간곡한 뜻.

(108) (酸性) – 산 위에 쌓은 성.

(109) (常經) – 기껍고 경사스러운 일.

(110) (序詞) – 사실을 있는 그대로 적음.

다음 ( ) 안에 알맞은 漢字(正字)를 써서 四字成語를 완성하시오. (111~120)

(111) 三( )草廬 : 인재를 맞아들이기 위하여 참을성 있게 노력함.

(112) 丹( )皓齒 : 붉은 입술과 하얀 치아.

(113) 換骨( )胎 : 뼈대를 바꾸어 끼고 태를 바꾸어 씀.

(114) 紙筆硯( ) : 종이와 붓과 벼루와 먹.

(115) ( )膽相照 : 간과 쓸개를 서로 비춤.

(116) 身體( )膚 : 몸 전체를 이르는 말.

(117) ( )田滄海 : 뽕나무 밭이 변하여 푸른 바다가 됨.

(118) 風餐( )宿 : 객지에서 겪는 숱한 고생.

(119) 吳( )同舟 : 어려운 상황에서는 원수라도 협력하게 됨.

(120) ( )瑟之樂 : 부부간의 사랑.

다음 문장의 밑줄 친 漢字語를 正字의 漢字로 쓰시오. (121~150)

(121) 은행에서 그의 재산을 <u>차압</u>했다.

(122) 도로교통법을 <u>준수</u>해야 교통이 원활하다.

(123) 그 회사는 외국 기업과 기술을 <u>제휴</u>했다.

(124) 강물의 <u>혼탁</u>을 막기 위하여 하수 처리 시설을 정비하였다.

(125) 과거에는 정부가 출판물을 <u>검열</u>하기도 했다.

(126) 그런 행동은 인간의 이성에 위배된다.

(127) 내일이 할아버지의 25주기가 되는 날이다.

(128) 그 참상은 차마 눈을 뜨고 볼 수가 없었다.

(129) 그녀의 결근으로 회계부의 일이 지체되고 있다.

(130) 규정을 어기고 자의로 처리하였다.

(131) 그는 현실의 모순을 혁파하는 데 적극적이다.

(132) 원효는 대중 불교의 전파에 힘썼다.

(133) 이번 일로 내 계획은 무산되었다.

(134) 세종대왕 탄신을 기념하는 행사가 열렸다.

(135) 사채시장의 자금이 고갈될 위기를 맞고 있다.

(136) 비판 없이 무조건 옹호만 한다면 정치의 발전이 없다.

(137) 파업은 정부의 중재로 원만하게 타결되었다.

(138) 세계적으로 명망이 높은 그를 국빈으로 예우했다.

(139) 선정적인 장면을 방송한 것은 징계받을 만하다.

(140) 작년보다 감자의 수확이 두 배로 늘었다.

(141) 업체가 판매량을 조절하였다.

(142) 증권사 직원은 투자 대상 업체로 벤처 기업을 추천했다.

(143) 마른 사람들이 대체로 민감하다.

(144) 아파트가 도로에 인접해 있어서 매우 시끄럽다.

(145) 그는 모반의 죄목으로 엄중한 심문을 받았다.

(146) 내 말에는 추호의 거짓도 없다.

(147) 그는 한국 여성의 귀감이다.

(148) 경찰은 그를 사기 혐의로 수배했다.

(149) 독신보다는 기혼이 좋을 때가 있다.

(150) 그 실수가 투수의 무패 행진에 오점을 찍었다.

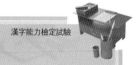

제1회 2급 실전문제

㈜한국어문회 주관 · 한국한자능력검정회 시행

⬥ 다음 漢字語의 讀音을 쓰시오. (1~45)

(1) 謁見   (2) 抑揚   (3) 闕席

(4) 戴冠   (5) 溺死   (6) 祭壇

(7) 臺灣   (8) 野蠻   (9) 疫疾

(10) 結繩   (11) 汎濫   (12) 偏僻

(13) 提携   (14) 隱密   (15) 晝寢

(16) 敷衍   (17) 豆腐   (18) 敦篤

(19) 可憐   (20) 壽夭   (21) 生辰

(22) 纖維   (23) 琢磨   (24) 善隣

(25) 障礙   (26) 檢閱   (27) 干戈

(28) 懇切   (29) 發掘   (30) 謄寫

(31) 熊膽   (32) 漆黑   (33) 矯導

(34) 糾彈   (35) 交遞   (36) 燦爛

(37) 倒置   (38) 誤謬   (39) 歪曲

(40) 照覽   (41) 暢達   (42) 角膜

(43) 籠球   (44) 容恕   (45) 聖誕

◑ 다음 漢字의 代表訓과 音을 쓰시오. (46~72)

(46) 把   (47) 翰

(48) 膠   (49) 惱

(50) 菌   (51) 濃

(52) 療   (53) 魔

(54) 蒙   (55) 網

(56) 憫   (57) 赦

(58) 揷   (59) 姿

(60) 融   (61) 爵

(62) 殿   (63) 堤

(64) 抽   (65) 諜

(66) 遷   (67) 秒

(68) 彰   (69) 艇

(70) 紹   (71) 碩

(72) 鍛

※ 다음 글을 읽고 물음에 답하시오.

[Ⅰ] 지금 우리는 한글 전용(73) 정책(74)에서 더 나아가 세계(75)화 추세에 맞추어 영어 공용론(76)이 일어나고 있는 상황(77)에 살고 있습니다.

한글 전용을 전적으로 반대(78)할 수는 없습니다만, 그러나 한글만을 전용하면 할수록 漢字에 대해서 더욱 관심(79)을 가져야 한다고 생각합니다. 왜냐하면 우리 5천년의 문화가 漢字와 漢文에 녹아 있기 때문에 漢字 교육을 소홀(80)히 하면 지금까지 우리가 가지고 있는 모든 문화 자산(81)들이 쓰레기통으로 갈 것이기. 때문입니다.

[Ⅱ] 漢字교육은 예의(82) 범절(83)을 지키는 데도 많은 도움이 될 것입니다. 지금 시장(84) 경제(85)의 틀에서 살다보니 자꾸 인륜(86)이 무너지고 사회가 혼탁(87)해지고 있습니다. 우리는 과거의 천여년의 유교(88)전통에서 적어도 도덕적(89) 수양(90)만은 세계에서 가장 앞서 갔습니다. 이러한 훌륭한 문화전통이 서구 문화의 전파(91) 이후로 물질(92) 만능(93)시대로 변화(94)되어 사회적인 혼란과 인간관계의 붕괴(95)를 가져 왔습니다. 漢字교육은 이를 회복(96)하는 데 도움이 되는 것입니다.

[Ⅲ] 세계화하면 영어를 써야 한다고 말들 하지만 실상 세계화를 하는 길은 우리의 것을 가지고 세계문화에 동참(97)하는 것입니다. 그렇게 하려면 漢字 속에 녹아 있는 전통문화를 현대화해서 이것으로 세계화에 동참하는 것이 21세기를 살아가는 길입니다. 전 세계 약 8억(98)이 영어를 사용하지만 漢字를 사용하는 인구는 20억입니다. 오히려 漢字 문화권이 제대로 부활한다면 漢字는 세계화의 중요한 요소(99)가 될 것입니다.
앞으로 漢字교육이 초등(100)학교에서 대학에 이르기까지 생활(101)화 되도록 우리는 노력(102)해야 할 것입니다.

〈李成茂, 한글+漢字文化 42호〉

⟐ 밑줄 친 73~102의 漢字를 正字로 쓰시오. (73~102)

(73)   (74)   (75)

(76)   (77)   (78)

(79)   (80)   (81)

(82)   (83)   (84)

(85)   (86)   (87)

(88)   (89)   (90)

(91)　　　　　　　　(92)　　　　　　　　(93)

(94)　　　　　　　　(95)　　　　　　　　(96)

(97)　　　　　　　　(98)　　　　　　　　(99)

(100)　　　　　　　(101)　　　　　　　(102)

◑ [Ⅰ]～[Ⅲ]에서 각각 뽑은 단어를 첫음절이 長音인 것을 골라 번호를 쓰시오.
(103～107)

(103)　① 전용　② 정책　③ 세계　④ 상황

(104)　① 반대　② 관심　③ 소홀　④ 범절

(105)　① 경제　② 예의　③ 인륜　④ 유교

(106)　① 수양　② 물질　③ 도덕　④ 전파

(107)　① 동참　② 요소　③ 초등　④ 변화

◑ 反對 또는 相對되는 漢字와 漢字語를 쓰시오. (108～117)

(108) 削　↔ (　　)　　　　(109) 辱　↔ (　　)

(110) 縱　↔ (　　)　　　　(111) 衆　↔ (　　)

(112) 貴　↔ (　　)　　　　(113) 富裕 ↔ (　　)

(114) 記憶 ↔ (　　)　　　(115) 飢餓 ↔ (　　)

(116) 獨創 ↔ (　　)　　　(117) 騷亂 ↔ (　　)

◐ 다음 ( )에 어울리는 漢字語를 쓰시오. (118~127)

(118) 龍頭사미(　　)

(119) 貪官오리(　　)

(120) 鷄鳴구도(　　)

(121) 집을 빌린 임대료(　　)

(122) 美國은 우리의 우방(　　)이다.

(123) 南山 위에 저 소나무 철갑(　　)을 두른 듯

(124) 습득물(　　)은 임자를 찾아 주어야 한다.

(125) 유구(　　)한 우리나라 역사

(126) 黃金은 희소(　　)의 가치가 있다.

(127) 누구나 목표를 향해 분투(　　) 노력해야 한다.

◐ 다음 漢字의 部首를 쓰시오. (128~132)

(128) 乘　　　　　　　　　　(129) 鬱

(130) 慶　　　　　　　　　　(131) 來

(132) 承

◐ 다음 漢字語의 뜻과 같은 우리말을 쓰시오. (133~137)

(133) 順序　　　　　　　　　(134) 夜半

(135) 禽獸　　　　　　　　　(136) 擔架

(137) 於焉

● 다음에서 長短·硬軟은 관계없이 同音異義語를 쓰시오. (138~142)

(138) 收支 – 나무의 가지(　　　)

(139) 思想 – 사망자와 부상자(　　　)

(140) 掌管 – 훌륭한 광경(　　　)

(141) 弔喪 – 돌아간 어버이 위로 대대의 어른(　　　)

(142) 부老 – 아침이슬(　　　)

● 다음 漢字의 뜻에 해당하는 것을 例에서 가려 그 번호를 쓰시오. (143~147)

① 단장하다	② 머무르다	③ 이끌다
④ 꾸미다	⑤ 문지르다	⑥ 밟다
⑦ 심다	⑧ 치다	⑨ 옷 마르다
⑩ 엄습하다		

(143) 踏　　　　　　　　　　(144) 飾

(145) 栽　　　　　　　　　　(146) 粧

(147) 襲

● 다음 漢字를 略字로 쓰시오. (148~150)

(148) 麥　　　　　　　　　　(149) 圍

(150) 據

㈜한국어문회 주관 · 한국한자능력검정회 시행

▶ 다음 漢字語의 讀音을 쓰시오. (1~45)

(1) 勳爵   (2) 掌握   (3) 跳躍

(4) 酷毒   (5) 霸氣   (6) 牽聯

(7) 軌跡   (8) 溺沒   (9) 焦思

(10) 窒塞   (11) 凝塊   (12) 繫累

(13) 負戴   (14) 悼惜   (15) 謄寫

(16) 獵戶   (17) 魔炎   (18) 紡績

(19) 示唆   (20) 預貸   (21) 雇傭

(22) 竊取   (23) 抛棄   (24) 隔鄰

(25) 縫針   (26) 纖巧   (27) 妖邪

(28) 旌門   (29) 艦艇   (30) 把捉

(31) 誕辰   (32) 諜者   (33) 震服

(34) 鬱寂   (35) 搜索   (36) 賠償

(37) 熔融   (38) 祥瑞   (39) 窮僻

(40) 紊亂   (41) 匪賊   (42) 厭症

(43) 宗廟   (44) 敷衍   (45) 揮毫

다음 漢字의 訓과 音을 쓰시오. (46~72)

(46) 曉   (47) 衡

(48) 坪   (49) 胎

(50) 炊   (51) 津

(52) 賃   (53) 軸

(54) 殿   (55) 撤

(56) 診   (57) 穩

(58) 劑   (59) 押

(60) 坑   (61) 膠

(62) 奈   (63) 垈

(64) 拉   (65) 輛

(66) 痲   (67) 舶

(68) 傘   (69) 惹

(70) 諮   (71) 遞

(72) 翰

다음 각 問項에서 첫 音節이 長音으로 發音되는 것을 골라 그 기호를 쓰시오. (73~77)

(73) ① 頂上 ② 正常 ③ 政商 ④ 情狀

(74) ① 事記 ② 社旗 ③ 沙器 ④ 射技

(75) ① 家門 ② 歌曲 ③ 加功 ④ 假面

(76) ① 土地 ② 吐露 ③ 討論 ④ 討伐

(77) ① 符合 ② 符節 ③ 扶助 ④ 浮力

◑ 다음 漢字語의 反義語(또는 相對語)를 漢字로 쓰시오. (78~80)

(78) 低俗 　　　　　　　　　　　　(79) 閉鎖

(80) 義務

◑ 다음 각 글자와 意味上 反對 또는 對立關係에 있는 漢字를 적어 實用性 있는 單語가 되게 하시오. (81~85)

(81) 尊(　　) 　　　　　　　　　　(82) (　　)劣

(83) (　　)削 　　　　　　　　　　(84) 深(　　)

(85) (　　)怠

◑ 다음 각 글자와 뜻이 비슷한 漢字를 連結하여 하나의 單語가 되게 하시오. (86~90)

(86) 飼(　　) 　　　　　　　　　　(87) (　　)勵

(88) 鎭(　　) 　　　　　　　　　　(89) (　　)欺

(90) 憎(　　)

◑ 다음 故事成語가 完成되도록 괄호 속에 알맞은 漢字를 쓰시오. (91~95)

(91) (　　)田碧海 　　　　　　　　(92) 過(　　)非禮

(93) 輕擧(　　)動 　　　　　　　　(94) 伯(　　)之間

(95) 信賞必(　　)

● 다음 單語의 同音異義語를 하나만 漢字로 쓰시오. (96~100)

〈長短音의 差異는 無視해도 좋음〉

(96) 巨富   (97) 將帥

(98) 徒食   (99) 佳宴

(100) 酸性

● 다음 각 漢字의 部首를 쓰시오. (101~105)

(101) 殘   (102) 盤

(103) 航   (104) 探

(105) 彼

● 다음 一字多音字의 用例가 되는 單語를 하나씩만 漢字로 쓰시오.
(106~109)

| [예] 殺 | 죽일 살 : (1) 殺生 |
| | 감할 쇄 : (2) 殺到 |

(106~107) 省   살필 성 : (106)

              덜 생   : (107)

(108~109) 易   쉬울 이 : (108)

              바꿀 역 : (109)

⊙ 다음의 뜻을 지닌 2音節의 漢字語를 반드시 漢字로 쓰시오. (110~113)

(110) (당구) : 서당에서 기르는 개

(111) (미량) : 조금 서늘함

(112) (분투) : 있는 힘을 다해 싸움

(113) (설의) : 의문을 베풂

⊙ 다음 漢字를 通用되는 略字로 바꾸어 쓰시오. (114~116)

(114) 假   (115) 麗   (116) 證

⊙ 다음의 訓과 音을 지닌 漢字를 쓰시오. (117~140)

(117) 자못 파   (118) 거의 태

(119) 찌를 충   (120) 넓힐 척

(121) 차례 질   (122) 날개 익

(123) 따를 수   (124) 암컷 자

(125) 오히려 유   (126) 찔 증

(127) 느릴 완   (128) 다를 수

(129) 기울 보   (130) 거만할 만

(131) 실마리 서   (132) 무너질 붕

(133) 아득할 망   (134) 맛볼 상

(135) 밟을 리   (136) 노략질할 략

(137) 맑을 담   (138) 견딜 내

(139) 버섯 균   (140) 쇠할 쇠

➡️ 다음 故事成語가 完成되도록 괄호 속의 말을 漢字로 고쳐 쓰시오. (141~143)

(141) 識字(우환)　　　　　　　　(142) 雪上(가상)

(143) (공전)絶後

➡️ 다음 글에서 밑줄 친 單語를 漢字로 바꾸어 쓰시오. (144~150)

(가) 崔萬理 등의 上疏에 대한 그의 힐책(詰責)에서 음운학에 대한 그들의
無知를 나무라고 "내가 운서(144)를 바로잡지 않는다면 누가 바로잡을
것이냐"고 강한 자신감(145)과 사명감(146)을 보인 것이다. 世宗의 학문의
편모(147)를 밝혀 주는 증거라 하겠다.
(나) 世宗으로서도 완전한 은밀(148)주의를 지키기는 어려웠을 것이다. 正音
創制와 같은 民族史上 파천황(149)의 大事業을 끝까지 완전한 고독(150)
속에서 하기는 어려웠을 것으로 짐작된다.

〈李基文(1992), 訓民正音 親制論, 韓國文化 13〉

---

(144) 운서　　　　　　　　　　(145) 자신감

(146) 사명감　　　　　　　　　(147) 편모

(148) 은밀　　　　　　　　　　(149) 파천황

(150) 고독

제97회 2급 기출문제 답안지

■ 사단법인 한국어문회 • 한국한자능력검정회　　　2022. 05. 28. (토)　　　②⓪①　■

제97회 전국한자능력검정시험 2급[국가공인] 답안지(1)

번호	정답	1검	2검	번호	정답	1검	2검	번호	정답	1검	2검
1	반입			24	연적			47	짙을 농		
2	마약			25	고용			48	슬퍼할 도		
3	적발			26	위산			49	마룻대 동		
4	병합			27	저지			50	병고칠 료		
5	비축			28	취지			51	물굽이 만		
6	봉제			29	차단			52	벗을 라		
7	수출			30	왜곡			53	갈림길 기		
8	획득			31	찰나			54	늙을 기		
9	사부			32	응찰			55	업신여길 멸		
10	전승			33	준령			56	길쌈 방		
11	청취			34	첩보			57	용서할 사		
12	해당			35	자취			58	주검 시		
13	부연			36	탁마			59	거리낄 애		
14	비적			37	탐닉			60	계집 원		
15	암약			38	패권			61	문벌 벌		
16	석좌			39	학대			62	새집 소		
17	초빙			40	혹평			63	조아릴 돈		
18	포승			41	약관			64	벼슬 위		
19	감옥			42	궁궐			65	물을 자		
20	증식			43	관건			66	언덕 치		
21	신장			44	포기			67	여울 탄		
22	장악			45	체결			68	배 정		
23	진애			46	무궁화 근			69	꽂을 삽		

감독위원	채점위원(1)		채점위원(2)		채점위원(3)	
(서명)	(득점)	(서명)	(득점)	(서명)	(득점)	(서명)

※ 본 답안지는 컴퓨터로 처리되므로 구겨지거나 더럽혀지지 않도록 조심하시고 글씨를 칸 안에 또박또박 쓰십시오.

제97회 전국한자능력검정시험 2급[국가공인] 답안지(2)

번호	정답	1검	2검	번호	정답	1검	2검	번호	정답	1검	2검
70	띠 모			97	慣行			124	雲峯		
71	낱 매			98	踏襲			125	憂愁		
72	그물 망			99	陣營			126	碑銘		
73	②			100	衝突			127	畵廊		
74	①			101	證券			128	奮		
75	①			102	株式			129	若		
76	②			103	騰落			130	塞		
77	②			104	善隣			131	霜		
78	健脚			105	維持			132	巧		
79	疾走			106	配慮			133	顧		
80	閣僚			107	和睦			134	橫		
81	政策			108	毁			135	釋		
82	討議			109	牽			136	綱		
83	幹線			110	乾			137	蓋		
84	廳舍			111	愼			138	尸		
85	險地			112	誓			139	土		
86	派遣			113	抑			140	鬼		
87	勤務			114	伸			141	舟		
88	慰勞			115	衰			142	大		
89	祕訣			116	憎, 惡			143	拡		
90	謙虛			117	姪			144	岩		
91	姿勢			118	難解			145	県		
92	穀物			119	騷亂			146	성을 쌓음		
93	耕作			120	忘却			147	무더위		
94	收穫			121	卑俗			148	숨이 막힘		
95	耐震			122	偏頗			149	아픔을 진정시킴		
96	堅固			123	腰刀			150	뉘우치고 고침		

제98회 2급 기출문제 답안지

■ 사단법인 한국어문회 · 한국한자능력검정회　　　2022. 08. 27. (토)　　　②⓪① ■

수험번호 □□□-□□-□□□□　　　성명 □□□□□

생년월일 □□□□□□　　※ 유성 싸인펜, 붉은색 필기구 사용 불가.

※ 답안지는 컴퓨터로 처리되므로 구기거나 더럽히지 마시고, 정답 칸 안에만 쓰십시오.
　글씨가 채점란으로 들어오면 오답처리가 됩니다.

제98회 전국한자능력검정시험 2급[국가공인] 답안지(1)

번호	정답	1검	2검	번호	정답	1검	2검	번호	정답	1검	2검
1	만평			24	탐미			47	슬퍼할 처		
2	게재			25	붕익			48	필 굴		
3	구미			26	혼방			49	이을 소		
4	교포			27	홍모			50	도타울 돈		
5	변상			28	과갈			51	배 박		
6	규수			29	벽항			52	경기 전		
7	겸비			30	규승			53	두꺼비 섬		
8	함대			31	죄수			54	절 가		
9	피랍			32	탈모			55	품팔 고		
10	분노			33	병파			56	진찰할 진		
11	공포			34	게박			57	숫돌 려		
12	억울			35	환제			58	올벼 직		
13	편주			36	근정			59	목구멍 후		
14	표류			37	위암			60	키 기		
15	선양			38	투망			61	모질 학		
16	표창			39	요귀			62	아가씨 양		
17	진압			40	기망			63	기 정		
18	저지			41	차폐			64	오리 압		
19	세균			42	첨앙			65	문지를 마		
20	번식			43	산소			66	별 태		
21	훈벌			44	빈뇨			67	편지 한		
22	등가			45	마술			68	염탐할 정		
23	다과			46	낳을 만			69	막을 두		

감독위원	채점위원(1)		채점위원(2)		채점위원(3)	
(서명)	(득점)	(서명)	(득점)	(서명)	(득점)	(서명)

※ 본 답안지는 컴퓨터로 처리되므로 구겨지거나 더럽혀지지 않도록 조심하시고 글씨를 칸 안에 또박또박 쓰십시오.

제98회 전국한자능력검정시험 2급[국가공인] 답안지(2)

번호	정답	1검	2검	번호	정답	1검	2검	번호	정답	1검	2검
70	암컷 자			97	違背			124	零上		
71	바리때 발			98	移植			125	鄕愁		
72	클 보			99	臟器			126	拘束		
73	①			100	寄贈			127	酒邪		
74	②			101	根幹			128	暮		
75	①			102	基盤			129	添		
76	①			103	尖端			130	乘		
77	②			104	轉換			131	照		
78	養蜂			105	播種			132	枯		
79	勸獎			106	發芽			133	朋		
80	快適			107	緩慢			134	夢		
81	睡眠			108	歡			135	咸		
82	寢具			109	販			136	丹/朱		
83	深刻			110	削			137	楊		
84	環境			111	哀			138	广		
85	蝶泳			112	聘			139	豆		
86	腰痛			113	勤			140	衣		
87	過激			114	捨			141	戈		
88	査閱			115	迎			142	土		
89	獻花			116	給			143	爐		
90	默念			117	彼			144	澤		
91	附與			118	嚴格			145	徑		
92	責務			119	獨創/創造			146	다른 것이 아니라 오로지./다만.		
93	完遂			120	遠隔			147	비석에 새긴 글자.		
94	辭退			121	普遍			148	시장기를 겨우 면할 정도로 조금 먹음.		
95	職權			122	借用			149	적은 봉급		
96	憲法			123	提供			150	보호하고 도와줌.		

제99회 2급 기출문제 답안지

■ 사단법인 한국어문회 · 한국한자능력검정회　　　　2022. 11. 26. (토)　　　2 0 1 ■

수험번호 □□□-□□-□□□□　　　　성명 □□□□□

생년월일 □□□□□□　　※ 유성 싸인펜, 붉은색 필기구 사용 불가.

※ 답안지는 컴퓨터로 처리되므로 구기거나 더럽히지 마시고, 정답 칸 안에만 쓰십시오.
　글씨가 채점란으로 들어오면 오답처리가 됩니다.

제99회 전국한자능력검정시험 2급[국가공인] 답안지(1)

번호	정답	1검	2검	번호	정답	1검	2검	번호	정답	1검	2검
1	교사			24	태몽			47	달아날 추		
2	혐의			25	난간			48	낄 옹		
3	처벌			26	흥노			49	재상 재		
4	간절			27	교착			50	헛보일 환		
5	부탁			28	함미			51	쑥 애		
6	증식			29	몰닉			52	벼루 연		
7	각막염			30	미진			53	안방 규		
8	요정			31	감찰			54	낱 매		
9	매혹			32	도자			55	외짝 척		
10	준위			33	소개			56	다듬을 탁		
11	만찬			34	동량			57	클 석		
12	황량			35	요격			58	주검 시		
13	울창			36	초미			59	염탐할 첩		
14	세탁			37	배우			60	이랑 주		
15	섬유			38	혹리			61	시위 현		
16	요새			39	관모			62	병고칠 료		
17	장악			40	화교			63	띠 신		
18	탐정			41	붕어			64	더욱 우		
19	고용			42	순초			65	세놓을 세		
20	의뢰			43	염산			66	수레 량		
21	석가			44	응고			67	모을 집		
22	협곡			45	철수			68	속마음 충		
23	용매			46	던질 포			69	칼날 인		

감독위원	채점위원(1)		채점위원(2)		채점위원(3)	
(서명)	(득점)	(서명)	(득점)	(서명)	(득점)	(서명)

※ 본 답안지는 컴퓨터로 처리되므로 구겨지거나 더렵혀지지 않도록 조심하시고 글씨를 칸 안에 또박또박 쓰십시오.

제99회 전국한자능력검정시험 2급[국가공인] 답안지(2)

번호	정답	1검	2검	번호	정답	1검	2검	번호	정답	1검	2검
70	모질 학			97	辨償			124	鼓笛		
71	못 담			98	誤審			125	詐欺		
72	꿰맬 봉			99	憂慮			126	幹枝		
73	②			100	監督			127	畢竟		
74	①			101	觸覺			128	梨		
75	②			102	銳敏			129	懲		
76	①			103	透徹			130	久		
77	②			104	武裝			131	漸		
78	爆破			105	違憲			132	奔		
79	脅迫			106	條項			133	載		
80	離陸			107	削除			134	附		
81	遲延			108	慕			135	泥		
82	職務			109	恐			136	累		
83	怠慢			110	皮			137	梁		
84	警告			111	譯			138	手		
85	帳簿(賑簿)			112	耐			139	戈		
86	閱覽			113	縱			140	鼎		
87	頗多			114	販			141	乙		
88	傳播			115	歡			142	欠		
89	疏忽			116	彼			143	窃		
90	逮捕			117	縮			144	勵		
91	排斥			118	拾得			145	拂		
92	容恕			119	稀薄			146	불에 태워 없애 버림.		
93	憐憫			120	讓位			147	끌어서 당김.		
94	閉鎖			121	廢止			148	칼로 목을 베어 죽임.		
95	免許			122	憤怒			149	도로 돌려보냄.		
96	契約			123	昏睡			150	싫은 생각이나 느낌. 또는 그런 반응.		

제100회 2급 기출문제 답안지

■ 사단법인 한국어문회 · 한국한자능력검정회　　　　　2023. 02. 25. (토)　　　２０１ ■

수험번호 □□□ － □□ － □□□□　　　　성명 □□□□□

생년월일 □□□□□□　　※ 유성 싸인펜, 붉은색 필기구 사용 불가.

※ 답안지는 컴퓨터로 처리되므로 구기거나 더럽히지 마시고, 정답 칸 안에만 쓰십시오.
　　글씨가 채점란으로 들어오면 오답처리가 됩니다.

제100회 전국한자능력검정시험 2급[국가공인] 답안지(1)

번호	정답	1검	2검	번호	정답	1검	2검	번호	정답	1검	2검
1	피부			24	진료			47	자손 윤		
2	재앙			25	참신			48	녹을 용		
3	노예			26	체결			49	읊을 영		
4	이뇨제			27	감축			50	무너질 붕		
5	고용			28	연추			51	궁벽할 벽		
6	휴게실			29	타협			52	떼 벌		
7	사료			30	조탁			53	저물 모		
8	모순			31	변한			54	민첩할 민		
9	소식			32	수선			55	배우 배		
10	심연			33	섭정			56	낳을 만		
11	철옹성			34	시탄			57	물어줄 배		
12	부연			35	온수			58	바리때 발		
13	사찰			36	기원			59	새 봉		
14	자취			37	응견			60	상자 상		
15	보필			38	저해			61	세놓을 세		
16	위수			39	정탐			62	물가 수		
17	재원			40	구정			63	오리 압		
18	외경			41	종합			64	나을 유		
19	임부복			42	질산			65	탈 연		
20	백작			43	부탁			66	막을 알		
21	마적			44	탐닉			67	비적 비		
22	주청			45	해당			68	잡을 병		
23	논지			46	높을 항			69	가늘 섬		

감독위원	채점위원(1)		채점위원(2)		채점위원(3)	
(서명)	(득점)	(서명)	(득점)	(서명)	(득점)	(서명)

※ 본 답안지는 컴퓨터로 처리되므로 구겨지거나 더럽혀지지 않도록 조심하시고 글씨를 칸 안에 또박또박 쓰십시오.

제100회 전국한자능력검정시험 2급[국가공인] 답안지(2)

번호	정답	1검	2검	번호	정답	1검	2검	번호	정답	1검	2검
70	누구 숙			97	辯護士			124	誘導		
71	이마 액			98	推薦			125	寶庫		
72	납 연			99	博覽會			126	微震		
73	1			100	密集			127	轉科		
74	1			101	憂慮			128	濟		
75	2			102	寒波			129	禍		
76	2			103	防止			130	割		
77	1			104	不凍液			131	負		
78	出荷			105	掠奪			132	塞		
79	獎勵金			106	犯罪			133	策		
80	支給			107	氣勝			134	腐		
81	擴大			108	誤			135	累		
82	盛需期			109	擊			136	煙		
83	消費者			110	屈			137	機		
84	信賴			111	竊			138	日		
85	提高			112	拙			139	尸		
86	憎惡			113	浮			140	血		
87	憤(忿)怒			114	橫			141	士		
88	忍耐			115	裏			142	疋		
89	容恕			116	淡			143	灵		
90	和解			117	削			144	麥		
91	強調			118	仁慈			145	驛		
92	通貨			119	急激			146	스며들어 젖음.		
93	條件			120	模倣			147	옛터		
94	必須			121	內包			148	물건 따위를 줌		
95	飛躍			122	輕率			149	잘 달리는 말		
96	發展			123	細胞			150	흔들림		

부록 Ⅱ

제101회 2급 기출문제 답안지

■ 사단법인 한국어문회 • 한국한자능력검정회　　　　2023. 06. 03 (토)　　　2 0 1 ■

수험번호 □□□-□□-□□□□　　　성명 □□□□□

생년월일 □□□□□□　　※ 유성 싸인펜, 붉은색 필기구 사용 불가.

※ 답안지는 컴퓨터로 처리되므로 구기거나 더럽히지 마시고, 정답 칸 안에만 쓰십시오.
　글씨가 채점란으로 들어오면 오답처리가 됩니다.

제101회 전국한자능력검정시험 2급[국가공인] 답안지(1)

번호	정답	1검	2검	번호	정답	1검	2검	번호	정답	1검	2검
1	찬란			24	분복			47	방패 순		
2	관건			25	사면			48	섞일 잡		
3	울진			26	산발			49	사당 묘		
4	심연			27	요괴			50	빛날 빈		
5	소굴			28	미봉			51	향풀 운		
6	기린			29	체맹			52	꿩 치		
7	동량			30	연적			53	편지 한		
8	왜군			31	재앙			54	기쁠 이		
9	괴목			32	봉록			55	여울 단		
10	집권			33	마취			56	잎 엽		
11	명석			34	차관			57	아침해 욱		
12	포승			35	부탁			58	빛날 엽		
13	정립			36	갱함			59	망볼 초		
14	용접			37	산증			60	새길 조		
15	취합			38	보필			61	꺾을 절		
16	결정			39	게양			62	복(福) 우		
17	분기			40	혹염			63	멀 요		
18	탐닉			41	공포			64	끌 랍		
19	풍채			42	환멸			65	짙을 농		
20	황후			43	굴혈			66	외짝 척		
21	갈등			44	훈도			67	훔칠 절		
22	다과			45	포기			68	도타울 돈		
23	태몽			46	하늘 호			69	못[池] 당		

감독위원	채점위원(1)		채점위원(2)		채점위원(3)	
(서명)	(득점)	(서명)	(득점)	(서명)	(득점)	(서명)

※ 본 답안지는 컴퓨터로 처리되므로 구겨지거나 더렵혀지지 않도록 조심하시고 글씨를 칸 안에 또박또박 쓰십시오.

제101회 전국한자능력검정시험 2급[국가공인] 답안지(2)

번호	정답	1검	2검	번호	정답	1검	2검	번호	정답	1검	2검
70	벼 화			97	迎新			124	豚舍		
71	신[履, 鞋] 화			98	强硬			125	挑戰		
72	조아릴 돈			99	乾燥			126	浪漫		
73	尸			100	忘却			127	返還		
74	广			101	미워하고 싫어함.			128	募集		
75	玉(王)			102	베껴 적음.			129	妥協		
76	欠			103	물건 따위를 운반하여 보냄.			130	必須		
77	儿			104	자디잔 먼지나 티.			131	互換		
78	麦			105	쉬며 머무름.			132	躍進		
79	迁			106	幹線			133	路幅		
80	県			107	叔姪			134	擴大		
81	①			108	超越			135	抱擁		
82	②			109	貯藏			136	龜裂		
83	②			110	違令			137	諒知		
84	①			111	輪			138	別添		
85	②			112	節			139	慘敗		
86	琴			113	沙			140	廉恥		
87	障			114	神			141	占卜		
88	界			115	多			142	只今		
89	險			116	玉			143	校訂		
90	偏			117	脣			144	囚禁		
91	沈			118	野			145	謹愼		
92	雄			119	夜			146	那落		
93	彼			120	絕			147	憤慨		
94	伸			121	暴暑			148	朝服		
95	姑			122	謀叛			149	模倣		
96	需要			123	攝生			150	過敏		

부록 Ⅱ

제102회 2급 기출문제 답안지

■ 사단법인 한국어문회 · 한국한자능력검정회　　　2023. 08. 06. (토)　　　201 ■

수험번호 □□□-□□-□□□□　　　　성명 □□□□□

생년월일 □□□□□□　　※ 유성 싸인펜, 붉은색 필기구 사용 불가.

※ 답안지는 컴퓨터로 처리되므로 구기거나 더럽히지 마시고, 정답 칸 안에만 쓰십시오.
글씨가 채점란으로 들어오면 오답처리가 됩니다.

제102회 전국한자능력검정시험 2급[국가공인] 답안지(1)

번호	정답	1검	2검	번호	정답	1검	2검	번호	정답	1검	2검
1	배상			24	호위			47	고깔 변		
2	처절			25	예진			48	쑥 봉		
3	협곡			26	형철			49	오리 압		
4	요망			27	보필			50	자루 병		
5	공포			28	요원			51	예쁠 요		
6	환각			29	관창			52	빛날 경		
7	지대			30	미봉			53	높은집 방		
8	어찰			31	다비식			54	숫돌 려		
9	파악			32	형심			55	학교 상		
10	포기			33	기도			56	성(姓) 예		
11	참살			34	섬주			57	여울 탄		
12	차양			35	완서			58	막을 알		
13	귀추			36	침면			59	구슬 선		
14	박봉			37	범주			60	넓을 항		
15	부지			38	영월			61	큰[德] 덕		
16	아교			39	정기			62	화목할 목		
17	혹독			40	옹기			63	기쁠 이		
18	농락			41	적치			64	별이름 묘		
19	야기			42	경단			65	넓을 연		
20	조탁			43	사돈			66	깊을 황		
21	기로			44	진척			67	홀 규		
22	탐닉			45	첨병			68	늙을 기		
23	흠모			46	삼갈 욱			69	새집 소		

감독위원	채점위원(1)		채점위원(2)		채점위원(3)	
(서명)	(득점)	(서명)	(득점)	(서명)	(득점)	(서명)

※ 본 답안지는 컴퓨터로 처리되므로 구겨지거나 더럽혀지지 않도록 조심하시고 글씨를 칸 안에 또박또박 쓰십시오.

제102회 전국한자능력검정시험 2급[국가공인] 답안지(2)

번호	정답	1검	2검	번호	정답	1검	2검	번호	정답	1검	2검
70	섶[薪] 시			97	埋沒			124	混濁		
71	빛날 엽			98	模倣			125	檢閱		
72	빛날 빈			99	凝固			126	違背		
73	儿			100	濕潤			127	週忌		
74	丨			101	새끼를 꼼.			128	慘狀		
75	殳			102	액체에 녹지 않음.			129	遲滯		
76	儿			103	장삿배/상선			130	恣意		
77	金			104	잔물결. 자잘하게 이는 물결.			131	革罷		
78	蚩			105	도량과 재간이 크고 뛰어난 사람.			132	傳播		
79	攝			106	家譜			133	霧散		
80	双			107	懇志			134	誕辰		
81	① 攻擊			108	山城			135	枯渴		
82	② 倒句			109	祥慶			136	擁護		
83	① 美蘇			110	敍事			137	妥結		
84	② 喪妻			111	顧			138	國賓		
85	② 紳士			112	脣			139	懲戒		
86	界			113	奪			140	收穫		
87	關			114	墨			141	販賣量		
88	盛			115	肝			142	推薦		
89	險			116	髮			143	敏感		
90	暴			117	桑			144	隣接		
91	騰			118	露			145	謀叛		
92	姪			119	越			146	秋毫		
93	劣			120	琴			147	龜鑑		
94	添			121	差押			148	嫌疑		
95	伸			122	遵守			149	旣婚		
96	強硬			123	提携			150	汚點		

부록 Ⅱ

제1회 2급 실전문제 답안지

■ 사단법인 한국어문회 · 한국한자능력검정회　　　　　2 0 1 ■

수험번호 □□□ - □□ - □□□□　　　　성명 □□□□□

생년월일 □□□□□□　※ 유성 싸인펜, 붉은색 필기구 사용 불가.

※ 답안지는 컴퓨터로 처리되므로 구기거나 더럽히지 마시고, 정답 칸 안에만 쓰십시오.
　글씨가 채점란으로 들어오면 오답처리가 됩니다.

제1회 전국한자능력검정시험 2급 실전 문제 답안지(1)

번호	정답	1검	2검	번호	정답	1검	2검	번호	정답	1검	2검
1	알현			24	선린			47	편지 한		
2	억양			25	장애			48	아교 교		
3	궐석			26	검열			49	번뇌할 뇌		
4	대관			27	간과			50	버섯 균		
5	익사			28	간절			51	짙을 농		
6	제단			29	발굴			52	병고칠 료		
7	대만			30	등사			53	마귀 마		
8	야만			31	응답			54	어두울 몽		
9	역질			32	칠흑			55	그물 망		
10	결승			33	교도			56	민망할 민		
11	범람			34	규탄			57	용서할 사		
12	편벽			35	교체			58	꽂을 삽		
13	제휴			36	찬란			59	모양 자		
14	은밀			37	도치			60	녹을 융		
15	주침			38	오류			61	벼슬 작		
16	부연			39	왜곡			62	전각 전		
17	두부			40	조람			63	뚝 제		
18	돈독			41	창달			64	뽑을 추		
19	가련			42	각막			65	염탐할 첩		
20	수돌			43	농구			66	옮길 천		
21	생신			44	용서			67	분초 초		
22	섬유			45	성탄			68	드러날 창		
23	탁마			46	잡을 파			69	큰배 정		

감독위원	채점위원(1)		채점위원(2)		채점위원(3)	
(서명)	(득점)	(서명)	(득점)	(서명)	(득점)	(서명)

※ 본 답안지는 컴퓨터로 처리되므로 구겨지거나 더렵혀지지 않도록 조심하시고 글씨를 칸 안에 또박또박 쓰십시오.

제1회 전국한자능력검정시험 2급 실전 문제 답안지(2)

번호	정답	1검	2검	번호	정답	1검	2검	번호	정답	1검	2검
70	이을 소			97	同參			124	拾得物		
71	클 석			98	八億			125	悠久		
72	쇠불릴 단			99	要素			126	稀少		
73	專用			100	初等			127	奮鬪		
74	政策			101	生活			128	丿		
75	世界			102	努力			129	罔		
76	共用論			103	③			130	心		
77	狀況			104	①			131	人		
78	反對			105	②			132	手(扌)		
79	關心			106	③			133	차례		
80	疏忽			107	④			134	밤중		
81	資産			108	添			135	짐승		
82	禮儀			109	榮			136	들 것		
83	凡節			110	橫			137	어느덧		
84	市場			111	寡			138	樹枝		
85	經濟			112	賤			139	死傷		
86	人倫			113	貧窮			140	壯觀		
87	混濁			114	忘却			141	祖上		
88	儒教			115	飽食			142	朝露		
89	道德的			116	模倣			143	⑥		
90	修養			117	靜肅			144	④		
91	傳播			118	蛇尾			145	⑦		
92	物質			119	汚吏			146	①		
93	萬能			120	狗盜			147	⑩		
94	變化			121	賃貸料			148	麦		
95	崩壞			122	友邦			149	囲		
96	回復			123	鐵甲			150	拠		

부록 Ⅱ

제2회 2급 실전문제 답안지

■ 사단법인 한국어문회 • 한국한자능력검정회　　　　　　　　2 0 1 ■

수험번호 □□□-□□-□□□□　　　　성명 □□□□□
생년월일 □□□□□□　　※ 유성 싸인펜, 붉은색 필기구 사용 불가.

※ 답안지는 컴퓨터로 처리되므로 구기거나 더럽히지 마시고, 정답 칸 안에만 쓰십시오.
　글씨가 채점란으로 들어오면 오답처리가 됩니다.

제2회 전국한자능력검정시험 2급 실전 문제 답안지(1)

번호	정답	1검	2검	번호	정답	1검	2검	번호	정답	1검	2검
1	훈작			24	격린			47	저울대 형		
2	장악			25	봉침			48	들 평		
3	도약			26	섬교			49	아이밸 태		
4	혹독			27	요사			50	불땔 취		
5	패기			28	정문			51	나루 진		
6	견련			29	함정			52	품삯 임		
7	궤적			30	파착			53	굴대 축		
8	익몰			31	탄신			54	전각 전		
9	초사			32	첩자			55	거둘 철		
10	질색			33	진복			56	진찰할 진		
11	응괴			34	울적			57	편안할 온		
12	계루			35	수색			58	약제 제		
13	부대			36	배상			59	누를 압		
14	도석			37	용융			60	구덩이 갱		
15	등사			38	상서			61	아교 교		
16	엽호			39	궁벽			62	어찌 내		
17	마염			40	문란			63	집터 대		
18	방적			41	비적			64	끌 랍		
19	시사			42	염증			65	수레 량		
20	예대			43	종묘			66	저릴 마		
21	고용			44	부연			67	배 박		
22	절취			45	휘호			68	우산 산		
23	포기			46	새벽 효			69	이끌 야		

감독위원	채점위원(1)		채점위원(2)		채점위원(3)	
(서명)	(득점)	(서명)	(득점)	(서명)	(득점)	(서명)

※ 본 답안지는 컴퓨터로 처리되므로 구겨지거나 더럽혀지지 않도록 조심하시고 글씨를 칸 안에 또박또박 쓰십시오.

제2회 전국한자능력검정시험 2급 실전 문제 답안지(2)

번호	정답	1검	2검	번호	정답	1검	2검	번호	정답	1검	2검
70	물을 자			97	長壽(張數)			124	雌		
71	갈릴 체			98	圖式(盜食,倒植,塗飾)			125	猶		
72	편지 한			99	可燃(佳緣)			126	蒸		
73	②			100	山城(産聲)			127	緩		
74	①			101	歹(歺)			128	殊		
75	④			102	皿			129	補		
76	③			103	舟			130	慢		
77	①			104	扌(手)			131	緒		
78	高尙			105	彳			132	崩		
79	開放			106	反省, 三省, 省察, 省內, 省中, 外務省			133	茫		
80	權利			107	省略, 省禮, 省減, 冠省			134	嘗		
81	卑			108	平易, 簡易, 難易, 輕易			135	履		
82	優			109	易經, 交易, 貿易, 周易, 易姓			136	掠		
83	添			110	堂狗			137	淡		
84	淺			111	微凉			138	耐		
85	勤			112	奮鬪			139	菌		
86	育			113	設疑			140	衰		
87	勉			114	仮			141	憂患		
88	壓			115	麗			142	加霜		
89	詐			116	証			143	空前		
90	惡			117	頗			144	韻書		
91	桑			118	殆			145	自信感		
92	恭			119	衝			146	使命感		
93	妄			120	拓			147	片貌		
94	仲			121	秩			148	隱密		
95	罰			122	翼			149	破天荒		
96	拒否			123	隨			150	孤獨		

부록 Ⅱ

青出於藍 청출어람

쪽에서 나온 푸른 물감이 쪽보다 더 푸르다는 뜻으로
제자가 스승보다 나음을 이르는 말

MEMO

滄海一粟 창해일속

큰 바다에 뜬 한 알의 좁쌀이란 뜻에서,
아주 큰 물건 속에 있는 아주 작은 물건을 이름

MEMO

身體髮膚 신체발부

몸과 머리털과 피부. 곧 몸 전체를 이르는 말

MEMO

肝膽相照

간담상조

서로의 간과 쓸개를 꺼내 보인다는 뜻으로
속마음을 터놓고 가까이 사귐을 이르는 말

저자   남기탁(南基卓)

약력   한국어문교육연구회 편찬위원장

사단법인 한국어문회 이사

한국한자능력검정회 회장

강원대학교 인문대학 국어국문학과 교수

한자능력검정시험 2급

초판발행   2004년 3월 20일
18판발행   2024년 4월 10일

발행인   한국어문교육연구회
발행처   한국어문교육연구회
주소   서울시 서초구 사임당로 64, 401호(서초동, 교대벤처타워)
전화   1566-1400
등록번호   제22-1555호
ISBN   979-11-91238-55-6   13700

정가 29,000원

공|급|처    푸른하늘   T.02-332-1275, 1276 | F.02-332-1274
www.skymiru.co.kr